ENCYCLOPÉDIE TOURISTIQUE *des Vins de France*

ENCYCLOPÉDIE TOURISTIQUE *des Vins de France*

HACHETTE

Direction éditoriale : CATHERINE MONTALBETTI et PIERRE ANGLADE

Réalisation et coordination éditoriale : CHATOVER Saint-Chéron sous la direction d'ALAIN SCHROTTER

Conception graphique : DANIEL LEPRINCE

Coordination : MARIE-FRANCE BARRÈRE

Secrétariat d'édition : VIOLAINE GÉRARD

Révision : MARTINE LAVERGNE

Cartographie : NOËL MEUNIER et JEAN-PIERRE CRIVELLARI

Mise en pages : MARYLINE JORRY

Rédacteurs : GILLES FÉVRIER, THOMAS LAURENCEAU, DOMINIQUE VOISIN

Saisie, PAO : PUBLITECHNIC, Palaiseau et DATALAND, Lagny

Photogravure : COMPOGRAVURE, Paris

Fabrication : CLAIRE LELEU

Couverture : NICOLE DASSONVILLE

Photos de couverture : SCOPE/JACQUES GUILLARD, ZEFA VISUAL MÉDIA/M. BOTZEK, SCOPE/JACQUES GUILLARD, GETTY IMAGES/COLOR DAY PRODUCTION

Le présent ouvrage a été publié conjointement par ECLECTIS sous le titre : *Les vins de France, guide encyclopédique*

Impression : G. Canale & C. S.p.A. à Turin (Italie) – 23.51.6757-1.03
ISBN : 2.01.236757.7 – Dépôt légal 76259 – Août 2006

CONSEILLERS DE LA RÉDACTION

Raymond BERNARD (R. B.) : ingénieur ENSAM, délégué régional de l'ONIVINS (ER).

Pierre GALET (P. G.) : ingénieur agronome, docteur ès sciences, maître-assistant de viticulture (ER) à l'ENSA de Montpellier.

Que soient remerciés les nombreux auteurs de cet ouvrage

Loïc ABRIC (L. A.) : médecin, historien.

Alain BAGARD (A. B.) : directeur du CIVAM de la région Corse.

Marie-Louise BANYOLS (M.-L. B.) : restauratrice.

Jocelyne BARTHEL (J. B.) : conservateur des Archives municipales de Metz.

Raymond BERNARD (R. B.) : ingénieur ENSAM, délégué régional de l'ONIVINS (ER).

Michel BETTANE (M. B.) : journaliste, conseiller à la rédaction en chef de la *Revue des vins de France*.

Pierre BIDAN (P. B.) : professeur de technologie alimentaire et œnologue à l'ENSA de Montpellier.

Marie-Hélène BIENAYMÉ (M.-H. B.) : directeur adjoint de l'Institut national des appellations d'origine.

Jean BISSON (J. Bi.) : docteur en œnologie, ampélologue, ingénieur chargé de recherche à l'INRA (ER).

Jean-Noël BOIDRON (J.-N. B.) : maître de conférences et professeur d'œnologie à l'université Bordeaux II.

Michel BOUCHE (M. Bo.) : œnologue.

Francis BRUMONT (F. B.) : docteur d'État, chargé de recherche au CNRS.

Suzanne BRUN (S. B.) : professeur, docteur en pharmacie, docteur ès sciences.

Jean-Claude CABANIS (J.-C. C.) : professeur à l'université Montpellier I, responsable du centre de formation et de recherches en Œnologie.

Étienne CARRE (É. C.) : œnologue.

Anne-Marie CHABBERT (A.-M. C.) : déléguée aux relations publiques, chargée de communication au comité interprofessionnel du Vin de Champagne.

Jean CLAVEL (J. C.) : fondateur de la Maison des vins du Languedoc de SAPORTA, vigneron-écrivain.

Claude-Victor COMTE (C.-V. C.) : dégustateur.

Nicolas-Guy COURBIÈRES (N.-G. C.) : journaliste gastronomique, collaborateur de revues spécialisées (*Cuisine et Vins de France*, *Vins et Gastronomie*), chroniqueur à Sud-Radio, France 3-Sud (Toulouse), animateur de l'association La Terre et la Table.

Dominique COUVREUR (D. C.) : collaborateur à la *Revue du vin de France*.

Jean-Paul DAVID (J.-P. Da.) : endocrinologue, interniste, nutritioniste, ancien chef de clinique à l'université Bordeaux II, fondateur de l'association Vin-Santé-Plaisir de vivre, expert auprès de l'Office international de la vigne et du vin, groupe nutrition et santé.

Jean-Pierre DÉROUDILLE (J.-P. D.) : journaliste, chef de service adjoint à *Sud-Ouest*.

Jean-Pierre DOAZAN (J.-P. Do.) : directeur de recherche à l'INRA, directeur de la station de recherche de viticulture de l'Institut de la vigne de Bordeaux, centre de recherche INRA-Bordeaux.

Philippe FAURE-BRAC (Ph. F.-B.) : sommelier.

Isabelle FORBOTEAUX (I. F.) : journaliste.

Dominique FOULON (D. F.) : président de l'union française des œnologues.

Pierre GALET (P. G.) : ingénieur agronome, docteur ès sciences, maître-assistant de viticulture (ER) à l'ENSA de Montpellier.

Gilbert GARRIER (G. G.) : professeur d'histoire contemporaine à l'université Lumière-Lyon II, ancien directeur de département d'histoire, directeur de recherche au centre d'histoire Pierre-Léon, du CNRS (URA 223), directeur des *Cahiers d'histoire*, revue trimestrielle des universités du Centre-Est (Lyon II et III, Grenoble, Clermont-Ferrand, Saint-Étienne, Chambéry), membre du Comité des travaux historiques et scientifiques, président de la Commission de spécialistes n° 22 de l'établissement.

Sîtâ GARROS (S. G.) : directrice d'agence de relations publiques et presse Équation.

Michel GAUTTIER (M. G.) : chef du centre INAO de Chambéry.

Jean GUILLEMOT (J. G.) : technicien viticole, œnologue, chambre d'Agriculture de Blois (ER), chevalier du Mérite agricole.

Robert GUILLOT (R. G.) : ingénieur ENSA de Montpellier (ER).

Roland GSELL (R. Gs.) : directeur de la revue *L'Art et le Vin*.

Daniel HECQUET (D. H.) : œnologue consultant.

Pierre HUGLIN (P. H.) : directeur honoraire de recherche INRA.

Hélène JAEGER (H. J.) : ingénieur agronome, œnologue.

Yves JEANNERET (Y. J.) : ancien élève de l'ENS, professeur à l'École nationale supérieure des télécommunications.

Micheline LABY (M. L.) : licenciée ès lettres (anglais), guide-interprète agréée par la Caisse nationale des monuments historiques et des sites.

Nicole LAZZARINI (N. L.) : docteur ès lettres, journaliste de chroniques art de vivre, chargée de mission tourisme culturel au Conseil régional de Lorraine.

Thomas LAURENCEAU (Th. L.) : journaliste, écrivain, ancien directeur de la rédaction d'*Agriculture magazine*.

Jean LENOIR (J. L.) : gérant des Éditions Jean Lenoir.

Henri LÉVÊQUE (H. L.) : président de la Fédération nationale des syndicats de courtiers en vins et spiritueux de France.

Jean-Laurent MAILLARD (J.-L. M.) : directeur administratif de l'ANIVIT.

Jean-Claude MARTIN (J.-C. M.) : secrétaire général de l'Institut supérieur de la vigne et du vin de Montpellier.

Albéric MAZOYER (A. M.) : ingénieur, œnologue conseil au Centre œnologique des côtes du Rhône à Cornas.

Jean-Yves MERCIER (J.-Y. M.) : directeur général gérant de Fief de vigne ŒNOLOGOS.

François MIDAVAINE (F. M.) : ancien directeur du Comité des vins de Nantes.

Sylvie MULOT-REBOUL (S. M.-R.) : ingénieur agronome, œnologue, responsable de la rédaction du journal *Le Vigneron des côtes du Rhône et du Sud-Est*.

Louis ORIZET (L. O.) : inspecteur général INAO (ER).

Rémy PECH (R. P.) : professeur d'histoire contemporaine, université de Toulouse-Le Mirail (chaire Jean Monnet d'histoire européenne).

René PIJASSOU (R. Pi.) : professeur émérite de l'université Michel-de-Montaigne-Bordeaux III, directeur de l'Institut de géographie (ER), officier du Mérite agricole, chevalier de l'ordre national du Mérite, membre titulaire de l'Académie du vin de Bordeaux.

Jacques PUISAIS (J. P.) : président d'honneur des unions nationales et internationales des œnologues.

Yves RINAUDO (Y. R.) : professeur à l'université d'Avignon.

Gilbert ROBIN (G. R.) : maître-tonnelier.

Philippe ROUDIÉ (P. R.) : professeur de géographie université Michel-de-Montaigne-Bordeaux III.

Claude ROYER (C. R.) : ethnologue au CNRS (centre d'Ethnologie française).

Anne-Marie ROYER-PANTIN (A.-M. R.-P.) : historienne, collaboratrice à *L'Amateur de Bordeaux*.

Alex SCHAEFFER (A. S.) : directeur de la Station de recherches de la vigne et du vin de Colmar.

Gérard SEGUIN (G. Se.) : professeur à l'université Bordeaux II.

Guy SIMONEAU (G. S.) : ingénieur agronome.

Emmanuël SOUCHIER (E. S.) : maître de conférences à l'École nationale supérieure des télécommunications.

Pierre TORRÈS (P. T.) : directeur de la station vitivinicole du CIVDN.

Dominique VOISIN (D. V.) : écrivain.

SOMMAIRE

L'ordre de présentation des différents vignobles suit le fil d'itinéraires géographiques qui descendent la vallée du Rhône depuis les vignes les plus septentrionales, longent le littoral méditerranéen, puis remontent le long des côtes de l'Atlantique avant d'emprunter la vallée de la Loire jusqu'aux terroirs du centre de la France.

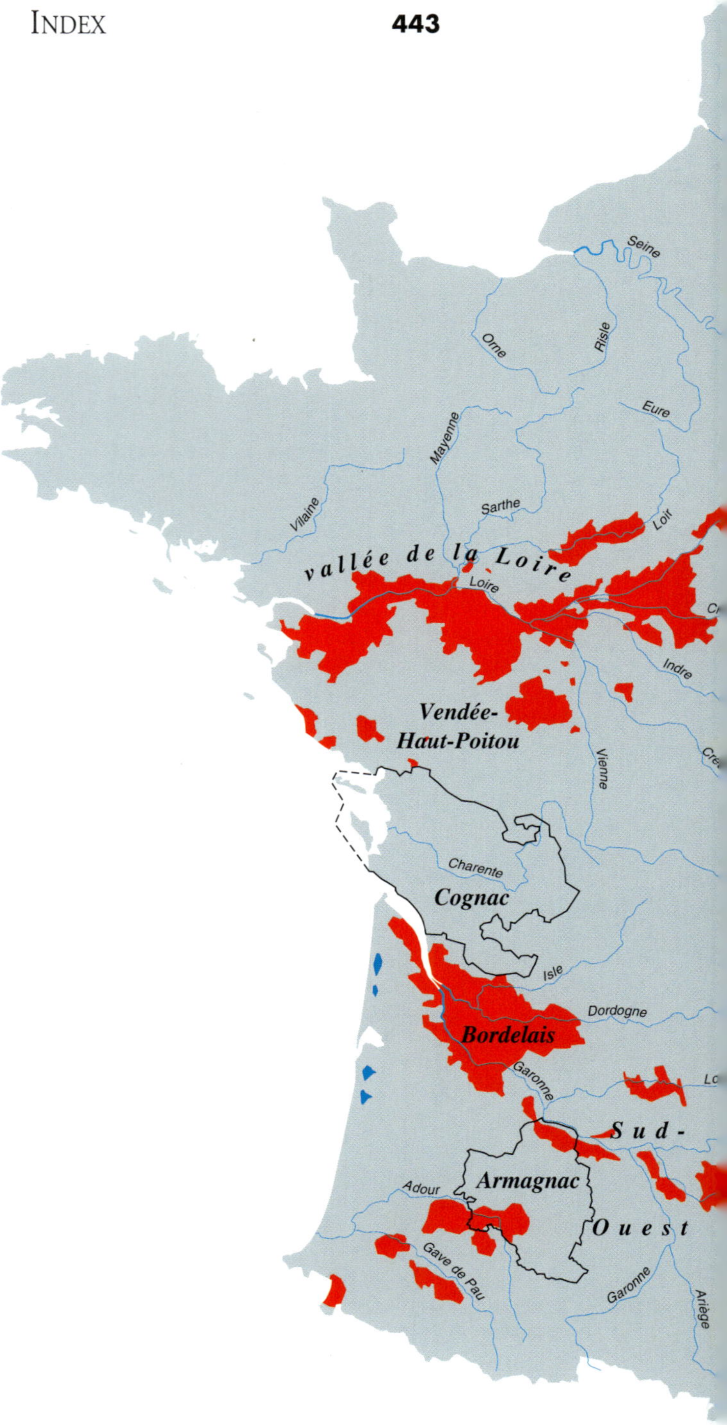

LISTE DES THÈMES ENCYCLOPÉDIQUES

Le numéro des pages renvoie au corps des articles situés entre deux itinéraires.

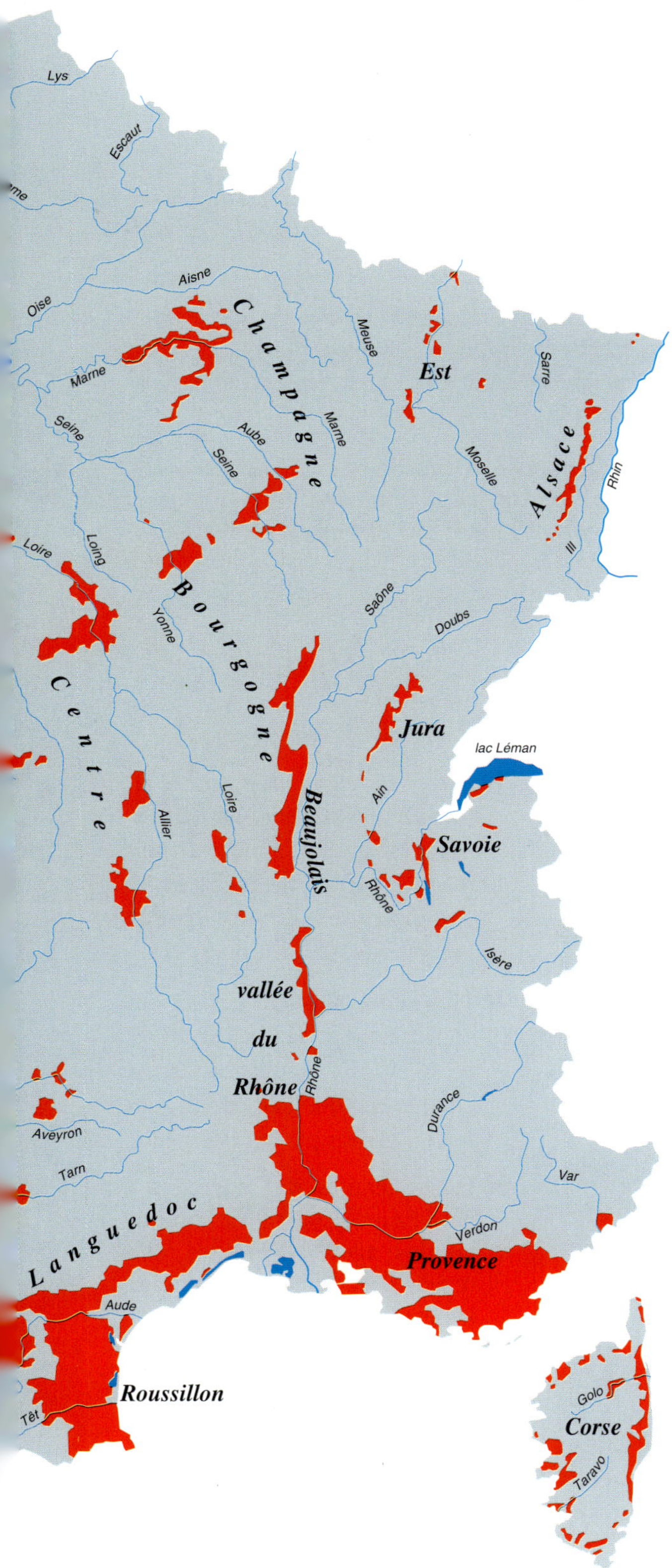

Avertissement au lecteur

Cet ouvrage a été conçu afin de fournir au lecteur les moyens de comprendre et d'appréhender les notions parfois complexes qui régissent l'univers du vin. Il trouvera ici ce qu'aucun autre ouvrage n'a proposé jusqu'à ce jour : un outil encyclopédique, culturel et touristique qui incite à la dégustation, à la promenade et à la découverte des vignobles de France.

– outil encyclopédique, par ses articles thématiques, il permet de découvrir l'univers du vin depuis ses origines, renseigne sur le travail de la vigne, les cépages, l'œnologie... et les techniques actuelles de vinification. Il instruit également le lecteur sur l'art de déguster et d'acheter le vin.

– outil culturel, par son abondante iconographie et ses notices sur les villes et villages traversés, il favorise la découverte ou la redécouverte d'un large panorama de richesses artistiques, culturelles et vitivinicoles.

– outil touristique, par sa riche cartographie, il fournit les précisions indispensables à un voyage fructueux : indication de l'itinéraire avec le numéro des routes, présentation des principales curiosités situées sur l'itinéraire par des pictogrammes, indications des communes qui méritent un arrêt pour leurs richesses artistiques et la présence de producteurs sélectionnés.

– outil pratique, par sa sélection rigoureuse effectuée avec l'aide du Guide Hachette des vins *de producteurs signalés dans l'ordre de l'itinéraire, il est l'occasion de passionnantes découvertes et permet au lecteur de parfaire sa connaissance du vin en l'appréciant dans son environnement culturel et géographique.*

Ce livre comprend deux parties très distinctes, mais qui s'interpénètrent l'une l'autre :

- ■ un guide thématique qui expose tout ce qu'il faut connaître sur l'univers du vin.
- ■ un guide pratique et touristique qui permet d'explorer les vignobles région par région.

Le **guide thématique** est présenté sur des pages de couleur situées entre deux régions géographiques vitivinicoles. Un sommaire donne le détail de tous les thèmes proposés dans l'ouvrage.

Le **guide pratique et touristique** présente seize régions de production qui offrent une certaine unité historique et géographique. Ainsi, le Forez a été rattaché à la région Centre, qui comprend l'Auvergne, et non à la Bourgogne comme il est de tradition.

Chaque région est traitée de la manière suivante :

Une présentation générale qui comporte un texte d'introduction, une carte, une chronologie des faits qui ont marqué l'histoire du vignoble, une histoire du vignoble, une présentation géographique détaillant la nature des sols et le climat, l'encépagement et la nature des cépages de la région ainsi que divers aspects traitant de la vigne, du vin et de son économie.

- ■ La carte de la région indique les différents itinéraires proposés. Lorsqu'une région ne comporte qu'un seul itinéraire, seule la carte d'itinéraire est présentée.
- ■ Les encadrés sur les cépages donnent le descriptif ampélographique d'une centaine de variétés. Si un cépage est cultivé dans différentes régions, celui-ci ne fait cependant l'objet que d'une seule description. Il est représenté par la grappe et la feuille placés en vis-à-vis.
- ■ D'autres encadrés mettent en lumière des sujets d'intérêt touristique, qu'ils soient culturels ou historiques, ou bien encore des opinions et des témoignages liés à l'univers du vin.
- ■ Des fiches donnent la liste des appellations AOVQPRD (AOC et AOVDQS) autorisées dans chaque région. Les AOVDQS sont signalées par un astérisque.
- ■ Les itinéraires ont été conçus pour faire découvrir de la façon la plus agréable possible une région de production. Certains itinéraires sont relativement courts, d'autres sont beaucoup plus longs selon que l'on se propose de découvrir telle ou telle aire d'appellation. Chaque circuit couvre une zone géographique donnée et permet d'al-

terner la visite des vignobles et la découverte des richesses patrimoniales ou naturelles d'une région.
Chaque itinéraire est précédé d'une présentation – où sont exposés de façon détaillée les différents aspects vitivinicoles et touristiques des régions traversées – pour rendre, à travers les différents itinéraires, la richesse et la diversité des terroirs.

- La carte d'itinéraire comprend le tracé de l'itinéraire sur lequel des points d'arrêt ont été indiqués par un chiffre qui correspond à celui qui précède le nom du lieu dans le texte. Les noms de village en caractère droit désignent des lieux bénéficiant d'une appellation d'origine contrôlée AOVQPRD ainsi que certaines communes produisant des vins de pays lorsqu'elles sont expressément mentionnées comme telles dans le texte et situées sur un itinéraire. Les zones de couleur violette correspondent aux vignobles AOC et AOVDQS (VQPRD) et les zones vertes aux forêts. Chaque monument important, quel que soit son état de conservation, est signalé par un logo-type.
- Les étiquettes placées en regard de la carte signalent des coups de cœurs pour des crus célèbres ou des vins moins connus, remarquables pour leur qualité et représentatifs de la production de la région.
- Les dessins-cartes apportent une dimension supplémentaire et une vision en relief de certaines régions traversées.

Au cours d'un itinéraire, un certain nombre d'**aires d'appellation** régionales ou communales est traversé. Chaque appellation fait l'objet d'une fiche technique qui comporte des renseignements sur la superficie, l'encépagement, les rendements, le meilleur moment pour déguster les vins. Les chiffres communiqués sont ceux fournis par la DGDDI (Direction générale des douanes et des droits indirects) et l'INAO (Institut national des appellations d'origine). Sauf indication contraire, ils concernent les statistiques de 2001. Ces chiffres sont les seuls officiels, mais ils peuvent varier considérablement selon les années.

La présentation des fiches techniques prend trois aspects :

- S'il s'agit d'une appellation ne couvrant qu'une seule commune (appellation communale), les données figurent immédiatement sous le nom de la commune signalé par un bandeau de couleur mauve.

- S'il s'agit d'une appellation couvrant plusieurs communes, les données figurent dans un encadré de couleur mauve à l'endroit où l'on pénètre dans l'aire d'appellation.

- S'il s'agit d'une appellation régionale, les fiches sont placées, dans l'ordre des pages dans un encadré de couleur mauve, au moment où l'on aborde pour la première fois l'aire d'appellation et ne sont pas répétées même si l'on croise cette appellation au cours d'un autre itinéraire.

L**es étapes** correspondent à des lieux qui méritent un arrêt soit pour leurs richesses artistiques, historiques, culturelles ou touristiques, soit parce qu'on y trouve des producteurs intéressants.

L**es producteurs** ont été sélectionnés et classés par ordre alphabétique, en mettant à contribution les exigeants experts du renommé *Guide Hachette des vins*.
Cette sélection a été effectuée en s'appuyant sur les notes des dégustateurs établies sur plusieurs années. Seuls, ceux figurant sur l'itinéraire ou à proximité immédiate sont cités. Il existe des producteurs tout aussi remarquables en dehors de ces itinéraires. C'est la raison pour laquelle nous ne les avons pas cités. Notre sélection a privilégié les producteurs offrant une qualité régulière.
Le terme « À suivre » figurant à la suite indiquent des producteurs dont nous n'avons pas pu suivre la production sur un nombre d'années suffisant.

R**ègles typographiques**. Tous les noms d'appellation et de cépage, sans aucune exception sont orthographiés sans majuscule qu'il s'agisse de vins d'appellation ou de vins de pays (les vins de bourgogne sont produit en Bourgogne, les vins de pays des coteaux de l'ardèche issus de cépage syrah sont produits en Ardèche). Les noms des vins sont orthographiés avec des majuscules (le château Latour, le clos de Bèze, le domaine Zind-Humbrecht).

L**e glossaire** donne l'explication des principaux mots courants utilisés dans le domaine vitivinicole à l'exception des termes de la dégustation que l'on retrouvera dans le chapitre consacré aux mots du vin.

L**'index** renvoie aux noms propres, aux noms de communes, aux noms de producteurs, aux appellations et aux noms de cépages.

L'Est

Héritière d'une viticulture naguère florissante, cette région de Lorraine dont les vignobles connurent leur apogée à la fin du XIXᵉ siècle se remet à défricher et à produire des vins de qualité grâce à de jeunes viticulteurs courageux.

Les vins de Moselle

Prospère dès la période gallo-romaine, le vignoble des côtes de Moselle fait, au Moyen Âge, la richesse de la République messine en dépit des pillages des guerres féodales ou, plus tard, de la guerre de Trente Ans. Mais après chaque crise on replante des cépages plus grossiers. La qualité des vins baisse, accentuée à partir des XVIᵉ et XVIIᵉ siècles par l'augmentation de la consommation populaire et de celle de la garnison. Le vignoble souffre, en 1685, de l'exil des protestants, puis au XVIIIᵉ siècle de l'extension des fortifications de Metz.

L'industrialisation au XIXᵉ siècle enlève à la vigne les investisseurs et les ouvriers. Le chemin de fer fait affluer les vins du Languedoc, puis d'Algérie. Paradoxalement, l'annexion de la Moselle à l'Allemagne, en 1871, accorde un répit, voire une nouvelle prospérité au vignoble. La Moselle produit alors selon la méthode traditionnelle des mousseux réputés. Mais c'est aussi l'époque du phylloxéra. Le gouvernement allemand prend des mesures sévères, qui ne seront guère

Itinéraire

Cet itinéraire en trois parties nous fait découvrir les trois aires d'appellation des vins de Lorraine et nous mène entre deux villes historiques, puis, au nord, à travers de charmants villages de vignerons. On y rencontre de jeunes producteurs qui œuvrent aujourd'hui à redonner à ces vignobles, en voie de disparition, leur dimension d'antan, afin que leurs villages retrouvent leur vocation première.

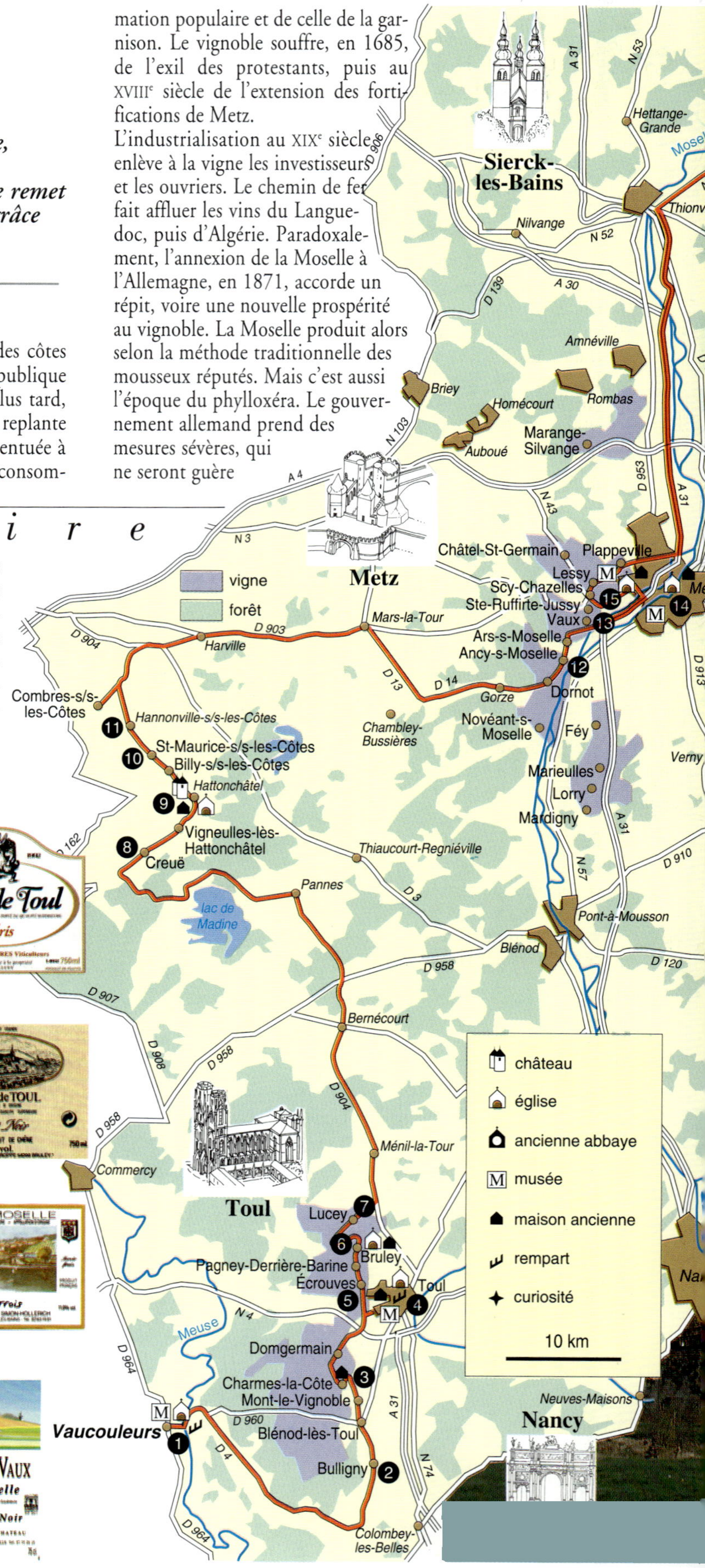

CHRONOLOGIE

1650 Publication d'ordonnances créant un code viticole lorrain.

1758 Arrêt du parlement de Metz ordonnant d'arracher les mauvais cépages.

XIXᵉ siècle Les vignobles de l'Est atteignent leur apogée.

1910 La création de l'appellation champagne, limitée au seul département de la Marne, puis de l'Aube, met un terme à l'achat par les vignerons champenois de vins de l'Est sous pressoir.

VINS DE PAYS DE MEUSE

Les vins élaborés sont, par ordre d'importance : le blanc (auxerrois et chardonnay), le gris (gamay et pinot noir) et le rosé (pinot noir et gamay) qui se distinguent par leur bouquet et leur fruité, le rouge (pinot noir et gamay) et la méthode traditionnelle (blanc de blancs et rosé).

Superficie : environ 35 ha.

Nature des sols : meubles et graveleux grâce aux éboulis calcaires, très bien exposés sur les côtes car abrités des brouillards, des gelées et des vents pluvieux de l'ouest, bénéficiant d'une insolation prolongée.

Récolte annuelle : environ 1 500 hl.

Rendement de base : 60 hl/ha.

Titre alcoométrique minimal : 8,5 % vol.

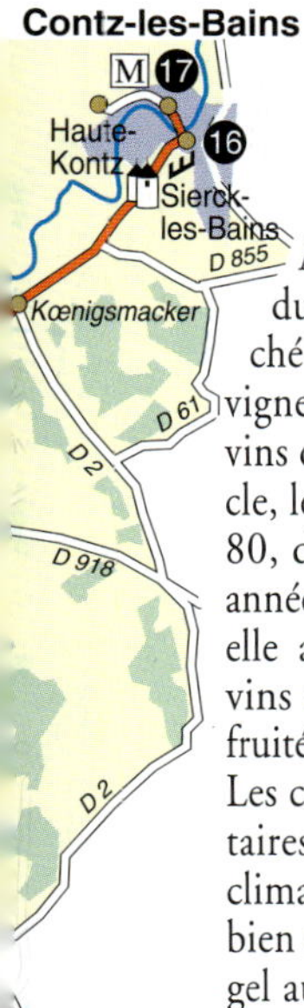

suivies par les viticulteurs mosellans, qui les ressentent comme autant de vexations de l'occupant. Des millions de ceps sont arrachés, remplacés par des hybrides de qualité inférieure.

Au sortir de la Première Guerre mondiale, la perte du marché allemand n'est pas compensée par le marché français. L'urbanisation des années 1960 prend à la vigne les meilleurs coteaux. Pourtant le label AOVDQS vins de moselle est créé en 1951. De 5 000 ha au XIXe siècle, le vignoble mosellan est passé à 50 ha dans les années 80, dont 16 exploités en AOVDQS. Depuis quelques années, de nouveaux viticulteurs replantent la vigne là où elle avait disparu, et s'orientent vers la production de vins de pays typés où dominent les vins blancs secs et fruités. En 2001, la récolte atteint 1 500 hl pour 33 ha.

Les coteaux de Moselle reposent sur les couches sédimentaires qui forment le bord oriental du Bassin parisien. Le climat continental, chaud en été et froid en hiver, avec des pluies bien réparties, est favorable à la viticulture malgré les attaques du gel au printemps.

J. B.

Sierck-les-Bains, *vallée de la Moselle, le vignoble. Proche de la frontière luxembourgeoise, le vignoble de Sierck-les-Bains produit les vins blancs secs et fruités de l'appellation vins de moselle.* Photo Jacques Guillard/Scope.

de Vaucouleurs à Contz-les-Bains

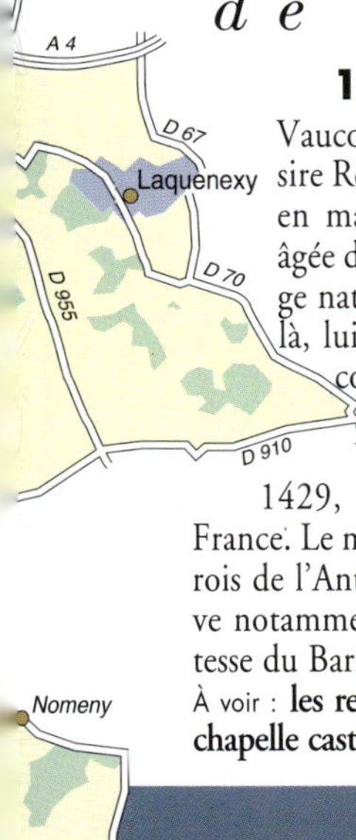

1 Vaucouleurs

Vaucouleurs est gouverné par le sire Robert de Baudricourt lorsque, en mai 1428, Jeanne d'Arc, alors âgée de seize ans, vient de son village natal de Domrémy, à 20 km de là, lui demander les moyens d'accomplir la mission dont elle se sent investie. En quittant Vaucouleurs, le 23 février 1429, elle franchit la porte de France. Le musée retrace le passé valcolorois de l'Antiquité à nos jours et conserve notamment des souvenirs de la comtesse du Barry.

À voir : **les restes de la porte de France ; la chapelle castrale ; le musée Johannique.**

Domrémy-la-Pucelle. *L'église a conservé la cuve baptismale du XIe siècle où Jeanne d'Arc fut baptisée.* Photo Jacques Sierpinski/Scope.

Côtes de Toul

Produits sur 8 communes à l'ouest de Toul, la plupart des vins qui portent cette appellation sont des vins gris, vendangés relativement tard, vers la fin d'octobre ; ce sont des vins légers, vifs et frais, d'une couleur rose pâle, acides, ce qui est assez agréable pour un blanc ou un rosé, mais beaucoup moins pour un rouge.

Superficie : 105 ha.

Encépagement :
vin rouge : pinot noir ;
vin blanc : aubin et auxerrois ;
vin gris : gamay, pinot noir (85 % au minimum), aubin, meunier, auxerrois (15 % au maximum).

Nature des sols : argilo-calcaires très bien drainés et parfaitement exposés.

Récolte annuelle :
vin rouge : 500 hl ;
vin blanc : 580 hl ;
vin gris : 5 000 hl.

Rendement de base :
vin rouge : 65 hl/ha.
vin gris et blanc : 60 hl/ha

Titre alcoométrique minimal : 8,5 % vol.

Potentiel de garde : à boire jeunes, dans les trois ans qui suivent la récolte.

2 Bulligny

Village le plus méridional des côtes de Toul, Bulligny est, depuis fort longtemps, une des plus importantes communes productrices du Toulois, ainsi que l'attestent les portes des granges, plus petites que celles des villages de plaine. Sa rue principale est l'une des plus longues de Lorraine.

3 Charmes-la-Côte

À Charmes-la-Côte, certaines maisons caractéristiques de l'architecture lorraine sont jusqu'à six fois plus profondes que larges.

4 Toul

Ancienne capitale des Leuques et siège épiscopal du IVe au XVIIIe siècle, Toul fut occupée par le roi de France, Henri II, et devint définitivement française grâce au traité de Westphalie en 1648. Place forte fortifiée par Vauban dès 1700, elle a échappé aux assauts de la Grande Guerre, mais elle subit d'énormes dégâts en 1939-1945.

La cathédrale Saint-Étienne (XIIIe-XIVe siècle), chef-d'œuvre d'art gothique dont la façade constitue un remarquable exemple de style flamboyant, possède une chapelle Renaissance et un très beau cloître du XIVe siècle. L'église Saint-Gengoult, jadis collégiale, est contemporaine de la cathédrale. On y découvre de magnifiques vitraux des XIIIe-XIVe siècles, offerts par Saint Louis en pèlerinage, ainsi qu'un cloître intéressant. Le Musée municipal sis dans le cadre privilégié de la maison-Dieu présente une belle collection de céramiques et d'objets liés à la viticulture. Les remparts, avec la porte de Metz qui a gardé son pont-levis, méritent une visite.

À voir : **le Musée municipal ; la cathédrale Saint-Étienne ; l'église Saint-Gengoult ; les remparts ; la rue du Général-Gengoult ; plusieurs maisons Renaissance (n°s 16, 26, 28, 30) ; l'ancien hôtel de Pimodan du XVIIe siècle (n°s 6, 6 *bis*).**

Les vins de la Meuse

La vigne fut implantée sur les côtes de la Meuse dès le Moyen Âge, notamment sous l'influence du clergé. Les cépages les plus répandus sont alors le gamay et le pinot. C'est au XIXe siècle que ce vignoble atteint sa plus grande extension. En 1833, le département de la Meuse compte 12 250 ha de terres plantées de vignes. À partir de 1870 s'amorce un déclin, amplifié par les ravages du phylloxéra et de la Grande Guerre. Celle de 1939-1945 redonne un léger essor à la viticulture : Vigneulles-lès-Hattonchâtel et Saint-Maurice-sous-les-Côtes font partie des vins gris de Lorraine par les arrêtés de 1943-1946. Dans les années 1970, des passionnés reprennent le flambeau et, dès 1980, est relancé le Syndicat des vignerons des Côtes de Meuse. En 1981 une grande partie de la production obtient la dénomination catégorielle vins de pays de la meuse. N. L.

Toul, église Saint-Gengoult, le cloître *(XVIe siècle). L'élévation des voûtes en étoile et les doubles baies témoignent du style gothique flamboyant.* Photo Jacques Sierpinski/Scope.

Les côtes de Toul

Dès l'époque romaine, la vigne est cultivée dans le Toulois. Charlemagne, qui possède villas et vignobles à Foug et Gondreville, semble avoir veillé personnellement au choix des cépages et à la vinification. Les évêques de Toul et les ducs de Lorraine continuent de s'inscrire dans cette tradition. En 1650, les ordonnances des souverains établissent un Code viticole lorrain qui restera en vigueur jusqu'à la veille de 1789, créant une des premières notions d'appellation d'origine. Le vignoble connaît alors un bel essor. La Révolution permet aux ouvriers et aux métayers de devenir propriétaires. En 1865, sur les 47 000 ha de vignes de Lorraine, on en compte 6 000 dans le Toulois. Le début du

Les appellations

Les appellations de l'Est sont au nombre de 3.

Côtes de toul
Marc de lorraine
Moselle*

*VDQS

5 Écrouves

À mi-côte au-dessus de ce village vigneron s'élève une église rurale qui, avec son clocher du XIIe siècle et sa nef du XIIIe siècle, allie les styles roman et gothique.

6 Bruley

Le village, dont on distingue la magnifique église dressée au milieu des vignes, a vu naître en 1962 la confrérie de la Capucine, du nom de l'emblème qu'elle a choisi : une bouteille de chêne cerclée de cuivre qu'utilisaient les vignerons du Toulois au XIXe siècle. Maintes habitations vigneronnes, baptisées maisons-boyaux, s'étalent en profondeur, telle la maison du Calvaire, qui a 8 m de large sur 47 de long !

Société vinicole du Toulois : famille Laroppe, 253, rue de la République, 54200 Bruley. Tél. 03 83 43 11 04, tlj sauf dimanche, 8 h-12 h et 13 h 30-18 h 30. Cette société s'est attachée à diversifier sa production et présente, à côté du traditionnel vin gris par pressurage immédiat du gamay, des blancs issus d'aubin et d'auxerrois – cépages particulièrement bien adaptés au climat – et des rouges à la personnalité évidente.

7 Lucey

Son étymologie latine signifie « village de lumière », c'est le plus important bourg viticole du Toulois par sa superficie et par sa production. Il ne possède pas de caves voûtées, car il fut longtemps la propriété des évêques de Toul qui vinifiaient leur vin à l'évêché. Il constitue un exemple type de l'habitat traditionnel, avec ses maisons construites en profondeur, coupées par une cour.

La Maison lorraine de la polyculture offre l'ordonnancement caractéristique des logis du vignoble régional, étroit, étiré, dont la majeure partie est réservée au travail. Le vieux pressoir se remet en marche chaque année à l'époque des vendanges. Une loge (ou loche) abrite le matériel nécessaire au vigneron : tendelins, cuvelles. Par le jardin, on se rend dans les vignes pour admirer d'un chemin haut une vue superbe sur la vallée.

André et Roland Lelièvre : 3, rue de la Gare, 54200 Lucey. Tél. 03 83 63 81 36, tlj 8 h 30-12 h 30 et 13 h 30-19 h. Cette propriété familiale est la plus importante exploitation des côtes de toul.

De Lucey par la D 904, à travers le parc régional de Lorraine, on gagne Pannes. On prend à droite en direction d'Heudicourt-sous-les-Côtes. La route longe le lac de Madine. On gagne ensuite Chaillon pour se diriger sur Creuë.

8 Creuë

Dans ce charmant village à proximité du lac de Madine subsistent de belles maisons vigneronnes typiques, actuellement en cours de restauration. Quelques viticulteurs ont entrepris d'y recréer le vignoble des Côtes de Meuse.

Laurent Degenève : 7, rue des Lavoirs, 55210 Creuë. Tél. 03 29 89 30 67, tlj 8 h-12 h et 13 h 30-19 h. Cet exploitant élabore des vins de la meuse et la fameuse mirabelle de Moselle.

9 Hattonchâtel

Perchée sur son promontoire, cette pittoresque bourgade tire son nom de la place forte construite par l'évêque de Verdun, Hatton, au IXe siècle. On y a une vue grandiose sur la plaine de la Woëvre. Reconstruite au XIVe siècle, l'église, dont une chapelle renferme un magnifique retable Renaissance attribué à Ligier Richier, est décorée de vitraux modernes de Gruber. L'ancien château, démoli sur ordre de Richelieu, a été reconstruit entre 1924 et 1928 dans un

XXe siècle voit s'amorcer le déclin des côtes de toul. La création, vers 1910, de l'appellation champagne met un terme à l'achat, par les vignerons de la province voisine, des vins gris sous pressoir qu'ils avaient l'habitude de transformer chez eux. La Grande Guerre entraîne une pénurie de main-d'œuvre et la superficie exploitée diminue considérablement. En 1939 ne subsistent que quelques centaines d'hectares. Quelques viticulteurs tenaces obtiennent cependant, en 1951, la reconnaissance en AOVDQS, en 1998, celle en AOC. En 2001, 105 ha de vignes ont produit 6 000 hl environ.

Le climat semi-continental, avec ses températures élevées en été, est propice à la vigne en dépit des fréquentes gelées de printemps qui nécessitent des cépages rustiques. Les sols argilo-calcaires d'âge jurassique sont très bien drainés et particulièrement bien exposés. N. L.

Les cépages de l'Est

Les cépages utilisés en Lorraine sont, pour les vins de moselle, le pinot noir, gris ou blanc, le gamay (30 % au maximum), le meunier, l'auxerrois, le riesling, le gewurztraminer, le müller-thurgau ; pour les côtes de toul en vin rouge, le meunier et le pinot noir ; pour les côtes de toul en vin blanc, l'aligoté, l'aubin, l'auxerrois ; pour les côtes de toul en vin gris, pour les cépages principaux, le gamay, le meunier, le pinot (l'ensemble pour 85 % au minimum), et pour les cépages secondaires, l'aligoté, l'aubin, l'auxerrois (l'ensemble pour 15 % au maximum).

L'aubin est le seul cépage autochtone, tandis que les autres proviennent des régions voisines. L'aubin possède des feuilles bullées, gaufrées, révolutées et assez profondément trilobées, avec le sinus pétiolaire en V fermé ou faiblement ouvert ; des dents ogivales, moyennes ; le limbe en dessous est aranéeux avec les nervures pubescentes. Les grappes, de petites à moyennes, sont tronconiques, ailées et très compactes ; les baies sphériques, petites, d'un blanc doré, donnent peu de jus ; elles viennent à maturité en première époque.
P. G.

style néogothique par une riche Américaine, séduite par le site. La mairie abrite le musée Louise-Cottin, artiste peintre de genre anecdotique, second grand prix de Rome en 1938, dont on présente une centaine de toiles.
À voir : **le château ; l'église ; la maison à arcades gothiques.**

10 Saint-Maurice-sous-les-Côtes

La guerre de 1914-1918 ayant détruit une partie de la région, le vignoble était tombé en désuétude. C'est en 1980 que quelques jeunes décidèrent de replanter en cépages recommandés les coteaux les mieux exposés du village situé « sous les côtes de la Meuse ».

Évelyne et Philippe Antoine : 6, rue de l'Église, 55210 Saint-Maurice-sous-les-Côtes. Tél. 03 29 89 38 31, sur R-V. Les coteaux récemment replantés par Mme Antoine produisent un vin de qualité, ainsi que des alcools qui ont fait la réputation de la région. Vins produits : vin gris ; vin rouge ; vin blanc.

11 Hannonville-sous-les-Côtes

Un écomusée permet aux visiteurs de se plonger dans l'atmosphère d'un intérieur rustique et fonctionnel de paysans vignerons du XIXe siècle, depuis la belle chambre jusqu'au cellier. Les vitrines d'exposition prouvent la richesse et la diversité d'un artisanat spécifique : la tonnellerie.

La D 903 nous amène à Mars-la-Tour ; on prend ensuite la D 13 puis la D 14, une très jolie route touristique, qui mène à Gorze où saint Chrodegang (712-766), évêque de Metz, fonda une des plus importantes abbayes bénédictines d'Occident.

Hattonchâtel. *Le château Skinner a été reconstruit dans un style néogothique au XXe siècle.*
Dessin atelier D. Duplantier.

MOSELLE*

Les vins de moselle sont originaires de 3 secteurs géographiques très distincts : des environs de Metz proviennent les clairets de la Moselle qui sont souvent des rosés légers ; aux alentours de Sierck-les-Bains, où la viticulture est influencée par celle du Luxembourg tout proche, avec ses vignes hautes et larges, on produit essentiellement des vins blancs secs et fruités ; et près de Vic-sur-Seille, on produit du vin gris.

Superficie : moins de 33 ha (en 2001).
Encépagement : auxerrois, gamay (30 % au maximum), gewurztraminer, müller-thurgau, pinot noir, pinot blanc, pinot gris, riesling.
Récolte annuelle :
vin rouge : 300 hl ;
vin blanc et rosé : 1 300 hl.
Rendement de base : 60 hl/ha.
Titre alcoométrique minimal : 8,5 % vol.
Potentiel de garde : à boire très jeunes.

* AOVDQS

12 Ancy-sur-Moselle

Ancy fut un des grands villages viticoles des côtes de Moselle. Une confrérie s'emploie à valoriser le blanc local.

Michel Maurice :
1-3 place Foch, 57130 Ancy-sur-Moselle. Tél. 03 87 30 90 07 sur R-V.
Viticulteur passionné et méticuleux, Michel Maurice cultive un vignoble encépagé en auxerrois et en gamay.

On traverse Ars-sur-Moselle où la vigne connut des heures de gloire. L'aqueduc gallo-romain fut édifié au IIe siècle pour alimenter la ville de Metz en eau.

13 Vaux

À Vaux, le passé vigneron est inscrit dans l'architecture des maisons, la décoration de leur façade et le tracé des ruelles escarpées, jalonnées de trappes de caves.

Marie-Geneviève et Norbert Molozay : château de Vaux, 4, place Saint-Rémi, 57130 Vaux.
Tél. 03 87 60 20 64, sur R-V.
Norbert et Marie-Geneviève Molozay se sont installés au cœur du village viticole de Vaux, en 1999, dans un château remanié en 1870 et dont les caves voûtées datent du XIIIe siècle. Jeunes œnologues, ils pratiquent les vendanges manuelles, 100 % égrappées, et un élevage bourguignon traditionnel en fût de chêne.

14 Metz

Metz (123 920 habitants), actuel centre administratif de la Lorraine, fut considéré comme la capitale sacrée de la Gaule orientale, alors que Nancy et Strasbourg n'existaient pas ! Importante cité romaine, siège d'un évêché, à la tête du royaume d'Austrasie, berceau de la dynastie carolingienne, ville médiévale prospère au commerce plus que florissant, puissante forteresse à la veille de 1789, elle connut aussi les affres de l'annexion entre 1871 et 1918. Vauban disait : « Les forteresses défendent leur province, Metz défend l'État. »

Les musées de la Cour-d'Or réunissent en un seul lieu les sections d'archéologie, d'architecture et d'art. Dans leurs bâtiments se trouvent des thermes romains et le grenier de la ville du XVe siècle. Déroulant le fil de l'histoire du pays messin selon une présentation unique en Europe, on peut y admirer des œuvres de Delacroix, Corot, Moreau, Alechinsky, Manessier… Y sont exposées des collections ayant trait à la viticulture.

On peut y voir des objets insolites tels que des passoires de poche ; en effet à l'époque gallo-romaine, l'on dégustait, aromatisé à la violette, à l'anis ou au safran, un vin si épais qu'il fallait le passer et le couper d'eau avant de le servir. La cathédrale Saint-Étienne (XIIIe-XVIe siècle) est l'un des plus beaux édifices gothiques de France ; à l'intérieur, les vitraux anciens datent des XIIIe, XVe et XVIe siècles, les vitraux modernes sont signés Villon, Bissière, Chagall. L'église Saint-Pierre-aux-Nonnains est la plus vieille de France (restes d'une basilique civile romaine du IVe siècle). La gare, chef-d'œuvre du style néo-rhéno-roman, une des plus étonnantes de son époque en Europe, s'inspire de modèles religieux médiévaux de la vallée du Rhin.

À voir : **les musées d'Art et d'Histoire de la Cour-d'Or ; la cathédrale Saint-Étienne ; l'église Saint-Pierre-aux-Nonnains ; la place Saint-Louis avec ses arcades médiévales et ses maisons Renaissance aux contreforts de pierre ; la gare ; l'Arsenal, salle de spectacle musical ou chorégraphique réinventée par Ricardo Bofill, au cœur de l'ancienne citadelle ; les restes des remparts des XIIIe et XVe siècles, avec la porte des Allemands ; le palais du Gouverneur néo-Renaissance construit dans les années 1900.**

15 Scy-Chazelles

Il s'agit du regroupement de deux villages de vignerons aux ruelles étroites, qui dominent de 200 m la vallée de la Moselle.

À voir : **les fontaines et les lavoirs ; l'église fortifiée de Scy, mi-romane mi-gothique ; l'église de Chazelles du XIIe siècle ; la maison (transformée en musée) de Robert Schuman, le père de l'Europe.**

De Scy-Chazelles, on gagne rapidement Sierck-les-Bains par l'A31 puis par la N 153 à partir de Thionville.

Vic-sur-Seille

La vigne y fut longtemps très prospère. En 1898, avec 323 ha, Vic-sur-Seille était la plus importante commune viticole de Lorraine. Touchée par le déclin, elle ne comptait plus que 3 ha en 1985. Depuis quelques années, une politique de relance a permis la délimitation de 120 ha en AOVDQS moselle et l'introduction de nouveaux cépages de qualité.

Vic-sur-Seille, hôtel de la Monnaie *(vers 1456). Natif de la ville, Georges de La Tour a connu cette maison de style gothique, aujourd'hui parfaitement restaurée.* Photo Jacques Sierpinski/Scope.

À voir : le musée aménagé dans l'hôtel de la Monnaie et consacré à Georges de La Tour ; le château ; l'église Saint-Marien. N. L.

16 Sierck-les-Bains

Cette ancienne station thermale, qui s'étire le long de la Moselle, avec ses rues bordées de maisons Renaissance et du XVIIe siècle qui grimpent vers les ruines de son castel médiéval, nous replonge dans une atmosphère moyenâgeuse.

À voir : **la tour de l'Horloge ; la tour des Sorcières ; la porte Neuve ; la citadelle du XIe siècle qui offre une magnifique vue sur la vallée ; le Stromberg, impressionnant éperon rocheux couvert de vignes.**

17 Contz-les-Bains

Le musée du Vin s'ouvre au rez-de-chaussée sur deux salles voûtées réservées à la dégustation des crus locaux. À l'étage est révélé l'univers du viticulteur à travers ses outils. Là se réunit la confrérie Wirrich von Berg, qui veille à la promotion des vins locaux et à la sauvegarde des coutumes. Ce village, agrippé à l'adret des côtes de Moselle, a su conserver son cachet de village vigneron avec ses belles caves voûtées.

Joseph Mansion : 1, rue du Pressoir, 57480 Contz-les-Bains.
Tél. 03 82 83 84 91, sur R-V.
Joseph Mansion fait partie de ces hommes qui font vivre la tradition viticole. Il a développé son exploitation sans oublier la cave, ce qui lui permet de présenter des vins parfaitement vinifiés : vin rosé de pinot noir ; vin blanc de müller-thurgau.

Jeanne et Joseph Simon-Hollerich : 16, rue du Pressoir, 57480 Contz-les-Bains. Tél. 03 82 83 74 81. Jeanne et Joseph Simon, descendants d'une longue lignée de viticulteurs, vous présentent chacun leur vin, et vous accueillent dans une charmante petite cave voûtée. N. L.

De Nancy à Toul, *le pays des côtes. Sur les reliefs prospèrent riches cultures et vignobles.* Dessin atelier D. Duplantier.

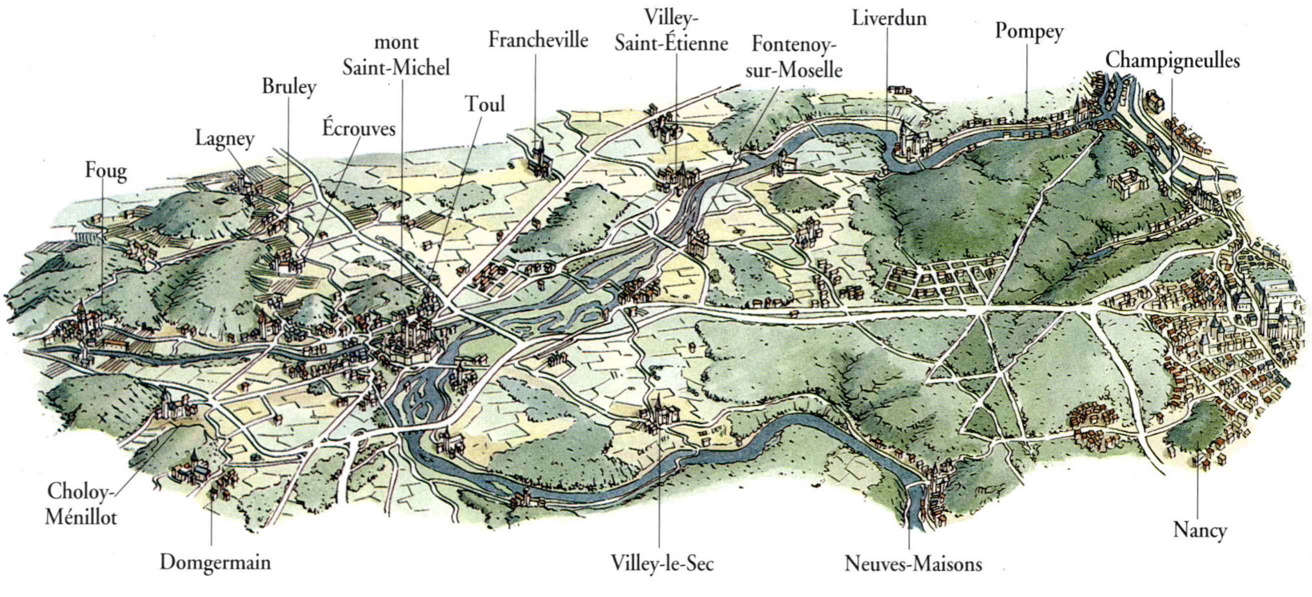

Évolution de la vigne dans le monde

Qu'elles soient cultivées ou spontanées, les vignes actuelles appartiennent au genre Vitis, *lequel fait partie de la famille des vitacées, dont les premières espèces fossiles paraissent remonter au crétacé inférieur. À partir d'un rameau commun, elles se sont diversifiées en nombreuses espèces avant d'être, peu à peu, domestiquées par l'homme sur l'ensemble des continents.*

Argentine, vignoble Carlos Gonzales. *Sur un terroir traversé par un important réseau d'irrigation et bénéficiant d'un climat propice à la culture de la vigne, l'Argentine et le Chili produisent les meilleurs vins d'Amérique du Sud.*
Photo Charles Bowman/Scope.

Le *Cissus* végétal, plus ancien genre connu, apparaît avec certitude au début du tertiaire, au cours de l'éocène inférieur (les traces fossiles retrouvées jusqu'à présent remontent à 65 millions d'années av. J.-C.), soit en Amérique du Nord (parc national de Yellowstone, Wyoming), soit en Europe, d'abord en France, puis en Angleterre dans le Kent et le Suffolk. Mais il faut encore descendre l'échelle du temps pour rencontrer de véritables représentantes des vitacées.

Les origines des vitacées

Lors du miocène (25 millions d'années av. J.-C.), la présence des vitacées est plus largement attestée par les restes de feuilles et de pépins que l'on a retrouvés en Allemagne, en Islande, en France (notamment en Ardèche), mais aussi au Japon et en Amérique du Nord.

Remontant au pliocène inférieur (7 millions d'années av. J.-C.), une nouvelle espèce (*Vitis subintegra*) a été découverte dans les cinérites du Cantal, puis une autre (*Vitis salyorum*) dans les tufs de la Valentine, près de Marseille.

À compter du quaternaire (3 millions d'années av. J.-C.), on observe des vignes à Meyrargues en Provence, ainsi que dans les tufs calcaires de Castelnau près de Montpellier. De même, on rencontre des restes de vignes dans diverses localités autour de Rome.

Les premières traces certaines de la rencontre de l'homme avec les vignes préhistoriques (*Vitis silvestris*) sont avérées dès le néolithique (6000-3000 av. J.-C.), à l'âge de la pierre polie, par des graines recueillies en Suisse, à Wengen, dans les palafittes de Steekborn, et dans les habitations lacustres de Saint-Blaise. Des restes de vignes néolithiques ont également été trouvés à Casale, en Italie, et à Bovère, en Belgique.

Plus tard, des graines de vignes de l'âge du bronze (2400-1200 av. J.-C.) se rencontrent en Italie, dans les habitations lacustres de Castione, près de Parme, ainsi que sur les bords des lacs de Garde et de Varese. On a aussi pu constater que des sarments et des pépins ont été récoltés dans les habitations lacustres de Fontanellato.

La Laurasie, berceau des vitacées

On peut tenter de distribuer les genres en s'appuyant sur la théorie de Wegener relative à la dérive des continents. À l'origine, selon Wegener, il n'existe qu'un supercontinent, appelé Pangée (terre unique), formé par l'emboîtement des continents actuels. Du début du secondaire jusqu'à l'éocène, ce supercontinent commence sa division en deux grandes masses : la Laurasie, dans l'hémisphère Nord, et le continent de Gondwana, dans l'hémisphère Sud.

La Laurasie peut être considérée comme le berceau des vitacées (*Vitis, Ampelopsis, Cissites*), puisque c'est là que l'on a trouvé les premières espèces fossiles. Mais il est intéressant de noter que les genres vivant dans ces régions ne représentent que 14 % de la famille des vitacées. À l'inverse, les vitacées du continent de Gondwana, à nombre chromosomique de base différent, représentent, avec 949 espèces, plus de 86 % de la famille. Ce sont principalement des plantes de zones tropicales ou intertropicales, avec les grands genres *Cissus, Cyphostemma, Cayratia, Tetrastigma, Ampelocissus, Rhoicissus, Pterisanthes,* et d'autres petits genres endémiques.

On peut émettre l'hypothèse que les genres les plus anciens de l'hémisphère austral sont ceux qui se rencontrent sur les quatre continents, et qui seraient donc nés avant le morcellement du continent de Gondwana : *Cissus* et *Ampelocissus.* Plus tard, après la séparation de l'Amérique du Sud, et avant l'isolement définitif de l'Australie, seraient apparus les genres *Cayratia* et *Tetrastigma*, connus seulement sur trois continents.

Enfin, les genres endémiques à un continent seraient les plus récents : *Pterisanthes, Puria, Yua* en Asie, *Clematicissus* en Australie, *Rhoicissus* en Afrique australe, et *Pterocissus* en Amérique centrale.

La dissémination du genre *Vitis*

Les vignes spontanées, dites sauvages, se répartissent dans l'hémisphère boréal en trois grands groupes : la vigne indo-européenne, la seule connue depuis l'Antiquité, et dont dérivent tous les cépages cultivés, qui constitue une seule espèce botanique, *Vitis vinifera* L (avec sa sous espèce *Vitis silvestris Gmel*) ; les vignes américaines, décrites à partir de Linné en 1753, et de Michaux en 1803 ; les vignes asiatiques, qui ont été spécifiées au cours du XIXe siècle par les botanistes et les missionnaires catholiques.

Les vignes européennes

Avant l'apparition de l'homme, à la fin du tertiaire, soit 3 millions d'années environ av. J.-C., la dissémination des vignes spontanées a dû se faire essentiellement par l'intermédiaire des oiseaux, très friands de raisins. On ne sait pas à quelle époque les hommes ont commencé à s'intéresser aux raisins, qu'ils cueillaient pour se nourrir, avec d'autres fruits sauvages, pendant la longue période de nomadisme. L'existence de graines de vignes dans les habitations lacustres de Suisse et d'Italie démontre déjà un certain niveau de vie, les hommes étant, en partie ou en totalité, sédentaires et rassemblant leurs récoltes près de leurs habitations pour les stocker et augmenter la durée de consommation, en utilisant sans doute le procédé du séchage des raisins au soleil.

On ignore également qui eut, le premier, l'idée de faire du vin, mais on sait que les Égyptiens en produisaient déjà vers 4 500 ans av. J.-C., comme en témoignent les peintures trouvées dans les tombeaux de cette époque. Selon les récits mythologiques, ce serait d'ailleurs Osiris qui aurait enseigné aux Égyptiens la culture du blé et de la vigne. De l'Égypte, la culture de la vigne et l'élaboration du vin passèrent chez les Chaldéens (vers 3 800 ans av. J.-C.), puis chez les Crétois (3 000 ans), enfin chez les Phéniciens (1 500-1 000 ans) qui colonisèrent Rhodes, Malte, la Sicile, la Corse et les Baléares. Suivirent ensuite les Grecs (1 000 ans), les Juifs, qui apprirent probablement la culture de la vigne durant leur captivité en Égypte, les Étrusques, et enfin les Romains qui la développèrent dans tout leur Empire. Ainsi, la vigne fut peu à peu domestiquée sur le continent, mais les vignes sauvages, nommées *Vitis silvestris* ou *Vitis vinifera var silvestris,* existent encore dans plusieurs pays d'Europe : Allemagne, Russie, Grèce, Bosnie-Herzégovine. Avant l'invasion phylloxérique on rencontrait des vignes spontanées en France (Aquitaine, Languedoc, Cévennes, Provence, Dauphiné, Bourgogne) et dans divers pays : Belgique, Luxembourg, Suisse, Italie, Autriche, Bulgarie, Roumanie, Arménie, Géorgie, Azerbaïdjan, Afghanistan, Algérie, Tunisie et Maroc.

Les vignes américaines

Bien avant la découverte de l'Amérique par Christophe Colomb, il y avait des vignes sur ce continent, et les voyages que firent les Scandinaves, du Xe au XIVe siècle, sur la côte orientale, permirent peut-être à ceux-ci d'en rencontrer.

Napa Valley, Californie. *Ce terroir d'élection du cabernet-sauvignon fournit des vins rouges, parmi les meilleurs de Californie. Actuellement installé dans le fond des vallées fertiles, le vignoble entame la conquête des coteaux.*
Photo Sara Matthews/Scope.

Plus tard, en 1565, le capitaine John Hawkins, visitant les établissements espagnols de Floride, signala que les colons cultivaient des vignes sauvages, qui étaient probablement des muscadines, natives de cette région. Les premières vinifications de ces raisins, en 1564, auraient été réalisées par des protestants français. Les premiers colons anglais, envoyés par Raleigh en 1584, décrivirent aussi des terres pleines de vignes en Virginie et en Caroline du Nord, spécialement dans l'île de Roanoke.

Mais les vignes américaines sont désormais bien connues dans les vignobles européens. En effet, introduites en Europe au siècle dernier, elles sont responsables de l'apparition du mildiou, de l'oïdium, du black-rot et du phylloxéra, cette dernière maladie ayant détruit tout le vignoble européen, et obligé les vignerons à greffer les variétés de *Vitis vinifera* sur des hybrides américains, ou à planter des hybrides producteurs directs.

Les vignes asiatiques

Ces vignes sont botaniquement très différentes des vignes américaines, par leurs feuilles entières ou quinquefoliolées, et par leurs rameaux qui portent parfois des épines plus ou moins volumineuses, ou des poils glanduleux renflés à leur extrémité supérieure.

Les vignes asiatiques offrent peu d'intérêt viticole : elles ne produisent, en effet, que de petites grappes à baies réduites et ne résistent pas aux maladies américaines. En Orient, d'ailleurs, et plus particulièrement en Chine, l'introduction de vignes européennes, en provenance de Perse, d'Afghanistan ou du Caucase, remonterait à deux mille ans avant notre ère. Plus au nord du continent asiatique, enfin, et reflétant l'expansion de vignobles sur toute la surface de la terre, quelques croisements ont été réalisés pour obtenir des plants résistant au froid sibérien.

P. G.

Le vin dans le monde

Profitant de la destruction du vignoble européen par le phylloxéra à la fin du XIXe siècle, les autres continents entreprirent d'étendre considérablement leurs surfaces viticoles. La vigne occupe désormais dans le monde 8,3 millions d'hectares pour une production de 300,5 millions d'hectolitres de vin, 83,3 millions de quintaux de raisins de table et 10,3 millions de quintaux de raisins secs. Chaque pays cultive des cépages qui lui sont propres et seuls seront mentionnés ici les principaux d'entre eux. Certaines variétés connaissent un succès international et se retrouvent dans tous les pays.

L'EUROPE

Elle demeure le principal foyer de la culture de la vigne, avec 4,7 millions d'hectares, et vient en tête non seulement pour le volume de ses récoltes (185,1 millions d'hectolitres), mais aussi pour la qualité des produits récoltés. Les peuples européens sont aussi les principaux consommateurs de vin, et plusieurs millions d'hectolitres de vins sont exportés chaque année à travers le monde.

La France (917 000 ha) a produit 59,7 millions d'hectolitres en 2000 à partir des cépages carignan, ugni blanc, grenache, merlot, cinsaut, cabernet-sauvignon, aramon, gamay, cabernet franc, syrah, pinot, chardonnay, sémillon, alicante-bouschet, sauvignon, muscadet, meunier, chenin, macabeu, terret, mauzac, mourvèdre, cot, colombard, muscat blanc.

L'Italie (908 000 ha) récolte 51,6 millions d'hectolitres, avec un encépagement très varié : sangiovese, catarrato, trebbiano de Toscane, barbera, negro amaro, montepulciano, merlot, trebbiano romagnolo, primitivo, nuragus, malvasia di Candia, garganega, ansonica, calabrese, malvasia del Chianti, aglianico, nerello mascalese, muscat blanc, grenache, dolcetto, pinot blanc, prosecco, nebbiolo, canaiolo.

L'Espagne (1 180 000 ha) produit 41 millions d'hectolitres, fournis par airen, grenache, bobal, mourvèdre, tempranillo, pardilla, macabeu ou viura, palomino, alicante-bouschet, negra comun, parellada, xarello, carinena.

Le Portugal (261 000 ha) récolte 6,6 millions d'hectolitres, avec les cépages fernao pires, periquita, malvasia, baga, vinhao, trincadeira, touriga francese, tinta barroca, tinta roriz, mourisco, vital, borraçal, bastardo, boal.

La Grèce (129 000 ha) produit 3,5 millions d'hectolitres avec les cépages savatiano (pour les vins Retzina), rhoditis rose, mavroudi, liatiko, fileri, romeiko, muscat, xynomavro.

L'Allemagne (105 000 ha) produit 9,8 millions d'hectolitres, obtenus avec les cépages blancs müller-thurgau, riesling, sylvaner, kerner, scheurebe, bacchus, morio-muskat, faberrebe, huxelrebe, ortega et elbling, tandis qu'en rouge on a pinot, portugais bleu, trollinget, pinot meunier.

Le Luxembourg (1 300 ha) récolte 132 000 hl avec le rivaner ou müller-thurgau, elbling, auxerrois, riesling, pinot blanc et gris.

La Grande-Bretagne (500 ha) a produit 26 000 hl à base de müller-thurgau, reichensteiner, seyval, cascade, léon-millot, chardonnay, pinot noir et gris.

La Suisse (15 000 ha) récolte 1,2 million d'hectolitres, dont une majorité de vins blancs, avec les cépages chasselas ou fendant, pinot, gamay, merlot, müller-thurgau, sylvaner, pinot gris, chardonnay, amigne, humagne.

L'Autriche (51 000 ha) produit 2,3 millions d'hectolitres avec les cépages veltliner vert, müller-thurgau, riesling italien, portugais bleu, blaufrankisch, chardonnay, neuburger, riesling, muscat ottonel, traminer, pinot noir et gris.

La Hongrie (85 000 ha) récolte 3 millions d'hectolitres, dont 70 % de vins blancs, à partir de kadarka, riesling italien, kövidinka, ezerjo, mezes blanc, müller-thurgau, pamid, chasselas, furmint, harslevelu, portugais bleu, limberger.

Piesport, *vignoble de Moselle. Situé au pied du Goldtröpfchen sur un vaste amphithéâtre plein sud, les vignes produisent un vin très parfumé.*
Photo Jacques Guillard/Scope.

La République Tchèque et la Slovaquie possèdent ensemble 38 000 ha de vignes pour une récolte de 1 150 000 hl de vins, obtenue avec veldiner vert, müller-thurgau, frankovka, riesling italien, sylvaner, riesling, saint-laurent, furmint, sauvignon, kadarka, pinot noir et gris, feteasca.

La Croatie, depuis l'éclatement de la Yougoslavie en 1991, cet état possède un vignoble d'une superficie de 59 000 ha et produit 2,9 millions d'hectolitres de vins avec une majorité de vins blancs (77 %) et des rouges (22 %) les rosés sont confidentiels, issus de grashevina, riesling du Rhin, gewurztraminer, chardonnay, sauvignon blanc, frankovka, portugais bleu plavac-mali refosk, debit, posip, zlahtina, enfin du merlot et du cabernet-sauvignon.

L'Albanie (5 000 ha) produit 170 000 hl de vins, avec les cépages grand noir de la Calmette, pinot, caberne- sauvignon, merlot, riesling italien, aligoté, muscat.

La Bulgarie (109 000 ha) récolte 2,4 million d'hectolitres avec ugni blanc, rcatzitéli, cabernet-sauvignon, gamza ou kadarka, merlot, pamid, dattier, dimiat, muscat blanc, riesling italien, mavroudi, riesling, chardonnay.

La Roumanie (230 000 ha) récolte 5 millions d'hectolitres avec des cépages locaux : cramposie, feteasca alba et regala, gordan, negru virtos, kadarka, coarna negra, limberger, braghina, galbena d'Odobesti, grasa, jordan, pamid et des cépages français du Bordelais et de la Bourgogne.

L'ancienne Union soviétique rassemblait de nombreux vignobles jusqu'en Asie centrale, sur 58 000 ha environ produisant 9,9 millions d'hectolitres avec de très nombreux cépages locaux : sapéravi, rcatzitéli, mtsvane, et des cépages français importés : aligoté, sémillon, chardonnay, sauvignon, pinot, cabernet sauvignon.

L'ASIE

C'est un des berceaux de la vigne, on y cultive 1 445 000 ha, dont beaucoup de raisins de table à consommer frais ou secs, car les populations asiatiques ne boivent pas de vin et la récolte atteint à peine 12,6 millions d'hectolitres.

L'Afghanistan (52 000 ha) ne récolte que des raisins de table, avec des cépages locaux, dont la sultanine.

L'Iran (270 000 ha) ne possède que des raisins frais et à sécher (sultanine, hosseine, phakhri, sahebi, dastatchine, khalili, gorachirine).

L'Inde (43 000 ha) n'a que des raisins de table locaux en dehors de l'isabelle sous le nom de bangalore blue, anab-e-shahi, bhokri, cheema sahebi, gulabi ou muscat de Hambourg, kandhari, sultanine, kalisahebi, banqui abyad, hussaini.

La Chine (260 000 ha) a une production de raisins de table frais (muscat de Hambourg, beichun) ou secs (sultanine), mais elle récolte aussi 5,7 millions d'hectolitres de vins avec cabernets, chardonnay, riesling, sauvignon, gewurztraminer.

Taiwan (5 000 ha) a un petit vignoble d'hybrides de *labrusca* pour résister aux pluies de la mousson.

La Corée du Sud (30 000 ha), en raison du froid hivernal et des pluies, cultive des hydrides américains – isabelle, campbell early, muscat bailey – ou français (seyval, villard noir, léon millot), et quelques cépages européens (pinot, riesling) pour produire des vins ou de l'alcool.

Le Japon (22 000 ha) produit 1,3 millions d'hectolitres de vins. L'encépagement comprend des hybrides de *labrusca* (concord, delaware, campbell early, muscat bailey).

La Turquie (581 000 ha) récolte 320 000 hl de vins, et beaucoup de raisins frais et de raisins secs. À côté de quelques cépages français (chardonnay, pinot, cinsaut, gamay, sémillon, riesling), on utilise des cépages locaux : émir, adakarassi, papaskarassi, yapindjak, beylerce.

Chypre (20 000 ha) récolte 534 000 hl avec le mavro noir, le xynisteri blanc, et produit aussi des raisins frais et secs (sultanine).

Le Liban (27 000 ha) produit 188 000 hl de vins et beaucoup de raisins de table avec des cépages locaux.

La Syrie (72 000 ha) ne produit que peu de vins, les raisins de divers cépages locaux étant réservés à la table.

L'Irak (52 000 ha) a un vignoble de raisins de table comprenant sultanine, taifi, khalili, beidh el haman, saidi, sadani.

Israël (6 000 ha) produit 80 000 hl de vins avec des cépages français : grenache, carignan, clairette, sémillon, cabernet sauvignon, des muscats et des raisins de table.

La Jordanie (2 000 ha) cultive surtout des raisins de table locaux et ne produit que peu de vins.

L'AFRIQUE

Elle est nettement moins viticole, avec 320 000 ha et une production de 10,4 millions d'hectolitres, car la plupart des vignobles ont été créés par les colons européens pour leurs besoins en vins, mais l'indépendance des pays musulmans a provoqué des arrachages massifs.

L'Algérie n'a plus que 70 000 ha de vignes et ne produit que 464 000 hl de vins avec les cépages méridionaux.

Le Maroc (50 000 ha) possède des cépages méridionaux : cinsaut, carignan, alicante-bouschet, grenache, ugni blanc, et récolte 300 000 hl de vins.

La Tunisie (29 000 ha) produit 412 000 hl de vins avec des cépages du Midi : carignan, grenache, mourvèdre, alicante-bouschet et muscat d'Alexandrie.

La Libye (6 000 ha) ne produit actuellement que des raisins de table et des raisins secs.

Madagascar (2 000 ha) et la Réunion cultivent un peu la vigne en employant principalement l'isabelle et divers hybrides de seyve-villard ou de seibel.

L'Égypte (54 000 ha) produit 26 000 hl de vins avec du grenache, du cabernet et du muscat, le solde étant des raisins de table.

L'Afrique du Sud (117 000 ha) produit 6,9 millions d'hectolitres de vins avec steen ou chenin, fransdruit ou palomino, hermitage ou cinsaut, hanepoot blanc ou muscat d'Alexandrie, thompson seedless ou sultanine, colombard, sémillon, clairette, pinotage, barlinka, cabernet-sauvignon, cape riesling ou cruchen blanc.

L'AMÉRIQUE

Elle totalise 799 000 ha de vignes depuis le Canada au nord jusqu'au Chili au sud et récolte 48,8 millions d'hectolitres.

Le Canada (7 000 ha) récolte 345 000 hl de vins, obtenus en majorité par des hybrides : concord, 256 vidal, seyval, niagara, aurore, verdelet, de chaunac, maréchal foch, baco noir, veeblanc, fredonia, delaware, elvira, catawba, dutchess, et des cépages français : riesling, chardonnay, auxerrois, gewurztraminer, pinot blanc.

Les États-Unis (413 000 ha) produisent 22,1 millions d'hectolitres de vins avec trois encépagements distincts : des hybrides de *labrusca* et des *French hybrids* dans les États de la côte atlantique : concord, fredonia, delaware, niagara, maréchal foch, léon millot, chambourcin, seyval, vidal blanc, baco noir, chancellor, de chaunac, chelois, vignoles, cayuga white ; des muscadines, issues de *V. rotundifolia* dans les États du Sud pour la production de vins et de raisins de table ; des variétés européennes en Californie et un peu dans les États voisins : sultanine, colombard, chardonnay, zinfandel ou primitivo, chenin, cabernet-sauvignon, emperor, flame tokay, barbera, sauvignon, grenache, muscat d'Alexandrie, carignan, pinot noir, merlot, syrah, napa gamay ou valdiguier, mission, berger ou monbadon.

Le Mexique (43 000 ha) produit 1,5 millions d'hectolitres avec comme principaux cépages carignan, grenache, chenin, zinfandel, palomino, cardinal, sultanine, mission, colombard, syrah, cabernet-sauvignon, barbera.

L'Argentine (209 000 ha) récolte 12,5 millions d'hectolitres avec les cépages suivants : criollas, ceresa, malbec, pedro-ximénès, moscatel rosado, muscat d'Alexandrie, bonarda, torrontès, tempranillo, mission, mourvèdre, barbera, chenin, sémillon, lambrusco, merlot, cabernet-sauvignon, ugni blanc, syrah, pinot gris.

Le Chili (174 000 ha) produit 6,6 millions d'hectolitres avec les cépages : pais ou mission, sultanine, flame seedless, cabernet-sauvignon, muscat d'Alexandrie, sémillon, sauvignon, merlot, ribier, pinot blanc ou chenin, torrontel.

Le Brésil (61 000 ha) produit 3,7 millions d'hectolitres avec des hybrides de *labrusca* : isabelle, herbemont, bordo, niagara, concord, dutchess, et quelques cépages européens : muscat blanc, riesling italien, sémillon, cabernet-sauvignon, italia.

L'Uruguay (11 000 ha) produit 1,8 million d'hectolitres avec isabelle, tannat, petit manseng, vidiella ou jurançon noir, colombard, sauvignon, merlot, ugni blanc, muscat de Hambourg, sémillon.

Le Pérou (11 000 ha) produit 127 000 hl de vins avec malbec, barbera, cabernet-sauvignon, carignan, grenache, alicante-bouschet, quebranta, torrontel, listan, molinera gorda, criollas ou negra corriente.

L'OCÉANIE

L'Australie (140 000 ha) récolte 8,5 millions d'hectolitres de vins avec sultanine, muscat d'Alexandrie, riesling, cabernet-sauvignon, syrah, grenache, sémillon, doradillo, chardonnay, palomino, pédro-ximénez, cabernet franc, ugni blanc.

La Nouvelle-Zélande (8 000 ha) produit 550 000 hl de vins avec 60 % d'hybrides de *labrusca* et quelques cépages européens : cabernet-sauvignon, chardonnay, traminer, riesling, müller-thurgau, chenin, gewurztraminer, palomino, sémillon. P. G.

Sonoma Valley. *Les vignobles de Preston sont établis dans la Dry Creek Valley sur la Russian River. Cette région voit se propager les plantations en chardonnay et pinot noir.* Photo Sara Matthews/Scope.

De l'usage du vin à travers les âges

Tout au long de l'histoire de France, le vin a tenu un rôle ambigu. Tour à tour bienfaisant et dangereux, il est le bien et le mal à la fois, le sang du Christ et l'œuvre du diable. Dans notre culture un peu trop manichéenne, voilà peut-être sa véritable puissance : il nous rappelle qu'en chacun de nous habite un Janus.

Au commencement était l'ivresse. Si l'on en croit Diodore de Sicile, les Gaulois étaient prêts à se damner pour un peu de vin : « Aimant le vin jusqu'à l'excès, ils boivent avec une passion furieuse et se mettent hors d'eux-mêmes en s'enivrant jusqu'au sommeil ou à l'égarement. » Pour eux, bien s'enivrer n'a pas de prix : ils vont « jusqu'à troquer une amphore contre un esclave, l'acheteur livrant son serviteur pour payer sa boisson ». Peut-être Diodore exagère-t-il un peu, dans le feu de sa démonstration. Mais son anecdote, transmise par des générations d'historiens, fait désormais partie de la tradition : sous l'influence des Romains, les Gaulois sont devenus de fieffés ivrognes.

Poterie attique à figures rouges *(480-470 av. J.-C.), Athéna donnant à boire à Héraklès. Liquoreux et souvent épaissi de miel pour favoriser le vieillissement, le vin grec se buvait toujours coupé d'eau.*
Cliché ACJS.

Le vin et la Bible

Il semble difficile d'opposer le vin des Gaulois, païen et braillard, au vin du haut Moyen Âge, chrétien et civilisé. Il est probable que certains moines célébraient les bacchanales aussi volontiers que l'eucharistie. Ils avaient d'ailleurs un illustre prédécesseur en la personne de Noé. À peine descendu de son arche, celui-ci s'était empressé de planter de la vigne et d'en tirer du vin. « Ayant bu du vin, il fut enivré et se dénuda à l'intérieur de sa tente » (Génèse 9, 21). Parce que son père Cham avait vu Noé en tenue d'Adam, Canaan fut maudit pour l'éternité. Cet incident a marqué à tout jamais l'ambivalence du breuvage dans les cultures juive et chrétienne : « Gaieté du cœur et joie de l'âme, voilà le vin qu'on boit quand il faut et à sa suffisance. Amertume de l'âme, voilà le vin qu'on boit avec excès, par passion et par défi » (Ecclésiastique 31, 28).

L'émergence des grandes régions viticoles

Si l'Église a contribué à l'implantation du vignoble français, les négociants ont donné au vin sa dimension économique. Dès le XIIe siècle, les vins français sont vendus en Angleterre, dans les Flandres et dans les pays germaniques. Sous la protection d'Aliénor d'Aquitaine et de ses fils, les vins de Bordeaux conquièrent l'Angleterre, conférant à la région sa vocation exportatrice. Au début du XIVe siècle, Bordeaux exporte 750 000 hl de vin, dont la moitié à destination des îles Britanniques.

Quoique plus discrètes, d'autres régions viticoles se sont tournées vers les marchés internationaux. À la fin du Moyen Âge, 1 million d'hectolitres sont ainsi négociés sur le marché de Strasbourg et expédiés vers l'Allemagne ou l'Angleterre. Quant à la Bourgogne, elle façonne peu à peu sa réputation de qualité. Son duc, Philippe le Hardi, restera dans l'histoire vinicole pour avoir interdit la culture du gamay en 1395 : « Un très mauvais et très déloyal plant » duquel « vient très grande abondance de vin de telle nature qu'il est moult nuisible à créature humaine ».

Le cépage gamay. *Fertile mais trop commun, le gamay fut banni de Bourgogne au profit de l'aristocratique pinot. Il excelle pourtant aujourd'hui sur les sols granitiques du Beaujolais.*
Photo Jean-Luc Barde/Scope.

Des querelles d'experts

Alors, le vin est-il bon ou mauvais ? Au XVIe siècle, les avis demeurent partagés. Sous la plume de Rabelais, Gargantua bébé entre en extase « au seul son des pintes et flacons » ; cinquante ans plus tard, Montaigne est beaucoup plus sévère, qui proclame dans les *Essais* que l'ivrognerie est « un vice grossier et brutal ».

Selon Laurent Joubert, auteur des *Erreurs populaires et propos vulgaires touchant la médecine et le régime de santé* (XVIe siècle), tout dépend en fait de qui consomme le vin. Le médecin de Henri III le déconseille aux enfants « dont eschauffant leur cervelle bouillante, il endommage leur esprit ». Les adultes doivent le boire avec modération, « autrement il trouble l'entendement, & l'estourdit ou rend furieux, provoquant la jeunesse à cholère, luxure, & toute lascivеté ». Mais pour les vieillards, il est « comme le laict aux enfants ». Il les fait « rajeunir, oublier les ennuis, soucis, soupçons & chagrins, les rendant maniables en ramollissant leur rude & dure condition ».

Gravure sur un dessin de Meaulle. *Gaillardement évoqué sous la plume truculente de Rabelais, Gargantua était le roi des dipsodes, lequel nom signifie... « assoiffés ».*
Cliché Dassau.

Dans cet esprit, il n'y a pas de bons ou de mauvais vins, mais des vins adaptés à chaque cas. Une certaine hiérarchie est cependant admise, mais elle résulte moins du terroir que du procédé de vinification. Réservés aux maîtres, les vins de goutte sont tirés d'un raisin qui peut être foulé, mais jamais pressé. Pour les autres, le vin de presse, considéré comme plus grossier, suffit.

L'âge du vin n'est pas encore un critère de qualité, bien au contraire. Le bourgogne se boit dans les deux ans, et il n'est pas rare que l'on jette le bordeaux du précédent millésime quand le nouveau arrive à maturité… Il faudra attendre les XVIIe et XVIIIe siècles pour que les vins de garde bénéficient de l'intérêt du public.

Petit piqueton de Mareuil,
Plus clairet qu'un vin d'Argenteuil,
Que ta saveur est souveraine !
Les Romains ne t'ont pas compris
Lorsqu'habitant l'ancien Paris
Ils te préféraient le Surène.
Ta liqueur rose, ô joli vin !
Semble faite du sang divin
De quelque nymphe bocagère ;
Tu perles au bord désiré
D'un verre à côtes, coloré
Par les teintes de la fougère.
Tu me guéris pendant l'été
De la soif qu'un vin plus vanté
M'avait laissé depuis la veille ;
Ton goût suret, mais doux aussi,
Me rafraîchit quand je m'éveille.
Et quoi ! si gai dès le matin,
Je foule d'un pied incertain
Le sentier où verdit ton pampre !…
– Et je n'ai pas de Richelet
Pour finir ce docte couplet…
Et trouver une rime en ampre.

Gérard de Nerval

De l'utilité du vin

Pendant longtemps, le vin a été considéré comme une bonne nourriture, apte à favoriser la digestion des autres aliments. Il fallait simplement savoir l'utiliser en fonction de ses besoins. Jean-Louis Flandrin nous signale qu'au début du XVIIe siècle, le *Thrésor de santé,* ouvrage anonyme, distingue quatre sortes de vins : le blanc, le clairet, le rouge et le noir.

Le vin noir est celui des travailleurs : il engendre un sang mélancolique, mais « une fois digéré par la force de l'estomac et du travail, il donne plus ferme et copieux aliment et rend l'homme plus vigoureux à la besogne ». À l'autre extrême, les vins blancs « réjouissent les esprits, incisent les humeurs crasses… engendrent peu de sang, mais icelui subtil ». Entre les deux, les rouges nourrissent plus que les blancs et les clairets ; les clairets aident à la digestion et sont « propres à la santé ».

À la fin de l'Ancien Régime, l'opposition entre le vin noir des travailleurs et le vin blanc ou clairet des aristocrates tend toutefois à s'estomper au profit de la distinction entre les vins ordinaires et les vins fins. La distinction est d'autant plus facile à établir que, désormais, le vin se vend en bouteilles. En 1778, *l'Encyclopédie* de Diderot signale que la bouteille est « presque le seul récipient en usage parmi nous pour le vin ». Cinquante ans auparavant, la commercialisation en bouteilles était quasiment hors la loi…

Les vins de la révolution industrielle

N'en déplaise aux tenants de la tradition rurale, les vins modernes sont nés avec la révolution industrielle.

Dom Pérignon, inventeur (ou promoteur) de la méthode de vinification champenoise, vivait au XVIIe siècle. Mais au début du XIXe siècle, la Champagne produit encore 90 % de vins rouges. C'est avec la mise au point d'un procédé de remuage et avec la mécanisation de la mise en bouteilles que le champagne, jusqu'alors réservé à l'élite de l'aristocratie, pourra toucher un public plus large.

Il en va de même pour les bordeaux. Sans doute les courtiers établissent-ils depuis longtemps leurs prix en fonction de la provenance des vins ; sans doute le lien entre le vin et le terroir est-il affirmé depuis le XVIIe siècle et l'« invention » du Haut-Brion par Arnaud de Pontac. Mais le classement officiel des crus du Bordelais ne date que de 1855, quand l'importance de la demande nécessite la définition d'une hiérarchie compréhensible par le commun des mortels, qu'il soit français ou étranger.

C'est aussi au XIXe siècle que Chaptal a su concilier l'œnologie et la chimie, que Jullien a pu faire connaître au public sa *Topographie de tous les vignobles connus,* que Pasteur a expliqué les lois de la fermentation alcoolique. Âge d'or de l'ampélographie, de la lutte contre les maladies de la vigne, le XIXe siècle est enfin celui du chemin de fer et de la navigation à vapeur qui, en facilitant les échanges, vont bouleverser la géographie du vignoble français et susciter l'explosion des cultures du Languedoc.

Louis Pasteur en 1852. *Ses recherches sur la fermentation alcoolique, entamées en 1854, en font le précurseur de l'œnologie moderne.* Cliché ACJS.

La naissance de l'appellation d'origine contrôlée

Avec la crise du phylloxéra qui signe la fin brutale de l'euphorie viticole du second Empire, on assiste dans un premier temps à la multiplication des faux vins, fabriqués à partir de raisins secs ou de betteraves. Les pratiques frauduleuses ne sont pas nouvelles, mais elles prennent une ampleur jamais atteinte, imposant en 1889 la première définition légale du vin : « produit de la fermentation complète ou partielle du raisin frais ».

La pénurie a également ouvert la porte aux importations italiennes, espagnoles et portugaises et au développement des vignobles de l'Afrique du Nord. Cela contribuera à accentuer les conséquences de la surproduction française qui résulte de la reconstitution du vignoble avec des cépages plus productifs.

Gardant en mémoire les révoltes des vignerons du début du siècle, le gouvernement entreprend de contrôler la production à partir de 1935. Dans le même temps, il édicte, sous la pression des propriétaires des grands crus, les textes sur l'appellation d'origine contrôlée. Censés authentifier la provenance des vins et garantir le respect de leurs règles d'élaboration, ces textes marquent un virage fondamental : désormais, le législateur ne reconnaît plus un vin, mais des vins ordinaires et des vins d'appellation. Janus a découvert ses deux visages.

La révolte des vignerons de 1911 en Champagne. *Dans un vignoble champenois fortement ébranlé par l'arrivée du phylloxéra en 1901, et par la dérive des pratiques frauduleuses, les mouvements de 1911 aux allures de jacquerie illustrent le délicat problème, social et politique, de la délimitation territoriale des appellations.* Cliché Dassau.

Les riches heures de Nectar et Glouglou

La lente démocratisation des vins de qualité ne doit pas occulter un autre phénomène, à savoir la consommation massive de vins ordinaires. Avant-guerre, les deux personnages qui symbolisent le mieux le vin en France sont Nectar et Glouglou, les deux livreurs dessinés par Dransy pour Nicolas. Archétypes des « bons » buveurs, ils colportent, avec leur nez rouge et leur air vaguement ahuri, l'idée selon laquelle le vin rend sympathique.

Mais Nectar et Glouglou se heurtent aux défenseurs de la santé publique. Pour les médecins de l'époque, le vin est avant tout un fléau social contre lequel il faut lutter par tous les moyens. Soixante ans plus tard, la loi Évin de janvier 1991 interdisant la publicité sur les boissons alcooliques en dehors des lieux de vente participera de la même démarche.

La crise européenne

Au début des années 1960, c'est un autre danger qui guette les viticulteurs. La Communauté économique européenne naissante ouvre les ports français aux vins italiens, alors que la France ne sait déjà que faire de sa propre production. Le vin de la CEE peut s'écouler à pleins pinardiers, provoquant de sporadiques flambées de colère dans le Midi viticole. Le 4 mars 1976, une manifestation dégénère à Montredon où deux hommes sont tués, un viticulteur et un CRS.

Pendant que la Communauté européenne s'empêtre dans ses tentatives de réforme du marché vinicole, les viticulteurs apprennent à gérer la distillation obligatoire qui devient une source de revenus, au même titre que les primes d'arrachage. La première réforme vraiment dissuasive sera sans doute celle de 1988, qui pénalise lourdement les fauteurs d'excédents.

Le temps des financiers

Alors que le vin ordinaire vit ses dernières belles années, un nouveau segment de marché a vu le jour. Définis par les décrets de 1979, les vins de pays permettent la reconversion d'une partie du vignoble consacré aux vins ordinaires. Le public, qui assimile à tort les vins de pays aux VQPRD, apprécie ces produits intermédiaires, peu chers et qui réservent quelquefois de bonnes surprises.

Dans le même temps, avec la montée en puissance de la grande distribution, les rapports de force se modifient. Le secteur vitivinicole, un temps épargné, participe aux grandes manœuvres de l'agro-alimentaire. Les capitaux en jeu deviennent colossaux et des sociétés parmi les plus importantes s'effondrent, qu'elles soient coopératives ou privées. La reprise de la chancelante Société des vins de France par le Bordelais Castel Frères, au début des années 1990, est une spectaculaire illustration de ces mouvements. Même si l'année 1994 semble confirmer les difficultés de ces sociétés, la crise ne doit pas masquer les formidables performances enregistrées par un secteur qui, pour la première fois en 1990, a dégagé un excédent commercial supérieur à celui des céréales.

L'hédonisme de M. Tout-le-Monde

En 1965, un Français buvait en moyenne 4 l d'AOC par an. Vingt-cinq ans plus tard, il en boit 20 l. Si nos compatriotes continuent à goûter les joies de l'ivresse, la bière et le whisky tendent cependant à supplanter le vin chez les plus jeunes. Le « petit vin » ou le « grand cru » remplissent maintenant une autre fonction : ils symbolisent les bons moments passés entre amis.

Au-delà se profile une nouvelle conception du plaisir. L'hédonisme a quitté le monde des dandys pour se laisser approprier par M. Tout-le-Monde. Une telle évolution des mentalités est un signe indéniable de progrès social, mais elle a ses limites : ne boit pas du château d'Yquem qui veut.

Th. L.

Affiche de Nicolas. *Nectar, l'un des deux personnages, avec Glouglou, imaginés par Dransy, emprunte facétieusement son nom à la boisson des dieux de l'Olympe.* Cliché Dassau.

Appellation prestigieuse, le champagne s'enorgueillit d'être l'ambassadeur du bon goût français à travers le monde. Vin délicat, riche en saveur, il a en général une couleur pâle et ses bulles extra-fines sont synonymes de plaisir. Reims et Épernay se disputent le titre de capitale du champagne, mais la Champagne viticole couvre le département de la Marne, une partie de l'Aisne et de l'Aube, quelques communes de la Haute-Marne et de la Seine-et-Marne. Les vins de Champagne, c'est-à-dire le champagne, les coteaux champenois, le rosé-des-riceys, ainsi que le ratafia et le marc de champagne sont issus de vignes conduites sur un socle crayeux dont la richesse minérale contribue à la finesse des crus. Ces appellations proviennent exclusivement de ce territoire délimité et sont obligatoirement élaborées sur place. Les champagnes peuvent être millésimés ou non millésimés ; ils sont alors des vins d'assemblage issus de différentes récoltes et de divers crus.◆

Fabrication d'une bouteille de champagne. Photo Jean-Daniel Sudres/Scope.

CHRONOLOGIE

532 Mort de saint Remi qui a légué des vignes au chapitre de Reims.

XIIIe-XIVe siècle La production de vin rouge progresse en Champagne.

1537 Achat de vin d'Ay pour François Ier.

1603 Achat de vin de champagne pour le roi Henri IV.

XVIIe-XVIIIe siècle Mise au point des techniques de champagnisation.

1715 Mort de dom Pérignon, moine cellerier de l'abbaye d'Hautvillers, qui contribua à perfectionner l'élaboration des vins de Champagne.

1728 Un édit royal autorise les négociants à transporter le vin, non plus seulement en tonneaux mais aussi en bouteilles.

1729 Nicolas Ruinart fonde la première maison de champagne.

Avant 1900 Des syndicats se constituent pour protéger le nom de champagne.

1907-1911 Première délimitation du vignoble.

1911 Révolte des vignerons de l'Aube et de la Haute-Marne exclus de l'appellation champagne.

1919 Un accord est signé sur une échelle des crus pour établir le prix du raisin.

1919-1927 Deuxième délimitation du vignoble. Le statut du champagne est complété. L'appellation champagne est accordée à l'Aube.

1930 Les contingentements, les barrières douanières et la crise économique désorganisent les marchés du champagne.

1935 Création d'une commission paritaire qui a le pouvoir de fixer des prix obligatoires pour les transactions vignoble-commerce.

1940 Transformation de la Commission, organe non permanent, en Bureau national du champagne.

La cueillette du raisin en Champagne. *Stalle sculptée du XVe siècle, église de Rilly-la-Montagne.* Photo Jean-Daniel Sudres/Scope.

Dégustation de champagne. *Un cabinet particulier dans un restaurant parisien à la fin du XIXe siècle.* Cliché Dassau.

Histoire du vignoble

La présence de la vigne en Champagne remonte à l'ère tertiaire, ainsi qu'en témoignent les feuilles fossiles retrouvées dans la région de Sézanne. C'est le seul vestige de l'existence d'une vigne en France à cette époque. Les premiers vignobles producteurs apparaissent entre le IIIe et le Ve siècle, grâce à l'extension vers le nord des vignes implantées dans le Midi de la France par les Grecs et les Romains. À cette époque, Reims s'appelle Durocortorum, et c'est la métropole de la Gaule belge.

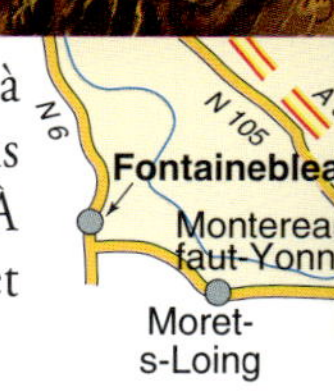

Notoriété des vins de Champagne au Xe siècle. Le clergé et les ordres religieux sont à l'origine de l'extension du vignoble, la culture de la vigne leur permettant de subvenir à leurs besoins en vin de messe et en boisson. Au Xe siècle, le vignoble est particulièrement bien implanté dans les régions de Reims et de Vitry-le-François, mais la guerre de Cent Ans qui dévaste la Champagne met un frein à l'essor de la viticulture : les vignes sont abandonnées, les pressoirs détruits. Le 14 juillet 1429, Reims accueille en libératrice Jeanne d'Arc, venue faire sacrer Charles VII. Quinze

La Champagne

Le vignoble aux environs d'Hautvillers. *Établi sur les coteaux de la Montagne de Reims, le village qui s'enorgueillit d'être le berceau du champagne est entièrement cerné de vignes.* Photo Jean-Daniel Sudres/Scope.

années plus tard, Anglais et Bourguignons évacuent le territoire champenois, ce qui permet la reprise de l'expansion. Disposant de la route du nord, Reims et Châlons deviennent d'importants marchés fréquentés par les commerçants de Flandre et de Liège.

La vigne bourgeoise. Au début du XVe siècle, Reims devient le centre du commerce des vins de Champagne. Pour éviter que l'essor du marché ne provoque une baisse de qualité, les baux stipulent l'obligation de cultiver la vigne comme « vigne de bourgeois ». Aux XVIe et XVIIe siècles, malgré une récession du vignoble provoquée par les guerres de Religion et les troubles de la Fronde, les vins rouges affermissent leur position auprès de la noblesse et des cours royales et impériales. Dans la seconde partie du XVIIe siècle, les vignerons se mettent à produire un vin blanc obtenu par pressurage de raisins noirs à chair incolore. Appelé « vin gris », ce vin possède une qualité très supérieure à celle des vins blancs. Simultanément, les vignerons s'aperçoivent que le vin se conserve et voyage mieux en bouteilles qu'en tonneaux. Ils constatent également que la fermentation, jusque-là restée incomplète, se développe, et qu'une production de gaz s'échappe sous forme de mousse lorsqu'ils débouchent la bouteille. Les uns vont s'efforcer de l'éviter, les autres commencent à produire le vin de champagne effervescent. À cette époque, dom Pérignon, procureur de l'abbaye bénédictine d'Hautvillers, travaille sur les techniques d'assemblage des raisins avant leur pressurage. S'il n'est pas l'inventeur du champagne, il n'en reste pas moins un précurseur dans l'évolution des techniques vitivinicoles en Champagne.

Le champagne. À la cour de France, la vogue du champagne est immédiate. Mais au XIXe siècle, le vignoble connaît une nouvelle période de difficultés : les guerres et les invasions, puis la concurrence des vins du Midi vont entraîner une diminution d'un tiers des communes viticoles. La vigne disparaît totalement dans les régions de Vitry-le-François et de Sainte-Menehould. L'invasion phylloxérique de 1890 détruit le vignoble dans sa quasi-totalité. Le champagne bénéficie cependant des travaux de Cadet de Vaux et de François, pharmacien de Châlons-sur-Marne, portant sur le sucre nécessaire à la prise de mousse, ainsi que de ceux de Maumené et de Pasteur sur les levures. Entre 1825 et 1870, d'autres évolutions techniques permettent la création

des machines à tirer et à doser. Le commerce du champagne s'organise et prospère, et, de 1811 à 1870, 21 maisons se créent à Épernay, Reims, Châlons-en-Champagne, Ay, Mareuil-sur-Ay, Ludes, Vertus. De quelques centaines de milliers de bouteilles en 1785, le champagne se vend à 6 millions de bouteilles en 1845 ; à la fin du siècle, on approche les 30 millions.

Au début du XXe siècle, la guerre de 1914-1918 et les conditions atmosphériques catastrophiques pour les récoltes entraînent la disparition de 40 % des vignes existant en 1914.

Les révoltes en Champagne. Le marasme économique provoque le regroupement des viticulteurs qui demandent une législation pour leur permettre de lutter contre le développement de la fraude. Une première délimitation administrative, réalisée par le décret du 17 décembre 1908, concerne uniquement la Marne et l'Aisne. Évincés, les vignerons de l'Aube et de la Haute-Marne manifestent. La loi de 1911 rend exécutoire le décret de 1908 et des troubles éclatent à Troyes, Ay, Mareuil, Pierry, Épernay... Le gouvernement envoie la troupe pour rétablir l'ordre. Un arrêté du 3 juin 1911 institue alors une appellation champagne dite « deuxième zone », qui inclut des communes de l'Aube, de la Haute-Marne, de la Marne et de la Seine-et-Marne.

L'appellation champagne. La loi du 22 juillet 1927 fixe les limites de la Champagne viticole. Elle définit l'aire de provenance des raisins et du vin, condition indispensable pour obtenir l'appellation champagne. En même temps sont édictées des règles strictes concernant les cépages, les systèmes de taille et l'élaboration du champagne proprement dite. Ces principes couronnent vingt siècles d'histoire au cours desquels le champagne a acquis ses lettres de noblesse. I. F.

Cave de maison de champagne *à Reims. Les bouteilles sont placées en oblique, le goulot vers le bas, à une température de 10 °C. Le vin subit alors une seconde fermentation.* Photo Jacques Guillard/Scope.

Le canal latéral de la Marne *et le vignoble à Mareuil-sur-Ay. Situé à 5 km à l'est d'Épernay, le village compte trois maisons de champagne et une quarantaine de propriétaires-récoltants.* Photo Jean-Luc Barde/Scope.

Les appellations

Les appellations de la Champagne sont au nombre de 3.

Champagne   Coteaux champenois   Rosé-des-riceys

Géographie, climat et nature des sols

Les vignobles de la Champagne sont situés à 150 km à l'est de Paris et couvrent 5 départements : la Seine-et-Marne, l'Aisne, la Marne, l'Aube et la Haute-Marne.

Le vignoble est généralement planté à flanc de coteau, à une altitude qui varie entre 120 et 180 m dans la Marne et dans l'Aisne, entre 170 et 300 m dans l'Aube. Fortement concentrée dans la Marne, l'aire de production a doublé depuis vingt ans ; elle occupe environ 31 700 ha, dont 21 800 ha dans la Marne, 6 900 ha dans le Barséquanais et le Barsuraubois (Aube et Haute-Marne), et 2 900 ha dans l'Aisne et le canton de Condé-en-Brie.

Le vignoble champenois occupe la région la plus septentrionale des appellations françaises, la majeure partie des exploitations étant regroupée, au nord, dans les régions de l'Aisne, de la grande vallée de la Marne, de la Montagne de Reims, et de la côte des Blancs. Séparée de ce grand ensemble par la plaine de Champagne se détache la partie méridionale qui est située dans les vallées adjacentes aux percées de la Seine et de l'Aube, sur les coteaux du Barrois (ou « côte des Bar »). La Champagne compte 308 communes viticoles réparties sur ces cinq départements.

Le climat. La Champagne bénéficie dans sa majeure partie d'un climat océanique, le Barrois marquant, à l'est, la transition entre la tendance océanique du Bassin parisien et la zone continentale. Les gelées tardives, la pluie et le vent au moment de la floraison, la grêle, influent sur la date des vendanges qui peut être fixée aussi bien le 1er septembre (1976) que le 12 octobre (1984).

La moyenne annuelle des températures est de 10,8 °C ; le coefficient pluviométrique atteint 650 mm d'eau par an. L'ensoleillement moyen annuel de la région, enfin, s'élève à 1 760 heures réparties sur 288 jours.

La nature des sols. En Champagne, les vignobles sont établis sur des terrains à prédominance calcaire. Le sol est constitué par une mince couche d'apports argilo-sableux qui recouvrent un sous-sol de nature crayeuse. Ce dernier sert de régulateur hydrique : il permet d'éviter à certaines époques l'excès d'humidité, faisant remonter celle-ci par capillarité en période de sécheresse. Le vignoble couvre, dans son ensemble, la partie orientale du Bassin parisien qui est issue de la dépression marine du secondaire et du tertiaire, mais les étages géologiques qui se sont constitués, au fur et à mesure du retrait de la mer, expliquent la diversité des terroirs.

L'axe schématique nord-sud qui relie Reims, Épernay et Sézanne correspond à la côte de l'Île-de-France, dont le sous-sol est composé de craie riche en fossiles divers (bélemnites, seiches...). D'ouest en est, les vignobles de la Marne, ceux de la vallée de la Marne, puis ceux de l'Aisne sont établis sur les terrains argilo-calcaires et sableux du tertiaire.

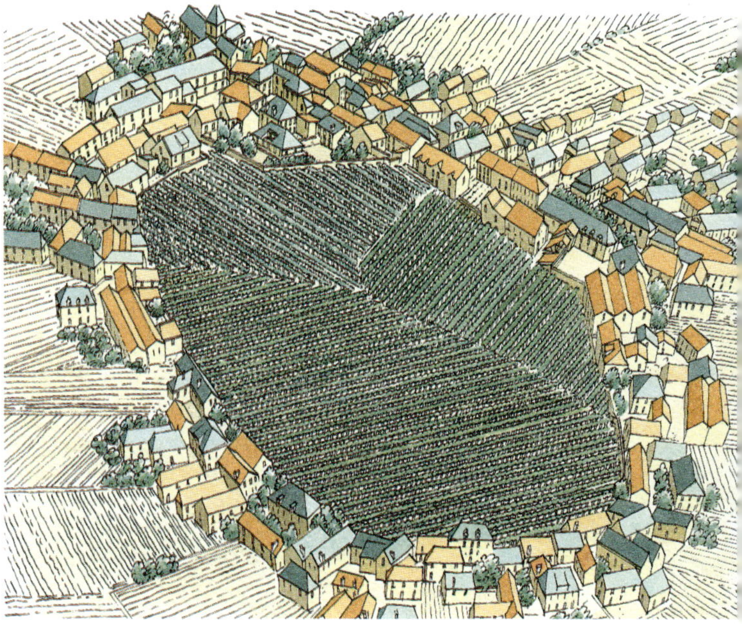

Clos du Mesnil. *Entièrement clos de murs, il est inséré au cœur du village.* Dessin atelier D. Duplantier.

Les sols de la côte des Blancs, eux, reposent sur des couches géologiques datant du jurassique. L'étage kimméridgien constitue en effet le rebord oriental du Bassin parisien et forme une auréole nord-est-sud-ouest, large d'une vingtaine de kilomètres. Le sous-sol est formé de sols bruns calcaires contenant une proportion importante de cailloux et de sols marneux (principalement argileux).

Encépagement

En raison de son développement récent, le vignoble champenois est constitué en majorité de jeunes vignes ; celles-ci représentent 77 % de l'encépagement de l'Aube, et 75 % de celui de l'Aisne. En revanche, le vignoble de la Marne ne compte que 45 % de vignes âgées de moins de vingt ans.

Les cépages de la Champagne

L'encépagement de cette région comprend les diverses variétés de pinot, l'arbane et le petit meslier. En réalité, on cultive le pinot noir, le chardonnay ou pinot chardonnay, et le pinot meunier, tandis que les deux derniers cépages, peu fertiles, n'existent plus.

Le meunier, ou pinot meunier, gris meunier ou auvernat gris dans le Loiret, possède des feuilles moyennes, finement bullées, quinquelobées profondément, avec un sinus pétiolaire en lyre plus ou moins fermée ; le dessous du limbe est duveteux. Le feuillage rougit partiellement à l'automne. Les grappes sont petites à moyennes, cylindro-coniques, compactes ; les baies sont petites, sphériques, noir bleuté, et viennent à maturité en première époque. Le meunier est un plant de vigueur moyenne, ayant un débourrement tardif, ce qui est une qualité précieuse, exploitée en Champagne pour les terrains mal exposés au nord ou dans les bas-fonds. Sa production moyenne varie de 50 à 80 hl/ha, mais avec des tailles généreuses on peut obtenir jusqu'à 16 000 kg/ha.

L'arbane, ou arbone, est un vieux cépage aubois, des environs de Bar-sur-Aube, qui disparaît progressivement. Il a des feuilles profondément quinquelobées et des dents anguleuses, très étroites. Les grappes sont petites, à baies sphériques, blanches, et viennent à maturité en deuxième époque. C'est un petit producteur à conduire en taille longue.

Le petit meslier, ou meslier doré, est encore un cépage aubois possédant des feuilles quinquelobées, bullées, gaufrées, avec un sinus pétiolaire fermé. Les grappes sont petites, cylindro-coniques, à baies sphériques, jaune doré, elles viennent à maturité en première époque. P. G.

Les trois cépages autorisés sur l'aire d'appellation champagne – le chardonnay, le pinot noir et le meunier – sont parfaitement adaptés à l'adéquation plante-sol-climat-élaboration. Cependant, on constate de grandes disparités régionales : le chardonnay constitue 96 % de l'encépagement dans la côte des Blancs ; le pinot noir 56 % de celui de la Montagne de Reims et 87 % dans le Barséquanais et le Barsuraubois ; tandis que le vignoble de l'Aisne est encépagé à 77 % en meunier.

Les régions

Le vignoble champenois est composé de cinq grandes régions.

Les vignobles de l'Aisne et de la grande vallée de la Marne sont établis le long des méandres de la Marne, sur les deux rives, entre Château-Thierry et Épernay. Constituée de parcelles établies sur des sols variés, à des altitudes diverses et avec des orientations différentes, cette vaste région couvre une superficie de l'ordre de 10 600 ha. Les vignobles du secteur d'Épernay englobent les crus de la vallée du Cubry et de son affluent, le Darcy.

Le vignoble de la Montagne de Reims forme, entre Épernay et Reims, un croissant continu de 3 600 ha. À l'ouest se trouve un secteur dénommé Petite Montagne, qui couvre 2 600 ha. Au nord, sensiblement parallèles, la vallée de l'Ardre et la vallée de la Vesle comportent un petit vignoble de 2 000 ha dont les vins de l'abbaye de Saint-Thierry firent jadis la notoriété.

Le vignoble de la côte des Blancs, au sud d'Épernay, s'étend sur une trentaine de kilomètres de coteaux aux pentes orientées en grande partie à l'est. Ce vignoble représente 3 400 ha. À une quarantaine de kilomètres au sud-ouest, la vallée du Petit Morin délimite deux zones viticoles : Congy, au nord, et la côte de Sézanne dont l'extrémité est constituée par le terroir de Villenauxe-la-Grande, situé dans le département de l'Aube. L'ensemble totalise une superficie de 1 060 ha.

La région du Barrois, ou côte des Bar, au sud-est de Troyes, est formée de deux zones naturelles englobant un vignoble réparti sur 5 900 ha : le Barséquanais, autour de Bar-sur-Seine, et le Barsuraubois, proche de Bar-sur-Aube.

La Champagne viticole compte également quelques îlots excentrés, comme les 185 ha de Montgueux, près de Troyes (Aube), ou les 54 ha de Bassuet, près de Vitry-le-François, au sud-est de Châlons-sur-Marne.

La côte des Blancs à Vertus. *L'église du XIIe siècle est construite sur pilotis au-dessus du puits Saint-Martin. Les rangées de marronniers ont remplacé les anciens remparts.*
Photo Jacques Guillard/Scope.

Classement des vignobles

L'échelle des crus. La géologie, les microclimats, l'exposition, l'altitude et les vents dominants sont parmi les principaux éléments qui déterminent la notion de cru. Ces différentes composantes s'expriment différemment, dans les vins qui en sont issus, selon le type de cépage, l'âge des vignes, la vinification...

Foudre de champagne. *Sculpté par Émile Gallé en 1904 pour l'Exposition universelle de Saint-Louis, ce foudre a une contenance de 700 hl.*
Photo Jacques Guillard/Scope.

En Champagne, un cru est caractérisé par un pourcentage compris entre 80 et 100. Ce chiffre, attribué à chaque cru, sert de référence. Il permet de déterminer, lors des transactions entre les vignerons et les maisons de Champagne, le prix réel du kilo de raisin (par rapport à un prix de base fixé avant les vendanges).

Il existe 294 crus, classés en 3 catégories et regroupés sur une échelle des crus.

Répartition des crus : 17 grands crus (classés 100 %), soit environ 13,4 % de la surface totale du vignoble, sont dispersés, d'une part, sur la Montagne de Reims, avec les communes de Beaumont-sur-Vesle, Puisieulx, Sillery, Verzy, Verzenay et Mailly-Champagne ; d'autre part, sur la vallée de la Marne, avec Ay, Ambonnay, Bouzy, Louvois et Tours-sur-Marne ; enfin, sur la côte des Blancs, avec Avize, Chouilly, Cramant, Le Mesnil-sur-Oger, Oger et Oiry.

41 premiers crus, communes ou parties de communes classées de 99 % à 90 %, représentent environ 17,3 % de la surface totale.

265 crus, classés de 89 % à 80 %, correspondent à environ 64,6 % de la superficie totale du vignoble.

Les grands et premiers crus sont exclusivement complantés en pinot noir ou en chardonnay. A.-M. C.

Structures économiques

La viticulture champenoise occupe environ 33 500 personnes, dont 15 019 exploitants. Professionnels exclusifs ou doubles actifs, ils disposent d'exploitations de taille variable. La double activité concerne un tiers des exploitations individuelles et représente 7 % de la surface en production.

Le champagne étant principalement un vin de marque, il est, la plupart du temps, élaboré par des négociants qui achètent le raisin aux vignerons et sont dénommés négociants-manipulants (NM). Certains négociants ne font que commercialiser les bouteilles de champagne et sont nommés négociants-distributeurs (ND). Les vignerons qui récoltent, assemblent et champagnisent sont appelés récoltants-manipulants (RM), ou (SR) s'il s'agit de membres d'une même famille regroupés en société de récoltants. Les coopératives qui vinifient, assemblent et manipulent le raisin livré par les coopérateurs sont appelées coopératives manipulantes (CM). Certains produits démarqués peuvent être commercialisés sous une marque auxiliaire (MA) et des récoltants peuvent être regroupés en société de récoltants (SR). Ces mentions doivent obligatoirement figurer sur l'étiquette.

Production

En 2001 le nombre de bouteilles commercialisées a été de 263 000 000, dont 75 % par les maisons de champagne, et 25 % par les récoltants et les coopératives. Le chiffre des bouteilles exportées en 2001 est de 99 000 000.
I. F.

Les étiquettes de la Champagne

La fête, le luxe, le succès, ça pétille. Avec le champagne, ça pétille d'excellence et de distinction. Il y a les réceptions où l'on sert le champagne, et les autres, qui peuvent mousser mais ne brillent pas des mêmes feux. Aussi la gamme des étiquettes de champagne, renouvelée par le temps et enrichie par une innovation esthético-commerciale débridée, nous offre-t-elle un feu d'artifice. Tout est bon pour ne pas être ordinaire. Le champagne aime les caresses du langage, cultivant qualificatifs et superlatifs : fleur, cabinet, cuvée réservée, extra-supérieure, etc. Très tôt, ses étiquettes (qui ne s'appelaient pas encore « champagne ») dispensèrent des débauches de calligraphies, d'arabesques et de motifs, harmonieusement intégrés en courbes voluptueuses ou richement ciselés comme des cristaux. Bientôt s'est imposé le jeu des couleurs du luxe : bronze, or, blanc, noir, grenat, qui nous rappellent la présence virtuelle de la cérémonie.

Cartes blanches, cartes bleues, cartes noires : le tout est de se distinguer de la grisaille. Au fil des cuvées, les motifs prestigieux se succéderont sur l'étiquette en une farandole de fantasmes : cabarets, sleepings, chasses à courre, etc. Mais le champagne, c'est aussi une signature, ou plutôt une collection de grandes signatures… et de moins grandes qui imitent les grandes. Certaines maisons s'écartent des jeux de la prolifération. L'une, par exemple, met en scène sa carte de visite. Elles adoptent ainsi une rhétorique proche de celle des grands bordeaux, sans jamais cultiver une pareille austérité. À l'inverse, on voit fleurir les étiquettes les plus audacieuses, lovées autour des bouteilles, élancées à la conquête du col, fondues dans le verre. L'étiquette de champagne existe-t-elle ? Il y a tant de façons d'évoquer l'exceptionnel, et si peu de moyens de le définir…
E. S. et Y. J.

L'élaboration du champagne

De nombreuses étapes jalonnent le parcours des grappes de raisin jusqu'au vin tranquille, puis du vin tranquille au champagne, et chacune de ces étapes réclame une maîtrise sans faille et un contrôle permanent.

Les vendanges en Champagne. *Mosaïque de la coopérative Jacquart (XIXe siècle).*
Photo Jacques Guillard/Scope.

Un grand vin ne peut naître que de grands raisins traités avec soin. C'est la raison pour laquelle, en Champagne, la cueillette est manuelle et le pressurage progressif et doux. La pression sur un grain de raisin ne dépasse pas celle exercée entre le pouce et l'index. Les règles sont strictes. Ainsi la quantité extraite est limitée, afin de n'obtenir que du vin de qualité : d'un marc de 4 000 kg de raisins, on tirera la cuvée, soit 2 050 l de jus le plus pur, puis les tailles, soit au total moins des deux tiers du poids des raisins. Ce fractionnement qualitatif est caractéristique du pressurage champenois. En général les raisins de chaque cru sont pressurés et vinifiés séparément.

Pressurage du raisin. *Il s'effectue de manière douce, pour éviter que les grains ne soient altérés, dans des pressoirs verticaux de type champenois.*
Photo Jacques Guillard/Scope.

Une fois pressuré, le moût doit reposer une douzaine d'heures dans de petites cuves appelées belons afin d'être clarifié : c'est le débourbage, provoqué par la sédimentation naturelle des matières solides en suspension. Les raisins achetés à des vignerons indépendants, dans les différents crus de Champagne, sont pressurés sur leur lieu d'origine. Les moûts sont débourbés sur place puis transportés dans des camions-citernes. À leur réception en cuves, ils sont analysés systématiquement et laissés en fermentation séparément, cru par cru. Le regroupement des vins des différents crus n'interviendra qu'après les dégustations, au moment de la constitution des préassemblages puis des assemblages.

Les fermentations

La fermentation alcoolique

Les moûts sont regroupés par cru et par qualité le plus souvent dans des cuves en Inox, à température contrôlée. La fermentation alcoolique commence alors sous l'action de levures sélectionnées. Elle dure de une à deux semaines et transforme tout le sucre contenu dans le moût en alcool et en gaz carbonique qui s'échappe. De la qualité des levures utilisées dépend la bonne conduite de la fermentation et la réussite des grands vins. De plus en plus fréquemment, les vinificateurs emploient des levures dont les souches ont été sélectionnées en laboratoire à partir de levures présentes dans le vignoble sur les pellicules des grains de raisin.

La fermentation malolactique

Elle n'est pas systématiquement recherchée, mais lorsque cela est le cas, elle est provoquée aussitôt après la fermentation alcoolique. Sous l'action de bactéries soigneusement sélectionnées, l'acide malique, un acide fort que l'on trouve également dans la pomme verte, est converti en un acide moins fort, l'acide lactique.

Les fermentations alcooliques et malolactiques achevées, les vins sont refroidis progressivement. Un contrôle très précis de la température dans les cuves permet d'accélérer la sédimentation. Après le soutirage (séparation du vin clair de la lie), puis une première clarification soit par centrifugation soit par filtration ou naturellement, le vin est biologiquement stable. Il est conservé en cuves à une température de 10 °C environ jusqu'à la constitution de l'assemblage.

L'assemblage

L'assemblage, moment crucial dans l'élaboration du champagne, engage les élaborateurs au-delà des frontières de la technique pure. Il s'agit de marier harmonieusement les différents crus, les différents cépages et les différentes années, afin d'obtenir en toutes circonstances un vin fidèle au style de chacun. C'est le chef de cave qui le réalise, mobilisant tout à la fois ses compétences œnologiques et ses talents de dégustateur, éclairés par l'expérience et la tradition.

L'assemblage. *Il a lieu à la fin des fermentations et permet, en assemblant différents crus et cépages, d'obtenir des cuvées de qualités différentes.*
Photo Jacques Guillard/Scope.

L'ensemble des vins en cuves est analysé et dégusté systématiquement afin de constituer des préassemblages homogènes qui seront utilisés par le chef de cave dans l'assemblage de la cuvée. C'est cet assemblage qui est présenté lors d'une dernière dégustation avant de le réaliser en cuves.

Le tirage

La cuvée ainsi déterminée est alors refroidie à - 3 °C afin de la stabiliser, puis filtrée et enrichie de levures sélectionnées et de 24 g de sucre par litre. Elle est ensuite tirée en bouteilles dans lesquelles les levures provoqueront la seconde fermentation appelée prise de mousse, en transformant le sucre.

Caves de l'abbaye Saint-Nicaise *(XIIIe siècle), champagne Taittinger. Après l'embouteillage, les bouteilles effectuent en cave leur seconde fermentation appelée prise de mousse.*
Photo Jacques Guillard/Scope.

La prise de mousse

Une fois tirées, les bouteilles sont bouchées puis descendues en cave. Toute une organisation souterraine – hommes et outils – se met alors en œuvre pour recevoir et entreiller ces bouteilles. Les vins vont ainsi être mis en tas en position horizontale pour permettre la prise de mousse. À la température fraîche et constante des caves (de 10 °C à 12 °C), la fermentation en bouteilles transforme lentement le vin tranquille en champagne.

Le remuage. *Placées dans les trous d'un pupitre, les bouteilles sont tournées d'un huitième de tour chaque jour pour faire glisser le dépôt vers le bouchon.*
Photo Jacques Guillard/Scope. ▶

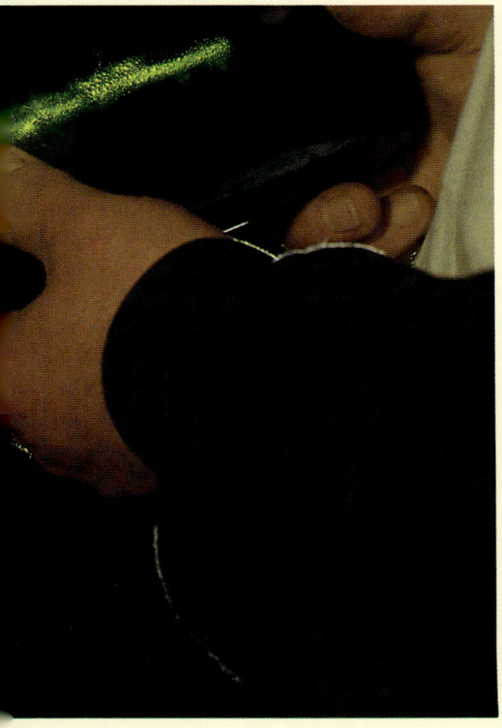

Le vieillissement et le stockage

Le vieillissement, au même titre que le pressurage et l'assemblage, est caractéristique de la méthode traditionnelle. En effet, le champagne se bonifie en vieillissant en cave. Il doit cette particularité à la qualité et à la noblesse de l'origine des vins qui le composent. Cette longue conservation en position horizontale dite « sur lattes » favorise les échanges entre le dépôt des levures et le vin, et donne ainsi au champagne la finesse de son goût et de sa mousse. La durée du vieillissement dépend des cuvées : de deux à trois ans pour les cuvées courantes, de trois à cinq ans pour les millésimées, de cinq à sept ans et plus pour les cuvées de prestige.

Le remuage

Pendant la prise de mousse, les levures ont formé un léger dépôt à l'intérieur de la bouteille. Le remuage a pour but de concentrer, puis de faire glisser ce dépôt jusqu'au goulot afin de clarifier le vin. Au terme du vieillissement, les bouteilles sont « pointées » sur des « pupitres » pour être « remuées » manuellement chaque jour durant quelques semaines. Le remuage est un travail délicat, car le dépôt est une matière d'origine vivante pas toujours facile à maîtriser. Un bon remueur peut manipuler jusqu'à 50 000 bouteilles par jour.

◀ **Le mirage** *permet de voir le dépôt emprisonné dans le bouchon de glace provoqué en trempant le col de la bouteille dans une saumure réfrigérée.*
Photo Jean-Daniel Sudres/Scope.

Le dégorgement. *Le dépôt rassemblé contre le bouchon sera expulsé avec le glaçon que l'on provoque dans le goulot.*
Photo Jean-Daniel Sudres/Scope.

Le dégorgement

Lorsque le dépôt est bien concentré dans le goulot, on procède au dégorgement : le col de chaque bouteille est plongé dans un bain à - 28 °C. Un glaçon se forme alors et emprisonne le dépôt qui sera expulsé par la pression naturelle à l'ouverture de la bouteille. Sur la « ligne de dégorgement », la bouteille poursuit son chemin et reçoit une certaine quantité de liqueur d'expédition (qui est un sirop composé de vin et de sucre, additionné en proportions différentes suivant la nature du vin désiré : brut, sec ou demi-sec) adaptée à chaque cuvée. Cette opération s'appelle le dosage. Puis la bouteille est rendue parfaitement hermétique par un bouchon de liège, maintenu par un muselet. Le « poignettage » assure le mélange du vin et de la liqueur d'expédition.

Les contrôles qualitatifs

À chacune de ces étapes de l'élaboration, de la réception des raisins à l'expédition des bouteilles, les hommes des laboratoires assurent les multiples analyses, tests et contrôles indispensables à la conduite des vinifications, au bon déroulement des opérations œnologiques et à la maîtrise de la qualité du vin. Des dégustations fréquentes et systématiques permettent de confirmer ces analyses et de garantir la régularité des différentes cuvées et leur bonne évolution dans le temps.

L'habillage

Il ne restera plus qu'à habiller les bouteilles, à les conditionner en caisses afin d'être expédiées dans tous les pays du monde pour une consommation qui interviendra un ou deux mois plus tard.

Du pressoir au verre, chaque champagne témoigne d'un art qui doit allier le respect du savoir-faire traditionnel à l'évolution et à la maîtrise de technologies de pointe. D. F.

La vallée de la Marne

de Reims à Montreuil-aux-Lions

À l'ouest de Reims, le massif de Saint-Thierry, la Petite Montagne de Reims (2 600 ha) et le jeune vignoble de l'Aisne forment une région qui affirme de plus en plus son identité face à la renommée des villages de la Grande Montagne de Reims ou de la vallée de la Marne.

La Grande Montagne de Reims

De Villers-Allerand à Ambonnay, le vignoble ourle la côte de l'Île-de-France. Vingt et une communes composent cette région et neuf d'entre elles sont classées cru à 100 %. Les 3 600 ha représentent 11 % de la surface du vignoble champenois.

Le massif de Saint-Thierry

Il s'agit peut-être de la région la moins connue du vignoble champenois. Situé sur le versant sud de la Montagne de Reims, le massif de Saint-Thierry fut l'un des tout premiers vignobles champenois. Une vingtaine de communes viticoles ponctuent ce paysage avec des crus allant de 82 à 89 %.

Saint-Thierry. *Installé sur les premières pentes du massif du même nom, le village de Saint-Thierry domine la plaine de Reims. À la fin du XVIIe siècle, ses vins rouges figuraient, à côté de ceux de Verzenay, de Vertus et de Rilly, parmi les plus renommés de la Champagne.* Photo Isabelle Forboteaux.

La Petite Montagne de Reims

C'est à proximité du parc naturel de la Montagne de Reims que naissent les premiers reliefs de la Petite Montagne de Reims. Ces hauteurs boisées, bordées de vignes, recouvrent une quinzaine de communes, dont huit sont classées à 90 % dans l'échelle des crus. Cette région couvre près de 2 600 ha.

La vallée de la Marne

Au cœur même du vignoble champenois, véritable lien entre la Champagne viticole et la Champagne agricole, la vallée de la Marne conduit le promeneur des portes de la plaine châ-

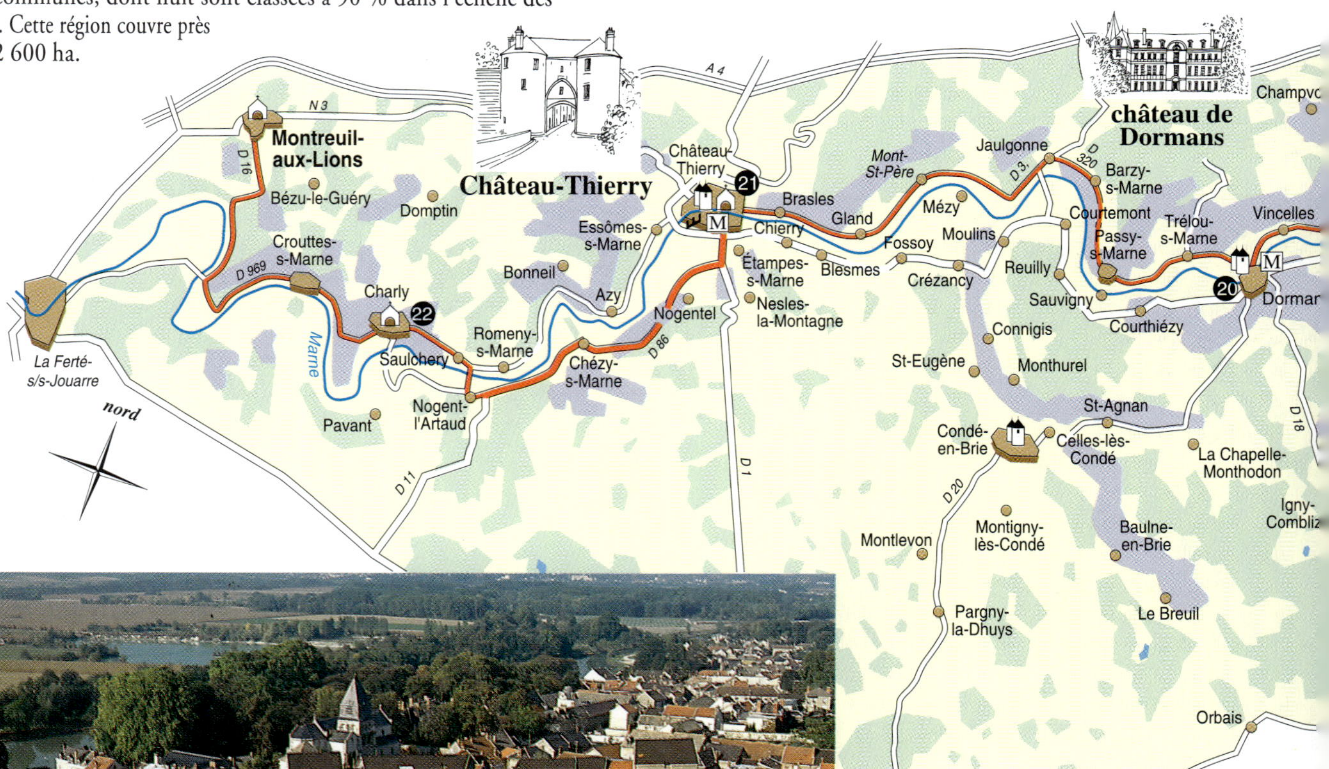

Le vignoble à Mareuil-sur-Ay *s'étale sur les coteaux qui descendent en pente douce jusqu'aux bords de la Marne et produit un vin charpenté à forte vinosité.* Photo Jacques Guillard/Scope.

lonnaise à l'entrée du vignoble omois. Les villages et le vignoble suivent les méandres de la Marne, offrant un paysage très diversifié. Avec près de 6 000 ha, cette région représente le territoire le plus important de la Champagne viticole.

Le vignoble de l'Aisne

Aux portes ouest de la Champagne, il s'étend sur les coteaux bordant la Marne. Trente-cinq communes et 2 050 ha de surface plantée forment l'Aisne viticole. Le vignoble est particulièrement jeune puisque 49,4 % des vignes sont âgées de moins de vingt ans. Le sud de l'Aisne a récemment été baptisé Omois.

Reims, l'une des cinq mosaïques de la coopérative Jacquart. *Exécutées à la fin du siècle dernier pour la maison Mumm, elles représentent les étapes de l'élaboration du champagne.*
Photo Jacques Guillard/Scope.

Itinéraire de Reims à Montreuil-aux-Lions

En quittant Reims, la ville des sacres, située au cœur du vignoble, on trouve une région fortement marquée par l'influence des « bâtisseurs d'églises » des XIIe et XIIIe siècles. De Rilly-la-Montagne à Ludes, les petits bourgs nous mènent dans la zone des crus classés 100 %. Verzy succède à Verzenay où un curieux moulin à vent émerge des vignes. On traverse Bouzy, fief du vin rouge de Champagne, puis Louvois et son château imité de Versailles. La vallée de la Marne s'étire ensuite jusqu'aux portes de l'Aisne. On atteint Château-Thierry, ville natale de Jean de La Fontaine qui, dit-on, composa certains de ses contes en se promenant dans les vignes. Les villages de l'Omois seront la dernière étape.

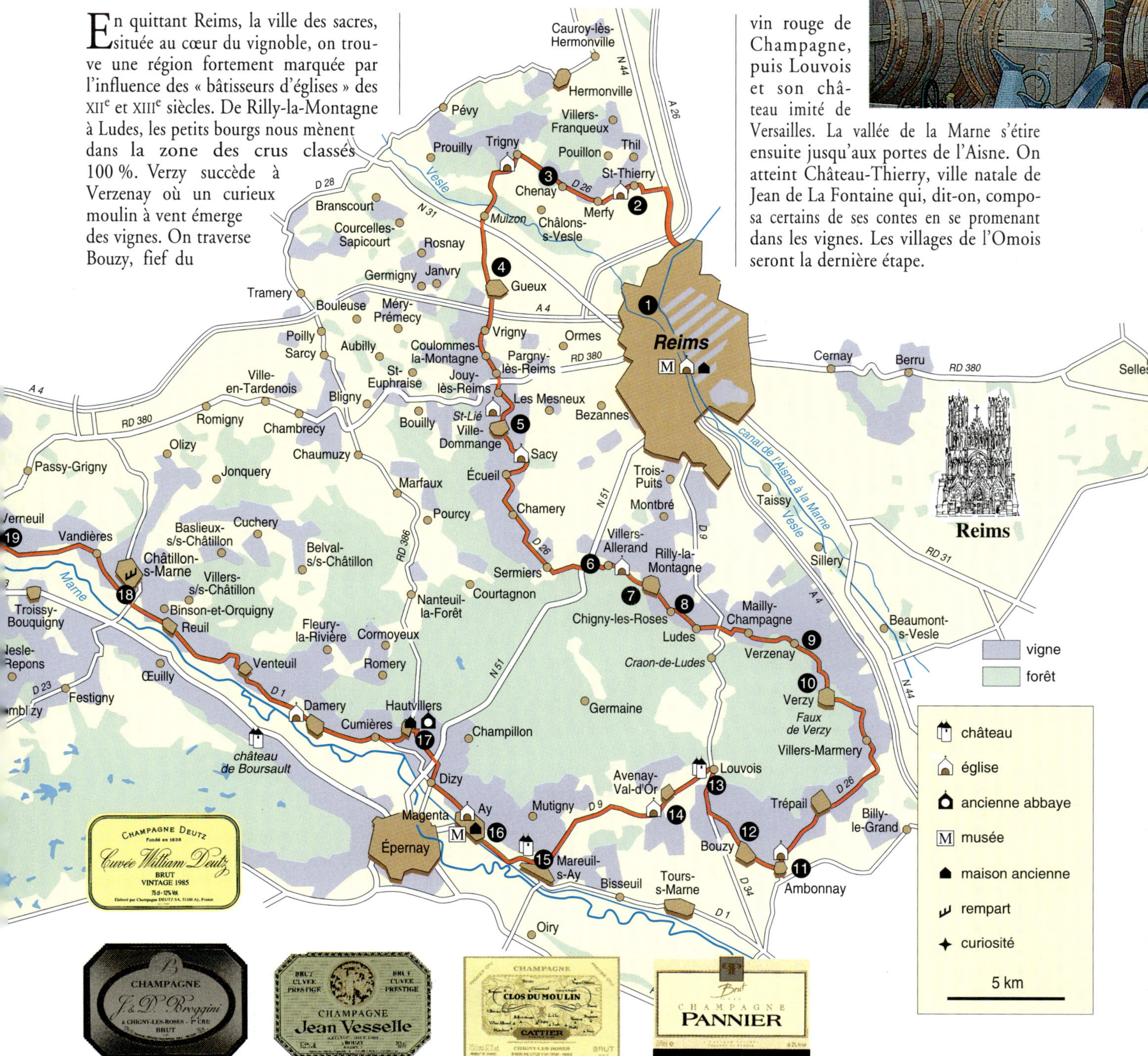

Champagne

Superficie : 31 630 ha dont coteaux champenois et rosé des riceys.
Encépagement : pinot noir, pinot meunier, chardonnay.
Récolte annuelle :
vin rosé : 26 000 hl ;
vin blanc : 2 061 800 hl.
Rendement de base : 9 t/ha.
Titre alcoométrique minimal : 11 % vol.
Potentiel de garde : de huit à dix ans (après dégorgement).

Coteaux champenois

Superficie : 30 407 ha dont champagne et rosé des riceys.
Encépagement : pinot noir, pinot meunier, chardonnay.
Récolte annuelle :
vin rosé : 1 500 hl ;
vin blanc : 70 hl.
Rendement de base : 10,4 t/ha.
Titre alcoométrique minimal : 11 % vol.
Potentiel de garde :
vin rouge : de cinq à huit ans ;
vin blanc : de trois à cinq ans pour les bonnes années.

Reims, la porte Mars. *Érigé en l'honneur d'Auguste au IIIe siècle de notre ère, cet arc de triomphe d'ordre corinthien, aux trois arcades décorées de bas-reliefs sculptés, servit de porte aux remparts du Moyen Âge.* Photo Jacques Guillard/Scope.

Les grandes maisons rémoises

Les principales maisons de champagne sont regroupées le long des boulevards qui, de la porte Mars, mènent à la route de Châlons-en-Champagne et autour de la place Saint-Nicaise.

Champagne Henri Abelé : 50, rue de Sillery.
Champagne Gaëtan Billiard : 14, rue des Moissons.
Champagne Charles Heidsieck : 4, bd Henry-Vasnier.
Champagne Jacquart : 6, rue de Mars.
Vins fins de champagne Krug : 5, rue Coquebert.
Champagne Lanson : 12, bd Lundy.
Champagne Montaudon : 6, rue Ponsardin.
Champagne G. H. Mumm et Cie : 29, rue du Champ-de-Mars.
Palmer et cie : 67, rue Jacquart.
Champagne Piper-Heidsieck : 51, bd Henry-Vasnier.
Pommery : 5, place du Général-Gouraud.
Champagne Louis Roederer : 21, bd Lundy.
Champagne Marie-Stuart : 8, place de la République.
Champagne Taittinger : 9, place Saint-Nicaise.
Champagne Veuve Clicquot-Ponsardin : 12, rue du Temple.

1 Reims

Cru classé à 88 %.
Une visite de la ville et de ses caves s'impose. Pour cela, il faut prendre son temps et, après avoir admiré la cathédrale, descendre dans les caves des maisons de champagne. Il ne faut pas négliger le quartier légèrement excentré où se trouve la basilique Saint-Remi. Beaucoup moins impressionnant et moins pur que la cathédrale, ce chef-d'œuvre d'équilibre entre le roman et le gothique n'en est peut-être que plus attachant. Le palais du Tau, palais archiépiscopal de Reims, fut construit en 1690 par Mansart et Robert de Cotte ; il abrite aujourd'hui le musée de l'Œuvre de la cathédrale. Place du Forum, on peut visiter un cryptoportique gallo-romain, vaste ensemble semi-souterrain datant de l'an 200. La porte Mars est le seul des quatre arcs que la ville de Reims ait conservé. Le musée des Beaux-Arts présente des tableaux de peintres français tels que Fragonard, Poussin, Millet, Delacroix, Boudin, Monet, Renoir, et vingt-six paysages de Camille Corot.
À voir : **la cathédrale et les tapisseries qui y sont exposées en été ; la basilique Saint-Remi ; le musée Saint-Remi ; la chapelle Foujita ; le musée de l'Ancien Collège des Jésuites ; le musée Saint-Denis ; le Centre historique de l'automobile française ; la place Royale ; les vitraux de Vieira da Silva dans l'église Saint-Jacques ; le couvent des Cordeliers ; l'hôtel Le Vergeur ; l'hôtel Taittinger ; l'hôtel Ponsardin.**
On sortira de Reims en prenant la direction de Laon.

2 Saint-Thierry

Cru classé à 87 %.
Ce village accueillit vers l'an 500 un monastère placé sous l'autorité de saint Thierry, disciple de saint Remi. Dès le XIe siècle de grands travaux permirent l'édification d'importants bâtiments qui furent rasés au milieu du XVIIIe siècle.
À voir : **la chapelle de la Communauté (XIIe siècle) avec ses chapiteaux sculptés ; les jardins et le panorama sur Reims ; le porche champenois (XIIe siècle) de l'église paroissiale Saint-Hilaire.**

3 Trigny

Cru classé à 84 %.
Le village, situé au nord-ouest de Reims, appartient à l'histoire du champagne : une abbaye y est établie, dont les vins furent précocement réputés.
Blin et Fils (RM) : 11, rue du Point-du-Jour, 51140 Trigny. Tél. 03 26 03 10 97, sur R-V. Cette exploitation produit de nombreux champagnes de bonne facture, dont un Sélection remarquable. Un champagne qui accompagnera les plats les plus solides.
À la sortie du village de Trigny se trouve la chapelle dédiée à saint Théodulfe. De Trigny, on gagne Gueux par Muizon.

4 Gueux

Cru classé à 85 %.
Les rois de France faisaient étape à Gueux sur la route du sacre. Eisenhower et Churchill eurent l'occasion de s'y rencontrer en 1944.
À voir : **l'ancien circuit qui accueillit les champions automobiles des années 1960 lors des « Douze heures de Reims ».**
À Pargny-lès-Reims, on franchit le col qui marque la rupture avec la plaine. Le long de la D 26, les vignobles succèdent aux champs de blé.

5 Villedommange

Cru classé à 90 %.
Dans la commune de Villedommange, la chapelle Saint-Lié, érigée sur un promontoire, domine tout le vignoble de la Petite Montagne de Reims. Les reliques de l'ermite berrichon du Ve siècle, à qui la chapelle est dédiée, suscitèrent de nombreux pèlerinages au Moyen Âge.
On traverse Sacy (cru classé à 90 %), avec son église reconnaissable à la lon-

Villedommange. *Les dimensions prévues pour l'église des XIIe et XVIe siècles n'ont pas permis d'achever sa construction. Elle comporte un élégant portail Renaissance.* Photo Jacques Guillard/Scope.

gueur de sa nef et à sa flèche, puis Sermiers (cru classé à 89 %) dont l'église moderne possède un clocher à bulbe.

CHAMPAGNE BARDOUX PÈRE ET FILS : 5-7, rue Saint-Vincent, 51390 Ville-dommange. Tél. 03 26 49 25 35, sur R-V. La Cuvée traditionnelle, 40 % pinot meunier, 40 % pinot noir et 20 % chardonnay, est un champagne élégant et finement floral.

6 Villers-Allerand

Cru classé à 90 %.

De l'autre côté de la N 51, axe principal reliant Reims à Épernay, débute la Grande Montagne de Reims. Villers-Allerand et son « chemin de barbarie », ancienne voie romaine, se perdent aujourd'hui à travers les vignes.

À voir : **l'église des XIIIe et XIVe siècles.**

7 Rilly-la-Montagne

Cru classé à 94 %.

Le village s'adosse aux pentes du Mont-Joli (274 m). Dans l'église, les stalles sculptées illustrent les travaux de la vigne. Les environs incitent à la promenade. À partir d'ici les villages viticoles se succèdent, plus attachants les uns que les autres.

THIERRY BLONDEL (NM) : domaine des Monts Fournois, BP 12, 51500 Ludes. Tél. 03 26 03 43 92, sur R-V. À quelques kilomètres de Rilly, cette petite exploitation familiale présente des vins tout à fait intéressants.

SARL FRANÇOIS FAGOT (RM) : 26, rue Gambetta, 51500 Rilly-la-Montagne. Tél. 03 26 03 42 56, sur R-V. La maison produit du champagne blanc et rosé millésimé, et un rilly rouge appellation coteaux champenois.

CHAMPAGNE HENRI GERMAIN (NM) : 31, rue de Reims, BP 1, 51500 Rilly-la-Montagne. Tél. 03 26 03 40 19, sur R-V. Vin retenu : blanc de blancs millésimé. Cette maison possède également le champagne Binet qui offre 6 km de caves en ogives sur plusieurs niveaux.

8 Chigny-les-Roses

Cru classé à 94 %.

Ce village doit son nom à une célèbre roseraie plantée au début du XXe siècle. Mme Pommery, dont le buste trône sur la place du village, y possédait une propriété.

CHAMPAGNE CATTIER (RM) : 6, rue Dom-Pérignon, 51500 Chigny-les-Roses. Tél. 03 26 03 42 11, tlj sauf samedi dimanche, 9 h-11 h et 14 h-17 h, groupes sur R-V. Devant ses locaux, la maison expose un vieux pressoir présenté à l'Exposition universelle de Paris en 1900. Ses caves, situées à Rilly-la-Montagne, sont parmi les plus profondes de Champagne et possèdent des voûtes de trois styles différents : romain, gothique et Renaissance. Son vignoble comprend le clos du Moulin (2,2 ha), l'un des quatre clos de Champagne.

De Ludes-le-Coquet (cru classé à 94 %), on monte au hameau du Craon-de-Ludes qui offre un superbe panorama sur Reims et ses environs.

9 Verzenay

Cru classé à 100 %.

Au sommet d'une butte, un célèbre moulin à vent restauré domine le vignoble et sert de point de repère.

10 Verzy

Cru classé à 100 %.

En quittant Verzenay, la petite route sinueuse traverse la très belle forêt domaniale de Verzy et ses « Faux » : certains de ces hêtres tortillards sont plusieurs fois centenaires. Classée monument naturel, la station de Faux champenoise est la plus grande d'Europe.

LOUIS DE SACY : 6, rue de Verzenay, BP 12, 51380 Verzy. Tél. 03 26 97 91 13, tlj sauf samedi dimanche, 8 h-12 h et 14 h-18 h. La maison produit un champagne floral de type souple et équilibré.

11 Ambonnay

Cru classé à 100 %.

Ce petit village se caractérise par ses enseignes en fer forgé aux frontons des maisons des artisans.

À voir : **une jolie fontaine ; l'église gothique.**

SERGE DEMIERE (RM) : 7, rue de la Commanderie, 51150 Ambonnay. Tél. 03 26 57 07 79, sur R-V. Exploitation de 6 ha qui produit de beaux champagnes, dont une cuvée Réserve élevée sous bois.

12 Bouzy

Cru classé à 100 %.

Protégé des vents du nord par la Montagne de Reims, ce terroir est célèbre pour son vin rouge. Cela témoigne d'une démarche originale dans une région où le langage des bulles est roi.

CHAMPAGNE PIERRE PAILLARD (RM) : 2, rue du XXe-Siècle, 51150 Bouzy. Tél. 03 26 57 08 04, tlj sauf dimanche, 9 h 30-11 h 30 et 14 h-17 h. Le brut sans année est équilibré et son bouquet subtil.

CHAMPAGNE JEAN VESSELLE (RM) : 4, rue Victor-Hugo, 51150 Bouzy. Tél. 03 26 57 01 55, sur R-V. Champagne et bouzy rouge sont remarquablement vinifiés par ce producteur, qui aime à rappeler que le vin est la mémoire des années passées.

OPINION

Gérard Boyer (restaurateur à Reims)

1/ Qu'attendez-vous d'un vin ?
Qu'il me procure une émotion.

2/ Qu'attendez-vous d'un producteur ?
Qu'il soit passionné et que son vin lui ressemble.

3/ Votre dernier coup de cœur ?
Quand j'aime, je suis un homme fidèle, et j'aime le champagne. Mon coup de cœur permanent est donc le champagne, mieux, les champagnes. Car il y a un champagne pour chaque moment de la journée et de la nuit: blanc de blancs, blanc de noirs, assemblages blancs-noirs, vinifiés sous bois ou sous cuve, etc.

13 Louvois

Cru classé à 100 %.

Avant de se diriger vers la vallée de la Marne, on traverse le village de Louvois dont l'intérêt réside en son château. Au milieu d'un parc dessiné par Le Nôtre, il ne conserve que de rares parties origi nelles.

14 Avenay-Val-d'Or

Cru classé à 93 %.

Jusqu'à Avenay, la D9 suit un petit cours d'eau, la Livre, qui coule entre deux rangées de peupliers.

À voir : **l'église du Saint-Trésain (XIIIe-XVIe siècles) au portail de style flamboyant paré de statues.**

15 Mareuil-sur-Ay

Cru classé à 99 %.

Lieu de promenade agréable sur les chemins de halage du canal latéral à la Marne, Mareuil possède l'un des plus jolis châteaux de la région. Brillant témoignage de l'architecture du XVIIIe siècle, ses communs abritent les pressoirs du champagne Ayala (propriété privée).

À voir : **le château.**

SA Champagne Billecart-Salmon (NM) : 40, rue Carnot, 51160 Mareuil-sur-Ay. Tél. 03 26 52 60 22, sur R-V. Le brut sans année, de couleur jaune paille, a un nez de poire mûre et une bouche ample et fraîche.

SA Champagne Philipponnat (NM) : 13, rue du Pont, 51160 Mareuil-sur-Ay. Tél. 03 26 56 93 00, sur R-V. Le clos des Goisses, le plus étendu de Champagne, complanté de 70 % de pinot noir et de 30 % de chardonnay, donne naissance à un très grand vin.

16 Ay

Cru classé à 100 %.

Parmi les crus les plus célèbres de la vallée de la Marne, Ay et Mareuil abritent quelques maisons de champagne connues. Autrefois souverains français et étrangers y possédaient domaines et pressoirs.

À voir : **la maison à colombage dite pressoir de Henri-IV ; le Musée champenois d'Ay dans les locaux du champagne Alain Collery ; l'église gothique.**

Champagne Bollinger (NM) : 16, rue Jules-Lobet, BP 4, 51160 Ay. Tél. 03 26 53 33 66, sur R-V. Cette maison, dont la réputation n'est plus à faire, exploite un très beau vignoble et des vignes préphylloxériques qui donnent naissance à l'une des plus belles cuvées : les vieilles vignes françaises.

Champagne Raoul Collet (CM) : 14, boulevard Pasteur, 51160 Ay. Tél. 03 26 55 15 88, sur R-V. Ce groupement de vignerons créé en 1921 est le plus ancien de Champagne. La Cuvée carte rouge est un champagne haut de gamme.

Champagne Deutz (NM) : 16, rue Jeanson, 51160 Ay. Tél. 03 26 56 94 00, sur R-V. Cette maison familiale, fondée à Ay en 1838, présente une gamme complète de champagnes bruts et millésimés.

Une enseigne à Hautvillers. *Enseignes de fer forgé accrochées aux pans des maisons, façades de moellons enduits cernés de briques et portails « en anse de panier » des demeures anciennes procurent à ce bourg viticole un charme particulier.* Photo Jean-Daniel Sudres/Scope.

Champagne Gosset : 69, rue Jules-Blondeau, BP 7, 51160 Ay. Tél. 03 26 56 99 33, sur R-V. La grande réserve, moitié chardonnay, moitié pinots, possède une très grande classe.

Champagne Ivernel : 6, rue Jules-Lobet, 51160 Ay. Tél. 03 26 55 21 10. Le millésimé mérite qu'on s'y attarde.

17 Hautvillers

Cru classé à 93 %.

Rendu célèbre par dom Pérignon, procureur de l'abbaye bénédictine au XVIIe siècle, Hautvillers, bâti en terrasses, domine les méandres de la Marne. Ce village typiquement champenois est totalement encerclé par les vignes.

À voir : **l'ancien lavoir ; les rues sinueuses et pentues.**

Depuis Hautvillers, une route pittoresque traverse Cumières, et ses ruelles qui descendent vers la Marne, puis Damery, village natal d'Adrienne Lecouvreur, tragédienne du XVIIIe siècle. On traverse ensuite Venteuil, d'où l'on peut apercevoir le château de Boursault, situé sur l'autre rive, puis Binson-et-Orquigny.

18 Châtillon-sur-Marne

Cru classé à 86 %.

Bourg fortifié du XIe siècle, Châtillon-sur-Marne s'enorgueillit de l'immense sculpture (33 m) du pape Urbain II, natif du pays, érigée en 1887. Par un escalier intérieur, on peut accéder au bras de la statue. Une table d'orientation permet d'identifier quelque 22 villages de la vallée.

19 Vandières, Verneuil et Vincelles

Crus classés à 86 %.

Le village possède une coopérative vinicole qui commercialise les vins sous la marque Champagne H. Blin et Cie.

Champagne H. Blin et Cie (CM) : 5, rue de Verdun, BP 35, 51700 Vincelles.

Le système coopératif champenois

Le système coopératif champenois offre une très large prestation de service aux sociétaires adhérant à la coopérative.

Les viticulteurs livrent leurs raisins et, selon leurs besoins, récupèrent une partie ou la totalité des bouteilles pour les commercialiser. Le sociétaire a également la possibilité de laisser la coopérative commercialiser la totalité de sa récolte. Certaines coopératives ne rétrocèdent pas les bouteilles. D'autres n'effectuent que la vinification et l'élaboration, mais n'assurent pas la commercialisation.

Sur 140 coopératives champenoises, 38 possèdent une marque commerciale. Sur 30 000 ha de vignes plantées, 10 700 ha sont engagés en coopérative et 58 % des viticulteurs sont rattachés au pressurage en coopérative. Sur le marché, une bouteille sur deux est élaborée par les coopérateurs.

I. F.

Le vignoble d'Hautvillers *est situé sur le versant sud de la Montagne de Reims.* Photo Jean-Daniel Sudres/Scope.

Tél. 03 26 58 20 04, sur R-V. Ce groupement de producteurs offre un brut tradition fortement marqué par le pinot meunier.

20 Dormans

Cru classé à 83 %.
Sur la rive gauche de la Marne, ce village est une station verte de vacances. Le musée présente une exposition permanente d'anciens outils destinés au travail de la vigne et une roue à aubes de 6 m de hauteur.
À voir : **le château (XIVe siècle remanié) flanqué de deux tours à mâchicoulis ; le vaste parc qui renferme le monument national des Victoires de la Marne édifié par le maréchal Foch ; le panorama.**
C'est à Trélou-sur-Marne (cru classé à 85 %) que commence le vignoble de l'Aisne. La route se poursuit jusqu'au village de Jaulgonne, dont les coteaux très inclinés nécessitent une plantation en terrasses, méthode de culture unique en Champagne. Après Mont-Saint-Père (cru classé à 80 %), patrie du peintre Léon Lhermitte qui trouve son inspiration dans les paysages et le monde rural de la vallée, on atteint Château-Thierry.

21 Château-Thierry

Cru classé à 80 %.
La ville natale de La Fontaine a conservé de ses anciennes fortifications les vestiges d'un vieux château du XIVe siècle où l'on distingue encore la ceinture des remparts, le chemin de ronde et deux portes fortifiées.
Deux autres tours s'élèvent au-dessus du bourg, la tour Balhan des XVe et XVIe siècles, ancien beffroi gothique surmonté d'un campanile du XVIe siècle, et la haute tour carrée des XVe-XVIe siècles de l'église Saint-Crépin.
À voir : **le musée Jean-de-La-Fontaine ; l'église Saint-Crépin.**
SCVM Champagne Pannier (CM) : 23, rue Roger-Catillon, BP 55, 02403 Château-Thierry. Tél. 03 23 69 13 10, 9 h 12 h 30 et 14 h-18 h 30, sur R-V. Cette coopérative, qui regroupe les producteurs de Château-Thierry, offre une gamme bien équilibrée et des vins harmonieux en bouche. Un circuit guidé permet de découvrir les caves médiévales.
De Romeny-sur-Marne (cru classé à 80 %), village témoin des rencontres d'Édith Piaf et de Marcel Cerdan, on atteint Charly-sur-Marne.

22 Charly-sur-marne

Cru classé à 80 %.
Dernière commune viticole à part entière en raison de sa superficie plantée en vignoble, la commune de Charly-sur-Marne est fière de sa statue d'Émile Morlot, député-maire de la commune de 1888 à 1907, qui œuvra pour le classement du vignoble en appellation champagne.
À voir : **les vestiges de l'ancien couvent des Cordeliers (élise et colombier) ; l'église et son clocher romano-gothique du XIIIe siècle.**
Champagne Baron Albert : Grand-Porteron, 1, rue des Chaillots, 02310 Charly-sur-Marne. Tél. 03 23 82 02 65, 9 h-12 h et 14 h-18 h, sur R-V pour visiter les caves. La famille Baron cultive la vigne depuis 1677 et assure que La Fontaine composa la fable, Le *Coche et la Mouche*, en se promenant dans ses vignes. Albert Baron creusa ses caves voûtées dans les années 1945.

Peu à peu le vignoble s'estompe. Quelques zones viticoles apparaissent encore du côté de Crouttes-sur-Marne et de Montreuil-aux-Lions, où l'on peut visiter l'église du XIIIe siècle. I. F.

Les différents types de champagne

La majorité des champagnes sont des vins bruts. On trouve également des champagnes secs, demi-secs ou doux. Ces désignations marquent une gradation des vins les plus secs aux plus doux.
Les bruts classiques ou traditionnels, dénommés couramment bruts sans année ou bruts non millésimés, sont élaborés à partir d'un assemblage de vins. On assemble des raisins issus des trois cépages autorisés – chardonnay, pinot noir et meunier –, de différentes parcelles et de plusieurs années. Les assemblages varient selon l'inspiration, l'imagination et l'inclination des maîtres de caves ou récoltants manipulants selon le style propre à leur marque.
Les bruts millésimés sont, au contraire, des champagnes élaborés à partir d'un assemblage de vins, de cépages et de crus différents, mais strictement issus de la même récolte. Ce sont de grands vins bien équilibrés, provenant de raisins ayant bénéficié de conditions de maturation exceptionnelles, dont on a conservé tout le caractère. Des bruts millésimés, de millésimes différents, sont toujours différents. Les caractères varient selon les données géoclimatiques. En Champagne, seules les années exceptionnelles sont millésimées. La décision d'élaborer un champagne millésimé appartient strictement au producteur.
Les champagnes bruts classiques sont plutôt représentatifs du subtil assemblage entre les vins d'années, de cépages et de crus différents, appelé, en Champagne, le « style », terme signifiant « signature, typicité ou goût particulier ».
Les bruts blancs de blancs sont des champagnes élaborés uniquement à partir de vins de chardonnay, d'années et de crus différents ; ce sont donc dans ce cas des bruts blancs de blancs classiques, mais, lorsque les vins sont strictement de la même année, il s'agit de bruts blancs de blancs millésimés.
Les bruts blancs de noirs, à l'opposé, sont élaborés uniquement à partir de vins de pinot noir et/ou de meunier, d'années et de crus différents (bruts blancs de noirs classiques) ou d'une seule année (bruts de blancs de noirs millésimés).
Les cuvées spéciales sont des champagnes bruts. Elles peuvent être millésimées ou non. Elles sont le fait de certaines maisons de champagne et de quelques vignerons, et représentent le fleuron de la marque. Elles se distinguent des cuvées traditionnelles par une exigence accrue de qualité, une attention particulière au choix des cépages et des crus, ainsi qu'à la durée de vieillissement… Pour souligner l'excellence de cette catégorie de champagne, les cuvées spéciales portent généralement un nom prestigieux et évocateur ; la bouteille peut être particulière par sa forme, son matériau, sa décoration…
Les bruts rosés représentent une catégorie à part entière. Ils sont le plus souvent millésimés. Obtenus dans la majorité des cas par assemblage de vins (blancs) issus de cépages et de crus différents, avec des raisins rouges de Champagne répondant à l'appellation coteaux champenois, ils peuvent également être le résultat d'une vinification en rosé par macération des raisins noirs (pinot noir et/ou meunier). A.-M. C.

Champagne œil-de-perdrix *de chez Jean Vesselle. Typiquement blanc de noirs, c'est un champagne ambré, robuste et charpenté.*
Photo Jean-Luc Barde/Scope.

La côte des Blancs

de Châlons-en-Champagne à Villenauxe-la-Grande

Châlons-en-Champagne, possède un patrimoine culturel et architectural parfaitement mis en valeur. Il faut atteindre Épernay pour accéder à l'aristocratie des vignobles de la côte des Blancs qui s'étendent vers le sud. Les gros bourgs qui se succèdent ne vivent que pour et par le champagne. La vigne omniprésente au nord se fait progressivement plus rare pour venir mourir aux abords de la coquette petite ville de Sézanne.

La côte des Blancs est un escarpement calcaire qui, à l'exception de son sommet boisé, est entièrement plantée en vignes. Le sol est plus léger que dans les autres régions de la Champagne, ce qui, allié à une relative stabilité climatique, en fait la terre d'élection du cépage chardonnay dont la vie végétative est plus longue que celle des pinots.

Environs de Cramant, *vignoble de la côte des Blancs. Les coteaux qui descendent en pente douce sont constitués de calcaires divers. C'est dans leur partie basse qu'apparaît la craie à bélemnites qui permet l'établissement de vignes de grande qualité.* Photo Jacques Guillard/Scope.

Itinéraire de Châlons-en-Champagne à Villenauxe-la-Grande

Contrairement à sa rivale, la Montagne de Reims, cette région offre peu de monuments historiques au visiteur, comme si elle ne souhaitait pas le distraire de l'essentiel : le spectacle de vignes rognées au plus près, impeccablement alignées, suivant chaque cran, chaque ondulation du sol. Elles ressemblent à une chevelure dans laquelle on aurait passé un peigne gigantesque pour en discipliner les mèches folles. Entre deux caveaux, souvent signalés par de belles enseignes illustrant les travaux du vignoble et de la cave, le passant sera donc invité, le plus souvent possible, à emprunter les chemins de vignes… Il y aura toujours un clocher pour ramener l'égaré dans le droit chemin.

1 Châlons-en-Champagne

Siège de l'École nationale du cirque, la ville a longtemps hésité à choisir le visage qu'elle offrirait à ses visiteurs, accueillant tour à tour Mme Récamier, exilée par Napoléon pour cause d'amitié avec l'« opposante » Germaine de Staël, ou la garnison militaire (6 000 soldats pour 30 000 habitants) qui portera longtemps à bout de bras l'économie locale.

À voir : **la cathédrale Saint-Étienne ; l'église Notre-Dame-en-Vaux, qui mêle imperceptiblement les styles roman et gothique ; le musée du Cloître avec ses statues-colonnes ; la Vénus attribuée à Cranach au Musée municipal ; *La Scène de sorcellerie,* attribuée à Francken, *De la postérité* de Jérôme Bosch, au musée Garinet ; le musée d'Histoire militaire ; la partie ancienne du cimetière de l'Ouest.**

Vendanges au domaine des Briquettes. *La maison Mumm dispose d'un important vignoble dont une partie est située sur la côte des Blancs. Il permet d'élaborer un élégant blanc de blancs.* Photo Jean-Daniel Sudres/Scope.

Champagne Albert Le Brun (NM) : 93, av. de Paris, 51000 Châlons-en-Champagne. Tél. 03 26 68 18 68, sur R-V. Trapu, le flacon de la cuvée Vieille-France renferme une cuvée spéciale souvent étonnante.

SA Champagne Joseph Perrier (NM) : 69, av. de Paris, 51000 Châlons-en-Champagne. Tél. 03 26 68 29 51, sur R-V. Les vins sont puissants et parfumés. On choisira particulièrement les cuvées Joséphine qui équilibrent bien chardonnay et pinot.

2 Oiry

Cru classé à 100 %.

Ce petit village de vignerons produit essentiellement des champagnes blancs de blancs.

Champagne Lang-Biémont (NM) : Les Ormissets, 51530 Oiry. Tél 03 26 55 43 43, sur R-V. À retenir : la Cuvée d'exception.

Rilly-la-Montagne, *stalle sculptée du XVIe siècle.* Photo Jean-Daniel Sudres/Scope.

Épernay, château de Charles Perrier. *L'architecture typiquement champenoise de ce château servit au XIXe siècle à véhiculer l'image d'un luxe bourgeois correspondant au prestige des vins de champagne.* Gravure de Fichot, cliché ACJS.

3 Chouilly

Cru classé à 95 % pour les blancs de noirs et à 100 % pour les blancs de blancs.

Contrairement aux autres vignes de la côte des Blancs, celles de ce vignoble regardent la Marne. Les vins y sont très aromatiques, particulièrement dans leurs premières années.

CHAMPAGNE NICOLAS FEUILLATTE (CM) : BP 210, Chouilly 51200 Montmirail. Tél. 03 26 59 55 50, sur R-V. Regroupement de producteurs, ce centre géant propose un blanc de blancs typé, fin et frais.

MICHEL GENET (RM) : 22, rue Partelaines, 51530 Chouilly. Tél. 03 26 55 40 51, sur R-V. Les vins sont amples, très nets, peu dosés et, pour les millésimés, longs et persistants.

4 Épernay

Cru classé à 88 %.

Autre pôle, face à Reims, de développement des maisons de négoce champenoises, la ville d'Épernay bénéficie de l'ombre tutélaire des ruines de l'abbaye d'Hautvillers (à une dizaine de kilomètres au nord, sur la route de Reims) où dom Pérignon rationalisa et perfectionna les techniques de fabrication du vin « saute-bouchon », comme on l'appelait au XVIIIe siècle. C'est à cette époque, avec l'installation des premières maisons de champagne, qu'Épernay commença réellement à se développer.

Le Musée municipal se compose de trois sections : musée du Champagne, collections de tableaux et de faïences, mais surtout collections préhistoriques et de l'Antiquité, particulièrement riches sur les périodes gallo-romaine et mérovingienne.

À voir : **la principale curiosité touristique demeure bien sûr la visite des caves. La plus accessible au grand public est celle du champagne Mercier avec son célèbre petit train ; la plus technique – tout en restant à la portée du néophyte – est celle des caves Moët et Chandon. De la multitude d'animations offertes par la maison Castellane (jardin de papillons vivants, visite de la tour monumentale qui domine la ville, musées de l'Étiquette, de l'Imprimerie, de la Faune champe-**

noise), on retiendra surtout la collection d'affiches du graphiste Capiello et, dans les très belles caves, un musée du Vin avec une passionnante rétrospective de tous les procédés imaginés pour le remuage des vins de champagne. Un peu à l'écart du centre-ville, la maison Leclerc-Briant propose une collection d'outils et d'objets publicitaires liés au champagne. Sur demande auprès de la maison Mercier, on peut également visiter le musée des Pressoirs qui abrite, sous une charpente en bois impressionnante, de monumentales pièces amoureusement restaurées.

PORTRAIT
Christian Pol-Roger, négociant

Dans *L'Otage*, Paul Claudel parle de la « goutte de rosée champenoise » pour évoquer une vieille tradition consistant à déposer le jour du baptême un peu de champagne sur la langue du bébé. Tout comme, selon Chateaubriand, le duc d'Aumale « goûta le vin d'Aï avant le lait de sa nourrice ». Évoquant cette coutume, Christian Pol-Roger confirme que le goût du champagne est d'abord pour lui « cette valeur sacrale, porteuse d'émotion, dans le creuset de la famille ».
Il recherche un « champagne très pastellisé ». Un ton léger mais soutenu. Différent, pour garder l'image picturale, de « l'aquarelle trop aérienne et au caractère parfois délavé ». Différent aussi de la « gouache » qui évoquerait un champagne « trop vineux, avec trop de corps, de matière, de pâte. Trop de cuivre. »
« Le chardonnay en assemblage est une symphonie restreinte, un quintette de violons : les blancs ont les accents pointus des cordes. Ils sont aigus, mais avec plus de soyeux à Avize, plus d'austérité à Cramant, plus de fermeté à Oger, de la rondeur à Cuis, de la subtilité au Mesnil-sur-Oger. Ils touchent la craie. On sent la saveur, l'odeur amplifiée. »
Pour lui, l'architecture d'un champagne se trouve du côté « d'un gothique dépouillé plus que vers l'art roman, trop austère », et il aime la tension : sur un champ de courses, il serait probablement amateur de trot pour cette façon de « contenir l'exubérance ». D. C.

Les sièges des grandes maisons sparnaciennes (ainsi nomme-t-on, par une étymologie controversée, les habitants d'Épernay) sont pour la plupart des hôtels particuliers situés sur l'avenue de Champagne.

CHAMPAGNE BOIZEL (NM) : 46, avenue de Champagne.
CHAMPAGNE DE CASTELLANE (NM) : 57, rue de Verdun.
CHAMPAGNE ANDRÉ CHARBAUT ET FILS (NM) : 17, av. de Champagne.
CHAMPAGNE ELLNER (NM) : 6, rue Côte-Legris.
CHAMPAGNE ALFRED GRATIEN (NM) : 30, rue Maurice-Cervaux.
CHAMPAGNE JEANMAIRE (NM) : 3, rue Malakoff.
CHAMPAGNE LECLERC-BRIANT (RM) : 67, Chaude-Ruelle.
CHAMPAGNE MOËT ET CHANDON (NM) : 20, av. de Champagne.
CHAMPAGNE OUDINOT (NM) : château Malakoff, 3, rue Malakoff.
CHAMPAGNE POL-ROGER (NM) : 1, rue Henri-Lelarge.
CHAMPAGNE DE VENOGE (NM) : 46, av. de Champagne.

Cuis, l'église et le vignoble. *De la terrasse de l'église, on a une vue étendue sur la Montagne de Reims.*
Photo Jacques Guillard/Scope.

À la sortie sud d'Épernay, gagner Pierry où vécut Jacques Cazotte, auteur du *Diable amoureux*, avant de périr guillotiné en 1792. Sa maison abrite aujourd'hui la mairie.
PAUL GOBILLARD (NM) : château de Pierry, 51530 Pierry. Tél. 03 26 54 05 11, sur R-V. Le chardonnay domine l'assemblage de la cuvée Régence, ce qui lui procure une agréable finesse.
La D 10 offre d'agréables vues sur Épernay, la vallée de la Marne et la Montagne de Reims.

5 CUIS

Cru classé à 90 % pour les blancs de noirs et à 95 % pour les blancs de blancs. L'église romane est campée au-dessus du village.
PIERRE GIMONNET ET FILS (RM) : 1, rue de la République, 51530 Cuis. Tél. 03 26 59 78 70, tlj sauf dimanche, 8 h 30-12 h et 14 h-18 h, samedi sur R-V. Les vins sont puissants. On recherchera particulièrement la cuvée Gastronomie pour sa rondeur, et le brut à peine dosé.

6 CRAMANT

Cru classé à 100 %.
Situé sur une avancée de la côte, le vignoble est classé grand cru depuis les origines. Ce gros bourg vit par et pour le champagne. La monumentale bouteille plantée à l'entrée du village signale le début du chapelet de villages de la côte des Blancs, cultivée en chardonnay et classée grand cru à 100 %. Les raisins qui en proviennent sont ainsi jugés au maximum de leur potentiel qualitatif (et de leur valeur marchande lors des achats par les maisons de négoce). Ces dernières y possèdent d'ailleurs de grands vignobles signalés par les bornes qui marquent orgueilleusement les parcelles – elles possèdent plus de 40 % de la surface classée. Les vins de Cramant sont élégants et fins, sans la charpente d'Avize ni la rondeur

Château de la Marquetterie à Pierry. *Construit en 1750, ce château appartient à la maison Taittinger. C'est en ces lieux que furent effectués, au début du XVIIIe siècle, un certain nombre de travaux sur la prise de mousse.*
Dessin atelier D. Duplantier.

d'Oger, mais font de remarquables bases d'assemblages. Comme dans la plupart des villages vignerons, les enseignes illustrent les travaux de la vigne et du vin.

LILBERT FILS (RM) : 223, rue du Moutier, BP 14, 51530 Cramant. Tél. 03 26 57 50 16, sur R-V. Les cramants millésimés, généralement gras et amples, deviennent très puissants en vieillissant.

7 AVIZE

Cru classé à 100 %.
Si l'on monte au-dessus du village, on a une vue étendue sur l'ensemble de la région. L'église des XIIe-XVe siècles est couverte d'une toiture en bois. Les vignes sont classées grand cru 100 % depuis toujours. C'est un exemple parfait de vignoble de côte, qui donne des vins puissants et charpentés, recherchés par les maisons de négoce (Mumm, Roederer, Clicquot, Taittinger, Piper).

SARL PIERRE CALLOT ET FILS (RM) : 100, av. Jean-Jaurès, 51190 Avize. Tél. 03 26 57 51 57, sur R-V. Les vins, très marqués par les années de réserve, sont opulents, puissants et persistants.

EARL LEBRUN-SERVENAY (RM) : 14, place Léon-Bourgeois, 51190 Avize. Tél. 03 26 57 52 75, sur R-V. Cette exploitation élabore des champagne depuis 1945 et possède de très vieilles vignes de quatre-vingts ans d'âge. Un très beau millésimé 94 en est issu.

CHAMPAGNE JACQUES SELOSSE (RM) : 22, rue Ernest Vallée, 51190 Avize. Tél. 03 26 57 53 56, sur R-V. Vinifiés sous bois, ces champagnes possèdent beaucoup de matière et de gras, et une somptueuse palette aromatique.

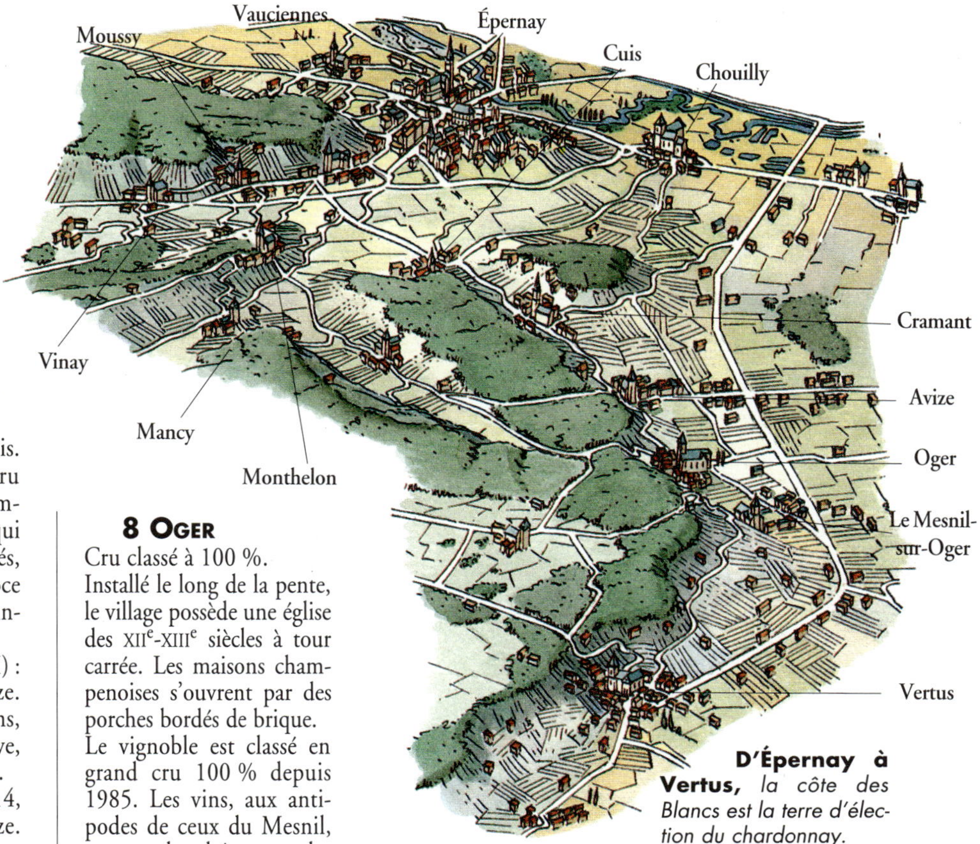

D'Épernay à Vertus, *la côte des Blancs est la terre d'élection du chardonnay.* Dessin atelier D. Duplantier.

8 OGER

Cru classé à 100 %.
Installé le long de la pente, le village possède une église des XIIe-XIIIe siècles à tour carrée. Les maisons champenoises s'ouvrent par des porches bordés de brique. Le vignoble est classé en grand cru 100 % depuis 1985. Les vins, aux antipodes de ceux du Mesnil, sont recherchés pour les assemblages auxquels ils apportent de la rondeur.

9 LE MESNIL-SUR-OGER

Cru classé à 100 %.
On pénètre dans ce village très étendu par une porte Renaissance à colonnes. Son vignoble produit des vins qui s'ouvrent lentement, avec des notes sèches de pierre à fusil, une austérité aromatique et structurelle qui en font des vins difficiles à manier dans les assemblages, mais très intéressants au vieillissement et très recherchés par les grandes maisons de négoce. Elles y possèdent d'ailleurs de grands vignobles, en particulier Moët avec près de 30 ha fichés en plein terroir sur le lieu-dit Les Volibarts. On y trouve deux vins mythiques, la marque Salon, propriété de Laurent-Perrier, et le clos du Mesnil, propriété de la maison Krug.

PIERRE MONCUIT (RM) : 11, rue Persault-Maheu, 51190 Le Mesnil-sur-Oger. Tél. 03 26 57 52 65, tlj, 9 h-12 h et 14 h-19 h, samedi et dimanche, sur R-V. On trouvera dans cette maison, fait rarissime en Champagne, toute une collection de millésimes anciens.

Avize. *Située à 9 km d'Épernay, cette prospère commune de la côte des Blancs est classée grand cru. Son lycée viticole forme les futures générations de vignerons champenois.* Photo Jacques Guillard/Scope.

PORTRAIT
Nicole Moncuit, viticultrice

Sa vocation était d'être vétérinaire. Elle en a gardé le goût de la chasse, mais d'une chasse sans fusil, « pour traquer et promener ses chiens ».
Adolescente, elle suivait son père dans les vignes. Plus tard, elle s'obligea à passer un diplôme de taille « par amour-propre », pour montrer qu'une femme pouvait égaler les hommes dans les travaux les plus durs. Le champagne est venu à elle en 1982. Son père hospitalisé, il fallait quelqu'un de la famille pour endosser la responsabilité du tirage. Nicole s'y est mise et en tremble encore : « Étant une femme, on ne m'aurait pas pardonné la moindre erreur ». Si l'histoire de la Champagne compte quelques veuves célèbres, les femmes sont rares à la vinification.
Depuis lors, elle vinifie l'un des plus beaux champagnes du Mesnil. Toujours inquiète de bien faire, elle prend le risque de ne proposer que des champagnes millésimés « pour faire jouer l'année » sans le secours des vins de réserve. Elle produit des vins de lieu-dit, à contre-courant de l'usage champenois de l'assemblage : sa façon à elle de « garder la tête haute ».

D. C.

Lire une étiquette

Les différentes mentions indiquées sur l'étiquette d'une bouteille de champagne apportent des informations précises sur le vin et son élaborateur.

Marque (obligatoire) Elle désigne le nom de la maison ou du vigneron qui a mis le vin en bouteilles

Type de vin (facultatif) permet de définir le cépage, la couleur s'il s'agit d'un rosé ou d'un champagne de petite mousse (crémant)

Appellation champagne (obligatoire)

Numéro d'immatriculation et de contrôle, délivré par le CIVC, précédé des initiales NM : négociant-manipulant, RM : récoltant-manipulant, RC : récoltant-coopérateur, CM : coopérative manipulante ou MA : marque auxiliaire (facultatif)

Contenance de la bouteille (obligatoire)

Nom de l'élaborateur (facultatif)

Commune de l'élaborateur (obligatoire)

Millésime (facultatif)

Teneur en sucre résiduel (obligatoire). Elle permet de définir le type de vin : champagne extra-brut, brut, extra-dry, sec ou demi-sec

Pays (obligatoire)

Titre alcoométrique (obligatoire)

Chaufferette dans les vignes. *Aux environs de Vertus, comme dans l'ensemble du vignoble champenois, il est d'usage de chauffer la vigne en hiver pour lutter contre les effets néfastes du gel.* Photo Jacques Guillard/Scope.

SCEV Jean-Louis Vergnon (RM) : 1, Grande-Rue, 51190 Le Mesnil-sur-Oger. Tél. 03 26 57 53 86, sur R-V. Blanc de blancs uniquement, le champagne Vergnon se distingue par son extra-brut, c'est-à-dire non dosé.

10 Vertus

Cru classé à 95 %.

Cette cité, qui fut très active au Moyen Âge, est bâtie sur un plan circulaire qui suit les anciennes fortifications. La robuste église du XIIe siècle est flanquée d'une tour carrée.

À voir : **la porte Baudet, dernier vestige de la cité médiévale ; l'église et la maison Renaissance qui la jouxte.**

Doquet-Jeanmaire (RM) : 44, chemin du Moulin de la Cense-Bizet, 51130 Vertus. Tél. 03 26 52 16 50, sur R-V. Les Doquet sont des spécialistes du blanc de blancs, lequel est élégant, complexe, équilibré.

Champagne Duval-Leroy (NM) : 69, av. de Bammental, 51130 Vertus. Tél. 03 26 52 10 75, sur R-V. Les vins sont très marqués par le chardonnay, aérien, léger et tout en dentelle dans la cuvée des Roys.

Champagne Paul Goerg (CM) : 4, place du Mont-Chenil, 51130 Vertus. Tél. 03 26 52 15 31, sur R-V. Ce groupement de producteurs produit des vins parfaitement équilibrés.

EARL Champagne Guy Larmandier (RM) : 30, rue du Général-Koenig, 51130 Vertus. Tél. 03 26 52 12 41, sur R-V. Un remarquable monocru Cramant, issu de vignes au cœur de l'appellation.

Champagne Larmandier-Bernier (RM) : 43, rue du 28-Août, 51130 Vertus. Tél. 03 26 52 13 24, sur R-V. À goûter, le Cramant grand cru, rond et puissant.

Servir le champagne

Le service du champagne au XVIIIe siècle. *D'après* Le Déjeuner au champagne, *école de Troy.* Photo Archéops, collection Bollinger.

Avant d'être mis sur le marché, le champagne doit atteindre son stade de maturité. Il n'est donc pas nécessaire de le faire vieillir chez soi. Avant d'être servies, les bouteilles achetées reposeront couchées à l'horizontale, à l'abri de la lumière et aussi loin que possible du chauffage.

Le champagne se sert frais, mais non glacé, à la température de 6 à 8 °C. La bouteille peut être placée dans un seau à champagne avec de l'eau et de la glace vingt à trente minutes avant de le servir. Il peut également être mis à rafraîchir en plaçant la bouteille pendant une demi-journée dans la partie la moins froide du réfrigérateur. Ne jamais utiliser le congélateur ou le bac à glace, le froid excessif « casserait » le vin, et lui enlèverait une partie de ses qualités gustatives.

Une fois la bouteille bien fraîche, il convient de détacher le muselet qui retient le bouchon en inclinant légèrement la bouteille. Maintenir ensuite fermement le bouchon d'une main et de l'autre faire tourner la bouteille. Le bouchon se soulèvera de lui-même progressivement et le gaz s'échappera doucement et sans risque. Les verres utilisés seront de préférence à pied, en forme de tulipe ou de flûte, ils seront remplis aux deux tiers. I. F.

11 Bergères-les-Vertus

Cru classé à 95 %.
« Les bergères, il n'y en a guère / De vertu, il n'y en a plus… », chantait-on au XVIIIe siècle en rendant hommage à saint Blaise, auquel on demandait mari (pour les jeunes filles) ou maîtresse (pour les jeunes gens…). Au sud du village, le belvédère du mont Aimée, au pied duquel on découvrit des vestiges néolithiques et des tombes mérovingiennes, domine la plaine. Audessus, depuis les derniers vestiges du château de Blanche de Navarre, on peut embrasser toute la côte des Blancs.
Suivre la D 33 jusqu'à Étoges, centre viticole construit à partir d'un ancien relais de poste où s'élève un château du XVIIe siècle en briques roses à parement de pierres blanches.

12 Montmort-Lucy

« Exquise forteresse… » En route vers le Rhin, Victor Hugo fut séduit par ce château qui existe depuis le XIIe siècle, mais qui fut entièrement reconstruit à la fin du XVIe siècle sur la base de ses anciens plans.
À voir : **le double escalier, à vis pour les hommes, à rampe pour les chevaux ; les cuisines voûtées ; la salle des Gardes.**
Sur la route de Sézanne, les marais de Saint-Gond évoquent le souvenir des batailles napoléoniennes et surtout celui de la bataille de la Marne. La plus grande partie des marais a été asséchée et livrée à la grande culture, mais on retrouvera les tourbières, exploitées pour améliorer les sols du vignoble, entre Bannes et Soisy. Dans le périmètre Coizard-Courjeonnet-Villevenard Congy, on trouvera des menhirs et des grottes-sépultures néolithiques et gallo-romaines.

13 Sézanne

Cru classé à 85 % pour les blancs de noirs et à 87 % pour les blancs de blancs.
La ville, qui conserve le souvenir de l'époque médiévale, est bâtie sur un sous-sol en grès qui fournit le matériau de nombreuses constructions.
À voir : **le buffet d'orgue de l'église Saint-Denis ; le puits doré devant l'hôtel de ville ; les mails sur l'emplacement des anciennes fortifications moyenâgeuses.**
On continuera vers Villenauxe-la-Grande, pointe extrême de cette partie du vignoble champenois, par la forêt de Traconne.
D. C.

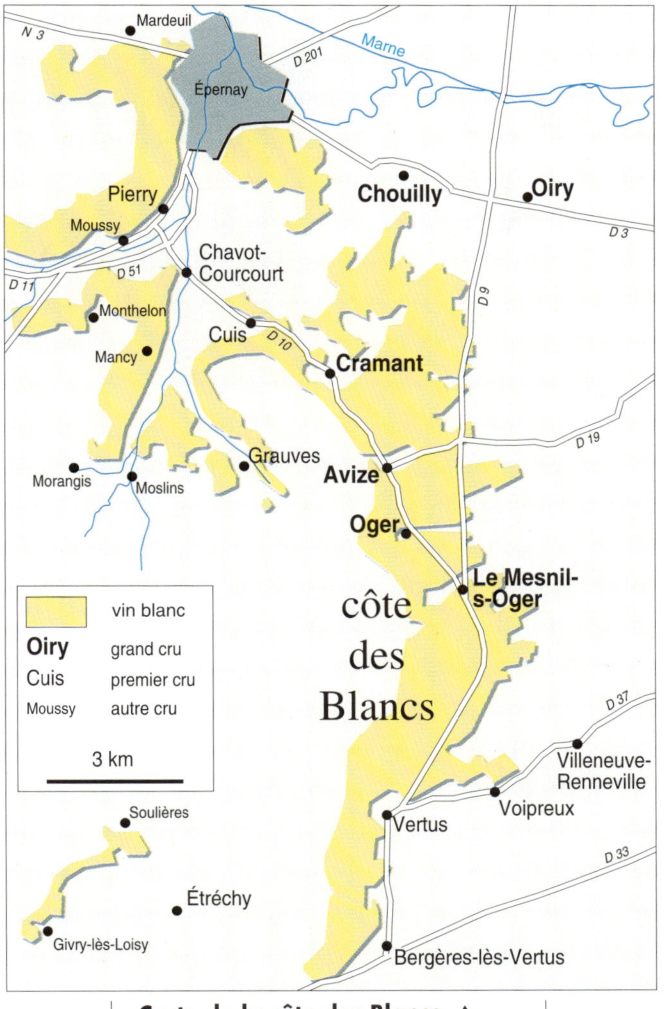

Carte de la côte des Blancs. ▲ **Coupe d'une cave en Champagne.** *De nombreuses caves ont été aménagées dans d'anciennes crayères.* Dessin Éric Maurus. ▼

L'Aube

de Troyes aux Riceys

Séparé du reste du vignoble champenois par la plaine de Champagne, le vignoble de l'Aube jouxte le vignoble bourguignon le plus septentrional, celui du Châtillonnais.

Vignes et village des Riceys. *Les trois hameaux qui constituent ce village conservent précieusement le secret de fabrication de leur vin tranquille, le rosé des riceys.* Photo Isabelle Forboteaux.

Le Barsuraubois

Situé à l'extrême sud-est de la région champenoise, le Barsuraubois est constitué d'un ensemble de vallées : l'Aube, le Landion, la Bresse, le Val-Dardenne, où alternent coteaux, bois et prés, ponctués de villages aux solides bâtisses en pierre de taille. Quelque 25 communes viticoles se partagent l'appellation, toutes classées à 80 % dans l'échelle des crus. Sont rattachées à cette région de l'Aube les deux seules communes classées en appellation champagne dans le département de la Haute-Marne : Rizaucourt-Buchey et Argentolles.

Le Barséquanais

Formé lui aussi d'un groupement de vallées : la Seine, la Sarce, la Laignes, l'Ource et l'Arce, le Barséquanais regroupe 33 communes viticoles, classées à 80 % dans l'échelle des crus. Il possède à lui seul 5 900 ha et réalise la plus forte croissance de toute la Champagne : soit 155 % en vingt ans.

Troyes, l'église Sainte-Madeleine. *La nef de la fin du XIIe siècle s'est enrichie de cette tour Renaissance et d'un jubé en pierre de style flamboyant au XVe siècle.* Photo Jacques Guillard/Scope.

Itinéraire de Troyes aux Riceys

Deuxième producteur de Champagne, l'Aube n'a pas de frontières naturelles et s'insère entre les départements de Seine-et-Marne, Marne, Haute-Marne, Côte-d'Or et Yonne. Les lacs de la forêt d'Orient constituent une étape de plein air agréable. Puis, la traversée des villages viticoles du Barsuraubois nous amène jusqu'à Essoyes où vécut le peintre Auguste Renoir. L'Ource franchie, Bar-sur-Seine, et ses maisons à pans de bois, évoquent précisément ce qu'est le vignoble barséquanais. À quelques kilomètres, la commune des Riceys présente une particularité supplémentaire par rapport à ses autres voisins champenois : le rosé des riceys.

1 Troyes

Au carrefour de l'Île-de-France, de la Bourgogne et de la Champagne dont elle fut la capitale historique, Troyes perpétue le souvenir des comtes de Champagne. De son prestigieux passé et de ses célèbres foires du Moyen Âge, la vieille ville conserve les maisons à pans de bois (XVIe siècle), parfaitement restaurées, et la riche statuaire. Elle présente un bel éventail d'architecture champenoise. Centre d'art dès le XIIIe siècle, elle l'est restée jusqu'à nos jours puisque la donation Levy, présentée dans l'ancien hôtel de l'archevêché, réunit une extraordinaire collection d'œuvres d'art modernes ; on peut y admirer des tableaux de Degas, de Picasso et de Matisse.

Une promenade dans les rues pittoresques de la vieille ville permet de découvrir ses innombrables trésors. La rue Champeaux mène jusqu'à la maison du Boulanger, qui abrite actuellement le Centre culturel. Lui faisant face, la tourelle de l'Orfèvre est caractéristique des XVIe et XVIIe siècles. À quelques mètres, l'église Saint-Jean (XIVe-XVIIe siècle) représente un curieux minaret d'horloge. L'église Sainte-Madeleine, l'une des plus anciennes de Troyes, possède un superbe jubé de pierre et un chef-d'œuvre de la statuaire troyenne : la *Sainte Marthe*. L'hôtel d'Autruy, qui date du XVIe siècle, présente une façade à damiers champenois. La basilique Saint-Urbain renferme des vitraux du XIIIe siècle. La cathédrale Saint-Pierre-et-Saint-Paul, à l'unique tour de 66 m fondée en 1208, fut achevée en 1638. L'hôtel de Mauroy, à l'architecture troyenne du XVIe siècle, abrite la maison de l'Outil et de la Pensée ouvrière.

À voir : **l'hôtel Juvénal-des-Ursins ; l'hôtel de Marisy (XVIe siècle) ; le musée des Beaux-Arts ; le Musée historique ; le musée de la Bonneterie.**

À la sortie de Troyes, la N 19 traverse Pont-Sainte-Marie où l'on peut visiter l'église de l'Assomption du XVIe siècle, un édifice de type champenois à trois nefs. À l'intérieur, au-dessus des fonts baptismaux, un vitrail, qui date de 1590, représente l'allégorie du « chrétien livrant le bon combat ». Lusigny-sur-Barse ouvre les portes du parc naturel de la forêt d'Orient.

Troyes, les verrières de la cathédrale Saint-Pierre-Saint-Paul. *Exécutés du XIIIe siècle au XVIe siècle, les vitraux couvrent une superficie totale de 1 500 m^2. Ils illustrent des sujets traditionnels de l'iconographie religieuse, mais également des épisodes de l'histoire de Troyes au Moyen Âge.* Photo Jacques Guillard/Scope.

2 Le parc naturel régional de la forêt d'Orient

Il fut créé en 1970, à une trentaine de kilomètres de Troyes, et forme un vaste espace rural de 70 000 ha comprenant 50 communes ; Brienne-le-Château, Vendeuvre-sur-Barse, Piney et Lusigny-sur-Barse constituent les centres les plus importants. Au cœur du parc, la nature argileuse du sol a favorisé le maintien de la forêt du Der auquel ses anciens propriétaires, les chevaliers d'Orient, hospitaliers et templiers, ont donné leur nom. Les lacs de la forêt d'Orient sont en partie aménagés en zone de loisirs.

3 Vendeuvre-sur-Barse

Son château, dans le parc duquel se trouve la source de la Barse, constitue la toile de fond du spectacle historique sur la ville, Vindovera, qui se joue de juin à août.

Par la D 443 jusqu'à Amance, puis par la D 18, la route mène aux villages de Jessains, qui possède une petite église rurale intéressante, et de Trannes. On aborde ici la zone de vignobles du Barsuraubois.

4 Bar-sur-Aube

De forme octogonale, cette ville se pare de nombreuses maisons anciennes à pans de bois et de maisons cossues en pierre aux façades ouvragées. L'église Saint-Pierre (XIIe siècle) est entourée d'une galerie de bois. Au Moyen Âge, elle servait d'abri aux marchands de Provins pendant les célèbres foires de Champagne. L'hôtel de ville (XVIIIe siècle) occupe une partie de l'ancien couvent des Ursulines bâti en 1634.

À voir : **les églises Saint-Pierre et Saint-Maclou ; la chapelle Sainte-Germaine.**

Par la D 13 on gagne Colombey-la-Fosse à travers le vignoble, puis par la D 74 Colombey-les-Deux-Églises où se trouve le mémorial de Charles de Gaulle.

5 Bayel

Le village se trouve entre Longchamp-sur-Aujon et Baroville ; sur ce site une verrerie est exploitée depuis l'an 1300. C'est en 1666 que la manufacture royale en cristaux de Bayel fut fondée par le maître verrier vénitien, Jean-Baptiste Mazzolay, qui obtint lettre patente du roi Louis XIV. La tradition du bel ouvrage fait à la main s'est perpétuée jusqu'à nos jours. Les Cristalleries royales de

Les lacs de la forêt d'Orient. *D'une superficie d'environ 4 600 ha, ces lacs artificiels créés en 1966 concourent à la régulation de la Seine et de l'Aube, atténuant les risques de crues à Troyes ou à Paris. Une partie est classée zone protégée et sert de réserve ornithologique.* Photo Jacques Guillard/Scope.

Champagne se visitent. L'église, en partie du XIIe siècle, possède des statues classées du XIVe au XVIe siècle dont une *Vierge à l'Enfant* du XIVe siècle. L'autel et le tabernacle datent du XVIIIe siècle.
À voir : **la cristallerie ; l'église.**

6 Vitry-le-Croisé

Après avoir traversé l'Ource, on entre dans le Barséquanais. L'église de Vitry-le-Croisé, dont l'abside, le transept et un portail sont de style roman, a été remaniée au XIXe siècle.
On prend à gauche au cœur du village.

7 Fontette

On rejoint le village situé dans un paysage doucement vallonné.
Champagne Cristian Senez (NM) : 6, Grande-Rue, 10360 Fontette. Tél. 03 25 29 60 62, sur R-V. Tous les millésimes de 1973 à 1987 sont remarquables.

8 Essoyes

Dans ce village vécurent, de 1897 à 1917, Auguste Renoir et ses deux fils, Pierre et Jean. Ils y reposent aujourd'hui. La maison de la Vigne comprend un musée et une salle d'ethnographie. Une exposition permanente retrace l'histoire du vignoble, le travail de la vigne et de la cave. Chaque année, un thème différent est choisi qui fera connaître toutes les facettes de la champagnisation.
À voir : **la maison de la Vigne.**

9 Landreville

Ce village offre aux visiteurs les abords du lac artificiel de Suchot, destiné à protéger le vignoble contre les gelées.
À voir : **l'église, sa tour du XIIe siècle et son retable signé Bouchardon (1716) ; la chapelle et la source Sainte-Béline dont les eaux guérissaient la fièvre.**
Champagne Robert Dufour et Fils (RM) : 4, rue de la Croix-Malot, 10110 Landreville. Tél. 03 25 29 66 19, sur R-V. Cette exploitation, qui commença à champagniser une partie de sa récolte dès 1925, produit un champagne de très haut niveau et de qualité régulière et constante.
Hervé Jolly (RM) : 10, rue de la Gare, 10110 Landreville. Tél. 03 25 38 50 91, sur R-V. Viticulteurs de père en fils, les Jolly furent les premiers à champagniser dans la région. Les blancs de noirs, excellents à table, présentent une bonne vinosité.
En prenant la D 104, on gagne Ville-sur-Arce. La cote 281 marque la ligne de partage des eaux entre l'Ource et l'Arce, et offre un panorama sur les vignobles de Ville-sur-Arce, Landreville et Viviers-sur-Artaut.

Le rosé des Riceys

Maisons des Riceys.
Photo Michel Guillard/Scope.

Malgré une réputation remontant au XVIIe siècle, le rosé aubois élaboré sur le terroir champenois n'obtint l'appellation d'origine contrôlée rosé des riceys qu'en 1971. Ce vin est exclusivement issu de pinot noir et sa méthode de vinification demande un savoir-faire très particulier.
Seules sont sélectionnées les vignes de vingt à vingt-cinq ans, avec un rendement faible. À la vendange, les raisins doivent atteindre un taux de maturité minimal de 10° d'alcool en puissance, c'est-à-dire 170 g de sucre par litre. Ils ne sont récoltés que les jours où la température ambiante favorise un début de fermentation rapide. Le raisin est ensuite trié. Un cinquième de la totalité de la cuve (1 tonne) est foulé au fond pour donner un jus libre. On verse alors le raisin entier.
Après avoir ajouté la levure, on lance la fermentation. Le gaz carbonique provenant du bas de la cuve protège les raisins. Deux fois par jour, le jus libre en fond de cuve est récupéré pour arroser les raisins entiers. Cette fermentation en cuve semi-fermée dure trois jours et demi au maximum.
La dégustation du jus libre permettra de détecter le « goût rosé des riceys » : caractéristique d'une forte astringence en fin de bouche. Puis intervient le décuvage. Le jus libre est mis à part et le jus fermenté des raisins est pressé. Les deux sont ensuite assemblés. Après une deuxième fermentation, le rosé qui n'est pas encore des riceys, puisqu'il devra recevoir l'agrément pour l'obtention de l'appellation, sera « élevé » de façon différente en fonction de son élaborateur. Les uns préféreront une finition en cuve, d'autres en fût...
Quant à son vieillissement, certains l'aimeront jeunes, d'autres avec quatre ou cinq ans d'âge, ce qui à la dégustation ne donnera pas les mêmes caractéristiques. Le rosé des riceys possède un goût de fruits rouges prononcé : fraise, framboise, parfois une résurgence de cassis. Avec six ou sept ans s'ajoutent des parfums plus exotiques de cannelle, voire de mangue. Une dizaine de viticulteurs élaborent ce rosé dans la commune des Riceys, terroir champenois de l'Aube. I. F.

10 Bar-sur-Seine

De tradition champenoise, la ville de Bar fut longtemps convoitée par les Bourguignons. Place forte protestante en 1562, elle fut, en 1911, le centre de la révolte des vignerons de l'Aube que le gouvernement entendait priver de l'appellation champagne.
L'église Saint-Étienne présente un mélange de style gothique et Renaissance. La place Médiévale est entourée de maisons de briques roses à pans de bois entièrement sculptés. La porte Châtillon du XVIIe siècle conserve encore, encastré dans la pierre, un boulet reçu en 1814. À flanc de coteau, la tour de l'Horloge, unique vestige du château des comtes de Bar, est accessible par un sentier.

11 Celles-sur-Ource

Le plateau au sud du village permet de découvrir les vallées environnantes de la Seine et de l'Ource.
SCEV Champagne Marcel Vézien et Fils (RM) : 68, Grande-Rue, 10110 Celles-sur-Ource. Tél. 03 25 38 50 22, sur R-V. Le brut sans année représente le gros de la production. Les hauts de gamme sont ronds et sensuels.

12 Polisy

Le village est situé au confluent de la Seine et de la Laignes. Le château conserve un très beau carrelage émaillé de la fin du XVIe siècle et l'église renferme des peintures murales du XVIe siècle.
On prend à droite pour gagner Avirey.

13 Avirey-Lingey

Émergeant des vignes, le petit village est bien groupé autour de son église au clocher carré.
Champagne Serge Mathieu (RM) : 6, rue des Vignes, 10340 Avirey-Lingey. Tél. 03 25 29 32 58, sur R-V. On y

Les environs d'Avirey-Lingey. *Dans cette partie méridionale du vignoble de l'Aube, les coteaux bien exposés permettent d'accueillir largement le pinot noir. Dans l'assemblage des cuvées, ce cépage fragile contribue grandement aux caractéristiques du champagne.* Photo Jacques Guillard/Scope.

déguste des vins au caractère très fruité ; leurs arômes, particulièrement développés, présentent un parfait équilibre en bouche.

14 Les Riceys
ROSÉ-DES-RICEYS

Superficie : 400 ha ; encépagement : pinot noir fin ; récolte annuelle : 20 000 hl ; rendement de base : 10,4 t/ha ; titre alcoométrique minimal : 10 % vol. ; potentiel de garde : de cinq à sept ans.

La commune des Riceys est située aux confins de la Bourgogne et de la Champagne, à une quarantaine de kilomètres au sud de Troyes et à proximité de l'axe menant vers l'autoroute du Sud. Constitué de trois bourgs : Ricey-Bas, Ricey-Haute-Rive et Ricey-Haut, le village des Riceys a toujours été lié à la viticulture. Développé par les moines des abbayes de Molesmes et de Clairvaux, par les comtes de Bourgogne et de Champagne, le vignoble riceton couvrait, avant l'invasion phylloxérique et la délimitation de 1929, près de 1 500 ha plantés en gamay et pinot à grains fins. Aujourd'hui, 730 ha sont classés en appellation champagne, dont 650 ha exploités avec un encépagement de chardonnay et de meunier à 5 % ainsi que de pinot noir à 95 %. Le terroir des Riceys est le seul de la région à proposer trois appellations d'origine contrôlée : champagne, coteaux champenois et rosé des riceys dont il détient le secret de l'élaboration. Fruit d'une tradition ancestrale toujours respectée par le choix des parcelles plantées en pinot noir, le rosé des riceys est un vin rare issu de 400 ha classés ; une dizaine de viticulteurs l'élaborent. Les rues étroites du village des Riceys sont bordées de maisons en pierre et de jardins clos.

À voir : **les églises Renaissance des trois bourgs.**

SA Alexandre Bonnet (RM) : 138, rue du Général-de-Gaulle, 10340 Les Riceys. Tél. 03 25 29 30 93, sur R-V. Son rosé des riceys est exemplaire.

Champagne Gallimard Père et Fils (RM) : 18-20, rue du Gaston-Cheq, Magny, 10340 Les Riceys. Tél. 03 25 29 32 44, tlj sauf dimanche, 9 h-12 h et 14 h-18 h, samedi sur R-V. Vins produits : Cuvée réserve sans année ; Cuvée réserve vieillie quatre ans en cave ; un champagne rosé très fruité ; un rosé des riceys de repas.

I. F.

Les maisons de Champagne : une organisation typiquement champenoise

Le 25 mai 1728, un arrêt du Conseil du roi autorise le transport des vins mousseux en flacons. Il marque le début du commerce du vin champenois effervescent. De nombreuses maisons de commerce se créent et se développent (Ruinart en 1729). Au siècle suivant, la vente du champagne s'organise : 21 maisons apparaissent entre 1811 et 1870. C'est sans doute à ces maisons de négoce que le champagne doit sa réputation. Ce sont elles qui, depuis le début du XVIIIe siècle, le diffusent, le défendent et l'imposent dans le monde entier.

De la découverte de la « mousse » à la Seconde Guerre mondiale, les maisons de champagne assurent seules l'élaboration et la commercialisation des vins de Champagne. Par la suite, un deuxième circuit de commercialisation se met en place, celui des récoltants-manipulants.

Aujourd'hui, en Champagne, 110 maisons mettent sur le marché 70 % des ventes globales de l'appellation. Le statut de négociant est octroyé à celui qui achète du raisin pour tout ou partie de ses besoins, le transforme en champagne et le vend. Cela sous-entend que le négociant peut ou non posséder ses propres vignes. En fait, les maisons de Champagne ne sont propriétaires que d'une très faible partie du vignoble (13 % seulement de l'aire délimitée). Certaines d'entre elles se fournissent entièrement auprès des récoltants avec qui elles ont passé un contrat, ou auprès des coopératives. Une soixantaine de grandes marques considèrent leurs vignes comme un appoint, soit en qualité lorsqu'elles sont situées sur des communes renommées, soit en quantité pour équilibrer la production et faire face aux mauvaises années. Il est difficile de croire que certaines grandes marques ne possèdent aucune vigne… L'art de l'assemblage champenois permet pourtant à ces champagnes de posséder leur typicité propre.

I. F.

Évolution du vignoble en France

Les Gaulois ont apprécié le vin avant de cultiver la vigne dont la plantation est due aux Grecs. L'extension du christianisme favorise ensuite la progression du vignoble qui se développe jusqu'au XIXe siècle. Sa destruction par le phylloxéra ouvre une période de crise. 1935 voit la restructuration du vignoble et la reconnaissance des appellations d'origine.

C'est aux Grecs, fondateurs de comptoirs sur tout le pourtour de la Méditerranée, que l'on doit la plantation des premiers ceps en Gaule : à Nice, Hyères, Marseille, Lattes, Agde. Mais cet embryon de vignoble, pourtant loin de satisfaire les besoins locaux, ne se développe pas. Car les Grecs sont avant tout des marchands, pas des viticulteurs.

Les premiers vignobles romains

Au début de la conquête romaine, les marchands de la péninsule, qui connaissent le goût immodéré des Gaulois pour le vin, le leur vendent à des prix exorbitants : une amphore de 30 l peut s'échanger contre un esclave.

Saint-Raphaël, *amphores du Musée archéologique, recueillies dans des épaves romaines fouillées le long de la côte.*
Photo Jacques Sierpinski/Scope.

L'essor du vignoble en Gaule débute avec l'implantation des premiers colons romains. Les vétérans des légions plantent des cépages italiens ou espagnols, et créent des exploitations viticoles avec cuves, fouloirs, pressoirs et celliers, en Provence côtière, dans la basse vallée du Rhône, la plaine languedocienne et le Roussillon.

À la fois objet de commerce et monnaie d'échange, le vin représente un enjeu financier important, et la guerre des Gaules est, en partie, une guerre du vin. César, gouverneur de Transalpine, a été mandaté pour maintenir ouverte la route du vin (et, en sens inverse, celle de l'étain) vers la Gaule septentrionale et la Grande-Bretagne. Le contrôle de ces axes commerciaux est fondamental pour les débouchés d'une culture de la vigne qui ne peut s'étendre au-delà des limites climatiques imposées par les cépages méridionaux. Vers l'ouest, sur la route qui mène de Gênes à Bordeaux, elle ne dépasse pas Gaillac ; vers le nord, elle s'arrête à L'Hermitage.

L'extension du vignoble gaulois

En Gaule, le privilège de la culture de la vigne est réservé aux Romains, qui en tirent de substantiels bénéfices. Allié privilégié de Rome, le peuple des Allobroges entreprend de planter les premiers ceps autour de Vienne : ce *Vitis allobrogica*, adapté au climat de la région, est l'ancêtre de l'actuelle syrah.

Un siècle plus tard environ, vers l'an 50, un autre peuple gaulois, celui des Bituriges, réussit à acclimater un cépage, le *Vitis biturica* (ancêtre du cabernet franc), dans la région de Bordeaux (Burdigala). Les terres y sont peu fertiles, mais les débouchés sont prometteurs : cette zone de production est la plus proche des îles Britanniques.

Une fois l'obstacle climatique vaincu, la vigne se développe à proximité des fleuves et des grands axes commerciaux, y compris sur les terres labourables, à tel point que les commerçants gaulois en viennent à concurrencer dangereusement leurs homologues romains. Pour enrayer l'essor de la vigne sur les terres à blé et soutenir le négoce romain, Domitien ordonne en 1992 l'arrachage de toutes les vignes installées sur des terres labourables, soit la moitié du vignoble gaulois.

Les vignobles gallo-romains

Au IIe siècle, malgré l'interdiction de plantation formulée par l'empereur Domitien, de petits vignobles sont créés par les Gallo-Romains : le long du Tarn (Gaillac) et de la Garonne, puis dans la région de Beaune, plus tard dans la basse vallée de la Loire (Saumurois) et dans celle de l'Indre (Cheillé). Vers 200, la vigne grimpe jusque dans le pays des Rèmes (Reims) puis, au IIIe siècle, dans la vallée de la Moselle, autour de l'importante colonie de Trèves.

Il est heureux pour les débuts de la vigne en France que l'édit de Domitien n'ait pas été respecté. Il est vrai que les gouverneurs des provinces tiraient déjà de la culture de la vigne et du négoce du vin d'importantes rentrées fiscales, très appréciées à Rome... Aussi le sage empereur Probus rétablit-il la liberté de planter, vers 280. Reconnaissance d'un état de fait, ou volonté délibérée de renforcer la cohésion de l'Empire face aux menaces barbares ? En tout cas, la mesure, tout aussi appropriée à la consommation rituelle des chrétiens qu'au développement des cités, contribue à un nouvel essor du vignoble, qui se poursuit jusqu'aux grandes invasions du Ve siècle.

Le rôle des gens d'Église

Au passage des Barbares, toute une civilisation s'effondre, mais des îlots de viticulture se maintiennent, se réforment ou se créent. Alors que la naissance de l'islam précipite le déclin d'une partie du vignoble méditerranéen, la progression du christianisme préserve le vignoble de la France naissante. Partout où se dit la messe, il faut une vigne, d'autant que, jusqu'au XIIIe siècle, la communion de tous les fidèles se fait sous les deux espèces. Notable régional, l'évêque se doit, en outre, d'offrir du vin à ses visiteurs de marque. Le prestige qu'il en retire est proportionnel à la qualité du vin servi.

Jusqu'au XIIe siècle, et souvent au-delà, l'évêque demeure le premier viti-

Tapisserie datant du début du XVIe siècle. *Au Moyen Âge, on assiste à l'expansion du vignoble. Les moines défrichent les collines, plantent la vigne, fixant le travail et les techniques viticoles pour plusieurs siècles.*
Musée national du Moyen Âge, cliché ACJS, DR.

culteur de la cité ; il sait aussi se faire vendeur de vin, comme les évêques de Laon, Rouen ou Bordeaux, fournisseurs de l'Angleterre.

La viticulture monastique complète toujours, et relaie souvent, la viticulture épiscopale. Les deux grandes abbayes parisiennes de Saint-Germain-des-Prés et de Saint-Denis entourent la ville d'une guirlande de vignes (Argenteuil, Meudon, Montmartre, Belleville, Ivry). De plus, de nombreux petits vignobles d'abbayes se multiplient en Bretagne, en Normandie, en Picardie, voire en Flandre, cependant que les cisterciens prennent possession des coteaux bourguignons (clos de Vougeot, etc.). Le vin contribue à la renommée de chaque abbaye, comme à ses ressources.

Abbaye de Jumièges. *Les petits vignobles d'abbaye se multiplient en Normandie : Jumièges, Argences, Saint-Wandrille ; en Picardie : Saint-Acheul ; et en Bretagne : Lehou, Redon, Saint-Maloir.*
Photo Jacques Guillard/Scope.

Vignes de princes et vignes de paysans

Déjà au IXe siècle, Charlemagne fait planter des vignes et il énonce, dans son capitulaire *De villis,* des consignes de culture, de consommation et de vente. Plus tard, les rois capétiens possèdent des clos, dans l'île de la Cité et sur la montagne Sainte-Geneviève, tandis que les grands seigneurs créent des vignobles au pied de leurs châteaux.

Ces vignes princières sont d'abord cultivées par des serfs, puis exploitées « à complant » par des paysans libres qui parviendront peu à peu à en devenir propriétaires. Les plants nobles de morillon (pinot noir) et de fromenteau (pinot gris) sont privilégiés au détriment du gros noir (ou gouais).

Une viticulture septentrionale

Les vignes sont proches des buveurs citadins du nord de la France, de l'Angleterre, des Pays-Bas et de l'Allemagne, qui sont les plus grands consommateurs de vin. Il n'est donc pas surprenant que les neuf dixièmes des vignobles cités vers 1220 dans *La Bataille des vins* d'Henri d'Andeli soient septentrionaux. En tête viennent les « vins de France », c'est-à-dire d'Île-de-France ; ils sont suivis par les « vins de Bourgogne », issus de la vallée de l'Yonne, et par les « vins de rivière », provenant de la vallée de la Marne. Ce sont, très majoritairement, des vins blancs.

Les vins de la moitié méridionale n'apparaissent guère et sont de qualité médiocre, mais les vignobles de Bordeaux et du haut-pays approvisionnent en vins clairets toute la clientèle nord-européenne des marchands anglais. Un deuxième débouché fort lucratif s'ouvre à eux, à la fin du XVe siècle : les Hollandais viennent alors chercher sur la façade atlantique les « vins de chaudière », transformables en eau-de-vie, et donc beaucoup plus faciles à transporter sur les navires.

Du XVIe au XVIIIe siècle : une viticulture populaire

La croissance démographique s'accompagne d'un essor et d'une diversification de la demande. Celle-ci est surtout urbaine, malgré la cherté d'un vin dont le prix de revente est triplé, voire quadruplé, par les impôts, les péages, les octrois et les droits de vente. Elle atteint 50 l par an et par habitant à Paris, selon les calculs de Lavoisier, et 60 l à Lyon, à la fin du XVIIIe siècle. Dans les campagnes aussi, mais plus tardivement, le vin remplace « buvandes » et piquettes.

Paysans et bourgeois plantent et font planter, et le vignoble détruit par le « grand hyver » de 1709 est rapidement reconstitué. Cette « fureur de planter » en vient à inquiéter le pouvoir politique ; les parlements de Metz, d'Orléans, de Bordeaux même, s'y opposent dès 1722, et un édit royal de 1731, aussi mal respecté que celui de Domitien, interdit les plantations nouvelles. En 1788, le vignoble français, selon l'historien Marcel Lachiver, couvre 1 676 000 ha (917 000 ha aujourd'hui). La production moyenne annuelle est de 27 millions d'hectolitres (59,7 millions aujourd'hui). La vigne est alors partout présente.

La naissance des crus (XVIIe-XVIIIe siècle)

La naissance des crus s'opère, après 1650, dans le Bordelais, en Champagne, et en Bourgogne.

Dans le Bordelais, c'est la forte demande des aristocratiques buveurs anglais qui assure la promotion des « vins

Chambertin. *C'est l'un des crus les plus célèbres de Bourgogne. On le surnomma le vin des rois.*
Cliché Dassau.

noirs », les *new French clarets* des Graves (Haut-Brion) et du Médoc. Leurs prix décuplent et la hiérarchie se forme, sanctionnée en 1787 par le classement de l'ambassadeur Thomas Jefferson, futur président des États-Unis, qui place en tête Margaux, La Tour-de-Ségur, Lafite, ainsi que Haut-Brion, qualifiés de « crus de première qualité » ; ce classement préfigure celui de 1855.

En Champagne, la mode, la recherche de la distinction et les nouvelles techniques de vinification transforment le vin tranquille en vin effervescent, fort apprécié, mais encore rare et cher : 500 000 bouteilles par an à la fin du XVIIIe siècle, contre plus de 300 millions aujourd'hui. En Bourgogne, le vin rouge de Beaune, recommandé par les médecins du roi, a supplanté le vin blanc.

Si l'on ajoute à ces trois grands la bonne renommée des vins d'Arbois, de Saint-Pourçain, de L'Hermitage, de Châteauneuf-du-Pape et de Tavel, ainsi que celle des muscats du Languedoc, on a recensé tous les vins « de qualité » de la France sous l'Ancien Régime.

L'essor de la viticulture jusqu'aux années 1870

Au XIXe siècle, l'essor de la viticulture est général, profitant aux régions des crus comme à celles qui produisent des vins populaires. Entre ces extrêmes se forme et s'élargit une troisième catégorie, celle des grands ordinaires : Mâconnais, Beaujolais, vins de la vallée du Rhône méridionale. La superficie du vignoble français atteint 2 millions d'hectares vers 1830, puis 2,2 millions selon l'enquête agricole de 1852, et près de 2,5 millions en 1874.

Les rendements augmentent, avec la forte poussée du gamay dans le Nord et l'Est, de l'aramon et du carignan dans le Midi. Après 1865, la production annuelle dépasse souvent 60 millions d'hectolitres et, grâce au chemin de fer, s'écoule sur la totalité du territoire national où la consommation dépasse 100 l par habitant ; le vin s'exporte à l'étranger, grâce aux traités de libre-échange de 1860-1863, ou se brûle en eau-de-vie.

Le temps des crises (1870-1945)

La destruction du vignoble par le *Phylloxera vastatrix*, le pou de vigne, met un terme à cette période d'euphorie. Grâce aux cépages américains, utilisés successivement, et non sans déboires, comme plants de remplacement, puis, surtout comme porte-greffes, le vignoble français est reconstitué vers 1900, mais sur une surface réduite (1 700 000 ha), et avec une nouvelle géographie : la vigne a disparu d'une vingtaine de départements du Nord et du Nord-Ouest ; elle a fortement régressé ailleurs et s'est concentrée dans l'ensemble formé par les quatre « gros » départements du Languedoc et du Roussillon. Le doublement naturel des rendements est une autre conséquence. Comme il s'ajoute à des importations de vins ou de raisins secs, et, surtout, à une fabrication massive de « vins de sucre », sans raisins, la surproduction et la mévente s'installent en 1900 et déclenchent la grande colère de 1907 en Languedoc. L'enjeu de la surproduction est alors occulté.

Malgré la hausse de la consommation (170 l par habitant en 1939), le problème de surproduction ressurgit au début des années 1930 et contraint l'État à une politique interventionniste délicate qui établit le statut de la viticulture de 1931, l'interdiction de six hybrides en 1934, et le blocage des récoltes en 1935. Réclamée par les viticulteurs des grands crus, l'appellation d'origine contrôlée, complétant les délimitations administratives de 1908-1911 et les délimitations judiciaires prononcées après 1919, est instaurée par le décret-loi du 30 juillet 1935.

Un renouveau difficile

D'abord conforté par une forte consommation intérieure (135 l par habitant vers 1950) et une reprise des exportations de vins fins, le vignoble se stabilise à 1 400 000 ha entre 1945 et 1955. Depuis cette date, il ne cesse de reculer : le changement des habitudes alimentaires (cantines, restauration rapide sans alcool, lutte contre l'alcoolisme au volant) et la baisse régulière de la consommation intérieure (54 l en 1999) frappent les vins de consommation courante, les primes incitant à l'arrachage, dans le contexte du Marché commun, accélérant la diminution des surfaces. Le vignoble français descend à 1 million d'hectares en 1986, pour atteindre 917 000 ha en 2001.

Derrière cette régression se profile pourtant un changement fondamental. Désormais, le vignoble AOC représente plus de la moitié du vignoble total. Les vignes de qualité continuent de progresser, soit par extension des vignobles AOC existants, soit par promotion d'anciens vignobles en AOVDQS ou en AOC, aujourd'hui replantés en cépages nobles.

Dans la nouvelle concurrence internationale, les viticulteurs français, mieux formés et bien défendus, savent que la réputation de leurs terroirs, dont certains peuvent revendiquer vingt siècles d'histoire, demeure un de leurs atouts maîtres.

G. G.

▲ **Église de Monnières,** *près de La Haye-Fouassière, détail du vitrail de Gruber.* ▶
Photo Jean-Daniel Sudres/Scope.

L'économie du vin en France

La vigne et le vin ont toujours tenu une place importante en France. Ils ont façonné le paysage de nombreuses régions où ils participent toujours au maintien d'une population rurale dense.
Des milliers d'emplois reposent directement ou indirectement sur l'activité vitivinicole et les plus-values sont souvent réinjectées dans d'autres secteurs d'activités.

L'Alsace, le Val de Loire, la Champagne, la Bourgogne, les Charentes, l'Aquitaine, le Languedoc ou la Provence n'auraient sans doute pas les mêmes richesses culturelles ou économiques sans l'apport viticole.

Aujourd'hui encore, celles de ces régions qui ont su proposer des vins recherchés par les consommateurs du monde entier peuvent toujours compter sur l'économie viticole pour assurer leur prospérité. Celle-ci dépasse largement le cadre régional, puisqu'au début du XXIe siècle le solde du commerce extérieur des vins et spiritueux (principalement le cognac pour ces derniers) atteint les 7,4 milliards de francs, 5,3 milliards pour les vins, 2 milliards pour les eaux-de-vie, soit l'équivalent de 110 Airbus.

Le pétrole vert

Il est peu d'industries où la France soit si peu importatrice et autant exportatrice. C'est le véritable « pétrole vert » du pays, bien avant les céréales ou l'élevage qui nécessitent beaucoup plus de matières premières importées par unité produite, sous forme d'énergie (façons culturales, engrais) ou d'aliments (soja, manioc).

La vigne, c'est avant tout de la main-d'œuvre et de la matière grise, une main-d'œuvre essentiellement rurale au moment où l'on commence à mesurer les effets de la désertification des campagnes. Pour moins de 917 000 ha cultivés, on compte environ 406 000 producteurs, dont 235 000 commercialisent leur récolte, et des dizaines de milliers de salariés. Le seul département de la Gironde compte environ 13 000 déclarants et 400 firmes de négoce pour 115 000 ha de vignes. Dans beaucoup de départements méridionaux ou même septentrionaux, l'abandon de la viticulture signifierait le retour à la garrigue ou aux taillis.

De la recherche à la métallurgie en passant par le bâtiment, le génie civil, la mécanique ou l'électronique, les investissements consentis dans la filière vitivinicole ont irrigué l'économie nationale tout entière.

L'évolution du secteur

À Dijon, Montpellier, Colmar ou Bordeaux, des instituts de recherche employant des centaines de scientifiques ont travaillé à la sélection de nouveaux cépages, à la production de clones exempts de virus, à la lutte contre les ravageurs de la vigne, à l'étude microbiologique des différentes étapes de la vinification, jusqu'à l'identification génétique des levures et des bactéries qui y concourent !

Le Centre national de la recherche scientifique, l'Institut national de la recherche agronomique, les universités, les écoles d'agronomie, l'Institut technique de la vigne et du vin, les différentes interprofessions, les chambres d'agriculture ont travaillé dans le but de produire un vin meilleur, et à moindre coût. Cette dernière préoccupation l'ayant parfois emporté, la viticulture s'est engagée alors dans des impasses où la surproduction a été la sanction ultime pour les vignerons.

Les campagnes d'arrachage, qui ont abouti à la destruction subventionnée de plus de 150 000 ha ces vingt dernières années, principalement dans le Midi viticole (Languedoc et Provence), ont dû répondre à la baisse de la consommation en même temps qu'à l'augmentation continue du rendement moyen des vignes. À part le gel printanier de régions entières, comme en 1991, pratiquement aucun parasite comme le mildiou, l'oïdium ou la pourriture grise ne peut réduire la production de manière significative.

La consommation

Alors que la consommation moyenne par habitant atteignait 100 l par an dans les années 1950, le Français ne consomme plus aujourd'hui qu'une cinquantaine de litres de vin par an. La consommation est ainsi tombée en cinquante ans de 47-48 millions d'hectolitres par an à 32 en 2000. L'exportation n'a pris que partiellement la relève. La France des années 1960, et même 1970, importait des dizaines de millions d'hectolitres d'Algérie, puis d'Italie, pour satisfaire sa demande de vins de table, alors qu'elle exportait en petite quantité des vins de prix élevé recherchés par les élites mondiales. Aujourd'hui, l'importation s'est stabilisée autour de 5 millions d'hectolitres et l'exportation autour de 14 à 15 millions d'hectolitres, et elle n'arrive guère à se développer davantage. La concurrence en provenance des pays neufs – Afrique du Sud, Chili, Argentine, Australie, Nouvelle-Zélande – ou des pays de l'Est maintient une pression constante sur les prix.

La qualité avant la quantité

Les consommateurs français recherchent de plus en plus les vins personnalisés par une appellation d'origine (AOC ou AOVDQS), qui représentent aujourd'hui près de la moitié de leurs achats : 14,6 millions d'hectolitres sur 32. La concentration de la grande distribution, avec sa pression constante sur les prix, leur permet d'ailleurs de s'offrir des appellations réputées à des prix très bas, comme du bordeaux ou du côtes du rhône à 2 €. Il ne faut tout de même pas croire que de telles étiquettes puissent indiquer le prix de revient d'un vin de grande qualité !

Au moment où l'on parle à nouveau de réforme de l'organisation européenne des marchés viticoles, le soutien communautaire aux vins de table français, italiens et aujourd'hui espagnols ayant coûté des milliards d'écus, les viticulteurs craignent que des mesures indifférenciées d'incitation à l'abandon de la production n'amènent aussi les régions réputées par leur qualité à se décourager, faute d'une rentabilité suffisante. J.-P. D.

Vendanges au château Margaux en Médoc. *La vendange manuelle associée à la faible productivité des vignes sont des facteurs de qualité du vin.* Photo Michel Guillard/Scope.

L'évocation de l'Alsace ne saurait se concevoir sans parler de son vignoble. Principale richesse agricole de cette province, il est également l'un de ses plus grands attraits touristique, artistique et culturel. Du nord au sud, il s'étend sur plus de 120 km, couvrant quelque 14 500 ha depuis la région située au nord de Marlenheim, dans le Bas-Rhin, jusqu'à Thann, dans le Haut-Rhin. Il forme une bande de terrain presque continue, ne dépassant pas 4 km dans sa plus grande largeur. Groupé autour de petites cités au passé chargé d'histoire, le vignobe s'étage principalement sur les versants des vallées et sur les collines qui bordent le massif des Vosges. ◆

Enseigne d'un marchand de vin à Itterswiller. *Les enseignes en fer forgé sont une tradition toujours vivace en Alsace.* Photo Jacques Guillard/Scope.

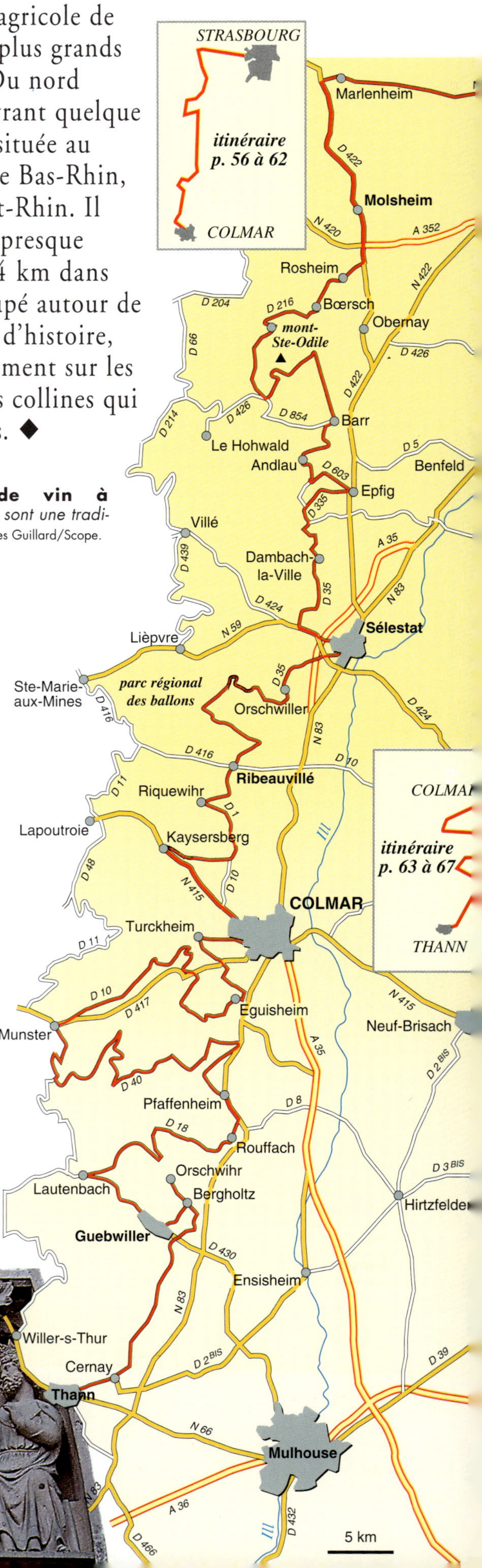

CHRONOLOGIE

IIIe siècle Début de la culture de la vigne en Alsace.

Vers 650 Première apparition du mot Alsace ; les Francs créent le duché autonome d'Alsace.

1411 Catherine de Bourgogne, fille de Philippe le Hardi, est la première femme à porter le titre de landgrave d'Alsace.

XVIe siècle Apogée de la viticulture en Alsace, puis déclin en raison des guerres.

1648 Signature des préliminaires du traité de Westphalie, qui marquera la fin de la guerre de Trente Ans ; la France acquiert des droits sur l'Alsace (sauf Mulhouse et Strasbourg) ; sous le règne de Louis XIV, qui instaure une ère de paix, la situation du vignoble alsacien s'améliore.

1670 Établissement d'un règlement relatif aux salaires attribués pour les travaux à la tâche et à la journée dans la vigne, à Ammerschwihr.

1757 Un arrêt du parlement de Metz ordonne d'arracher les mauvais cépages.

1789-1822 La Révolution et les lois de 1822 destinées à protéger le marché intérieur interrompent les exportations de vins d'Alsace, privant le vignoble alsacien de ses marchés traditionnels.

1871-1918 L'Alsace est annexée par l'Allemagne. La viticulture est fortement touchée par l'invasion du phylloxéra. Par ailleurs, le marché intérieur allemand n'est pas demandeur de vins d'Alsace, et son système douanier bloque l'exportation.

1920 Le retour de l'Alsace à la France entraîne une reconversion du vignoble ; les producteurs alsaciens privilégient la qualité et conquièrent le marché national, ainsi que ceux de la Grande-Bretagne, des pays rhénans, du Bénélux et du Danemark.

1975 Création de l'appellation AOC grand cru.

Cathédrale de Strasbourg, *tympan du portail nord (détail) qui évoque l'enfance du Christ. Construit de 1039 à 1439 et surmonté d'une flèche à la hauteur insurpassée jusqu'au XIXe siècle, le plus célèbre édifice religieux de l'Alsace est aussi le symbole de son identité.* Photo A. S.

L'Alsace

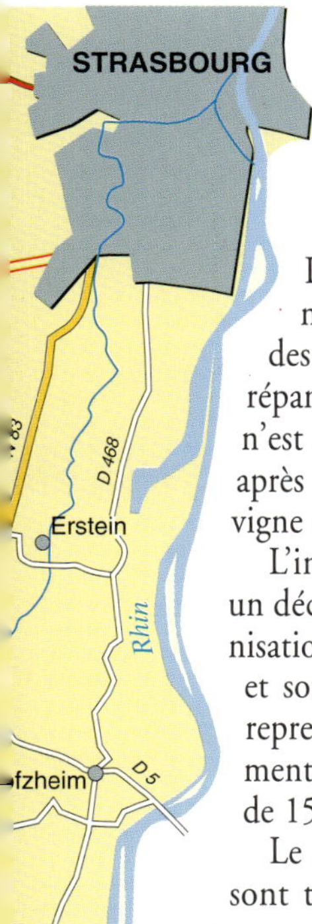

Histoire du vignoble

Les Celtes ont peuplé l'Alsace durant deux millénaires. Très vite, ils ont appris à tirer parti des raisins que produisaient les vignes sauvages répandues dans les forêts rhénanes. Cependant, ce n'est qu'au cours des premiers siècles de notre ère, après la conquête romaine, que la culture de la vigne a commencé.

L'invasion des Alamans, au Ve siècle, entraîne un déclin de la viticulture. Mais lors de la christianisation, sous les rois mérovingiens et carolingiens, et sous l'impulsion des monastères, les vignobles reprennent une importance croissante. Des documents antérieurs à l'an 900 mentionnent déjà plus de 150 localités où l'on cultive la vigne.

Le XVIe siècle voit l'apogée de la viticulture ; en sont témoins les superbes maisons Renaissance, que l'on rencontre encore aujourd'hui dans de nombreuses communes du vignoble. Dans le même temps, les corporations s'épanouissent et l'artisanat prospère à partir de la vigne, qui fait vivre une large fraction de la population. À cette époque, d'importantes quantités de vin sont déjà exportées et des documents nous apprennent « que du blé et du vin étaient acheminés soit sur des bateaux soit par charrois, chez les Souabes, les Bavarois, les Bataves, les Anglais et les Espagnols ».

Au XVIIe siècle, la guerre de Trente Ans ravage la région et il faut attendre le XIXe siècle pour retrouver une certaine prospérité. Mais l'extension du vignoble, qui atteint 30 000 ha en 1828, se fait malheureusement sur la base de cépages communs et en plaine, davantage que sur les coteaux.

Colmar, maison Zum Kragen (1606). *Le poteau cornier sculpté représente un personnage en costume de la Renaissance. Il s'agit vraisemblablement d'un autoportrait du sculpteur Adam Keller.* Photo Jacques Guillard/Scope.

La surproduction est encore aggravée par la disparition totale des exportations et par une baisse de la consommation du vin au profit de la bière.

Par la suite, la concurrence des vins du Midi, l'invasion du phylloxéra, l'apparition de maladies parasitaires, l'annexion allemande de 1871 à 1918, et les conditions de l'entre-deux-guerres perpétuent les difficultés. Il s'ensuit, à partir de 1900, une diminution de la superficie encépagée, qui se poursuit jusque vers 1948, touchant les vignes de plaine et les cépages communs tout en épargnant les bons vignobles, ce qui favorisera un renouveau prometteur et, espérons-le, durable.

Foudres dans une cave de Kintzheim. *Leurs verrous souvent sculptés de sirènes ou d'hommes-poissons, les foudres, dont le nom vient de l'allemand Fuder, sont des gros fûts d'un millier de litres, très répandus en Alsace.* Photo François Nüssbaumer/Scope.

Géographie et nature des sols

Il y a cinquante millions d'années, les Vosges et la Forêt-Noire formaient un seul ensemble montagneux. Au cours des ères primaire et secondaire, ce massif subit une succession de phénomènes tectoniques : érosions, immersions, dépôts sédimentaires, plissements. Au tertiaire, l'affaissement de la partie centrale de cet ensemble donne naissance à une large plaine au milieu de laquelle coule le Rhin. Au quaternaire, ce fleuve répand dans la plaine d'énormes dépôts de graviers. Ces quelques données permettent d'expliquer la très grande diversité des sols du vignoble alsacien, principalement localisé sur les collines qui marquent la zone de rupture entre le massif resté en place et la zone d'affaissement. Les couches accumulées au cours des

Husseren-les-Châteaux. *Proche du vieux bourg d'Eguisheim, ce petit village, dont les terres furent détenues par l'abbaye de Marbach jusqu'à la Révolution, comprend le vignoble le plus élevé de la route des Vins (390 m).* Photo Jacques Guillard/Scope.

âges sont alors mises à nu. La plupart des communes viticoles présentent plusieurs formations de terrains différents : des arènes granitiques, à Turckheim et à Wintzenheim, par exemple, voisinent avec des zones très calcaires, dans la région d'Andlau, des sols schisteux et des grès, des calcaires coquilliers et des marnes argilo-calcaires, à Riquewihr, des sols extrêmement calcaires, à Eguisheim et à Barr. Les vignobles de bordure des collines se sont constitués sur des sédiments très divers, de nature alluviale au débouché des vallées. Du sud de Guebwiller au nord de Molsheim, on trouve par intermittence des zones de lœss éoliens.

Colmar, la maison Pfister (1537). *L'élégante galerie en bois de la plus belle maison de Colmar est coupée par un oriel d'angle (logette en encorbellement), orné d'allégories religieuses peintes.*
Photo Jacques Sierpinski/Scope.

Climat

Le climat de l'Alsace est tempéré, frais, de type semi-continental : les hivers y sont souvent rigoureux et les étés plutôt chauds, la chaîne des Vosges faisant obstacle à l'influence humide des vents atlantiques. Cependant, cette remarque générale doit être nuancée car il existe de nombreux climats locaux et des microclimats. Nés des sinuosités du relief, ils jouent un rôle prépondérant sur la qualité de la vendange, les expositions sud et sud-est étant particulièrement favorables.

À Colmar, la température moyenne varie de 20,1 °C, en juillet, à 1,9 °C, en janvier ; elle est de 16,2 °C d'avril à la fin de septembre. L'altitude provoquant rapidement une baisse des conditions thermiques, la limite des vignobles se situe aux alentours de 380 m.

Les précipitations varient énormément, de la crête des Vosges à la plaine. Dans les secteurs viticoles, elles sont généralement faibles mais régulières : 500 à 650 mm par an, ce qui constitue aussi un excellent gage de qualité.

Encépagement

À deux exceptions près (l'edelzwicker et le klevner), les vins d'Alsace portent le nom du cépage dont ils sont issus. Grâce à une maturation lente et prolongée, favorisée par le climat tempéré frais, les constituants aromatiques des raisins s'expriment pleinement. Jusqu'au XVIe siècle on ne trouve pas trace, dans les écrits, de noms de variétés. Ce n'est qu'en 1551 que le botaniste Bock mentionne, dans un traité publié à Strasbourg, le riesling, le muscat et le traminer.

Chaîne des Vosges. *Se profilant parfois à l'horizon dans un mirage bleuté, elle culmine à 1 424 m avec le Grand Ballon, ou Ballon de Guebwiller. S'opposant aux vents humides venant de l'ouest, elle crée des conditions climatiques particulièrement favorables à la culture de la vigne.*
Photo Jean-Daniel Sudres/Scope.

Le sylvaner (14,6 %, pourcentage moyen de production entre 1996 et 2000), particulièrement répandu dans le Bas-Rhin, serait originaire du Danube. Sa production est très

LES CÉPAGES

L'encépagement alsacien est principalement constitué de cépages blancs : gewurztraminer, riesling, sylvaner, pinot gris, pinot blanc, muscat blanc et muscat rose à petits grains, muscat ottonel, chasselas, auxerrois, tandis que pour les vins rouges ou rosés, on ne cultive que le pinot noir.

Le sylvaner, ou raisin d'Autriche, présente des feuilles rondes, entières ou faiblement trilobées, avec un sinus pétiolaire en lyre étroite, unies, tourmentées, glabres. Les grappes moyennes, cylindriques, compactes à baies sphériques moyennes, vertes, sont jaune doré à bonne exposition et viennent à maturité à la deuxième époque hâtive. C'est un cépage vigoureux, fertile, dépassant largement 100 hl/ha dans les bonnes terres, et avec des tailles longues.

Le chasselas, ou gutedel, est encore cultivé en Alsace, notamment dans le Bas-Rhin, en raison de sa précocité.

Le pinot blanc cultivé en Alsace a été sélectionné au début du siècle par l'hybrideur Oberlin pour donner une bonne production, de l'ordre de 70 hl/ha.

L'auxerrois, ou auxerrois blanc de Laquenexy, est originaire de la Lorraine. Ses feuilles sont grandes, finement bullées, entières, généralement avec un sinus pétiolaire en V ouvert ; le dessous du limbe est pubescent. Les grappes sont petites, compactes, à baies ovoïdes, petites, blanc doré, et viennent à maturité à la première époque.

Le riesling, ou plant du Rhin, a des feuilles rondes, épaisses, grossièrement bullées et gaufrées au point pétiolaire, souvent de couleur rosée, quinquelobées avec le sinus pétiolaire à bords superposés ; le dessous du limbe est aranéeux-pubescent. Les grappes, petites et cylindriques, à baies sphériques, vont du vert clair au jaune doré, et parviennent à maturité à la deuxième époque. Le vin de riesling possède un bouquet caractéristique, particulièrement intense

régulière. Ce vin frais et agréable peut atteindre une réelle notoriété lorsqu'il est issu de terroirs particulièrement privilégiés.

Le chasselas blanc et rose (1 %, pourcentage moyen de production entre 1996 et 2000) occupait 20 % du vignoble il y a un demi-siècle. Sa régression spectaculaire est due à une productivité irrégulière et au caractère assez neutre de son vin.

Le pinot blanc et l'auxerrois blanc (22,4 %, pourcentage moyen de production entre 1996 et 2000) donnent par leur assemblage le vin appelé pinot blanc, ou parfois klevner, agréablement fruité, doté d'une fraîcheur et d'un corps plaisants. Ces deux cépages aux qualités complémentaires offrent de bons résultats dans des conditions moyennes.

Le riesling (24,1 %, pourcentage moyen de production entre 1996 et 2000) est l'un des cépages blancs les plus renommés du monde. On admet son origine rhénane. Moins précoce que les autres variétés alsaciennes, il atteint une qualité optimale lorsque la récolte est tardive, limitée dans son rendement et de bonne provenance. Son vin exprime alors un équilibre parfait entre un fruit exquis, une acidité marquée, mais très fine, et un corps d'une grande ampleur. Il peut refléter de manière remarquable les arômes provenant de la surmaturation du raisin.

Turckheim. *L'atmosphère particulière de cette ville, qui a conservé son enceinte moyenâgeuse, est encore renforcée, les soirs d'été, par le chant du dernier veilleur de nuit d'Alsace qui arpente ses rues à partir de 22 h.* Photo Michel Guillard/Scope.

Le muscat (2,3 %, pourcentage moyen de production entre 1996 et 2000) provient de deux cépages : d'une part, le muscat ottonel, variété très précoce et assez récente, malheureusement très sensible à la coulure ; d'autre part, le muscat à petits grains qui est également à l'origine des vins doux naturels du Midi. Ici, nous avons affaire à un vin sec, délicatement musqué, d'une grande originalité.

Le tokay-pinot gris (9,6 %, pourcentage moyen de production entre 1996 et 2000) est un vrai pinot aux raisins d'un gris bleuté, nullement apparenté à la célèbre région de Hongrie. Ses arômes sont moins marqués que ceux des autres variétés, mais ses qualités intrinsèques – corps et harmonie entre ses différents constituants – peuvent être très grandes. Ce cépage très précoce peut fournir un vin capiteux et moelleux.

Le gewurztraminer (14,7 %, pourcentage moyen de production entre 1996 et 2000) fait partie d'une famille de variétés connues sous le nom de traminer ou savagnin. Il en constitue le type le plus aromatique, d'où le préfixe *gewürz*, qui signifie épicé. Il tire son nom de la petite ville de

DE L'ALSACE

dans les vins provenant de raisins poussant dans des sols schisteux ardoisiers et dans des sols argileux. Avec des « vendanges tardives » ou des « sélections de grains nobles », on produit des vins de très haute qualité.

Le muscat ottonel était primitivement un raisin de table, obtenu à Angers par Moreau-Robert, qui est devenu en Alsace un raisin de cuve, à cause de sa précocité. Il est très caractéristique, avec ses jeunes feuilles rouges, petites, rondes, unies, tourmentées, profondément quinquelobées, et un sinus pétiolaire en lyre étroite. Les grappes, petites, cylindriques, ailées, à baies sphériques, sont jaune clair et viennent à maturité à la première époque.

Le pinot gris était vendu depuis le XVIe siècle sous le nom de tokay d'Alsace. Mais, depuis 1984, l'Union européenne, à la suite d'une plainte du gouvernement hongrois, a interdit cette dénomination, remplacée maintenant par l'expression tokay-pinot gris.

Le gewurztraminer, appelé également *rother traminer* en Allemagne, possède de grandes feuilles rondes, très bullées, gaufrées, à bords révolutés, quinquelobées avec un sinus pétiolaire fermé, à bords largement superposés, et des dents ogivales, larges ; le dessous du limbe duveteux est blanc. Les grappes sont petites, tronconiques et plutôt lâches ; les baies petites, ovoïdes, roses à rouge clair, ont une peau épaisse et viennent à maturité à la deuxième époque hâtive. C'est un cépage vigoureux à débourrement précoce, dont les rendements faibles ne dépassent guère 50 hl/ha.

Le chardonnay est autorisé en faible quantité.

Le pinot noir sert à préparer des vins rouges ou des vins rosés. P. G.

Vendanges à Riquewihr. *Le charme de cette vieille cité médiévale lui vaut chaque année la présence d'un million de visiteurs dans ses murs, mais la prospérité de la ville repose aussi sur ses crus hautement renommés : le Schoenenbourg et le Sporen.* Photo Jacques Guillard/Scope.

Tramin, dans le Haut-Adige, où il prédomine. Mais c'est en Alsace qu'il a trouvé son terrain de prédilection, car son vin y atteint un optimum de qualité qu'on ne retrouve pratiquement pas ailleurs. Il exprime les nuances aromatiques les plus complexes, et la richesse de son arôme épicé, souvent floral, est rehaussée par la puissance de son corps. À grande maturité il rappelle certains fruits secs.

Le pinot noir (8,7 %, pourcentage moyen de production entre 1996 et 2000) est surtout connu en Bourgogne et en Champagne. Il tenait cependant une place non négligeable en Alsace, il y a quelques siècles. Après avoir pratiquement disparu, on peut dire qu'il ressuscite, depuis une trentaine d'années. Il est en général à l'origine de deux types de vins : des rosés frais et fruités ; et des rouges agréables. Lorsqu'on limite fortement le rendement, ces derniers peuvent atteindre une très grande qualité.

Vins d'assemblage

L'edelzwicker est un vin d'assemblage de différents cépages n'exprimant pas de manière trop marquée un caractère variétal. Produit en quantité assez importante, il est frais et agréable, très prisé par la population alsacienne.

Le crémant d'Alsace est un vin effervescent élaboré selon la méthode traditionnelle, à l'image de celle utilisée en Champagne. Les cépages qui entrent dans sa composition sont essentiellement le pinot blanc et l'auxerrois blanc. Ce vin, de plus en plus prisé, représente 14 % de la production alsacienne totale.

Vinification et conservation des vins

La majeure partie de la vendange alsacienne (91 %) est traitée selon les principes de la vinification en blanc. Une des règles essentielles vise à extraire le plus rapidement possible le moût après la cueillette, afin d'éviter au maximum macération et oxydation. Après la fermentation alcoolique, au cours de laquelle il importe d'empêcher tout excès de température, il est de règle d'entraver la dégra-dation de l'acide malique (fermentation malolactique).

La mise en bouteilles intervient à partir du printemps et se termine généralement avant les vendanges suivantes. Mais c'est en bouteille que ces vins acquièrent vraiment les arômes de maturation. La plénitude de leur expression sera atteinte après deux à cinq ans de garde. Selon la constitution initiale du millésime, et selon les conditions de conservation, les très grands vins peuvent maintenir leurs caractéristiques qualitatives durant plusieurs dizaines d'années.

Réglementation et hiérarchie des vins

Les textes de loi qui réglementent la production des vins AOC alsaciens tiennent le plus grand compte des cépages dont le nom figure, sauf rares exceptions, sur toutes les étiquettes. Cette région est la seule dans notre pays à avoir

Les appellations et les 50 grands crus

Alsace ou vin d'alsace
Alsace grand cru
Alsace grand cru altenberg de bergbieten
Alsace grand cru altenberg de bergheim
Alsace grand cru altenberg de wolxheim
Alsace grand cru brand
Alsace grand cru bruderthal
Alsace grand cru eichberg
Alsace grand cru engelberg
Alsace grand cru florimont
Alsace grand cru frankstein
Alsace grand cru froehn
Alsace grand cru furstentum
Alsace grand cru geisberg
Alsace grand cru gloeckelberg
Alsace grand cru goldert
Alsace grand cru hatschbourg
Alsace grand cru hengst
Alsace grand cru kanzlerberg
Alsace grand cru kastelberg
Alsace grand cru kessler
Alsace grand cru kirchberg de barr
Alsace grand cru kirchberg de ribeauvillé
Alsace grand cru kitterlé
Alsace grand cru mambourg
Alsace grand cru mandelberg
Alsace grand cru marckrain
Alsace grand cru moenchberg
Alsace grand cru muenchberg
Alsace grand cru ollwiller
Alsace grand cru osterberg
Alsace grand cru pfersigberg
Alsace grand cru pfingstberg
Alsace grand cru praelatenberg
Alsace grand cru rangen
Alsace grand cru rosacker
Alsace grand cru saering
Alsace grand cru schlossberg
Alsace grand cru schoenenbourg
Alsace grand cru sommerberg
Alsace grand cru sonnenglanz
Alsace grand cru spiegel
Alsace grand cru sporen
Alsace grand cru steingrubler
Alsace grand cru steinert
Alsace grand cru steinklotz
Alsace grand cru vorbourg
Alsace grand cru wiebelsberg
Alsace grand cru wineck-schlossberg
Alsace grand cru winzenberg
Alsace grand cru zinnkoepflé
Alsace grand cru zotzenberg
Alsace chasselas ou gutedel
Alsace edelzwicker
Alsace gewurztraminer
Alsace klevener de heiligenstein
Alsace muscat
Alsace pinot noir
Alsace pinot ou klevner
Alsace pinot gris ou tokay-pinot gris
Alsace riesling
Alsace sylvaner
Crémant d'alsace
Marc d'alsace gewurztraminer

rendu obligatoire la mise en bouteilles dans les départements de l'aire d'appellation. Les vins bénéficient de la hiérarchie suivante, définie par plusieurs décrets.

L'appellation alsace (suivie du nom du cépage). Le rendement maximal est de 80 hl/ha et les degrés minimaux du moût s'échelonnent de 9° à 100° en puissance selon les cépages.

L'appellation alsace grand cru (suivie du nom du cépage). Elles sont assez récentes et concernent actuellement 50 lieux-dits. Seuls les cépages riesling, muscat, pinot gris et gewurztraminer y donnent droit. Le rendement maximal est de 55 hl/ha, et les degrés minimaux, plus élevés que précédemment, diffèrent selon la variété.

Les mentions « vendanges tardives » et **« sélection de grains nobles »** peuvent être attribuées à des vins provenant de raisins très riches en sucre. Leur attribution est soumise à des règles extrêmement contraignantes, depuis le pressurage jusqu'à l'agrément définitif. Les grains nobles, issus de baies surmûries, sont des vins liquoreux prestigieux.

L'appellation crémant d'alsace, enfin, concerne le vin effervescent.

L'amateur de vin peut également se laisser guider par quelques hiérarchies qualitatives, dont celle des sigilles qui sont décernés avec parcimonie par la confrérie Saint-Étienne d'Alsace.

Heiligenstein, fontaine à l'ours *(détail). Il s'agit de l'une des curiosités architecturales de cette cité qui doit sa notoriété au klevener (ou savagnin rose), un cépage importé d'Italie par son maire en 1742.* Photo Jacques Guillard/Scope.

Structures économiques

Les 14 750 ha du vignoble alsacien, qui produisent environ 1,2 million d'hectolitres de vin par an, sont entre les mains de 5 800 déclarants de récolte, signe d'un morcellement extrême. Sur ce nombre, 2 500, soit près de 43 %, cultivent au total 470 ha, c'est-à-dire 30 ares en moyenne par exploitant. Il s'agit là de parcelles issues d'héritages, et dont les propriétaires, souvent très attachés à la viticulture, tirent un revenu d'appoint non négligeable. La superficie moyenne des exploitations des viticulteurs à plein temps se situe aux environs de 5 ha. Elle a fortement augmenté au cours des vingt dernières années, mais 280 domaines dépassent les 10 ha. Cet ensemble est constitué par plusieurs groupes professionnels distincts : les vendeurs de raisin (dont 80 % de très petits propriétaires), les vendeurs de vin en vrac, les coopérateurs, les vignerons-récoltants (dénomination des viticulteurs-vinificateurs mettant eux-mêmes leur vin en marché) et les producteurs-négociants, propriétaires de domaines et acheteurs de raisin.

La commercialisation des vins d'Alsace, dont environ 26 % sont exportés, pour une valeur de 500 millions d'euros en 2001, est assurée par trois catégories d'intervenants : les vignerons-récoltants (22 %), les coopératives vinicoles (38 %) et le négoce (40 %). P.H. et A.S.

Les étiquettes de l'Alsace

On ne risque pas ici de se tromper de région. L'Alsacienne en costume, la cigogne, le village et son église, le moulin à vent nous placent sous un ciel particulier. La lettre néogothique, parfois prolongée en motifs architecturaux, permet une identification immédiate. Ce vin n'est pas fait, à coup sûr, par les « gens de l'intérieur ». D'ailleurs, une boîte à biscuits pourrait presque porter la même vignette. Et c'est bien de l'Alsace qu'il s'agit, et non de tel village, de tel être ou de tel monument, qui lui prêtent accessoirement leur corps. Une Alsace qui disparaissait lorsque de grands dessinateurs tel Hansi en ont immortalisé les traits. L'Alsace du folklore, si proche et déjà si lointaine. Une Alsace plongée dans son histoire complexe, marquée par le jeu troublant de la familiarité et de l'étrangeté. Voici donc l'étiquette de la reconnaissance, dans tous les sens du terme. Pourquoi n'éprouvons-nous pas de lassitude à retrouver cet inventaire symbolique toujours réaffirmé ? Sans doute parce que nous avons la nostalgie d'une certaine culture populaire, si menacée par l'uniformisation contemporaine. Nous n'ignorons pas ce qu'elle comporte de naïveté, de conservatisme, de facticité. Il ne nous échappe pas qu'elle est gorgée d'idéologie. Mais l'art du thème et variations déploie ici une richesse pareille à celle des chefs-d'œuvre artisanaux d'antan. Le brio du vignettiste nous rappelle aussi la folle décoration des grandes brasseries. Les scènes sont immédiatement emblématiques, les événements les plus tragiques comme les plus anodins prennent un relief étrange, les personnages sont empreints d'une sorte de nécessité. Tout est ornementation, inventivité, recherche de l'effet. L'Alsace semble pouvoir sans cesse se redire sans jamais se répéter. Le vin d'Alsace n'est-il pas, tout à la fois, celui qui se laisse reconnaître gentiment d'emblée par quiconque, et celui qui offre aux connaisseurs la palette fascinante de ses cépages, de ses terroirs, de ses couleurs et de ses saveurs ? E.S. et Y.J.

Itinéraire de

Vitrail de la cathédrale de Strasbourg. *Avec ses 70 baies, la cathédrale est, après celle de Chartres, la plus riche de France en vitraux. Ces derniers forment un remarquable ensemble. Ceux du bas-côté sud (XIVe siècle) sont consacrés à la vie de la Vierge.* Photo A. S.

Lorsqu'on quitte la cathédrale de Strasbourg, on ne peut que songer à l'étonnante histoire de cette cité, passée d'un castrum romain à une capitale européenne en renonçant à ses frilosités intimistes héritées d'un Moyen Âge flamboyant, sous la poussée d'une affirmation (XIXe siècle) et d'une entrée dans le XXIe siècle à marche forcée.

De Strasbourg en direction de Molsheim, notre itinéraire folâtre à égale distance de la voie rapide qui file à travers la plaine, et de la voie sinueuse qui enjambe les crêtes vosgiennes. Nous passons d'une façon de pratiquer le dialecte à une autre ; de ce rien de raideur qui ajoute au charme du nordiste à l'exubérance plus méridionale ; d'une façon de boire la bière à un art de déguster le vin.

1 Strasbourg

L'architecture de Strasbourg, carrefour des civilisations française et rhénane, témoigne d'un glorieux passé. La cathédrale Notre-Dame demeure l'une des plus parfaites réalisations de l'art gothique (XIe au XVe siècle). Avant de quitter la capitale économique et culturelle de l'Alsace, qui possède l'un des plus célèbres festivals de musique contemporaine d'Europe, il fait bon flâner dans les vieux quartiers qui entourent la cathédrale, visiter la Petite France, boire un verre en joyeuse compagnie dans une *Winstub,*

Les vendanges en Alsace. *Imprégnées de traditions locales, elles durent généralement entre quatre et cinq semaines, à partir du mois d'octobre.* Photo Jacques Guillard/Scope.

L'Alsace septentrionale

de Strasbourg à Colmar

Si l'espace rhénan tout entier, de Bâle à Cologne, bénéficie d'un climat privilégié qui lui donne des allures de jardin bien abrité, l'Alsace ajoute l'avantage d'être protégée à l'ouest par l'écran montagneux des Vosges, opposant aux vents humides venus de l'Atlantique un véritable barrage.

De Molsheim à Colmar, les collines sous-vosgiennes sont souvent de plus en plus escarpées. On constate également un déplacement de l'encépagement, marqué par une diminution progressive du sylvaner au profit du gewurztraminer. Dans l'ensemble, mais avec de multiples exceptions, les vins du Bas-Rhin sont plus légers que ceux du Haut-Rhin.

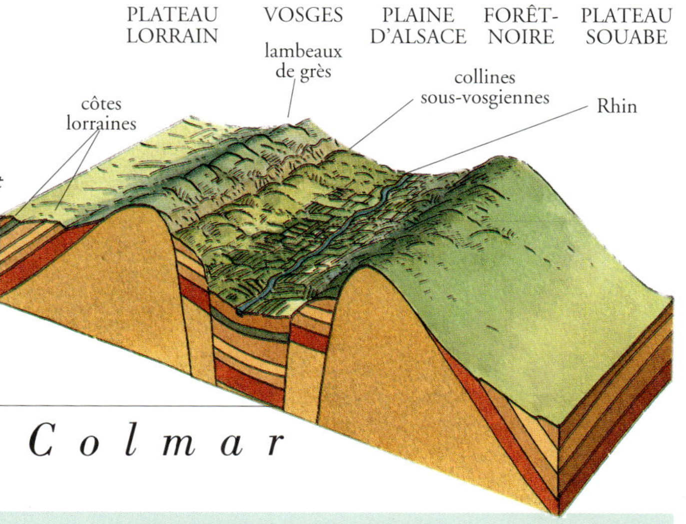

Formation de la plaine d'Alsace *il y a environ 1 million d'années (ère quaternaire).*

Strasbourg à Colmar

visiter le palais Rohan (XVIIIe siècle) et passer par le Musée alsacien.

À voir : **le musée des Arts décoratifs ; le musée des Beaux-Arts ; la cathédrale et la place de la Cathédrale ; le Musée alsacien ; le palais Rohan ; le palais de l'Europe ; la vieille ville et la Petite France.**

La Petite France à Strasbourg. *Le nom de ce quartier pittoresque évoque le « mal français » (la syphilis). Un hôpital y avait été créé, au XVIe siècle, pour traiter les personnes atteintes de cette terrible maladie.* Photo Jacques Guillard/Scope.

Vin, enseignes et traditions

Institution typiquement alsacienne, les *Winstubs* portent des noms pittoresques qui perpétuent la saveur d'un art de vivre : « Le tire-bouchon », « La mouche à vin », « Le coin des pucelles » ou encore « Le poêle des Bourgeois ». L'atmosphère de ces débits de boissons rustiques tient tout à la fois de la taverne et du cabaret, à moins que ce ne soit de l'estaminet réservé aux initiés qui se communiquent les bonnes adresses de bouche à oreille.

Autre curiosité locale, les très nombreuses enseignes ouvrées en fer, qui se sont multipliées dès le XIVe siècle, déploient une verve colorée, héritière de l'imaginaire naturalisé du Moyen Âge, et parfois plus proche de la truculence du caricaturiste Tomi Ungerer que de l'image patriotique d'une Alsace éternelle idéalisée par Hansi. Accrochées à la façade ou à l'entrée des brasseries-restaurants et des maisons de producteurs, elles constituent l'image authentique des traditions alsaciennes. G. F.

Une enseigne de vigneron à Riquewihr.
Photo Jacques Guillard/Scope.

On quitte Strasbourg par la N 4 pour rejoindre Marlenheim, qui possède de belles maisons avec pignon, tourelle et escalier en colimaçon, ainsi qu'un château du XVIIIe siècle transformé en maison de retraite. On prend ensuite la D 422, en s'arrêtant au passage pour admirer la minuscule chapelle Saint-Ulrich, à Avolsheim, dont la coupole est décorée de trois étages de fresques du XIIe siècle.

2 Molsheim

En levant la tête, on aperçoit l'une de ces collines sous-vosgiennes qui vont bientôt devenir familières. Ici, il s'agit du Bruderthal, colline entièrement vouée à la vigne et bénéficiant du classement grand cru. Quelques viticulteurs tirent de ce beau terroir marno-calcaire, au climat sec et ensoleillé, des vins structurés, élégants et fins. C'est le riesling qui marque de son empreinte vive la réputation des environs de Molsheim.

La collégiale Saint-Georges, ancien sanctuaire jésuite, de même qu'une chartreuse du XVIIe siècle méritent une étape. On n'oubliera pas non plus la place de l'Hôtel-de-Ville où la fameuse Metzig, bâtisse du XVIe siècle, dotée d'un superbe escalier à double volée, rappelle l'époque de la Renaissance.

PHILIPPE HEITZ : 4, rue Ettore-Bugatti, 67120 Molsheim. Tél. 03 88 38 25 38, sur R-V. Ce vigneron déborde d'idées... Vins produits : riesling et gewurztraminer du Bruderthal.

ALAIN KLINGENFUS : 22, rue Jenner, 67120 Molsheim. Tél. 03 88 38 54 54, sur R-V. Il fait partie d'une génération de jeunes viticulteurs très prometteurs. À suivre.

DOMAINE GÉRARD NEUMEYER : 29, rue Ettore-Bugatti, 67120 Molsheim. Tél. 03 88 38 12 45, sur R-V. Gérard Neumeyer livre des vins élégants et racés : riesling ; tokay ; gewurztraminer du Bruderthal.

BERNARD WEBER : 49, rue de Saverne, 67120 Molsheim. Tél. 03 88 38 52 67, sur R-V. Travailleur acharné et défricheur de talent, Bernard Weber est implanté sur la belle colline du Bruderthal qui est classée grand cru. Vins produits : riesling ; muscat.

Mont Sainte-Odile. *La légende rapporte qu'atteinte de cécité, la fille du duc Aldaric dit également Étichon recouvra la vue lors de sa première communion. Son père décida alors de la marier à un riche seigneur germanique : Odile s'y refusa. Elle avait en effet choisi, pour remercier Dieu, de consacrer sa vie à la prière. Son père finit par céder et lui concéda la colline sur laquelle, sa grande piété aidant, elle fit édifier le couvent qui porte son nom. Le couvent de Sainte-Odile est mentionné comme propriétaire de vignes à Sigolsheim dès 759 et au même siècle à Heiligenstein. Sigolsheim abrite aujourd'hui deux parcelles classées grand cru : Mambourg et Furstentum.* Photo Michel Guillard/Scope.

Rosheim, *église (détail). Cette curieuse sculpture de marmouset avec sébile représente peut-être l'architecte de l'édifice.* Photo Jacques Guillard/Scope.

3 ROSHEIM

Cette petite ville, ordonnée autour de sa grande rue d'une impressionnante longueur, fut d'abord alliée, en 1354, à neuf autres villes alsaciennes pour former la Décapole. L'église Saint-Pierre-et-Saint-Paul, construite au XIe siècle, et d'inspiration lombardo-rhénane avec son clocher octogonal en grès rouge, ses fenêtres en plein cintre aux arcatures ouvrées, et ses nombreuses sculptures, est un des fleurons de l'Alsace romane.

Quatre portes monumentales permettaient l'accès à la ville.

À voir : **l'église Saint-Pierre-et-Saint-Paul ; la place de l'Hôtel-de-Ville ; la maison romane ; l'église Saint-Étienne ; les maisons de la Renaissance et du XVIIIe siècle ; l'ancienne halle aux blés du XVIe siècle.**

Rosheim, l'église. *Monstre évoquant la mort, oiseau symbolisant la résurrection... cette basilique à trois nefs, l'un des plus beaux édifices romans d'Alsace, comporte un grand nombre de sculptures médiévales d'inspiration allégorique.* Photo Jacques Guillard/Scope.

4 LE MONT SAINTE-ODILE

À partir de Rosheim, on contournera Obernai, lieu touristique davantage dédié à la bière qu'au vin, pour gagner, par Boersch, véritable cité miniature qui réunit sur un espace réduit toutes les caractéristiques du village viticole alsacien, puis par Klingenthal, le mont Sainte-Odile. Là, outre le monastère, on pourra s'interroger sur l'origine du Mur païen, enceinte large de 1,80 m et haute de 3 à 5 m, formée de blocs de grès congloméré taillés sur place. En pleine forêt, on fait le tour du mont pour rejoindre les châteaux d'Ottrott. La forteresse romane du Rathsamhausen possède une tour défensive rectangulaire et un donjon cylindrique.

5 BARR

Par la D 35, on rejoint Barr, qui est la capitale viticole du Bas-Rhin. On découvre les trois chateaux d'Andlau, de pesbourg et de Landsberg, dont les ruines veillent imperturbablement sur cette ville tout en rues, des rues qui plongent pour déboucher sur de petites places ornées de fontaines.

À voir : **la place de l'Hôtel-de-Ville ; le temple Saint-Martin ; le musée de la Folie-Marco.**

CAVE VINICOLE D'ANDLAU : 15, av. des Vosges, 67140 Barr. Tél. 03 88 08 90 53, sur R-V. On appréciera plus particulièrement le pinot noir et le riesling produits par cette coopérative.

DOMAINE HERING : 6, rue Sultzer, 67140 Barr. Tél. 03 88 08 90 07, sur R-V. Une longue histoire familiale et un terroir exceptionnel offrent quelques belles réussites. Vins produits : sylvaner ; riesling ; gewurztraminer ; pinot noir ; crémant ; muscat.

KLIPFEL : 6, av. de la Gare, 67140 Barr. Tél. 03 88 58 59 00, sur R-V. Exploité par André Lorentz et ses fils, ce domaine de 40 ha, dont les origines remontent à 1824, possède non seulement des parcelles éparses dans les grands crus locaux (Kastelberg, Kirchberg), mais aussi un clos superbe, le clos Zisser. Vins produits : toute la gamme des vins d'Alsace.

CHARLES WANTZ : 36, rue Saint-Marc, 67140 Barr. Tél. 03 88 08 90 44, sur R-V. L'une des plus anciennes maisons du vignoble alsacien, créée vers 1563 et dirigée par M. et Mme Moser-Wantz, offre un éventail très large de cépages dont certains très rares, le klevener d'Heiligenstein (cépage savagnin), autorisé dans un tout petit terroir, le sylvaner du Zotzenberg, de fort ancienne réputation, et le rouge d'Ottrott, vieille tradition du cru. Vins produits : toute la gamme des vins d'Alsace.

6 Andlau

De Barr à Andlau, un petit crochet par Gertwiller, dont l'église protestante possède des fresques du XIVe siècle, s'impose. Trois grands crus se partagent les splendeurs viticoles. Ici le riesling rencontre un terroir priviligié (les schistes de Steige, uniques en Alsace), à proximité des sols sableux du Wibelsberg et des sols argilo-limoneux du Moenchberg, qui confèrent d'autres qualités à ce vin. Sur le linteau du portail de l'abbatiale Saints-Pierre-et-Paul se déroulent des scènes de la Genèse. À l'intérieur s'impose le style baroque choisi lors de sa reconstruction au XVIIIe siècle. On remarquera les tribunes à balustres, et la chaire que soutient un vigoureux Samson.

Domaine André et Remy Gresser : 2, rue de l'École, 67140 Andlau. Tél. 03 88 08 95 88, tlj sauf dimanche, 8 h-12 h et 14 h-19 h. Issu d'une famille de viticulteurs établie depuis 1667, Remy Gresser dissertera longuement sur les sols, les vignes, les engrais et les hommes. Vins produits : grands crus de Kastelberg et de Wiebelsberg.

Domaine Marc Kreydenweiss : 12, rue Deharbe, 67140 Andlau. Tél. 03 88 08 95 83, sur R-V. Les vins bénéficient de petits rendements, d'une culture biologique, de soins extrêmes et de pressurages doux. Dans la cave, on peut admirer une colonne du XIIe siècle, vestige de la chapelle de Kastelberg. Vins produits : toute la gamme des vins d'Alsace ; riesling (Kastelberg ou Wiebelsberg) et tokay-pinot gris du Muenchberg.

7 Mittelbergheim

On peut rapidement rejoindre Mittelbergheim à partir d'Andlau, sans risque de se tromper, car le village s'est donné l'élégance des cigognes : il est perché. Outre l'hôtel de ville aux arcades en plein cintre, considéré comme l'un des plus beaux d'Alsace, on peut, en suivant les enseignes de viticulteurs remises à l'honneur, visiter quelques belles caves comme celle de la maison Boeckel, ou celle d'Albert Seltz. À voir : **le pressoir du XVIIe siècle ; l'hôtel de ville (XVIe siècle) ; l'ancienne maison de la Dîme (XVIIe siècle).**

Andlau, le bourg. *À droite de l'église, on note un imposant bâtiment roman du XIIe siècle à deux étages, surmonté d'une tour octogonale du XVIIe siècle. L'église elle-même est un ensemble harmonieux de style roman, gothique et classique.* Photo A. S.

Bernard et Daniel Haegi : 33, rue de la Montagne, 67140 Mittelbergheim. Tél. 03 88 08 95 80, tlj sauf dimanche, 8 h-12 h et 13 h-18 h. La propriété familiale est située dans le charmant village des Trois-Montagnes. Le riesling « vendanges tardives » est en parfaite harmonie avec la renommée du vignoble.

EARL André Wittmann et Fils : 7-9, rue Principale, 67140 Mittelbergheim. Tél. 03 88 08 95 79, sur R-V. On portera une attention particulière au riesling grand cru Zotzenberg dont le terroir contribue à la renommée des vins d'Alsace.

À Eichhoffen, il faut quitter la D 35 pour faire un bout de chemin sur la D 603, en direction d'Epfig d'où part un sentier viticole qui s'ouvre sur d'immenses panoramas. En continuant vers le sud, on passe à Itterswiller, charmant village en terrasses ; avec sa douzaine de maisons, il offre une vue panoramique d'autant plus belle lorsque le moindre rayon de soleil se met de la partie.

Domaine Ostertag : 27, rue Finkwiller, 67680 Epfig. Tél. 03 88 85 51 34, sur R-V. Vigneron poète, André Ostertag chante avec conviction le vin immédiat, fruité, agréable, vif, spirituel, qu'il qualifie de vin de fruit, et le vin de garde que les ans affinent pour en faire un petit chef-d'œuvre : il parle alors le vin de pierre. Vins produits : toute la gamme des vins d'Alsace, sauf chasselas et klevener. À suivre.

On regagne la D 35 par la D 335, en direction de Blienschwiller. Ce village, viticole, îlot perdu au milieu d'un océan de vignes, possède un clocher roman.

Joseph Straub Fils : domaine de la Tour, 21, route des Vins, 67650, Blienschwiller. Tél. 03 88 92 48 72, tlj, 8 h-12 h et 13 h-18 h, dimanche sur R-V. Jean-François Straub, qui a repris le domaine familial, a su préserver de bonnes traditions. Belle cave du XVIe siècle, avec ses classiques fûts de chêne. Vins produits : toute la gamme des vins d'Alsace.

8 Dambach-la-Ville

Petite cité fortifiée vouée au riesling, elle retient l'attention par ses maisons à colombage, ses enseignes nombreuses, sa coquetterie, ses fleurs abondantes, ses

La maison du vigneron alsacien

Savante construction de grès des vignerons enrichis, ou habitat rural à facture plus modeste, avec ses poutres de colombage se détachant sur torchis passé au lait de chaux, expression concrète d'une culture de la vigne naguère plus répandue : la maison de vigneron possède sa propre architecture.

Là, pas de dépendances ordonnées autour d'une cour carrée, mais un bâtiment d'un seul tenant où, dans une unité de vie et d'usage, l'habitation du premier étage domine le pressoir et la cave aux fûts de chêne. Des galeries aux poutrages, le savoir-faire des tonneliers inspire la sculpture sur bois où, partout, s'inscrivent les emblèmes de la vigne.

G.F.

Élévation d'une maison de vigneron en Alsace. Dessin atelier D. Duplantier.

portes d'enceinte, ses tours et les innombrables dates que le badaud ne manquera pas de découvrir sur les linteaux en grès. Mais c'est le *memento mori* de la chapelle – Saint-Sébastien trônant au-dessus du vignoble – qui confère une note bien étrange à ce paysage ; un ossuaire propose en effet cette éternelle formule : « Ce que vous êtes, nous l'étions jadis, ce que nous sommes, vous le serez un jour », alors que le vignoble, qui élargit la vue jusqu'au Rhin, semble défier l'éternité.

À voir : **les remparts ; la place du Marché.**
Aux environs : **la chapelle Saint-Sébastien ; le château de Bernstein.**

WILLY GISSELBRECHT ET FILS : 5, route du Vin, 67650 Dambach-la-Ville. Tél. 03 88 92 41 02, tlj sauf dimanche, 8 h-12 h et 14 h-18 h. Vins produits : toute la gamme des vins d'Alsace.

RUHLMANN-DIRRINGER : 3, rue de Mullenheim, 67650 Dambach-la-Ville. Tél. 03 88 92 40 28, tlj sauf dimanche, 9 h-11 h 45 et 13 h 30-18 h 30. Installé dans l'ancienne demeure des comtes de Mullenheim, qui date de 1578, ce producteur présente des vins puissants et harmonieux. Vins produits : toute la gamme des vins d'Alsace.

En quittant Dambach vers le sud, on visitera Scherwiller, qui a fait du riesling son cheval de bataille et fête ce cépage, un dimanche, au milieu du mois d'août.

9 CHATENOIS

Il faut maintenant franchir la N 59 qui s'engage en direction de la montagne… pour découvrir Châtenois. Cette ville tout en longueur offre la vue de son clocher roman, assez étonnamment surmonté d'une flèche ornée d'échauguettes.

À voir : **l'hôtel de ville et son escalier à vis ; la chapelle Sainte-Croix.**

Dambach-la-Ville. *L'étendue de ses vignobles (470 ha) fait de cette ville fortifiée la plus importante commune viticole du Bas-Rhin. Lors d'un assaut contre ses remparts, en 1444, le futur Louis XI y fut blessé d'un carreau d'arbalète au genou.* Photo Jacques Guillard/Scope.

BERNHARD REIBEL : 20, rue de Lorraine, 67730 Châtenois. Tél. 03 88 82 04 21, sur R-V. Avec une lucide obstination, Cécile Reibel a apprivoisé la très belle colline du Meisenberg qu'elle a défrichée. Comme elle soumet chaque jour l'ouvrage à de nouvelles exigences, les résultats ne se sont pas fait attendre. D'un vin de plaisir on est passé à un vin de charme, comme on passe de la subtile légèreté à la profonde distinction. Vins produits : toute la gamme des vins d'Alsace.

10 SÉLESTAT

L'attrait du centre historique de Sélestat incite à faire une halte prolongée entre Strasbourg et Colmar. Parmi ses richesses figure la remarquable Bibliothèque du XVIe siècle qui rappelle l'époque où la ville était un centre humaniste important.

À voir : **la vieille ville ; la Bibliothèque humaniste ; la tour Neuve ; l'église Sainte-Foy ; l'église Saint-Georges ; l'hôtel de l'abbaye bénédictine d'Ebersmunster.**

Sur la 159, Kintzheim, entouré de vignes, se blottit au pied du château hébergeant une volerie des aigles : plus loin, au bord de la route du Haut-Koenigsbourg, la montagne des singes accueille plus de 600 macaques de Barbarie.

11 ORSCHWILLER

Sur la route du piémont des Vosges, Orschwiller produit, comme Kintzheim, le grand cru de Praelatenberg.

12 SAINT-HIPPOLYTE

Premier village du Haut-Rhin, particulièrement réputé pour ses vins rouges, Saint-Hippolyte a gardé ses murs d'enceinte ; les trois rues parallèles sont bordées de maisons dont certaines datent de la Renaissance. Fondé en 760 par l'abbé Fulrad, Saint-Hippolyte était alors un monastère.

À voir : **l'enceinte médiévale ; l'hôtel de ville (XVIIIe siècle) ; la fontaine (XVIe siècle).** Aux environs : **le château du Haut-Koenigsbourg**

Château du Haut-Koenigsbourg. *La restauration entreprise par l'architecte Bodo Ebhardt pour le compte de l'empereur Guillaume II, entre 1901 et 1908, a suscité les polémiques de nombreux détracteurs. Les passions apaisées – et ce en dépit de défauts réels –, on apprécie désormais à sa juste valeur le soin scrupuleux mis à ressusciter l'atmosphère d'un château médiéval. Le public ne s'y trompe d'ailleurs pas, qui en fait l'un des lieux les plus visités en France. Le château a prêté son cadre au film de Jean Renoir, La Grande Illusion.* Photo A.S.

JACQUES ILTIS ET FILS : 1, rue Schlossreben, 68590 Saint-Hippolyte. Tél. 03 89 73 00 67, tlj, 8 h-12 h et 14 h-18 h, dimanche sur R-V. À retenir : le riesling Schlossreben, le pinot noir et le klevener.

JEAN-MARIE ET FRANÇOISE KLEIN : route du Haut-Koenigsbourg, aux Vieux Remparts, 68590 Saint-Hippolyte. Tél. 03 89 73 00 41, sur R-V. Françoise et Jean-Marie Klein sont œnologues. Leurs vins, le riesling en particulier, vieillissent admirablement, et leur caveau mérite un détour.

13 BERGHEIM

S'il est des villages juchés ou perchés, il en est d'autres qui ont choisi de se nicher. C'est le cas de Bergheim. En venant de Rorschwihr, il faut s'arrêter un instant avant que la route ne plonge vers ce village qui semble se protéger de l'adversité en se cachant derrière ses portes monumentales, au pied de l'impressionnant fleuron de sa gloire viticole : l'Altenberg, porteur de ses espoirs et de sa renommée.

À voir : **l'église gothique ; la porte Haute ; les ruelles tortueuses bordées de maisons anciennes.**

DOMAINE MARCEL DEISS : 15, route du Vin, 68750 Bergheim. Tél. 03 89 73 63 37, tlj sauf dimanche, 8 h-12 h et 14 h-19 h. Jean-Michel Deiss est un perfectionniste, un viticulteur qui pense que l'exigence de qualité réside dans le travail de la vigne. Ses vins classés grand cru ont des perspectives de durée remarquables.

DOMAINE GUSTAVE LORENTZ : 35, Grand-Rue, 68750 Bergheim. Tél. 03 89 22 22 08, tlj sauf dimanche, 9 h-12 h et 14 h-18 h. Cette ancienne maison, renommée pour la qualité de ses vins et pour ses belles parcelles dans l'Altenberg, doit sa notoriété à l'exceptionnelle longévité de ses meilleurs vins de grand cru (certains rieslings des années 1960 ont encore toute leur jeunesse), mais également à la grande qualité des « vendanges tardives » et des « sélections de grains nobles ». Vins produits : toute la gamme des vins d'Alsace.

JERÔME LORENTZ : 1-3, rue des Vignerons, 68750 Bergheim. Tél. 03 89 73 22 22, tlj sauf dimanche, 10 h-12 h et 14 h-18 h 30. Cette maison de négoce réputée exploite aussi son propre domaine (32 ha de vignes). Son riesling exprime des arômes fruités très intenses.

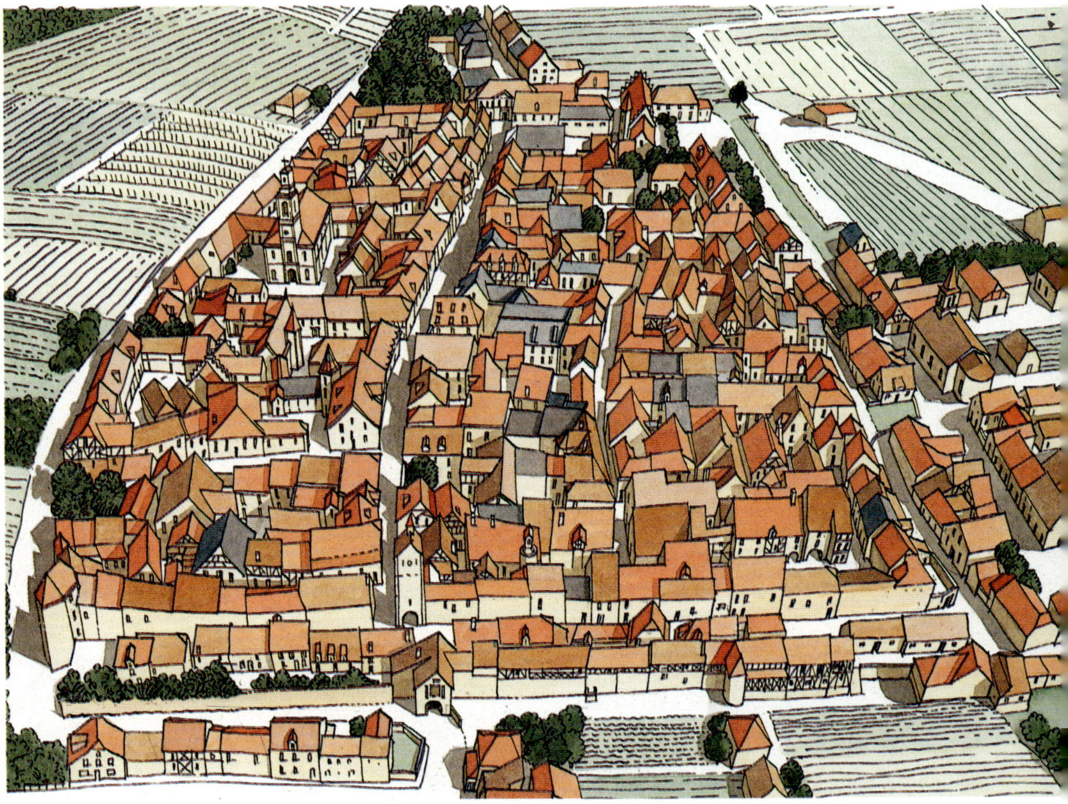

Riquewihr. *Le vieux bourg a conservé intactes ses maisons du XVIe siècle.* Dessin atelier D. Duplantier.

14 RIBEAUVILLÉ

À moins d'une lieue de Bergheim (3 km précisément) se trouve Ribeauvillé. Les empereurs du Saint Empire romain germanique donnèrent la ville aux seigneurs de Ribeaupierre, qui la conservèrent jusqu'à la Révolution. Cette ville est un haut lieu de l'architecture de la Renaissance. La Grand-Rue permet de plaisantes découvertes : du gothique, on passe à la Renaissance ; et de magnifiques oriels, à des escaliers en colimaçon. L'hôtel de ville est une fort belle demeure du XVIIIe siècle, dont l'intérieur regorge de souvenirs de la famille de Ribeaupierre, qui recevait les hommages des vignerons de Ribeauvillé le premier dimanche de septembre. La tradition se perpétue et, parmi les nombreuses fêtes estivales du vin, celle-ci est sans doute la plus ancienne et la plus célèbre. Ces jours-là, le riesling coule à flots de la fontaine, place du Marché.

Trois grands crus participent à la notoriété de Ribeauvillé : le Geisberg, le Kirchberg et l'Osterberg. Nous sommes ici en plein centre du vignoble alsacien, dans sa partie la plus prestigieuse qui produit un grand cru possédant une très grande finesse d'arômes : le riesling du Geisberg.

À voir : **l'église du couvent des Augustins ; l'église Saint-Grégoire ; l'hôtel de ville ; la Grand-Rue.**

ROBERT FALLER ET FILS : 36, Grand-Rue, 68150 Ribeauvillé. Tél. 03 89 73 00 47, sur R-V. Ce vigneron, dont le domaine remonte au XVIIIe siècle, possède également de belles parcelles dans les grands crus. Il produit des vins très séduisants.

ANDRÉ KIENTZLER : 50, route de Bergheim, 68150 Ribeauvillé. Tél. 03 89 73 67 10, sur R-V. Très renommé, ce domaine, situé en plein vignoble, offre de superbes rieslings secs. Vins produits : toute la gamme des vins d'Alsace.

TRIMBACH : 50, route de Berghiem, 68150 Ribeauvillé. Tél. 03 89 73 89 04, sur R-V. Une maison familiale dans le droit fil de la tradition alsacienne, qui met en avant son art de l'assemblage dans des cuvées de signature.

15 ZELLENBERG

Sur le chemin qui mène à Riquewihr, on n'oubliera pas, au passage, de jeter un regard sur l'église fortifiée de Hunawihr, qui émerge d'un océan de vignes. La muraille, impressionnante, qui entoure l'église et le cimetière, est renforcée par six bastions semi-circulaires et percée de meurtrières.

La route passe à côté de Zellenberg : ce village, avec Katzenthal et Husseren-les-Châteaux, partage le privilège rare de faire partie des villages perchés.

À voir : **l'église baroque ; les deux tours rondes.**

16 RIQUEWIHR

En Alsace, trois petites villes battent tous les records d'affluence en été : Obernai, Eguisheim et Riquewihr. Toutes trois offrent aux visiteurs un triptyque magique : une cité insérée dans un paysage d'un charme et d'une fraîcheur toniques ; un patrimoine ancien préservé ; un cheminement qui permet de visiter les caves, où des vignerons sérieux font goûter leurs vins du Schoenenbourg qui savent défier les siècles et vieillir sans se faner.

À voir : **la rue du Général-de-Gaulle ; la cour des Vignerons ; le Dolder ; la rue de la Couronne.**

HUGEL ET FILS : 3, rue de la Ire-Armée, 68340 Riquewihr. Tél. 03 89 47 92 15, sur R-V. La dynastie des Hugel possède un très grand savoir-faire, des vignes personnelles et une cave impressionnante par le nombre de bouteilles. Ils sont à classer parmi les meilleurs producteurs d'Alsace. En « vendanges tardives » et en « sélection de grains nobles », ils contribuent à la renommée de Riquewihr. Vins produits : toute la gamme des vins d'Alsace, sauf chasselas et klevner.

SARL ROGER JUNG ET SES FILS : 23, rue de la 1re-Armée, 68340 Riquewihr. Tél. 03 89 47 92 17. Rémy et Jacques Jung ont pris la succession de leur père Roger et gèrent un domaine de 15 ha. Ils revendiquent une politique de qualité.

17 BEBLENHEIM

En sortant de Riquewihr, on aperçoit à gauche le village de Beblenheim.

À voir : **la fontaine gothique ; les maisons des XVIe et XVIIe siècles ; la place de l'École et ses pierres tombales.**

Sigolsheim, plus loin, a su préserver le tympan du portail de son église (fin du XIIe siècle) : il représente le Christ remettant les clefs à saint Pierre et le livre à saint Paul.

18 KIENTZHEIM

Les ravages de la guerre se font discrets et l'on se met à rêver de ce qu'auraient pu être les environs de Colmar si l'ensemble avait été préservé. À Kientzheim, on ne peut manquer ni la porte monumentale, ni le château Schwendi qui est maintenant le siège de la confrérie Saint-Étienne. L'église de Kientzheim a conservé la pierre tombale de Lazare de Schwendi. On se laissera volontiers conter la légende de ce chevalier, censé avoir introduit le tokay en Alsace au XVIe siècle après une incursion guerrière en Hongrie.

À voir : **la porte Basse ; l'ancien château médiéval transformé au XVIe siècle ; le musée du Vin d'Alsace ; l'église.**

19 KAYSERSBERG

Cette petite ville, à peine moins fréquentée que Riquewihr et Eguisheim, est le *mons Caesaris* (montagne de l'empereur) et, l'imagination aidant, on lui trouve un petit air de cité impériale. Le promeneur attentif verra les imposantes ruines d'un château fort jadis réputé inexpugnable – à tort –, le pont fortifié du XVIe siècle et les nombreuses maisons à colombage. À ceux qui ne séjournent que peu de temps à Kaysersberg, il faut recommander la visite de l'hôtel de ville, de pur style Renaissance rhénane avec son oriel et ses encadrements de porte, ainsi que l'église, avec son tympan, ses vitraux et son retable de 1518. Mais l'arrière-plan qui se profile nous ramène au paysage viticole ; le vignoble a conquis les collines du Schlossberg et du Furstentum.

À voir : **l'hôtel de ville ; l'église Sainte-Croix ; le pont fortifié ; le château impérial.**

COLETTE FALLER ET SES FILLES : domaine Weinbach, clos des Capucins, 68240 Kaysersberg. Tél. 03 89 47 13 21, sur R-V. Colette Faller et ses filles maintiennent, au plus haut niveau, un domaine de 22 ha environ. La visite des lieux (une ancienne propriété ecclésiastique magnifiquement entretenue), l'accueil chaleureux et la découverte des caves font partie des plus beaux souvenirs qu'une journée ensoleillée peut laisser d'un séjour en Alsace.

De Kaysersberg à Colmar, on frôle les collines sous-vosgiennes qui conviennent si bien à la vigne. Avant d'arriver à Colmar, nous passons rapidement au cœur du vignoble, par Ammerschwihr, dont le coteau de Kaeferkopf est réputé depuis des siècles (chapelle de Meywihr, fontaine de l'Homme sauvage), et par Ingersheim.

DOMAINE MAURICE SCHOECH : 4, route de Kientzheim, 68770 Ammerschwihr. Tél. 03 89 78 25 78, tlj sauf dimanche, 9 h-12 h et 13 h 30-18 h. Issu d'une vieille famille de vignerons, Maurice Schoech produit une très belle gamme de vins.

20 INGERSHEIM

Ici, la viticulture semble se réveiller d'un long engourdissement pour s'épanouir sur quelques terroirs, comme le grand cru Florimont.

À voir : **la tour des Sorcières du XIIe siècle ; l'église du XVIIIe siècle ; les maisons Renaissance.**

21 COLMAR

Cette petite « grande ville » proprette, séduisante, qui s'oppose à un agrandissement qui lui ferait perdre son âme, se hisse au niveau des plus grandes par son musée, ses vieux quartiers, son festival de musique, ses foires, ses statues et sa cathédrale. Il faut flâner dans ses ruelles, aller au marché, voir l'ancienne douane, la maison des Têtes, l'hôtel de ville, le palais de justice, la chapelle des Jésuites, et ne pas manquer, au musée d'Unterlinden, le célèbre retable d'Issenheim, exécuté par Matthias Grünewald entre 1510 et 1515. Colmar est à la fois l'aboutissement de ce premier périple et le point de départ du suivant.

À voir : **la cour Molly ; la maison des Arcades ; la maison des Têtes ; la maison Pfister ; le Koïfhus ; le musée d'Unterlinden ; le musée Bartholdi ; le Muséum d'histoire naturelle ; la cathédrale ; l'église Saint-Pierre ; l'église Saint-Martin ; le palais de justice ; la petite Venise ; les vieux quartiers.**

Colmar, la petite Venise, *le quartier des Tanneurs. Popularisé par le dessinateur Hansi, le charme des maisons traditionnelles baignées par la Lauch exprime un art de vivre à forte identité alsacienne.* Photo Jacques Guillard/Scope.

DOMAINE SCHOFFIT : 66-68, Nonnenholts-Weg, 68000 Colmar. Tél. 03 89 24 41 14, sur R-V. C'est là que l'on trouvera le grand cru Rangen, un vin puissant et racé, issu du terroir le plus méridional du vignoble alsacien.

De Strasbourg à Colmar, on est passé, en peu de kilomètres, d'un climat continental privilégié à un climat d'exception, aux allures subméditerranéennes.

OPINION

Philippe Bourguignon (sommelier à Paris)

1/ Qu'attendez-vous d'un vin ?
Une évasion, un voyage dans l'imaginaire et un plaisir charnel. Il faut qu'il soit aussi sain que désaltérant, et tout le contraire d'un produit stéréotypé.

2/ Qu'attendez-vous d'un producteur ?
Talent, confiance, partage.

3/ Votre dernier coup de cœur ?
Riesling clos Sainte-Hune 1983 Trimbach, pour sa maturité accomplie, son inexplicable mais envoûtant caractère d' « hydrocarbure », son harmonie parfaite avec des belons double zéro.

L'Alsace méridionale

de Colmar à Thann

Depuis le XIIIe siècle, Colmar concentre toutes les grandes initiatives qui ont trait à la viticulture alsacienne. Non seulement les manifestations grand public, telle la foire aux vins du mois d'août, se tiennent à Colmar, mais de vénérables institutions, comme le Comité interprofessionnel du vin d'Alsace, les associations des viticulteurs d'Alsace, l'INAO régionale ou l'INRA, y possèdent leur siège.

Le vignoble alsacien le plus justement célèbre ne s'étend pas strictement sur une ligne nord-sud qui serait celle des collines sous-vosgiennes. Parfois, en effet, le barrage vosgien s'ouvre pour laisser place à une vallée. Là où s'adoucissent des arêtes souvent granitiques et où s'estompent les rigueurs du climat montagneux mûrissent alors quelques-uns des plus grands vins d'Alsace. Le Brand, le Vorbourg, le Zinnkoepflé, le Kitterlé ou le Rangen font, depuis un demi-millénaire, la renommée des grands vins d'Alsace, au sud de Colmar.

Itinéraire de Colmar à Thann

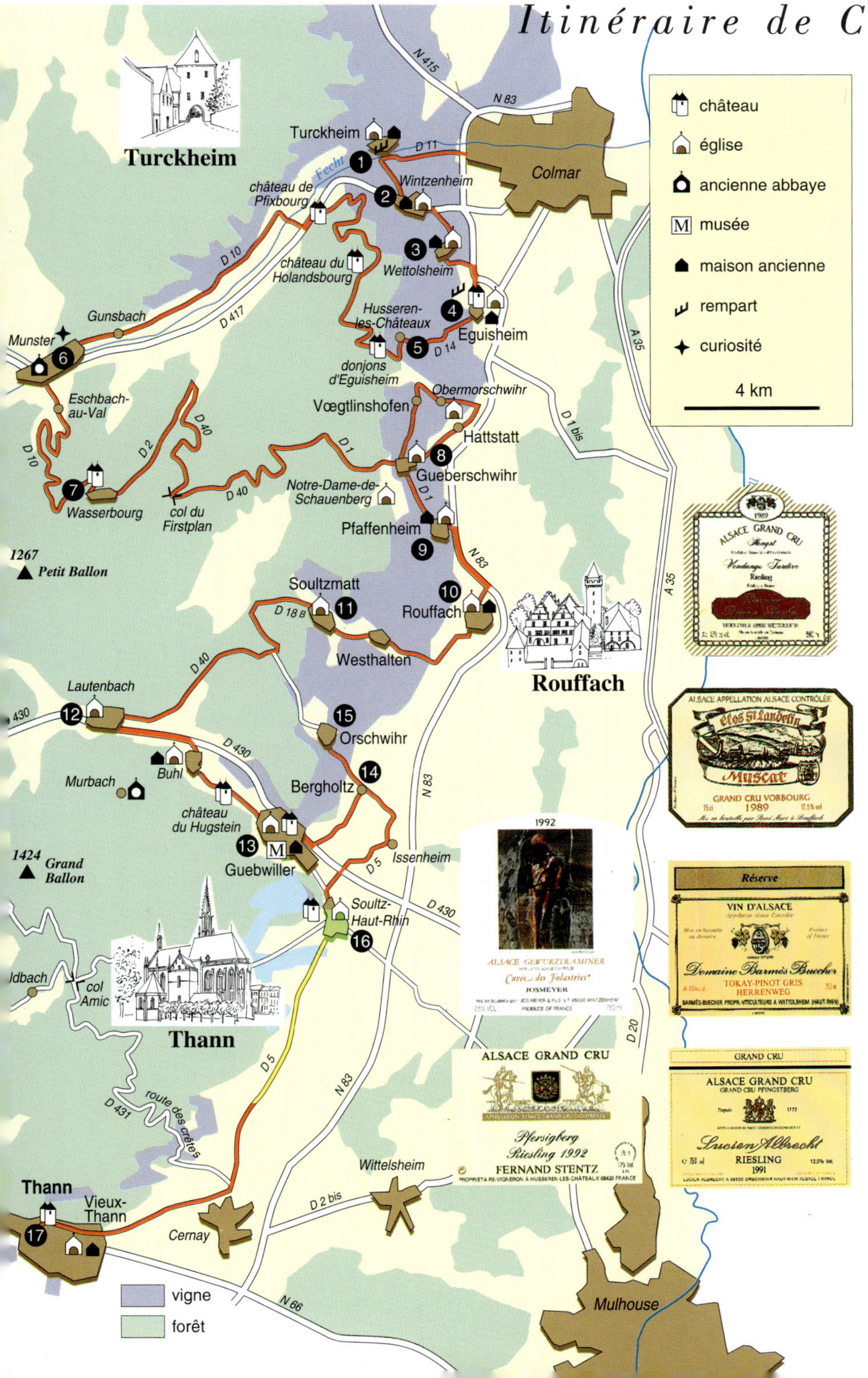

Depuis Turckheim, cet itinéraire traverse des mers de vignobles, sillonne des vallées parsemées de villages fleuris, passe des cols qui offrent des panoramas grandioses, avant d'atteindre Thann, d'où l'on contemplera une dernière fois ce piémont des Vosges jalonné de châteaux forts, de villages fleuris, de vignes caressées par le vent, de beffrois, de tours couronnées, d'églises fortifiées, de belles cours intérieures, de caves hospitalières et de vignerons malicieux.

1 Turckheim

Turckheim commande l'entrée de la superbe vallée de Munster. La ville vit et prospère au pied d'un coteau célèbre, le Brand, qui mérite une promenade et permet de découvrir les vignobles

Turckheim. *Cadre de la célèbre bataille gagnée par Turenne contre les forces impériales, en 1675, la cité a conservé un grand nombre de ses magnifiques maisons Renaissance.*
Photo Jacques Guillard/Scope.

De Turckheim à Ribeauvillé.
Au nord-est de Colmar se situe le cœur du vignoble alsacien.
Dessin atelier D. Duplantier.

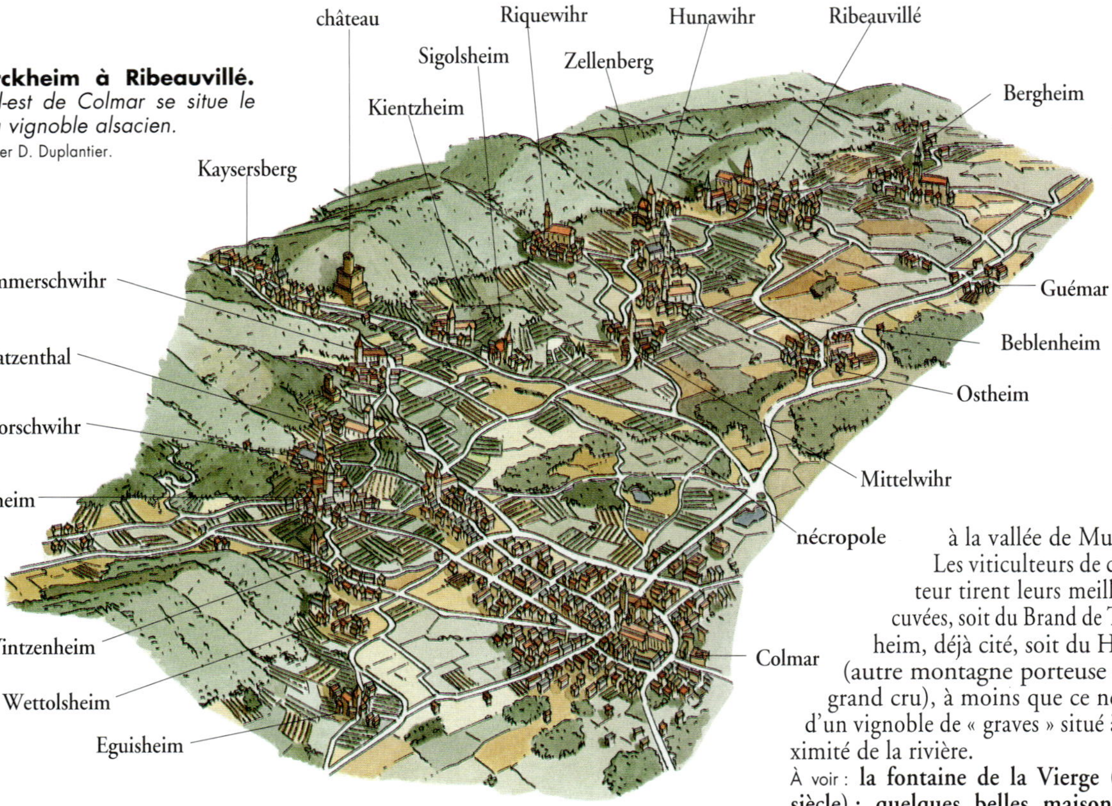

Cépage gewurztraminer.
Photo Jacques Guillard/Scope.

environnants, la plaine d'Alsace et l'entrée de la vallée de Munster. Pour visiter Turckheim, il faut franchir l'une des trois portes, car la ville, très riche en témoignages du passé, est entourée de remparts en partie conservés.

À voir : **l'hôtel de ville** (XVIIe siècle) **; l'hôtel des Deux-Clefs, rénové en 1620 ; l'église en partie romane** (XIIe siècle) **; la porte du Brand** (XIVe siècle) **; la maison des Bourgeois, de 1580 ; les maisons anciennes ; la fontaine de 1727 ; la statue de Turenne.**

ARMAND HURST : 8, rue de la Chapelle, 68230 Turckheim. Tél. 03 89 27 40 22, sur R-V. Armand Hurst cultive quelques hectares dans la partie la plus noble du Brand. Il en tire un vin élégant, fin et bien structuré. Vins produits : riesling ; gewurztraminer ; muscat ; tokay-pinot gris ; pinot blanc ; pinot noir. À suivre.

DOMAINE ZIND-HUMBRECHT : 4, route de Colmar, 68230 Turckheim. Tél. 03 89 27 02 05, sur R-V. Ce viticulteur très renommé cultive de grandes surfaces répartie sur une importante partie des meilleurs vignobles. Il professe son attachement à une viticulture de terroir, plus qu'à une vision exclusivement variétale (primauté des cépages), et accueille dans son établissement modèle tous ceux que la curiosité pousse à pénétrer les arcanes de la viticulture alsacienne. Vins produits : toute la gamme des vins d'Alsace sauf sylvaner et chasselas.

2 WINTZENHEIM

De l'autre côté de la rivière, qui dévale furieusement les sommets vosgiens à la fin de l'hiver, se trouve Wintzenheim (la ville des vignerons). Elle aussi ouvre l'accès à la vallée de Munster. Les viticulteurs de ce secteur tirent leurs meilleures cuvées, soit du Brand de Turckheim, déjà cité, soit du Hengst (autre montagne porteuse d'un grand cru), à moins que ce ne soit d'un vignoble de « graves » situé à proximité de la rivière.

À voir : **la fontaine de la Vierge** (XVIIIe siècle) **; quelques belles maisons anciennes ; la chapelle Notre-Dame-du-Bon-Secours.**

SA JOSMEYER ET FILS : 76, rue Clemenceau, 68920 Wintzenheim. Tél. 03 89 27 91 90, sur R-V. Jean Meyer

PORTRAIT

Léonard Humbrecht, viticulteur

La haute stature et l'allure débonnaire de Léonard Humbrecht sont désormais familières des amateurs de vins d'Alsace. Mais bien peu savent la somme de sacrifices et de travail qui aura été nécessaire au frère de Zénon Humbrecht, courtier en vins et modeste propriétaire à Gueberschwihr, pour devenir une gloire de la viticulture internationale.

Après des études à Geisenheim, la fameuse école de viticulture allemande, Léonard se retrouve stagiaire chez Louis Latour à Beaune.

De retour chez lui, il ne peut que constater la non-reconnaissance des viticulteurs alsaciens envers leurs meilleurs coteaux. Beaucoup les avaient même abandonnés pour cultiver la vigne dans la plaine, recherchant la facilité et les gros volumes de production. Il se fixe alors pour ambition de remettre en valeur un patrimoine en péril et de produire des vins de grand caractère, typés par leur terroir et leur microclimat. Avec la complicité de son épouse, il n'aura de cesse d'acquérir et de remettre en culture, ou d'optimiser, quelques-uns des terroirs les plus admirés des anciens : le célèbre Rangen de Thann, aux vins si corsés, qu'il reconstitue à partir de 1976 ; le Brand de Turckheim ; le Heimburg de la même commune, qu'il rend de nouveau à la vie ; l'admirable clos Jebsal, minuscule promontoire calcaire égaré dans les granites du Brand ; et, tout récemment encore, l'étonnant clos Windsbuhl de Hunawihr, joyau du meilleur secteur du Haut-Rhin.

Adoptant des treilles très courtes et vendangeant à haute maturité, il obtient des vins d'une concentration et d'un éclat tels, que son exemple sert de modèle à toute la génération suivante de vignerons passionnés.

Olivier, son fils, premier Français à avoir obtenu le diplôme de Master of Wine, perfectionne encore les techniques de vinification héritées de son père et depuis 1992, il pilote la nouvelle cave de Turckheim, chef-d'œuvre de simplicité et d'efficacité.

M. B.

est un esthète, qui s'est mis en tête de rehausser l'image du gewurztraminer, que d'aucuns relèguent au rang des apéritifs. Depuis des lustres, il plaide pour que ce dernier trouve sa place à table. Vins produits : toute la gamme des vins d'Alsace.

Une cave à Wintzenheim. *Son cru du Hengst assure la renommée de ses vignobles.* Photo Jacques Guillard/Scope.

3 Wettolsheim

Fortement remanié au XVIIIe siècle, ce village, outre la proximité d'un site riche en vestiges romains, offre plusieurs intérêts : une table de renom, le souvenir du poète et dramaturge italien Vittorio Alfieri, et deux grands crus : le Hengst et le Steingrubler. Il se veut le premier centre de culture de la vigne en Alsace.

À voir : **l'église ; les maisons à colombage.**

Domaine Barmès-Buecher : 30-32, rue Sainte-Gertrude, 68920 Wettolsheim. Tél. 03 89 80 62 92, sur R-V. Ces deux vieilles familles de vignerons, réunies en GAEC, apportent tous leurs soins à la vigne en alliant tradition et modernisme, et produisent un remarquable riesling « vendanges tardives ». Vins produits : toute la gamme des vins d'Alsace.

Paul Buecher : 15, rue Sainte-Gertrude, 68920 Wettolsheim. Tél. 03 89 80 64 73. De nombreux grands crus, avec des vins bien solides. À suivre.

4 Eguisheim

Il ne faut pas manquer cette petite ville enserrée *intra muros* de façon circulaire autour de son château : maisons appuyées sur les remparts, escaliers vétustes et porches dûment datés constituent autant de découvertes étonnantes. L'église conserve les plus beaux tympans romans qu'on puisse rencontrer en Alsace. Deux grands crus attirent les amateurs : le Pfersigberg et l'Eichberg.

À voir : **le château ; l'église avec son clocher roman et son portail du XIIIe siècle ; la fontaine du XVIe siècle sur la place du Marché ; les maisons à colombage et oriels, bien conservées, du XIIIe siècle au XVIe siècle.**

Paul Ginglinger : 8, place Charles-de-Gaulle, 68420 Eguisheim. Tél. 03 89 41 44 25, sur R-V. Paul Ginglinger sait tirer du grand cru Pfersigberg des vins que le temps rend encore plus séduisants, tels ses rieslings. Mais si l'élégance vous attire, goûtez ses gewurztraminers. Vins produits : toute la gamme des vins d'Alsace.

Domaine Bruno Sorg : 8, rue Monseigneur-Stumpf, 68420 Eguisheim. Tél. 03 89 41 80 85, sur R-V. Secondé par son fils, ce viticulteur consciencieux et travailleur obstiné, qui a longtemps présidé aux destinées du syndicat viticole local, réussit depuis quelques années des vins de toute beauté ; il faut dire que les terroirs qu'il cultive sont, en partie, des grands crus.

5 Husseren-les-Châteaux

Perché sur une colline d'où la vue sur Colmar est impressionnante, Husseren-les-Châteaux est un agréable village de vignerons, pour la plupart descendants de ceux qui, à la Révolution, rachetèrent les terres confisquées au couvent.

Kuentz-Bas : 14, route du Vin, 68420 Husseren-les-Châteaux. Tél. 03 89 49 30 24, tlj sauf dimanche, 8 h-12 h et 14 h-18 h. La maison Kuentz-Bas est fort ancienne. Elle a acquis ses lettres de noblesse grâce au talent du vinificateur Jacques Weber. La réception est chaleureuse et le caveau de dégustation accueillant. Riesling ou tokay ? Il faut goûter les deux. Vins produits : toute la gamme des vins d'Alsace.

Domaine François Lichté : 17, rue des Vignerons, 68420 Husseren-les-Châteaux. Tél. 03 89 49 37 51, sur R-V. Son pinot blanc, né dans le terroir argilo-gréseux du Hohrain, atteint des sommets. Il est vinifié en foudre conformément à la tradition.

Fernand Stentz : 40, route du Vin, 68420 Husseren-les-Châteaux. Tél. 03 89 49 30 04, sur R-V. Ici, on cultive la précision. On s'est forgé, au cours d'une vie bien remplie, une certaine philosophie et un art de

Eguisheim. *Le village est enserré entre ses deux murs circulaires.* Dessin atelier D. Duplantier.

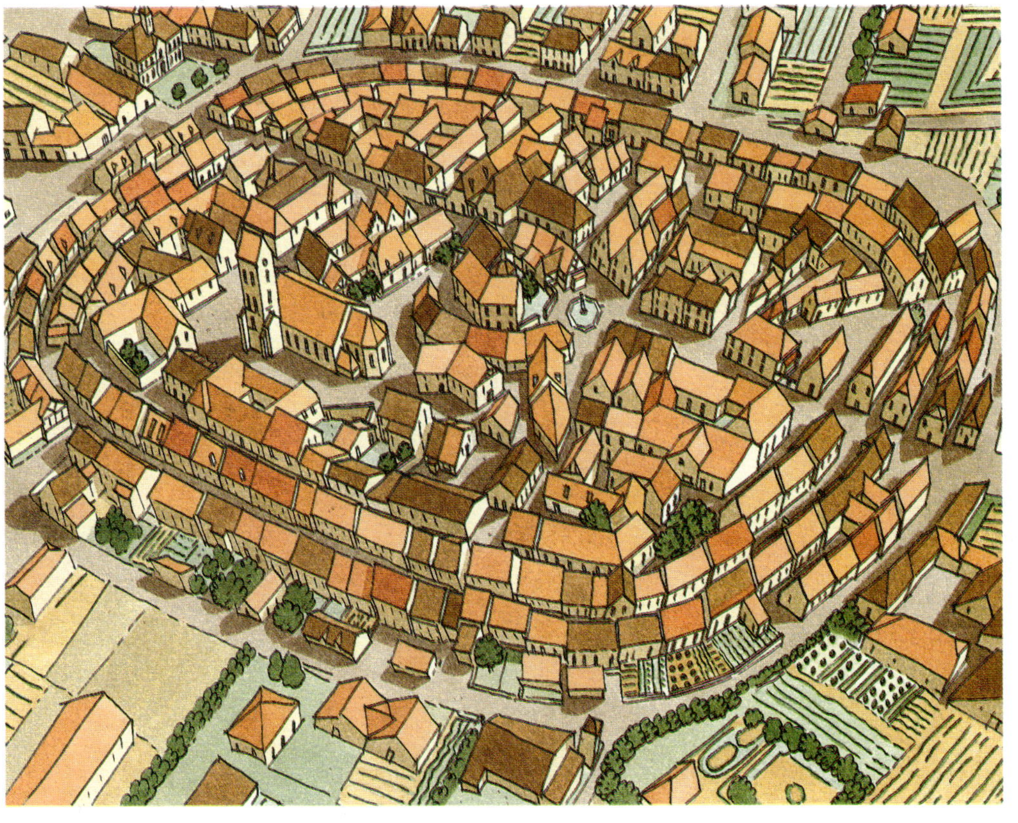

Husseren-les-Châteaux. *La cité viticole présente la particularité d'être surmontée de trois châteaux étonnamment réunis sur une seule plate-forme rocheuse : le Weckmund, le Walhenbourg et le Dagsbourg. Ces vestiges féodaux témoignent de la splendeur de la famille d'Eguisheim, l'une des plus prestigieuses d'Alsace.* Photo Jacques Guillard/Scope.

cultiver la vigne, et l'on s'y tient. Personne ne le regrette et, d'ailleurs, il suffit de goûter les vins, et plus particulièrement le pinot noir. Vins produits : toute la gamme des vins d'Alsace.

Cinq anciens châteaux forts jalonnent la très belle route qui rejoint la vallée de Munster. Dans le Haut-Eguisheim, trois châteaux sont pratiquement accolés : le Weckmund, le Wahlenbourg et le Dagsbourg (XIe-XIVe siècle) ; viennent ensuite le château du Hohlandsbourg (du XIIIe siècle, remanié au XVIe siècle) et le château du Pflixbourg (XIIe siècle).
On reprend la vallée de la Fecht pour gagner Munster, non par la D 417, mais par la D 10 qui permet de traverser de charmants petits villages, dont Gunsbach, où le Dr Schweitzer passa toute sa jeunesse.

6 Munster

Situé dans la partie la plus escarpée des Vosges, Munster s'est constitué à partir de l'abbaye bénédictine, fondée vers 660 à l'intersection des deux Fecht. Sur la Grand-Rue, face à la place du Marché et aux ruines de l'ancien palais abbatial, se dresse la façade Renaissance de l'hôtel de ville.
À voir : **la fontaine au Lion ; la promenade du Narrenstein ; le parc André-Hartmann ; la salle de la Laub.**
La D 10 nous amène à Eschbach-au-Val, pittoresque village avec sa mairie-école surmontée d'un clocheton.

7 Wasserbourg

Au-dessus du village se dressent les ruines du château de Strohbourg. De Wasserbourg, on emprunte la D 2 pour reprendre la D 40 sur la droite. On franchit le col du Firstplan, d'où l'on surplombe un superbe panorama. Il faut maintenant redescendre de ce promontoire, abandonner la rude escapade montagneuse pour rejoindre Gueberschwihr, en quittant la D 40 pour la D 1, sur la gauche.

8 Gueberschwihr

Niché à flanc de coteau, ce village, avec ses caves fraîches, ses ruelles pittoresques, ses cours ombragées, ses enseignes ouvragées, ses portes monumentales et ses traditions vivaces, accueille quelques peintres qui vivent ici en parfaite harmonie avec le site. À Gueberschwihr on se laisse charmer par le gewurztraminer qui possède un étonnant parfum floral… Il est des roses qui sentent la pêche.
À voir : **le clocher roman, vestige de l'église du XIIe siècle.**

Ernest Burn : 14, rue Basse, 68420 Gueberschwihr. Tél. 03 89 49 31 41, sur R-V. C'est à force de labeur intelligent que les Burn, vignerons depuis le XVIIe siècle, cultivent leur art. En défrichant le haut du Goldert, terroir classé grand cru, M. Burn a offert un très beau cadeau à ses enfants, Francis et Joseph, qui s'en occupent fort bien. À suivre.

9 Pfaffenheim

Très éprouvé par la guerre, le village conserve cependant quelques maisons anciennes. On remarquera un sentier viticole, le chevet roman de l'église et quelques jolies caves.
À voir : **l'abside, du XIIIe siècle, de l'église.**
Aux environs : **le dolmen de Notre-Dame-du-Schauenberg.**

Cave viticole de Pfaffenheim et Gueberschwihr : 5, rue du Chai, 68250 Pfaffenheim. Tél. 03 89 78 08 08, tlj, 8 h-12 h et 14 h-18 h. Sous la houlette d'un directeur et d'un maître de chai intelligents et compétents, s'élaborent d'intéressantes cuvées de gewurztraminer et de riesling. Vins produits : toute la gamme des vins d'Alsace.

Pierre Frick : 5, rue de Baer, 68250 Pfaffenheim. Tél. 03 89 49 62 99. Ce viticulteur pratique la culture en biodynamie, cette méthode s'appuyant sur les rythmes naturels. Vins produits : toute la gamme des vins d'Alsace.

10 Rouffach

De Pfaffenheim, on glisse sans effort vers Rouffach. Dagobert avait occupé, vers la fin du VIIe siècle, la fameuse colline d'Isenbourg qui domine la plaine d'Alsace. L'église, sans doute l'une des plus belles d'Alsace, et qui présente un remarquable équilibre entre le roman et le gothique, l'ancien hôtel de ville à pignon Renaissance et à grand escalier, la maison des Recettes du grand chapitre de la cathédrale de Strasbourg, et même de celle de Bâle témoignent des influences rhénanes, germaniques, et sans doute bourguignonnes.
À voir : **l'église Notre-Dame-de-l'Assomption ; l'ancien hôtel de ville (XVe siècle) ; le vieux quartier.**

René Muré : clos Saint-Landelin, route du Vin, 68250 Rouffach. Tél. 03 89 78 58 00, sur R-V. Ce domaine, inclus dans un grand cru à la réputation ancienne, le Vorbourg, bénéficie d'un microclimat exceptionnel ; il est dirigé par un homme très compétent : René Muré.

11 Soultzmatt

Le château de Wagenbourg borde la route qui, par Westhalten, mène à Soultzmatt, baptisé Vallée-Noble. Le grand cru Zinnkoepflé appartient aux viticulteurs de Soultzmatt. L'altitude un peu élevée a de réels avantages en période chaude : les vins y restent fins et délicatement bou-

Rouffach. *Au cours de la visite, vous pourrez découvrir un bas-relief de pierre daté de 1773 où saint Urbain, pape, invite à la dégustation sous l'œil amusé d'un petit Bacchus monté à cheval sur un tonneau…* Photo Jacques Guillard/Scope.

quetés, mais gare aux intempéries… Les visiteurs peuvent admirer l'église et sa tour romane… mais c'est dans les caves que se passe l'essentiel, l'été, lors des soirées portes ouvertes de Soultzmatt : tout ce que la viticulture compte de cours vigneronnes s'ouvre alors pour la fête.

DOMAINE LÉON BOESCH : 6, rue Saint-Blaise, 68250 Westhalten. Tél. 03 89 47 01 83, tlj sauf dimanche, 10 h-12 h et 14 h-18 h. Gérard Boesch a de la persévérance, une solide formation, du talent et des vignes dans le grand cru Zinnkoepflé. Ses gewurztraminers sont à suivre. Vins produits : toute la gamme des vins d'Alsace, sauf chasselas et klevner.

HENRI FLECK : 8, rue Saint-Sébastien, 68570 Soultzmatt. Tél. 03 89 47 00 63. Une belle cour, le sourire de Henri Fleck puis, dans son caveau, des gewurztraminers finement bouquetés vous accueillent. Fraîcheur et élégance, tels sont les mots qui viennent à l'esprit pour les évoquer. À suivre.

SEPPI LANDMANN : 20, rue de la Vallée, 68570 Soultzmatt. Tél. 03 89 47 09 33, sur R-V. Seppi Landmann sait ce que faire du bon vin veut dire… Vins produits : riesling ; gewurztraminer ; pinot noir ; tokay-pinot gris.

12 LAUTENBACH

Cette petite ville abrite un sanctuaire célèbre, fondé au VIIIe siècle reconstruit au XIe siècle, et qui connut des fortunes diverses. Il conserve un admirable porche à trois arcades, un orgue du XVIIIe siècle et une chaire de 1717. À quelques minutes de voiture, on découvre l'ancienne abbaye de Murbach : en raison de nombreuses donations, elle devint la plus riche abbaye alsacienne après Wissembourg.

À voir : **l'ancienne collégiale Saint-Michel-et-Saint-Gangolf.** Aux environs : **à Murbach, l'église abbatiale, à Buhl, les maisons vigneronnes en pierre, du XVIIIe siècle ; le château du Hugstein ; le retable de l'église (XVIe siècle).**

13 GUEBWILLER

Ici, à flanc de coteau abrupt, on entretient les chemins viticoles, on consolide les murs de soutènement et l'on soigne un vignoble précieux, car les grands crus abondent. Depuis des siècles, l'amateur connaît le nom de Kitterlé et de Saering, et il apprécie les vins du Kessler.

L'église romane Saint-Léger, avec son portail central, ses tours carrées et son pignon triangulaire, respire la sérénité, alors que l'église Notre-Dame, monumentale, imposante, évoque la puissance et le faste des princes-abbés de Murbach.

À voir : **le musée du Florival et sa collection de céramiques de Deck ; le château de la Neuenbourg (XVIIIe siècle) ; l'église Notre-Dame (XVIIIe siècle) ; l'église Saint-Léger (XIIe-XIVe siècle) ; l'église et le couvent des Dominicains (XIIIe-XIVe siècle) ; les maisons canoniales ; l'hôtel de ville (XVIe siècle).**

DOMAINES SCHLUMBERGER : 100, rue Théodore-Deck, 68501 Guebwiller. Tél. 03 89 74 27 00, sur R-V. À Guebwiller, les domaines Schlumberger sont quasiment en situation de monopole et s'étendent sur 140 ha. Ce sont les grands crus et les « vendanges tardives » qui ont fait le renom de la maison. Vins produits : toute la gamme des vins d'Alsace. À suivre.

14 BERGHOLTZ

Depuis Guebwiller, on atteint Bergholtz qu'il faut rejoindre par la D 5. Ce village de vignerons a bonne réputation. On y cultive en effet les grands crus cités plus haut, à l'exclusion du Kitterlé.

EARL DIRLER-CADÉ : 13, rue d'Issenheim, 68500 Bergholtz. Tél. 03 89 76 91 00, sur R-V. Ce viticulteur consciencieux réussit, grâce à la vision très précise qu'il a de son travail, à mettre sur le marché des vins secs et fins parfaitement à l'aise à table. Vins produits : toute la gamme des vins d'Alsace.

Murbach, l'église. *Les restes imposants de l'église abbatiale témoignent de la toute-puissance d'une abbaye qui dura mille ans, du VIIIe au XVIIIe siècle.* Photo Jacques Guillard/Scope.

15 ORSCHWIHR

En restant sur la D 5, on arrive très rapidement à Orschwihr, ancien fief des Habsbourg. Là aussi s'épanouit un grand cru : le Pfingstberg.

LUCIEN ALBRECHT : 9, Grand-Rue, 68500 Orschwihr. Tél. 03 89 76 95 18, tlj, 8 h-19 h, fermé le dimanche de janvier à juin. De réputation ancienne, la maison Albrecht cultive, depuis 1772, les meilleures parcelles du coin : 10 ha de grand cru, des clos réputés comme le clos Himmelreich, le clos Renaissance, des « vendanges tardives », et un vin de glace, (les raisins sont cueillis gelés), fort rare. Vins produits : toute la gamme des vins d'Alsace, sauf chasselas et klevner.

DOMAINE MATERNE HAEGELIN ET FILLES : 45-47, Grand-Rue, 68500 Orschwihr. Tél. 03 89 76 95 17, tlj, 8 h 15-12 h et 13 h-18 h 30. Contact : Régine Garnier. Ce grand domaine (14 ha) cultive des vignes sur les plus beaux terroirs de Soultzmatt. La qualité des raisins permet de produire des vins bien équilibrés. Vins produits : toute la gamme des vins d'Alsace.

16 SOULTZ-HAUT-RHIN

À présent, on fait demi-tour et l'on rejoint Soultz-Haut-Rhin par Issenheim. Cette petite ville, longtemps rivale de Guebwiller, est le point de départ de nombreuses randonnées. Une route pittoresque passe au col Amic (825 m) et descend, par Goldbach, sur Thann.

À voir : **la commanderie de l'ordre de Saint-Jean ; le château d'Anthès ; l'église Saint-Maurice ; le château de Bucheneck.**

17 THANN

Avec son église, construite au XVIe siècle et qui a des allures et des dimensions de cathédrale, la ville offre au regard un superbe échantillonnage de sculpture médiévale… Sur les pentes d'une colline d'une incroyable raideur pousse le Rangen de Thann, qui bénéficie d'une exposition plein sud et de la présence, unique en Alsace, de roches volcaniques. Les matériaux qui abondent dans son sous-sol (roches siliceuses et laves basiques) confèrent aux vins de ce grand cru des expressions puissantes. Assez curieusement, aucun des grands propriétaires n'habite Thann. Il faut aller à Turckheim pour rencontrer Léonard Humbrecht, le plus connu des vignerons du Rangen, ou Bernard Schoffit, qui habite à Colmar.

À voir : **la collégiale Saint-Thiébaut ; l'église Saint-Dominique à Vieux-Thann ; le château de l'Engelbourg ; la halle aux Blés.**

DOMAINE SCHOFFIT : 66-68, Nonnenholz-Weg, 68000 Colmar. Tél. 03 89 24 41 14, sur R-V. Vin retenu : riesling grand cru Rangen de Thann.

R. Gs.

Le sol et la qualité des vins

Comment expliquer la hiérarchie entre les crus ? Par quel mystère l'un donne naissance à des vins d'une plus grande finesse qu'un autre tout proche ? L'exemple du Bordelais montre que la nature géo-pédologique du sol ou du sous-sol ne constitue pas une explication suffisante. Des situations géologiques opposées peuvent aboutir à des résultats d'une qualité comparable. C'est bien toute la magie des terroirs.

Grave de médoc. *Le terme « grave » désigne la composition du sol formé de galets de dimensions et de compositions diverses.* Photo Michel Guillard/Scope.

Un terroir ne peut se réduire au seul terrain viticole. Il doit être considéré comme un écosystème associant en un lieu géographique donné le climat, le sol et la vigne.

À ces trois paramètres de base, il faut ajouter les facteurs humains, par définition indissociables de la notion de terroir. C'est l'homme qui aménage, travaille et fertilise le sol ; lorsque c'est nécessaire, c'est lui qui installe un réseau de drainage. C'est lui qui choisit les porte-greffes, les cépages et les systèmes de conduite ; c'est encore lui qui décide de la date et des techniques des vendanges, qui choisit les méthodes de vinification, d'élevage, de stabilisation et de vieillissement des vins, qui réalise les éventuels assemblages.

Un grand vin résulte de la conjonction de tous ces facteurs, naturels et humains. Dans ce contexte, le lien entre le sol et la qualité du vin est complexe, comme le montre l'étude des grands crus du Bordelais. Si la nature des roches mères et le type de sol peuvent influencer les caractères organoleptiques, ils ne semblent pas jouer un rôle déterminant sur la qualité du vin, c'est-à-dire sur le plaisir qu'on éprouve à le déguster. En revanche, il apparaît que la capacité du sol à réguler l'alimentation de la vigne en eau, en particulier, mais pas seulement, durant la période de maturation du raisin, est un trait commun aux meilleurs crus de la région bordelaise.

Des cépages adaptés aux sols

Dans les zones de climat tempéré, les meilleurs vins rouges sont obtenus à partir de cépages dont les raisins arrivent juste à maturité sur les sols de la région considérée. C'est le cas du pinot noir en Bourgogne, des cabernets et du merlot dans le Bordelais. Une maturité complète du raisin et de sa pellicule est indispensable, mais elle doit être lente et progressive puisque, comme l'a souligné Émile Peynaud, tout se passe comme si une maturation trop rapide, sous des climats méditerranéens plus chauds, avait pour effet de « brûler les essences » qui font la finesse des grands vins. Il est donc indispensable de choisir les cépages et les porte-greffes en fonction du climat régional, mais également en fonction du microclimat hydrique et thermique des sols.

Grand cépage du Médoc et du nord des Graves (où il représente jusqu'à 70 % des surfaces dans de très bons crus), le cabernet-sauvignon est un cépage tardif sous le climat tempéré du Bordelais où il n'arrive régulièrement à une maturité complète que dans les sols gravelo-sableux, à faible capacité de rétention pour l'eau, donc secs et chauds.

En revanche, dans les sols plus argileux, plus humides et plus froids, le cabernet-sauvignon mûrit difficilement et produit des vins acerbes, voire herbacés, dépourvus de l'extraordinaire

Vignoble inondé dans les alluvions récentes (palus). *Une alimentation excessive en eau ne favorise pas la qualité du vin. Le drainage du sol est parfois nécessaire. Les meilleurs terroirs sont loin d'être les plus arrosés.* Photo Michel Guillard/Scope.

finesse qu'ils acquièrent au cours du vieillissement dans les meilleurs crus du médoc et des graves. Inversement, le cabernet franc et le merlot, plus précoces, expriment au mieux leurs potentialités sur ce type de terrain, notamment à Saint-Émilion et à Pomerol.

Les roches mères n'expliquent pas tout

On peut alors se demander si les formations géologiques qui donnent naissance aux sols, les roches mères, jouent un rôle déterminant dans la finesse des vins. La plupart des crus qui ont fait la renommée des vins rouges de Bordeaux sont établis sur des alluvions gravelo-sableuses quaternaires de nature siliceuse. C'est le cas des 61 grands crus classés du Médoc, des 16 grands crus classés des Graves et, pour partie, de 2 des 13 premiers grands crus classés de Saint-Émilion.

Néanmoins, les alluvions gravelo-sableuses ne détiennent pas le privilège exclusif de la qualité puisqu'à Saint-Émilion, par exemple, il est possible de produire des vins aussi remarquables sur le calcaire à astéries (2 premiers grands crus classés) ou sur la molasse carbonatée du Fronsadais (1 premier grand cru classé). Quant aux parcelles des autres premiers grands crus classés de saint-émilion, elles sont réparties à la fois sur le calcaire et sur la molasse.

De même, certaines parcelles de quelques crus très renommés de pomerol sont établies sur des sédiments très argileux et acides, inclus dans des alluvions, mais dont l'origine géologique n'est pas totalement élucidée.

La qualité des vins ne semble pas non plus liée à une texture bien définie des sols. Dans les meilleurs crus du Bordelais, les teneurs en gravier et en caillou sont nulles dans certains sols mais dépassent 50 % dans d'autres ; les teneurs en argile sont infimes dans les vins produits. Outre saint-émilion, c'est

Coupe de sol *dans la petite propriété d'Ausone, à proximité de Saint-Émilion. Comme dans tout le Bordelais, la nature du sol peut profondément varier d'un vignoble à l'autre.* Photo Michel Guillard/Scope.

alluvions gravelo-sableuses mais atteignent 60 % en profondeur dans divers crus de pomerol.

Sans doute peut-on mettre en parallèle la diversité des sols et surtout des sous-sols avec les variations que l'on observe dans le type et les caractères des vins. C'est le cas dans les meilleurs crus des graves qui ont chacun leur personnalité, bien que les porte-greffes, les cépages, les techniques culturales, les méthodes de vinification et d'élevage des vins varient peu de l'un à l'autre. Mais si elles déterminent en partie l'intensité de la couleur, la typicité aromatique et gustative des vins, les formations géologiques et les sols qui en dérivent n'ont pas une incidence directe sur leur finesse.

Des propriétés physico-chimiques très variables

Les propriétés physico-chimiques des sols, qui varient dans des proportions considérables d'un cru à l'autre, ne sauraient non plus apporter une explication à la qualité des vins. À condition que la vigne ne souffre pas de toxicités ou de carences graves et, inversement, qu'une trop forte nutrition minérale n'aboutisse pas à une production excessive avec des baies trop volumineuses, elles n'ont pas une influence décisive sur la hiérarchie qualitative des crus.

Ces propriétés ont d'ailleurs évolué dans le temps. Les apports humains successifs – terre de fossé, terre de bruyère, fumier, compost, amendements calcaires ou marneux et, plus récemment, fumures minérales – ont profondément modifié les caractères originels des couches superficielles des sols. Les propriétés physico-chimiques

Château Cantenac-Brown. *Le vignoble de ce troisiè[illegible]sse de margaux est situé sur un sol graveleux et profond, particulièrement favorable au développement de la qualité des vins.* Photo Michel Guillard/Scope.

Arrosage artificiel à château Margaux : *l'arrosage n'est autorisé que sur des vignes jeunes, pour faciliter la reprise et l'enracinement, et pour lutter contre le gel de printemps.* Photo Michel Guillard/Scope.

ne peuvent donc pas être considérées comme des qualités intrinsèques des terrains, puisqu'elles n'existaient sans doute pas à la fin du XVIIIe siècle, ou même en 1855 lorsque fut établie la hiérarchie des crus médocains. Elles signifient simplement que les propriétaires des très grands crus ont toujours eu le souci de bien entretenir leurs sols, notamment pendant les périodes difficiles où le vin se vendait à bas prix. Ce n'est pas parce que les sols ont des teneurs élevées en potassium et en phosphore que ce sont des sols de très grands crus, mais au contraire c'est parce qu'ils appartenaient à de très grands crus qu'ils ont été enrichis en ces éléments.

Contrairement à ce qu'on peut lire ici ou là, on ne connaît pas actuellement un seul constituant ou élément du sol dont on puisse affirmer qu'il est un facteur indiscutable de la qualité des raisins et des vins, qu'il s'agisse du potassium, du phosphore, du calcaire actif ou d'un quelconque oligo-élément. S'il existait une telle relation, il serait facile, avec des fumures et des amendements appropriés, de produire un grand vin n'importe où.

La nécessaire limitation des rendements

Il existe néanmoins une règle générale : dans les meilleurs crus du Bordelais, les vignes sont peu vigoureuses et les rendements restent généralement faibles, soit en raison d'une pauvreté chimique générale, soit parce qu'il existe un ou plusieurs facteurs limitant la nutrition minérale (forte acidité, carences magnésiennes aggravées ou provoquées par des fumures potassiques excessives, et surtout pauvreté en azote total du sol, liée à une faible teneur en humus).

La limitation des rendements, accentuée par le choix des porte-greffes, est absolument indispensable sous le climat du Bordelais où, sauf cas exceptionnels, le rayonnement solaire est insuffisant pour obtenir à la fois une très haute qualité et une forte quantité de vendange. Lorsque la production dépasse une valeur limite, variable selon les conditions climatiques du millésime, mais se situant entre 40 et 60 hl/ha, on observe une dilution et en quelque sorte une détérioration des constituants responsables de la couleur, du goût, de l'arôme et, plus tard, du bouquet des vins.

Sachant que les arômes et leurs précurseurs, la matière colorante ainsi qu'une part importante des tanins des raisins rouges sont localisés essentiellement dans les pellicules, on comprend que plus les baies sont volumineuses, plus le rapport entre la surface de la pellicule et le volume du jus est faible, avec corrélativement une moins forte concentration des composés aromatiques, des anthocyanes et des tanins des vins rouges.

À l'inverse, de faibles rendements ne sont pas un gage de bonne qualité : en 1972, les vins ont été d'une grande médiocrité car l'été fut particulièrement froid et la maturation du raisin tout à fait insuffisante.

Une alimentation en eau ni excessive ni trop faible

Une autre caractéristique des très grands crus est qu'ils produisent des raisins et des vins dont la constitution chimique varie peu d'une année sur l'autre. L'amplitude des variations des teneurs en sucres des moûts et de l'acidité des vins finis, après fermentation malolactique, étudiées pendant vingt années consécutives, est 4 fois plus faible dans un grand cru classé que dans un cru non classé mais pourtant situé dans une des AOC du Bordelais.

C'est cette constatation qui nous a conduits à formuler l'hypothèse suivante : puisque les facteurs viticoles et humains (constitution des sols, porte-greffes, cépages, systèmes de conduite, techniques viticoles et œnologiques, etc.) ne varient guère d'une année à l'autre, on peut penser que ce sont les sols de ces grands crus qui atténuent les inconvénients d'une longue sécheresse ou ceux d'une trop forte pluviosité.

Il semble en effet exister un optimum de l'alimentation en eau de la vigne qui permet de produire des vendanges (rouges) de qualité. Elle ne doit pas être excessivement faible car la photosynthèse s'effectue alors dans de mauvaises conditions. Elle ne doit pas non plus être trop importante car les vignes deviennent trop vigoureuses, les baies

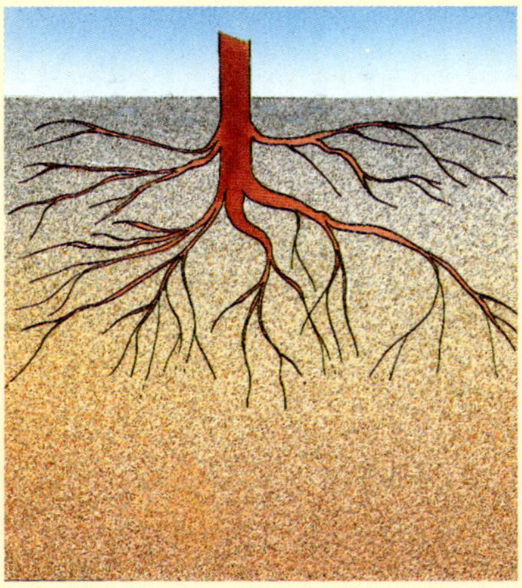

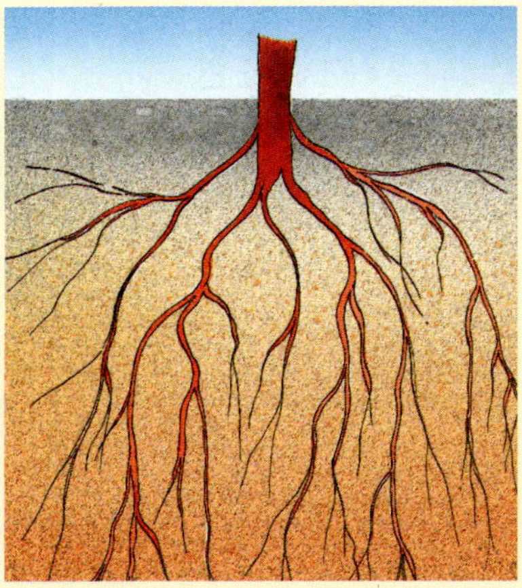

1 et 2. Absorption de l'eau par la vigne dans les alluvions gravelo-sableuses du haut Médoc ou des Graves.
Les racines de la vigne suffisamment âgée (à droite) sont profondes (3 à 7 m), ce qui lui permet de bénéficier d'une réserve en eau utile importante durant une longue sécheresse. Après une pluie estivale, seule la couche superficielle du sol, avec une faible densité de racines, est humectée par la pluie (pF bas). En profondeur, l'eau est retenue énergiquement par le sol (pF élevé) : l'absorption de l'eau est globalement moins importante que chez une jeune vigne (à gauche), dont la quasi-totalité des racines est située dans la couche réhumectée par la pluie.
Dessin atelier D. Duplantier.

volumineuses, peu sucrées, acides et pauvres en composés phénoliques, notamment parce que le rapport entre la pellicule et le volume de jus est faible. À la suite de pluies estivales, il peut y avoir une poussée racinaire qui provoque l'éclatement des grains de raisin et leur invasion par la pourriture grise.

Trois situations, trois mécanismes de régulation différents, mais avec trois réponses semblables

Le premier cas étudié (schémas 1 et 2) est celui des sols sur alluvions gravelo-sableuses qui possèdent une texture très grossière, avec peu d'argile et une faible capacité de rétention de l'eau. Compte tenu de la profondeur exploitée par les racines, qui atteint couramment 3 à 7 m, les vignes résistent bien à la sécheresse. En revanche, lorsque les pluies sont abondantes, les vignes sont peu sensibles aux excès d'humidité car ces sols possèdent une perméabilité remarquable. En outre, diverses études ont montré que l'absorption de l'eau, qui après une pluie estivale reste localisée en surface, est beaucoup moins importante dans les vignes à enracinement profond que dans celles à enracinement superficiel. Cela explique que les meilleurs vins du haut Médoc soient produits par des vignes suffisamment âgées (huit à dix ans, voire quinze ans) qui, grâce à leur enracinement profond, peuvent bénéficier de ce double mécanisme de régulation.

Dans les sols sur calcaire à astéries (schéma 3) du Libournais, la situation est différente. Les racines s'y étalent horizontalement, à une profondeur qui varie de 30 à 70 cm. Pourtant, au cours des printemps et des étés très secs, l'alimentation en eau de la vigne n'est guère déficitaire car la roche sous-jacente, constituée par un calcaire épais, compact et homogène, peut céder par remontée capillaire, sur une hauteur de plusieurs mètres, 35 à 70 % de l'eau consommée par la vigne entre la floraison et les vendanges. À l'inverse, à la suite de fortes pluies, la perméabilité du sol permet un drainage rapide des excédents de pluviosité qui sont absorbés par la roche calcaire.

Dans les sols très argileux de Pomerol (schéma 4), c'est un autre phénomène qui joue. Ces sols sont mal aérés et les racines restent localisées à moins de 1 m de profondeur. L'importante capacité de rétention de l'eau permet une alimentation satisfaisante durant les périodes sèches, mais jamais excessive puisqu'il n'y a que peu de racines vivantes pour l'absorber, et seulement sur une faible profondeur. En outre, lorsqu'une pluie tombe sur le sol partiellement asséché, les argiles (montmorillonites et smectites) gonflent rapidement et rendent le sol quasiment imperméable : une grande partie de l'eau de pluie ruisselle en surface, ce qui contribue à prévenir les excès d'alimentation en eau au cours de la période estivale.

Dans les trois exemples ci-dessus, le sol intervient en limitant, mais sans les supprimer complètement, les conséquences des écarts pluviométriques caractéristiques du climat océanique aquitain. Au-delà des différences, voilà bien un facteur commun aux meilleurs terroirs du Bordelais. Par leur environnement, par leur topographie, par la texture et la structure de leurs sols avec les conséquences qui en résultent sur leur perméabilité, leur aération, leur mode et leur profondeur d'enracinement, ils atténuent les effets défavorables d'une longue sécheresse ou, ce qui est plus fréquent et plus grave, ceux d'une pluviosité trop importante.

Cette régulation à un niveau plutôt faible de l'alimentation en eau repose sur la conjonction exceptionnelle de divers facteurs naturels, différents et parfois opposés en apparence, que l'homme peut difficilement modifier ou recréer. C'est pour cette raison sans doute qu'il n'est pas possible de créer un grand cru n'importe où, sur n'importe quel sol, y compris en Bordelais où les tout meilleurs crus ne représentent que 3 à 5 % de la production du vignoble.

G. Sé.

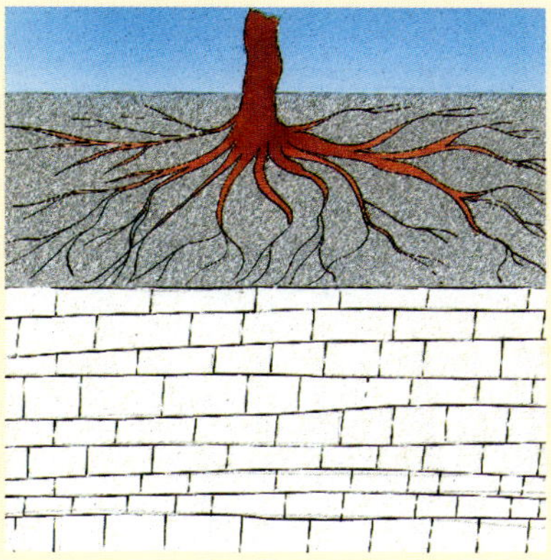

3. Absorption de l'eau dans un sol sur calcaire de Saint-Émilion.
Les racines sont peu profondes (en moyenne 50 cm) et s'étalent horizontalement ; elles se ramifient au contact du calcaire, compact et non fissuré, dans lequel elles ne pénètrent pas.
Au cours des périodes arides, le sol asséché par les racines provoque un phénomène de succion : l'eau stockée dans le calcaire remonte par capillarité sur plusieurs mètres de hauteur et vient réhumecter la zone superficielle colonisée par les racines.
Après une forte pluie, l'eau est drainée rapidement à travers les macropores (structure grumeleuse très poreuse des sols calcaires) et est absorbée par la roche calcaire qui fonctionne ici comme une éponge. Il n'y a jamais stagnation d'eau libre au contact des racines.
Dessin atelier D. Duplantier.

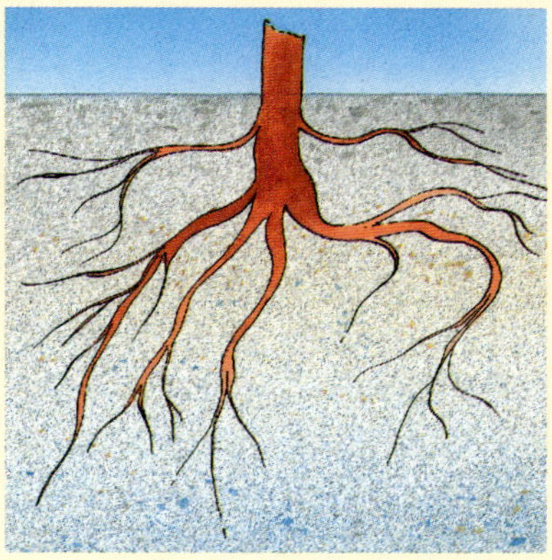

4. Absorption de l'eau dans un sol très argileux de Pomerol.
Les teneurs en argile, déjà élevées dès la surface, atteignent 60 % à 80 cm de profondeur ; pour plus de la moitié, elles sont constituées par des argiles gonflantes (montmorillonites, smectites).
De nombreuses radicelles meurent chaque année en raison de conditions périodiquement asphyxiantes. Les racines sont donc peu nombreuses et restent localisées à moins de 1 m de profondeur.
Malgré l'importante réserve utile, l'absorption d'eau n'est jamais excessive puisqu'il n'y a que peu de racines vivantes pour la prélever et, qui plus est, sur une faible profondeur.
En été, durant une séquence pluvieuse, l'eau pénètre à travers les fentes de retrait de l'argile ; mais les argiles gonflent rapidement et fortement, ce qui rend le sol quasiment imperméable : environ la moitié de l'eau apportée par la pluie ruisselle en surface et est évacuée vers les bas de pentes gravelo-sableux, tandis que le reste ne parvient que difficilement et lentement au niveau des racines.
Dessin atelier D. Duplantier.

Beaujolais. *Dans la zone septentrionale, de l'Alsace au Beaujolais, caractérisée par des hivers froids, la vigne peut produire, à partir de cépages adaptés, de remarquables vins rouges et blancs. La protection contre le gel s'effectue à l'aide de chaufferettes ou par aspersion.* Photo Jean-Luc Barde/Scope.

Médoc. *Dans la zone océanique, vallée de la Loire, Charentes, Sud-Ouest, les hivers doux et les étés moyennement chauds alliés à une humidité régulière permettent de produire, à partir de cépages adaptés, des vins blancs secs et liquoreux, et des vins rouges de qualité.* Photo Michel Guillard/Scope.

Corbières, *environs de Peyriac-de-Mer. Dans la zone méridionale qui comprend le littoral méditerranéen, la vallée du Rhône et la Corse, la sécheresse estivale et la douceur des températures permettent de produire d'excellents vins rouges et des vins doux naturels.* Photo Jean-Luc Barde/Scope.

Les climats et la vigne

Chaque cépage présente des exigences climatiques différentes pour que son cycle végétatif et la maturation du raisin se déroulent dans les meilleures conditions. Il est donc fondamental d'étudier les relations qui existent entre les climats et la vigne pour bien comprendre l'encépagement des différentes zones viticoles de France et du monde.

Dans le monde, la culture de la vigne est principalement localisée dans des contrées soumises à l'influence de climats tempérés et méditerranéens.

Les climats tempérés offrent trois variantes : le climat semi-continental qui, en Europe, commence à l'est des Vosges ; le climat océanique qui couvre la majeure partie du territoire français ; le climat océanique chaud que l'on rencontre, par exemple, à la pointe nord-ouest de l'Espagne.

Le climat méditerranéen, plus ou moins chaud et dominant dans le bassin du même nom, se retrouve aussi au Portugal, en Californie, dans la région du Cap… On rencontre aussi, disséminés un peu partout, les climats de montagne qui présentent une très grande diversité. En effet, un déplacement vertical de 100 m entraîne en moyenne une diminution de température de 0,5°C. Si la France bénéficie de la production viticole la plus diversifiée qui soit, c'est en grande partie parce que ses vignobles sont soumis à la plupart de ces contrastes climatiques.

Macroclimat, mésoclimat et microclimat

Ces trois termes sont utilisés pour définir les conditions climatiques régnant sur des territoires plus ou moins vastes.

Le macroclimat est le climat moyen d'une zone relativement étendue. On le caractérise à partir des données de plusieurs postes météorologiques. Dans les zones à reliefs accentués, les données macroclimatiques n'ont souvent qu'une valeur très relative.

Le mésoclimat, ou climat local, correspond à une portion plus ou moins grande d'un macroclimat ; il peut s'agir d'une plaine, d'un ou plusieurs versants de même orientation. Il permet d'évaluer les possibilités de culture et de maturation d'un cépage donné.

Le microclimat concerne une superficie réduite caractérisée par des conditions thermiques particulières, une parcelle par exemple. Il existe aussi un microclimat de la plante déterminé en grande partie par le mode d'entretien du vignoble.

Les facteurs climatiques de base sont au nombre de trois : la lumière et la température dépendent du rayonnement solaire, et l'eau.

La lumière

La lumière est la partie visible du rayonnement solaire. Agent primaire de la photosynthèse, elle permet aux feuilles de synthétiser des sucres et d'autres métabolites. Dans la plupart des régions viticoles, le rayonnement lumineux est suffisant. Il peut cependant jouer un rôle important à l'échelon du microclimat de la plante. Si la vigne est très vigoureuse, la densité du feuillage, en tamisant fortement la lumière, peut gêner la maturation.

La température

Ce facteur exerce une influence capitale sur le développement et la distribution des organismes vivants. Le caractère précoce ou tardif des cépages, lié à leurs besoins thermiques spécifiques, conditionne leur répartition dans les différentes régions viticoles.

À cet égard la température moyenne annuelle ne signifie pas grand-chose. La vigne doit trouver suffisamment de chaleur pour que son cycle végétatif et sa maturation se déroulent dans les meilleures conditions. Par ailleurs il faut éviter les conditions critiques de températures telles que des gels hivernaux inférieurs à -15 °C ou les risques de gelée de printemps (vers -2,5 °C).

Vallée du Rhône, *environs de Montbrison (Drôme). La lumière est un facteur entier dans le processus de maturation de la plante.* Photo A. S.

L'aptitude thermique d'un milieu viticole

Différentes méthodes permettent d'évaluer cette aptitude. Certains utilisent la somme des températures actives, TA, (supérieures à 10 °C) pendant la période végétative, car elles présentent une bonne corrélation avec le degré de maturité. Plus simplement, on peut prendre en compte la température moyenne du mois d'avril au mois de septembre inclus (TM).

Il est ainsi possible de classer l'ensemble des vignobles mondiaux en cinq zones climatiques thermiques.

L'effet millésime

Les climats tempérés frais permettent une maturation lente et prolongée, favorable à la formation des composés aromatiques dans le raisin. De nombreux vignobles prestigieux bénéficient de ces situations. Le principal inconvénient lié à ces climats tempérés frais est la grande variabilité interannuelle qui se traduit par la qualité irrégulière des millésimes.

Une vue d'ensemble du vignoble français permet de constater la diversité – mais aussi la spécificité – des situations en fonction de l'altitude, du vent, de l'exposition des terrains, de la pente, de la présence de cours d'eau... Ces particularités, en modifiant les conditions thermiques, forment des mésoclimats et des microclimats favorables à la production de vins de qualité.

L'eau

Cet élément occupe une place capitale. Constituant pondéral le plus important des organes verts des plantes, il assure de multiples fonctions métaboliques. D'une façon générale, la vigne a toujours été considérée comme peu exigeante en eau, donc résistante à la sécheresse. Dans le passé, certains vignobles étaient implantés dans des zones où les précipitations annuelles ne dépassaient pas 300 à 400 mm, mais la vigne manquait alors de vigueur et sa production était très faible. Elle était bien inférieure à ce qui est aujourd'hui considéré comme nécessaire en matière de rendement et de rentabilité.

Les besoins hydriques de la plante

En zones arides, seule l'irrigation permet la viticulture.

En France, cette technique culturale n'est autorisée que dans certains secteurs du Midi. Les besoins hydriques de la plante dépendent exclusivement de la pluviométrie locale, soit, pour la majeure partie, directement, soit indirectement (nappes phréatiques). Pour évaluer les besoins hydriques de la vigne, il faut tenir compte de l'interaction entre l'eau et la température. Considérons deux situations géographiques très différentes, Colmar en Alsace et Montpellier dans le Languedoc.

Colmar reçoit en moyenne 519 mm d'eau par an – c'est le minimum en France. Le climat est semi-continental et les précipitations réparties tout au long de l'année. D'avril à la fin de septembre les pluies atteignent 338 mm.

À Montpellier, la moyenne annuelle des précipitations est de 752 mm, avec 313 mm d'avril à la fin de septembre. Sous climat méditerranéen, le maximum des pluies tombe en hiver.

Les 519 mm de précipitations relevés à Colmar couvrent infiniment mieux les besoins hydriques de ce milieu que les 752 mm de Montpellier soumis à une évaporation du sol et à une transpiration des plantes plus intenses, ce qui entraîne un déficit hydrique important. La constitution d'une réserve hydrique plus ou moins importante dépend de la nature du sol et du sous-sol, qui devient ici un facteur primordial. Il est intéressant de noter que les recherches effectuées dans ce domaine montrent que les meilleurs terroirs viticoles sont souvent caractérisés par un bilan hydrique déficitaire ou faiblement positif.

Le régime d'alimentation en eau joue différents rôles au cours du développement des raisins. Le rendement est surtout influencé par la disponibilité hydrique au cours de la période floraison-véraison. La maturation exige avant tout beaucoup de chaleur et assez peu d'eau. Des essais ont prouvé qu'une alimentation hydrique abondante, au cours de la maturation, exerce presque toujours, indépendamment du taux de sucre des baies, une influence négative sur la qualité organoleptique des vins.

Le climat exerce donc une influence fondamentale sur la qualité de la vendange puis du vin.

Mais il faut également prendre en compte l'incidence du sol et du sous-sol. Un même cépage cultivé dans des zones distinctes donne des vins différents dans la mesure où la vinification ne vient pas gommer ces spécificités.

P.H

Zones correspondant à des possibilités de maturation satisfaisante de certains cépages

Zone	TM	TA	Villes	Cépages
Tempérée fraîche	< 17 °C	< 1 290 (°C)	Reims, Angers, Colmar, Dijon, Mâcon, Tours, Geisenheim (Allemagne), Vienne (Autriche)	chardonnay, pinot noir, gamay, cabernet franc, riesling, sauvignon, muscadet
Tempérée	17,1-18,5 °C	1 300-1560 (°C)	Agen, Bordeaux, Cahors, Odessa (Ukraine), Ploiesti (Roumanie), Napa (États-Unis)	cabernet-sauvignon, merlot, sémillon, malbec
Tempérée chaude	18,6-20 °C	1 570-1 840 (°C)	Montpellier, Orange, Toulon, Vérone (Italie), Pleven (Bulgarie)	cinsaut, carignan, grenache, syrah, ugni blanc
Chaude	20,1-21,5 °C	1 850-2 120 (°C)	Perpignan, Bari (Italie), Erevan (Arménie)	mourvèdre, macabeu, muscat d'Alexandrie
Très chaude	21,5 °C	2 120 (°C)	Athènes (Grèce), Cadix (Espagne), Fresno (États-Unis), Oran (Algérie)	mourvèdre, macabeu, muscat d'Alexandrie

Les noms des villes françaises ou étrangères sont cités ici à titre d'exemples.
TA : température active, TM : température moyenne.

La multiplication de la vigne

La mise en place d'une vigne s'effectue par multiplication végétative en utilisant des sarments partant des bourgeons et non par voie sexuée en faisant germer des pépins.

Dans l'histoire de la vigne, il convient de distinguer deux périodes, dont la charnière a été l'invasion du phylloxéra, car ce puceron américain a totalement révolutionné les techniques de multiplication de la vigne. Il est néanmoins intéressant de s'arrêter sur les pratiques anciennes, car celles-ci sont encore de mise dans les pays épargnés par ce ravageur. Deux techniques étaient employées : le bouturage et le marcottage. Dans le premier cas, on prélève un fragment de sarment – la bouture – et on le fait raciner en terre soit directement au vignoble soit en pépinière. Dans le second, on couche un sarment en terre sans le détacher de la souche. Il émet des racines et peut végéter de façon autonome ; le sarment le reliant à la souche mère est alors sectionné. Le marcottage était très utilisé dans les vignobles anciens où les pieds n'étaient pas alignés mais plantés en foule.

L'invasion phylloxérique a mis fin à ces pratiques. Les cépages français doivent être greffés sur des sujets résistants. Le porte-greffes résistant forme le système racinaire ; le cépage français garant de la qualité occupe la position du greffon et forme toute la partie aérienne. Toutefois, le bouturage est encore utilisé pour la multiplication des variétés résistantes, c'est-à-dire les vignes mères de porte-greffes.

Les techniques de greffage

Le greffage sur place fut le premier pratiqué pour la reconstitution du vignoble méridional. On plante directement en parcelle des plants racinés de porte-greffes. Au printemps suivant, on greffe en fente des greffons portant un ou deux yeux (bourgeons) sélectionnés dans des vignes à fruits. Cela n'est réalisable que dans les régions à printemps chauds et pas trop humides de type méditerranéen. On peut aussi procéder à un greffage d'automne à œil dormant en plaçant un écusson sur la tige du sujet. Cette technique se pratiquait surtout dans le Sud-Ouest et rappelle l'écussonnage des pêchers. Il existe une pratique similaire : le surgreffage qui permet de modifier l'encépagement sans avoir à arracher et à replanter.

Greffage en romanée-conti, *greffoir. Le greffage peut s'effectuer en place sur des plants racinés, ou sur table, avant plantation.* Photo Jacques Guillard/Scope.

Le greffage sur place, qui exige une main-d'œuvre très spécialisée, est assez aléatoire. Pour cette raison, le greffage sur table s'est considérablement répandu. Parfois pratiqué chez le vigneron, il est en général réalisé par des pépiniéristes spécialisés. À l'origine, le greffage était exécuté au greffoir : on pratiquait des entailles dans le greffon et le porte-greffes, et on les « imbriquait » l'un dans l'autre. L'opération a été considérablement mécanisée et l'on greffe désormais en oméga. Des machines, rapides et simples, permettent d'utiliser un personnel sans qualification particulière. La greffe-bouture, résultat du greffage, est paraffinée pour la protéger de la dessiccation et pour consolider provisoirement l'assemblage. Une autre technique se développe actuellement : le greffage en vert. On assemble des organes encore verts au lieu d'utiliser du matériel végétal lignifié.

Le matériel végétal

Les bois de porte-greffes viennent de vignes mères cultivées pour cette seule production. Les fruits sont inexistants quand il s'agit de variétés mâles. De plus, la taille consistant à araser les souches en tête de saule ne favorise pas la fructification.

Les vignes mères de porte-greffes sont principalement situées dans le sud de la France où les conditions climatiques sont les plus favorables à la maturité du bois.

Les sarments taillés l'hiver sont classés selon leurs dimensions : boutures greffables si leur diamètre est suffisant et leur longueur de 1 à 1,10 m ; boutures-pépinières pour les chutes (on les utilise pour replanter des pieds mères de porte-greffes et pour des greffages sur place). Les boutures greffables sont ensuite

TECHNIQUES DE GREFFAGE

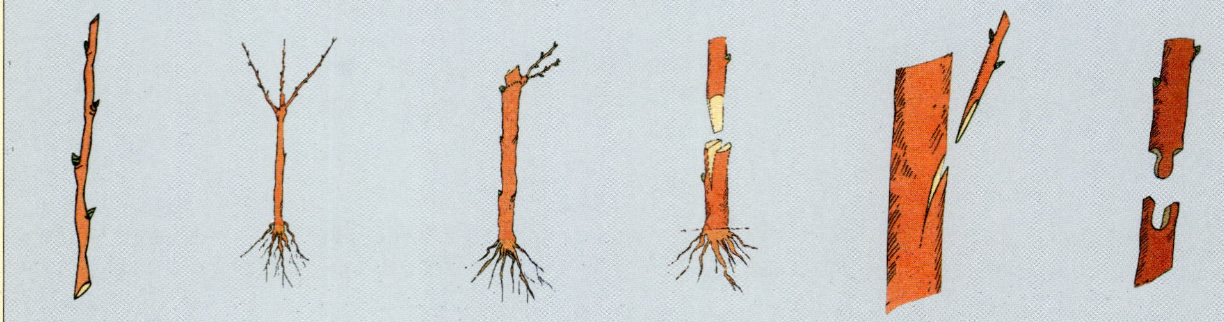

Fragment de bouture greffable — Plant raciné — Greffe soudée racinée — Greffe en fente sur place — Greffe sur place d'automne Cadillac — Greffe oméga

débitées en fragments de 20 cm et ébourgeonnées. Les sarments de vignes à fruits sont coupés en greffons à un œil.

Depuis leur récolte et pendant tous les stades de la préparation, les bois doivent être maintenus dans une ambiance suffisamment humide et froide. Par ailleurs, tout le matériel végétal doit être produit selon des règles sanitaires strictes pour éviter les viroses.

Les sélections agréées officiellement peuvent circuler et être distribuées sous le couvert d'étiquettes communautaires avec un passeport phytosanitaire. Signalons que la législation communautaire sur la production et la commercialisation des bois et plants de vigne s'est largement inspirée de la réglementation française.

Chicotage de la bouture de porte-greffes. *Cette opération consiste à ébourgeonner au sécateur et à supprimer les vrilles sur les sarments – prélevés sur la vigne mère lors de la taille – ,puis à les fractionner en les calibrant.*
Photo Daniel Faure/Scope.

Du greffage à la plantation

Lorsque la greffe-bouture est prête, il faut favoriser la formation d'un tissu de soudure entre porte-greffes et greffon : c'est la stratification. Elle se déroule en chambre chaude, les greffes-boutures sont placées en caisses ou en bacs dans la sciure humide, ou bien tout simplement les pieds dans l'eau. À des températures proches de 30 °C et en hygrométrie saturée, les cals de soudure se développent assez vite et l'opération dure de dix à quinze jours.

Bouturage en pépinière.
Photo Jacques Guillard/Scope.

Les pépinières
On plante ensuite les greffes-boutures soit en pépinières soit en pots. En pépinières, les greffes-boutures sont mises en place en mai en rangs serrés (environ 300 000 à l'hectare).

Le terrain doit être souple, fertile, se réchauffant rapidement et facile à arroser. La pépinière fait l'objet de soins culturaux classiques tant pour les arrosages que pour les traitements. L'arrachage des plants se fait à la fin de novembre ou au début du mois de décembre. Ils sont triés et conservés au froid jusqu'à la livraison au client.

La greffe-bouture est devenue un plant raciné greffé-soudé. Le taux de réussite moyen est de 50 %.

La plantation en pots
On peut aussi opter pour une plantation en pots juste après la stratification. Les greffes-boutures sont plantées dans des pots de tourbe garnis d'un substrat organique, puis forcées sous serre. Après un mois, les pots sont placés sous des abris pour les acclimater aux conditions extérieures. Ils peuvent être plantés au vignoble à partir du mois de mai. Cette méthode permet de gagner un an sur la méthode traditionnelle et de planter toute l'année. Les plants de pépinières doivent, eux, être mis en place au plus tard à la fin du mois de juin.

Une vigne dure de trente à cinquante ans et une plantation constitue un investissement important. Il est donc fondamental que le matériel végétal soit de grande qualité pour que le vigneron mette toutes les chances de son côté.

R. G.

Les rendements

Comme la plupart des productions agricoles, les rendements des vignobles sont sujets à de grandes variations selon les années.

Les conditions climatiques souvent instables qui règnent durant la floraison de la vigne provoquent, par temps défavorable, l'avortement d'une proportion exagérée de fleurs. C'est la cause principale des variations que l'on constate au niveau des rendements. Ce phénomène de coulure, favorisé par un excès de vigueur de la plante, entraîne parfois des pertes de récolte considérables. Certains cépages tels que le grenache, le merlot, le cot… y sont plus particulièrement sensibles. Pour se mettre à l'abri des risques, les viticulteurs ont naturellement tendance à pratiquer des tailles généreuses. En réalité, depuis 1950, les rendements ont régulièrement augmenté dans toutes les régions viticoles. De tels accroissements entraînent une diminution du taux de sucre des raisins et un appauvrissement d'autres constituants (arômes, composés phénoliques, etc.) ; ils deviennent ainsi préjudiciables à la qualité de la vendange puis du vin.

Attentif à ce problème, l'Institut national des appellations d'origine contrôlée a fixé depuis longtemps des rendements maximaux pour chaque appellation, en tenant compte du type de vin et de sa hiérarchie qualitative. Si par le passé cette réglementation a été appliquée avec bienveillance, aujourd'hui elle est plus strictement appliquée. Il est vrai que la surproduction mondiale du vin et la baisse de sa consommation incitent à produire moins mais mieux. Édictée par l'Union européenne, une réglementation sévère, limitant également les rendements, concerne aussi les vins de consommation courante.

P. H.

L e vignoble bourguignon s'étend sur trois départements qui unissent leurs frontières comme trois maillons d'une chaîne : l'Yonne occupe la zone la plus septentrionale, suivie de la Côte-d'Or puis de la Saône-et-Loire, dont la partie sud marque la frontière. ◆

Enseigne, *rue Chabot-Charny à Dijon.* Photo A. S.

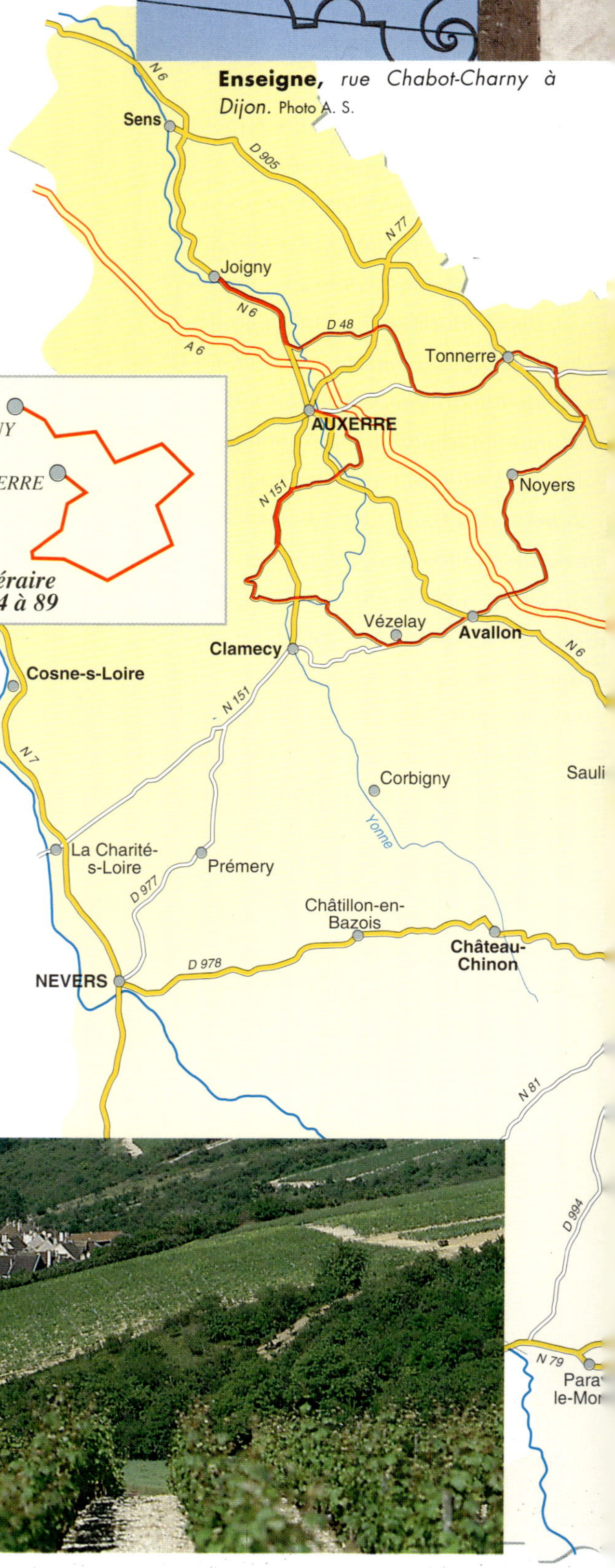

Histoire du vignoble

L'implantation de la vigne en Bourgogne fait l'objet d'une grande controverse non résolue à ce jour. Plusieurs thèses s'opposent : celle de Gaston Roupnel, l'auteur de l'*Histoire de la campagne française* (1932), qui considère que son introduction, en particulier dans l'Autunois, remonte au VIe siècle avant notre ère ; celle du géographe Roger Dion situant la mise en place initiale dans la première moitié du IIIe siècle ; enfin celle de l'archéologue Émile Thévenot fondée sur des indications archéologiques, en particulier la raréfaction puis la disparition des amphores vinaires importées, situant l'implantation de la vigne entre 50 et 150 de notre ère. Un texte, écrit lors de la visite de l'empereur Constantin à Autun en 312, atteste de l'existence d'un vignoble en Côte-d'Or. S'ensuit alors un silence de plusieurs siècles (du Ve au XIIe siècle). Il faut attendre la création des grandes abbayes cisterciennes pour avoir des informations sur les domaines viticoles existant et ceux en voie de création.

Monthélie. *Surplombant Volnay et Meursault, le terroir est composé d'argile, de silice et d'oxyde de fer.* Photo A. S.

Vignoble à Irancy. *Pays natal de Soufflot, le village est niché au creux des vignes. Le vignoble remonte à l'Antiquité, et on y cultive un cépage confidentiel, le césar, datant peut-être de l'époque gauloise.* Photo Jacques Guillard/Scope.

La Bourgogne

Oiseau au raisin. *Le relief sculpté a été accolé sur la façade de l'église Notre-Dame à Beaune.* Photo A. S.

Au nord de la Bourgogne, le vignoble s'implante le long des vallées de l'Yonne, du Serein, de l'Armançon ; il est particulièrement important autour d'Auxerre et de Chablis, proche de l'abbaye de Pontigny. Il se développe également aux environs de Tonnerre et dans le nord de la Côte-d'Or, en pays d'Auxois autour de trois abbayes célèbres : Flavigny, Fontenay et Moutier-Saint-Jean. Dans la côte, les moines de Cîteaux sont propriétaires d'un vaste domaine et en créent un autre au Clos Vougeot ; ils ont également alors trois celliers à Meursault, Aloxe-Corton et Vougeot.

Si les chapitres cathédraux et les ordres religieux font preuve d'un intérêt soutenu pour le vignoble, il en est de même pour les grands laïques ; le duc de Bourgogne possède au XIIIe siècle un clos à Dijon, à Chenôve et à Corton.

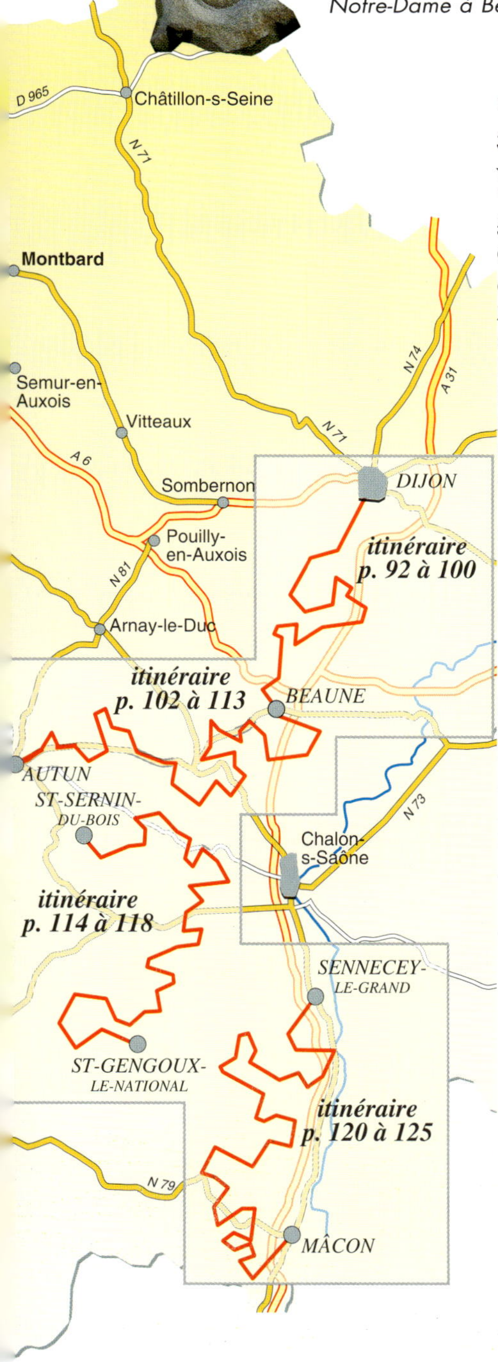

CHRONOLOGIE

312 Première mention de l'existence d'un vignoble en Côte-d'Or.
1186 Donation par Anséric de Montréal, à l'abbaye de Pontigny, d'une vigne sise à Chablis dont le vin blanc de bonne garde doit servir pour les messes du monastère.
XIIe siècle Le vignoble se développe autour des grandes abbayes cisterciennes : Pontigny, Flavigny, Fontenay et Moutier-Saint-Jean.
XIIIe siècle L'abbaye de Cluny étend son domaine. Les vins de Chablis, de Flavigny et de Beaune sont connus à la cour.
1395 Édit du duc de Bourgogne concernant l'exportation du vin de Bourgogne et la défense de sa renommée.
1416 Par une ordonnance de Charles VI confirmée par François Ier, les vins situés en amont du pont de Sens, ceux d'Auxerre et de Beaune, sont appelés vins de Bourgogne, ceux qui sont en aval, ceux de Seine et des environs de Paris sont appelés vins français.
Milieu du XVe siècle La Bourgogne est rattachée au royaume de France, ce qui freine l'essor viticole.
XVIe siècle Les vins de Bourgogne sont éclipsés par les vins de Loire.
XVIIe siècle La bourgeoisie dijonnaise rachète aux propriétaires religieux leurs domaines viticoles.
XVIIIe siècle Les vins de Bourgogne reconquièrent la cour. Création des premières maisons de commerce des vins de Beaune.
1729 Arrêt du conseil d'État prohibant l'emploi de futailles de Bourgogne par les marchands du Languedoc et du Dauphiné qui portent préjudices aux vins de Bourgogne.
1760 Le prince de Conti achète la Romanée pour la somme de 92 400 livres.
1782 Publication des prix des vins de l'abbaye de Saint-Germain d'Auxerre : Chaînette, Irancy, Boivin, Quétard, Chapotte.
Fin XVIIIe siècle Le nom de Côte-d'Or est proposé pour le département avec Dijon pour préfecture.
1832 Ouverture du canal de Bourgogne qui relie la Saône et la Seine favorisant la circulation des vins.
Seconde moitié du XIXe siècle Les vins bourguignons sont exportés dans le monde entier.
1848-1852 L'oïdium arrive en Bourgogne.
1861 Le Comité d'agriculture de Beaune établit le plan des vignobles des grands crus (tête de cuvée, première cuvée de finage, deuxième, etc.). Naissance de la notion de vin de garde avec celle du millésime.
Fin XIXe siècle La Côte-d'Or s'oriente vers la production exclusive de vin rouge, seule demeure encore une production de chambertin blanc.
1878 Arrivée du phylloxéra en Bourgogne à Meursault.
1879 Découverte du mildiou en Saône-et-Loire à Mancey.
Début XXe siècle La Bourgogne connaît de mauvaises années : mévente, nouvelles maladies de la vigne.
30 juillet 1935 Un décret-loi crée les AOC.
31 juillet 1937 Décret créant l'AOC bourgogne.
Années 1960 La Bourgogne entame une période de prospérité.

Vendanges en Bourgogne *au XVIIIe siècle. Les vendangeurs s'affairent, surveillés par le seigneur et sa femme.* Cliché ACIS, DR.

Musée du Vin de Bourgogne à Beaune. *Chapiteau de l'une des deux élégantes galeries de bois.* Photo A. S.

Plus au sud, l'abbaye de Cluny étend son domaine. La réputation des vins de Bourgogne est alors déjà faite à la cour, en témoigne le poème d'Henri d'Andeli, de la première moitié du XIIIe siècle, citant les vins de Chablis, de Flavigny et de Beaune.

La renommée des vins de Bourgogne

La seconde moitié du XIIIe siècle et le début du XIVe siècle seront une période de dynamisme pour la vigne en Bourgogne. Le vin de Beaune est alors le vin aristocratique par excellence, servi à la table royale, acheté très cher et soumis à la taxe la plus élevée sur les vins débités à Paris ; les vins de Givry et de Saint-Gengoux (de Saône-et-Loire) sont pareillement imposés. Pour sauvegarder la qualité, le duc Philippe le Hardi prend, en 1395, une célèbre ordonnance bannissant le cépage gamay au profit du cépage noble, le pinot noir. Au milieu du XVe siècle, l'essor viticole se trouve freiné par le rattachement de la Bourgogne au royaume de France et la disparition de l'État flamand bourguignon en 1477.

L'éclipse des vins de Bourgogne s'affirme au XVIe siècle et il faut attendre le XVIIe siècle pour voir la bourgeoisie dijonnaise remplacer les propriétaires religieux dans la possession des grands crus : les moines de Cîteaux vendent aux Bouhier le clos de la Perrière à Fixin ; le clos Saint-Jacques à Gevrey est acheté par un conseiller au parlement ; le chapitre de Langres vend le clos de Bèze à Gevrey à un dénommé Jomard.

Le XVIIIe siècle, après l'hiver catastrophique de 1709 qui oblige à replanter toutes les vignes, connaît à nouveau un bel essor, aidé en cela par la renommée des vins à la cour de Louis XIV. Le milieu du siècle voit la création des premières maisons de commerce des vins de Beaune : après Champy en 1720, Bouchard en 1731, Verry (aujourd'hui Chanson) en 1750. La grande noblesse de cour s'associe au prestige des grands crus avec l'achat de la Romanée par le prince de Conti en 1760. Le transport des vins du Mâconnais va connaître un nouvel élan avec l'ouverture en 1792 du canal du Charollais (canal du Centre) qui permet aux vins du Mâconnais de rejoindre par la Loire via Digoin le grand marché de Paris. La Révolution de 1789 entraîne la vente des biens de l'Église. Elle active, en fait, la transmission du patrimoine ecclésiastique et noble à la bourgeoisie. Les guerres de la Révolution et du premier Empire vont permettre de larges possibilités d'expansion au commerce bourguignon. Ce développement du vignoble se poursuivra tout au long du XIXe siècle. Entre 1812 et 1876, il passe en Côte-d'Or de 21 000 à 37 000 ha, en Mâconnais entre 1842 et 1880 de 11 500 à plus de 26 000 ha, en Châlonnais de 14 000 à plus de 18 000 ha. La seconde moitié du siècle est l'âge d'or du vignoble bourguignon, de ses vins exportés à travers le monde, consommés tant en Europe qu'aux Amériques. C'est l'époque de l'affirmation de l'identité du vin de Bourgogne. Le XVIIIe siècle avait vu les premières tentatives de classement de « climats » avec des personnalités telles que l'historien Courtepée, ou l'Américain Jefferson qui donnera le premier classement des vins de Bordeaux. Le XIXe siècle allait fermement établir la notion de cru.

Les quais de la Seine, *au XVIIIe siècle. Jusqu'à l'arrivée du chemin de fer, les vins de Bourgogne étaient acheminés par voie fluviale vers Paris. Tout au long des XVIIe et XVIIIe siècles, le développement de la capitale se traduit par une augmentation de la consommation des vins, favorisant ainsi l'expansion du vignoble.* Cliché ACIS, DR.

La notion de cru

En 1825, le docteur Morelot analysait le vin selon quatre facteurs essentiels (couleur, corps, bouquet, finesse). En 1855, le docteur Laval proposait, dans son célèbre ouvrage, *Histoire et statistique de la vigne et des grands vins de la Côte-d'Or,* un classement détaillé des crus des différents villages : tête de cuvée, première cuvée de finage, deuxième cuvée de finage… Cette classification sera reprise en 1861 avec le plan des vignobles des grands crus établi par le Comité d'agriculture de Beaune. À cette notion de cru s'ajoutait celle du millésime, caractérisant les bonnes années. Le phylloxéra, qui allait bouleverser toute la viticulture française, fit son apparition en Bourgogne à partir de 1878. Le début du XXe siècle connaît une mévente sérieuse et voit l'apparition de nouvelles maladies, auxquelles s'ajoutent des années désastreuses. L'entre-deux-guerres est une période difficile où de nombreuses propriétés bourgeoises sont vendues et rachetées par ceux qui en étaient les employés. Cette époque de mévente assiste à la naissance de la confrérie des Chevaliers du tastevin au château de Clos-Vougeot (1934) et à celle des AOC créées par le décret-loi du 30 juillet 1935. Au lendemain de 1945, une nouvelle période de prospérité se dessine, précédant, à partir des années 1960, une profonde transformation tant sociale qu'économique. L. A.

Nuits-Saint-Georges, *le fronton de l'hôtel de ville. Ce fronton fut ajouté au bâtiment du XVIIIe siècle après l'acquisition de ce dernier par la municipalité en 1833.* Photo Jacques Guillard/Scope.

Géographie, climat et nature des sols

Le vignoble bourguignon n'est pas d'un seul tenant. À quelque 100 km au nord-ouest de Dijon, le vignoble de Chablis se détache du bloc continu des vignobles de Côte-d'Or et de Saône-et-Loire. La disparition du vignoble de l'Auxois avec l'invasion phylloxérique a rompu la continuité de cet ensemble viticole qui reliait encore au milieu du siècle dernier Dijon à Auxerre.

L'Yonne est surtout connue par son important vignoble de Chablis. Mais les vignobles de l'Auxerrois ont affirmé leur notoriété au fil du temps, avec les communes de Saint-Bris-le-Vineux, Chitry et Irancy. Le vignoble du Tonnerrois se reconstitue progressivement. Récemment, les pentes vallonnées autour de Vézelay se sont couvertes de vignes. De même, quelques jeunes vignes annoncent la renaissance de l'ancien vignoble de Joigny. Le département totalise près de 5 600 ha de vignes dont 70 % produisent des vins blancs.

La Côte-d'Or. La notoriété de ses productions a fait le succès de la Bourgogne à travers le monde. Les noms de villages tels que Gevrey-Chambertin, Nuits-Saint-Georges, Beaune ou Meursault, pour n'en citer que quelques-uns, ont acquis une célébrité internationale.

La « côte », ce versant qui porte le vignoble, est orientée nord-est-sud-ouest. Elle s'étire sur 50 km et s'étend en largeur de 750 m à 3 km. Elle se subdivise en côte de Nuits (de Dijon à Corgoloin) et en côte de Beaune (de Ladoix à Santenay), et se poursuit en Saône-et-Loire dans le vignoble des maranges.

À l'ouest de la « côte » et parallèlement à celle-ci court le vignoble des hautes côtes, dont la réhabilitation, effective aujourd'hui, s'est faite à partir des années 1960. On distingue les hautes côtes de Nuits et les hautes côtes de Beaune qui offrent des caractéristiques sensiblement différentes.

Au nord du département, le vignoble du Châtillonnais (Châtillon-sur-Seine) connaît un regain de jeunesse. Des plantations récentes recouvrent désormais des sommets naguère reconquis, après l'invasion phylloxérique, par les bois et les prés.

La superficie totale du vignoble côte d'orien atteint 9 400 ha et produit pratiquement 71 % de rouge et 29 % de blanc.

La Saône-et-Loire partage son territoire viticole, de façon quasi continue, entre la côte Chalonnaise et le Couchois au nord, c'est-à-dire de Chagny à Saint-Gengoux-le-National, et le Mâconnais au sud, de Sennecey-le-Grand à Saint-Vérand. Les vignobles sont

Clos de Bèze à Gevrey-Chambertin. *La naissance de ce climat remonte à 630 lorsqu'il fut acquis par les moines de l'abbaye de Bèze. Au XIVe siècle, ces derniers le vendirent au chapitre de Langres. Ce grand cru appartient aujourd'hui à plusieurs familles de vignerons.* Photo Jacques Guillard/Scope.

essentiellement de coteaux, toujours très favorablement exposés. Dans le Chalonnais, les plus réputés sont ceux de Montagny, Rully, Mercurey et Givry.

Le Mâconnais produit les vins réputés de saint-véran, pouilly-fuissé, pouilly-vinzelles et pouilly-loché. Ce département a la superficie viticole la plus importante de la Bourgogne, soit environ 12 700 ha. Sa production comprend 59 % de vins rouges et 41 % de vins blancs.

Les sols. Tous les sols de la Bourgogne viticole ont pour origine l'altération de la roche mère, sédimentaire-marine, elle-même créée au jurassique. Mais la nature des sols viticoles est très diversifiée, car les cassures et le basculement des blocs faillés ont fait apparaître sur les coteaux des affleurements différenciés de matériaux calcaires, argileux ou marneux. En outre, des dépôts de formation tertiaire, des galets roulés se sont formés en certains lieux de bas de pente. Enfin, des manteaux d'éboulis calcaires, fins ou grossiers, d'épaisseur très inégale en des endroits parfois rapprochés, sont descendus des sommets. Les éboulis sont parfois mêlés à des coulées de limons rouges en bas des pentes.

La diversité des sols et des sous-sols est certainement, en Bourgogne, un élément de différenciation de qualité des vins, car elle détermine le comportement physio-logique de la plante vigne. Les cailloutis assurent la perméabilité, et les argiles retiennent l'eau. Mais seuls les sols, en pente, bien exposés (est, sud, sud-est, sud-ouest), permettent aux raisins de la vigne de mûrir parfaitement sous cette latitude élevée. Hauts de coteaux, plateaux et bas de pente ont des productions plus aléatoires.

Le climat. Dans une situation septentrionale comme celle de la Bourgogne, c'est au niveau plus localisé d'un versant qu'il faut prendre en compte le mésoclimat en évitant de considérer le climat régional dans son ensemble. D'une situation topographique à une autre, sa nature, semi-continentale, implique des variations notables (plaine, vallée ou coteau) et en tout suffisantes pour décider d'un lieu à vocation viticole.

Brûlage des ceps, *à Nuits-Saint-Georges. Cette opération s'effectue à la fin de l'hiver juste près la taille.*
Photo Jacques Guillard/Scope.

La pluviométrie connaît, avec une hauteur annuelle moyenne des précipitations de l'ordre de 730 mm, une distribution minimale en février-mars et maximale en mai-juin. Ainsi, si la période de débourrement n'est pas altérée, celle de la floraison peut être très perturbée. Cette dernière décidera donc du volume de la récolte.

Les cépages de la Bourgogne

Le pinot noir, ou petit vérot dans l'Yonne, auvernat noir à Orléans, morillon noir en Loir-et-Cher, savagnin noir dans le Jura, possède des feuilles vert foncé, épaisses, en entonnoir, très grossièrement bullées, généralement entières ou faiblement trilobées. Son sinus pétiolaire en lyre étroite ou à bords se recouvre chez les feuilles fortement involutées ; le dessous du limbe est faiblement aranéeux. À l'automne, le feuillage prend une belle teinte jaune, plus ou moins maculée de rouge selon les clones. Les grappes sont petites, cylindriques, rarement ailées, compactes ; les baies sont petites, sphériques ou légèrement ovoïdes, noir bleuté ou violet foncé, recouvertes d'une pruine abondante, la pellicule est épaisse, riche en matières colorantes, la pulpe est peu abondante et fondante ; il atteint la maturité à la première époque.

Le pinot gris, ou pinot beurot, ou tokay en Alsace, est la forme grise du pinot noir, dont il ne diffère que par la couleur des baies qui sont grises. Il est peu répandu en Bourgogne.

Le pinot blanc est la forme blanche du pinot noir, donc bien différente du chardonnay (qui est parfois appelé pinot blanc ou pinot blanc chardonnay), multipliée surtout en Alsace et peu en Bourgogne.

Le césar est un cépage noir secondaire dans l'Yonne. Les feuilles profondément quinquelobées sont pubescentes en dessous. Les grappes sont grosses, à baies sphériques, noires ; il atteint la maturité à la deuxième époque.

Le tressot noir possède des feuilles molles, gaufrées, à bords révolutés et sinus pétiolaire fermé. Ce cépage a pratiquement disparu.

Le chardonnay a des feuilles vert clair, bullées, entières, avec un sinus pétiolaire en lyre à base dégarnie, très caractéristique. Ses grappes sont moyennes, cylindriques, compactes, et les baies sphériques, blanches ; il atteint sa maturité à la première époque tardive. Ce cépage est peu productif en taille courte.

L'aligoté présente des feuilles entières, bullées, à bords révolutés, un sinus pétiolaire en lyre et un dessous du limbe aranéeux-pubescent. Les grappes sont petites, cylindriques, à baies sphériques, petites, blanc orangé ; il atteint sa maturité à la première époque. C'est un cépage assez vigoureux, de production moyenne. P. G.

Les températures permettent, sans problèmes, à la vigne de débourrer au début d'avril, de fleurir en juin et de vérer en août. Toutefois, des accidents ne sont pas à exclure, telles ces très rares et redoutables gelées de printemps, localisées dans les parties basses et non pentues. Quant aux gelées d'hiver, provoquées par des chutes de température au-dessous de – 15°C, elles n'occasionnent d'importants préjudices que deux ou trois fois par siècle. Les vignobles de piémont, voire de pente, n'ont été victimes de dégâts qu'en 1956 et 1985.

Encépagement

L'encépagement actuel de la Bourgogne comprend essentiellement quatre cépages, deux noirs, pinot et gamay, et deux blancs, chardonnay et aligoté. Cultivés depuis des siècles dans cette région, ils se sont particulièrement bien adaptés au milieu naturel et il va sans dire que la qualité respective de leurs vins est liée à l'harmonie qui les associe au sein de cet écosystème.

Le pinot noir et le chardonnay dominent, car leur noblesse leur accorde le privilège de donner naissance aux vins les plus distingués respectivement en rouge et en blanc. L'aligoté et le gamay noir sont à la base de la production de vins très agréables certes, mais de classe plus modeste tant en blanc qu'en rouge. L'association des deux cépages rouges, pinot et gamay, n'est admise que pour la production d'une caté-gorie de vins, celle du bourgogne passetoutgrain.

Pommard, *le château Directoire. Ce village de la côte de Beaune est réputé pour ses vins de très longue garde, solides et tanniques. Il tire son nom de Pomone, nymphe des fruits et des fleurs. Les premiers crus les plus renommés sont Les Rugiens et Les Épenots.* Photo Jacques Guillard/Scope.

Le pinot noir. Ce cépage détermine, à lui seul, la qualité des grands vins de Bourgogne. Ses potentialités lui permettent d'assurer, sans autre contribution, l'élaboration d'un vin équilibré, aux arômes délicats, associant, harmonieusement en bouche, la distinction et la puissance. Il est susceptible d'un long et bénéfique vieillissement.

En année favorable, ces vins arborent, dans leur prime jeunesse, une couleur rouge rubis, violacée et brillante. Ils expriment des arômes de petits fruits rouges (cassis, groseille, mûre, framboise...). Amples et équilibrés, ils marient agréablement en bouche des tanins doux à la chair du fruit. Au vieillissement, la robe se nuance délicatement de jaune, les senteurs s'orientent vers l'épice, le bois, le musc parfois, et les saveurs se fondent. La persistance de l'impression gustative en bouche après la déglutition prolonge remarquablement les fortes sensations qui précèdent.

Sa surface plantée représente 40 % de la superficie totale.

Les appellations

Les appellations bourguignonnes peuvent être régionales, communales (village), premiers crus et grands crus

Aloxe-corton •
Auxey-duresses •
Bâtard-montrachet
Beaune •
Bienvenues-bâtard-montrachet
Blagny
Bonnes-mares
Bourgogne
Bourgogne aligoté
Bourgogne côte chalonnaise
Bourgogne grand ordinaire
Bourgogne hautes-côtes-de-beaune
Bourgogne hautes-côtes-de-nuits
Bourgogne passetoutgrain
Bouzeron
Chablis
Chablis premier cru
Chablis grand cru
Chambertin
Chambertin-clos-de-bèze
Chambolle-musigny •
Chapelle-chambertin
Charlemagne
Charmes-chambertin
Chassagne-montrachet
Chassagne-montrachet premier cru
Chevalier-montrachet
Chorey-lès-beaune
Clos-des-lambrays
Clos-de-la-roche
Clos-de-tart
Clos-de-vougeot
Clos-saint-denis
Corton
Corton-charlemagne
Côte-de-beaune
Côte-de-beaune-villages
Côte-de-nuits-villages
Crémant-de-bourgogne
Criots-bâtard-montrachet
Eaux-de-vie de marc de bourgogne
Eaux-de-vie de vin de bourgogne
Échezeaux
Fixin •
Gevrey-chambertin •
Givry •
Grands-échezeaux
Griotte-chambertin
Irancy
Ladoix •
La grande-rue
La romanée
La tâche
Latricières-chambertin
Mâcon
Mâcon supérieur
Mâcon-villages
Maranges •
Marc-de-bourgogne
Marsannay
Mazis-chambertin
Mazoyères-chambertin
Mercurey •
Meursault •
Montagny •
Monthélie •
Montrachet
Morey-saint-denis •
Musigny
Nuits ou nuits-saint-georges •
Pernand-vergelesses •
Petit chablis
Pommard •
Pouilly-fuissé
Pouilly-loché
Pouilly-vinzelles
Puligny-montrachet •
Richebourg
Romanée-conti
Romanée-saint-vivant
Ruchottes-chambertin
Rully •
Saint-aubin
Saint-aubin premier cru
Saint-romain
Saint-véran
Santenay •
Saint-bris
Savigny-lès-beaune •
Viré-Clessé
Volnay •
Vosne-romanée •
Vougeot •

• Villages et premier cru

Le gamay noir. Ce cépage est différent des autres types variétaux de la même famille botanique dont les baies ont une pulpe colorée et qui, appelés gamays teinturiers ou semi-teinturiers, s'étaient multipliés en certains terroirs pour soutenir la couleur des vins. Ils ne sont pas admis en aire AOC.

Le gamay occupa autrefois une place importante sur l'ensemble du vignoble. En dépit de son vin de qualité modeste, sa rusticité et une forte et constante productivité l'ont souvent fait préférer au pinot noir par les vignerons des siècles précédents.

Il ne représente plus actuellement qu'une faible part de l'encépagement bourguignon.

Le chardonnay. Il est cultivé depuis longtemps dans cette région. Anciennement connu sous les noms de noirien blanc, il était encore, au début du XXe siècle, très souvent appelé pinot blanc en Côte-d'Or, gamay blanc en Saône-et-Loire, beaunois dans l'Yonne.

En Bourgogne, on lui reconnaît une préférence pour les sols argileux, marneux, où il acquiert toute sa plénitude, alliant les arômes les plus élégants et subtils à une grande générosité en bouche.

Jeune, le vin, d'un jaune-vert à un jaune doré, développe des arômes de nature végétale et florale, de type sous-bois, mousse, amande grillée, noisette, menthe, verveine, coing, miel, et une harmonie heureuse équilibrant le moelleux et l'acide. Au vieillissement, le jaunissement doré s'intensifie, les arômes évoquent les fruits secs surtout, parfois même la truffe blanche, tandis que la cavité buccale se remplit de saveurs distinguées soutenues par un gras onctueux. Sa persistance aromatique dans les grands millésimes peut être très longue et peut se vérifier au fond du verre que l'on vient de vider.

Ce cépage principalement implanté dans l'Yonne dans le vignoble de Chablis, en Côte-d'Or dans le sud et plus particulièrement à Meursault, Puligny-Montrachet et Chassagne-Montrachet, et en Saône-et-Loire dans le Mâconnais, à Pouilly, à Fuissé et à Saint-Vérand.

L'aligoté. Compagnon du gamay, et comme lui beaucoup plus cultivé qu'il ne l'est aujourd'hui, il occupait autrefois une partie des coteaux et couvrait les hauts versants et les plateaux. Il est pratiquement le seul représentant de la famille ancienne des gouais, connus pour leur rusticité et leur grande fertilité. La qualité de son vin et son originalité, jamais émenties, ont assuré son maintien, certes modeste, mais dont la tendance est plutôt à croître qu'à se réduire avec des types assez différents selon les terroirs. Il se commercialise, sous l'appellation bourgogne aligoté, à des prix satisfaisants.

Portrait de Colette, *enfant.* Cliché ACJS.

Colette et le goût du vin

« Tant que la vigne pousse,
pousse, pousse,
Je ne dormirai plus !
Tant que la vigne pousse,
pousse, pousse... »

Forte de ses origines bourguignonnes, Colette connaissait le vin et était familière de son rite : « L'œil d'abord, le nez ensuite, la bouche enfin... » Dans une cave de la côte de Nuits, elle exprime dans une atmosphère de recueillement quasi religieux, l'équilibre des sens, de la technique et du sacré : « C'est plaisir que de s'instruire sous ces voûtes où la voix s'assourdit, où les pas crient à peine sur un gravier trié. Partout on travaille, mais le rythme du labeur se plie à la convenance du vin qui n'aime ni la hâte ni la brutalité. Autour de nous règnent les sons amortis, le calme et ce luxe suprême, bientôt inaccessible à notre existence : la lenteur réfléchie, la mesure. Au-dehors, la bise elle-même galope, la route se couvre d'automobiles, le téléphone grelotte sans trêve. Mais au chevet du vin cloîtré, le temps s'endort, et peut-être que nous cessons, un moment, de vieillir ? » Dès sa jeunesse, elle avait acquis une grande familiarité avec les grands crus : « Ma mère craignait qu'en grandissant je ne prisse les "pâles couleurs". Une à une elle déterra, de leur sable sec, des bouteilles qui vieillissaient sous notre maison, dans une cave – elle est, Dieu merci, intacte – minée à même un bon granit. J'envie, quand j'y pense, la gamine privilégiée que je fus. Pour accompagner au retour de l'école mes en cas modestes – côtelette, cuisse de poulet froid ou l'un de ces fromages durs, "passés" sous la cendre de bois et que l'on rompt en éclats, comme une vitre, d'un coup de poing – j'eus des Château-Larose, des Château-Lafite, des Chambertin et des Corton qui avaient échappé, en 70, aux "Prussiens". » G. F.

Il donne un vin sec, vif mais sans agressivité ; fruité tant au nez qu'en bouche, accompagnant avec autant de sympathie charcuterie que fruits de mer. Toutefois il est à consommer jeune, au risque de perdre sa fraîcheur. Sa qualité s'anoblit sur des terroirs très localisés, ce qui a justifié une appellation particulière aux vins produits sur le territoire de la commune de Bouzeron au nord de la Saône-et-Loire : bouzeron consacrée en 1999.

Le sauvignon. Situé aux limites de la Bourgogne et du Centre, lors de son renouveau, le vignoble ancien de l'Auxerrois a recueilli et testé plusieurs cépages de départements voisins. Le sauvignon a été adopté et une zone de production lui a été affectée, autour du village de Saint-Bris-le-Vineux sur les plateaux calcaires. Ses vins légers, agréables, et typés bénéficient désormais de l'appellation d'origine contrôlée, après avoir été VDQS. R. B.

Jully-lès-Buxy. *Aire d'appellation montagny, entièrement vouée aux vins blancs.* Photo Jean-Luc Barde-Scope.

LA HIÉRARCHIE DES APPELLATIONS EN BOURGOGNE

Reflet d'un vignoble profondément morcelé et d'une grande variété, ce dont le nom même de « climats » au sein d'une même commune rend compte, la réglementation appliquée aux vins de Bourgogne est complexe mais d'une grande logique.

Comme dans la majorité des régions viticoles de France, on produit en Bourgogne des vins de table, des vins de pays et des vins d'appellation d'origine vins délimités de qualité supérieure (AOVDQS). Mais ils ne représentent qu'une part infime de la production comparativement aux vins d'appellation d'origine contrôlée (AOC), auxquels s'applique l'essentiel de la réglementation. Ainsi peut-on établir une hiérarchie entre 3 niveaux d'appellation qui s'étagent, de la base au sommet, de la façon suivante.

L'APPELLATION RÉGIONALE

Les vins tranquilles

L'appellation concerne 56 % de la production globale et s'applique aux aires viticoles des 3 départements avec des règles de production identiques. Son dénominateur commun est le terme « bourgogne » qui figure nécessairement sur l'étiquette et qui implique, pour un vin blanc, que le chardonnay est le cépage exclusif. Pour un vin rouge ou rosé, il ne peut s'agir que du cépage pinot noir. Toutefois, au nom de « bourgogne » peut s'ajouter une indication géographique. Ainsi :

- *En Côte-d'Or* :
  - un nom de région : hautes côtes de Beaune ; hautes côtes de Nuits,
  - un nom de village ou de lieu-dit : La Chapelle Notre-Dame (commune de Serrigny) ; Le Chapitre (Chenôve) ; Montrecul ou Montre-Cul ou en Montrecul (commune de Dijon).
- *En Saône-et-Loire* : hautes côtes de Beaune ; côte Chalonnaise (plusieurs communes).
- *Dans l'Yonne* : Chitry (commune de Chitry) ; côtes d'Auxerre (plusieurs communes) ; côte Saint-Jacques (commune de Joigny) ; Coulange-la-Vineuse (plusieurs communes) ; Épineuil (Épineuil).

Dégustation *dans une cave à Meursault. Cette appellation communale produit de grands vins blancs issus uniquement de chardonnay.* Photo Jacques Guillard/Scope.

Avant tout, il faut retenir le mot « bourgogne » et considérer que les mentions ajoutées peuvent concerner des zones de production importantes, telles que côte Chalonnaise, mais aussi des secteurs très petits, tels que côte Saint-Jacques. Ces différenciations, obtenues auprès de l'INAO par les vignerons au prix de patients et longs efforts, justifient une spécificité de goût liée au terroir.

Peut également être ajoutée au nom de « bourgogne » une indication de :

- cépage autre que ceux de chardonnay et de pinot noir ; c'est le cas de l'aligoté blanc, seul cépage à pouvoir bénéficier de l'appellation bourgogne aligoté,
- deux cépages réunis dans la proportion respective de un tiers au minimum et de deux tiers au maximum : pinot noir et gamay noir associés à la cuve ouvrent droit à l'AOC bourgogne passetoutgrain (rouge et rosé),
- niveau de qualité : l'appellation bourgogne grand ordinaire peut être attribuée à des vins blancs, rouges, rosés ou gris issus de tous les cépages autorisés réglementairement par l'INAO sur l'ensemble de la région : pinot noir, chardonnay, gamay noir, aligoté, pinot blanc, melon de Bourgogne, césar, tressot, sacy, ces trois derniers concernant seulement le département de l'Yonne.

Les vins effervescents

- Le crémant-de-bourgogne : cette appellation est réservée aux vins de qualité élaborés à partir de vins tranquilles, dits vins de base, issus des cépages pinot noir et chardonnay, gamay (20 % au maximum), aligoté, melon ou sacy. Les deux premiers doivent être présents dans l'assemblage à un pourcentage minimal de 30 %, et le vin obtenu subit une seconde fermentation en bouteilles. La production essentielle est concentrée dans l'Yonne, autour de Saint-Bris-le-Vineux, et en Saône-et-Loire, autour de Rully.
- Le bourgogne mousseux : les conditions de production sont plus souples. Toutefois, ils ne peuvent être que de couleur rouge et issus de pinot ou de gamay. Dans l'Yonne, 2 cépages supplémentaires sont autorisés : le césar et le tressot. La production de ce type de vin est confidentielle, l'exportation est sa principale destination.

LES APPELLATIONS COMMUNALES

Représentant le second niveau dans la hiérarchie, elles sont également qualifiées appellations « villages », les vins ne pouvant être issus que de chardonnay, en blanc, ou de pinot noir, en rouge. Elles portent l'indication sur l'étiquette du nom de la commune de production. Elles sont nombreuses, et particulièrement en Côte-d'Or.

- *Dans l'Yonne*, il s'agit de chablis (Chablis, Beine, Béru, Chemilly-sur-Serein, Chichée, Courgis, Fleys, Fontenay-près-Chablis, Fyé, La Chapelle-Vaupelteigne, Lignorelles, Ligny-le-Châtel, Maligny, Milly, Poinchy, Poilly-sur-Serein, Préhy, Villy et Viviers, de petit-chablis, de saint-bris (cépage sauvignon) et d'irancy (commune de Cravant, d'Irancy et de Vincelles).
- *En Côte-d'Or*, du nord au sud de la côte :
  - côte de Nuits : marsannay, fixin, gevrey-chambertin, morey-saint-denis, chambolle-musigny, vougeot, vosne-romanée, nuits-saint-georges,
  - côte de Beaune : ladoix, pernand-vergelesses, aloxe-corton, savigny-lès-beaune, chorey-lès-beaune, beaune, pommard, volnay, monthélie, saint-romain, auxey-duresses, meursault, blagny, puligny-montrachet, chassagne-montrachet, saint-aubin, santenay.
- *En Saône-et-Loire* :
  - dans le prolongement de la côte de Beaune, maranges qui regroupe sous cette appellation 3 villages, à savoir : Cheilly-lès-Maranges, Dezize-lès-Maranges, Sampigny-lès-Maranges,
  - dans la côte Chalonnaise : rully, mercurey, givry montagny, bouzeron,
  - dans le Mâconnais : pouilly-fuissé, pouilly-vinzelles, pouilly-loché, saint-véran, viré-clessé.

LES PREMIERS CRUS ET LES GRANDS CRUS

- Les premiers crus représentent 11 % de la production et s'appliquent à des parcelles bien délimitées de certains villages : Vosne-Romanée Clos des Réas, ou encore Meursault Charmes. La majorité des villages en possédant, leur nom figure sur l'étiquette. Leur délimitation correspond à des zones bien précises dont le milieu naturel (sol, climat) diffère et donne une spécificité au goût.
- Les grands crus sont peu nombreux : pour une surface modeste et un volume annuel moyen de 18 000 hl, soit à peine 2 % du volume global. Il y en a 7 à Chablis, les autres sont en Côte-d'Or. Ils ont acquis leur célébrité de longue date et leur nom est très souvent connu à l'étranger. Romanée-conti, chambertin, musigny, clos de la roche, clos de vougeot, corton, montrachet… en sont quelques exemples.

Le lecteur qui s'initie à la connaissance des vins de Bourgogne doit seulement faire l'effort de conserver en mémoire ces 3 niveaux d'appellation : à chacun correspond une réglementation particulière concernant le rendement maximal par hectare, le degré minimal et le degré maximal du vin. Dans un deuxième temps, il retiendra quelques noms de villages, et ce n'est qu'ensuite qu'il fera l'approche des crus. La difficulté consiste surtout dans le nombre élevé d'appellations de premiers crus dont il est pratiquement impossible de se souvenir, mais le vigneron qui attend le visiteur dans sa cave fera sans problème son apprentissage. R. B.

La basse Bourgogne

de Joigny à Auxerre

L'important vignoble du département de l'Yonne s'étend depuis le confluent de l'Yonne et de l'Armançon, au nord, jusqu'aux confins du Morvan, au sud.

La basse Bourgogne tire sa réputation de la production de vins d'appellation chablis, mais les vignobles de l'Auxerrois ont affirmé leur notoriété au fil des temps, avec les communes de Saint-Bris-le-Vineux, Chitry, Irancy et Coulanges-la-Vineuse. Le vignoble du Tonnerrois, qui fut autrefois le premier en renommée, se reconstitue progressivement. Récemment, les pentes vallonnées autour de Vézelay se sont également couvertes de vignes. De même, quelques jeunes plants annoncent la renaissance de l'ancien vignoble de Joigny et de sa célèbre côte Saint-Jacques. Au total on compte près de 5 700 ha de vignes, dont plus de 90 % donnent des vins blancs.

Les sols. Tant à Chablis que dans l'Auxerrois, et plus particulièrement dans le Tonnerrois, la vigne est implantée sur des formations sédimentaires calcaires, des marnes, dont les couches s'inclinent en pente douce vers le Bassin parisien, ou en forte pente vers le sud-est.

Le climat. Il est continental, avec des hivers rigoureux et secs, des printemps et des étés chauds et humides. Si les gelées printanières peuvent présenter un sérieux handicap pour la vigne, en revanche l'ensoleillement de mai à septembre est important et propice à une bonne maturation du raisin. Les vins les plus réputés sont produits sur des coteaux pentus, recouverts d'un sol marneux très épais, tandis que les plus modestes naissent sur des terres peu profondes et caillouteuses. Et, partout, le cépage chardonnay prédomine.

Noyers. *La vocation viticole de cette petite cité baignée par le Serein est attestée par les entrées de caves donnant directement sur les ruelles, ainsi que par une place au nom évocateur de... Petite-Étape-aux-Vins.* Photo A. S.

Ancy-le-Franc, *la chambre des Arts du château. Des médaillons sont attribués à un disciple du Primatice, grand artiste de la Renaissance italienne.* Photo Jacques Guillard/Scope.

Vignoble de Chablis. *Sur le terroir enrichi par les marnes du kimméridgien, le chardonnay produit, à mi-coteaux, l'un des meilleurs vins de Bourgogne.* Photo A. S.

Itinéraire de Joigny à Auxerre

On entre par Joigny, porte de la Bourgogne qui descend tout en pente vers l'Yonne, jusqu'au vaisseau lumineux de l'abbaye cistercienne de Pontigny, comme posée au milieu des prés. En suivant la vallée du Serein, on traverse un paysage vallonné, d'un vignoble à l'autre, jusqu'à Chablis qui semble vouloir offrir tout l'or de son vin. Le bruit des sabots des chevaux paraît encore résonner sur le pavé du village médiéval de Noyers, tandis que Montréal évoque doucettement le souvenir de la reine Brunehaut. À Vézelay, le vignoble renaît, après deux décennies d'un quasi-engourdissement. Puis, en descendant le cours de l'Yonne, on gagne une région où la vigne le dispute aux cerisiers, à l'image des vins d'Irancy qui revendiquent une appellation à part entière dans les côtes d'Auxerre.

Bourgogne

Dans l'Yonne, on peut ajouter à l'appellation d'origine contrôlée bourgogne le nom des communes suivantes : Chitry, Coulanges-la-Vineuse et Épineuil. Le bourgogne rouge ou gris bénéficie de la dénomination bourgogne côte saint-jacques à Joigny.

Superficie : 3 000 ha.

Encépagement :

vin rouge : pinot noir, pinot liébault, pinot beurot et, dans l'Yonne, césar et tressot ;

vin blanc : pinot blanc, chardonnay.

Récolte annuelle :

vin rouge et rosé : 130 000 hl ;

vin blanc : 78 700 hl.

Rendement de base :

vin rouge et rosé : 55 hl/ha ;

vin blanc : 60 hl/ha.

Titre alcoométrique minimal :

vin rouge, rosé et clairet : 10 % vol. ;

vin blanc : 10,5 % vol.

Potentiel de garde : environ six ans.

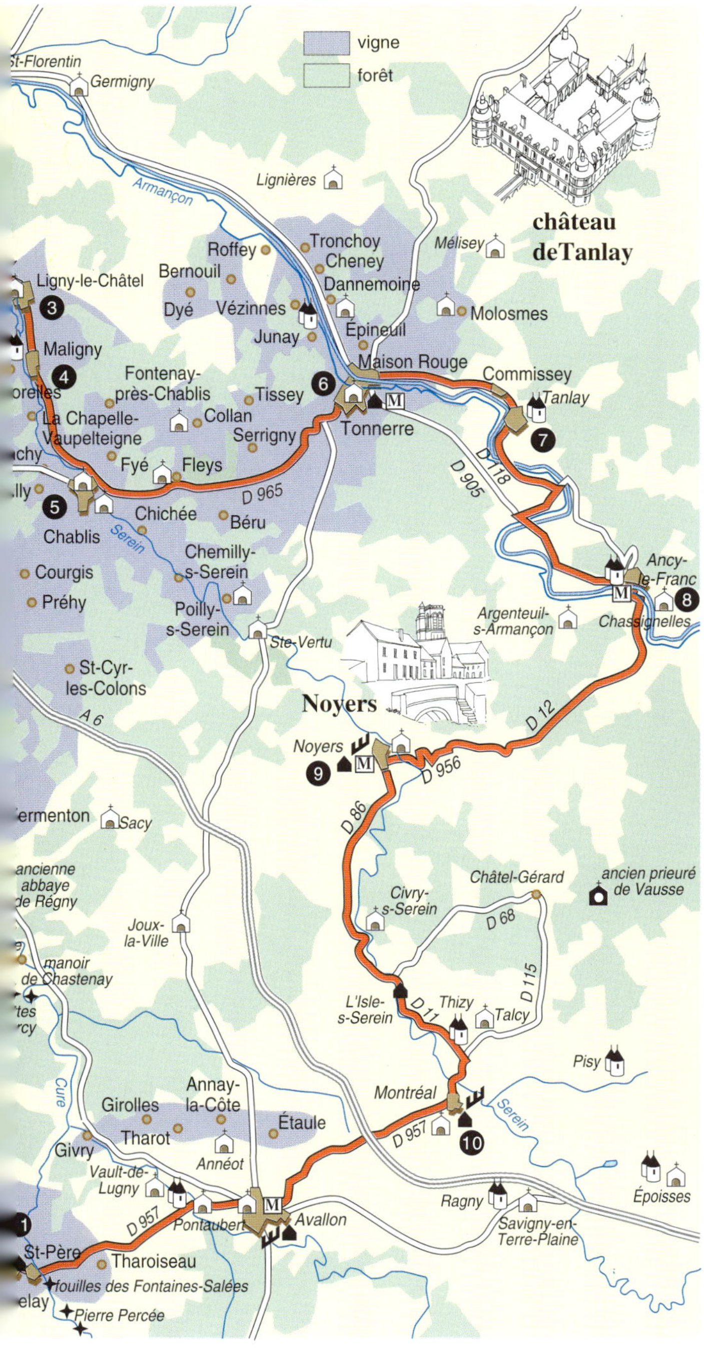

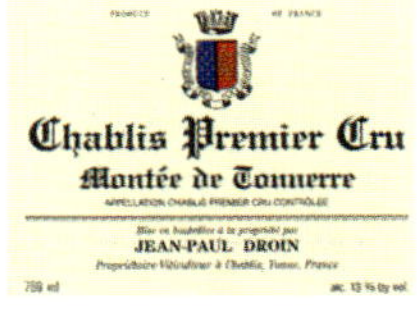

1 Joigny

Renommés au XVIIe siècle, les vins de Joigny sont produits aujourd'hui sur 10 ha de vignes plantées sur la côte Saint-Jacques. Clef de la Bourgogne, la vieille cité, qui étage ses anciens quartiers à flanc de coteau, domine le cours de l'Yonne. Ses rues ont conservé bon nombre de maisons à pans de bois sculptés. Églises et châteaux recèlent de nombreux éléments d'architecture Renaissance.

À voir : **les églises Saint-Thibault, Saint-Jean et Saint-André ; le château Renaissance des Gondi.**

Joigny. *En 1438, dans la cité où subsiste aujourd'hui cette maison du XVIe siècle à pans de bois richement sculptés, les habitants mirent à mort leur seigneur, à coups de maillets, instruments alors en usage chez les vignerons.*
Photo A. S.

Bourgogne aligoté

L'aire géographique s'étend sur l'Auxerrois, le Tonnerrois, le Jovinien et le Vézélien et regroupe les 4 appellations bourgogne aligoté, bourgogne ordinaire, bourgogne passetoutgrain et crémant de bourgogne.
Superficie : 1 500 ha.
Encépagement : aligoté.
Récolte annuelle : 100 800 hl.
Rendement de base : 60 hl/ha.
Titre alcoométrique minimal : 9,5 % vol.
Potentiel de garde : de trois à quatre ans.

Bourgogne grand ordinaire

Superficie : 177 ha.
Encépagement :
vin rouge : pinot noir, pinot liébault, gamay noir et, dans l'Yonne, césar et tressot ;
vin blanc : pinot blanc, chardonnay, aligoté, melon de Bourgogne et, dans l'Yonne, sacy.
vin mousseux : pinot blanc, chardon-nay, césar, tressot.
Récolte annuelle :
vin rouge : 8 000 hl ;
vin blanc : 1 700 hl.
Rendement de base :
vin rouge : 55 hl/ha.
vin blanc : 60 hl/ha.
Titre alcoométrique minimal :
vin rouge, rosé et clairet : 9 % vol. ;
vin blanc : 9,5 % vol. ;
vin mousseux : 8,5 % vol.
Potentiel de garde : deux ans.

Bourgogne passetoutgrain

Superficie : 850 ha.
Encépagement : gamay noir, pinot noir, pinot liébault (30 % au minimum), pinot blanc ou gris et chardonnay (15 % au maximum).
Récolte annuelle : 50 900 hl.
Rendement de base : 55 hl/ha.
Titre alcoométrique minimal : 9,5 % vol.
Potentiel de garde : de deux à trois ans.

Crémant-de-bourgogne

Superficie : 930 ha.
Encépagement : pinot noir, pinot gris, pinot blanc, chardonnay, gamay noir (20 % au maximum), aligoté, melon, sacy.
Récolte annuelle : 63 200 hl.
Rendement de base : 50 hl/ha.
Titre alcoométrique minimal : 8,5 % vol.
Potentiel de garde : à boire jeune.

Par la D943, on gagne Saint-Cydroine dont l'église romane présente quatre cha-piteaux du XIe siècle, et un clocher octogonal du XIIe siècle. On rejoint la N6 à Charmoy. À Appoigny, l'église du XIIIe siècle a été dotée d'un jubé en forme d'arc de triomphe. Au feu, tourner à gauche pour rejoindre Seignelay. Dans le village, prendre à gauche. Colbert transforma le château – dont il reste le parc – et construisit deux manufactures royales, un pressoir, et des halles à grains dont une subsiste, tout en bois, sur la place.
La route d'Héry et de Rouvray, où l'on remarquera le clocher en bois de l'église, conduit à Pontigny.

2 Pontigny

L'église de cette abbaye du XIIe siècle fut construite dans le style ogival naissant. Son architecture est austère, conformément à la règle cistercienne. La lumière qui jaillit des ouvertures met en valeur la pureté et l'harmonie de ses volumes.
Il ne reste aujourd'hui qu'un seul vestige des vignes plantées par les moines de Pontigny : il s'agit d'un climat mythique, celui de la Vieille Plante, situé le long de la D8 entre Venouse et Ligny-le-Châtel.

Pontigny, l'église abbatiale. *Presque aussi vaste que Notre-Dame de Paris, elle fut construite vers 1150 par Thibaut, comte de Champagne, pour les cisterciens de cette abbaye, qualifiée de « seconde fille de Cîteaux ».*
Photo A. S.

Chablis

Chablis produit 4 AOC.
Superficie :
chablis : 2 900 ha ;
chablis premier cru : 760 ha ;
chablis grand cru : 100 ha.
petit chablis : 580 ha
Encépagement : chardonnay.
Récolte annuelle :
chablis : 171 300 hl ;
chablis premier cru : 45 900 hl ;
chablis grand cru : 5 700 hl ;
petit chablis : 33 000 hl.
Rendement de base :
petit chablis, chablis et chablis premier cru : 50 hl/ha ;
chablis grand cru : 45 hl/ha.
Titre alcoométrique minimal :
chablis : 10 % vol. ;
chablis premier cru : 10,5 % vol. ;
chablis grand cru : 11 % vol. ;
petit chablis : 9,5 % vol.
Potentiel de garde :
chablis : de cinq à six ans ;
chablis premier cru : de huit à dix ans ;
chablis grand cru : de dix à douze ans ;
petit chablis : de deux à trois ans.

3 Ligny-le-Châtel

On entre dans le vignoble d'appellation chablis. Avec son chœur reconstruit au XVIe siècle, de pur style Renaissance, l'église romane est fort curieuse. En empruntant la rue de la Reine-de-Sicile, puis celle du Routoir, on découvre une jolie vue sur le bief et sur l'ancien lavoir municipal. Dès la sortie du village, en direction de Maligny, les premières vignes apparaissent à gauche, sur le coteau.

4 Maligny

L'origine du château remonte au XIIe siècle ; il fut un temps la résidence de l'épouse de Jean Sobieski, roi de Pologne. Parmi les titres des propriétaires de cette demeure figure celui de seigneur de La Fourchaume, ce nom désignant également l'un des premiers crus du vignoble.
SA Jean Durup Père et Fils : 4, Grande-Rue, 89800 Maligny. Tél. 03 86 47 44 49, sur R-V. Jean Durup a constitué un domaine à partir de vignes plantées par son père (de nombreuses parcelles proviennent de la propriété du château), et de parcelles acquises hors des limites de la commune.
Lamblin et Fils : 89800 Maligny. Tél. 03 86 98 22 00, tlj sauf dimanche, 8 h-12 h 30 et 14 h-17 h, le samedi 8 h-12 h 30. Trois siècles au service de la vigne donnent un grand sens des responsabilités en matière de qualité, et un goût certain pour les vinifications soignées.

FRANCINE ET OLIVIER SAVARY : 4, chemin des Hâtes, 89800 Maligny. Tél. 03 86 47 42 09, sur R-V. Petit-fils de viticulteur, Olivier Savary a pris goût à la vigne en passant ses vacances chez ses grands-parents. Au vignoble d'origine familiale, il a adjoint les vignes d'une exploitation qui cessait son activité. Ses vins ont dans leurs arômes une prédominance de fruits, surtout pour le petit chablis. On cherchera en vain une certaine acidité, car ce producteur préfère des chablis peut-être moins typés, mais plus ronds et plus souples que ceux de l'appellation.

En passant par Villy, La Chapelle-Vaupelteigne et Poinchy, on aura la meilleure approche sur Chablis. La croupe arrondie que l'on voit au-dessus de Poinchy est celle de son premier cru Beauroy.

5 CHABLIS

La richesse de Chablis est, dès le XVe siècle, liée au vin et à l'imprimerie, puisqu'en 1478 Pierre Lerouge y créa l'une des premières imprimeries de France.

À voir : **l'église saint-Martin (IXe siècle) ; l'Obédiencerie ; le pressoir à abattage du XIIIe siècle ; la porte Noël.**

PASCAL BOUCHARD : 5 bis, rue Porte-Noël, 89800 Chablis. Tél. 03 86 42 18 64, tlj, 10 h-12 h 30 et 14 h-19 h. Ce domaine produit des grands crus dont la qualité s'affirme d'année en année. Les vins bénéficient de l'amour du travail bien fait.

LA CHABLISIENNE : 8, boulevard Pasteur, 89800 Chablis. Tél. 03 86 42 89 89, du lundi au samedi, 8 h-12 h et 14 h-18 h, le dimanche, 9 h 30-12 h et 14 h-18 h. Cave moderne, La Chablisienne regroupe près de 300 propriétaires soucieux de bénéficier d'un équipement moderne et d'un encadrement technique compétent. Ce suivi permet d'obtenir des vins d'une grande qualité et d'une réelle typicité.

DOMAINE COLLET : 15, av. de la Liberté, 89800 Chablis. Tél. 03 86 42 11 93, tlj sauf dimanche, 9 h-12 h et 14 h-18 h. Vins retenus : chablis premiers crus Montmains, Mont-de-Milieu, Vaillons.

CAVES JEAN DAUVISSAT : 3, rue de Chichée, 89800 Chablis. Tél. 03 86 42 14 62, sur R-V. On notera l'expression aromatique, caractéristique du premier cru Vaillons chez ce vigneron.

DOMAINE JEAN-PAUL DROIN : 14 bis, rue Jean-Jaurès, 89800 Chablis. Tél. 03 86 42 16 78, sur R-V. Les Droin comptent plus de dix générations de vignerons et vinifient dans des fûts neufs où les vins séjournent jusqu'à huit ans pour les premiers crus et les grands crus. Ce type de vinification procure au Fourchaume un extraordinaire style « vieux chablis ».

MICHEL LAROCHE : 22, rue Louis-Bro, 89800 Chablis. Tél. 03 86 42 89 28, sur R-V. Michel Laroche a pris la tête du domaine en 1967 – à l'époque, le chablis se trouvait au creux de la vague. Les succès obtenus dans les années 1980 ont renforcé l'exigence de ce vigneron dans la recherche d'une typicité caractéristique de l'appellation.

DOMAINE VOCORET ET FILS : 40, route d'Auxerre, 89800 Chablis. Tél. 03 86 42 12 53, sur R-V. Ce domaine familial produit des grands crus et des premiers crus dans les meilleurs « climats » avec un équipement moderne.

La protection du vignoble chablisien. *Chaufferettes à fuel ou feux placés au milieu des vignes, mais aussi écrans de fumée ou aspersions d'eau formant une couche de glace protectrice ont permis au vignoble de chablis, le plus septentrional de Bourgogne, de se préserver des dévastatrices gelées tardives de printemps.* Photo A. S.

Carte de l'aire d'appellation chablis.

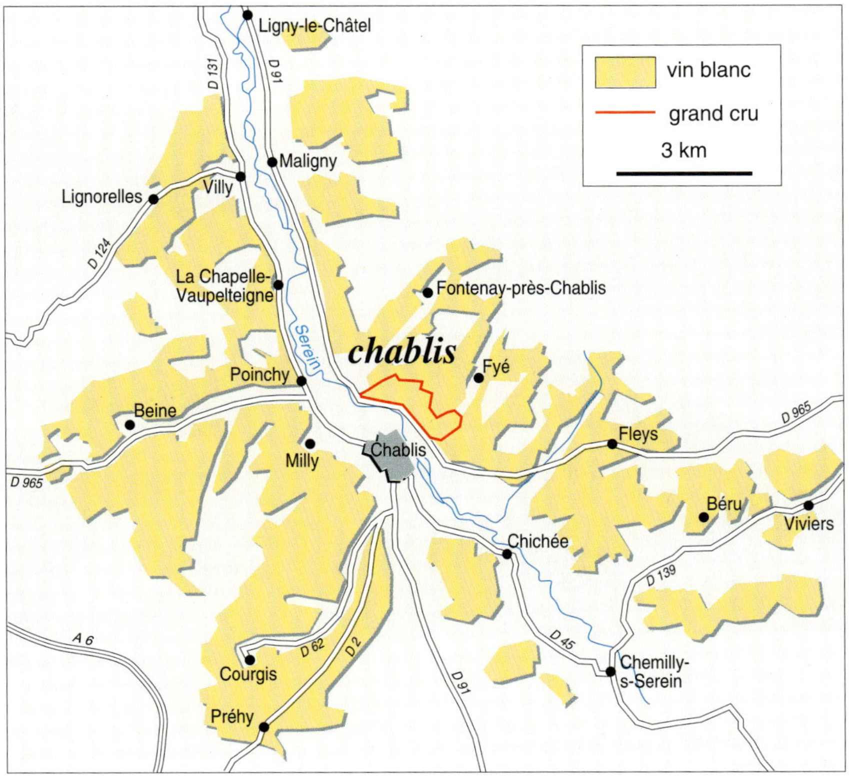

Sur le pont qui traverse le Serein, à la sortie de Chablis par la D965, on fait face au coteau des grands crus qui s'alignent de gauche à droite : Bougros, Les Preuses, Vaudésir, Château Grenouille, Valmur, Les Clos (droit devant), puis Blanchot. La route serpente ensuite le long de la Montée-de-Tonnerre (premier cru). Avant le lieu-dit Mont-de-Milieu, on longe la vallée de Vauvillain qu'Anséric de Montréal légua à l'abbaye de Pontigny. Après Fleys et son église massive, face au village sur le flanc gauche de la vallée, se trouve la côte des Prés-Girots qui produit un excellent premier cru.

6 TONNERRE

L'arrivée à Tonnerre, bâti en amphithéâtre à flanc de colline, est panoramique. L'église Saint-Pierre dresse sa façade romane au-dessus de la ville haute. Au pied de la collégiale, le bassin circulaire de la fosse Dionne accueille la résurgence d'une source vauclusienne, mais le monument le plus célèbre de la patrie du chevalier d'Éon est l'hôpital, fondé en 1293 par Marguerite de Bourgogne.

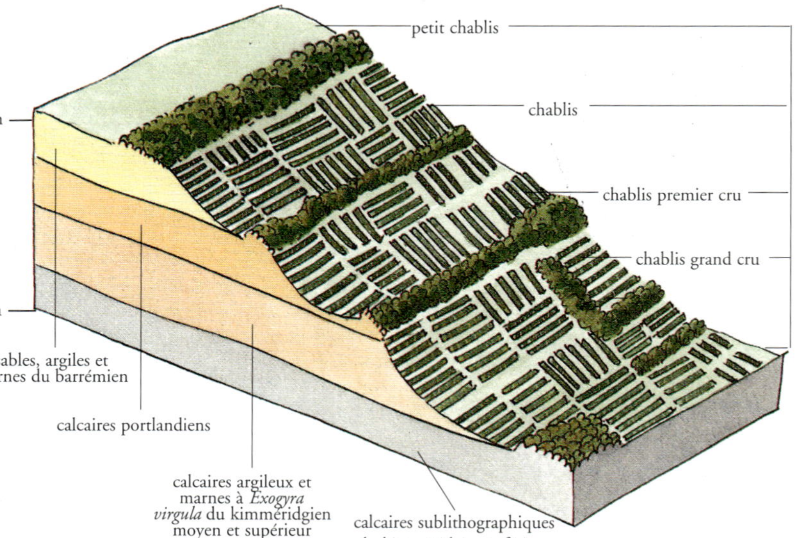

Chablis, *coupe de terrain.*

La culture de la vigne est fort ancienne à Tonnerre. Aux IXe et Xe siècles, elle occupait une partie considérable du territoire, mais ce n'est que depuis 1977 que le vignoble a été remis en valeur.

FRANÇOIS COLLIN : Les Mulots, 89700 Tonnerre. Tél. 03 86 75 93 84, sur R-V. Situé sur la route d'Avallon, le domaine, abandonné pendant une génération, a été entièrement reconstitué à la fin des années 1970 pour renouer avec la tradition. Le blanc d'Épineuil affirme une prédominance de fumé, caractéristique du terroir.

À la sortie de Tonnerre, prendre à droite la D952 : c'est une petite route tranquille longeant le canal de Bourgogne.

7 Tanlay

Le château, construit au XIIIe siècle, se compose du petit bâtiment qui commande l'entrée du domaine et du grand château, bâti sur un plan rectangulaire légèrement irrégulier et entouré d'eau.

8 Ancy-le-Franc

Le bourg est renommé pour son château du XVIe siècle, aux plans dessinés par l'architecte italien Serlio pour Antoine III de Clermont. Construit sur le modèle d'un palais italien, le bâtiment a conservé une partie de sa décoration d'intérieur, dans le style de l'école de Fontainebleau.

9 Noyers

Par la D956 qui serpente à travers la campagne, on gagne Noyers, village médiéval pittoresque qui possède une église de style gothique flamboyant, des maisons à pans de bois et quelques maisons Renaissance. Les remparts qui ceinturent la ville sont flanqués de seize tours rondes.

À voir : **les maisons anciennes ; l'église ; les remparts.**

En continuant par la D86, on peut, après Massangis, faire un petit crochet par le hameau de Civry-sur-Serein qui possède deux lavoirs, à chaque extrémité du village, et une église dont on remarquera le narthex. Les pentes en friche qui dominent la commune étaient autrefois entièrement plantées en vignes. La vallée du Serein, que longe la D 11, conduit ensuite à Montréal.

10 Montréal

Parfaitement conservé, ce fief de la famille Anséric fut, au VIe siècle, un lieu de résidence de la reine Brunehaut. Le village est bâti sur un mamelon, ce qui explique l'importance militaire du site au Moyen Âge. On entre par la porte d'En-Bas et l'on monte la rue escarpée, bordée de maisons des XVe et XVIe siècles, jusqu'à la terrasse où s'élève la collégiale du XIIe siècle.

Par Avallon, qui a conservé nombre de maisons anciennes, et dont l'église du Xe-XIIe siècle possède un beau portail en plein cintre, on descend dans la vallée du Cousin jusqu'à Pontaubert et son église de style roman bourguignon.

On rejoint Vézelay, qui domine le village de Saint-Père pourvu d'une église gothique. À partir de Fontette, on entre dans un vignoble d'origine ancienne : aujourd'hui en partie reconstitué, il couvre une cinquantaine d'hectares.

11 Vézelay

La basilique, qui couronne la colline sur laquelle s'élève le village, fut restaurée par Viollet-le-Duc. Elle offre sur la façade trois portails en plein cintre. Le tympan central du narthex figurant le Christ en gloire est une œuvre majeure de l'art roman bourguignon. La nef lumineuse offre une perspective rythmée par les arcs doubles ocre et blanc. Depuis la terrasse, on a une vue panoramique exceptionnelle sur la campagne environnante et le vignoble.

MARC MENEAU : rue du Moulin-à-Vent, 89450 Vézelay. Tél. 03 86 33 39 11, sur R-V. S'il fallait un ambassadeur talentueux au jeune vignoble de Vézelay, ce serait Marc Meneau, qui s'y attache avec conviction et vinifie un rouge fruité généreux, ainsi qu'un blanc issu de chardonnay chaleureux.

Tonnerre, la fosse Dionne. *Le bassin de ce lavoir accueille, dans son trajet d'une source vauclusienne à l'Armançon, une eau courante très pure que la pierre imprègne de reflets bleu-vert.* Photo A. S.

Vézelay, un chapiteau. *L'imagination des artistes romans emprunte ici à la vigne l'inspiration de ses motifs végétaux.* Photo A. S.

DOMAINE ÉLISE VILLIERS : Précy-le-Moult, Pierre-Perthuis, 89450 Vézelay. Tél. 03 86 33 27 62, sur R-V. Implanté entre le château de Bazoches (XIIe-XVIIe siècle) et Vézelay, ce domaine de 5 ha a réalisé de beaux progrès depuis sa création, il y a dix ans. Il propose un bourgogne vézelay miellé et beurré à souhait.

On quittera Vézelay par les bois de la Madeleine. À Asnières-sous-Bois, on emprunte la D 100 jusqu'à Châtel-Censoir que domine la collégiale Saint-Potentien (XIe siècle).
On suit le canal du Nivernais, qui s'étire parallèlement à l'Yonne et longe les rochers du Saussois, véritable muraille calcaire utilisée comme mur d'escalade.
À Mailly-le-Château, ancien bourg fortifié, on prend en direction de Fontenay-sous-Fouronnes. La D 165 conduit à Val-de-Mercy et Coulanges-la-Vineuse.
Découvrant les coteaux de l'Auxerrois en 1245, un moine de Ferrare fut étonné de l'étendue du domaine viticole. Décimé par le phylloxéra, le vignoble est aujourd'hui en partie reconstitué.

12 Coulanges-la-Vineuse

L'église Saint-Christophe à trois nefs fut construite aux frais des habitants (1737-1742), sur les plans de Servandoni et dans le style dorique ; c'est dire que cette commune fut riche – les belles habitations Renaissance sont là pour en témoigner.

CHRISTOPHE AUGUSTE : 55, rue André-Vildieu, 89580 Coulanges-la-Vineuse. Tél. 03 86 42 35 04, sur R-V. Ce viticulteur produit des vins équilibrés et élégants.

DOMAINE DU CLOS DU ROI : 17, rue André-Vildieu, 89450 Vézelay. Tél. 03 86 42 25 72, sur R-V. Ce domaine familial s'est développé au cours des dix dernières années et produit un vin rouge bien typé et de qualité régulière.

La D 85 ramène sur les bords de l'Yonne à Vincelottes, où le vin était autrefois embarqué pour la capitale. On quitte ce petit village niché au creux des coteaux que l'on gravit pour arriver à Irancy.

Saint-Bris-le-Vineux. *À proximité de ce village, les excavations d'une carrière de calcaires durs, dont les pierres habillent le Panthéon à Paris, sont naturellement devenues des caves viticoles.* Photo A. S.

IRANCY

Superficie : 112 ha.
Encépagement : pinot noir, pinot liébault, pinot beurot, césar.
Récolte annuelle : 7 200 hl.
Rendement de base : 55 hl/ha.
Titre alcoométrique minimal : 10 % vol.
Potentiel de garde : de six à huit ans.

SAINT-BRIS

Superficie : 98 ha.
Encépagement : sauvignon blanc.
Récolte annuelle : 6 500 hl.
Rendement de base : 60 hl/ha.
Titre alcoométrique minimal : 9,5 % vol.
Potentiel de garde : de deux à trois ans.

13 Irancy

Il s'agit là d'un site très particulier : le village est niché dans une cuvette bordée de collines sur lesquelles le vignoble s'étage en amphithéâtre, à l'abri des vents du nord. L'église, avec sa nef ogivale à trois travées, date du XIIe siècle, mais on y décèle les traces de multiples reconstructions.

EARL CAVES LÉON BIENVENU : Rue Soufflet, 89290 Irancy. Tél. 03 86 42 22 51, sur R-V. Léon Bienvenu produit un bourgogne irancy issu de pinot noir qui, tout en gardant l'aspect traditionnel, est agrémenté d'un bouquet plus moderne de cerise confite.

On poursuit la D 38, puis la D 956 jusqu'à Saint-Bris-le-Vineux, qui se trouve au cœur de l'appellation bourgogne côtes d'auxerre.

14 Saint-Bris-le-Vineux

Cette commune viticole possède des caves des XIIe et XIIIe siècles. À côté de l'église des XIIIe et XVIe siècles, le château du XVIIe siècle abrite aujourd'hui la mairie et l'école.

DOMAINE HERVÉ FÉLIX : 17, rue de Paris, 89530 Saint-Bris-le-Vineux. Tél. 03 86 53 33 87, du lundi au samedi, 9 h-11 h 30 et 14 h-18 h 30, sur R-V. Les vins blancs comportent une note minérale discrète, et les rouges dégagent des arômes de fruits rouges.

GHISLAINE ET JEAN-HUGUES GOISOT : 30, rue Bienvenu-Martin, 89530 Saint-Bris-le-Vineux. Tél. 03 86 53 35 15, sur R-V. Issus d'une vieille famille de vignerons installés à Saint-Bris depuis le XIVe siècle, Jean-Hugues et Ghislaine Goisot recherchent, par un rendement raisonné et par une maturité parfaite, à exprimer dans leurs vins la spécificité du terroir de Saint-Bris – un peu plus gras que celui de la région de Chablis, mais plus minéral que ceux du sud de la Bourgogne. Ils produisent des vins travaillés. Les rouges sont faits de rondeur et de plénitude, et les blancs sont tout en élégance.

La route vers Auxerre longe des vergers de cerisiers, lentement gagnés par le vignoble.

15 Auxerre

Le vignoble qui ceinturait Auxerre a aujourd'hui disparu, et seul subsiste le clos de La Chaînette, situé au cœur de la ville et propriété de l'hôpital psychiatrique. Baignée par l'Yonne dont elle occupe la rive gauche, la ville étage harmonieusement ses maisons anciennes et ses vieux clochers. S'inspirant de la Champagne, la cathédrale Saint-Étienne privilégie dans le chœur une élévation architecturale très légère, qui servira de modèle à de nombreuses églises bourguignonnes du XIIIe siècle.

À voir : **la cathédrale ; l'ancienne abbaye Saint-Germain ; la tour de l'Horloge ; les maisons anciennes ; la maison du Coche d'eau.**

Le Châtillonnais

de Molesmes à Val-Suzon

Lieu de rencontre des courants commerciaux qui traversèrent l'Europe depuis la protohistoire, cette région offre un passage naturel entre le nord et le sud. Situé à la limite sud de la Champagne, séparé de la côte et des hautes côtes de Nuits par l'agglomération dijonnaise, le vignoble du Châtillonnais est aujourd'hui renaissant. Le climat, continental, y est plus froid et plus humide que celui, voisin, de l'Yonne, en raison du relief et de l'altitude.

À ***Molesmes,*** il ne reste pratiquement rien de l'abbaye bénédictine du XIe siècle ; les parties les plus anciennes sont les caves des XIIIe et XIVe siècles. On quittera Molesmes, par la D 45, vers Les Riceys. Après 2 km, tourner à droite et suivre une petite route, à travers la forêt en direction de Mussy-sur-Seine. Les coteaux sont plantés en vignobles qui produisent du crémant de bourgogne. On voit des vignes jusqu'à Villers-Patras.
À ***Pothières,*** on remarquera, à gauche, un moulin, et, à droite, un château du XVIIIe siècle sur l'emplacement d'une très importante abbaye bénédictine, fondée vers 863 par Girard de Roussillon.
La route passe ensuite au pied du mont Lassois pour atteindre ***Vix.*** C'est là, au pied de la butte, qu'en 1953 fut mise au jour une sépulture princière contenant un trésor inestimable : le squelette d'une jeune femme parée de ses bijoux en or, mais aussi un char d'apparat, de nombreux objets en bronze et un impressionnant cratère de bronze, chef-d'œuvre de l'art grec archaïque du VIe siècle av. J.-C. Ce trésor est visible au musée de Châtillon, ville qui prit de l'importance à partir du IXe siècle, lorsque l'évêque de Langres y transféra les reliques de saint Vorles. Les ducs de Bourgogne séjournèrent fréquemment dans le château dont les ruines dominent encore la ville, près de l'église Saint-Vorles (Xe-XIIe siècle), remaniée à plusieurs reprises. Le musée où se trouve exposé le trésor de Vix est installé dans la maison Philandrier qui date de la Renaissance.
Plus loin, ***Nod-sur-Seine*** marque le point de jonction des armées des généraux de Lattre de Tassigny et Leclerc en septembre 1944.

Peu après Aisey-sur-Seine, quitter la N71 et prendre la D101, à droite vers Semond, puis ***Villaines-en-Duesmois.*** À gauche, avant d'entrer dans le village, on remarquera les quatre grosses tours du château féodal des ducs de Bourgogne.

Par la D32, on arrive au lieu-dit Les Malmaisons, puis à Touillon, d'où l'on descend vers ***l'abbaye de Fontenay,*** l'une des abbayes cisterciennes du XIIe siècle, parfaitement conservée dans son cadre de verdure.

Continuer la D32 pour atteindre Marmagne, puis la D905 jusqu'à Fain-lès-Montbard. Prendre la D19 jusqu'à Lucenay-le-Duc, tourner à droite et, par la D21B, rejoindre ***Bussy-le-Grand.*** L'église romane possède de nombreux ajouts intéressants des XVIe et XVIIe siècles (accès par le cimetière). On y a un beau point de vue sur le château de ***Bussy-Rabutin.***
Le château, avec ses quatre grosses tours, est imposant et élégant. C'est à l'intérieur que Roger de Bussy-Rabutin a donné libre cours à sa verve en concevant lui-même la décoration.
De Bussy-Rabutin par la D954, on se dirige vers Alise-Sainte-Reine et le site d'***Alésia.*** Il est maintenant établi de façon quasi certaine, grâce aux photos aériennes et aux fouilles, que le mont Auxois est bien le lieu du siège de la bataille d'Alésia, qui sonna en 52 av. J.-C. le glas de l'indépendance gauloise. Alise-Sainte-Reine, à mi-pente, a remplacé l'antique Alésia.
Redescendre par la D103J en direction de ***Flavigny-sur-Ozerain.*** Petite ville médiévale accrochée au sommet d'un éperon rocheux facile à défendre, Flavigny fut un centre religieux important dès le VIIIe siècle, lorsqu'une abbaye bénédictine y fut fondée. De nombreuses maisons aux belles façades témoignent d'une période de prospérité aux XVe et XVIe siècles. L'abbaye bénédictine fut reconstruite au XVIIe siècle.
On redescendra par la même route qu'à l'aller, et l'on pourra ainsi revoir la porte du Val et les bâtiments de l'ancien bailliage. À 2 km, on trouvera la D9 qui mène à ***Hauteroche.*** C'est un vieux village aux nombreuses maisons couvertes en lave (la lave est à la Bourgogne ce que la lauze est à l'Auvergne et au Midi), que l'on traversera pour voir une curieuse croix à double face, au bord de la rue (le Christ d'un côté, la Vierge de l'autre), avec, à mi-hauteur, saint Jean regardant le Christ, et Madeleine, le regard levé vers la Vierge.
La D10E mène ensuite vers Gissey-sous-Flavigny ; à mi-chemin, on verra sur la droite les traces d'une ancienne *villa* gallo-romaine. Après Corpoyer-les-Moines, on atteint le haut de ***Frôlois*** où, pendant juillet et août,

Carte du Châtillonnais.

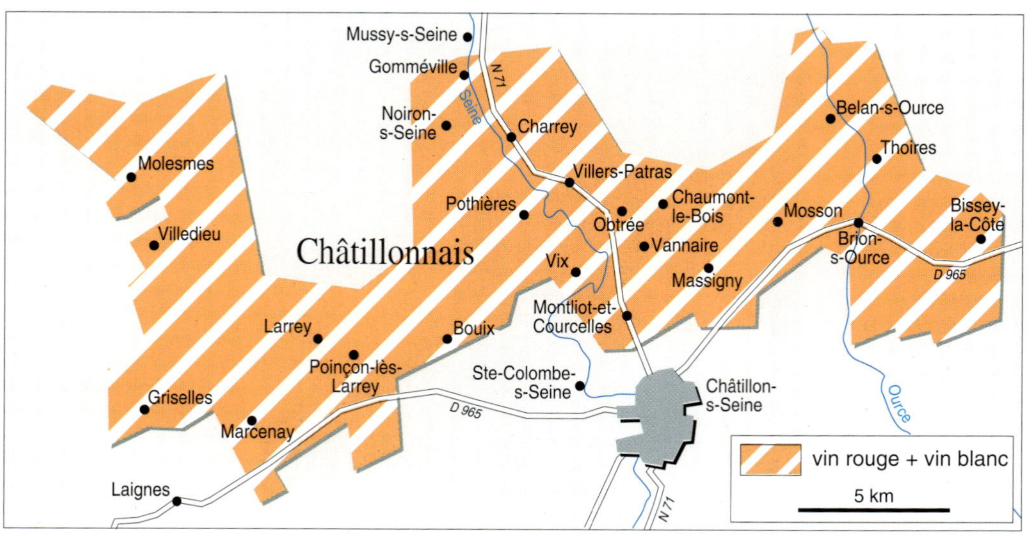

Abbaye de Fontenay, le cloître. *Niché au fond du vallon, ce lieu parut idéal à Bernard, abbé de Clairvaux, pour y fonder, en 1118, une abbaye selon les principes d'austérité et de dépouillement qui marquèrent ensuite l'ordre de Cîteaux. Miraculeusement, elle a traversé plus de huit cents ans et nous est parvenue presque intacte aujourd'hui : aussi a-t-elle été inscrite par l'Unesco en 1981 parmi les chefs-d'œuvre du patrimoine mondial. En 1790, lors de la tourmente révolutionnaire, elle fut vendue à un habitant de Montbard, qui l'utilisa comme papeterie. En 1820, elle fut rachetée par Élie de Montgolfier, célèbre papetier d'Annonay, et resta en activité jusqu'en 1906. C'est à cette époque que commença sa lente restauration – il s'agissait surtout de supprimer toutes les installations industrielles. L'abbaye est actuellement la propriété d'Hubert Aynard, qui s'attache avec passion à mettre en valeur ce monument historique hérité de ses ancêtres.* Photo Jacques Guillard/Scope.

on peut visiter le château (classé monument historique) du XVIIIe siècle.

Suivre la route du plateau vers Saint-Germain-Source-Seine pour arriver aux ***sources de la Seine.*** Un parc bien aménagé permet d'accéder à la grotte artificielle (propriété de la ville de Paris) où sort la source principale. Des fouilles effectuées à quelques dizaines de mètres en aval ont permis de découvrir les vestiges d'un temple gallo-romain, et divers objets votifs. Ce sanctuaire guérisseur était très fréquenté du Ier au IVe siècle, si l'on en juge par le nombre d'ex-voto en bois, en métal et en pierre qui sont actuellement au Musée archéologique de Dijon. En continuant la même route, on rejoint, à 2 km, la N 71, que l'on traverse pour prendre en face la petite route sans aucune indication qui mène à ***Poncey-sur-l'Ignon.*** La N71 constitue à cet endroit la ligne de partage des eaux, puisque l'Ignon, qui prend sa source à deux pas, est un affluent de la Saône.

On descend la vallée de l'Ignon jusqu'au croisement avec la D16 pour remonter vers ***Saint-Seine-l'Abbaye.*** La petite ville semble blottie autour de son église, seul vestige de l'abbaye fondée au VIe siècle par un personnage nommé Sigo, dont le nom fut déformé en Soigne, puis Seigne, et enfin Seine, par analogie avec le nom du fleuve mais sans aucun lien religieux.

En quittant Saint-Seine-l'Abbaye, la route en lacets remonte sérieusement pour atteindre à nouveau le plateau calcaire, avant de redescendre à travers bois sur ***Val-Suzon,*** petit village qui fut une halte au temps des diligences. La route franchit le Suzon, petit ruisseau très irrégulier dont les eaux emplissaient jadis les fossés qui entouraient Dijon.

GAEC Domaine Brigand : 21400 Massingy. Tél. 03 80 91 15 12, tlj sauf fêtes, 8 h-12 h et 13 h 30-19 h, dimanche, 10 h-12 h. Cette propriété familiale exploite depuis trois générations un très ancien vignoble, et produit des bourgognes tendres, légers et assez équilibrés.

GAEC des Cloires : rue Saint-Robert, 21330 Molesmes. Tél. 03 80 81 48 12, 9 h-12 h et 14 h-18 h, sur R-V. Le vignoble est principalement orienté vers la production de crémant de bourgogne. M. L.

Château de Bussy-Rabutin. *La date de construction (1649) est inscrite sur le fronton de la fenêtre axiale sur cour. Lieu d'exil de Roger de Rabutin, auteur de la libertine* Histoire amoureuse des Gaules, *le château est remarquable par sa décoration intérieure.* Photo Jacques Guillard/Scope.

La côte de Nuits

de Dijon à Beaune

Au sud de Dijon, de Marsannay à Corgoloin, le vignoble de la côte de Nuits et des hautes côtes de Nuits couvre quelque 1 400 ha. Exposés au versant des coteaux, les « climats » produisent certains des vins les plus réputés au monde.

Sur les coteaux, l'inclinaison des terrains favorise le drainage des eaux de pluie et procure un ensoleillement optimal. Cette situation offre les conditions les plus favorables à la croissance de la vigne, et surtout à la maturation des raisins. Les versants viticoles les mieux exposés sont ceux de l'est, du sud, du sud-est, puis ceux du sud-ouest. Les altitudes varient entre 200 et 300 m, les meilleures conditions naturelles de production se situant généralement à mi-pente. Les vins de pinot noir de la côte de Nuits, produits sur calcaire, sont plus charpentés que ceux de la côte de Beaune, ce qui leur permet de très bien vieillir. L'argile et la marne apportent au cépage chardonnay une structure agréable et onctueuse.

Dijon, le palais des Ducs, la cour de Flore. *Les ailerons en bas-relief qui encadrent la fenêtre de ce corps de bâtiment, achevé peu avant 1789, prennent la forme de cornes d'abondance d'où se déversent des grappes de raisin, évoquant ainsi la prospérité du vignoble bourguignon.* Photo Jacques Guillard/Scope.

Itinéraire de Dijon à Beaune

De Dijon, capitale de la Bourgogne, à Beaune, capitale du bourgogne, le cœur de la Côte-d'Or bat au rythme de ses vignobles étagés sur les coteaux. Cette terre capiteuse offre la richesse de ses grands vins et de son patrimoine. Les toits de tuiles vernissées rutilant au soleil, les rangées de vignes, parfaitement alignées, ainsi que les riches monuments commémorent la gloire d'un duché qui se voulut royaume.

1 Dijon

À Dijon, une rare concentration d'églises, de palais et d'hôtels particuliers témoigne de la splendeur des grands ducs d'Occident et de l'importance du parlement de Bourgogne sous l'Ancien Régime. La façade de l'église Notre-Dame (XIIIe siècle) est un chef-d'œuvre du gothique bourguignon, avec son décor surprenant de fausses gargouilles. L'église Saint-Michel se dissimule derrière le décor richement sculpté de sa façade Renaissance (1520-1570), et la cathédrale Saint-Bénigne, ancienne abbaye bénédictine, abrite des vestiges romans dans sa crypte en forme de rotonde, construite au début du XIe siècle.
Outre les primitifs flamands, suisses et allemands, le musée des Beaux-Arts possède une importante collection de peintures de toutes époques, y compris de la période contemporaine (donation Granville). La salle la plus prestigieuse est l'ancienne salle des Festins du palais ducal qui renferme aujourd'hui le tombeau du duc Philippe le Hardi, ainsi que celui de Jean sans Peur et de Marguerite de Bavière. Le musée Magnin est un hôtel particulier du XVIIe siècle récemment restauré et meublé (meubles du XVIIIe et du XIXe siècle) ; le musée d'Art sacré et le musée de la Vie bourguignonne, respectivement installés dans une église et dans les bâtiments conventuels attenants, méritent également une visite. Le Musée archéologique vaut par son cadre (bâtiments monastiques d'architecture préromane, du début du XIe siècle) et par les collections de l'époque gallo-romaine trouvées à Dijon et aux sources de la Seine.
À voir : **le palais des Ducs (XIVe-XIXe siècles) ; le palais des États conçu par Jules Hardouin-Mansart ; le palais de justice Renaissance ; l'église Notre-Dame ; l'église Saint-Michel ; la cathédrale Saint-Bénigne ; le puits de Moïse et la façade de la chartreuse de Champmol (XIVe siècle) qui est aux ducs de Bourgogne ce que Saint-Denis fut aux rois de France.**

Dijon, la place François-Rude, le « bareuzai » *(XIXe siècle). Habillé d'une simple feuille de vigne, il symbolise le vigneron foulant le raisin.* Photo Jacques Guillard/Scope.

2 Chenôve

La route des grands crus commence dans Dijon, immédiatement après avoir franchi le canal de Bourgogne en direction de Beaune. Sur les coteaux épargnés par l'urbanisation, on récolte toujours un vin rouge issu du pinot noir.
À voir : **les pressoirs des ducs de Bourgogne (XIIIe siècle).**

Marsannay-la-Côte

Superficie : 180 ha.
Encépagement :
vin rouge et rosé : pinot noir ;
vin blanc : chardonnay, pinot blanc.
Récolte annuelle :
vin rouge : 6 000 hl ;
vin blanc : 1 600 hl.
Rendement de base :
vin rouge : 40 hl/ha ;
vin blanc et rosé : 45 hl/h.
Titre alcoométrique minimal :
vin rouge et rosé : 10,5 % vol. ;
vin blanc : 11% vol.
Potentiel de garde :
vin rouge : de six à huit ans ;
vin rosé : de deux à trois ans ;
vin blanc : de deux à trois ans.

Le vignoble à Fixin. *Bénéficiant d'une appellation spécifique de premier cru, les meilleurs climats égalent parfois leurs voisins de Gevrey-Chambertin.*
Photo Jacques Guillard/Scope.

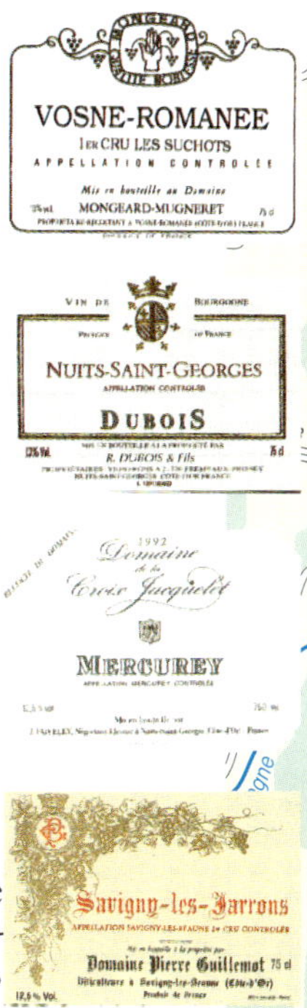

3 Marsannay-la-Côte

Premier village de la côte de Nuits et dernière survivance de la côte dijonnaise, Marsannay consacre sa production au vin rosé de pinot depuis cinquante ans. Il conserve le souvenir du fameux Pas d'armes, un des derniers grands tournois de la maison de Bourgogne (1443), raconté en détail par le chroniqueur bourguignon Olivier de La Marche.

MARC BROCOT : 34, rue du Carré, 21160 Marsannay-la-Côte. Tél. 03 80 52 19 99, sur R-V. Marc Brocot abandonna la planche à dessin pour reprendre les vignes de son père et agrandir le domaine qui atteint 7 ha. Il propose du marsannay rouge, rosé et blanc, ainsi que du gevrey-chambertin, le tout de bonne qualité.

BRUNO CLAIR : 5, rue du Vieux-Collège, 21160 Marsannay-la-Côte. Tél. 03 80 52 28 95, sur R-V. Bruno Clair abandonna ses études pour

Marsannay. *Le vignoble se démarque du reste de la Bourgogne par la production du rosé de marsannay.*
Photo Michel Guillard/Scope.

travailler aux côtés de son père Bernard, vigneron de qualité. Outre de grands marsannays, il propose plusieurs appellations : morey-saint-denis ; savigny-lès-beaune premier cru ; gevrey-chambertin premier cru ; chambertin-clos de bèze grand cru.

DOMAINE FOUGERAY : 44, rue de Mazy, 21160 Marsannay-la-Côte. Tél. 03 80 52 21 12, tlj, 8 h-12 h et 14 h-18 h. Le sérieux et le sens de la qualité de cette solide équipe familiale se traduisent par une belle réussite. Vins produits : marsannay ; gevrey-chambertin ; chambertin ; savigny-lès-beaune et… un musigny grand cru de classe.

HUGUENOT PÈRE ET FILS : 7, ruelle du Carron, 21160 Marsannay-la-Côte. Tél. 03 80 52 11 56, sur R-V. Jean-Louis Huguenot est de ceux qui font honneur à l'appellation marsannay qui, outre le rosé, concerne le rouge et le blanc. On trouve de bons vins sur Marsannay, mais aussi sur Fixin et Gevrey-Chambertin.

4 COUCHEY

L'hôtel de ville est installé dans une très belle maison du XVIIIe siècle.

À voir : **le château de Bauffremont ; la tour du XIIIe siècle ; le porche du XVIIe siècle.**

Avant d'arriver à Fixin, on aperçoit le clocher polychrome de la plus ancienne église de la côte, celle de Fixey (Xe-XIe siècle).

CÔTE-DE-NUITS-VILLAGES

Cette appellation s'étend sur 5 communes : Brochon, Comblanchien, Corgoloin, Fixin et Prissey.

Superficie : 156 ha.

Encépagement :
vin rouge : pinot noir, pinot beurot, pinot liébault ;
vin blanc : pinot blanc, chardonnay.

Récolte annuelle :
vin rouge : 6 900 hl ;
vin blanc : 224 hl.

Rendement de base :
vin rouge : 40 hl/ha ;
vin blanc : 45 hl/ha.

Titre alcoométrique minimal :
vin rouge : 10,5 % vol. ;
vin blanc : 11 % vol.

Potentiel de garde : de huit à dix ans.

5 FIXIN

Superficie : 83 ha ; encépagement : vin rouge : pinot noir, pinot beurot et pinot blanc, pinot gris, chardonnay (15 % au maximum), vin blanc : pinot blanc, chardonnay ; récolte annuelle : vin rouge : 3 700 hl, vin blanc : 100 hl ; rendement de base : vin rouge : 40 hl/ha, vin blanc : 45 hl/ha ; titre alcoométrique minimal : vin rouge : 10,5 % vol., vin rouge premier cru et vin blanc : 11 % vol., vin blanc premier cru : 11,5 % vol. ; potentiel de garde : de dix à douze ans.

Fixin bénéficie d'un microclimat particulièrement favorable à la viticulture. Après le clos de la Perrière, les « climats » Hervelets, Arvelets, Clos du Chapitre et Clos Napoléon, tous classés premiers crus, sont parmi les plus réputés. Ce village essentiellement viticole est pourtant plus connu pour son monument, le *Napoléon s'éveillant à l'immortalité*, sculpté par François Rude dans le parc du petit Musée napoléonien créé par Claude Noisot.

Sur la colline, le manoir de la Perrière servait de maison de repos aux moines de Cîteaux. Entre Fixin et Gevrey-Chambertin, le château de Brochon, de style Renaissance, fut construit vers 1900 par le sous-préfet et poète dijonnais, Stephen Liégeard.

VINCENT ET DENIS BERTHAUT : 9, rue Noisot, 21220 Fixin. Tél. 03 80 52 45 48,

Les Saint-Vincent

Saint Vincent est le patron des vignerons. En Bourgogne, il est vénéré dans chaque village où sa statue en bois sculpté est précieusement hébergée chaque année par une famille différente, vigneronne s'entend. Le jour calendaire de sa fête, toute activité cesse, alors que messe et repas rassemblent tous les viticulteurs, hommes et femmes, patrons et ouvriers. Les festivités masquent souvent aux yeux des étrangers la portée sociale de la Saint-Vincent qui est avant tout une société locale de secours mutuel.

Depuis 1938, la Bourgogne regroupe chaque année tous ses Saint-Vincent de villages en une imposante manifestation, en un même lieu. Une commune nouvelle est donc chargée de l'organisation de cette journée, où elle doit accueillir non seulement les porteurs des statues, mais aussi une foule considérable de visiteurs auxquels elle présente son village entièrement décoré et son vin gracieusement offert dans les buvettes, moyennant l'achat symbolique d'un verre. Chaque porte, chaque cour, chaque arbre ou chaque arbuste, est orné de fleurs artificielles de toutes les couleurs. Les voies d'accès au village sont jalonnées de part et d'autre de leur parcours de genévriers, eux-mêmes décorés, et de véritables arcs de triomphe sont savamment dressés par les vignerons. Travail énorme d'une année auquel participent toutes les familles du village, qui se retrouvent au cours de longues soirées d'hiver pour discuter de l'organisation, pour confectionner roses et glycines…

R. B.

Couchey, *la fête tournante de la Saint-Vincent a su conserver la spontanéité des traditions villageoises.* Photo A. S.

Gevrey-Chambertin, le vignoble. *La commune compte neuf grands crus, parmi lesquels le célèbre chambertin, vin préféré de Napoléon Ier.* Photo Michel Guillard/Scope.

Gevrey-Chambertin

Cette appellation possède la plus grande variété de « climats » de toute la Bourgogne ; elle est également la plus importante en volume de la côte de Nuits et recouvre deux communes : Gevrey-Chambertin et Brochon. Elle produit des vins subtils et élégants.

Superficie : 410 ha.

Encépagement : pinot noir, pinot beurot, pinot liébault et pinot blanc, pinot gris, chardonnay (15 % au maximum).

Récolte annuelle : 19 000 hl.

Rendement de base : 40 hl/ha.

Titre alcoométrique minimal : gevrey-chambertin : 10,5 % vol. ; gevrey-chambertin premier cru : 11 % vol.

Potentiel de garde : de douze à quinze ans.

Chapelle-Chambertin, Mazoyères-Chambertin ou Charmes-Chambertin, Griotte-Chambertin, Latricières-Chambertin, Mazis-Chambertin et Ruchottes-Chambertin

Ces appellations correspondent aux territoires suivants de la commune de Gevrey-Chambertin : Latricières, Mazoyères, Charmes, Mazis, Ruchottes, Griotte, Chapelle et Gemeaux.

Superficie : chapelle-chambertin : 5 ha ; charmes-chambertin : 31 ha ; griotte-chambertin : 5 ha ; latricières-chambertin : 7 ha ; mazis-chambertin : 12 ha ; ruchottes-chambertin : 2,5 ha.

Encépagement : pinot noir, pinot beurot, pinot liébault et pinot blanc, pinot gris, chardonnay (15 % au maximum).

Récolte annuelle : chapelle-chambertin : 210 hl ; charmes-chambertin : 1 220 hl ; griotte-chambertin : 140 hl ; latricières-chambertin : 290 hl ; mazis-chambertin : 400 hl ; ruchottes-chambertin : 120 hl.

Rendement de base : 37 hl/ha.

Titre alcoométrique minimal : 11,5 % vol.

Potentiel de garde : de douze à dix-huit ans.

Chambertin et Chambertin-clos de Bèze

Superficie : chambertin : 13 ha ; chambertin-clos de bèze : 13 ha, appellation dont seul bénéficie Gevrey-Chambertin.

Encépagement : pinot noir, pinot beurot, pinot liébault et pinot blanc, pinot gris, chardonnay (15 % au maximum).

Récolte annuelle : chambertin : 490 hl ; chambertin-clos de bèze : 460 hl.

Rendement de base : 35 hl/ha.

Titre alcoométrique minimal : 11,5 % vol.

Potentiel de garde : de quinze à vingt ans.

tlj, 10h-12h et 14h-18h. Sur ce domaine ancien et réputé, les frères Berthaut élaborent de très bons vins. Leurs Arvelets sont remarquables.

6 Gevrey-Chambertin

L'église, dont la construction remonte au XIIe-XIIIe siècle, conserve un portail roman de cette époque. Le château de Gevrey-Chambertin fut construit au XVe-XVIe siècle sur les vestiges d'un bâtiment élevé par l'abbé de Cluny vers 1280.

PHILIPPE CHARLOPIN : 18, route de Dijon, 21220 Gevrey-Chambertin. Tél. 03 80 51 81 18, sur R-V. Philippe Charlopin s'est agrandi, a changé de résidence, et il a réussi. Ses vins sont aussi plaisants que ses commentaires.

DOMAINE THIERRY MORTET : 16, place des Marronniers, 21220 Gevrey-Chambertin. Tél. 03 80 51 85 07, sur R-V. Denis et Laurence Mortet offrent une très large gamme depuis l'appellation régionale jusqu'au chambertin grand cru.

DOMAINE HEREZTYN : 27, rue Richebourg, 21220 Gevrey-Chambertin. Tél. 03 80 34 13 99, sur R-V. Domaine d'une grande régularité dans la qualité de ses vins. Il produit, parmi d'autres crus, un superbe gevrey-chambertin Les Corbeaux, issu de ceps de soixante ans d'âge, expliquant en partie son fort potentiel.

On quitte la route des grands crus pour emprunter sur la droite la D 31 et suivre la combe de Lavaux, faille profonde et pittoresque qui, par une route accidentée, permet d'escalader la côte. De ces hauteurs, par temps clair, on peut apercevoir le mont Blanc et les pics alpestres, éloignés de quelque 200 km.

Gevrey-Chambertin, le château. *Véritable « cave forte », il renfermait les meilleurs crus de l'abbaye de Cluny.* Photo Jean-Luc Barde/Scope.

Sur le plateau, avant Chambœuf, on tourne à gauche par la D 116 vers Reulle-Vergy par Curley. Les trois villages, Reulle-Vergy, l'Étang-Vergy et Curtil-Vergy, entourent la butte sur laquelle les puissants sires de Vergy avaient fait construire leur château. À l'extrémité sud de la butte se dressent les ruines de l'abbaye Saint-Vivant, monastère bénédictin qui possédait des vignes à Vosne-Romanée : l'actuelle romanée-saint-vivant.

À voir : **à Reulle-Vergy, l'église des XIIe et XVIe siècles ; la mairie-lavoir ; le musée des Arts et traditions des hautes côtes.**

Carte des aires d'appellations sur les communes de Gevrey-Chambertin et Brochon.

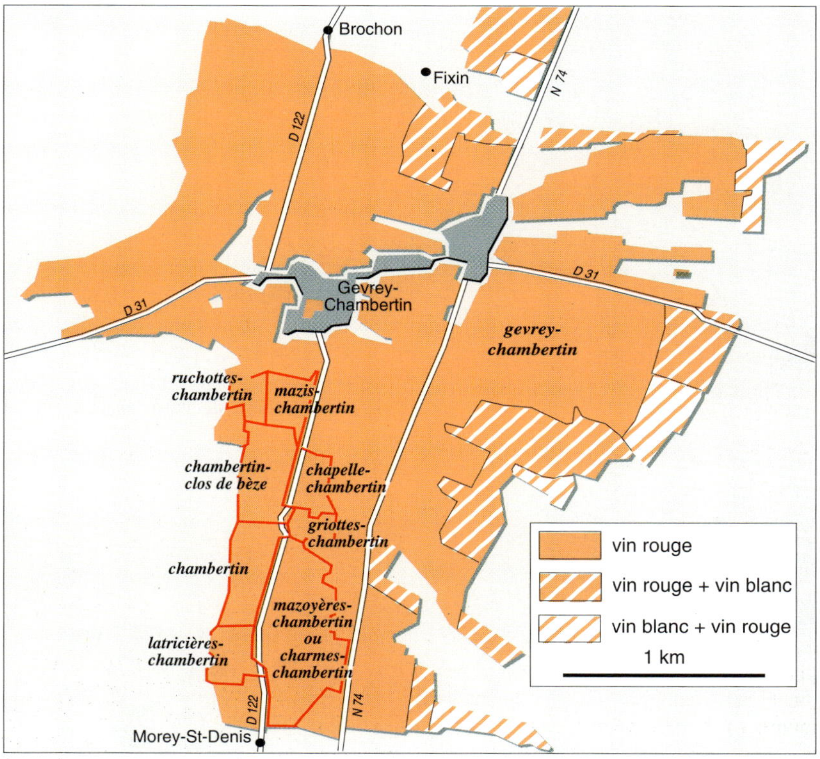

Hautes-Côtes-de-Nuits

Superficie : 600 ha.
Encépagement :
vin rouge : pinot noir, pinot beurot, pinot liébault et pinot blanc, pinot gris, chardonnay (15 % au maximum) ;
vin blanc : pinot blanc, chardonnay.
Récolte annuelle :
vin rouge : 24 400 hl ;
vin blanc : 5 200 hl.
Rendement de base :
vin rouge et rosé : 50 hl/ha ;
vin blanc : 55 hl/ha.
Titre alcoométrique minimal :
vin rouge, rosé ou clairet : 10 % vol. ;
vin blanc : 10,5 % vol.
Potentiel de garde : de huit à dix ans.

7 Villars-Fontaine

On remarquera les fontaines restaurées en 1991 et le monument commémoratif de la guerre de 1870.

Domaine de Montmain : 21700 Villars-Fontaine. Tél. 03 80 62 31 94, tlj, sauf dimanche, 8 h 30-12 h et 13 h 30-18 h. Les amateurs de vin admireront les caves et les vins de Bernard Hudelot. Vigneron autant qu'universitaire, il obtient des produits de classe. Ses Genevrières, notamment, en sont une illustre démonstration.

Par Concœur-et-Corboin, on regagne la côte.

Vosne-Romanée

Cette appellation s'étend sur deux communes : Vosne-Romanée et Flagey-Échézeaux.
Superficie : 153 ha.
Encépagement : pinot noir, pinot beurot, pinot liébault et pinot blanc, pinot gris, chardonnay (15 % au maximum).
Récolte annuelle : 6 800 hl.
Rendement de base : 40 hl/ha.
Titre alcoométrique minimal :
vosne-romanée : 10,5 % vol. ;
vosne-romanée premier cru : 11 % vol.
Potentiel de garde : de douze à quinze ans.

Romanée-Saint-Vivant, Richebourg, La Romanée-Conti, La Romanée, La Tâche, La Grande Rue, Échézeaux et Grands-Échézeaux

Superficie : romanée-saint-vivant : 9 ha ; richebourg : 8 ha ; la romanée-conti : 2 ha ; la romanée : 1 ha ; la tâche : 6 ha ; la grande rue : 2 ha ; échézeaux : 33 ha ; grands-échézeaux : 9 ha seulement sur la commune de Vosne-Romanée.
Encépagement : pinot noir, pinot beurot, pinot liébault et pinot blanc, pinot gris, chardonnay (15 % au maximum) ;
la grande rue : pinot noir et pinot blanc, pinot gris, chardonnay (15 % au maximum).
Récolte annuelle : romanée-saint-vivant : 350 hl ; richebourg : 280 hl ; la romanée-conti : 50 hl ; la romanée : 30 hl ; la tâche : 180 hl ; la grande rue : 50 hl ; échézeaux : 1 360 hl ; grands-échézeaux : 310 hl.
Rendement de base : 35 hl/ha.
Titre alcoométrique minimal : 11,5 % vol.
Potentiel de garde :
romanée-saint-vivant, richebourg, la romanée-conti, la tâche : de quinze à vingt-cinq ans ;
la romanée, échezéaux, grands-échézeaux, la grande rue : de quinze à vingt ans.

8 Vosne-Romanée

Ce village est célèbre par ses prestigieuses romanées, dont l'incomparable romanée-conti que Gaston Roupnel qualifiait de « perle au milieu du collier bourguignon ». L'une des maisons anciennes du bourg fut un rendez-vous de chasse du prince de Conti. C'est en 1760 que ce dernier acquit le clos qui porte son nom. Depuis la Révolution, l'église abrite les magnifiques boiseries du chœur de l'église de Cîteaux.

Vosne-Romanée. *La célèbre croix domine le vignoble de l'un des vins de Bourgogne les plus rares, les plus renommés et les plus… chers du monde, le romanée-conti.* Photo Jacques Guillard/Scope.

À voir : la croix de la romanée-conti.

Domaine Mongeard-Mugneret : 14, rue de la Fontaine, 21700 Vosne-Romanée. Tél. 03 80 61 11 95, sur R-V. Jean Mongeard s'est aménagé un très beau domaine à Vosne, qu'il exploite avec son fils Vincent. Une grande diversité d'appellations est offerte : vosne-romanée bien sûr, mais aussi fixin, savigny-lès-beaune… voire échézeaux et richebourg.

SC du Domaine de la Romanée-Conti : 21700 Vosne-Romanée. Tél. 03 80 62 48 80. Le nom de ce domaine suffit pour évoquer dans le monde entier le plus grand vin rouge de notre planète. Aubert de Villaine perpétue la tradition de cette maison, dans laquelle tous les vins sont grands, et certains sublimes : la romanée-conti, romanée-saint-vivant, la tâche, échézeaux, montrachet…

9 Clos de Vougeot

Superficie : 50 ha ; encépagement : vin rouge : pinot noir, pinot beurot, pinot liébaultet pinot blanc, pinot gris, chardonnay (15 % au maximum), vin blanc : pinot blanc, chardonnay ; récolte annuelle : 1 800 hl ; rendement de base : vin rouge : 40 hl/ha, vin blanc : 45 hl/ha ; titre alcoométrique

Vignoble de Vosne-Romanée. *S'étendant sur un peu moins de 1 ha, le grand cru de la romanée constitue la plus petite appellation de France.* Photo Jacques Guillard/Scope.

minimal : vin rouge : 10,5 % vol., vin rouge premier cru et vin blanc : 11 % vol., vin blanc premier cru : 11,5 % vol. ; potentiel de garde : de dix à douze ans et plus dans les grandes années. L'origine du clos remonte au XIIe siècle. Afin d'assurer leur approvisionnement en vin de messe, les moines de Cîteaux recherchèrent un endroit favorable pour y planter des vignes. Ils se contentèrent de quelques arpents (appelés « journeaux » en Bourgogne) de terre inculte, acquis pour une somme modeste et moyennant la promesse de prières pour le repos éternel des « donateurs ». Par la suite, d'autres donateurs, parmi lesquels le duc de Bourgogne et le site de Vergy, permirent aux moines de constituer un domaine de 50 ha. La quantité de vin produit dépassa largement les besoins quotidiens des moines, et le clos constitua une source de revenus pour l'abbaye.

La Révolution chassa les moines et confisqua leurs biens. Aujourd'hui, le clos, toujours entouré de murs, est partagé entre plus de 80 propriétaires-récoltants. Au XVIe siècle, l'abbé commanditaire de Cîteaux édifia un château autour de la cuverie et du cellier, construits par les moines aux XIIe et XIIIe siècles. Dans la cuverie, on peut voir quatre énormes pressoirs en bois de l'époque médiévale. C'est dans ce cadre que se déroulent, dix-sept fois par an, les chapitres de la confrérie.

À voir : **le château du clos de Vougeot qui est aujourd'hui la propriété de la confrérie des Chevaliers du tastevin.**

La confrérie des Chevaliers du tastevin

Sa création date de 1934, au moment où le monde viticole connaissait de graves difficultés économiques. À cette époque, le vin était en effet vendu moins cher que son contenant en bois, appelé localement pièce, d'un volume de 228 l. La confrérie se donne pour mission d'être l'ambassadrice des grands vins de Bourgogne ; elle y parvient en les faisant connaître au travers de ses chapitres aux mets raffinés arrosés des meilleurs produits du terroir, qui se tiennent dans l'ancien cellier du château du clos de Vougeot, selon une tradition désormais célèbre. Par le vin de Bourgogne, la confrérie fait ainsi trinquer le monde à la santé de la France.

R. B.

Clos de Vougeot, la confrérie des Chevaliers du tastevin. *Pour la tenue des chapitres de la confrérie, l'habit traditionnel est de rigueur.* Photo Jean-Daniel Sudres/Scope.

10 Chambolle-Musigny

Superficie : chambolle-musigny : 150 ha dont premiers crus, musigny : 10 ha ; encépagement : pinot noir, pinot beurot, pinot liébault et pinot blanc, pinot gris, chardonnay (15 % au maximum), musigny vin blanc : chardonnay ; récolte annuelle : chambolle-musigny : 6 900 hl, musigny vin rouge : 310 hl, musigny vin blanc : 20 hl ; rendement de base : musigny vin rouge : 35 hl/ha, musigny vin blanc et chambolle-musigny vin rouge : 40 hl/ha ; titre alcoométrique minimal : chambolle-musigny : 10,5 % vol., chambolle-musigny premier cru : 11 % vol., musigny vin rouge : 11,5 % vol., musigny vin blanc : 12 % vol. ; potentiel de garde : chambolle-musigny : de dix à douze ans, musigny : de douze à quinze ans.

La commune a droit aux appellations chambolle-musigny, chambolle-musigny premier cru et musigny.

Cette commune est réputée pour l'élégance et la finesse de ses vins, qualités résultant d'un sol à prédominance calcaire. En venant de Vougeot, on suit la rue du Tilleul (allusion au tilleul plusieurs fois séculaire planté par Sully au début du XVIIe siècle).

À voir : **l'église du XVIe siècle, avec, dans le chœur, ses peintures murales rénovées et son riche mobilier.**

Vosne-Romanée, *coupe de terrain : sols de la côte et des hautes côtes à la hauteur de Vosne-Romanée.*

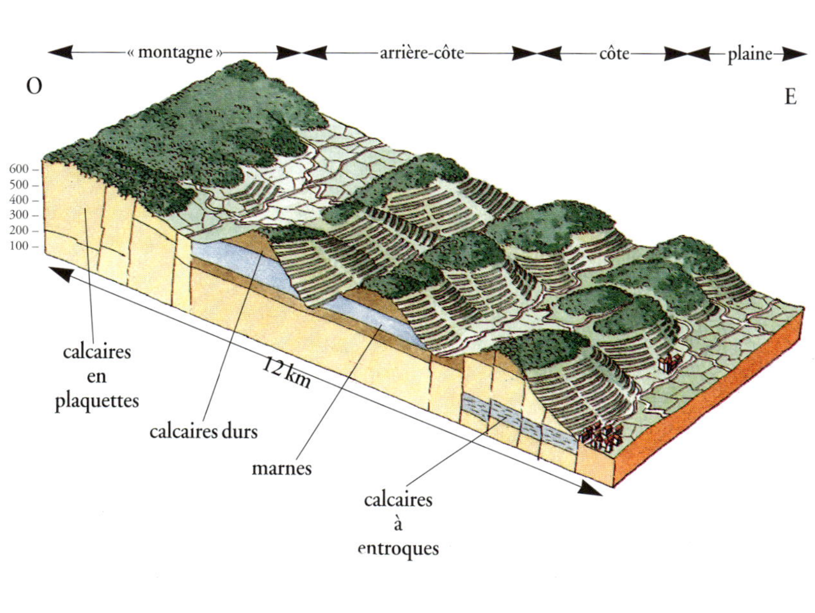

JACQUES-FRÉDÉRIC MUGNIER : château de Chambolle-Musigny, 21220 Chambolle-Musigny. Tél. 03 80 62 85 39, sur R-V. Jacques-Frédéric Mugnier, pilote de ligne et centralien de formation, produit des grands crus – et notamment des Amoureuses – des bonnes-mares et des musignys, sur son petit domaine de 4 ha.

Bonnes-mares

Cette AOC grand cru est partagée entre les communes de Chambolle-Musigny et de Morey-Saint-Denis.

Superficie : 15 ha.

Encépagement : pinot noir, pinot beurot, pinot liébault et pinot blanc, pinot gris, chardonnay (15 % au maximum).

Récolte annuelle : 550 hl.

Rendement de base : 35 hl/ha.

Titre alcoométrique minimal : 11,5 % vol.

Potentiel de garde : de douze à quinze ans.

11 Morey-Saint-Denis

Superficie : morey-saint-denis : 95 ha, grands crus, clos de tart : 7 ha, clos de la roche : 16 ha, clos saint-denis : 6 ha, clos des lambrays : 7 ha ; encépagement : vin rouge, clos de tart, clos de la roche, clos saint-denis, clos des lambrays : pinot noir, pinot beurot, pinot liébault et pinot blanc, pinot gris, chardonnay (15 % au maximum), vin blanc : pinot blanc, chardonnay ; récolte annuelle : morey-saint-denis vin rouge : 2 340 hl, morey-saint-denis vin blanc : 200 hl, clos de tart : 220 hl, clos de la roche : 650 hl, clos saint-denis : 270 hl, clos des lambrays : 280 hl ; rendement de base : vin rouge : 40 hl/ha, vin blanc : 45 hl/ha, clos de tart, clos de la roche, clos saint-denis, clos des lambrays : 35 hl/ha ; titre alcoométrique minimal : vin rouge : 10,5 % vol., vin rouge premier cru et vin blanc : 11 % vol., vin blanc premier cru, clos de tart, clos de la roche, clos saint-denis, clos des lambrays : 11,5 % vol. ; potentiel de garde : clos saint-denis : de dix à quinze ans, morey-saint-denis, clos de la roche : de dix à douze ans et plus dans les grandes

années, clos des lambrays : de douze à quinze ans, clos de tart : de quinze à dix-huit ans.
Morey-Saint-Denis bénéficie de l'appellation « villages » et premiers crus morey-saint-denis, et des AOC grands crus clos de tart, clos de la roche, clos saint-denis, clos des lambrays.
Morey-Saint-Denis et ses grands crus constituent l'une des plus petites aires d'appellations de la côte de Nuits. D'origine gallo-romaine (Moracium), le village s'est adjoint en 1925 le nom du clos Saint-Denis, autrefois propriété du chapitre de Saint-Denis à Vergy. Le clos de Tart, situé au centre du village, fut fondé par les moines de Cîteaux, afin d'assurer un revenu aux bernardines de Tart. C'est l'un des rares clos à conserver son unité d'origine (XIIe siècle).

À voir : **le clos de Tart entouré de murs ; le bâtiment du XVe siècle dans la cour ; un curieux pressoir du XVIe siècle.**

EARL MICHEL MAGNIER ET FILS : 4, rue Riborchot, 21220 Morey-Saint-Denis. Tél. 03 80 51 82 98, sur R-V. Ce domaine produit des grands crus mais aussi un village remarquable qui révélera tout son charme dans deux ou trois ans, mais qui vivra bien dix ans dans une bonne cave.

JEAN TAUPENOT-MERME : 33, route des Grands-Crus, 21220 Gevrey-Chambertin. Tél. 03 80 34 35 24, sur R-V. Vigneron de souche, Jean Taupenot s'est installé à Morey-Saint-Denis où il exploite une partie des vignes de son beau-père, M. Merme. Il a construit un beau domaine, sur Morey et sur Gevrey en particulier, et fait « bon », selon l'appréciation très bourguignonne.

12 Gilly-lès-Cîteaux

L'ancien prieuré fortifié du XVe siècle était une résidence de plaisance des abbés de Cîteaux au XVIIIe siècle ; aujourd'hui, la salle à manger d'un hôtel occupe l'ancienne cave gothique.

13 Saint-Bernard

Ce village évoque le grand réformateur cistercien, né à Fontaine-lès-Dijon en 1090. L'abbaye se trouve à 8 km.

À voir : **le panorama sur la côte viticole depuis Comblanchien jusqu'à Marsannay-la-Côte.**

Morey-Saint-Denis. *Les vins empruntèrent longtemps leur nom aux deux illustres voisines de la commune, Gevrey-Chambertin, au nord, et Chambolle-Musigny, au sud. Les cinq grands crus méritent pourtant une plus large renommée.* Photo Jacques Guillard/Scope.

NUITS-SAINT-GEORGES

L'appellation nuits s'étend sur Nuits-Saint-Georges et Premeaux-Prissey.

Superficie : 300 ha.

Encépagement :
vin rouge : pinot noir, pinot beurot, pinot liébault et pinot blanc, pinot gris, chardonnay (15 % au maximum) ;
vin blanc : pinot blanc, chardonnay.

Récolte annuelle :
vin rouge : 13 650 hl ;
vin blanc : 251 hl.

Rendement de base :
vin rouge : 40 hl/ha ;
vin blanc : 45 hl/ha.

Titre alcoométrique minimal :
vin rouge : 10,5 % vol. ;
vin rouge premier cru et vin blanc : 11 % vol. ;
vin blanc premier cru : 11,5 % vol.

Potentiel de garde : de dix à douze ans.

14 Nuits-Saint-Georges

Le *s* final de Nuits constitue un vestige du latin *nux*, le lieu étant autrefois planté de nombreux noyers. Le second nom, celui du cru Saint-Georges, était déjà connu, dit-on, avant l'an mille. La célébrité de Nuits serait due à une cure de vins de Nuits, prescrite en 1680 à Louis XIV par son médecin Fagon, afin de favoriser la convalescence du royal patient. La cure ayant fait merveille, toute la cour voulut goûter ce nectar bienfaisant !
À Nuits-Saint-Georges, on produit de nombreux premiers crus, vins aux caractères de climats très marqués, avec une présence de tanins relativement élevée qui assure une assez grande conservation.
L'église Saint-Symphorien (de la fin du XIIIe siècle) aux allures romanes, comme en témoignent ses ouvertures en plein cintre et ses bas-côtés voûtés d'arêtes, possède un escalier hélicoïdal dans une cage de bois ajouré (de la fin du XVIe siècle), menant à un buffet d'orgue du XVIIIe siècle. Le site gallo-romain des Bollards, situé hors de l'agglomération, fut peut-être une capitale religieuse, si l'on en juge par le nombre de sanctuaires datant des Ier et IIe siècles de notre ère.
On quitte Nuits-Saint-Georges par la D 8 en direction de Chaux par une route en corniche qui offre de belles échappées sur le vignoble avant d'atteindre les hautes côtes.

À voir : **le beffroi de l'ancien hôtel de ville d'influence flamande (XVIIe siècle) ; l'église Saint-Symphorien ; le Musée municipal ; le site des Bolards.**

DOMAINE FAIVELEY : 8, rue du Tribourg, 21700 Nuits-Saint-Georges. Tél. 03 80 61 04 55, sur R-V. François Faiveley dirige une maison de négoce et un grand domaine viticole. Parmi les vins proposés figurent du mercurey de belle qualité ainsi que des crus célèbres, tels le chambertin-clos de bèze ou le clos des Cortons-Faiveley.

DOMAINE HENRI ET GILLES REMORIQUET : 25, rue de Charmois, 21700 Nuits-Saint-Georges. Tél. 03 80 61 08 17, sur R-V. L'association heureuse d'un père vigneron et d'un fils diplômé de l'Université assure la production de vins de belle tenue.

SCE THOMAS-MOILLARD : Chemin rural n° 29, 21700 Nuits-Saint-Georges. Tél. 03 80 62 42 00, tlj, 10 h-18 h. Yves Thomas dirige une maison de vin et un beau domaine s'étendant sur la côte et les hautes côtes. Si le clos des Thorey, premier cru de nuits-saint-georges, reste le monopole de la maison, des vosne-romanée Malconsorts, voire des corton-charlemagne, figurent parmi les belles bouteilles.

À la sortie de Nuits, on peut aussi prendre la route de Premeaux-Prissey.

DOMAINE R. DUBOIS ET FILS : route de Nuits-Saint-Georges, 21700 Premeaux-Prissey. Tél. 03 80 62 30 61, tlj, 8 h-11 h 30 et 14 h-18 h, samedi, dimanche et fêtes, sur R-V. La complémentarité des membres de cette exploitation familiale permet de proposer une large gamme d'appellations de qualité.

HAUTES-CÔTES-DE-BEAUNE

Superficie : 760 ha.
Encépagement :
vin rouge : pinot noir, pinot beurot, pinot liébault et pinot blanc, pinot gris, chardonnay (15 % au maximum) ;
vin blanc : pinot blanc, chardonnay.
Récolte annuelle :
vin rouge : 32 300 hl ;
vin blanc : 7 200 hl.
Rendement de base :
vin rouge et rosé : 50 hl/ha ;
vin blanc : 55 hl/ha.
Titre alcoométrique minimal :
vin rouge, rosé ou clairet : 10 % vol. ;
vin blanc : 10,5 % vol.
Potentiel de garde : de six à huit ans.

15 ARCENANT

C'est un des plus jolis villages de la haute côte de Nuits, situé au cœur de la région des petits fruits rouges, parmi lesquels figurent surtout cassis et framboises.

À voir : **le « trou du Duc », auquel on accède par la D 25 en direction de Bruant : le panorama y est superbe et l'intérêt géologique du site réel.**

Par Marey-lès-Fussey puis Échevronne, on rejoint Pernand-Vergelesses où Jacques Copeau, fondateur de la compagnie du Vieux-Colombier, choisit de s'installer en 1925 dans une grande maison à fronton triangulaire visible de la route. Il devait terminer ses jours à l'hôtel-Dieu de Beaune en 1949.

PERNAND-VERGELESSES

Le vignoble de cette appellation communale se situe à quelques kilomètres au sud d'Arcenant. Dans ce cadre viticole exceptionnel, où sur un vaste coteau exposé plein sud s'incruste ce village pittoresque, les vins de qualité sont légion et de renommée internationale, tant en blanc qu'en rouge.
Superficie : 120 ha.
Encépagement : pinot noir, pinot beurot, pinot liébault.
Récolte annuelle :
vin rouge : 4 000 hl ;
vin blanc : 2 000 hl.
Rendement de base : 40 hl/ha.
Titre alcoométrique minimal :
pernand-vergelesses : 10,5 % vol ;
pernand-vergelesses premier cru : 11 % vol.
Potentiel de garde : de six à huit ans.

ALOXE-CORTON

Superficie :
aloxe-corton : 120 ha ;
corton : 100 ha ;
corton-charlemagne : 51 ha.
Encépagement :
vin rouge : pinot noir, pinot beurot, pinot liébault et pinot blanc, pinot gris, chardonnay (15 % au maximum) ;
vin blanc : chardonnay.
Récolte annuelle :
vin rouge : 5 800 hl ;
vin blanc : 28 hl.
Rendement de base :
corton vin rouge : 35 hl/ha ;
corton vin blanc, corton-charlemagne, charlemagne :
vin rouge : 40 hl/ha ;
vin blanc : 45 hl/ha.
Titre alcoométrique minimal :
vin rouge : 10,5 % vol. ;
vin rouge premier cru et vin blanc : 11 % vol ; corton vin rouge et vin blanc premier cru : 11,5 % vol ;
corton vin blanc, corton-charlemagne et charlemagne : 12 % vol.
Potentiel de garde :
aloxe-corton : de huit à dix ans ;
corton : de douze à quinze ans ;
corton-charlemagne : de quinze à dix-huit ans.

Château de Corton-André à Aloxe, *remarquable par son toit bourguignon aux tuiles vernissées.* Dessin atelier D. Duplantier.

16 Aloxe-Corton

Cette commune regroupe les appellations aloxe-corton, corton, corton-charlemagne et charlemagne qui s'étendent sur certaines parcelles des communes de Pernand-Vergelesses et de Ladoix-Serrigny.

À voir : **le toit polychrome du château Corton-André (XIXe siècle).**

PIERRE ANDRÉ : château de Corton-André, 21420 Aloxe-Corton. Tél. 03 80 26 44 25, tlj, 10 h-18 h. Les vins de ce grand domaine aux appellations variées, communales, premiers crus et grands crus, sont élevés dans les caves du château. Chablis, ladoix, puligny, corton Les Pougets, et autres puligny-montrachet Les Folatières s'y côtoient pour le plaisir des dégustateurs.

17 Savigny-lès-Beaune

Superficie : 341 ha ; encépagement : pinot noir, pinot beurot, pinot liébault ; récolte annuelle : vin rouge : 13 500 hl, vin blanc : 1 200 hl ; rendement de base : 40 hl/ha ; titre alcoométrique minimal : savigny-lès-beaune : 10,5 % vol., savigny-lès-beaune premier cru : 11 % vol. ; potentiel de garde : de six à huit ans.

Le château est le principal monument.

À voir : **le château médiéval rebâti au XVIIe siècle où est présenté un musée de la Moto.**

DOMAINE CHANDON DE BRIAILLES : 1, rue Sœur-Goby, 21420 Savigny-lès-Beaune. Tél. 03 80 21 52 31, sur R-V. Mme de Nicolay élabore des vins de grande race, tel son corton Les Bressandes.

SCE DU DOMAINE PIERRE GUILLEMOT : 1, rue Boulanger-et-Vallée, 21420 Savigny-lès-Beaune. Tél. 03 80 21 50 40, sur R-V. Pierre Guillemot, secondé par son épouse et par son fils Jean-Pierre, est parvenu à faire de ce petit domaine une référence de qualité et de typicité. On aura un penchant pour ses Serpentières et ses Hauts-Jarrons.

DOMAINE DU PRIEURÉ : Jean-Michel Maurice, 23, route de Beaune, ou 1, place Fournier, 21420 Savigny-lès-Beaune. Tél. 03 80 21 54 27, 9 h-12 h et 14 h-19 h, sur R-V. Jean-Michel Maurice produit des savigny-lès-beaune de tout premier plan.

L'itinéraire s'achève à Beaune qui marque le début de l'itinéraire suivant.

M. L.

Chorey-lès-Beaune

Le vignoble de Chorey-lès-Beaune se situe à mi-chemin entre Aloxe-Corton et Beaune.

Superficie : 137 ha.

Encépagement : pinot noir, pinot beurot, pinot liébault.

Récolte annuelle :

vin rouge : 6 100 hl ;

vin blanc : 220 hl.

Rendement de base : 40 hl/ha.

Titre alcoométrique minimal : 10,5 % vol.

Potentiel de garde : de six à huit ans.

Beaune. *Les pittoresques ruelles aux maisons anonymes de Beaune n'ont jamais sacrifié à l'urbanisme moderne, et la cité médiévale, au sous-sol parcouru de caves, entretient sa vocation d'incontestable capitale du négoce du vin en Bourgogne.* Photo A. S.

Ladoix

Le vignoble de Ladoix s'étend à quelques centaines de mètres d'Aloxe-Corton. Un long coteau pentu se trouve sur le territoire de cette commune peu connue : il s'agit du versant est du célèbre coteau de Corton, où l'on produit des corton-charlemagne et des corton rouges prestigieux. D'autres terroirs constituent des sites privilégiés tels La Corvée et le Clou-d'Orge, où le chardonnay s'exprime parfaitement.

Superficie : 120 ha.

Encépagement :

vin rouge : pinot noir, pinot beurot, pinot liébault ;

vin blanc : chardonnay, pinot blanc.

Récolte annuelle :

vin rouge : 3 800 hl ;

vin blanc : 700 hl.

Rendement de base :

vin rouge : 40 hl/ha ;

vin blanc : 45 hl/ha.

Titre alcoométrique minimal :

vin rouge : 10,5 % vol. ;

vin rouge premier cru et vin blanc : 11 % vol. ;

vin blanc premier cru : 11,5 % vol.

Potentiel de garde : de huit à dix ans.

Les étiquettes de la Bourgogne

L'étiquette de bourgogne a les déliés de son terroir et la force de son histoire ; elle ne cache ni ne révèle, elle est tout simplement. Elle offre une lecture double, flatteuse à l'œil comme la chair généreuse de ce pays ; elle est toute de nuances au point qu'on la croirait fondue aux arômes de ses vins. Seuls alors les connaisseurs savent en percer les subtilités.

Paradoxe de ces étiquettes aisément lisibles dont la complexité visuelle et typographique répond à un code rigoureusement établi : la taille des lettres en est réglementée avec précision. Ainsi, lorsqu'il est classé, le « climat » est-il imprimé en plus grands caractères que le nom du village d'appellation. Et il ne saurait être question de déro-ger à la règle. Toutefois, l'étiquette de bourgogne recherche la cohérence ; elle ne multiplie pas les styles, mais hiérarchise les textes. Elle présente une rhétorique élaborée, finement construite, où la structure maîtrise et dirige le détail. On peut donc la voir décliner dans un même registre le style propre de chaque propriété : noblesse du lieu, spécificité du climat, du propriétaire ou du domaine…

La thématique est unanime : l'étiquette de bourgogne file une trame médiévale de sceaux, de châteaux, de blasons et de parchemins. Elle tire ses lettres de noblesse de la grande Bourgogne qui sut tenir tête aux rois de France. Horizontale, elle assoit sa stabilité, sa force et son identité sur ce terroir de haute et ancestrale culture.

Annonçant le vin – d'essence spirituelle –, l'étiquette de bourgogne se proclame porte-parole des dieux. Avec tact, style, mesure et équilibre, elle affirme une identité qui se joue des modes, car elle se sait inscrite dans la durée, depuis les origines mythiques de sa création.

E. S. et Y. J.

Côte de Nuits, *vendanges au clos de Vougeot. Des calcaires marneux reposant sur des calcaires durs composent le sol des grands crus des côtes de Nuits.*
Photo Jacques Sierpinski/Scope.

Les vendanges en Bourgogne

Chaque année, pour les vignerons de Bourgogne, les vendanges constituent l'événement le plus important, un repère comparable à ceux qui marquent les naissances, les mariages ou les décès. Elles s'inscrivent comme des souvenirs de joie ou de peine, de réussite ou d'échec… Le millésime affiché sur l'étiquette d'un vin de qualité ne véhicule-t-il pas, pour une large part, la réputation de qualité et d'aptitude au vieillissement ?

Les vendanges sont attendues avec une certaine angoisse : « Tant que le raisin n'est pas dans la cave… » Et parfois, il est vrai, la récolte peut être gâchée, juste avant la cueillette, par des pluies porteuses de pourriture.

Au sein d'une exploitation, les vendanges font l'objet d'une stratégie qui préside à leur bon ordonnancement, selon l'état sanitaire du raisin, mais aussi selon le niveau de maturité de chaque parcelle.

Les dates des vendanges

Leurs dates de départ s'échelonnent, du sud au nord de la Bourgogne, entre le 15 septembre et le 15 octobre, écart parfois réduit, en particulier lors des années chaudes. Leur déclenchement, à dates quelquefois différentes pour les microzones, est précisé par arrêté préfectoral, et la décision s'appuie sur le résultat des prélèvements de raisins, issus de parcelles choisies dans des sites divers. Nul, ainsi, ne peut anticiper sur la date officielle… mais cette mesure n'est, après tout, que la transposition du fameux « ban des vendanges » que les magistrats de Beaune imposaient, au XVIIIe siècle, après avoir visité les vignes. Évitant les dérives nuisibles à la qualité, ces dispositions à caractère autoritaire sont salutaires et respectées par des professionnels représentés au sein des commissions de décision.

De fait, il s'agit avant tout de vendanger un raisin de qualité optimale : une cueillette trop précoce donne des vins acides et maigres, au vieillissement compromis ; à l'inverse, une récolte trop tardive confère au vin des caractéristiques atypiques. Et puis, le temps est parfois facétieux… L'idéal, celui d'une rapide vendange des raisins mûrs, n'est pas toujours chose facile…

Cueillette du raisin *en Mâconnais.* Photo Open Sky.

Tradition et modernité

Quelles que soient les conditions climatiques, il règne une ambiance de joie, ponctuée de chants et de rires, au sein des équipes de garçons et de filles, ouvriers et étudiants, français ou étrangers, qui se lancent chaque matin à l'assaut des coteaux. Les villages grouillent, le soir, d'une population inhabituelle et s'animent, de façon tout aussi insolite, tard dans la nuit. Le dernier jour des vendanges se fête par la Paulée, repas riche en victuailles et arrosé.

Ce folklore traditionnel et sympathique déserte malheureusement certains vignobles. Contre toute attente, la machine à vendanger a réussi à s'introduire en Bourgogne, s'adaptant peu à peu au vignoble en coteaux, aux interlignes étroits, et à la fragilité d'une végétation soumise au secouage mécanique. L'amortissement de l'investissement n'est cependant possible qu'à partir de 15 ha, ce qui constitue un frein pour les exploitations de taille moyenne (5 à 10 ha), dans les terroirs morcelés. Par ailleurs, on observe que les adeptes de la récolte mécanique se concentrent dans le Mâconnais, au sud, et le Chablis, au nord (la machine y vendange 85 % du volume !), zones au cépage le plus adapté à ce type de cueillette : le chardonnay. À l'opposé, le pinot noir, plus délicat et plus fragile, perd une partie de ses arômes au moment où la baie est brutalement détachée de son pédicelle. Le clos de Vougeot n'est pas prêt, pour l'heure, à accueillir cet engin du XXe siècle… G. F.

Vosne-Romanée. *Le vignoble s'étage au nord de Nuits-Saint-Georges et doit sa renommée à ses grands crus : la romanée-conti, richebourg, la tâche, romanée-saint-vivant, la romanée, grands-échézeaux, échézeaux, la grande-rue.*
Photo Jean-Luc Barde/Scope.

La côte et les hautes côtes de Beaune

de Beaune à Autun

De Beaune, capitale du bourgogne, à Autun, ville gallo-romaine aux portes du Morvan, on parcourt successivement la plaine, la côte et ses vignobles prestigieux, puis les hautes côtes au charme plus discret, et l'Épinacois.

La côte de Beaune

Dans le prolongement sud de la côte de Nuits, la côte de Beaune, remarquable pour ses formes plus arrondies et plus douces, s'étend de Ladoix-Serrigny aux Maranges. Implanté sur 1 650 ha, le vignoble produit des vins rouges réputés et de très grands vins blancs. On utilise les mêmes cépages qu'en côte de Nuits : pinot noir pour les rouges et chardonnay pour les blancs ; le vignoble est conduit en guyot.

Vignerons et négociants se côtoient, ces derniers étant partout propriétaires de vignes. Il faut en effet bénéficier du statut de négociant pour acheter du raisin ou du vin. Le vigneron, lui, ne vinifie et ne commercialise que sa propre récolte. De nombreuses maisons de négoce sont installées à Beaune, dont certaines, plus que centenaires, possèdent de grands domaines.

L'hôtel-Dieu à Beaune. *La construction de l'édifice et le toit aux tuiles vernissées, orné de lucarnes et de girouettes, procède d'un style gothique bourguignon imprégné d'influences flamandes.* Photo A. S.

Église de Nolay. *Ce jacquemart du XVI*[e] *siècle, situé sous un curieux clocheton aux ardoises imbriquées, est la copie d'un original à demi-calciné qui est exposé dans le musée de la ville.* Photo A. S.

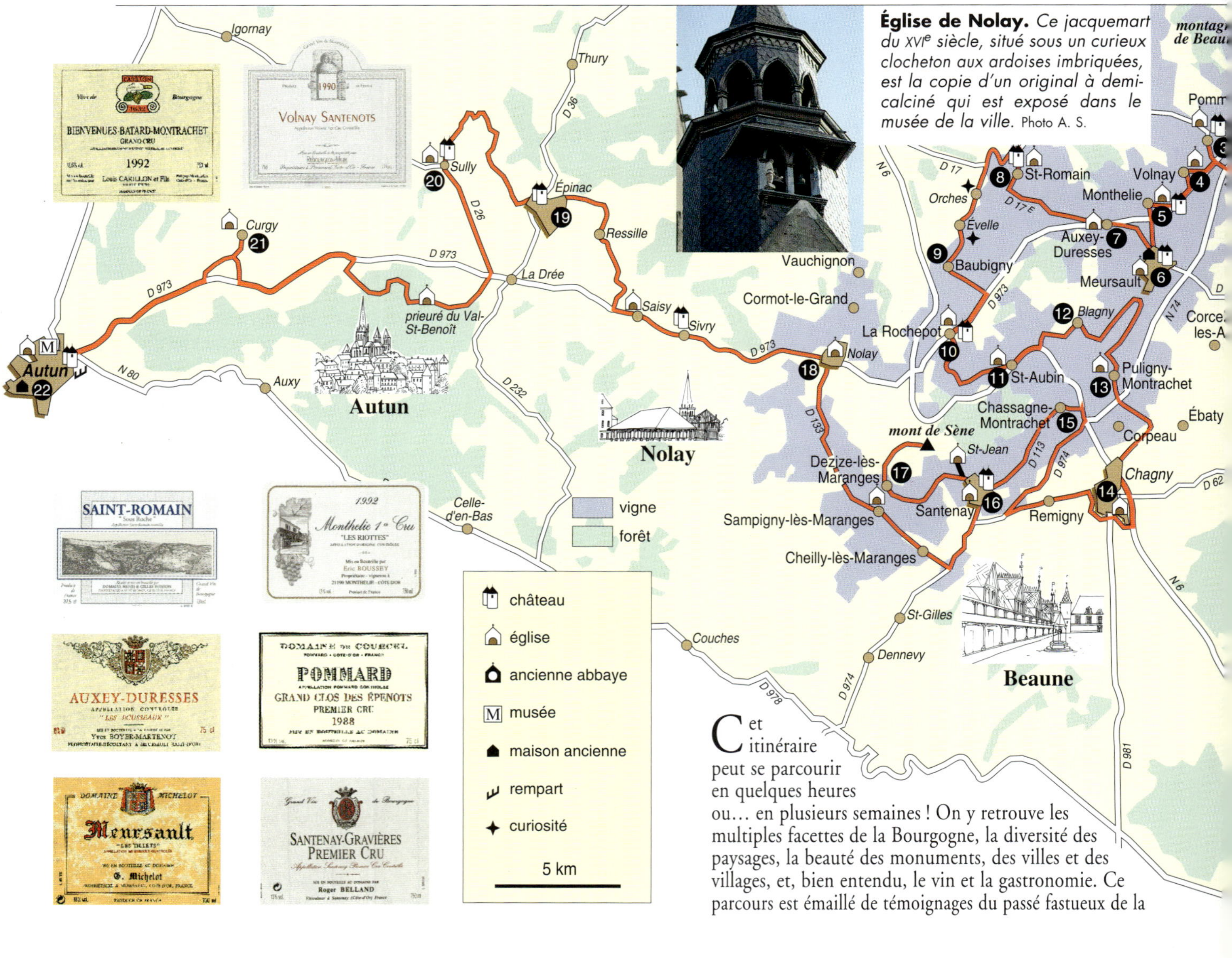

Cet itinéraire peut se parcourir en quelques heures ou… en plusieurs semaines ! On y retrouve les multiples facettes de la Bourgogne, la diversité des paysages, la beauté des monuments, des villes et des villages, et, bien entendu, le vin et la gastronomie. Ce parcours est émaillé de témoignages du passé fastueux de la

Les hautes côtes de Beaune

Elles surplombent la côte de Beaune sur près de 30 km du haut de leurs 300 à 400 m d'altitude. Elles sont découpées en d'innombrables vallées (ou combes) pleines de charme, dont les versants bien exposés portent 500 ha de vignes. Le vignoble est conduit de façon analogue à celui de la côte de Beaune, sauf pour 30 % des surfaces dont les vignes sont hautes et larges.

Bénéficiant d'une appellation d'origine contrôlée depuis 1961, les vins des hautes côtes de beaune, du rouge en majorité, sont réputés pour leur excellent rapport qualité-prix. Lors de la flambée des prix des appellations les plus prestigieuses, bon nombre de consommateurs se sont tournés vers des zones moins connues, et, le plus souvent, y sont restés fidèles. Les exploitations sont, pour la plupart, de caractère familial. Un quart d'entre elles adhèrent à la cave coopérative qui vinifie et commercialise 20 % des vins des hautes côtes.

Puligny-Montrachet, village et vignoble. *Les parcelles des « climats », ces lieux-dits d'appellation en Bourgogne, sont strictement délimitées. La commune de Puligny-Montrachet possède les plus grands crus blancs de Bourgogne.* Photo Jacques Guillard/Scope.

Itinéraire de Beaune à Autun

Bourgogne : les hospices de Beaune, les châteaux de La Rochepot et de Sully, ou la cathédrale d'Autun. Pour apprécier pleinement cet itinéraire, les cinq sens doivent rester en éveil. En Bourgogne, il faut humer, goûter, toucher, écouter… et regarder.

1 Beaune

Superficie : 410 ha dont 60 % de premier cru ; encépagement : vin rouge : pinot noir, vin blanc : chardonnay, pinot blanc ; récolte annuelle : vin rouge : 14 500 hl, vin blanc : 1 000 hl ; rendement de base : vin rouge : 40 hl/ha, vin blanc : 45 hl/ha ; titre alcoométrique minimal : vin rouge : 10,5 % vol., vin rouge premier cru et vin blanc : 11 % vol., vin blanc premier cru : 11,5 % vol. ; potentiel de garde : de huit à dix ans et plus.

Au croisement de grands axes internationaux, Beaune partage l'essentiel de son activité entre le vin et le tourisme. Enserrée dans ses remparts et ses bastions, la ville s'est peu étendue et compte aujourd'hui à peu près 20 000 habitants. Par contraste, Dijon, qui était une ville d'importance égale à Beaune au siècle dernier, a abattu ses bastions et s'est considérablement développé.

Ville étroite, Beaune se visite à pied et il est tout à fait conseillé de ponctuer la promenade de quelques dégustations. On se gare en centre-ville (place Carnot) ou sur le boulevard circulaire.

L'hôtel-Dieu est l'emblème de la région. Il fut fondé en 1443 par Nicolas Rolin (conseiller de Jean sans Peur, puis chancelier de Philippe le Bon) et son épouse, Guigone de Salins, pour venir en aide aux malades, aux indigents et aux vieillards. Les bâtiments construits plus récemment derrière l'hôtel-Dieu ont accueilli des malades jusqu'en 1971. Ceux-ci ont été peu à peu transférés dans le nouvel hôpital de Beaune, et l'hôtel-Dieu a pu être réaménagé.

L'hôtel-Dieu recèle un chef-d'œuvre : le fameux polyptyque du *Jugement dernier* de Rogier Van der Weyden. Longtemps exposée dans la chapelle de la salle des Pôvres, cette œuvre est à présent installée dans une pièce à température constante et à faible luminosité. Lorsque Nicolas Rolin créa les hospices de Beaune, il les dota d'un patrimoine en terres afin d'assurer leurs revenus. Un demi-millénaire de dons et de legs ont fait des hospices l'un des plus importants patrimoines hospita-

Quelques maisons remarquables à Beaune

À l'angle de la rue Maufoux et de l'avenue de la République, on peut voir la maison du Colombier (XVe siècle) et sa tourelle d'angle, ainsi que l'hôtel de Saulx (XVe siècle) dans la rue de Lorraine, plusieurs maisons datent du XVIe siècle ; rue Rousseau-Deslandes : à l'angle de la rue de Lorraine, des maisons du XVe siècle ; en descendant la rue, sur la gauche, l'hospice de la Charité fondé en 1645 pour les orphelins et, sur la droite, une maison du XIIIe siècle. Place Ziem, la chambre de commerce et d'industrie occupe l'ancien carmel (XVIIe siècle). H. J.

Cave Drouhin à Beaune. *Le nombre de ses caves fait de Beaune la véritable capitale du vin en Bourgogne.* Photo Jacques Guillard/Scope.

liers de France. Le domaine viticole s'étend sur 60 ha de vignes, situées en côte de Beaune à Pommard, Meursault, Beaune… ainsi qu'en côte de Nuits avec une parcelle de mazis-chambertin. Les vins des hospices de Beaune, célèbres dans le monde entier, sont vendus chaque troisième dimanche de novembre au cours d'une grande vente de charité. Dans le même temps, l'exposition générale des vins de Bourgogne a lieu au palais des Congrès et près de 3 000 vins (de l'année ou de millésimes antérieurs) sont présentés. En sortant des hospices, on prend la rue de Paradis dont le tracé suit l'ancien castrum. Sur la place Monge se trouvent le beffroi du XIVe siècle, la statue de Gaspard Monge, mathématicien, sculptée par François Rude, et l'ancien hôtel de La Rochepot construit au XVIe siècle.

La collégiale Notre-Dame, construite essentiellement aux XIIe et XIIIe siècles, fut souvent remaniée. On peut admirer cinq tapisseries, réalisées à la fin du XVe siècle, qui évoquent la vie de la Vierge, de sa naissance à son couronnement.

L'hôtel des ducs de Bourgogne, construit entre le XIVe et le XVIe siècle, abrite le musée du Vin de Bourgogne et une magnifique collection de pressoirs.

Vitrine d'un marchand de vin à Beaune. *Beaune s'enorgueillit d'être la vitrine des grands vins de Bourgogne.* Photo A. S.

L'église Saint-Nicolas, sur la route de Dijon, est située hors les murs. Elle fut construite entre le XIIe et le XVe siècle dans un style sobre. Elle recèle une *Vierge aux sept glaives* qui date de 1509.

Pour avoir un joli point de vue sur la ville et son vignoble, il faut se rendre à la montagne de Beaune en suivant le fléchage à partir du boulevard circulaire.

À voir : **l'hôtel-Dieu ; la collégiale Notre Dame ; l'hôtel des ducs de Bourgogne ; le musée Marey ; le musée des Beaux-Arts ; les remparts ; les caves ; l'église Saint-Nicolas.**

L'appellation beaune est, en superficie, l'une des plus grandes de la côte. Les vins rouges sont très différents selon qu'ils proviennent de parcelles situées au nord de l'appellation (côté Savigny-lès-Beaune), comme le clos du Roi, Les Marconnets ou Les Cent-Vignes, ou au sud (côté Pommard) comme le clos des Mouches ou Les Boucherottes.

BOUCHARD AÎNÉ ET FILS : 4, boulevard Maréchal-Foch, 21200 Beaune. Tél. 03 80 24 24 00, tlj, 9h 30-12h30 et 14h-18h30. Cette grande maison familiale a été rachetée par le groupe Jean-Claude Boisset.

BOUCHARD PÈRE ET FILS : Au Château, BP 70, 21200 Beaune Cedex. Tél. 03 80 24 80 24, sur R-V. Vin retenu : la romanée, monopole du domaine du château de Vosne-Romanée. Cette vigne minuscule produit un vin qui procure toujours un moment d'émotion.

LES CAVES DES HAUTES-CÔTES : route de Pommard, 21200 Beaune Tél. 03 80 25 01 00, tlj, sauf dimanche, 9h-12h et 14h-18h. Vin retenu : pommard.

CHANSON PÈRE ET FILS : 10, rue Paul-Chanson, 21200 Beaune. Tél. 03 80 22 33 00, sur R-V. On déguste là l'excellent clos des Mouches, et les très bons clos des Maconnets et clos des Fèves. Le regretté Paul Chanson, personnage légendaire, inscrivait sur sa carte de visite : « Ambassadeur du vin de Bourgogne ». Ses successeurs poursuivent sa tradition d'excellence.

JOSEPH DROUHIN : 7, rue d'Enfer, 21200 Beaune. Tél. 03 80 24 68 88, sur R-V. Vins retenus : chambolle-musigny premier cru ; Hospices de Beaune cuvée Maurice-Drouhin ; puligny-montrachet Folatières premier cru et Le Marquis-de-Laguiche en montrachet.

On quitte Beaune en direction de Challanges. En terrain plat jusqu'à Pommard, cette partie du circuit peut se faire à bicyclette. L'opposition est très marquée entre la côte et la plaine de la vallée de la Saône. En Bourgogne, la vigne n'occupe en effet que 1 % des surfaces agricoles et bien d'autres cultures s'étendent. Aux grandes productions de colza

La collégiale Notre-Dame à Beaune *(détail du porche). Le porche et les chapelles latérales sont de styles gothique et Renaissance. Le dôme campaniforme qui coiffe la tour carrée date de 1585.* Photo A. S.

Les Trois Glorieuses à Beaune. *La présentation de groupes folkloriques fait partie des manifestations.* Photo A. S.

Les Trois Glorieuses

Cette manifestation a lieu au cours de la troisième semaine de novembre, le samedi soir, le dimanche et le lundi.

Le samedi soir, premier jour des Trois Glorieuses, la confrérie des Chevaliers du tastevin ouvre la voie aux libations bachiques par un chapitre spécial. Beaune et sa proche région sont alors envahis par une foule de professionnels du vin et de touristes venus des cinq continents.

Le deuxième jour a lieu la vente des hospices et, le troisième jour, se tient la Paulée de Meursault. La Paulée est le repas qui clôture les vendanges et qui associe autour d'une table bien garnie propriétaires et vendangeurs. Meursault, « capitale des grands vins blancs de Bourgogne », a institutionnalisé cette tradition avant la dernière guerre, sous la forme d'une grande manifestation originale. L'atmosphère est détendue, d'une agréable simplicité, d'un caractère amical. Les vignerons y invitent leurs clients, leurs amis, leur famille, et chacun apporte sa ou plutôt ses bouteilles, choisies parmi les plus anciennes, les plus « grandes ». Leur nombre s'évalue en mètres carrés… une surface de 10 à 15 m² est classique !

Un prix littéraire, doté de 100 bouteilles de meursault, récompense un écrivain et journaliste de renom. Les plus récents bénéficiaires ont été Alain Duhamel, Philippe Labro, Ève Ruggieri et Patrick Poivre-d'Arvor. R. B.

Vente des vins des hospices de Beaune.
Photo Jean-Luc Barde/Scope.

La vente des vins des hospices de Beaune

Le troisième dimanche de novembre de chaque année, depuis 1859, se déroule « la plus grande vente de charité du monde » qui permet d'aider malades, vieillards et nécessiteux, tout en assurant l'entretien et la modernisation des bâtiments hospitaliers.
Les vins produits AOC de villages, de premier cru ou de grand cru sont présentés à un public d'acheteurs professionnels de tous pays, ou de vignerons et négociants locaux. Dans le dédale des caves, en une longue procession, ils dégustent sur fût les différentes cuvées en se faisant une idée sur la qualité probable du millésime. En effet, le niveau des cours atteints lors de cette vente dessine généralement le profil de ceux qui seront vendus dans les semaines qui suivront. Chaque cuvée porte le nom d'un des généreux donateurs du domaine des hospices, dont le vignoble croît régulièrement grâce aux legs de mécènes ou de simples vignerons reconnaissants.
La vente se déroule à la bougie. Une première bougie est allumée à la première offre : c'est le premier feu qui dure aussi longtemps que montent les enchères. Lorsque celles-ci ralentissent, le commissaire-priseur allume le deuxième feu qui brûle tant qu'il y a des offres. Lorsqu'il s'éteint, le lot est adjugé.
Chaque année, une personnalité préside la vente, et une pièce, hors catalogue, est vendue au profit d'une œuvre de bienfaisance.
Dans la soirée, un somptueux dîner aux chandelles, servi dans les caves du vieux bastion, clôture le plus grand événement viticole de France.
R. B.

ou de tournesol s'ajoutent de nombreuses plantations de cassis, indispensable pour confectionner avec du vin blanc – l'aligoté de préférence – le kir. Dans le cassis, on n'utilise pas uniquement les fruits mais aussi les bourgeons qui sont récoltés l'hiver et vendus en parfumerie. Les feuilles, les bourgeons ou les fruits sont d'ailleurs des arômes que l'on retrouve, mais jamais aussi nettement, dans certains

vins rouges. Les vignerons installés dans la plaine sont peu nombreux mais possèdent des vignes situées en aires d'appellations. On suit Challanges, Combertault (belle église à droite), Bourguignon, puis Laborde en direction de Sainte-Marie-la-Blanche, puis en direction de Géanges. Avant Géanges, on prend à droite la D 239, en direction de l'archéodrome par Merceuil.

DOMAINE CHARLES ALLEXANT ET FILS : rue du Château, Cissey, 21190 Merceuil. Tél. 03 80 26 83 27, sur R-V. Ce domaine se distingue par son clos Les Bressandes au parfum de sauvagine et ses volnays Le Village, fins, lisses et attachants.

BERNARD DURY : rue du Château, Cissey, 21190 Merceuil. Tél. 03 80 21 48 44, sur R-V. Vins retenus : crémant de bourgogne ; meursault.

2 L'ARCHÉODROME DE BOURGOGNE

On suit la direction Meursault. Après être passé sous l'autoroute, on prend à droite vers l'archéodrome.
Après un an de travaux, l'archéodrome nouveau a ouvert ses portes en avril 1994. Trois circuits sont proposés : une visite découverte, en trente minutes, du chronoscope et de l'espace Bourgogne ; une visite du musée et du parc en une heure ; ou une visite complète qui dure deux heures. En l'espace de sept minutes, le chronoscope raconte la naissance du monde, l'arrivée de la vie et la préhistoire. On suit l'évolution de l'histoire humaine du paléolithique supérieur à la période gallo-romaine, lors d'une projection en relief, avec des effets spéciaux ; des reconstitutions correspondant aux différentes époques sont installées à la fois dans le musée et le parc ; elles présentent le résultat de fouilles menées dans la région (à Nuits-Saint-Georges, Solutré...).
On reprend la route et, au croisement, on suit à droite la direction de Bligny-lès-Beaune puis on se dirige vers Pommard. La vue sur la côte est très belle, particulièrement sur le village de Volnay, niché à flanc de coteau.

3 POMMARD

Superficie : 320 ha dont des premiers crus ; encépagement : pinot noir, pinot beurot, pinot liébault ; récolte annuelle : 14 700 hl ; rendement de base : 40 hl/ha ; titre alcoométrique minimal : 10,5 % vol., premier cru : 11 % vol. ; potentiel de garde : les vins de Pommard, mondialement connus et reconnus, sont, en général, tanniques et puissants. Ils demandent à bien vieillir pour qui veut les apprécier dans toute leur splendeur. Parmi les premiers crus les plus réputés, on trouve Les Épenots côté pommard et Les Rugiens côté volnay.

Archéodrome de Beaune. *Sur 100 m de long, le musée reconstitue la double ligne fortifiée établie par César autour de l'oppidum retranché d'Alésia (aujourd'hui Alise-Sainte-Reine, au nord-ouest de Dijon) en 52 av. J.-C.*
Photo Jean-Luc Barde/Scope.

Au croisement de la N 74, on voit la célèbre croix de Pommard qui marquait pour les voyageurs du Moyen Âge la fin d'une route difficile. Créée en 1983 la confrérie du Souverain bailliage de Pommard célèbre les vins de la commune et procède à des intronisations.

À voir : **le château de la Commaraine et ses celliers voûtés datant du XIIe siècle ; le château de Pommard de style Directoire ; l'église du XVIIIe siècle et la fontaine, ainsi que quelques maisons romanes dans le village.**

Pommard. *Sur un sol argilo-calcaire, Les Grands-Épenots et Les Petits-Épenots sont les « climats » des meilleurs pommards.* Photo A. S.

DOMAINE BILLARD-GONNET : route d'Ivry, 21630 Pommard. Tél. 03 80 22 17 33, sur R-V. La maison a deux siècles de tradition et son pommard clos Les Rugiens le dispute parfois au clos Les Chaponnières.

DOMAINE DE COURCEL : place de l'Église, 21630 Pommard. Tél. 03 80 22 10 64. 8 ha presque exclusivement en premier cru de pommard.

DOMAINE LEJEUNE : La Confrérie, place de l'Église, 21630 Pommard. Tél. 03 80 22 90 28, sur R-V. François Jullien de Pommerol a cessé d'enseigner au lycée viticole de Beaune pour reprendre le domaine familial. Il obtient de très beaux pommards clos Les Rugiens et Les Argillières.

CHÂTEAU DE POMMARD : 21630 Pommard. Tél. 03 80 22 07 99, tlj, 9 h-18 h 30. Voici un domaine que son propriétaire, le psychanalyste Jean-Louis Laplanche, dirige avec passion et dont il obtient un vin complexe et bien typé.

DANIEL REBOURGEON-MURE : Grand-Rue, 21630 Pommard. Tél. 03 80 22 75 39, tlj sauf dimanche, sur R-V. Cette propriété appartient à la famille depuis 1552. Vins retenus : pommard clos Les Grands-Épenots ; volnay.

Après avoir rejoint la D 973 en direction de Volnay, on prend à droite la C 4 pour entrer dans le village.

4 VOLNAY

Superficie : 220 ha dont des premiers crus ; encépagement : pinot noir ; récolte annuelle : 9 800 hl ; rendement de base : 40 hl/ha ; titre alcoométrique minimal : 10,5 % vol, premier cru : 11 % vol. ; potentiel de garde : de huit à dix ans.

Délicats et élégants, les vins de volnay sont tout en rondeur, en finesse et en équilibre.

Les volnays premier cru Santenots sont produits sur la commune voisine de Meursault. Occupant 29 ha, ils répondent aux mêmes critères de production que les autres vins de volnay.

Volnay. *Les vins de volnay figuraient déjà sur la table de Louis XI, Philippe VI de Valois ou Louis XIV.* Photo A. S.

De Beaune à Autun. *La vigne omniprésente sur l'arrière-côte beaunoise cède la place aux pâturages et aux forêts du Morvan.* Dessin atelier D. Duplantier.

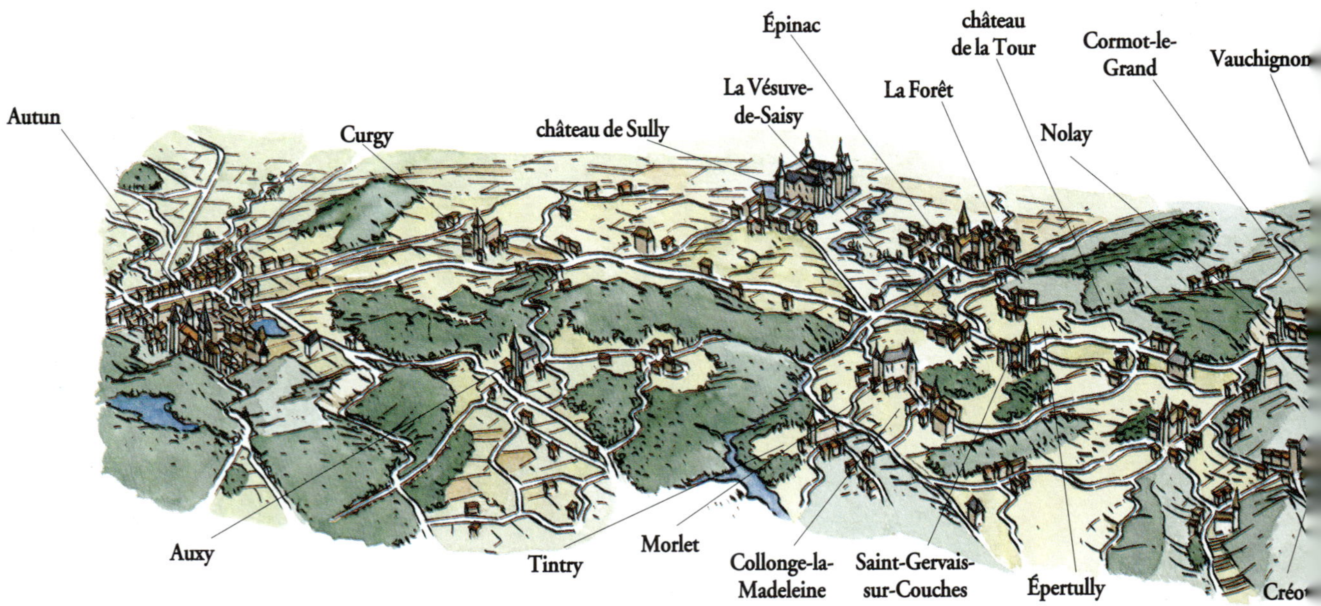

Volnay est un des plus anciens villages de la côte. Pittoresque, il mérite qu'on s'y attarde. Une fois garé devant la mairie, on monte jusqu'à Notre-Dame-des-Vignes où le point de vue est magnifique.
À voir : **Notre-Dame-des-Vignes ; l'église du XIVe siècle ; la chapelle du XVIe siècle.**
RÉGIS ROSSIGNOL : rue d'Amour, 21190 Volnay. Tél. 03 80 21 61 59, tlj, sur R-V. Ce producteur pratique une vinification traditionnelle pour des vins de garde. Vins retenus : pommard clos Les Grands-Épenots ; volnay ; savigny-lès-beaune.
EARL ROSSIGNOL-FÉVRIER : rue de Mont, 21190 Volnay. Tél. 03 80 21 64 23, sur R-V. Les volnays sont élégants et harmonieux.
DOMAINE JOSEPH VOILLOT : place de l'Église 21190 Volnay. Tél. 03 80 21 62 27, sur R-V. Les volnays de ce domaine sont pleins de charme.

Regagner la D 973, direction Monthélie.

5 Monthélie

Superficie : 119 ha dont des premiers crus ; encépagement : vin rouge : pinot noir, vin blanc : chardonnay, pinot blanc ; récolte annuelle : vin rouge : 4 900 hl, vin blanc : 570 hl ; rendement de base : vin rouge : 40 hl/ha, vin blanc : 45 hl/ha ; titre alcoométrique minimal : vin rouge : 10,5 % vol., vin rouge premier cru et vin blanc : 11 % vol., vin blanc premier cru : 11,5 % vol. ; potentiel de garde : de six à huit ans. Moins connus que leurs voisins, les vins de Monthélie sont de très bonne qualité. En général, les parcelles situées sur le coteau de Volnay produisent des vins plus fins que celles du coteau

Côte de Beaune, Monthélie. *Les vins de ce vieux village, qui domine le cirque de Meursault, atteignent parfois la qualité d'un pommard ou d'un volnay.* Photo Jacques Guillard/Scope.

d'Auxey-Duresses. La combe orientée vers Auxey-Duresses marque la séparation entre les terres à vins rouges (côté Volnay) et les terres à vins blancs (côté Meursault).
À voir : **l'église du XIIe siècle, de style roman clunisien, remaniée au XVe siècle ; le château du XVIIIe siècle.**
DOMAINE ÉRIC BOUSSEY : Grand-Rue, 21190 Monthélie. Tél. 03 80 21 60 70, tlj, sur R-V. Un accueil et une visite commentée vous attendent, ainsi qu'un monthélie premier cru Les Riottes, typique.
DOMAINE BOUZERAND-DUJARDIN : place de l'Église, 21190 Monthélie. Tél. 03 80 21 20 08, sur R-V. Ce vigneron sculpteur excelle dans les deux arts.
EARL ÉRIC DE SUREMAIN : rue du Pied-de-la-Vallée, 21190 Monthélie. Tél. 03 80 21 23 32, sur R-V. Le vin est à l'image d'un château typiquement bourguignon.

On traverse la D 973 pour aller à Meursault.

6 Meursault

Superficie : 390 ha dont des premiers crus ; encépagement : vin rouge : pinot noir, pinot beurot, pinot liébault, vin blanc : chardonnay, pinot blanc ; récolte annuelle : vin rouge : 500 hl, vin blanc : 19 700 hl ; rendement de base : vin rouge : 40 hl/ha, vin blanc : 45 hl/ha ; titre alcoométrique minimal : vin rouge : 10,5 % vol., vin rouge premier cru et vin blanc : 11 % vol., vin blanc premier cru : 11,5 % vol. ; potentiel de garde : de douze à quinze ans.
Les vins blancs de meursault sont ronds et capiteux, très longs en bouche. Certains lieux-dits comme Les Perrières, Les Charmes, Les Genevrières ou Les Gouttes-d'Or sont connus dans le monde entier, et leur évocation suffit à faire rêver. Les premiers crus Santenots sont des volnays s'ils sont plantés en pinot, des meursaults s'ils sont plantés en chardonnay. D'autres lieux-dits, non classés en premier cru, sont tout de même mentionnés sur les étiquettes, Les Narvaux et Les Tillets, par exemple. Les meursaults rouges sont fins et légers.
Un ancien château fort du XIVe siècle, dont le toit à la bourguignonne date du XIXe siècle, abrite l'hôtel de ville. Gérard Oury y a tourné plusieurs scènes de *La Grande Vadrouille*. Le château de Meursault et ses magnifiques caves méritent également une visite.
À voir : **l'église du XVe siècle et sa flèche de 53 m en pierre de taille, magnifique *Vierge à l'Enfant* du XIIe siècle, visites possibles en juillet et août (s'adresser au syndicat d'initiative) ; l'hôtel de ville ; sur la N 74, le portail roman d'une ancienne léproserie du XIIe siècle ; le château.**
De nombreuses festivités se déroulent à Meursault : le troisième week-end de novembre a lieu la Paulée, dans le cadre des Trois Glorieuses. À la fin de mars, la Trinquée et la Banée ont lieu le même jour. La Trinquée, dégustation professionnelle qui se déroule l'après-midi, est suivie d'un repas gastronomique, la Banée. Enfin, à la fin de juillet, le festival de musique « De Bach à Bacchus » célèbre le mariage du vin et de la musique.
GAEC DOMAINE CAILLOT : 14, rue du Cromin, 21190 Meursault. Tél. 03 80 21 21 70, sur R-V. Ce domaine élabore un vin onctueux, aux arômes de fruits secs.
GUY BOCARD : 4, rue de Mazeray, 21190 Meursault. Tél. 03 80 21 26 06, sur R-V. Les meursaults ont un bon potentiel.
YVES BOYER-MARTENOT : 17, place de l'Europe, 21190 Meursault. Tél. 03 80 21 26 25, sur R-V. Vin retenu : auxey-duresses cru Les Écusseaux.

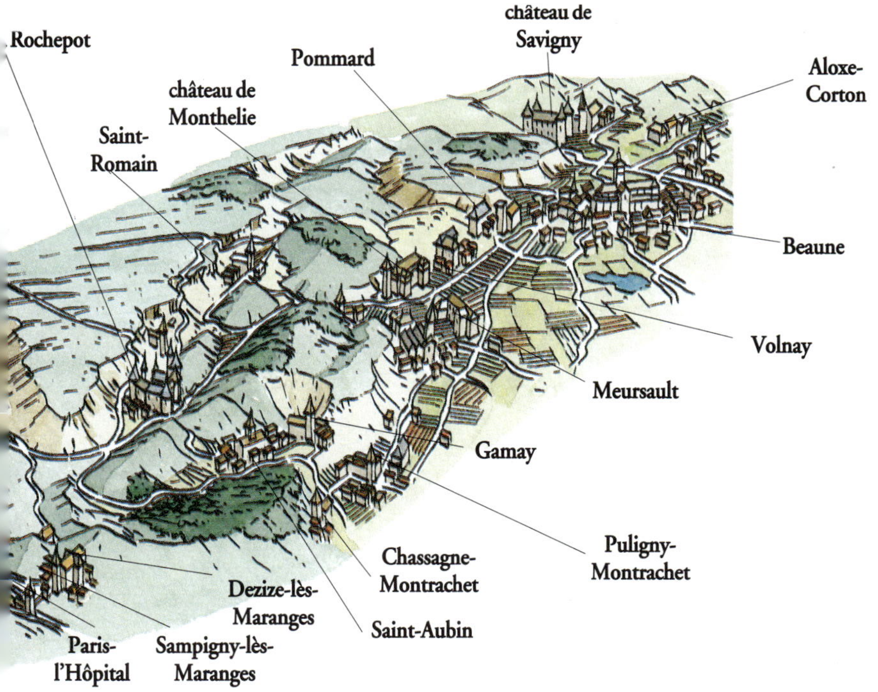

🍇Bertrand Darviot : château de la Velle, 17, rue de la Velle, 21190 Meursault. Tél. 03 80 21 22 83, sur R-V. Cette bonne maison produit une gamme de vins intéressants dont on retiendra le beaune premier cru Les Cent-Vignes et le meursault.

🍇Bernard Delagrange : 10, rue du 11-Novembre, 21190 Meursault. Tél. 03 80 21 22 72, tlj, 9 h-19 h. Les volnays sont solides, les meursaults vifs et élégants.

🍇Domaine Rémi Jobard : 12, rue Sudot, 21190 Meursault. Tél. 03 80 21 20 23, sur R-V. Un excellent bourgogne aligoté souple, tendre et rond. Son caractère citronné le destine aux fruits de mer.

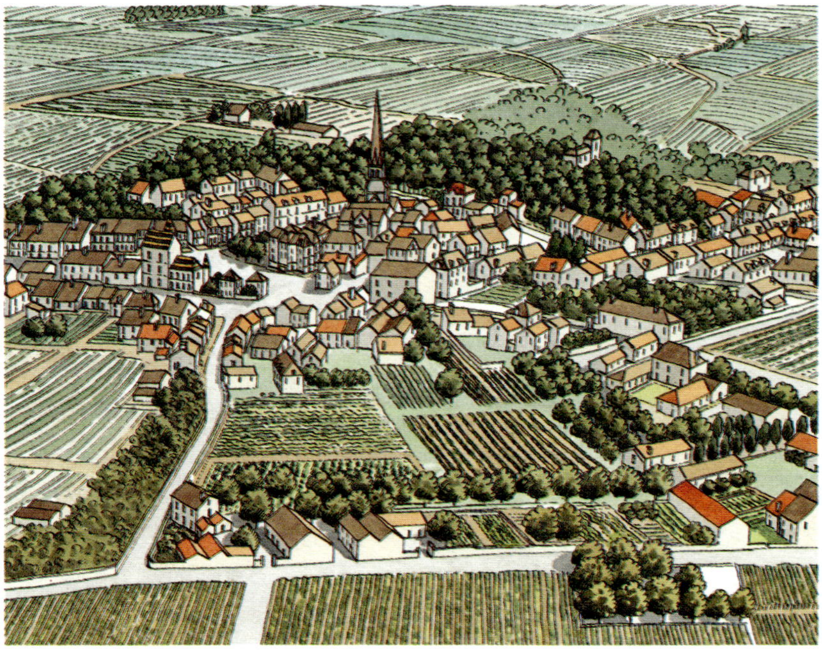

Meursault. *Le bourg est groupé autour de son église (XVe siècle), dont l'aiguille du clocher culmine à 53 m de hauteur.* Dessin atelier D. Duplantier.

🍇Patrick Javillier : 7, impasse des Acacias, 21190 Meursault. Tél. 03 80 21 27 87, sur R-V. On y trouve une bonne gamme de produits.

🍇Domaine Michelot : 31, rue de la Velle, 21190 Meursault. Tél. 03 80 21 23 17, sur R-V. On goûtera le meursault Les Tillets, « climat » situé en haut du coteau et toujours vendangé en dernier, et Les Grands-Charrons.

🍇Domaine Jacques Prieur : 6, rue des Santenots, 21190 Meursault. Tél. 03 80 21 23 85, sur R-V. Le domaine produit de très beaux meursaults mais également des montrachets, des chambertins et des musignys de haut niveau.

Regagner la D 973 vers Auxey-Duresse

7 Auxey-Duresses

Superficie : 138 ha dont des premiers crus ; encépagement : vin rouge : pinot noir, vin blanc : chardonnay, pinot blanc ; récolte annuelle : vin rouge : 4 500 hl, vin blanc : 1 900 hl ; rendement de base : vin rouge : 40 hl/ha, vin blanc : 45 hl/ha ; titre alcoométrique minimal : vin rouge : 10,5 % vol., vin rouge premier cru et vin blanc : 11 % vol., vin blanc premier cru : 11,5 % vol. ; potentiel de garde : de six à huit ans.

Les vins blancs proviennent surtout du coteau attenant à Meursault, alors que les rouges sont issus de celui qui jouxte Monthélie. Le sol du premier cru Les Duresses est marno-calcaire, celui du premier cru La Chapelle est à dominance marneuse, le premier cru du clos du Val repose sur des terrains très calcaires. Le hameau de Melin, à quelques kilomètres, se situe encore dans l'appellation auxey-duresses.

Les vins rouges ont une intensité colorante moyenne, et leur bouquet, très fin, est fruité ; souples et équilibrés, ils sont dans la droite ligne de leurs voisins de monthélie. Les vins blancs, souples, se boivent relativement jeunes.

À voir : **la chapelle du XVe siècle dans l'ancien cimetière ; l'église d'Auxey-le-Petit construite entre le Xe et le XIIIe siècle ; le camp romain sur le mont Mélian (côté Meursault).**

🍇Philippe Prunier-Damy : rue du Pont-Boillot, 21190 Auxey-Duresses. Tél. 03 80 21 60 38, sur R-V. Vin retenu : auxey-duresses Clos du Val, rouge premier cru.

À la sortie d'Auxey-Duresses, on prend la direction de Saint-Romain.

8 Saint-Romain

Superficie : 90 ha ; encépagement : vin rouge : pinot noir, vin blanc : chardonnay, pinot blanc ; récolte annuelle : vin rouge : 2 000 hl, vin blanc : 2 000 hl ; rendement de base : vin rouge : 40 hl/ha, vin blanc : 45 hl/ha ; titre alcoométrique minimal : vin rouge : 10,5 % vol., vin blanc : 11 % vol. ; potentiel de garde : de six à huit ans.

Ici, il n'y a pas de premiers crus. Ce vignoble marque la transition entre la côte et les hautes côtes. Très fins mais souvent un peu vifs dans leur jeunesse, les vins de saint-romain gagnent de la rondeur en vieillissant.

La partie haute du village est perchée sur une falaise, que l'on atteint en passant devant la tonnellerie et en prenant à droite. En haut le point de vue est remarquable. L'église du XVe siècle provient d'un prieuré de Cluny ; sur la chaire sculptée sont représentés des oiseaux mangeant du raisin et un escargot.

À voir : **les vestiges d'un château ; l'église.**

🍇Domaine Henri et Gilles Buisson : impasse du Clou, 21190 Saint-Romain. Tél. 03 80 21 27 91, sur R-V. Vins retenus : bourgogne aligoté ; meursault ; saint-romain. Ce dernier reflète, tout comme l'étiquette qui habille la bouteille, le terroir de Saint-Romain et sa falaise.

On redescend de Saint-Romain-le-Haut par la même route et, devant la tonnellerie, on prend à droite. Au croisement, on tourne à gauche, vers Ivry-en-Montagne.

9 Baubigny

Orches et Évelle appartiennent à la commune de Baubigny. On y produit du hautes côtes de beaune. Orches ressemble à un nid d'aigle, au pied de superbes rochers. Au-dessus du hameau, on peut accéder, à pied, à une petite source entourée de stèles gallo-romaines.

À voir : **à Évelle, un vieux pressoir du XVIIe siècle ; à la base de la falaise voisine, les fouilles de Dracy qui ont mis au jour un village du Moyen Âge.**

On quitte Évelle par la D 111 en direction de Melin, puis on suit la direction de La Rochepot.

10 La Rochepot

L'église de La Rochepot est un ancien prieuré de bénédictins qui date du XIIe siècle. Elle abrite une peinture italienne du XVIe siècle et un triptyque de la *Mise au tombeau* du XVIIe siècle. Ces deux œuvres se trouvaient initialement dans la chapelle du château.

Niché sur un rocher, le château de La Rochepot et ses toits multicolores sont

une image bien connue de la Bourgogne. Bâti au XIIe siècle par Alexandre de Bourgogne, racheté par Régnier Pot qui en poursuivit la construction puis, passé en de nombreuses mains, il fut très endommagé pendant la Révolution. Racheté par le fils du président de la République Sadi Carnot, il a été presque entièrement reconstruit. À ce jour il appartient toujours à la famille Carnot.
À voir : **l'église ; le château.**
JÉRÔME MASSON : rue Haute, 21340 La Rochepot. Tél. 03 80 21 72 42, sur R-V. Il produit un crémant de bourgogne particulièrement intéressant.

Quitter La Rochepot en direction de Saint-Aubin et profiter de la belle vue que l'on a sur le château.

11 SAINT-AUBIN

Superficie : 156 ha dont des premiers crus ; encépagement : vin rouge : pinot noir, vin blanc : chardonnay, pinot blanc ; récolte annuelle : vin rouge : 2 900 hl, vin blanc : 4 800 hl ; rendement de base : vin rouge : 40 hl/ha, vin blanc : 45 hl/ha ; titre alcoométrique minimal : vin rouge : 10,5 % vol., vin rouge premier cru et vin blanc : 11 % vol., vin blanc premier cru : 11,5 % vol. ; potentiel de garde : de six à huit ans.
Le vignoble est très éclaté et se répartit sur différentes croupes : vers La Rochepot, vers Puligny-Montrachet et vers Chas-sagne-Montrachet.
Les vins de saint-aubin allient une grande qualité à des prix encore abordables. Les vins blancs sont remarquables, notamment En Remilly et Les Murgers-des-Dents-de-Chien qui sont tout près du célèbre chevalier-montrachet. Les vins rouges sont tendres et soyeux.
L'église de Saint-Aubin, classée monument historique, date du Xe siècle ; elle est surmontée d'une flèche typique en pierre du XIIe siècle. La rue principale s'étire le long d'une ancienne voie romaine vers le hameau de Gamay.
À voir : **l'église.**
JEAN-CLAUDE BACHELET : rue de la Fontaine, 21190 Saint-Aubin. Tél. 03 80 21 31 01, sur R-V. Vins retenus : chassagne-montrachet ; saint-aubin.
MICHEL LAMANTHE : 21190 Saint-Aubin. Tél. 03 80 21 33 23, sur R-V. Vins retenus : chassagne-montrachet ; saint-aubin.
HENRI PRUDHON ET FILS : 21190 Saint-Aubin. Tél. 03 80 21 36 70, sur R-V. On appréciera un très bon rouge Les Frionnes premier cru et un blanc fort intéressant.
DOMAINE ROUX PÈRE ET FILS : 21190 Saint-Aubin. Tél. 03 80 21 32 92, sur R-V. Vins retenus : gevrey-chambertin ; puligny-montrachet ; clos Les Poruzots ; saint-aubin.

Château de La Rochepot. *Vendu comme bien national lors de la Révolution, le château du XVe siècle fut entièrement reconstitué, au siècle dernier, dans l'esprit de la fin du XIXe siècle, évitant ainsi de finir comme carrière de pierre.* Photo A. S.

On passe par Gamay pour rejoindre le hameau de Blagny en profitant de la vue.

12 BLAGNY

Superficie : 6 ha dont des premiers crus ; encépagement : pinot noir ; récolte annuelle : 250 hl ; rendement de base : 40 hl/ha ; titre alcoométrique minimal : 10,5 % vol., premier cru : 11 % vol. ; potentiel de garde : de six à huit ans.
Ce hameau est à cheval sur Meursault et Puligny-Montrachet. Ses vins ont beaucoup de personnalité et de charpente, et ne demandent qu'à vieillir.
À la sortie du hameau, on prend à droite, puis à gauche, vers Puligny (il y a une croix au croisement).

13 PULIGNY-MONTRACHET

Les premiers crus situés du côté de Meursault, comme Les Combettes, sont souvent plus tendres que ceux qui voisinent avec les grands crus, comme Cailleret. La croix de Puligny est un endroit stratégique : quand on tourne le dos au village et que l'on regarde le coteau, le montrachet est au-dessus de la route à gauche, le chevalier-montrachet au-dessus du montrachet, le bâtard-montrachet est toujours à gauche en dessous de la route, et les bienvenues-bâtard-montrachet sont imbriqués dans le bâtard-montrachet. À main droite, ce sont des premiers crus : Cailleret au-dessus de la route, Les Pucelles en dessous.
L'église (en partie du XIIIe siècle) renferme un lutrin du XVe siècle en forme d'aigle. On prendra le temps de déguster les très grands vins blancs secs de ce village. Les vins de puligny-montrachet sont très fins et souvent fermés lorsqu'ils sont jeunes (c'est encore plus vrai pour les grands crus). Il faut donc s'armer de patience pour les apprécier dans toute la splendeur qui fait leur réputation. Dans ce village, on constate un fait exceptionnel en Bourgogne : les caves ne sont pas souterraines, ce qui est dû à la hauteur de la nappe phréatique.
À voir : **l'église.**
OLIVIER LEFLAIVE : Place du Monument 21190 Puligny-Montrachet. Tél. 03 80 21 37 65, sur R-V. Son Montrachet est remarquable. Ni masculin ni féminin, il est gras et sec, enveloppé et svelte. Il est apte à une très longue garde.
DOMAINE JEAN CHARTRON : 13, Grand-Rue, 21190 Puligny-Montrachet. Tél. 03 80 21 32 85, tlj, 10h-12h et 14h-18h, fermé de la mi-novembre à mai. Un clos La Pucelle à regarder s'éveiller.

Vignobles aux environs de Saint-Aubin. *À proximité de Saint-Aubin se trouve le hameau de Gamay qui a donné son nom au cépage cultivé aujourd'hui en Beaujolais.* Photo Michel Guillard/Scope.

LOUIS CARILON ET FILS : 21190 Puligny-Montrachet. Tél. 03 80 21 30 34, sur R-V. Ce domaine familial produit un amour de puligny.

On quitte Puligny-Montrachet en passant devant l'hôtel Le Montrachet. On traverse la N 74 en direction d'Ébaty. Après la voie ferrée, on prend à droite vers Corpeau. À la N 6, on prend à gauche vers Chalon-sur-Saône. Puis on quitte la N 6 en direction de Chagny centre-ville.

14 CHAGNY

Cette ville marque le début de la côte Chalonnaise. Le célèbre restaurant Lameloise (trois étoiles au guide Michelin) en est le point d'attraction. Chaque année, à la mi-août, une foire aux vins est organisée : on y déguste les vins de la côte Chalonnaise.

À voir : **l'église avec sa nef du XIIIe siècle, son chœur moyenâgeux, ses trois chapelles du XVIIe siècle et son clocher roman.**

ANDRÉ LHÉRITIER : 4, bd de la Liberté, 71150 Chagny. Tél. 03 85 87 00 09, tlj, 8h 30-11h 30 et 14h-19h. Vin retenu : bouzeron.

On quitte la ville en direction de Remigny. Sur cette commune, on produit du chassagne-montrachet sur 7 ha, du santenay sur 13 ha et du côte de beaune-villages.

Au croisement avec la D 974, on suit Beaune, puis on prend la N 6 vers Auxerre, Nolay, Chassagne. On la quitte en direction de Chassagne et Santenay.

15 CHASSAGNE-MONTRACHET

Superficie : 295 ha dont des premiers crus sur la commune de Chassagne-Montrachet et sur la commune de Remigny ; encépagement : vin rouge : pinot noir, pinot beurot, pinot liébault, vin blanc : chardonnay, pinot blanc ; récolte annuelle : vin rouge : 6 200 hl, vin blanc : 8 800 hl ; rendement de base : vin rouge : 40 hl/ha, vin blanc : 45 hl/ha ; titre alcoométrique minimal : vin rouge : 10,5 % vol., vin rouge premier cru et vin blanc : 11 % vol., vin blanc premier cru : 11,5 % vol. ; potentiel de garde : vin rouge : de huit à dix ans, vin blanc : de douze à quinze ans. Les vins blancs sont gras et puissants, les vins rouges, charpentés.

Chassagne-Montrachet partage deux grands crus avec la commune de Puligny-Montrachet. Mais elle possède un grand cru bien à elle, qui jouxte le bâtard-montrachet : c'est le criots-bâtard-montrachet.

SCA DUPERRIER-ADAM : 3, place des Noyers, 21190 Chassagne-Montrachet. Tél. 03 80 21 31 10, tlj, 9h-12h et 14h-17h, sur R-V samedi et dimanche. Vin retenu : chassagne-montrachet Cailleret.

Chassagne-Montrachet, outre ses grands vins, s'enorgueillit aussi de l'exploitation d'une pierre calcaire qui, une fois polie, ressemble au marbre.

Lorsque l'on quitte le village en direction de Santenay, on peut voir sur la gauche l'abbaye de Morgeot entourée par des vignes qui produisent du chassagne-montrachet premier cru Morgeot, blanc ou rouge.

PULIGNY-MONTRACHET

Superficie : 208 ha dont des premiers crus.
Encépagement :
vin rouge : pinot noir ;
vin blanc : chardonnay, pinot blanc.
Récolte annuelle :
vin rouge : 250 hl ;
vin blanc : 11 100 hl.
Rendement de base :
vin rouge : 40 hl/ha ;
vin blanc : 45 hl/ha.
Titre alcoométrique minimal :
vin rouge : 10,5 % vol. ;
vin rouge premier cru et vin blanc : 11 % vol. ;
vin blanc premier cru : 11,5 % vol.
Potentiel de garde : de douze à quinze ans.

MONTRACHET

« Il faut le boire à genoux et la tête découverte », aurait déclaré Alexandre Dumas. Car s'il est un vin qui a su inspirer la passion et le lyrisme, c'est bien le montrachet. Il doit son nom à la colline qui le porte : le mont Rachet, autrement dit mont Chauve, car rien n'y pousse. C'est donc de ce terrain peu fertile et parfaitement exposé que le montrachet tire sa substance, et quelle substance !… Une dizaine de propriétaires se partagent ce grand cru. Ici, le sol vaut plus que de l'or puisqu'une ouvrée peut coûter jusqu'à 1 500 €. Il y a presque 24 ouvrées dans 1 ha… Cette ancienne mesure – toujours couramment employée – correspondait à l'ouvrage que pouvait faire un homme en une journée. La bouteille de montrachet se vend entre 100 et 150 €. Il faut attendre parfois dix ans, voire vingt ans (selon les millésimes), ce vin si précieux. De jaune-vert, sa robe prend une teinte dorée, les arômes se développent…

Superficie : 8 ha dont 4 sur la commune de Puligny-Montrachet et 4 sur la commune de Chassagne-Montrachet.
Encépagement : chardonnay.
Récolte annuelle : 300 hl.

Montrachet, vignoble AOC. *Le linteau du portail de cette parcelle enclose de murs témoigne qu'ici, le vignoble est roi.* Photo Jean-Daniel Sudres/Scope.

Rendement de base : 40 hl/ha.
Titre alcoométrique minimal : 12 % vol.
Potentiel de garde : vingt ans et parfois plus.

CHEVALIER-MONTRACHET

Superficie : 7 ha de grand cru sur la commune de Puligny-Montrachet.
Encépagement : chardonnay.
Récolte annuelle : 340 hl.
Rendement de base : 40 hl/ha.
Titre alcoométrique minimal : 12 % vol.
Potentiel de garde : de douze à quinze ans.

BIENVENUES-BÂTARD-MONTRACHET

Superficie : 4 ha de grand cru sur la commune de Puligny-Montrachet.
Encépagement : chardonnay.
Récolte annuelle : 170 hl.
Rendement de base : 40 hl/ha.
Titre alcoométrique minimal : 11,5 % vol.
Potentiel de garde : de douze à quinze ans.

BÂTARD-MONTRACHET

Superficie : 12 ha de grand cru dont 6 sur la commune de Puligny-Montrachet et 6 sur la commune de Chassagne-Montrachet.
Encépagement : chardonnay.
Récolte annuelle : 540 hl.
Rendement de base : 40 hl/ha.
Titre alcoométrique minimal : 11,5 % vol.
Potentiel de garde : de douze à quinze ans.

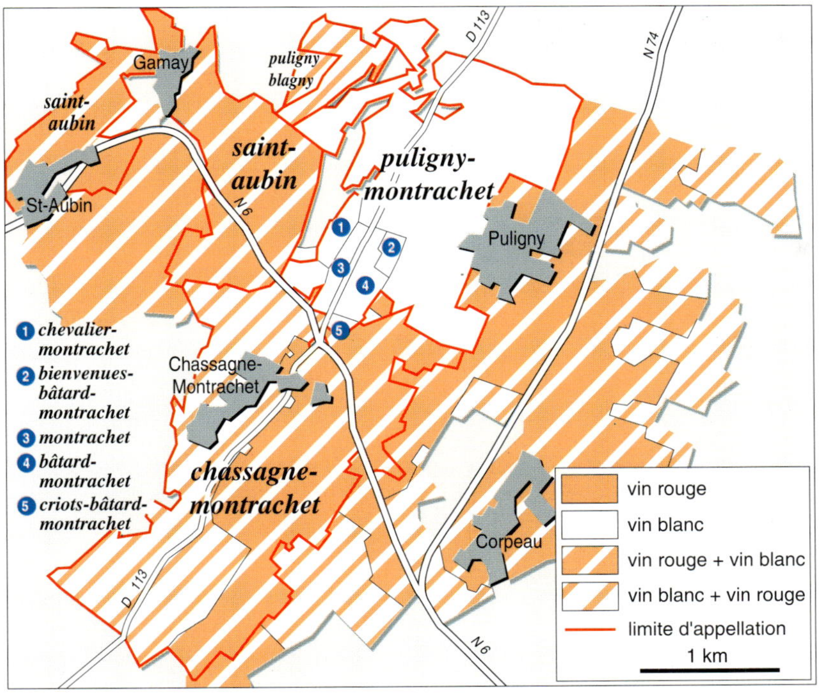

Carte des aires d'appellations saint-aubin, chevalier-montrachet, bienvenues-bâtard-montrachet, montrachet, bâtard-montrachet, criots-bâtard-montrachet.

Criots-Bâtard-Montrachet

Superficie : 2 ha de grand cru sur la commune de Chassagne-Montrachet.
Encépagement : chardonnay.
Récolte annuelle : 75 hl.
Rendement de base : 40 hl/ha.
Titre alcoométrique minimal : 11,5 % vol.
Potentiel de garde : de douze à quinze ans.

16 Santenay

Superficie : 330 ha dont des premiers crus sur la commune de Santenay et sur la commune de Remigny ; encépagement : vin rouge : pinot noir, vin blanc : chardonnay, pinot blanc ; récolte annuelle : vin rouge : 13 900 hl, vin blanc :1 900 hl ; rendement de base : vin rouge : 40 hl/ha, vin blanc : 45 hl/ha ; titre alcoométrique minimal : vin rouge : 10,5 % vol., vin rouge premier cru et vin blanc : 11 % vol., vin blanc premier cru : 11,5 % vol. ; potentiel de garde : de six à huit ans.

De même que l'appellation chassagne-montrachet, l'appellation santenay empiète sur la commune de Remigny. Les vins rouges de santenay sont tanniques, voire durs quand ils sont jeunes. Ils exhalent peu à peu des arômes de terroir et de fruits mûrs. La confrérie des Grumeurs de santenay célèbre les vins de l'appellation et procède à des intronisations au printemps et à l'automne. La ville a été célèbre pour ses sources thermales avant de l'être pour son vin : elle s'appelait d'ailleurs Santenay-les-Bains. L'établissement thermal est installé dans la partie basse de Santenay. Grâce aux eaux riches en lithium, on y soigne les problèmes digestifs et les rhumatismes.

Jean-Claude Belland : place du Jet d'Eau, 21590 Santenay. Tél. 03 80 20 61 90, sur R.-V. Des vins assez tanniques, parmi lesquels un excellent chambertin.

Domaine Roger Belland : 3, rue de la Chapelle, 21590 Santenay. Tél. 03 80 20 60 95, sur R-V. Vins retenus : chassagne-montrachet ; santenay Les Gravières très typé.

EARL René Lequin-Colin : 10, rue de Lavau, 21590 Santenay. Tél. 03 80 20 66 71, sur R-V. Cette exploitation produit un superbe bâtard-montrachet issu d'une parcelle située côté chassagne.

Louis Lequin : 1, rue du Pasquier-du-Port, 21590 Santenay. Tél. 03 80 20 63 82, sur R-V. Cette exploitation élabore un corton-charlemagne puissant.

Jean Moreau : domaine de la Buissière, 4, rue de la Buissière, 21590 Santenay. Tél. 03 80 20 61 79, sur R-V. Vins robustes, les santenay rouges sont très traditionnels.

On se dirige vers le château de Philippe le Hardi (XIVe siècle) qui, outre son toit vernissé et son donjon carré, possède le plus gros et le plus vieux platane de France, planté par Henri IV selon la tradition.

En sortant du château, on prend à gauche vers le hameau de Narosse, puis l'on dépasse le château de la Crée avant de tourner à gauche vers Saint-Jean. Blottie au fond d'une combe, son église date du XIIIe siècle et possède une sculpture d'une *Vierge à l'Enfant terrassant le dragon* (XVIIe siècle). Dans le cimetière, une croix en pierre du XVe siècle est ornée de pampres et de raisins.

On revient au croisement, on prend à droite et l'on se dirige vers la montagne des Trois-Croix (mont de Sène). On traverse Santenay-le-Haut.

Lettres patentes de Philippe le Hardi, duc de Bourgogne, en date du 31 juillet 1395

Elles furent accordées sur la demande des habitants de Dijon, de Beaune, de Chalon et du pays environnant, qui exposaient qu'il y avait en ces lieux « les meilleurs et plus pretieux… vins du royaume de France pour le nourissement et sustanctacion de créature humaine et que pour la bonté d'iceux nostre Saint Père le pape, Monseigneur le Roi et plusieurs autres seigneurs tant gens d'église, nobles que autres » avaient coutume d'en user, bien qu'ils eussent d'autres vins en abondance. Mais des particuliers ayant fait planter des « gannets » (gamays) dans leurs vignes pour avoir une plus grande quantité de vin, le duc ordonna de les couper et de les arracher dans le mois suivant la publication de ses lettres.

Santenay, *château dit de Philippe le Hardi. Recouvert d'une toiture colorée à briques émaillées, ce château du XVe siècle possède des caves du XIVe siècle.*
Photo Jacques Guillard/Scope.

MARANGES

Créée en 1989 par décret, l'appellation maranges regroupe 3 communes : Dezize-lès-Maranges, Cheilly-lès-Maranges et Sampigny-lès-Maranges. Située en Saône-et-Loire, cette appellation fait cependant partie de la côte de Beaune ; on y produit des vins rouges bien structurés aux arômes de petits fruits rouges et noirs.

Superficie : 190 ha.

Encépagement :
vin rouge : pinot noir ;
vin blanc : chardonnay.

Récolte annuelle :
vin rouge : 8 800 hl ;
vin blanc : 230 hl.

Rendement de base :
vin rouge : 40 hl/ha ;
vin blanc : 45 hl/ha.

Titre alcoolimétrique minimal :
vin rouge : 10,5 % vol. ;
vin rouge premier cru et vin blanc : 11 % vol. ;
vin blanc premier cru : 11,5 % vol.

Potentiel de garde : de six à huit ans.

OPINION

Lyonel Leconte (meilleur sommelier de France 1994)

1/ Qu'attendez-vous d'un vin ?

En premier lieu, un vin doit être le reflet de son terroir, c'est-à-dire présenter un caractère unique et une personnalité identifiable, en clamant avec fierté ses racines.
Sur le plan organoleptique, un vin doit se présenter vêtu d'une robe chatoyante, exhaler un profil olfactif net, complexe et évolutif, et déferler dans le palais par vagues successives dans une symphonie aérienne, harmonieuse et équilibrée en ce qui concerne les rapports sucre-acide pour les blancs, et sucre-acide-amertume pour les rouges.
Enfin, sur le plan hédoniste, un vin doit être gourmand et spirituel, c'est-à-dire nourrissant pour le corps comme pour l'esprit.

2/ Qu'attendez-vous d'un producteur ?

Sur le plan technique, un producteur doit savoir se remettre en question à chaque récolte, afin d'adapter les règles œnologiques modernes aux usages de la tradition. Il doit aussi écouter la critique parfois constructive…
Sur le plan éthique, un producteur doit être avant tout un bon père, en élevant avec soin, rigueur et passion ses différents vins, en respectant la nature et le caractère de chacun, sans préférence. Si le vigneron respecte ses vins, il respectera ses clients !

3/ Votre dernier coup de cœur ?

Maranges, premier cru, clos Les Loyères 1992, Vincent Girardin. Maranges est une AOC nouvellement promue – depuis 1989 – et se situe tout au sud de la côte de Beaune ; petite appellation rare et modeste, offrant un rapport qualité-prix imbattable en Bourgogne, parée d'une belle robe rubis et profonde, dotée d'un disque d'une brillance éclatante, d'une limpidité cristalline et d'une transparence absolument parfaite. On découvre, sur le plan olfactif, des notes fruitées et florales exubérantes (purée de fraises et myrtilles écrasées, violette) s'exprimant sur une structure en bouche gracieuse et soyeuse avec une très belle finesse de grains et des tanins souples, gras et fondus dans la matière, avec une belle finale riche, puissante et fraîche.

17 DEZIZE-LÈS-MARANGES

Le village possède quelques vieilles maisons.
À voir : **l'église, en partie romane.**
DOMAINE BERNARD BACHELET ET FILS : rue des Maranges, 71150 Dezize-lès-Maranges. Tél. 03 85 91 16 11. Le domaine, qui produit 16 appellations, bénéficie d'une bonne réputation.

On continue vers le Mont-de-Sène, dit des Trois-Croix.
On arrive à 521 m d'altitude. Le point de vue, exceptionnel, va du Morvan au Jura en passant par le mont Blanc (tôt le matin par temps clair). Ce site, sur lequel une nécropole antique fut découverte, a été occupé jusqu'au IVe siècle av. J.-C. On redescend vers Santenay en repassant à Dezize-lès-Maranges. On traverse le bourg, la voie de chemin de fer et le canal. On retrouve la D 974, et l'on tourne à droite vers Saint-Gilles. On passe Corchanu, Cheilly-lès-Maranges et Sampigny-lès-Maranges, puis on prend la direction de Nolay.

18 NOLAY

Cette petite ville est située en hautes côtes de Beaune. Cette appellation régionale s'étend de Magny-lès-Villers jusqu'aux Maranges.
Les halles, bâties sur des colonnes de bois, datent du XIVe siècle. La charpente a été partiellement restaurée et la couverture est faite de dalles calcaires, dites laves. Les maisons situées autour des halles ont été construites entre le XIVe et le XVIIe siècle. L'église Saint-Martin, édifiée au XVe siècle, fut reconstruite au XVIIe siècle. Elle est coiffée d'un clocher de pierre et d'une flèche gothique en pierre à crochets du XVe siècle. Sept belles statues y sont conservées dont une *Vierge à l'Enfant* en bois du XIIIe siècle, une *Sainte Marthe*, un *Saint Léger* et un *Saint Benoît* du XVe siècle. La chapelle Saint-Pierre (XVIe siècle) est surmontée d'un surprenant campanile du XIXe siècle en forme de bulbe.
À voir : **les halles ; l'église.** Aux environs : **la jolie promenade dans le cirque du Bout-du-Monde, par grand froid, car la cascade située au fond du cirque naturel est entièrement gelée.**
On quitte Nolay par la D 973 en direction d'Autun. On abandonne désormais les paysages de vignoble pour entrer dans une zone de prairies où l'habitat est beaucoup plus dispersé.
On prend à gauche vers Sivry dont le château date de la Renaissance. À Saisy, l'église romane renferme une statue en bois (XVe siècle).
On retrouve la D 973 et on prend à droite vers Épinac.

Nolay, les halles. *Dans la ville natale de Lazare Carnot, « l'organisateur de la victoire » sous la Convention, la charpente en châtaignier des vieilles halles du XIVe siècle est recouverte d'un toit de laves calcaires. La pression exercée par celui-ci atteint 800 kg/m².*
Photo Jean-Luc Barde/Scope.

19 ÉPINAC

Épinac est une petite ville dont la principale activité était, jusqu'en 1966, l'extraction de la houille. De ce passé minier, il reste un puits de plus de 600 m de profondeur : le puits Hottinger.
Le château, qui ne se visite pas, a été profondément remanié

au cours des siècles. De sa forme ancienne subsistent deux corps de logis, une échauguette et deux tours. Il a appartenu à Nicolas Rolin, fondateur des hospices de Beaune, puis, au début du XVIIIe siècle, au maréchal de Clermont-Tonnerre qui fut le précurseur des recherches sur la houille.
À voir : **le château.**
On quitte Épinac en direction de Sully.

20 Le château de Sully

Ce château fut construit au XVIe siècle sur l'emplacement d'une maison forte du XIIIe siècle. On n'en visite que l'extérieur du 1er avril au 30 octobre. Les deux tours qui se trouvent du côté du parc appartenaient à l'ancienne maison forte. La famille de Mac-Mahon, dont l'un des membres fut maréchal de France et président de la République, est toujours propriétaire du château et y habite.
À voir : **dans l'église du village, un retable du XVe siècle ; plusieurs tableaux.**
On quitte le village par la D 26, on traverse la D 973 et on prend le petit chemin qui conduit au Val-Saint-Benoît. Puis on peut continuer à pied vers le prieuré du Val-Saint-Benoît. La famille de Mac-Mahon, qui en était propriétaire, l'a donné en 1982 aux moniales de Bethléem. Avec l'aide de bénévoles, les religieuses ont entrepris de restaurer les bâtiments qui étaient en ruine depuis fort longtemps. L'église seule se visite. La chapelle des Loges, qui date du XVe siècle, est très finement décorée ; on y voit notamment des choux fleuris sculptés.
On regagne la D 973 et on se dirige vers Autun. Curgy est sur la droite.

21 Curgy

Classée monument historique, l'église romane de Curgy s'apparente à la cathédrale d'Autun. Le bâtiment en granite date du XIe siècle, et le clocher du XIIe siècle.
À voir : **la fresque du XIIe siècle ; le lutrin du XVIe siècle ; les statues des XVIe et XVIIe siècles.**

22 Autun

Unique ville gallo-romaine de Bourgogne, Autun compte le même nombre d'habitants que Beaune, soit un peu plus de 18 000 personnes. Au sommet du mont Beuvray, à quelques kilomètres d'Autun, existait, en 120 av. J.-C., Bibracte, capitale des Éduens, peuple gaulois. Elle s'est éteinte voici deux mille ans lors de la création d'Augustodunum (Autun) ; elle est devenue le plus grand site archéologique français.
Augustodunum – la ville d'Auguste – fut créée par les Romains en 15 av. J.-C. pour remplacer la capitale gauloise et asseoir l'autorité romaine. Pendant trois siècles, théâtres, temples, monuments et écoles sont construits, et Augustodunum rayonne. La ville est envahie par les Germains au IVe siècle, et les habitants se replient dans sa partie haute. Elle passe ensuite aux mains des Burgondes, des Francs et des Sarrasins, et est finalement intégrée au royaume de Bourgogne au Xe siècle. Au XVIe siècle, les deux parties de la ville (haute et basse) sont réunies dans la même enceinte, et Autun devient la seconde ville de Bourgogne. Si la ville a souffert de la Révolution, la cathédrale a heureusement été épargnée.
La ville haute, organisée autour de la cathédrale, constitue un remarquable ensemble architectural.
À voir dans la ville haute : **la fontaine Saint-Lazare, de style Renaissance ; la cathédrale Saint-Lazare ; le musée Rolin, qui occupe deux bâtiments : l'hôtel Lacomme et l'hôtel Rolin, qui recèle la *Tentation d'Ève*, chef-d'œuvre roman de Gislebertus ; la cour du Chapitre, place du Terreau ; dans la cour de la Maîtrise (juste à côté), la chapelle Saint-Aubin, seul vestige de la cathédrale Saint-Nazaire ; place d'Hallencourt, les halles du XVIIIe siècle ; la tour Saint-Léger, élevée au XIIe siècle ; la rue aux Maréchaux, construite à l'emplacement des fossés de l'enceinte médiévale ; les monuments gallo-romains, situés pour la plupart dans la partie moderne de la ville qui avait été abandonnée depuis l'Antiquité jusqu'au XIXe siècle, dont le théâtre antique le plus vaste de toute la Gaule ; sans doute construit à la fin du Ier siècle de notre ère, le temple de Janus ; la porte d'Arroux ; la porte Saint-André ; la pierre de Couhard, monument funéraire du Ier siècle ; les remparts édifiés entre le IIIe et le IVe siècle ; la tour des Ursulines (XIIe siècle), édifiée sur une base romaine et seul vestige de la citadelle de Rivault.**
À voir dans la ville basse ou ville classique : **l'église Notre-Dame (XVIIIe siècle) ; le lycée Bonaparte, ancien collège de Jésuites construit entre 1709 et 1731 ; l'hôtel de ville et son importante bibliothèque ; la promenade des Marbres ; le Muséum d'histoire naturelle ; le Musée lapidaire.**

H. J.

Autun, rue Quentin. *Dès l'époque gallo-romaine, Autun était célèbre pour ses monuments et la valeur de ses écoles. Enrichi sous le Moyen Âge, son patrimoine demeure une source de prospérité pour la ville.*
Photo Jean-Luc Barde/Scope.

Autun, musée Rolin, *Tentation d'Ève (XIIe siècle). Illustration de la sculpture expressive de l'art bourguignon, cette œuvre attribuée à Gislebertus ornait le linteau du portail nord de la cathédrale Saint-Lazare. Ce portail fut détruit au XVIIIe siècle par les chanoines du Chapitre qui n'hésitèrent pas, en outre, à plâtrer le tympan, jugé trop grotesque, du portail central.*
Photo Jean-Luc Barde/Scope.

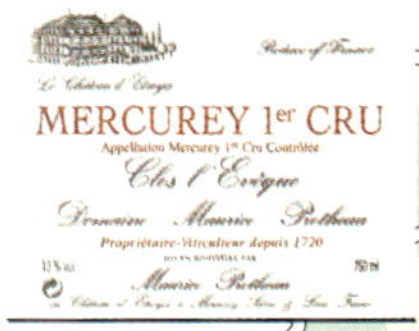

Cet itinéraire traverse une partie de la Bourgogne souvent méconnue. Le vignoble, très présent sur quelques communes de la côte Chalonnaise, cède rapidement la place à l'élevage lorsque l'on progresse dans l'arrière-côte. Collines et plateaux sont alors occupés par de vastes prairies, délimitées par des haies, égayées de taches blanches : les fameux bœufs de race charolaise. Cette promenade réserve des panoramas surprenants sur les vignobles, le Morvan, la plaine et l'arrière-côte. Calvaires, églises romanes, châteaux et lavoirs, témoins du passé de la région, émaillent le parcours et ajoutent encore à son intérêt.

Château de Chamirey à Mercurey. *Connu pour l'excellence de ses techniques de vinification, le domaine a grandement contribué à l'essor du mercurey.* Photo Jean-Luc Barde/Scope.

La côte Chalonnaise

de Saint-Sernin-du-Bois à Saint-Gengoux-le-National

De la frontière méridionale des côtes de Beaune jusqu'aux portes du Mâconnais, entre Saint-Sernin-du-Bois et Saint-Gengoux-le-National, l'itinéraire traverse coteaux et vignobles du Couchois ou de la côte Chalonnaise, tout en effectuant une petite incursion en pays charolais.

Cette zone viticole s'étend du sud de la côte de Beaune au nord de Saint-Gengoux-le-National, sur près de 25 km. Elle doit son nom à la proximité de la ville de Chalon-sur-Saône. Longtemps méconnus car écrasés par le prestige des appellations de Côte-d'Or, les vins de la côte Chalonnaise rencontrent aujourd'hui le succès grâce à une qualité toujours croissante et à des prix encore raisonnables.

Les vignobles de la côte Chalonnaise et du Couchois

L'appellation bourgogne côte chalonnaise, définie par décret en 1990, regroupe quelques-uns des meilleurs bourgognes de la région. Les appellations communales, peu nombreuses, sont au nombre de 5 : bouzeron, rully, mercurey, givry et montagny, certains « climats » étant classés en premier cru. À l'instar d'autres régions en France, toutes les surfaces classées en AOC villages ne sont pas plantées et il existe donc une différence entre les surfaces délimitées et les surfaces en production. Cette situation ne devrait guère évoluer dans les années à venir car, en raison de la surproduction constatée au sein de l'Union européenne, les demandes d'extension se heurtent souvent à un refus. En particulier celles qui concernent les parcelles classées qui n'ont pas porté de vignes depuis plus de dix ans.

Les cépages utilisés sont les mêmes qu'en Côte-d'Or : aligoté, chardonnay, pinot noir et gamay (associé au pinot dans le bourgogne passetoutgrain). À mercurey et givry prédomine le rouge, tandis que montagny ne produit que du blanc et que rully fait les deux. Dans les vins d'appellation régionale, la production de rouge domine nettement.

Rully, le château. *À proximité de cette forteresse des XIIIe et XVe siècles, le premier mousseux bourguignon fut mis au point vers 1822.* Photo Jean-Luc Barde/Scope.

Le vignoble du Couchois s'étend sur cinq principales communes de production, à l'ouest de la côte Chalonnaise, et produit des bourgognes blanc, rouge, rosé, aligoté et passetoutgrain.

En Saône-et-Loire, le vignoble est beaucoup moins concentré qu'en Côte-d'Or et s'étend sur les coteaux. En général, le chardonnay occupe le haut des coteaux, plus calcaire, et le pinot le bas des coteaux, plus argileux.

Itinéraire de Saint-Sernin-du-Bois à Saint-Gengoux-le-National

1 Saint-Sernin-du-Bois

Le barrage du village alimente Le Creusot. Un très joli prieuré, fondé au XIe siècle, avec un donjon du XIVe siècle, des bâtiments en majeure partie du XVIe siècle et une église du XVIIIe siècle, a été racheté par la commune en 1976 et abrite désormais un petit musée.

À voir : **le château ; le prieuré.**

Une fois redescendu dans la vallée, suivre la D 61 en direction de Couches. À La Montée-Noire, suivre la D 431 à gauche.

2 Saint-Pierre-de-Varennes

Ce village, d'où l'on bénéficie d'une agréable vue sur les vallons, possède une belle église romane à deux porches.

Au croisement, il faut suivre la direction Essertenne et, à Vernotte, prendre à gauche vers Drevin. À Drevin, suivre à droite et redescendre dans la vallée. Au croisement avec la D 1, prendre à gauche. On revient peu à peu en pays de vignoble, car on entre dans l'aire d'appellation bourgogne et, un peu plus loin, dans le Couchois. La densité de vignes augmente. À Éguilly, suivre à gauche le panneau « menhirs à 3 km », puis à droite au croisement pour redescendre sur Couches.

3 Couches

Déchirée entre le royaume de France et le duché de Bourgogne, puis entre catholiques et protestants, cette petite ville a connu un passé mouvementé. Au centre-ville, on peut voir l'église Saint-Martin (XVe siècle), la tour Guérin et la tour Bajole (XIIIe siècle) qui dépendaient du prieuré. Le château de Marguerite de Bourgogne se visite en juillet et août. Seuls le donjon et une partie des fortifications sont d'origine (XIe et XIIe siècles) ; les tours et les remparts datent du XIIIe siècle, et la chapelle du XVe siècle. Couches a donné son nom à la zone viticole qui

Bouzeron. *Ce village est le seul à pouvoir rajouter son nom à celui de bourgogne aligoté, cépage qui excelle sur les sols bruns calcaires.* Photo Jean-Luc Barde/Scope.

l'entoure et s'étend sur 5 communes principales : Saint-Jean-de-Trézy au sud, Couches, Saint-Maurice-lès-Couches, Dracy-lès-Couches et Saint-Sernin-du-Plain au nord.

MARIE-ANNE ET JEAN-CLAUDE DESSENDRE : Domaine de la Tour-Bajole, Les Ombrets, 71490 Saint-Maurice-lès-Couches. Tél. 03 85 45 52 90, sur R-V. Avec plusieurs viticulteurs d'Auxey-Duresses, ce domaine a joué un rôle de pionnier dans les vignes en lyre actuellement expérimentées dans les Hautes-Côtes.

On quitte Couches par la D 978 en direction d'Autun. Puis on suit à droite la D 225 vers Dracy-lès-Couches. Le château, situé à l'entrée du village, date du XVIe siècle. Il a été restauré au début du XXe siècle. On se dirige vers Mazenay tout en profitant du paysage. Puis vers Saint-Sernin-du-Plain. On gagne le mont de Rome qui culmine à 545 m et offre une vue panoramique.

On suit Saint-Léger-sur-Dheune, puis, à gauche vers la D 143, Cheilly-lès-Maranges. Au croisement, à gauche, on entre dans les hautes côtes de Beaune.

CHÂTEAU DE MERCEY : 71150 Cheilly-lès-Maranges. Tél. 03 85 91 13 19, sur R-V. Vins retenus : mercurey premier cru ; santenay ; bourgogne aligoté.

Prendre la direction de Saint-Gilles, traverser le village et suivre Chamilly. À l'entrée de Chamilly, on se dirige à droite vers Dennevy, puis, à gauche, où l'on peut apprécier une belle église romane dans le cimetière. À gauche, la route conduit vers le Relais du Gaulois. On pénètre alors dans Bouzeron.

4 Bouzeron

Superficie : 62 ha ; encépagement : aligoté ; récolte annuelle : 4 000 hl ; rendement de base : 55 hl/ha ; titre alcoométrique minimal : 9,5 % vol. ; potentiel de garde : de deux à trois ans. Bouzeron a la particularité d'être la seule appelation communale à autoriser l'aligoté.

Léger, comme tout aligoté, mais en mieux structuré, le bouzeron se caractérise par un bel équilibre et un bouquet bien développé.

CHANZY FRÈRES : domaine de l'Hermitage, 71150 Bouzeron. Tél. 03 85 87 23 69, sur R-V. On ne négligera pas les très belles réussites en aligoté, et un appréciable mercurey clos du Roy.

Rully

L'appellation rully s'étend sur les communes de Rully et de Chagny.

Superficie : 320 ha.

Encépagement :
vin rouge : pinot noir ;
vin blanc : chardonnay.

Récolte annuelle :
vin rouge : 6 300 hl ;
vin blanc : 12 500 hl.

Rendement de base :
vin rouge : 46 hl/ha ;
vin blanc : 50 hl/ha.

Titre alcoométrique minimal :
vin rouge : 10,5 % vol. ;
vin rouge premier cru et vin blanc : 11 % vol. ;
vin blanc premier cru : 11,5 % vol.

Potentiel de garde :
vin rouge : de dix à douze ans ;
vin blanc : de huit à dix ans.

Couches, le château. *Répudiée pour adultère par son époux Louis X le Hutin, Marguerite de Bourgogne trouva asile, en 1314, dans cette puissante forteresse, largement remaniée depuis lors.*
Photo Jean-Luc Barde/Scope.

5 Rully

Rully a participé à la naissance de l'appellation crémant de bourgogne. Le château féodal de Rully, construit aux XIIe et XIIIe siècles, a conservé son architecture militaire d'origine, et l'on peut toujours voir trois tours rondes et un donjon dont les courtines sont ornées de mâchicoulis. Le château appartient, depuis presque six siècles, aux comtes de Ternay. Les communs sont aménagés en cuverie et occupés par la maison Antonin Rodet dont le siège se trouve à Mercurey. On visite l'extérieur les samedi et dimanche de mai à octobre.

À voir : **le château (XIIIe et XVe siècles).**

DOMAINE BELLEVILLE : 7, rue de la Loppe, 71150 Rully. Tél. 03 85 91 22 19, sur R-V. On y goûte un rully Les Chauchoux fruité et de très belle tenue.

ANDRÉ DELORME : domaine de la Renarde, 2, rue de la République, 71150 Rully. Tél. 03 85 87 10 12, du lundi au vendredi, 9 h-12 h et 14 h-19 h, samedi, 9 h-12 h et 14 h-19 h, groupes sur R-V. Grand défenseur des vins de Rully, André Delorme reconnaît fièrement posséder une parcelle dans chaque cru de la côte. Vins retenus : bouzeron et crémant de bourgogne : un blanc de blancs avec 60 % de chardonnay et 40 % d'aligoté.

JEAN-CLAUDE BRELIÈRE : Place de l'Église, 71150 Rully. Tél. 03 85 91 22 01, sur R-V. Ce viticulteur, qui parle plusieurs langues, produit un remarquable rully Les Champs Cloux, très tendre.

6 Fontaines

On quitte Rully en prenant la direction de Chalon-sur-Saône, et l'on rejoint la D 981 qu'on abandonne très rapidement en prenant à gauche vers le lycée agricole de Fontaines.

À voir : **l'église gothique Saint-Just (XIIIe siècle) ; le lavoir polygonal.**

Suivre la D 981 vers Givry et traverser la départementale pour prendre une petite route de vigne. On entre dans l'appellation mercurey.

Rully. *Le village, de son passé militaire, a conservé son château.*
Dessin atelier D. Duplantier.

Mercurey

L'appellation mercurey s'étend sur les communes de Mercurey et de Saint-Martin-sous-Montaigu. C'est la plus importante de la côte Chalonnaise. Structurés et fins, les mercurey rouges soutiennent la comparaison avec les vins de la côte de Beaune.

Superficie : 548 ha.

Encépagement :
vin rouge : pinot noir ;
vin blanc : chardonnay.

Récolte annuelle :
vin rouge : 26 800 hl ;
vin blanc : 4 100 hl.

Rendement de base :
vin rouge : 40 hl/ha ;
vin blanc : 45 hl/ha.

Titre alcoométrique minimal :
vin rouge : 10,5 % vol. ;
vin rouge premier cru et vin blanc : 11 % vol. ;
vin blanc premier cru : 11,5 % vol.

Potentiel de garde :
vin rouge : de douze à quinze ans ;
vin blanc : de dix à douze ans.

7 Mercurey

C'est le plus important village viticole de la côte Chalonnaise.

Domaine Luc Brintet : Grande-Rue, 71640 Mercurey. Tél. 03 85 45 14 50, sur R-V. La vogue du chardonnay a contribué au développement des blancs de Mercurey, pleins de force parfaitement vinifiés ici.

EARL Jean-Claude et Nathalie Theulot : domaine Émile Juillot, clos Laurent, 71640 Mercurey. Tél. 03 85 45 13 87, sur R-V. Jean-Claude Theulot produit une belle palette de crus.

Touches, aux environs de Mercurey. *Un bon rapport qualité-prix procure au mercurey un succès constant depuis 1936, date d'octroi de l'appelation.*
Photo Jean-Luc Barde/Scope.

Vins retenus : mercurey blanc La Cailloute ; mercurey rouge Les Combins.

Domaine Lorenzon : 14, rue du Reu, 71640 Mercurey. Tél. 03 85 45 13 51, sur R-V. Vin retenu : Les Champs Martin Cuvée Carline. Issu de vieilles vignes, sans collage ni filtration, et qui a connu le bois.

Chantal Côte et Guy Cinquin : domaine de l'Europe, place du Bourgneuf, 71640 Mercurey. Tél. 03 08 04 28 12, sur R-V. Vin retenu : un Nectar d'Icare frais, jeune, de bonne facture.

Domaine Maurice Protheau et Fils : le clos L'Évêque, 71640 Mercurey. Tél. 03 85 45 25 00, tlj, 9 h-12 h et 14 h-19 h. Viticulteurs depuis 1720, la famille Protheau vinifie en cuve Inox avec thermorégulation, puis assure le vieillissement en fûts de chêne pendant dix à dix-huit mois. Vins retenus : rully blanc et rouge La Chatalienne ; aligoté ; mercurey Velley et clos l'Évêque.

Antonin Rodet : 71640 Mercurey. Tél. 03 85 98 12 12, tlj sauf samedi et dimanche, 9 h-12 h et 14 h-18 h. Différents « climats » sont bien représentés. Le chardonnay blanc, en sol argilo-calcaire et siliceux, donne un très bon mercurey blanc.

Hugues et Yves de Suremain : domaine du Bourgneuf, 71640 Mercurey. Tél. 03 85 45 20 87, sur R-V. Les mercurey rouges sont particulièrement réussis.

Sortir de Mercurey par la D 978 vers Autun, prendre à gauche vers Saint-Mard-de-Vaux et, à la croix, tourner à gauche. On est dans la vallée des Vaux où le vignoble est encore assez présent.

Michel Isaïe : chemin de l'Ouche, 71640 Saint-Jean-de-Vaux. Tél. 03 85 45 23 32, sur R-V. Son crémant, aux qualités très franches, vaut une étape.

Domaine Robert Size et Fils : Le Bourg, 71640 Saint-Martin-sous-Montaigu. Tél. 03 85 45 11 72, sur R-V. Ce petit domaine produit des vins sincères et sans artifices.

Traverser Saint-Martin. À un croisement, prendre à gauche vers le hameau de Touches, agrémenté d'une charmante église du XIIIe siècle, d'un calvaire gothique et de belles maisons vigneronnes. On revient au croisement et l'on traverse Mellecey dont l'église Saint-Pierre domine le village. La nef est datée du XIe siècle. Après Saint-Denis-de-Vaux puis Jambles, qui possède une belle église, on traverse Poncey.

SCEA Gérard Mouton : 6, rue de l'Orcène, 71640 Poncey. Tél. 03 85 44 37 99, sur R-V, fermé la dernière quinzaine d'août. Son givry tendre et rond est pourvu d'un peu d'acidité.

Domaine Jean-Claude Ragot : 4, rue de l'École, 71640 Poncey. Tél. 03 85 44 35 67, tlj sauf dimanche 8 h-20 h et sur R-V. Vins retenus : givry rouge et blanc.

Givry

Superficie : 250 ha.

Encépagement :
vin rouge : pinot noir ;
vin blanc : pinot blanc, chardonnay.

Récolte annuelle :
vin rouge : 10 300 hl ;
vin blanc : 2 150 hl.

Rendement de base :
vin rouge : 45 hl/ha ;
vin blanc : 50 hl/ha.

Titre alcoométrique minimal :
vin rouge : 10,5 % vol. ;
vin rouge premier cru et vin blanc : 11 % vol. ;
vin blanc premier cru : 11,5 % vol.

Potentiel de garde :
vin rouge : de huit à dix ans ;
vin blanc : de quatre à six ans.

8 Givry

On y trouve d'excellents vins rouges, vifs et généreux, aux arômes de cerise ou de framboise.

À voir : **l'église du XVIIIe siècle bâtie par Émiland Gauthey ; la halle circulaire du XIXe siècle ; la fontaine ornée de dau-**

Montagny, le vignoble. *Sur sols marneux et marno-gréseux, Montagny cultive une seule variété de cépage, le chardonnay, qui procure son arôme de pomme et de noisette aux vins blancs de l'appellation.* Photo Jean-Luc Barde/Scope.

phins (XVIIIe siècle) ; l'hôtel de ville (XVIIIe siècle) qui enjambe une des rues principales ; la porte monumentale.

DOMAINE DU CLOS SALOMON : 16, rue du Clos Salomon, 71640 Givry. Tél. 03 85 44 32 24, tlj sauf dimanche, 9 h-19 h. Famille présente à Givry depuis trois siècles, clos monopole et l'une des têtes de séries de l'appellation.

Quitter Givry en direction de Cluny, puis suivre Saint-Désert qui abrite une église fortifiée fort curieuse.

MICHEL DERAIN : La Montée, 71390 Saint-Désert. Tél. 03 85 47 91 44, sur R-V. On déguste ici un bourgogne clos Saint-Pierre que l'on peut considérer comme une valeur sûre.

MONTAGNY

Cette appellation couvre 4 communes : Montagny, Buxy, Saint-Vallerin et Jully-lès-Buxy. Rond et gras, le montagny est aussi long en bouche.

Superficie : 280 ha.
Encépagement : chardonnay.
Récolte annuelle : 16 300 hl.
Rendement de base : 50 hl/ha.
Titre alcoométrique minimal :
vin blanc : 11 % vol. ;
vin blanc premier cru : 11,5 % vol.
Potentiel de garde : six ans environ.

9 BUXY

Ce village fortifié probablement au XIIe siècle a gardé deux tours du château fort (qui en comptait six à l'origine) : la tour Rouge et la tour du Roi.

À voir : **l'église ; quelques très belles maisons autour de la tour Rouge.**

SICA LES VIGNERONS RÉUNIS DE BUXY : route de Châlon-sur-Saône, 71390 Buxy. Tél. 03 85 92 03 03. Vin retenu : montagny premier cru.

Quitter Buxy en direction de Saint-Boil. À Saint-Vallerin se trouve une belle église romane.

10 CULLES-LES-ROCHES

Culles-les-Roches est construit sur un très beau site. On peut visiter l'église du XIIe et du XIVe siècle.

Au hameau de La Rochette, qui possède une église romane et un château, on bénéficie d'une vue sur la vallée.

On ne manquera pas la très belle église (XIIe siècle) d'inspiration clunisienne de Saint-Maurice-des-Champs. Vaux-en-Pré possède également une ravissante église romane dont la nef date du XIe siècle, et Genouilly, une église romane du XIe siècle avec un clocher en pierre du XIIe siècle.

11 MONT-SAINT-VINCENT

Ce village occupe un point culminant de Saône-et-Loire (600 m) et porte le nom du saint patron des vignerons en plein pays d'élevage ! Du belvédère, la vue s'étend sur le Morvan, les monts du Mâconnais et du Charolais, ainsi que sur les dépressions du Creusot et d'Autun.

L'église, bâtie au XIe siècle, appartenait à un ancien prieuré clunisien. Son porche carré abrite un portail dont le tympan sculpté représente un Christ en majesté, malheureusement très dégradé.

Dans les bâtiments de l'ancien grenier à sel est installé un Musée archéologique ; on y trouve des collections remontant du néolithique jusqu'au haut Moyen Âge, ainsi qu'une salle d'art roman.

À voir : **l'ancien grenier à sel ; l'église.**

Reprendre la D 980 en direction de Cluny, puis la D 983 vers Joncy, avant de suivre la D 60 vers Saint-Gengoux-le-National et de prendre à gauche vers Saint-Clément-sur-Guye.

12 SAINT-CLÉMENT-SUR-GUYE

L'église date du Xe siècle. Seule la partie inférieure des murs de la nef est d'origine. Le clocher et l'abside datent du XIIe siècle, le porche du XVIe siècle. Un cimetière mérovingien a été découvert et soixante-dix tombes mises au jour.

13 SAINT-GENGOUX-LE-NATIONAL

Ce village médiéval connut une période de forte expansion jusqu'aux guerres de Religion du XVIe siècle. Il est ensuite entré dans une longue période de déclin que la crise phylloxérique n'a fait qu'accélérer en provoquant la disparition de presque tout le vignoble. L'église fut construite au XIIe siècle par les moines de Cluny : seuls le transept et la partie inférieure du clocher sont d'origine ; la façade occidentale date du XVe siècle, le chœur du XVIe siècle, les trois nefs du XVIIIe siècle et la flèche du clocher du XIXe siècle. À côté de l'église, on peut voir la maison du Prieuré (XVe siècle) et la maison des Concurés (XVIe siècle). De l'esplanade de l'Arquebuse, on dispose d'une vue plongeante sur la ville qui recèle de fort belles maisons d'époque, certaines datant du XIIIe siècle.

À voir : **l'église romane ; le château ; les maisons anciennes.** H. J.

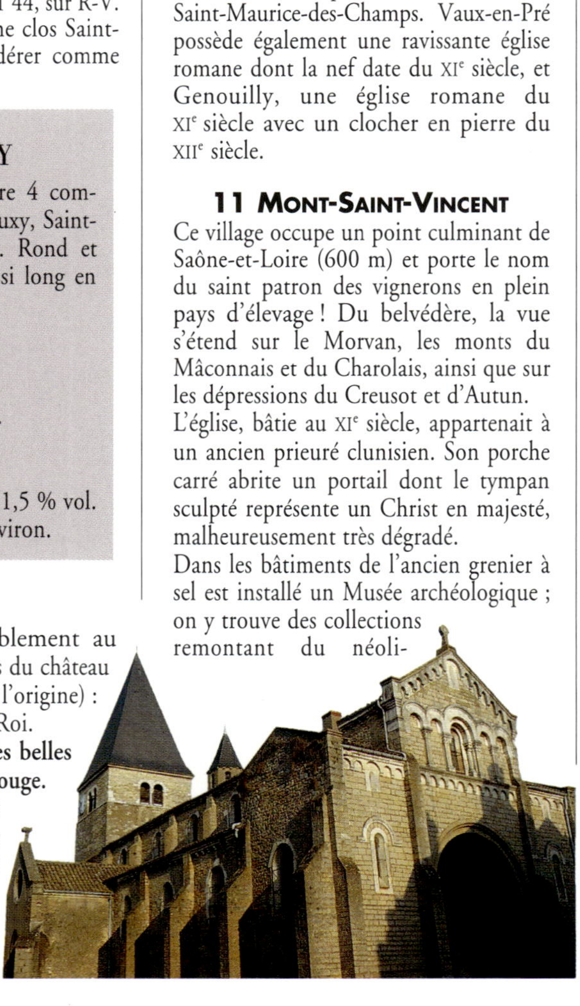

Buxy, l'église. *À proximité de cet édifice roman, la cave coopérative regroupe, depuis 1931, les producteurs de Buxy et de Montagny.*

Photo Jean-Luc Barde/Scope.

La maison vigneronne

Comme toute maison paysanne, la maison vigneronne est à la fois le cadre de la vie familiale et un instrument de production agricole. Pour répondre à cette seconde fonction, elle comprend deux sortes de locaux, déjà distingués par l'agronome latin Columelle dans son De re rustica *: celui, avec pressoir et cuves, où l'on fait le vin (*cella torcularia*), et celui où on le conserve (*cella vinaria*).*

Le lieu de fabrication du vin présente à peu près partout les mêmes caractères. Il en va différemment du local de conservation du vin, qui doit répondre à des contraintes techniques plus précises – de températures en particulier – et dont la nature détermine pour une large part la morphologie et l'organisation de la maison.

Dans la moitié septentrionale de la France, où l'amélioration de la qualité du vin doit traditionnellement être assurée par un long vieillissement à l'abri des écarts de température, la cave enterrée constitue un élément essentiel de la maison vigneronne.

Dans le Midi, en revanche, le vin est généralement de constitution moins fragile et peut être conservé sans dommage dans un cellier de plain-pied soumis aux variations de température ; le cellier a constitué également une solution satisfaisante partout où le vin était consommé localement, ou vendu peu après la récolte, ainsi que dans les vignobles du Sud-Ouest et du Sud-Est dont les vins étaient destinés à la distillation et ne nécessitaient pas de soins particuliers.

On peut distinguer, par-delà de multiples variantes, trois grands types de maisons vigneronnes en fonction de la nature du local de conservation du vin : cellier non voûté, cave enterrée, cellier voûté.

Le cellier non voûté

Le cellier non voûté, construit au rez-de-chaussée, correspond au modèle le plus simple et le moins coûteux. Adopté de façon quasi exclusive dans toute l'Antiquité classique, il a survécu dans l'ouest et le sud-ouest de la France sous le nom de « chai ». On retrouve, assez curieusement, ce type de local en Lorraine où il semble lié à l'archaïsme de techniques vitivinicoles qui ont survécu dans cette province plus longtemps que dans la Champagne et l'Alsace voisines. Hors de ces régions, le cellier non voûté a subsisté un peu partout, mais de façon exceptionnelle, lorsque l'humidité du sol ou le manque de moyens financiers ont empêché la construction d'une cave. La position du cellier dans la maison est très variable, mais il est souvent situé en appentis, contre le mur le moins exposé au soleil et sous une avancée du toit qui descend presque jusqu'au sol.

La cave enterrée

La cave semble être apparue – comme élément constitutif de la maison – en Gaule du Nord, peu avant l'ère chrétienne. Destinée dès l'origine à des usages divers, elle fut très vite appréciée pour sa capacité à permettre le vieillissement du vin dans les meilleures conditions. Cependant, malgré sa supériorité sur le cellier, il lui faudra plusieurs siècles pour se répandre largement dans toutes les régions où elle est présente aujourd'hui. Sa diffusion, depuis le territoire de l'actuelle Champagne, s'est faite dans trois directions : vers la Bourgogne, vers l'Auvergne en remontant la vallée de l'Allier, et vers le cours inférieur de la Loire. Il s'agit, en général, d'une construction soignée, voûtée en plein cintre ou en anse de panier, plus rarement montée en voûtes d'arêtes reposant sur des colonnes (dans les anciennes propriétés monastiques ou seigneuriales). Mais en Touraine, dans le Saumurois, dans la vallée du Loir, dans la région de Saint-Émilion, les caves ont été creusées dans le roc où elles occupent parfois l'emplacement d'anciennes carrières.

Le cellier voûté

Le cellier voûté semble constituer une solution intermédiaire entre la cave enterrée et le cellier non voûté : il permet de mieux garantir les liqueurs et les boissons fermentées de l'influence des variations de l'atmosphère. Le modèle de ce type de construction semble résider dans la maison en hauteur du sud-est de la France où l'habitation surmonte un rez-de-chaussée voûté aux usages divers. La maison vigneronne en hauteur inspirée par ce modèle s'est diffusée dans quatre régions. Vers l'ouest, elle s'est répandue dans le Gard et l'Hérault (mais dans l'Aude, l'est de l'Ariège et les Pyrénées-Orientales, elle a adopté la disposition « en hauteur » tout en conservant le cellier non voûté). On la retrouve sur la rive droite de la Garonne, jusqu'à sa rencontre avec la maison à chai du Bordelais. Dans la vallée de l'Allier, et jusqu'au nord de Clermont-Ferrand, elle apparaît comme une caractéristique architecturale des pays de vignoble, en opposition avec la maison en longueur des agriculteurs-éleveurs des zones montagneuses. C'est vers le nord qu'elle s'est diffusée le plus loin, en remontant les vallées du Rhône et de la Saône, et au-delà jusque dans l'Yonne d'une part et en Alsace d'autre part. En fait, le long de cet axe qui va du Vaucluse à l'Alsace, cellier voûté et cellier non voûté alternent ou se mêlent – parfois sous le même toit. C. R.

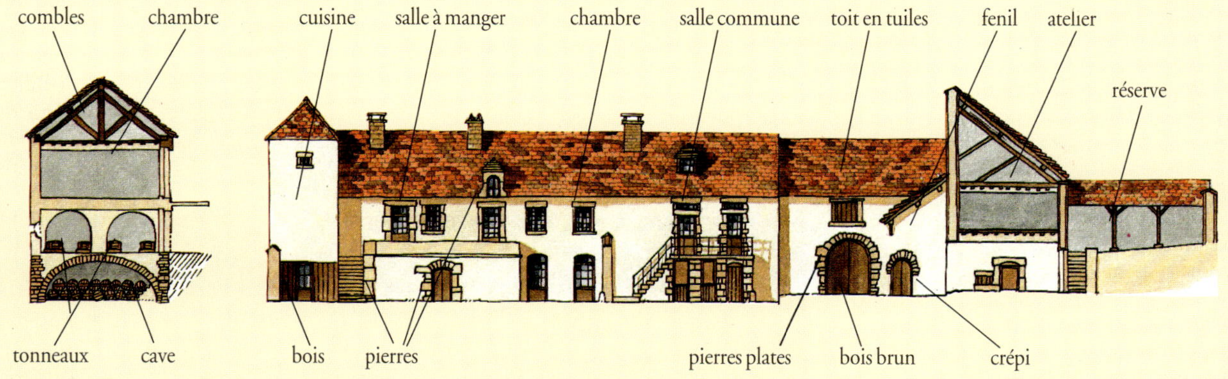

Maison vigneronne traditionnelle de la Côte-d'Or

Le Mâconnais

de Sennecey-le-Grand à Mâcon

C'est sous l'impulsion des moines, et plus particulièrement de ceux de Cluny, que le vignoble du Mâconnais prit son expansion, entre le XIe et le XIIe siècle, jusqu'à atteindre 50 000 ha, soit trois fois plus qu'aujourd'hui.

Le Mâconnais présente, sur la rive droite de la Saône, une suite de petites collines où l'on rencontre essentiellement des vignobles de coteau très favorablement exposés. Les plus réputés sont ceux de saint-véran, pouilly-fuissé, pouilly-vinzelles et pouilly-loché. Ce sont les sols argilo-marneux les mieux exposés – est ou sud-est – qui produisent les vins blancs les plus fins. Les terrains argilo-siliceux ou argileux, plus acides, donnent des vins à boire plus jeunes, soit blancs (issus de chardonnay), soit rouges (issus de gamay).

Solutré. *Les vignobles de pouilly-fuissé s'étalent au pied de ce grand site préhistorique dont la roche culmine à 492 m.*
Photo Open Sky.

Itinéraire de Sennecey-le-Grand à Mâcon

Zone de transition entre le nord et le sud, le paysage de prairies aux maisons recouvertes de tuiles plates s'efface devant un autre décor, brun, planté de maisons roses aux toits de tuiles rondes qui exhalent un parfum méridional, et qu'accompagne insensiblement un changement de climat.
Berceau de l'art roman bourguignon, cette région ajoute à la variété des paysages la richesse de ses monuments.

Mâcon, mâcon supérieur et mâcon-villages

Superficie :
mâcon rouge : 740 ha ;
mâcon blanc : 2 900 ha.
Encépagement :
vin rouge : gamay noir, pinot noir, pinot gris et pinot chardonnay, aligoté, gamay blanc (15 % au maximum) ;
vin blanc : pinot blanc, chardonnay.
Récolte annuelle :
mâcon rouge : 6 900 hl ;
mâcon blanc : 2 000 hl ;
mâcon supérieur rouge : 44 400 hl ;
mâcon supérieur blanc : 9 200 hl ;
mâcon-villages : 185 400 hl.
Rendement de base :
vin rouge : 55 hl/ha ;
vin blanc : 60 hl/ha.
Titre alcoométrique minimal :
vin rouge : 9 % vol. ;
vin blanc : 10 % vol.
Potentiel de garde :
mâcon rouge : trois ans ;
mâcon blanc, mâcon supérieur blanc, mâcon-villages : de quatre à cinq ans ;
mâcon supérieur rouge : quatre ans.

1 Sennecey-le-Grand

Sennecey fut jadis un centre d'ébénisterie important. Une église fut construite au XIXe siècle avec les pierres de l'ancien château féodal, dont il reste les fossés qui ceinturent la place de la mairie.
À voir : **l'église Saint-Julien (transept et clocher du XIIe siècle) ; sur un éperon rocheux, l'église Saint-Martin à Laives entièrement couverte en laves (XIe-XIIe siècle).**
Redescendre vers Sennecey pour prendre la D 332 vers Ruffey.
Aux environs : **l'ancien château fort de Ruffey.**
La route s'élève ensuite jusqu'au col de Navois, puis redescend sur Mancey, premier village bourguignon frappé par le phylloxéra au XIXe siècle.

2 Tournus

Après avoir franchi la Natouze, on arrive à Tournus, dominé par les tours de son abbatiale. L'église que l'on voit aujourd'hui fut construite après le raid hongrois de 937. Elle se dresse, telle une forteresse, derrière les deux grosses tours d'enceinte. Sa façade préromane est surmontée de deux tours de hauteurs inégales ; la plus petite date du XIe siècle et la plus grande, en pierres roses, a été ajoutée au XIIe siècle dans le style clunisien. À l'intérieur, on remarquera le voûtement tout à fait exceptionnel de la nef : une succession de berceaux transversaux qui se contrebutent l'un l'autre assurent une parfaite verticalité à l'édifice. Compléter la visite par une promenade à pied dans le vieux Tournus.
À voir : **l'abbatiale Saint-Philibert (X^e^-XIIe siècle) ; l'église de la Madeleine ; l'hôtel-Dieu ; l'hôtel de ville (XVIIIe siècle) ; les vieilles demeures.**

Village de Sennecey-le-Grand. *L'église Saint-Julien recèle des peintures murales du XVIe siècle à l'intérieur de la chapelle des seigneurs de Lagny.*
Photo Jean-Luc Barde/Scope.

Tournus, *la crypte de l'église abbatiale Saint-Philibert. Dans cette abbaye qui posséda le vignoble du moulin-à-vent, la voûte de la crypte du Xe siècle est supportée par deux rangs de colonnettes aux chapiteaux à feuillages.* Photo Jean-Luc Barde/Scope.

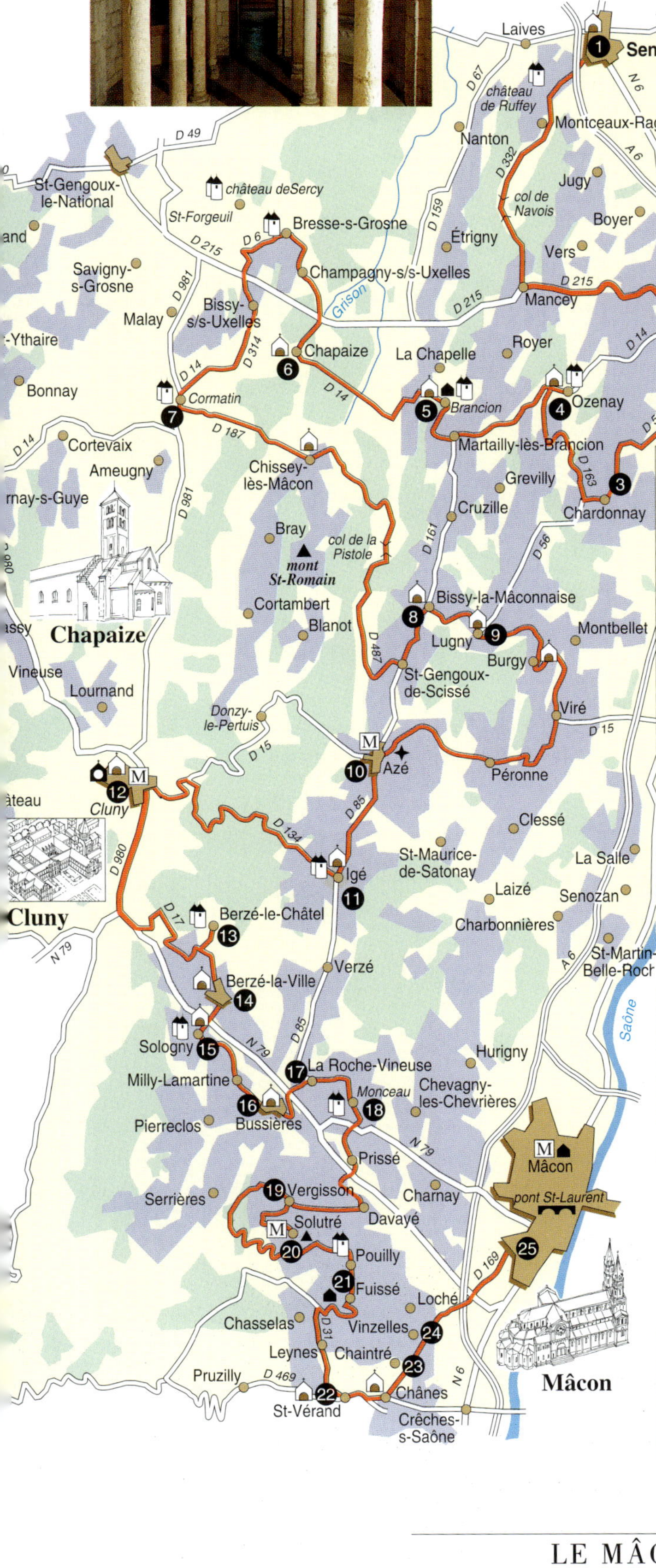

3 Chardonnay

On quitte Tournus, ville natale du peintre Jean-Baptiste Greuze (1725-1805), par la D 56 pour se diriger vers Chardonnay, dont le nom évoque à la fois un cépage bourguignon devenu célèbre dans le monde entier, et l'approche nord du vignoble du Mâconnais.
CAVE DE CHARDONNAY : 71700 Chardonnay. Tél. 03 85 40 50 49, tlj, 8 h-12 h et 14 h-18 h. On y découvre des vins à la fois fins et longs en bouche.

On revient sur le village d'Ozenay. Apparaissent déjà les premiers toits en tuiles rondes, en même temps qu'un type d'architecture tout à fait caractéristique de la région : les maisons à galerie, souvent complétées par une tour carrée ; l'habitation est située à l'étage, au-dessus de la cuverie et du bûcher.

4 Ozenay

Ce village se compose de deux petites agglomérations. L'église romane Saint-Gervais, du XIIe siècle, possède un porche plus tardif et, de l'autre côté de la route, se dresse un manoir des XVe-XVIIe siècles, le château des sites d'Ozenay. Les deux édifices sont couverts en laves, lesquelles sont des pierres calcaires plates qui n'ont rien de volcanique. C'était autrefois la couverture traditionnelle dans bien des villages bourguignons. Ces laves sont très lourdes (de 300 à 400 kg/m^2, parfois davantage) et exigent une très forte charpente.
En continuant vers Martailly-lès-Brancion, on découvre le piton rocheux que domine, à près de 400 m d'altitude, le vieux château féodal de Brancion.

5 Brancion

Il s'agit d'une des plus anciennes places fortes de Bourgogne, qui contrôlait le passage dans la vallée de la Grosne depuis le XIIe siècle. Le château était défendu par une triple fortification : deux pour le château et une pour le bourg, le tout verrouillé par une double porte que l'on franchit en arrivant. L'esplanade devant l'église offre une vue très étendue sur la vallée de la Grosne, les villages environnants, et le Morvan à l'horizon.
À voir : **le château (XIIe-XIIIe-XVe siècle) ; les halles et les maisons du XVe siècle ; l'église romane Saint-Pierre (XIIe siècle) couverte en laves, avec ses fresques du XIVe siècle et son gisant de Josserand IV, tué pendant la septième croisade.**
Revenir à l'embranchement de la D 14, où se trouve un monument à la mémoire des maquisards tués dans la région pendant la guerre. Tourner à droite en direction de Chapaize. Au passage, on notera sur la gauche le château de Nobles, du XVe siècle, dont les tours ont des toits en forme de

Tournus. *Situé au nord de la ville, le quartier de l'abbaye est établi sur une butte.* Dessin atelier D. Duplantier.

poivrières. Au virage suivant se dresse un menhir surmonté d'une croix. Traverser ensuite la forêt domaniale de Chapaize.

6 Chapaize

Le prieuré de Chapaize était le noviciat des bénédictins de l'abbaye Saint-Pierre de Chalon-sur-Saône. L'église, édifiée au début du XIe siècle, est le seul vestige des bâtiments monastiques, et c'est aussi une des plus remarquables églises rurales du premier art roman.

À voir : **l'église.**

Par la D 314, on se dirigera vers Champagny-sous-Uxelles.

À Bresse-sur-Grosne, on peut voir le château des XIIIe, et XVe-XVIe siècle. Il est intéressant ensuite de faire un crochet par Saint-Forgeuil, pour voir le château de Sercy aux nombreuses tours d'époques différentes, dont l'une garde encore son hourd en bois du XVe siècle.

Par la D 6, on arrive à Colombier-sous-Uxelles où se dresse le clocher de la petite église du XIIe siècle, dédiée à saint Vincent, saint patron des vignerons.

On se dirige ensuite sur Bissy-sous-Uxelles où se pressent les maisons à galerie, et où se cache un beau lavoir ovale. En continuant vers Cormatin, on aperçoit à droite, sur une butte, le château d'Uxelles qui a remplacé à la fin du XVIIIe siècle l'ancien château fort encore existant.

7 Cormatin

Le château d'époque Louis XIII est superbe. L'intérieur fastueux est remarquablement conservé et le décor inspiré, tantôt de la Renaissance italienne, tantôt de la Renaissance française, justifie parfaitement l'opinion du poète Alphonse de Lamartine qui fit de nombreux séjours dans ce « lieu d'attrait, d'art et de délices ».

On quitte Cormatin par la D 187 en direction de Chissey-lès-Mâcon, où l'église romane a gardé son clocher à flèche de pierre et sa nef voûtée du XIIe siècle, avec quelques curieux chapiteaux historiés.

Après Chissey, la route s'élève dans la forêt sur un tracé sinueux et pittoresque pour atteindre le col de la Pistole, d'où l'on peut accéder au mont Saint-Romain, le sommet du Clunisois (579 m).

À voir : **le vaste panorama circulaire sur le Charollais, le Mâconnais, le Beaujolais, la plaine de Saône, la Bresse, le Jura et les Alpes.**

Rejoindre la D 487 pour atteindre Bissy-la-Mâconnaise par Saint-Gengoux-de-Scissé. Le vignoble réapparaît et s'étend en un bloc compact vers le sud, sur un long parcours que certains appellent la « vallée des caves », tant les coopératives sont nombreuses en Mâconnais. La première, celle de Saint-Gengoux-de-Scissé, a été créée en 1926.

8 Bissy-la-Mâconnaise

Ce bourg vigneron produit du mâcon lugny.

À voir : **l'église des XIIe-XVIIIe siècles ; la très belle collection de statues des XVe et XVIe siècles qui, hors saison, est au musée Ochier à Cluny.**

Le château de Cormatin. *La somptueuse décoration intérieure de lambris dorés, sculptés et peints, fut réalisée au XVIIe siècle par les artistes qui avaient travaillé pour Marie de Médicis au palais du Luxembourg.* Photo Jean-Luc Barde/Scope.

9 Lugny

Le château de cette seigneurie, importante au Moyen Âge, fut brûlé en juillet 1789.

À voir : **dans l'église, le retable des apôtres en pierre, du XVIe siècle, et une *Vierge à l'Enfant* du XIVe siècle, également en pierre.**

On traverse Burgy dont la petite église Saint-Jean-Baptiste (XIe siècle) est située à l'extrémité d'un promontoire, d'où l'on a une belle vue sur les monts du Mâconnais et du Tournugeois.

10 Azé

Ce petit village viticole typiquement mâconnais (maisons à galerie) est célèbre pour ses grottes préhistoriques, l'un des plus anciens sites connus avec, curieusement, deux grottes superposées.

À voir : **le musée.**

On gagne Igé par Domange où un caveau de dégustation a été aménagé dans l'ancienne église (ouvert des Rameaux à Noël).

11 Igé

On notera de nombreuses maisons à galerie.

À voir : **l'ancienne tuilerie ; l'église (1844) ; l'ancien château (XIVe-XVe siècle) transformé en hôtel.**

CAVE COOPÉRATIVE DES VIGNERONS D'IGÉ : 71960 Igé. Tél. 03 85 33 33 56, tlj sauf dimanche, 8 h-12 h et 14 h-18 h. L'accueil est excellent et le vin y est généreux.

12 Cluny

Ce nom évoque la grandeur monastique bénédictine. Un don de Guillaume, duc d'Aquitaine et comte de Mâcon, est à l'origine du premier monastère fondé en 910 dans la vallée de la Grosne, sur l'emplacement d'une ancienne *villa* gallo-romaine. Proclamée, dès sa fondation, indépendante de tout pouvoir spirituel ou temporel autre que celui du Saint-Siège, l'abbaye devint rapidement un important centre religieux, intellectuel, politique et artistique. Son rayonnement s'étendit sur toute l'Europe, où l'on comptait 10 000 moines répartis en 1 111 monastères à son apogée, au XIIIe siècle. Ce vaste empire monastique entama son déclin à partir du XVe siècle. En 1790, il n'y avait plus que 46 moines à Cluny. Après la vente de l'abbaye comme bien national, il ne reste plus aujourd'hui que des vestiges de ce qui fut la plus grande église de la chrétienté, du XIIe siècle jusqu'à la construction de Saint-Pierre de Rome, au XVIe siècle.

À voir : **les vestiges récemment dégagés et la table d'orientation située à mi-pente permettent d'imaginer l'ampleur de l'immense abbatiale l'intérieur de l'abbatiale ; les bâtiments monastiques reconstruits au XVIIIe siècle, qui abritent l'École nationale supérieure des Arts et Métiers ; les écuries de Saint-Hugues (XIe siècle) ; le musée Ochier installé dans le palais abbatial de Jean de Bourbon ; l'église romane Saint-Marcel (XIe siècle).**

MICHELLE GALLEY-GOLLIARD : Le Tremblay, 71250 Cluny. Tél. 03 85 59 11 58, sur R-V. Le domaine exploite des vignes à Morey, Chambolle-Musigny, Pouilly et Fuissé. On retiendra son clos du Martelet.

Quitter Cluny en direction de Mâcon, prendre l'embranchement à gauche vers Berzé-le-Châtel, avant le pont du TGV.

13 Berzé-le-Châtel

Ce village fut autrefois le siège de la plus ancienne baronnie du Mâconnais. L'imposant château féodal fut construit sur un éperon rocheux. Ses défenses auraient dû être rasées, selon les ordres de Henri IV, mais elles furent seulement allégées, laissant place à des terrasses aujourd'hui ouvertes au public.

À voir : **le château.**

Après avoir passé La Croix-Blanche, on prendra à gauche pour accéder à la chapelle des moines de Berzé-la-Ville.

14 Berzé-la-Ville

La chapelle des moines de Cluny offre l'un des plus beaux ensembles de peintures romanes en France, lequel date du début du XIIe siècle. La chapelle était à l'origine entièrement peinte, mais seul le décor de l'abside en cul-de-four nous est parvenu. Il fut découvert en 1887 par un paysan qui utilisait la chapelle comme grange. Ces peintures, heureusement restaurées, permettent d'imaginer la parure de la grande église de Cluny, réalisée par les mêmes artistes sous l'abbatial de Saint-Hugues.

15 Sologny

Une petite route passant sous la voie rapide et le TGV permet d'atteindre Sologny ; là, on apercevra le château de Byonne (XVIIIe siècle), où habitait la petite Lucy des *Confidences*, premier amour de Lamartine. On remarquera également l'église (XIIe siècle) et le château du Bois (XVIIe siècle).

Continuer ensuite à travers le vignoble vers Milly-Lamartine.

À voir : **la maison où le poète vécut de 1794 à 1806.**

CAVE COOPÉRATIVE DE SOLOGNY : 71960 Sologny. Tél. 03 85 36 60 64, tlj sauf dimanche, 8 h-12 h et 14 h-18 h 30. Le mâcon y est frais, simple et gouleyant.

16 Bussières

Construit à flanc de coteau, avec ses maisons resserrées les unes contre les autres, ses ruelles tortueuses, Bussières est le village natal de l'abbé Dumont, premier maître puis ami du jeune Lamartine.

À voir : **redressée au chevet de l'église, la pierre tombale de l'abbé Dumont dont l'épitaphe fut composée par Lamartine.**

Repasser sous la N 79 et le TGV en direction de La Roche-Vineuse pour aller à Monceau. À noter l'exceptionnelle tranchée de 60 à 80 m de profondeur, unique en France, qui permet au TGV de franchir les monts du Mâconnais entre la vallée de la Grosne et le val de Saône.

17 La Roche-Vineuse

À son ancien nom de Saint-Sorlin, ce village préférera, dès la Révolution, celui de La Roche-Vineuse qui reflète sa vocation viticole.

Le pavillon des Girondins du château de Monceau. *Au premier étage de ce petit pavillon octogonal en bois, entouré de la quarantaine d'hectares d'un vignoble qu'il exploita, Lamartine rédigea, en 1845-1846, une partie de son* Histoire des Girondins. Photo Jean-Luc Barde/Scope.

DOMAINE LACHARME ET FILS : Le Pied du Mont, 71960 La Roche-Vineuse. Tél. 03 85 36 61 81, sur R-V. Ce domaine produit un mâcon-villages blanc, élevé dans des fûts de chêne de la forêt de Troncay. Le résultat est remarquable.

18 Le château de Monceau

Le château était une propriété de la famille Lamartine depuis le XVIIe siècle, et fut l'une des demeures préférées du poète qui le reçut en héritage en 1833. C'est dans le petit pavillon octogonal abrité par un tilleul que Lamartine écrivit une partie de son *Histoire des Girondins.*

Par Colonge et Prissé, ancien bourg fortifié indivis entre le roi de France et l'évêque de Mâcon, puis Davayé, accroché au flanc d'un vallon, on arrive à Vergisson, riche en belles maisons à galerie.

Saint-véran

À la hauteur de Davayé, on entre dans l'appellation saint-véran qui s'étend sur les communes de Chânes, Chasselas, Davayé, Leynes, Prissé, Saint-Amour, Saint-Vérand, et sur quelques parcelles de Solutré.

Superficie : 610 ha.
Encépaement : chardonnay.
Récolte annuelle : 40 200 hl.
Rendement de base : 55 hl/ha.
Titre alcoométrique minimal : 12 % vol.
Potentiel de garde : de six à huit ans.

19 Vergisson

La roche de Vergisson, de la même structure calcaire jurassique (bajocien) que celle de Solutré, fait partie d'une série de cinq éperons qui se sont dressés de façon plus ou moins spectaculaire lors du soulèvement alpin. Des grottes habitées à l'époque moustérienne ont livré des restes d'hommes de Néandertal.

Domaine Gonon : 71960 Vergisson. Tél. 03 85 37 78 24, sur R-V. Ce domaine produit un très beau mâcon-village aromatique, ample et minéral, typique de son appellation, que l'on dégustera sur un fromage de chèvre.

Domaine Roger et Christine Saumaize-Michelin : Le Martelet, 71960 Vergisson. Tél. 03 85 35 84 05, sur R-V. Ces deux producteurs présentent un pouilly-fuissé équilibré qui retient l'attention.

Une route étroite permet de contourner la roche de Solutré au plus près de la falaise, pour arriver au parking situé sous l'à-pic bien connu.

Pouilly-fuissé

Superficie : 750 ha.
Encépagement : chardonnay.
Récolte annuelle : 44 800 hl.
Rendement de base : 50 hl/ha.
Titre alcoométrique minimal : 11 % vol.
Potentiel de garde : de dix à douze ans.

20 Solutré

Ce profil aigu est dû à la silice des nombreux coraux qui en constituent le sommet et l'ont protégé de l'érosion. Les deux cônes d'éboulis qui reposent sur les marnes du lias correspondent aux deux dernières périodes glaciaires. Les fouilles ont permis de conclure qu'à six reprises l'homme est venu « camper » sur ce lieu, comme le montre la coupe stratigraphique visible au musée.

À voir : **le musée au pied de la falaise ; faire le « pèlerinage » au sommet de la roche.**

Solutré. *Deux périodes ont fait la célébrité de Solutré. Celle que l'on appelle le gravettien, ou périgordien supérieur (entre 25 000 et 26 000 ans avant notre ère), est connue pour le magma d'os de chevaux (plusieurs dizaines de milliers, et l'on a même parlé de 100 000 chevaux) trouvé sur 1 ha, et parfois 2 m d'épaisseur, au Crôt-du-Charnier. Il est généralement admis que les chevaux étaient capturés au passage, au pied de la falaise, lors de leurs migrations saisonnières, puis tués et dépecés sur place : tous les os étaient en effet cassés de la même façon pour en extraire la moelle. On a trouvé également de nombreux foyers pour boucaner la viande. L'autre période, du paléolithique supérieur, est celle que l'on appelle justement le solutréen (entre - 25 000 et - 20 000), caractérisée par l'industrie des bifaces de silex en forme de feuilles de laurier, trouvés ici pour la première fois en 1869.* Photo Open Sky.

21 Pouilly et Fuissé

On descend ensuite vers Pouilly et Fuissé, villages viticoles aux maisons à galerie étagées sur un coteau bien ensoleillé. En haut de Pouilly, on notera un petit château construit en 1515, dont les tours ont conservé mâchicoulis et meurtrières.

À voir : **en arrivant à Fuissé, sur la gauche, la maison Desvignes dont la galerie est soutenue par vingt colonnes de pierre.**

Domaine Cordier Père et Fils : 71960 Fuissé. Tél. 03 85 35 62 89, sur R-V. Quelles que soient les cuvées, ce domaine jouit d'une réputation légitime à travers ses vins, toujours frais et élégants, certains se révélant plus complexes.

Domaine Corsin : Les Plantés, 71960 Davayé. Tél. 03 85 35 83 69, sur R-V. Produits sur cette petite exploitation, les vins sont fins et généreux à la fois.

Jean-Paul Paquet : 71960 Fuissé. Tél. 03 85 27 01 06, sur R-V. Jean-Paul Paquet est un excellent vigneron attaché à son terroir et sachant l'exprimer. Son joli mâcon-village Fuissé possède un bon potentiel de vieillissement.

22 Saint-Vérand

Juché sur sa butte plantée de vignes, le village de Saint-Vérand marque la frontière avec le Beaujolais.

À voir : **la petite église au-dessus du village.**

23 Chaintré

Au milieu de ce paysage de vignoble, un château du XVe-XVIIIe siècle se dissimule derrière un bouquet d'arbres.

Domaine Mathias : rue Saint-Vincent, 71570 Chaintré. Tél. 03 85 27 00 50, sur R-V de préférence. Les pouilly-vinzelles et autres mâcons sont à apprécier.

Pouilly-vinzelles

Superficie : 50 ha.
Encépagement : chardonnay.
Récolte annuelle : 2 900 hl.
Rendement de base : 50 hl/ha.
Titre alcoométrique minimal : 11 % vol.
Potentiel de garde : huit ans environ.

Maison mâconnaise *à usage d'exploitation vitivinicole. Le bâtiment possède des murs en moellons de calcaire jurassique, un toit à deux croupes recouvert de tuiles plates et une double galerie. Il se développe sur cinq niveaux : le premier de plain-pied sur la cour comporte trois caves, un atelier-remise et une cuverie. Le deuxième comprend la galerie et deux appartements. Le troisième, commandé par la galerie, se compose de plusieurs chambres ; le quatrième est formé d'un très grand comble ainsi que le cinquième. La partie gauche est décalée d'un demi-niveau par rapport à la partie droite.* Dessin atelier D. Duplantier.

24 VINZELLES

Ce village tire son nom du latin *vincella*, qui signifie petite vigne. Il conserve presque intacte une église du XIIe-XVIIe siècle et l'un des plus imposants châteaux du Mâconnais, situé sur l'un des coteaux viticoles qui dominent le bourg.

CAVE DES GRANDS CRUS BLANCS : 71680 Vinzelles. Tél. 03 85 35 61 88, sur R-V. Cette cave présente, outre un remarquable pouilly-vinzelles, une gamme de vins de haut niveau produits sur les communes voisines, en pouilly-fuissé et en pouilly-loché.

POUILLY-LOCHÉ

Seule la commune de Loché a droit à cette appellation.
Superficie : 70 ha.
Encépagement : chardonnay.
Récolte annuelle : 1 800 hl.
Rendement de base : 50 hl/ha.
Titre alcoométrique minimal : 11 % vol.
Potentiel de garde : huit ans environ.

25 MÂCON

L'antique Matisco doit sa fondation, trois siècles avant notre ère, à l'existence d'un gué sur la Saône. Les Romains favorisent le développement de la ville au carrefour de la voie naturelle nord-sud, et de la route menant à Autun, capitale de la province. Un pont remplace le gué dès le XIe siècle ; plusieurs fois reconstruit aux XIVe, XVIe et XIXe siècles, c'est le monument historique le plus important de Mâcon.

Mâcon est aussi, et surtout, la ville natale de Lamartine, poète et homme politique dont la ville est très fière.

À voir : **la maison de Bois (début du XVIe siècle) ; l'hôtel Senecé (1715-1720), aujourd'hui musée Lamartine ; les douze arches du pont Saint-Laurent qui ferment un plan d'eau exceptionnel, de 3 km de long sur 200 m de large, l'un des plus beaux d'Europe, souvent utilisé pour des régates et des joutes nautiques.**

MAISON MÂCONNAISE DES VINS : 484, av. du Maréchal-de-Lattre-de-Tassigny, 71000 Mâcon. Tél. 03 85 38 36 70, tlj, 7 h 30-21 h. À l'initiative de l'interprofession, la Maison mâconnaise des vins est édifiée au bord de la nationale, à l'entrée nord de la ville. C'est une grande réussite, tant par son architecture typique de la région que par la qualité et la diversité de sa gamme de vins sélectionnés... sans oublier son restaurant, qui sert des plats traditionnels et simples, de type campagnard très savoureux.

M. L.

Mâcon. *Étirée le long de la rive droite de la Saône, ville bourguignonne aux toits de tuile qui annoncent le midi, la capitale du Mâconnais, grand centre de négoce des vins du même nom, accueille, la troisième ou quatrième semaine de mai, la Foire nationale des vins de France.* Photo Open Sky.

Le cycle de croissance et de développement de la vigne

La vigne est une plante pérenne et il existe dans le monde des ceps centenaires, mais ils ne dépassent pas quarante années dans la plupart des cas. De liane sauvage à ses origines, la vigne est en effet devenue un végétal soigneusement domestiqué par l'homme, qui en maîtrise le cycle de vie en vue de l'usage privilégié qu'il en fait : la production du vin.

La vie de la vigne est une succession de cycles annuels au cours desquels se forment rameaux, feuilles, grappes et racines. Chacun se décompose en une phase de repos hivernal et une phase de vie active, toutes deux réglées par les variations saisonnières du climat, les conditions de végétation d'une année se répercutant sur le cycle suivant.

La taille et la conduite

Laissée à l'état sauvage, la vigne se comporte comme une liane, ses rameaux sont grêles et ses grappes petites. La taille permet d'obtenir une vigueur suffisante et de choisir le nombre de grappes par souche. Cette opération consiste à éliminer une grande partie des sarments de l'année pour ne laisser subsister que très peu de bourgeons ; ce nombre étant proportionné à la vigueur de chaque souche et à la fertilité de chaque cépage. La taille se pratique en hiver, période de repos végétatif. Par cette pratique renouvelée chaque année, le vigneron assure la longévité de sa vigne en conservant à chaque pied son équilibre végétatif. Mais quantité et qualité étant liées, la taille permet également d'influer sur celles-ci.

Il existe en France et dans le monde une multitude de modèles de tailles, auxquels correspondent des systèmes de palissage adaptés. En parcourant les régions viticoles françaises, on peut ainsi observer : les vignes en gobelet, à taille courte et non palissées, en Languedoc-Roussillon ; les vignes à palissage haut et taille longue, en Alsace et en Charente ; les formes médocaines ou bourguignonnes. Chaque cas correspond à un équilibre entre les potentialités du cépage, les contraintes fixées par le terroir et les conditions climatiques, en vue de produire une catégorie définie de vin.

Le débourrement

Les bourgeons jouent un rôle fondamental dans la pérennité de la vigne. En effet, le bourgeon qui pousse au printemps a été formé l'année précédente, au cours de laquelle il est resté dormant. Ainsi, lorsqu'il commence à pousser, le bourgeon porte déjà en lui des ébauches d'inflorescences formées l'année d'avant. Les premières manifestations de la reprise d'activité de la vigne après le repos hivernal sont les pleurs et le débourrement. L'écoulement de la sève par les plaies de taille de l'année atteste de la reprise d'activité du système racinaire, liée à l'augmentation de la température du sol : il peut se produire plusieurs semaines avant le débourrement qui est l'entrée en croissance des bourgeons ; ils commencent à gonfler et leurs écailles protectrices s'entrouvrent, laissant apparaître une bourre brunâtre.

Le débourrement. *Le bourgeon commence à gonfler, l'œil dont les écailles s'écartent laisse apparaître la bourre, d'où le nom de débourrement. Première manifestation de la croissance, cette phase suit immédiatement celle des fleurs.* Photo Open Sky.

L'époque du débourrement varie entre la mi-mars et la mi-avril ; elle dépend de la température extérieure et de la précocité de chaque cépage. Ainsi, en un lieu donné, les différents cépages débourrent toujours dans le même ordre mais à des dates variables en fonction du climat de l'année. Plus le débourrement est précoce, plus les risques de dégâts occasionnés par les gelées printanières sont grands, ainsi que ce fut le cas en avril 1991. Afin de s'en prémunir, on peut procéder par aspersion : la gangue de glace qui se forme sur les rameaux les protège alors du froid.

La croissance des rameaux

Elle dépend principalement de la température extérieure ainsi que des précipitations. La capacité de croissance de la plante résulte également de ses aptitudes génétiques. Lent en mars-avril, le rythme de croissance s'accroît en mai-juin, ralentit en juillet et cesse en août.

Apparition des feuilles. *Totalement dégagées, les premières feuilles laissent apparaître les caractères variétaux ; c'est la deuxième phase de débourrement. Les souches vigoureuses débourrent plus tardivement que les souches faibles.* Photo Jacques Guillard/Scope.

Dès le début du développement du rameau, les inflorescences sont visibles, la fertilité d'un bourgeon correspondant au nombre d'inflorescences qu'il contient. La formation des feuilles revêt également une grande importance, car celles-ci sont le siège de la photosynthèse. L'équilibre entre la surface foliaire et la quantité de récolte attendue demande donc des soins attentifs, afin que la vendange soit de qualité.

De la fleur au grain

Le nombre de fleurs par inflorescence conditionne la dimension de la future grappe. Il varie de 100 à 1 000 selon la variété, et selon l'emplacement du rameau sur la souche. La floraison se déroule, pour la plupart des cépages, au mois de juin, toutes les inflorescences d'une souche ne s'épanouissant pas en même temps. Elle dure quelques jours par temps chaud et sec, beaucoup plus longtemps par temps froid et pluvieux. Lorsque la fleur s'épanouit, le pollen est projeté sur le stigmate, il germe et

Boutons floraux. *Au sommet de la pousse apparaissent des grappes rudimentaires qui, progressivement, s'espaceront et s'allongeront. Les organes floraux demeurent encore nettement agglomérés.* Photo Jacques Guillard/Scope.

féconde les ovules, contenus dans un ovaire. L'époque de la floraison conditionne en grande partie celle de la récolte, puisque l'on vendange en général cent jours après la fleur : à floraison précoce, récolte précoce (et inversement) ; à floraison étalée, maturité hétérogène...

L'ovaire se transforme ensuite en fruit : c'est la nouaison. Le taux de nouaison, généralement inférieur à 50 %, représente le nombre de baies

Apparition de l'inflorescence. *Les boutons floraux sont nettement isolés, les capuchons se détachent à la base et tombent, laissant apparaître les étamines et le pistil.* Photo Open Sky.

restant sur la grappe par rapport au nombre de fleurs initialement présentes. Parfois, ce taux peut encore diminuer et l'on parle alors de coulure, certains cépages comme le grenache et le merlot y étant très sensibles. Des températures basses pendant la floraison sont à l'origine de cet accident ; elles agissent, soit directement sur la fécondation, soit indirectement en ralentissant le flux de substances sucrées vers le jeune fruit. La nouaison est une étape capitale du cycle de développement, qui détermine le nombre de baies susceptibles d'arriver à maturité. Or, le rendement dépend justement du nombre de grappes, du nombre de baies par grappe et du poids individuel de la baie.

La croissance et la maturation des raisins

Après la nouaison, les baies ont la taille de lentilles. Elles grossissent lentement pendant les trois premières semaines, puis très rapidement durant les trois semaines suivantes, et à nouveau lentement jusqu'à la véraison. Pendant toute cette période, les baies vertes se comportent comme tout organe chlorophyllien et sont le siège d'une photosynthèse intense, qui ne suffit pourtant pas à couvrir leurs besoins nutritifs. Ceux-ci sont assurés par un apport simultané de sucres synthétisés dans les feuilles. Les grains de raisin fabriquent aussi des acides organiques (malique et tartrique) dont la teneur s'élève progressivement. Mais la dimension finale des baies dépend principalement des particularités génétiques du cépage : ainsi, les raisins de table ont des baies beaucoup plus grosses que les raisins de cuve.

La véraison marque le changement de coloration de la pellicule (ou peau) du raisin. Les raisins blancs deviennent translucides et les raisins rouges se colorent progressivement. Dans le même temps, les baies, de dures, deviennent élastiques. Cette transformation se produit vers le début du mois d'août et dure une à deux semaines. C'est une période de transition entre la fin de la croissance et le début de la maturation des raisins. Tous les sucres produits par les feuilles, ainsi que ceux qui sont stockés dans les sarments et les troncs, sont mobilisés et transportés vers les grappes. Pendant le temps qui sépare la véraison de la maturité (six semaines environ), l'accumulation de sucres dans les baies se poursuit. La richesse finale des baies en sucre dépend des caractéristiques de chaque variété, des conditions climatiques... Les composés phénoliques commencent d'apparaître à la véraison, et s'accumulent dans les pellicules et les pépins. Les anthocyanes déterminent la couleur du vin ; les tanins son astringence et sa charpente. Inversement, la concentration en acides organiques diminue. Pour décider de la date de la récolte, il faut prendre en compte l'ensemble de ces paramètres et plus particulièrement le rapport sucre-acides. Si l'on attend trop, le raisin est certes très riche en sucre mais il manque d'acidité et le vin sera lourd. Si l'on vendange trop tôt, le raisin n'a pas le degré minimal en sucre requis et l'acidité domine. Des échantillons sont donc prélevés à intervalles réguliers, afin de suivre l'évolution des constituants du raisin et de choisir une date en fonction du type de vin recherché.

Développement des baies. *On peut distinguer trois périodes depuis la pollinisation jusqu'à la surmaturité. À une période herbacée durant laquelle la baie grossit mais demeure verte succède une période de maturation durant laquelle la baie change de couleur, c'est la véraison. Vient ensuite une période de surmaturation au cours de laquelle le raisin se flétrit.* Photo Jacques Guillard/Scope.

Le stockage des réserves et la chute des feuilles

Dès la véraison, une partie des sucres synthétisés par la plante sont détournés vers les organes de réserve (tiges et racines), où ils sont stockés sous forme d'amidon. À cette mise en réserve correspond le changement de couleur des rameaux (l'aoûtement), qui passent du vert au brun et sont alors appelés sarments. L'état de ces réserves conditionne le bon déroulement du prochain débourrement et donc du cycle suivant.

À l'époque de maturité des raisins, les feuilles changent de couleur et deviennent jaunes ou rouges (selon la couleur du cépage). Puis elles se détachent et tombent. Leur chute peut être accélérée par les gelées d'automne, le vent ou des maladies comme le mildiou. La vigne entre alors dans une phase de repos hivernal, ou dormance.

Sous l'influence du froid, les bourgeons évoluent et se préparent au débourrement qui interviendra au printemps suivant, dès que la température franchira le seuil nécessaire.

Alors, un nouveau cycle pourra débuter...

J.-P. Do.

L'établissement et la conduite du vignoble

Autrefois, la culture de la vigne ne posait guère de problèmes. Les plants n'étant pas greffés, les souches mourantes étaient remplacées par provignage à partir d'un sarment de souche voisine. Après avoir émis des racines, le sarment était détaché de la plante mère et devenait un nouveau cep. Aujourd'hui la vigne exige des soins intensifs tout au long de l'année.

Avant l'invasion phylloxérique de 1860, une parcelle de vignes pouvait avoir une longévité extraordinaire. La disposition irrégulière des souches qui en résultait ne gênait en rien les travaux de sarclage manuel. De plus, les attaques de parasites étant minimes, aucun traitement n'était nécessaire.

Aujourd'hui, la situation est bien différente et la vigne exige des soins continus tout au long de l'année. La durée de vie d'une parcelle de vignes est de l'ordre de trente à quarante années, ce qui nécessite en tout premier lieu de bien réfléchir avant de choisir un cépage et un porte-greffes. Le choix de la variété dépend de la région et du type de production (vins AOC ou de consommation courante) ; celui du porte-greffe dépend surtout du sol et du climat.

La préparation du sol

Cette opération est capitale et doit tenir compte du précédent cultural. Lorsque le terrain à planter consiste en une parcelle de vignes arrachées depuis moins de cinq ans, il existe un très grand risque de contagion, dû aux maladies à virus qui se sont généralisées depuis l'obligation de greffage. Lors de l'arrachage des souches, des débris de racines demeurent vivants durant plusieurs années ; des nématodes du sol, agents vecteurs de virus, se chargeront de les transmettre aux nouveaux plants : un repos du sol avant replantation est donc fortement recommandé. Mais les impératifs économiques conduisent souvent à des plantations vignes sur vignes et l'on procède alors à une désinfection du sol à l'aide de fumigants ; le succès d'une telle opération diminue, cependant, lorsque le climat est plus chaud et que le sol est plus profond.

Avant de planter on effectue une préparation adéquate du sol : labours plus ou moins profonds selon la nature du sous-sol, drainages éventuels en sols argileux, en cas de nécessité fumure de fond pour restaurer la richesse en phosphore et en potassium, si possible enfouissement de fumier ou d'autres amendements organiques.

La densité de plantation

Les densités de plantation actuelles résultent pour la plupart d'une tradition ancienne. Depuis la généralisation des instruments aratoires attelés, qui fut à l'origine des plantations en lignes et interlignes réguliers, elles ont assez peu évolué. Dans les vignobles méridionaux, la plupart des vignes sont toujours plantées à une densité de 4 500 souches à l'hectare, soit des carrés de 1,5 m sur 1,5 m.

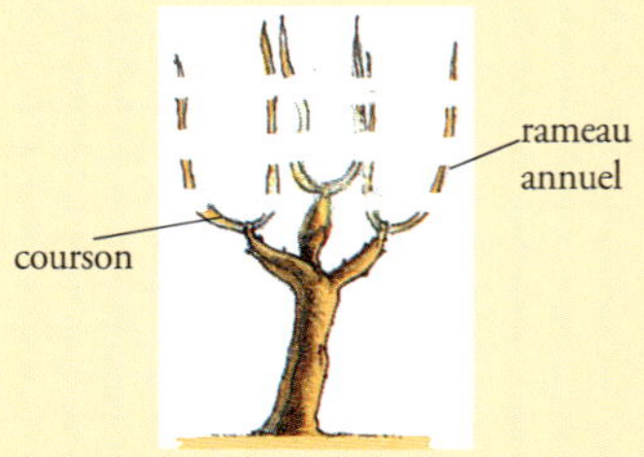

gobelet languedocien

Taille en gobelets. *Elle doit son nom à la forme que dessinent les bras restants. Très répandue dans les régions méditerranéennes, on la rencontre également dans le Beaujolais et la vallée de la Loire.*

Les conditions de culture actuelle ont souvent conduit à écarter les rangs et à rapprocher les souches sur la ligne. En France, les densités les plus courantes oscillent entre 3 000 et 5 000 souches à l'hectare. Mais dans certaines régions, comme la Bourgogne, l'utilisation de tracteurs enjambeurs a permis de conserver une densité de plantation de 10 000 pieds par hectare. Il est toutefois probable que l'on s'orientera de plus en plus vers une diminution du nombre de ceps par unité de surface (ha).

La plantation

La plantation d'un vignoble se fait en général au printemps, avant l'époque de débourrement. Dans le Midi, une méthode consiste à mettre en place des jeunes plants de porte-greffes et à les laisser pousser durant une année. Au printemps suivant, ils seront décapités et l'on procédera au greffage sur place du cépage retenu. Ce travail est souvent confié à des équipes de greffeurs spécialisés.

Impossible sous des climats plus frais, cette façon de procéder est de moins en moins pratiquée. On utilise plutôt les plants greffés-soudés, produits chez un pépiniériste par la méthode de greffage sur table : une bouture à un œil, provenant d'un sarment de vigne à fruits, est greffée mécaniquement sur la bouture, longue d'une trentaine de centimètres, d'une variété de porte-greffes. L'assemblage, forcé en chambre chaude, développe un cal de soudure entre les deux partenaires ainsi que le départ de quelques racines. Après avoir passé une période végétative en pépinière, il peut être commercialisé, prêt à être planté.

Il existe plusieurs modes de plantation : pal, trou manuel et machine. On effectue enfin un buttage suivi par la mise en place d'un tuteur.

La taille et le palissage

Ces deux opérations constituent, avec la densité et la disposition de plantation, le système de conduite de la vigne. La vigne sauvage, ancêtre de *Vitis vinifera*, se présentait sous forme de liane. Laissés à eux-mêmes, les cépages actuels reprendraient rapidement cette apparence, due à une propriété physiologique appelée « acrotonie » : les bourgeons supérieurs se développent en effet en premier, ce qui provoque un allongement permanent. La taille d'hiver annuelle est le seul moyen qui permette de contrecarrer cette tendance. La taille des deux ou trois premières années est la taille de formation de la souche, dont la sévérité dépend en grande partie du cépage et du type de production. Certaines variétés portent des grappes pesant plus de 500 g : pour obtenir des rendements corrects, on pratiquera des tailles courtes, laissant des coursons de deux à trois bourgeons fructifères sur un petit nombre de sarments ; lorsque le poids de la grappe avoisine les 100 g, on effectuera, soit des tailles courtes sur un assez grand nombre de sarments, soit des tailles longues.

Le palissage de la végétation devient une nécessité dès que l'on quitte le climat tempéré chaud, c'est-à-dire le Midi de la France. Cette pratique culturale permet en effet d'éviter l'entassement du feuil-

première année — *deuxième année* — *souche adulte*

La taille en cordon de royat. *En fin de première année, on taille à deux yeux le sarment le mieux placé dans le prolongement du plan. En fin de deuxième année, on garde l'un des deux sarments que l'on coude sur le fil. À l'ébourgeonnage, on supprime toutes les pousses placées en dessous.*

lage : on obtient ainsi un éclairement satisfaisant des feuilles, et donc un bon déroulement de la photosynthèse. Il existe de multiples façons de tailler et de palisser la vigne. Elles se différencient parfois très peu. En simplifiant à l'extrême, on peut les répartir de la façon suivante.

La taille courte sans palissage : les gobelets

Les souches sont caractérisées par un tronc de hauteur variable (10 à 80 cm) et trois à sept bras plus ou moins longs, s'ouvrant dans l'espace avec une apparence de gobelet. C'est la forme classique des vignobles méditerranéens. À l'origine, le tronc était court et les bras s'ouvraient dans toutes les directions. Par la suite, pour faciliter les travaux, on a rallongé le tronc et donné une forme ovale à la projection des bras. Durant les premières années, le tronc est tuteuré. Les rameaux de l'année se développent librement. Pour permettre la mécanisation de la vendange, on a recours au gobelet aplati ou éventail, où le feuillage présente un volume plus approprié.

La taille courte avec palissage : le cordon de royat

Il s'agit de souches dont la zone fructifère est disposée sur un ou deux bras horizontaux dénommés « cordons », établis à environ 60 cm de hauteur. Ce mode de conduite exige un fil porteur de la charpente, et un second fil, au moins, de palissage de la végétation annuelle. Cette forme, avec des variantes, est très courante dans différentes régions : elle permet une bonne adaptation à la mécanisation des opérations culturales.

Les tailles longues avec palissage

La taille guyot, simple ou double, en est le type le plus courant. Lors de la taille annuelle, on laisse en place un ou deux sarments, plus ou moins raccourcis selon le cépage et le genre de production. Ces branches à fruits, souvent appelées « baguettes », sont palissées à plat ou en arcure. Les rameaux fructifères sont palissés dans un plan vertical plus ou moins élevé et comprenant trois à cinq fils de fer.

Les perspectives d'avenir : le double palissage

Dans le passé, il était établi qu'une vendange de grande qualité ne pouvait être obtenue qu'avec des densités de plantation élevées. Aujourd'hui, on sait que des vignobles à interlignes larges produisent une récolte de qualité au moins équivalente, à condition de favoriser au maximum le microclimat de la plante. Un système à deux plans de palissage en forme de lyre ouverte, proposé par des chercheurs de l'INRA, est, à cet égard, prometteur.

La taille en vert

Dans les régions viticoles ne souffrant pas de sécheresse, le développement de la végétation est souvent tel qu'il devient gênant, non seulement pour l'exécution des travaux, mais aussi pour une bonne maturation des raisins : on effectue alors un ou plusieurs rognages ou écimages des rameaux, latéralement et au-dessus des plans de palissage.

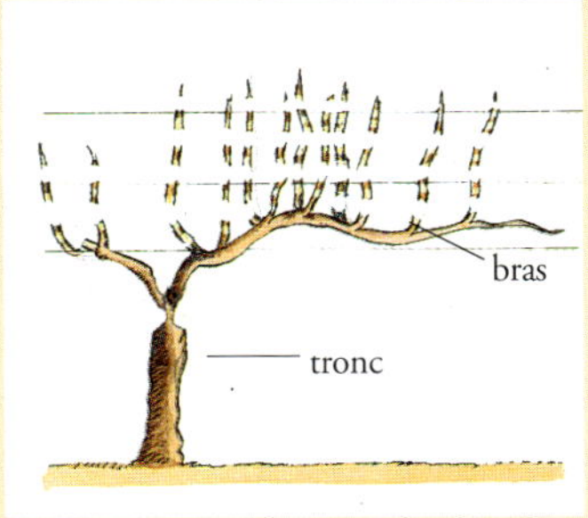

simple

La taille guyot simple *est constituée par une souche formée d'un tronc prolongé par un bras.*

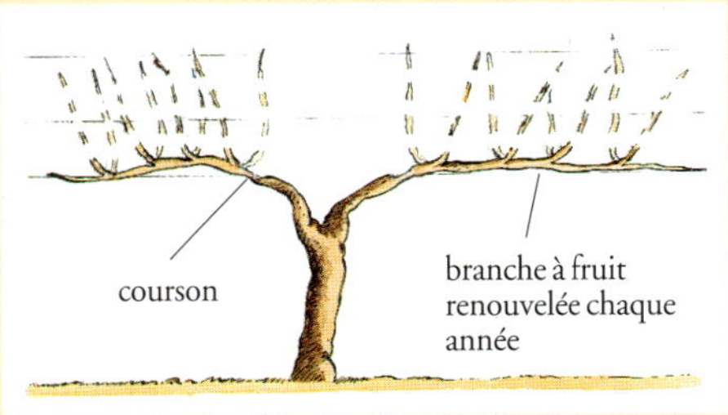

double

La taille guyot double *est constituée par un tronc à deux bras.*

La fertilisation

De ce point de vue, la vigne est une plante peu exigeante, qui nécessite beaucoup moins d'éléments minéraux qu'une culture de plante annuelle. Depuis la fin de la dernière guerre, la plupart des vignobles ont reçu beaucoup trop d'engrais, d'où, bien souvent, une vigueur exagérée de la végétation. Actuellement, on recommande de procéder, avant la plantation et selon le besoin déterminé par une analyse du sol, à une fumure de fond en acide phosphorique et en potasse. Par la suite, on devra se contenter d'une restitution des exportations, complétée, si possible, par des amendements organiques.

L'entretien du sol

Les piochages et les binages manuels ont constitué, durant des siècles, les seuls travaux d'entretien : l'élimination des plantes adventices était leur but essentiel. La fin du XIXe siècle a vu la généralisation des instruments aratoires tractés par le cheval, puis par des engins motorisés.

La succession classique des labours comportait un buttage des souches avant l'hiver, un débuttage au printemps, puis un nombre variable de binages. Cette façon de faire, bien qu'encore utilisée, l'est de moins en moins, en raison de l'extension du désherbage chimique. Il s'est d'ailleurs avéré que la non-culture totale est la meilleure manière d'utiliser les herbicides en viticulture. Cette technique, contrôlée en permanence par des services de recherche et d'expérimentation, n'a pas, jusqu'ici, présenté d'inconvénients majeurs. Elle a notamment permis de maintenir l'exploitation de la vigne en coteaux abrupts, difficiles à entretenir.

Les labours peuvent être supprimés en procédant à des enherbements plus ou moins permanents, qui seront maîtrisés par fauchage régulier. Cette technique est moins prometteuse en cas de déficit hydrique.

P. H.

Les ravageurs et les maladies de la vigne

Les ennemis de la vigne sont nombreux. Sans en dresser une liste exhaustive, quelques exemples choisis permettent de comprendre de quel arsenal dispose le vigneron pour protéger son outil de production.

Les ennemis de la vigne sont issus de toutes les familles : les ravageurs qui proviennent du monde animal et les maladies causées par des virus, des champignons, des bactéries ou des mycoplasmes. Certains s'attaquent directement au pied de vigne et peuvent entraîner sa mort, d'autres en visant le feuillage ou le raisin mettent la récolte en danger. Si la plupart se retrouve sur l'ensemble du territoire national (de même qu'à l'étranger), quelques-uns ne se développent que dans des zones bien précises dont le climat et/ou le sol autorisent le développement. Enfin, tous les cépages ne présentent pas la même sensibilité. Pour toutes ces raisons, l'expérience du vigneron et ses capacités d'observation sur le terrain sont fondamentales et permettent bien souvent, grâce aux moyens de lutte modernes, de limiter les pertes.

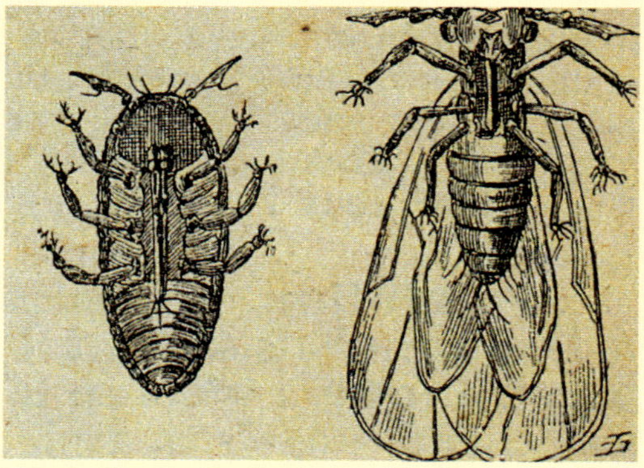

Phylloxéra. *Ennemi le plus redoutable de la vigne, ce petit puceron se nourrit du suc cellulaire des organes qu'il pique à l'aide d'un rostre (stylet).* Cliché ACJS.

Les ravageurs

Le phylloxéra

Le plus grand fléau de la vigne est incontestablement le phylloxéra, qui a provoqué la destruction de tout le vignoble français à la fin du XIXe siècle. Ce puceron, introduit d'Amérique du Nord en Europe au milieu du siècle dernier, a été identifié en 1868. Il provoque un affaiblissement des souches qui, en quelques années, se dessèchent et meurent. La forme la plus dangereuse de ce puceron ovipare est le radicicole qui, comme son nom l'indique, vit sur les racines et s'en nourrit en vidant les cellules végétales de leur contenu. Cela provoque des nécroses qui empêchent les racines de puiser dans le sol l'eau et les nutriments nécessaires. Ce puceron existe aussi sous la forme gallicole (qui provoque des galles sur le feuillage) et ailée ; facilement entraînée par le vent, celle-ci facilite l'extension rapide du puceron.

La seule parade durable et généralisable à tous les vignobles est d'utiliser la résistance génétique de la vigne au phylloxéra. L'idée a donc été d'aller chercher le remède à la source même du mal, c'est-à-dire en Amérique du Nord. Dans cette région du monde, la vigne, confrontée depuis fort longtemps à ce parasite, avait développé des gènes de résistance. On a donc associé par greffage une espèce dont les racines sont résistantes au phylloxéra (le porte-greffe) et nos cépages dont la qualité des raisins était ainsi préservée (le greffon).

À l'heure actuelle, on n'observe plus de symptômes en France, car la parade a été trouvée, mais cela ne signifie pas que le ravageur ait disparu.

Certains pays sont actuellement touchés, comme la Californie où les vignerons ont utilisé un porte-greffe insuffisamment résistant. En revanche, il existe encore des pays qui ne sont pas infestés comme le Chili ou certaines zones de l'Australie.

Le ver de la grappe

C'est un papillon dont les chenilles s'attaquent aux grappes. Elles provoquent des dégâts directs majeurs ; en outre, en perçant les grains, elles favorisent l'entrée de la pourriture grise.

Les acariens peuvent aussi porter atteinte à la qualité de la récolte. En effet, en s'attaquant au feuillage, ils diminuent la capacité photosynthétique de la vigne ; le raisin sera donc moins riche en sucre.

Feuille de vigne touchée par le mildiou. *Cette maladie cryptogamique affecte les vignobles dans toute la France. Comme le parasite se développe à l'intérieur des organes de la plante, les moyens de lutte mis à la disposition des vignerons sont principalement préventifs.* Photo Michel Guillard/Scope.

Les maladies

Le court noué

Si la lutte contre le phylloxéra se fait lors de la mise en place du vignoble, il en va de même pour certains virus comme le court noué qui est transmis de plante à plante par un nématode vivant dans le sol. Cette maladie provoque une décoloration du feuillage et un rabougrissement général du pied : on parle alors de dégénérescence. La lutte contre ce virus passe par l'utilisation de matériel végétal sain et par la désinfection du sol.

L'eutypiose

C'est une maladie contre laquelle on ne peut lutter une fois qu'elle est installée et qui demande donc des précautions préalables. Cette maladie du bois est provoquée par un champignon qui gêne la circulation de la sève. Pour freiner son extension, il est nécessaire de brûler les bois de taille, les pieds malades…

Tous les cépages ne présentent pas la même sensibilité à l'eutypiose, c'est pourquoi la maladie n'est pas uniformément répandue en France.

Les maladies cryptogamiques

Certaines maladies, comme le mildiou, l'oïdium ou la pourriture grise, sont quasi permanentes et nécessitent une lutte continuelle. D'autres, comme le black-rot ou l'excoriose, sont plus occasionnelles bien que localement très graves.

Le mildiou, stade terminal. *La maladie se manifeste sur les feuilles, par l'apparition de taches translucides qui brunissent au bout de quelque temps. Sur les grappes, elle se présente sous forme de taches livides virant au brun, puis les baies se dessèchent.* Photo Jean-Luc Barde/Scope.

Le mildiou

Il fut observé pour la première fois en France en 1878. Le champignon responsable de cette maladie est originaire d'Amérique du Nord, comme ceux qui sont à l'origine du black-rot et de l'oïdium. Le mildiou s'attaque à tous les organes verts de la vigne sauf aux feuilles âgées et aux raisins après véraison. Au niveau du feuillage, le mildiou provoque des lésions et peut entraîner la chute prématurée des feuilles. Par ailleurs, les fleurs et les jeunes baies y sont très sensibles.

Pour que le champignon germe au printemps, il faut certaines conditions de température et d'hygrométrie ; il est donc plus ou moins virulent selon les années. Fort heureusement, on dispose d'armes très efficaces pour contenir cette maladie. Depuis plus d'un siècle, le sulfate de cuivre est utilisé sous forme de bouillie bordelaise ; il empêche les spores de germer et donc le champignon de s'installer. Il existe d'autres produits de ce type, à action préventive de surface. Seule la partie touchée par le produit est protégée ; en période de forte croissance, il est impératif de traiter souvent. D'autres substances chimiques présentent de nouvelles propriétés : la pénétration dans la plante qui élimine le risque de lessivage du produit par la pluie, la systémie – déplacement du produit dans la plante –, qui protège les jeunes organes formés après le traitement. Plus le produit a une cible précise, plus l'apparition de résistances est fréquente. La réussite de la lutte contre le mildiou est aussi liée à la fiabilité des modèles de prévision des risques d'infection. De cette manière, au lieu de traiter de façon systématique, on n'intervient qu'en cas de besoin. C'est un aspect important de la viticulture moderne qui raisonne de plus en plus les traitements, pour diminuer les coûts de production mais aussi afin de limiter la pollution de l'environnement.

L'oïdium

Pour certaines maladies comme l'oïdium, on ne dispose pas encore de modèles de

La protection du vignoble. *Le vigneron mène une lutte incessante contre les ennemis de la vigne qui affectent la production et peuvent mettre en danger la pérennité de la plante.* Photo Open Sky.

prévision ; il faut donc traiter de façon systématique en respectant des cadences de traitement liées au type de produit et au climat. Le soufre est très utilisé soit en poudrage soit en pulvérisation. Il existe aussi des produits chimiques mais certains sont à utiliser avec prudence, car ils peuvent provoquer l'apparition de résistances.

La pourriture grise

Dans le cas de la pourriture grise, la seule façon de lutter est la prévention. Il faut préserver l'intégrité des grains et donc protéger la vigne contre les vers de la grappe. Par ailleurs, en diminuant la vigueur de la vigne (par la réduction des apports d'azote ou le choix d'un porte-greffes peu vigoureux), on diminue la compacité des grappes et la densité du feuillage. L'effeuillage, en permettant une bonne aération des grappes, est aussi une bonne solution.

Bien des maux guettent la vigne, et la réponse doit être adaptée à chacun d'entre eux. Après de longues années fondées sur la lutte chimique contre les ravageurs et les maladies, les produits inoffensifs pour l'environnement sont privilégiés et les interventions sont réalisées en fonction des besoins. J.-P. Do.

Black-rot. *Cette maladie parasitaire est due à un champignon microscopique, qui vit à l'intérieur des tissus. Les traitements classiques antimildiou offrent des moyens de lutte efficaces s'ils sont employés tôt.* Photo Jean-Luc Barde/Scope.

Galles dues à l'érinose. *Cet acarien provoque au printemps la formation de boursouflures (galles) de taille variable. Sur la face inférieure des feuilles, un feutrage blanc abrite les larves du parasite.* Photo Jean-Luc Barde/Scope.

Pourriture grise. *Ce champignon s'attaque à un grand nombre de plantes et affecte, gravement, les raisins par temps humide. Il se développe aussi sous forme de pourriture noble, et permet l'élaboration de vins liquoreux.* Photo Jean-Luc Barde/Scope.

Paysage du Beaujolais septentrional. *Le Beaujolais forme un dôme dont les deux pentes principales déclinent l'une vers la Saône, l'autre vers la Loire. Au nord-est se trouve la partie la plus prospère qui constitue le domaine privilégié des crus.* Photo Open Sky.

Le nom de Beaujolais est chargé d'un grand pouvoir évocateur. C'est un paysage viticole étendu sur des coteaux, entre la noire lisière des sapins et les vertes prairies qui bordent la Saône : en hiver, les gobelets de gamay tendent leurs quatre bras décharnés par la taille, tandis que s'effilochent les fumées des feux de sarments ; en été s'épanouit la subtile odeur miellée des grappes en fleur ; à l'automne, lorsque les joyeuses bandes de vendangeurs ont déserté les vignes, on assiste à une explosion de couleurs. Le beaujolais est surtout un vin désormais bien connu dans le monde entier ; l'exploitation médiatique de la mise en vente du beaujolais nouveau, le troisième jeudi de novembre, est universelle ; le vin clair aux reflets violacés emplit les petits verres sur les comptoirs d'étain, les pots qui s'alignent sagement sur les tables des casse-croûte ou des mâchons, et les bouteilles étiquetées aux armes des dix crus. Mais il y a en Beaujolais plus d'églises ou de chapelles romanes que de caveaux de dégustation, plus de ruines féodales ou de belles demeures Renaissance que de caves coopératives. Le relief accidenté et la proximité du manteau forestier incitent aussi aux randonnées pédestres de découvertes botaniques. De quoi associer la culture au plaisir et à la santé. ◆

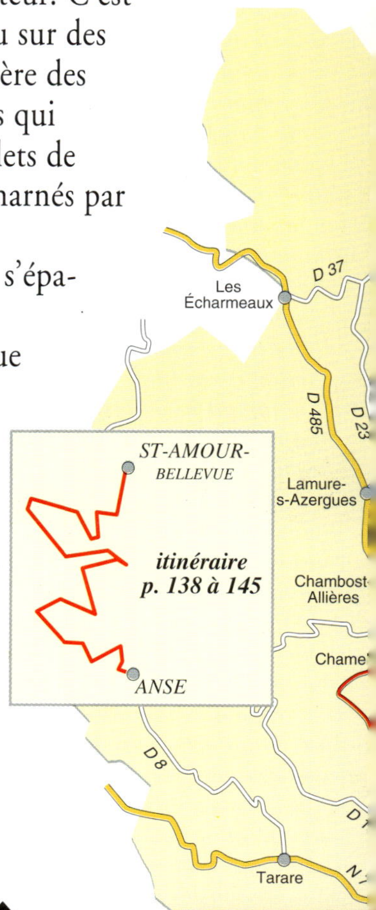

Histoire du vignoble

Chassé de Bourgogne par l'ordonnance du duc Philippe le Hardi en 1395, l'« infâme et déloyal » gamay n'investit que lentement les collines beaujolaises, vouées à l'agriculture céréalière et au petit élevage pour l'approvisionnement de Lyon, et enrichies aussi par l'activité manufacturière des fabricants de toiles et d'indiennes. La vigne reste une culture secondaire jusqu'au XVIIIe siècle et les vins s'échangent dans le cadre régional.

C'est avec la grande propriété aristocratique et bourgeoise associée au vigneronnage à mi-fruit (partage par moitié des récoltes entre propriétaire et vigneron-métayer) que le chemin de fer du PLM, achevé en 1854, ouvre, sous le second Empire, l'espace national puis international au grand négoce du vin beaujolais. Ce vin rouge est estimé et recherché par les citadins, mais il reste rangé dans la catégorie intermédiaire des « grands ordinaires » du Mâconnais. Les crus du moulin-à-vent et du morgon ne s'individualisent qu'à l'extrême fin du XIXe siècle, alors que le vignoble beaujolais, vite et bien reconstitué après le désastre du phylloxéra, atteint en 1914, avec 23 000 ha, sa superficie actuelle.

Il régresse ensuite sensiblement (18 000 ha en 1939) et ne reprend son essor que grâce aux décrets d'appellation contrôlée qui le délimitent et l'organisent à partir de 1936. En 1950 se met en place la hiérarchie subtile entre les crus septentrionaux (aujourd'hui au nombre de dix), la zone centrale des beaujolais-villages et l'aire méridionale des beaujolais.

Grand cuvier du château de Corcelles. *La salle de garde sert de caveau de dégustation et le cuvage a conservé sa charpente du XVIIe siècle.* Photo Jean-Luc Barde/Scope.

Le Beaujolais

Géographie

Entre la vallée de l'Azergues et celle de la Saône, sur une cinquantaine de kilomètres, le dernier chaînon des monts du Beaujolais élève une haute barrière (888 m au mont de la Pyramide, 953 m au Tourvéon, 1 009 m au mont Saint-Rigaud). Son revers oriental est découpé en étroites lanières ou en larges croupes par les ruisseaux qui dévalent vers la Saône – Mauvaise, Ardières, Vauxonne, Marvérand, Nizerand et Morgon : elles portent le vignoble, entre 600 m d'altitude, pour les pentes les mieux exposées, et la voie ferrée qui en marque la limite dans la plaine.

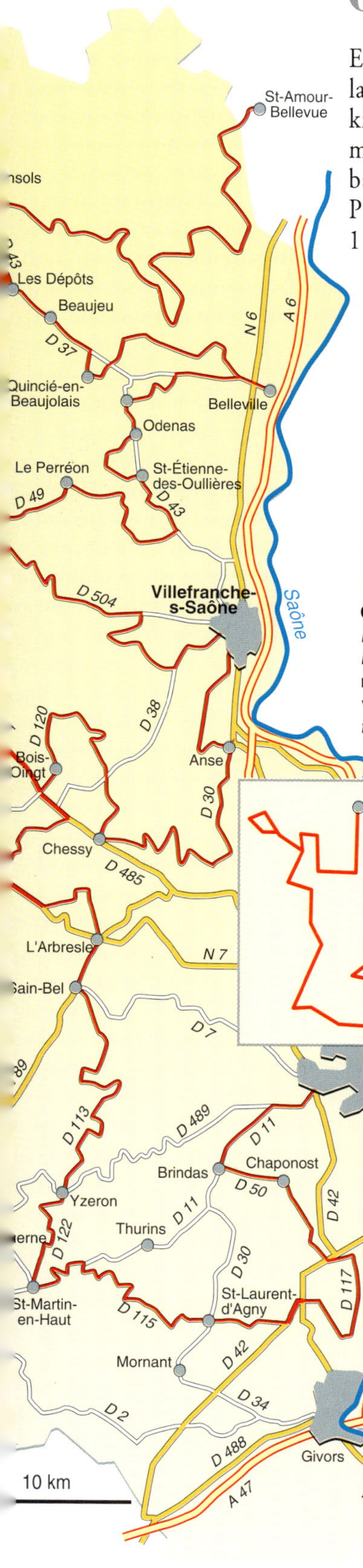

Claude Bernard. *Enfant du Beaujolais, l'auteur de l'Introduction à l'étude de la médecine expérimentale travaillait sur le mécanisme de la fermentation alcoolique en 1877 peu avant sa mort.* Cliché ACJS.

CHRONOLOGIE

950 Un document mentionnerait une production vineuse à Brulliacus (Brouilly).
1531 Mort de Louise de Savoie, le Beaujolais revient à la Couronne de France.
1573 Publication de la *Générale description des pays du Lyonnais et Beaujolais, selon l'assiette et confins d'iceux pays* par le cosmographe du bon roi Henri, dans lequel il est fait état de vignobles à chaque page.
8 janvier 1622 Bail à 1/3 fruits d'une terre à planter en vignes, consenti à Charles Protel, vigneron à Saint-Lager.
1658 Le jeune Louis XIV traverse le Beaujolais en compagnie de Mazarin et de la Grande Mademoiselle.
17 mai 1691 Lettre de M. de Bérulle, intendant à Lyon, au contrôleur général, relatif au gel des vignes dans les provinces de Lyonnais, Forez et Beaujolais.
1764 François Brac de la Perrière, propriétaire à Saint-Lager (brouilly) expérimente, à Paris, la vente directe des vins du Beaujolais.
12 juillet 1813 Naissance de Claude Bernard.
31 mars 1844 Mort de Benoît Raclet, inventeur de la méthode de lutte contre la pyrale qui détruit les récoltes.
1872 Les premières vignes sont touchées par le phylloxéra et périssent à Villié-Morgon.
1884 Vendange des premières vignes greffées.
11 septembre 1936 Décret instituant les appellations chénas, moulin-à-vent, fleurie, chiroubles et morgon.
12 septembre 1937 Décret instituant les appellations beaujolais, beaujolais-villages et beaujolais supérieur.
11 mars 1938 Décret instituant l'appellation juliénas.
19 octobre 1938 Décret instituant les appellations brouilly et côte de brouilly.
20 décembre 1988 Décret instituant l'appellation régnié.

Juliénas, *tracteur quittant les vignes en direction du village. Le transport du raisin est effectué dans des comportes en bois.* Photo Jean-Luc Barde/Scope.

La nature des sols.

La moitié nord, de part et d'autre de la large vallée de l'Ardières, est faite de roches primaires – granite, porphyres, schistes. Elles enferment des filons métallifères de plomb, de manganèse, de diorite, et se décomposent en arènes rougeâtres et graveleuses, en terres « pourries » profondes et riches en oxyde (morgon), en argiles plus compactes. Ces sols sont minces, très vulnérables au ruissellement qui les lessive et les entraîne. Les anciens contrats de vigneronnage recommandaient le maintien de chaintres herbeux en travers de la pente et prescrivaient aux métayers de remonter chaque hiver, « de fond en cime, les terres entraînées par les avalaisons d'eau ». Aujourd'hui, on place des rigoles cimentées et l'on crée des réservoirs de rétention. Au sud de la Vauxonne, la couverture sédimentaire est restée en place : elle est faite de calcaires jurassiques qui se décomposent en terres graveleuses, riches en rognons de silice (les charveyrons) et en oxydes de fer ; les argiles du trias et les marnes du lias donnent des sols plus compacts, plus lourds, qui s'égouttent mal ; dans l'extrême sud du vignoble, quelques plaques de lœss alternent avec des alluvions caillouteuses et sableuses d'origine fluvio-glaciaire.

Environs de Morgon. *Léger, calcaire, caillouteux, le sol se teinte parfois de rouge dans les régions ferrugineuses.* Photo Open Sky.

Le climat.

À cette grande variété des reliefs, des expositions et des sols s'oppose une forte uniformité du climat. Il est continental dans la mesure où les influences océaniques sont arrêtées par les monts du Beaujolais mais il peut subir des influences méditerranéennes qui remontent par le grand couloir Rhône-Saône. Ce climat est donc excessif, avec des hivers qui peuvent être très froids et assez secs : le gel peut détruire les vignes. Les variations de température sont brusques et de très forte amplitude quand le vent passe du nord (la bise) au sud (le vent du Midi) : un printemps trop précoce peut accélérer la végétation que la gelée vient brûler en une seule nuit de mai. Les étés sont chauds, mais traversés d'orages dévastateurs. Le Rhône est d'ailleurs le département de France le plus touché par la grêle, précédant de très loin le Gers et le Lot-et-Garonne. Les deux crêtes des monts du Beaujolais forment un double tremplin pour l'ascension de l'air océanique chaud et humide, et son refroidissement brutal en altitude. La défense du vignoble par canons, fusées grêlifuges et lignes électriques ou niagaras a été entreprise dès 1900, sans grand succès : les assurances mutuelles en furent d'autant plus nécessaires. De beaux automnes compensent souvent les rigueurs capricieuses des autres saisons ; si les brumes et brouillards se forment et s'attardent dans la plaine, les coteaux sont bien ensoleillés.

Villié-Morgon, *cette commune qui regroupe les deux hameaux de Villié et de Morgon produit un vin robuste, généreux et fruité.* Photo Jean-Luc Barde/Scope.

Les cépages du Beaujolais

L'appellation d'origine beaujolais est produite avec les cépages suivants : gamay noir, pinot noir et gris pour les vins rouges et rosés ; chardonnay et aligoté pour les vins blancs.

Le gamay noir, appelé également gamay beaujolais, bourguignon noir ou lyonnaise dans l'Allier, possède des feuilles moyennes, unies, minces, lisses, vert clair, faiblement trilobées, avec un sinus pétiolaire en V et un limbe glabre en dessous. À l'automne, le rougissement du feuillage est important, sans être total. Les grappes sont moyennes, cylindriques, compactes, un peu ailées ; les baies, moyennes, sont légèrement ovoïdes, d'un beau noir violet, avec une pruine abondante, et viennent à maturité à la première époque tardive. Cette précocité permet d'expliquer sa grande diffusion dans les vignobles septentrionaux ou de montagne.

Ce cépage de vigueur moyenne doit être conduit à la taille courte, sinon, il s'épuise rapidement, ses bourgeons étant très fertiles. On obtient des récoltes abondantes jusqu'à 60-70 hl/ha dans les coteaux et même plus de 100 hl en plaine avec certains clones. Les sols granitiques d'Auvergne ou du Beaujolais donnent les meilleurs résultats. P. G.

Pour qui sait et peut attendre, deux belles semaines à la fin de septembre peuvent compenser un été pluvieux : ce fut le cas en 1968 et 1969, deux excellentes années. En revanche, septembre 1993 fut, en Beaujolais comme ailleurs, assez calamiteux.

Encépagement

L'appellation contrôlée prescrit un cépage unique, le gamay noir. Les vieux cépages locaux comme la persagne (ou mondeuse ; 3 4,85 ha en 1960) ou le mornen noir (7,83 ha en 1960) ont quasiment disparu en même temps que les hybrides au cours des années 1950. Le chardonnay et l'aligoté sont acceptés pour la production de beaujolais blancs, mais ne représentent même pas 1 % de la superficie actuelle de 23 000 ha.

Le gamay se taille et se façonne de deux façons. Dans la partie septentrionale, zone des crus et des « villages », domine le gobe-

Les appellations

Les appellations du Beaujolais sont au nombre de 13 dont 10 crus.

Beaujolais	Fleurie
Beaujolais-supérieur	Juliénas
Beaujolais-villages	Morgon
Brouilly	Moulin-à-vent
Chénas	Régnié
Chiroubles	Saint-amour
Côte de brouilly	

Caveau de dégustation *à Chiroubles.* Photo Jean-Luc Barde/Scope.

let : quatre ou cinq bras porteurs lancent une dizaine de rameaux, rattachés à un échalas. Dans la partie méridionale, le cep est étiré sur deux à trois rangées de fil de fer par une taille guyot simple, à baguette.

Le gamay est peu exigeant en fumure du sol. Mais il réclame une vigilance particulière pour l'application préventive et curative des traitements. Il débourre assez tôt et il est donc vulnérable aux gelées de printemps qui provoquent la coulure, comme en 1991. Sa maturité est rapide et précoce. On peut souvent commencer les vendanges à la mi-septembre.

Réglementation

Le vignoble d'appellation contrôlée couvre 23 000 ha et se divise en trois aires. L'appellation régionale beaujolais s'applique à 10 400 ha, au sud de la Vauxonne : le rendement de base y est de 55 hl/ha. L'appellation beaujolais-villages a été donnée en avril 1950 à 6 200 ha qui recouvrent une quarantaine de communes, à la périphérie des grands crus : le rendement de base est de 50 hl/ha. Les dix crus du beaujolais couvrent une surface à peu près équivalente (6 500 ha) et doivent respecter un rendement de base fixé à 45 hl/ha.
La superficie n'augmente plus depuis 1992, car il ne se délivre que des autorisations de transfert ou de replantation. La densité moyenne est de 10 000 ceps à l'hectare. La machine à vendanger est interdite et la fermentation s'effectue donc avec des raisins entiers en cuve close. Elle est courte afin de conserver les arômes.

Crus

On trouve du nord au sud : saint-amour (317 ha), décret du 8 février 1946 ; juliénas (606 ha), décret du 11 mars 1938 ; chénas (285 ha), décret du 11 septembre 1936 ; moulin-à-vent (676 ha), décret du 11 septembre 1936 ; fleurie (875 ha), décret du 11 septembre 1936 ; chiroubles (374 ha), décret du 11 septembre 1936 ; morgon (1 115 ha), décret du 11 septembre 1936 ; régnié (500 ha), le dernier-né, décret du 20 décembre 1988 ; brouilly (1 300 ha), décret du 19 octobre 1938 ; côte de brouilly (325 ha), décret du 19 octobre 1938.

Production

La production beaujolaise moyenne calculée sur les dix dernières années (1990-2000) est d'environ 1 360 000 hl, soit plus de 186 millions de bouteilles (5,5 % des AOC de France) : elle se décompose en 650 000 hl de beaujolais, 350 000 hl de beaujolais-villages, et 350 000 hl de crus.

La moitié de cette production (400 000 hl de beaujolais et 200 000 hl de beaujolais-villages) est aujourd'hui vendue en beaujolais nouveau ou primeur. Jusque vers 1960, le vin nouveau, c'était le « bourru » tiré de la cuve – on disait aussi le « paradis » –, encore très chargé en sucre ; on laissait au vin de l'année le temps de « faire ses Pâques », avant d'être soutiré des tonneaux « par temps frais et vent du nord ».

C'est en 1967 que le primeur est devenu le nouveau, filtré, tiré et mis en bouteilles dès l'achèvement de la fermentation malolactique (transformation de l'acide malique en acide lactique) qui succède à la fermentation alcoolique. Cette seconde fermentation confère au vin des arômes fruités – goût de bonbon anglais ! –, en particulier l'acétate d'isoamyle qui sent... la banane. Le déblocage des beaujolais nouveaux se fait dans la nuit du troisième jeudi de novembre, même s'il est souvent arrivé bien avant dans les points de dégustation et de vente. La forte médiatisation du produit a conditionné les goûts du public, en particulier à l'étranger. Toujours est-il que la réussite commerciale est extraordinaire : la moitié d'une récolte est vendue deux mois après la vendange, ce qui réduit les frais de stockage et alimente la trésorerie des producteurs, même si l'image de marque des beaujolais

Chiroubles, *pesée du degré du raisin. À l'aide de son réfractomètre de poche, ce vigneron détermine le sucre contenu dans le raisin.* Photo Open Sky.

qui continuent à « faire leurs Pâques » en est quelque peu altérée. Les producteurs de crus se refusent à faire du primeur. La publicité joue assez habilement sur les deux registres : le beaujolais primeur, vin canaille, « sitôt fait, sitôt bu, sitôt pissé », et le cru appelé à devenir un vin de courte garde (de deux à cinq ans, rarement plus).

Structures économiques

La grande propriété domine toujours le vignoble beaujolais et en marque le paysage avec ses châteaux du XVIIIe ou du XIXe siècle abrités dans leurs vastes parcs aux cèdres centenaires. Depuis des siècles elle est associée au vigneronnage, une forme souple et toujours évolutive d'association du capital et du travail. Un domaine peut associer plusieurs vigneronnages de 4 à 5 ha chacun, ce qui donne une apparence de démocratie. De fait, le Beaujolais a ignoré les grandes secousses contemporaines, comme celle de 1976 en Languedoc.

La petite propriété n'est pas absente, d'autant plus que la viticulture s'accommode bien de la pluriactivité (artisans, commerçants, ouvriers, employés et même fonctionnaires). La coopération est pour eux un cadre nécessaire. Le tiers de la production beaujolaise (466 600 hl) s'élabore dans les caves coopératives.

Il n'y a pas de mévente, même si les cours qui avaient exagérément grimpé en 1988 et 1989 (jusqu'à 460 € la pièce de 216 l !) sont aujourd'hui redescendus à un niveau plus sage ; les débouchés sont multiples, de la grande ville de Lyon toute proche aux marchés asiatiques à conserver. Beaucoup de producteurs de toute taille se contentent de leur fidèle clientèle qui vient se rafraîchir et s'approvisionner à la cave. D'autres fournissent les négociants locaux ou la grande distribution. La moitié de la production beaujolaise est aujourd'hui exportée : dans l'ordre décroissant des commandes, la clientèle est suisse, allemande, britannique, américaine, japonaise et belge.

G. G.

Le pot de Beaujolais

Pot de beaujolais *dans un café traditionnel.* Photo Open Sky.

Au XVIIIe siècle le vin se débitait à la pinte, dite « de Paris », soit 93 cl. Le pot lyonnais, au début du siècle dernier, fait 46 cl ; en 1848, la Société républicaine des voraces réclame en vain que le pot tienne le litre. Le pot est donc l'unité de compte du vin servi au comptoir ou sur les tables des cafés et des restaurants de la région. Dans les clos boulistes, « un mètre de beaujolais » représente treize pots alignés sur une planchette de bois. Le treizième est offert par le patron. C'est la consommation des huit joueurs, un peu plus de 5 l. En 1993, agissant pour le compte de l'Union interprofessionnelle des vins du Beaujolais, BSN Emballage a créé le « pot beaujolais », bouteille de verre blanc, de forme bordelaise, contenant 75 cl, réservée aux seuls beaujolais.

G. G.

Les étiquettes du Beaujolais

Les promoteurs du beaujolais, préoccupés par leur opération commerciale, étaient loin d'imaginer qu'ils créeraient un jour un véritable mythe. Depuis 1951, le beaujolais primeur figure en effet dans la panoplie des rituels qui rythment les cycles saisonniers de la culture française. À la mi-novembre il n'est pas un café, un bistrot ou un troquet qui n'affiche avec gourmandise : « Le beaujolais nouveau est arrivé. » Aux affichettes colorées proclamant la bonne nouvelle répondent les étiquettes chaleureuses du primeur. L'étiquette de beaujolais ne vante pas sa région, elle s'inscrit aux frontières du pays et met en scène le partage convivial d'une gestuelle bien française : boire un coup. Chacune célèbre le vin à sa manière : jeune fille à la grappe trinquant avec son lecteur, couple distingué goûtant le primeur, jeunes aristocrates ou Français moyens en goguette, pulpeuse stylisée plongeant ses lèvres dans le nectar... Tous sont de la fête. Une fête populaire qui se donne à voir et ne joue pas de la distinction aristocratique, contrairement à d'autres terroirs qui évoquent ou sous-entendent. Le beaujolais s'exhibe et n'en éprouve nulle honte ; lui seul vante le travail du vigneron, non la noble vinification, mais le dur sarclage de la terre. Et lorsqu'il décline les thèmes de la fête du vin, ce sont verres, bouteilles, treilles, tonneaux en perce, tablées campagnardes, musique et lampions de 14 Juillet... Une fête jeune, sensuelle, conviviale, où le couple est représenté en train de boire, de flirter ou de danser.

Ne dédaignant pas la citation populaire (La Fontaine, enseigné à l'école primaire...), l'étiquette de beaujolais nous offre une bouffée printanière au creux de l'automne. Elle se fait ainsi l'écho d'antiques croyances pour lesquelles il n'est de mort sans renaissance. Comme Moïse sauvé des eaux, le primeur est nouveau-né ; il fête son printemps au creux de novembre, afin de chasser les froids germés à l'automne, naissance conjurant l'annonce de la mort hivernale.

E. S. et Y. J.

Les musées du Vin

Si le vin est affaire de millésimes, il est également le fruit de traditions ancestrales qui sont perpétuées non seulement par la mémoire vigneronne, mais aussi par les nombreux musées qui leur sont consacrés.

Il existe peu de vignobles en France qui ne possèdent un musée du Vin. L'Association française des musées d'Agriculture en a recensé trente-trois, présentés parmi d'autres dans son *Guide du patrimoine rural.* Mais leur nombre est sensiblement supérieur si l'on y ajoute les musées d'Ethnographie dont une partie est consacrée à la viticulture, comme le musée d'Aquitaine à Bordeaux, le musée régional d'Ethnographie à Bergerac, ou encore celui d'Unterlinden à Colmar. Parmi ces établissements, certains présentent l'ensemble des activités et des objets de l'activité viticole, mais la plupart se limitent aux traditions spécifiquement régionales ou s'attachent de façon exclusive à une thématique particulière, tels le musée des Pressoirs de la maison Mercier à Épernay, le musée de la Tonnellerie à Cognac ou celui de Chécy, dans le Loiret.

Château Pécauld, musée de la Vigne et du vin de Franche-Comté. *Ancienne bâtisse médiévale, le château Pécauld fut remanié aux XVIe et XVIIIe siècles. Entouré d'un vignoble composé des différents cépages cultivés en Franche-Comté, ce musée municipal, contrôlé par la Direction des musées de France, présente, à l'intérieur, un panorama de l'histoire sociale et économique des vignobles comtois.* Photo Ph. Bruniaux.

Préserver les traditions

Les musées du Vin sont parfois associés à une exploitation en activité. D'autres, à l'inverse, sont les lieux de mémoire de vignobles disparus. Souvent, les collections sont présentées dans une maison vigneronne traditionnelle qui constitue en elle-même un objet de musée ; elles évoquent généralement les travaux et la vie quotidienne du vigneron d'autrefois, mais plus rarement – faute de recherches – l'évolution historique ou les structures socio-économiques. Les initiatives privées rejoignent les créations collectives et publiques ; il n'est pas rare que le simple vigneron expose dans son chai ou sa salle de dégustation quelques vieux outils, légués par les générations précédentes ou dénichés avec soin ; le visiteur peut alors admirer clefs de foudres sculptées, outils aratoires ou gouges de tonnellerie dans un cadre rustique.

Quelques grands musées possèdent toutefois un centre de documentation et organisent des expositions temporaires. Mais l'essor de la muséographie viticole est allé de pair avec l'abandon de certaines techniques au profit de la mécanisation et avec le souci nostalgique, partagé par le visiteur, de sauver de l'oubli des traditions parfois battues en brèche par les apports de l'œnologie moderne : la majorité des musées du Vin datent de moins de vingt ans. Parmi les plus anciens, il faut citer ceux de Beaune, d'Épernay et de Tours. Les deux plus récents, inaugurés en 1993 (le Hameau du vin de Romanèche-Thorins et le musée de la Vigne et du vin de Franche-Comté, à Arbois), révèlent – dans des styles différents – un effort de renouvellement, tant dans le soin apporté à la présentation et à l'emploi des outils audiovisuels que dans la volonté de reconstitution minutieuse du passé et de l'ethnologie locale.

Le Hameau du vin, musée en Beaujolais

Créé à la suite d'une initiative privée, celle de Georges Dubœuf, le Hameau du vin est représentatif d'un renouveau de la muséographie viticole. Installé dans les anciennes gares de Romanèche-Thorins, il allie des ambitions artistiques, pédagogiques et culturelles, mais aussi commerciales. L'ensemble constitue une réussite par le soin apporté à l'aménagement, à l'esthétique, ainsi qu'aux présentations pédagogiques d'ampélographie, de conditionnement du vin ou de techniques anciennes de transport des fûts. Surtout, à l'exemple d'autres musées, le cadre traditionnel laisse ici la place aux outils modernes de communication : maquettes de vulgarisation, expositions sur l'art et le vin, présentations audiovisuelles en salle de projection ou théâtre électronique de personnages automatisés dénotent le souci de vulgarisation attractive. Après avoir succombé aux charmes de la visite, il ne reste plus qu'à bénéficier de la dégustation du principal hôte de ces lieux : le vin.

G. F.

Musée du Vin de Bourgogne à Beaune. *Installé dans l'hôtel des ducs de Bourgogne, le musée, créé en 1946, raconte l'histoire de la vigne et du vin à l'aide de nombreux documents anciens. Il expose, sur le grand mur de la salle des Ambassadeurs du vin, une tapisserie de Lurçat à la gloire du vin, et plusieurs tapisseries contemporaines.* Photo A. S.

Le Beaujolais septentrional

de Saint-Amour à Anse

Le Beaujolais septentrional constitue la partie la plus connue du Beaujolais. La vigne est omniprésente ; mis à part une rapide incursion dans l'appellation beaujolais-villages à Chânes, nous entrons directement à Saint-Amour dans le royaume des crus que nous ne quitterons qu'à mi-parcours. Mais le Beaujolais, ce sont aussi des crêtes couronnées de sapins qui permettent de superbes promenades en forêt.

Une entrée en Beaujolais par le sud (Anse) aurait, certes, ménagé la progressive transition du méridional beaujolais au chapelet des dix crus septentrionaux, en passant par la gamme étendue des beaujolais-villages. Mais arriver par le nord, en sortant du vignoble mâconnais, c'est recevoir d'un coup les chocs de la forte originalité beaujolaise.

Les dix crus

On peut se demander pourquoi les dix crus actuels sont regroupés dans ce tiers septentrional du vignoble. Les raisons en sont d'abord géologiques et pédologiques : des terrains sédimentaires argilo-calcaires du Mâconnais, on passe brutalement à une zone de roches primaires très diversifiées (granite, gneiss, schiste) décomposées superficiellement en graviers et en terre sablonneuse (arène), et très fortement enrichies par des filons éruptifs métallifères : diorite, manganèse, fer. Dès le XVIIIe siècle, les contemporains avaient observé que la vigne y venait mieux qu'ailleurs et que le vin produit pouvait alors s'ajouter aux grands ordinaires du Mâconnais rassemblés aux Dépôts, à côté de Beaujeu, avant leur expédition vers Paris. La naissance et le développement de la gastronomie font très vite insérer les vins des Thorins et ceux du moulin-à-vent parmi les vins de Bourgogne.

Juliénas, *le vieux pressoir.*
Photo Alain Vivier/Scope.

Les maisons vigneronnes

Régnié, *maison traditionnelle de vignerons en Beaujolais avec son escalier extérieur couvert d'un avant-toit.*
Photo Jean-Luc Barde/Scope.

Elles disparaissent peu à peu devant les villas et les cuvages modernes, ou bien deviennent des résidences secondaires. Elles comportent un étage d'habitation sur une cave voûtée, à moitié enterrée. Un escalier extérieur conduit à une petite terrasse couverte devant la vaste cuisine et parfois à une courte galerie à piliers de pierres dorées. Sous un hangar fermé, le cuvage (ou tinailler) abrite les cuves et le pressoir. Les métayers (vignerons) des grands domaines ont leurs maisons rassemblées en petits hameaux. Ces maisons peuvent aussi être alignées sur un des côtés d'une grande cour, comme à La Grange-Charton qui appartient aux Hospices de Beaujeu (commune de Régnié) : le cuvage collectif couvre 500 m² et l'on peut dater sa construction à 1850.

G. G.

Chénas, domaine et vignoble.
Ce petit village très éparpillé, les maisons des vignerons étant le plus souvent situées près des vignes, est composé de plusieurs hameaux. Il tire son nom d'une forêt de chênes qui a, depuis, été supplantée par la vigne qui monte à l'assaut des collines. Les vins de chénas, produits sur des terrains pentus et granitiques à l'ouest, sont colorés et puissants, mais sans agressivité excessive.
Photo Jean-Luc Barde/Scope.

D'où un enrichissement de la propriété viticole dans les cantons de La Chapelle-de-Guinchay (Saône-et-Loire), de Belleville et de Beaujeu (Rhône). D'où la stabilité et même la croissance des grands domaines aristocratiques et bourgeois : les maîtres agrandissent ou construisent de superbes châteaux de pierre et les enferment dans des parcs arborés de cèdres puis de séquoias. Ils aménagent, non loin, des hameaux pour leurs vignerons, en assurant les apports de la modernité. Il s'agit certes de les faire bénéficier du confort, mais l'objectif principal demeure de faciliter le travail dans de bonnes conditions d'hygiène. L'eau est dirigée vers les cuvages par des conduites forcées et des pompes à vapeur, comme on peut encore en voir au domaine des Ravatys, propriété actuelle de l'Institut Pasteur à Saint-Lager (brouilly).
Après le double traumatisme de la crise phylloxérique et de la Première Guerre mondiale, la recherche de la qualité passe par l'individualisation des crus. Aussitôt que le décret le permet, les producteurs d'une commune se rassemblent pour obtenir l'appellation d'origine contrôlée : chénas, moulin-à-vent, fleurie, chiroubles et morgon dès le 11 septembre 1936.

Itinéraire de Saint-Amour à Anse

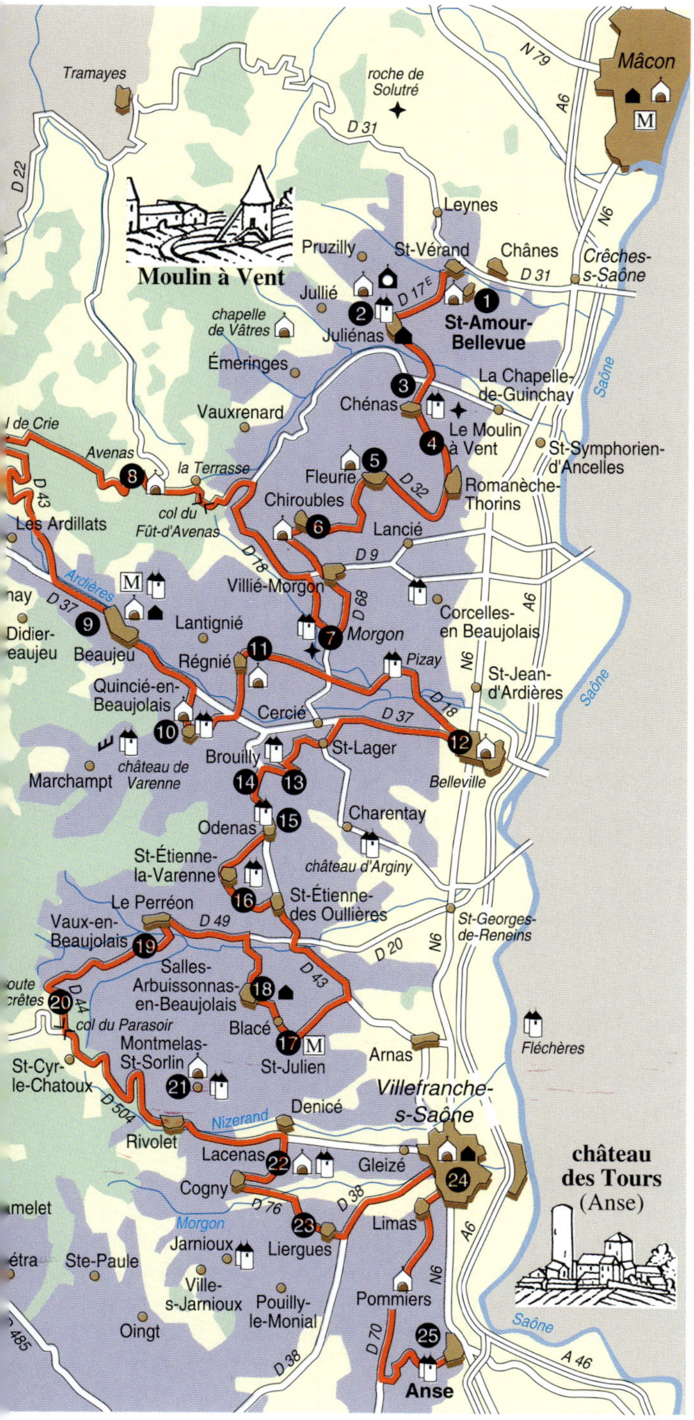

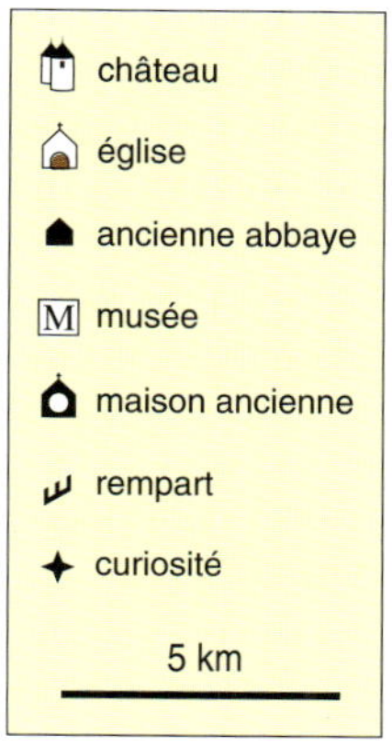

En levant la tête vers la crête des monts, on aperçoit la sinueuse lisière des noires sapinières. Les derniers ceps se blottissent contre elle et dévalent en vagues, noires, vertes ou rousses selon les saisons, vers le fond des vallons, marqué par une ligne de vergnes ou de peupliers et un étroit ourlet de prairies. La route rouge des crus et la route verte des villages sont complétées par la route des sapins : elles sont, toutes les trois, parfaitement signalées.

Juliénas, vue générale.
Photo Jean-Luc Barde/Scope.

Églises et châteaux s'ouvrent aux visiteurs – pas toujours facilement : mieux vaut s'informer au préalable. Cet itinéraire en Beaujolais septentrional et central permet de ressentir la forte empreinte de l'Histoire. Des vestiges de présence romaine ont été retrouvés tout autour de Saint-Amour, point de départ de l'itinéraire ; ils sont encore plus manifestes à Anse (Asa Paulini), point d'arrivée. Dès le Xe siècle, les puissants sires de Beaujeu ont multiplié les châteaux, les églises, les prieurés tout au long de la vallée de l'Ardières, et fait de Beaujeu une petite capitale locale, rivale de Villefranche. La richesse commerciale des temps de la Renaissance se lit sur les façades des demeures patriciennes. La richesse viticole qui naît au XVIIIe siècle et s'affirme au XIXe siècle a fait restaurer, agrandir ou édifier des dizaines de châteaux, tandis que les vignerons étaient logés dans des maisons de pierre. Cuvages et caves voûtées sont à visiter comme des édifices publics ou religieux : il s'y célèbre aujourd'hui, de Saint-Amour à Lacenas, le culte du vin.

Moulin-à-vent, les vendanges.
Le moulin-à-vent, situé à cheval sur deux départements, se récolte aussi bien sur les terres de Romanèche-Thorins que sur celles de Chénas. Et si, autour du moulin, on ne plante jamais d'arbre, c'est que, selon les dires des anciens, la vigne ne supporte que l'ombre du vigneron, ou que le vin est devenu si précieux que ce serait gaspillage de perdre la moindre parcelle de vigne.
Photo Jean-Luc Barde/Scope

On sort de l'autoroute à Mâcon-Sud pour emprunter la N 6 sur 2 km jusqu'à Crêches-sur-Saône. À droite, la D 31 conduit à Chânes puis à Saint-Amour. Elle marque la limite entre le Mâconnais et le Beaujolais : à droite, ce sont les rangs de chardonnay, vignes en hautains étirées sur fils de fer, portant des raisins blancs ; à gauche, on aperçoit les gamays en gobelet ou en baguette. Outre le mâcon blanc, Chânes produit du beaujolais-villages.

Beaujolais-villages

Avant de déguster la gamme des dix crus, une mise en bouche peut se faire à Chânes même où quelques dizaines d'hectares sont classés en beaujolais-villages, qui s'étendent, à la périphérie occidentale des dix crus, jusqu'à Blaceret et la rectiligne D 504.

Superficie : 6 000 ha.
Encépagement :
vin rouge et rosé : gamay noir, pinot noir, pinot gris ;
vin blanc : pinot chardonnay et aligoté.
Nature des sols : granitiques très décomposés (graviers et arènes).
Récolte annuelle :
vin rouge : 351 300 hl ;
vin blanc : 3 200 hl.
Rendement de base :
vin rouge : 50 hl/ha ;
vin blanc : 55 hl/ha.
Titre alcoométrique minimal : 10,5 % vol.
Potentiel de garde : à boire très jeune (primeur de la mi-novembre à janvier) ou jeune (moins d'un an). Sur les conseils de certains producteurs, on peut risquer avec profit une garde de deux à trois ans.

1 Saint-Amour-Bellevue

Superficie : 310 ha ; encépagement : gamay noir ; récolte annuelle : 18 200 hl ; rendement de base : 48 hl/ha ; titre alcoométrique minimal : 10,5 % vol. ; potentiel de garde : de trois à quatre ans.

Le plus septentrional des dix crus beaujolais a obtenu l'AOC en 1946 : son vin est réputé « galant » et se boit jeune et frais. Le caveau de dégustation de Saint-Amour est orné de scènes de vendanges.

À voir : **dans l'église, un Christ en gloire du XIIe siècle trouvé dans une vigne.**

Domaine des Duc : La Piat, 71570 Saint-Amour-Bellevue. Tél. 04 85 37 10 08, sur R-V. Le domaine de 27 ha est exploité sous forme de GAEC par cinq associés, une équipe amoureuse du vin prête à vous accueillir pour vous faire goûter sa production en saint-amour, chénas, beaujolais-villages et pouilly-loché.

2 Juliénas

Superficie : 606 ha ; encépagement : gamay noir ; récolte annuelle : 34 200 hl ; rendement de base : 48 hl/ha ; titre alcoométrique minimal : 10,5 % vol. ; potentiel de garde : de trois à quatre ans.

La D 17^E y conduit en 4 km. Le caveau de dégustation est dans l'ancienne église du XVIe siècle ornée de fresques (fermeture annuelle en janvier) et la maison de la Dîme à la sortie du village avec sa façade Renaissance a été très bien restaurée. La cave coopérative est installée au château du Bois de la Salle. L'appellation juliénas couvre 606 ha et s'étend aussi sur les communes voisines de Pruzilly, Émeringes et Jullié, et produit des vins bien charpentés et riches en couleur. Le village propose aux visiteurs le très beau château de La Roche, construit au XVIIe siècle par la famille Charrier et qui associe les fonctions défensives (pont tournant) et résidentielles. De la place de Jullié partent trois sentiers balisés de promenade qui aident à découvrir le terroir de ce vin violacé, aux arômes très prononcés de framboise et de cerise, dont la promotion doit beaucoup aux journalistes du *Canard enchaîné.*

À voir : **la maison de la Dîme ; le cellier de la vieille église ; le château du Bois de La Salle du XVIIe siècle ; le château de Juliénas du XVIIIe siècle avec ses très belles caves.**

François et Thierry Condemine : château de Juliénas, 69840 Juliénas. Tél. 04 74 04 41 43. Le château produit un excellent juliénas riche et corsé.

Domaine Jean-Pierre Margerand : Les Crots, 69840 Juliénas, Tél. 04 74 04 40 86, sur R-V. L'une des plus anciennes familles de vignerons de Juliénas dont l'exploitation remonte à 1650. Jean-Pierre Margerand exploite 7 ha à partir desquels il propose un juliénas de belle facture.

Georges Rollet : La Pouge, 69840 Jullié (à 3 km par la D 137). Tél. 04 74 04 44 81, sur R-V. Georges Rollet exploite 7 ha en juliénas et 2,5 ha en beaujolais-villages. Les vins élevés en fûts ou dans des foudres de chêne de 18 hl à 58 hl sont en général assez ronds.

De ce village de 400 habitants on peut gagner à pied (1 h) la petite chapelle de Vatre du XIIe siècle et son très beau point de vue.

3 Chénas

Superficie : 280 ha ; encépagement : gamay noir ; récolte annuelle : 16 100 hl ; rendement de base : 48 hl/ha ; titre alcoométrique minimal : 10,5 % vol. ; potentiel de garde : de quatre à six ans.

C'est le plus petit des dix crus beaujolais avec ses 280 ha classés. Le sol granitique truffé de filons de manganèse confère au vin des arômes de pivoine et des aptitudes certaines au vieillissement. La coopérative est installée dans les anciennes caves du château.

À voir : **les caves du château.**

BERNARD SANTÉ : route de Juliénas, Les Blémonts, 71570 La Chapelle-de-Guinchay. Tél. 04 85 33 82 81, sur R-V. Depuis 1980 à la tête de ce domaine planté en vignes par son père, Bernard Santé élève ce vin d'un rouge intense en fûts de chêne.

4 MOULIN-À-VENT

Superficie : 676 ha ; encépagement : gamay noir ; récolte annuelle : 38 600 hl ; rendement de base : 48 hl/ha ; titre alcoométrique minimal : 10,5 % vol. ; potentiel de garde : de huit à dix ans.

Les 676 ha de l'appellation se partagent entre les communes de La Chapelle-de-Guinchay et de Romanèche-Thorins. C'est le plus prestigieux (et le plus cher) des crus, déjà remarqué au XVIIIe siècle et assimilé aux bourgognes. La vigueur tannique favorise le vieillissement de ce vin de garde.

À voir : **le vieux moulin ; le parc zoologique René-Livet.**

SA LES VINS GEORGES DUBŒUF : quartier de la Gare, BP 12, 71570 Romanèche-Thorins. Tél. 04 85 35 34 20, 9 h-18 h au Hameau en Beaujolais, sur R-V. Ce négociant-éleveur sélectionne et commercialise les vins de tout le vignoble beaujolais. Avec l'aide de son frère Roger, viticulteur de pouilly-fuissé, il a créé un remarquable Musée vitivinicole et des salles d'exposition dans les anciens bâtiments de la gare, devenus le Hameau du vin.

CHÂTEAU DU MOULIN-À-VENT : 71570 Romanèche-Thorins. Tél. 04 85 35 50 68, tlj 9 h-12 h et 14 h-18 h, samedi dimanche sur R-V. Dans cette propriété créée au XVIIIe siècle, on trouve des vins équilibrés et charnus.

5 FLEURIE

Superficie : 875 ha ; encépagement : gamay noir ; récolte annuelle : 50 000 hl ; rendement de base : 48 hl/ha ; titre alcoométrique minimal : 10,5 % vol. ; potentiel de garde : de trois à cinq ans.

La D 32 conduit à Fleurie et à ses 875 ha de cru. Sur de fines arènes granitiques se récolte le « plus féminin » des beaujolais qui développe des arômes subtils d'iris et de violette. La cave coopérative qui date de 1929 peut vinifier jusqu'à 50 000 hl et fut longtemps dirigée par Mlle Chabert, la célèbre Marguerite, qui en prit la tête en 1946 et sut convaincre les viticulteurs d'opter pour la qualité.

À voir : **l'auberge du Cep ; la chapelle de la Vierge qui domine le village ; la cave coopérative et son caveau.**

JEAN-PAUL CHAMPAGNON : La Treille, 69820 Fleurie. Tél. 04 74 04 15 62, tlj 8 h-20 h. Appartenant à la troisième génération de viticulteurs, mais installés depuis 1952 d'abord comme métayers puis comme propriétaires, Jean-Paul Champagnon exploite un domaine de 10 ha situés en coteaux sud-sud-est, et élève un vin corsé et tannique.

GAEC TRONCHARD : domaine du Haut-Poncié, 69820 Fleurie. Tél. 04 74 04 16 06, tlj, 8 h-20 h, dimanche sur R-V. Un terroir riche en manganèse et un moulin-à-vent harmonieusement constitué, persistant et finement boisé.

SARL CHRISTIAN BERNARD : Les Grands Fers, 69820 Fleurie. Tél. 04 74 69 86 64, tlj sauf samedi, dimanche, 9 h-12 h et 14 h-17 h 30. Un élevage en foudre de chêne de dix mois pour un fleurie harmonieux, à la matière épanouie.

6 CHIROUBLES

Superficie : 374 ha ; encépagement : gamay noir ; récolte annuelle : 21 500 hl ; rendement de base : 48 hl/ha ; titre alcoométrique minimal : 10,5 % vol. ; potentiel de garde : trois ans.

À cette altitude plus élevée (400 à 500 m), 374 ha classés produisent un vin coloré aux arômes de muguet et de violette. La dégustation peut se faire à

BENOÎT RACLET ET L'ÉCHAUDAGE DES VIGNES

Buste de Benoît Raclet, *au musée Raclet à Romanèche-Thorins.*
Photo Jean-Luc Barde/Scope.

Dans les années 1830, les chenilles ravageuses de la pyrale dévastaient les vignes du Beaujolais et du Mâconnais. Rien n'y faisait, ni le piégeage nocturne des papillons, ni l'écrasement de leurs œufs par les femmes et les enfants, ni l'écorçage hivernal des ceps avec des gants métalliques. L'huissier Benoît Raclet, propriétaire à Romanèche, constata fortuitement que la vigne placée sous l'évier de déversement des eaux chaudes était épargnée. Il élabora et fit diffuser dans toute la France un traitement hivernal d'ébouillantage des ceps, destructeur des chrysalides : des chaudières montées sur des brouettes, chauffées par les sarments de la taille, fournissaient de l'eau bouillante déversée sur les ceps par des arrosoirs à long bec. Ce traitement restera en usage pendant un siècle jusqu'à l'arrivée des produits chimiques contemporains. Le musée Raclet expose les meubles, les objets usuels et le matériel viticole d'un vigneron beaujolais du siècle dernier. Le même village abrite aussi un musée du Compagnonnage dans la maison du compagnon graveur Pierre-François Guillon.

G. G.

Chiroubles, le village et son vignoble. *Dans ce village type de vignerons beaujolais, tout le monde est viticulteur. Avec son clocher surmonté d'un bulbe, réminiscence d'un XIXe siècle prêt à toutes les fantaisies, ce petit bourg de 360 habitants produit un vin de qualité, léger et plein d'arômes floraux et fruités.*
Photo Jean-Luc Barde/Scope.

la splendide Terrasse des Vins de Chiroubles, à 700 m d'altitude, devant un magnifique panorama sur le vignoble, la plaine de la Saône, le Jura et le mont Blanc.

À voir : **l'église et son clocher ; la vue depuis le lieu-dit La Terrasse.**

GILLES MÉZIAT : Le Verdy, 69115 Chiroubles. Tél. 04 74 69 15 90, tlj 8 h-19 h. Les chiroubles racés sont typiques de l'appellation.

ALAIN PASSOT : domaine de la Grosse-Pierre, 69115 Chiroubles. Tél. 04 74 69 12 17, tlj 9 h-19 h, sur R-V. Au lieu-dit La Grosse-Pierre, situé en aval du village sur les pentes est, Alain Passot exploite un domaine familial de 8,5 ha, dont la moyenne d'âge des vignes est de quarante-cinq ans ; il produit un vin à dominante de fraîcheur et de fruit.

De Villié-Morgon on peut, par la D 9, gagner le château de Corcelles-en-Beaujolais avec ses parties féodales, sa cour Renaissance avec galerie de bois et ses appartements richement décorés et meublés.

À voir : le château de Corcelles.

Château de Corcelles. *Avec ses nombreuses sculptures, ses fenêtres à rosaces, cette forteresse du XIe siècle, reconstruite au XVe siècle et restaurée en 1962 par la famille Crémieux-Cassin, est considérée comme l'un des plus beaux châteaux du Beaujolais.* Photo Jean-Luc Barde/Scope.

7 MORGON

Superficie : 1 110 ha ; encépagement : gamay noir ; récolte annuelle : 66 200 hl ; rendement de base : 48 hl/ha ; titre alcoométrique minimal : 10,5 % vol. ; potentiel de garde : de trois à quatre ans.

C'est un hameau de la grosse commune de Villié-Morgon qui a donné son nom au cru. Les 1 110 ha classés produisent un vin particulier qui « morgonne » sur la langue en exprimant les saveurs minérales conférées par la diorite. Le caveau est dans l'ancien château du XVIIe siècle. Le monument aux morts représente des femmes en deuil qui dénoncent la guerre.

À voir : **le caveau du château de Fontcrenne, le plus ancien et l'un des plus beaux du Beaujolais ; le monument aux morts.**

Jacques Trichard : Les Charmes, 69910 Villié-Morgon. Tél. 04 74 04 20 35, sur R-V. Jacques Trichard est un viticulteur dont la production, qui allie tradition et renommée, est remarquable de constance.

PORTRAIT

Marcel Lapierre, vigneron du Beaujolais

Barbu, râblé, toujours habillé de vêtements de travail – peut-être parce que le travail ne le quitte guère –, volontiers bougon – peut-être décourager ceux qui se laissent trop facilement séduire par les facilités du beaujolais nouveau –, taillé à l'emporte-pièce mais tout en nuances dès qu'il parle de ses vinifications, Marcel Lapierre ressemble à ses vins : la forte structure, la matière dense sont là pour permettre l'envolée, toute en dentelle, des détails. On le verrait en Porthos, mais c'est plutôt le d'Artagnan d'un carré d'as – avec Guy Breton, Jean Foillard et Jean-Paul Thévenet, autres vignerons – qui révolutionne l'image que l'on se fait habituellement du beaujolais : travail du sol, pas de levurage, longues macérations, élevage sous bois, pas de sulfitage ni de filtration pour des vins particulièrement denses qui demeurent étonnamment élégants. D. C.

8 AVENAS

À mi-parcours de ce périple vineux peut prendre place une courte mais vivifiante échappée vers la montagne beaujolaise. On repasse par la D 18^E à La Terrasse pour atteindre le col du Fût-d'Avenas où se croisent dans les sapins plusieurs sentiers pédestres, dont le GR 76, sentier des crêtes. Il faut pousser plus avant vers le petit village d'Avenas : l'église romane abrite un superbe autel de calcaire marmoréen, sculpté sur trois côtés, dont l'inscription rappelle la donation de l'église par le roi Louis VII vers 1150. Par la D 18E, on gagne alors le col de Crie d'où un sentier pédestre permet d'atteindre, à travers de belles sapinières

De Saint-Amour-Bellevue à Beaujeu. *C'est la région des dix crus et du beaujolais-villages.* Dessin atelier D. Duplantier.

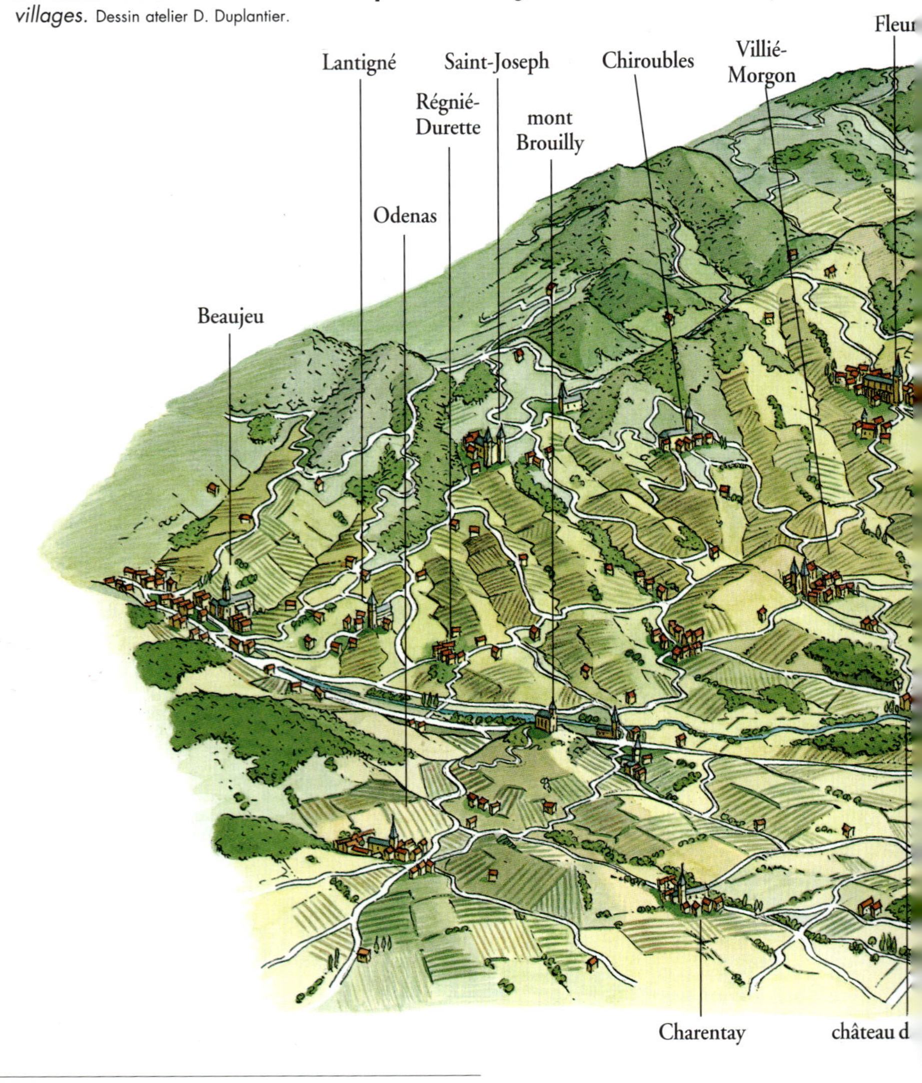

parfois centenaires, le sommet du mont Saint-Rigaud, point culminant des monts du Beaujolais (1 010 m).

À voir : **l'église du XIIe siècle ; les sapinières du col de Crie.**

Du col de Crie, la D43 redescend rapidement sur la haute vallée de l'Ardières, vers Les Ardillats qui fut un centre important de papeterie, puis vers Les Dépôts où étaient rassemblés avant le chemin de fer les vins du Beaujolais et du Mâconnais qui gagnaient la Loire par la route jusqu'à Pouilly-sous-Charlieu, puis la Seine et Paris par le canal de Briare. Les négociants Georges Dubœuf et Louis Tête se sont installés dans les caves des Dépôts.

9 Beaujeu

On atteint alors Beaujeu, ancienne capitale du duché et qui a conservé de très beaux monuments de sa gloire passée : l'église romane Saint-Nicolas et plusieurs demeures du XV-XVIe siècle, dont la célèbre Maison de pays. Le musée Marius-Audin, imprimeur et érudit, fondé en 1942, abrite plusieurs collections : une salle lapidaire romane au rez-de-chaussée, deux riches collections de poupées au premier étage (malheureusement dérobées durant l'hiver de 1993), des échoppes d'artisans (sabotier, tanneur, taillandier) et, surtout, un riche musée de la Viticulture beaujolaise au troisième étage.

À voir : **l'église romane Saint-Nicolas ; le musée Marius-Audin ; la place de la Liberté avec l'hôtel de la Tour ; les maisons anciennes (XVe-XVIe siècle) ; le château des Crots datant du XVIe siècle ; la statue de Gnafron, la marionnette complice de Guignol.**

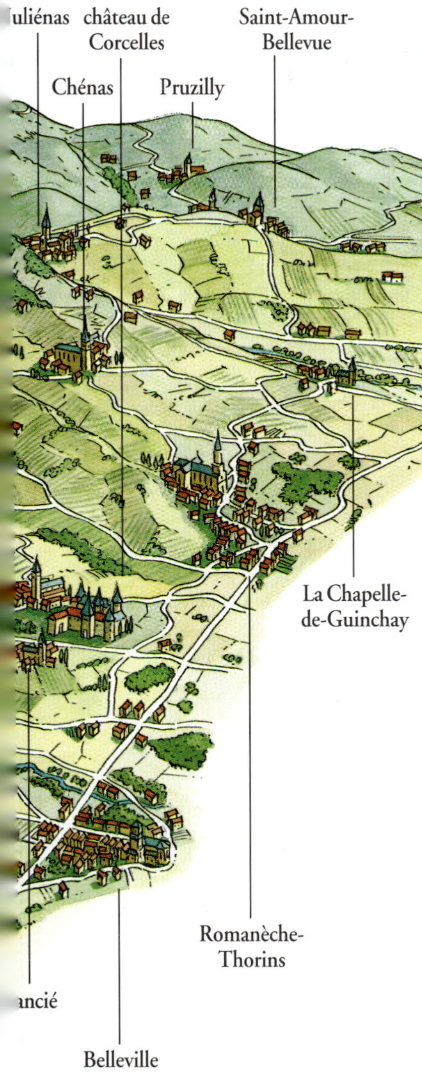

La famille de Beaujeu

Beaujeu. *Sculpture de saint Vincent.* Photo Jean-Luc Barde/Scope.

La dynastie fut fondée en 957 par Bérard, premier « seigneur de Beaujeu ». Pendant cinq siècles, l'influence des « sires de Beaujeu » ne cessa de s'étendre sur le Forez à l'ouest et la Dombes à l'est, entre le royaume de France et l'Empire. En 1141, Humbert III dote d'une charte de franchises la ville de Villefranche. En 1248, Humbert V est connétable de France. En 1340, Édouard Ier est maréchal de France. Mais, en 1400, c'est un « triste sire », le débauché Édouard II, qui lègue son duché à Louis de Bourbon. Fille de Louis XI, Anne épouse en 1474 Pierre de Beaujeu, et à la mort de son père, en 1483, elle devient l'énergique régente du royaume de France. C'est elle qui embellit Beaujeu, enrichit les églises Saint-Martin et Saint-Nicolas, et se fait construire une belle résidence, l'actuelle Maison de pays, qui expose et vend les produits du terroir.
G. G.

10 Quincié-en-Beaujolais

La D 37 descend la vallée de l'Ardières. On la quitte pour gagner Quincié. Quelques dizaines d'hectares sont en brouilly, le reste en « villages ». Le château de Varenne (XVIe siècle) sur la D9, en direction de Marchampt, associe de grosses tours de défense et une élégante galerie. Au XIXe siècle, Quincié était surtout renommé pour sa source d'eau minérale…

À voir : **les châteaux de la Palud et de Varenne ; le manoir de Souzy ; les vestiges de la vieille église et la cave la plus haute du Beaujolais (5,25 m, point culminant), celle de Maurice Descombes.**

SARL des Domaines Jean-Charles Pivot : Montmay, 69430 Quincié-en-Beaujolais. Tél. 04 74 04 30 32, sur R-V. Frère cadet de Bernard, ce viticulteur d'origine lyonnaise exploite la propriété familiale, le manoir de Montmay. À partir de ses deux domaines de 6 ha chacun à Quincié et au Perréon, il produit un beaujolais-villages équilibré.

11 Régnié

Superficie : 746 ha ; encépagement : gamay noir à jus blanc ; récolte annuelle : 28 900 hl ; rendement de base : 48 hl/ha ; titre alcoométrique minimal : 10,5 % vol. ; potentiel de garde : de quatre à six ans.

Sur le flanc gauche de la D 37 s'étalent les 746 ha du petit dernier des dix crus, celui de régnié. C'est un vin clair à parfum de framboise. Il laisse le buveur lucide et il y a bien deux clochers à l'église de Régnié. Près du village, on peut visiter le grand domaine de La Grange-Charton, ses dix maisons de vignerons accolées et son vaste cuvage collectif.

De Régnié, on rejoint directement Belleville en passant devant le château de Pizay au donjon carré et aux toits de tuiles vernissées du XVe siècle : il est devenu un fastueux complexe touristique et ne se visite pas.

12 Belleville

C'est un centre commercial actif qui tire profit d'une sortie d'autoroute. L'hôpital du XVIIIe siècle conserve une riche pharmacie et une belle salle du Conseil. L'église collégiale Notre-Dame-de-Miséricorde, hélas très remaniée, outre sa nef gothique, a conservé un beau portail et d'intéressants chapiteaux.

À voir : **l'ancien hôpital ; l'église Notre-Dame-de-Miséricorde (XIe siècle).**

13 Brouilly

Superficie : 1 310 ha ; encépagement : gamay noir, pinot chardonnay, aligoté, gamay blanc dit melon ; récolte annuelle : 75 800 hl ; rendement de base : 48 hl/ha ; titre alcoométrique minimal : 10,5 % vol. ; potentiel de garde : de trois à cinq ans.

Brouilly, *vue sur le vignoble le plus étendu des dix crus.* Photo Jean-Luc Barde/Scope.

De Belleville, la rectiligne D 37 ramène au cœur des grands crus. D'abord dans les 1 310 ha de l'appellation brouilly, où se produit un vin aussi bon jeune avec ses arômes de cerise qu'après deux ou trois ans de garde quand il acquiert une belle robe rubis foncé et un goût de pruneau. À l'est, les communes de Saint-Lager et de Charentay sont

remarquables par le grand nombre de châteaux : La Perrière, Les Ravatys (domaine de l'Institut Pasteur), Le Pavé, Briante (qui appartint à Émile Duport, fondateur de l'Union du Sud-Est des syndicats agricoles), Sermezy, Arginy, dont la haute tour de brique, dite des sept béatitudes, enfermerait le « trésor des templiers ».
La montée sur la colline de Brouilly s'ouvre sur de vastes horizons. Au sommet, une large terrasse gazonnée offre de beaux ombrages pour la sieste. Les Amis de Brouilly et leurs collègues parisiens de la Commune libre de Montmartre y célèbrent joyeusement chaque année le jumelage des deux collines sacrées.
À voir : **les châteaux de La Perrière, des Ravatys, du Pavé, de Briante, de Sermezy et d'Arginy.**
NICOLE CHANRION : Les Crozes, 80, Grande-Rue, 69220 Cercié-en-Beaujolais (à 7 km à l'ouest de Belleville par la D37). Tél. 04 74 66 80 37, sur R-V. Bien représentatif de l'appellation, le côte de brouilly y est harmonieux.

14 Côte de Brouilly

Superficie : 320 ha ; encépagement : gamay noir, pinot noir, pinot gris ; récolte annuelle : 18 800 hl ; rendement de base : 48 hl/ha ; titre alcoométrique minimal : 10,5 % vol. ; potentiel de garde : de quatre à six ans.
Cette appellation, beaucoup plus réduite que brouilly (320 ha), couvre la production des vignobles du flanc méridional du mont Brouilly. Le vin est plus complexe, avec ses goûts minéraux (basalte bleu), et de plus longue garde que les standards de l'appellation.
À voir : **le mont Brouilly, colline inspirée du Beaujolais.**

Côte de brouilly, *caves du château de La Chaise.* Photo Jean-Luc Barde/Scope.

15 Odenas

Le village est, avec Cercié, le deuxième centre commercial de l'appellation brouilly. La commune renferme de nombreux châteaux anciens (XVIIe siècle et XIXe siècle) : châteaux de Pierreux, de Nervers, de Garanche et surtout de La Chaise, construit pour le neveu du confesseur de Louis XIV, sur les plans de Mansart et avec des jardins dessinés par Le Nôtre ; l'immense cuvage et sa vaste cave sont classés monuments historiques.
À voir : **les châteaux de La Chaise, de Pierreux, de Nervers et de Garanche.**
CLAUDE GEOFFRAY : Château-Thivin, 69460 Odenas. Tél. 04 74 03 47 53, sur R-V. Le cuvage conserve un ancien pressoir avec une roue à écureuils et de vieux instruments de viticulture. Vins produits : côte de brouilly ; beaujolais-villages.

16 Saint-Étienne

Il y a deux villages de Saint-Étienne : Saint-Étienne-la-Varenne et Saint-Étienne-des-Oullières, deux épithètes qui n'ont rien de viticole. On est pourtant au cœur des beaujolais-villages. Le château de Lacarelle couvre 155 ha dont les deux tiers en vignes.
À voir : **les châteaux de La Carelle et de Milly ; le cellier des Saint-Étienne.**
CELLIER DES SAINT-ÉTIENNE : rue du Beaujolais, 69460 Saint-Étienne-des-Oullières. Tél. 04 74 03 43 69, sur R-V. Le nom du cellier créé en 1957, par un groupement de viticulteurs, rappelle qu'autrefois les deux villages étaient réunis. Le côte de brouilly y est bien typé.

Beaujolais

L'aire du beaujolais s'étend à l'est des dix crus jusqu'à la voie de chemin de fer, au sud des beaujolais-villages jusqu'à L'Arbresle qui marque la limite nord des coteaux du Lyonnais, et à l'ouest jusqu'à la vallée de la Turdine.
Superficie : 10 480 ha.
Encépagement :
vin rouge et rosé : gamay noir, pinot noir, pinot gris ;
vin blanc : pinot chardonnay et aligoté.
Nature des sols : argilo-calcaires.
Récolte annuelle :
vin rouge : 665 700 hl ;
vin blanc : 7 000 hl.
Rendement de base : 55 hl/ha.
Titre alcoométrique minimal : 10 % vol.
Potentiel de garde : à boire très jeune (primeur de la mi-novembre à janvier) ou jeune (moins de un an).

17 Saint-Julien

Après Blaceret, on quitte le granite pour les terrains sédimentaires, l'aire des « villages » pour celle du beaujolais. Les vignes, plus hautes, sont conduites sur fils de fer. Le petit village de Saint-Julien abrite un musée consacré au souvenir de Claude Bernard (1813-1878), enfant du pays, inventeur de la méthode expérimentale dans les sciences médicales.
À voir : **le musée Claude-Bernard.**

Claude Bernard

Saint-Julien, maison natale de Claude Bernard. *Orgueil de Saint-Julien, Claude Bernard naquit en réalité dans le hameau de Châtenay. Jouxtant sa maison natale, un musée lui est consacré.* Photo Jean-Luc Barde/Scope.

Le grand médecin et physiologiste, auteur de l'*Introduction à l'étude de la médecine expérimentale* (1865), est né à Châtenay en Beaujolais en 1813, dans une famille de modestes cultivateurs. Il apprit le latin chez le curé du village et poursuivit ses études à Villefranche (1827-1833) puis à Lyon et à Paris. Docteur en médecine en 1843, il enseigna au Collège de France et au Muséum. Il revenait chaque automne à Saint-Julien, dans une petite maison bourgeoise achetée à côté de la ferme paternelle. Un musée y fut créé en 1948 par la fondation Mérieux. On peut visiter une douzaine de salles où sont rassemblés objets personnels, manuscrits et matériel scientifique. G. G.

18 Salles-Arbuissonnas-en-Beaujolais

Au Xe siècle, Humbert Ier, sire de Beaujeu, offre à l'abbaye de Cluny une terre sur laquelle les moines vont fonder un prieuré. L'église, au clocher carré, est du XIe siècle. Du cloître ne subsistent qu'une belle galerie voûtée et la salle capitulaire aux fresques murales mal conservées. La Tassée du Chapitre offre à la dégustation le beaujolais-villages.
À voir : **l'église ; la salle capitulaire ; le cloître.**

DOMAINE CHRISTIAN MIOLANE : La Folie, 69460 Salles-Arbuissonnas-en-Beaujolais. Tél. 04 74 67 52 67. Christian Miolane vinifie à part le vin de sa « côte à bras » (un ensemble de parcelles à forte pente qui ne peuvent être cultivées qu'à la main), aux surprenants arômes minéraux qui pourraient en faire un onzième cru beaujolais. Il montre aussi volontiers son petit musée personnel d'instruments viticoles anciens.

19 Vaux-en-Beaujolais

Par la D 49, on atteint les deux villages voisins du Perréon et de Vaux. On est revenu dans l'aire des « villages » et les pentes sont plus fortes. Le caveau de dégustation du Perréon est installé dans la belle cave voûtée du château des Loges. Celui de Vaux porte le nom de Clochemerle. Ses fresques bachiques mettent en scène les personnages du roman picaresque de l'écrivain lyonnais, Gabriel Chevalier, publié en 1934 : le rusé maire Piéchut, le bon curé Ponosse, le pédant instituteur Taffardel, l'accorte commerçante Judith Toumignon, la prude Justine Putet…
À voir : **le caveau et sa pissotière.**

20 La route des crêtes

Plus basse, la crête des monts du Beaujolais est moins boisée et la route qui la suit (D 44) du col de la Croix-Rosier au col du Parasoir n'est qu'un long belvédère. On est au pays des chèvres dont les fromages accompagnent si bien les vins beaujolais.
À voir : **la route des crêtes.**

21 Montmelas-Saint-Sorlin

Par Saint-Cyr-le-Chatoux (petite église romane), la D 504 nous ramène rapidement au milieu des vignes. On ne sortira plus désormais de l'aire propre à l'appellation beaujolais. Le massif château de Montmelas, reconstruit au XIXe siècle par Louis Dupasquier, un émule lyonnais de Viollet-le-Duc, a grande allure. La chapelle de Saint-Bonnet a bien mieux conservé son caractère roman très dépouillé et fut jusqu'en 1940 un importants lieu de pèlerinage… pour les goutteux.
À voir : **le château de Montmelas ; le mont Saint-Bonnet et la chapelle.**

22 Lacenas

Par Rivolet, la D 504 permet d'atteindre Lacenas. À 1 km au sud, la petite chapelle Saint-Paul livre au visiteur émerveillé ses superbes fresques murales gothiques (clef à prendre dans la maison voisine). Les châteaux voisins du Sou, de Bionney et de Montauzan mêlent l'architecture féodale et les embellissements de la Renaissance. Le vaste cuvage du château de Montauzan abrite les quatre tenues annuelles et les festivités diverses de l'ordre des Compagnons du Beaujolais.
À voir : **les châteaux du Sou, de Bionney et de Montauzan (XVIe siècle), de Boisfranc et de La Carbonnière ; les chapelles Saint-Paul et Notre-Dame-du-Sou.**

23 Liergues

De Lacenas, un crochet par Cogny permet de rejoindre Liergues sur l'autre flanc du vert vallon de Morgon. À cette commune s'attache le souvenir de Victor Vermorel, industriel et mécène, propriétaire du domaine de l'Éclair et fabricant du pulvérisateur Éclair et de matériel vinicole diversifié.

CAVE DES VIGNERONS-DE-LIERGUES : 69 400 Liergues. Tél. 04 74 65 86 00, sur R-V. Cette cave moderne produit des vins ronds et équilibrés, aux arômes de fruits mûrs.

24 Villefranche-sur-Saône

De Cogny, on gagne Villefranche-sur-Saône par la D 76 et la D 38. Cette petite ville très active et très commerçante, peuplée de 30 000 habitants et dont le sous-préfet porte le titre glorieux de « préfet du Beaujolais », accueille les services de l'Union interprofessionnelle des vins du Beaujolais.

Chaque année, depuis 1924, le dernier dimanche de janvier, la vague des conscrits descend la rue Nationale et les festivités fort arrosées s'étalent sur la semaine. La collégiale Notre-Dame-des-Marais date des XIVe et XVe siècles, avec une belle façade en gothique flamboyant : les vitraux des seize chapelles sont tous remarquables. Tout au long de la rue Nationale ont été bien conservées, restaurées et signalées de riches demeures patriciennes des XVIe et XVIIe siècles.
À voir : **la collégiale Notre-Dame-des-Marais ; l'ancien hôpital ; les vieilles maisons de la rue Nationale ; le puits Renaissance.** Aux environs : **le château de Fléchères ; le château de Jarnioux.**

25 Anse

On préférera à l'encombrée ligne droite de la N 6 la pittoresque D 70 qui suit la crête du coteau. On passera par Limas, on s'arrêtera à la terrasse de Buisante pour y voir un vieux canon paragrêle, on admirera dans l'église de Pommiers de curieux chapiteaux à motifs animaliers rares (poule, grenouille, lézard, escargot, libellule), on visitera la crèche de Noël installée en permanence dans l'église de Lachassagne.
Anse était une étape gallo-romaine (Asa Paulini) au pont sur l'Azergues. Il subsiste des fragments de l'enceinte médiévale (château des Tours, qui renferme une mosaïque romaine déplacée en 1910). À la périphérie, les beaux châteaux de La Fontaine, Saint-Trys et du Jonchay attestent que s'étendait bien, « de Villefranche à Anse, la plus belle lieue de France ».
À voir : **le château des Tours ; la pierre de Saint-Cri.** Aux environs : **les châteaux de La Fontaine (XIe-XVIIe siècle), du Jonchay (XVIIe siècle), de Saint-Trys (XVIIe siècle), de Saint-Bernard où résidèrent les peintres Maurice Utrillo et Suzanne Valadon.** G. G.

Anse. *La commune s'étage en forme de croissant jusqu'à la Saône.*
Dessin atelier D. Duplantier.

Le Beaujolais méridional

et les coteaux du Lyonnais

d'Anse à Lyon

Ce deuxième itinéraire vitivinicole, aussi sinueux que le précédent, associe la variété des paysages et la diversité, parfois insolite, des activités passées et actuelles.

La zone des Pierres-Dorées

La partie méridionale du Beaujolais, caractérisée par une grande proportion de terrains sédimentaires argilo-calcaires riches en calcaire et en grès, présente un relief plus accidenté. L'oxyde de fer donne aux constructions de cette région leur aspect doré : il marque également les arômes du vin.

Itinéraire d'Anse à Lyon

La vigne n'est plus l'occupante exclusive du terroir. Elle laisse une plus large part aux prairies et pâturages, y compris dans l'aire de l'appellation contrôlée beaujolais. L'arboriculture fruitière lui dispute la place dans la basse vallée de l'Azergues (pommes et poires), sur les contreforts de la vallée de la Brévenne (cerises de Bessenay) et, surtout, sur le plateau lyonnais (pommes, pêches, poires, abricots, cerises et petits fruits rouges). Les serres de maraîchage et de cultures florales ne sont pas rares, aux portes mêmes de Lyon (roseraies Meillant à Tassin-la-Demi-Lune). Les activités industrielles ont laissé leurs traces dans le paysage. Elles furent extractives avec les mines de pyrite de cuivre de Chessy et de Sain-Bel, de pyrite de fer de Saint-Pierre-la-Palud et Sourcieux, de plomb argentifère en plusieurs lieux ; le charbon fut exploité à Sainte-Foy-l'Argentière pendant deux siècles. Elles furent surtout textiles, au contact des soieries lyonnaises et de la mousseline de Tarare.

En basculant du bassin de la Brévenne vers le plateau lyonnais, l'itinéraire emprunte la belle route des crêtes des monts du Lyonnais. De Chevinay à Saint-Martin-en Haut, celle-ci fait découvrir de superbes panoramas circulaires et un pays rude, attachant, fortement marqué par les traditions agricoles, familiales et catholiques : un authentique dépaysement aux portes mêmes de Lyon.

1 Morancé

On quitte Anse par la D 30 vers le sud-ouest. L'église romane de Morancé montre une belle abside et des chapiteaux historiés.

À voir : **l'église ; le château du Pin.**

Les coteaux du Lyonnais

Bénéficiant d'une influence climatique plus méditerranéenne, les coteaux du Lyonnais couvrent une zone de 40 km de long sur 30 km de large. La nature des sols est très variée (granites, roches métamorphiques, sédimentaires, limons, alluvions et lœss). Ils sont dans l'ensemble légers et perméables à l'exception du mont d'Or argileux et calcaire.

Les Pierres-Dorées, *le vignoble. Cette région regroupe quarante communes.* Photo Jean-Luc Barde/Scope.

2 Chazay-d'Azergues

Des fortifications médiévales de ce gros bourg subsistent une tour, quelques pans de murailles et surtout la porte fortifiée du Babouin. Une promenade dans les petites rues révèle beaucoup d'éléments architecturaux des XVe et XVIe siècles.
À voir : **les vestiges du château fort ; le château des archevêques de Lyon ; l'église Saint-Pierre, dont l'entrée a été transformée en cellier.**

3 Saint-Jean-des-Vignes

Le village occupe un promontoire et offre une belle vue circulaire depuis la terrasse de l'église. Les deux manoirs de Rotaval et des Pourrières datent du XVIe siècle.
À voir : **le panorama ; les manoirs de Rotaval et des Pourrières ; la faille géologique (parcours fléché).**

4 Charnay

L'église, de style roman, et le château, reconstruit au XVIIIe siècle, sont remarquables par la qualité de leurs pierres dorées : ce calcaire, très coloré par l'oxyde de fer, est facile à tailler et à sculpter. Les carrières, grandes et petites, pullulent dans les environs et ont fourni la pierre à bâtir de beaucoup d'édifices lyonnais.
À voir : **l'église ; le château.**
PIERRE GERMAIN : Les Verdelières, 69380 Charnay. Tél. 04 78 43 93 44, sur R-V. Dans ce charmant village des Pierres-Dorées, Pierre Germain présente un beaujolais bien équilibré.

Les mines de Jacques Cœur

Le ministre et grand argentier de Charles VII avait affermé l'impôt royal sur les mines de cuivre et d'argent du Lyonnais : Joux, Paim-pailly et Chessy. Au XIXe siècle, le carbonate de cuivre servit à la fabrication d'acide sulfurique, dans les usines Perret à Saint-Fons (groupe Saint-Gobain aujourd'hui). Les mines de Chessy ont été fermées en 1877 mais ne sont pas épuisées. Plusieurs hectares de déblais sont ouverts à la promenade et à la minéralogie (azurite et malachite).

G.G.

5 Châtillon

On redescend dans la vallée de l'Azergues. L'ancien château, plusieurs fois remanié, sert de cadre à différentes manifestations culturelles. Au pavillon des Pierres-Dorées, on peut déguster le beaujolais et constater qu'il ne mérite en rien le nom de bâtard dont on l'affubla longtemps : la vinification en primeur lui convient particulièrement.
À voir : **le château.**

6 Chessy

L'église est composite, avec une abside, des chapelles ogivales et des vitraux du XVe siècle. La pittoresque rue d'En-Haut montre de belles façades Renaissance. L'École de dégustation des Pierres-Dorées est installée à Chessy dans un caveau du XIVe siècle. Au sud du village, la ferme fortifiée de Sandar se visite comme caveau de dégustation des vins du négociant Mathelin. Une promenade pédestre est vivement conseillée sur l'ancien site des mines de cuivre.
À voir : **l'église ; le vieux château ; les façades Renaissance ; la ferme fortifiée de Sandars.**

7 Bagnols

La D 19 permet de regagner le plateau calcaire et ses vignobles. Bagnols, ravissant village des Pierres-Dorées perché sur sa colline, domine un panorama superbe.
À voir : **le château du XVe siècle ; l'église ; l'église romane de Frontenas.**

8 Theizé

Le beau village de Theizé occupe le sommet d'un coteau. La cave coopérative du Beau-Vallon a été ouverte en 1961. L'église du XVIe siècle, désaffectée en 1905, abrite expositions et concerts. Le manoir de Rapetour (XVe siècle) et le château de Rochebonne (XVIIIe siècle) justifient deux petits détours. C'est à Theizé, patrie de Claude Brossolette (1671-1743), ami de Boileau, que vécurent, dans leur château du Clos-de-la-Platière, Jean-Marie Roland, inspecteur général des Manufactures, et son épouse Jeanne Marie, guillotinée avec ses amis girondins en novembre 1793.
À voir : **les châteaux de Rapetour, de Rochebonne et de Cruix ; les deux églises.**

Bagnols, le château. *Cette paisible bourgade entourée de vignes domine un superbe panorama. Le château du XVe siècle possède un donjon et cinq tours, un pigeonnier du XVIIe siècle et une très belle cour intérieure.* Photo Jean-Luc Barde/Scope.

9 Oingt et Le Bois-d'Oingt

Encore deux très beaux villages en pierres dorées aux rues repavées à l'ancienne. Ancien donjon du château, la vieille tour d'Oingt offre une vue panoramique. La cave coopérative du Bois-d'Oingt propose une belle terrasse de dégustation.
À voir : **l'église ; la tour ; les vieilles maisons ; la rue Philippe-Vapillon et la rue Trayne-Cul ; le château de Prosny (XVe siècle).**
DOMINIQUE CHERMETTE : Le Barnigat, 69620 Saint-Laurent-d'Oingt. Tél. 04 74 71 20 05, sur

R-V. Vin retenu : un beaujolais rouge né d'un sol argilo-calcaire et de vignes cinquantenaires.

10 Chamelet

Il faut suivre la D 485 jusqu'au bout des vignes, à Chamelet. Ce village, aux maisons anciennes et aux pittoresques halles de bois, reconstruites par des compagnons charpentiers, est la petite patrie du « lion de la vallée », Louis Bréchard.

À voir : **l'église du XVe siècle avec ses deux vitraux, ses statues et ses peintures ; le vieux pont de Chalosset.**

CHARLES BRÉCHARD : La Grenouillère, 69620 Chamelet. Tél. 04 74 71 34 13, sur R-V. Créée en 1730, c'est l'une des propriétés les plus célèbres du Beaujolais. Elle est tenue aujourd'hui par Charles Bréchard, fils du célèbre papa Bréchard.

Papa Bréchard

Louis Bréchard, le « lion de la vallée » d'Azergues, vécut toute sa vie dans sa maison de La Grenouillère, à Chamelet, où il naquit en 1904. Orphelin de père à douze ans, il lui fallut partager avec sa mère la direction de l'exploitation. Il acquit vite une solide réputation de viticulteur et de bon vinificateur, et il mit cette expérience au service de la collectivité vigneronne dans plusieurs hautes fonctions officielles, à la mairie de Chamelet, à la Chambre des députés

Chamelet, *vieux village défensif, et son église aux vitraux « ducaux ». Le bourg vit naître papa Bréchard.*
Photo Jean-Luc Barde/Scope.

(1958-1962) et, surtout, à la tête de l'Union viticole du Beaujolais. Il joua un grand rôle dans la mise en place des appellations contrôlées et défendit avec force, jusque devant les tribunaux quand il le fallut, les exigences d'authenticité et de qualité. « Fort en gueule », papa Bréchard est écouté, respecté et aimé de tous. Il a confié ses souvenirs au journaliste Jean-Pierre Richardot dans un livre intitulé, *Papa Bréchard, vigneron du Beaujolais.*

G.G.

Ternand, le village. *Haut perché sur un tertre tutélaire, le village de Ternand est un site défensif qui fut occupé très précocement et fortifié vers 1210.*
Photo Jean-Luc Barde/Scope.

11 Ternand

On prend la D 82 jusqu'à La Croix-de-Thel où l'on prend à gauche pour redescendre vers le petit village de Ternand, enroulé comme un escargot autour de son église. Il convient d'y flâner à sa guise, de ne pas réveiller les chats endormis dans les bacs de ce premier village fleuri de France, d'admirer les façades Renaissance et, surtout, de visiter la crypte de l'église primitive du VIIIe siècle ornée de très belles fresques.

À voir : **le vieux village avec ses maisons Renaissance ; l'église du XVe siècle avec sa crypte.**

12 Le Breuil

On reprend la D 485 que l'on quitte pour le village du Breuil qui propose au visiteur son église, les restes de son château et, surtout, le grand cuvage du château des Granges.

À voir : **le château des Granges.**

LUCIEN ET JEAN-MARC CHARMET : La Ronze, 69620 Le Breuil. Tél. 04 78 43 92 69, sur R-V. Le premier vigneron de la famille dut naître vers le milieu du XVIIe siècle. L'exploitation produit toujours un vin plein de charme et de grâce.

13 L'Arbresle

Du Breuil, on prend la D 67 en direction de Sarcey et de la N 7. Des vignes encore – on est toujours dans l'AOC beaujolais – et les grandes carrières abandonnées de Glay marquent le paysage entre les rivières Azergues et Turdine. Le village de Bully offre à la visite son beau château du XVe siècle bien restauré par l'architecte Gaspard André et la dernière cave coopérative beaujolaise du circuit. Centre administratif et commercial, L'Arbresle montre d'anciens remparts, un haut donjon carré et quelques belles maisons. L'inventeur de la machine à coudre, Barthélemy Thimonnier (musée à Amplepuis), était né à L'Arbresle en 1793. La commune d'Éveux abrite le grand couvent dominicain de la Tourette, œuvre de Le Corbusier, achevé en 1960. Ce sobre et sévère cube de béton brut abrite plusieurs centres de recherches.

À voir : Aux environs : **le donjon et les maisons Renaissance ; le château de Bully ; le couvent de la Tourette à Éveux.**

Coteaux du Lyonnais

Ces ex-vins délimités de qualité supérieure (VDQS) ont accédé à l'AOC en 1984. Ce sont 340 ha de vignes éparpillées dans l'arrondissement de Lyon qui rappellent l'existence d'un gros vignoble suburbain : 14 000 ha avant la crise phylloxérique. Le gamay noir planté sur des sols siliceux ou alluviaux (argiles et galets), subit la vinification beaujolaise et donne un vin léger. Le rendement de base est de 60 hl/ha. On compte 8 000 hl qui sont vinifiés et vendus par la coop rative de Sain-Bel, le reste par des petits producteurs indépendants à Fleurieux, Taluyers, Thurins et Millery.

Superficie : 340 ha.
Encépagement :
vin rouge et rosé : gamay noir ;
vin blanc : pinot blanc, chardonnay, aligoté.
Nature des sols : granites et alluvions fluvio-glaciaires.
Récolte annuelle :
vin rouge et rosé : 20 200 hl ;
vin blanc : 2 000 hl.
Rendement de base : 60 hl/ha.
Titre alcoométrique minimal :
vin rouge et rosé : 10 % vol. ;
vin blanc : 9,5 % vol.
Potentiel de garde : à boire jeunes.

14 Sain-Bel

La cave coopérative vinifie les raisins d'une vingtaine de communes des coteaux du Lyonnais : elle rassemble environ 300 adhérents et commercialise des vins rouges, rosés et blancs d'AOC (depuis 1984) ainsi que des jus de fruits.
À voir : **le château du XVe siècle.**

15 Saint-Pierre-la-Palud

Les mines de pyrite ont fermé en 1972 après avoir créé un paysage industriel de chevalements, de terrils et de cités ouvrières.
À voir : **le musée de la Mine.**

16 La route des crêtes

Par Chevinay, on atteint le col de la Luère. La route passe devant le château de Saint-Bonnet-le-Froid qui fut un lieu de pèlerinage du VIIIe au XVIIe siècle. Au col de Malval, il est conseillé de descendre vers Courzieu (D 50) pour visiter le parc animalier. On reprendra la route des crêtes pour gagner Yzeron, centre touristique, sportif (rochers d'escalade de Châteauvieux et de Py-Froid) et surtout gastronomique, pour les excursions dominicales des Lyonnais.
À voir : **le château de Saint-Bonnet-le-Froid ; le parc animalier de Courzieu.**

17 Saint-Martin-en-Haut

La route des crêtes (D 122) conduit à Saint-Martin-en-Haut, gros bourg agricole très animé par ses foires et ses marchés du lundi. La vie rurale y est très active, fondée sur l'élevage laitier et l'arboriculture fruitière, dans de massives fermes-forteresses, autour d'une cour fermée. À 4 km, sur la D 113, un sentier pédestre permet d'atteindre le signal de Saint-André (cote 934), point culminant des monts du Lyonnais.

18 Rochefort

C'est un hameau autour d'un petit château féodal et d'une chapelle bien restaurée, que l'on atteint en voiture depuis Saint-Martin. Le château servit de repaire à une bande de brigands sous la Révolution, les « Chauffeurs du Lyonnais », dirigés par Guillaume-Toussaint Grataloup, le « Petit Monsieur ».
À voir : **les vestiges du château du XIIe siècle ; la chapelle restaurée en 1850 par l'abbé Brunel.**

19 Saint-Vincent

Par la D 11, dont les lacets ménagent de belles vues sur Lyon et sa banlieue, on rejoint Thurins, important centre d'arboriculture fruitière. La D 115 conduit à Rontalon puis au hameau de Saint-Vincent, au-dessus de Saint-Laurent-d'Agny. Classée monument historique, l'élégante chapelle romane de Saint-Vincent renferme des statues de bois (saint Vincent, saint Sennen et saint Abdon) qui furent longtemps objets de rites de fécondité.
À voir : **la chapelle.**

20 Taluyers

Par Saint-Laurent-d'Agny et la D 105, on gagne Taluyers. L'église romane a conservé sa lourde tour carrée. Un prieuré clunisien fut fondé en 999 et le vieux quartier du Chater date du XIe siècle. Le petit cellier, dit « d'Adam et Ève », accueille des expositions sur la viticulture.
GAEC du clos Saint-Marc : 60, route des Fontaines, 69440 Taluyers. Tél. 04 78 48 26 78, sur R-V. Créé en 1983 par Marc Verpilleux et Hervé Malassagne, il fournit quelques bons bouchons lyonnais.
À voir : **l'église romane ; le prieuré.**

21 Millery

Après une courte promenade pédestre autour du vieux bourg féodal de Montagny, par l'ancien chemin de ronde, la « descente des Esses » (D 42) mène au carrefour des Sept-Chemins, d'où la D 36 conduit à Millery. Les vignes et les vergers de pêchers se partagent un terroir de plus en plus réduit par l'urbanisation. Dans le village, on remarquera quelques belles maisons du XVIIe siècle, comme le « château » de la Gallée. À l'est du village, on s'arrêtera à l'oratoire du Saint-Sépulcre (XIVe siècle). Le premier samedi de décembre se tient à Millery le marché aux vins, vitrine de l'appellation des coteaux du lyonnais.
À voir : **les maisons du XVIIe siècle.**
Anne Mazille : 10, rue du 8-Mai, 69390 Millery. Tél. 04 72 30 14 91, sur R-V. Cette exploitation propose un remarquable coteaux du lyonnais blanc issu de vignes trentenaires, plantées sur des sols granitiques. Un vin très harmonieux.
Michel Descotes : 12 rue de la Tourtière, 69390 Millery. Tél. 04 78 46 31 03, sur R-V. Un vin léger et frais.
Étienne Desotes et Fils : 12, rue des Grès, 69390 Millery. Tél. 04 78 46 18 38, sur R-V. Les blancs et les rouges sont vinifiés ici avec le même bonheur.
Robert et Patrice Thollet : La Petite-Gallée, 69390 Millery. Tél. 04 78 46 24 30, sur R-V. Propriété créée en 1896, située à mi-coteaux, sur des terrains de même origine que ceux de la colline de Fourvière à Lyon. On y vinifie des vins harmonieux typiques de l'appellation.

22 Brignais

Devenu un fragment de la banlieue sud de Lyon, ce gros village évoque la bataille de 1362, où la bande des « Tard-Venus » mit en déroute l'armée royale. Il faut quitter Brignais par la petite route qui longe le Garon et fait découvrir les piles du pont-aqueduc du Barret.
À voir : **l'aqueduc du Barret.**

23 Chaponost

Cette route mène à Chaponost, dont le territoire est traversé sur 5 km par le même aqueduc romain qui conduisait à Lyon les eaux du Gier. Outre les piles du Barret, trois tronçons sont à ciel ouvert, à La Gagère, à La Colombe et surtout au Plat-de-l'Air, où 92 arcades bien conservées s'alignent sur plus de 500 m. Un siphon et son réservoir de chasse terminent cet alignement. Il alimente le pont majestueux des Aqueducs de Beaunant, sur la commune de Sainte-Foy-lès-Lyon, que l'on rejoint par la D 50.
À voir : **l'aqueduc du Gier.**

N'est-il pas paradoxal que cet itinéraire vitivinicole nous fasse pénétrer dans Lyon en suivant l'aqueduc qui conduisait en ville… l'eau du mont Pilat.

G. G.

L'aqueduc du Gier. *Daté de 120 de notre ère, ce canal à faible pente couvert d'une voûte en plein cintre était enterré sur la majeure partie de son parcours jusqu'à Fourvière.* Photo Jean-Luc Barde/Scope.

Les cépages

Si un cépage est une variété de vigne cultivée, ce n'est pourtant pas, d'un strict point de vue botanique, une variété classique. On ne parle en effet de cépage que pour le produit de la multiplication végétative, par bouturage ou greffage, d'un plant de semis initial.

La naissance de nombreux cépages traditionnels se perd dans la nuit des temps. Les descendants d'un croisement entre des fleurs d'une même souche présentent souvent des caractères tellement différents du parent, qu'ils peuvent être considérés comme de nouvelles variétés. On retrouve d'ailleurs cette particularité chez d'autres espèces fruitières pérennes. Cela explique l'existence de milliers de cépages différents, dont quelques centaines dans le monde ont une réelle importance.

Muscat

Le genre *Vitis*

Les cépages appartiennent, dans leur quasi-totalité, à une seule sous-espèce botanique : *Vitis vinifera sativa*, issue d'une sous-espèce sauvage, *Vitis vinifera silvestris* (l'espèce étant *Vitis vinifera* L). Sous forme de lianes grimpantes, ses innombrables variétés peuplaient des forêts d'Europe et du Moyen-Orient. En grande partie exterminée par le phylloxéra et par des parasites cryptogames, elle subsiste encore, peu nombreuse, dans des sites forestiers restés vierges.

Sauvignon

Vitis vinifera est souvent dénommée vigne européenne, par opposition aux autres espèces du genre *Vitis*, désignées d'après leur habitat (Amérique du Nord) sous le nom de vignes américaines. Du fait de la résistance de leurs racines au phylloxéra, plusieurs de ces espèces sont à l'origine des porte-greffes sans lesquels *Vitis vinifera* aurait disparu. Constituent également des cépages deux autres espèces américaines, *Vitis labrusca*, dont les raisins ont un goût très particulier, et *Vitis muscadinia*.

Les cépages traditionnels sont vraisemblablement issus de semis naturels. D'autres, plus récents, ont été obtenus à partir de croisements effectués par l'homme. Certains de ceux-ci ont connu leur heure de célébrité au début de ce siècle : il s'agit des hybrides-producteurs directs, croisements entre *Vitis vinifera* et des variétés américaines qui résistent aux parasites. Si ces hybrides se sont révélés eux-mêmes assez résistants, la qualité de leur vin n'a jamais égalé celle de *vinifera*, et ils n'ont plus aujourd'hui qu'une importance minime.

Chenin blanc

Précisons enfin que le genre *Vitis* appartient, avec dix-huit autres genres, à la famille des vitacées ou ampélidacées, celle-ci faisant partie de l'ordre des Rhamnacées.

La naissance des cépages

Des amas de pépins, dont l'appartenance à *Vitis silvestris* a été vérifiée, ont été trouvés dans des sites divers datant du néolithique (5 000-2 500 av. J.-C.), ce qui prouve que des populations préhistoriques utilisaient déjà les raisins de ces vignes sauvages. C'est en Transcaucasie, où celles-ci étaient particulièrement nombreuses, qu'on a trouvé les premiers passages du stade de la cueillette à celui, certes rudimentaire, de la culture des vignes. Il est vraisemblable que les premières étapes ont consisté à éliminer certaines plantes improductives, puis à multiplier, par bouturage, à l'image de ce qui se passe parfois spontanément, des individus hermaphrodites intéressants. Les choix successifs de *Vitis silvestris*, effectués durant des millénaires dans ces populations, finirent par donner les précurseurs des cépages actuels. Les tribus qui émigraient emportèrent alors avec elles des boutures de vignes ainsi que les rudiments d'une culture qui gagna peu à peu le bassin méditerranéen.

Dans ce qui deviendra la France, où la culture de la vigne a été introduite par les Grecs et les Romains, la naissance des cépages a pu suivre deux processus différents. Dans les régions méridionales, les cépages cultivés chez les colonisateurs, notamment les Romains, ont rencontré des conditions climatiques favorables, et n'ont donc pas nécessité un encépagement entièrement nouveau. Mais dans les régions occidentales, surtout septentrionales, plus fraîches, les cépages trop tardifs ne pouvaient arriver à bonne maturité, et l'origine des cépages actuels s'y révèle ainsi beaucoup plus locale.

Cépage chasselas, région de Montpezat. *Le chasselas peut être cultivé à deux fins : la production de raisins de table, ou la vinification.*
Photo Jean-Luc Barde/Scope.

L'évolution des cépages

À l'origine, les cépages sont issus de croisements spontanés. Puis, l'homme les a sélectionnés pour leurs bonnes aptitudes, et multipliés par voie végétative. Ces naissances peuvent remonter à des millénaires. Les descendants végétatifs des plantes originelles ont subi des mutations génétiques, dont une multitude de mutations somatiques, celles qui touchent à la coloration des baies étant les plus connues.

À travers d'innombrables multiplications, une faible proportion de mutations a inévitablement été propagée par les boutures : ce processus a fini par transformer les variétés en des populations plus ou moins hétérogènes.

Des variations importantes (coloration des baies liée à des caractéristiques qualitatives...) ont souvent conduit à la naissance de nouveaux cépages. De telles variations étaient déjà connues dans l'Antiquité et Columelle conseillait, lors de plantations, d'apporter une attention toute particulière au choix des sarments. Aujourd'hui, la sélection clonale consiste à détecter, à l'intérieur de ces cépages populations, des individus particulièrement intéressants pour chaque type de production.

La multiplication soigneuse de ces souches, ou clones, doit ainsi offrir, pour un temps *a priori* assez long, des plants homogènes aux viticulteurs.

L'identification variétale

Les vignerons d'une région savent en principe reconnaître, au fil des saisons, les cépages qui y sont cultivés. En dehors des limites régionales et, *a fortiori*, nationales, la tâche est beaucoup plus ardue.

Établie dans des milieux différents, une même variété présente une certaine variabilité phénotypique. Mais les caractères morphologiques spécifiques subsistent et permettent de les reconnaître en tous lieux. L'identification peut s'appuyer sur de nombreux caractères : bourgeonnement, forme, structure et couleur des feuilles, particularité de leurs lobes, pétiole, dentelure, pilosité, vrilles, grappes, baies, rameaux, etc.

L'ampélographie

Cette tâche d'identification, entamée depuis des siècles, est devenue un secteur particulier de la viticulture : l'ampélographie. Celle-ci étudie également les aptitudes culturales des variétés.

Une méthodologie plus ou moins personnelle ayant été adoptée par les ampélographes, le problème s'en est trouvé compliqué d'autant. Récemment, avec d'autres organismes, l'Office international de la vigne et du vin a mis au point un registre ampélographique dûment codé.

Pourtant, compte tenu de la variabilité génétique des cépages anciens, de différences intervariétales parfois minimes, et de l'existence de nombreuses variétés peu cultivées, une identification certaine demeure très souvent un problème ardu.

La dénomination et la synonymie

Pinot

Ce n'est qu'à partir du XVIe siècle que les dénominations précises de cépages se sont généralisées. Mais l'usage qui en a été fait par la suite a souvent abouti à des situations extrêmement embrouillées. La plupart des variétés ont ainsi reçu des noms différents, y compris parfois dans des régions voisines. À la lecture des traités d'ampélographie, on constate que les cépages les plus répandus sont souvent désignés par des dizaines de synonymes. Plus grave, des cépages différents ont fini par recevoir des dénominations identiques d'une région à l'autre, voire entre pays. Dans certains cas, il peut s'agir d'erreurs anciennes de détermination, qui n'ont pas été corrigées. En revanche, d'autres cas ne relèvent pas du hasard : on peut citer des exemples de confusions volontaires entre pinot blanc, chardonnay, chenin et melon ; ou le cas de différents rieslings étrangers n'ayant strictement rien à voir avec le vrai riesling. Certains pays, il est vrai, édictent une réglementation assez floue pour les vins de cépages.

Merlot

La classification des cépages et la réglementation

On peut subdiviser les variétés de vignes en trois catégories, dont les limites ne sont pas absolues : raisins de cuve, raisins de table et raisins secs.

Les raisins de cuve sont destinés à l'élaboration de vins. Certains, comme le chardonnay et le cabernet sauvignon, s'adaptent parfaitement à différents climats et jouissent ainsi d'un prestige quasi universel. D'autres, aptes à produire des vins de haute qualité, doivent être cultivés dans des situations convenant à leurs exigences, et ne pas être soumis à des rendements excessifs. Il en est d'autres, en revanche, qui ne livrent leur

Gamay

quintessence qu'en association avec d'autres cépages, cela étant plus particulièrement vrai dans le cas des vins rouges. Quelques-uns, enfin, sont plus spécifiquement adaptés à la distillation.

En France, ainsi que dans toute l'UE, la culture de la vigne est strictement réglementée. Chaque département viticole possède une liste officielle comportant des cépages recommandés, et des cépages, certes autorisés mais dont la culture est entravée, tous les autres étant totalement interdits. L'encépagement des vignobles d'appellation contrôlée est, bien évidemment, souvent plus restrictif que les listes de cépages recommandés.

P. H.

Caisses de cépage cabernet, *au château Minuty. Les vendanges en caisses permettent de préserver l'intégrité du raisin jusqu'à la cuverie.* Photo Jacques Sierpinski/Scope.

Encépagement de base traditionnel des vignobles français

(b = cépages blancs, r = cépages rouges)

Champagne
b : chardonnay
r : pinot noir, meunier

Alsace
b : gewurztraminer, riesling, sylvaner, pinot blanc, muscat, pinot gris
r : pinot noir

Bourgogne
b : chardonnay, aligoté
r : pinot noir, gamay

Beaujolais
r : gamay

Jura
b : savagnin, chardonnay
r : ploussard, trousseau

Savoie
b : jacquère, altesse, roussanne, chasselas

Vallée du Rhône septentrionale
b : roussanne, marsanne, viognier
r : syrah

Vallée du Rhône méridionale
b : clairette, roussanne, marsanne
r : grenache, syrah, cinsaut, carignan

Provence
b : ugni blanc, clairette, sémillon, roussanne
r : carignan, cinsaut, grenache, mourvèdre

Corse
b : ugni blanc, vermentino
r : carignan, cinsaut, grenache, nielluccio, sciaccarello

Languedoc-Roussillon
b : clairette, grenache blanc, macabeu, muscat, picpoul, terret blanc, mauzac, ugni blanc
r : carignan, grenache, syrah, aubun, aramon, merlot, alicante-bouschet, terret noir

Sud-Ouest
b : sauvignon, sémillon, muscadelle, merlot blanc, ugni blanc, baroque, mauzac, 22A baco (armagnac)
r : cabernet-sauvignon, cabernet franc merlot, malbec ou cot, tannat, bouchalès, gamay, jurançon noir, syrah

Bordelais
b : sauvignon, sémillon, muscadelle, merlot blanc
r : cabernet-sauvignon, cabernet franc, merlot, malbec ou cot, petit verdot

Cognac
b : ugni blanc, colombard

Région nantaise
b : melon ou muscadet, folle blanche ou gros plant

Anjou, Saumur, Touraine
b : chenin blanc, sauvignon, arbois
r : cabernet franc, gamay, grolleau, pineau d'Aunis

Centre
b : sauvignon, chasselas
r : pinot noir, gamay

Tableau récapitulatif des principaux cépages

Cépages rouges

alicante-bouschet
aramon
aubun
bouchalès
cabernet franc
cabernet-sauvignon
carignan
cinsaut
cot (ou malbec)
gamay
grenache
grolleau
juraçon noir
merlot
meunier
mourvèdre
nielluccio
pineau d'Aunis
pinot noir
ploussard (ou poulsard)
sciaccarello
syrah
tannat
terret noir
trousseau

Cépages blancs

aligoté
altesse
arbois
baroque
chardonnay
chasselas
chenin blanc
clairette
colombard
folle blanche
gewurztraminer
grenache blanc
jacquère
macabeu
marsanne
mauzac
melon de Bourgogne
merlot blanc
muscadelle
muscat
picpoul
pinot blanc
riesling
roussanne
sauvignon
savagnin
sémillon
sylvaner
terret blanc
ugni blanc
vermentino
viognier

Les saisons de la vigne

Le calendrier des saisons de la vigne suit le cycle végétal.
L'année viticole s'ouvre le 11 novembre, à la Saint-Martin d'hiver :
c'est la date fixée par contrat notarié depuis le Moyen Âge.

Mois de septembre, calendrier martyrologue, scène de vendange. *Au Moyen Âge, l'expansion monastique contribua à tel point au développement de la vigne qu'on en arriva à identifier l'Église avec le vin dont l'image, omniprésente, ornait en particulier almanachs et calendriers.*
Bibliothèque nationale de France, DR.

Les médaillons sculptés sur les porches des cathédrales, les enluminures des livres d'heures des princes, les simples gravures des calendriers rustiques nous restituent, dès le XIIe siècle, les travaux et les jours des viticulteurs. Leurs gestes reproduisent souvent ceux des Égyptiens, tels que les représentaient les fresques des tombeaux royaux.

Les livres techniques prennent le relais au XVIe siècle. Les gestes sont expliqués et illustrés par des gravures. Les motivations sont fournies et assorties de multiples conseils.

Peu à peu la viticulture se dégage de l'agronomie générale et acquiert ses premiers titres de noblesse avec les ouvrages publiés au XIXe siècle. Jusqu'au milieu de ce XIXe siècle, c'est-à-dire

Le calendrier du vigneron

	Travaux sur le sol	Travaux sur la vigne	Cycle végétatif
Novembre	Dépaisselage* Buttage des souches	Arrachage des souches mortes et espoudassage**	Chute des feuilles
Décembre	Remontée de terre « de fond en cime »	Taille d'hiver	Repos hivernal
Janvier		Taille	
Février	Désherbage chimique éventuel	Taille	
Mars	Débuttage Paisselage	Taille	« Pleurs »
Avril	Première « façon » à la pioche		Débourrement
Mai	Binage ou 2e labour	Attachage	Floraison
Juin	Tierçage ou 3e labour	Rognage + traitement anti-parasitaire	
Juillet		Relevage	Nouaison
Août			Véraison
Septembre		Vendanges	Maturité
Octobre		Vendanges	Maturité

* Dépaisselage : c'est l'arrachage des paisseaux (échalas) qui seront triés et mis à l'abri jusqu'en mars, avant d'être épointés, remplacés s'il le faut et remis en place.
** Espoudassage : permet de supprimer tous les sarments inutiles pour la taille et de couper tous les autres à 40 cm de longueur, facilitant ainsi le passage des tracteurs pour les labours et l'épandage des fumiers.

En vendanges, caricatures de Daumier. *« Porter des charges comme ça d'puis six heures du matin jusqu'à sept heures du soir pour vingt-cinq sous... et il y a des Parisiens qui croient qu' c'est amusant les vendanges. » Comme au XIXe siècle, les coupeurs continuent à verser leurs paniers dans les hottes et les porteurs apportent le raisin jusqu'à la cuve située en bout de rang. Les vêtements et le matériel ont pu changer, le principe demeure le même.* Cliché Dassau.

avant l'apparition des premières maladies cryptogamiques (oïdium) et de l'invasion phylloxérique, les travaux et les jours semblaient immuables, les gestes et les outils quasi identiques derrière des noms locaux différents.

Les mutations récentes

Le calendrier se resserre lorsqu'il faut y faire rentrer le soufrage contre l'oïdium (après 1850), les traitements à la bouillie bordelaise contre le mildiou (après 1880), qu'il faut répéter, si l'été est humide, opérations qui accroissent la charge de travail du viticulteur.

Après 1890, sur les vignes reconstituées et palissées, l'étirage des fils de fer remplace souvent le paisselage, et l'attachage est plus délicat.

En revanche, les greffés-soudés sont désormais obtenus par les pépiniéristes et les viticulteurs ne font que la mise en place par la création des plantiers.

De même, la machine est venue aider l'homme. Les charrues vigneronnes tractées ont remplacé les façons à bras et les chevaux. L'épandage des désherbants, des engrais et surtout des produits de traitement s'est mécanisé et automatisé. Si la taille reste manuelle, l'usage des sécateurs pneumatiques en réduit la difficulté et la durée. Les vendanges aussi se mécanisent peu à peu. Les coopératives et les organismes professionnels dispensent des services.

Sans doute moins dépendant de sa vigne, le viticulteur l'est certainement bien davantage de son vin. Ne consacre-t-il pas aujourd'hui autant d'efforts à le vendre qu'à le produire ? G. G.

Les travaux de la vigne

1 – **La taille d'hiver** *permet de limiter le développement permanent des bois et de la charpente de la souche.* Photo Jacques Guillard/Scope.

2 – **La taille de printemps** *rectifie et affine la taille d'hiver.* Photo Michel Guillard/Scope.

3 – **Le liage des baguettes,** *à la fin du printemps, évite qu'elles soient cassées par le poids des grappes ou le passage du tracteur.* Photo Jean-Luc Barde/Scope.

4 – **Le rognage** *consiste à supprimer l'extrémité des rameaux pour limiter la coulure, faciliter le passage des engins de culture, améliorer l'ensoleillement des grappes.* Photo Jacques Guillard/Scope.

5 – **Le sulfatage.** *Aux travaux d'entretien du vignoble s'ajoute la lutte contre les ennemis de la vigne dont les dégâts peuvent être considérables.* Photo Michel Guillard/Scope.

6 – **Les vendanges** *commencent dès la fin de l'été et s'échelonnent au fur et à mesure de l'arrivée à maturité des différentes parcelles.* Photo Jean-Daniel Sudres/Scope.

Les outils traditionnels de la vigne et du vin

La vigne a pendant longtemps été travaillée « à bras » par la population nombreuse qu'elle pouvait entretenir. Ce « jardinage » a permis le maintien, jusqu'à des dates parfois tout à fait récentes, de techniques et d'outils aussi simples qu'efficaces.

Les outils traditionnels du vigneron se rapportent à trois opérations essentielles : la taille de la vigne, les labours annuels et le pressurage des raisins. À chacune de ces interventions correspond un outil particulier.

La serpe

On sait combien la taille est nécessaire pour obtenir beaucoup de vin et du meilleur. Aussi n'est-il pas étonnant de voir la serpe à tailler, utilisée pendant des millénaires, devenir très tôt un symbole du travail du vigneron, gravée dans la pierre des linteaux ou tenue en main par les saints protecteurs. Remplacée par le sécateur à la fin du XIXe siècle seulement, la serpe à tailler de type gallo-romain, à dos tranchant, constitue un remarquable exemple de permanence technique. Un second type, à dos non tranchant, l'a remplacée parfois, à des époques diverses – au XVIIe siècle, par exemple, dans le Jura –, probablement à l'occasion de l'adoption de nouveaux cépages et/ou de nouveaux modes de taille et de conduite. Chacun de ces deux types de serpe connaît de nombreuses variantes.

La houe

Comme la taille, mais pour d'autres raisons, les deux ou trois labours annuels ont été effectués pendant très longtemps avec des houes, que l'on pourrait qualifier d'archaïques si ce terme n'impliquait un jugement de valeur péjoratif. Il en existe deux grands types : à lame pleine et à dents. Chacun se divise en de multiples sous-types et variantes selon la forme de la lame – carrée, rectangulaire ou triangulaire – ou des dents, plus ou moins épaisses, écartées et pointues, et selon le mode de fixation et l'angle d'inclinaison entre la lame et le manche. Généralement, plusieurs formes coexistent dans un même vignoble, voire dans une même exploitation. Chaque houe, en effet, est adaptée à la nature du sol – plus ou moins en pente, et plus ou moins lourd et caillouteux selon les parcelles –, ainsi qu'à la fonction du labour effectué : profond ou superficiel, pour aérer le sol ou éliminer les herbes parasites. Cette remarquable adaptation de l'outil à sa fonction est le fruit d'une lente et longue évolution qui s'est poursuivie dans de nombreux vignobles jusqu'à la crise phylloxérique. Jusqu'alors, en effet, la reproduction de la vigne « en foule », par provignage ou marcottage, bouleversait l'alignement initial de la plantation et empêchait l'utilisation de la charrue attelée. La replantation postphylloxérique, en rendant nécessaire la multiplication par greffage, a permis le maintien de l'alignement des ceps et le développement de la mécanisation, puis de la motorisation, des labours.

Utilisation de la serpe, *au XVIe siècle, pour tailler la vigne. Illustration extraite des Heures de Catherine de Médicis.* Cliché ACJS, Bibliothèque nationale de France, DR.

Labour traditionnel, *à Salses, aire d'appellation rivesaltes.* Photo Daniel Faure/Scope.

Le pressoir

Les pressoirs dits « traditionnels » se répartissent en deux grandes familles : ceux à levier et ceux à vis centrale, tous deux inventés dès l'Antiquité. Le pressoir à levier, dont une forme améliorée par l'adjonction d'un treuil correspond au torculum décrit par Caton l'Ancien, est resté en usage sous cette forme jusqu'à une date récente dans certains vignobles ; ailleurs, il a été perfectionné en remplaçant le treuil par une vis pour abaisser l'extrémité du levier. Apparu au Ier siècle de notre ère, le pressoir à vis centrale n'a connu une diffusion large et rapide qu'à partir du XVe siècle ; on le retrouve alors dans de nombreux vignobles, où il fait l'objet d'améliorations successives, mais c'est en Champagne qu'apparaissent au XVIIIe siècle ses ultimes perfectionnements. Par-delà des aires de répartition plus ou moins nettement caractérisées, on relève souvent la coexistence de types différents dans un même vignoble. Parfois, comme dans les vignobles du Centre, on a utilisé jusqu'à la fin du XIXe siècle toutes les variantes du pressoir à levier et du pressoir à vis centrale. Ces survivances – beaucoup plus tardives encore dans certaines régions – relèvent moins de la routine que de l'impossibilité économique d'adopter des modèles plus perfectionnés mais plus coûteux. Aujourd'hui ces pressoirs, ainsi que les modèles industriels les plus anciens, sont conservés dans des musées ou dans des lieux prestigieux, comme le château de Vougeot, ou encore placés de façon emblématique devant un caveau de dégustation ou sur une place de village. C. R.

Pressoir, *du début du XVIe siècle. Détail de la tapisserie Les Vendanges.* Cliché ACJS, musée national du Moyen Âge, DR.

Les vendanges manuelles

Les années 1960 marquent un tournant dans la manière de vendanger. Le calendrier scolaire actuel et la pénurie de travailleurs saisonniers ont rendu inéluctable la mécanisation des vendanges. Cependant la pratique de faibles rendements, garantie de qualité, impose, pour certains producteurs, le maintien des vendanges manuelles.

Les vendanges s'effectuent lorsque le raisin arrive à maturité. Cette maturité est atteinte lorsque les baies contiennent le plus de sucre et ne sont plus susceptibles d'en acquérir. Mais cette définition peut varier selon les types de vins à produire et la qualité recherchée. Pour la production des vins de table, le viticulteur récoltera un poids maximal de raisin en tenant compte de leur richesse en saccharine afin d'obtenir le maximum de degrés-hectos par hectare. Il n'est donc pas toujours nécessaire d'attendre une bonne maturité physiologique, qui risque de provoquer des déperditions importantes de la vendange. Pour produire des vins de qualité, il sera préférable de retarder légèrement la date des vendanges. Certes la quantité récoltée sera moindre, mais on obtiendra la concentration de sucre indispensable pour obtenir le degré alcoolique minimal et assurer une combustion plus poussée de l'acide malique. Dans le cas des vins doux naturels, on ne peut vendanger qu'à partir d'un degré minimal très élevé (14 ou 15 % vol.), ce qui exige de laisser surmûrir les raisins sur la souche ; les rendements maximaux seront très faibles, de l'ordre de 28 ou 30 hl/ha. Dans certains vignobles de qualité, le ban des vendanges est proclamé chaque année, après des contrôles de maturité, par une commission qui fixe la date d'ouverture des caves.

Le temps des vendanges. *Les vignes sont vendangées à la fin de l'été, lorsque les grains sont mûrs. Toutes les parcelles n'offrent cependant pas le même degré de maturation, ce qui permet de les vendanger les unes après les autres.*
Photo Jean-Luc Barde/Scope.

Les types de vendanges

Il s'avère nécessaire, dans certains cas, de préserver les grains entiers lors des vendanges. Cette pratique, courante en Champagne, permet d'éviter que le moût ne soit touché lorsque l'on presse des raisins noirs à jus blanc (pinot noir et meunier). Il en va de même pour tous les mousseux ou crémants issus de raisins noirs.

En Beaujolais, région où l'on pratique la macération carbonique, les raisins doivent arriver en grappes entières, pour que la fermentation anaérobie à l'intérieur des baies puisse se réaliser et donner naissance aux arômes recherchés.

En Alsace, la sélection de grains nobles exige le ramassage de baies très riches en sucre : 256 g/l pour le riesling et le muscat, 279 g/l pour le gewurztraminer ou le pinot gris.

À Sauternes, on pratique les vendanges par tries successives en fonction du développement de la pourriture noble. On ne récolte, à chaque fois, que les baies rôties, c'est-à-dire suffisamment riches en sucre, pour produire des vins liquoreux.

Ces différents types de vendanges ne peuvent être réalisés que manuellement. Cependant, aujourd'hui, la grande majorité des vignobles est vendangée à la machine et des progrès considérables permettent d'obtenir des raisins en bon état.

La vendange et le mode de conduite

La cueillette manuelle des raisins est une opération fatigante qui réclame une main-d'œuvre abondante.

Dans les vignes non palissées et sur sol plat, non embourbé, un coupeur récolte de 500 à 700 kg de raisin par jour, voire jusqu'à 2 000 kg lorsqu'il s'agit des lourdes grappes d'aramon au pédoncule herbacé. Dans les vignes palissées, la récolte se complique du fait des fils de fer et des rameaux entortillés qui ralentissent le ramassage. Dans les vignes hautes, les raisins sont à hauteur d'homme, ce qui évite aux ouvriers de travailler le dos courbé. Cependant, dans les vignes très hautes, lorsque le raisin est à 1,60-1,80 m du sol, le vendangeur travaille parfois courbé en dessous des pampres.

Transport du raisin. *Le raisin, cueilli par les coupeurs, est porté par des hotteurs jusqu'au véhicule qui les transportera au pressoir.*
Photo Daniel Faure/Scope.

La cueillette

Les raisins sont parfois coupés à la main quand le pédoncule des grappes demeure herbacé. Pour empêcher l'égrenage et les meurtrissures des mains, on utilise généralement des serpettes ou de petits sécateurs qui évitent d'imprimer des secousses au cep. Les grappes sont recueillies dans des récipients pouvant contenir de 5 à 10 kg de raisin : baillots de bois blanc en Médoc, vendangerots d'osier laissant écouler le jus en Bourgogne, seaux métalliques ou en plastique dans le Midi.

Les coupeurs versent ensuite les raisins dans des récipients plus importants : en Languedoc, ce sont traditionnellement des comportes ou des cornues en bois, contenant de 60 à 80 kg de raisin, des banastes ou banastous en bois ou en osier, de 40 kg environ, des récipients en plastique, de forme parallélépipédique de 85 à 90 l, qui peuvent s'empiler facilement sur une remorque et dont le faible poids à vide (3-5 kg) les rend plus maniables que les comportes en bois

(10-15 kg). En Bourgogne, on utilise de grands paniers d'osier (60 kg) avec une anse centrale ; en Champagne, de grands paniers avec deux poignées, ou des caques en bois ; en Beaujolais, des bennes en bois ; en Alsace et dans l'Yonne, des hottes en osier ; en Médoc, des hottes en bois cerclées de fer, d'une contenance de 50 kg ; dans le Jura, des danderlins qui sont des hottes en bois munies de deux brassières dans lesquelles on passe les bras pour les fixer sur les épaules, et d'un coussinet pour éviter le frottement contre le dos du porteur. On trouve aussi des hottes en acier étamé, aujourd'hui remplacées par des hottes en plastique, beaucoup plus légères (3-5 kg) mais plus onéreuses. On a même pu voir en Savoie les raisins transportés à dos de mulet dans des outres en cuir, comme dans l'Antiquité. En Champagne, les paniers de raisin sont portés au bout du rang. Là, des femmes procèdent à l'épluchage des grappes sur une clayette d'osier afin d'éliminer les grains abîmés, tandis que les raisins sains sont placés dans des mannequins d'osier ou des caisses de plastique pour le transport jusqu'au vendangeoir où ils seront pressés. Pour transporter la récolte à la cave, on peut charger les comportes ou les caisses directement sur les charrettes, les camions ou les remorques des tracteurs. On rencontre encore certains récipients traditionnels : des pastières métalliques dans le Midi, des ballonges en bois en Bourgogne, des baignoires en Beaujolais, des tonneaux dans l'Yonne ou des douils en Gironde.

En Languedoc, où les récoltes par souches sont importantes, il faut prévoir, dans sa colle de vendangeurs (équipe), un porteur pour trois coupeurs, tandis que des récoltes plus faibles ne nécessitent qu'un porteur pour quatre ou cinq coupeurs.

Comportes en bois. *À Limoux, la récolte est transportée dans des comportes jusqu'à la coopérative. Comme la bacholle, la comporte est une cuve de bois droite ou tronconique de grand diamètre, mais avec des poignées rapportées, prises dans des cercles de fer et ne dépassant pas la hauteur de la cuve.*
Photo Jacques Guillard/Scope.

La main-d'œuvre

Jusque dans les années 1960, la main-d'œuvre saisonnière était abondante. Chaque année arrivaient, dans le Midi de la France, d'importants contingents de travailleurs espagnols (65 000 personnes en 1971), venant souvent en famille, du sud de l'Andalousie pour effectuer une seconde période de vendange en Bordelais ou dans la région de Cognac. Le développement touristique estival a permis à ces travailleurs de trouver, sur place, des occupations plus lucratives. On fit alors appel à d'autres travailleurs étrangers : Portugais, Nord-Africains, gitans.

En outre, le calendrier scolaire limite la participation des adolescents, et les adultes n'effectuent plus guère les vendanges que dans le cadre de leurs relations amicales ou familiales.

Dans ces conditions, la mécanisation de la vendange devenait inéluctable, et la France est rapidement devenue le premier pays au monde pour l'importance de son parc de machines à vendanger.

P. G.

Panier de vendange en osier. *Les vendangeurs cueillent les raisins et les posent dans des récipients variés.*
Photo Jean-Daniel Sudres/Scope.

Les nouveaux viticulteurs

Comme les autres paysans, les viticulteurs vivent au rythme des saisons et redoutent le gel ou la grêle. Ils se sont modernisés, pratiquent la fertilisation raisonnée et ne reculent pas devant la micro-informatique. Pourtant, les viticulteurs ne sont pas tout à fait des agriculteurs comme les autres.

Les viticulteurs sont de plus en plus spécialisés. Au temps de la polyculture, chaque paysan avait sa vigne. Aujourd'hui, les viticulteurs « à temps complet » sont majoritaires dans la production d'AOC. Mais ils doivent toujours être d'autant plus polyvalents qu'ils préfèrent souvent réaliser eux-mêmes la vinification.

Cultivateurs de la vigne, éleveurs du vin, les nouveaux viticulteurs ont reçu une formation secondaire, souvent complétée par un BTS. Parfois, ils sont ingénieurs, voire diplômés d'études commerciales. À leurs connaissances agronomiques, ils ajoutent des compétences œnologiques ; ils maîtrisent parfaitement les règles de la macération carbonique comme les températures de fermentation.

Ils sont également gestionnaires. Tout d'abord, parce que l'importance du capital en cuve leur a fait assimiler, bien avant les autres agriculteurs, les règles comptables des entreprises. Ensuite, parce qu'ils sont parmi les premiers à avoir compris l'intérêt de la vente directe.

Producteurs, les viticulteurs sont aussi des hommes de relations publiques. Mieux que quiconque, ils savent que la qualité de la relation avec le client est un élément fondamental de qualité d'un produit agricole, et que leur mission technique se double d'une mission culturelle.

En cela, les milliers d'exploitants français qui pratiquent la vente directe de leur vin comptent parmi les premiers artisans de la réconciliation entre ruraux et citadins.

J. C.

La mécanisation des vendanges

En 1967, l'École nationale supérieure agronomique de Montpellier organisait un colloque sur la mécanisation des vendanges. Le débat fut introduit par les propos suivants du Pr Roger Lacombe : « Par une mécanisation complète mais rationnelle, puissante mais contrôlée par l'esprit humain, on peut espérer donner au vigneron une vie compatible avec son époque. »

Dans les années 1960, parmi l'ensemble des travaux viticoles, deux seulement n'avaient pas encore subi l'influence de la mécanisation : la taille et la vendange.

La taille est une opération culturale qui s'étend sur quatre mois d'hiver. Un seul homme parvient à tailler de 15 à 20 ha, sa tâche étant facilitée par un mode adapté de conduite de la vigne et par une mécanisation légère comme la prétailleuse (ciseaux pneumatiques ou électriques qui brisent les sarments en laissant de longs bois de taille et rendent les opérations moins pénibles). La vendange doit être terminée en un mois au maximum. Un homme seul ne pouvant récolter du raisin sur plus de 1 à 3 ha pendant ce temps, il faut donc aller 10 à 20 fois plus vite que pour la taille, par exemple, en augmentant les effectifs ou en mécanisant. Or, l'encadrement d'une équipe de vendangeurs, souvent logés et nourris, est à la fois lourd et coûteux.

Les premiers essais aux États-Unis

En 1968, la mécanisation des vendanges fait ses débuts aux États-Unis. D'abord sur la côte est où l'on cultive principalement du concord, variété de *Vitis labrusca*, dont les baies s'égrènent facilement. Le secouage vertical est mis au point par l'université de Cornell à Geneva pour des vignes conduites avec le système de palissage GDC. Le secouage est assuré par une roue, animée d'un mouvement de haut en bas, qui secoue le fil porteur de la végétation, avec des cadences de 400 à 600 coups par minute ; les grappes subissent de fortes vibrations, faisant détacher les baies qui sont recueillies dans des trémies. Dans cette région, dépourvue d'une main-d'œuvre abondante et peu coûteuse, à l'inverse de la région californienne qui dispose des émigrés mexicains, les machines Up-Right Duplex System se répandent aisément.

Par la suite, les Californiens – qui cultivent des cépages européens ne s'égrenant pas facilement – mettent au point un autre système : c'est le secouage latéral, obtenu par l'emploi de batteurs souples, en fibre de verre ou en matière plastique, qui frappent la végétation symétriquement à des cadences réglables jusqu'à 600 cycles par minute, provoquant la chute des baies et d'une partie du feuillage. Ces baies sont recueillies par un dispositif original de plaques chevauchantes ou écailles, inclinées et mobiles, qui se rejoignent autour des ceps, permettant aux baies, débarrassées de leurs feuilles par une soufflerie, de gagner un conteneur en Inox par un jeu de tapis roulants ou de godets, selon les modèles. La première machine fabriquée était la Chisholm-Ryder OW, qui fut introduite en France en 1970 et qui connut un grand succès.

Passage d'une machine à vendanger *dans les rangs de vignes en Médoc.* Photo Michel Guillard/Scope.

Machine automotrice en Armagnac. *Plusieurs types de machines à vendanger ont été conçus mais c'est le système à secouage latéral qui s'est généralisé. La récolte est orientée vers des bandes, ou tapis, qui assurent le transfert vers la benne de stockage.* Photo Jean-Luc Barde/Scope.

Par la suite, des améliorations furent apportées et de nombreux modèles ont été commercialisés.

Le principe de la machine

Les grains de raisin sont décrochés de la grappe par secouage. Il y a deux impératifs : ne pas les blesser et les séparer des feuilles qui se détachent en même temps. Les grains sont alors acheminés jusqu'à un conteneur en Inox qui est vidé à l'extrémité du rang dans une benne de transport. Le progrès le plus déterminant fut la transmission hydraulique des mouvements, qui permit de moduler la vitesse d'avancement et donc la précision du travail. On maîtrise également de mieux en mieux la vitesse et la force des secoueurs, ce qui évite d'abîmer les grains, la souche, voire le palissage.

Enfin, le système hydraulique augmente la maniabilité de cette imposante machine et lui permet d'opérer dans des parcelles de petites dimensions. Tous ces aménagements ont conduit de nombreux vignerons à s'intéresser aux machines à vendanger. Tous n'ayant pas des surfaces suffisantes pour s'équiper individuellement, ils font appel à des prestataires de service ou achètent une machine à plusieurs en s'organisant en Cuma (coopérative d'utilisation de matériel agricole).

Les machines à vendanger existent sous trois formes : automotrices avec souvent quatre roues motrices, attelées au tracteur du vigneron ou sous forme de kits qu'on monte sur le châssis d'un tracteur enjambeur classique.

Importance et répartition du parc de machines à vendanger en France

- En quelques années, la France est devenue le premier utilisateur mondial de machines à vendanger :
  - 6 en 1972
  - 1 466 en 1980
  - 7 360 en 1985
  - 10 881 en 1989
  - 13 351 en 1992
  - 19 565 en 2000
- Les principales régions détentrices de machines à vendanger, en 2000 :
  - les Charentes (3 475)
  - la Gironde (3 500)
  - l'Hérault (1 888)
  - l'Aude (1 351)
  - le Gard (1 065)
  - le Vaucluse (860)
  - la Corse (202)
  - la vallée de la Loire (1 391)
  - le Sud-Ouest (1 092)
  - la Bourgogne (875)
  - l'Alsace (365)
  - le Var (438)
- En Champagne et en Beaujolais, la récolte continue à se faire à la main, ainsi que dans les vignobles établis en terrasses (bandol, banyuls, côte rôtie).

La conduite de la vigne adaptée à la machine

La technique de secouage a imposé un mode de conduite de la vigne différent. La tête de récolte ne pouvant saisir les grappes en dessous de 20 à 30 cm du sol, la hauteur de tronc de la vigne a dû être augmentée pour dégager de l'espace sous la végétation. La taille de formation sur fil doit permettre l'étalement de la végétation sur un plan vertical, car on sait maintenant que la qualité finale du vin doit beaucoup à la surface foliaire active, c'est-à-dire au nombre de jeunes feuilles exposées au soleil. Il n'est pas rare de voir des rangs de vignes palissées qui, dès le mois de juin, s'étalent jusqu'à une hauteur de 1,90 m.

La protection du produit récolté

Les progrès de la science œnologique ont démontré que la fermentation doit être totalement maîtrisée pour obtenir le bon produit adapté au marché. Au moment de la récolte, dès que les grains sont détachés, se posent les problèmes de leur oxydation et ceux de l'hygiène de la machine, sur les organes de laquelle peuvent se développer des levures et des bactéries. Le transport à la cave doit être rapide. Il doit être effectué dans des récipients de contenance modérée pouvant parfois être placés sous atmosphère contrôlée (gaz carbonique, azote). La machine à vendanger exige une surveillance étroite : il faut chaque jour la nettoyer (une heure de travail) – quelquefois dans une sorte de piscine spécialement aménagée – et éventuellement la désinfecter.

À la réception de la vendange à la cave, on privilégie les systèmes qui ne traumatisent pas le raisin comme la gravité. Il faut éviter au maximum l'utilisation de pompes et de conduits qui malaxent les grains. Ensuite, le contrôle des températures intervient pour que les fermentations se déroulent dans les meilleures conditions. Ces conditions sont indispensables pour que la vendange mécanique donne d'aussi bons résultats que la vendange manuelle.

D'un point de vue économique, la machine à vendanger est devenue très compétitive (le prix à l'hectare, variable selon la densité et le nombre de souches du vignoble, oscille entre 215 et 300 €. La machine offre un autre avantage : elle permet de vendanger au point optimal de maturité du raisin car, à l'inverse d'une équipe de vendangeurs à la main, on peut facilement l'arrêter en cas de maturité insuffisante ou la faire fonctionner vingt-quatre heures d'affilée s'il faut accélérer la vendange.

L'avenir

Depuis 1971, banalisée après vingt-deux campagnes, la machine à vendanger est devenue un élément familier du paysage viticole français, influençant la conduite de la vigne et modifiant les paysages. D'abord limité à quelques départements du Midi, du Sud-Ouest et de l'Ouest, ce mode de récolte s'est répandu à la presque totalité des vignobles de France. Les résistances viennent des exploitations qui utilisent des méthodes œnologiques comme la macération carbonique où les grappes doivent rester entières (Beaujolais), ou de celles qui pratiquent des vinifications en blanc très élaborées avec des prix de raisin élevés (Champagne).

Toujours fondée sur le principe de la cueillette à secouage latéral, la technologie a largement évolué ces dernières années, tant sur le plan des dispositifs de récolte que sur celui des châssis qui les supportent. La réduction de l'agressivité de la tête de récolte, le faible taux d'effeuillage, les secoueurs latéraux maintenus à leur extrémité ont été des étapes capitales dans l'amélioration de la qualité du produit final. L'avenir est maintenant à l'électronique : les robots vendangeurs, dont le système de cueillette sera très proche de la main de l'homme et qui distingueront grâce à leur œil électronique la grappe mûre de la tige, la sectionneront proprement et la déposeront dans le conteneur. Cette méthode sera peut-être celle du XXIe siècle.

Les dégustations de vin de qualité démontrent que la vendange mécanique, lorsqu'elle est bien maîtrisée tout au long de la chaîne de production, permet d'obtenir toute satisfaction. Certains affirment même qu'une bonne récolte avec la machine donne de meilleurs résultats qualitatifs qu'une récolte manuelle à l'hygiène approximative.

J. C.

Vendanges mécaniques dans le Bordelais. *Une fois cueilli, le raisin est réparti dans des caisses, ce qui permet de préserver l'intégrité du fruit pendant le transport.* Photo Michel Guillard/Scope.

Le Jura

Le vignoble du Jura, installé du nord au sud du département le long du rebord oriental de l'arc jurassien, ne compte aujourd'hui que 1 828 ha de vignes, dont 1 595 sont classés en appellations d'origine contrôlée. C'est l'un des plus petits vignobles AOC de France, mais c'est aussi l'un des plus originaux, par la grande diversité de ses produits et par le caractère rare, voire unique, de certains d'entre eux, comme le vin de paille et le vin jaune. ◆

Passenans, *un village pittoresque et représentatif de la région, situé en plein cœur de l'appellation côtes du jura.* Photo A. S.

Histoire du vignoble

Des documents écrits attestent l'existence de pratiques viticoles à Arbois, ainsi qu'à Champlitte (Haute-Saône), dès le Xe siècle. Mais il est pratiquement certain que l'installation de la vigne dans la région remonte, comme en Bourgogne, au IIIe siècle de notre ère. Déjà au XIIe siècle, Arbois est cité parmi les vignobles les plus prestigieux, avec ceux de Beaune, d'Anjou et de Bordeaux ; et au XVIe siècle, la notoriété des vignobles de Château-Chalon, de Poligny, de Salins-les-Bains est solidement établie. Pendant des siècles se développent parallèlement – et parfois concurremment – trois types de viticulture : une viticulture noble, sur les terres de quelques grands seigneurs laïques et ecclésiastiques, une viticulture bourgeoise autour des villes et des bourgs, qui entretient une population nombreuse de vignerons, journaliers et métayers, et une viticulture paysanne plus productive, destinée à la consommation familiale. Cette viticulture paysanne se développe en particulier au XIXe siècle, lorsque le vignoble jurassien atteint son maximum d'extension avec plus de 20 000 ha. Après la crise phylloxérique, à la fin du XIXe siècle, environ 2 000 ha seulement sont replantés, pour une large part en hybrides producteurs directs. Néanmoins, une production de qualité est maintenue ; elle permet l'obtention en 1936 et en 1937 de plusieurs appellations d'origine contrôlée, et elle assure les bases d'une véritable renaissance du vignoble à partir de 1960.

Château-Chalon. *Le vieux village couronne les pentes couvertes de vignes, exposées sud-sud-ouest, gagnées sur les bois au cours des siècles. On y produit du vin jaune, un vin unique en France.* Photo Jacques Guillard/Scope.

Itinéraire d'Ornans à Saint-Julien

Cet itinéraire permet de découvrir, outre les vins du Jura, quelques-uns des sites les plus pittoresques de Franche-Comté et plusieurs éléments majeurs du patrimoine historique et architectural du Jura.

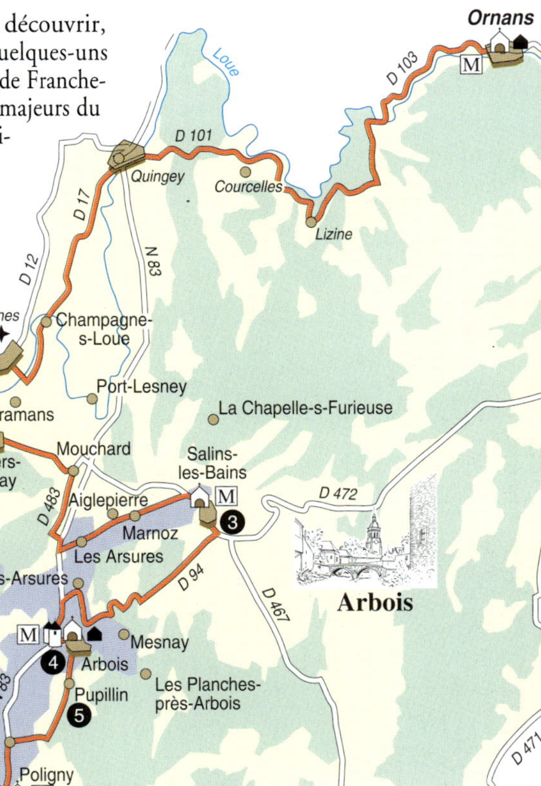

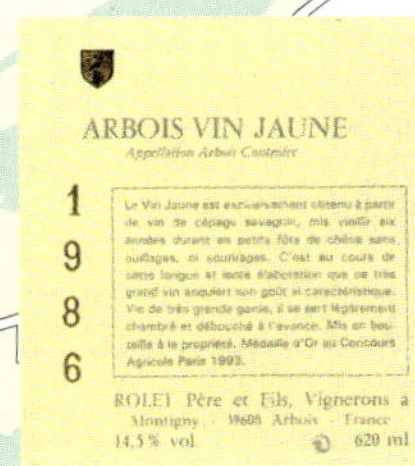

C H R O N O L O G I E

xe siècle Formation de la Comté, la Bourgogne se divise en deux et les pays du Jura forment le comté de Bourgogne appelé la Comté.
1223 Première mention de l'existence du savagnin en Franche-Comté.
1298 Achat, pour Philippe le Bel, de vin d'Arbois.
1327 Compte d'exploitation du domaine viticole possédé à Arbois par la reine Jeanne de Bourgogne.
1337 Début de la guerre de Cent Ans, la Comté est ravagée par les grandes compagnies.
1349 Épidémie de peste noire.
1366 Apparition du nom Franche-Comté dans un acte officiel.
1527 Achat à Malines pour Marguerite d'Autriche de 12 poinçons de vin blanc d'Arbois.
1533 Achat, pour Marie de Hongrie, régente des Pays-Bas, de vin d'Arbois, de Château-Chalon et de Poligny.
1548 Arrivée à Besançon des reliques de saint Vernier qui devient rapidement l'un des principaux protecteurs des vignerons comtois.
1717 Première mention de l'existence du chardonnay dans le Jura.
1822 Première mention imprimée du terme « vin jaune ».
1822 Naissance de Louis Pasteur à Dole.
1834 Révolte des vignerons d'Arbois qui proclament la république.
1879 Installation par Pasteur d'un laboratoire dans sa maison d'Arbois.
1897 Parution de l'ouvrage de Charles Rouget, *Les Vignobles du Jura et de la Franche-Comté : synonymie, description et histoire de cépages qui les peuplent.*
Août 1905-février 1906 Grève de l'impôt à Arbois, puis dans d'autres cantons viticoles.
4 janvier 1906 Création de la coopérative fruitière vinicole d'Arbois, l'une des premières en France.
15 mai 1936 Décret définissant l'AOC arbois, la première en France.
1958 Création de la Commission de contrôle de l'AOC château-chalon.
1975-1976 Premières plantations à Champlitte (Haute-Saône) d'un petit vignoble de qualité, d'appellation vins de pays de franche-comté.
14 novembre 1991 Décret définissant l'AOC macvin du jura.
17 septembre 1993 Inauguration du musée de la Vigne et du vin de Franche-Comté à Arbois, au château Pécauld.

Géographie et nature des sols

Le climat jurassien, de type semi-continental, fait craindre les gelées d'hiver et surtout de printemps : les variations climatiques peuvent influer sur la production dans des proportions considérables d'une année sur l'autre (17 719 hl en 1981 contre 83 426 hl en 1982). Toutefois, l'orientation générale à l'ouest – et au sud-ouest dans les reculées – offre un bon ensoleillement et des vendanges de qualité.

Bourgeon gelé. *La pluviosité et l'ensoleillement atténuent la rudesse du climat jurassien, mais l'hiver reste redoutable.*
Photo Frédéric Hadengue/Scope.

LES CÉPAGES

L'encépagement des vins de qualité de ce département comprend : pour les vins rouges et rosés, les ploussard, trousseau, gros noirien ou pinot noir ; pour les vins blancs, les naturé ou savagnin, melon d'Arbois ou chardonnay, pinot blanc vrai.

Le ploussard, ou poulsard, a des feuilles tourmentées, vert bleuté, unies, aux lobes révolutés, quinquelobées profondément, avec le sinus pétiolaire en U très ouvert ; le limbe est glabre en dessous. Les grappes sont petites, cylindriques, ailées et peu compactes ; les baies ellipsoïdales, moyennes, noir bleuté viennent à maturité en deuxième époque. Le ploussard est un cépage délicat et sensible à la coulure par temps froid et pluvieux. Il produit peu, dépassant difficilement 40-50 hl/ha, et il donne un vin peu coloré, qui prend en vieillissant une belle teinte pelure d'oignon et un parfum délicat. Ce plant a fait la réputation des vins du Jura.

1 ORNANS

La patrie de Courbet – dont la maison natale est devenue un musée où sont exposées des œuvres du maître et de ses disciples – était autrefois entourée de vignobles, dont il ne reste que quelques parcelles. En remontant la haute vallée de la Loue, on visitera les vieux villages vignerons de Mouthier (site remarquable, église des XVe et XVIe siècles), Lods (site et belles maisons vigneronnes dont l'une abrite un musée du Vin), Vuillafans (pont du XVIe siècle) où l'association Ruranim a planté, en 1990, un petit vignoble de qualité de 5 ha en chardonnay et en auxerrois (s'adresser à la mairie).
À voir : **les vieilles maisons se reflétant dans la Loue ; l'église du XVIe-XVIIe siècle ; le musée Courbet ; le Grand-Pont ; l'hôtel de Grospain.**

Ornans. *Patrie de Gustave Courbet, la petite capitale de la vallée de la Loue mire ses maisons dans la rivière.*
Photo Jacques Guillard/Scope.

2 ARC-ET-SENANS

Depuis Ornans, un parcours très pittoresque par la D103, la D101 et la D17 (après Quingey) conduit à Arc-et-Senans, où l'on ne peut manquer de visiter l'ancienne saline royale construite par Claude-Nicolas Ledoux en 1775-1779. Ces bâtiments impressionnants, classés patrimoine mondial par l'Unesco, constituent un remarquable exemple de l'architecture industrielle du siècle des Lumières. Ils abritent expositions permanentes et temporaires, concerts et manifestations diverses.
À voir : **les salines d'Arc-et-Senans ; l'église de Chissey-sur-Loue, à quelques kilomètres à l'ouest, avec ses curieux babouins de pierre soutenant la corniche de la nef centrale.**

DOMAINE LUC ET SYLVIE BOILLEY : 4, route de Domblans, 39210 Saint-Germain-le-Arley. Tél. 03 84 44 97 33, sur R-V. Ce couple de vignerons possède un domaine qui s'étend sur trois secteurs d'appellation des côtes du jura et vinifie dans les chais installés dans la maison qui appartient à la famille depuis le XVIIIe siècle. Vins produits : vin jaune cuvée Éloi ; blanc cépage savagnin ; rouge cépage trousseau ; rouge cépages trousseau et pinot noir.

CÔTES-DU-JURA

Superficie : 619 ha.
Encépagement :
vin rouge : ploussard, trousseau, pinot noir ;
vin blanc : chardonnay, savagnin.
Récolte annuelle :
vin rouge : 8 000 hl ;
vin blanc : 22 600 hl.
Rendement de base :
vin rouge et rosé : 45 hl/ha ;
vin blanc : 50 hl/ha.
Titre alcoométrique minimal :
vin rouge, rosé et blanc : 10 % vol. ;
vin mousseux : 9,5 % vol. ;
vin jaune : 11 % vol. ;
vin de paille : 18 % vol.
Potentiel de garde :
vin rouge : de dix à trente ans ;
vin blanc : de cinq à vingt ans ;
vin de paille : cinquante ans ;
vin jaune : de cinquante à cent ans et plus.

3 SALINS-LES-BAINS

On entre ici dans l'aire d'AOC des côtes du jura. Par Mouchard et Les Arsures, on rejoint le beau site de Salins. Mais le beau vigneron en bronze – œuvre du sculpteur salinois Max Claudet – qui figure en face des salines témoigne d'une activité aujourd'hui disparue.
À voir : **les salines et leurs monumentales galeries souterraines (classées monuments historiques) ; l'église Saint-Anatoile (XIIIe siècle) ; l'hôtel de ville (XVIIIe siècle) ; l'hôtel-Dieu (XVIIe siècle) ; le diptyque flamand du XVIe siècle au Musée municipal.**

DANIEL DUGOIS : 4, rue de la Mirode, 39600 Les Arsures. Tél. 03 84 66 03 41, sur R-V. Ici le chardonnay donne au blanc ses arômes.

DU JURA

Le trousseau, ou bastardo au Portugal, a de grandes feuilles, grossièrement bullées, quinquelobées, un sinus pétiolaire à bords superposés, et le dessous du limbe, aranéeux. Les grappes sont petites, cylindriques, à baies légèrement ovoïdes et noires ; elles viennent à maturité en deuxième époque. Ce cépage productif donne un vin pourpre intense, corsé, de bonne garde, qui est mélangé à celui du ploussard dont il améliore la conservation.
Le savagnin, ou naturé, possède de petites feuilles rondes, très bullées, entières, avec un sinus pétiolaire presque fermé et le dessous du limbe duveteux. Les grappes petites, cylindriques, à baies sphériques, sont blanches et viennent à maturité en deuxième époque. Il sert à la préparation des célèbres vins jaunes de château-chalon, côtes du jura et arbois.
P. G.

Le soubassement géologique du vignoble, formé principalement d'argiles du lias et du trias, a produit une véritable mosaïque de terroirs (marnes irisées triasiques associées à des calcaires dolomitiques, éboulis calcaires du bajocien, argiles rouges décalcifiées, limons à silex, marnes grises du lias, etc.) qui, plantés des cépages les mieux adaptés, donnent une gamme très étendue de vins dont le style varie d'une commune – voire d'une exploitation – à l'autre.

Encépagement

L'originalité des vins du Jura provient pour une très large part d'un encépagement spécifique. Si le chardonnay, emprunté à la Bourgogne depuis plusieurs siècles, occupe aujourd'hui la première place avec 741 ha, soit 47 % des surfaces plantées en AOC, trois cépages nobles

ARBOIS

Superficie : 849 ha.
Encépagement :
vin rouge : ploussard, trousseau, pinot noir ;
vin blanc : chardonnay, savagnin, pinot blanc vrai.
Récolte annuelle :
vin rouge : 23 300 hl ;
vin blanc : 18 900 hl.
Rendement de base :
vin rouge et rosé : 45 hl/ha ;
vin blanc : 50 hl/ha.
Titre alcoométrique minimal :
vin rouge, rosé et mousseux : 10 % vol. ;
vin blanc : 10,5 % vol. ;
vin jaune : 11,5 % vol. ;
vin de paille : 18 % vol.
Potentiel de garde :
vin rouge : de dix à trente ans ;
vin blanc : de cinq à vingt ans ;
vin de paille : cinquante ans ;
vin jaune : de cinquante à cent ans et plus.

4 ARBOIS

On ira de Salins à Arbois par le plateau, en empruntant la D94 puis la D54, pleines de charme, et en faisant un léger détour par Montigny-lès-Arsures. Ce village se dit « capitale du trousseau », mais ses viticulteurs proposent un bel éventail de vins rouges, blancs et jaunes. Au bord de la N83 se trouve la vigne acquise par Pasteur en 1874 pour faire ses expériences sur la fermentation.
Capitale historique et économique du vignoble, Arbois possède de nombreux monuments historiques que l'on aura plaisir à découvrir en flânant à travers ses rues aux belles maisons vigneronnes. On ne peut manquer de visiter le château Pécauld (XVIe-XVIIIe siècle, classé monument historique) qui présente autour de ses murs et au rez-de-chaussée un important et original musée de la Vigne et du vin de Franche-Comté ; à l'étage, l'Institut des vins du Jura peut organiser des dégustations pour les visiteurs.
À voir : **la maison paternelle de Pasteur ; le château Pécauld ; l'église Saint-Just (XIIe-XIIIe siècle, clocher du XVIe siècle) ; la tour Gloriette ; le pont des Capucins ; la place de la Liberté (maisons du XVIIIe siècle et arcades) ; le musée Sarret-de-Grozon (dans un hôtel du XVIIIe siècle) ; la fruitière vinicole d'Arbois (visites organisées).**
LUCIEN AVIET ET FILS : Caveau de Bacchus, 39600 Montigny-lès-Arsures. Tél. 03 84 66 11 02, sur R-V. Le blanc de savagnin est fidèle au terroir, le trousseau est chaleureux et le vin jaune possède des arômes puissants.
EARL RAPHAËL FUMEY ET ADELINE CHATELAIN : 39600 Montigny-lès-Arsures. Tél. 03 84 66 27 84, tlj, 10 h-18 h. Domaine produisant de beaux arbois rouges, mais aussi une méthode traditionnelle.
FRUITIÈRE VINICOLE D'ARBOIS : 2, rue des Fossés, 39600 Arbois. Tél. 03 84 66 11 67, sur R-V. Fondée en 1906 sous l'impulsion de vingt-six vignerons, c'est la seconde coopérative à voir le jour en France. Vins produits : vin jaune ; mousseux blanc Montboisie, cuvée Béthanie blanc savagnin et chardonnay ; grande sélection blanc savagnin, chardonnay.
MICHEL GAHIER : place de l'Église, 39600 Montigny-lès-Arsures. Tél. 03 84 66 17 63, sur R-V. Ce petit domaine produit un beau trousseau.
SCV DES DOMAINES HENRI MAIRE : 39600 Arbois. Tél. 03 84 66 12 34, sur R-V. Figure emblématique du vin d'arbois, Henri Maire, au domaine de Montfort, produit un arbois rubis aux arômes complexes de fruits rouges.

Les appellations

Cinq appellations s'ajoutent à la plus connue, celle d'arbois.
Arbois et arbois-pupillin
Château-chalon
Côtes du jura
L'étoile
Macvin du jura
Crémant du jura

JACQUES PUFFENEY : quartier Saint-Laurent, 39600 Montigny-lès-Arsures. Tél. 03 84 66 10 89, sur R-V. Le savagnin est complexe, le trousseau équilibré.
DOMAINE ROLET PÈRE ET FILS : rte de Dole, 39600 Arbois. Tél. 03 84 66 00 05, sur R-V. Passé maître dans l'art de produire un vin jaune pur et dur, la famille Rolet exploite avec un rare bonheur l'un des plus grands domaines du Jura.

Arbois, *domaine du Sorbief. Treize communes s'unissent pour produire la plus connue des appellations d'origine du Jura.* Photo Jacques Guillard/Scope.

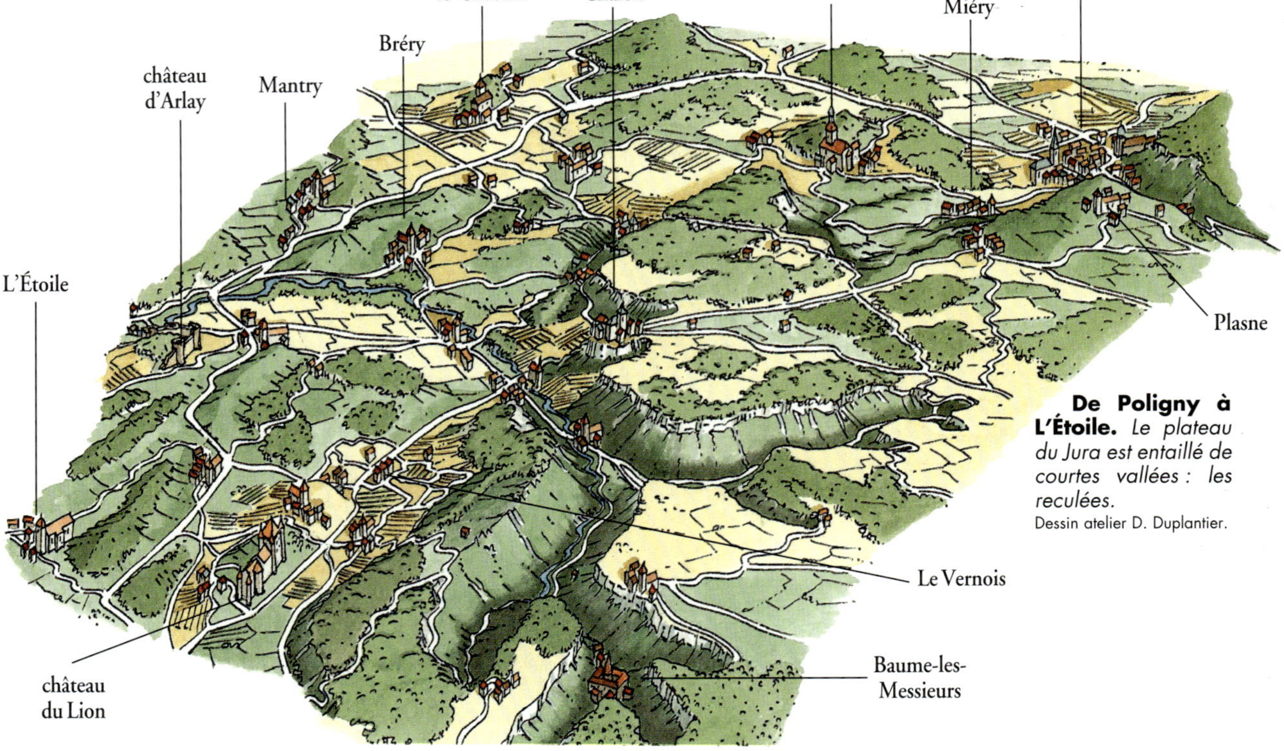

De Poligny à L'Étoile. *Le plateau du Jura est entaillé de courtes vallées : les reculées.*
Dessin atelier D. Duplantier.

André et Mireille Tissot : 39600 Montigny-lès-Arsures. Tél. 03 84 66 08 27, sur R-V. Créé en 1962, le domaine produit un vin élevé dans une pure tradition jurassienne. Vins produits : vin de paille ; vin jaune ; côtes du jura rouge ploussard, ploussard et pinot, trousseau et blanc chardonnay ; arbois rouge et blanc.
Domaine Jacques Tissot : 39, rue de Courcelles, 39600 Arbois. Tél. 03 84 66 14 27, sur R-V. Ce domaine produit un excellent vin de paille. Vins produits : vin jaune ; vin de paille ; macvin ; crémant ; arbois rouge, rosé et blanc ; côtes du jura rouge et blanc.

5 Pupillin

Les vingt-six sociétaires de la fruitière et la douzaine de producteurs indépendants de cette « capitale du ploussard » offrent aussi d'excellents vins blancs et vins jaunes. En poursuivant vers Buvilly par la D246, on passe près d'un fanum gallo-romain dont on pourra découvrir les restes au terme d'une courte et charmante promenade pédestre.

Pierre Overnoy : rue du Ploussard, 39600 Pupillin. Tél. 03 84 66 14 60, sur R-V. On y trouve un arbois blanc toujours très intéressant.
Domaine Désiré Petit : rue du Ploussard, 39600 Pupillin. Tél. 03 84 66 01 20, sur R-V. Vins produits : arbois-pupillin rosé ploussard ; rouge pinot ; rouge trousseau ; blanc chardonnay ; blanc savagnin ; côtes du jura rouge, rosé et blanc ; macvin.

6 Poligny

Le vignoble de Poligny (côtes du jura) a failli connaître le sort de celui de Salins. Mais, depuis une trentaine d'années, le dynamisme de la coopérative et de quelques vignerons indépendants a permis une véritable renaissance viticole.
À voir : **l'ancienne église des Jacobins qui abrite le caveau de la coopérative ; la collégiale Saint-Hippolyte (XVe-XVIe siècle) ; l'église de Mouthier-Vieillard et son clocher en pierre ; la maison du Comté (exposition permanente).**

Domaine Morel-Thibaut : 8, rue Coittier, 39800 Poligny. Tél. 03 84 37 07 61, sur R-V. On appréciera plus particulièrement le vin jaune produit en commun par Michel Thibaut et Jean-Luc Morel.

Les étiquettes du Jura

Les Jurassiens sont de solides gaillards (et de solides buveurs). Leur vin est charpenté : un vin de santé, du moins le dit-on. « Quand je bois du vin clairet, ami, tout tourne. Aussi, désormais, je bois anjou ou arbois. » L'étiquette partage cette franchise optimiste et saine. L'information est claire, hiérarchisée, ordonnée. On sait où l'on va. On ne s'embarrasse pas des motifs pittoresques de la région, qui n'en manque pas. Parfois, la puissante bâtisse ou les contreforts du plateau apparaissent dans le lointain. Plus souvent, le nom suffit, largement installé sur tout l'espace de l'étiquette, comme pour en repousser les bords. Il impose la typographie de la grande presse ou déploie l'ornementation affirmative des graphies médiévales : celles des titres, des avis, des chartes. Oyez, braves gens, l'histoire des hauts lieux qui portent de si beaux noms : L'Étoile, Pupillin, Château-Chalon. Entrez dans notre demeure de haut lignage. Le blason atteste et ponctue inlassablement cette force tranquille des vieux fiefs. Le terrain est hérissé de buttes et creusé de vallées. Les styles graphiques sont abrupts, typés, sans pusillanimité. Comme les bouteilles, qu'elles cherchent à épouser, les étiquettes n'hésitent pas à s'écarter de la norme et à s'offrir quelques audaces. Celle-ci s'enroule sur elle-même, celle-là s'évase, cette troisième s'offre un fronton. En somme, chacun garde ici jalousement sa personnalité, partageant comme à son insu avec ses voisins et rivaux une franche gaieté qui traverse les siècles. C'est le coup d'épaule du chevalier à l'ami qu'il invite à sa table.

E. S. et Y. J.

locaux, pratiquement inconnus ailleurs et cultivés ici depuis le Moyen Âge, se partagent 41 % du vignoble d'appellation : le ploussard ou poulsard, le trousseau et le savagnin, seul autorisé pour élaborer l'incomparable vin jaune.

Appellations

L'appellation d'origine contrôlée arbois, la première créée en France par les décrets de 1936, offre toute la gamme des vins du Jura. Un décret de 1971 a reconnu la spécificité des productions du village de Pupillin en leur attribuant une appellation arbois-pupillin. L'AOC château-chalon est réservée au vin jaune produit dans ce village et dans 4 communes voisines (voir ci-dessous). L'AOC l'étoile est réservée aux vins blancs, aux vins jaunes et aux vins mousseux de méthode traditionnelle qui ont assuré la notoriété de cette commune et de quelques villages proches. Enfin, l'appellation côtes du jura, qui concerne les 81 communes du vignoble, présente, comme celle d'arbois, l'ensemble des productions vinicoles jurassiennes. À cela s'ajoute l'AOC macvin du jura, créée par un décret de 1991, qui fixe les règles de fabrication de ce vin de liqueur traditionnel obtenu en ajoutant de l'eau-de-vie de marc au moût cru avant fermentation.

Production

Les producteurs se divisent en trois catégories économiques à peu près égales (chacune fournissant environ un tiers de la production totale) qui, depuis quelques années, collaborent au sein de la Commission interprofessionnelle des vins du Jura : négociants, coopérateurs et producteurs privés. Les négociants n'ont ici ni l'enracine-

Vins produits : côtes du jura blanc chardonnay ; côtes du jura blanc savagnin ; côtes du jura rouge ploussard ; côtes du jura rouge trousseau ; côtes du jura rouge pinot noir ; vin de paille ; vin jaune ; macvin.

XAVIER REVERCHON : EARL de Chantemerle, 2, rue de Clos, 39800 Poligny. Tél. 03 84 37 02 58, sur R-V. On ne peut que se laisser séduire par le vin jaune produit qui, selon les années, va de beau à très beau.

CHÂTEAU-CHALON

Superficie : 45 ha (communes de Château-Chalon et partie de Menétru-le-Vignoble, Nevy-sur-Seille, Voiteur, Domblans).
Encépagement : savagnin.
Récolte annuelle : 1 700 hl.
Rendement de base : 30 hl/ha.
Titre alcoométrique minimal : 12 % vol.
Potentiel de garde : de cinquante à cent ans et plus.

7 CHÂTEAU-CHALON

On rejoindra Château-Chalon par la D57, en traversant les charmants villages vignerons de Saint-Lothain (crypte du Xe siècle), Passenans, Frontenay, Menétru-le-Vignoble, d'où l'on aura une vue sur le magnifique site de Château-Chalon.
À voir : **l'église Saint-Pierre (Xe siècle) ; les belles vieilles maisons vigneronnes.**
On peut quitter Château-Chalon par la D5, puis la D204, et faire un détour par le plateau, en admirant au passage le point de vue du cirque de Ladoye, avant de redescendre vers Nevy-sur-Seille. En empruntant la D70, un peu avant Nevy, on ira jusqu'à Baume-les-Messieurs pour y admirer l'une des plus belles reculées du Jura et visiter les bâtiments abbatiaux (XIIIe-XVIe siècle). On gagnera Voiteur par la D70 en passant par Lavigny.

JEAN-MARIE COURBET : rue du Moulin, 39210 Nevy-sur-Seille. Tél. 03 84 85 28 70, sur R-V. Le domaine produit un château-chalon charpenté et équilibré.

DOMAINE GRAND FRÈRES : rue du Savagnin, 39230 Passenans. Tél. 03 84 85 28 88, tlj 9 h-12 h et 14 h-18 h, fermé samedi et dimanche en janvier et février. Vins produits : côtes du jura blanc chardonnay-savagnin ; côtes du jura rouge sélection pinot noir-ploussard-trous-

Le vin jaune

Clavelin de vin jaune. Photo A. S.

Il est élaboré exclusivement à partir du savagnin, récolté tardivement pour que la vendange présente une richesse alcoolique potentielle d'au moins 12 % vol. La fermentation, lente et complète, donne un vin blanc très sec qui subit ensuite un processus de maturation original, véritable défi aux lois de l'œnologie.
Le vin est entreposé dans des fûts de 228 l que l'on ne remplit pas complètement afin que puisse naître et se développer un voile de levures indigènes, aérobies, qui provoque une lente oxydation. Cette maturation en tonneaux, en vidange et sans outillage, est conduite pendant une durée légale minimale de six ans au terme de laquelle ce qui devrait logiquement être devenu du vinaigre… apparaît au contraire comme un vin blanc de très haute qualité qu'on met alors dans des bouteilles spéciales de 62 cl, les clavelins.
C'est un vin au nez très puissant et complexe, aux arômes de noix et d'épices. À la fois sec et capiteux, puissant et élégant, il offre une longueur en bouche exceptionnelle. C'est le seul vin blanc que l'on puisse servir chambré, bouteille ouverte quelques heures avant la dégustation. C'est enfin par excellence un vin de garde : il est possible de le conserver pendant plus d'un siècle avec toutes ses qualités. Son prix peut paraître élevé. Il est justifié par la faible productivité du savagnin et par les frais que représentent de longues années de maturation pendant lesquelles un tiers du produit d'origine disparaît par évaporation. Son origine reste mal connue. Mais il semble assuré qu'il fut « inventé » – probablement à Château-Chalon – au début du XVIIIe siècle. C. R.

Passenans. *Même décoratives, les grappes suspendues aux portes des maisons manifestent l'omniprésence du raisin dans le vignoble jurassien.* Photo A. S.

ment historique ni l'importance économique des grandes firmes de Bourgogne ou de Champagne. Mais il faut rappeler le rôle déterminant qu'ils jouèrent au XIXe siècle.

Cinq coopératives (à Arbois, Pupillin, Poligny, Le Vernois, Voiteur) regroupent aujourd'hui environ 270 sociétaires qui exploitent au total 370 ha. Les producteurs privés, dont le nombre et les surfaces en vignes se sont sensiblement accrus depuis une vingtaine d'années, mettent en œuvre un triple savoir-faire de viticulteur, de vinificateur et de commerçant. Les uns et les autres échangent idées et informations, engagent actions et procédures, au sein d'associations telles que la Société de viticulture du Jura, la Société de viticulture d'Arbois (fondée en 1858), le Syndicat des producteurs de l'appellation château-chalon, etc., pour appréhender ensemble les problèmes techniques, juridiques, économiques du vignoble, et pour assurer la promotion de vins encore trop peu connus.

Le vin de paille

C'est un vin naturellement doux dont le caractère liquoreux est obtenu uniquement par la surmaturation des raisins après la cueillette.
Tous les cépages autorisés par les décrets d'AOC peuvent être utilisés. Les grappes sont placées dans un local sec et aéré (traditionnellement sur un lit de paille), pour subir pendant deux mois au moins une dessiccation naturelle au terme de laquelle les raisins, gorgés de sucre, sont égrappés et pressés pour donner un faible volume de jus (15-18 l pour 100 kg de raisin vendangé) qui fermente lentement avant de poursuivre sa maturation en tonneaux pendant deux ou trois ans. Il titre alors environ 16 % vol. d'alcool.
Mis en bouteilles de 37,5 cl, il peut y conserver ses qualités pendant au moins cinquante ans. Servi frais, il constitue un excellent vin de dessert, que l'on pourra aussi apprécier en apéritif ou avec un foie gras. C. R.

---

seau ; vin jaune ; vin de paille ; macvin.

DOMAINE BERTHET-BLONDET : 39210 Château-Chalon. Tél. 03 84 44 60 48, sur R-V. Vin retenu : un côtes du jura rosé tradition, très réussi, où les trois cépages rouges de l'AOC sont présents.

PHILIPPE PELTIER : Caveau du Terroir, 39210 Ménétru-le-Vignoble. Tél. 03 84 44 90 79, sur R-V. À Suivre.

PIERRE RICHARD : route de Voiteur, 39210 Le Vernois. Tél. 03 84 25 33 27, sur R-V. Vins produits : côtes du jura blanc, rosé, rouge ; vin jaune ; macvin.

L'ÉTOILE

Superficie : 76 ha (communes de L'Étoile et partie de Plainoiseau, Saint-Didier, Quintigny).
Encépagement :
vin blanc : chardonnay, ploussard, savagnin ;
vin jaune : savagnin.
Récolte annuelle : 3 800 hl.
Rendement de base :
vin blanc : 60 hl/ha
vin effervescent : 65 hl/ha.
Titre alcoométrique minimal :
vin blanc : 10,5 % vol. ;
vin jaune : 11,5 % vol. ;
vin de paille : 18 % vol. ;
vin mousseux : 10 % vol.
Potentiel de garde :
vin blanc : de cinq à vingt ans ;
vin de paille : cinquante ans ;
vin jaune : de cinquante à cent ans et plus.

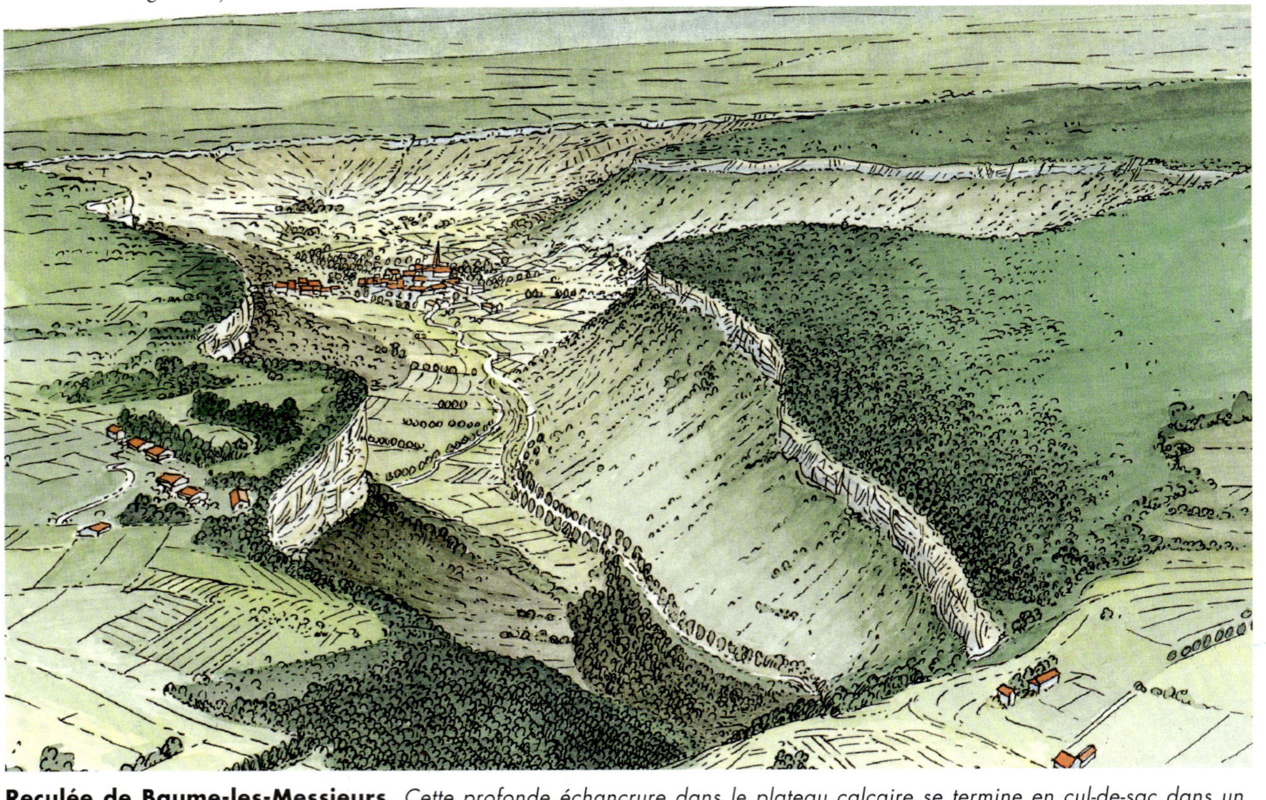

Reculée de Baume-les-Messieurs. *Cette profonde échancrure dans le plateau calcaire se termine en cul-de-sac dans un cirque aux parois verticales.* Dessin atelier D. Duplantier.

Types de vin

Les vignerons jurassiens offrent aujourd'hui des produits variés, selon que les cépages sont vinifiés isolément ou en assemblage :

– **vin rouge de ploussard**, de couleur claire, avec un nez de sous-bois, très fruité. Servi à peine chambré ; à boire plutôt jeune. Potentiel de garde : dix ans (arbois et côtes du jura) ;

– **vin rouge de trousseau**, plus coloré, plus tannique, plus corsé, avec des arômes de fruits rouges. Servi chambré. Potentiel de garde : vingt à trente ans (arbois et côtes du jura) ;

– **vin rouge d'assemblage**, mêlant la finesse du ploussard et la « chaleur » du trousseau, avec parfois un peu de pinot noir (arbois et côtes du jura) ;

– **vin blanc de chardonnay** : la vinification fait dominer soit les arômes de cépage, floraux et subtils, soit le bouquet propre aux sols jurassiens. À boire plutôt jeune. Potentiel de garde : dix à quinze ans (arbois, côtes du jura, l'étoile) ;

– **vin blanc d'assemblage**, chardonnay et savagnin, plus corsé, plus typé. Potentiel de garde : vingt ans (arbois, côtes du jura, l'étoile) ;

– **vin blanc de savagnin**, au goût de terroir encore plus prononcé, avec des arômes complexes. Potentiel de garde : vingt ans (arbois, côtes du jura, l'étoile) ;

– **vins mousseux blancs et rosés**, de méthode traditionnelle, bientôt remplacés par des crémants (arbois, côtes du jura, l'étoile), auxquels s'ajoutent le **vin jaune** (arbois, château-chalon, côtes du jura, l'étoile), le **vin de paille** (arbois, côtes du jura, l'étoile), le **macvin** (macvin du jura), l'**eau-de-vie de marc** et l'**eau-de-vie de vin**. C. R.

8 L'Étoile

Depuis Voiteur, on ira jusqu'à Arlay par la D120. Puis on rejoindra le village de l'Étoile par Ruffey-sur-Seille et Quintigny.

CHÂTEAU D'ARLAY : route de Saint-Germain, 39140 Arlay. Tél. 03 84 85 04 22, tlj sauf dimanche, 8 h-12 h et 14 h-18 h. Fief du pinot noir dans le Jura où il s'installa dès le XVe siècle, le château d'Arlay produit également un vin jaune qui allie expression du terroir avec fruité et rondeur. Derrière le château, ruines médiévales et beau parc, inscrit monument historique. Vins produits : réserve du château côtes du jura pinot noir ; Cuvée spéciale côtes du jura pinot noir ; côtes du jura pinot noir ; côtes du jura blanc ; vin jaune ; vin de paille ; macvin.

CHÂTEAU DE PERSANGES : route de Saint-Didier, 39570 L'Étoile. Tél. 03 84 47 46 56, tlj sauf dimanche et lundi, 9 h 30-12 h et 14 h 30-19 h. Arnaud et Isabelle Lionel-Marie d'Arc vous propose un exceptionnel vin de paille.

9 Rotalier

De L'Étoile on gagnera le vignoble du Sud-Revermont, au sud de Lons-le-Saunier, en passant par Saint-Didier, Courlans, Chilly-le-Vignoble. Traversant la N83, on ira jusqu'au pittoresque village vigneron de Gevingey et, de là, par Cesancey, jusqu'à Grusse, d'où l'on montera à Saint-Laurent-la-Roche qui offre un vaste point de vue sur le vignoble et la plaine de Bresse. La D117 mène ensuite à Augisey où l'on prendra la D44 pour redescendre à travers bois et prairies vers Rotalier et le vignoble.

Le biou

À Arbois, chaque premier dimanche de septembre, un cortège porte jusqu'à l'église une énorme grappe d'une centaine de kilogrammes, le biou, faite de centaines de grappes de raisins blancs et noirs (prélevés exclusivement dans le vignoble local, quel que soit l'état du mûrissement). À l'issue de l'office religieux, le biou reste suspendu à la voûte pendant une à trois semaines, avant d'être donné à une œuvre. Cette offrande des prémices de la récolte à saint Just, patron de la paroisse, est attestée par des documents écrits depuis 1665. Elle a perduré sans interruption malgré toutes les vicissitudes historiques et se maintient aujourd'hui sans folklorisation. C'est, avec une cérémonie identique dans les villages voisins de Vadans et de Pupillin, la seule représentation vivante au monde de l'épisode biblique de la grappe de Canaan (dont il existe par ailleurs, à travers toute l'Europe, d'innombrables représentations iconographiques). C. R.

10 Beaufort

À la N 83 on préférera les petites routes pour aller par Orbagna jusqu'à Beaufort et aux charmants villages vignerons de Maynal et d'Augea. Puis suivre l'itinéraire jusqu'à Saint-Julien.

Aux environs : **à Cuiseaux (10 km au sud), qui est en Saône-et-Loire mais appartient au Revermont jurassien ; l'écomusée de la Bresse bourguignonne a installé dans une ancienne dépendance du château des princes d'Orange un petit musée de la Vigne.**

C. R.

Château d'Arlay, *ruines du château médiéval ; le nouveau château, du XVIIIe siècle, se trouve en contrebas.*
Photo Jacques Guillard/Scope.

Les vinifications

La vinification regroupe l'ensemble des procédés permettant de transformer en vin les raisins frais. Ce long cheminement, de la vendange mûrissant au soleil d'été jusqu'à la maturation et l'alchimie du vieillissement en bouteilles, comporte les étapes décisives de la fermentation dont sont responsables des micro-organismes, levures et bactéries.

Côte Chalonnaise. *À Givry, l'encépagement rouge est constitué de pinot noir sur sols calcaires ou calciques.* Photo Jean-Luc Barde/Scope.

Les paramètres définissant un vin sont multiples (cépages, sol, climat, méthodes de culture, talent du vinificateur) et expliquent l'éventail des qualités offertes, variables selon les terroirs, les années et les hommes.

Au terme de la vinification, le vin, produit biologique donc vivant, instable et extrêmement complexe (quelque 600 constituants ont ainsi été identifiés), évolue sans cesse : l'œnologue doit surveiller ces mutations, orienter le devenir du vin et chercher à en donner la plus belle expression.

On ne vinifie évidemment pas de la même façon en rouge, en blanc ou en rosé. Il existe également des vinifications particulières pour élaborer les vins doux, les vins de liqueur, les vins sous voile, les vins mousseux. Au début de la chaîne se trouve la vigne qui contient déjà le vin futur en gestation dans les grappes gonflées du soleil de l'été finissant, à la veille des vendanges.

Le choix des cépages

L'encépagement est l'un des critères fondamentaux de qualité. Les quelque 250 variétés de raisins cultivées en France offrent toute une palette de caractéristiques différentes : morphologiques (formes des grappes, dimensions des baies), chimiques et biochimiques (teneur en sucre, acidité, tanins, anthocyanes, substances aromatiques...). Ces aptitudes varient suivant le mode de culture et les conditions naturelles (géologiques et climatiques). C'est donc en fonction des écosystèmes climat-sol-mode de conduite, et dans le respect des règles établies par l'INAO, que se fera le choix du cépage le mieux adapté au style de vin que l'on souhaite produire. Ainsi pour obtenir des vins liquoreux doit-on sélectionner des raisins très riches en sucre. Pour la distillation des eaux-de-vie, on recherchera des moûts pauvres en sucre et riches en acides, et pour les vins mousseux on sélectionnera des cépages donnant des jus au taux de sucre moyen et à l'acidité assez élevée.

La nature du cépage détermine aussi la couleur d'un vin, ses arômes, ses tanins et, par conséquent, son aptitude à vieillir ou à être bu dans la fraîcheur de sa jeunesse.

L'état des vendanges

La qualité du vin dépend de la qualité des vendanges : il faut récolter les raisins au stade optimal de maturité et dans un parfait état sanitaire. Le degré de maturité recherché varie selon le type de vins que l'on veut produire : des raisins blancs destinés à un vin frais et fruité sont récoltés, avec une teneur en sucre de 190 g/l, moins mûrs que ceux destinés à un vin liquoreux, raisins qui devront contenir 250 g/l ; les raisins des rouges de garde sont ramassés à complète maturité. Sur certains terroirs on attend, pour les cueillir, que les raisins aient atteint un seuil de maturité particulière : ainsi dans le Sauternais ne ramasse-t-on que les grains touchés par la pourriture noble (*Botrytis cinerea*) qui concentre le sucre des baies et confère au vin des flaveurs et un moelleux exceptionnels. La vendange se fait alors par tries successives, en passant jusqu'à 10 à 15 fois dans la même parcelle pour ne sélectionner que les grains rôtis.

Ailleurs, on favorisera la surmaturation naturelle des raisins (passerillage) ou bien l'on utilisera des techniques d'origine très ancienne, pour pousser le mûrissement des grappes en les couchant sur un lit de paille au soleil ou dans une pièce chauffée pour que les sucres se concentrent (comme pour les vins de paille du Jura).

Tri manuel à château Clarke en Médoc. *L'utilisation de vendangeuses mécaniques provoque l'éclatement de nombreuses baies et impose le recours au tri manuel dans les crus de qualité.* Photo Michel Guillard/Scope.

Les corrections de la vendange

Les aléas météorologiques modifient l'état des vendanges de manière parfois importante d'une année sur l'autre, déséquilibrant ou altérant la récolte ; pour pallier ces déficiences, le vinificateur a recours à certaines pratiques rigoureusement réglementées : pour compenser le manque de maturité dû à un été insuffisamment chaud, il est possible d'enrichir la vendange en sucre (par chaptalisation, c'est-à-dire par adjonction de sucre de betterave, de canne, de raisin ou de moûts concentrés) et d'en diminuer l'acidité (soit biologiquement en cours de fermentation malolactique, soit en ajoutant des sels qui précipitent l'acide en excès, soit en utilisant certaines espèces de levures pendant la fermentation alcoolique).

Au contraire, les années chaudes et précoces, les raisins sont riches en sucre mais peu acides ; pour compenser ces

Opération de chaptalisation. *Ce procédé consiste à ajouter du sucre ordinaire au moût, ce qui permet en augmentant son potentiel alcoométrique de compenser les mauvaises conditions climatiques.* Photo Jean-Luc Barde/Scope.

variations qui nuiraient à l'équilibre et à la conservation des vins, la loi autorise l'addition d'acide tartrique ou l'apport de grapillons verts.

Lorsque, les semaines précédant les vendanges, le temps est chaud et humide, la pourriture grise se développe rapidement : il convient alors de trier la récolte en éliminant les grappes atteintes ou de vinifier les raisins noirs en les chauffant (procédé appelé thermo-vinification).

Enfin, pour avoir dans son jeu tous les atouts de la réussite, le vinificateur doit disposer de raisins entiers qui n'ont pas été écrasés lors de la cueillette et du transport en vue d'éviter tout début de macération et d'oxydation. Afin de respecter l'intégrité des grappes, la récolte manuelle reste inégalable, indispensable même dans le cas de vendanges par tries (pour ne ramasser que les grains surmûris), ou nécessitant des grains entiers (comme il est de règle en Champagne), ou pour les vins obtenus par macération carbonique (comme le beaujolais). Mais les progrès techniques récents permettent aussi de vendanger mécaniquement sans trop abîmer les baies, lorsque la configuration du vignoble s'y prête.

Pressoir à axe vertical. *Le pressoir est constitué d'une claie de diamètre variable et d'un plateau qui assure la pression, laquelle s'exerce de haut en bas par l'intermédiaire d'une vis verticale. On descend le plateau manuellement au moyen d'un levier ou à l'aide d'un moteur.* Photo Daniel Faure/Scope.

Les opérations préfermentaires

Une fois la vendange rentrée au cuvier, les deux premières opérations, communes à tous les types de vinification, sont l'égrappage et le foulage.

L'égrappage consiste à séparer les baies des tiges rameuses qui constituent le pédoncule de la grappe ; en éliminant les rafles astringentes, râpeuses et herbacées, on améliore la qualité gustative et la finesse du vin futur. Il est toujours préférable, pour les vins rouges, de donner davantage de bons tanins par une cuvaison plus longue de raisins bien éraflés, que de mauvais tanins par la présence excessive de rafles.

Le foulage est une opération traditionnelle qui vise à rompre la peau des fruits pour en faire jaillir le jus et prépare le pressurage en facilitant l'extraction des moûts. Mais les vinifications modernes suppriment souvent cette étape et conduisent directement au pressoir les raisins entiers pour obtenir, plus lentement, un moût plus limpide : c'est le cas pour les vins effervescents (notamment le champagne), pour les blancs de grande qualité et pour certains rouges issus de la macération carbonique.

Le pressurage

Puis la vendange, plus ou moins éraflée, foulée ou non, arrive au pressoir. C'est à ce stade que se fait toute la différence entre l'élaboration d'un vin rouge, et celle d'un vin blanc : pour un vin rouge la fermentation intervient avant le pressurage, pour un vin blanc elle intervient après. Dans les deux cas, le type de matériel utilisé est le même. Il existe toutes sortes de pressoirs : des pressoirs discontinus (c'est-à-dire en pratiquant plusieurs pressées successives), autrefois à axe vertical (utilisés traditionnellement en Champagne), aujourd'hui à axe horizontal (ils peuvent être automatiques avec deux plateaux s'écartant et se rapprochant, ou pneumatiques avec une sorte de baudruche se gonflant et se dégonflant) ; et des pressoirs continus : la vendange est introduite sans interruption à l'extrémité d'un cylindre horizontal où tourne une vis sans fin.

Le sulfitage est aussi un traitement préfermentaire commun à tous les types de vinification : on appelle ainsi l'addition d'anhydride sulfureux (SO_2) à la vendange.

On connaît depuis l'Antiquité les propriétés désinfectantes du soufre. En œnologie moderne, cet apport, très strictement réglementé et minutieusement dosé, donc absolument sans danger, permet d'assurer la stabilité microbienne et chimique du vin. L'anhydride a un effet antioxydant (en empêchant l'action des oxydases du raisin qui procèdent à l'oxydation des composés phénoliques) et un effet antibactérien (en inhibant les bactéries lactiques).

Fouloir. *L'antique méthode du foulage au pied a été abandonnée au profit du foulage mécanique.* Photo Jacques Guillard/Scope.

Le rôle du vinificateur

Nous voici donc au cœur du cuvier, à l'orée des transformations définitives : le travail du raisin va devenir le travail du vin, sous la houlette du vinificateur qui, dans la recherche rigoureuse de la qualité, ne doit pas être un simple contrôleur chargé de surveiller le bon déroulement d'opérations techniques facilitées par un matériel moderne. Le rôle de cet homme de l'art, mêlant savoir et savoir-faire, connaissances scientifiques et empiriques (dans les nobles terroirs, il est aujourd'hui souvent « œnologue »), est de veiller aux destinées de la vendange, de faire donner le meilleur des fruits en mettant en valeur les qualités et en corrigeant les défauts, de faire au cours des différentes opérations les choix les plus judicieux, puis d'accompagner le vin jusqu'à son plein épanouissement.

Pour élaborer un vin, différentes options se présentent en fonction des raisins blancs à pulpe incolore, ou encore rouges à pulpe incolore, rouges à pulpe colorée.

La vinification en rouge

La transformation du raisin rouge en vin rouge par fermentation alcoolique est le résultat d'une série d'opérations dont la plus singulière et la plus importante est la macération, véritable infusion des matières odorantes et aromatiques contenues dans les pellicules des baies.

Le foulage

Pour libérer le jus des raisins et faciliter la fermentation, la vendange doit être foulée. Autrefois on écrasait les raisins pieds nus, aujourd'hui le foulage est mécanique.

L'égrappage reste facultatif, mais en cas de macération longue la rafle est diminuée pour éviter des goûts herbacés et amers. Puis la vendange est mise en cuve ; les cuves traditionnelles étaient en chêne, aujourd'hui elles sont essentiellement en Inox, revêtues à l'intérieur de résine alimentaire, permettant une hygiène parfaite.

Première fermentation et macération à froid

Lorsque la cuve est remplie débutent les deux opérations essentielles et simultanées : fermentation alcoolique et macération. C'est la phase la plus spectaculaire de la vinification, lorsque la masse pourpre du macéré de raisin bouillonne, se couvre de mousse et d'écume sous l'action du gaz carbonique qui s'échauffe. La transformation des sucres en alcool par les levures produit des calories et fait s'élever la température, qu'il convient de surveiller régulièrement et de maintenir entre 30 et 32 °C (au-delà les levures commencent à mourir). La durée de macération doit être aussi contrôlée en fonction de la teinte et des tanins que l'on désire obtenir (par le pigeage on enfonce le chapeau de marc en le brisant dans le vin en fermentation pour augmenter l'extraction des parties solides).

Soutirage. *Effectué à la sortie de la cuve de fermentation, le soutirage permet de séparer le vin des dépôts qui se forment au fond des cuves.* Photo Jacques Guillard/Scope.

Pour la vinification en macération carbonique le raisin entier est placé dans une cuve saturée en CO_2. Après un certain temps, le jus est récupéré par pressurage et la fermentation se poursuit sous l'effet des levures. Cette technique convient particulièrement aux vins destinés à être bus jeunes (le beaujolais nouveau, par exemple).

Écoulage, décuvage et pressurage

Lorsque la macération a été jugée assez longue, le vinificateur provoque l'écoulage en ouvrant un robinet en bas de la cuve. Ce vin de goutte est la partie la plus noble.

Puis c'est le décuvage qui consiste à extraire les marcs restés dans la cuve après l'écoulement du vin de goutte. On peut pressurer ce marc qui contient encore une partie liquide : ce vin de presse, en effet riche en tanins et en pigments, peut être assemblé, en proportions variables, au vin de goutte pour lui apporter caractère et longévité.

La fermentation malolactique

Intervient alors la deuxième fermentation ou fermentation malolactique (due

VINIFICATION DES VINS ROUGES PAR MACÉRATION À FROID

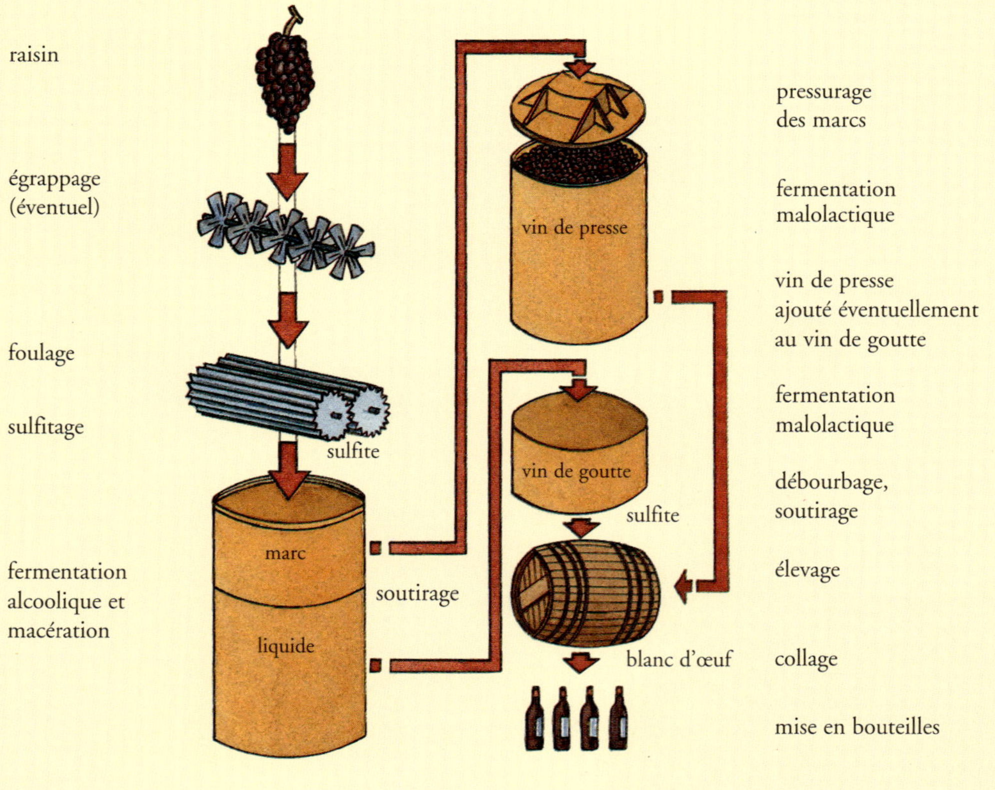

à des bactéries et non plus à des levures) qui est toujours encouragée pour les grands vins rouges : elle affaiblit l'acidité du vin et contribue à sa complexité et à sa stabilité. Ce sont les bactéries lactiques qui entraînent la transformation de l'acide malique en acide lactique et en gaz carbonique.

Le débourbage

Au terme de la fermentation malolactique, le vin clair qu'on laisse reposer est séparé des bourbes (derniers résidus de vendanges, levures et bactéries mortes). Ce premier soutirage permet d'aérer le vin et de préserver sa finesse.

L'assemblage et l'élevage

À ce stade, l'œnologue goûte et analyse les vins avant de procéder à l'assemblage puis à l'élevage. Les vins rouges de qualité gagnent à s'épanouir sous bois ; logés en fûts de chêne, ils développent leurs tanins, acquièrent des parfums de vanille tandis que l'œnologue veille attentivement à cette lente maturation. Le vin est ensuite soutiré par transvasements successifs pour le séparer de dépôts accumulés au fond du fût, clarifié par collage au blanc d'œuf ou, avec d'autres substances riches en protéines, puis, si le vinificateur le décide, filtré avant d'être mis en bouteilles.

Collage au blanc d'œuf. *Cette opération de clarification provoquée permet d'assurer la limpidité immédiate et future d'un vin.*
Photo Michel Guillard/Scope.

La vinification en blanc

Pour élaborer du vin blanc, il faut mettre à fermenter le jus seul du raisin, débarrassé de toutes les parties solides de la grappe.

À partir de cette règle de base immuable, il existe une gamme très large de vins blancs, issus de cépages et de terroirs différents, vinifiés et élevés de diverses manières : des plus aromatiques aux plus opulents, de blancs secs à la famille gourmande de vins doux, moelleux ou liquoreux, de ceux qu'il faut boire dans la fraîcheur de leur jeunesse à ceux qui s'épanouissent en vieillissant, des vins tranquilles à ceux dont les bulles pétillent joyeusement. Précisons que l'on peut obtenir des vins blancs à partir de raisins blancs aussi bien que de raisins noirs à jus blanc (en évitant dans ces derniers cas toute macération, ce qui impose, comme en Champagne, des vendanges manuelles).

Le pressurage

L'extraction rapide du jus est l'opération capitale de la vinification en blanc. Les étapes préalables – foulage et égrappage – sont facultatives : dans le pressoir la rafle facilite l'écoulement du moût, mais libère aussi des tanins qui sont indésirables pour des vins subtils. La décision d'érafler ou non est toujours importante. Le pressurage, indispensable donc pour les blancs, doit être fait de manière douce et progressive, en évitant toute trituration et toute pression brutales qui, écra-

VINIFICATION DES VINS BLANCS

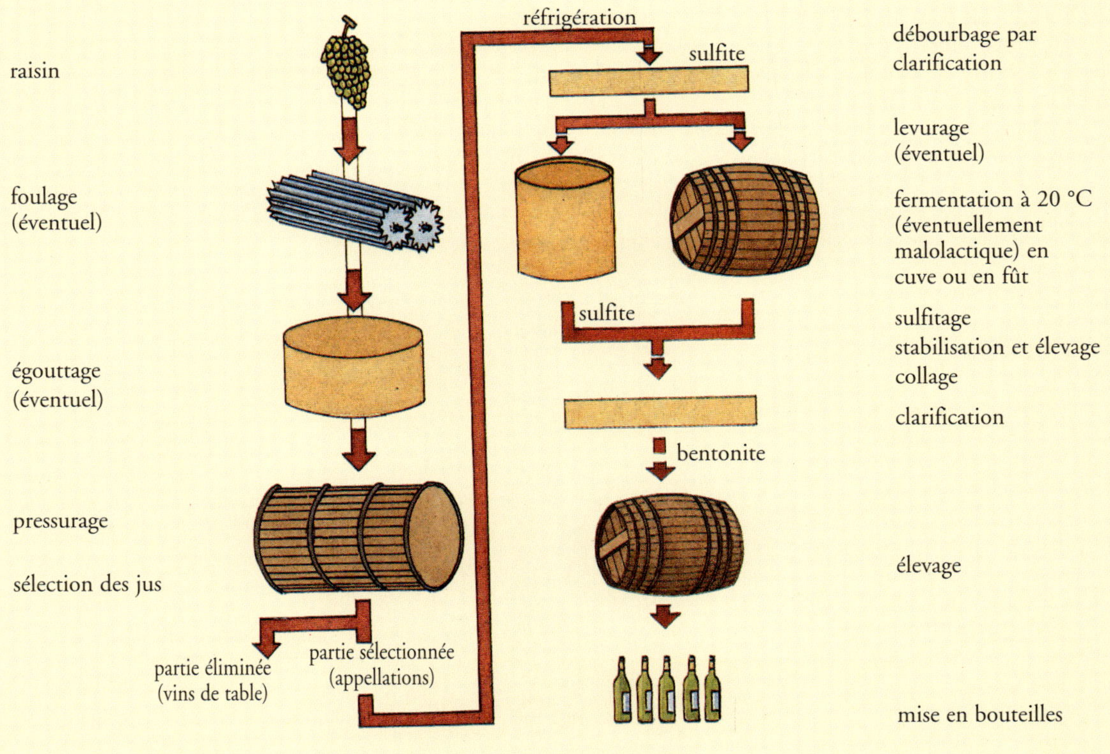

sant les pépins, libéreraient des saveurs amères et astringentes. Les meilleurs résultats sont obtenus avec les pressoirs verticaux traditionnels et les pressoirs pneumatiques modernes.

Le débourbage

Au sortir du pressoir le moût est logé dans une cuve de débourbage où la peau, les pépins et les fragments de rafle en suspension se déposent au fond par gravité. Cette clarification dite statique (avec addition de SO_2) peut être aussi dynamique en utilisant une centrifugeuse.

La fermentation

La fermentation, effectuée traditionnellement en barriques de chêne (méthode toujours en faveur pour les vins de grande qualité), est le plus souvent menée dans des cuves en Inox où il est plus facile de contrôler la température (qui ne doit pas dépasser 18-20 °C pour protéger le bouquet primaire).

Afin d'adoucir les saveurs acides, on peut encourager la seconde fermentation, ou fermentation malolactique, en particulier pour les vins destinés à être logés en fûts.

Une fois stabilisé, le vin est soit embouteillé, soit élevé dans des barriques de chêne.

La vinification en rosé

Les vins rosés sont obtenus en règle générale à partir de raisins à pellicule colorée et à pulpe incolore, ayant subi une macération de courte durée. Trois techniques différentes permettent d'obtenir ces vins vifs et fruités qui ont la robe de vins rouges peu intenses et la fraîcheur et la légèreté des vins blancs.

On peut simplement pressurer une vendange bien mûre et riche en matière colorante puis vinifier en blanc le jus écoulé (comme pour les rosés d'Anjou et de Touraine).

Les rosés de « saignée » proviennent de l'écoulage d'une partie du moût d'une vendange noire mise à macérer quelques heures (de trois à vingt-quatre heures). Cette méthode est utilisée pour la majorité des rosés de Provence.

Une troisième technique donne des vins plus structurés, plus riches en tanins, se conservant plus longtemps : après macération de deux à trois jours, on soutire tout d'abord les jus de goutte, on pressure les moûts, puis on met à fermenter les jus de goutte et les jus de presse assemblés.

Cuvier à Wintzenheim. *Après le débourbage, le moût séjourne dans des cuves, ou des fûts, où s'effectue la fermentation alcoolique.* Photo Jacques Guillard/Scope.

La vinification des vins effervescents

La méthode traditionnelle

La méthode traditionnelle est utilisée pour élaborer champagne et crémant ; c'est une vinification longue dont chaque étape exige rigueur et minutie.

La préparation du vin de base

Les grappes entières sont pressurées en douceur pour donner un premier jus (la cuvée), puis une première et une deuxième taille. Après la phase fermentaire, les vins sont assemblés.

Les opérations provoquant l'effervescence

Le vin est soutiré puis additionné de la liqueur de tirage (sucres et levures sélectionnées) qui permet à la seconde fermentation en bouteilles de se produire : c'est la prise de mousse qui fait du vin tranquille un vin mousseux. Pour faciliter le dégorgement, c'est-à-dire l'expulsion du dépôt rassemblé sur le bouchon, on congèle le goulot de la bouteille et ce glaçon est rejeté par le gaz lors de l'ouverture de la bouteille. Après addition d'une liqueur d'expédition ou de dosage plus ou moins édulcorée, la bouteille est affinée en cave pendant quelques mois.

Les crémants sont des mousseux d'appellation régionale élaborés selon la méthode traditionnelle. En y ajoutant une plus petite quantité de liqueur de tirage pour démarrer la seconde fermentation, on diminue la formation de gaz carbonique et l'on obtient une pression moins élevée que celle des champagnes. Les crémants de loire, d'alsace, de bordeaux, de bourgogne, du jura, de die et de limoux bénéficient d'une AOC.

Nombre de vins pétillants sont obtenus par méthode traditionnelle, à une pression plus faible que le crémant (les pétillants de Savoie, d'Anjou, de Saumur, de Touraine, de Montlouis, de Vouvray sont protégés par une appellation régionale).

La méthode rurale

Ce procédé traditionnel, très délicat à maîtriser, était utilisé pour élaborer le gaillac, la blanquette de limoux et la clairette de die, bien avant l'apparition de la méthode champenoise. Il consiste à embouteiller le vin avant que la fermentation alcoolique ne soit terminée ; celle-ci s'achève dans la bouteille en produisant du gaz carbonique et des lies. Cette méthode ancestrale et totalement naturelle est encore en usage pour les gaillacs, et pour certaines clairettes de die et blanquettes de limoux.

Le procédé de la cuve close

Le procédé de la cuve close réalise la seconde fermentation ou prise de mousse non en bouteilles mais dans une cuve totalement fermée. Ce procédé peu coûteux est utilisé pour de nombreux mousseux.

La gazéification

La gazéification permet de confectionner des mousseux de médiocre intérêt (qui n'ont d'ailleurs pas droit à la dénomination de vin mousseux), en y incorporant du gaz carbonique qui se dissout dans le vin pour y créer une mousse à grosses bulles. A.-M. R.-P.

Cuvier du château Haut-Brion. *La cuvaison est une opération spécifique de la vinification en rouge. Les cuves traditionnelles en bois sont parfois remplacées par des cuves en ciment ou, plus fréquemment, par des cuves en Inox ou en acier vitrifié.* Photo Michel Guillard/Scope.

La microbiologie du vin

Les microbes contenus dans les raisins et le moût provoquent un phénomène de fermentation qui permet l'élaboration du vin. À partir de 1863, les travaux de Pasteur, premier des microbiologistes, jetèrent les bases de l'œnologie. Celui-ci découvrit à Arbois le rôle fondamental des micro-organismes, levures et bactéries, responsables de la fermentation.

La microbiologie du vin inclut l'étude des trois types de micro-organismes : les levures (fermentation alcoolique) ; les bactéries lactiques (fermentation malolactique) ; les bactéries acétiques (formation du vinaigre).

La fermentation alcoolique

Fermenter c'est, étymologiquement, bouillir ; cette agitation, cette effervescence, ce foisonnement de bulles aux allures parfois éruptives font un spectacle captivant que, pendant des siècles, on a conduit « à vue », sans instrument de mesure, de manière très empirique. Ces mouvements fermentatifs accompagnés d'émissions de chaleur et de gaz ont intrigué de nombreux chercheurs. Le chimiste Lavoisier identifia le gaz carbonique et en donna la composition. Pasteur montra que cette mutation était due à des levures et produisait des substances secondaires comme le glycérol, l'acide acétique...

On pourrait ainsi résumer la fermentation alcoolique : les sucres des moûts (glucose et lévulose) sous l'action des levures présentes sur la pruine des raisins, se transforment en alcool éthylique, en CO_2, en produits secondaires (glycérol, éthanol, acide acétique, acide succinique, esters, acides gras) et en calories. En réalité, cette chaîne est beaucoup plus longue et complexe, et comporte de nombreuses réactions enzymatiques qui définissent les caractères olfactifs et gustatifs du vin en gestation.

Pour assurer un départ rapide de la fermentation ou relancer une fermentation défaillante, conduire avec sécurité la vinification et exprimer le meilleur de la vendange, les œnologues peuvent utiliser les levures sélectionnées par l'INRA ou par l'Institut technique du vin sous forme de levures sèches actives obtenues à partir de souches de *Saccharomyces cerevisiae*.

La fermentation malolactique

Les mécanismes de cette deuxième fermentation sont connus depuis relativement peu de temps. On se méfiait encore il y a quelques décennies de ces bactéries que l'on classait parmi les microbes, les ferments responsables d'altérations du vin ! Quelque temps après la fin de la première fermentation, on dit que le vin « bouge ».

Les travaux récents ont permis de mieux connaître cette fermentation, de comprendre et de maîtriser le rôle et les conditions de développement de ces micro-organismes, et d'en domestiquer le déclenchement. Ce phénomène microbiologique s'explique par la dégradation de l'acide malique (rappelant la pomme) sous l'action de bactéries lactiques, en acide lactique (qui existe dans les yaourts), en CO_2 et en produits secondaires. Cela se traduit essentiellement par une diminution de l'acidité du vin qui, subissant des modifications analytiques et organoleptiques, devient plus rond, plus stable, biologiquement terminé.

Phénomène de fermentation. *Cette opération spectaculaire se traduit par un dégagement de gaz carbonique et une augmentation de la température et des volumes.* Photo Jean-Luc Barde/Scope.

La fermentation malolactique est recherchée pour les vins rouges mais évitée pour certains vins blancs. Pour que se développent les bactéries malolactiques, il convient de respecter certaines conditions de pH, de température (de 18 à 20 °C), de teneur en acide sulfureux (il faut que l'adjonction de SO_2 à la vendange ait été modérée).

Les germes d'altération du vin

Précisons que le vin ne développe jamais de germes pathogènes pour l'homme et que la prévention de ces développements microbiens dans le vin est facile (hygiène rigoureuse et contrôles fréquents).

Les altérations par les levures

Les levures peuvent agir comme des germes d'altération et être responsables de refermentation des vins doux, d'apparitions d'odeurs désagréables (comme le « goût de souris » ou le mercaptan, c'est-à-dire l'odeur nauséabonde de l'anhydride sulfureux). Les levures peuvent aussi former un voile à la surface du vin ; une telle évolution est recherchée pour certains vins comme le vin jaune du Jura, mais est considéré comme une maladie lorsque la levure appartient au genre *Candida* : c'est la maladie de la fleur.

Les altérations par les bactéries lactiques

Elles sont responsables, dans le cas de vins ayant une importante teneur en sucre résiduel, de la piqûre lactique qui donne au vin un goût aigre-doux. La maladie de la graisse donne au vin une consistance huileuse, que l'on diminue en l'aérant et en le sulfitant. En dégradant l'acide citrique, les bactéries peuvent communiquer au vin une odeur lactée, un goût de beurre. La maladie de la tourne est une altération plus grave, due à la dégradation de l'acide tartrique, se produisant sur des vins à pH élevé.

Les altérations par les bactéries acétiques

Ces ferments du vinaigre qui forment à la surface du vin un voile (la mère du vinaigre) sont responsables de la piqûre acétique qui confère aux vins piqués une odeur d'acescence caractéristique, due à l'augmentation de l'acétate d'éthyle. Pour que se développent ces bactéries acétiques, il faut qu'il y ait de l'oxygène et une température élevée. La fréquence des contrôles microbiologiques permet d'éviter ces altérations.

A.-M. R.-P.

Pied de vigne cépage gringet. *En complément de la roussette, le gringet permet d'élaborer le vin mousseux d'Ayze.*
Photo Jacques Sierpinski/Scope.

La Savoie et le Bugey

À proximité des Alpes, dans une région au relief mouvementé, le vignoble de Savoie se présente comme une suite d'îlots disposés suivant un arc de cercle s'étendant du nord – nord-est au sud – sud-est. Plus à l'ouest, au sud du massif du Jura, la zone des vins du Bugey se déplace d'est en ouest. ◆

La Savoie

La Haute-Savoie. On trouve au nord, sur les rives du Léman, les crus de savoie, ripaille, marignan et marin. Ils côtoient l'AOC crépy (AOC depuis 1948), qui recouvre 3 communes : Douvaine, Loisin et Ballaison. Au sud du département se situent les crus de Savoie de la vallée des Usses, Ayze et Frangy. Enfin, au carrefour de la Haute-Savoie, de la Savoie et de l'Ain est implanté le vignoble de Seyssel (AOC depuis 1942).

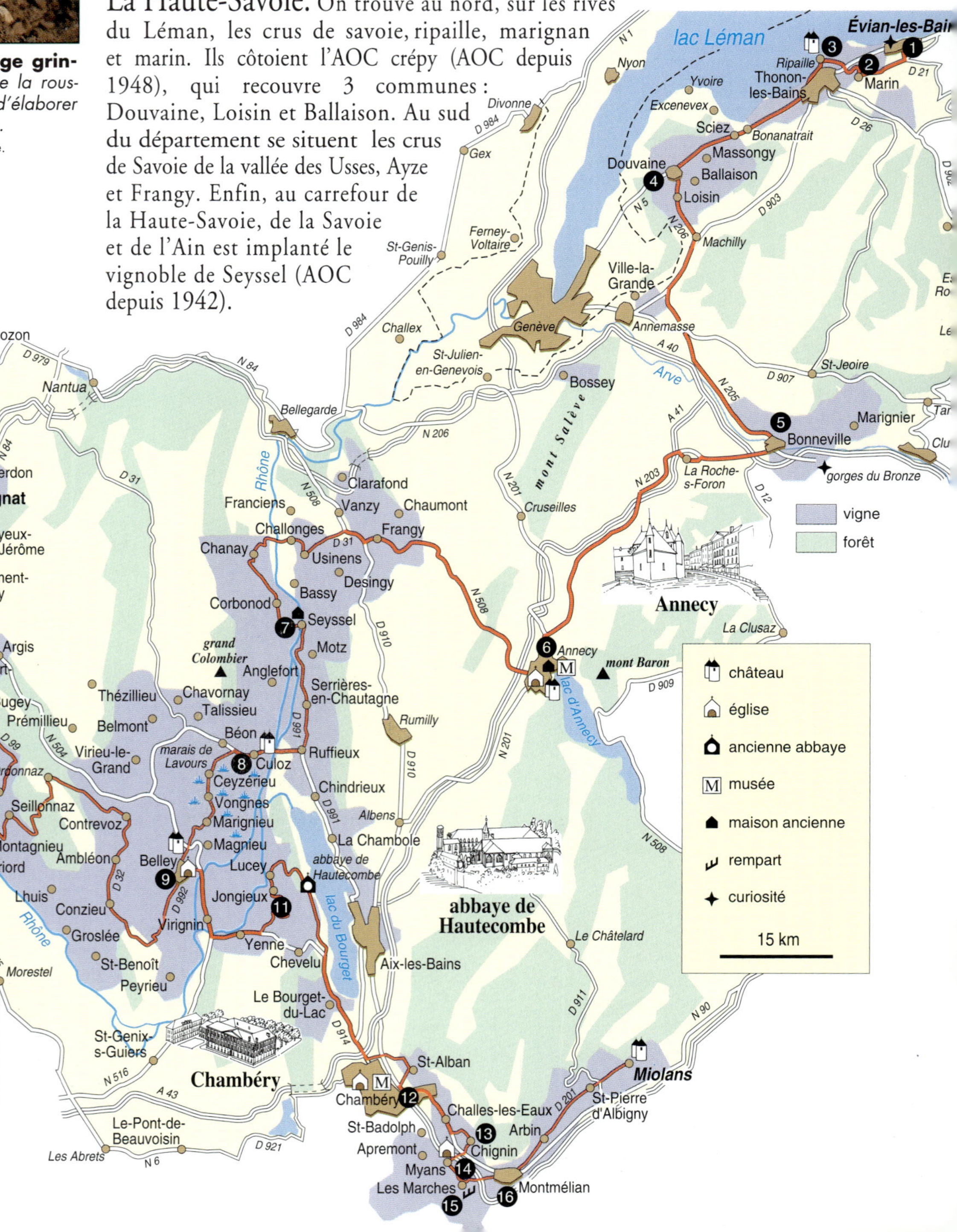

La Savoie. Le département comporte, au nord, le vignoble du couloir rhodanien (Chautagne, région de Jongieux, vignoble des bords du lac du Bourget), plus au sud, l'important vignoble de la combe de Savoie où sont produits 50 % des vins de Savoie ; niché au pied de la montagne des Bauges, ce vignoble fait face à celui du mont Granier où l'on trouve les deux crus les plus importants de la Savoie : abymes et apremont. M. Bo.

Les Abymes (commune de Myans), le lac Saint-André. *Le vignoble occupe les terrains accidentés et parsemés de petits lacs, issus de l'éboulement du mont Granier en 1248.*
Photo Jacques Sierpinski/Scope.

Géographie et nature des sols

Les vignes sont installées sur des pentes assez fortes, en bordure des massifs alpins (Bauges, Chartreuse, Chablais), ou jurassiques (lac du Bourget, Chautagne). En Haute-Savoie, elles occupent le flanc des vallées accidentées (Usses), ou les collines morainiques du bord du lac Léman.

Climat. Les vignobles subissent les influences climatiques venues de l'est, tempérées par la présence des lacs (lac Léman, lac du Bourget) des fleuves et des rivières (Rhône, Isère, Arve). Le climat continental est tempéré par de fortes influences océaniques.

Nature des sols. Les régions de Savoie ont été soumises à une érosion très active, sous l'action des glaciers, fleuves, torrents et gels, après l'érection alpine de la fin du tertiaire. Les sols viticoles se sont développés sur les éboulis des étages jurassiques, ainsi que marno-calcaires, notamment dans les Abymes.

CHRONOLOGIE

Antiquité Dans les écrits de l'auteur latin Columelle figure l'introduction du cépage mondeuse.
1050 Une charte mentionne le vignoble de Monterminod.
1248 Éboulement du mont Granier sur lequel s'installera un vignoble qui donnera naissance aux crus Abymes et Apremont.
1344 Un acte de vente d'une vigne à Crépy est la première mention connue du cru crépy.
1628 La notion de cru est utilisée pour les vins de Montmélian, Chignin et Cruet.
1768 M. Devoize, député, donne le chiffre de 9 000 ha de vignes en Savoie.
1942 Création de l'AOC seyssel.
1948 Création de l'AOC crépy.
1973 Création des AOC vin de savoie et roussette de savoie.

Encépagement

La mondeuse est le cépage rouge savoyard par excellence ; c'est une variété exigeante qui demande un certain degré de température, aussi est-il exploité sur les pentes bien exposées et bien drainées. Ses vins, aux arômes typiques de poivre et de tabac, contiennent des tanins charpentés et vifs qui requièrent un peu d'élevage pour s'arrondir. La mondeuse trouve son terroir de prédilection dans le village d'Arbin, où elle constitue la totalité du vignoble. Le gamay et le pinot noir sont installés dans de nombreux terroirs.

Les vins blancs sont issus de plusieurs cépages : rustique, la jacquère, cépage le plus cultivé en Savoie, donne les vins renommés d'Apremont, des Abymes et de Chignin ; l'altesse, d'un rendement moyen, autorise une certaine surmaturité lorsqu'il est implanté en coteau. Parfois associé au chardonnay, il donne naissance à l'AOC roussette de savoie.

Réglementation

Les vignerons savoyards peuvent ajouter aux dénominations régionales des noms de communes ou de lieux-dits. Il ne s'agit pas à proprement parler de crus mais de localisations parfois délimitées. Dix-sept indications reconnues par décret peuvent ainsi s'adjoindre à l'AOC vin de savoie, et quatre à l'AOC roussette de savoie. Outre les vins tranquilles, rouges et blancs, la Savoie produit des vins mousseux et pétillants. M. G.

Annecy, la basilique de la Visitation. *Édifiée entre 1922 et 1949 dans un style composite à dominante lombarde, elle conserve, sous deux gisants, les reliques de saint François de Sales, qui résida ici en tant qu'évêque de Genève, et de sainte Jeanne de Chantal, aïeule de Mme de Sévigné. Tous deux fondèrent, en 1610, le premier couvent de la Visitation.*
Photo Jacques Sierpinski/Scope.

LES CÉPAGES DE LA SAVOIE

Le vignoble de cette région comprend des cépages blancs : altesse, aligoté, roussanne ou bergeron, chardonnay, chasselas, jacquère, gringet, molette, mondeuse blanche, roussette d'Ayze, verdesse, et des cépages noirs : gamay, mondeuse, pinot, persan, étraire de l'Adui, servanin, joubertin.

L'altesse, ou roussette en Savoie, a de petites grappes cylindriques, assez compactes, à baies sphériques, petites, jaune-roux, qui viennent à maturité à la deuxième époque tardive. C'est un petit producteur, donnant soit un vin blanc sec, corsé, très parfumé et de grande qualité, dont le type en est le marestel récolté près de Chambéry, soit un vin blanc doux, commercialisé sous le nom de roussette de savoie.

Le chasselas, ou fendant, possède des grappes moyennes à baies sphériques, jaune doré, et vient à maturité en première époque.

La jacquère a des grappes cylindro-coniques à baies sphériques, et vient à maturité en deuxième époque tardive. C'est un cépage d'abondance.

La molette a de grosses grappes compactes à baies sphériques, blanc verdâtre, et vient à maturité en deuxième époque tardive.

La verdesse, cépage traditionnel en voie de totale disparition, a de petites grappes portant des baies ellipsoïdales, blanches. Elle vient à maturité en deuxième époque tardive.

Le gringet n'est qu'une variété du savagnin, servant à préparer des mousseux à Ayze.

La mondeuse blanche donne des grappes moyennes à baies sphériques ou légèrement ovoïdes, vert doré, et vient à maturité en deuxième époque.

La mondeuse noire possède de grandes grappes à baies sphériques, noires, et vient à maturité en deuxième époque.

Le persan est un cépage noir traditionnel de qualité, en voie de totale disparition. Il en est de même de l'étraire de l'Adui, semis du précédent.

P. G.

Itinéraire d'Évian-les-Bains à Montmélian

Entre Savoie et Bugey, du lac Léman aux contreforts des Bauges, l'itinéraire côtoie les plus beaux paysages des Alpes. Les façades élégantes des hôtels de villes d'eaux, Évian et Aix-les-Bains, le pittoresque des fermes traditionnelles, la majesté des grandes abbayes, et le charme des petites églises baroques composent un panorama varié qui récompense le voyageur attentif.

1 ÉVIAN-LES-BAINS

Riche station thermale installée sur les rives du lac Léman, ses nombreux palaces au charme un peu désuet où flotte encore une atmosphère fin du XIXe siècle lui confèrent une certaine nostalgie.
À voir : **l'établissement et le parc thermal.**

Évian, société des Thermes. *L'architecture thermale de la fin du XIXe et du début du XXe siècle est imprégnée du style Art nouveau.* Photo Jacques Sierpinski/Scope.

VIN DE SAVOIE ET ROUSSETTE DE SAVOIE

L'appellation régionale recouvre deux dénominations : vin de savoie (vin blanc, rouge, rosé) et roussette de savoie (vin blanc vinifié à partir du cépage altesse, auquel peuvent s'adjoindre la mondeuse blanche et le chardonnay).

Superficie :
vin de savoie : 1 800 ha ;
roussette de savoie : 183 ha.

Encépagement :
vin de savoie rouge, rosé, et clairet : gamay noir, mondeuse, pinot noir ; pour le département de la Savoie 20 % des cépages blancs ci-dessous ;
vin de savoie blanc : aligoté, altesse ou roussette, jacquère, chardonnay ou petite sainte-marie, malvoisie ou veltliner rose, mondeuse blanche, pour le département de l'Ain ; molette (vin mousseux ou pétillant), chasselas ou fendant, pour le département de la Haute-Savoie ; molette (vin mousseux ou pétillant), gringet, roussette d'Ayze, chasselas ou fendant ; pour le département de l'Isère marsanne, verdesse ;
roussette de savoie : altesse ou roussette, chardonnay ou petite sainte-marie (50 % au maximum), mondeuse blanche ;
vin de savoie rouge, rosé et clairet suivi d'un nom de cru : gamay noir, persan, étraire de l'Adui, servanin ou serène, joubertin ;
vin de savoie blanc suivi d'un nom de cru blanc : jacquère, altesse, aligoté, chardonnay ou petite sainte-marie ;
roussette de savoie suivi d'un nom de cru : altesse ;
vin de savoie ayze : gringet, altesse, roussette d'Ayze.

Récolte annuelle :
vin de savoie rouge et rosé : 38 500 hl ;
vin de savoie blanc : 80 900 hl ;
roussette de savoie : 9 800 hl.

Rendement de base :
vin de savoie rouge, rosé et blanc suivi d'un nom de cru : 60 hl/ha ;
vin de savoie blanc, mousseux, ayze et pétillant : 65 hl/ha ;
vin de savoie rouge, rosé suivi d'un nom de cru : 55 hl/ha ;
roussette de savoie : 50 hl/ha ;
roussette de savoie suivi d'un nom de cru : 45 hl/ha.

Titre alcoométrique minimal :
vin de savoie rouge, rosé, des cépages gamay et pinot : 9,5 % vol. ;
vin de savoie rouge, rosé, des autres cépages, blanc, mousseux ou pétillant, ayze mousseux et ayze pétillant : 9 % vol. ;
vin de savoie suivi d'un nom de cru rouge, rosé et blanc : 9,5 % vol. ;
vin de savoie chignin-bergeron et roussette de savoie : 10 % vol. ;
roussette de savoie suivi d'un nom de cru : 10,5 % vol.

Potentiel de garde :
vin de savoie et vin de savoie mousseux : de trois à cinq ans ;
roussette de savoie : de cinq à six ans.

Le Bugey

Géographie

Il s'agit d'une zone occupant le quart sud-est du département de l'Ain. Cette région de « petite montagne » est très accidentée, les collines douces se mêlant aux barres, montagneuses. Situé à l'extrémité sud du massif du Jura, ceinturé par le Rhône depuis Anglefort jusqu'à Saint-Sorlin, le vignoble s'étale au gré des vallées et des failles jurassiques.

Le climat. Le Bugey viticole, au carrefour des dernières influences océaniques et des vents du sud remontant le sillon rhodanien, jouit de conditions climatiques favorables. L'amplitude entre le mois le plus froid (janvier : 1°C) et le mois le plus chaud (juillet : 20°C) caractérise un climat de type continental. L'ensoleillement important, de mille six cents heures environ, favorise l'élaboration de vins légers et parfumés.

Nature des sols. Les différentes formations, pour l'essentiel du trias et du jurassique, alternent avec les formations de molasses provenant de l'érosion des massifs alpins environnants, qui affleurent au gré de la structure plissée de l'ensemble. Les sols viticoles du Bugey sont situés pour l'essentiel sur des pentes bien exposées recouvrant les divers étages géologiques. La diversité des sols, associée à celle des cépages, a donné naissance à de nombreux vins originaux, reconnus au travers de dénominations particulières.

Encépagement

Outre les cépages rouges énoncés pour la Savoie, le Bugey, et notamment dans la région de Cerdon, exploite le poulsard. Ce voisin jurassien, assemblé au gamay, permet l'élaboration de vins rosés pétillants ou mousseux. Les cépages blancs sont identiques à ceux de la Savoie. M. G.

2 Marin

Au pays du chasselas, la promenade à travers les îlots viticoles commence par le pays de Marin. Le chasselas est partout cultivé pour fournir du raisin de table mais, sur les rives du Léman, il produit du vin. Nos voisins suisses le nomment fendant.

3 Le château de Ripaille

C'est peut être le plus beau domaine de Savoie, avec son fier château planté sur les rives mêmes du lac, et son immense parc dont 20 ha sont plantés en vignes. Puis le périple continue en direction de Genève ; on traversera d'abord Sciez, et le village de Marignan, où deux viticulteurs se partagent les 10 ha de vignes.

Château de Ripaille. *Au XVe siècle, le duc de Savoie, Amédée VIII, transforma cet ancien rendez-vous de chasse en château-monastère, y installant un prieuré de moines augustins. Après avoir été élu antipape sous le nom de Félix V durant dix ans, de 1439 à 1449, il se retira définitivement à Ripaille. Le château a traversé les siècles, avec ses quatre tours et les bâtiments du prieuré, qui abritent aujourd'hui une fondation vouée au développement des richesses naturelles de la région.*
Photo Jacques Sierpinski/Scope.

Crépy

Cette AOC est la seule en France à exploiter le chasselas, appelé ici fendant ou bon blanc, comme cépage unique. Recouvrant 3 communes de Haute-Savoie (Loisin, Ballaison et Douvaine), les vins blancs secs et parfumés de crépy font l'objet d'une vente régionale, notamment dans les restaurants des bords du lac, où on les associe aux poissons locaux (lavarets, ombles chevaliers, truites...).
Superficie : 80 ha.
Encépagement : chasselas roux, chasselas vert.
Récolte annuelle : 4 800 hl.
Rendement de base : 55 hl/ha.
Titre alcoométrique minimal : 9 % vol.
Potentiel de garde : de trois à cinq ans.

4 Douvaine

Les vignes plantées sur ce coteau bénéficient de l'AOC crépy depuis 1948. On peut visiter des caves traditionnelles où les vins sont encore élevés dans d'immenses foudres. Le chasselas donne ici des vins légers, tendres et discrètement parfumés.
Prendre la direction du sud par la N 206. On traverse alors la région de Bonneville, où le gringet donne naissance aux vins d'Ayze, qui sont presque toujours élaborés en vins mousseux et pétillants, selon une longue tradition. Le cru Ayze est établi sur les pentes les mieux exposées.

5 Bonneville

Située dans la vallée de l'Arve, Bonneville est l'ancienne capitale du Faucigny.
Aux environs : **les gorges du Bronze.**
On laisse le mont Blanc derrière soi, et l'on prend la direction d'Annecy.

6 Annecy

Construite sur des canaux, au bord du lac aux eaux limpides, la ville offre ses vieilles ruelles, bordées d'arcades, qui cernent le château.
À voir : **le château** (XIIIe-XVIe siècle) **et son musée ; la cathédrale ; la basilique Saint-François-de-Sales ; le palais de l'Île et... le lac.**

Le circuit nous conduit ensuite à Frangy et à Seyssel, où l'on découvre l'altesse, qui se partage ici les appellations seyssel et roussette de savoie Frangy. L'altesse donne des vins riches et dorés, à la fois tendres, souples, corsés et délicats.
Jean-Jacques Rousseau, fuyant Genève pour la Savoie, fut séduit par les charmes de ce vin, qu'il évoqua en ces termes : « Son vin de Frangy, qui me parut excellent, argumentait si victorieusement pour lui que j'aurais rougi de fermer la bouche à un si bon hôte, je cédais donc, ou du moins, je ne résistais pas en face. »
Sur la route, entre Frangy et Seyssel, les collines environnant Corbonod sont entièrement couvertes de vignes.
MAISON MOLLEX : 01420 Corbonod. Tél. 04 50 56 12 20, sur R-V. Cette maison produit un excellent blanc de blancs méthode traditionnelle issu du cépage molette.

SEYSSEL

La plus ancienne des AOC savoyardes, située sur 3 communes, dont 2 dans l'Ain (Seyssel et Corbonod), est le siège de la production de vins effervescents et tranquilles. Les 3 cépages molette (vins mousseux), roussette ou altesse, et chasselas constituent la base des vins de cette région.
Superficie :
seyssel : 71 ha ;
seyssel mousseux : 9 ha.
Encépagement :
seyssel : roussette ;
seyssel mousseux : molette, chasselas et roussette (10 % au minimum).
Récolte annuelle :
seyssel : 3 200 hl ;
seyssel mousseux : 570 hl.
Rendement de base :
seyssel : 45 hl/ha ;
seyssel mousseux : 65 hl/ha.
Titre alcoométrique minimal :
seyssel blanc : 10 % vol. ;
seyssel mousseux : 8,5 % vol.
Potentiel de garde : de cinq à six ans.

7 SEYSSEL

Seyssel, construit sur le Rhône, surprend le visiteur par son pont à pilier central qui constituait, il y a cent trente ans, un point de passage sur la frontière entre la Savoie et la France. Le bourg, coupé en deux par le Rhône, conserve sur la rive droite un cachet Renaissance, avec ses ruelles étroites et ses fenêtres à meneaux. Ici, les vins mousseux sont une tradition constante et la molette, associée à l'altesse, donne des vins fins, aux arômes typés qui rappellent l'iris et la violette. Cette appellation est une des plus anciennes de France, puisqu'elle date de 1942.
Longeant les aménagements du Rhône, domestiqué et maîtrisé par une série de canaux, on atteint une zone un peu plus importante des vins de savoie : la Chautagne, où le gamay est roi et donne des vins colorés et charpentés, au bouquet caractéristique. Installée sur les coteaux, la vigne domine ici une des plus importantes peupleraies d'Europe, implantée dans les marais nord du lac du Bourget. Depuis certains lieux du vignoble, la perspective sur le lac et sur les Alpes est impressionnante.
On quitte ici les vins de savoie pour effectuer une petite intrusion dans les vignes voisines du Bugey ; à travers Culoz, Vongnes, Marignieu, on découvre le chardonnay, le gamay et le pinot, qui donnent des VDQS aux caractères affirmés.
Venant de la Chautagne, après la traversée du Rhône sur le pont de la Loi, on arrive à Culoz, au pied du Grand Colombier (1 531 m), dernier sommet important du massif du Jura méridional.

Annecy, le palais de l'Île. *Amarré au milieu du Thiou, le palais présente son étrave effilée à l'entrée du lac.* Photo Jacques Sierpinski/Scope.

8 CULOZ

Le vignoble de Bel-Air s'étale au sommet de la ville, au pied des pentes caillouteuses du Grand Colombier.
À voir : **le château de Montvéran.**
En direction du village de Ceyzérieu, on emprunte le tracé de l'ancienne route romaine qui traverse le vaste marais de Lavours (2 500 ha). Une réserve biologique aménagée permet d'observer la faune et la flore. La route grimpe sur le coteau, au-dessus du marais, et longe les vignobles de Vongnes, de Flaxieu, puis de Marignieu.
DOMAINE HUBERT ET PHILIPPE MONIN : 01350 Vongnes. Tél. 04 79 87 92 33, tlj, 8 h-12 h et 14 h-19 h, groupes sur R-V. Cette maison produit des vins harmonieux (issus des cépages mondeuse, pinot, chardonnay) dont un blanc de blancs très fin.

9 BELLEY

La route escaladant les collines mène à Belley, capitale du bas Bugey. On peut y visiter la cathédrale du XVIIIe siècle, dont le chœur et le transept sont gothiques, le

BUGEY ET ROUSSETTE DU BUGEY*

Superficie : 460 ha.
Encépagement :
vin rouge et rosé : gamay, pinot noir, ploussard (mescle), mondeuse et 20 % des cépages blancs ci-dessous ;
vin blanc : chardonnay, altesse ou roussette, aligoté, mondeuse blanche, jacquère, pinot gris, molette ;
roussette du bugey : altesse, chardonnay ;
bugey-cerdon : gamay, ploussard, pinot noir, pinot gris.
Récolte annuelle :
bugey : 26 000 hl ;
rousette du bugey : 680 hl.
Rendement de base :
bugey : 45 hl/ha ;
bugey suivi d'un nom de cru : 40 hl/ha ;
roussette du bugey : 32 hl/ha.
Titre alcoométrique de base :
bugey rouge, rosé, blanc, mousseux ou pétillant : 9 % vol. ;
bugey rouge, rosé et blanc suivi d'un nom de cru : 9,5 % vol. ;
roussette du bugey : 10 % vol. ;
roussette du bugey suivi d'un nom de cru : 10,5 % vol. ;
Potentiel de garde : de trois à cinq ans.

* VDQS

L'abbaye de Hautecombe et le lac du Bourget. *L'abbaye abrite les 42 tombeaux des princes de la maison de Savoie.* Photo Jacques Sierpinski/Scope.

palais épiscopal, et la maison du gastronome Brillat-Savarin.
À voir : **la cathédrale ; le palais épiscopal.**
On peut continuer la promenade en Bugey, en empruntant l'itinéraire de Belley à Mérignat. Par la D 992 au sud de Belley, puis Saint-Bois par la D 24, on remonte la pittoresque vallée du Gland, bordée à l'ouest par les montagnes du Tentenet et d'Innimont (1 100 m), jusqu'à Contrevoz.
Par la D 32 on monte à Ordonnaz par le flanc nord du Mollard de Don (1 200 m), profitant d'une vue plongeante sur la vallée de Tenay et sur le vignoble de Manicle. D'Ordonnaz à Lompnas (D 87), on traverse une région montagneuse (forêt de Portes) pour rejoindre la vallée du Rhône. Les villages viticoles de Seillonnaz – dont le château de la Serraz garde des éléments du XIIIe siècle –, Briord et Montagnieu produisent le montagnieu. On rejoint alors la D 32 pour remonter au calvaire de Portes (1 025 m) par Bénonces, à proximité de la chartreuse de Portes que l'on ne visite pas.
La D 99 offre un point de vue magnifique sur la vallée du Rhône, que l'on rejoint à Saint-Sorlin-en-Bugey, ancien village fortifié, puis Lagnieu (verrerie). On se dirigera vers le vignoble de Cerdon, situé plus au nord, par Ambérieu-en-Bugey, et par le village d'Ambronay, célèbre pour son église gothique. Ce vignoble produit un vin rosé, doux, pétillant, peu alcoolique, élaboré selon la méthode ancestrale.

10 Mérignat

Dans ce petit village aux rues étroites, on remarquera les ruines du château seigneurial.
ALAIN ET ÉLIE RENARDAT-FACHE : Le Village, 01450 Mérignat. Tél. 04 74 39 97 19, sur R-V. Œuvrant pour le développement de la production de cerdon, la famille Renardat réussit des vins aromatiques.

On peut maintenant revenir à Belley pour reprendre l'itinéraire. Traversant à nouveau le Rhône, on retrouve les vins de savoie.

11 Jongieux

Ici, parmi les autres cépages de la région, l'altesse (ou roussette) a trouvé son lieu de prédilection sur le coteau de Marestel. Exposé à l'ouest, ce coteau permet la production de vins riches et parfumés qui, avec le vieillissement, développent un bouquet complexe de fruits, de miel et de cire.
Le monthoux est un autre cru de roussette, produit sur le proche coteau de Saint-Jean-de-Chevelu. Dans ce secteur, les cépages jacquère, gamay et mondeuse permettent la production de vins friands et agréables.
EDMOND JACQUIN ET FILS : Le Haut, 73170, Jongieux. Tél. 04 79 44 02 35, sur R-V. La famille Jacquin produit de jolis vins parfaitement élaborés.

En quittant Jongieux par Lucey, au clocher à bulbe caractéristique des églises qui furent décapitées à la Révolution, on se dirige vers le lac du Bourget, aux eaux profondes de près de 150 m. À Ontex, le point de vue sur l'abbaye bénédictine de Hautecombe, fondée en 1139, donne une idée de l'importance du monastère, dont les bâtiments furent restaurés au XIXe siècle.

12 Chambéry

Dans les vieux quartiers, de pittoresques ruelles conduisent à des placettes ombragées, et longent parfois les hauts murs des hôtels particuliers.
À voir : **la cathédrale ; le théâtre ; le palais de justice ; les collections italiennes et baroques du musée des Beaux-Arts.**
Dès la sortie de la ville, par le sud, commence la zone privilégiée du cépage jacquère : Apremont et Abymes.
Ce secteur, qui est la plus importante zone de production des vins de savoie, s'étend sur 5 communes. Apremont et Abymes ont donné leur nom au vin, mais les communes de Saint-Baldoph, Myans, Les Marches et Chapareillan sont aussi des lieux de production non négligeables.
La commune des Marches est en grande partie constituée par des sols qui proviennent de l'éboulement du mont Granier, en 1248. Cet épisode tristement célèbre a recouvert 12 km² et enseveli la ville de Saint-André, qui comptait 5 000 habitants. C'est sur ce chaos que les vignes des Abymes furent plantées et, aujourd'hui encore, le paysage laisse apparaître des blocs de rochers impressionnants qui ont dévalé depuis les 1 933 m du mont Granier.
Ces terroirs, qui sont exclusivement plantés de cépage jacquère, produisent les vins les plus connus de la région, et certainement parmi les plus intéressants. Leur fraîcheur, leur légèreté, leurs arômes fins et subtils aux tendances florales et végétales en font un vin rafraîchissant et agréable, qui s'inscrit parfaitement dans les goûts du consommateur actuel.

Chignin, vignoble de Savoie. *Les vignes, installées sur des coteaux d'éboulis calcaires et marno-calcaires, produisent des vins blancs secs à boire jeunes.* Photo Jacques Sierpinski/Scope.

13 Chignin

Les sept tours du château en ruine dominent le vignoble.

ANDRÉ ET MICHEL QUÉNARD : Torméry, 73800 Chignin. Tél. 04 79 28 12 75, sur R-V. Michel et André Quénard produisent de jolis vins frais et harmonieux, fruit de leur grand savoir-faire.

14 Myans

Ce petit village est doté d'une étonnante église à deux nefs superposées ; son clocher est surmonté d'une grande statue dorée de la Vierge.
Sur le coteau d'en face s'étalent les vignes de Chignin ; depuis les tours moyenâgeuses, reste probable d'un ancien et vaste château, jusqu'à la montagne La Savoyarde, elles partent à l'assaut de la falaise rocheuse. Ici, à côté de la jacquère, un autre cépage s'est développé, la roussanne, qui, appelée en Savoie bergeron, a donné son nom au cru.

15 Les Marches

Ce nom évoque l'ancienne frontière entre la Savoie et la France. Le village a gardé son cachet ancien. Il faut entrer dans le bourg par la porte des anciens remparts et continuer jusqu'au château, transformé aujourd'hui en maison de retraite, où l'on peut encore admirer la superbe façade à arcades donnant sur le jardin, et surtout la salle de bal entièrement décorée en trompe l'œil.

JEAN PERRIER ET FILS : Saint-André, 73800 Les Marches. Tél. 04 79 28 11 45, tlj sauf samedi, dimanche, 8 h-12 h et 14 h-18 h. Maîtrisant parfaitement la vinification, la maison Perrier offre une belle gamme de vins de savoie.

MICHEL TARDY : EARL du Colombier, Saint-André, 73800 Les Marches. Tél. 04 79 28 13 93, sur R-V. Michel Tardy vous propose un vin de savoie, Apremont, exceptionnel. Un des meilleurs blancs de l'appellation.

16 Montmélian

On traverse ensuite Montmélian, dont la citadelle fut rasée par Lesdiguières, et on entre dans la combe de Savoie, terroir de la mondeuse, cépage rouge typiquement savoyard qui produit des vins originaux, à la robe pourpre et aux arômes de fruits et d'épices. La présence de tanins rend ces vins aptes à la conservation.
Les coteaux escarpés d'Arbin, de Cruet, de Saint-Jean-de-la-Porte, de Saint-Pierre-d'Albigny et de Fréterive forment l'un des terroirs intéressants de Savoie ; on y retrouve, à côté de la mondeuse, l'ensemble des cépages savoyards.
Le château de Miolans, qui domine la vallée au-dessus de Fréterive, semble toujours veiller sur la tranquillité du vignoble. C'est un château médiéval en parfait état, qui a servi de prison au cours des derniers siècles – le marquis de Sade y fut emprisonné. Au-dessous, dans la vallée, la pépinière de vignes s'est développée dans les alluvions fertiles de l'Isère, et les plants de Savoie, commercialisés dans de nombreux vignobles, ont fait de cette région la deuxième région de production de France. M. Bo.

Les appellations

Les appellations de la Savoie sont au nombre de 17.

Crépy	Bugey-cerdon pétillant*
Mousseux de savoie	Bugey-cerdon mousseux*
Mousseux ou pétillant-du-bugey*	Bugey mousseux ou pétillant*
Pétillant-de-savoie	Vin de savoie
Roussette de savoie	Vin de savoie mousseux
Roussette du bugey*	Vin de savoie pétillant
Seyssel	Vin de savoie ayze mousseux
Seyssel mousseux	Vin de savoie ayze pétillant
Bugey*	

*VDQS

Château de Miolans. *Sur un site privilégié et fortifié dès le IVe siècle, au débouché de la vallée de la Maurienne, le château fut édifié dès 923 et les ducs de Savoie l'utilisèrent comme prison du XVIe au XVIIIe siècle.* Photo Jacques Sierpinski/Scope.

Les étiquettes de la Savoie

L'étiquette des vins de Savoie, région fermement campée au pied de ses montagnes, présente une graphie solide, franche et stable. Les caractères typographiques sont volontiers droits, forts et gras, et lorsqu'ils se permettent une fantaisie, ils offrent l'image écolière d'une écriture sage, régulière, nette et franche. Le caractère manuscrit des vins de savoie est loin des anglaises affinées de Bordeaux, étranger aux envolées festives du Beaujolais, incompatible avec les jabots en dentelle des caves de Saint-Tropez. L'étiquette des vins de savoie ne goûte guère l'affectation. Elle est avant tout informative, hiérarchisée et redondante (« Le bouquet de Savoie », « Vin de Savoie », « Pinot », « Appellation vin de savoie contrôlée »). Peu soucieuse des codes ou des canons de la gastronomie, elle porte haut le mot « vin ». Certains connaisseurs considèrent qu'une telle présence dénote une qualité secondaire du vin, elle ne s'en affecte pas, sûre de la qualité de son appellation.

Fort de sa personnalité, le vin n'est pas identifié par le cépage, la cuvée ou le cru. Ce qui importe avant tout, c'est le nom de l'appellation. On achète une appellation, vin de savoie ou crépy, un cru, de l'Apremont ou des Abymes, ou encore on préfère le cépage, roussette ou mondeuse. Mais c'est surtout la référence à la région qui est omniprésente : costume traditionnel, fleurs ou paysages de montagnes, et il est rare de ne pas voir le blason de la région, cachet lourdement apposé sur chaque étiquette. Les vins savoyards affirment leur présence dans le concert viticole français. Certes, la Savoie est l'une des plus jeunes provinces françaises, mais les Romains chantaient déjà les louanges de son vignoble. Le caractère moderne de ses étiquettes traduit sans doute une reconnaissance tardive – paradoxe de ce vin ancien qui n'a trouvé sa consécration que fort récemment.

E. S. et Y. J.

La composition chimique du vin

Le vin est bien plus qu'une solution hydralcoolique. C'est un produit d'une extrême complexité dont on a identifié et dosé près de 600 composés grâce aux techniques modernes d'analyse (comme la chromatographie en phase gazeuse).

Du raisin au vin, la filière biotechnologique est longue et intègre de très nombreux paramètres (cépage, milieu, mode de culture, millésime, cru, vinification, maturation), ce qui explique la richesse et la variabilité de la composition chimique. P. B.

Opération de remontage. *Au cours de la vinification, le vin, pompé au bas de la cuve, est remonté pour lessiver le chapeau de marc et augmenter la pigmentation.* Photo Jean-Luc Barde/Scope.

Les principaux composants du vin

Composants principaux

Eau	• C'est le constituant majeur du vin (75 à 90 % selon les vins).
Alcool	• C'est le second constituant (essentiellement de l'alcool éthylique).

Composants contribuant au « moelleux » du vin

Éthanol	• Il détermine la viscosité du vin et augmente la saveur sucrée.
Glycérol	• Sa teneur est élevée dans les vins liquoreux.
Sucres (et polyalcools apparentés aux sucres)	• Ce sont les sucres résiduels de la fermentation (glucose et fructose) et les sucres non fermentescibles (pentoses).

Composants contribuant à l'acidité du vin

Acides volatils	• Ce sont essentiellement l'acide acétique, produit secondaire normal des fermentations.
Acides organiques	• L'acide tartrique est le plus abondant ; l'acide malique est dégradé en acide lactique lors de la fermentation malolactique ; l'acide citrique est peu abondant ; l'acide succinique.
Acides minéraux	• Ils sont présents sous forme de sels (potassium le plus important, calcium, magnésium, sodium).

Composants phénoliques (1 à 5 g/l)

Ils jouent un rôle important dans la qualité des vins, en déterminant la couleur, la structure et le corps.

Tanins	• Ils sont abondants surtout dans les rouges, ils proviennent des raisins où ils sont localisés dans la pellicule, les pépins, les rafles et le bois des barriques. Ils se caractérisent par leur astringence et subissent, en cours de vieillissement, une évolution (oxydation et polymérisation).
Anthocyanes	• Ce sont des pigments rouges localisés dans la pellicule des pépins, principaux agents de la couleur des vins rouges. Leur teneur diminue au fil du vieillissement et la robe du vin devient un peu brune, tuilée.
Flavones	• Ce sont des pigments jaunes (mais qui ne sont pas responsables de la couleur des vins blancs).
Acides phénols	• Ils interviennent au stade préfermentaire en brunissant le moût.

Composants ayant une influence relative sur les flaveurs

Composés azotés	• Ils disparaissent en grande partie au cours de la fermentation (où ils sont importants pour la limpidité et la stabilité) et ne sont présents dans le vin qu'en faible teneur.
Polysaccharides	• Polymères de sucres, ils interviennent sur les phénomènes de clarification.
Vitamines	• À l'origine celles du raisin ; elles sont remaniées pendant la vinification et sont un facteur de croissance pour les levures et les bactéries nécessaires aux fermentations.

Constituants de l'arôme

Volatils, nombreux, complexes, d'une teneur totale très faible, ils sont encore mal connus. Les composés aromatiques identifiés jusqu'à présent sont classés en 4 groupes.

Arômes variétaux	• Ils sont liés au cépage.
Arômes préfermentaires	• Ils sont formés au cours du broyage des baies et donnent une flaveur herbacée qui n'est pas recherchée.
Arômes fermentaires	• Ce sont les plus importants. Ils sont issus de la fermentation alcoolique.
Arômes postfermentaires	• Ils se développent en cours de maturation : c'est l'épanouissement du bouquet (dont les substances sont encore mal connues).

L'élevage et l'évolution du vin

La tâche du vinificateur et de l'œnologue consiste à suivre l'évolution d'un vin pour lui assurer les conditions optimales de développement et de stabilisation jusqu'à la mise en bouteilles. Au-delà, le vin doit pouvoir harmonieusement mûrir, objectif auquel contribuent les soins prodigués lors de la période d'élevage.

Le vin nouveau tiré de la cuve de fermentation est un milieu instable, tant d'un point de vue physico-chimique que biologique. Le profond remaniement des composés du raisin au cours des fermentations entraîne en effet un état qui est susceptible d'évoluer. Ainsi peuvent se produire spontanément de nouvelles fermentations et dégradations biologiques, le vinaigre étant lui-même issu du vin par fermentation aérobie de l'alcool par des bactéries acétiques. Il peut également advenir des précipitations de composés devenus insolubles, le dégagement de substances volatiles, à commencer par celui des gaz de fermentation, ainsi que diverses interactions entre les nombreux composés organiques et minéraux du vin.

Tonneau sculpté, *conservé au musée d'Unterlinden à Colmar. On trouve encore en Alsace des artisans qui perpétuent la tradition en sculptant les verrous de foudres.*

Photo Jacques Guillard/Scope.

Désirables ou indésirables, souvent irréversibles, toutes ces évolutions biologiques doivent être maîtrisées par le vinificateur et l'œnologue.

Le suivi de la fermentation

Trois familles de micro-organismes peuvent agir sur le vin nouveau : les levures, les bactéries lactiques et les bactéries acétiques. La dernière catégorie est unanimement rejetée puisqu'elle conduit au vinaigre. Les deux autres familles sont utilisées par le vinificateur pour atteindre l'équilibre des saveurs convenant à chaque type de vin.

Pour la quasi-totalité des vins rouges, on recherche une fermentation alcoolique levurienne complète, qui achève la transformation des sucres en alcool et en gaz carbonique. Mais la verdeur des vins peut aussi être compensée gustativement par le maintien de quelques restes de sucres, et donc par une fermentation alcoolique incomplète.

Bien souvent, la fermentation malolactique, qui atténue l'acidité par la conversion de l'acide malique en acide lactique, doit également être recherchée. Ainsi, le vinificateur suivra attentivement l'état de ces fermentations et les mènera à leur terme, si cela se révèle nécessaire.

Pour les vins blancs, de nombreux cas de figure sont possibles. On peut choisir d'éviter la fermentation malolactique afin que le vin conserve la vivacité et la fraîcheur apportées par une acidité intacte, ou choisir, à l'inverse, d'atténuer cette acidité en provoquant le déclenchement de la fermentation malolactique.

Il existe par ailleurs les catégories de vins moelleux, doux, liquoreux, dont les teneurs en sucres résiduels sont élevées et dont l'acidité permet de les préserver de la lourdeur.

La stabilisation biologique

Quel que soit l'équilibre à atteindre, il arrive un moment où l'on doit être capable d'interdire toute évolution afin qu'une nouvelle fermentation ne vienne troubler le vin et le rendre gazeux : c'est le but de la stabilisation biologique, en vue de laquelle plusieurs outils sont à la disposition du vinificateur.

D'une part, celui-ci peut agir par des moyens physiques : le froid, outil souple de contrô-le, ralentit et même arrête les phénomènes fermentaires, cependant il n'élimine pas les micro-organismes qui restent parfaitement vivants ; les soutirages permettent de faire diminuer les populations de micro-organismes ; mais c'est surtout par le biais de la filtration que l'on peut obtenir une élimination complète des levures et des bactéries.

Ouillage au château-margaux. *Pour éviter au vin de se trouver en contact avec l'air, on compense les pertes dues à l'évaporation.*

Photo Michel Guillard/Scope.

D'autre part, il existe des adjuvants susceptibles de maintenir en respect la flore microbienne. Les produits autorisés sont très peu nombreux et leur emploi se fait à des doses faibles mais suffisantes. On peut citer l'anhydride sulfureux qui est le produit de la combustion des mèches de soufre dans les barriques mais que l'on trouve aussi sous forme de gaz liquéfié ou de solution dans l'eau, le dosage se révélant alors plus précis.

Pour éviter la destruction du vin par les bactéries acétiques, le moyen le plus sûr consiste à le conserver en permanence à l'abri de l'oxygène de l'air, lequel est indispensable au développement des bactéries. De cela découle le souci constant des vignerons d'avoir leur récipient bien plein et bondé. Ce remplissage périodique des fûts et des cuves s'appelle l'ouillage.

La stabilisation physico-chimique

La précipitation d'un composé du vin, dès lors qu'un paramètre physico-chimique se modifie, s'appelle une « casse ».

Mise en bouteilles à Savennières. *Après avoir été dépouillé de ses dernières impuretés par filtration, le vin est mis en bouteilles soit manuellement comme ici chez les petits vignerons, soit mécaniquement.* Photo Sara Matthews/Scope.

Bouchage manuel des bouteilles. *La qualité des bouchons est essentielle dans la conservation des vins. La machine à boucher manuelle permet à l'amateur de mettre lui-même son vin en bouteilles.* Photo Michel Guillard/Scope.

Capsulage à la cire. *Après avoir été bouchées, les bouteilles sont capsulées ou fermées à la cire. Cette tradition, qui permettait d'authentifier les bouteilles, s'est maintenue pour certains vins.* Photo Michel Guillard/Scope.

Ces casses sont bien répertoriées, certaines étant dues à des éléments métalliques, tels que le fer ou le cuivre, d'autres à des éléments organiques qui proviennent du raisin. Les protéines peuvent également se coaguler sous l'effet des variations de température, phénomène qui intéresse les vins blancs ou rosés. Enfin, l'acide tartrique est un acide spécifique de la vigne, dont la solubilité est assez basse dans le vin, provoquant la constitution de cristaux de bitartrate de potassium que l'on appelle « gravelle ».

Ainsi, à l'issue de la fermentation, le vin nouveau est instable et il faut remédier à ces casses, ainsi que débarrasser le vin des dépôts et particules en suspension par le biais de la clarification. Les excès d'acide tartrique sont alors éliminés par le froid, tandis que l'on procède au filtrage du vin et à la clarification par collage, au moyen d'une matière (gélatine, blanc d'œuf ou sang) qui attire toutes les particules en suspension.

La mise en bouteilles

C'est aujourd'hui par l'analyse en laboratoire et par la réalisation d'« essais de tenue » que l'œnologue peut apprécier le degré de stabilisation du vin et les opérations indispensables à une bonne stabilité du vin en bouteilles.

On se doit d'effectuer le dosage des sucres résiduels et de l'acide malique pour apprécier les risques de refermentation, de déterminer les teneurs en fer et en cuivre pour en connaître les excès éventuels, de doser la teneur en anhydride sulfureux. D'autres caractéristiques du vin, comme son acidité ou son degré alcoolique, permettent d'évaluer les risques d'instabilité. En outre, des essais de tenue au froid, au chaud, ainsi que des tests de précipitations tartriques permettent de s'assurer de la stabilité du vin. Certains laboratoires peuvent également apprécier la qualité des bouteilles ou des lots de bouchons afin d'éviter les regrettables apparitions de bouteilles fuyardes ou les goûts de bouchon.

Plaques de cire rouge *utilisées pour cacheter les bouteilles de châteauneuf-du-pape.* Photo Michel Guillard/ Scope.

Évolution gustative du vin et élevage

Le second aspect de l'élevage va au-delà de la simple stabilisation du vin. Il permet en effet de modifier certaines de ses caractéristiques gustatives. Plusieurs paramètres interviennent.

L'oxydation ménagée

Elle se produit lorsque l'élevage a lieu en barrique ou que l'on pratique des soutirages. Elle favorise l'évolution du vin, de sa couleur et de ses arômes. Elle peut entraîner un certain « dépouillement », voire l'« assèchement » du vin qui perd de son moelleux.

Le boisage

Lorsqu'un vin est mis dans une barrique neuve ou récente, des éléments tanniques et odorants du bois se transmettent au vin. Ce procédé, connu depuis longtemps et recherché dans certaines régions, peut devenir un vice lorsque les caractères boisés dominent ceux provenant du terroir et du raisin. On rencontre ainsi partout dans le monde des vins au goût uniforme, sans aucun caractère de terroir ni même de cépage. À l'inverse, cette pratique étend le registre d'expression des grands vins et leur apporte une complexité qui les complète harmonieusement.

Les élevages oxydatifs

Dans certaines régions, l'élevage du vin s'effectue en présence d'air. C'est le cas des vins jaunes du Jura, des vins de xérès. Il se forme à la surface du vin un voile de levures, qui apporte des notes rappelant la noix, un caractère rancio. Cet élevage particulier se poursuit sur plusieurs années et l'évaporation concentre encore le vin. Les vins doux naturels, du Roussillon ou de Porto, ont une teneur en alcool élevée, et un élevage en fût à l'air, à la chaleur, parfois même au soleil, leur confère la palette d'arômes extrêmement riche et complète qu'on leur connaît.

É. C.

La conservation des vins

Aboutissement de la fermentation contrôlée par les opérations de vinification, le jus de raisin se transforme en vin, celui-ci étant alors susceptible de se transformer en vinaigre.
Longtemps empiriques, les techniques de conservation permettent à présent de pallier ce risque, témoignant par là-même des phases successives de l'évolution des vins à travers le temps.

Abandonné à lui-même, le jus de raisin a toutes les chances de se transformer en vin. Cela s'explique par sa composition de milieu acide et sucré, très favorable au développement levurien. Lorsque s'instaure la compétition entre les levures et les autres êtres microscopiques, moisissures et bactéries de toutes sortes, l'avantage revient en effet très rapidement aux levures : elles favorisent la fermentation des sucres, assurant ainsi la constitution d'un milieu nouveau, le vin. Puis intervient souvent une seconde fermentation : la fermentation malolactique qui, sous l'action des bactéries lactiques effectuant la conversion de l'acide malique en acide lactique, permet au vin nouveau de perdre le trop-plein de son acidité initiale.

Opération de remontage. *Le vin est pompé au bas de la cuve pour lessiver le chapeau de marc.*
Photo Jean-Luc Barde/Scope.

Enfin, dans le vin épuisé en sucres et en acide malique, très peu de microbes peuvent vivre aux dépens des composés présents, ce qui a pu faire dire à Pasteur que « le vin est la plus saine et la plus hygiénique des boissons ».

Il reste cependant les bactéries acétiques qui ont la faculté de tirer parti de l'énergie contenue dans les molécules d'alcool éthylique en les transformant en acide acétique, par le biais d'une réaction qui consomme de l'oxygène de l'air : le vin est alors piqué et se transforme en vinaigre. Les Anciens en prirent conscience, sans doute après de nombreux tâtonnements, et trouvèrent dans une conservation des vins à l'abri de l'air le moyen de les préserver de la dégradation.

La conservation des vins dans l'histoire

Au temps des Égyptiens, puis des Grecs anciens, le vin était connu et apprécié. Afin de maîtriser au mieux sa conservation, on utilisait des procédés qui n'étaient sans doute pas très fiables, mais avaient du moins la vertu de masquer les mauvais goûts et de donner plus de fraîcheur au vin. Ainsi, l'ajout d'épices et de résine de pin permettait sans doute de repousser le moment où le vin devenait réellement imbuvable.

On remarqua que les vins de forte teneur en alcool se conservaient plus facilement, d'où l'idée du vinage des vins, procédé qui consiste à renforcer les vins par addition d'eau-de-vie. On apprit également à muter les moûts avant toute fermentation par un ajout d'eau-de-vie. Toute cette alchimie conduisit à la riche palette des vins doux naturels et des vins d'apéritif, vermouth et autres.

Plus tard, on prit conscience de l'intérêt d'isoler le vin de l'air ambiant et on se mit donc à le conserver en amphores. Une industrie véritable se créa en différents points du pourtour méditerranéen, favorisant l'essor d'un commerce maritime qui intéressait tous les peuples de la Méditerranée et qui enrichit la Grèce, puis Rome.

Chez les Gaulois, c'est le tonneau qui permit de jouer ce rôle, bénéficiant de plusieurs avantages décisifs : la robustesse, qui permettait un transport sûr ; la maniabilité, puisque l'on pouvait rouler les tonneaux ; et la conservation en volumes plus importants. Tardivement, les bouteilles firent leur apparition, ne démontrant réellement tout leur intérêt que du jour où l'on employa les bouchons de liège. Connus des Grecs et des Romains, qui s'en servaient pour boucher les amphores, ils reprirent du service au XVIIe siècle, en Champagne, avec dom Pérignon. Dès lors, les mises en bouteilles firent leur apparition, d'abord par petits lots très réduits, puis de façon plus régulière.

Musée Dom-Pérignon. *Bouteilles anciennes.* Photo Jean-Daniel Sudres/Scope.

En général, ces mises en bouteilles étaient faites par l'acheteur qui s'adressait souvent à des cuvées de haut niveau et souhaitait pouvoir conserver ses vins d'une récolte à la suivante. On découvrit bientôt cette notion de maturation du vin que l'on ne connaissait qu'au travers des conservations en fûts et des vins destinés aux voyages. Avec la mise en bouteilles, on apprit que ce n'était pas tant les voyages que le temps qui permet aux grands vins de mûrir : la voie était ouverte à l'œnologie moderne.

Pour surveiller son évolution *et contrôler son vieillissement, des échantillons de vin sont régulièrement prélevés du tonneau à l'aide d'une pipette.*
Photo Jean-Luc Barde/Scope.

La longévité des vins en cave

Quels que soient leur origine et leur millésime, les vins connaissent des phases successives d'évolution. Celles-ci ont pu être comparées aux étapes de la vie des êtres vivants, et l'on parle volontiers d'enfance, d'adolescence, d'âge adulte, d'âge mûr, et de vieillissement des vins.

Contrôle visuel de la limpidité du vin en bouteilles dans une cave du Saumurois. *L'observation ne doit pas se faire en éclairage direct mais en éclairage latéral car il arrive souvent qu'un trouble non visible en éclairage direct le soit par effet Tyndall en éclairage indirect.* Photo Jean-Daniel Sudres/Scope.

Ainsi, les vins jeunes, blancs et rouges, sont marqués par des caractères de fermentation, particulièrement dans leur registre aromatique où les odeurs de levure, de brioche et de pain sont développées. Il se dégage parfois aussi des odeurs lactiques, dans le cas de vins ayant subi la fermentation malolactique. Lors de cette période, celle de la petite enfance qui précède le plus souvent la mise en bouteilles, la couleur est pâle pour les vins blancs et violacée pour les rouges.

Vient ensuite l'époque des vins jeunes, encore vifs par leur couleur et leurs caractères gustatifs, aisément acidulés pour les blancs, souvent tanniques, voire rugueux, pour les rouges. C'est l'époque de la véritable enfance, imprégnée d'odeurs de fleurs et de fruits.

Bientôt, le vin s'avère passablement difficile à goûter. Il se referme sur lui même et devient muet, ou bien encore il se trouve dans des registres aromatiques qui s'opposent : à la fois de fleurs et de fruits, de cuir, d'épices, et de senteurs animales. C'est l'époque de l'adolescence, période lors de laquelle l'harmonie et l'équilibre ne sont pas bien évidents. Certains vins réputés pour ne pas bien vieillir ont du mal à dépasser ce stade, sauf quand un climat particulièrement généreux leur donne une structure plus solide qui les apparente à des vins de garde.

Pour les vins promis à la maturité débute alors une longue période : la couleur se dore un peu pour les blancs, tandis que les rouges prennent des reflets d'un rouge un peu plus orangé ou grenat. Les arômes développent de profonds registres où les odeurs de fleurs côtoient harmonieusement les épices et les fruits. Toutes ces odeurs savamment déclinées s'allient à la forme du vin qui perd verdeur et tanin râpeux.

Et puis, un jour, le vin paraît fatigué, usé, et c'est alors avec respect que l'on tente encore de découvrir les charmes d'un été ancien dont les aléas du climat ont sculpté les formes. Ces différentes phases de la vie du vin se déroulent sur une période très variable suivant son origine, d'une part, et la générosité du millésime, d'autre part. Un rendement élevé, la présence de cépages peu tanniques, certains modes de vinification technologiques, ou une petite année entraînent une longévité relativement réduite, ne dépassant pas un à deux ans. À l'inverse, des rendements faibles, une vinification conférant au vin une concentration importante, ou un millésime ensoleillé et sec vont donner au vin une énergie lui permettant de traverser le temps sans se fatiguer, jusqu'à des durées qui peuvent dépasser le siècle pour certains grands vins moelleux ou liquoreux.

Pour une même origine, on connaîtra donc, suivant le millésime, une longévité qui pourra varier amplement, ce qui laisse à l'amateur de vin la possibilité d'attendre la maturité des vins de garde tout en prenant beaucoup de plaisir, dans l'intervalle, à déguster les vins de millésimes plus modestes qui arrivent à maturité plus rapidement. É. C.

Vinothèque de château Margaux. *Les maisons réputées s'efforcent de conserver quelques rares bouteilles de leurs millésimes anciens.* Photo Michel Guillard/Scope.

La vallée du Rhône

Zone de transition entre le nord et le sud, du Bassin parisien et de la Bourgogne jusqu'à la Méditerranée, mais aussi pays de passage et d'invasions plus ou moins pacifiques, la vallée du Rhône doit son identité et sa personnalité au fleuve et à ses vignobles. Intimement liés depuis des siècles, l'eau et le vin sont les repères communs de cette région à l'histoire et à la géographie mouvementées. Depuis Vienne jusqu'à Avignon, 200 km de terroir viticole illustrent la diversité des conditions naturelles, à l'origine de la variété des vins rhodaniens.◆

Statue de Tutela, *Musée lapidaire de Vienne. Représentative de la vieille civilisation agraire de Rome, cette déesse familière, protectrice de la maison et des cultures, porte en écharpe sur l'épaule une grappe de raisin.* Photo Jean-Luc Barde/Scope.

Histoire du vignoble

Bien que les vignes sauvages soient présentes en Gaule, jusqu'à la conquête romaine, les peuples celtes n'élaborent pas de vin. Cependant, dès le Ier siècle av. J.-C., les Allobroges obtiennent de leurs alliés romains le droit de cultiver la vigne. Ils créent, près de Vienne, le premier vignoble rhodanien dont les crus sont célèbres à Rome.

Au Moyen Âge, le vignoble rhodanien connaît une période difficile et n'exporte pas ses vins vers l'Europe du Nord. Les Bordelais et les Bourguignons se protègent en effet de la concurrence des vignobles du Sud-Est par un système de taxes. Aussi, pour atteindre Paris, les vins rhodaniens doivent-ils traverser le massif du Pilat et emprunter la vallée de la Loire. C'est au Moyen Âge également, en 1316, que le deuxième pape en Avignon, Jean XXII, crée le vignoble de Châteauneuf-du-Pape.

À partir du XVIIe siècle, les vins du Rhône vont profiter de l'amélioration des voies de communication et du libre-échange qui s'instaure grâce à la suppression des privilèges de certaines villes. Au XVIIIe siècle, la réputation de la côte du Rhône gardoise grandit et, à cette époque, pour en attester la provenance, la mention « CDR » est gravée sur les fûts. Le XIXe siècle est marqué par l'arrivée en France du phylloxéra qui se manifeste pour la première fois en 1863 à Roquemaure dans le Gard.

La désorganisation du marché qui entraîne la création, en 1935, des AOC permet, en 1937, la création de l'AOC côtes du rhône. En 1994, le vignoble de la vallée du Rhône a reconquis son antique réputation et il est, en volume, le troisième vignoble d'AOC de France.

Géographie et nature des sols

La vallée du Rhône est bien délimitée par les reliefs qui la bordent, Cévennes et massifs préalpins, mais, à l'intérieur de ces limites naturelles, les terroirs viticoles sont extrêmement variés du fait de la diversité du sous-sol et des influences climatiques. Entre Vienne et Avignon, distants de 200 km, on passe d'un climat continental au climat méditerranéen, avec, comme élément commun, le mistral.

Le vignoble de Valréas. *Les vins de cette enclave du Vaucluse dans la Drôme, ancienne possession des papes du XIVe siècle à 1791, bénéficient de l'appellation côtes du rhône-villages. Le vignoble est installé dans le vaste bassin miocène de Valréas.* Photo Jacques Guillard/Scope.

La partie septentrionale, de Vienne à Valence, se rattache à la viticulture du nord. Les vignes sont établies sur des coteaux bien exposés, et les exploitations sont de taille réduite.

Le vignoble est situé sur des terrains très anciens (granite, gneiss, micaschistes) qui appartiennent aux contreforts est des Cévennes. Cultivées sur des pentes raides, orientées sud-sud-est, les vignes sont bien protégées du mistral par la nature du relief. Les sols acides, pauvres et filtrants, conviennent bien aux cépages locaux (syrah, viognier, roussanne, marsanne), tandis qu'en certains endroits de la rive droite, des placages de lœss portent généralement des cépages blancs.

Sur la rive gauche, autour de l'éperon granitique de l'Hermitage, les sols viticoles sont en partie constitués d'alluvions fluvio-glaciaires : c'est le cas de la partie est de l'hermitage, réservée aux cépages blancs marsanne et roussanne, ainsi que de la terrasse des châssis, en crozes-hermitage, où les vignes se mêlent aux vergers.

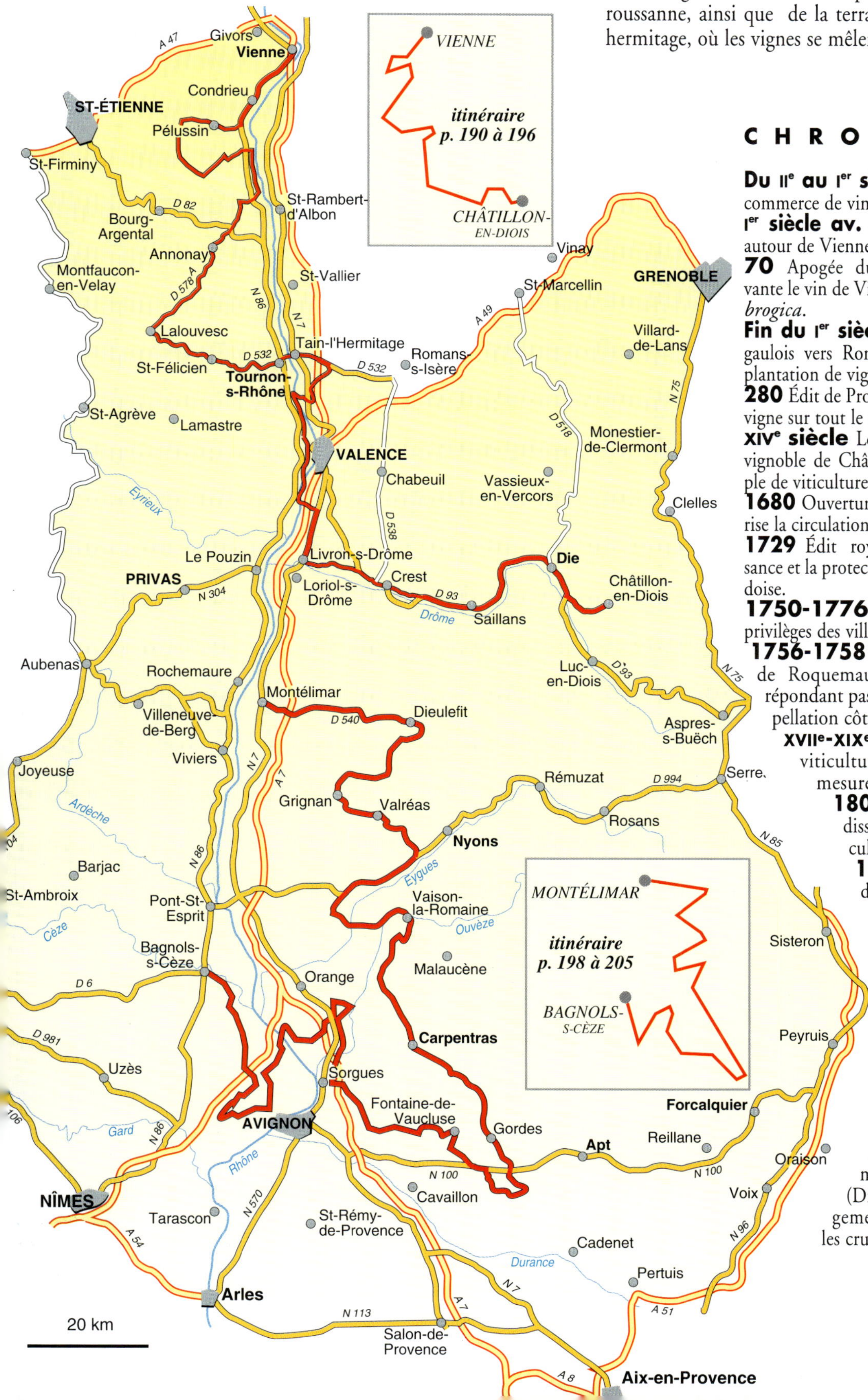

CHRONOLOGIE

Du IIe au Ier siècle av. J.-C. Important commerce de vin romain en Gaule.

Ier siècle av. J.-C. Création du vignoble autour de Vienne.

70 Apogée du vignoble viennois. Pline vante le vin de Vienne et le plant local : l'*allobrogica*.

Fin du Ier siècle Forte exportation de vins gaulois vers Rome. Domitien interdit toute plantation de vignes en Gaule.

280 Édit de Probus autorisant la culture de la vigne sur tout le territoire gaulois.

XIVe siècle Les papes avignonnais créent le vignoble de Châteauneuf-du-Pape, bel exemple de viticulture épiscopale.

1680 Ouverture du canal du Midi qui favorise la circulation des vins.

1729 Édit royal portant sur la reconnaissance et la protection de la côte du Rhône gardoise.

1750-1776 Édits royaux abolissant les privilèges des villes.

1756-1758 Chez quatorze particuliers de Roquemaure, saisie de futailles ne répondant pas au gabarit qui garantit l'appellation côtes du rhône.

XVIIe-XIXe siècle Renouveau de la viticulture rhodanienne grâce à de mesures facilitant le commerce.

1804 Nomenclature, par arrondissement, des plants de vigne cultivés dans la Drôme.

1863 Première manifestation du phylloxéra à Roquemaure dans le Gard.

1929 Création du Syndicat général des vignerons des CDR.

1935 Sous l'impulsion du baron Le Roy, homme du Rhône, création du Comité national des appellations d'origine.

1950-1990 Renouveau, grâce au développement du vignoble méridional, rive gauche (Drôme, Vaucluse), et réaménagement des terrasses dans les crus septentrionaux.

Le climat est de type continental tempéré. La pluviométrie (750 mm par an) est assez bien répartie ; les vignes, bien enracinées dans le sous-sol granitique fissuré, peuvent supporter l'ensoleillement très important des coteaux en été.

Dans le Diois, le vignoble occupe les versants sud du plateau du Vercors, entre 200 et 600 m. Les sols se composent de marnes schisteuses convenant au muscat à petits grains, ou bien d'éboulis de calcaire dur. La fraîcheur due à l'altitude favorise les vins blancs et effervescents.

La partie méridionale s'étend de Montélimar à Avignon. Excepté le Brézème, petit vignoble classé en côtes du rhône au niveau de Livron-sur-Drôme, la vigne est absente entre Valence et le défilé de Donzère. Les sols sont plus complexes. Le climat est de type méditerranéen, fortement influencé par le mistral. Mais l'éloignement plus ou moins grand du Rhône ou des barres montagneuses (la Lance, le Ventoux, le Luberon), ainsi que les différentes expositions, créent de nombreux microclimats.

L'encépagement est multiple, avec une trentaine de cépages autorisés ; les modes de culture et les structures d'exploitation rapprochent cette partie sud de la vallée du Rhône du vignoble méridional.

Le vignoble s'étend sur des plateaux et des versants de collines en pentes douces modelées par les affluents du Rhône et le sous-sol est d'origine sédimentaire. Plusieurs milliers de mètres de sédiments se sont accumulés du cré

Le versant oriental de la vallée du Rhône méridionale, *coupe de terrain.*

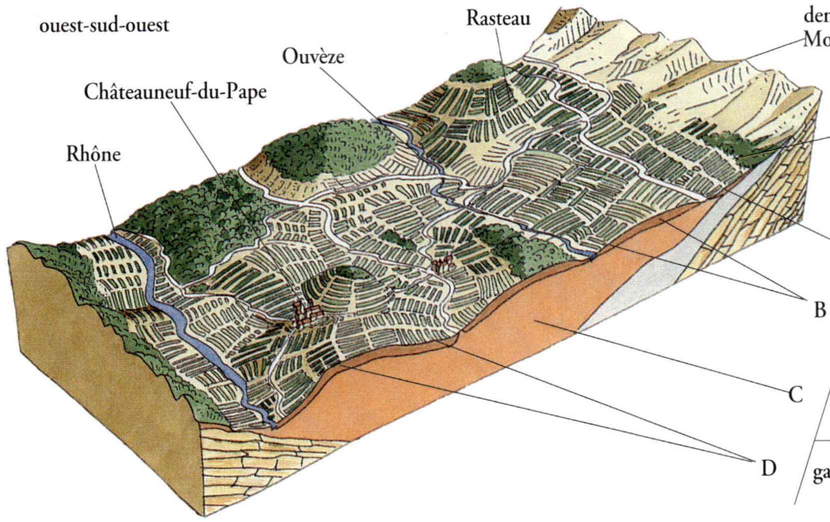

	surface du sol rôle thermique	sous-sol rôle hydrique
A	argilo-caillouteux	argilo-caillouteux
B	cailloux calcaires et silex	argilo-caillouteux peu épais
C	sables calcaires	sablonneux
D	galets de quartzites	argilo-caillouteux épais

Les cépages de la vallée du Rhône

Les vins de la vallée du rhône septentrionale sont produits à partir de trois cépages blancs : marsanne, roussanne, viognier, et d'un cépage noir : syrah.

La marsanne, ou roussette de Saint-Péray ou ermitage dans le Valais en Suisse, a des feuilles grandes, parcheminées, à texture grossière, épaisses, très bullées, profondément quinquelobées, avec le sinus pétiolaire à bords superposés ; le dessous du limbe est aranéeux. Les grappes moyennes, tronconiques, ailées, peu compactes ; les baies petites à moyennes, sphériques, blanc doré, juteuses ; elles viennent à maturité à la deuxième époque tardive. Ce cépage vigoureux est un plant d'abondance, qui était autrefois associé dans les vignoble de la vallée du Rhône à la roussanne, qu'il ne vaut pas pour la qualité de son vin, mais, comme il est plus productif, il a fini par la remplacer presque totalement.

La roussanne, ou bergeron à Chignin, a de grandes feuilles bullées, gaufrées, tourmentées, profondément quinquelobées, avec un sinus pétiolaire en lyre à bords superposés ; le dessous du limbe est pubescent. Les grappes sont petites, cylindriques, compactes, à baies sphériques, blanc doré, presque rousses à maturité complète, qui est de deuxième époque tardive. Ce cépage est peu fertile et sa production est faible.

Le viognier possède des feuilles bullées quinquelobées, à sinus pétiolaire en V ; le dessous du limbe est duveteux. Les grappes sont moyennes, tronconiques, parfois ailées, à baies petites, sphériques, blanc doré, et viennent à maturité à la deuxième époque. Ce cépage, peu fertile, est à conduire à taille longue, pour récolter de 30 à 40 hl/ha.

La syrah, ou serène dans la vallée de l'Isère, a des feuilles bullées, gaufrées, moyennement quinquelobées, avec un sinus pétiolaire en lyre plus ou moins fermée ; le dessous du limbe est duveteux. Les grappes sont cylindriques, parfois ailées, compactes, à baies petites, ovoïdes, noir bleuté, et viennent à maturité à la deuxième époque. Les clones peu fertiles permettent d'obtenir des rendements de l'ordre de 30 hl/ha. Le recours à des clones plus productifs et l'usage d'une taille longue en guyot simple ou double permet d'élever notablement les rendements au détriment de la qualité, et, au-delà de 80 hl/ha, on perd tout le potentiel aromatique de la syrah. P. G.

Les appellations

Les appellations de la vallée du Rhône sont au nombre de 25.

- Château-grillet
- Châteauneuf-du-pape
- Châtillon-en-diois
- Clairette de die
- Condrieu
- Cornas
- Côte rôtie
- Coteaux du tricastin
- Côtes du luberon
- Côtes du rhône
- Côtes du rhône-villages
- Côtes du ventoux
- Côtes du vivarois
- Coteaux-de-die
- Crémant de die
- Crozes-hermitage ou crozes-ermitage
- Gigondas
- Hermitage ou ermitage
- Lirac
- Muscat de beaumes-de-venise
- Rasteau
- Saint-joseph
- Saint-péray
- Tavel
- Vacqueyras

tacé au quaternaire. Ils furent ensuite puissamment remaniés au tertiaire lors de la formation des Alpes, avant de subir l'érosion fluviale. Les sols sont argilo-calcaires plus ou moins caillouteux (éboulis calcaires des dentelles de Montmirail, par exemple), sablonneux-calcaires, ou composés de galets de quartzites dans une matrice argileuse comme à Châteauneuf-du-Pape, Tavel et Lirac.

Production

La gamme des vins élaborés en vallée du Rhône a subi un certain nombre de changements.

Ainsi, la qualité a grandement profité de la maîtrise des températures au cours des vinifications et, durant l'élevage, les vins bénéficient de plus en plus de la climatisation des chais. Ce sont les vins rosés, blancs et effervescents qui ont fait le plus de progrès : un meilleur contrôle des opérations préfermentaires (macération pelliculaire, pressurage, débourbage), ainsi que l'utilisation du froid et du levurage, ont permis de mieux tirer parti des cépages locaux et d'élaborer des vins plus fins, plus aromatiques et sans caractère oxydé.

Les vins rouges constituent cependant l'essentiel de la production et, depuis le côtes du rhône primeur jusqu'aux vins de grande garde, la gamme est complète.

A. M.

Structures économiques

La production des vins AOC dans la vallée du Rhône est à 70 % issue de caves coopératives, et à 30 % de caves particulières, le nombre de vignerons étant d'environ 15 000.

Tain-l'Hermitage. *Le vignoble de l'hermitage, déployé sur les coteaux, tirerait son nom d'un ermite-chevalier du XIIIe siècle qui se retira du monde sur ces hauteurs.*
Photo Jacques Guillard/Scope.

La surface moyenne d'une exploitation est de 10 ha avec, en général, prédominance de la vigne, le mode de faire-valoir étant le plus souvent direct, même si l'on note une progression du fermage. La moyenne d'âge des exploitants est plutôt basse : la relève par les jeunes générations est assurée.

Enfin, on compte une quarantaine d'entreprises de négoce et quelques unions de caves coopératives. S. M.-R.

Les étiquettes de la vallée du Rhône

Qu'ont donc de particulier ces étiquettes de châteauneuf-du-pape, si différentes de leurs voisines de la vallée du rhône qu'elles paraissent indifférentes à leur région ? C'est qu'elles sont, précisément, les étiquettes du châteauneuf, et non des étiquettes de vin. S'appeler « châteauneuf-du-pape », que peut-on rêver de mieux pour un breuvage prestigieux, généreux à vous damner un saint ? Quand on se nomme châteauneuf, alors que d'autres s'accrochent à un semblant de château, quand on a fait perdre la tête aux princes de l'Église, on peut se définir par soi-même, pécaïre ! Que les autres se débrouillent avec leurs noms ordinaires, avec leurs appellations de simples vins ! C'est la raison pour laquelle l'étiquette de châteauneuf est tout entière vouée à l'illustration d'un nom, si miraculeusement évocateur, si merveilleusement apte lui-même à illustrer un cru sacramentel. Rien ne viendra donc perturber le culte du nom. L'écriture parcheminée, dont les initiales sont enluminées comme il se doit, nous dit, au premier coup d'œil : c'en est bien (méfiez-vous des imitations). La vignette fonctionne comme une collection d'indices de la papauté : on y reconnaît la tiare, la crosse, l'étole, les clefs. La pourpre règne sans partage, reléguant le soleil d'été et la pierre antique qu'arborent si volontiers les crus voisins. Elle rappelle la présence du sang divin de la vigne. Peu importe qui étaient les papes, peu importe même que les papes aient été avignonnais : c'est plutôt la sainte Église romaine qui vient ici adorer un vin miraculeux. Rome n'est plus dans Rome, elle est toute où je suis.

Y. J. et E. S

La vallée du Rhône septentrionale

de Vienne à Châtillon-en-Diois

Il est des pays que l'on croit connaître pour les traverser souvent et qui demeurent secrets. Ainsi en est-il du nord de la vallée du Rhône, très vite parcouru, mais souvent mal connu.

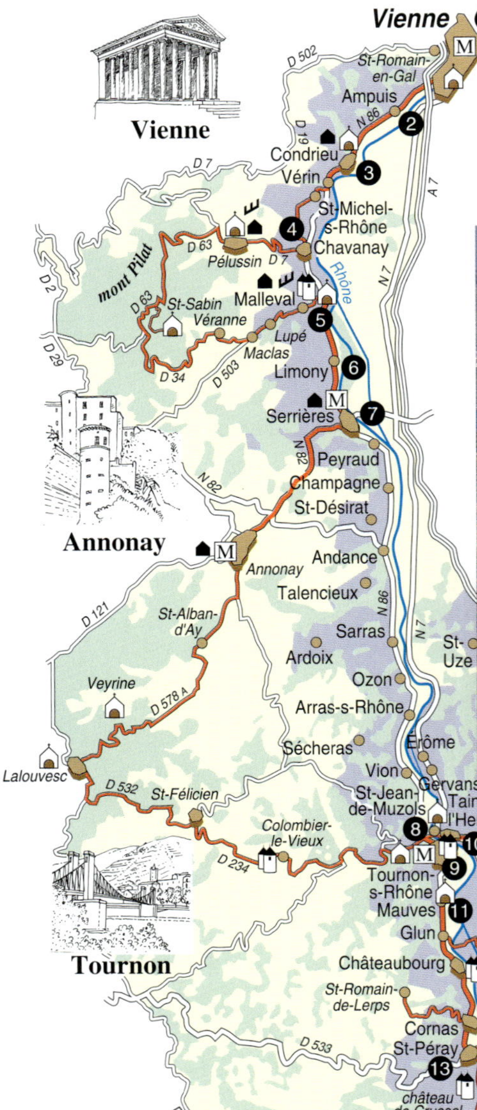

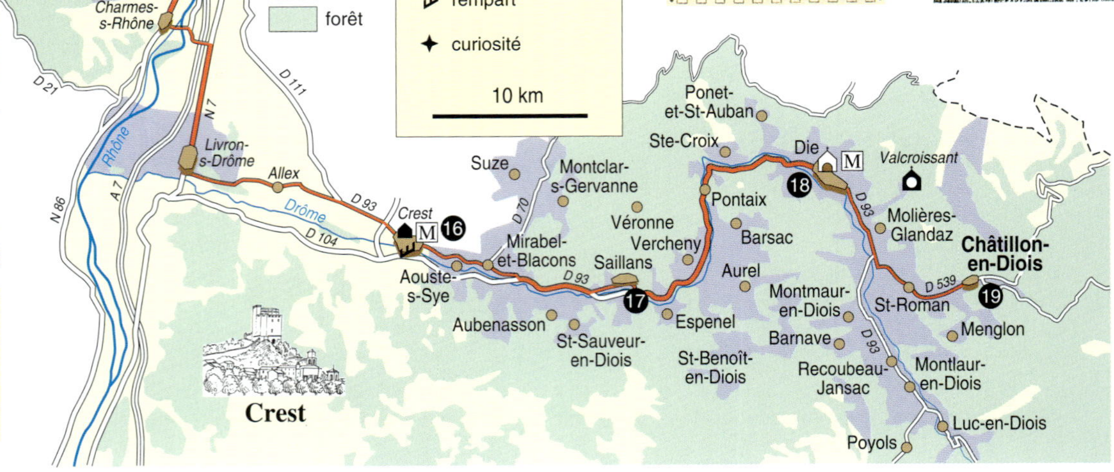

La vallée du Rhône à Tain-l'Hermitage. *Les vignobles sont étagés à flanc de coteau au nord de la ville.*
Photo Jean-Daniel Sudres/Scope.

Les vignobles du nord de la vallée du Rhône sont groupés sur la rive granitique du Rhône. Le climat y est continental. C'est une région de transition, entre la zone fortement humide du Lyonnais et celle du sud, marquée par des précipitations orageuses.

D'âge d'or en régression, ce vignoble s'est maintenu pendant deux mille ans. De 1870 à 1960, la période postphylloxérique fut difficile. L'impossibilité de mécaniser les terrasses, la multiplication des activités secondaires et tertiaires, et la concurrence de l'urbanisme s'étaient traduits par l'abandon de nombreux coteaux. Or, depuis une vingtaine d'années, on note l'amorce d'un renouveau. L'augmentation des prix, l'utilisation de nouvelles techniques viticoles et l'arrivée de jeunes viticulteurs ont permis la remise en état des parcelles abandonnées. L'AOC condrieu en est l'exemple le plus spectaculaire: sa superficie qui était en 1980 inférieure à 20 ha, est passée à 102 ha en 2000.

Cet accroissement de la surface s'est fait sur les parcelles en coteaux, ce qui a permis de conserver la qualité des vins quand de bonnes pratiques viticoles assurent la maîtrise de la vigueur des jeunes vignes. Même si le vignoble

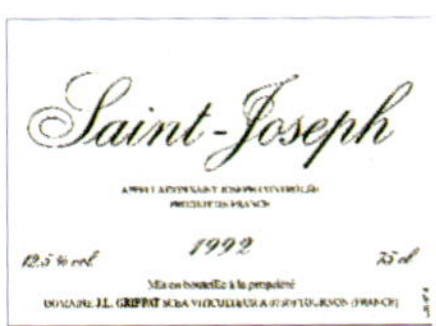

n'a pas retrouvé sa superficie du siècle dernier, les surfaces actuelles n'évolueront plus beaucoup en raison de la réglementation européenne sur les droits de plantation.

Une viticulture de jardinier

Les 8 appellations qui s'échelonnent de Vienne à Valence – côte rôtie, condrieu, château-grillet, saint-joseph, hermitage, crozes-hermitage, cornas et saint-péray – comptent plus par leur réputation que par leur volume : elles représentent ensemble avec 123 400 hl moins de 3 % des vins produits en vallée du Rhône, et moins de 5 % de l'AOC côtes du rhône. En marge des crus est produite une faible quantité de côtes du rhône et de vins de pays des collines rhodaniennes.

Le nombre de souches à l'hectare est de 7 000 à 9 000 pieds, ce qui est beaucoup, et une garantie de qualité dans ces terroirs très pauvres. La taille des exploitations est modeste (de 5 à 15 ha), de dimension familiale. De nombreuses opérations sont réalisées manuellement : le nombre d'heures de travail exigées par hectare est très important. Le palissage est le plus souvent individuel, chaque cep ayant son échalas. Le vigneron est également maçon, car il doit aménager les terrasses, remonter la terre et les murs après les orages. Seuls des vins de haute qualité et de grande réputation permettent de valoriser ce travail manuel. Ces artisans-vignerons sont responsables de leurs produits et garants de leur qualité, de leur création à leur commercialisation. Les coteaux peu mécanisables sont un paradoxe en cette fin de XXe siècle et la marque d'une agriculture ancrée dans son terroir.

Opération de filtrage *dans une cave de la vallée du Rhône. Ce procédé permet, en filtrant le vin à travers une membrane synthétique, d'arrêter les particules du trouble en suspension.*
Photo Jean-Daniel Sudres/Scope.

Itinéraire de Vienne à Châtillon-en-Diois

Il faut prendre le temps de pousser les portes de ce couloir rhodanien et de s'éloigner des grands axes. La N 86 suit l'ancienne via Agrippa qui reliait Vienne à Nîmes. C'est elle que l'on suivra pour avoir ainsi l'occasion de découvrir de nombreux vestiges gallo-romains. Pour quitter l'agitation de la vallée deux escapades vertes seront possibles : autour du Pilat d'abord, puis dans le haut Vivarais. L'itinéraire se poursuivra ensuite par deux incursions rive gauche au niveau de Tain-l'Hermitage, puis à Livron-sur-Drôme pour remonter la vallée de la Drôme et atteindre le vignoble du Diois.

Quitter l'autoroute à Vienne : la visite de l'ancienne capitale gallo-romaine est indispensable. C'est une bonne introduction à la visite des vignobles rhodaniens. Du temps de Rome, les coteaux face à Vienne constituaient la limite septentrionale de la culture de la vigne.

1 Vienne

Assise sur un coude du Rhône, la ville, où les vestiges de l'occupation romaine sont innombrables, fut un des hauts lieux de la chrétienté.

À voir : **le théâtre romain ; le temple d'Auguste et de Livie ; le musée des Beaux-Arts et d'archéologie ; l'église Saint-Pierre ; le Musée lapidaire ; la cathédrale Saint-Maurice ; le mont Pipet.**

Traverser sur la rive droite et visiter le site archéologique de Saint-Romain-en-Gal. Après Saint-Romain-en-Gal, prendre la N 86 vers le sud.

Côte Rôtie

L'appellation marque l'extrême nord de la culture de la syrah. D'un rouge profond, les vins de côte rôtie possèdent à la fois beaucoup de finesse et d'arômes (épices, violette, framboise), et une bouche très charnue et tannique.

Superficie : 200 ha.
Encépagement : syrah ou serine (80 % au minimum), viognier.
Récolte annuelle : 8 500 hl.
Rendement de base : 40 hl/ha.
Titre alcoométrique minimal : 10 % vol.
Potentiel de garde : à apprécier entre cinq et quinze ans.

2 Ampuis

Le nom d'Ampuis vient de « poissé » de l'époque lointaine où les vins, transportés dans des outres, avaient un goût de résine. Un moment concurrencée par la culture de l'abricot et le maraîchage, la vigne a repris sa place dans les coteaux au prix de coûteux travaux de défrichage et de remise en état des murets (les cheys). On remarquera le palissage très particulier : chaque cep est muni d'un échalas et ceux-ci sont réunis deux par deux en forme de V inversé.

JEAN-MICHEL GÉRIN : 19, rue de Montmain, Vérenay, 69420 Ampuis. Tél. 04 74 56 16 56, sur R-V. AOC côte rôtie et condrieu. On accordera une mention spéciale à sa Cuvée Les Grandes Places issue d'un terroir particulier qui surplombe sa cave. À suivre.

E. GUIGAL : château d'Ampuis, N 86, 69420 Ampuis. Tél. 04 74 56 10 22.

Vienne, le pont Saint-Martin. *Ce pont, à une arche et en dos d'âne, date du XIVe siècle. Il enjambe la Gère dont la vallée encaissée est bordée de maisons ouvrières et d'usines qui firent le renom de la ville (tissages, brasseries, fonderies...).*
Photo Jacques Sierpinski/Scope.

Parmi les vins abordables de ce producteur vedette, on notera des côtes brunes et côtes blondes harmonieux.

CONDRIEU

Cépage confidentiel il y a quinze ans, le viognier a reconquis non seulement les coteaux de sa région d'origine mais a essaimé dans le sud de la France et à l'étranger. Il faut le découvrir dans son berceau, sur les versants très ensoleillés du mont Pilat où il exprime toutes ses aptitudes. La culture de la vigne impose la construction de murets pour maintenir la terre sur les terrasses (les chaillets). Le condrieu est un grand vin blanc, très original, qui se caractérise par des arômes très intenses de violette, d'abricot, d'acacia, et une bouche très souple, peu acide. Un vin onctueux, à boire dans ses trois premières années.

Superficie : 102 ha.
Encépagement : viognier.
Récolte annuelle : 4 200 hl.
Rendement de base : 37 hl/ha.
Titre alcoométrique minimal : 11 % vol.
Potentiel de garde : de deux à trois ans.

3 CONDRIEU

Ancien port important sur le Rhône, carrefour stratégique où se rencontraient vignerons, muletiers et mariniers, cette ancienne ville fortifiée offre un très beau point de vue sur le fleuve.
À voir : **le centre historique ; l'église Saint-Étienne ; la maison de la Gabelle ; la tour Garon ; le centre d'observation de la nature de l'île au Beurre.**
Condrieu est le point de départ de plusieurs sentiers de découverte très intéressants dont le sentier de lones en terrasses qui permet de découvrir la rive droite du Rhône, du fleuve jusqu'au plateau, et le sentier botanique J.-J.-Rousseau qui va du Rhône (150 m d'altitude) jusqu'aux crêtes du Pilat (à 1 400 m).
DOMAINE GEORGES VERNAY : 1, rue Nationale, 69420 Condrieu. Tél. 04 74 56 81 81, sur R-V. Ambassadeur incontesté du condrieu, Georges Vernay présente des vins qui sont l'expression même du terroir.

CHÂTEAU-GRILLET

Appellation monopole.
Superficie : 3 ha.
Encépagement : viognier.
Récolte annuelle : 136 hl.
Rendement de base : 37 hl/ha.
Titre alcoométrique minimal : 11 % vol.
Potentiel de garde : de six à huit ans.

Château-Grillet, les terrasses. *Exposé plein sud, ce vignoble, dont l'origine remonte à la Gaule romaine, est établi sur des terrasses granitiques. Riche en alcool gras et faible en acidité, son vin d'une étonnante finesse livre un bouquet puissant.* Photo Jacques Guillard/Scope.

Après Vérin quitter la N 86 et monter en direction du village de Saint-Michel-sur-Rhône pour admirer le cirque de terrasses plein sud de château-grillet, appellation unique par sa taille (3 ha) et son propriétaire exclusif. Ce vin blanc est issu de cépage viognier.
NEYRET-GACHET : Château-Grillet, 42410 Vérin. Tél. 04 74 59 51 56, sur R-V. Après avoir émerveillé Thomas Jefferson au XVIIIe siècle, ce vin tout illuminé par la présence du viognier continue à faire chanter l'imaginaire.

SAINT-JOSEPH

Les vins rouges sont pleins de chame, avec des parfums de cassis et de violette, et aussi de réglisse quand ils vieillissent ; les vins blancs ont un parfum d'aubépine, d'acacia et de miel.

Superficie : 900 ha.
Encépagement :
vin rouge : syrah, marsanne et roussanne (10 % au maximum) ;
vin blanc : roussanne, marsanne.
Récolte annuelle :
vin rouge : 34 900 hl ;
vin blanc : 3 400 hl.
Rendement de base : 40 hl/ha.
Titre alcoométrique minimal : 10 % vol.
Potentiel de garde :
vin rouge : de deux à huit ans ;
vin blanc : de trois à quatre ans.

4 CHAVANAY

C'est à partir de cet ancien village médiéval que commence l'AOC saint-joseph. Les parcelles les mieux exposées conservent cependant l'appellation condrieu.
À voir : **l'église ancienne ; les maisons des XVIe et XVIIe siècles ; les vestiges des remparts avec leurs tours ; la madone de l'Izeras (vue sur la vallée du Rhône).**
CAVE YVES CUILLERON : Verlieu, N 86, 42410 Chavanay. Tél. 04 74 87 02 37, sur R-V. La Cuvée prestige est un saint-joseph rouge élevé en barrique de chêne qui possède des arômes puissants et des tanins vigoureux. Yves Cuilleron élabore un produit rare et peut-être une future légende : son condrieu « vendanges tardives ».
ANDRÉ PERRET : Verlieu, 42410 Chavanay. Tél. 04 74 87 24 74, sur R-V. Biologiste, André Perret cultive 10 ha et propose de belles cuvées en condrieu et saint-joseph.

Entre Chavanay et Malleval (45 km) par les crêtes du Pilat, le circuit permet de découvrir les trois pays qui dominent le fleuve : les terrasses, le piémont et la montagne.
Prendre la D7 jusqu'à Pélussin, où l'on pourra visiter la crypte romane de l'église, le quartier de Virieu et l'ancien château. La route du Crêt-de-l'Œillon, qui se trouve à 1 370 m d'altitude, offre un panorama grandiose sur les Alpes et la vallée du Rhône. Prendre la petite route qui mène au crêt de Saint-Sabin et sa chapelle. Ici a lieu le lundi de Pentecôte une cérémonie particulière : la bénédiction de l'herbe de Saint-Sabin, ou alchémille des Alpes, qu'on suspend ensuite dans l'étable pour protéger le bétail. Redescendre sur Véranne, Maclas et son magnifique plan d'eau. Par la D 503, on rejoint Lupé et son château-forteresse qui se visite de juillet à septembre. Ses caves abritent les barriques de Pierre Gaillard, vigneron à Malleval.

5 MALLEVAL

Vieux bourg médiéval dont le nom (Mala Vallée) signifie « passage encaissé », Malleval fut du XIe au XVe siècle le siège d'une baronnie et d'une cour de justice.

À voir : **les gorges de Malleval ; la cascade du Saut-de-Laurette ; les vestiges des châteaux et des remparts ; la maison de la Gabelle ; la maison du Pendu ; l'église ; le château de Volan.**
C'est ici que se fait le départ du sentier Flore du parc régional du Pilat.

PIERRE GAILLARD : lieu-dit Chez Favier, 42520 Malleval. Tél. 04 74 87 13 10, sur R-V. Excellent exemple de la nouvelle génération de vignerons rhodaniens qui mêle hardiment modernité et tradition, Pierre Gaillard possède une parfaite maîtrise des vinifications et de l'élevage en fûts dont il se sert pour exprimer ses différents terroirs : côte rôtie ; condrieu ; saint-joseph. À suivre.

6 LIMONY

Cet ancien port gallo-romain marquait, avant la Révolution, la limite des États du Forez et du Vivarais. Le vignoble est en AOC saint-joseph, mais Limony possède une petite enclave de condrieu dont c'est la limite sud.

À voir : **la mosaïque polychrome (IIe siècle av. J.-C.) ; la très vieille croix près de l'église ; les vestiges gallo-romains en sous-sol au lieu-dit de Brèze.**

LOUIS CHÈZE : 07340 Limony. Tél. 04 75 34 02 88, sur R-V. Après être devenu une référence dans l'appellation saint-joseph, Louis Chèze vient d'ajouter à sa gamme une petite production de condrieu. À Suivre.

7 SERRIÈRES

Les joutes nautiques, qui ont lieu en juillet, se sont perpétuées dans cette ancienne ville de mariniers après la disparition de la Batellerie dans l'ancienne église Saint-Sornin ; les vieux quartiers du Château et du Tromphe.

DOMAINE BOISSONNET : rue de la Voûte, 07340 Serrières. Tél. 04 75 34 07 99, sur R-V. Un producteur de saint-joseph qui vinifie et reçoit dans de magnifiques caves voûtées du XVIIe siècle. À suivre.

LOUIS VALLET : rue Tournus, 07340 Serrières. Tél. 04 75 34 04 64, sur R-V. On y trouve de beaux saint-joseph classiques à base de vieilles vignes. À suivre.

Quitter la N 86 pour un périple de 80 km de Serrières à Tournon à la découverte du haut Vivarais.
Annonay, petite cité industrielle, patrie de l'ingénieur Marc Seguin et des frères Montgolfier, est comme Rome bâtie sur sept collines.

À voir : **les vieux quartiers ; le musée César-Filhol ; le musée des Papetiers.**
La D 578 conduit à Saint-Alban-d'Ay où, en 1540, fut plantée pour la première fois en France la pomme de terre appelée à l'époque la « truffole ». À Satillieu, on découvrira ce qui reste des remparts, une belle croix de peste en granite et l'église qui possède des œuvres classées du XVIe siècle. On prendra à droite la petite route qui mène au prieuré de Veyrines dont les chapiteaux représentent la tentation d'Ève, la descente du Christ aux limbes et le combat de deux chevaliers. Lalouvesc, dont la basilique est l'œuvre de Pierre-Marie Bossan, qui construisit à Lyon la basilique de Fourvière, offre de nombreuses promenades pour les amateurs de cèpes et de myrtilles.
Redescendre par la D 532 vers la capitale du picodon (fromage de chèvre), Saint-Félicien, qui possède une église romane. À Colombier-le-Vieux on peut voir le château de Colombier et celui de Ruissas. Ensuite, par les gorges du Doux, retrouver la N 86 à Saint-Jean-de-Muzols.

8 SAINT-JEAN-DE-MUZOLS

Au Ve siècle av. J.-C., les Phocéens fondèrent ici un comptoir appelé Misi. Port grec puis romain, le village conserve des souvenirs de la grandeur monastique : l'église Saint-Jean, la chapelle Saint-Estève construites par les bénédictins de Cluny, et celle de Saint-Épine par les hospitaliers de Jérusalem.

9 TOURNON-SUR-RHÔNE

La ville, autrefois ceinte de remparts dont il ne subsiste que la porte de Mauves, a une vocation essentiellement viticole. Avec les cinq communes avoisinantes, elle constitue le cœur de saint-joseph et fut l'une des premières à pouvoir revendiquer l'appellation en 1956.

À voir : **le château-musée ; la collégiale Saint-Julien (XIVe siècle) ; le lycée Gabriel-Faure (fondé en 1536) ; le pont Marc-Seguin (1849). Le sentier des tours à partir de l'hôpital permet d'avoir une étendue sur le Rhône et le coteau de l'Hermitage.**

DELAS FRÈRES : ZA de l'Olivet, 07302 Tournon-sur-Rhône. Tél. 04 75 08 60 30, sur R-V. Cette maison de négoce est propriétaire de parcelles dans plusieurs crus des côtes du rhône (nord) et produit, parmi une

Carte des aires d'appellations hermitage et crozes-hermitage.

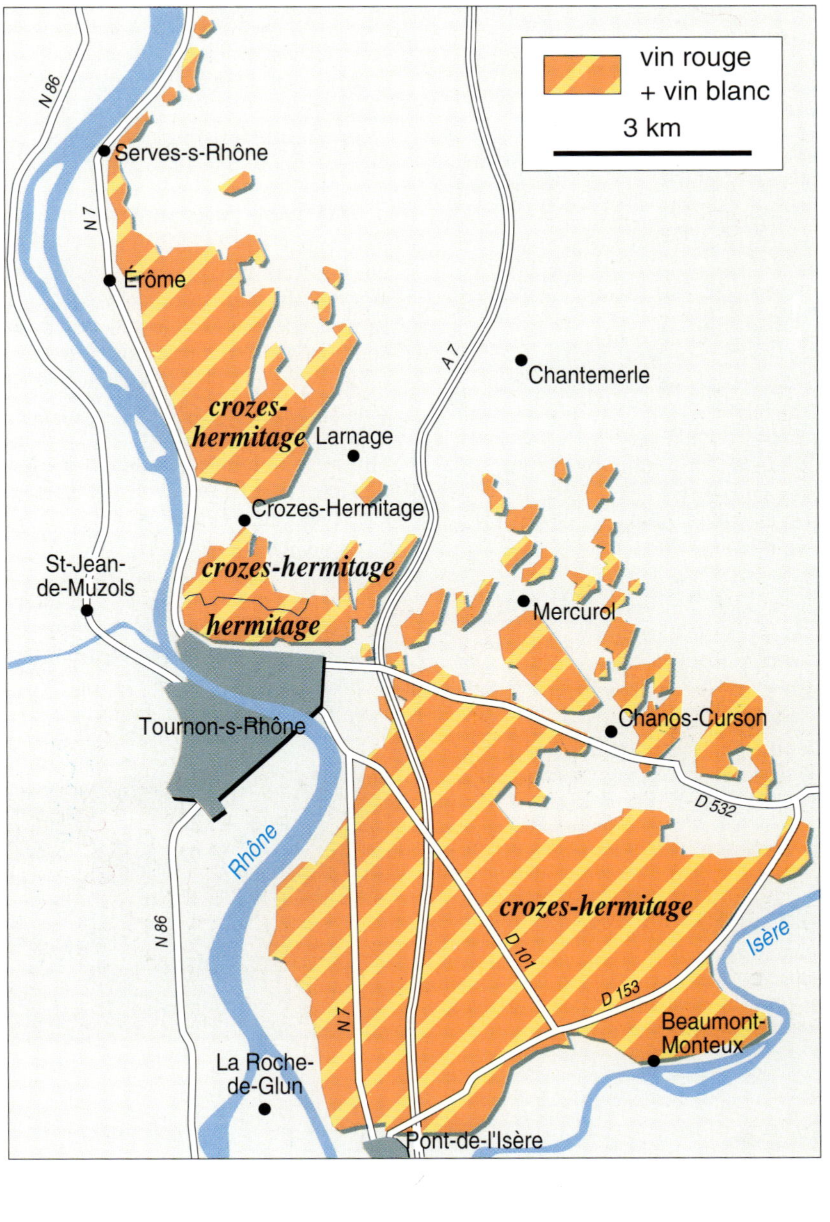

gamme de vins intéressants, un saint-joseph élégant et un muscat de beaumes-de-venise aux arômes de raisins de Corinthe.

JEAN-LOUIS GRIPPAT : La Sauva, 07300 Tournon. Tél. 04 75 08 15 51, sur R-V. On retiendra un saint-joseph rouge typé.

Traverser le Rhône pour la ville jumelle de Tain-l'Hermitage.

CROZES-HERMITAGE

Les vins sont souples, agréables, très parfumés.

Superficie : 1 238 ha.

Encépagement :

vin rouge : syrah, marsanne et roussanne (15 % au maximum) ;

vin blanc : roussanne, marsanne.

Récolte annuelle :

vin rouge : 55 800 hl ;

vin blanc : 4 500 hl.

Rendement de base : 45 hl/ha.

Titre alcoométrique minimal : 10 % vol.

Potentiel de garde :

vin rouge : de deux à cinq ans ;

vin blanc : de trois à quatre ans.

HERMITAGE

Les vins rouges ont une robe sombre, un nez intense de poivre et de framboise, et des tanins très puissants aptes à une très longue garde. La proportion de roussanne à côté de la marsanne donne aux vins blancs une très bonne capacité au vieillissement.

Superficie : 131 ha.

Encépagement :

vin rouge : syrah, marsanne et roussanne (15 % au maximum) ;

vin blanc : marsanne, roussanne.

Récolte annuelle :

vin rouge : 4 100 hl ;

vin blanc : 1 100 hl.

Rendement de base : 40 hl/ha.

Titre alcoométrique minimal :

vin rouge : 10,5 % vol. ;

vin blanc : 11 % vol. ;

vin de paille : 14 % vol.

Potentiel de garde :

vin rouge : de quinze à vingt ans ;

vin blanc : de dix à quinze ans.

PORTRAIT

Le maître de l'Hermitage

Gérard Chave, vigneron. Photo Jacques Guillard/Scope.

Pour la plupart des professionnels du vin, Gérard Chave offre l'image la plus accomplie du grand vigneron à la française. Au physique d'abord, car on ne peut oublier son visage extraordinairement expressif et buriné par le soleil du Rhône, ses yeux rieurs, son sourire si communicatif. Mais plus encore par la passion et la droiture qui animent son œuvre de tous les jours. Du monde entier les jeunes viticulteurs viennent chercher chez lui la noblesse des principes : obéissance au terroir – et quel terroir ! –, respect de l'environnement, primauté du raisin sur la technique, développement du goût, sens du partage et de la continuité entre les générations. Cette leçon de vie, Gérard la délivre tous les jours, avec un naturel parfait et un sens pédagogique inné. Ayant hérité de ses ancêtres un don incontestable dans tous les gestes de la vie, un sens particulier d'adaptation à toutes les circonstances et à toutes les rencontres, il n'a pas manqué une occasion de s'enrichir au contact des événements et des hommes, nourrissant ainsi un formidable appétit de connaissance. Il a su dans les années 1980 métamorphoser des vins qui étaient déjà l'objet d'une admiration unanime : ses hermitages blancs ont gagné en rondeur et en profondeur de goût, et ses rouges ont acquis une pureté aromatique et une finesse d'extraction difficiles à surpasser. Arrivé au sommet de son art, il n'a de cesse que de le faire comprendre à ses proches. Il faut l'avoir vu guider son fils Jean-Louis dans la perception de toutes les nuances qui marquent les différentes parcelles de l'Hermitage et dans l'élaboration de la cuvée idéale, celle qui associera puissance et finesse dans la plus juste proportion. On comprend alors que la grande viticulture rejoint les plus hautes créations de l'homme, celles qui sont l'ouvrage d'un goût passionnément transmis d'une génération à l'autre. M. B.

10 TAIN-L'HERMITAGE

L'Hermitage doit la qualité de ses vins à un coteau très bien protégé du mistral et exposé plein sud, ainsi qu'à son terroir. La répartition de l'encépagement est un bon exemple de l'importance du couple cépage-terroir : à l'ouest la partie granitique (Les Bessards) est plantée en syrah, tandis que la partie est où le sol est constitué de galets roulés ou de lœss (Chante-Alouette, Méal, Murets) porte les cépages blancs roussanne et marsanne.

M. CHAPOUTIER : 18, av. Paul-Durand, 26600 Tain-l'Hermitage. Tél. 04 75 08 28 65, sur R-V. La force de l'exploitation réside dans le vignoble de 75 ha réparti dans les meilleurs crus ; le joyau : 30 ha en hermitage, mais aussi côte rôtie, saint-joseph, crozes-hermitage, château-neuf-du-pape (27 ha) et dernièrement condrieu.

PAUL JABOULET AÎNÉ : N 7, Les Jalets, BP 46, La Roche-de-Glun, 26600 Tain-l'Hermitage. Tél. 04 75 84 68 93, sur R-V. Cette maison familiale produit une gamme étendue de vins de la vallée du Rhône, dont l'hermitage rouge La Chapelle et un hermitage Chevalier-de-Sterimberg au caractère affirmé.

CAVE DE TAIN-L'HERMITAGE : 22, route de Larnage, BP 3, 26601 Tain-l'Hermitage Cedex. Tél. 04 75 08 20 87, sur R-V. Au caveau on pourra découvrir un hermitage rouge complexe à la forte personnalité.

Le Rhône à Tain-l'Hermitage. *Connu à l'époque romaine sous l'appellation de vins de Vienne, les vins de l'Hermitage prirent au Moyen Âge le nom de vins de Tournon dont les seigneurs possédaient les vignobles. Son appellation actuelle remonte au XVIe siècle tandis qu'il était cultivé par des ermites.* Photo Jean-Daniel Sudres/Scope.

11 Mauves

C'est ici que se trouve le berceau du saint-joseph, connu autrefois sous le nom de vins de Mauves.
À voir : **la Vierge du XVIe siècle à l'église.**

EARL Pierre Coursodon : place du Marché, 07300 Mauves. Tél. 04 75 08 18 29, tlj, 8 h-12 h et 14 h-18 h. Pierre Coursodon et son fils Jérôme vous proposent de très belles cuvées de saint-joseph, issues de raisins récoltés à dos d'homme, car le coteaux sont si pentus qu'aucune machine ne peut vendanger.

Bernard Gripa : 5, av. Ozier, 07300 Mauves. Tél. 04 75 08 14 96, sur R-V. Bernard Gripa atteint une très grande qualité quel que soit le millésime, donnant un bel exemple de vinification traditionnelle des rouges avec des cuves ouvertes en bois et le pigeage, et des blancs très élégants qui se conservent remarquablement.

Château de Crussol. *Situé aux environs de Saint-Péray, le château remonte au XIe siècle. Établi sur un éperon calcaire qui domine le Rhône, il est précédé par une enceinte basse flanquée de tours rondes. Sa silhouette dentelée qui semble faire corps avec son socle rocheux couronne les ruines de l'ancien village fortifié.*
Photo Jacques Guillard/Scope.

12 Cornas

Superficie : 93 ha ; encépagement : syrah ; récolte annuelle : 4 200 hl ; rendement de base : 37 hl/ha ; titre alcoométrique minimal : 10,5 % vol. ; potentiel de garde : de cinq à quinze ans.
Le nom signifie en celte « terre brûlée ». L'ensoleillement est en effet maximal sur les gradins abrupts qui enserrent le village. Le seul cépage est la syrah ; ici, pas de cépages blancs autorisés pour l'élaboration du cornas qui est un vin sauvage, puissant et taillé pour la garde.
Pour découvrir la majesté du site, il faut prendre, dans le village, la route de Saint-Romain-de-Lerps, puis monter à la maison en ruine de Tézier, au milieu des cèdres, qui domine le village blotti autour de son église et sa flèche de 52 m.

SCEA Domaine Clape : 146, route Nationale, 07130, Cornas Tél. 04 75 40 33 64, sur R-V. Ce grand nom de la vallée du Rhône offre des vins francs et expressifs.

Jean-Luc Colombo : Croix Marais, 07130 Cornas. Tél. 04 75 84 17 10. Ce vigneron-œnologue très connu s'efforce avec succès d'allier la puissance légendaire des cornas à une élégance plus moderne. Une cave se doit de contenir quelques flacons de cornas Les Ruchets de Jean-Luc Colombo.

Jean Lionnet : 48, rue de Pied-la-Vigne, 07130 Cornas. Tél. 04 75 40 36 01, sur R-V. Pour une production d'AOC cornas et de saint-péray, du sérieux, de la rigueur et des prix raisonnables sont les meilleurs atouts de ce producteur. À suivre.

Alain Voge : 4, impasse Équerre, 07130 Cornas. Tél. 04 75 40 32 04, sur R-V. Cet infatigable défenseur de saint-péray et de cornas est au sommet de son art, que l'on appréciera spécialement dans la Cuvée cornas vieilles vignes, et cela dans tous les millésimes.

13 Saint-Péray

Superficie : 62 ha ; encépagement : roussanne, marsanne ; récolte annuelle : 2 600 hl ; rendement de base : 45 hl/ha ; titre alcoométrique minimal : saint péray : 10 % vol., saint-péray mousseux : 9 % vol. ; potentiel de garde : de trois à cinq ans.
L'AOC saint-péray élabore exclusivement des vins blancs : effervescents et méthode traditionnelle pour 70 % du volume, et le reste en vin blanc tranquille sec. Le saint-péray mousseux allie finesse, arômes floraux et un certain corps qui le distingue des autres effervescents français. Le saint-péray tranquille est sec, frais, avec des notes de fleurs blanches qui évoluent vers le miel en vieillissant.
Ce vignoble, malgré la réputation ancienne de ses effervescents (leur prix était comparable à celui du champagne il y a une cinquantaine d'années), a du mal à se préserver de l'urbanisation. Il est dominé par les ruines du château de Crussol qui appartint à la famille d'Uzès. C'est au château de Beauregard qu'eut lieu la première prise de mousse de saint-péray par un négociant local, Louis Faure, en 1829.
À voir : **les ruines du château de Crussol ; le château de Beauregard.**

Jean-Louis Thiers : EARL du Biguet, 07130 Toulaud. Tél. 04 75 40 49 44, sur R-V. La beauté du vallon du Biguet et le saint-péray mousseux incitent à la poésie.

Côtes du Rhône

Superficie : 41 000 ha.
Encépagement : grenache, clairette, syrah, mourvèdre, picpoul, terret noir, picardan, cinsaut, roussette ou roussanne, marsanne, bourboulenc, viognier, carignan (30 % au maximum), et 30 % au maximum de counoise, muscardin, vaccarèse, pinot fin de Bourgogne, mauzac, pascal blanc, ugni blanc, calitor, gamay noir, camarèse.
Récolte annuelle :
vin rouge et rosé : 2 112 000 hl ;
vin blanc : 88 000 hl.
Rendement de base : 50 hl/ha.
Titre alcoométrique minimal : 11 % vol.
Potentiel de garde : de trois à cinq ans.

14 Valence

La cathédrale Saint-Apollinaire (imposante construction de style roman auvergnat), le temple paré de stuc dans le style Louis XV, l'ancienne chapelle des Cordeliers, le musée et sa collection d'œuvres d'Hubert Robert (surtout des sanguines), les vieilles maisons composent un inventaire des principales curiosités qui invitent à visiter la ville.

15 Soyons

Âprement disputé au temps des guerres de Religion, le site conserve une tour penchée, vestige d'un ensemble fortifié détruit sur ordre de Louis XIII.
À voir : **le musée ; le site préhistorique.**
Après Soyons, rejoindre Charmes au sud et traverser le Rhône par le barrage pour

OPINION

M. Alain Pic (restaurateur et chef à Valence)

1/ Qu'attendez-vous d'un vin ?
Un vin doit être suffisamment complexe pour s'accorder avec les plats que nous servons. Nous devons en effet créer une harmonie plus qu'un équilibre. Le rôle du sommelier est de faire partager au client la sensation d'une osmose entre les mets et le vin.

2/ Qu'attendez-vous d'un producteur ?
Un producteur doit être suffisamment ouvert aux techniques nouvelles, tout en préservant ses méthodes traditionnelles d'élaboration qui font sa réputation.

3/ Votre dernier coup de cœur ?
Il est difficile de retenir un coup de cœur particulier, tant nous avons l'occasion d'en éprouver dans notre région. Parlons donc de l'un des derniers : un coup de cœur pour La Chapelle, hermitage 1978 de Jaboulet. Les critères qui nous ont séduit étaient sa jeunesse (pour un vin de cet âge) et son prix abordable pour un tel millésime.

aller jusqu'à Livron par la N7 et rendre visite au petit vignoble du Brézème (16 ha sur la commune de Livron).

JEAN-MARIE LOMBARD : Piquet, 26250 Livron. Tél. 04 75 61 64 90, sur R-V. Jean-Marie Lombard a tiré le brézème de son anonymat et élabore des vins rouges de caractère qui rivalisent avec les meilleurs crozes-hermitage. Vins produits : AOC côtes du rhône brézème. À suivre.

Depuis Livron, remonter la vallée de la Drôme par le petit village d'Allex et atteindre Crest.

CLAIRETTE DE DIE, COTEAUX DE DIE, CRÉMANT DE DIE

Deux procédés de vinification sont en vigueur dans l'aire clairette de die : le crémant de die (vin effervescent produit avec le cépage clairette), la méthode dioise traditionnelle élaborée à base de cépage muscat. La fermentation du moût est volontairement limitée en cuves et se poursuit en bouteilles.

Superficie : 1 300 ha.

Encépagement :
clairette de die : clairette blanche et muscat à petits grains (75 % au minimum) ;
coteaux de die et crémant de die : clairette blanche.

Récolte annuelle : 75 000 hl.

Rendement de base :
clairette de die et coteaux de die : 50 hl/ha ;
crémant de die : 7,5 t/ha ;

Titre alcoométrique minimal :
clairette de die et crémant de die : 9 % vol. ;
coteaux de die : 10,5 % vol.

Potentiel de garde :
clairette de die et crémant de die : de deux à trois ans ;
coteaux de die : de deux à cinq ans.

16 CREST

Avec ses vieilles maisons, le bourg s'étage jusqu'à la tour qui est certainement le plus grand sinon le plus beau des donjons de France. L'épaisseur de ses murs atteint 4 m à la base.

À voir : **la tour ; le musée de la Nature (minéraux et fossiles du monde entier).**

17 SAILLANS

C'est la porte du Diois, on y rencontre les premières vignes de l'appellation clairette de die.

À voir : **la magnanerie.**

JEAN-CLAUDE RASPAIL : domaine de la Mûre, 26340 Saillans. Tél. 04 75 21 55 99, tlj. 9 h-12 h et 14 h-18 h. Jean-Claude Raspail élabore millésime après millésime des vins reconnus qui constituent une valeur sûre et une bonne introduction aux vins du Diois. Vins produits : AOC crémant de die ; clairette de die tradition ; coteaux de die. À suivre.

18 DIE

De son passé romain, Die ne conserve que la porte Saint-Marcel. La présence d'un évêque en fit une ville importante au Moyen Âge.

À voir : **le musée d'Histoire et d'archéologie ; la porte Saint-Marcel ; la cathédrale Notre-Dame ; la chapelle Saint-Nicolas ; le musée de la clairette de die, où se trouvent des pièces rares ayant servi à la culture de la vigne et à l'élaboration du vin.** Aux environs : **l'abbaye cistercienne de Valcroissant.**

CAVE COOPÉRATIVE DE DIE JAILLANCE : 26150 Die. Tél. 04 75 22 30 00, sur R-V. Cette cave présente toute une gamme de beaux crémants.

ACHARD-VINCENT : 26150 Sainte-Croix. Tél. 04 75 21 20 73. La clairette est, ici, élaborée selon des principes agrobiologiques. À suivre.

Un peu plus loin, à 6 km après Die, à Pont-de-Quart, quitter la D93 pour prendre la D539.

CHÂTILLON-EN-DIOIS

À près de 600 m d'altitude, châtillon-en-diois est l'AOC la plus haute de France. Sur des pentes caillouteuses, plein sud au pied des falaises de Glandasse, la vigne bénéficie d'un très bel ensoleillement.

Superficie : 50 ha.

Encépagement :
vin rouge et rosé : gamay noir (75 % au minimum), syrah et pinot noir (25 % au maximum) ;
vin blanc : aligoté, chardonnay.

Récolte annuelle :
vin rouge : 1 900 hl ;
vin blanc : 1 300 hl.

Rendement de base : 50 hl/ha.

Titre alcoométrique minimal :
vin rouge et rosé : 10 % vol. ;
vin blanc : 10,5 % vol.

Potentiel de garde : quatre ans environ.

19 CHÂTILLON-EN-DIOIS

Perché à 500 m d'altitude, ce vieux bourg invite à la promenade dans ses ruelles situées de part et d'autre de la rue des Rostangs.

Le vignoble est aux portes de la plus grande réserve naturelle de France : les hauts plateaux du Vercors. Dans la forêt Jean-Giono, un espace forestier permet de sensibiliser les enfants à la gestion et à la protection de la forêt.

À voir : **le petit train des vignes.**

JÉRÔME CAYOL : domaine de Maupas, 26410 Châtillon-en-Diois. Tél. 04 75 21 18 81, sur R-V. Entré dans le métier en 1992, avec une cave très bien équipée et beaucoup de passion, ce producteur démontre toutes les possibilités du terroir châtillonnais. Vins produits : AOC châtillon-en-diois.

A. M.

Environs de Laval-d'Aix. *Situé au pied de la montagne de Glandasse, le vignoble ceinture au sud-ouest la réserve naturelle des hauts plateaux du Vercors.*
Photo Jacques Guillard/Scope.

Les confréries

Dès le Moyen Âge, les vignerons se groupent dans des confréries religieuses qui leur permettent d'organiser localement un culte spécifique en l'honneur de leur saint protecteur.

Les confréries ont souvent des fonctions corporatives qui débordent leur finalité religieuse : de façon régulière ou occasionnelle, elles constituent des lieux d'entraide mutuelle en services ou en argent. Plus rarement, elles jouent un rôle politique de défense des vignerons pauvres contre les grands propriétaires. Interdites à la Révolution, certaines se sont reconstituées au XIXe siècle avec des destinées diverses. Depuis une vingtaine d'années, on assiste à leur renaissance. Souvent en association avec des confréries vineuses, elles ajoutent aux manifestations religieuses des actions de promotion des produits viticoles.

Confrérie des Chevaliers du tastevin au clos de Vougeot. *Fondée en 1934, elle compte près de 10 000 membres dans le monde entier.* Photo Jacques Guillard/Scope.

Apparues pour la plupart après 1945, les confréries vineuses ont surtout une activité de propagande qui s'inscrit dans une longue tradition d'apologie et de défense du vin local. On en compte aujourd'hui plus de cent. Attachées à un vignoble, à un village, voire à un vigneron, elles réunissent viticulteurs et amateurs en costume d'apparat dans des « chapitres » ritualisés où se mêlent solennité et convivialité. Soucieuses de leur rôle économique, elles participent parfois activement à la recherche de la qualité ; au moins trois d'entre elles – la confrérie des Chevaliers du tastevin en Bourgogne, la confrérie Saint-Étienne d'Alsace, et la jurade de Saint-Émilion – vont jusqu'à attribuer des labels de qualité après dégustation.

C. R.

Les saints protecteurs de la vigne

À la différence des autres corporations, les vignerons ont toujours adopté non pas un seul mais plusieurs saints protecteurs, divers selon les lieux. Une trentaine de saints ont été ainsi dénombrés en France.

Le choix de tel ou tel saint comme protecteur est motivé parfois par des épisodes de sa vie légendaire, plus souvent par le martyre qu'il a subi, le sang versé étant assimilé au vin selon la symbolique complexe développée par la religion chrétienne. On peut noter également que les saints choisis comme protecteurs sont honorés à des dates critiques du cycle végétatif : montée de la sève, floraison, aoûtement, vendanges. Ce souci d'efficacité se manifestait aussi, dans la piété populaire, par les châtiments infligés au saint – en jetant par exemple sa statue dans l'eau d'une fontaine – lorsqu'il avait laissé le gel ou la grêle anéantir les espoirs de récolte. Quel que soit le saint vénéré et à travers de multiples variantes locales, les cérémonies en son honneur se déroulent, aujourd'hui comme hier, selon un rite qui comporte toujours essentiellement deux aspects : une messe solennelle, avec bénédiction de la statue ou de la bannière de la confrérie, et une ou deux processions à travers les vignes et/ou les rues du village pour porter la statue chez le confrère qui en aura la garde pendant un an. Les cérémonies religieuses sont suivies d'un banquet confraternel, naguère encore réservé aux hommes, parfois prolongé par une tournée des caves qui peut durer plusieurs jours. La fête du saint protecteur prend souvent aussi le caractère d'une fête de la communauté vigneronne : sous des formes diverses, plus ou moins ritualisées, chacun doit mettre symboliquement ses biens à la disposition de tous, exprimant ainsi, tout en la renforçant, la solidarité villageoise.

Statue de saint Vincent du château Latour en Médoc. *Saint patron des vignerons dans la plupart des régions de France, saint Vincent est fêté chaque année au cours de manifestations de plus ou moins grande envergure.* Photo Michel Guillard/Scope.

Aujourd'hui, et depuis plusieurs siècles, le culte le plus répandu est celui de saint Vincent dont l'origine semble se situer en Île-de-France où il fut adopté comme protecteur par les premiers vignerons de l'abbaye Saint-Vincent devenue Saint-Germain-des-Prés. Les fêtes de Saint-Vincent connaissent aujourd'hui un renouveau sous des formes nouvelles et diverses, de la simple fête de village à la grande manifestation populaire comme la Saint-Vincent tournante en Bourgogne. Plus généralement, la renaissance actuelle du culte des saints protecteurs de la vigne s'accompagne de nouvelles fonctions, plus ou moins conscientes : à la conjuration magico-religieuse du malheur s'ajoute le souci de renforcer la solidarité villageoise ou professionnelle, de refonder des identités collectives, voire de susciter des actions de relance viticole. C. R.

La vallée du Rhône méridionale

de Montélimar à Bagnols-sur-Cèze

De la Drôme au Luberon, de Châteauneuf-du-Pape à Roquemaure, le sud de la vallée du Rhône est riche d'histoire et de culture. La vigne est un merveilleux guide pour découvrir cette vaste mosaïque d'appellations d'origine contrôlée, façonnée par les hommes de cette terre.

Châteauneuf-du-pape. *Dans cette prestigieuse appellation, de gros galets contribuent à la qualité du vignoble. Recouvrant un sol d'argiles sableuses rouges, ils restituent la chaleur solaire pendant la nuit et favorisent l'écoulement de l'eau.*
Photo Jacques Guillard/Scope.

De la Drôme provençale au comtat Venaissin, du mont Ventoux au massif du Luberon, de Châteauneuf-du-Pape à la côte du Rhône gardoise, la vigne est omniprésente dans le sud de la vallée du Rhône. À la diversité des sols et des climats s'oppose la présence d'un cépage roi, le grenache. Baigné de soleil, malmené par le mistral, il constitue peut-être le fil conducteur de cette vallée. Du modeste vin de pays à l'illustre appellation, l'échelle des valeurs s'étend à l'infini ; la vigne et le vin sont présents dans chaque village.
À Montélimar, le coteau du tricastin, compagnon de toujours de la marquise de Sévigné, demeure le seigneur des lieux. Une entrée dans le comtat Venaissin, à Valréas, et nous voilà plongés en pleine papauté où le côtes du rhône-villages, avec ses arômes de réglisse, enchante les papilles. À Sainte-Cécile-les-Vignes, le cœur de l'appellation côtes du rhône, les vins sont fruités et généreux. Accrochés aux dentelles de Montmirail, gigondas, vacqueyras et beaumes-de-venise sonnent doucement aux oreilles de l'amateur éclairé. Ces grands vins de garde puissants tapissent le palais de leurs tanins soyeux. Proche de Carpentras, le mont Ventoux, ce « géant de Provence », s'offre à nous. Sa présence imposante apporte ombre et fraîcheur aux vignes. Les côtes du ventoux sont des vins élégants et fins. Le passage en Luberon est rapide : on découvre alors les vignes de ce massif calcaire baigné de lumière et de soleil. Le vin des côtes du Luberon présente typicité et caractère à celui qui prend le temps de le découvrir.
Mais le retour en côtes du rhône est imminent pour rencontrer le plus célèbre d'entre eux : châteauneuf-du-pape. Les quelques vignes plantées par Jean XXII ont prospéré pour faire de cette appellation la gloire de la région.
En traversant le Rhône, on arrive en terre gardoise, à Roquemaure. C'est ici qu'est née l'appellation côtes du rhône, la ville constituant le point de départ des bateaux chargés des précieux tonneaux frappés des marques de feu « CDR ». Les vignerons gardois conservent jalousement les vestiges de ce passé glorieux qui fit leur renommée. Tavel, le premier rosé de France, est l'une de leurs fiertés, et lirac lui emboîte le pas. L'itinéraire prend fin à Bagnols-sur-Cèze où le visiteur, conquis par tant de diversité, gardera longtemps l'image d'un vignoble à nul autre pareil.

Itinéraire de Montélimar à Bagnols-sur-Cèze

À partir de Montélimar, tous (ou presque) s'accordent à penser que l'on entre en Provence. Le paysage devient méditerranéen avec les couleurs chaudes de l'olivier, les richesses des arbres fruitiers, les effluves délicats des plantes aromatiques et, bien sûr, les ceps noueux de la vigne. Sous ce climat privilégié, la garrigue odorante, les chênes verts et les pins parasols baignent dans le bruit assourdissant des cigales.
Cette terre d'écrivains, d'artistes et de peintres offre une richesse historique unique : vestiges romains, tels la célèbre Vaison-la-Romaine ou le plus discret camp romain à Laudun ; chapelles romanes, témoins du passage de la papauté en Avignon et dans le comtat Venaissin ; vieilles maisons de lauze, mas en pierre efficaces pour se protéger du vent et du soleil… Mais la Provence, c'est aussi une langue, le provençal, que nombre de gens parlent encore, et une gastronomie fine où la truffe, l'huile d'olive, les fruits, les légumes frais et l'oignon cru sont omniprésents. Le marché tient une place à part dans le cœur des Provençaux. C'est leur repère, leur rendez-vous quotidien où s'expriment ce « parler facile » et cette bonne humeur méridionale, auxquels le soleil n'est sûrement pas étranger.

Vinsobres, les vignobles. *Cette commune produit des vins d'appellation côtes du rhône-villages.*
Photo Jacques Guillard/Scope.

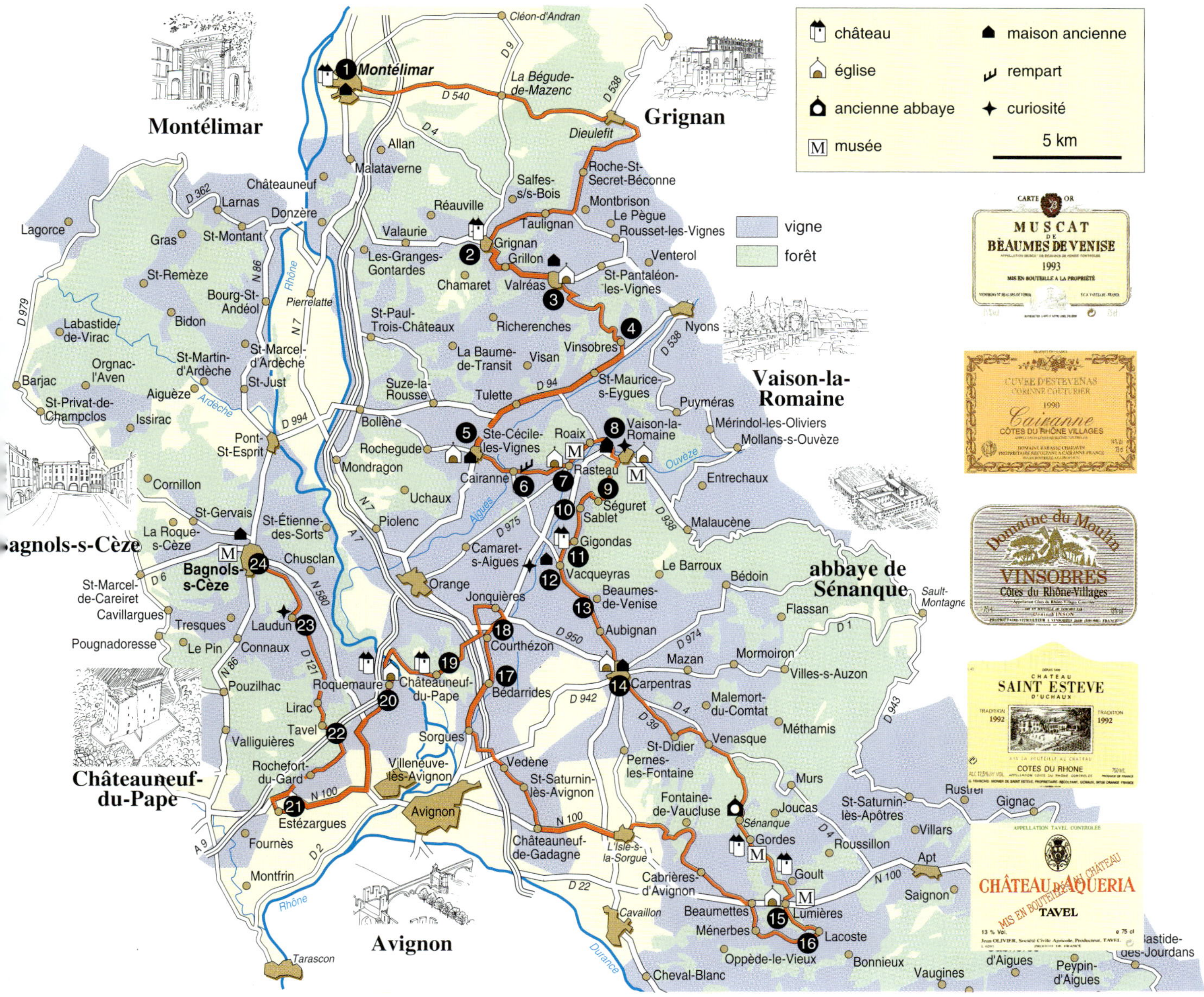

1 Montélimar

À la sortie Montélimar-Sud de l'autoroute A7, on entre en Drôme provençale, le pays du nougat, de la truffe et des coteaux du tricastin, ces vins légers et élégants qui firent, avec la gastronomie locale, le bonheur de la marquise de Sévigné.

À voir : **le château ; la vieille ville.**

Château de Grignan. *De style Renaissance, le château fut construit vers 1540 et complété par une aile supplémentaire en 1690. Sa restauration dura de 1913 à 1920.* Photo A. S.

Coteaux du tricastin

Superficie : 2 000 ha.

Encépagement :

vin rouge et rosé : grenache noir, cinsaut, mourvèdre, syrah, picpoul noir, carignan (20 % au maximum) et accessoirement les cépages blancs ci-dessous (20 % au maximum) ;

vin blanc : grenache blanc, clairette blanche, picpoul blanc, bourboulenc ugni blanc, marsanne, roussanne, viognier (30 % au maximum).

Récolte annuelle :

vin rouge : 108 800 hl ;

vin blanc : 3 200 hl.

Rendement de base : 52 hl/ha.

Titre alcoométrique minimal : 11 % vol.

Potentiel de garde : de trois à cinq ans.

De Montélimar, on rejoint Grignan par la D540 qui traverse La Bégude-de-Mazenc et Dieulefit, puis par la D538 qui passe par Montbrison et Taulignan.

2 Grignan

Grignan est célèbre pour son château, où la marquise de Sévigné faisait de longs séjours auprès de sa fille mariée au propriétaire des lieux, le comte de Grignan.

À voir : **le château du XVIe siècle entièrement meublé en mobilier ancien.**

Côtes du Rhône-villages

Superficie : 3 200 ha.
Encépagement :
vin rouge : grenache noir (65 % au maximum), syrah, mourvèdre, cinsaut (25 % au minimum) ;
vin rosé : grenache noir (60 % au maximum), camarèse et cinsaut (15 % au minimum), carignan (15 % au maximum) ;
vin blanc : clairette, roussanne, bourboulenc (80 % au minimum), grenache blanc (10 % au maximum).
Récolte annuelle :
vin rouge : 396 800 hl ;
vin blanc : 5 200 hl.
Rendement de base : 35 hl/ha.
Titre alcoométrique minimal :
vin rouge : 12,5 % vol ;
vin blanc : 12 % vol.
Potentiel de garde : ces vins, généreux et charpentés, sont très aromatiques, avec des notes de violette et de réglisse. D'une façon générale, ils se conservent plus longtemps que les côtes du rhône (de deux à cinq ans environ)

3 Valréas

Par la D941, on atteint Valréas, capitale de l'« enclave », cette partie du Vaucluse incluse dans la Drôme. Anciennement rattaché au comtat Venaissin, ce territoire resta la propriété des papes jusqu'après la Révolution française (1791). Valréas est l'une des 16 communes qui peuvent apposer leur nom à côté de la mention côtes du rhône-villages.
À voir : **l'hôtel de ville du XVIIIe siècle ; l'église Notre-Dame-de-Nazareth ; la chapelle des Pénitents-Blancs : de la terrasse du jardin, belle vue sur la vieille ville et les collines du Tricastin.**

Valréas. *L'architecture des maisons étagées à flanc de colline est déjà typiquement provençale.* Photo A. S.

Portrait

René Sinard, viticulteur

René Sinard, *viticulteur à Valréas, signe d'excellents vins de syrah.* Photo A. S.

Certains cherchent leur bonheur sous les sabots d'un cheval… René Sinard a trouvé le sien dans une voiture. Celle que son père, « mort à la guerre », avait laissée à sa mère et qu'elle lui avait offerte pour ses vingt-cinq ans. L'ouvrier agricole Sinard la revendra pour acheter un bout de vignoble. Pas de la vigne, juste de la terre nue, très exactement 20,6 a. La deuxième parcelle fera 1 ha. Il y en aura par la suite une trentaine, elles aussi nues, disséminées aux quatre coins de son village. Il plante parcelle après parcelle. « Avec ça », dit René Sinard, en présentant ses mains. La première bouteille sera bouchée en 1975, vingt-trois ans après la première récolte. Elle restera longtemps dans un casier du magasin qu'il tint un moment à Paris. « C'est imbuvable, le vin est trop clair, disait-il chaque fois qu'il la montrait, mais là-dessus j'ai tout fait… » « Tout… » C'est-à-dire aujourd'hui un vin concentré, dense, mais avec des tanins tout en douceur. Lassé de vendre « du beaujolais comme tout le monde », René Sinard a finalement abandonné son magasin parisien pour retrouver son vignoble, éclaté comme un bouquet de feu d'artifice, et sa syrah. Il ne leur fait désormais que d'occasionnelles infidélités, au moment des truffes, quand le vigneron se fait rabassier avec, toujours, le même amour de la terre. D. C.

Domaine des Grands-Devers : 84600 Valréas. Tél. 04 90 35 15 98, du lundi au vendredi, 9 h-18 h. Créé par René Sinard, ce domaine produit un vin 100 % syrah extrêmement typé.

4 Vinsobres

La D46 puis la D190 mènent tout droit au village de Vinsobres, perché sur un piton rocheux, et dont le nom signifie « vigne au-dessus », c'est-à-dire en altitude.
Domaine du Moulin : Denis Vinson, 26110 Vinsobres. Tél. 04 75 27 65 59, tlj sauf dimanche, 8 h-12 h et 13 h 30-19 h. Multiple vainqueur de médailles dans les concours, Denis Vinson élabore un vin rouge puissant et aromatique dans lequel le pourcentage de syrah est important.
SCEA Jean-Claude Valayer et Fils : domaine de Deurre, RD 94, 26110 Vinsobres. Tél. 04 75 27 62 66, sur R-V. Hubert Valayer a fait le tour du monde avant de s'installer sur la propriété familiale. Ses vins, de bons blancs boisés et des rouges souples et agréables, ont largement bénéficié de l'expérience acquise lors de ce périple.

Vinsobres, le village. *Perché sur sa colline, le village est abrité du mistral par les reliefs qui l'entourent. Les grands froids de 1956 ont cependant détruit les oliviers dont la production faisait la réputation du bourg. Le vin produit sur les coteaux qui s'étendent sur 7 km contribue aujourd'hui à sa prospérité.* Photo Jacques Guillard/Scope.

5 Sainte-Cécile-les-Vignes

De Vinsobres, on rejoint Sainte-Cécile, la plus grosse commune viticole des Côtes du Rhône, par la D94 et la D576, qui traverse Saint-Maurice et Tulette, deux autres communes très importantes. Sur cette plaine caillouteuse où la garance était autrefois reine, les vignes s'étendent à perte de vue. Le rendement modéré de l'appellation côtes du rhône (52 hl/ha) permet l'expression d'une typicité fort appréciée.
À voir : **de belles maisons anciennes du XVIe siècle ; l'église du XIIe siècle.**
Domaine de la Présidente: 84290 Sainte-Cécile-les-Vignes. Tél. 04 90 30 80 34, sur R-V. Max Aubert fut une figure locale : grand maître de la Commanderie des Côtes-du-Rhône, il fut aussi président de l'université du Vin de Suze-la-Rousse. Le vin de ce domaine en particulier le château de Galliffet, est agréable, tannique et aromatique.

Aux environs : **Uchaux (de Sainte-Cécile, prendre la D8 et la D117 pour rejoindre Uchaux).**

CHÂTEAU SAINT-ESTÈVE-D'UCHAUX: 84100 Uchaux. Tél. 04 90 40 62 38, du lundi au samedi, 9 h-12 h et 14 h-18 h. Depuis 1809, ce grand domaine appartient à la famille Français. Celle-ci fut la première à planter du viognier, ce cépage issu de Condrieu qui donne des arômes floraux aux vins blancs. De très belles cuvées rouges sont aromatiques à souhait.

RASTEAU

Cette appellation de vin doux naturel s'étend sur 3 communes : Cairanne, Rasteau et Sablet.

Superficie : 40 ha.

Encépagement : grenache noir, gris ou blanc (90 % au minimum) et les autres cépages des côtes du rhône (jusqu'à 10 %).

Récolte annuelle :
vin rouge : 870 hl ;
vin blanc : 180 hl.

Rendement de base : 30 hl de moût à l'hectare.

Titre alcoométrique minimal : 15 % vol.

Potentiel de garde :
vin rouge : de huit à dix ans ;
vin rosé : de cinq à sept ans ;
vin blanc : de trois à cinq ans.

6 CAIRANNE

Cairanne est situé à quelques kilomètres de Sainte-Cécile par la D8. Cette ancienne seigneurie des templiers est perchée sur un promontoire. Du vieux village, on bénéficie d'une belle vue sur le Ventoux, les dentelles de Montmirail et la plaine du Comtat.

À voir : **l'enceinte médiévale avec portes et tours ; le donjon.**

DOMAINE DANIEL ET DENIS ALARY : La Font-d'Estévenas, route de Rasteau, 84290 Cairanne. Tél. 04 90 30 82 32, tlj. sauf dimanche, 8 h-12 h et 14 h-19 h. Dans cette famille, les vignerons se succèdent de père en fils depuis trois cents ans. On notera la très belle Cuvée réserve du vigneron en rouge, issue de vieilles vignes.

CAVE DE CAIRANNE : 84290 Cairanne. Tél. 04 90 30 82 05, sur R-V. Les vins produits sont toujours intéressants.

DOMAINE D'AÉRIA: route de Rasteau 84290 Cairanne. Tél. 04 90 30 88 78. Sur R-V. Les vins sont équilibrés et aromatiques.

Une université dans les vignes

Suze-la-Rousse, le château. *Environnée de chênes, la forteresse médiévale surplombe la ville qui fut la plus importante du Tricastin au Moyen Âge.* Photo Jacques Guillard/Scope.

Sur la petite commune de Suze-la-Rousse se dresse un imposant château du XIIe siècle, ancien rendez-vous de chasse des princes d'Orange, aujourd'hui université du Vin.

Acquis par le conseil général de la Drôme en 1965, ce château est devenu une université sous l'impulsion des vignerons dont l'objectif était de créer un centre de formation. En 1994, elle forme à la fois des étudiants de troisième cycle (DESS de droit de la vigne et du vin, formation en commercialisation des vins), des professionnels de la sommellerie (diplôme de sommelier-conseil) et des dégustateurs amateurs. L'université, qui possède une bibliothèque particulièrement bien documentée, accueille des colloques internationaux ; c'est aussi un centre technique moderne comprenant des laboratoires d'analyses de sol et de vin. S. M.-R.

7 RASTEAU

À 6 km de Cairanne, Rasteau donne son nom à un côtes du rhône-villages, mais aussi à un vin doux naturel élaboré à partir de grenache à très petit rendement (30 hl/ha). La récolte annuelle, en rouges ou en dorés, est d'environ 3 000 hl.

Dans ce village comtadin, on découvrira les ruines d'un château du XIIe siècle et quelques portions de remparts.

À voir : **l'église Saint-Didier ; le musée des Vignerons (sur la route de Roaix).**

DOMAINE DE LA SOUMADE : 84110 Rasteau. Tél. 04 90 46 11 26, du lundi au samedi, 9 h-11 h 30 et 14 h-18 h. En côtes du rhône-villages Rasteau ou vin doux naturel, André Roméro élabore un vin rouge tannique à faire vieillir quelques années, aux arômes de cacao et de mûre très recherchés, ainsi qu'un excellent vin de pays cépage merlot.

CAVE DES VIGNERONS : Route des princes d'Orange, 84110 Rasteau. Tél. 04 90 10 90 10, sur R-V. La cave signe des côtes du rhône-villages d'un commerce très agréable.

De Rasteau, on rejoint Vaison-la-Romaine en longeant l'Ouvèze, par la D975 qui serpente à travers les vignes.

8 VAISON-LA-ROMAINE

L'ancienne capitale méridionale des Voconces, soumise par les Romains puis administrée par les évêques de la ville, possède de nombreux vestiges romains connus dans le monde entier. Vaison marque la transition entre la plaine du Comtat et les préalpes des Baronnies.

À voir **: les vestiges romains (maison des Messii, portique de Pompée, théâtre) ; le musée archéologique Théo-Desplans; le quartier de la Villasse ; la cathédrale Notre-Dame-de-Nazareth ; la haute ville.**

EARL BRUNEL ET FILS : domaine des Roches Fortes, quartier Le Château, 84110 Vaison-la-Romaine. Tél. 04 90 36 03 03, tlj sauf dimanche, 10 h 30-12 h et 13 h 30-18 h 30. Ce domaine vous propose plusieurs cuvées en côte du rhône de bonne facture.

Aux environs : **Entrechaux.**

CHRISTIAN GÉLY : domaine de Champ-Long (à 2 km du village sur la petite route de Malaucène), 84340 Entrechaux. Tél. 04 90 46 01 58, tlj sauf dimanche, 9 h-12 h 30 et 14 h-19 h. Côtes du ventoux ou côtes du rhône, les cuvées de Christian Gély sont toujours réussies et remportent régulièrement des récompenses dans les concours.

9 SÉGURET

De Vaison, la D23 rejoint Séguret par le chemin des écoliers. Ce joli village typiquement provençal, dominé par son château en ruine, est un site classé où nombre d'artistes se sont installés.

DOMAINE DE L'AMANDINE : Jean-Pierre Verdeau et Fils, quartier Bel-Air, route de Roaix, 84110 Séguret. Tél. 04 90 46 12 39, tlj sauf dimanche, 9 h-12 h et 14 h-18 h. Les côtes du rhône sont fins et équilibrés.

10 SABLET

À 3 km de Séguret, Sablet est une bourgade provençale dans laquelle les rues sont groupées autour de l'église datant des XIIe-XIVe siècles.

BERNARD CHAMFORT : domaine de Verquière, 84110 Sablet. Tél. 04 90 46 90 11, sur R-V. Parfaitement vinifié, le côtes du rhône présente une bonne harmonie générale.

CAVE LE GRAVILLAS : 84110 Sablet. Tél. 04 90 46 90 20, sur R-V. Cette cave élabore un excellent vin blanc.

CHARLES ROUX : château du Trignon, 84190 Gigondas. Tél. 04 90 46 90 27, tlj, sauf dimanche, 9 h-12 h et 14 h-19 h. Avec des vins très aromatiques, une grande palette d'appellations (côtes du rhône-villages, rasteau, gigondas, côtes du rhône cépage viognier), le château du Trignon est un domaine phare de la région.

11 GIGONDAS

Superficie : 1 250 ha ; encépagement : vin rouge : grenache noir (80 % au maximum), syrah noire et mourvèdre noir (15 % au minimum), tous les autres cépages des côtes du rhône (sauf carignan) jusqu'à 10 %, vin rosé : grenache noir (80 % au maximum), tous les autres cépages des côtes du rhône (sauf carignan) jusqu'à 25 % ; nature des sols : cailloux roulés mêlés à une gangue argileuse rougeâtre ; récolte annuelle : 44 300 hl ; rendement de base : 35 hl/ha ; titre alcoométrique minimal : 12,5 % vol. ; potentiel de garde : vin puissant, tannique, charpenté, qui doit vieillir de trois à huit ans.

Au pied des dentelles de Montmirail, à flanc de colline, gigondas est une appellation communale. Du village, où se pressent les caveaux de vente, on peut grimper jusqu'à la terrasse du château restauré par les vignerons et contempler la plaine et le vignoble rhodanien.

EARL FRANCK ALEXANDRE : domaine Les Teyssonnières, 84190 Gigondas. Tél. 04 90 12 31 31, tlj, 8 h-20 h. Ce domaine commercialise ses vins depuis 1985. Ceux-ci sont mis en bouteilles sans collage ni filtration, préservant ainsi le maximum d'arômes.

SCEA BEAUMET BONFILS : domaine Gour-de-Chaulé, 84190 Gigondas. Tél. 04 90 65 85 62, sur R-V. Créé au début du siècle, ce domaine produit des vins généreux et d'une grande simplicité.

Séguret. *Commune libre dès le XIIIe siècle et jusqu'à la Révolution, cette cité accrochée au flanc de la montagne a conservé intact son aspect médiéval et ses ruelles pavées de galets roulés.* Photo Jacques Guillard/Scope.

VACQUEYRAS

Superficie : 1 236 ha.

Encépagement :

vin rouge : grenache noir (50 % au minimum) et syrah, cinsaut, mourvèdre (25 % au minimum) ;

vin rosé : grenache noir (60 % au maximum), mourvèdre et cinsaut (15 % au minimum), tous les cépages des côtes du rhône (sauf carignan) jusqu'à 10 % ;

vin blanc : grenache blanc, clairette, bourboulenc et marsanne, roussanne, viognier (50 % au maximum).

Récolte annuelle :

vin rouge : 47 400 hl ;

vin blanc : 628 hl.

Rendement de base : 35 hl/ha.

Titre alcoométrique minimal :

vin rouge : 12,5 % vol. ;

vin rosé et blanc : 12 % vol.

Potentiel de garde : ce sont des vins charpentés, puissants et amples qui atteignent la plénitude dans leur cinquième année.

12 VACQUEYRAS

Au sud de Gigondas par la D 73, vacqueyras est une appellation depuis 1990. C'est la patrie du troubadour Raimbaud, figure locale honorée par les vignerons.

À voir : **la station thermale de Montmirail (source d'eau saline et sulfureuse) autrefois réputée pour ses propriétés purgatives ; les vestiges des bains ; le casino ; l'hôtel et les écuries.**

ROGER COMBE ET FILLES : domaine La Fourmone, route de Bollène, 84190 Vacqueyras. Tél. 04 90 65 86 05, tlj 9 h 30-12 h et 14 h-18 h. Roger Combe et ses filles exploitent ce domaine, appartenant à la famille depuis 1910, et offrent une belle palette d'appellations : gigondas ; vacqueyras (dont une Cuvée vieilles vignes) ; côtes du rhône.

MUSCAT-DE-BEAUMES-DE-VENISE

Superficie : 441 ha.

Encépagement : muscat à petits grains.

Récolte annuelle : 13 900 hl.

Rendement de base : 40 hl de moût à l'hectare.

Titre alcoométrique minimal : 15 % vol.

Potentiel de garde : de quatre à cinq ans.

13 BEAUMES-DE-VENISE

Adossé à une falaise percée de grottes, Beaumes-de-Venise produit annuellement environ 10 000 hl d'un excellent vin doux naturel à base de muscat à petits grains et un côtes du rhône-villages rouge typique.

CAVE DES VIGNERONS : quartier Ravel, 84190 Beaumes-de-Venise. Tél. 04 90 12 41 00, sur R-V. Le terroir convient parfaitement au muscat à petits grains et donne un vin doux aux notes florales.

CÔTES-DU-VENTOUX

Superficie : 6 888 ha.

Encépagement :

vin rouge et rosé : grenache noir, syrah, cinsaut, mourvèdre, carignan (30 % au maximum) et picpoul noir, counoise, clairette, bourboulenc, grenache blanc, roussanne, ugni blanc, picpoul blanc, pascal blanc (20 % au maximum) ;

vin blanc : clairette, bourboulenc et grenache blanc, roussanne, ugni blanc, picpoul blanc, pascal blanc (30 % au maximum).

Récolte annuelle :

vin rouge : 316 000 hl (en 1991) ;

vin blanc : 9 800 hl (en 1991).

Rendement de base : 50 hl/ha.

Titre alcoométrique de base : 11 % vol.

Potentiel de garde : de deux à trois ans.

14 CARPENTRAS

De Beaumes-de-Venise, la D 7 mène à Carpentras, ancienne capitale du comtat Venaissin, célèbre pour ses berlingots et ses côtes du ventoux.

À voir : **la vieille ville aux rues étroites et sinueuses ; la synagogue ; la cathédrale Saint-Siffrein ; la porte d'Orange.**

La route qui va de Carpentras à Lumières (D 4 puis D 177) traverse de nombreux villages : Saint-Didier, Venasque, perché sur son éperon rocheux, Sénanque, avec son abbaye cistercienne nichée au creux d'un vallon et entourée de lavande, Gordes et Goult. Un parcours idyllique se déroule, où les paysages se succèdent, où les maisons de lauze, les oliviers, les amandiers et les églises romanes donnent tout son sens à la Provence.

15 LUMIÈRES

C'est le pays des côtes du luberon, appellation aux vins frais et fruités dont l'emblème n'est autre qu'un soleil.

Aux environs : **les églises romanes ; l'abbaye de Sénanque ; le château ; le musée Vasarely et le village des bories à Gordes ; le château de Goult.**

CAVE DE LUMIÈRES : hameau de Lumières, 84220 Goult. Tél. 04 90 72 20 04, sur R-V. Cette cave très dynamique ne cesse d'améliorer la qualité de ses vins en élaborant des cuvées rattachées à un terroir, tel le domaine Terrus.

Si l'on continue vers le sud-sud-est, on entre dans l'AOC côtes du luberon.

Côtes du Luberon

Superficie : 3 000 ha.

Encépagement :

vin rouge : grenache noir et syrah (ensemble 50 % au minimum), mourvèdre, carignan (30 % au maximum), cinsaut (20 % au maximum), et counoise, picpoul noir, gamay noir, pinot noir (10 % au maximum) ;

vin rosé : même encépagement que pour le vin rouge, et counoise, picpoul noir, gamay noir, pinot noir (20 % au maximum) ;

vin blanc : grenache blanc, clairette, bourboulenc, ugni blanc (70 % au maximum), vermentino et roussanne, marsanne (20 % au maximum).

Récolte annuelle :

vin rouge et rosé : 166 700 hl ;

vin blanc : 42 200 hl.

Rendement de base : 50 hl/ha.

Titre alcoométrique minimal : 11 % vol.

Potentiel de garde : de trois à quatre ans.

16 Lacoste

Village escarpé au long passé protestant, il est célèbre pour avoir appartenu au marquis de Sade.

Traverser Ménerbes (D 109), la place forte calviniste dominée par sa citadelle, et faire un détour par Oppède-le-Vieux, édifié sur un rocher à pic. On suit un itinéraire très agréable au cœur du Luberon.

De Cabrières-d'Avignon, on rejoint Fontaine-de-Vaucluse par la D 100.

On traverse la « vallée close » chantée par François Pétrarque qui est aujourd'hui un haut lieu touristique avec ses fabriques de papier et son gouffre. À quelques kilomètres de là, par la D 175, celle que l'on nomme la Venise provençale offre de belles demeures ombragées par d'énormes platanes : L'Isle-sur-la-Sorgue, la patrie du poète René Char.

Châteauneuf-du-Pape

Superficie : 3 084 ha.

Encépagement : grenache, syrah, mourvèdre, picpoul, terret noir, counoise, muscardin, vaccarèse, picardan, cinsaut, clairette, roussanne, bourboulenc.

Récolte annuelle :

vin rouge : 103 100 hl ;

vin blanc : 7 200 hl.

Rendement de base : 35 hl/ha.

Titre alcoométrique minimal : 12,5 % vol.

Potentiel de garde :

vin rouge : de huit à dix ans ;

vin blanc : cinq ans.

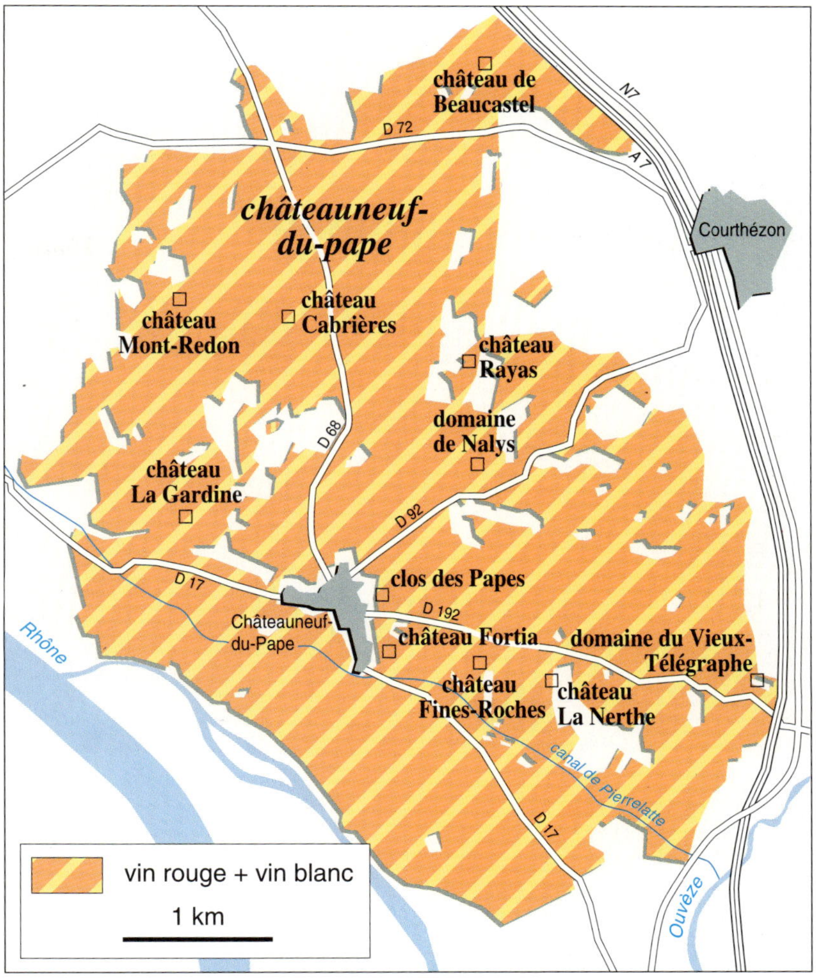

Carte de l'aire d'appellation châteauneuf-du-pape.

17 Bédarrides

Enfin, on arrivera à Bédarrides par la N 100 et la D 6, après avoir traversé Le Thor, Châteauneuf-de-Gadagne, pays du félibrige Alphonse Tavan, Saint-Saturnin, Vedène et Sorgues.

Ce village, aux maisons ocre clair, marque l'entrée dans l'appellation châteauneuf-du-pape.

Domaine Font-de-Michelle : 10, impasse des Vignerons, 84370 Bédarrides. Tél. 04 90 33 00 22, tlj, 9 h-12 h et 14 h-18 h, sur R-V. Font, en provençal, signifie source. Ce domaine excelle dans la production de châteauneuf-du-pape blanc.

18 Courthézon

Sans un gigantesque château d'eau, Courthézon aurait l'allure d'un petit village provençal. Il s'agit néanmoins d'un site exceptionnel pour le vin.

Domaine Paul Autard : route de Châteauneuf-du-Pape, 84350 Courthézon. Tél. 04 90 70 73 15, tlj sauf dimanche, 9 h-13 h et 15 h-19 h. Des vins intéressants.

Château de Beaucastel : 84350 Courthézon. Tél. 04 90 70 41 00, du lundi au vendredi, 9 h-12 h et 14 h-17 h. Célèbre aux États-Unis, ce domaine pratique la culture biologique. Les rendements sont faibles et l'élevage des vins s'effectue en barriques, sans filtration.

EARL Aimé Sabon : 27, chemin du Moulin, 84350 Courthézon. Tél. 04 90 70 86 29, tlj 8 h-12 h et 14 h-19 h, samedi et dimanche sur R-V. Aimé Sabon et son fils, Christophe, exploitent 50 ha dont 14 en châteauneuf-du-pape. Les raisins, issus de vieilles vignes, sont foulés et en partie éraflés ; l'élevage a lieu en barriques ou en foudres.

19 Châteauneuf-du-Pape

De Courthézon, on rejoint Châteauneuf-du-Pape en passant par Jonquières (D 950 et D 92) ou, plus directement, en franchissant le pont traversant l'A 7 (D 92). Ancienne propriété des papes, qui en firent leur résidence d'été, Châteauneuf est le village viticole par excellence.

Le château, édifié par Jean XXII, fut détruit par les calvinistes en 1562 et bombardé en 1944.

À voir : **les vestiges du château.**

Daniel Brunier : route de Châteauneuf-du-Pape, 84370 Bédarrides. Tél. 04 90 33 00 31, sur R-V. Si le célèbre domaine du Vieux-Télégraphe est situé sur la commune de Bédarrides, il est plus facile de se rendre au caveau du domaine de La Roquette, à Château-neuf, qui appartient à la même famille. La propriété produit un vin rouge puissant et tannique.

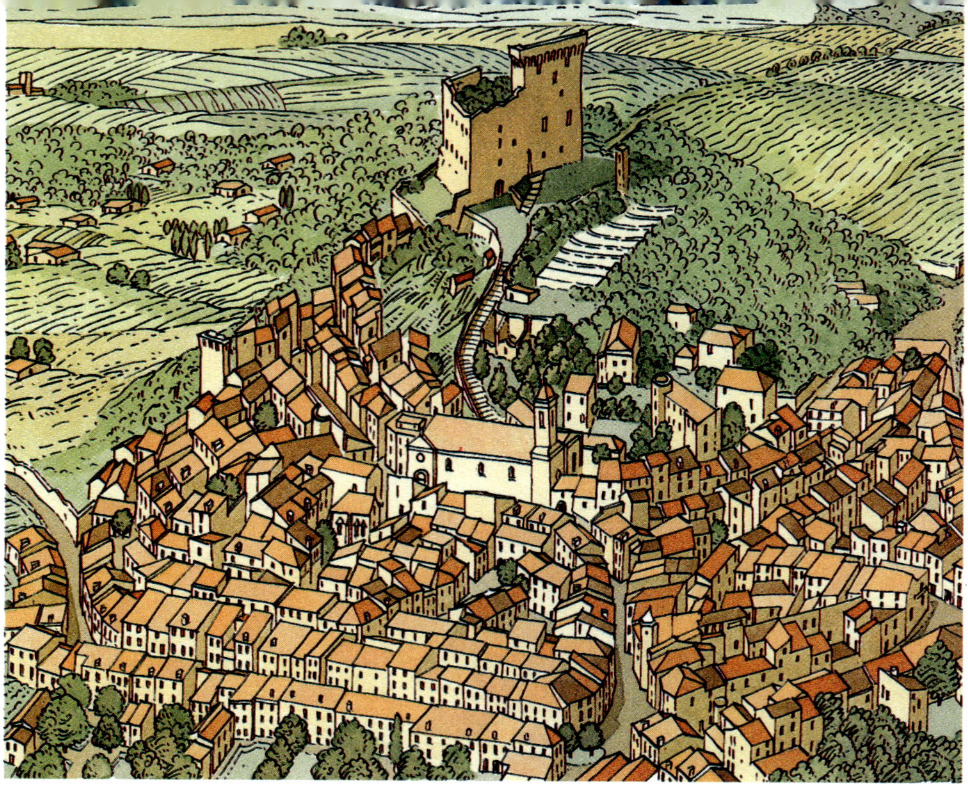

Châteauneuf-du-Pape. *Les ruines du château, bâti au XIVe siècle, dominent le Rhône.* Dessin atelier D. Duplantier.

20 Roquemaure

Après avoir franchi le Rhône, on rejoint Roquemaure. Cette ancienne ville doit sa prospérité au commerce des vins du Languedoc. Elle fait aujourd'hui partie de l'aire de production lirac.

À voir : **l'église du XIVe siècle ; les ruines du château féodal.**

Maxime et Patrick Brunel : Château Saint-Roch, chemin de Lirac, 30150 Roquemaure. Tél. 04 66 82 82 59, tlj, sauf dimanche et samedi, 8 h-12 h et 14 h-17 h. Les lirac de la famille Brunel attestent un long savoir-faire. Les cuvées confidentielles sont remarquables.

SCEA Domaine Pierre Lançon : domaine de la Solitude, 84230 Châteauneuf-du-Pape. Tél. 04 90 83 51 34, tlj, 8 h-18 h. Agréable, réussi ou grandiose, ces qualificatifs s'appliquent parfaitement aux différents vins dégustés.

SCA Château La Nerthe : route de Sorgues, 84230 Châteauneuf-du-Pape. Tél. 04 90 83 70 11, tlj 9 h-12 h et 14 h-18 h, sur R-V. Le superbe château restauré est célèbre pour la qualité de ses châteauneuf-du-pape blancs.

Château Mont-Redon : Famille Abeille-Fabres, route d'Orange, 84230 Châteauneuf-du-Pape. Tél. 04 90 83 72 75, sur R-V. Donnant sur un plateau tout en galets roulés, ce domaine bénéficie d'une longue tradition viticole et d'une renommée internationale.

GAEC du Clos des Papes : 13, av. Pierre-de-Luxembourg, 84230 Châteauneuf-du-Pape. Tél. 04 90 83 70 13, sur R-V. Paul Avril fait partie des grands.

Tavel

Superficie : 938 ha.

Encépagement : grenache, cinsaut, clairette blanche et rose, picpoul, calitor, bourboulenc, mourvèdre, syrah et carignan (10 % au maximum).

Nature des sols : sols de sables ou de cailloutis calcaires, sols rouges à cailloux roulés.

Production annuelle : 42 900 hl.

Rendement de base : 48 hl/ha.

Titre alcoométrique minimal : 11 % vol.

Potentiel de garde : des rosés fins et élégants, assez corsés, qui peuvent se conserver de deux à trois ans.

Lirac

Lirac est le seul cru méridional à produire trois sortes de vins : rouges, rosés et blancs.

Superficie : 700 ha.

Encépagement :

vin rouge : grenache noir (40 % au minimum), syrah et mourvèdre (25 % au minimum), cinsaut, carignan (10 % au maximum) ;

vin rosé : grenache noir (40 % au minimum), syrah et mourvèdre (25 % au minimum), carignan et clairette blanche, grenache blanc, bourboulenc, ugni blanc, picpoul blanc, marsanne, roussanne, viognier (20 % au maximum) ;

vin blanc : clairette, grenache blanc, bourboulenc (60 % au maximum) et ugni blanc, picpoul blanc, marsanne, roussanne, viognier (25 % au maximum ou ensemble 30 % au maximum).

Nature des sols : sols rouges de terrasses à cailloux roulés, sols de lœss et sols squelettiques sableux.

Récolte annuelle :

vin rouge et rosé : 27 700 hl ;

vin blanc : 1 200 hl.

Rendement de base : 42 hl/ha.

Titre alcoométrique de base :

vin rouge : 12 % vol. ;

vin rosé et blanc : 11,5 % vol.

Potentiel de garde : des vins rouges à conserver de trois à quatre ans, des rosés et des blancs à boire jeunes.

21 Estézargues

De Roquemaure, la D 976 conduit aux Angles, aux portes d'Avignon, puis à Domazan et à Estézargues, deux villages situés en retrait de la N 100. Sur ce terroir vallonné, on produit des côtes du rhône rouges typiques à des prix raisonnables.

Cave des Vignerons : 30390 Estézargues. Tél. 04 66 57 03 64, du lundi au samedi, 8 h-12 h et 14 h-18 h. Le terroir de galets, proche de Châteauneuf-du-Pape, produit des vins riches et concentrés.

Aux environs : **Domazan.**

Georges Fabre : route d'Estézargues, 30390 Domazan. Tél. 04 66 57 05 84, sur R-V. Très convaincant, Georges Fabre produit des vins particulièrement représentatifs de l'appellation.

La D 976 conduit à Tavel en passant par Rochefort-du-Gard, un village accroché à flanc de colline, dominé par un castelas.

22 Tavel

Ce village compte de nombreux vignerons, spécialisés dans le rosé.

Domaine de la Mordorée : chemin des Oliviers, 30126 Tavel. Tél. 04 66 50 00 75, tlj, 8 h-12 h, sur R-V. Ce domaine élabore un tavel très fruité et aromatique, mais également du lirac rouge et du châteauneuf-du-pape.

SCA Jean Olivier : château d'Aquéria, 30126 Tavel. Tél. 04 66 50 04 56, du lundi au vendredi, 8 h-12 h et 14 h-18 h, sur R-V le samedi et pour les groupes. C'est l'un des premiers rosés à avoir débarqué aux États-Unis en 1927, avant la prohibition.

Les Vignerons de Tavel : route de la Commanderie, 30126 Tavel. Tél. 04 66 50 03 57, tlj, 9 h-12 h et 14 h-18 h.

Outre un lirac rouge bien structuré, la coopérative vinifie la moitié du volume de tavel, soit un rosé parfaitement typé.
Après avoir traversé Lirac et Saint-Laurent-des-Arbres (D 26), un bourg ayant appartenu aux évêques d'Avignon et riche de vestiges médiévaux (donjon, château des sires de Sabran), on rejoint Laudun (D 121).

23 Laudun

Connus essentiellement pour leurs vins blancs, les vignerons ont entrepris depuis plusieurs années de produire d'autres types de vins.
À voir : **le camp de César ; le château de Lascours.**

24 Bagnols-sur-Cèze

Notre itinéraire prend fin à Bagnols, que l'on rejoint en passant par Orsan (D 121).
À voir : **le musée (peintures) ; le musée d'Archéologie rhodanienne ; les hôtels particuliers des XVIIe et XVIIIe siècles ; la place Mallet.**

Aux environs : **Chusclan.**

CAVE DES VIGNERONS DE CHUSCLAN : route d'Orsan, 30200 Chusclan. Tél. 04 66 90 11 03, sur R-V. Seule unité de vinification de Chusclan, la cave produit un excellent rosé. S. M.-R.

Portrait

Le premier vigneron du monde

Rien ne destinait le baron Pierre Le Roy de Boiseaumarie à devenir la plus haute autorité mondiale en matière viticole. Né en Normandie le 5 avril 1890, il fait des études de droit à Montpellier, manifeste aux côtés des vignerons du Languedoc en pleine crise de surproduction, et revient de la Grande Guerre avec le grade de sous-lieutenant. C'est alors qu'il rencontre Edmée Bernard Le Saint, propriétaire à Châteauneuf-du-Pape. Une nouvelle vie commence pour le baron Le Roy. En épousant la belle, il épouse aussi la cause des viticulteurs. Courageux, ambitieux, chauvin à l'occasion, cet orateur de talent va bouleverser la viticulture. Il met en place, en 1919, les délimitations territoriales des appellations auprès des tribunaux, crée le Syndicat des vignerons de Châteauneuf-du-Pape en 1923, puis celui des vignerons des Côtes-du-Rhône en 1929.
Il participe, en 1935, à la création de l'Institut national des appellations d'origine aux côtés de Joseph Capus, et en devient le président en 1947. Il succède à Édouard Barthe à la présidence de l'Office international de la vigne et du vin en 1949. Il y sera sacré « premier vigneron du monde ». Il participe à la création du Comité interprofessionnel des vins des Côtes-du-Rhône en 1954. Son potentiel de travail est immense ; pour convaincre, persuader, charmer, voire imposer ses vues, il est prêt à toutes les astuces. Colères vraies ou feintes, rugissements ou insinuations malicieuses, faux assoupissements pour mieux saisir les paroles imprudentes... tous ceux qui l'ont connu gardent en mémoire ses présidences d'assemblée. Mais plutôt que de chercher la popularité en flattant les viticulteurs, il n'a cessé de leur dire la vérité et de prêcher pour la qualité. À l'éclat d'une carrière politique, le baron Le Roy préféra la résurrection de sa province, son attachement aux hommes de la vigne et au vin qu'il célébra jusqu'à sa mort en juin 1967.

S. M.-R.

Du pont du Gard à Vaison-la-Romaine. *Les vallées du Gard et de l'Ouvèze sont encadrées de chaînes de montagnes basses, orientées d'ouest en est.*
Dessin atelier D. Duplantier.

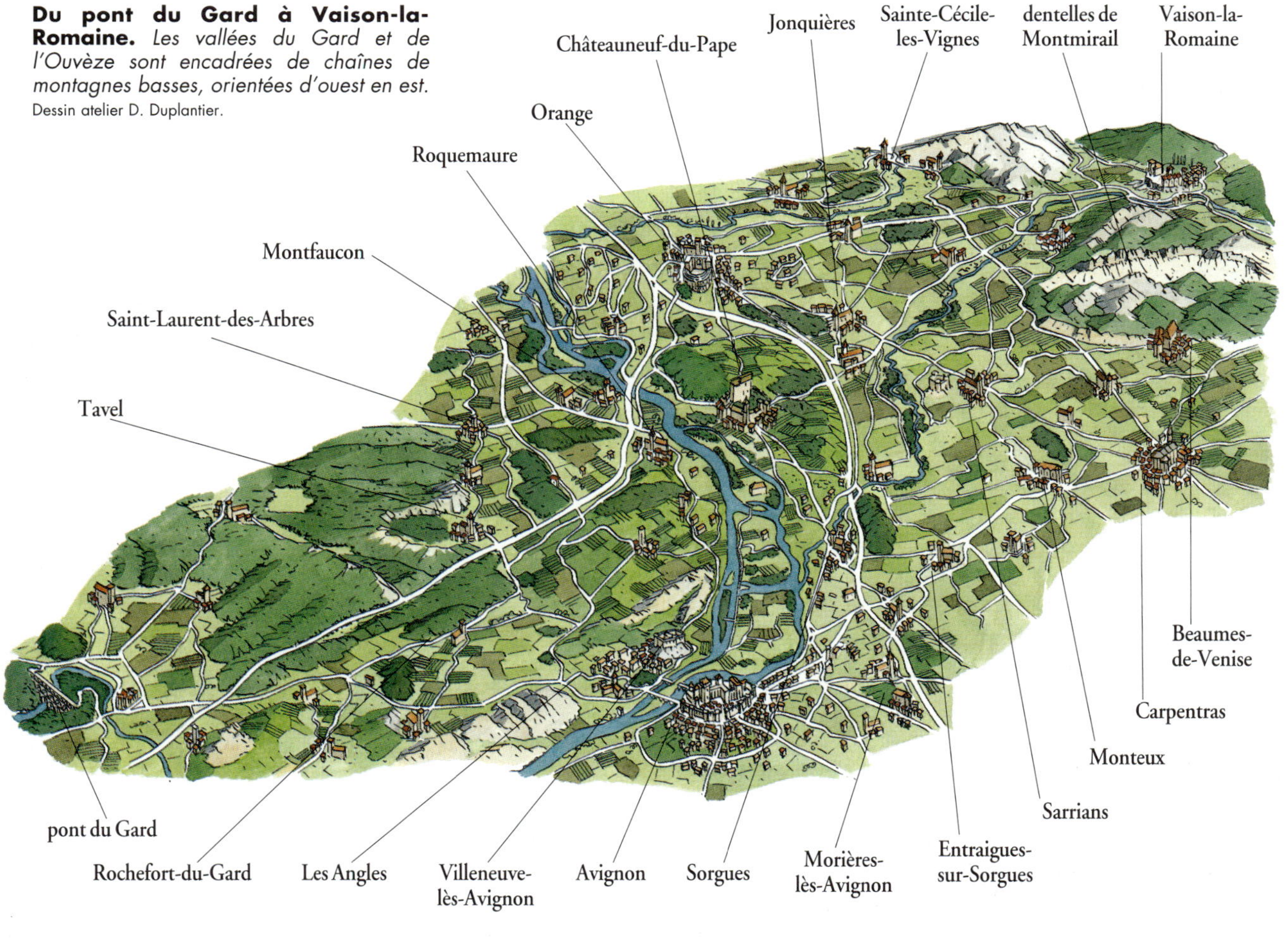

La tonnellerie, un métier renaissant

La tonnellerie qui à l'origine produisait une gamme importante d'objets usuels (hottes, pichets, seaux, baquets...) s'est spécialisée. Depuis le début du xxe siècle elle se consacre à la fabrication de barriques destinées à la production des bières, des vins et des alcools. La construction des grandes caves en béton de l'entre-deux-guerres, les crises viticoles et l'arrivée des cuves thermorégulées en Inox ont durement touché une profession qui, aujourd'hui, revit grâce à une demande et une exigence accrue des professionnels du vin. En effet, les produits de la vigne ont connu une évolution qualitative et une réussite commerciale qui ont relancé l'emploi des fûts destinés à la fermentation et au vieillissement.

Tout en s'inscrivant dans le fil d'une tradition, la tonnellerie française a su adopter différents procédés modernes.

Aujourd'hui, elle produit annuellement environ 180 000 barriques, à destination des cinq continents. L'augmentation de la demande en provenance des nouveaux terrains viticoles d'Amérique et d'Océanie a largement contribué à accroître son volume d'exportation.

Les propriétés du bois

Correctement utilisé, le bois neuf possède certaines qualités physiques

Ramassage et transport *des grumes. Sur une coupe de deux cents chênes, à peine une cinquantaine répondent aux normes demandées par la clientèle de l'entreprise et sont retenus.*
Photo Seguin-Moreau, Cognac.

(porosité à l'air favorisant les échanges gazeux) et chimiques (apports après thermodégradation de caractères olfactifs et gustatifs particuliers) qui ajoutent des notes boisées et renforcent la typicité et l'originalité des grands vins, en les bonifiant.

Un vaste programme d'études mené depuis plus de dix années permet à l'ensemble de ces opérations, conduites jusque-là de manière empirique, d'être mieux contrôlées.

Le bois de chêne

Le bois de chêne possède des propriétés mécaniques indispensables à une parfaite résistance physique des fûts – il offre une bonne tenue au cintrage. Il présente également des propriétés d'isolation thermique et d'imperméabilité satisfaisantes. Les caractères des chênes sont liés à leur origine botanique ainsi qu'à leur origine géographique, aux terroirs et régions où ils sont cultivés.

En France, la superficie de forêts recouvertes de chênes est d'environ 4 millions d'hectares. L'ONF en gère la majeure partie.

Les meilleures références originelles, en matière de bois de chêne, sont les régions du centre de la France pour le vin, et le Limousin pour l'alcool. Les chênes qui offrent les meilleures propriétés d'échange entre le bois et le vin, ou l'alcool, appartiennent au genre *Quercus*. Ce sont le chêne pédonculé et le chêne sessile ou rouvre.

Le chêne pédonculé

C'est un arbre qui peut atteindre 25 à 30 m de haut, son fût est droit et sa cime se divise en grosses branches tortueuses donnant un houppier en grosses masses qui laisse pénétrer la lumière. Il préfère les sols fertiles bien approvisionnés en eau, dont il supporte les excès temporaires. Sa régénération naturelle est facile.

Stockage de grumes. *Les grumes sont stockées sur place – ce qui demande un suivi et une surveillance attentive – avant d'être transportées sur l'aire de stockage des fentes à merrains.*
Photo Seguin-Moreau, Cognac.

Le chêne sessile ou rouvre

Abondant dans la moitié nord de la France, dans les Vosges jusqu'à 800 m d'altitude et dans le Massif central jusqu'à 1 000 m, on n'en trouve aucune trace dans le Sud-Ouest. Il peut atteindre plus de 30 m de haut et vivre au-delà de trois cents ans. Il est généralement exploité au bout de cent cinquante à deux cent cinquante ans.

Moins exigeant en lumière que le chêne pédonculé, il aime les sols aérés et assez meubles, et accepte les sols calcaires ou acides. Il a une préférence marquée pour les limons sableux profonds et drainés. On le trouve principalement en futaies denses.

La sélection des grumes

La sélection des arbres pour la tonnellerie comporte plusieurs étapes. De juillet à septembre, l'ONF remet les cahiers des charges de ventes des coupes. Les arbres sont ensuite sélec-

tionnés sur pied, ils doivent être sains, leur tronc aussi droit que possible. De novembre à février, saison où le bois est hors sève, ils sont vendus par les exploitants forestiers adjudicataires des coupes de hautes futaies ou futaies aux ventes de l'ONF. Après une sélection visuelle les arbres sont réceptionnés sur place. Les grumes destinées à la confection des merrains ont, au préalable, subi de multiples essais qualitatifs. Dans certaines régions, une sélection sévère ne retiendra qu'une cinquantaine d'arbres sur une coupe de 200. Le stockage des grumes soumises à un traitement contre les insectes prédateurs demande un suivi et une surveillance du lieu, de l'exposition, puis du transport.

Le façonnage de la douelle

Une fois stockée sur l'aire des parcs de fente, chaque bille retenue est répertoriée sur un fichier informatisé. Caractéristiques et provenances sont gardées en mémoire pour assurer la qualité dans les années à venir. Les billes sont ensuite découpées aux longueurs souhaitées et fendues (billon). La fabrication des merrains est une opération qui nécessite beaucoup de savoir-faire : le billon sera fendu en quartiers successifs qui eux mêmes seront fendus en prélargeurs de douelles ou doublons dans le sens radial, pour permettre de suivre le fil du bois.

La douelle de merrain de chêne doit être de droit-fil et sur quartier. À cette étape de la fabrication des merrains, on constate des pertes importantes (rendement moyen : 5 m³ de grumes donnent 1 m³ de douelles).

La fabrication des merrains. *Les grumes sont tronçonnées en billons, puis le fendeur fait éclater le billon en étoile. Chaque doublon ainsi produit est fendu puis dégauchi pour obtenir des douelles. Suit alors le finissage.* Photo Seguin-Moreau, Cognac.

Un chêne moyen fournit environ deux fûts de 27 mm d'épaisseur de douelles et fonds correspondants. Après un tri sérieux des produits de la fente, on procède à l'empilage.

Le cintrage au feu. *Pour faciliter le cintrage, le bois doit être chauffé. On utilise un brasero garni de bois de chêne sec placé à l'intérieur. La chaleur assouplit le bois qui doit être constamment mouillé à l'intérieur comme à l'extérieur.* Photo Jean-Luc Barde/Scope.

Outils traditionnels du tonnelier

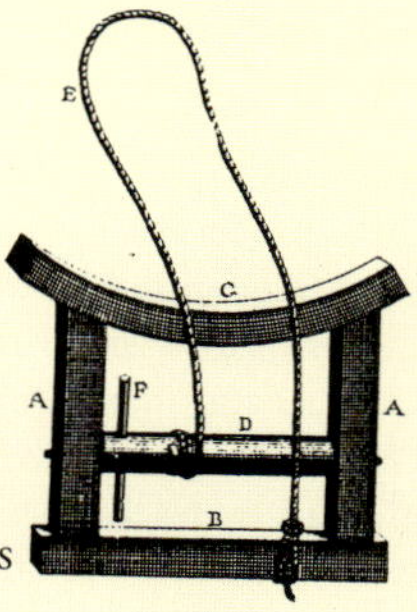

cabestan servant au cintrage des douelles

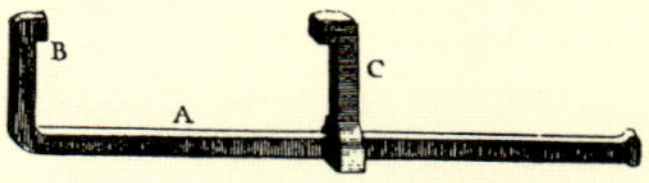

davier permettant de réaligner les douelles descendues

plane servant à parer les douelles

doloire servant à préparer le dessus de la douelle

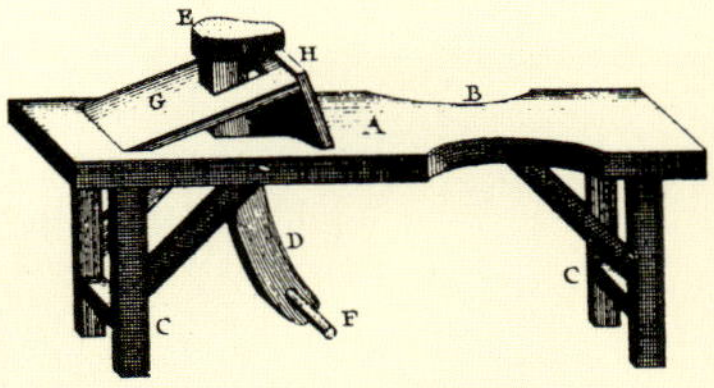

selle à tailler permettant de procéder au taillage de la douelle à l'aide de la plane

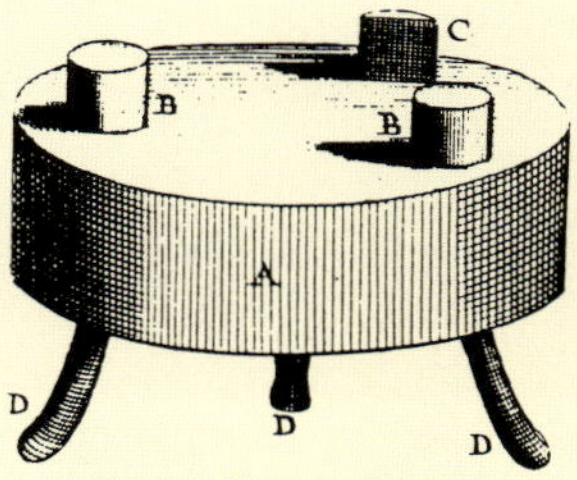

tronchet, billot utilisé par le fendeur

L'élevage et la maturation

Élevage

Sur parc d'élevage, la mise en place des bois s'effectue toujours avec beaucoup de rigueur. Ils sont rangés par catégorie et par provenance. Des zones d'accès sont délimitées pour faciliter les contrôles.

Empilage

Cette opération est essentielle quant au devenir du produit fendu, l'empilage doit être homogène, assurer un bon ruissellement des eaux de pluie et une bonne ventilation latérale. Pour éviter les risques d'éclatement et les gerces, les bouts de douelles doivent être pris les uns sur les autres. Il faut toujours empiler les planches de manière à forcer les bois à se maintenir le plus droit possible, ce qui évite les pertes à l'usinage. Cela est particulièrement valable pour les pièces de fonds.

D'une façon générale, il faut compter environ un an par centimètre d'épaisseur pour s'assurer d'un séchage à l'air libre.

Une bonne circulation entre les piles est indispensable sur les parcs d'élevage. Les allées doivent permettre le passage rapide des chariots élévateurs et réduire ainsi les arrêts (goût d'hydrocarbures).

Le montage de la rose *ou mise en coque dans une tonnellerie à Cognac.* Photo Seguin-Moreau, Cognac.

Maturation

Suivant les conclusions des essais multiples déjà effectués dans le passé, l'exposition et le temps de stockage seront programmés dès la mise sur parc des bois, avec des variantes objectives selon les tendances climatiques de l'année. Des contrôles de maturation seront effectués périodiquement, et tous les paramètres seront mis en place et vérifiés aux normes pour obtenir un produit homogène et reconductible annuellement. Le but est d'obtenir le meilleur pouvoir bonificateur du bois.

La préparation des bois et le montage des fûts

Le responsable de chaque opération d'usinage élimine la pièce qui lui paraît défectueuse, ce qui constitue un deuxième contrôle de qualité des bois.

Écourtage des bois ou mise en taille

Les bois sont coupés aux longueurs correspondant à la confection d'un type de fût donné.

Dollage, évidage

Cette phase consiste à mettre en préforme la douelle bombée sur le dessus et à creuser l'intérieur pour faciliter le pliage au cintrage.

Mesurage de la coque ou entaille

Selon la forme ou le type de fût, on mesure et compte le nombre de douelles nécessaires au montage de la coque, ou mise en rose. Celle-ci est alors prête pour la chauffe.

Cintrage

Il doit toujours se pratiquer à l'aide de braseros et au feu de bois de chêne sec. On effectue un premier passage qui permet le pliage des douelles et leur mise en forme avec humidification (extension des fibres).

La réchauffe ou brûlage de finition

Le fût sera remis plusieurs fois au feu après humidification selon une durée et une intensité contrôlées par les responsables de la chauffe, et cela sur les indications de l'utilisateur de manière à favoriser la convergence entre le terroir et le cépage. Le client spécifie alors ses normes de chauffe, de forme et d'habillage des fûts.

Certains demandent de chauffer l'intérieur des fonds sur certaines fabrications personnalisées en fonction des crus. Il en va de même pour une réchauffe de finition thermorégulée constante et minutée.

Fonds

L'étanchéité des coques de fûts est assurée par mariage du bois chaud après serrage forcé au niveau des joints des douelles. Il en va tout autrement pour les pièces de fonds, le jointage étant réalisé avec du jonc de rivière que l'on place entre celles-ci, reliées entre elles par des goujons de bois dur.

Finition

L'étanchéité est contrôlée par un passage à l'eau chaude ; les fuites éventuelles sont obturées et les pièces

Le montage et la mise en forme. *Les douelles sont placées debout, puis rassemblées les unes à côté des autres à l'intérieur d'un cercle de moule et réparties en alternance. Le cercle de moule est une série de cercles épais permettant de mettre le fût en forme. Une fois les douelles bien alignées intervient un rognage avant la préparation des fonds. Certains utilisateurs demandent au tonnelier de chauffer l'intérieur des fonds. L'opération se termine par le cerclage.* Photo Seguin-Moreau, Cognac.

défectueuses changées après un contrôle sévère par le responsable de ces opérations.

Le guistrage ou raclage de finition

Cette opération a pour objet de nettoyer et finir le fût par un raclage au guistre fin. C'est au moment du cerclage qu'on lui donne la forme et les dimensions demandées par le client. La futaille, une fois achevée, est traditionnellement signée par son réalisateur qui, par ce geste, assume l'entière responsabilité de sa fabrication. Le fût est désormais prêt à être expédié.

La France a ce rare privilège de posséder sur son territoire les meilleures forêts de chênes destinés aux produits nobles – vins et alcools.

Le guistrage ou raclage de finition. *Avant d'être terminé et préalablement à la mise en place des cercles, le fût est raboté, raclé au guistre fin. L'épreuve de solidité et d'étanchéité se fait par un passage à l'eau chaude. L'opération se termine par le perçage du trou de bonde.* Photo Seguin-Moreau, Cognac.

Au tonnelier de savoir employer ces bois avec compétence ; la fabrication d'un fût est une opération complexe qui doit se préparer en forêt, se continuer sur les parcs d'élevage du bois et se poursuivre avec rigueur dans les ateliers de tonnellerie. C'est également une opération chère car la matière de base est un produit noble, donc onéreux, le façonnage en merrain est peu productif et les coûts de fabrication sont élevés.

Il appartient au tonnelier de proposer un produit le plus régulier possible, techniquement irréprochable et reconductible tous les ans.

G. R. et J.-N. B.

Les bouchons

Le bouchon sert à l'obturation des bouteilles, opération qui garantit la conservation des vins et l'évolution optimale des vins de garde. Dans cette fonction, le liège demeure le matériau irremplaçable.

Bouchon de romanée-conti. *La longueur du bouchon est souvent garante du potentiel de garde d'un vin.* Photo Jacques Guillard/Scope.

Dès l'Antiquité, le liège a servi à boucher certaines amphores, mais ses propriétés ne furent redécouvertes en France qu'au XVIIe siècle, après une longue éclipse, par dom Pérignon. Au même moment, les flacons de verre faisaient, eux aussi, leur réapparition.

L'usage du matériau se propagea alors, et le bouchon de liège détrôna les chevilles de bois et les tissus imbibés d'huile et cachetés de cire, employés jusqu'alors.

Les propriétés du liège

Le bouchage des bouteilles nécessite l'emploi d'un corps d'obturation suffisamment élastique pour être facilement inséré dans le goulot lors de la mise en bouteilles, et plus tard aisément dégagé au moment de la consommation. Le bouchon doit se révéler imperméable, afin de garantir la conservation du vin, mais il doit également être doté de propriétés de neutralité chimique et d'imputrescibilité. Toutes ces conditions sont remplies à la perfection par le liège, qu'aucun matériau synthétique n'a jusqu'ici réellement remplacé. Les bouchons à vis ou à capsules, ne permettant pas les échanges gazeux ni une parfaite étanchéité à long terme, se révèlent impropres aux vins de qualité.

La production du liège

La production du liège est pourtant longue, coûteuse, et demeure circonscrite aux pays entourant la Méditerranée. Il faut en effet attendre onze à quinze ans en France, et neuf ans au Portugal, pour procéder à la première levée ou démasclage sur un chêne-liège ; puis cinq à six années supplémentaires pour que ce liège acquière ses propriétés optimales. Les planches doivent ensuite être mises à sécher durant un an et demi avant d'être façonnées en bouchons, au terme de triages soigneux et de nombreuses opérations de traitement.

Le liège est un produit noble, le seul qui convient parfaitement aux grands crus, la longueur du bouchon étant souvent révélatrice du potentiel de garde d'un vin.

G. F.

Marché aux bouchons à Juliénas. *Le liège est le meilleur matériau pour boucher les bouteilles de vin. Cependant, sur les bouteilles de garde, il est recommandé de changer les bouchons tous les vingt-cinq ans.* Photo Jacques Guillard/Scope.

L'œnologie

L'œnologie est la science du vin ; elle comprend à la fois la connaissance de sa nature et de sa composition, mais aussi les phénomènes qui interviennent dans son élaboration et sa conservation.

Si l'on fait du vin depuis longtemps, on n'en comprend vraiment les étapes que depuis peu. Pasteur, père entre autres choses de la microbiologie, a posé les premiers jalons de la connaissance de la fermentation et fut le véritable fondateur de l'œnologie moderne, discipline qui a considérablement progressé depuis un siècle.

La recherche de la qualité

Quels que soient les progrès réalisés dans l'élaboration du vin, on arrive toujours au constat suivant : pour faire du bon vin, il faut du beau raisin, c'est-à-dire sain et présentant un bon équilibre entre richesse en sucres et acidité. Pour cette raison, viticulture et œnologie sont indissociables. La qualité du raisin dépend de nombreux paramètres comme le sol, le climat, le cépage, la culture de la vigne ou les traitements phytosanitaires. En aire d'AOC, le beau raisin est aussi celui qui saura exprimer toutes les caractéristiques et la subtilité du terroir. L'œnologue peut y contribuer en déterminant l'encépagement le plus adapté et le degré optimal de maturité pour la vendange.

Du raisin à la bouteille, le chemin est plus ou moins long selon que le vin doit être bu jeune (vins primeurs) ou vieux (vins de garde). Par ailleurs, chaque producteur suit un processus d'élaboration qui lui est propre, d'où les différences que l'on peut observer entre différents domaines d'une même appellation. Autrefois, on laissait faire la nature, pour le meilleur et pour le pire À l'heure actuelle, les connaissances œnologiques permettent de maîtriser en partie la vinification ou d'aider le vigneron à se sortir du mauvais pas de millésimes difficiles. Ainsi l'œnologue favorise-t-il l'obtention du bon rapport qualité-prix recherché par le consommateur.

L'apport de l'œnologie scientifique

Une fois le vin élaboré et élevé (en fûts ou en cuves), il subit un certain nombre de traitements physico-chimiques destinés à lui assurer une bonne stabilité dans le temps. Les progrès de l'œnologie permettent d'adapter ces traitements aux vins en fonction de leurs caractéristiques, de leur durée de vie probable en bouteilles, des circuits de commercialisation empruntés et des contraintes de transport... jusqu'à la table du consommateur.

Œnologue effectuant des analyses. *Tout au long de la chaîne de production du vin, l'œnologue procède à des analyses sensorielles, chimiques, physico-chimiques et microbiologiques. Il est responsable de la qualité des vins et possède une solide formation scientifique dans les domaines de la botanique, de la biologie, de la biochimie, de la physique et de la chimie.* Photo Open Sky.

L'œnologue intervient donc à toutes les étapes de la chaîne de production pour veiller à la qualité du produit en faisant appel, soit à l'analyse sensorielle (dégustation), soit aux analyses chimiques, physico-chimiques ou microbiologiques.

L'œnologie est d'ailleurs encadrée par des lois et règlements, tant français qu'européens, très stricts : tout ce qui n'est pas autorisé est interdit. Si cela limite la mise en pratique rapide de techniques nouvelles, c'est aussi un garde-fou indispensable.

La formation en œnologie

L'enseignement en œnologie est dispensé dans six centres répartis dans les principales régions viticoles françaises : les universités de Bordeaux, Reims, Dijon, Montpellier et Toulouse, ainsi que l'École nationale supérieure agronomique de Montpellier. Pour s'inscrire en université, il faut être en possession d'un diplôme bac + 2, le diplôme national d'œnologue, d'un niveau bac + 4 ou + 5, étant délivré conjointement par les ministères de l'Agriculture et de l'Éducation nationale.

Selon la loi de 1955 qui a établi les bases de la profession, l'œnologue est qualifié dans les opérations d'élaboration et de conservation des vins. Cela dit, ses fonctions dépassent souvent les domaines de la production et de la recherche, et touchent désormais aussi bien la commercialisation que la gestion, la formation alliant théorie et pratique avec des stages se déroulant en partie dans les caves pendant la vinification et l'élevage, et en partie en laboratoire. Les connaissances acquises par l'étudiant à l'issue des études sont ainsi très vastes : en biologie et en chimie, en physique et en botanique, mais aussi en économie et en techniques de conditionnement, de stockage et de transport.

Bastion longtemps réservé aux hommes, la formation en œnologie accueille de plus en plus de femmes qui représentent aujourd'hui près de 30 % des lauréats. Une commission consultative permanente d'œnologie réunit des représentants des centres de formation, des ministères, et des professionnels. Elle veille à l'harmonisation des programmes et au flux des diplômés qui rejoignent une profession représentée par une association : l'Union des œnologues de France. J.-C. C.

La recherche en viticulture et en œnologie

Les grands centres publics de recherche sont liés aux universités et à l'INRA, l'Institut national de la recherche agronomique. Leur champ d'application est régional et national, mais aussi de plus en plus intégré au niveau international, tandis que des relations de partenariat se renforcent avec les entreprises privées.

Trois grands organismes coordonnent la recherche viticole et œnologique en relation avec les stations et laboratoires plus spécialisés : le pôle de recherche scientifique sur la vigne et le vin de Bordeaux, qui œuvre pour le développement de la qualité et de la typicité des vins de la région ; l'Institut universitaire de la vigne et du vin de Dijon, qui joue le même rôle au service des vins de la Bourgogne, se préoccupant par ailleurs des questions de sécurité et d'environnement ; enfin, l'Institut supérieur de la vigne et du vin, implanté à Montpellier, à vocation nationale et internationale, qui fédère sept organismes publics dans le cadre d'Agropolis. Les activités de ce dernier pôle regroupent l'ensemble des grandes recherches : création de nouvelles variétés de vigne, adaptation aux terroirs, œnologie, microbiologie, arômes...

Visite œnologique dans une pépinière. *Une bonne qualité de raisin est indispensable pour obtenir un vin parfaitement élaboré. Le choix des cépages doit s'effectuer en fonction de la nature des sols et des facteurs climatiques.* Photo Open Sky.

Ces trois grands organismes, relayés par les centres de formation œnologique ou les centres techniques, aux niveaux locaux, permettent à la France de maintenir son rôle de pionnier dans le monde pour tout ce qui est du domaine du vin. G. F.

Les principaux organismes de recherche en France

Intitulé	Organismes	Travaux et activités
Pôle de recherche scientifique sur la vigne et le vin de Bordeaux	Faculté d'œnologie Université de Bordeaux II	Maîtrise du potentiel quantitatif et qualitatif Œnologie des vins du Bordelais
	INRA-Institut de la vigne de Bordeaux	
Institut universitaire de la vigne et du vin de Dijon	Université de Bourgogne	Sécurité et environnement Œnologie des vins de Bourgogne
	INRA-Arômes. Département de technologie des glucides et protéines	
Institut supérieur de la vigne et du vin de Montpellier (dans le cadre d'Agropolis)	INRA École nationale supérieure agronomique (INRA-ENSAM) : comprend les unités de recherche sur la vigne et le vin (INRA) de Colmar et d'Angers CEMAGREF Lycée agricole et viticole de Montpellier Facultés de pharmacie et sciences Laboratoire interrégional de la consommation, concurrence et répression des fraudes	Totalité des travaux sur la vigne et sur le vin Vocation nationale et internationale
Autres	Centres de formation œnologique des universités de Reims et Toulouse	Laboratoires de recherche
	Institut technique de la vigne et du vin	Développement et transfert de technologies au niveau national
	Institut coopératif du vin	Développement et transfert de technologies au niveau régional et local
	Centres techniques régionaux	

J.-C. M.

Les caves coopératives

Les coopératives sont des regroupements de viticulteurs qui mettent leurs vendanges en commun afin qu'elles soient vinifiées et commercialisées. Ces structures permettent à leurs adhérents de bénéficier d'équipements perfectionnés, de conseils d'œnologues et de débouchés importants.

Les coopératives vinicoles naissent dans le Midi de la France au début du XXe siècle comme parade à la crise de mévente qui frappe le vignoble. « Filles de la misère », nées des efforts de militants très souvent liés à la gauche radicale et socialiste, elles sont encouragées par l'État et reçoivent l'aide du tout nouveau Crédit agricole. Elles offrent aux petits producteurs, de loin les plus nombreux, l'accès à l'indispensable progrès technique. Elles doivent ainsi, par une meilleure maîtrise du produit et du marché, favoriser l'émancipation des vignerons : la première cave, née à Maraussan (Hérault) en 1901, s'affirme socialiste et s'appelle fièrement « Les vignerons libres ».

Enseigne de la cave coopérative d'Aléria. *Cette cave produit des vins de pays blancs, issus de chardonnay, et rouges à base de merlot.* Photo Jacques Sierpinski/Scope.

L'essor

Trois vagues de création se succèdent. La première, au début du XXe siècle, place au premier rang le département du Var (35 caves sur 82). Puis, l'entre-deux-guerres enregistre la plus forte poussée, avec 827 caves en 1939. Le Languedoc passe au premier plan (303 caves, plus du quart de la vendange régionale). Partout, le mouvement se déploie, du Bordelais à la Bourgogne, du Midi à la Champagne. Enfin, une dernière vague conduit au maximum en 1969 avec 1 202 caves.

Le statut des coopératives

Progressivement précisé (lois de 1920 et 1972 en particulier), le statut des coopératives fixe les règles et la durée du contrat entre les sociétaires, définit les droits et les obligations de chacun, et assure le contrôle de la gestion par des assemblées générales ; la décision est acquise selon le principe démocratique, « un adhérent, une voix ».

Le poids des caves

Aujourd'hui, la moitié de la production vinicole nationale sort de plus de 900 caves coopératives, qui regroupent 120 000 adhérents (ce qui représente 40 % des déclarants) et la moitié environ du vignoble. Ce succès est favorisé par de fortes traditions d'associations et d'entraide. Il repose, en outre, sur une incontestable dynamique.

Le choix de la qualité

Ce choix, perceptible dès l'origine, est devenu depuis une bonne génération une « priorité absolue », imposée par la « révolution du goût » en faveur des vins de qualité. Les caves s'efforcent d'encourager l'utilisation des cépages nobles, la culture bien conduite et les vendanges bien faites, au bon degré de maturité. Elles priment les apports de qualité.

Les plus dynamiques se sont aussi donné les moyens d'une maîtrise parfaite de la vinification, usant des matériels et des techniques les plus perfectionnés. En même temps, elles se sont lancées dans une politique commerciale dynamique (vente en bouteilles, campagnes de promotion, développement des structures commerciales).

Les vins de coopératives

Les caves proposent des produits typés, aux qualités mises en valeur : vertus des cépages nobles (mourvèdre, syrah, grenache pour les vins rouges de Provence, par exemple), techniques artisanales de vinification comme la « saignée » pour les rosés, goût du terroir… La création de « vins de pays » (74 % de la production nationale) valorise les meilleurs « vins de table ». Mais rien ne montre mieux le succès qualitatif que l'importance croissante des vins hauts de gamme, orgueil des caves, qui livrent aujourd'hui 38 % de la production nationale d'AOC. Grâce à elles, des appellations ont retrouvé une nouvelle jeunesse (clairette de die, blanquette de limoux…) ; d'autres ressuscitent (cahors, saint-pourçain…).

Une image nouvelle du vin de coopérative s'est affirmée. Elle joue sur la personnalité (typicité), liée au terroir, et sur la qualité, garantie par le savoir-faire et le respect des normes imposées.

Cave coopérative de Val-d'Orbieu. *Outre sa fonction d'entreposage, la cave coopérative assure la vente en commun et la promotion des vins, aussi bien sur le marché intérieur qu'à l'exportation.* Photo Jacques Sierpinski/Scope.

L'aide au producteur

« Maison-atelier » vinicole des petits et moyens producteurs, la cave reste à leur service, fidèle au caractère social de ses origines. Elle leur apporte un soutien technique précieux, une aide éventuelle en matière de gestion et de comptabilité, et surtout une plus grande stabilité de revenus, mieux défendus. Elle contribue ainsi à préserver une société et une économie vitivinicole confrontées, comme toute l'agriculture, à de graves difficultés.

Un combat permanent

La qualité coûte cher et la concurrence est rude. Pour mieux se défendre, des unions de caves se sont constituées. Des comités économiques de coordination s'efforcent d'harmoniser les politiques suivies.

Mais toutes les caves ne peuvent suivre, en particulier dans la France du Midi. La diminution des surfaces plantées en vignes, la baisse du nombre des adhérents et leur vieillissement, la présence de nombreux vignerons non professionnels, les réticences devant une politique de qualité jugée trop coûteuse (endettement, cépages améliorateurs discutés), le rôle croissant des « administratifs » dans la gestion, de plus en plus complexe, pèsent sur le dynamisme coopératif. Certaines caves désavantagées doivent fermer ; d'autres sont fragilisées. Et, finalement, le principe même de l'égalité coopérative (un adhérent, une voix) se trouve contesté au nom de l'efficacité économique devenue le critère décisif.

Un tournant de la coopération

La coopération vinicole aborde un tournant délicat. Fortement inscrite dans le paysage villageois, elle propose toujours son message de modernité et de solidarité. Mais aujourd'hui, parfois malmenée, elle doit assurer son assise économique et restructurer le réseau coopératif, sans pour cela oublier sa vocation sociale.

Y. R.

Cave coopérative d'Arzens, aire d'appellation AOVDQS côtes de la malepère. *La recherche systématique de la qualité a poussé les coopératives à investir dans des matériels et des techniques perfectionnés.* Photo Jacques Guillard/Scope.

Le courtier en vins et spiritueux

Depuis que le vin se vend, des intermédiaires en assurent la mise en marché, le transport et la livraison.

À Rome, on appelait les courtiers les *corrateri*, ceux qui concilient les marchés. On les retrouve au XIIe siècle à Paris sous le nom de « crieurs de vins », indiquant aux acheteurs les cours des différents lots proposés. Leur importance était telle que Saint Louis décida en 1243 de donner un statut juridique à leur profession, réaménagé plusieurs fois depuis, mais constant dans ses grandes lignes.

Intermédiaire indépendant entre les producteurs et les négociants, le courtier en vins et spiritueux ne peut avoir un intérêt personnel dans les transactions. Il rapproche vendeurs et acheteurs, surveille l'exécution et la bonne fin des contrats, mais jamais n'achète ni ne vend lui-même.

Les 600 courtiers en vins et spiritueux de France, ou courtiers de campagne, sont répartis dans les principales régions de production. Organisés par spécialités (vins de table, AOC, grands vins, alcools, liqueurs), leur intervention porte sur 80 à 85 % de la production nationale.

Arbitres du marché, ils sont aussi arbitres des prix. Chaque semaine, ils établissent une cotation des principales appellations de leurs régions respectives. Héritiers des courtiers royaux, les courtiers assermentés déterminent pour leur part les cotations mensuelles qui servent de référence pour l'établissement des baux, les contrats d'exclusivité ou l'évaluation des stocks.

Traité sur l'art de mesurer les volumes, *de Gramateus (XVIe siècle). Dès 1322, les cinquante courtiers jurés piqueurs de Paris forment une compagnie d'experts.* Cliché ACJS, DR.

Au-delà de leurs fonctions commerciales, les courtiers en vins comptent parmi les observateurs les plus sûrs et les plus avisés du vignoble. S'il leur est interdit de faire acte de commerce, leurs appréciations sur les crus, les domaines, la qualité des terroirs et des vins sont déterminantes pour l'économie vitivinicole.

H. L.

Évenos. *Brûlées par le soleil, les maisons du village escaladent le piton rocheux couronné par un château qui domine la vallée profonde de l'Ollioules.* Photo Jacques Guillard/Scope.

La région viticole de Provence s'étend sur la basse Provence et les Alpes provençales. Au nord-ouest, le Luberon et ses prolongements sont relayés, à l'est du val de Durance, par les cailloutis tertiaires du plateau de Valensole et les grands plans de Provence. Ils s'étendent jusqu'au nord de Grasse où ils rencontrent les montagnes des Alpes du Sud. Au sud, d'Aix-en-Provence à la vallée du Var, la Provence des collines étend son fouillis de bosses, de dépressions, de petits bassins et de plaines alluviales. Ici et là, des chaînons vigoureux dominent le paysage : Sainte-Victoire, Sainte-Baume. Un grand couloir court de la haute vallée de l'Arc (ouest) au Luc, où il rejoint la dépression périphérique qui, de Toulon à Saint-Raphaël, ceinture les Maures. Celle-ci se termine par les deux seules belles plaines de la côte, autour d'Hyères (Gapeau) et de Saint-Raphaël (Argens). Cette antique voie de passage (via Aureliana, puis via Julia Augusta jusqu'au Rhône) fut, et reste, un des lieux d'élection du vignoble provençal. À l'ouest, la vigne atteint le Rhône autour de Saint-Rémy-de-Provence.
À l'est, elle pousse jusqu'à la vallée du Var. Depuis Marseille, la côte voit se succéder les impressionantes falaises calcaires des calanques (Cassis), puis, après la plaine d'Hyères, les rivages aux somptueuses harmonies de rouges, de verts et de bleus des massifs anciens, Maures et Esterel. Au-delà, l'espace côtier s'élargit au débouché de quelques plaines alluviales (Siagne, Loup, Var). Mais, passé le Var, la montagne à nouveau plonge, vertigineuse, dans la mer.

Tour de l'Horloge à Aix-en-Provence. *Restaurée au XVIe siècle, la tour est décorée de figures allégoriques.* Photo Jacques Guillard/Scope.

C H R O N O L O G I E

600 av. J.-C. Les Phocéens apportent avec eux la pratique de la taille de la vigne.
125 av. J.-C. Les Romains s'installent en Provence et organisent le négoce du vin.
1437 René d'Anjou devient comte de Provence et, pour rendre la prospérité au pays ruiné par la guerre de Cent Ans, prend des mesures en faveur de l'agriculture et de l'exploitation de la vigne.
1481 Le comté de Provence est intégré au royaume de France.
XVIIe-XVIIIe siècle Parfaitement adaptée aux conditions climatiques, la vigne progresse et occupe de grands espaces.
1717 Le conseil d'État prend un arrêt en faveur des vins et eaux-de-vie de Provence qui peuvent être envoyés dans les pays étrangers.
Milieu du XIXe siècle La culture de la vigne supplante toutes les autres.
1868 Arrivée du phylloxéra à Saint-Rémy-de-Provence.
1951 Le comte de Rohan-Chabot fait reconnaître l'AOVDQS côtes de provence.
1977 Octroi de l'appellation d'origine contrôlée côtes de provence.

La Provence

Histoire du vignoble

Ici s'est installé le plus vieux vignoble de France, lorsque les Phocéens apportèrent avec eux l'art de la vigne et du vin en fondant Marseille (600 av. J.-C.). La conquête romaine le développa au point d'inquiéter les producteurs italiens. Au Moyen Âge, les besoins du culte, la recherche d'activités lucratives et la sollicitude même du roi René (fin du XVe siècle) favorisèrent son expansion. Les contrats de complant se multiplièrent alors entre travailleurs et riches propriétaires comme, par exemple, l'abbaye Saint-Victor de Marseille.

Mais, longtemps, la prudence conseilla de ne pas lui consacrer trop de terres, en raison des risques de disette : en 1731 encore, le roi interdit l'excès de plantation. Aussi le véritable essor de la vigne attend-il le XIXe siècle, qui enregistre un maximum de production à la veille de l'invasion du phylloxéra. On commence alors à abandonner le vieux système des outins ou hautains (rangées de vignes), séparés par des ouillières (larges plates-bandes) cultivées.

Mais en quelques années, le phylloxéra ruine le vignoble. La reconstitution avantage alors les cépages les plus productifs (aramon) au détriment des vieilles variétés locales, comme le mourvèdre. Très vite, la surproduction et la mévente menacent. L'année 1907, en particulier, est difficile, et les vignerons varois manifestent massivement dans le pays brignolais. La relance des prix, relayée par la consommation des armées en guerre, redonne confiance, mais le marché est durablement déséquilibré. La mévente empoisonne les années 1930 et, après le temps des restrictions de l'Occupation, elle réapparaît. Pour le vignoble provençal, la « révolution » de la qualité, indispensable à sa survie, s'engage résolument à l'aube des années 1960, lui procurant une meilleure image qui le rend mieux à même de résister à une rude concurrence.

Climat et nature des sols

La nature des sols. Dans ce pays morcelé, varié à l'extrême, deux grands types de terroirs se distinguent.

Les plus étendus reposent sur la grande zone de calcaires et de sols secondaires de la Provence intérieure. Les terroirs de pente aux sols caillouteux, chauds, aérés et égouttés, aménagés en terrasses, sont le lieu d'élection des anciennes vignes et des vignobles de qualité. Dans les zones basses, aux sols plus profonds, lourds, humides, est descendu le vignoble postphylloxérique.

L'autre grand secteur est celui de la Provence ancienne, où la vigne prospère sur des sols gréseux, enrichis d'apports argilo-siliceux venus des Maures voisines.

Commune d'Eygalières. *À proximité du château de Romanin qui abrita au XIVe siècle une cour d'amour, lieu d'expression de sentiments délicats, le vignoble est situé dans l'aire d'appellation des coteaux d'aix-en-provence. Ce terroir produit des vins tendres et séduisants.* Photo Jacques Guillard/Scope.

Sur cette trame générale, les terroirs offrent une palette infiniment plus nuancée, au gré de conditions locales extrêmement variables.

Le climat. Partout, le soleil est généreux : plus de 2 200 heures par an, et jusqu'à 2 800 et plus dans le sud du Var. Après un mois d'août écrasant de lumière, l'automne reste lumineux, propice à de bonnes vendanges. La tem-pérature moyenne annuelle atteint 15 °C sur le littoral, et encore 5 °C dans le nord-est. Mais les hivers sont relativement frais (au moins deux mois inférieurs à 7 °C), sauf sur la côte. Le printemps y a des douceurs piquantes et incertaines pour le vert fragile des vignes d'avril, et les gelées tardives peuvent être dévastatrices, comme celles de 1956 qui épargnèrent le seul vignoble de Cassis. Le vent est fréquent, changeant selon la saison, avec deux flux principaux, d'ouest et d'est. Le mistral, ici quelque peu adouci, sauf à l'ouest, a souvent imposé la taille basse en gobelet. Ce peut être aussi un allié, qui chasse les risques d'humidité excessive, toujours dangereuse pour la vigne.
Les précipitations sont brutales, avec un fort maximum d'automne (maximum secondaire de printemps) : 600 à 800 mm sur la côte, de 1 000 à 1 200 mm sur les collines et plateaux, plus de 1 000 mm en montagne. Leur violence est parfois catastrophique (automne 1992) et le total annuel peut varier fortement.

Les cépages de la Provence

Ils comprennent les cépages du Languedoc, plus quelques cépages particuliers : aubun, bourboulenc, calitor, counoise, mourvèdre, tibouren, ainsi que divers cépages bordelais : cabernet-sauvignon, merlot, sauvignon, sémillon.

Le mourvèdre a des feuilles bullées, entières, un sinus pétiolaire en lyre, des dents anguleuses moyennes et un limbe duveteux-pubescent en dessous. Les grappes sont moyennes, coniques, étroites, parfois ailées, compactes ; les baies petites, sphériques, noires, viennent à maturité à la troisième époque.

L'aubun est un cépage noir du Vaucluse, qui s'est répandu dans le Midi en raison de sa résistance relative aux gelées d'hiver et au mildiou.

La counoise est très voisine du précédent.

◀ **Le bourboulenc**, ou clairette rousse, possède des raisins blancs, ovoïdes, venant à maturité à la troisième époque. Ce cépage vigoureux doit être vendangé tard en octobre pour pouvoir exprimer toute la qualité de son vin.

Le tibouren a des grappes moyennes, coniques, ailées, avec des baies ovoïdes, noires, qui viennent à maturité à la deuxième époque.

Le calitor, ou pécoui-trouar, est un vieux plant provençal, productif.

P. G.

Encépagement

La longue histoire du vignoble comme la variété des conditions naturelles ont favorisé la multiplicité des apports et des expériences : le muscat est introduit par les Romains ; la clairette est connue au XVIe siècle ; et la présence du « morvèdre » est attestée à Bandol au siècle suivant... Après l'invasion du phylloxéra, le nombre des cépages se réduit, puis la recherche de la qualité et la législation des appellations en interdisent certains (noah, isabelle), et en tolèrent d'autres pour les vins de table (aramon). Quelques-uns sont promus : mourvèdre, syrah, grenache, pour les rouges ; rolle, clairette... pour les blancs. Depuis peu enfin, des « étrangers » célèbres se sont installés : merlot et cabernet-sauvignon bordelais, chardonnay bourguignon...

Appellations et vins de pays

La Provence compte 8 AOC qui sont venues couronner de remarquables réussites, à découvrir des Baux à Bellet, et de Bandol à Rians. À ces appellations s'ajoutent les vins de pays, très bien représentés dans le Var, où se distinguent les vins de pays du var, les vins de pays des maures, les vins de pays d'argens (coteaux de l'Argens et quelques affluents), et les vins de pays du mont-caume (région de Bandol).

Types de vins

La Provence produit essentiellement des vins d'assemblage afin de valoriser au mieux les qualités spécifiques des nombreux cépages, différemment exaltées, comme partout, selon les aléas climatiques, les terroirs et les pratiques. C'est le pays des vins rosés (plus de 60 %), suivis des rouges (un bon tiers) et des blancs, bien moins fournis.

Les conditions climatiques ont longtemps rendu délicate la vinification en blanc. À base d'ugni blanc et de clairette,

La Cadière-d'Azur. *Perché sur une colline, le village est entouré de terrasses écrasées de soleil où la vigne produit des vins d'appellation bandol. Ces vins rouges généreux et tanniques supportent un long vieillissement.*
Photo Jacques Guillard/Scope.

Domaine viticole aux environs de Gassin. *Bénéficiant de l'appellation côtes de provence, le vignoble joue un rôle important pour l'économie de la commune.* Photo Jacques Sierpinski/Scope.

les blancs se boivent jeunes pour la plupart. Mais certains ont très tôt acquis une belle réputation : blancs et rouges de cassis, blancs de bellet et de palette.

Grenache, carignan et cinsaut donnent des rouges légers et fruités. Des vins de garde, tanniques, riches et colorés, sont l'orgueil de quelques vignobles célèbres, comme le bandol, très apprécié dès le XVIIIe siècle, où le mourvèdre compte beaucoup.

Le mourvèdre produit un vin riche en alcool, très coloré, rude au début, et qui demande plusieurs années de conservation pour vieillir convenablement. Le tibouren, cépage traditionnel fertile, produit un vin fin, peu coloré.

Les rosés, connus de tout temps, et à boire jeunes, sont devenus l'image de marque vinicole de la Provence. La pratique de la saignée dans les cuves, imposée dans toutes les appellations, vise à valoriser une production qui atteint une excellente qualité, avec quelques grands rosés, fleuris et lumineux, et qui savent parfois vieillir.

Production

Après un premier apogée à la veille du phylloxéra, la production du vignoble reconstruit progresse jusqu'aux années 1930. Elle atteint alors son plus haut niveau, qu'elle retrouve presque au lendemain de la Seconde Guerre mondiale. Depuis, elle s'est sensiblement réduite, sauf dans le Var.

Cette évolution va de pair avec le succès des vins AOC, dont la part s'est constamment accrue dans la production totale (35 %).

Les appellations

Les appellations de la Provence sont au nombre de 9.

Bandol	Coteaux de pierrevert
Bellet	Coteaux varois
Cassis	Côtes de provence
Coteaux-d'aix-en-provence	Les baux-de-provence
	Palette

Structures économiques

Les structures de production sont marquées par la prépondérance massive de petits et de moyens producteurs. Ainsi, pour les côtes de provence, la superficie moyenne des caves particulières est de 31 ha de vignes ; celles-ci produisent près de 40 % des volumes de l'appellation.

Une cinquantaine de caves coopératives assurent une part importante de la prodution et de la commercialisation en bouteilles. Des regroupements en union de coopératives ont vu le jour, mais chaque cave adhérente conserve une part de commercialisation à son niveau. Si bien des coopératives manquaient autrefois de moyens, elles ont entrepris un gros effort d'adaptation qui s'est traduit par une amélioration des techniques et de la qualité, comme par une mise en place d'une politique commerciale dynamique.

De leur côté, domaines et « châteaux » apparus un peu partout (plus de 600) jouent sur la tradition associée à la modernisation. S'ils ne sont pas tous très anciens, certains sont remarquablement équipés et ils s'imposent massivement dans les appellations les plus cotées : 100 % des AOC cassis, palette et bellet, 60 % du bandol. Leur réussite attire, ici et là, des investisseurs étrangers, encore peu nombreux cependant.

Mais ces succès ne vont pas sans problèmes : difficultés de transmission d'un patrimoine fortement valorisé, assises financières parfois fragiles... Sur la côte, la pression foncière des aménageurs et bâtisseurs est lourde, écrasante parfois. Elle fait exploser les prix et bloque le marché des terres viticoles. Ici, lotissements, infrastructures routières et ferroviaires menacent un exceptionnel patrimoine vitivinicole. Y. R.

Salon-de-Provence. *La ville s'est développée autour du rocher qui porte le château de l'Empéri. Ce palais-forteresse est l'ancienne résidence des archevêques d'Arles. Construit au Xe siècle, il fut de nombreuses fois remanié.* Photo Jacques Guillard/Scope.

La Provence maritime

de Nice à Cassis

Depuis longtemps installées en terrasses sur les versants bien exposés, les vignes ont colonisé les terres basses après l'invasion du phylloxéra. Jusqu'au dernier tiers de ce siècle, ce fut le plus important vignoble du Sud-Est (plus de 50 000 ha pour le Var, au début du XXe siècle), dépassé depuis par celui des Côtes-du-Rhône. Les caves coopératives y ont trouvé un accueil privilégié, auprès de tout un monde de petits producteurs à qui elles assurent une certaine sécurité et un accès au progrès.

Itinéraire de Nice à Cassis

De l'ancien comté de Nice à Marseille, la Provence s'arrondit pour recevoir la mer. À l'est, l'imposant Mercantour domine l'horizon côtier. À l'ouest, le massif des Calanques, site classé, abrite Cassis. Entre les deux, l'itinéraire se glisse d'une colline à l'autre, emprunte l'antique voie de passage de l'Italie au Rhône le long de l'Argens, puis rejoint la côte en longeant les Maures. Le pays est semé de quelques villes et de nombreux villages et bourgs actifs. Ici, on est au cœur du vignoble provençal et varois.

BELLET

Près d'un tiers des vins produits sont rosés.

Superficie : 39 ha.

Encépagement :

vin rouge : braquet, folle noire, cinsaut, accessoirement grenache noir et les cépages blancs ci-dessous ;

vin rosé : braquet, folle noire, cinsaut, accessoirement grenache, roussanne, rolle, spagnol, clairette, pignerol, bourboulenc (40 % au maximum) ;

vin blanc : rolle, roussanne, spagnol, accessoirement clairette, bourboulenc, chardonnay, pignerol, muscat à petits grains (40 % au maximum).

Nature des sols : poudingues tertiaires.

Récolte annuelle :

vin rouge et rosé : 660 hl ;

vin blanc : 390 hl.

Rendement de base : 40 hl/ha.

Titre alcoométrique minimal :

vin rouge et rosé : 10,5 % vol ;

vin blanc: 11 % vol.

Potentiel de garde :

vin rouge : de quatre à six ans ;

vin rosé et blanc: de deux à trois ans.

Bellet

Surplombant Nice, cette appellation a connu une grande renommée dès le XVIIe siècle malgré sa taille minuscule. Elle produit des blancs aromatiques ; des rouges superbes issus de deux cépages locaux, la folle et le braquet, qui leur confèrent une grande originalité ; et des rosés soyeux et frais.

Les côtes de provence

Bordée par la mer, cette appellation constitue environ 80 % du vignoble provençal. Elle s'étend à l'est de la limite du département du Var jusqu'à Toulon à l'ouest, et le Canjuers au nord, avec une enclave au sud et à l'est d'Aix-en-Provence. Caractérisée par trois terroirs principaux, plateaux calcaires à l'est, massif schisteux des Maures au sud-est et bande de grès rouge au nord, elle est plus particulièrement connue pour ses rosés, tendres ou nerveux selon les cas. La plupart, assez corsés, sont fortement marqués par leur terroir d'origine ; certains, plus tendres, sont à boire frais. Les blancs, secs et complexes, sont à déguster jeunes. Les rouges sont puissants et colorés.

◄ **Ancien hôtel Regina à Nice.** *Le front de mer étale les façades blanches de ses somptueux hôtels. Entre 1880 et 1914, la Belle Epoque fut le témoin d'un délire architectural d'une extraordinaire richesse et les Années folles s'inscrivent brillamment dans le style Arts déco.* Photo Daniel Faure / Scope.

Bandol

Le vignoble de Bandol produit un vin rouge issu principalement de mourvèdre encépagé sur les collines arides. Ce vin est corsé et tannique. La part prise par les rosés devient très importante.

Cassis

Ce petit port de pêche, niché dans un creux de rocher, possède un sol calcaire qui convient plus particulièrement aux blancs. Les quelques vins rouges produits sont soyeux, les rosés fruités et les blancs sont fins, avec beaucoup de caractère.

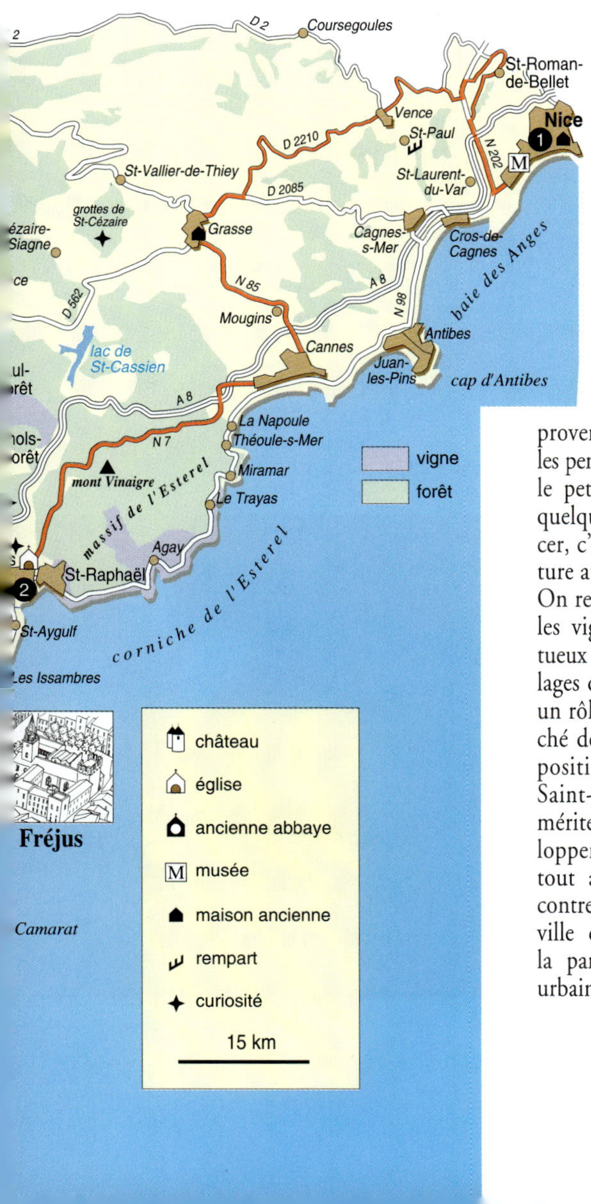

1 Nice

Après avoir pris le temps de visiter la vieille ville et le musée Masséna, puis d'arpenter la promenade des Anglais, emprunter la N202 et, à Saint-Isidore, prendre la direction Saint-Romans-de-Bellet, que l'on gagne par une route en lacet qui domine la vallée du Var.

CHARLES BAGNIS : château de Crémat, 442, chemin de Crémat, 06200 Nice. Tél. 04 93 18 99 81, sur R-V. Les vins sont typiques de l'appellation : des blancs secs et minéraux, des rouges généreux, et des rosés fins et légers.

GHISLAIN DE CHARNACÉ : château de Bellet, 440, chemin de Saquier, 06200 Nice. Tél. 04 93 37 81 57. Le domaine viticole, ancien, patiemment agrandi, produit des vins charmeurs et parfumés, issus de vieux cépages niçois.

Reprendre la N202, puis la D210 en direction de Saint-Jeannet.

Les Alpes-Maritimes ne comptent qu'un seul vignoble AOC côtes de provence. Il occupe quelques hectares sur les pentes de Villars (4 ha, 80 hl). Comme le petit vignoble de Saint-Jeannet, que quelques vignerons s'efforcent de relancer, c'est le témoin relique d'une viticulture autrefois bien plus répandue.

On rejoint Cannes par Vence et Grasse : les vignes ont disparu, mais les somptueux paysages demeurent. Les deux villages de Vence et de Saint-Paul ont joué un rôle historique important, dû à l'évêché de Vence, fondé au Ve siècle, et à la position stratégique de la forteresse Saint-Paul dont Vauban vantait les mérites. Leur implication dans le développement de l'art contemporain est tout aussi important. Implanté sur les contreforts des Préalpes, Grasse, ancienne ville de tanneries devenue capitale de la parfumerie, a conservé sa structure urbaine du Moyen Âge.

CÔTES DE PROVENCE

Les rosés représentent 65 à 70 % de la production globale.

Superficie : 19 000 ha.

Encépagement :

vin rouge et rosé : carignan (40 % au maximum), cinsaut, grenache, mourvèdre, tibouren et accessoirement syrah (30 % au maximum), barbaroux, cabernet-sauvignon, calitor et cépages blancs ci-dessous (30 % au maximum) ;

vin blanc : clairette, sémillon, ugni blanc, vermentino.

Récolte annuelle :

vin rouge et rosé : 883 200 hl ;

vin blanc : 32 700 hl.

Rendement de base : 50 hl/ha.

Titre alcoométrique minimal : 11 % vol.

Potentiel de garde :

vin rouge : de quatre à cinq ans ;

vin rosé et blanc : de deux à trois ans.

2 Fréjus

De son passé de colonie romaine, la ville a conservé de beaux vestiges auxquels s'ajoute un des plus beaux ensembles religieux de Provence (XIe-XVe siècle).

À voir : **le théâtre ; l'amphithéâtre et les thermes (IIe et IVe siècles) ; le baptistère (Ve siècle) ; la cathédrale Notre-Dame ; le cloître et le palais épiscopal (XIe-XIVe siècle). Aux environs : le parc zoologique ; le safari ; le pont romain des Esclapes.**

Dans ce terroir fortement urbanisé, la vigne peine à se défendre.

DOMAINE DE CUREBEASSE : route de Bagnols-en-Forêt, 83600 Fréjus.

Tél. 04 94 40 87 90, 9 h-12 h 30 et 15 h-18 h 30, sur R-V. Les vins blancs ont un parfum exotique qui les rend plaisants à boire, et les rouges sont classiques et équilibrés.

Par la D8 et la D7, on emprunte la vallée de l'Argens : située au pied des Maures, elle conduit au cœur du vignoble des côtes de provence.

Vignobles des côtes de provence *au Muy. Ce vignoble ancien était déjà apprécié au XVIIIe siècle.*
Photo Jacques Guillard/Scope.

3 Roquebrune-sur-Argens

Ici, sur des terres tôt habitées (sites préhistoriques, village de Sainte-Candie au-dessus de Roquebrune), la vigne a mieux résisté.
À voir : **Notre-Dame-Saint-Pierre-et-Paul; la chapelle Notre-Dame-de-Pitié** (XVIIe siècle); **le château de Palayson** (XVIIe siècle).
GAEC Chauvier Frères : domaine de Marchandise, 83520 Roquebrune-sur-Argens. Tél. 04 94 45 42 9, tlj, 9 h-19 h. La classe et l'élégance de ces côtes de provence devraient convaincre plus d'un détracteur des vins rosés.
Jean Laponche : 83520 Roquebrune-sur-Argens. Tél.04 94 44 00 81, tlj sauf dimanche, 9 h 30-12 h et 14 h 30-19 h. Ce domaine cultive 32 ha de vignes. Son vin possède un arôme où fleurs (rose) et fruits (abricots, pêches) mêlent parfaitement.

4 Le Muy

La grosse tour de l'entrée rappelle le sacrifice de quelques téméraires qui entreprirent de résister à Charles Quint (1536). La vigne est bien présente, de part et d'autre des chemins, en taches discontinues.
La D25 laisse à l'ouest le village de La Motte et son ancien vignoble. Les bois de pins et de chênes, troués d'enclaves viticoles, signalent l'entrée dans la Provence calcaire. Les rivières, capricieuses et aléatoires, se précipitent en cascades (barres de tuf). Les gorges de Pennafort méritent un arrêt (cascade, tour, moulin, chapelle Notre-Dame).
On atteint Callas qui, autrefois, vivait surtout de ses oliviers. Les vieilles ruelles, les porches, les passages voûtés et les façades étroites des maisons donnent au village une atmosphère particulière. Le vignoble AOC côtes de provence atteint ici sa limite septentrionale dans le Var, et la vigne habille les pentes aménagées en terrasses. Prendre vers Figanières, au sud-ouest. Entouré d'oliviers, le village domine une « plaine » où la vigne est descendue.

5 Draguignan

La route conduit à l'ancien prieuré bénédictin de Saint-Pons (XIIIe siècle) et s'avance sous de superbes pins (pins d'Alep et pins parasols) qui ont souffert des incendies au-dessus de Draguignan. Vieille cité-carrefour (Xe siècle), la ville s'est développée autour d'un noyau médiéval, au pied du rocher du Dragon où le donjon a été remplacé par la tour de l'Horloge (XVIIe siècle).
À voir : **la Ville haute ; la place aux Herbes ; le musée-bibliothèque ; le musée des Arts et traditions populaires.**
Au sud de Draguignan, Trans-en-Provence se tasse au bord de la Nartuby qui dévale en cascades à travers un étroit passage. La D555 retrouve les terres rouges anciennes et s'engage au cœur du vignoble varois des côtes de provence. Elle laisse, à l'est, la chapelle romane de Sainte-Roseline.

6 Les Arcs

Les Arcs – village ancien serré autour du château de Villeneuve et bourg moderne descendu dans la plaine à la rencontre de la voie ferrée – est la capitale viticole de cette région de l'est du Var. Ici, la vigne prend des allures de monoculture, alignant les rangées de ceps, aménagées pour la vendange mécanique. Deux caves coopératives, dont la plus grande du département, ainsi que la maison des Vins du Var traduisent l'importance et la place de la viticulture arcoise.
Château Saint-Pierre: Les Quatre-Chemins, route de Taradeau, 83460 Les Arcs. Tél. 04 94 47 41 47, tlj, 9 h-12 h et 14 h-18 h. Les vins illustrent une tradition de qualité, les rosés sont frais et équilibrés, et les blancs aromatiques.

7 Vidauban

Vidauban s'allonge dans la plaine, à proximité de la via Aureliana où les Romains avaient installé un camp. Son vignoble est, avec celui du Luc, un des plus importants du Var.
À voir : **le château d'Astros ; le piton sur lequel s'élève la chapelle Sainte-Brigitte.**
Christian Maurel : Vieux-Château d'Astros, route de Lorgues, 83550 Vidauban. Tél. 04 94 73 02 56, tlj sauf dimanche, 8 h 30-12 h 30 et 14 h-18 h. La Cuvée du commandeur donne un rouge franc et un rosé pâle et fruité. À suivre.
Prendre la D48 puis, à droite, la D73.

8 Taradeau

Sur ce terroir, traversé par la Florieye, domaines, bastides et châteaux rivalisent avec les petits producteurs coopérateurs. Certains des vins produits sont parmi les plus réputés.
À voir : **la tour de guet ; la chapelle romane ; le Musée provençal.**
Monique et Gérard Biancone : SCEA du château Rasque, 83460 Taradeau. Tél. 04 94 47 10 40, tlj sauf dimanche, 9 h-12 h et 13 h-17 h. L'appellation est particulièrement bien représentée par la Cuvée blanc de blancs, complexe et fruitée.

9 Lorgues

Le terroir de Lorgues, dans la Provence calcaire, a longtemps privilégié la culture de l'olivier. Les rues et les maisons anciennes de cette petite ville fortifiée attestent la richesse de son passé.
À voir : **le Cours et son décor architectural ; l'église paroissiale du XVIIIe siècle.**
Aux environs : **la chapelle Notre-Dame-de-Benva (D50).**
Château de Berne : route de Berne, Flayosc, 83510 Lorgues. Tél 04 94 73 70 13, tlj sauf dimanche en hiver, 10 h-18 h. Les rouges de la Cuvée spéciale peuvent emprunter la devise de la ville :« Force et fidélité ». Les rosés sont fins et aromatiques, et les blancs sont généreux.

10 Le Thoronet

Quitter la vallée de l'Argens pour la petite commune fortement boisée du Thoronet, que l'on attein après avoir franchi le « pont romain ».
Une longue histoire y a laissé de beaux vestiges et, surtout, l'abbaye cistercienne, édifiée au XIIe siècle (D79 puis D84). On franchit les gorges de l'Issole, où la maison des Fées, vieil habitat troglodytique, est dominée par la chapelle Notre-Dame-du-Glaive, érigée en souvenir d'une victoire sur les sarrasins.

11 Cabasse

La vigne a fait la fortune du village où l'on pourra s'attarder sur la place ombragée.

À voir : **le dolmen de la Bouissière ; les installations gallo-romaines de Campdumy.**

Pierre et Roseline Gavoty : Le Grand-Campdumy, 83340 Cabasse. Tél. 04 94 69 72 39, sur R-V. La cuvée Clarendon en blanc, en rouge ou en rosé atteint un haut niveau.

Coteaux varois

La production de vin rouge est légèrement plus importante que celle de rosé.

Superficie : 1 740 ha.

Encépagement :

vin rouge : grenache, syrah, mourvèdre (40 % au minimum), carignan et cinsaut (40 % au maximum), cabernet-sauvignon (20 % au maximum) ;

vin rosé : grenache et cinsaut (40 % au minimum), syrah, mourvèdre, carignan, tibouren ;

vin blanc : clairette, grenache, vermentino, sémillon (30 % au maximum), ugni blanc (40 % au maximum).

Récolte annuelle :

vin rouge et rosé : 83 600 hl ;

vin blanc : 2 700 hl.

Rendement de base : 55 hl/ha.

Titre alcoométrique minimal : 11% vol.

Potentiel de garde : à boire jeunes.

12 Brignoles

La D33 nous amène au Luc, d'où l'on gagne Brignoles par la N7. La ville s'est imposée au XXe siècle comme la capitale du vignoble varois. Ici, vins de table et vins de pays l'emportent sur les appellations.

À voir : **les rues étroites de la vieille ville ; le palais des comtes de Provence ; le Musée du pays brignolais.**

Abbaye du Thoronet. *C'est, avec Sénanque et Silvacane, une des trois grandes abbayes provençales. Cet ensemble d'art religieux dépouillé atteint ici un rare degré de mysticisme austère.* Photo Jacques Guillard/Scope.

Ramatuelle. *Perché, le village domine les vignes de la presqu'île.* Dessin atelier D. Duplantier.

Nathalie Coquelle: SCEA domaine des Annibals, route de Bras, 83170 Brignoles. Tél. 04 94 69 30 36, tlj, 9 h-19 h,. Nathalie Coquelle vient de racheter ce domaine avec son mari et l'a conduit en agriculture biologique. Son vin révèle une palette variée.

Prendre, au sud, la D405 jusqu'à l'abbaye de la Celle puis, par la D554 et la D15, gagner Besse-sur-Issole, pays voué à la vigne, continuer par la D13.

De Carnoules à Pierrefeu s'étend le plus vaste vignoble AOC côtes de provence, entièrement établi sur les sols rouges de la dépression permienne.

13 Pierrefeu

Le village domine la plaine viticole. Les vins, typés, ont un goût de «pierre à fusil».

Domaines Fabre: château de l'Aumerade, 83390 Pierrefeu. Tél. 04 94 28 20 31,Sur R-V. Sur ce domaine, la culture du mûrier avait été imposée par Sully. La cuvée qui porte son nom prouve que la culture de la vigne offre des résultats tout aussi appréciables que celle de la soie.

Régine Sumeire : château La Tour-l'Évêque, 83390 Pierrefeu. Tél. 04 94 28 20 17, sur R-V. La propriété, qui appartint à l'évêché de Toulon jusqu'à la Révolution, élabore des vins blancs délicats et sensuels, et des rosés subtils.

14 La Garde-Freinet

Entre Collobrières et La Garde-Freinet, on entreprend une longue promenade (beaux points de vue) sur les terres cristallines des Maures, où chênes-lièges, pins et châtaigniers marient leurs verts aux couleurs changeantes du maquis. La Garde-Freinet, au passé sarrasin, fut au XIXe siècle la capitale du bouchon de liège. Le bourg, étiré le long des routes, continue l'exploitation des châtaigniers et la production de liège. Modeste, son vignoble n'est pas sans charme.

15 Le golfe de Saint-Troopez

Sous les ruines impressionnantes de son château, Grimaud aligne de belles et anciennes demeures (XVe-XVIe siècle) au-dessus du golfe. En bas, Port-Grimaud a surgi sur des terres semi-lacustres. Héritière d'un passé gréco-romain et d'une histoire heurtée, la ville ancienne de Saint-Tropez, cernée de remparts, se blottit sous son énorme citadelle (XVIe siècle). Le tourisme, lancé par les artistes entre les deux guerres, joue ici un rôle très important.

Arsenal de Toulon, *porte de l'ancien séminaire des Jésuites. Réalisée en 1689, elle provient de l'ancien séminaire démoli en 1911 et a été plaquée en 1976 contre le bâtiment est de la Corderie de l'arsenal.*
Photo Jacques Guillard/Scope.

Le tour de la presqu'île (D93, D61, D89, D559, N98) conduit à Ramatuelle, perché au-dessus de son vignoble ; puis Gassin, encoconné dans ses remparts, qui embrasse le golfe tout entier ; Cogolin, enfin, bourg du liège, des pipes de bruyère et des tapis, dédoublé par la construction en bord de mer de marinas très modernes.

L'afflux touristique a profité au vignoble. De petites exploitations soignent de vieilles vignes et de nobles cépages. Le mourvèdre s'exprime ici pleinement. À La Croix-Valmer, le domaine, fondé à la fin du XIXe siècle, fut à l'origine de la création de la commune. Il a contribué à lancer les vins de cépage (mourvèdre). Mais, partout, l'urbanisation menace.

16 Bormes-les-Mimosas

Du château de Bormes on découvre un point de vue sur les îles d'Hyères et sur la côte particulièrement belle à l'époque des mimosas qui fleurissent un joli vignoble. Celui-ci se déploie autour d'Hyères, vers le nord (Real Martin), où il rejoint celui de Pierrefeu, vers le sud, sur le terroir de Carqueiranne, et, surtout, autour de La Crau. Ici, à côté des cultures de primeurs, des fleurs et des serres, il compte encore beaucoup. Station balnéaire dès le milieu du XIXe siècle, Hyères accueillait financiers et industriels dans de somptueuses villas et dans des palaces de style fortement oriental. Aux larges avenues qui remontent vers le centre succèdent les ruelles tortueuses de la vieille ville.

17 Toulon

La banlieue toulonnaise, et la ville même, ont quelques titres à faire valoir en matière vitivinicole. Les coteaux de La Malgue (Le Pradet) produisaient jadis des vins appréciés. La tradition se maintient grâce à quelques passionnés comme le propriétaire du clos Cibonne, défenseur du tibouren, vieux cépage redécouvert. Si la rade passe pour la plus belle du monde, les petites rues de la vieille ville, et les places ombrées, en voie de réhabilitation, offrent également un cadre attractif.

À voir : **le vieux Toulon ; l'arsenal ; la place Puget ; l'église Saint-Louis et l'église Saint-François-de-Paule** (XVIIIe **siècle) ; le musée.**

Carte de l'aire d'appellation bandol.

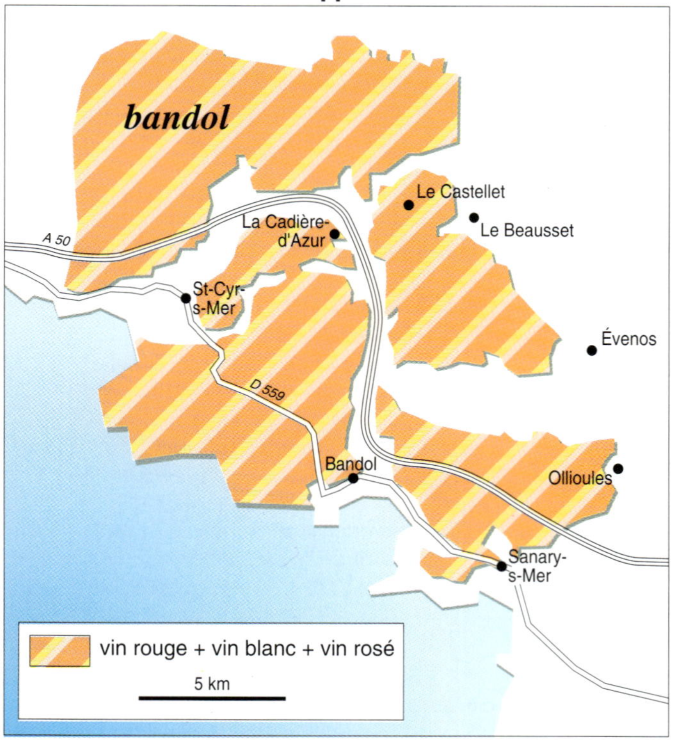

De Toulon, on empruntera la N8 jusqu'à Ollioules, qui garde les gorges de la Reppe ; la ville a bâti sa fortune sur les cultures florales.

18 Sainte-Anne-d'Évenos

De Sainte-Anne, on peut monter à Évenos. Dominé par les vestiges du château, le village, perché sur des pentes escarpées, se serre autour de l'église (XIIIe siècle) et offre un point de vue sur les gorges d'Ollioules.

DOMAINE DE LA LAIDIÈRE : SCEA Estienne, 426, chemin de Font-Vive, 83330 Sainte-Anne-d'Évenos. Tél. 04 94 90 35 29. Sur R-V. Les restanques de la Laidière sont réputées pour la qualité des blancs et des rosés qui en sont issus, mais les rouges peuvent atteindre des sommets.

19 Le Beausset

Ce village de plaine fut créé, au XVIe siècle, par les habitants descendus du vieux Beausset. On pourra faire un détour par le vieux village, situé sur une crête rocheuse, pour visiter la chapelle, seul vestige subsistant.

DOMAINE DE L'HERMITAGE : BP41, 83330 Le Beausset. Tél. 04 94 98 71 31, sur R-V. Ici, tradition et modernité procurent des vins harmonieux.

Quitter la nationale pour la D26.

Bandol

Bandol, qui exportait son vin au XVIIIe siècle, a donné son nom au cru. La production se concentre sur les sols silico-calcaires du crétacé, strictement délimités.

Superficie : 1 419 ha.

Encépagement :
vin rouge : mourvèdre (50 % au minimum), grenache, cinsaut, syrah et carignan (15 % au maximum) ;
vin rosé : mourvèdre, grenache, cinsaut, syrah et carignan (15 % au maximum ;
vin blanc : bourboulenc, clairette, ugni blanc (60 % au minimum), sauvignon (40 % au maximum).

Récolte annuelle :
vin rouge et rosé : 45 300 hl ;
vin blanc : 2 100 hl.

Rendement de base : 40 hl/ha.

Titre alcoométrique minimal : 11 % vol.

Potentiel de garde :
vin rouge : de huit à dix ans ;
vin rosé et blanc : trois ans.

20 Le Castellet

Village fortifié accroché à son piton qui domine les terrasses de vignes, ce site pré-historique a essaimé en plusieurs hameaux : Le Brûlat, Sainte-Anne-du Castellet et Camp-du-Castellet.

EARL BRONZO : La Bastide-Blanche, 367, rue des Oratoires, 83330 Sainte-Anne-du-Castellet. Tél. 04 94 32 63 20, sur R-V. Des vins équilibrés et élégants.

DOMAINE OTT : château Romassan, 601, route des Mourvèdres, 83330 Le Castellet. Tél. 04 94 98 71 91, sur R-V. Implantée dans le Var depuis un siècle, la famille Ott accorde une belle place aux rosés (Cuvée marine, Cuvée cœur de grain) et aux rouges (mourvèdre).

GAEC PEYRAUD : domaine Tempier, Le-Plan-du-Castellet, 83330 Le Castellet. Tél. 04 94 98 70 21, sur R-V. Ardent défenseur des vins de Bandol, Lucien Peyraud produit des vins très représentatifs de l'appellation.

Reprendre vers le sud.

21 La Cadière-d'Azur

Juché sur une colline, ce village offre un point de vue sur le massif de la Sainte-Baume.

À voir : **les vestiges de l'enceinte ; les maisons à encorbellement ; l'église Saint-André.**

DOMAINE LAFRAN-VEYROLLES : Mme Jouve-Férec, 2115, route de l'Argile, 83740 La Cadière-d'Azur. Tél. 04 94 90 13 37, sur R-V. Ce domaine historique présente des rosés élégants avec une pointe d'amertume, et des rouges qui doivent tout à la compétence du vigneron.

DOMAINE ÉRIC DE SAINT-VICTOR : 410, chemin de la Croix-des-Signaux, 83740 La Cadière-d'Azur.
Tél. 04 94 90 12 73, sur R-V. Ce domaine, le plus élevé de bandol, bénéficie de sols triasiques très particuliers, favorables à la production de grands vins rouges.
On rejoindra Cassis par la A50.

22 Cassis

Superficie : 177 ha ; encépagement : vin rouge et rosé : grenache, carignan, mourvèdre, cinsaut, barbaroux, terret (5 % au maximum), vin blanc : ugni blanc, sauvignon, doucillon, clairette, marsanne, pascal blanc, terret (5 % au maximum) ; récolte annuelle : vin rouge et rosé : 1 900 hl, vin blanc : 4 700 hl ; rendement de base : 40 hl/ha ; titre alcoométrique minimal : 11 % vol. ; potentiel de garde : vin rouge : de quatre à cinq ans, vin rosé et blanc : de deux à trois ans.

La réputation des vins de Cassis est bien établie à la fin du Moyen Âge. Première des appellations provençales, elle tient tout entière dans le terroir de Cassis. Les sols marno-calcaires, souvent pentus, protégés du mistral, bénéficient d'un microclimat très favorable. Les quatre cinquièmes des terres cultivées sont consacrés à la vigne (90 % AOC). Le vin blanc fournit l'essentiel de la production. Au pied des falaises, la ville bâtie autour de son port de pêche est devenue un site touristique apprécié, dont l'expansion inquiète le vignoble.

À voir : **le port ; les calanques.**

EARL VIGNOBLES IMBERT : domaine de la Ferme-Blanche, 13260 Cassis. Tél. 04 42 01 00 74, sur R-V. Équilibrés, les vins blancs sont francs en bouche.

CLAIRE LEFÈVRE : domaine du Bagnol, 12, av. de Provence, 13260 Cassis. Tél. 04 42 01 78 05, tlj, 9 h-19 h. Très agréable, ce cassis rouge permet de sortir des sentiers battus. Y. R.

Les étiquettes de la Provence

L'étiquette des côtes de provence ? C'est le souffle de Giono sur la table, une haleine qui exhale un à un les parfums attendus de la Provence.
Comme le gros-plant ou le muscadet, oubliant de faire référence au vin qu'elle est censée promouvoir, l'étiquette des côtes de provence se fait l'ambassadrice de la région. Elle ne vend pas le vin par ses qualités, mais au travers des histoires qu'il peut évoquer. Rêverie, invitation au voyage, l'étiquette de la « Dive Bouteille » provençale est le djinn de nos vacances estivales.

L'emblématique qu'elle convoque est riche de sa diversité : du braconnier débonnaire au village écrasé par la lumière, de l'élégante nacelle au mas fiché sur son coteau, de l'inscription lapidaire à la cuvée de César, de la cigale gracile aux santons d'argile... il n'est pas un trait typique de la culture provençale que l'étiquette n'ait abordé. En toile de fond, un cyprès vertical dressé sur une crayeuse horizontale, allégorie de la région, comme si ce vert dense tranché sur l'ocre chaud n'était autre qu'une métonymie de la Provence, une métaphore des côtes de provence.
Voici une étiquette qui ne s'embarrasse pas de l'étiquette ; passant aisément des ovales aux horizontales, des coniques aux verticales, elle sait aussi se tailler une forme seyant à ses désirs. Ajoutons quelques touches d'improvisation, et l'on comprendra que l'étiquette des côtes de provence se situe aux antipodes des bourgognes ou des bordeaux qui ont forgé leur image autour de la noblesse et de l'ancienneté. Ici, tout est légèreté, lumière et fluidité ; c'est à l'aquarelle que se réfère l'étiquette des côtes de provence, non à l'austère gravure du Bordelais.

E. S. et Y. J.

De Saint-Tropez à Hyères. *Cette antique voie de passage est le lieu de prédilection de l'appellation côtes de provence.* Dessin atelier D. Duplantier.

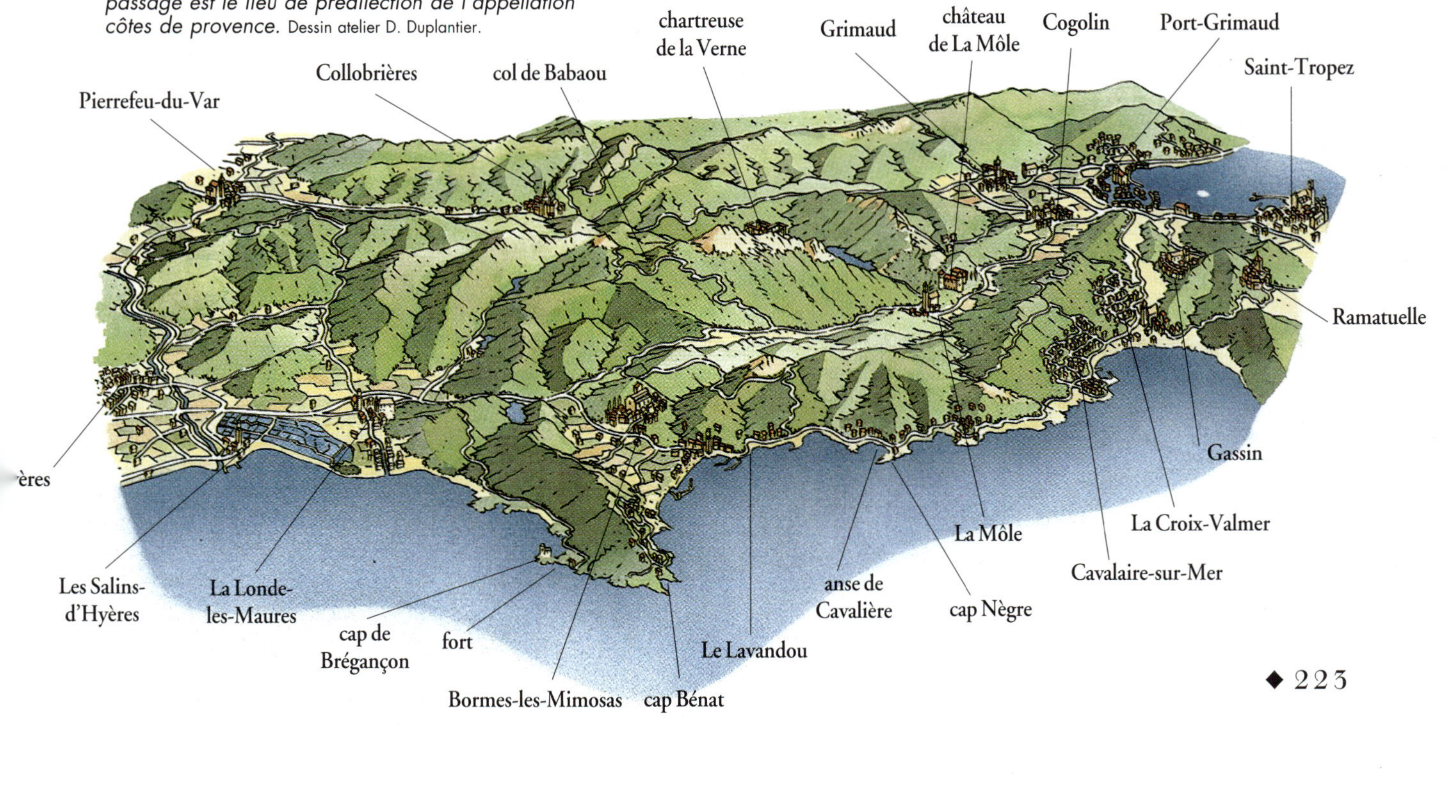

La Provence intérieure

de Tarascon à Manosque

Après la petite Crau verdoyante et les Alpilles bleues et tourmentées, au bout de la Crau pierreuse, l'étang de Berre annonce la Méditerranée. À l'est, les harmonies riantes de la campagne aixoise, dominée par la Sainte-Victoire et la Sainte-Baume, conduisent au plat pays de Saint-Maximin. Au nord, le haut Var annonce les grands plans de Provence, ces « pays de lune » chers à Giono, sabrés par le Verdon opale, avant sa rencontre avec la Durance. Et c'est « Manosque des plateaux ».

Ici s'opposent les richesses bénies des bonnes terres basses, et les austérités inévitables des hauts terroirs parcimonieux. Celles-là ont mangé les hommes d'en haut, ces gavots trop nombreux pour des terres trop avares. La montagne s'est vidée et ses champs délaissés ont pris la noblesse déchirante des grandes injustices.

Dans cette Provence tout intérieure, la vigne est chez elle. Chaleur suffisante, heureuses expositions, sols favorables sur les nombreuses pentes d'éboulis calcaires des Alpilles, collines et coteaux, et sur les cailloutis argilo-calcaires des terrasses fluviales (Durance, Arc) : tout se combine pour diversifier les terroirs.

Itinéraire de Tarascon à Manosque

Partout, le soleil et sa lumière. Partout encore, les clartés du calcaire, ici dominant. Partout enfin, les éclats d'une palette aux riches contrastes : opulence du pays de Mistral et austérité de la Crau ; douceur aixoise et rudesse des plateaux varois ; plénitude profane de la nature sous des bleus célestes, émotion sacrée de Montmajour, Silvacane, la Sainte-Baume ; richesse du patrimoine de vieilles cités et de minces villages, acharnés à vivre, soucieux d'économiser une nature fragile, aménagée par un art de la pierre émouvant, d'apparente simplicité ; moiteur des midis d'août en plaine, et petits matins aigus débarbouilleurs de montagne…

1 Tarascon

La ville immortalisée par Alphonse Daudet fut, dès le XIe siècle, un important point de passage sur le Rhône. Renforçant ses défenses face à Beaucaire qui appartenait au roi de France, elle grandit rapidement. Le château, bâti sur un rocher plongeant dans le Rhône, et qui défendait les frontières de la Provence, est dans un parfait état de conservation. Aujourd'hui, Tarascon est le centre d'une vaste région agricole.

À voir : **le château et le panorama sur la ville depuis les Terrasses ; la collégiale Sainte-Marthe** (XIIe-XIIIe-XIVe siècle) **; le cloître des Cordeliers.**

Tarascon *marquait la frontière entre la Provence et le royaume de France.*
Dessin atelier D. Duplantier.

Coteaux d'Aix-en-Provence

Coteaux d'aix-en-provence. Photo Jean-Daniel Sudres/Scope.

La production de vins rouges représente 60 % contre 35 % en rosés et 5 % en blancs.
Superficie : 3 910 ha.
Encépagement :
vin rouge et rosé : cabernet sauvignon, carignan, cinsaut, counoise, grenache, mourvèdre, syrah (40 % au maximum chacun sauf grenache), accessoirement pour le vin rosé les cépages blancs ci-dessous (10 % au maximum) ;
vin blanc : bourboulenc, clairette, grenache blanc, vermentino (70 % au maximum), ugni blanc (40 % au maximum), sauvignon et sémillon (30 % au maximum).
Récolte annuelle :
vin rouge et rosé : 201 200 hl ;
vin blanc : 9 200 hl.
Rendement de base : 60 hl/ha.
Titre alcoométrique minimal : 11% vol.
Potentiel de garde : vin rouge : de quatre à cinq ans ; vin rosé et blanc : de deux à trois ans.

Le vin des coteaux

Au sud-ouest, le vignoble d'Aix est bien installé dès l'époque romaine (Ier siècle av. J.-C.). Son ancienneté, l'intérêt qu'il a toujours suscité, ainsi que les contraintes de la production ont encouragé l'introduction de nombreux cépages : aujourd'hui encore, l'appellation palette en accepte 32 !

Les Baux-de-Provence. *Située à l'ouest de l'aire d'appellation coteaux d'aix-en-provence, la région des Baux englobe le massif des Alpilles ceinturé d'oliviers et de vignobles.* Photo A. S.

Après l'apogée du XIXe siècle, le phylloxéra, la concurrence et les crises de mévente réduisent sensiblement ce vignoble intérieur. Il résiste mieux au sud : vins de table, vins de pays, appellations générales et locales, toute la gamme est présente, essentiellement en rosés et rouges.

Les hautes terres

Dans le haut pays la vigne avait conquis l'espace un peu partout, le plus haut possible. Les vins n'étaient pas toujours très réussis mais certains avaient acquis une bonne réputation, comme ceux des Mées (nord de Manosque), élaborés à partir de bouteillan.
Au nord, le seul vignoble notable s'est réfugié autour de Pierrevert et de Manosque où il vit modestement. La vallée de la Durance produit des vins de pays des alpes de haute-provence. Ce sont des rouges corsés et puissants ; des blancs élaborés à base d'ugni blanc associé à la clairette, au muscat à petits grains et au chardonnay ; et des rosés vifs et frais.

2 Saint-Rémy-de-Provence

Héritière de Glanum, cité grecque puis romaine, Saint-Rémy, au pied des Alpilles, s'ouvre sur la petite Crau, depuis longtemps irriguée et jardinée. Patrie de Nostradamus, aimée de Mistral, son charme en a séduit plus d'un.
À voir : **la ville ; le musée du Folklore provençal et des Alpilles.** Aux environs : **le centre archéologique Glanum ; les Antiques.**
DOMAINE DES TERRES-BLANCHES : 13210 Saint-Rémy-de-Provence. Tél. 04 90 95 91 66, tlj, 9 h-13 h et 14 h 30-18 h 30, samedi et dimanche 11 h-18 h 30.

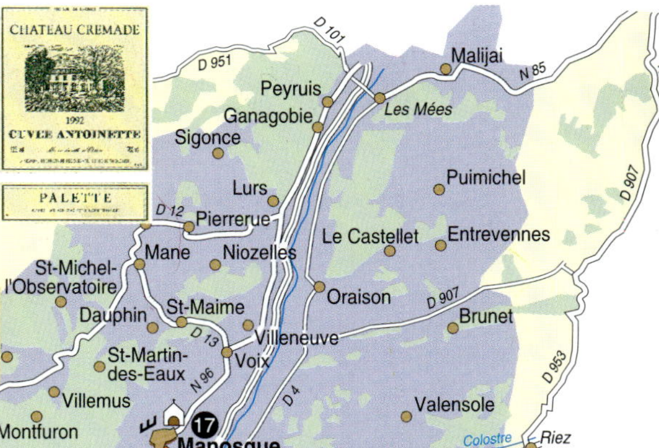

Les Baux-de-Provence. *Planté sur son rocher, le village domine le vallon peuplé de vignes qui produisent des vins de bonne constitution.* Dessin atelier D. Duplantier.

Rouges, blancs, rosés : Noël Michelin réussit des vins remarquables à qui l'on pardonne volontiers leur prix un peu élevé.

3 Les Baux-de-Provence

Accroché sur son éperon, au flanc des Alpilles, le village éblouit dans la beauté âpre d'un site impressionnant. Les ruines du château rappellent la puissance des seigneurs du lieu, qui s'opposèrent jadis à la maison de Barcelone, héritière de la Provence (XIIe siècle). Assagis, ceux-ci accueillirent au siècle suivant de brillantes « cours d'amour ». Les Baux comptaient alors, peut-être, 4 000 habitants. Puis vint le déclin avec les guerres de Religion, les progrès de l'autorité royale, la Révolution. Aujourd'hui, la beauté du site attire nombre de touristes et de nouveaux résidents.

Redescendre par la D78, puis la D17 à droite. Fontvieille, dans la plaine, cultive le souvenir d'Alphonse Daudet et de maître Cornille, exploite des carrières renommées, possède quelques rizières, des vergers, et un vignoble partagé entre les AOC coteaux d'aix-en-provence et les baux-de-provence. En prenant la D17, vers l'ouest, on peut se rendre à l'abbaye de Montmajour. En la reprenant en sens inverse, on rejoint trois villages au pied des Alpilles : Paradou, hameau grandi au XIXe siècle, Maussane-les-Alpilles et Mouriès, tout plats dans la plaine. Ici s'arrête, à l'est, l'aire d'appellation les baux-de-provence.

À voir : **l'oppidum de Servanes, au nord-est de Mouriès.**

Salon-de-Provence, place de l'Empéri. *Le château abrite le musée d'Art et d'histoire militaire qui présente des armes et des uniformes des armées françaises de Louis XIV à 1918.* Photo Jacques Guillard/Scope.

Quittant la D17, on préférera effectuer un agréable parcours dans les Alpilles, par les D24, D25 et D569, avant de redescendre sur Eyguières, petite ville de plaine avec un vignoble où l'AOC l'emporte.

4 Salon-de-Provence

Salon, à l'extrémité est de la Crau, s'est étendu dans la plaine, au pied du Puech et de son château. Gros marché agricole (canal de Craponne), il a bâti sa prospérité sur la fabrication et le commerce de l'huile d'olive, réputée la meilleure de Provence. Actif et dynamique, Salon vit comme une petite capitale régionale. Le vignoble du canton, un des plus importants de la région, se partage équitablement entre AOC et vins de table.

À voir : **le château de l'Empéri** (Xe-XIXe **siècle) ; l'église Saint-Michel** (XIIIe **siècle) ; la collégiale Saint-Laurent.**

Continuer sur la D15 jusqu'à Pélissanne. Située sur les riches terres de la Touloubre, cette petite ville est traversée de rues étroites bordées de belles maisons. La D68 grimpe à travers bois et garrigues, et ménage de beaux points de vue sur la vallée de la Durance.

5 Aurons

De ce petit village de colline, nous retiendrons la minuscule église romane, les grottes et les ruines du château.

Dominique Brulat : château Petit-Sonnailler, 13121 Aurons. Tél. 04 90 59 34 47, sur R-V. Maîtrisant parfaitement le savoir-faire vigneron, le propriétaire de cette demeure du Xe siècle vinifie un rosé élégant et fin.

Par Vernègues, on rejoint la N7.

6 Lambesc

Lambesc a connu une importante vie politique, car il fut le lieu de réunion des États de Provence dès le XVIIe siècle. Cultures maraîchères et vergers ont relayé les oliviers.

Le vignoble AOC a pris de l'ampleur.

À voir : **les hôtels des XVIe et XVIIIe siècles ; le beffroi ; le lavoir.**

Les Vignerons du Roy René : N7, 13410 Lambesc. Tél. 04 42 57 00 20, tlj sauf dimanche, 8 h-12 h et 14 h-18 h. Les rouges des coteaux d'aix-en-provence sont à découvrir, et l'on suivra plus particulièrement la Cuvée royale.

7 Saint-Cannat

C'est le village natal du bailli de Suffren. La mairie abrite un petit musée.

Christian Double : château de Beaupré, 13760 Saint-Cannat. Tél. 04 42 57 33 59, sur R-V. Depuis le XIXe siècle, époque à laquelle le baron Émile Double alimentait en vin les cafés de Marseille, la qualité des produits a bénéficié d'excellentes techniques de vinification. Les blancs sont longs et élégants, les rosés équilibrés, et les rouges amples.

On abandonnera la N7 pour la D18.

8 Rognes

Rognes, capitale de la pierre de taille aixoise, s'est développé en contrebas du site initial (plateau du Foussa). Le vignoble AOC s'est installé sur les pentes de la Trévaresse.

À voir : **l'abbaye de Silvacane (D543, D561 au nord).**

GFA Château de Beaulieu : 13840 Rognes. Tél. 04 42 50 13 72, tlj sauf dimanche, 9 h-12 h et 14 h-17 h. Dans ce beau domaine (château du XVIIIe siècle) naissent des rouges solides, des rosés souples où s'exprime le grenache, et des blancs équilibrés.

Brice Herbeau : château Barbebelle, 13840 Rognes. Tél. 04 42 50 22 12, tlj, 9 h-12 h et 14 h-18 h 30. Puissants, solides, légèrement rustiques sont les qualificatifs que l'on peut appliquer aux vins rouges.

9 Le Puy-Sainte-Réparade

Le Puy regarde vers la Durance. Le vignoble a trouvé ici des sols favorables (cailloutis argilo-calcaires de la terrasse durancienne).

SCA des Domaines de Fonscolombe : 13610 Le Puy-Sainte-Réparade. Tél. 04 42 61 89 62, sur R-V. Sur ce grand domaine viticole, le château, inspiré par le quattrocento et remanié au XIXe siècle, est entouré d'un très beau parc. On y trouve un rosé de grand style.

10 Aix-en-Provence

Fondée en 122 av. J.-C., colonie romaine dès 45 av. J.-C., capitale de la Narbonnaise seconde, résidence des comtes de Provence au Moyen Âge, la ville et son comté passent à la France en 1486, après le règne faste du roi René (1409-1480). Les beaux siècles de la monarchie assurent son essor. La ville lui doit un exceptionnel patrimoine architectural : églises, couvents, chapelles, bâtiments publics et privés. Depuis, après avoir souffert de la concurrence de Marseille, la ville a retrouvé un beau dynamisme économique et culturel (université, festival de musique…).
Alentour, la campagne a ébloui des générations de peintres parmi les plus grands, à commencer par l'enfant du pays, Paul Cézanne. C'est aussi un beau terroir : cultures irriguées, vergers, oliviers, vignes. Le vignoble, ancien, vit son expansion bloquée au XIXe siècle (phylloxéra), et la reprise se fit à une échelle plus réduite. Aujourd'hui, le savoir-faire des hommes, allié aux conditions naturelles (ensoleillement, sols argilo-calcaires), permet la production de vins de qualité, équilibrés et heureusement fruités.
À voir : **le cours Mirabeau ; la cathédrale ; le cloître ; l'archevêché ; les petites rues ; les places ombragées de platanes.**

En empruntant la D58, au sud, on est sur l'aire d'appellation palette.

Palette

Environ 40 % des vins produits sont rouges, 30 % rosés et 30 % blancs.
Superficie : 40 ha.
Encépagement :
vin rouge et rosé : mourvèdre (10 % au minimum), grenache, cinsaut, (50 % au minimum) et accessoirement manosquin, durif, muscat noir de Provence, muscat noir de Marseille, muscat de Hambourg, carignan, syrah, castets, brun-fourcat, terret gris, petit-brun, tibouren et cabernet-sauvignon (50 % au maximum), et les cépages blancs ci-dessous (15 % au maximum) ;
vin blanc : clairette à gros grains, clairette à petits grains, clairette de Trans, picardan, clairette rose (55 % au minimum) et accessoirement (45 % au maximum) ugni blanc et rosé, grenache blanc, muscat de Frontignan, muscat de Die, panse muscade, terret, bourret (20 % au maximum), picpoul, pascal, aragnan, colombard.
Récolte annuelle :
vin rouge et rosé : 1 300 hl ;
vin blanc : 510 hl.
Rendement de base : 40 hl/ha.
Titre alcoométrique minimal : 11 % vol.
Potentiel de garde : de six à huit ans.

11 Palette

Avec l'exploitation du lignite, le village de Palette s'est transformé en petite ville. C'est du château Simone, dans le terroir vallonné de Meyreuil, que partit l'initiative pour obtenir l'appellation.

Château Simone : René Rougier, 13590 Meyreuil. Tél. 04 42 66 92 58, 8 h-12 h et 14 h-18 h, sur R-V. Les caves, creusées au XVIe siècle, sont impressionnantes. Rouges profonds, blancs aromatiques et rosés typés composent un bouquet séduisant des vins de l'appellation.

Prendre à droite, après Meyreuil.

12 Le Tholonet

Le village est resté très rural, dans son cadre dominé par la Sainte-Victoire, au nord-est, et par le Cengle, au sud-ouest. Les paysages, aimés des peintres, atteignent une rare harmonie de douceur et de force, de couleur et de lumière ; image achevée de la beauté physique et spirituelle de la Provence intérieure. Au XVIIe siècle, nobles et bourgeois d'Aix y multiplièrent les belles bastides, précédées d'une allée bordée de grands arbres, et annoncées par un portail imposant. Au début de l'an, la floraison des amandiers semait le printemps dans une nature à peine assoupie. Le vignoble d'appellation est classé, partie en AOC coteaux d'aix-en-provence, partie en AOC palette. Celui-ci, cantonné sur les pentes d'éboulis calcaires, orientées au nord, donne des vins rouges foncés, tanniques et vigoureux, et des blancs charmeurs.
À voir : **la montagne Sainte-Victoire.**

Château Crémade : 13100 Le Tholonet. Tél. 04 42 66 92 66, sur R-V. Si la tradition conserve une bonne place, les techniques modernes permettent d'élaborer des vins attachants.

13 Puyloubier

La route Cézanne court de vallon en vallon. Au bout : Puyloubier, au pied de la montagne, entoure son château. Le vignoble reprend une ampleur varoise, et l'AOC côtes de provence retrouve tous ses droits dans le bassin de l'Arc.

Domaine Richeaume : SCEA Henning Hoesch, 13114 Puyloubier. Tél. 04 42 66 31 27, sur R-V. Le domaine Richeaume respecte certains principes de la culture biologique. Son blanc vaut le détour et son vin rouge expressif peut atteindre une grande intensité.

14 Pourrières et Pourcieux

Ici, entre la Sainte-Victoire, au nord, et le mont Aurélien, au sud, Marius écrasa les Cimbres et les Teutons, en 102 av. J.-C. Le gros bourg de Pourrières a grandi au nord, à l'écart de la vallée de l'Arc. Pourcieux, lui, en est proche. La vigne domine, accompagnée de quelques spécialités réputées – les melons, par exemple.

Michel d'Espagnet : château de Pourcieux, 83470

Château Simone, *AOC palette. Ce petit vignoble situé aux portes d'Aix-en-Provence fut planté au XVe siècle par les carmes d'Aix. Il est situé en partie sur les communes de Meyreuil et du Tholonet, et sur une petite partie de la commune d'Aix. Les vins produits ont des arômes de violette et de bois de pin.*
Photo Jacques Guillard/Scope.

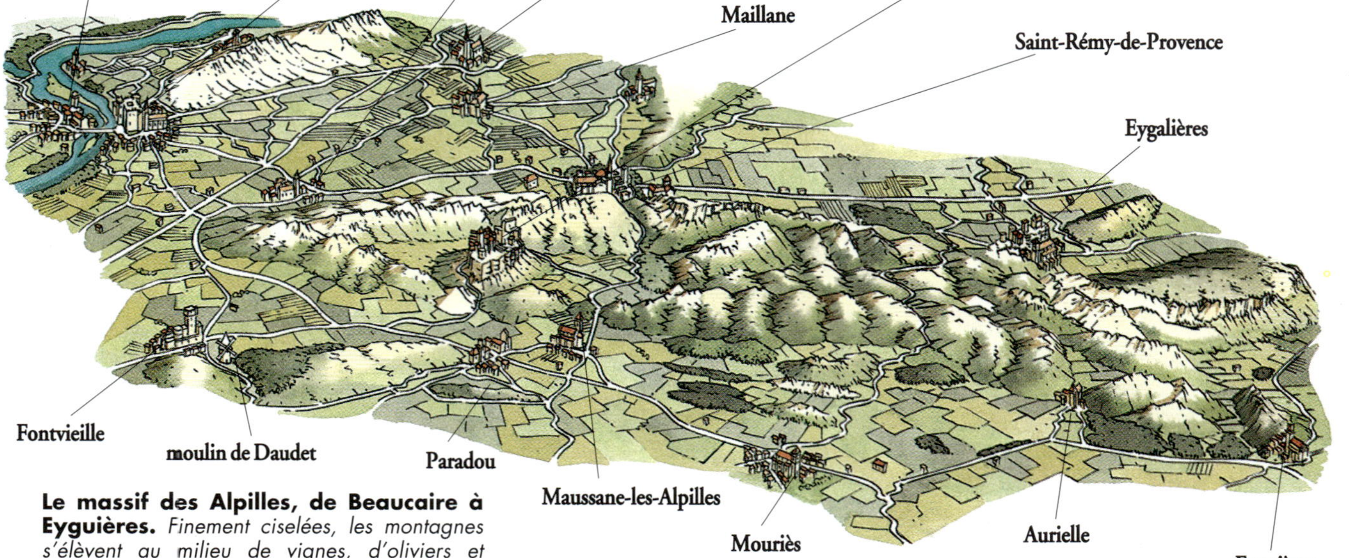

Le massif des Alpilles, de Beaucaire à Eyguières. *Finement ciselées, les montagnes s'élèvent au milieu de vignes, d'oliviers et d'amandiers.* Dessin atelier D. Duplantier.

Pourcieux. Tél. 04 94 59 78 90, tlj, sauf samedi et dimanche, 9h-12 h et 14 h-18 h. Dans cette grande maison (XVIIIe siècle), les rouges et les rosés parviennent à une qualité régulière.

15 Saint-Maximin-la-Sainte-Baume

Saint-Maximin s'annonce de loin par la silhouette de la basilique Sainte-Marie-Madeleine. Le site a livré des traces d'occupation très anciennes. Son nom est lié à la christianisation de la Provence ; saint Maximin fut le premier évêque d'Aix. La basilique, devenue un centre de rencontres culturelles, protège toujours une campagne conquise par la vigne.

À voir : **la basilique Sainte-Marie-Madeleine (1295-1532) ; le couvent royal ; la Sainte-Baume.**

Revenir à l'entrée du village et emprunter la D3, qui traverse Ollières, jusqu'à Rians. Très vite, la forêt envahit les paysages. Un vignoble plus large réapparaît autour de Rians, blotti autour de son église. Les céréales, les amandiers (calissons d'Aix) et la vigne coexistèrent longtemps, mais cette dernière est devenue la principale culture. Le vignoble de qualité, avant-poste de l'AOC coteaux d'aix-en-provence, produit de beaux rouges.

CHÂTEAU VIGNELAURE : route de Jouques, 83560 Rians. Tél. 04 94 37 21 10. Ce beau domaine viticole a su allier production et culture du vin. Le cabernet sauvignon, heureusement acclimaté, donne des rouges remarqués (AOC coteaux d'aix-en-provence).

Entre Ginasservis et Vinon-sur-Verdon, la route traverse quelques-uns des paysages typiques du haut Var, avec ses bois clairs de petits chênes, ses terroirs parcimonieux et ses villages étroits.

Coteaux de Pierrevert

Plus de 55 % des vins produits sont rouges, 30 % rosés et 15 % blancs.

Superficie : 370 ha.

Encépagement :

vin rouge et rosé : carignan, cinsaut, grenache, mourvèdre, œillade, petite syrah, terret noir ;

vin blanc : clairette, marsanne, picpoul, roussanne, ugni blanc.

Récolte annuelle :

vin rouge : 16 100 hl ;

vin blanc : 1 700 hl.

Rendement de base : 50 hl/ha.

Titre alcoométrique minimal : 11 % vol.

Potentiel de garde : à boire jeunes.

VDQS

16 Gréoux-les-Bains

Les eaux sulfureuses de Gréoux étaient déjà connues des Romains. Le thermalisme actuel a pris la suite. Ici, on aborde l'aire d'appellation d'origine (depuis 1998) des coteaux de pierrevert.

À voir : **le château dit des Templiers ; les gorges du Verdon ; les gorges du Colostre.**

17 Manosque

La ville apparaît au Xe siècle. Les Romains y vinrent puis, bien après, les Sarrasins. Elle grandit à partir du Moyen Âge, et s'illustra au XIXe siècle en résistant au coup d'État de Louis Napoléon Bonaparte. La résistance républicaine, un temps victorieuse mais isolée, fut réduite après le combat des Mées (au nord de Manosque). Jean Giono aimait beaucoup ses vieilles pierres, et le rythme de sa vie longtemps terrienne.

À voir : **les fortifications (XIVe siècle) ; l'église Saint-Sauveur (XIIe-XVIIe siècle).**

À quelques kilomètres au cœur de l'appellation, Pierrevert s'est imposée comme la capitale viticole des Alpes de Provence.

Y. R.

Saint-Maximin-la-Sainte Baume. *Témoignage du gothique septentrional allié à la sobriété provençale, la basilique Sainte-Marie-Madeleine date de 1295. La construction se poursuivit jusqu'au milieu du XVIe siècle, sans que la façade ni le clocher ne soient jamais achevés.*
Photo Jacques Guillard/Scope.

L'Institut national des appellations d'origine

Représentatives de la spécificité d'un terroir et d'une exigence de qualité des produits, les appellations d'origine contrôlée doivent faire l'objet d'une reconnaissance officielle et d'un encadrement de leur activité de production ; telle est la mission d'un organisme unique, l'INAO, qui assure également leur protection, en France comme à l'étranger.

Frontispice, *de Charles Michel (détail).* Cliché Dassau.

Mis en place par le décret-loi du 30 juillet 1935, le Comité national des appellations d'origine contrôlée des vins et eaux-de-vie, devenu en 1947 l'Institut national des appellations d'origine des vins et eaux-de-vie, a été chargé de reconnaître les appellations d'origine contrôlée. Ses compétences ont été successivement étendues aux vins d'appellation d'origine, aux vins délimités de qualité supérieure, aux cidres, poirés et apéritifs, et enfin, par la loi du 2 juillet 1990, à l'ensemble des produits agroalimentaires bruts et transformés d'appellation d'origine contrôlée. Il est désormais dénommé Institut national des appellations d'origine.

Le secteur dont il a la charge représente une valeur économique nationale indéniable : la production des vins d'AOC s'est élevée en 2000 à 26,2 millions d'hectolitres, avec un chiffre d'affaires global dépassant 15 milliards d'euros, dont 4,66 milliards à l'export, soit 85 % des exportations de vins en valeur ; dans le domaine des spiritueux, la production nationale d'AOC représente plus de 1,5 million d'euros, dont 90 % à l'exportation. La balance commerciale dégage ainsi une valeur proche de celle de la construction aéronautique, soit plus de 6 milliards d'euros.

Au total, le secteur des AOC, y compris les autres produits agroalimentaires, représente plus de 18,65 milliards d'euros. Ce secteur occupe près de 135 000 producteurs sur les 800 000 agriculteurs français. L'INAO exerce ainsi une importante mission de service public tendant à la valorisation et à la protection du patrimoine national que constituent les terroirs d'AOC.

Le fonctionnement de l'INAO

L'INAO repose sur des instances délibératives nationales et régionales d'une part, sur des services d'exécution d'autre part, et sur un service central à Paris.

Au niveau national, il existe 4 comités : le Comité national des vins et eaux-de-vie ; le Comité national des produits laitiers ; le Comité national des produits agroalimentaires ; le comité national pour les indications géographiques protégées (IGP).

Ces comités nationaux sont composés en majorité de représentants professionnels, mais également de membres de l'administration, ainsi que de personnalités qualifiées, et délibèrent sur toutes les questions relevant de leur domaine de compétence. Chaque comité national désigne, en son sein, les membres de sa commission permanente, dont le rôle est de suivre les affaires courantes.

Les services d'exécution de l'Institut regroupent plus de 250 agents, répartis dans 26 centres en province. Afin de coordonner cet ensemble est institué un Conseil permanent : composé de 22 membres appartenant aux 4 comités nationaux, il délibère notamment sur la politique générale de l'Institut et la défense de la notion d'appellation d'origine contrôlée. Enfin, à l'instar de ce qui existe dans le domaine viticole depuis 1968, des comités régionaux sont appelés à discuter des questions intéressant leurs régions ; pour les vins et eaux-de-vie, ils sont actuellement au nombre de 12, correspondant aux différentes régions d'appellation.

Le concept d'AOC

Soixante-dix ans après la promulgation de la loi de 1919 relative à la protection des appellations d'origine, la loi du 2 juillet 1990 définit l'appellation d'origine contrôlée, en fixe les règles d'accès et précise les missions de l'INAO.

L'enjeu de cette loi est important et constitue un pari sur l'avenir : à une époque où l'agro-alimentaire se banalise pour mettre sur le marché international des produits standards qui ne heurtent le goût d'aucun consommateur, elle choisit de maintenir et de développer un secteur de l'activité nationale qui tire sa richesse d'un lien intime entre le produit et le terroir.

Cette loi se place également dans la perspective d'une lutte contre la désertification dans certaines zones rurales fragiles, en permettant dans celles-ci le maintien d'activités agricoles spécifiques. Enfin, en harmonisant la procédure de reconnaissance des appellations d'origine contrôlée de l'ensemble du secteur agroalimentaire au sein d'un organisme unique, elle anticipe le grand débat communautaire sur la « qualité » des produits.

Pour pouvoir bénéficier d'une appellation d'origine contrôlée, reconnue par l'INAO, les produits devront souscrire à 4 conditions : répondre à la définition de l'appellation d'origine, posséder une notoriété dûment établie, faire l'objet de procédures d'agrément et être consacrés par l'INAO.

MAISON PRUNIER

Carte des Vins

Bourgogne blancs

Bourgogne rouges

Champagne

Bordeaux blancs

Bordeaux rouges

Moselle et Rhin

Côtes du Rhône

Bières

Anjou et Touraine

Liqueurs

TARIF SPÉCIAL POUR LA VILLE : ESCOMPTE 15 % PAR 12 BOUTEILLES

Carte des vins de la maison Prunier au début du siècle. *Fondée en 1872, la maison présente une belle carte de vins qui sont devenus depuis des appellations.* Cliché Dassau.

La fixation des conditions de production

Les appellations d'origine contrôlée sont reconnues selon une procédure qui a fait ses preuves dans le domaine des vins et eaux-de-vie, lesquels conservent les dispositions qui les régissent. Ainsi, après avis des syndicats intéressés et avant homologation par décret, l'INAO propose la reconnaissance des appellations d'origine, laquelle comporte la délimitation des aires géographiques et la détermination des conditions de production et d'agrément pour chacune d'entre elles.

L'Institut est ainsi au cœur du processus de décision, passage obligé entre les syndicats professionnels et les pouvoirs publics, seuls détenteurs du pouvoir de réglementation, et qui peuvent accepter ou refuser les propositions de l'INAO, mais non pas les modifier sans l'accord préalable du comité national intéressé.

La reconnaissance d'une AOC et la fixation des conditions de production et de leur modification s'opèrent par le biais d'une commission d'enquête, composée de professionnels qui sont membres du comité national mais étrangers à la région intéressée ; ils travaillent sur le terrain avant de faire des propositions au comité national, propositions pouvant éventuellement être contestées par les professionnels concernés, plus particulièrement dans le cadre des opérations de délimitation.

La défense des appellations

L'Institut participe à la lutte contre les fraudes en France, en se portant partie civile dans les procès intentés par les administrations des douanes, ou de la répression des fraudes ; il lance également des actions contre toute utilisation ou évocation d'un nom géographique d'AOC ou d'IGP dès lors qu'il y a atteinte à la renommée et risque de détournement de la notoriété de l'appellation.

Vis-à-vis de l'étranger, l'État français a, en quelque sorte, délégué ses compétences à l'INAO dans le même temps où il s'imposait de le consulter pour toutes négociations diplomatiques en la matière. Ce rôle de protection internationale des appellations d'origine a été réaffirmé par la loi du 2 juillet 1990, et quelque 400 dossiers sont ainsi en cours dans une trentaine de pays.

Cul-de-lampe, *ornement de menu, par Charles Michel.* Cliché Dassau.

Les missions consultatives

Outre les consultations obligatoires de l'INAO par les pouvoirs publics, cet organisme doit donner son avis sur toutes dispositions nationales relatives à l'étiquetage et à la présentation de chacun des produits relevant de sa compétence, ainsi que contribuer à la promotion de celles-ci. Enfin, consciente que le terroir d'appellation d'origine constitue un élément essentiel du patrimoine français, la loi de 1990 complète un système déjà en vigueur dans le secteur vitivinicole.

Outre les consultations classiques en matière d'expropriation et d'installations classées, voire de carrière, désormais, le syndicat de défense d'une appellation peut saisir l'autorité administrative compétente s'il estime qu'un projet d'urbanisme, d'équipement ou de grands travaux est de nature à porter atteinte à l'aire, aux conditions de production, à la qualité ou à l'image du produit bénéficiant de l'appellation.

Ainsi, à travers toutes ces dispositions et le rôle reconnu à l'Institut national des appellations d'origine, la France dispose désormais d'une véritable politique des appellations d'origine contrôlée.

M.-H. B.

Qualité et réglementation européenne

Restés à l'écart des mesures de soutien, les vins de qualité n'en bénéficièrent pas moins, dès 1962, d'un effort de définition et de réglementation communautaire d'autant plus méritoire que les législations nationales antérieures obéissaient à des logiques différentes.

La législation des VQPRD (vins de qualité produits dans des régions déterminées) permettait d'englober les définitions par délimitation parcellaire et disciplines de production (rendements plafonnés, degré alcoolique minimal, encépagement spécifique) en honneur en France depuis 1935, et les spécifications œnologiques fondées sur l'appréciation gustative des qualités organoleptiques, de coutume en Allemagne. Il fallait en outre tenir compte des rôles très divers dévolus aux organisations de producteurs : les coopératives, partout présentes mais inégalement dynamiques, les associations corporatives (syndicats de crus français, associations viticoles allemandes, *consorzi* italiens, auxquels s'ajoutent en 1986 les *consejos reguladores* espagnols), enfin les organismes officiels tel l'INAO français.

La Communauté se borna dans un premier temps à récapituler les critères de qualité, en laissant à chaque État le soin de veiller à leur définition et de suivre l'application des disciplines de production et de vinification. L'élimination des hybrides, l'interdiction de l'irrigation et des coupages furent aisément admises pour les VQPRD, tandis que l'enrichissement donnait lieu à de longs débats avant d'être soumis à des conditions plus ou moins strictes suivant les aires, avec dérogations possibles en fonction des aléas climatiques.

L'introduction du critère de provenance et le goût du public pour les vins de cépage favorisèrent l'ascension de certains vins de table vers la qualité : ce sont les *vins de pays* français, les *vini de tavola a indicazione geografica* italiens, les *vinos de la tierra* espagnols, qui purent mettre en place leurs circuits commerciaux et affiner leur qualité, sans être trop bridés par les limitations de rendements. Enfin, après une série de scandales qui frappa plusieurs pays d'Europe, on observa un renforcement efficace de la répression des fraudes dans chaque pays.

Si la progression des échanges à l'intérieur de la Communauté a favorisé l'extension des cépages nobles tels la syrah, le grenache, le cabernet et le chardonnay, les vins d'Europe ont su conserver leur spécificité, et l'authenticité des bordeaux, des chiantis, des rioja et des rheinweine n'a pas souffert de l'européanisation du marché, tandis que la promotion de nombreux autres VQPRD assure la survie de maints vignobles (Languedoc, Sicile, Mancha) menacés par l'effondrement de la consommation des vins de table.

R. P.

Les appellations

« Constitue une appellation d'origine la dénomination d'un pays, d'une région ou d'une localité servant à désigner un produit qui en est originaire et dont la qualité ou les caractères sont dus au milieu géographique, comprenant des facteurs naturels et des facteurs humains. »
Extrait de la loi de 1919, ce texte demeure une référence essentielle dans le système français de protection des appellations d'origine, qui met en œuvre des conditions de reconnaissance très strictes, en contrepartie d'une protection efficace.

Le système juridique français distingue deux principales catégories de vin : celle des vins dits de table (autrefois dénommés vins de consommation courante) et celle des VQPRD (vins de qualité produits dans une région déternée) qui regroupent les AOC et les AOVDQS. Elles relèvent de deux organismes différents, l'ONIVINS (Office national interprofessionnel des vins) pour la première et l'INAO (Institut national des appellations d'origine) pour la seconde. Cette distinction, dont la plupart des pays producteurs de vin se sont plus ou moins inspirés, date du début du XXe siècle, mais son origine est plus ancienne. Déjà dans l'Antiquité classique, un certain nombre de produits ont acquis leurs lettres de noblesse et d'authenticité en adoptant le nom géographique du secteur dont ils provenaient. Peu à peu, cette indication a été considérée comme un synonyme de qualité, entraînant une augmentation des prix.

En France, des noms comme ceux de bourgogne et de bordeaux, et plus tard de champagne, sont apparus dès l'époque médiévale. Mais dès lors que ces noms prestigieux autorisèrent des prix supérieurs à la moyenne, il fut tentant de les utiliser frauduleusement pour accroître les marges bénéficiaires sur des produits de moindre qualité. Il devint donc nécessaire de réglementer (sanction ou prévention) ; c'est ainsi que les intendants royaux et les parlements régionaux eurent à intervenir fréquemment.

Le fraudeur, voilà l'ennemi, *et l'ennemi en 1911 c'est le fraudeur allemand. La révolte des vignerons champenois contre les premières délimitations géographiques pousse le pouvoir à remanier son projet initial, prémice des aires d'appellations.* Cliché Dassau.

Cette approche du problème de la protection des produits – et singulièrement des vins de qualité – prit un tour beaucoup plus radical à la fin du XIXe siècle, après la crise phylloxérique. À partir de 1893, le vignoble français, entièrement reconstitué en cépages jeunes et immunisés contre le parasite par le greffage sur pied américain, entra dans une période de surproduction structurelle qui fit dramatiquement chuter les prix. Pour redresser leurs marges, inspirés par une pratique admise au cours des précédentes années de pénurie, des négociants entreprirent de fabriquer des vins à partir d'un mélange d'eau, de sucre et de colorants. Pour mieux les vendre, ils n'hésitaient pas à les baptiser de grands noms. Des producteurs acculés à la faillite les imitèrent ; la fraude se généralisa, et sur le marché du vin totalement désorganisé fleurirent de nombreuses étiquettes usurpées où bordeaux et bourgogne se taillaient la part du lion.

Les lois de 1905 et 1919

Par la loi de 1905, les hommes politiques prirent les premières mesures posant les principes d'une délimitation géographique des vins les plus réputés. Mais le dispositif demeurait insuffisant et, après les terribles manifestations, en 1907, des viticulteurs languedociens contre les vins « artificiels » livrés ou importés par le négoce, ce furent les Champenois qui réagirent le plus violemment en 1911 contre des délimitations qui ne correspondaient pas à leurs vœux. On s'agitait aussi en Gironde, où l'on s'était mis au travail dès 1907 pour définir le territoire des bordeaux.

Le pouvoir remit alors ses projets en chantier, mais le processus fut arrêté par la Première Guerre mondiale. Dès le retour à la paix, la loi du 6 mai 1919 relança l'idée d'une appellation d'origine conçue comme un droit collectif de propriété, confiant de fait aux producteurs le soin de faire reconnaître devant les tribu-

Affiche publicitaire *de l'entre-deux-guerres. Le message publicitaire utilise dès 1937 l'appellation d'origine comme garant de la qualité du produit.* Cliché Dassau.

naux le droit d'utiliser tel ou tel terme en fonction des « usages locaux, loyaux et constants ». Un nombre incalculable de procès en résulta, les décisions des tribunaux se révélèrent très hétérogènes.

Une garantie d'origine, mais aussi de qualité

C'est Joseph Capus, languedocien mais professionnel de l'agriculture en Bordelais, qui dénonça le premier les inconvénients d'un système qui ne s'intéressait qu'à l'origine géographique des produits sans en garantir autrement la qualité, tandis que le baron Le Roy défendait la notion de terroir. Capus n'eut de cesse de proposer des améliorations à la loi et, élu sénateur de la Gironde, il fut le principal inspirateur du décret-loi du 30 juillet 1935 créant le Comité national des appellations d'origine, transformé en Institut le 16 juillet 1947.

Cet organisme, qui avait reçu pour mission de reconnaître et de protéger les appellations d'origine contrôlée des vins et des spiritueux à travers le territoire français, présida à l'élaboration de la carte des multiples appellations. Ces dernières fleurissaient partout, qu'il s'agisse des AOC ou des AOVDQS (vins délimités de qualité supérieure), catégorie née en 1949, intermédiaire entre les vins de table et les vins d'AOC, et dont la conversion progressive en AOC est aujourd'hui entreprise.

Les critères

La loi a fixé des conditions très strictes de reconnaissance à l'appellation d'origine. D'abord, à l'évidence, le vignoble doit être intégré dans une aire géographique précise, délimitée au niveau de chaque parcelle de vignes. Mais il faut aussi respecter les règles fixées pour l'encépagement, généralement limité à quelques variétés plus ou moins locales. Les modes de culture (par exemple la densité de pieds de vigne à l'hectare) et de taille sont aussi précisés, ainsi que le rendement maximal à l'hectare et le titre alcoométrique des moûts. Les conditions de vinification, voire de vieillissement, peuvent également être définies. Et pour couronner l'édifice, un vin candidat à l'AOC doit subir, pour chaque millésime, un examen analytique et gustatif réalisé par une commission compétente. Dès 1947, certains vins ont dû subir cette épreuve, qui fut généralisée en 1974.

En contrepartie de toutes ces exigences, l'appellation est rigoureusement protégée et son nom ne peut tomber dans le domaine public. La loi va assez loin dans ce sens, puisque le nom géographique d'appellation d'un vin ne peut être utilisé pour un autre produit s'il existe un risque d'affaiblir la notoriété de l'appellation d'origine contrôlée.

Un modèle pour les autres produits alimentaires

La politique de l'INAO en faveur des vins et spiritueux a été couronnée de tels succès que ses compétences ont été étendues à d'autres produits par la loi de juillet 1990. Des volailles, des fruits, des fromages, des légumes d'appellation contrôlée sont consacrés par l'Institut à l'issue d'une procédure d'agrément complexe, mais dont la base demeure la définition de 1919.

Essentiellement française à l'origine, cette politique de qualité tend à devenir européenne, et la réglementation communautaire sur les VQPRD est largement inspirée du modèle français.

L'extension des appellations

Depuis la Seconde Guerre mondiale, les surfaces consacrées en France à la culture de la vigne ont continuellement régressé, tandis que la part des appellations augmentait. En 1950, on dénombrait 180 000 ha de vignes d'appellation, soit guère plus de 10 % du vignoble. En 2000, il y en avait 475 000, soit près de la moitié. Et alors que l'effectif global des viticulteurs s'est effondré (260 000 producteurs commercialisent leur vin), celui des producteurs d'AOC se stabilise autour de 80 000, ce qui traduit même une très légère augmentation.

Désormais, les régions de grands vins, où les vignes sans appellation ont pratiquement disparu, n'ont plus le monopole des appellations contrôlées ; d'autres ont été reconnues, jusque dans les zones traditionnellement consacrées à la production de vins courants, comme le Languedoc. Avec plus de 26 millions d'hectolitres de vin d'AOC produits chaque année, la France est plus que jamais, qualitativement mais aussi quantitativement, le pays des grands vins. P.R.

De haut en bas.
Atmosphère de fête. *Dès le XIXe siècle, l'image prestigieuse du champagne, que rien ne protégeait, a fortement contribué à la fraude et aux contrefaçons.*
Réclame de la fin du XIXe siècle. *Certaines parcelles, tel le clos des Mouches premier cru de l'appellation beaune, étaient renommées bien avant que ne soit créée l'appellation.*
Mousseux de Touraine. *Cette réclame de la fin du XIXe siècle fait ouvertement référence au champagne « dont il – le mousseux de touraine – peut soutenir avantageusement la comparaison », est-il précisé.* Clichés Dassau.

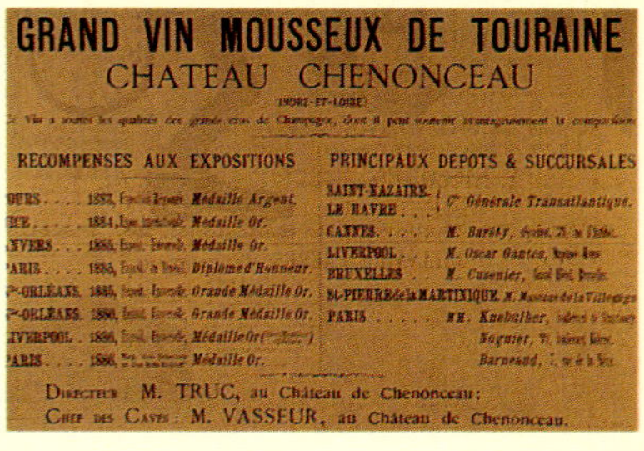

Comment lire une étiquette ?

L'étiquette est à la fois la carte d'identité et la carte de visite du vin. Certaines mentions doivent y figurer obligatoirement, d'autres sont facultatives.

Le libellé d'une étiquette a pour premier impératif d'informer le consommateur sur la catégorie à laquelle appartient un vin : vin de table, vin de pays, appellation d'origine, vin délimité de qualité supérieure (AOVDQS), appellation d'origine contrôlée (AOC). Cette mention est obligatoire, de même que le degré alcoolique (pourcentage d'alcool en volume), le nom et l'adresse de l'embouteilleur, et un numéro de lot.

L'étiquette des AOVDQS doit porter une vignette et un numéro de contrôle de labellisation qui a été accordé après dégustation. Ces deux mentions sont garantes de l'appellation.

L'étiquette des vins de pays doit mentionner la provenance géographique du vin. Toutes les autres mentions sont facultatives bien que strictement réglementées. Elles apportent souvent des informations intéressantes telle que la précision du lieu de mise en bouteilles : au domaine, à la propriété ou au château. Cette information permet de garantir au public une certaine authenticité.

La mention du millésime est interdite pour les vins de table, mais facultative pour les autres catégories. Compte tenu des différences importantes qui existent d'une année sur l'autre, le millésime apparaît cependant comme une information capitale.

Enfin, il faut respecter une hiérarchie dans la taille respective des caractères. En Bourgogne, le nom du climat peut apparaître en caractères de même taille que l'appellation si c'est un premier cru, il doit être plus petit dans le cas contraire. Car, pour ne rien simplifier, des usages régionaux s'ajoutent aux règles nationales et européennes.

H. J.

AOC alsace
Timbre fiscal (capsule) vert
Dénomination catégorielle (obligatoire)
Exigé pour l'exportation vers certains pays
Volume (obligatoire)
Toutes mentions obligatoires
Indication du cépage (autorisée seulement en cas de cépage pur)
Degré (obligatoire)

AOC champagne
Timbre fiscal vert
Obligatoire
Tout champagne est AOC : la mention ne figurant pas ; c'est la seule exception à la règle exigeant la mention de la dénomination catégorielle
Marque et adresse (obligatoire ; sous-entendu « mis en bouteilles par... »)
Sans grande signification (facultatif)
Statut de l'exploitation et numéro de registre professionnel (facultatif)
Volume (obligatoire)
Type de vin, dosage (obligatoire)

AOC bordeaux
Timbre fiscal vert
Assimilé à une marque (facultatif)
Classement (facultatif)
Millésime (facultatif)
Dénomination catégorielle (obligatoire)
Nom et adresse de l'embouteilleur (obligatoire)
Le mot « propriétaire » (facultatif) fixe le statut de l'exploitation
Volume (obligatoire)
Facultatif
Exigé pour l'exportation vers certains pays
Degré (obligatoire)

AOVDQS
Timbre fiscal vert
Millésime (facultatif)
Cépage (facultatif ; autorisé uniquement en cas de cépage pur)
Nom de l'appellation (obligatoire)
Dénomination catégorielle (obligatoire)
Degré (obligatoire)
Volume (obligatoire)
Mention « à la propriété » (facultatif)
Nom et adresse de l'embouteilleur (obligatoire)
Vignette (obligatoire)
N° de contrôle (obligatoire en France)

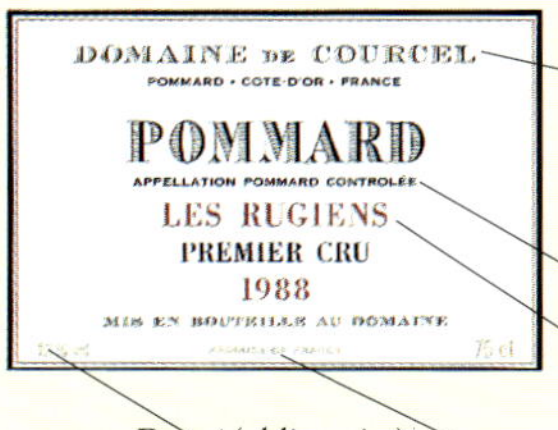

AOC bourgogne
Timbre fiscal vert
Souvent sur une collerette, le millésime est facultatif
Nom et adresse de l'embouteilleur (obligatoire) ; indique en outre la mise en bouteilles à la propriété et qu'il ne s'agit pas d'un vin de négoce
Dénomination catégorielle (obligatoire)
Nom du cru (facultatif) ; la même dimension de caractères que l'appellation indique qu'il s'agit d'un premier cru
Exigé pour l'exportation vers certains pays
Degré (obligatoire)

Vin de pays
Timbre fiscal bleu
Vins de table, ils sont astreints aux mêmes obligations. Les mots « vin de pays » doivent être suivis de l'unité géographique (obligatoire)
Unité géographique (obligatoire)
« au domaine » : mention facultative
Volume (obligatoire)
Nom et adresse de l'embouteilleur (obligatoire)
Degré (obligatoire)

Extrait du *Guide Hachette des vins de France*

La Corse

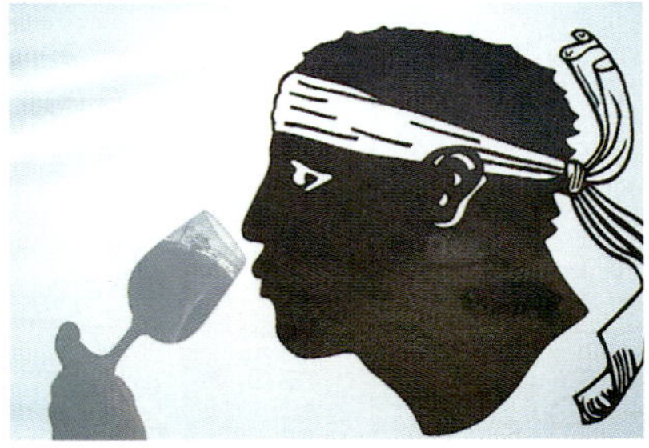

Représentation du vin corse, *œuvre de Zilih.* Photo Jacques Sierpinski/Scope.

À 170 km de Nice, surgie des profondeurs de la mer (- 1 000 m près de Porto), la Corse étire ses 8 569 km^2 (longueur : 185 km, largeur maximale : 85 km). À l'exception d'une petite enclave intérieure (dans la région de Ponte-Leccia), le vignoble ceinture l'île. L'essentiel de la production s'effectue dans la plaine orientale, entre Bastia et Aléria, mais on trouvera les vins les plus intéressants dans les appellations sous-régionales, principalement autour d'Ajaccio et de Patrimonio. ◆

Histoire du vignoble

En 570 av. J.-C., Phéniciens et Étrusques établissent des comptoirs sur les côtes : les objets conservés au musée d'Aléria attestent la présence d'une viticulture largement implantée. Elle se développera sous les successives dominations romaine, toscane et surtout génoise (XVIe et début du XVIIe siècle) jusqu'à devenir la principale source de revenus des trois quarts de la population. Après une quasi-destruction, due au phylloxéra, puis à la crise provoquée par la désaffection pour le vin de table, le vignoble n'acquiert sa physionomie actuelle, orientée vers la production de vins de qualité, que depuis une quinzaine d'années : c'est donc une région qui n'est pas encore à l'apogée de ses possibilités.

CHRONOLOGIE

564 av. J.-C. Les Grecs de Phocée s'établissent à Alalia-Aléria, propageant la culture de la vigne.
XVIe siècle La domination génoise impose une mise en culture généralisée de l'île et favorise le développement de la vigne.
XIXe siècle Diffusion du sciaccarello, cépage rouge indigène de qualité.
1959 Démarrage économique de l'île.
1970 Début d'une politique de recherche de la qualité.

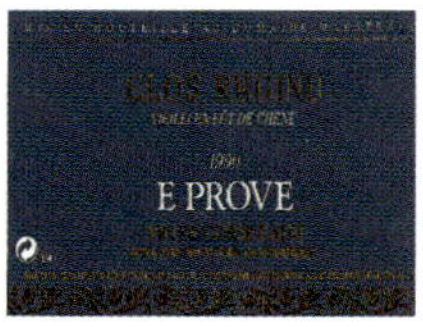

Géographie, climat et nature du sol

Le puissant massif cristallin, qui s'élève du nord au sud avec ses chaînons parallèles orientés vers l'ouest et le sud-ouest, joue un rôle prépondérant sur le climat et la culture de la vigne : la dominante méditerranéenne (2 750 heures d'ensoleillement annuel moyen) est tempérée par la proximité d'une mer omniprésente, tandis qu'une mosaïque infinie de microclimats est dessinée par le jeu des montagnes et des vallées. Le type de sol le plus répandu est d'origine granitique (sud et ouest de l'île). La région de Patrimonio (golfe de saint-Florent) est calcaire, la région du cap Corse, au nord, est schisteuse, tandis que l'est est surtout caractérisé par des zones d'alluvions et des terres marno-sableuses.

Domaine de Torraccia à Porto-Vecchio. *Fruité et bien équilibré, le vin de Porto-Vecchio illustre la diversité des tonalités de l'aire d'appellation vins de corse, qui s'étend sur tout le pourtour de l'île, entre mer et montagne.*
Photo Jacques Sierpinski/Scope.

Itinéraire d'Ajaccio à Sartène

La route des vins corses conduit naturellement à faire le tour de l'île, puisque le vignoble s'étage entre la bande côtière et la zone forestière. Mais on prendra soin de ne pas négliger quelques incursions intérieures pour ne pas manquer les très beaux paysages. Ces chemins de traverse de l'arrière-pays offrent en outre l'avantage de n'être pas trop fréquentés par les touristes.
À l'exception de la plaine orientale, fief de la viticulture mécanisée et qui montre de grandes étendues de vignes, le vignoble corse est surtout constitué de petits domaines familiaux, à l'écart des routes.
Région d'Ajaccio. Les vignes, mêlées aux oliviers, s'agrippent aux contreforts montagneux, regardent la mer, mais s'en tiennent à distance pour se garder de la morsure des embruns marins salés.
Région de Calvi. C'est la région de l'ascétisme. Les églises romanes de la Balagne épurent leurs arêtes et font jouer leurs couleurs polychromes sous le soleil. Les vins, acérés, nettement définis, s'autorisent parfois de douces faiblesses avec les rosés.
Région de Patrimonio. Ce terroir calcaire produit des vins puissants, très charpentés et structurés, qui demandent à être conservés puis redécouverts après une garde moyenne.
Région du cap Corse. Sous la protection vigilante des tours génoises, les grains mûrissent sous le soleil jusqu'à la dessiccation complète ; les vins offrent une vision lumineuse et chaleureuse du liquoreux.
Région de Sartène. Ici règne le minéral figé, alignements mégalithiques ou menhirs sculptés. Les vins y sont, paradoxalement, tendres, friands, assoiffés de jeunesse.

AJACCIO

Superficie : 200 ha.
Encépagement :
vin rouge et rosé : cépages principaux (60 % au minimum) : barbarossa (rosé), nielluccio, sciaccarello (40 % au minimum), vermentino ; cépages accessoires (40 % au maximum) : carignan (15 % au maximum), cinsaut, grenache noir ;
vin blanc : ugni blanc, vermentino (80 % au minimum).
Récolte annuelle :
vin rouge : 3 900 hl ;
vin blanc : 2 600 hl.
Rendement de base : 45 hl/ha.
Titre alcoométrique minimal : 11,5 % vol.
Potentiel de garde :
vin rouge : de six à huit ans ;
vin rosé et blanc : trois ans.

1 AJACCIO

Pour certains, la ville offre ses souvenirs historiques (le musée d'Histoire militaire, la maison Bonaparte) ; pour d'autres, ses collections de peinture. C'est un lieu de promenade, de l'avenue chic du cours Napoléon aux quartiers populaires vibrant d'animation.
À voir : **les peintures italiennes du musée Fesch (Véronèse, Titien, Canaletto et surtout la *Vierge à la guirlande* de Botticelli) ; la vue sur le golfe et les îles Sanguinaires depuis la pointe de la Parata (au bout de la D111) ; les îles Sanguinaires (excursion d'une demi-journée depuis Ajaccio).**
PASCAL ALBERTINI : Clos d'Alzeto, 20151 Sari-d'Orcino. Tél. 04 95 52 24 67, sur R-V. Sortir d'Ajaccio par la N194. À Mezzavia, prendre à gauche par la D81 jusqu'à Calcatoggio, puis la D201 en direction de Casaglione et Ambiegna, et enfin la D1 en suivant l'itinéraire fléché route des vins. Le plus haut vignoble corse n'est pas facile à dénicher, tant le domaine, suspendu dans un magnifique

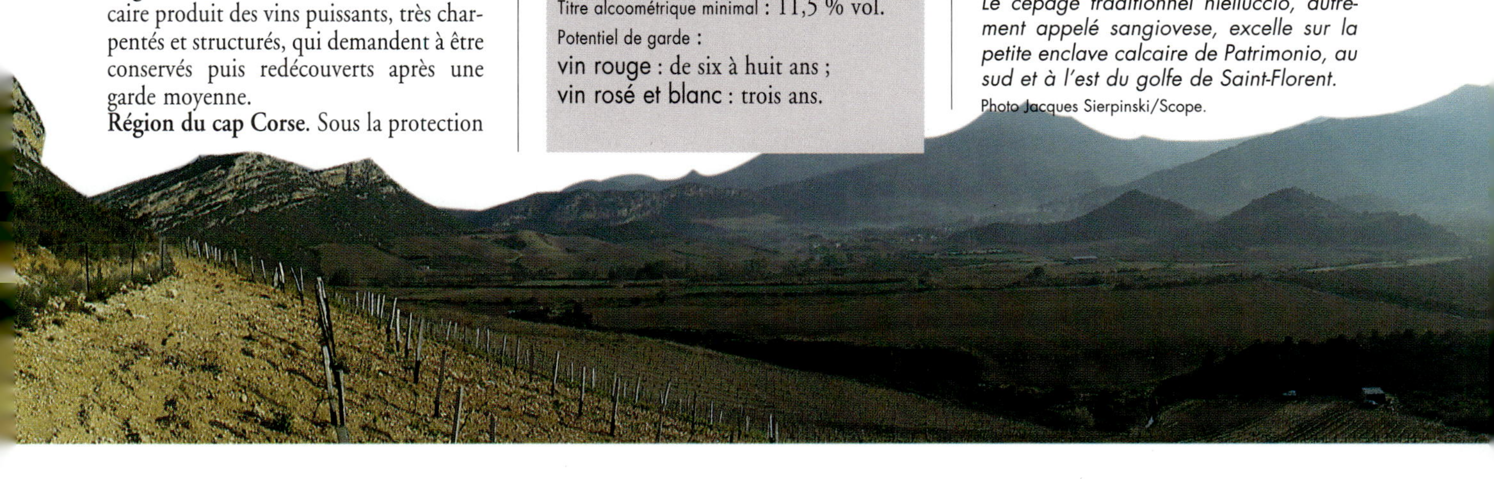

Patrimonio, chez Antoine Arena. *Le cépage traditionnel nielluccio, autrement appelé sangiovese, excelle sur la petite enclave calcaire de Patrimonio, au sud et à l'est du golfe de Saint-Florent.*
Photo Jacques Sierpinski/Scope.

Les cépages de la Corse

L'encépagement de cette île est constitué des cépages locaux, probablement d'origine italienne pour la plupart (biancone, nielluccio, riminese, vermentino, ugni blanc ou rossola), des cépages méridionaux (carignan, cinsaut, clairette, grenache, syrah, mourvèdre, alicante-bouschet) et des cépages bordelais ou bourguignons, importés récemment.

Le nielluccio, ou sangiovese, qui fait la réputation des vins du Chianti, a des feuilles cunéiformes, tourmentées, quinquelobées, avec un sinus pétiolaire en U ouvert ; les dents sont anguleuses, très étroites, et le dessous du limbe est légèrement aranéeux ; les grappes sont moyennes, cylindriques, ailées ; les baies moyennes et ovoïdes, d'un noir bleuté, viennent à maturité à la troisième époque. Ce plant moyennement productif donne un vin peu coloré, qui possède une certaine finesse.

Le sciaccarello. Les feuilles sont bullées à bords involutés, moyennement quinquelobées, avec un sinus pétiolaire en lyre fermée ; le dessous du limbe est aranéeux. Les grappes sont grandes et tronconiques avec des baies ovoïdes, d'un noir violacé, qui viennent à maturité à la troisième époque.

Le vermentino, ou malvoisie, possède de grosses grappes tronconiques à baies ellipsoïdales, blanches, qui viennent à maturité dans une troisième époque tardive. P. G.

site naturel, dont Pascal Albertini restaure peu à peu l'environnement primitif (oliviers, maisons de berger), est fascinant. Les vins rouges y sont puissants, tanniques, destinés à la garde.

Jacques Bianchetti : clos Capitoro, 20166 Pisciatella-Cauro. Tél. 04 95 25 19 61, sur R-V. Sortir d'Ajaccio par la N 196 (direction Sartène), puis la D 302 vers Pisciatella. C'est ici que Louis Bianchetti, arrière-grand-père de l'actuel exploitant, a ressuscité le vignoble corse après le phylloxéra à partir de semis de pépins. On recherchera les blancs pour leurs arômes et les rouges pour leur puissance.

Domaine Peraldi : Guy Tyrel de Poix, chemin du Stiletto, 20167 Mezzavia. Tél. 04 95 22 37 30, sur R-V. Sortir d'Ajaccio par la route de Corte. Les vins rouges, en particulier le clos du Cardinal, y sont élégants et soyeux.

2 Porto

« Une ménagerie de cauchemar pétrifiée par le vouloir de quelque dieu extravagant… » Maupassant décrit ainsi (dans *Une vie*) les rochers aux formes torturées des calanques de Piana qui bordent la côte et font du golfe un site inoubliable.

À voir : **les églises grecque et latine en vis-à-vis à Cargèse ; la tour de Turghio ; les gorges de la Spelunca ; la forêt de châtaigniers d'Évisa et celle de pins d'Aïtone ; le golfe de Girolata.**

Vins de Corse

Cette appellation peut être suivie du nom des 5 sous-régions suivantes : calvi, coteaux du cap corse, figari, porto-vecchio, sartène.

Superficie : 1 954 ha.

Encépagement :

vin rouge et rosé : cépages principaux (50 % au minimum) : nielluccio, sciaccarello, grenache noir ; cépages accessoires (50 % au maximum) : cinsaut, mourvèdre, barbarossa, syrah, carignan (20 % au maximum) et vermentino (20 % au maximum)

vin blanc : vermentino (75 % au minimum), ugni blanc et codivarta pour vins-de-corse coteaux du cap corse.

Récolte annuelle :

vin rouge : 78 100 hl ;

vin blanc : 8 800 hl.

Rendement de base : 50 hl/ha.

Titre alcoométrique de base : 11,5 % vol.

Potentiel de garde :

vin rouge : de quatre à cinq ans ;

vin rosé et blanc : de deux à trois ans.

3 Calvi

Rempli de bruit et de fureur pendant la semaine sainte avec la procession des pénitents de la Granitola, Calvi est aussi la porte de la Balagne.

À voir : **la cathédrale Saint-Jean-Baptiste ; l'église romane San Petro e San Paolo de Lumio (10 km au nord-est de Calvi) ; les villages de la Balagne (Sant' Antonino et ses ruelles, l'église baroque de la Trinité et de San Giovanni à Aregno).**

Clos Reginu « E Prove » : Michel Raoust, domaine Maestracci, route de Santa-Reparata, 20225 Feliceto. Tél. 04 95 61 72 11, tlj sauf dimanche, 9 h-12 h et 14 h-19 h 30. Depuis Muro, le domaine est sur la droite en direction de l'Île-Rousse. De ces vins très tanniques, charpentés et structurés, on retiendra surtout la cuvée E Prove.

Étienne Suzzoni : clos Culombu, chemin San-Petru, 20260 Lumio. Tél. 04 95 60 70 68, tlj, 9 h-12 h et 15 h-20 h. À l'entrée de Lumio, ce domaine poursuit une tentative originale qui consiste à associer les deux cépages traditionnels de l'île, le sciaccarello et le nielluccio.

Ajaccio, domaine Peraldi. *Les vignes, où prédomine le cépage sciaccarello, épousent les ondulations des pentes granitiques, justifiant l'ancienne appellation, coteaux d'ajaccio, qui perdura jusqu'en 1984.*

Photo Jacques Sierpinski/Scope.

Encépagement

Le sciaccarello (son nom signifie « craquant sous la dent ») est le plus emblématique des cépages corses, puisqu'il ne pousse que dans l'île. Il se plaît particulièrement sur le granite décomposé et triomphe d'Ajaccio à Sartène. Son vin est fin, très élégant, avec des notes poivrées. Vinifié en rouge ou en rosé, il est souvent associé au grenache ou au nielluccio. Le nielluccio est originaire de Toscane. Il affectionne les sols calcaires et on le trouve principalement dans la région de Patrimonio. Puissant, très charpenté, son vin se prête avec bonheur à une garde moyenne. Vinifié en rouge ou en rosé, il est le plus souvent travaillé seul, parfois en association avec le grenache et la syrah. Le vermentino, appelé malvoisie en Corse du Sud, est le principal cépage blanc, de nature polyvalente. Récolté en début de maturité, il donne un beau vin sec et aromatique, plein et ample. Cueilli plus tardivement, il donne de grands vins liquoreux, par exemple à Lipari. Dans la région du cap Corse, il est mis à sécher en plein air et produit, par passerillage, des vins liquoreux superbes et concentrés.

Les appellations

Les appellations de la Corse sont au nombre de 9.

Ajaccio
Muscat du cap corse
Patrimonio
Vins de corse
Vins de corse calvi
Vins de corse coteaux du cap corse
Vins de corse figari
Vins de corse sartène
Vins de corse porto-vecchio

Patrimonio

Superficie : 389 ha.
Encépagement :
vin rouge et rosé : nielluccio noir, (60 % au minimum) et grenache noir, sciaccarello noir, vermentino noir (40 % au maximum) ;
vin blanc : vermentino blanc (80 % au minimum) et ugni blanc.
Récolte annuelle :
vin rouge : 14 300 hl ;
vin blanc : 3 000 hl.
Rendement de base : 50 hl/ha.
Titre alcoométrique minimal : 12 % vol.
Potentiel de garde :
vin rouge : de six à huit ans ;
vin rosé et blanc : trois ans.

Muscat du cap corse

C'est la dernière des AOC corses, son décret date du 26 mars 1993.

Superficie : 84 ha.
Encépagement : muscat à petits grains.
Récolte annuelle : 2 095 hl.
Rendement de base : 30 hl de moût à l'hectare.
Titre alcoométrique minimal : 15 %vol.
Potentiel de garde : de trois à quatre ans.

Portrait

Des vins élaborés

Antoine Arena n'est pas disposé à s'installer dans la routine. Le domaine, hérité de son père, était à l'origine essentiellement planté en vermentino, donc voué au blanc. Mais les récentes plantations qui escaladent allègrement (en tout cas plus facilement que le visiteur convié sur le terrain) les pentes calcaires fermant le cirque de Patrimonio se sont faites en nielluccio, c'est-à-dire en rouge. À présent, le partage est équitable : 4 ha en nielluccio, autant en vermentino. Mais voici Antoine Arena engagé dans de nouvelles aventures. On le connaissait pour sa production d'un muscat sec réputé… Il se lance maintenant dans des expériences de « vendanges tardives », de passerillage sur pied de ce cépage, s'essaie à l'élevage des blancs sur lie, sélectionne des parcelles en rouge pour élaborer des vins plus concentrés et destinés à la garde…
« Je recherche, dit-il, une complexité que le consommateur a du mal à discerner. » Amoureux des côtes du rhône du nord « pour la matière et la complexité », et des vins d'alsace « pour les parfums, la matière et l'élégance », il tempête et bougonne devant le manque de reconnaissance des vins corses, trop souvent perçus comme des vins de vacances, vite bus et vites oubliés. Cet ancien étudiant en droit aime les causes à défendre. Son dossier n'est guère difficile : des blancs de vieilles vignes gras et persistants, des rosés fruités et vifs, des rouges mûrs avec une matière bien fine. D. C.

Patrimonio. *L'appellation patrimonio bénéficie d'une politique restrictive de l'encépagement qui perpétue la renommée de ses rouges très colorés et de bonne garde.* Photo Jacques Sierpinski/Scope.

4 Saint-Florent

Cette station balnéaire est enclavée entre deux des plus fascinants espaces corses, le désert des Agriates et le Nebbio, la *conca d'oro* où Pasquale Paoli établit, pendant sa lutte pour l'indépendance, son quartier général.
À voir : **à 1 km au nord-est de Murato : l'église romane San Michele (XIIe siècle), une merveille romane en pierres bicolores vertes et blanches.**
GAEC Domaine Leccia, 20232 Poggio-d'Oletta. Tél. 04 95 37 11 35, sur R-V. Vin retenu : vermentino de Patrimonio

Saint-Florent, cathédrale de Nebbio. *La finesse du calcaire blanc à grain serré procure à cet édifice à trois nefs de style roman pisan une grande élégance stylisée. Proche de la citadelle génoise, elle témoigne de la diversité des influences italiennes dans l'architecture corse.* Photo Jacques Sierpinski/Scope.

5 Patrimonio

Les collines taraudées par l'érosion éolienne livrent le secret du plus beau terroir viticole corse : un sol calcaire propice au nielluccio.
À voir : **l'église Saint-Martin et son clocher élancé.**
Domaine Antoine Arena : La Morta Majo, 20253 Patrimonio. Tél. 04 95 37 08 27, sur R-V. À l'entrée du village, sur la gauche.

On trouve encore une dizaine de petits cépages (barbarossa, aleatico, codivarta, elegante) tandis que plusieurs cépages méridionaux – cinsaut, carignan, grenache, alicante-bouschet – demeurent majoritaires dans la plaine orientale pour la production des vins de table ; enfin quelques cépages « continentaux » (mourvèdre, syrah, merlot, cabernet-sauvignon, cabernet franc, viognier, chardonnay) commencent à être cultivés expérimentalement.

Les régions

Outre deux appellations communales (ajaccio et patrimonio), il existe une appellation régionale vins de corse suivie des dénominations coteaux du cap corse, calvi, sartène, figari ou porto-vecchio. Depuis 1993, le muscat du cap Corse bénéficie d'une appellation particulière : muscat du cap corse. Le vignoble d'AOC couvre actuellement à peu près 2 000 ha, essentiellement en rouge (seulement 20 % de blanc), mais le défrichement des versants les mieux exposés des coteaux témoigne du dynamisme de la région.

D. C.

Aléria, domaine de Chiaramonte. *Dans l'arrière-pays de l'antique cité d'Aléria, qui approvisionnait Rome en huîtres, l'arrachage des pieds de vignes depuis 1974 restaure la qualité du vignoble, longtemps affectée par la production d'un vin de table chaptalisé.* Photo Jacques Sierpinski/Scope.

Le vignoble à Patrimonio. *Caractéristique de l'agencement des vignobles corses, l'orientation de ces vignes à flanc de coteau permet au cépage nielluccio de bénéficier d'un ensoleillement optimal.* Photo Jacques Sierpinski/Scope.

ROGER LE STUNFF: domaine de Catarelli, 20253 Farinole.Tél.04 95 37 02 84, tlj sauf dimanche, 9 h -12h et14 h -18 h. Les vins sont carrés, à l'image de cet ancien aviateur breton qui mit sac à terre au cap Corse pour motif d'épousailles.

ORENGA DE GAFFORY: lieu-dit Morta Majo, 20253 Patrimonio. Tél. 04 95 37 45 00, sur R-V. Situé à l'entrée de Patrimonio, sur la droite en venant de Saint-Florent, ce domaine produit des rouges soyeux parmi lesquels se distingue la Cuvée des gouverneurs. En outre, des expositions de peinture moderne se tiennent régulièrement dans le hall de la cave.

6 Le cap Corse

C'est ici le pays des vents : *libeccio* et *punente, maistrale, sciroccu, tramontana, cracale, levante, mezudiornu et terranu*… La terre et les flots seraient tourmentés à moins.

À voir : **les maisons et les jardins suspendus de Nonza ; l'église Santa Maria de Canari (roman pisan tardif) ; les vieilles maisons du port de Centuri.**

TOUSSAINT LUIGI: maison Nicrosi, 20247 Rogliano. Tél. 04 95 35 42 02, sur R-V. Au centre de Rogliano, prendre la direction du couvent, puis à gauche après 2 km.

7 Bastia

En 1380, Gênes, puissance occupante de l'île, fit édifier une bastia, un fortin, point de départ de l'activité maritime du nord de l'île.

À voir : **le musée d'Ethnographie corse. À 20 km au sud, la Canonica, basilique typique de l'architecture pisane aux pierres polychromes.**

Plutôt que de longer tout le bord de mer jusqu'à Porto-Vecchio, on fera un crochet à travers les forêts de la haute Castagniccia.

À voir : **l'église Saint-Jean-Baptiste-de-la-Porta, le plus bel exemple du baroque corse.**

8 Porto-Vecchio

Toutes les images corses ont ici leur mémoire dans les trois mille films conservés à la cinémathèque régionale.

À voir : **les fortifications génoises.**

CHRISTIAN IMBERT: domaine de Torraccia, Lecci, 20137 Porto-Vecchio. Tél. 04 95 71 43 50, tlj sauf dimanche, 8 h-12 h et 14 h-18 h. Un splendide domaine pris sur le maquis, dont on peut choisir la gamme Oriu.

Cap Corse, Jean-Noël Luigi, clos Nicrosi. Photo Jacques Sierpinski/Scope.

Portrait
Des liquoreux lumineux

Tout en haut de Rogliano, une somptueuse « maison des Américains » domine la vallée. On appelle ainsi les demeures que les Cap-Corsains enrichis aux Amériques firent édifier au pays à coups de mandats. Les tantes de Jean-Noël Luigi, qui a désormais pris le relais de son oncle Toussaint, vous accueilleront sur la terrasse, tout de noir vêtues comme autant de Colomba, pour vous faire déguster l'étonnant muscat « passerillé » : les grappes, mises en cagettes, sèchent au soleil après la vendange pour obtenir une plus forte concentration en sucres et en arômes. Les vins offrent régulièrement un nez somptueux, à la fois floral et sur des notes de raisin sec et d'écorce d'orange. La bouche, très fine, évoque le fruit sec, l'amande et le grillé, avec du gras, de la puissance et de l'ampleur, un équilibre parfait entre le sucre résiduel et l'alcool.

D. C.

9 BONIFACIO

Au chant X de l'Odyssée, Ulysse comptait déjà parmi les visiteurs illustres de cet extraordinaire pont encastré entre des falaises.

À voir : **la marine ; l'église Saint-Dominique. Ne pas manquer de faire, en vedette, la promenade des grottes qui permet d'admirer les falaises calcaires.**

10 SARTÈNE

La région est connue pour ses vins et ses grands sites mégalithiques.

À voir : **le musée de la Préhistoire corse; l'alignement de menhirs de Pagliaju ; les statues-menhirs de Stantari ; les rochers sculptés par la nature (lion de Roccapina). À 30 km au nord de Sartène, on ne manquera surtout pas le site de Filitosa et ses grands menhirs sculptés.**

DOMAINE FIUMICICOLI : route de Levie (7 km avant Propriano), 20100 Sartène. Tél. 04 95 76 14 08 et 04 95 77 10 20, tlj de mai à septembre, 8 h-12 h et14 h-18 h, d'octobre à mai, sur R-V. Ce domaine produit régulièrement un très joli rosé.

EARL DOMAINE DE SAN MICHELE : 24, rue Jean-Jaurès, 20100 Sartène. Tél. 04 95 77 06 38. Les 19 ha de vignes produisent un rouge sobre ou généreux selon les années et un rosé agréable. D.C.

Les étiquettes de la Corse

La noblesse corse s'impose à travers une esthétique : blasonnée en cœur, surmontée de l'arche du « domaine », assise avec assurance sur son nom, l'étiquette corse affirme avec fierté l'appartenance à une famille, une lignée, un patrimoine.

« Clos » ou « domaine » sont des notions portées haut qui mettent en valeur le nom : ici se fondent et se confondent les noms de la terre, du propriétaire et du vin. Une confusion entretenue par la rhétorique de l'évidence. Ainsi Domaine Comte Peraldi est une marque qui, à l'origine, dénomme tout à la fois l'homme, sa terre et son vin (« Comte Peraldi », « domaine du comte Peraldi » et « domaine comte Peraldi »). Les liens qui les unissent les fondent en qualité. C'est le propre de la noblesse que de se poser ainsi ; elle ne démontre rien, elle affirme. À cela près qu'il s'agit culturellement d'une noblesse de terre attachée à la famille et à son nom. Elle affiche donc ses origines en laissant le visiteur à la grille. L'étiquette corse, pareille à une grille de fer forgé, délimite un domaine ou un clos, mais ne montre aucun château. L'esthétique de l'étiquette est fondée sur une mise en scène du texte qui renoue parfois avec la calligraphie, l'ensemble gravitant autour de l'héraldique. L'information y est fortement hiérarchisée par la taille et la graisse des caractères, mais aussi par le fort contraste des polices qui relègue l'appellation loin derrière le patronyme du vin.

Voici pour le vin « noble ». Reste le vin «populaire », qui met en scène une tout autre rhétorique de l'image. Vignette proche de la carte postale, carte géographique dont on verra le rôle avec le « Muscadet sèvre-et-maine », paysages enfin. Tout est là pour mettre en place une rhétorique touristique. Au fond, direz-vous, quelle différence avec l'étiquette provençale ? Rien, si ce n'est peut-être une caractéristique dominante de l'étiquette corse, et ce, quelles que soient la provenance ou la « noblesse » du vin : la hiérarchie typographique donne toujours la prééminence du nom sur l'appellation. Mais qui donc parlait de la « personnalité » des images quotidiennes ?

E. S. et Y.J.

Vin et mythologie

Dès l'origine du vin, son élaboration comme ses effets sur les buveurs lui ont conféré une force mystique. La vigne elle-même, plante pérenne mais deux fois sacrifiée par la taille et par la vendange, est un symbole d'éternité et de résurrection. Des jarres de vin et de la nourriture accompagnent dans l'au-delà les morts de l'Égypte ancienne. La légende assyrienne de Gilgamesh comme la légende biblique de Noé sont chargées d'expliquer simplement aux hommes la mystérieuse naissance du vin.

Plusieurs récits s'entrecroisent, aussi pour retracer les origines et les prouesses de Dionysos, grand voyageur du monde des humains, des enfers et des dieux, qui finira par rejoindre sur l'Olympe son père Zeus. Les Athéniens célèbrent son culte au cours des petites dionysies rurales de l'hiver, des grandes dionysies urbaines en mars et des anthestéries ou fêtes des fleurs un peu plus tard, pour l'ouverture des jarres de vin nouveau. Le culte de Dionysos passe au IVe siècle en Italie et s'y mêle au culte étrusque de Liber Pater (ou Fufluns). Rome célèbre alors Bacchus avec les rites identiques des bacchanales. Mais ses origines orientales (Lydie), l'étrangeté de ses mystères et les licences libertaires de son culte en font un dieu suspect, tenu à l'écart du panthéon romain.

Son influence sur le christianisme, autre culte venu d'Orient, est incontestable et, en 392, lorsque Théodose Ier interdit dans l'Empire les cultes païens, Bacchus - Jésus auréolé est représenté sur les genoux de sa mère. L'eucharistie remplace alors les offrandes sacrificielles et la communion continuera d'être donnée à tous les fidèles sous les deux espèces jusqu'au XIIIe siècle.

G. G.

Cortège bachique, *dessin de Gheyn illustrant le poème de Heinsius,* Hymne à Bacchus, *édition de 1615. Depuis les œuvres du poète grec de la décadence, Nonnos, jusqu'à nos jours, le dieu du vin a fortement inspiré la littérature.* Cliché ACJS, DR.

Les vins doux naturels

Dès la création des appellations d'origine contrôlée, en 1935, les vins doux naturels ont été reconnus comme AOC. Aujourd'hui, ils ont pour noms banyuls, banyuls grand cru, maury, rivesaltes, muscat de rivesaltes, muscat de frontignan, muscat de mireval, muscat de lunel, muscat de saint-jean-de-minervois, muscat de beaumes-de-venise, rasteau et muscat du cap corse. Les vignobles de ces appellations se trouvent tous situés dans la France méridionale : dans les Pyrénées-Orientales (où s'effectue 90 % de la production), mais aussi dans l'Aude, dans l'Hérault, dans le Vaucluse et en Corse.

AOC Maury. *Les vins doux naturels vieillissent en bonbonne de verre en plein soleil.* Photo Jean-Daniel Sudres/Scope.

Conséquence naturelle d'une surmaturation des raisins aux rendements peu abondants qui trouvaient dans ces terroirs un ensoleillement exceptionnel, le Roussillon produit, dès le VIe siècle av. J.-C., avec les premières implantations de vignes, des vins généreux souvent liquoreux. Mais ce n'est qu'au XIIIe siècle qu'Arnaud de Villeneuve met au point le procédé « moderne » du mutage qui autorise le délicat mariage entre le suc de la vigne et l'esprit de vin. Par adjonction d'alcool en plein milieu de la fermentation, une partie des sucres du raisin est alors conservée. Ainsi fortifiés, ces vins ont l'avantage de voyager sans s'abîmer, et de se bonifier avec l'âge. Ils ont ainsi naturellement trouvé leur place sur les tables des cours les plus prestigieuses d'Europe.

Les différents législateurs, qui s'efforcèrent d'en préserver l'existence, ont toujours été sensibles à la tradition de ces vins. Les conditions de production sont en effet particulièrement draconiennes. Le rendement est obligatoirement faible : la vendange ne doit pas excéder 40 hl/ha, dont 30 hl au maximum peuvent être vinifiés en VDN. La maturité des raisins est particulièrement élevée : 252 g de sucres au minimum par litre de moût, ce qui correspond à plus de 14,5 %vol en puissance.

Les cépages

Quatre cépages nobles sont autorisés pour leur élaboration.

Les grenaches (blancs, noirs ou gris), particulièrement bien adaptés aux terroirs les plus secs, donnent des vendanges d'une concentration élevée en sucres. Le macabeu donne des vins riches en alcool et fruités.

Aujourd'hui pratiquement disparue, la malvoisie du Roussillon, encore appelée tourbat, donne des raisins tardifs, mais produit, sur des terroirs chauds et secs, des vins d'une saveur à la fois agréable et empreinte de finesse. Les muscats interviennent évidemment principalement dans l'élaboration des AOC muscats. Ce sont le muscat à petits grains, précoce et délicat, ainsi que le muscat d'Alexandrie, plus rustique et tardif. Leur suc est délicieusement parfumé et la typicité de l'arôme du raisin se retrouve dans le verre.

Réglementé, le mutage ne peut se pratiquer qu'avec de l'alcool neutre d'origine vinique à 96 %. Cet apport d'alcool, représentant 5 à 10 % du volume du produit mis en œuvre, doit intervenir en cours de fermentation.

Fûts de vin doux à Banyuls. *La durée de l'élevage est fixée par le décret d'appellation. Pour les banyuls grand cru, on a fixé un minimum de trente mois.* Photo Jean-Daniel Sudres/Scope.

LES APPELLATIONS	
Banyuls	
Banyuls grand cru	
Maury	
Muscat de rivesaltes	
Rivesaltes	
Grand roussillon (appellation régionale regroupant les précédentes)	
Muscat de beaumes de venise	
Muscat de frontignan	
Muscat de lunel	
Muscat de mireval	
Muscat de saint-jean-de-minervois	
Rasteau	
Muscat du cap corse	

L'élevage

L'élevage des vins est obligatoire et la libération de la récolte ne se fait qu'au bout d'un certain temps, variable pour chaque appellation. L'élevage joue en effet un rôle important dans l'expression qualitative des vins doux naturels. Alors que les muscats sont en général conservés en cuve pour préserver leurs arômes de jeunesse, les autres appellations n'atteignent leur maturité aromatique qu'après une période d'élevage en milieu oxydatif, dans des cuves en vidange ou des fûts, ou bien encore dans des foudres, et quelquefois en bonbonnes exposées au soleil. Ainsi, les vins blancs prennent une teinte ambrée et des arômes de fruits secs, les vins rouges deviennent tuilés et leur bouquet évolue vers l'univers des fruits cuits, du pruneau et du cacao.

Au terme d'une longue période d'élevage, ces vins prennent le caractère de rancio qui évoque l'arôme de l'enveloppe de noix. Tous les vins sont dégustés et contrôlés analytiquement afin d'atteindre un équilibre bien défini : de 15 à 18 % vol. d'alcool acquis et une puissance liquoreuse comprise entre 50 et 100 g/l ou plus de sucres. Le taux d'alcool total (alcool acquis plus alcool en puissance) doit être de 21,5 % vol. au minimum.

Les appellations

Banyuls et banyuls grand cru

Ce vignoble de prestige s'étend sur les 4 communes qui bordent la Côte vermeille du pays catalan : Collioure, Port-Vendres, Banyuls-sur-Mer, Cerbère. Son terroir de schistes du cambrien porte un vignoble en terrasses, surplombant la Méditerranée puis s'enfonçant vers les vallées intérieures. Les rendements sont parmi les plus faibles du monde : quelque 1 400 ha produisent à peine 29 200 hl. Le cépage roi est ici le grenache noir (50 % au minimum pour le banyuls et 75 % pour le banyuls grand cru) auquel s'ajoutent quelques grenaches rosés. De vieilles souches, une haute densité des plants et une exposition remarquable ajoutent à ce terroir d'exception leur empreinte qualitative.

L'entretien des vignes se fait entièrement à la main, dans ce vignoble qui ne

Mulet chargé de comportes en bois. *Quand les coteaux sont très abrupts comme à Banyuls, la mécanisation est impossible. Ce sont donc des mulets qui transportent la vendange.*
Photo Jean-Daniel Sudres/Scope.

connaît pas encore la mécanisation du fait d'un relief en terrasses souvent étroites, astucieusement entrecoupées de rigoles en « peu de gall » (= pied-de-poule). Ce procédé fut mis au point par les templiers pour lutter contre l'érosion

LES VINS DOUX NATURELS

AIRE D'APPELLATION	ENCÉPAGEMENT	Rendements maxi (hl/ha)	Sucres résiduels (g/l)	ÉLEVAGE OBLIGATOIRE
Pyrénées-Orientales : 4 communes	Cépages VDN dont 50 % au minimum de grenache noir	30		Jusqu'au 1er septembre de l'année qui suit la récolte
Pyrénées-Orientales : 4 communes	Cépages VDN dont 75 % au minimum de grenache noir	30		Trente mois en récipient de bois à partir de la déclaration de récolte
Pyrénées-Orientales : 5 communes	Cépages VDN dont 50 % au minimum de grenache noir	30		Jusqu'au 1er septembre de la deuxième année qui suit la récolte
Pyrénées-Orientales : 92 communes Aude : 9 communes	Muscat à petits grains Muscat d'Alexandrie	30	100	Jusqu'au 15 décembre de l'année de la récolte
Pyrénées-Orientales : 88 communes Aude : 9 communes	Cépages VDN	30		Jusqu'au 1er septembre de l'année qui suit la récolte
Pyrénées-Orientales : 92 communes Aude : 9 communes	Cépages VDN	30		Jusqu'au 1er septembre de l'année qui suit la récolte
Vaucluse : 2 communes	Muscat à petits grains exclusivement	30	110	Jusqu'au 15 novembre de l'année de la récolte
Hérault : 2 communes	Muscat doré de Frontignan exclusivement	28	125	Jusqu'au 15 novembre de l'année de la récolte
Hérault : 4 communes	Muscat à petits grains exclusivement	28	125	Jusqu'au 15 novembre de l'année de la récolte
Hérault : 2 communes	Muscat à petits grains exclusivement	28	125	Jusqu'au 15 novembre de l'année de la récolte
Hérault : 1 commune	Muscat doré de Frontignan exclusivement	28	125	Jusqu'au 15 novembre de l'année de la récolte
Vaucluse : 3 communes	90 % grenache	30		Jusqu'au 1er septembre de l'année qui suit la récolte
Corse : 17 communes	Muscat à petits grains	30	95	Aucun

due aux violents orages. De nos jours encore, les vignerons consacrent une part importante de leur temps à remonter des pierres et à aménager des murets.

Les vendanges se font au mois d'octobre, à dos d'homme, et les raisins sont transportés vers les caves situées en général au cœur des villages. Pour extraire au maximum les tanins et la couleur, on privilégie de longues macérations. Dans certains cas, on procède au mutage sur marc, encore appelé « macération sous alcool », avant de procéder au décuvage puis au pressurage. Certaines cuvées vieillissent dans des foudres à l'intérieur des caves ; d'autres en barriques ou en demi-muids ; dans certains cas, pour favoriser les processus d'oxydation, on place les vins à l'extérieur, en bonbonnes, où ils subissent les effets des fortes températures estivales.

C'est le maître de chai qui, grâce à ces cuvées élevées de façons différentes, pourra procéder à de subtils assemblages selon le type de banyuls qui doit être obtenu. L'élevage du banyuls grand cru se fait obligatoirement sous bois pendant trente mois au minimum. Les banyuls ont en général une robe tuilée, voire acajou, avec des arômes de café, de pruneau, et des notes grillées qui évoquent ce terroir brûlé par le soleil. Quelques cuvées, mises en bouteilles assez tôt afin de préserver tout le fruit de la vendange, sont appelées vintages ou rimatges. Par ailleurs, depuis quelques années, une petite production confidentielle de banyuls blancs connaît un franc succès auprès des consommateurs.

Rivesaltes

C'est l'appellation des vins doux naturels la plus importante, en superficie et en volume, avec 14 000 ha et plus de 131 000 hl. Son aire couvre toutes les terrasses du quaternaire du Roussillon, au pied des Albères, les terroirs variés de schistes, de gneiss ou de composition argilo-calcaire dans la vallée de l'Agly et une partie des Corbières. Tous ces terroirs ont en commun une pauvreté agronomique des sols, toujours très secs, qui favorisent une bonne maturité de la vendange.

Comporte de vendanges en Roussillon. *Les vins doux naturels sont issus de 4 cépages autorisés : grenaches, muscat, macabeu et malvoisie.* Photo Jean-Daniel Sudres/Scope.

Les rivesaltes peuvent être blancs ou rouges selon les cépages qui sont à l'origine de leur élaboration : grenache blanc, macabeu et malvoisie, d'une part ; grenache noir, d'autre part, qui donne des cuvées de macération d'un grenat profond. Le grenache est un cépage vigoureux, bien adapté aux terroirs les plus maigres. Son aptitude à donner des vins riches en alcool se vérifie dans l'élaboration des VDN. Ce cépage autrefois capricieux, sensible à la coulure, est aujourd'hui bien sélectionné et donne une production plus régulière. Le macabeu a, quant à lui, ses terroirs de prédilection. Trop arides, les sols secs ne lui conviennent guère ; en terroir riche, il donne des grappes trop volumineuses. Sa réputation de finesse fait qu'on l'associe surtout avec le grenache. La malvoisie de Roussillon (encore appelé tourbat) a pratiquement disparu. Très tardif, ce cépage a toujours donné des produits d'une grande personnalité.

Le vignoble âgé, complanté avec des densités souvent élevées, est conduit traditionnellement en gobelet, sur des petites parcelles. Blancs ou rouges, ces vins n'expriment toute leur qualité qu'après une bonne période d'élevage en cuves, en foudres, ou quelquefois en demi-muids, sans ouillage afin de bénéficier d'une oxydation propice à leur bonne maturité.

Les rivesaltes blancs ont la couleur de l'or quand ils sont jeunes. Puis ils évoluent vers des nuances ambrées et peuvent prendre des reflets brou de noix lorsqu'ils atteignent le stade du rancio. L'univers des arômes rappelle alors les fruits secs, le miel, les agrumes confits et la noix.

Les rivesaltes rouges vont peu à peu perdre leur nuance grenat et virer aux teintes tuilées ou brique, plus ou moins accentuées selon le temps d'élevage. Ils nous offrent des arômes de fruits cuits, de cacao et de café. Certains rivesaltes rouges, les vintages, sont mis en bouteilles dès leur jeunesse afin de conserver intacts leurs jeunes arômes de fruits rouges. Les très vieux rivesaltes finissent par prendre les mêmes nuances, qu'ils soient blancs ou rouges au départ.

Maury

Quelques terroirs de schistes, au nord de la vallée de l'Agly sur la commune de Maury, donnent des VDN rouges d'une race remarquable. Là encore c'est le grenache noir qui est essentiellement complanté. Les maurys sont des vins virils, à bonne charpente tannique, qui brillent d'une couleur évocatrice du grenat du Roussillon. Avec l'âge, ils évoluent vers des notes aromatiques de fruits cuits et de cacao. Plus jeunes, ou en vintage, ils séduisent par leurs arômes de marc et de cassis. Le vignoble court sur des collines escarpées, au pied du château cathare de Queribus.

Muscat de rivesaltes

Il s'agit de la même aire d'appellation que celle du rivesaltes, de maury et de banyuls, bien que ce dernier terroir n'en produise guère. Le muscat de rivesaltes, qui est la plus importante des appellations de muscat au monde, occupe 4 900 ha environ, qui produisent plus de 140 000 hl. Deux cépages peuvent être utilisés pour leur élaboration : le muscat à petits grains, encore appelé muscat blanc à grains ronds, se récolte au tout début des vendanges ; le muscat d'Alexandrie, plus tardif, connu également comme raisin de table, a des grains plus gros et se cueille beaucoup plus tard.

Vignoble de Banyuls. *À l'extrémité orientale des Pyrénées, les coteaux, particulièrement bien exposés au soleil, plongent en pente abrupte dans la mer Méditerranée.* Photo Jean-Daniel Sudres/Scope.

Un terroir étendu, deux cépages dont chacun a sa personnalité aromatique, ainsi qu'une technologie bien maîtrisée permettent l'élaboration de muscats de rivesaltes variés. En effet, certains terroirs semblent donner plus de caractère à l'un ou à l'autre des deux cépages dont les arômes se complètent parfaitement. La vinification se fait également selon plusieurs modes : pressurage direct de vendanges rapidement acheminées aux chais de vinification, macération pelliculaire permettant une extraction délicate de composés odorants de la pellicule, ou encore macération plus classique, avec quelquefois mutage sur grains pour obtenir des cuvées de plus grande puissance aromatique que l'on utilise en assemblage.

Depuis quelques années, les consommateurs semblent apprécier les produits où dominent les notes de fraîcheur, d'agrumes et de fruits exotiques, à travers une robe d'or moins soutenu que par le passé.

Le muscat de rivesaltes doit être mis en bouteilles assez tôt afin de préserver la jeunesse de ses arômes et d'éviter toute oxydation qui serait préjudiciable aux qualités aromatiques.

Muscat de frontignan

Ce vignoble, aujourd'hui encerclé par les habitations, porte des ceps de muscats depuis plusieurs milliers d'années (Pline en parle déjà). L'appellation a été codifiée par un décret du 31 mai 1936 et représente aujourd'hui près de 800 ha pour un volume de plus de 24 000 hl. La richesse en sucres résiduels doit être de 125 g/l au minimum. Situés sur le versant sud du massif de la Gardiole, les sols d'origine jurassique présentent de nombreux tènements calcaires.

Les muscats sont élaborés avec le cépage muscat à petits grains, appelé ailleurs muscat de Frontignan en raison de son origine. Dans les terroirs les plus calcaires, il doit être greffé sur des porte-greffes spécialement résistants au calcaire.

Le vignoble est situé au bord de la Méditerranée. Certains vins étaient autrefois vinifiés en vins de liqueur, avec un mutage sur moût précédant toute fermentation. La production est surtout concentrée autour de la cave coopérative de Frontignan. Dès le XVIIIe siècle, la production a été conditionnée en bouteilles et a séduit le marquis de Lur-Saluces dans le Bordelais. Les muscats de frontignan étaient autrefois surmûris et très typés, avec des notes de miel et des robes d'or assez soutenu. Actuellement, quelques caves élaborent des muscats plus modernes.

Foudre d'élevage de vin doux naturel *(dans l'aire d'appellation maury) où le vieillissement des vins est en général de deux ans.* Photo Jean-Daniel Sudres/Scope.

Muscat de mireval

Le vignoble, situé entre Sète et Montpellier, en prolongement du muscat de frontignan au nord-est, est enchâssé entre le massif de la Gardiole et l'étang de Vic. On retrouve des sols d'origine jurassique, mais également des alluvions anciennes à cailloux roulés, sur les 260 ha de l'appellation, qui produisent quelque 7 300 hl. Le cépage utilisé est le muscat à petits grains.

Les grains sont récoltés à une très forte maturité, les vins devant posséder plus de 125 g/l de sucres. Par la bouche de Pantagruel, Rabelais vanta abondamment les mérites du muscat de mireval. Ce vin a été consacré en appellation d'origine contrôlée par un décret du 28 décembre 1959.

Muscat de lunel

Reconnu en AOC par un décret du 27 octobre 1943, le muscat de lunel occupe aujourd'hui l'aire d'appellation qui s'étend sur les communes de Lunel, Lunel-Viel, Vérargues et Saturargues, pour une superficie totale de 330 ha. Le terroir repose sur des sols de « gress », cailloutis souvent colorés en rouge et s'étendant en nappes alluviales sur les coteaux. Les épandages des cailloux roulés se mêlent d'argile rouge, avec des épaisseurs pouvant atteindre plusieurs mètres. Le cépage utilisé est le muscat à petits grains, et les vins qui doivent avoir 125 g/l de sucres au minimum évoquent principalement la surmaturation et la concentration, avec leur robe d'or soutenu et leurs notes de miel de garrigue. Ils font souvent preuve d'une belle puissance aromatique en fin de bouche.

Muscat de saint-jean-de-minervois

Un majestueux terroir calcaire du tertiaire enrichit ce vignoble exilé sur les hauteurs. On rencontre des fragments plus ou moins liés de calcaires à alvéolines du lutérien inférieur, souvent en éclats parfois mêlés d'argiles. Quelques terrains de schistes viennent s'ajouter en bordure de ce vignoble. Le « toit » du Minervois porte ainsi un des vignobles de muscat les plus prestigieux, sur un fond de causse qui domine les vignobles du Minervois et de Saint-Chinian. L'altitude (200 m) retarde la maturité des vendanges du muscat à petits grains, pourtant précoce, seul cépage autorisé pour cette appellation. Mais un climat sec permet à ces vignes de mûrir lentement leurs grappes jusqu'aux premiers jours d'octobre.

Le muscat de saint-jean-de-minervois a vu son appellation consacrée par un décret du 10 novembre 1949, et sa superficie dépasse à peine 170 ha, pour

Environ de Frontignan. *Le vignoble proche de la mer est exposé plein sud sur les pentes de la Gardiole.* Photo Daniel Faure/Scope.

une production moyenne de 4 800 hl. Les vins doivent contenir 125 g/l de sucres au minimum. Les conditions climatiques particulières confèrent à ces muscats des caractères aromatiques, évoquant la rose, les fruits exotiques et les raisins confits, qui s'accompagnent en bouche de sensations de fraîcheur et de quelques notes mentholées.

Dentelles de Montmirail. *Situées au nord de Carpentras, elles surplombent le vignoble de Beaumes-de-Venise. Le seul cépage cultivé ici est le muscat à petits grains.* Photo Jacques Guillard/Scope.

Muscat de beaumes-de-venise

Cette appellation, définie par le décret du 1er juin 1945, se trouve en plein cœur de la vallée du Rhône méridionale, au pied des dentelles de Montmirail. Elle représente une superficie de plus de 440 ha, et une production de plus de 13 900 hl de vin. Le vignoble repose sur deux types de terroirs différents : sables, marnes et grès de l'helvétien sur la partie basse ; et calcaire du trias au jurassique avec des éboulis, sur la partie haute. Entre les deux s'insèrent des marnes, tufs et autres matériaux d'évolution. Le cépage utilisé est uniquement le muscat à petits grains. Ce vignoble possède la particularité d'un double mode de conduite : le cordon de royat (coursons à taille courte), qui conduit à un vignoble palissé, ou le gobelet traditionnel. Chez certains vignerons qui y sont très attachés, on trouve également la forme noire du muscat à petits grains en mélange dans les vignes.

On comprend ainsi l'existence de vins dont l'or de la robe est plus ou moins nuancé. Les impressions aromatiques sont également très variées, allant des essences florales et des agrumes jusqu'aux raisins secs. Le sucre résiduel doit être de 110 g/l au minimum, et l'on apprécie toujours dans ces vins une puissance liquoreuse élégante.

Rasteau

Au nord du Vaucluse, le village de Rasteau est connu pour ses côtes du rhône-villages (le nom du village est accolé à celui de l'appellation). Mais rasteau est également un VDN élaboré sur les communes de Rasteau, Cairanne et Sablet. C'est le plus petit vignoble de VDN, avec près de 40 ha et quelque 1 000 hl.

Si l'on trouve des sols marneux, d'origine du miocène, des sables et des épandages de galets en provenance des Préalpes, on rencontre également les éternelles terrasses de galets roulés des environs du Rhône. Ici, le cépage roi est le grenache, et l'on élabore, après une période d'élevage, des VDN ambrés aux arômes de fruits secs, mais également des VDN rubis et tuilés, dont l'empreinte aromatique est marquée par le cassis et le pruneau.

P. T.

Muscat du cap corse

Si la production des vins doux est une très ancienne tradition de l'extrême nord de la Corse, les vignerons insulaires n'ont obtenu l'AOC muscat du cap corse qu'en mars 1993. Cette neuvième appellation de l'île (mais la seule en VDN) couvre les aires délimitées de 6 communes de la région de Patrimonio (à dominante calcaire) et 11 communes du cap Corse (schiste). La production, limitée à 30 hl/ha, est issue exclusivement du cépage muscat à petits grains, qui couvre seulement 84 ha produisant 2 000 hl de VDN. Les vins proviennent de moût d'au moins 252 g/l de sucres. En cours de fermentation, ils sont additionnés (entre 5 et 10 %) d'alcool (96 % au minimum). Après fermentation et mutage, ils présentent un degré total d'au moins 21,5 % vol., un degré acquis entre 15 et 18 % vol. et une teneur minimale en sucres résiduels de 95 g/l.

Les produits obtenus, de robe jaune pâle à or, sont ronds et équilibrés, au nez très fin avec des arômes muscatés intenses.

A. B.

Le service des vins doux naturels

Les VDN traditionnels issus d'un élevage oxydatif s'accommodent de températures de conservation relativement élevées et sont moins fragiles que les vins secs. Ils sont servis à une température de 9 à 14 °C. Les muscats, dont la douceur est importante et l'arôme puissant, se dégustent très frais (9-10 °C). Les autres VDN se dégustent entre 12 et 14 °C. Une bouteille de vin doux entamée peut être conservée au réfrigérateur pendant plusieurs jours, voire plusieurs semaines en cas de vins élevés très longtemps. Il n'en est pas de même pour le muscat dont la fragilité de l'arôme doit être protégée de toute oxydation.

À l'apéritif, les VDN s'apprécient avec des amandes salées, des fruits secs ou des amuse-bouches divers, même très épicés. Le melon peut être accompagné d'un banyuls ou d'un maury, ou encore d'un rivesaltes. Un vieux rivesaltes rancio pourrait être le compagnon d'une assiette d'anchois marinés (si possible avec du vinaigre de rancio). Le foie gras exige un VDN très vieux : banyuls ou rivesaltes. On peut également, si les plats sont à la fois épicés et doux, envisager de continuer le repas avec des VDN. C'est une originalité qui laisse en général d'excellents souvenirs gastronomiques. Le canard aux cerises, aux pêches, ou encore aux figues, interprète un véritable duo d'amour avec un banyuls, un maury ou un vieux rivesaltes. Mais c'est en fin de repas, avec les fromages, que les associations mets et VDN sont les plus spectaculaires. Les fromages bleus (roquefort, bleu d'Auvergne, fourme d'Ambert) ou les vieux chèvres qui écrasent par leur force la plupart des vins secs, s'accordent en revanche parfaitement avec des VDN âgés, de type rancio. Les desserts s'accommodent également de VDN. Le muscat de rivesaltes accompagne les tartes (surtout au citron) et les glaces, les sorbets, les pâtes d'amandes, les fruits rafraîchis.

Un grand mariage à ne pas oublier : celui du chocolat et d'un vieux banyuls.

P. T.

Les vins de pays

Une catégorie de vins spécifiques dans l'univers des vins.

Saint-Guilhem-le-Désert *se trouve sur la zone de production des vins de pays du val de montferrand. Petite cité médiévale à l'entrée resserrée du Verdus, elle possède une église de pur style roman languedocien.* Photo Jacques Sierpinski/Scope.

La catégorie des vins de pays a été créée par le décret du 13 septembre 1968. Les conditions de production des vins de pays ont été fixées par le décret du 1er septembre 2000. Il existe trois catégories de vins de pays. Les vins de pays désignés sous un nom de département, par exemple : vins de pays de l'aude, vins de pays de l'hérault, vins de pays du var... On en compte 52. Les vins de pays dits de zones, par exemple : vins de pays des côtes du tarn, vins de pays de la cité de carcassonne, vins de pays des coteaux du pont-du-gard... On en compte 95. Enfin, les vins de pays régionaux ou de grandes zones, recouvrant plusieurs départements ; il en existe 5 : vins de pays d'oc (Languedoc-Roussillon), vins de pays du jardin de la france (vallée de la Loire), vins de pays du comté tolosan (Midi-Pyrénées), vins de pays des comtés rhodaniens (région Rhône-Alpes), vins de pays portes de méditerranée. Les vins de pays sont obligatoirement issus de l'aire de dénomination qu'ils revendiquent.

Un contrôle rigoureux de l'élaboration

Être vin de pays se mérite. En effet, pour bénéficier de la dénomination « vins de pays », les vins doivent satisfaire à un certain nombre de conditions énoncées par la réglementation : limitation du rendement à l'hectare (rendement plafond) ; utilisation de cépages recommandés ; respect de normes analytiques précises ; épreuve de dégustation organisée par les organismes professionnels agréés (OPA) qui jugent s'ils sont aptes à bénéficier de la dénomination qu'ils revendiquent. S'il a passé avec succès l'épreuve de dégustation, le vin est dit « agréé ». Il peut alors être commercialisé sous la dénomination « vins de pays ». Ces conditions générales s'appliquent aux vins de pays de département. Les vins de pays de zones ou de grandes zones obéissent généralement à des conditions de production encore plus restrictives.

La plupart des grandes régions viticoles produisent des vins de pays ; le Languedoc-Roussillon assure près de 80 % des volumes agréés en vins de pays.

La production

Vins de pays, vins de cépage

Les vins de pays peuvent être commercialisés en vins de cépage unique : cabernet-sauvignon, merlot, syrah pour les rouges ; chardonnay et sauvignon pour les blancs par exemple. En ce cas, l'étiquette porte le nom du cépage accompagnant la dénomination « vins de pays de... ».

Les vins de pays primeurs

Ils peuvent être mis à la consommation dès le troisième jeudi d'octobre. Grâce à des techniques de vinification parfaitement maîtrisées, ils révèlent le fruit de leurs arômes. Ils sont à consommer dans leur jeunesse. La production des vins de pays est en constante augmentation, car ces vins séduisent les consommateurs par leur excellent rapport qualité-prix, tant en France qu'à l'étranger où ils connaissent de remarquables succès ; la production est de l'ordre de 11 millions d'hectolitres de volume agréé. Ils sont désormais présents dans l'ensemble des circuits de distribution.

J.-L. M.

Uzès, la tour Fenestrelle. *Bénéficiant jusqu'alors de la dénomination vins de pays du gard, Uzès vient d'obtenir de faire figurer la mention vins de pays du duché d'uzès.* Photo A. S.

Le Languedoc

Les vendanges à Banyuls. *Le mulet est un auxiliaire apprécié dans ce vignoble d'altitude.*
Photo Jean-Daniel Sudres/Scope.

Les vignobles du Languedoc et de Catalogne, qui couvraient 250 000 ha en 2000, constituent l'une des plus importantes régions vitivinicoles du monde. Avec une production dépassant généralement 26 millions d'hectolitres de vin, dont 3 millions en VQPRD, ils contribuent pour près de 40 % à la production nationale globale, et pour plus de 10 % à celle des VQPRD. Depuis plus de deux mille ans, à travers une histoire tourmentée, ils ont sans cesse accompagné le destin de la région, contribuant à façonner son identité culturelle, ainsi que les modes de vie. ◆

CHRONOLOGIE

92 Domitius ordonne, par un décret, l'arrachage de la moitié du vignoble.
280 L'empereur Probus permet à tous les Gaulois de cultiver des vignes et de faire du vin.
759 Fin de l'occupation du territoire par les Arabes.
IXe siècle Renaissance du vignoble.
XIVe et XVe siècles Le commerce des vins se développe en Languedoc et rayonne vers l'Angleterre, les Flandres, l'Italie et l'Orient.
XVIIe siècle Percement du canal des Deux-Mers.
XVIIIe siècle Essor de la fabrication des eaux-de-vie.
1878 Après la crise phylloxérique (1868-1878) naît le vignoble de masse du Languedoc-Roussillon.

et le Roussillon

Histoire du vignoble

Le dolmen des Fades à Pépieux. *C'est le plus long dolmen du sud de la France. Vaste tombeau collectif, il a conservé quelques-uns de ses piliers de grès rouge.* Photo Jacques Sierpinski/Scope.

Dès avant la conquête romaine, un petit vignoble exportant ses vins vers la Rhénanie existait autour de Marseille, mais c'est à partir de la création de la colonie de Narbonne, en 118, que l'on peut mesurer les progrès de la vigne. Dans la phase de fragmentation politique et économique qui fit suite à la dislocation de l'Empire romain, la viticulture fut perturbée. Toutefois, on a pu établir que les vignobles médiévaux entretenus autour des villes pouvaient représenter plus de 30 % de la superficie cultivée.

Vins bourgeois et vins paysans. L'essor des consommations urbaines fut favorisé par la construction, à la fin du XVIIe siècle, du canal du Midi, qui permit l'éclosion de nouveaux vignobles tout au long de son cours. La Révolution donna un coup de fouet supplémentaire à la viticulture en proclamant la liberté des cultures et du commerce, ainsi qu'en allégeant la fiscalité sur les vins et en autorisant les partages de communaux. Toutefois, le privilège des Bordelais, en vigueur jusqu'en 1776, confinait les vins du Midi à un rôle d'appoint sur les marchés atlantiques, alors très dynamiques.

Installation de la monoculture. La construction des voies ferrées mit, dès 1860, la région en relation avec les centres ouvriers qui purent accéder directement à une production abondante, à la qualité, certes médiocre, mais toutefois supérieure à celle de nombreux vins du nord de la France. Loin de détruire un vignoble en pleine expansion, les fléaux successifs de l'oïdium (1851-1854) et du phylloxéra (1863-1890) permirent d'éliminer les concurrents et d'augmenter le potentiel productif en colonisant de nouveaux terroirs. Les plaines submersibles et certains sables du littoral, immunisés contre le phylloxéra, furent alors plantés, et la reconstitution par greffage sur plants américains menée tambour battant.

Les vignerons et l'État. Passée l'euphorie de quelques grosses récoltes vendues à bon prix, l'engorgement du marché devint chronique et, vers 1900, la mévente succéda à la pénurie. Face à la crise en 1907 enfin, sous la houlette de Marcellin Albert, vigneron, de gigantesques meetings réunirent l'ensemble des vignerons du Midi pour défendre le « vin naturel », en exigeant du gouvernement Clemenceau d'efficaces mesures de répression des fraudes. Réprimé par de sanglantes fusillades, le mouvement n'en aboutit pas moins au vote de lois tendant à contrôler les récoltes, à réguler la circulation des vins et à limiter le sucrage. La volonté de garantir les indications de provenance aboutit en 1909 à une première ébauche – administrative – de délimitation (corbières), qui se précisa en 1923 – délimitation judiciaire – pour aboutir, en 1935, au décret-loi réglementant les AOC.

La production. Les accords de Béziers (1922) réservèrent au vin le marché des alcools de bouche. Puis, le Statut viticole limita les plantations, mit en place un système de blocage et d'échelonnement des ventes pour assainir le marché, encouragea les arrachages et les distillations. Cette législation demeura en place jusqu'en 1970, assurant tant bien que mal la pérennité de la monoculture. Mais l'établissement du Marché commun et l'importation massive des vins italiens devaient déclencher, au cours des années 1970-1985, de violentes tensions, et le sang coula à nouveau (Montredon, 1976). Par ailleurs, les aides européennes et l'effort de modernisation ne pouvaient compenser le déclin inexorable de la consommation des vins de table, passée en trente ans de 122 à 66 l par habitant en France. Dès lors, une reconversion complète dans la production de qualité était inéluctable, et les vignerons du Midi s'y attelèrent courageusement au cours des dernières décennies.

Le massif du Canigou. *À l'arrière-plan de Perpignan, le vignoble s'étend au pied du massif enneigé du Canigou. Ce bloc de granite culmine à 2 784 m d'altitude et domine l'ensemble de la plaine du Roussillon.* Photo Jean-Daniel Sudres/Scope.

Géographie, climat et nature des sols

Au XVIIIe siècle, les cartes de Cassini ne révèlent qu'une implantation viticole limitée : avant le milieu du siècle dernier, la vigne n'était qu'un élément, parmi d'autres, d'un paysage et d'une économie régionale étonnamment diversifiés.

Une géologie contrastée. Si l'on excepte le Roussillon et les basses vallées fluviales de l'Aude, de l'Hérault et du Gard, il n'est guère de plaine à proprement parler en Languedoc.

Cette topographie contrastée a été modelée par le surgissement pyrénéen de l'ère tertiaire, et par le soulèvement consécutif du Massif central. Ces deux mouvements ont du même coup mis en place l'ossature rocheuse de la région et déterminé les conditions de dissection, d'érosion et de remblaiement du matériau sédimentaire, essentiellement calcaire, interposé entre les deux massifs montagneux par les transgressions marines des âges antérieurs.

Une hydrographie déployée en éventail autour du golfe du Lion caractérise la région : des cours d'eau brefs et fortement dénivelés ont engendré des vallées aux versants parfois abrupts, aménageables en terrasses au prix d'efforts séculaires.

De cette géologie traumatique, qui est même, de Lodève à Agde, marquée par un volcanisme encore bien visible, découlent des sols variés, où le calcaire dominant se mêle parfois à l'argile rouge de la décalcification, tandis que les alluvions donnent des sols parfois trop profonds, mais toujours drainables. Les schistes du Saint-Chinianais et de la Côte vermeille, ainsi que les sables des lidos, complètent une panoplie de terroirs aux aptitudes multiples, mais généralement accueillants à la vigne, plante robuste, adaptable à toute pédologie.

Un climat favorable. Plus que les sols, le climat méditerranéen a favorisé l'expansion viticole.

Aux hivers assez doux (bien que les vignes de plaine aient été tuées par les froids de 1956 et 1963) succèdent des printemps où l'humidité permet un bon démarrage de la végétation.

Pendant les étés arides, la vigne résiste, abritant ses fruits et puisant dans les réserves hydriques grâce à un important système radiculaire. Une ventilation permanente assure par les vents de terre (tramontane, cers et mistral) un essorage des sols et une cicatrisation des atteintes cryptogamiques (mildiou, oïdium), ainsi que des dégâts commis par les insectes (pyrale, cochylis). En alternance, les vents marins garantissent une humidité salutaire en été, les trombes d'eau intervenant généralement à l'automne, parfois pendant les vendanges.

LES CÉPAGES DU

L'encépagement comprend des cépages noirs : alicante-bouschet, aramon, carignan, cinsaut, grenache ; des cépages blancs : carignan blanc, clairette, grenache blanc, macabeu, picpoul, terret, muscat à petits grains et muscat d'Alexandrie ; et des cépages importés d'autres régions : cabernet-sauvignon, chardonnay, merlot, mourvèdre, syrah, tempranillo, bourboulenc, viognier, marsanne.

L'alicante-bouschet est un teinturier à feuilles brillantes, bullées, à bords révolutés, entières ou faiblement trilobées, avec un sinus pétiolaire en lyre, et le limbe duveteux blanc en dessous. Le feuillage rougit totalement à l'automne. Ses grappes sont grandes, ailées, tronconiques ; ses baies sphériques, moyennes, noires, à jus très coloré, rouge vif, viennent à maturité à la deuxième époque hâtive.

L'aramon possède de grandes feuilles, minces, vert jaunâtre, faiblement trilobées, avec un sinus pétiolaire en V ; le limbe en dessous est glabre ou pubescent selon les clones. Les grappes sont très grosses, volumineuses, tronconiques, ailées ; les baies, grosses, sphériques, noir bleuté, à chair très juteuse, viennent à maturité à la troisième époque.

Le carignan est le principal cépage cultivé en France. Ses feuilles sont tourmentées, gaufrées, finement bullées, quinquelobées profondément, avec un sinus pétiolaire en U ; le limbe est aranéeux en dessous. Les grappes, assez grosses, cylindro-coniques, compactes, à baies sphériques, moyennes, noir bleuté, viennent à maturité à la troisième époque tardive.

Le cinsaut a des feuilles molles, tourmentées, vert clair profondément quinquelobées, avec le sinus pétiolaire en lyre étroite ; les dents sont anguleuses, très étroites ; le dessous du limbe est aranéeux ou pubescent selon les clones. Les grappes sont grandes, cylindro-coniques, compactes ; les baies ellipsoïdales, grosses, noir bleuté, viennent à maturité à la deuxième époque. C'est un cépage de qualité.

La clairette a des feuilles vert foncé, tourmentées, bullées, quinquelobées, avec le sinus pétiolaire fermé, à bords superposés ; le dessous du limbe est cotonneux-pubescent. Les grappes sont moyennes à grosses, cylindro-coniques, ailées ; les baies ellipsoïdales, blanches, viennent à maturité à la troisième époque.

Le grenache a des feuilles unies, vert clair, très brillantes, épaisses, tourmentées, glabres sur les deux faces,

Les Corbières, *aux environs de Pradelles-en-Val. Au cœur du relief enchevêtré des massifs des Corbières, la garrigue laisse souvent la place aux vignobles dont l'étendue fait de l'Aude le second producteur de vin en France, après l'Hérault.*
Photo Jean-Daniel Sudres/Scope.

Languedoc et du Roussillon

moyennement quinquelobées, avec le sinus pétiolaire en lyre. Les grappes sont moyennes, tronconiques, ailées, compactes ; les baies moyennes, sphériques ou légèrement ovoïdes, noires, viennent à maturité à la troisième époque. C'est un cépage de qualité. Le grenache blanc et le grenache rose sont aussi cultivés.

Le macabeu a des feuilles molles, profondément quinquelobées, avec un sinus pétiolaire en lyre à bords superposés ; le dessous du limbe est duveteux-pubescent. Les grappes sont très grandes, pyramidales, souvent ailées ; les baies sphériques, moyennes, jaune doré, viennent à maturité à la troisième époque. C'est un cépage très vigoureux.

Le muscat à petits grains blancs, ou muscat de Frontignan, a des feuilles bullées, gaufrées, quinquelobées, avec un sinus pétiolaire fermé, des dents anguleuses très étroites et le dessous du limbe glabre. Les grappes sont moyennes, rarement ailées, cylindriques, étroites et compactes ; les baies sphériques, moyennes, jaune ambré, à saveur aromatique musquée, viennent à maturité à la deuxième époque.

Le muscat d'Alexandrie, ou muscat romain, a des feuilles brillantes, bullées, tourmentées, assez profondément quinquelobées, avec le sinus pétiolaire en lyre étroite, des dents anguleuses, très étroites, et le dessous du limbe pubescent. Les grappes sont moyennes, cylindroconiques, ailées, lâches ; les baies ellipsoïdales, grosses, blanc jaunâtre, à saveur musquée, viennent à maturité à la troisième époque tardive.

Le picpoul noir a des feuilles orbiculaires, tourmentées, finement bullées, quinquelobées profondément, le sinus pétiolaire en lyre, le dessous du limbe aranéeux. Les grappes sont moyennes, cylindro-coniques, ailées, compactes ; les baies ovoïdes à ellipsoïdales, moyennes, noir bleuté, viennent à maturité à la troisième époque.

Le picpoul blanc est utilisé pour l'obtention du picpoul de pinet.

Le terret gris, ou terret bourret, a des feuilles molles, unies, quinquelobées, et un sinus pétiolaire étroit ; le dessous du limbe est aranéeux-pubescent. Les grappes sont volumineuses, tronconiques ; les baies oblongues, grises, viennent à maturité à la troisième époque. C'est un cépage productif.

P. G.

Encépagement

Le terret, encore présent dans les encépagements littoraux, serait-il un rejeton du *terrarus* latin ? Plus près de nous apparaissent les noms de cépages médiévaux : clairette, cinsaut, picpoul aux occitanes sonorités ; malvoisie, muscat et macabeu parfumés d'Orient ; et cette syrah à la mystérieuse étymologie.

Ce n'est qu'au XVIIIe siècle, immigrés d'Ibérie, que les cépages arrivent nombreux : alicante ou grenache, mourvèdre, et surtout carignan s'implantent ici en apportant leur couleur, leur bouquet et leur robustesse. Produisant des bois vigoureux, des moûts abondants et bien équilibrés, le carignan a longtemps été le cépage dominant. Il fut toutefois supplanté dans le Gard et dans l'Hérault, par l'aramon : incroyablement vigoureux, ce cépage peut porter des baies magnifiques et assurer des rendements phénoménaux (plus de 150 hl/ha localement), mais, bien conduit, il donne des vins fins et fruités.

Si l'on en juge par les décrets d'appellation récemment adoptés, on observe surtout la promotion du grenache et de la syrah, mais la vogue des vins de cépage a suscité en Languedoc l'irruption du merlot et du cabernet-sauvignon.

D'autres tentatives sont depuis peu à l'honneur ; elles visent soit à acclimater des cépages exotiques, tel le tempranillo, soit à adapter des produits de sélection biotechnologiques, tels le caladoc ou le chasan. Ces recherches font du Languedoc un précurseur en matière de recherches viticoles.

Les appellations

Les appellations du Languedoc-Roussillon

Banyuls
Banyuls rancio
Banyuls grand cru
Banyuls grand cru rancio
Blanquette de limoux
Clairette de bellegarde
Clairette du languedoc
Cabardès
Collioure
Corbières
Costières de nîmes
Coteaux du languedoc
Côtes de la malepère
Côtes du roussillon
Côtes du roussillon villages
Crémant de limoux
Faugères
Fitou
Frontignan
Grand Roussillon
Grand Roussillon rancio
Limoux
Maury
Maury rancio
Minervois
Muscat de frontignan
Muscat de lunel
Muscat de mireval
Muscat de rivesaltes
Muscat de saint-jean-de-minervois
Rivesaltes
Rivesaltes rancio
Saint-chinian

Vinification

Languedoc et Roussillon présentent une gamme complète de vins, résultant de l'application de méthodes de vinification très diverses. Mais l'image de marque de la région, revendiquée par les producteurs et longtemps occultée par celle du « gros rouge du Midi », reste, à travers une ascension vers la qualité, celle du vin naturel.

Styles de vins

Les vins de table. Aujourd'hui, 80 à 90 % des vins du Languedoc-Roussillon sont encore des vins de table, mais la plupart appartiennent désormais à la catégorie des vins de pays, ce qui suppose une indication de provenance, mais aussi, de plus en plus souvent, des disciplines de rendement et d'encépagement.

Banyuls, bonbonnes au soleil. *Le vin doux naturel de Banyuls achève sa maturation en plein soleil. Cette oxydation à l'air, à la lumière et à la chaleur favorise le développement d'arômes capiteux.*
Photo Jean-Daniel Sudres/Scope.

Les vins rouges. Languedoc et Roussillon restent le domaine de prédilection des vins rouges, auxquels un ensoleillement important et des terroirs calcaires confèrent une importante alcoolisation. D'assez longues macérations et la présence de cépages teinturiers, tel l'alicante-bouschet, donnent aux rouges languedociens et catalans des robes soutenues, pouvant aller du rubis au grenat. La progression des cépages améliorateurs, comme le grenache et la syrah, ont doté ces vins d'arômes fruités et floraux, auxquels se mêlent parfois la réglisse ou les amandes grillées, surtout dans les terroirs schisteux ou volcaniques.

Les vins blancs. Le Languedoc est aussi un terroir de vins blancs. Aux grands vins doux aristocratiques, tels les muscats (rivesaltes, frontignan, lunel, saint-jean-de-minervois et mireval), à la clairette du languedoc sont ajoutés les vins doux naturels de Banyuls et de Maury. La carthagène, récemment remise à l'honneur, est également un muté (avant fermentation), mais qui n'exige pas les disciplines de provenance et d'encépagement des vins doux naturels d'appellation d'origine.

La région produit aussi des blancs secs : au picpoul de pinet s'ajoutent les blancs de la clape (marqués par le malvoisie) en coteaux du languedoc. De nombreux macabeus sont maintenant vinifiés en vins secs, de même que certains muscats des Corbières et des Fenouillèdes souples et fruités.

Le vin rosé. Beaucoup d'AOC du Languedoc-Roussillon produisent du rosé. Le tavel, rosé particulièrement coté, est également produit en Languedoc, même si on le classe à juste titre dans la vallée du Rhône.

Le vin mousseux. Le Languedoc possède, avec la blanquette de limoux et le crémant de limoux, un vin mousseux reconnu dans ses deux versions : la paysanne, où l'arrêt de fermentation est obtenu par soutirage, et la méthode traditionnelle, largement dominante en quantité.

Vinification : traditions et innovations

On peut considérer que les Languedociens Rozier et Chaptal ont été, à la fin du XVIIIe siècle et au début du XIXe siècle, les pionniers des techniques modernes de vinification. De nombreux préceptes alors mis en valeur restent aujourd'hui valables, en tenant compte, bien sûr, de l'évolution des techniques et des progrès de la science, auxquels d'autres Languedociens, tels Jules Ventre, Lucien Semichon et Michel Flanzy, ont brillamment contribué.

Les moûts produits en Languedoc-Roussillon présentent en effet quelques particularités qui ont pu stimuler la réflexion des œnologues. De teneur alcoolique suffisante, ils peuvent aisément éviter une chaptalisation très fréquente dans d'autres zones géographiques. Au siècle dernier, la pratique du vinage – addition d'alcool pour renforcer les vins régionaux avant expédition – avait paradoxalement abouti à leur banalisation, en permettant le rachat des vins médiocres, tout comme les manipulations au stade de la consommation. Leur faible acidité et leur manque de composés phénoliques peuvent, en revanche, faire problème, et notamment diminuer leur aptitude au vieillissement : aussi la plupart des auteurs ont-ils recommandé de ne pas égrapper et d'observer des temps de macération suffisamment longs, afin que les rafles puissent communiquer au vin une acidité totale convenable.

Les rosés et les blancs, par définition dépourvus de tanins, sont vulnérables à des phénomènes d'altération, tels piqûre, acescence, casse ferrique, dont le seul antidote, déjà préconisé par Chaptal, était le soufrage de la vaisselle vinaire, puis le sulfitage du moût lui-même. Des cuvaisons bien conduites et bien protégées limitent aujourd'hui, sans l'éliminer, le recours au soufre. Enfin, la persistance, au moment de la fermentation, de températures ambiantes élevées risque d'aboutir à une perte d'arômes. La construction de chais importants et la pratique de la cuvaison en foudres bien isolés ont longtemps été la seule réponse à cet inconvénient. Aujourd'hui, la possibilité de réfrigérer les cuves de fermentation permet un contrôle efficace des températures, assurant la conservation des arômes qui caractérisent les blancs secs.

La pratique de la vinification sans foulage préalable, ou macération carbonique, mise au point par Michel Flanzy en 1935, a également pour objectif l'exaltation des arômes. Elle repose sur la fermentation interne de chaque grain de raisin, l'éclatement spontané des pellicules sous l'effet du gaz carbonique assurant justement cette production aromatique, particulièrement bienvenue pour les vins primeurs.

R. P.

Les eaux-de-vie. Autrefois connues sous le nom d'« eaux-de-vie de Béziers », les eaux-de-vie languedociennes se sont raréfiées au moment où l'oïdium et le phylloxéra offraient des débouchés extensibles aux vins du Midi. De courageux distillateurs tentent de les réhabiliter, mais ils se heurtent fréquemment à la régression du marché des alcools.

Vins de domaines et vins paysans. Le Languedoc et le Roussillon présentent l'originalité de la cohabitation, au sein d'un même vignoble, et face à un même marché, de domaines pouvant atteindre plusieurs centaines d'hectares, et d'exploitations familiales de quelques hectares à peine. Les exploitations de plus de 30 ha représentent plus de 20 % du vignoble, chiffre nettement supérieur à la moyenne française, et même à celui du Bordelais. Cette dualité tient à l'histoire du XIXe siècle : face à une demande en expansion, les paysans plantaient leurs parcelles en vignes pour éviter l'exode rural, tandis que de grands propriétaires choisissaient la viticulture pour rentabiliser leurs domaines menacés par la crise des autres productions agricoles (blé, huile d'olive, laine des ovins). D'importants capitaux furent investis dans la création des vignes de sable à l'époque du phylloxéra (Salins du Midi). Au XXe siècle, les petits exploitants réussirent à survivre en développant les coopératives, qui vinifient aujourd'hui plus de 70 % de la production.

Cave coopérative à Narbonne. *Longtemps considéré comme un producteur massif de vin médiocre, le Languedoc, qui a procédé à l'arrachage de plus de 30 000 ha de vigne entre 1976 et 1984 et à la modernisation des techniques de vinification, obtient aujourd'hui un excellent niveau de qualité.*
Photo Jacques Sierpinski/Scope.

Vers une production de qualité

On ne saurait opposer systématiquement la qualité des deux viticultures.

Jadis, l'une comme l'autre se sont efforcées de produire le maximum de quantité au plus bas prix. Aujourd'hui, grands domaines comme petites exploitations plantent des cépages nobles et perfectionnent sans cesse leurs techniques de vinification et leurs réseaux commerciaux. À de rares exceptions près, les négociants locaux ont manqué de dynamisme, et ce sont les structures coopératives (Vignerons catalans, Val d'Orbieu, UCCOAR – Ouest Audois et Razès) qui ont développé leurs ventes directes, en bouteilles, souvent en partenariat avec la grande distribution, tandis que des groupes multinationaux s'installent en célébrant la vigne comme l'élément clef de la « culture méditerranéenne contemporaine ».

La viticulture, désormais orientée vers la production de vins de qualité, reste, après le tourisme, la principale activité économique. Le problème majeur de la région, au cours des prochaines années, consistera sans doute à articuler tourisme et viticulture, jusqu'ici trop éloignés l'un de l'autre.

R.P.

Les étiquettes du Languedoc et du Roussillon

L'étiquette du Languedoc-Roussillon, lumineuse et dépouillée, est avant tout dominée par une esthétique méditerranéenne. Résolument moderne, elle ne s'ancre pas dans un passé médiévisant dont elle tirerait gloire. Si elle fait allusion à son histoire, c'est pour en signaler la richesse et attirer le touriste qu'elle ne manquera pas de convaincre. Proche en cela de l'étiquette nantaise et de sa cousine provençale, elle sait tirer parti des curiosités locales et des produits régionaux.

Le passé prestigieux est évoqué à titre muséographique, des « Romains » on ne garde donc que les « Vestiges ». Quant à l'histoire locale, on n'en retient que la légende, récit indispensable à toute région touristique. En revanche, les produits régionaux sont justement représentés. Une étiquette vantant un corbières dresse la table pour nos vacances : nous y dégustons un vin blanc, bien au frais sous la tonnelle, en grignotant quelques asperges. Cette autre nous propose une grappe de raisin ou de savoureuses olives… Et comme nous sommes en villégiature, nous parcourons le Languedoc-Roussillon d'une étiquette à l'autre. Une promenade médiatisée, qui se fait au travers de paysages stylisés ou de représentations d'œuvres d'art. Comment s'en étonner : cette province n'a-t-elle pas été la terre privilégiée des peintres ?

En rentrant chez lui, derrière la saveur schisteuse du vin, l'amateur éclairé gardera présente à l'esprit la tranquillité ensoleillée du pays languedocien. Il découvrira alors que la lumière de cette contrée jaillit d'une croix cathare. L'étiquette du schisteil le lui rappellera, tout simplement. Si le paysage languedocien conserve les traces de la terrible Inquisition dirigée contre les cathares, il n'est pas surprenant que les étiquettes de vin gardent à leur tour mémoire d'événements qui devaient marquer toute la région. Pour discrète qu'elle soit, l'allusion n'en demeure pas moins prégnante.

La lecture des étiquettes de vin prend ici une singulière saveur. Partis l'esprit tranquille sous un soleil réparateur, nous voici confrontés aux cicatrices de l'histoire. Qui pourrait dès lors nier la valeur symbolique de ces petits rectangles de papier censés promouvoir une horrible piquette ou un véritable nectar ?

E. S. et Y. J.

Vignerons en révolte

Excédés par la crise et la fraude généralisée, les vignerons du Languedoc se soulèvent en 1907. Des centaines de milliers de personnes manifestent derrière leur chef de file Marcellin Albert. Quatre ans plus tard, les vignerons de la Marne et ceux de l'Aube entrent en lutte. Des sursauts de violence vont également se produire dans le Languedoc en 1935 et 1976, marquant le malaise durable d'une profession en pleine mutation.

Le soulèvement général des vignerons du Midi languedocien en avril 1907 s'inscrit dans une situation de crise générale de la viticulture française. Un peu plus d'un an auparavant, les vignerons du Jura – ceux d'Arbois en particulier – s'étaient révoltés contre les pouvoirs publics et avaient décrété une grève de l'impôt. En Languedoc même, depuis le début du siècle, les ouvriers vignerons, qui voyaient leurs conditions d'embauche et de travail se dégrader, et leurs salaires diminuer, étaient entrés en lutte, soutenus par les artisans et les petits propriétaires ; par exemple à Coursan, dans le Narbonnais, le 12 janvier 1904, on avait hissé le drapeau rouge au clocher du village et défilé dans les rues en chantant *L'Internationale*, pendant que les femmes et les enfants des grévistes parcouraient les domaines pour empêcher les « jaunes » de travailler.

En fait, après avoir connu de 1850 à 1880 un véritable « âge d'or » grâce au développement d'un grand vignoble capitaliste dont les produits s'écoulaient facilement sur le marché, le Languedoc avait été durement touché par la crise phylloxérique. La replantation du vignoble s'était effectuée aussitôt, mais à un coût considérable, compensé par l'augmentation des rendements ; l'accroissement de la production (+ 76,7 % entre 1890 et 1909) déboucha vite sur une surproduction naturelle, aggravée par l'existence de vins artificiels et de pratiques frauduleuses, et sur la saturation d'un marché par ailleurs désorganisé par des pratiques commerciales archaïques. À partir de 1890, le développement d'une viticulture industrielle s'accompagna d'une paupérisation généralisée des viticulteurs.

C'est dans ce contexte qu'un cafetier et petit propriétaire d'Argelliers, Marcellin Albert, entame dès 1900 une campagne en faveur du vin naturel, haranguant les populations de l'Aude et de l'Hérault sur un thème invariable : « Unissons-nous contre la fraude qui nous ruine et nous affame ! » Il crée le Comité central de défense viticole, passé à l'histoire sous le nom de Comité d'Argelliers. D'autres comités se créent et se fédèrent pour exiger de l'État des moyens propres à résoudre la crise.

La révolte en Languedoc. *À Narbonne, le 10 juin 1907, le docteur Ernest Ferroul, l'un des chefs de file de la révolte vigneronne en Languedoc, démissionne avec éclat de son poste de maire avant de substituer un étendard noir aux couleurs nationales.* Cliché Dassau.

1907 : le soulèvement du Languedoc

À partir d'avril 1907, les manifestations de rues réunissent des foules de plus en plus nombreuses : le 14 avril, 9 000 vignerons manifestent à Coursan, le 25 avril ils sont 25 000 à Lespignan, puis 50 000 à Narbonne le 5 mai. Le 12 mai, à Béziers, les vignerons venus de tout le Languedoc adoptent une proposition du Dr Ferroul, maire socialiste de Narbonne, et adressent un ultimatum au gouvernement : « Si, à la date du 10 juin, le gouvernement n'a pas pris les dispositions nécessaires pour provoquer un relèvement des cours, la grève de l'impôt sera proclamée... » Le 19 mai, 172 000 manifestants défilent à Perpignan, le 26 mai ils sont 250 000 à Carcassonne et 280 000 à Nîmes le 2 juin. Le 9 juin, c'est une foule de 500 000 personnes qui se rassemble à Montpellier. La tension monte, la grève des impôts et la démission des corps élus sont décrétées. Les idées d'autonomie régionale émaillent certains discours. La crise sociale est devenue crise politique. La révolte a pris un caractère insurrectionnel que le gouvernement tente de mater en envoyant la troupe. Les 19 et 20 juin, Narbonne connaît des journées d'émeute : 5 manifestants tombent sous les balles. Le 21 juin au soir, à Béziers, 500 soldats du 17e de ligne se mutinent et fraternisent avec les vignerons révoltés, immortalisés par la chanson de Montéhus :

« Salut ! Salut à vous, braves soldats du 17e !

Salut, braves pioupious ! Chacun vous admire et vous aime.

Salut ! Salut à vous, à votre geste magnifique !

Vous auriez, en tirant sur nous, assassiné la République ! »

Puis le calme revient, et le 29 juin le Parlement vote une loi qui instaure la déclaration obligatoire de récolte et prévoit des dispositions contre la fraude. Les vignerons ont obtenu satisfaction, mais les événements du printemps de 1907 resteront ancrés dans les mémoires et marquent aujourd'hui encore profondément la conscience des populations du Languedoc. Et cela d'autant plus que la loi de 1907, positive sur le plan professionnel, ne résolvait pas le problème

Les révoltes de 1911 en Champagne. *Reflet de l'importance de la viticulture dans l'économie, la révolte des vignerons provoqua, en Champagne comme dans le Languedoc, une véritable mobilisation populaire encadrée par des élus.* Cliché Dassau.

social car elle « ne s'attaquait pas au véritable mal qui était la surproduction » (Marcel Lachiver, *Vins, vignes et vignerons : histoire du vignoble français*). La crise endémique du vignoble languedocien s'est ainsi poursuivie pendant tout le XXe siècle, avec des sursauts de violence, comme en 1935 ou en 1976, qui ont constitué autant d'occasions de remise en mémoire des événements de 1907 dans l'action revendicative.

1911 : les révoltes en Champagne

Comme en Languedoc quelques années plus tôt, les événements qui secouent les vignobles champenois en 1911 s'enracinent dans la misère provoquée par la fraude et la mévente. Dès l'automne de 1910, les vignerons de la Marne protestent contre les pratiques frauduleuses de certains négociants qui introduisent des vins de Touraine, du Roussillon et d'Espagne pour fabriquer du « champagne ». Endettés par la reconstitution du vignoble et totalement dépendants des négociants auxquels ils vendent leur raisin et qui fixent librement les cours, ils se révoltent contre ceux-ci, envahissent les caves et défoncent les tonneaux suspectés de contenir du vin « étranger ». Le mouvement, qui a pris d'emblée un caractère de jacquerie, cesse avec la promulgation d'un décret, le 11 février, qui précise que seuls les raisins produits dans les territoires délimités donneront droit à l'appellation.

C'est alors l'Aube qui entre en lutte, mais pour des raisons différentes. Il s'agit de protester contre le décret du 17 décembre 1908 qui avait exclu le département de la zone de délimitation « Champagne ». Le 10 mars, la grève de l'impôt est proclamée et les élus des communes viticoles démissionnent. Le 19 mars, 4 000 vignerons se rendent en cortège à la sous-préfecture de Bar-sur-Seine pour y déposer les démissions des conseils municipaux, tandis qu'à Bar-sur-Aube une foule de 7 000 personnes brûle les feuilles d'impôt devant le sous-préfet. À Troyes, le 9 avril, 20 000 manifestants envahissent les rues avant de se disperser dans le calme. Le 11, le Sénat se prononce pour l'abandon des délimitations territoriales.

Les troubles reprennent aussitôt dans la Marne, plus violents encore que ceux de janvier : à Cumières, Dizy, Damery, Ay, les celliers des négociants sont envahis et dévastés, leurs maisons pillées et incendiées ; des barricades sont dressées pour briser les assauts de la cavalerie. Le 13 avril, 15 000 soldats occupent la Marne, et les arrestations se multiplient par dizaines. Les émeutes cessent, mais le quadrillage du vignoble par l'armée sera maintenu jusqu'aux vendanges.

Pendant ce temps, l'agitation a repris dans l'Aube, dirigée ici contre le gouvernement et non contre des fraudeurs nommément désignés. Comme dans la Marne, l'armée occupe le vignoble, mais les violences se limitent à quelques échauffourées entre vignerons et gendarmes ou dragons. La lutte se poursuit de façon pacifique par une multiplication des inscriptions revendicatives et des drapeaux rouges, jusqu'à la décision prise par le Sénat à la mi-juin de modifier le régime des délimitations dans un sens favorable aux vignerons de l'Aube. Mais ceux-ci n'obtiendront complète satisfaction qu'avec la loi du 22 juillet 1927, toujours en vigueur, qui délimite la Champagne viticole.

Liées aux mutations profondes qui ont affecté la viticulture après la crise phylloxérique et la reconstitution des vignobles, les révoltes des vignerons du Languedoc et de Champagne ont permis de jeter les bases d'une législation et d'une organisation de la production et du marché qui ont donné au vignoble français son visage actuel. C.R.

Manifestation de viticulteurs du Languedoc. *Caricaturé derrière le porteur de pancarte, Frédéric Mistral télégraphia, le 9 juin 1907, son soutien aux manifestants de Montpellier.* Cliché Dassau.

Le Languedoc d'Arles à Saint-Chinian

D'Arles à Saint-Chinian, des portes de la Camargue survolée de flamants roses, aux piémonts du Caroux, l'itinéraire traverse une région peu connue, et pourtant prodigue de richesses naturelles et culturelles. En prime, elle offre sa palette de vins friands, légers et aromatiques, ou au contraire solides comme des piliers de rugby, en rouges et en rosés, ainsi que quelques blancs remarquables. Ils sont le fruit de vignobles qui possèdent une double origine : romaine, pour ceux qui s'étendent de part et d'autre de la voie Domitienne (qui reliait l'Italie à l'Espagne) ; bénédictine, pour les autres parcelles.

Établis le long de la voie qui relie, d'est en ouest, la vallée du Rhône à l'Espagne, les vignobles du Languedoc reflètent parfaitement la nature très diverse des terroirs sur lesquels ils sont implantés. Entre la Montagne Noire au nord et la plaine qui borde la Méditerranée au sud, se succèdent pentes de montagne, bassins et garrigues, terrasses et plaines alluviales.

Itinéraire d'Arles à Saint-Chinian

Pays souvent méconnu, aux paysages variés, à l'accueil chaleureux, le Languedoc offre la générosité de ses vins et la richesse de sa gastronomie issue des cuisines fermières. Cette région fut vraisemblablement l'une des premières occupées par l'homme en France, comme en témoignent les traces retrouvées dans les costières du Gard, qui remontent au pléistocène inférieur (1,2 million d'années avant notre ère). Dans le prolongement de l'influence romaine, dont l'apport, toujours omniprésent, se retrouve dans les oppida, la reconquête de l'espace ravagé par la dislocation du pouvoir central s'est accomplie grâce aux efforts des établissements ecclésiastiques. Cet héritage nous est parvenu à travers les abbayes de style lombard ou provençal, ainsi que sous la forme de nombreux monuments attestant de l'épanouissement d'un style gothique tardif. Mais l'identité de la région s'affirme également dans un mode de vie qui se perpétue, non comme une réaction au modernisme, mais comme une meilleure façon de vivre le présent.

Dégustation en chai. *Cette pratique permet d'apprécier l'évolution du vin lors de son élevage en fûts.* Photo Frédéric Hadengue/Scope.

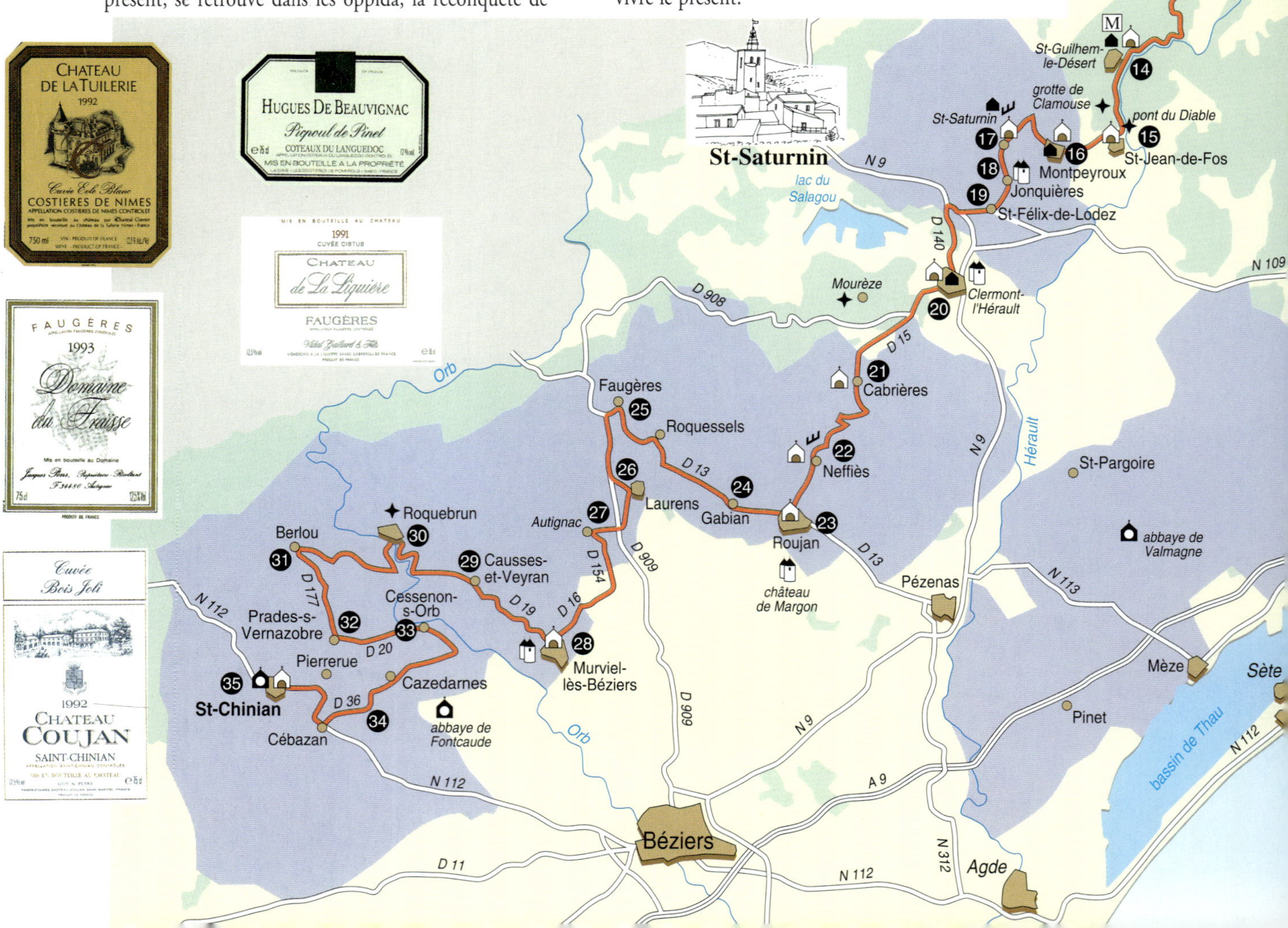

Les costières de nîmes

Les costières de nîmes, nom de l'appellation contrôlée, sont une terrasse de diluvium alpin composé de gros galets roulés, de graviers et d'argile rouge, provenant des matériaux arrachés aux Alpes et au Massif central par le Rhône et ses affluents, puis entraînés par les eaux jusqu'au golfe du Lion qui pénétrait, avant les ères glaciaires, très avant vers les Cévennes. Lors des soulèvements quaternaires alpins et pyrénéens, des mouvements secondaires provoquèrent des soulèvements tout le long du littoral : les costières de nîmes en font partie. Mais on trouve d'autres terrasses de même origine au-delà du Vidourle, sur la Méjanelle (aux portes de Montpellier) et, plus loin encore, vers Saint-Georges-d'Orques.

Les coteaux du languedoc

À l'époque romaine, la campagne nîmoise, comme la campagne biterroise, est cultivée et jardinée, couverte de vignes et de vergers. Après les invasions barbares, elle renaît grâce aux bénédictins d'Aniane, de Saint-Chinian, de Saint-Guilhem et de Saint-Gilles qui, dès le IXe siècle, animent cette région située sur la route de Saint-Jacques-de-Compostelle.

Les coteaux du languedoc, appellation contrôlée, s'étendent sur 3 départements : le Gard, l'Hérault et l'Aude. Ils présentent à la fois unité et diversité. L'unité est marquée par le climat méditerranéen : sa pluviométrie parfois capricieuse provoque ce que l'on appelle le « stress hydrique » estival des vignes, avec des tempéra-

Coteaux du Languedoc : *le vignoble dans les environs d'Aniane.* Photo Jean-Luc Barde/Scope.

Costières de Nîmes, château de Campuget. *Situé dans la partie orientale des costières, ce château du XVIe siècle, remanié au XVIIe siècle, eut Guillaume de Nogaret, légiste de Philippe le Bel, comme seigneur lige.* Photo Daniel Faure/Scope.

tures diurnes élevées pendant la période végétative et des écarts entre le jour et la nuit parfois très importants. L'unité climatique est toutefois pondérée par la pluviométrie qui diminue vers l'ouest, tandis que la force des vents dominants de secteur nord augmente.
Communs à toute la région, les cépages participent également à cette unité.
La diversité vient des terroirs, depuis les sols argilo-calcaires plus ou moins mêlés d'éléments grossiers, provenant de la roche mère attaquée par les eaux de pluie chargées de gaz carbonique, jusqu'aux terrains primaires de schistes délités. On rencontre également des marnes d'origine marine, plus ou moins mêlées de coquillages fossilisés.

Faugères

Le terroir de coteaux, exposé au midi sur les premières pentes de la montagne toute proche, est exclusivement composé de schistes primaires. Les vieilles vignes de carignan, aux faibles rendements, et dont les raisins coupés à la main sont souvent vinifiés en macération carbonique, confèrent au faugères son caractère très reconnaissable de puissance, qu'adoucit cependant la suavité du grenache noir et de la syrah.
Cette petite appellation contrôlée présente une grande unité humaine, de terroir et de produits. Elle s'étend sur 7 communes, situées au nord de Béziers et au sud de Bédarieux.

Costières de Nîmes

À la renaissance de ce vignoble, après les invasions barbares, les bénédictins cultivaient le mourvèdre comme cépage de base en rouge ; connu sous le nom de « plant de Saint-Gilles », on l'associait alors à la clairette. Désormais, les costières produisent des vins AOC rouges, rosés et blancs, adoptant les caractères de ceux des côtes du rhône dont ils constituent le prolongement méridional.
Superficie : 12 000 ha.
Encépagement :
vin rouge et rosé : carignan, grenache noir, mourvèdre, syrah, cinsaut .
vin blanc : clairette, grenache, bourboulenc, ugni blanc (cépages complémentaires : marsanne, roussanne, macabeu, rolle).
Nature des sols : galets roulés.
Récolte annuelle :
vin rouge et rosé : 230 100 hl.
vin blanc : 7 100 hl.
Rendement de base : 60 hl/ha.
Titre alcoométrique minimal : 11 % vol.
Potentiel de garde :
vin rouge : de quatre à cinq ans ;
vin rosé et blanc : de deux à trois ans.

D'Arles, on peut se rendre directement à Saint-Gilles ou faire un crochet par Bellegarde pour y découvrir dans son cadre la clairette de bellegarde.
À voir : **la Tour Notre-Dame.**

Clairette de Bellegarde

Superficie : 43 ha.
Encépagement : clairette.
Nature des sols : galets roulés.
Récolte annuelle : 1 690 hl.
Rendement de base : 60 hl/ha.
Titre alcoométrique minimal : 11 % vol.
Potentiel de garde : deux ans.

Nîmes

Nîmes, les arènes. *Leur construction se situe entre la fin du Ier siècle et le début du IIe siècle. En montant jusqu'à l'attique, on a une très belle vue sur la ville.* Photo Daniel Faure/Scope.

Nîmes la languedocienne est monumentale, romaine et protestante. Elle se voudrait provençale et ne l'est point, regarde vers Marseille qui semble l'ignorer, et aimerait bien dominer Montpellier, sa jeune voisine qui n'a que mille ans.
Mais les monuments prestigieux, fruits des largesses d'Auguste qui dota richement une cité si accueillante à ses vétérans, font son orgueil. La Maison carrée a traversé vingt siècles sans encombre, tout comme l'amphithéâtre qui enserre ses arènes. De ce passé, la ville a conservé le goût de l'eau : celle, jaillissant du sol aride, dont elle tire ses origines, mais aussi son nom, celui de Nemausus, le dieu de la fontaine ; celle, encore, qui se déversait par l'aqueduc venant d'Uzès, enjambant le Gardon sur le célèbre pont du Gard ; celle de Perrier, enfin, qui jaillit aujourd'hui d'une source située à quelques lieues. Mais cette ville qui fête l'eau possède son propre vignoble depuis l'époque romaine, sur la costière voisine qui la sépare de la Camargue. Les Nîmois n'étant pas chauvins, le Fino andalous coule à flots pendant la féria.
J.C.

Costières de Nîmes, *vignes et amandiers dans les environs de Générac.*
Photo Daniel Faure/Scope.

Saint-Chinian

Au IXe siècle, lorsque Vitidza, qui deviendra saint Benoît d'Aniane, charge son ami Anian de défricher la vallée du Vernazobre, Saint-Chinian est le pays des sangliers et des loups. Les premières familles ibériques envoyées par l'administration de l'empire carolingien, sous les ordres des bénédictins, commencent à élargir les clairières situées au milieu de la forêt de chênes verts, pour y établir leur îlot de subsistance.
Aujourd'hui, les chênes verts couronnent les sommets des montagnes et le paysage est entièrement cultivé et jardiné. Du haut du col de Fontjun, lorsque souffle le vent du nord, ce qui est fréquent, la transparence et la luminosité de l'air, dues au microclimat du versant sud du Caroux, permettent de découvrir la vallée. S'offre alors au regard un magnifique paysage, fruit du labeur quotidien de générations de vignerons.
Le nord de Saint-Chinian est un terroir de schistes primaires, le sud est argilo-calcaire avec, en particulier au château de Coujan, quelques émergences de calcaires lacustres aux beaux fossiles marins. Les vins sont charnus, vineux et puissants au nord, plus légers et aromatiques au sud. Au sud-est de Saint-Chinian, aux environs de Puisserguier, les vignes sont installées sur le miocène à gros blocs qui donne des sols de poudingue grossier.
Le terroir de Berlou est très caractéristique et se rapproche de celui de Faugères.

1 Saint-Gilles

À la fois camarguaise et des Costières, au carrefour des routes, des canaux et du grand fleuve, modeste malgré son histoire prestigieuse et parfois tumultueuse, Saint-Gilles constitua le lieu de départ de la première croisade (1096) et abrita le siège de l'ordre de Saint-Jean-de-Jérusalem. C'est encore ici qu'eut lieu, en 1208, l'assassinat du légat du pape, Pierre de Castelnau, en réponse à l'anathème lancé par le pape Innocent III contre Raimond VI, comte de Toulouse, événement qui déclencha la croisade contre les albigeois. La création sur son territoire. d'Aigues-Mortes, par Saint Louis, vers 1250, entrava le développement de la ville. La cité conserve d'importants monuments, en particulier le triple portail roman de l'abbatiale bénédictine (XIIe-XIIIe siècle). Saint-Gilles est un grand centre de production agricole, viticole et arboricole : outre le vin, riz, pêches et fleurs coupées abondent.
À voir : **l'abbatiale Saint-Gilles ; la rue de la Dîme ; la maison Romane et le Musée lapidaire.** Aux environs : **le château d'Espeyran (XVIIIe siècle).**

2 Générac

À 10 km au nord-ouest, cette petite cité viticole des costières, vivante et dynamique, possède des vestiges du château des XVe et XVIIe siècles.
À voir : **le château ; à Estagel, la chapelle Sainte-Cécile (XIIe siècle), dont le portail est conservé au musée du Louvre.**
On quitte la D 14 pour la D 139 qui passe à Candiac dont le château vit naître Montcalm (1712).
SCEA Château Beaubois : 30640 Franquevaux. Tél. 04 66 73 33 02, tlj sauf dimanche, 8 h-12 h et 14 h-18 h. Ce vignoble, au château situé sur un plateau dominant la Petite Camargue, fut fondé au XIIe siècle par les cisterciens.

3 Vergèze

Plus que du vin, la célébrité de la commune provient de son eau de Perrier qui surgit de l'ancienne source des Bouillens.
À voir : **la maison dite « le château » ; la source Perrier.**
De Vergèze, rattraper la N 113, puis gagner Lunel, avant de remonter par la D 34 vers Saint-Sériès, et rejoindre Saint-Christol.

Coteaux du Languedoc

Cette appellation regroupe un ensemble de terroirs disséminés dans 56 communes du Languedoc, au sein de la zone des coteaux et des garrigues s'étendant de Nîmes à Narbonne. De cette grande diversité émergent la puissance et le corps de la méjanelle, que l'on retrouve à saint-christol, alors que cabrières est tout en finesse et en subtilité ; le pic-saint-loup affirme son originalité à mesure que faiblit l'importance du carignan et que s'épanouit la syrah. Le nom de l'appellation coteaux du languedoc peut être complété par le nom de l'un des 12 terroirs : la méjanelle, vérargues, coteaux de saint-christol, saint-drézéry, saint-georges-d'orques, pic-saint-loup, saint-saturnin, montpeyroux, picpoul-de-pinet, cabrières, la clape, quatourze.

Coteaux du Languedoc. *Situé dans la vallée moyenne de l'Hérault, Gignac est un centre viticole actif.* Photo Jean-Luc Barde/Scope.

Superficie : 9 900 ha.
Encépagement (au minimum) :
vin rouge et rosé : cépages principaux : carignan noir et cinsaut noir (40 %), mourvèdre noir et syrah noire (10 %), grenache noir et lledoner pelut noir (20 % avec du carignan) ; cépages complémentaires : counoise noire ou aubun, grenache rosé, terret noir, picpoul noir et (en assemblage) bourboulenc blanc, carignan blanc, clairette blanche, macabeu blanc, picpoul blanc, terret blanc, ugni blanc ;
vin blanc : cépages principaux : grenache blanc, clairette, bourboulenc, picpoul ; cépages complémentaires : marsanne blanche, roussanne blanche, rolle blanc, macabeu blanc, terret blanc, carignan blanc, ugni blanc.

Nature des sols : argilo-calcaires de nature variable et terrains primaires.
Récolte annuelle :
vin rouge et rosé : 449 100 hl ;
vin blanc : 62 500 hl.
Rendement de base : 50 hl/ha.
Titre alcoométrique minimal : 11 % vol.
Potentiel de garde :
vin rouge : de quatre à six ans ;
vin rosé : trois ans.

Muscat de Lunel

Cultivé depuis l'Antiquité, le muscat blanc à petits grains, ou muscat romain, est certainement le plus ancien cépage du Languedoc. Les faibles rendements pratiqués ici favorisent une remarquable puissance aromatique. Vers 1730, l'abbé Bouquet était propriétaire de la côte du Mazet, à Lunel-Viel, et produisait un vin muscat d'une qualité extraordinaire, connu par-delà les frontières : on pensait alors que, pour élaborer un élixir aussi délicieux, il devait détenir un secret particulier. Jean-Jacques Rousseau goûta ce vin à l'auberge du pont du Vidourle, qu'il considérait comme l'une des meilleures d'Europe. L'abbé Bouquet mourut en 1780 et l'on trouva dans ses papiers une note expliquant son tour de main : « Maturité et propreté, voilà tout mon secret pour faire un bon muscat. » L'appellation muscat de lunel est réservée à 3 communes : Lunel-Viel, Vérargues et Saturargues.

Superficie : 330 ha.

Encépagement : muscat à petits grains dit muscat de Frontignan.

Nature des sols : villafranchiens.

Récolte annuelle : 10 100 hl.

Rendement de base : 40 hl/ha.

Titre alcoométrique minimal : 15 % vol.

Potentiel de garde : de trois à quatre ans.

4 Lunel

Les Lunellois, ou Pescalunes, sont des pêcheurs de lune, des poètes ; leur antique cité était au Moyen Âge un centre hébraïque important, peuplé d'habiles artisans. Il en reste un fonds documentaire considérable de manuscrits et d'ouvrages.

À voir : **Notre-Dame-du-Lac (XIVe-XVIIe siècle) ; la bibliothèque (XVIIIe siècle).**

Aux environs : **le château de Marsillargues (Renaissance) ; l'oppidum d'Ambrussum ; le village de Lunel-Viel.**

Environs de Lunel. *Cabanes de Gascon.* Photo Daniel Faure/Scope.

5 Saint-Sériès

Vidourle, rivière fantasque et parfois très puissante, que l'on personnalise parfois en l'appelant par son nom sans article défini, et dont les excès s'appellent vidourlades, borde la commune en un site remarquable. Son cours s'infléchit vers l'est pour traverser une barre rocheuse, et de belles falaises délimitent un plan d'eau profond. Commune de la basse plaine du Vidourle, aux grasses alluvions, Saint-Sériès s'étend sur les riches coteaux de sa voisine Saint-Christol.

L'oppidum d'Ambrussum

À quelque 7 km au nord-est de Lunel, l'oppidum d'Ambrussum est situé sur un site qui contrôlait le franchissement du Vidourle. Vers 120 av. J.-C., le proconsul Domitius Ahenobarbus perce la voie Domitienne qui relie l'Italie à l'Espagne, fondant la colonie portuaire de Narbonne qui devient la capitale de la nouvelle « Province » (la Narbonnaise Ire), laquelle s'étend des Pyrénées au Rhône. Toute l'activité économique et militaire de la Province s'articule autour de la via Domitia, véritable colonne vertébrale, construite, organisée, balisée par les bornes milliaires. Au terme d'une journée de cheval, un gîte protégé accueille les voyageurs, on y trouve le couvert, la nourriture, pour les hommes et les animaux, des artisans pour entretenir et réparer les véhicules, ferrer les chevaux. Ambrussum est l'une des ces étapes. Les vestiges du pont sur le Vidourle et les rues du village fortifié sur la colline, protégé à la fois des inondations et des agressions nocturnes, sont mis en valeur par l'association Via Domitia.

J. C.

Oppidum d'Ambrussum, le pont romain *sur le Vidourle avec la seule arche rescapée sur les onze d'origine.* Photo Daniel Faure/Scope.

6 Saint-Christol

Perché au sommet de sa colline, ce très beau village vigneron tire son origine d'un établissement de templiers qui a certainement succédé à une *villa* romaine. On y trouve les meilleurs terroirs à vigne de la région, sur des cailloutis villafranchiens plus visibles au sommet des collines qui animent ce superbe paysage.

Élisabeth et Luc Moynier : domaine de La Coste, 34400 Saint-Christol. Tél. 04 67 86 02 10, tlj sauf dimanche, 9 h-12 h et 14 h-19 h. Luc Moynier s'était distingué par une Cuvée de premier printemps des comédiens, qui avait régalé Georges Descrières et Michel Galabru. Élisabeth et Luc Moynier élaborent un rouge capiteux plein de suavité.

La route vers Restinclières et Sommières permet de découvrir la ligne des Cévennes, le pic Saint-Loup, l'Aigoual et, plus loin, le mont Lozère. Parfois, lorsque le temps est très clair, on aperçoit au levant le Ventoux. Nous sommes ici sur la ligne de front qui séparait, entre 1629 et 1632, protestants et catholiques lors des guerres de Religion. Sur la grande route de Sommières, la charmante petite commune viticole de Restinclières se niche au milieu des vignes et des oliviers. En direction de Castries, on traverse les sites des anciennes carrières classées, dont certaines, encore en activité, fournissent leur matériau aux tailleurs et sculpteurs de pierre.

7 Castries

Sur le site de l'ancien castrum romain s'élève un beau château des XVIe et XVIIe siècles, avec jardins et parcs signés Le Nôtre. Le dernier représentant de la famille des ducs de Castries, membre de l'Académie française, l'a légué, en 1985, à cette prestigieuse compagnie qui en a confié la gestion au conseil régional du Languedoc-Roussillon.

Sur la commune voisine de Saint-Aunès, le terroir de galets roulés de La Méjanelle produit un grand vin rouge.

À voir : **les ruines de l'église romane ; le château ; l'ancien moulin à huile aménagé en square public.**

Pierre Clavel: chemin mas de Calage, Les Garrigues, 34130 Saint-Aunès. Tél. 04 67 29 63 71 sur R-V. Calage est mentionné, dès le XIIe siècle, sur les registres de la cathédrale de Maguelonne. On sait aussi que les Romains appréciaient ce terroir. Les vins produits offrent une belle complexité d'arômes.

8 Assas

Ce village, que l'on gagne par la D 26 puis par la D 109, possède un château médiéval, reconstruit au XVIIIe siècle, dont la chapelle du XIIe siècle est devenue

l'église paroissiale. Le vin Château d'Assas est produit sur les vignes du château, exploitées par les vignerons du village, qui ont créé une association faisant revivre les antiques coutumes du cru local.
À voir : **les vestiges des fortifications médiévales ; le château ; l'église Saint-Martial.**

9 SAINT-MATHIEU-DE-TRÉVIERS

Au pied du pic Saint-Loup, ce bourg, qui regroupe deux hameaux, possède un riche patrimoine. La citadelle néolithique classée du Lebous, les ruines féodales du château de Montferrand, à une heure de marche, et les églises, dont les fondations remontent au XIIe siècle, méritent qu'on s'y attarde. Du village partent des sentiers de randonnée pédestre qui permettent de découvrir le panorama et la flore très diversifiée du pic. Le terroir AOC des coteaux du languedoc-pic-saint-loup, animé par des vignerons qui sont coopérateurs à Saint-Mathieu et qui pratiquent également l'élevage dans les villages voisins, est de plus en plus reconnu comme un grand vin régional.
À voir : **le château de Montferrand.**
JACK BOUTIN : château La Roque, 34270 Fontanès. Tél. 04 67 55 34 47, tlj sauf dimanche, 10 h-12 h et 14 h-18 h. Son blason est la reproduction d'une pièce d'or, frappée le 5 décembre 1359 et retrouvée dans l'une de ses vignes. Cette pièce faisait partie de la rançon réunie pour la libération de Jean II le Bon, détenu par les Anglais après la bataille de Poitiers. Jack Boutin allie la compétence

PORTRAIT
Alain Razungles

Alain Razungles, jeune et brillant professeur d'œnologie, enseigne à l'École nationale supérieure agronomique de Montpellier. Cet universitaire a commencé par pousser la charrue sur les terres ingrates de Vingrau ou de Latour-de-France pour aider ses parents viticulteurs. Et quel enrichissement pour son enseignement que sa propre expérience de vinificateur dans la propriété familiale. Grâce à elle, il sait que la qualité initiale du raisin, que l'on ne peut obtenir que par une conduite rigoureuse de la vigne, est le facteur essentiel de la qualité du vin ; que pour réussir la vinification, la dégustation régulière des moûts et l'observation attentive des particularismes de chaque millésime comptent sans doute tout autant que certaines normes chiffrées. Il faut l'avoir vu dans le Languedoc-Roussillon secouer l'inertie des responsables de certaines caves coopératives, et même de caves particulières, souvent ses compagnons d'études, pour leur faire prendre conscience du véritable enjeu du siècle prochain : la qualité dans l'authenticité et le respect du public. Chez lui, l'intérêt porté aux valeurs du terroir s'accompagne d'une curiosité innée pour tous les grands vins. Ce dégustateur hors pair, qui connaît les cépages et les vins du monde entier, apprend à ses étudiants à passer de la dégustation analytique, nécessaire mais non suffisante, à la dégustation esthétique, car il considère le vin comme véritable œuvre d'art, capable de faire progresser le goût et donc la culture.

Montpellier, l'hôtel de Manse. *Pots-à-feu et guirlandes de fruits animent l'une des plus belles façades de cette ville qui abrite l'Institut supérieur de la vigne et du vin.* Photo Daniel Faure/Scope.

OPINION

Liliane Tarrit, restauratrice

– Quelle est votre conception d'une bonne cave ?
« Quand nous avons commencé à monter notre cave, nous y sommes allés à tâtons. Une période obligatoire de sélection impose que l'on goûte beaucoup. Certaines maisons, auxquelles nous restons très attachés, ont parfois eu le courage de ne pas nous fournir lorsque le millésime n'était pas satisfaisant. La composition de la cave, si elle reflète la personnalité du propriétaire, nécessite de prendre en compte le goût de la clientèle et implique une gamme suffisamment étendue pour couvrir toute la palette des régions. Pour moi, une vraie cave doit comporter plusieurs millésimes : un vin inscrit sur la carte, un autre en réserve, et le troisième en vieillissement. Cela représente un investissement assez lourd, mais permet d'éviter une année médiocre et laisse une certaine marge de manœuvre. La carte comporte également des vins moins prestigieux, avec une palette représentative des diverses appellations de la côte méditerranéenne, des côtes de provence aux corbières. Devenus AOC, les anciens AOVDQS sont bien suivis par les caves coopératives qui nous fournissent, et nous prenons grand soin que les muscadets, pouilly-fumé et sancerres soient toujours disponibles pour répondre à la demande du client qui aime qu'ils lui soient servis avec le poisson. »

vigneronne moderne aux racines culturelles méconnues de la vigne languedocienne. Réputé pour ses vins rouges, il produit également un très joli vin blanc.

10 Valflaunès

La route emprunte un passage entre le pic Saint-Loup et la falaise de l'Hortus, dans un site grandiose. Cette falaise est percée de grottes habitées à l'époque de l'homme de

Le pic Saint-Loup, *vu depuis le village horticole de Saint-Mathieu-de-Tréviers.* Photo Daniel Faure/Scope.

Néanderthal. Au pied de l'Hortus, sur les matériaux détritiques accumulés durant des millénaires, les vignobles bénéficient d'une réputation méritée. Après l'étroit passage, on débouche sur le bassin de Londres. Nous sommes ici au pied du pic Saint-Loup, versant nord très abrupt dont le relief tourmenté provoque des ascendances favorables aux vélivoles.

À l'origine, le bassin de Londres en Languedoc était un marais, tout comme celui de Londres sur la Tamise. Tous deux tirent leur nom d'un vieux mot d'origine celtique, Lyn-din.

11 Saint-Martin-de-Londres

Le chef-lieu du canton s'est appelé autrefois Saint-Martin-des-Marais, alors qu'il était une halte sur la route de Saint-Jacques-de-Compostelle. Il subsiste de nombreux vestiges des origines de la cité, qui remontent aux bénédictins. L'église est un rare spécimen des églises à coupole du Languedoc : romane du début du XIIe siècle. Elle montre, par son plan tréflé autant que par sa décoration une nette influence lombarde. Le village abrite également de très belles demeures des XVIe et XVIIe siècles.

À voir : **l'église ; la tour de l'horloge ; les maisons des XVIe et XVIIe siècles.** Aux environs : **le village préhistorique de Cambous ; la vallée de la Buège ; le château de Londres ; le mas de Londres ; le ravin des Arcs.**

12 Saint-Bauzille-de-Putois

Le village est surtout célèbre pour sa grotte des Demoiselles, la plus anciennement ouverte au public du Languedoc. Autrefois refuge des camisards, elle est aménagée depuis 1930 et possède un réseau impressionnant de galeries. Parmi les concrétions minérales d'une grande variété, l'une a donné son nom à la grotte et ressemble, sous une immense voûte, à une Vierge à l'Enfant.

À voir : **la grotte des Demoiselles.**

13 Brissac

Abandonnant momentanément les paysages viticoles, nous entrons dans une région très pittoresque des gorges de l'Hérault. Brissac, comme Saint-Guilhem, possède un patrimoine monumental intéressant : un château du XIe siècle ayant subi de nombreux remaniements tout au long de sa longue histoire, une belle église romane avec un chevet caractéristique de l'époque préromane, une chapelle romane, et un pont sur l'Hérault, à Saint-Étienne-d'Issansac.

À voir : **le château ; l'église romane.**

14 Saint-Guilhem-le-Désert

Autre étape sur la route de Saint-Jacques-de-Compostelle, ce beau village médiéval s'enrichit d'une église abbatiale qui remonte au XIe siècle et constitue le seul vestige de l'abbaye bénédictine créée le 15 décembre 1804 par Guillaume de Toulouse, cousin de Charlemagne par sa mère Aude. De nombreux chapiteaux et colonnes du cloître ont pris jadis le chemin des Amériques : on peut les admirer au musée des Cloisters à New York.

À voir : **l'église ; le cloître ; le Musée lapidaire ; les maisons Villaret, Dillon et Morand-Aubert ; l'ancienne église Saint-Laurent.**

15 Saint-Jean-de-Fos

Caractéristique des techniques du premier art roman, le pont du Diable, au débouché des gorges de l'Hérault, serait le plus vieux pont de France (1036) ; il résiste depuis presque mille ans aux crues de l'Hérault. Près de ce pont, Clamouse, grotte aménagée pour recevoir le public, tire son nom du bruit fait par une résurgence qui se déverse, lors des grosses pluies, dans le lit de l'Hérault. Patrie des potiers, Saint-Jean-de-Fos possède un musée de la Poterie ouvert au public.

À voir : **l'église ; le pont du Diable ; les grottes de Clamouse, du Sergent et de la Beaume-Cellier.**

16 Montpeyroux

Le terroir de Montpeyroux s'étend également sur le petit village d'Arboras avec son beau château reconstruit au XVIIe siècle, propriété d'un Écossais dont le fils est devenu vigneron sur ces terres languedociennes. Montpeyroux était, dès le XIVe siècle, une possession et une résidence des évêques de Montpellier, qui y produisaient des vins très réputés. Comme Saint-Saturnin, son voisin immédiat, le terroir de Montpeyroux s'étale sur la bordure du massif qui supporte le causse du Larzac, au pied du pic Saint-Baudille. La qualité des sols s'améliore au fur et à mesure que l'on remonte vers le pied des falaises. Près de 100 ha ont été défrichés et replantés sur un plateau, au pied du causse, accueillant en altitude une syrah qui y révèle ses meilleures qualités.

Environs de Saint-Martin-de-Londres. *À l'ouest du pic Saint-Loup, le bassin de Saint-Martin-de-Londres est réputé pour ses records de froid.* Photo Jacques Guillard/Scope

À voir : **quelques belles maisons gothiques ; les églises Saint-Martin et du Barry.** Aux environs : **le château, au lieu-dit Le Castellas.**

17 Saint-Saturnin

Saint-Saturnin fut fondé par un compagnon de saint Benoît d'Aniane, nommé Nemphius, qui, au IXe siècle, à la tête de 300 disciples, entreprit de redonner vie au Languedoc.

Les vins de Saint-Saturnin ont depuis longtemps acquis une notoriété méritée.

Les vins de Saint-Saturnin : route d'Arboras, 34725 Saint-Saturnin-de-Lucian. Tél. 04 67 96 61 52, sur R-V. Abrité du mistral par le pic Saint-Baudille, le terroir chaud, au sol peu acide, fournit des vins rouges et blancs, issus de raisins de bonne maturité.

À voir : **les vestiges du rempart ; la maison Aussel ; l'église gothique fortifiée.**

Clairette du Languedoc

Superficie : 112 ha.
Encépagement : clairette.
Nature des sols : terrasses argilo-calcaires.
Récolte annuelle : 4 300 hl.
Rendement de base : 50 hl/ha.
Titre alcoométrique minimal : 12 % vol.
Potentiel de garde : de deux à cinq ans.

18 Jonquières

Petit village viticole sur le terroir de Saint-Saturnin, Jonquières possède un château médiéval qui fut le siège d'un concile de l'Église d'Occident. On peut y découvrir, sur la façade d'une maison, la coquille Saint-Jacques sculptée qui indiquait la route aux pèlerins.

À voir : **le château.**

Jean-Pierre Jullien : mas Cal Demoura, 34725 Jonquières. Tél.04 67 96 61 51, sur R-V. Cal Demoura, en langue d'oc signifie «il faut rester». Profitez-en pour déguster les belles cuvées de coteaux du languedoc que vous propose Jean-Pierre Jullien.

19 Saint-Félix-de-Lodez

Saint-Félix est le siège de la maison Jeanjean, très ancienne entreprise autrefois aveyronnaise, qui tenait l'auberge du village sur la grand-route menant vers le plateau central. Elle est peu à peu devenue le spécialiste des vins régionaux et le plus important négociant en vin du Languedoc.

SCA Vignerons de Saint-Félix : 21, av. Marcelin-Albert 34725 Saint-Félix-de-Lodez. Tél. 04 67 96 60 61, sur R-V. Cette cave élabore une gamme très complète de vins tendres et aromatiques, et une clairette reconnue.

L'étang de Thau
Picpoul-de-Pinet
L'abbaye de Valmagne

Il est des paysages et des lieux de mémoire, en Languedoc, que l'on se doit absolument de connaître. Tel qu'on le voit depuis la N 113, avec Sète en toile de fond, l'étang de Thau et ses 8 000 ha en eau profonde, les parcs à huîtres de Bouzigues, et l'île singulière du Mont-Saint-Clair, constitue un ensemble unique. Il est bordé à l'ouest par un vignoble qui produit le vin blanc le plus original de la région. Une étonnante complicité lie le picpoul et les nombreux coquillages que produit le bassin. Issu d'un seul cépage, le picpoul-de-pinet présente une belle robe pâle aux nuances vertes et brillantes, possède des arômes délicats d'agrume et de tilleul, et, vif, offre une bonne présence en bouche.

Abbaye de Valmagne, *fondée en 1138 ; son architecture méridionale fut fortement influencée par le style gothique en faveur dans le nord.* Photo Jacques Guillard/Scope.

Non loin de Mèze, l'abbaye de Valmagne présente une autre facette de ce terroir attachant. C'est la seule abbaye du Languedoc qui ait réussi à conserver son grand vignoble depuis le XIIIe siècle. Magnifiquement entretenue par Diane d'Allaines, aidée maintenant par son fils Philippe, c'est avec sa fontaine en dentelle de pierre, une réussite de l'art cistercien nichée au creux d'un rocher du plateau d'Aumelas.

J. C.

L'étang de Thau, *long de 18 km, large de 5 km et profond de 5 m, tire sa principale richesse de son parc à huîtres et à moules.* Photo Jacques Guillard/Scope.

20 Clermont-L'Hérault

Capitale du raisin de table, Clermont-l'Hérault possède un patrimoine intéressant : château, églises, belles demeures.

Non loin de là, sur la route qui mène à Cabrières, Villeneuvette, manufacture royale créée par Colbert, offre l'exemple typique d'une cité industrielle à urbanisme et architecture homogènes du XVIIe siècle.

À voir : **le château féodal ; l'église Saint-Paul ; l'ancien couvent de Gorjan ; l'hôtel de Martin** (XVIIIe **siècle) ; l'huilerie.**

Pittoresque village situé au centre d'un cirque constitué d'un chaos de roches dolomitiques, Mourèze offre un point de départ pour des randonnées pédestres avec vue sur le lac du Salagou, dans un superbe site de ruffes (nom local de roches délitées d'un beau rouge-brun).

21 Cabrières

Le terroir de ce village bénéficie de l'émergence du massif primaire et de schistes délités. Il est situé à l'extrémité d'un arc de cercle géologique qui part de Berlou et de Saint-Chinian, et passe par Faugères. On y produit un vin vermeil, rosé de saignée, auquel le cinsaut apporte un fugitif goût de miel, parfois même de parfums floraux de tilleul ou de robinier, que l'on appelle ici l'estabel, du nom du sommet qui domine le village.

À voir : **l'église néo-gothique du XIXe siècle.**

Cave des Vignerons de Cabrières : 34800 Cabrières. Tél. 04 67 88 91 60, tlj, sauf dimanche, 9 h-12 h et 14 h-18 h. Un très beau caveau souterrain propose les vins du village, dont les rouges où s'exprime la syrah. On y trouve aussi la clairette du languedoc, vin blanc issu d'un cépage qui, avec le muscat, est le plus ancien de la région, puisqu'il remonte à l'époque romaine.

La très belle route qui vient de Cabrières permet de découvrir un magnifique panorama qui s'étend sur toute la région de Pézenas jusqu'au Cap-d'Agde.

Pézenas. *La ville offre un ensemble unique de maisons anciennes et d'hôtels particuliers construits sous l'Ancien Régime.* Dessin atelier D. Duplantier.

22 Neffiès

Le nom du village vient des neuf fiefs, propriétés du châtelain local. Les vignerons de Neffiès ont défriché et planté tout un pan de montagne, qui supportait déjà des vignes avant la venue du phylloxéra, et produisent maintenant des rouges de syrah-grenache.
À voir : **l'église (XIIIe siècle) ; les vestiges des fortifications.**

23 Roujan

Un prieuré roman des XIe et XIIe siècles avec une belle façade de 65 m, et une église gothique du XIIIe siècle, dédiée à saint Laurent, rappellent l'ancienne prospérité de ce village du Biterrois.
À voir : **l'église Saint-Laurent ; la chapelle Saint-Nazaire. Aux environs : le château de Margon (XIVe siècle).**

24 Gabian

Le château de Cassan, à la magnifique façade en regard du village, annonce le haut pays. La cave coopérative de Gabian s'appelle La Carignano, nom de l'ancien cépage exploité localement, et à présent tombé en désuétude.

25 Faugères

Superficie : 1 866 ha ; encépagement : carignan (50 % au maximum), cinsaut , grenache noir (20 % au minimum), mourvèdre (10 % au minimum), syrah (10 % au minimum), lledoner pelut noir (20 % au minimum) ; nature des sols : terrains primaires de schistes ; récolte annuelle : 83 400 hl ; rendement de base : 50 hl/ha ; titre alcoométrique minimal : 11,5 % vol. ; potentiel de garde : de six à huit ans.
C'est la capitale d'une appellation prestigieuse dont les animateurs, et en particulier Jean Vidal de La Liquière, ont été, à l'époque moderne, les premiers à élaborer de grands vins. Curieusement, les protestants, majoritaires à Faugères, étaient opposés aux catholiques de Saint-Chinian, autre AOC de la petite région. Il existe toujours une concurrence entre les deux cités. Dans le village quelques maisons offrent leurs belles façades romanes. On notera également d'élégants bâtiments des XVIe et XVIIe siècles, ainsi que des vestiges des anciennes fortifications. À Soumartre, hameau de Faugères, se trouve une chapelle du XIIe siècle ; le temple de Faugères date, lui, de 1577.
La plus grande partie des vins est vendue directement par les producteurs ou par les trois coopératives dont les caveaux sont visités par de nombreux touristes. Le faugères est un vin bien coloré, pourpre, capiteux, à l'arôme de fruits rouges.
Michel Louison : château des Estanilles, 34480 Cabrerolles. Tél. 04 67 90 29 25, sur R-V. C'est l'un des rares vignerons de Faugères à ne pas être d'origine languedocienne, mais il est devenu au fil du temps plus languedocien que le plus pur Faugérois. Il élève avec méthode et minutie des vins fins et puissants.

26 Laurens

C'est un beau village vigneron dont l'antique château, perché sur son rocher, est devenu la mairie et le siège des vignerons de l'appellation. Il se situe à la limite de la région des schistes primaires des vignobles AOC et de la riche terrasse biterroise qui s'étend vers Magalas. Une émergence de marbres rouges veinés de blanc est encore exploitée aujourd'hui.
Cave coopérative de Laurens : 34480 Laurens. Tél. 04 67 90 28 23, sur R-V. La cave coopérative, située non loin des carrières de marbre, élabore plus de 50 % des vins de l'appellation faugères. Les vignerons élèvent en barrique de chêne un vin du château de Laurens plein de finesse.
SCEA Château la Liquière : 34480 Cabrerolles. Tél. 04 67 90 29 20, sur R-V. Installé près de Laurens, Bernard Vidal est le digne continuateur de l'œuvre de son père qui a relevé l'appellation. Ses vins de vieilles vignes de carignan, élaborés en macération carbonique, sont tendres et aromatiques. Ses vignobles de syrah-grenache méritent d'être visités, sur les hauteurs de La Liquière où les parcelles s'étagent parfois en suivant les courbes de niveau, selon une méthode culturale utilisée par les Romains.

27 Autignac

La tradition veut que les gens de Laurens sont dans le langage populaire désignés sous le nom de Charbonniers (*los carboniers*) et ceux d'Autignac sous celui d'Alouettes (*las coquilhadas*). Ces derniers sont-ils plus rêveurs, plus chanteurs que leurs voisins ?
Jacques Pons : 1 *bis*, rue du Chemin-de-Ronde, 34480 Autignac. Tél. 04 67 90 23 40, sur R-V. Marin émérite, Jacques Pons ne s'éloigne de ses vignes que pour hisser les voiles vers la haute mer de la Méditerranée. De retour dans ses terres, il élabore des vins friands, aux arômes de garrigue.

Saint-Chinian

Limitée au nord par les montagnes de l'Espinouse, à l'est par le Faugerois, à l'ouest par le Minervois et au sud par la plaine languedocienne, l'aire de production de saint-chinian regroupe 20 communes de part et d'autre de l'Orb et du Vernazobre. C'est un terroir varié de schistes et d'argilo-calcaires.
Superficie : 2 026 ha.
Encépagement : carignan (40 % au minimum), cinsaut (30 % au maximum) et grenache, lledoner pelut, mourvèdre et syrah (40 % au maximum).
Nature des sols : au nord : schistes ; au sud : cailloutis.
Récolte annuelle : 102 000 hl.
Rendement de base : 50 hl/ha.
Titre alcoométrique minimal : 11,5 % vol.
Potentiel de garde : de six à huit ans.

28 Murviel-lès-Béziers

Implanté au déboucher de l'Orb sur la plaine biterroise, Murviel constitue, depuis la période romaine, un lieu d'importance stratégique. Sur le castrum romain s'est bâtie au Moyen Âge une citadelle imprenable.

À voir : **l'église avec sa belle voûte à liernes. Aux environs : à Saint-Geniès-le-Bas, le château des XIIIe et XVIIe siècles.**

SCEA F. Guy et S. Peyre : château Coujan, 34490 Murviel-lès-Béziers. Tél. 04 67 37 80 00, tlj, 9 h-12 h et 14 h-19 h. Le domaine est établi sur les restes d'une authentique *villa* romaine, dont on peut découvrir les belles mosaïques. Son terroir aux nombreux fossiles d'huîtres et de coraux est exceptionnel et produit des rouges aux tanins doux et élégants, au boisé discret et fondu.

29 Causses-et-Veyran

Dans cette patrie de Jules Milhau, créateur de la chaire de droit rural en France et de l'appellation saint-chinian, le terroir recèle de nombreux vestiges romains dont quelques pilastres, que l'on suppose provenir d'aqueducs ayant apporté l'eau d'irrigation.

30 Roquebrun

Sur le versant sud de la montagne, bien à l'abri des vents du nord, s'étage Roquebrun. On l'appelle le petit Nice car les mimosas et les citronniers poussent en pleine terre, son climat étant exceptionnellement doux.

À voir : **le jardin méditerranéen de 4 ha.**

31 Berlou

Un peu à l'écart de la grand-route, Berlou est un haut lieu de la qualité en saint-chinian. Ce paysage de vignoble de montagne jardiné fut jadis condamné par les économistes de 1970 en raison des difficultés de mécanisation sur ces terrains pentus et morcelés. Mais la ténacité du maire, Georges Dardé, a fini par porter ses fruits.

Les coteaux de Rieu-Berlou : avenue des Vignerons, 34360 Berlou. Tél. 04 67 89 58 58, tlj sauf dimanche, 9 h-12 h et 14 h-18 h. Dernière créée en Hérault, la coopérative regroupe près de 600 ha et produit un vin d'une grande personnalité.

32 Prades-sur-Vernazobre

C'est un petit village au bord de sa rivière, qui vit de ses vignes et des touristes, venus jouir du calme et de la tranquillité.

SCEA Domaine des Jougla : 34360 Prades-sur-Vernazobre. Tél. 04 67 38 06 02, sur R-V. André Jougla perpétue le savoir-faire de ses ancêtres et produit une lignée de vins à la robe rubis à nuances brunes, au nez de terroir et à la bouche ronde.

33 Cessenon-sur-Orb

En 1577, Bacou, le chef des protestants de la région, originaire du petit village de Pierrerue, est poursuivi par le maréchal de Damville et se retire dans le château de Cessenon, où il doit capituler. Mais ce n'est que partie remise car, en 1578, il détruit l'abbaye de Fontcaude. À l'écart de Cazedarnes, l'abbaye de Fontcaude revit aujourd'hui grâce à l'activité d'un groupe bénévole qui relève les ruines.

Henri Miquel : château Cazal-Viel, 34460 Cessenon-sur-Orb. Tél. 04 67 89 63 15, tlj, 9 h-18 h. À 4 km du village, il est l'un des vignerons dynamiques de l'AOC saint-chinian. Sur ce terroir très original de coraux fossiles, son très beau vignoble qui domine les gorges de Réals produit des vins puissants et harmonieux.

Environs de Faugères. *Au nord de Béziers, le vignoble s'étale sur les terrains schisteux de cette région montagneuse.* Photo Daniel Faure/Scope.

Saint-Chinian, *le village et le site.* Photo Jean-Luc Barde/Scope.

34 Cazedarnes et Cébazan

Ces charmants petits villages vignerons sont établis dans un décor de terre rouge que l'on retrouve sur les enduits des murs. Dans ce pays de vieille colonisation romaine, aux paysages sauvages de garrigue, les vignobles morcelés produisent des vins puissants et rugueux.

35 Saint-Chinian

Cette petite ville de 3 000 habitants, aux placettes ombragées, est située au milieu d'un beau vignoble bénédictin. Au cours des guerres de Religion, le 29 septembre 1567, le baron Claude de Faugères vint détruire l'abbaye fondée par saint Anian en 780, dont il reste peu de traces. C'est le pays de Raoul Bayou, dont l'accent rocailleux résonne encore dans chaque maison. Maire, député, conseiller général, président du cru local, ses fonctions de questeur de l'Assemblée nationale durant des décennies contribuèrent à la renommée de Saint-Chinian.

À voir : **la mairie installée dans une ancienne abbaye du XVIIIe siècle ; le monument aux morts du sculpteur Magrou ; l'ancienne église abbatiale (XVe siècle).** J. C.

Frontignan

Superficie : 788 ha.
Encépagement : muscat doré de Frontignan.
Nature des sols : argilo-calcaires.
Récolte annuelle : 23 500 hl.
Rendement de base : 40 hl/ha.
Titre alcoométrique minimal : 15 % vol.
Potentiel de garde : de trois à quatre ans.

Muscat de Mireval

Superficie : 260 ha.
Encépagement : muscat blanc à petits grains.
Récolte annuelle : 7 300 hl.
Rendement de base : 40 hl/ha.
Titre alcoométrique minimal : 15 % vol.
Potentiel de garde : de trois à quatre ans.

Le Languedoc intérieur

de Saint-Jean-de-Minervois à Carcassonne

Le Languedoc intérieur, couloir naturel reliant le Rhône aux Pyrénées, est la voie qu'empruntèrent les éléphants d'Hannibal pour aller d'Espagne en Italie. Terre de passage et de contact, très ancien terroir viticole, il couvre les collines douces d'un Minervois sillonné de routes tranquilles, le massif boisé des côtes de la Malepère, et puis enfin la vallée de l'Aude.

Vignoble autour de Carcassonne. *La célèbre cité fortifiée constitue également la capitale de l'Aude viticole.* Photo Jacques Guillard/Scope.

Au sud de la Montagne Noire, le Languedoc intérieur forme un balcon naturel montagneux tourné vers la Méditerranée et recouvert de vignobles. Traversant le Minervois, contournant Carcassonne par le sud du Cabardès, on visitera les côtes de la Malepère dans leur ensemble, avant de revenir sur Carcassonne.

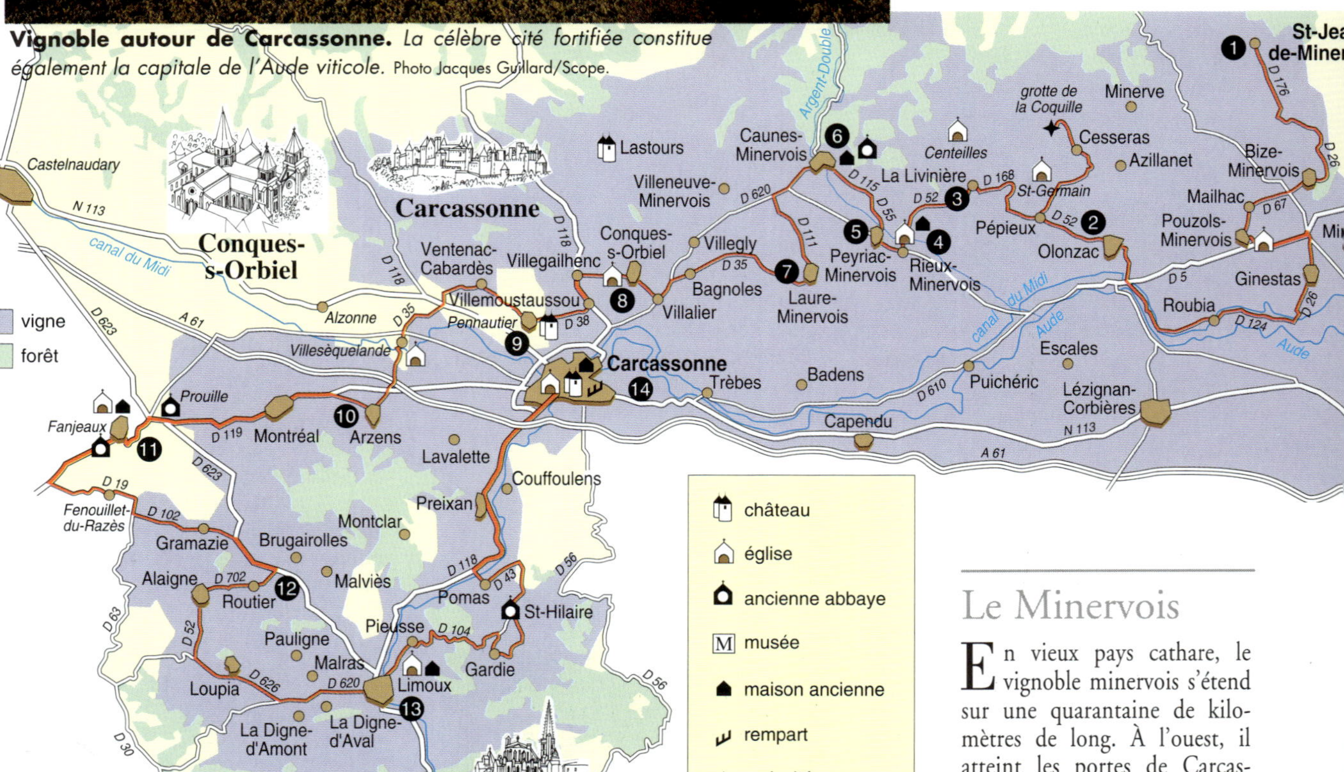

Le Minervois

En vieux pays cathare, le vignoble minervois s'étend sur une quarantaine de kilomètres de long. À l'ouest, il atteint les portes de Carcassonne qu'il déborde au sud ; il longe la basse vallée de l'Aude et suit le canal du Midi.

Au nord, le haut Minervois présente deux types de sol : schisteux vers Cassagnoles, Trassanel ou Salsigne ; calcaire autour de Minerve et de Saint-Jean-de-Minervois. Le climat y est frais et humide.

Au sud, la plaine du Minervois, aux sols souvent constitués de terrasses calcaires ou caillouteuses, est traversée par deux cours d'eau, l'Ognon et l'Argent-Double ; le climat est méditerranéen. Le Minervois est habité depuis la préhistoire. Introduite il y a deux mille ans par les Grecs et les Romains, la culture de la vigne s'est perpétuée jusqu'à devenir omniprésente. Au printemps de 1907, c'est dans le Minervois que s'est créé le premier comité de défense qui regroupa, derrière Marcellin Albert, les vignerons en révolte contre la fraude, la fiscalité, le sucrage et le mouillage. Ici, depuis plus de vingt ans, les producteurs œuvrent pour valoriser le vignoble et conserver à la région sa réputation de patrie du vin.

Le Cabardès

Cette AOC prolonge le Minervois vers l'ouest, et occupe le versant sud de la Montagne Noire dominée par le pic de Nore. Vignes et oliviers poussent dans la garrigue et partent à l'assaut des pentes. À partir d'une certaine altitude, la végétation se compose de châtaigniers et de genêts. Située sur des coteaux argilo-calcaires souvent caillouteux et parfois schisteux, l'aire d'appellation compte environ 300 ha, le reste étant classé en vins de pays ou en vins de table. Le climat subit des influences méditerranéennes, mais aussi océaniques, et l'encépagement reflète ce phénomène : carignan, cinsaut, grenache et syrah méditerranéens, merlot, cabernet, cot et fer-servadou acclimatés localement. La vigne n'est pas prépondérante dans ce secteur, voué plutôt à l'élevage ou à l'exploitation de la forêt.

Minervois. *Dans l'Antiquité, la région approvisionnait déjà Rome en vins issus de ses sols caillouteux.* Photo Daniel Faure/Scope.

Les balcons de l'Aude

Ils couvrent la zone ouest du Minervois. Les terroirs en forme d'amphithéâtre sont orientés plein sud et se présentent comme une succession de collines, aux crêtes plantées de pins d'Alep et de chênes verts. Les vignes s'étagent en terrasses.
Les sols sont formés de marne érodée en mourels, et de grès bleu, tandis que les crêtes sont constituées de plateaux karstiques avec des silex roulés.
Le climat est sec et venté, de type méditerranéen.
Les cépages terrets ont cédé la place aux cinsauts et aux grenaches noirs sur le haut des pentes. La syrah s'est largement répandue en taille courte, le plus souvent en gobelet ou cordon de royat.

Itinéraire de Saint-Jean-de-Minervois à Carcassonne

Les routes étroites et sinueuses passent à travers une multitude de vignobles, de terroirs et de villages aussi différents que pittoresques. Dans cette région, les vins blancs sont incisifs, les rosés fruités, les rouges, tantôt rugueux, tantôt aromatiques et élégants, les blanquettes et les crémants dignes des meilleurs bruts, et les vins doux naturels aux arômes complexes, intenses sont très onctueux.

MINERVOIS

Superficie : 4 560 ha (en 1991).
Encépagement :
vin rouge et rosé : grenache noir, syrah, lledoner pelut noir et mourvèdre (40 % au minimum), carignan, cinsaut, et accessoirement picpoul noir, terret noir, aspiran (et 10 % des cépages blancs ci-dessous pour le vin rosé) ;
vin blanc : grenache blanc, bourboulenc, macabeu blanc, marsanne, roussanne, vermentino (20 % au maximum de picpoul blanc, clairette, terret blanc), muscat à petits grains (10 % au maximum).
Récolte annuelle :
vin rouge et rosé : 214 500 hl ;
vin blanc : 11 200 hl.
Rendement de base : 50 hl/ha.
Titre alcoométrique minimal :
vin rouge et rosé : 11,5 % vol. ;
vin blanc : 11 % vol.
Potentiel de garde :
vin rouge : de cinq à six ans ;
vin blanc : de deux à trois ans.

1 SAINT-JEAN-DE-MINERVOIS

Superficie : 170 ha ; encépagement : muscat à petits grains ; récolte annuelle : 4 800 hl ; rendement de base : 28 hl de moût à l'hectare ; titre alcoométrique minimal : 15 % vol. ; potentiel de garde : de trois à quatre ans.
Le petit vignoble de muscat de saint-jean-de-minervois occupe, au sud du village, un site d'exception à plus de 200 m d'altitude, ainsi qu'un plateau caillouteux d'une centaine d'hectares. Ce causse calcaire du Minervois, éloigné de la mer, confère à ses vins une grande finesse d'arômes.
MARIE-THÉRÈSE MIQUEL : domaine de Barroubio, 34360 Saint-Jean-de-Minervois. Tél. 04 67 38 14 06, sur R-V. On appréciera l'exotisme de ses muscats, et les rouges de vieux carignan.

Quitter Saint-Jean-de-Minervois par la D 176. Après une succession de virages longeant la Cesse, et avant Bize-Minervois, on remarquera la grotte de Bize qui abrite des gisements paléolithiques. Prendre la D 67 et traverser Mailhac, petit village à proximité de l'oppidum de Cayla (nécropoles des VIIe et VIe siècles av. J.-C.).
Continuer en direction de Pouzols-Minervois, village médiéval établi sur la colline : l'église romane Saint-Saturnin date des XIe et XIIe siècles. Reprendre la D 5 sur la gauche, puis la D 26 au sud de Mirepeisset. Les vignes en coteaux s'étagent sur un sol de marne. À partir du Somail, à 3 km de Ginestas, on côtoiera le canal du Midi dans toute la traversée sud du Minervois. La D 124 longe le vignoble qui s'étend sur des terrasses caillouteuses quaternaires. La végétation est particulièrement odorante. À Roubia, le pont-canal de Repudre, construit par Riquet au XVIIe siècle, est le plus ancien d'Europe.

2 OLONZAC

C'est ici que se trouve le siège de l'appellation minervois.
CAVE COOPÉRATIVE LES CELLIERS D'ONAIRAC : rue Pierre-Betorz, 34210 Olonzac. Tél. 04 68 91 20 20. Les vignes, situées sur les coteaux constitués de terrasses argilo-calcaires, produisent du minervois rouge et rosé, ainsi que des vins de pays rouge, rosé et blanc.

L'église de Pépieux. *Cet imposant édifice du XIVe siècle est de type languedocien, à nef unique.* Photo Jacques Sierpinski/Scope.

Les côtes de la Malepère

Massif boisé au sud-ouest de Carcassonne, les côtes de la Malepère culminent à 440 m d'altitude. Ses terroirs sont variés : terrasses caillouteuses quaternaires, molasse marno-calcaire ou poudingues décomposés. Délimité à l'est par la vallée de l'Aude qui le sépare des Corbières, le massif bénéficie d'influences méditerranéennes. Au nord-ouest, bordés par le Lauragais, les coteaux du Razès reçoivent une influence océanique. Le réencépagement débuta dans les années 1970, et l'on retrouve, selon les terroirs : pour les rouges, merlot, cot, cinsaut en cépages principaux, et cabernet franc, cabernet-sauvignon, grenache, lledoner pelut et syrah ; pour les rosés, cinsaut, grenache, lledoner pelut, merlot, cot, cabernet franc ou sauvignon et syrah. L'aire d'appellation est répartie entre vins de pays et vins de table en cépages secondaires, une minorité figurant en AOVDQS. Ce sont les caves coopératives qui entamèrent le renouveau de cette région et fondèrent l'UCCOAR (Union des caves coopératives de l'Ouest audois et du Razès) qui assure la commercialisation de la production.

Le vignoble de Limoux

Voisin des côtes de la Malepère, il est séparé des Corbières, à l'est, par la vallée de l'Aude. Le vignoble de Limoux produit un vin effervescent, parmi les plus traditionnels et les plus réputés de France. La première mention de ce vin remonte à 1540. Le terroir est formé de coteaux, les blanquetières (vignes produisant la blanquette), aux sols calcaires, caillouteux et argilo-siliceux.
Les cépages sont au nombre de trois : le mauzac, cépage local ; le chenin, implanté avec succès depuis vingt-cinq ans ; et le chardonnay. Ces deux derniers entrent pour 10 % au minimum dans la composition de la blanquette, et à 30 % au minimum dans celle du crémant de limoux.
Limoux produit également un vin blanc sec : le grand chardonnay. L'aire de production est divisée en zones climatiques : autan, haute vallée, méditerranéen et océanique.

Vignoble de la Malepère, *situé au sud-ouest de Carcassonne. Y alternent cépages méditerranéens (cinsaut, grenache...) et cépages bordelais (cot, merlot, cabernet).* Photo Jacques Sierpinski/Scope.

À 6 km au nord de Pépieux, par la D 52, se trouvent Cesseras et la grotte de Fauzans, dite aussi grotte de la Coquille (paléolithique), où l'on découvre des traces de pas humains et des dessins d'animaux.
À proximité, deux chapelles méritent le détour : celle de Saint-Germain-de-Cesseras (XIe-XIIe siècle), tout en élégance, et celle de Notre-Dame-de-Centeilles (XIIe-XIVe siècle), décorée de fresques des XIIIe et XVe siècles. Le point de vue s'étend du Minervois aux Corbières.

3 La Livinière

Ce charmant petit village de 650 habitants est regroupé autour de son église d'origine romane. Le vignoble est établi sur marne et calcaire dur.
SA Château de Gourgazaud : 34210 La Livinière. Tél.04 68 78 10 02, sur R-V. L'élevage en barriques confère aux vins des notes épicées de vanille et de cannelle, tout en préservant l'expression du terroir. Goûter également les cuvées de viognier.
Domaine Gérard Bertrand : 34210 La Livinière. Tél. 04 68 91 49 20, sur R-V. Situé à 120 m d'altitude, ce terroir argilo-calcaire d'exception produit un superbe vin pourpre intense.
On gagne Rieux-Minervois par la D 168, puis la D 52. Prendre à gauche après Les Tuileries.

4 Rieux-Minervois

Situé au cœur du vignoble, implanté sur un sol assez hétérogène de terrasses caillouteuses, le village conserve quelques maisons anciennes et une église remarquable par ses chapiteaux historiés.
Cave des Vignerons Mérinvillois : 41, avenue Joseph-Garcia, BP 41, 11160 Rieux Minervois. Tél. 04 68 78 10 22, sur R-V.

Rieux-Minervois. *Ce village vigneron est renommé pour la particularité du plan centré à sept côtés de son église du XIIe siècle.* Photo Daniel Faure/Scope.

La cuvée de prestige Comté-de-Mérinville mérite une mention particulière. Vins produits : minervois rouge, rosé, blanc issus de faibles rendements.

5 Peyriac-Minervois

C'est un petit village de vignerons où subsistent encore quelques vestiges des anciens remparts.

CAVES DES VIGNERONS TOUR-SAINT MARTIN : avenue Ernest Ferroul, 11160 Peyriac-Minervois. Tél. 04 68 78 11 20, tlj, 9 h-12 h et 14 h-18 h. Alliant la tradition aux techniques de pointe, cette équipe de vignerons élabore des vins de garde aux tanins ronds et puissants, et au bouquet complexe, parmi lesquels on retiendra la cuvée Tour-Saint-Martin et d'excellents vins de pays.

6 Caunes-Minervois

Les vignobles enserrent la petite ville établie au pied de la Montagne Noire, dont les carrières fournirent les marbres rouges et verts qui ornent différents monuments parisiens : l'arc de triomphe du Carrousel, l'Opéra, le palais de Chaillot…

À voir : **l'hôtel d'Alibert ; les maisons anciennes (XIVe, XVe et XVIe siècles) ; les vestiges de l'ancien monastère carolingien.**

Aux environs : **les gorges de l'Argent-Double, au pied de la Montagne Noire (châtaigniers, chênes blancs, bruyères).**

MARCEL JULIEN : château de Villerambert-Julien, 11160 Caunes Minervois. Tél. 04 68 78 00 01, tlj, 9 h-11 h 30 et 13 h-18 h 30, samedi et dimanche sur R-V. À partir d'un encépagement complètement remodelé, la famille Julien élabore une cuvée Trianon particulièrement élégante et expressive.

7 Laure-Minervois

C'est un joli petit village, autrefois fortifié, situé aux confins des balcons de l'Aude.

CELLIER LAURAN CABARET : 11800 Laure-Minervois. Tél. 04 68 78 12 12, tlj, sauf dimanche, 8 h-12 h et 14 h-18 h, ouvert le dimanche en juillet et en août. Vous y découvrirez un étonnant minervois issu d'une assemblage de macabeu, de grenache et de marsanne.

JEAN-LOUIS POUDOU : domaine de la Tour-Boisée, 11800 Laure-Minervois. Tél. 04 68 78 10 04, sur R-V. Une jolie tour entourée d'arbres s'élève au cœur de l'exploitation dont la syrah est le cépage privilégié. Les rosés sont fruités, les blancs originaux, les rouges très concentrés (cuvée Marie-Claude).

Par la D 35, puis la D 635, on rejoint Villalier qui abrite les ruines d'une ancienne résidence épiscopale. On quitte l'appellation minervois en laissant les deux autres villages du Clamoux : Bagnoles et Villegly.

CABARDÈS

Superficie : 514 ha.

Encépagement : grenache noir, syrah et cinsaut (40 % au minimum), cabernet-sauvignon, merlot, cabernet franc, cot et fer (60 % au maximum), carignan et aubun (30 % au maximum).

Récolte annuelle : 28 900 hl.

Rendement de base : 50 hl/ha.

Titre alcoométrique minimal : 11 % vol.

Potentiel de garde : de trois à quatre ans.

Caunes-Minervois, l'église. *Dans cet édifice subsistent quelques chapiteaux de l'ancien monastère carolingien fondé par Anian, au VIIIe siècle.*
Photo Daniel Faure/Scope.

8 Conques-sur-Orbiel

Ramassée autour de son église gothique au clocher élevé, cette ancienne cité fortifiée conserve quelques vestiges de ses défenses.

À voir : **l'église ; l'ancienne manufacture drapière.** Aux environs : **l'ensemble fortifié des quatre châteaux de Lastours.**

EARL GIANESINI : château Jouclary, 11600 Conques-sur-Orbiel. Tél. 04 68 77 10 02, samedi, 11 h-19 h. Créé au XVIe siècle, ce vignoble appartient à Robert Gianesini depuis 1969. Son fils l'a rejoint depuis 4 millésimes et ils produisent un vin au nez de fruits mûrs réhaussé de notes de vanille.

DEPAULE MARANDON : domaine de Salitis, 11600 Conques-sur-Orbiel. Tél. 04 68 77 16 10, tlj, 8 h-12 h et 13 h 30-17 h 30, sur R-V. On réservera un accueil particulier au vin doux naturel original, issu d'une macération de grenache. À suivre.

La D 35 serpente à travers le vignoble en coteaux, traverse Villegailhenc et franchit le cours du Trapel. On rattrape ensuite la D 38 à Villemoustaussou.

9 Pennautier

De cette ancienne ville fortifiée, seules quelques traces évoquent aujourd'hui le passé guerrier, dont une tour ronde, vestige de l'ancien quartier général de Simon de Montfort.

Aux environs : le château (XVIe-XIXe siècle) et son parc dessiné par Le Nôtre.

COMTE DE LORGERIL : SCEA Château de Pennautier, 11610 Pennautier. Tél. 04 68 72 65 84, sur R-V. Cette ancienne bastide réussit un cabardès assez typé.

Les vignes s'étendent tout autour de Ventenac-Cabardès où la tour carrée du petit château domine le clocher de l'église. Reprendre la D 35, qui est si étroite que l'on a créé des créneaux de croisement. Après Villesèquelande et sa petite église restaurée, on traverse le canal du Midi par un petit pont étroit et original. Pierre Paul de Riquet avait fait construire un grand nombre de ces petits ponts. On entre dans le vignoble des côtes de la Malepère par la D 35, après avoir franchi l'autoroute des Deux-Mers (A 61).

CÔTES DE LA MALEPÈRE*

Superficie : 644 ha.

Encépagement :

vin rouge : merlot, cot et cinsaut (chacun 60 % au maximum), cabernet-sauvignon, cabernet franc, grenache, lledoner pelut et syrah (30 % au maximum) ;

vin rosé : cinsaut, grenache, lledoner pelut noir (30 % au maximum de merlot, cot, cabernet-sauvignon, cabernet franc, syrah).

Récolte annuelle : 40 400 hl.

Rendement de base : 50 hl/ha.

Titre alcoométrique minimal : 11 % vol.

Potentiel de garde : de trois à quatre ans.

*VDQS

10 Arzens

Entouré de vignobles, ses maisons bien regroupées autour de son église, c'est l'un des villages circulaires les plus caractéristiques du Razès.

CAVE LA MALEPÈRE : avenue des Vignerons, 11290 Arzens. Tél. 04 68 76 71 71. Tlj, sauf samedi et dimanche, 8 h-12 h et 14 h-18 h. Cave dynamique, elle offre une bonne gamme de produits.

On gagne Fanjeaux par la D 119. Fondé au IXe siècle, le gros bourg de Montréal s'enroule lui aussi autour de son église (XIVe siècle), de style gothique méridional. Sur la droite, le monastère de Prouille, fondé en 1206 par saint Dominique et rasé à la Révolution, fut reconstruit dans le style romano-byzantin. Les vignes se font de plus en plus rares.

11 Fanjeaux

Érigé sur un piton rocheux, le bourg a succédé au temple romain dédié à Jupiter.
À voir : **l'église (XIVe siècle) de style gothique languedocien ; le couvent des Dominicains ; les vestiges du cloître (XIVe siècle) ; les ruelles médiévales bordées de maisons à colombage.**
À Fenouillet-du-Razès, juché sur la colline, le vignoble réapparaît. Après Gramazie, prendre à droite vers Alaigne.

12 Routier

Ce village aux bâtisses de briques rouges est implanté au milieu du vignoble qui s'étend à perte de vue.
CAVE DU RAZÈS : 11240 Routier. Tél. 04 68 69 02 71, tlj, sauf samedi et dimanche, 8 h-12 h et 14 h-18 h. Cette cave commercialise plusieurs produits de domaines et de châteaux représentatifs de l'appellation. Les vins du domaine de Beauséjour, puissants, fruités et ronds, du domaine de Fournery, fins et élégants, et du château de Montclar, puissants et équilibrés, présentent un excellent rapport qualité-prix.

Après Alaigne, petite bourgade circulaire, prendre la D 52, puis la D 626. La route serpente à flanc de coteau à travers les vignes. À Loupia, on entre dans le pays de la blanquette de limoux.
En longeant la vallée du Cougain, on laisse sur la gauche les villages de Malras et de Pauligne, et, sur la droite, La Digne-d'Amont et La Digne-d'Aval, caractéristiques par leurs habitations en anneaux concentriques et par le clocher-façade de leur église.

Blanquette de limoux

Superficie :
blanquette de limoux et limoux : 1 223 ha
Encépagement :
blanquette de limoux : mauzac, chardonnay, chenin ;
limoux : mauzac (15 % au minimum), chardonnay, chenin.
Récolte annuelle :
blanquette de limoux et limoux : 56 600 hl
Rendement de base : 7,5 t/ha.
Titre alcoométrique minimal :
blanquette de limoux : 9,5 % vol. ;
limoux : 11 % vol.
Potentiel de garde :
blanquette de limoux : doit être bue dès la commercialisation ;
limoux : à boire jeune.

Cave coopérative de Limoux. *La cave produit un vin mousseux qui bénéficie d'une fermentation secondaire en bouteilles. Les vignerons produisent essentiellement de la blanquette de limoux.* Photo Jacques Guillard/Scope.

Crémant de limoux

Superficie : 410 ha.
Encépagement : mauzac, chardonnay, chenin.
Récolte annuelle : 19 500 hl.
Rendement de base : 7,5 t/ha.
Titre alcoométrique minimal : 9,5 % vol.
Potentiel de garde : doit être bu dès la commercialisation.

13 Limoux

Resserrée dans son enceinte du XIIIe siècle, la ville abrite de nombreux monuments dans ses ruelles irrégulières qui accueillent le carnaval de Limoux, tous les dimanches, de janvier aux Rameaux.
À voir : **l'église Saint-Martin (XIVe-XIXe siècle) ; les maisons anciennes.**
LES CAVES DU SIEUR D'ARQUES : av. de Carcasonne, 11300 Limoux. Tél. 04 68 74 63 00, sur R-V. Un travail très méthodique, une recherche constante de la qualité et une maturité parfaite donnent des cuvées raffinées Sieur d'Arques, Diaphane, cuvée Aimery brut.

Carnaval de Limoux. *Costumés en Pierrot et munis d'un long roseau, les Fécos animent le carnaval de Limoux, à l'issue duquel se déroule le traditionnel jugement de Sa Majesté Carnaval.* Photo Jacques Sierpinski/Scope.

DOMAINE COLLIN-ROSIER : route de Farman, 11300 Limoux. Tél. 04 68 31 48 38, sur R-V. Un crémant à l'effervescence fine et à la robe jaune vif à reflets verts. Son producteur met à l'honneur la technicité de l'œnologue et le sérieux du maître de chai.
Par la D 51, on rejoint Saint-Hilaire, abbaye bénédictine du VIIIe siècle. Les prédécesseurs de dom Pérignon auraient découvert et maîtrisé la prise de mousse de la blanquette aux environs de 1530.
La route passe dans les gorges et les défilés de la haute vallée de l'Aude où les collines sont couvertes de vignes blanquetières. À Preixan, on retrouve l'appellation côtes de la malepère.

14 Carcassonne

Émergeant de la vigne, la ville, fondée il y a plus de deux mille ans, dresse sa double enceinte concentrique hérissée de vingt-six tours.
À voir : **la cathédrale Saint-Nazaire-et-Saint-Celse ; le château comtal (XIIe siècle) ; la double enceinte ; la porte d'Aude ; la tour de la Vade ; la ville basse.**
Carcassonne est situé à la jonction de plusieurs vignobles, tous visités au fil de notre périple : au nord, le cabardès ; à l'ouest et au sud, les côtes de la malepère et le vignoble de la blanquette de limoux ; enfin, à l'est, le minervois.

M.-L. B.

Les Corbières et le Roussillon

de Fleury à Perpignan

Tapissant les coteaux, des Corbières au Roussillon, la vigne imprime partout sa marque. Massif montagneux culminant à 900 m d'altitude, les Corbières occupent une vaste chaîne qui, ajoutée à la diversité des situations et des terroirs, contribue au morcellement du vignoble. Au sud, les anciennes Corbières supérieures du Roussillon forment un balcon montagneux tourné vers la Méditerranée, présentant une grande variété de terroirs et un climat sec extrêmement chaud.

Fitou, le vignoble. *Longtemps doté d'un caractère trop herbacé, le fitou, qui vieillit en fûts de chêne pendant neuf mois, est devenu l'un des meilleurs vins rouges secs du Languedoc.* Photo Jacques Guillard/Scope.

Itinéraire de Fleury à Perpignan

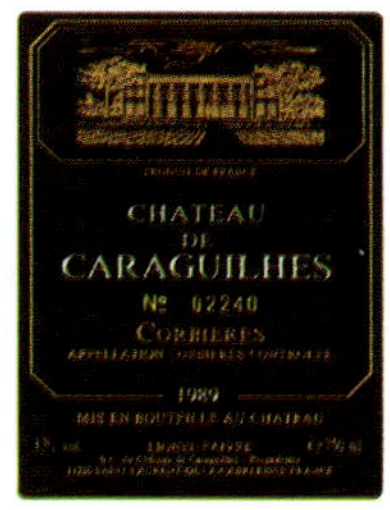

De l'embouchure de l'Aude à la vallée de la Têt, l'itinéraire invite à découvrir les vignobles de la Clape, de Quatourze et des Corbières dans leur totalité. Sur près de 300 km, en passant par Tuchan et le cru fitou, on rejoindra Tautavel et les côtes du Roussillon, après avoir traversé les vignobles de rivesaltes, muscats de rivesaltes et maury.

Les vignobles de la Clape

Ils constituent l'une des 12 dénominations de l'AOC coteaux du languedoc. On y trouve des vins blancs, essentiellement à base de bourboulenc (régionalement appelé malvoisie), et des rouges AOC coteaux du languedoc-la clape.
Le massif de la Clape culmine à 214 m d'altitude. C'était autrefois une île que doublaient les navires romains pour accéder au port de Narbonne, aujourd'hui ensablé. Coupé de gorges profondes et de falaises, c'est un site protégé qui domine désormais la plaine. Le climat y est assez sec et venté.

Les Corbières

Pays aride et montagneux, le massif des Corbières possède un vignoble qui s'étend de Narbonne à Perpignan, et de Carcassonne à la Méditerranée. Ce terroir offre une grande diversité géologique : schistes, calcaires et terrasses pierreuses. Les vins blancs produits ont un caractère sec et aromatique, surprenant de légèreté en façade méditerranéenne. Les rosés sont fruités et fins. Les rouges sont généreux, puissants dans les hautes Corbières, plus charnus dans la montagne d'Alaric, fins et aromatiques dans le centre de l'appellation.
Les Corbières sont divisées en quatre zones de production : les Corbières maritimes, que l'on peut découvrir en empruntant la route des étangs ; les hautes Corbières, avec la montagne de la Quille (964 m) et le mont Tauch

Rivesaltes et le Canigou. *On obtient le vin doux naturel de rivesaltes par adjonction d'alcool et d'eau-de-vie dans le moût.* Photo Jean-Daniel Sudres/Scope.

La plaine et la montagne cohabitent dans une grande variété de paysages. D'un village à l'autre, le vignoble est toujours présent, le disputant à la garrigue au charme austère. Les citadelles cathares, perchées sur leurs éperons rocheux, surveillent les gorges ; les églises fortifiées gardent les villages, tandis que les abbayes offrent leurs chapiteaux animaliers ocre et rose au regard des visiteurs ; à chaque virage apparaît une nouvelle harmonie.

1 Fleury

C'est un gros village de viticulteurs, situé au centre du vignoble de la Clape ; son église romane fut maintes fois remaniée.
À voir : **l'église.** Aux environs : **Les Cabanes-de-Fleury, pittoresque hameau de pêcheurs et petite station balnéaire.**
Ségura de Rivière Vins : domaine de Rivière-le-Haut, 11560 Fleury-d'Aude. Tél. 04 68 33 61 33. Essentiellement planté en blanc (malvoisie, grenache et terret) sur un sol silico-calcaire, il produit également des vins rosés, gris de gris et rouges.

La Clape, cépage malvoisie ou bourboulenc. Photo Jacques Sierpinski/Scope.

Sortir par la D 31 en direction de Salles-d'Aude. À gauche, le château de Celeyran, du XIXe siècle, est la maison où Toulouse-Lautrec passa une partie de son enfance entre 1880 et 1882.

2 Coursan

Essentiellement tourné vers la viticulture, ce village fut fortifié au Moyen Âge, y compris l'église gothique dont le clocher, ancienne tour de guet, est ajouré dans les étages supérieurs.

Corbières

Superficie : 14 377 ha
Encépagement :
vin rouge, rosé : carignan (60 % au maximum), grenache noir, lledoner pelut et syrah (30 %), mourvèdre, picpoul noir, terret noir, cinsaut (20 % au maximum), macabeu et bourboulenc (10 % au maximum) ;
vin blanc : bourboulenc, grenache blanc et macabeu (50 % au minimum), clairette blanche, muscat à petits grains, picpoul blanc, terret blanc, marsanne, roussanne, vermentino.
Récolte annuelle :
vin rouge : 610 000 hl ;
vin blanc : 45 900 hl.
Rendement de base : 50 hl/ha.
Titre alcoométrique minimal :
vin rouge : 11,5 % vol. ;
vin blanc : 11 % vol.
Potentiel de garde :
vin rouge : de cinq à six ans ;
vin rosé et blanc : de deux à trois ans.

3 Narbonne

Ancienne capitale romaine de Septimanie, puis d'une vaste province ecclésiastique, Narbonne fut un important foyer artistique dès l'époque mérovingienne. La cathédrale, demeurée inachevée, est remarquable par ses vitraux. Le palais des Archevêques comprend deux parties, le palais vieux (XIIe-XIIIe siècle) et le palais neuf (XIVe siècle). Située sur l'ancienne voie romaine domitienne, la ville constitue aujourd'hui un carrefour routier et autoroutier important.
À voir : **la basilique Saint-Just-et-Saint-Pasteur (XIIIe siècle) ; le palais des Archevêques (XIIe-XVIIe siècle), qui abrite le Musée archéologique et le musée d'Art et d'histoire ; l'Horreum (entrepôt romain) ; l'ancienne église Notre-Dame-de-Lamourguier (XIIIe siècle), occupée aujourd'hui par le Musée lapidaire ; la basilique Saint-Paul, plusieurs fois remaniée ; les rives du canal de la Robine.**
Christophe Bousquet : château Pech-Redon, route de Gruissan, 11100 Narbonne. Tél. 04 68 90 41 22, tlj, sauf dimanche 9 h-12 h et 14 h-19 h. Au sommet du massif, ce vignoble bénéficie d'une fraîcheur climatique qui permet une maturité tardive et donne aux vins une finesse plus sensible. Christophe Bousquet signe une série de cuvées en rouge particulièrement réussies. Vin produit : la clape sélection.
Château Ricardelle : route de Gruissant, 11100 Narbonne.
Tél. 04 68 65 21 00, tlj 9 h-18 h. Un coteaux du languedoc la clape appréciable dès sa jeunesse, au nez exprimant sans réserve des notes de cassis, de garrigue et de cuir.

(917 m), dont les sols sont à prédominance schisteuse (suivre la route des citadelles du vertige) ; les Corbières d'Alaric, au nord-ouest, qui recouvrent une zone très ventée, aux sols de calcaires, de marnes et de grès, et qui, anciennes terrasses de l'Aude, subissent l'influence océanique (prendre la route des marches d'Alaric) ; les Corbières centrales enfin, situées au cœur de l'appellation, sont arrosées par l'Orbieu et ses affluents qui ont creusé des terrasses caillouteuses. On les découvre par la route des abbayes et des chapelles, et leur climat est sec et chaud.
Les vins de pays sont nombreux sur l'aire des Corbières : coteaux de narbonne, coteaux du littoral audois, coteaux de la cabrerisse, val de dagne, coteaux de miramont, cathare, vallée du paradis. Le rendement, limité à 80 hl/ha, contribue à leur qualité.

Fitou

C'est la plus ancienne appellation d'origine contrôlée du Languedoc-Roussillon puisqu'elle est officielle depuis 1948. Sa réputation était déjà établie sous Philippe Auguste. C'est un superbe vin rouge rubis foncé, puissant et charpenté, ce qui n'exclut pas une certaine finesse du bouquet. Il est commercialisé après un élevage de dix-huit mois.
L'aire d'appellation se répartit sur deux zones de production. La première est groupée autour du village de Fitou : le carignan trouve là son terrain de prédilection ; le grenache, complément idéal, apporte finesse, onctuosité et velouté ; cinsaut, syrah et mourvèdre, en moindre pourcentage, ajoutent richesse de saveurs et persistance en bouche. La seconde zone de production se situe dans le massif des Corbières, au pied du mont Tauch. Cette entité produit également des AOC corbières, des AOC muscat de rivesaltes et des AOC rivesaltes.

Les côtes du Roussillon

Le vignoble du Roussillon est un gigantesque amphithéâtre qui s'étend de la Méditerranée, à l'est, aux contreforts du Canigou, à l'ouest. Bordé au nord par les Corbières, et au sud par les Albères, il est traversé par trois petites rivières : l'Agly, la Têt et le Tech. Les terrasses moyennes sont en général caillouteuses, schisteuses, voire granitiques. Les sols rouges des versants des Corbières sont, quant à eux, caillouteux et limono-argileux. Les vins sont blancs, rosés et rouges.

Au sud de la ville, le minuscule et très ancien vignoble de Quatourze est implanté sur une terrasse alluvionnaire de l'Aude et produit des vins rouges, rosés et blancs.
Sortir de Narbonne par la N 113 en direction de Carcassonne. La D 613 conduit à proximité de l'abbaye cistercienne de Fontfroide. Fondée en 1093, elle fut rattachée à Cîteaux en 1143. Les bâtiments de grès ocre et rose ont été restaurés aux XVIIe et XVIIIe siècles. Au creux de cette combe boisée de chênes kermès et de pins pignons s'étend un petit vignoble de corbières blancs et de vins de pays. Reprendre la D 613. On aperçoit sur la gauche les ruines du château Saint-Martin-de-Toques. Prendre la D 423. À Saint-André-de-Roquelongue, on remarquera l'église cistercienne et la petite chapelle préromane.

L'étang de Bages. *Peintres et artistes occupent le village de Bages, perché sur un rocher et fortifié au XIIIe siècle, qui domine la zone lagunaire et le vignoble dont les parcelles se déploient jusqu'aux berges.*
Photo Jacques Sierpinski/Scope.

4 Montséret

Ce village entouré de vignes possède un petit Musée archéologique, et une salle des Arts et traditions populaires.
Château Les Ollieux : François-Xavier Surbezy, 11200 Montséret. Tél. 04 68 43 32 61, tlj, 8 h 30-20 h samedi et dimanche, 10 h-20 h. Depuis 1855, date de son acquisition par la famille, le domaine a toujours appartenu à des femmes. François-Xavier Surbezy, qui maintenant possède le domaine, continuer d'élaborer des vins complexes, puissants et élégants.
La D 123, petite route étroite, serpente à travers le vignoble et permet de gagner le petit hameau de Gasparets et son musée de la Faune.

Narbonne, le palais des Archevêques. *Cet ensemble de bâtiments, successivement agencés du XIIe au XIXe siècle, abrite l'hôtel de ville, haut lieu des révoltes viticoles de 1907 qu'anima le maire de l'époque, le Dr Ferroul.*
Photo Daniel Faure/Scope.

Domaine La Voulte-Gasparets : Patrick Reverdy, 11200 Boutenac. Tél. 04 68 27 07 86, tlj, 9 h-12 h et 14 h-18 h. Le domaine de Patrick Reverdy possède un terroir exceptionnel (galets roulés) ; les vins sont issus de vieilles vignes de carignan. La cuvée réservée est très réussie.
D'Ornaisons on gagne Lézignan-Corbières par Cruscades.

5 Lézignan-Corbières

Cette petite ville est située au cœur d'une importante plaine viticole. Ses quartiers anciens sont comme insérés dans une ceinture de boulevards.
À voir : **le musée de la Vigne et du vin ; l'église fortifiée (XIIIe-XVe siècle).**
Coopérative de vinification : 15, av. Frédéric-Mistral, 11200 Lézignan-Corbières. Tél. 04 68 27 00 36. On y trouve des vins de pays et des AOC corbières de qualité.
Henri Gualco : château Étang des Colombes, 11200 Cruscades. Tél. 04 68 27 00 03, tlj, 8 h-12 h et 14 h-19 h. Henri Gualco a fait de son domaine une exploitation modèle. Les raisins cueillis à maturité et vinifiés en barriques

donnent une excellente cuvée corbières Bois-des-Dames en blanc et en rouge.

Les rouges sont complexes au nez, puissants en bouche et concentrés (vins de garde et de plaisir).

Quitter Lézignan-Corbières par la N 113, puis rejoindre Montbrun-des-Corbières, situé aux confins du Minervois et dont la chapelle Notre-Dame-de-Colombier (XIIe siècle) domine les vignes, face au village.

6 Douzens

Le château et l'église gothique, avec son clocher à arcades, sont entourés de vieilles maisons. À la sortie du village, le musée des Oiseaux offre une collection d'oiseaux naturalisés, d'insectes et de coquillages.

SC Château de Cabriac : 11700 Douzens. Tél. 04 68 77 16 12, sur R-V. Ce domaine propose d'excellents vins de pays des coteaux de miramont.

Le gros village animé de Capendu se presse contre les ruines de son château médiéval. L'abside de la chapelle romane du cimetière a conservé sa couverture en lauze. L'activité est essentiellement viticole (vins de pays coteaux de miramont ; terroir de la montagne d'Alaric).

Par une petite route sinueuse, à travers vignobles et résineux, on quitte la plaine de l'Aude. On traverse Montlaur avec son clocher pointu recouvert d'ardoises, puis on longe la montagne d'Alaric, ses petites gorges sauvages, son vignoble. Bâti sur les rives de l'Orbieu, Ribaute garde de son passé une église fortifiée, flanquée d'une tour massive du XIIe siècle.

Cave coopérative : 1, rue des Vendanges, 11700 Douzens. Tél. 04 68 79 11 79, sur R-V. Sur un sol argilo-calcaire, cette coopérative produit des vins d'appellation corbières rouge, rosé et blanc. À suivre.

7 Lagrasse

Le chœur de l'église renferme une réplique des *Sept Sacrements* de Crespi. La ville fortifiée conserve quelques morceaux de remparts, et une porte des XIIe et XIIIe siècles. Sur la rive gauche de l'Orbieu, l'ancienne abbaye bénédictine abrite aujourd'hui la communauté de la Théophanie.

À voir : **l'abbaye ; le clocher-donjon ; les ruelles pavées ; les belles maisons à couverts ; la place du Marché ; l'église Saint-Michel ; le Pont-Vieux.**

Les Corbières. *Cette région, au relief mouvementé, présente une grande diversité climatique. Cet important facteur agit sur la qualité des vins effaçant même parfois l'influence du sol.*

Dessin atelier D. Duplantier.

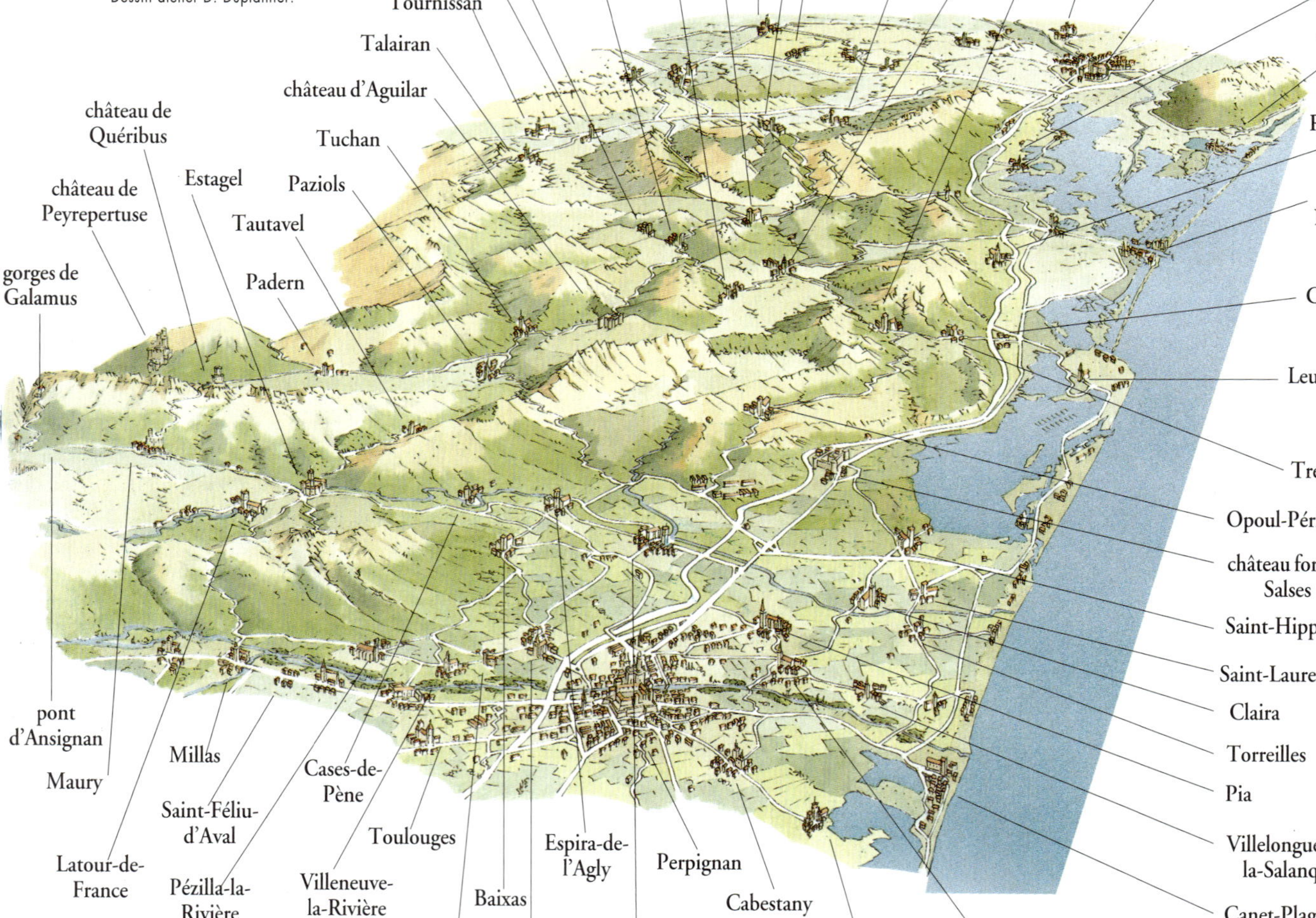

SA VIGNOBLES VIALADE SALVAGNAC : château Saint-Auril, 11220 Lagrasse. Tél. 04 68 43 29 50, tlj, sauf samedi et dimanche, 14 h-17 h. Ce domaine produit un très beau corbières, et une cuvée confidentielle « La Folie » pour fêter ses vingt ans.

SCEA DEVILLERS-QUENEHEN : Château Prieuré Borde Rouge, 11220 Lagrasse. Tél. 04 68 43 12 55, tlj, 9 h-12 h. Natacha et Alain, les producteurs sont amoureux de leurs vignes et de leur métier. Leur corbières, le château Prieuré Borde-Rouge, livre un nez varié et une bouche ronde et pleine, très réussie.

8 SAINT-LAURENT-DE-LA-CABRERISSE

L'église du XVIIe siècle de ce petit village viticole, où subsiste une tour du XIVe siècle, arbore un porche soutenu par deux colonnes de marbre.

CHÂTEAU CARAGUILHES : 11220 Saint-Laurent-de-la-Cabrerisse. Tél. 04 68 27 88 99, sur R-V. Vins produits : un corbières rouge chaleureux et rond ; un corbières rosé élégant ; un blanc frais et agréable ; un vin de pays des coteaux de la cabrerisse rouge.

CHÂTEAU LES PALAIS : 11220 Saint-Laurent-de-la-Cabrerisse. Tél. 04 68 44 01 63, tlj, 9 h-12 h et 14 h-19 h, dimanche sur R-V. Les cépages traditionnels du corbières (carignan, grenache, syrah) donnent ici des cuvées somptueuses. La dégustation se fait dans l'ancienne chapelle du XIVe siècle.

On gagne le col de Villerouge, d'où l'on aperçoit sur la droite le village médiéval de Villerouge-Termenès et son château des XIIIe et XIVe siècles. Après Albas, la route suit le cours de la Berre.

FITOU

Superficie : 2 588 ha.

Encépagement : carignan (75 % au maximum), grenache noir, lledoner pelut noir, mourvèdre et syrah (10 %), cinsaut, macabeu blanc et terret noir (10 % au maximum).

Récolte annuelle : 112 000 hl.

Rendement de base : 45 hl/ha.

Titre alcoométrique minimal : 12 % vol.

Potentiel de garde : de six à huit ans.

9 VILLENEUVE-LÈS-CORBIÈRES

C'est un petit village au vignoble bien entretenu.

CAVE PILOTE DE VILLENEUVE-LES-CORBIÈRES : 11360 Villeneuve-les-Corbières. Tél. 04 68 45 91 59, tlj sauf dimanche, 8 h 15-12 h et 14 h-18 h. Les vignerons de Villeneuve ont su apprivoiser le maquis sauvage ; ce vignoble produit un fitou vieilli en foudre, solide, aromatique, velouté et charpenté, et un corbières rouge Cuvée spéciale, orgueil de la cave.

Lagrasse. *Le village, d'où se détache le donjon, ajouté au XVIIIe siècle à l'ancienne abbaye bénédictine, est entouré de vignobles parsemés de résineux.* Photo Jacques Sierpinski/Scope.

10 TUCHAN

Ce gros bourg des hautes Corbières, dominé par les ruines du château d'Aguilar (XIe et XIIIe siècles), haut lieu cathare, vit principalement de la viticulture.

LES PRODUCTEURS DU MONT TAUCH : 11350 Tuchan. Tél. 04 68 45 29 64, tlj sauf samedi et dimanche en hiver, 9 h-12 h et 14 h-18 h. D'un vignoble exposé au vent violent, et sur coteaux arides de schistes et de calcaires, cette excellente cave coopérative tire des vins de grande qualité. Vins produits : fitou ; corbières ; rivesaltes et muscat de rivesaltes.

EARL ROBERT DAURAT-FORT : château de Nouvelles, 11350 Tuchan. Tél 04 68 45 40 03, sur R-V. Le château (XIIe siècle) possède 90 ha sur un sol varié argilo-calcaire, schisteux et sablonneux ; c'est l'un des phares de l'appellation.

Tuchan, le château d'Aguilar, vue aérienne. *En contrebas, le vignoble produit des vins d'appellation fitou.* Photo Jacques Sierpinski/Scope.

CÔTES DU ROUSSILLON

Superficie : 6 219 ha.

Encépagement :

vin rouge et rosé : carignan (60 % au maximum), cinsaut, grenache, lledoner pelut, syrah et mourvèdre (20 % au minimum), macabeu (10 % au maximum) ;

vin blanc : macabeu blanc, tourbat blanc dit malvoisie du Roussillon, grenache blanc, marsanne, roussanne, vermentino (50 % au maximum).

Récolte annuelle :

vin rouge : 261 100 hl ;

vin blanc : 8 300 hl.

Rendement de base : 50 hl/ha.

Titre alcoométrique minimal :

vin rouge et rosé : 11,5 % vol. ;

vin blanc : 10,5 % vol.

Potentiel de garde :

vin rouge : cinq ans ;

vin rosé et blanc : deux ans.

CÔTES DU ROUSSILLON-VILLAGES

La dénomination côtes du roussillon-villages peut être suivie des noms de communes suivants : Caramany et Latour-de-France.

Superficie : 2 965 ha.

Encépagement : carignan (60 % au maximum), cinsaut, grenache noir, lledoner pelut, syrah et mourvèdre (15 % au minimum).

Récolte annuelle : 105 600 hl.

Rendement de base : 45 hl/ha.

Titre alcoométrique minimal : 12 % vol.

Potentiel de garde : huit ans environ.

Rivesaltes

Superficie : 14 000 ha.
Encépagement : muscat à petits grains, muscat d'Alexandrie, grenache noir, gris ou blanc, macabeu, malvoisie (10 % au maximum de carignan, cinsaut, syrah, listan).
Récolte annuelle :
rivesaltes rouge : 35 100 hl ;
rivesaltes blanc : 90 800 hl.
Rendement de base : 30 hl de moût à l'hectare.
Titre alcoométrique minimal : 15 % vol.
Potentiel de garde : de quinze à vingt ans.

Muscat de rivesaltes

Superficie : 4 000 ha.
Encépagement : muscat à petits grains (50 % au minimum), muscat d'Alexandrie.
Récolte annuelle : 149 200 hl.
Rendement de base : 40 hl de moût à l'hectare.
Titre alcoométrique minimal : 15 % vol.
Potentiel de garde : de trois à quatre ans.

Grand Roussillon

Superficie : nc.
Encépagement : muscat à petits grains, muscat d'Alexandrie, grenache noir, gris ou blanc, macabeu, tourbat dit malvoisie du Roussillon (10 % au maximum de carignan, cinsaut, syrah, listan).
Récolte annuelle : nc.
Rendement de base : 30 hl de moût à l'hectare.
Titre alcoométrique minimal : 15 % vol.
Potentiel de garde : de vingt à vingt-cinq ans selon le type d'élaboration.

11 Vingrau

Le village est situé dans un cirque naturel.
Gilbert Razungles : Domaine des Chênes, 7, rue Maréchal-Joffre, 66600 Vingrau. Tél. 04 68 29 40 21, sur R-V. Gilbert Razungles, secondé par son fils Alain, élabore des côtes du roussillon blancs cuvée des Magdaléniens, 50 % roussanne, 50 % grenache blanc, et des rouges fruités et épicés, bien structurés et de bonne garde.
Les muscats et les vieux rivesaltes rouges et blancs sont à retenir.

Maury

Superficie : 1 700 ha.
Encépagement : grenache noir (50 % au minimum), gris et blanc, macabeu, tourbat (10 % au maximum de carignan noir, cinsaut, syrah).
Récolte annuelle :
maury rouge : 37 000 hl ;
maury blanc : 970 hl.
Rendement de base : 30 hl de moût à l'hectare.
Titre alcoométrique minimal : 15 % vol.
Potentiel de garde : de vingt à vingt-cinq ans selon le type d'élaboration.

Foudre de l'AOC maury. *Des caves coopératives assurent l'essentiel de la vinification de ce vin doux naturel.* Photo Jean-Daniel Sudres/Scope.

12 Tautavel

On ne peut plus éviter ce site depuis qu'il a accédé à la renommée, après la découverte du gisement préhistorique de la Caune de l'Arago.
À voir : **le musée de la préhistoire ; la Caune de l'Arago.**
Les Maîtres Vignerons de Tautavel : 24, avenue Jean-Badia, 66720 Tautavel. Tél. 04 68 29 12 03, sur R-V. Vins produits : côtes du roussillon vieilles vignes ; rivesaltes Torre del Far.
Quitter la D 611 en direction d'Estagel, patrie d'Arago dont il subsiste la maison natale. Ce gros bourg viticole conserve en son église des retables du XVIIe siècle. Noter le curieux clocher rococo de l'édifice. Prendre à gauche à Pézilla-la-Rivière.
Ghislaine et Gérard Gauby : Le Faradjal, 66600 Calce. Tél. 04 68 64 35 19, sur R-V. Le domaine produit un côtes du roussillon rouge aux arômes intenses.

13 Villeneuve-la-Rivière

La route qui conduit au village longe la Têt que surplombent des terrasses schisteuses.
Domaine Jean-Phillipe Salvat : Bureaux 8, avenue Jean-Moulin, 66220 Saint-Paul-de-Fenouillet. Tél. 04 68 59 29 00, sur R-V. Situé dans la haute vallée de l'Agly, le terroir granitique et argilo-calcaire de Taïchac produit des vins qui ont l'accent du propriétaire. Devenu un domaine de référence pour ses blancs, il offre des rouges, moins connus mais élégants, épicés et suaves. Vins produits : côtes du roussillon ; muscat.
À Saint-Estève, prendre en direction de Baixas.

Portrait

Gérard Gauby, producteur

La quarantaine, taillé comme un pilier – il fut effectivement troisième ligne et pilier, « rude mais pas violent » –, ancien adepte de la boxe française… Gérard Gauby ressemble à ses vins. Concentrés et ramassés, mais avec les tanins fins d'un cuir bien tanné.
Il faillit être flic à Paris, « pour jouer tout le temps au rugby », mais préféra retourner à la vigne pour retrouver « le petit jardin » que son grand-père lui a appris à tailler « un terroir particulier, encaissé, entouré d'arbres verts et à l'abri du vent. »
Il aime la solidité des nourritures roboratives, tout autant que la finesse du club de dégustation auquel il participe, désire s'engager dans des projets fous (la maison de trois étages qu'il a lui-même bâtie), et surtout rester « un de la campagne » : s'il a embauché un ouvrier, il continue à travailler lui-même la vigne… « vigneron, vigneron », martèle-t-il comme un All-Black avant le match.
D. C.

PORTRAIT
Étienne Montès, producteur

La famille Montès cultive le mythe de l'éternel retour. Étienne, qui assure désormais les vinifications, a posé depuis peu son sac de reporter-photographe, après avoir été pendant quinze ans correspondant de guerre en Amérique latine. Son père avait passé trente ans comme fonctionnaire colonial en Afrique, avant de revenir administrer ses ceps à l'âge de cinquante ans. Son oncle, marin, avait pareillement bourlingué avant de mettre sac à terre. Tous sont toujours revenus au pays, afin de s'occuper du domaine : « 53 ha d'un seul tenant, dans la famille depuis quatre cents ans. Ce n'est pas toujours intéressant, confie Étienne Montès, mais il est impensable que cela n'existe plus un jour. »
Cigare au bec – une nouvelle passion que lui a transmis son œnologue-conseil, Jean-Luc Colombo, le sorcier de la syrah des Côtes du Rhône nord –, Étienne Montès s'est trouvé un nouveau champ de bataille, moins violent, mais tout aussi passionné. D. C.

14 BAIXAS

Le village a conservé une partie de son enceinte. Son église du XIVe siècle est dotée d'un clocher massif et renferme un retable monumental sculpté par Louis Générès au XVIIe siècle.

CAVE DES VIGNERONS DE BAIXAS : 14, av. Maréchal-Joffre, 66390 Baixas. Tél. 04 68 64 22 37, sur R-V. Vins produits : côtes du roussillon-villages ; côtes du roussillon ; vins doux naturels ; vins de pays.

Collioure. *Le petit port de Collioure est aménagé dans une baie au pied du massif des Albères, sur un site celtibère.* Dessin atelier D. Duplantier.

15 RIVESALTES

Accueillant l'aéroport de Perpignan, ville natale du maréchal Joffre et capitale viticole du Roussillon, Rivesaltes est situé sur la rive droite de l'Agly.

ANDRÉ ET BERNARD CAZES : 4, rue Francisco-Ferrer, BP 61, 66600 Rivesaltes. Tél. 04 68 64 08 26, sur R-V. Fer de lance de l'appellation, les frères Cazes savent tirer l'exception de leur terroir, en blanc comme en rouge ; toutefois, leur plus grande réussite réside dans leurs vins doux naturels, rivesaltes et muscats de rivesaltes.

PIERRE DE LA FABRÈGUE : domaine de Rombeau, 66600 Rivesaltes. Tél. 04 68 64 35 35, tlj sauf samedi et dimanche, 8 h-19 h 30, groupe sur R-V. On appréciera la cuvée Pierre de La Fabrègue, solidement charpentée.

LES VIGNOBLES DU RIVESALTAIS : 1, rue de la Roussillonnaise, 66602 Rivesaltes-Salses. Tél. 04 68 64 06 63, sur R-V. Vins produits : VDN ; côtes du roussillon-villages ; ainsi que côtes du roussillon blancs, rosés et rouges.

Prendre la D 12, puis la N 9, pour entrer dans Perpignan.

16 PERPIGNAN

La richesse monumentale de cette ancienne capitale des rois de Majorque (palais du XIIIe siècle), rattachée à la France en 1659, témoigne du rayonnement de la ville.

À voir : **la place de la Loge-de-Mer ; la cathédrale Saint-Jean (XIVe siècle) ; l'église Saint-Jean-le-Vieux ; le palais des rois de Majorque ; le Castillet, qui abrite le musée catalan des Arts et traditions populaires.**

DOMAINE SARDA-MALET : mas Saint-Michel, 12, chemin de Sainte-Barbe, 66000 Perpignan. Tél. 04 68 56 72 38, sur R-V. Vins produits : côtes du roussillon blancs, rosés et rouges ; vins doux naturels.

CHÂTEAU DE CASENOVE : 66300 Trouillas. Tél. 04 68 21 77 81, tlj, sauf dimanche, 10 h-12 h et 16 h-20 h. La famille Montès vinifie des vins rouges et des vins blancs aux arômes floraux.

M.-L. B.

COLLIOURE

Au sud de Perpignan et au bord de la Méditerranée, cette aire d'appellation produit des vins rouges et rosés.

Superficie : 430 ha.
Encépagement : grenache noir et mourvèdre, carignan, cinsaut et syrah (25 % au minimum), grenache gris (vin rosé, 30 % au maximum).
Récolte annuelle : 15 900 hl.
Rendement de base : 40 hl/ha.
Titre alcoométrique minimal :
vin rouge : 12 % vol. ;
vin rosé : 11,5 % vol.
Potentiel de garde : de six à huit ans.

BANYULS

Vin doux naturel dont l'appellation s'étend sur les communes de Banyuls, Cerbères, Port-Vendres et Collioure.

Banyuls. *Établie sur les pentes montagneuses, la vigne est cultivée en terrases.* Photob Daniel Faure/Scope

Superficie : 1 400 ha.
Encépagement : grenache noir (50 % au minimum), gris et blanc (10 % au maximum de carignan noir).
Récolte annuelle :
banyuls rouge : 17 600 hl (en 1991) ;
banyuls blanc : 966 hl (en 1991) ;
Rendement de base : 30 hl de moût à l'hectare.
Titre alcoométrique minimal : 15 % vol.
Potentiel de garde : de vingt à vingt-cinq ans selon le type d'élaboration.

Le sommelier

Héritier des échansons du Moyen Âge, le sommelier est la personne qui, au sein de l'établissement de restauration, s'occupe des boissons : vins, eaux-de-vie, bières et eaux. Il pourvoit aux approvisionnements, au stockage, à l'ordonnancement de la carte des vins, ainsi qu'à la vente et au service.

Aujourd'hui, la personnalité du sommelier, qui transparaît à travers la carte des vins, contribue parfois autant que celle du chef à la renommée d'un restaurant.

Un renouveau récent

Au début du XIVe siècle, le sommelier était l'officier chargé des vivres ; c'est au XIXe siècle que le terme a pris son acception moderne. Après avoir connu une première période faste à la Belle Époque, le métier a souffert de la crise des années 1930. Il a trouvé une nouvelle vigueur après la Seconde Guerre mondiale. Ces dernières années, la médiatisation croissante des concours a contribué à promouvoir la sommellerie auprès du public et à relancer l'intérêt des jeunes pour cette profession.

Philippe Faure-Brac. *Cet ancien élève de l'école hôtelière de Sisteron a été consacré meilleur sommelier du monde, en 1992.* DR.

Les formations spécifiques au métier de sommelier sont relativement récentes. Dispensées, soit dans des écoles de sommellerie, soit dans des écoles d'hôtellerie, elles durent un ou deux ans ; elles associent la théorie et la pratique, les cours et les stages. Aujourd'hui, l'association des sommeliers de France (UDSF) compte environ 1 600 membres regroupés en 19 associations régionales. Parmi eux, on trouve des sommeliers *stricto sensu*, mais aussi des restaurateurs, des maîtres d'hôtel ou des chefs de rang qui, dans certains établissements, tiennent la fonction de sommelier. L'association internationale, l'ASI, est active dans une trentaine de pays. Elle est présente dans la plupart des pays d'Europe, mais aussi en Amérique du Nord et au Japon.

Accompagner le vin

Pour le sommelier, l'échange avec le client n'est que l'aboutissement d'un long travail. Auparavant, il lui faut aller à la rencontre du vin, chez le producteur ou lors d'une dégustation. Parmi les centaines de vins dégustés, il n'en retient que quelques-uns. Il doit ensuite les stocker, parfois pendant des années. Dans certains cas, le sommelier ne servira pas lui-même le vin qu'il a choisi, ce sera son successeur. C'est dire combien une bouteille peut être chargée d'histoire et d'émotion, qu'il faut transmettre au client. Informations et anecdotes font partie du plaisir de la dégustation, et le sommelier se doit de les faire partager.

Mais le sommelier n'est pas seulement un conteur. Il doit aussi veiller à suggérer, en complicité avec la cuisine, les meilleures harmonies possibles entre le mets choisi et le vin. C'est le résultat d'un travail quotidien pour goûter les sauces, analyser les nouveaux plats, marier les saveurs. Afin de gagner la confiance du client, il doit, non seulement trouver les mots justes, mais aussi prendre garde à ne jamais imposer ses choix. S'il est toujours agréable de faire partager une découverte, il est primordial de respecter la gamme de prix, mais aussi la part de rêve, sollicitée par celui qui boira le vin.

Les outils du sommelier

Le choix arrêté, le vin doit être mis en condition pour être dégusté. L'un sera mis en carafe pour décanter, un autre devra être rafraîchi dans un seau ; le troisième sera simplement posé dans un panier. La carafe, le seau, le panier… Tous ces accessoires font partie de la panoplie du sommelier, au même titre que le guéridon ou le chariot des digestifs. Mais le plus important, c'est le couteau. Muni d'un tire-bouchon à vrille et à levier, il est l'ami fidèle, celui en qui l'on met sa confiance.

Quand, geste charnel entre tous, le sommelier approche la vrille du bouchon, l'instant est toujours intense. Le vin tiendra-t-il ses promesses ? On ne peut jamais avoir de certitude. Le sommelier a la chance de travailler avec un produit vivant, de ne jamais goûter deux fois le même vin. C'est toute la magie de son métier.

Ph. F.-B.

Couteau de sommelier. Photo A. S.

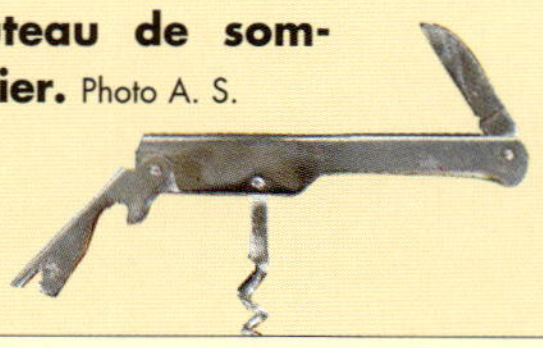

Le rituel du vin

Panurge parvient enfin au terme de son voyage : la prêtresse Bacbuc interprète pour lui l'oracle de la « Dive Bouteille » dévoilant la vérité ultime de la vie : buvez ! Cette révélation, d'autant plus sacrée qu'elle a été immortalisée par la littérature, est l'un des innombrables rituels du vin. Rituels de la fraternité : on trinque devant le zinc du bistrot, temple parisien de l'amitié virile, un petit blanc ou un côtes à la main. C'est la tournée du patron. Rituels de la festivité : on lève le coude ensemble, une chanson à boire sur les lèvres. Rituels de la commémoration : on sable le champagne, doucement incliné dans son bain de glace : va-t-on faire sauter le bouchon, l'ouvrir délicatement sans bruit, le sabrer avec une lame ou, d'un geste délicat et ferme, avec le pied d'un verre gracile ? En tout cas, chacun lèvera sa coupe. À moins que l'on agite la bouteille pour faire jaillir une fontaine d'or ; à moins encore qu'on ne jette la bouteille, attachée à un fil, contre une coque ou un mur… Les rites du vin sont multiples. Mais, diront les œnophiles, le seul vrai culte du vin est celui qui le respecte et le met en valeur. Les vrais rituels ne se reconnaissent-ils pas à ce qu'ils honorent les dieux tout en distinguant les initiés ? La bouteille, montée de la cave pour être chambrée lentement, a été ouverte à l'avance pour laisser s'épanouir le vin (car c'est un grand bordeaux ou un grand bourgogne). Lorsque le maître de maison s'est assuré que le vin n'est pas bouchonné, chacun tourne doucement le vin dans son verre, en tenant le pied entre deux doigts : gare à celui qui se jetterait goulûment sur le breuvage, sans en considérer le nez ! Puis les joues se creusent sous le mouvement d'une discrète mastication, tandis que les regards se concentrent avant de s'illuminer. Le plus expert a approuvé d'un geste discret ou d'un mot laconique : Dieu peut venir, on est prêt à le recevoir dignement.

E. S. et Y. J.

Vin pétillant du Bugey. *La qualité du verre contribue à mettre le vin en valeur.* Photo Jacques Sierpinski/Scope.

Le service des vins

Tout comme un grand plat gagne à être bien présenté, un grand vin mérite qu'on le serve correctement. Se posent alors différentes questions : à quel moment doit-on remonter la bouteille de la cave, quand doit-elle être débouchée, doit-on décanter le vin et à quelle température faut-il le servir ?

La préparation d'une bouteille commence une ou plusieurs heures à l'avance selon que l'on doive la déboucher pour l'aérer ou la décanter. S'il s'agit d'un vin âgé, il sera manipulé avec précaution. La bouteille couchée dans son casier sera redressée lentement ou posée directement dans un panier verseur. Une bouteille de grand vin gagne à être redressée vingt-quatre heures à l'avance pour permettre aux particules en suspension de se déposer au fond.

Si l'on ne possède pas de cave ou tout simplement si l'on achète un vin chez un caviste, il convient de le faire la veille et de le laisser reposer à l'abri de la lumière dans un endroit tempéré.

Les vins qui se servent frais seront mis au réfrigérateur le temps nécessaire pour obtenir la température désirée ; mais tout séjour prolongé est à éviter, de même que l'usage du freezer et du compartiment de congélation.

L'ouverture de la bouteille

Enlever le bouchon permet au vin de respirer et de s'oxygéner. La surface en contact avec l'air étant restreinte, les échanges seront minimes et d'aucuns, tel l'œnologue Émile Peynaud, considèrent qu'il est indifférent d'ouvrir la bouteille quelques heures auparavant.

Quel que soit le moment choisi, on doit commencer par couper la capsule en dessous de la bague pour éviter qu'elle n'entre en contact avec le vin, puis on essuie le goulot avec une serviette. On choisira un tire-bouchon à vis en queue de cochon (ou un tire-bouchon à lame dont le maniement se révèle plus délicat). Le positionner bien droit, visser d'un tour ou deux puis tirer légèrement pour décoller le bouchon du goulot. Continuer de visser en tenant fermement la bouteille. Il faut éviter de percer le bouchon de part en part. Tirer ensuite lentement et sans à-coups. Une fois extrait on le sentira, pour déceler un éventuel goût de bouchon, puis on essuiera délicatement le tour et l'intérieur du goulot avec une serviette afin d'éliminer les impuretés. Le vin sera ensuite goûté.

Parure de table à château Canon. *Le décor de la table doit être en harmonie avec la qualité des mets et des vins.* Photo Michel Guillard/Scope.

La décantation

Cette opération, qui permet de débarrasser le vin de son dépôt, favorise l'oxygénation et modifie le temps de réchauffement du vin. Opération délicate, elle s'effectue au-dessus d'une source lumineuse pour saisir le moment où le dépôt approche du goulot.

On aurait tort de croire que la décantation ne s'applique qu'à certains vins. Si elle s'impose pour un vin de bonne garde, elle contribue fortement à améliorer un vin jeune. Pour s'en convaincre, il suffit d'effectuer la comparaison, en laissant toutefois le vin reposer quelques heures. L'oxygénation permet en effet de mettre le vin en valeur. Au contact de l'oxygène, le bouquet se développe très vite. Sur des vins corsés on obtient un renforcement des arômes, mais le temps d'aération est fonction de l'âge et de la structure du vin. Il est donc primordial d'en tenir compte, en se fondant sur son expérience, et d'éviter ce procédé sur des rouges fragiles, des blancs ou des rosés.

La décantation. *La bouteille doit être tenue de telle façon qu'on puisse surveiller le dépôt par transparence.* Photo Michel Guillard/Scope.

Verser lentement le vin dans la carafe en tenant la bouteille le plus horizontalement possible, éviter tout mouvement brusque. Lorsque le dépôt approche du goulot, ne pas redresser la bouteille mais continuer à verser le reste du vin dans un verre. On pourra ensuite le reverser directement dans la carafe en le filtrant à travers une mousseline, ou tout simplement le goûter.

La température

Les températures de service s'échelonnent entre 6 °C, seuil inférieur de perception, et 19 °C, température au-delà de laquelle le vin se trouve complètement banalisé. Servir à bonne température permet d'exalter un vin et dépend avant tout du caractère et de l'âge du vin.

On constate une différence de température de 1 à 2 degrés supplémentaires entre la bouteille et le verre. Néanmoins, on aura tendance à servir les vins les plus âgés avec 1 à 2 degrés supplémentaires. On tiendra également compte de la température ambiante et de la saison. En pleine canicule, un vin servi à 6 °C paraîtra glacé.

Le service

Sans multiplier les services – les bons vins méritant d'être appréciés dans le verre approprié –, on utilisera soit le verre universel de dégustation, soit les verres les plus usités : verre à bordeaux, à bourgogne, à champagne. Chaque vin possède sa propre structure aromatique et mérite son verre. On évitera donc de servir successivement deux vins différents dans le même verre.

G. F.

Températures de service

Vins rouges	
Grands vins rouges de Bordeaux	de 16 °C à 18 °C
Grands vins rouges de Bourgogne ou de la vallée du Rhône	de 15 °C à 16 °C
Vins rouges de garde bus avant leur pleine maturité	de 14 °C à 15 °C
Vins rouges jeunes, légers et fruités	de 11 °C à 13 °C
Vins de primeur, vins de pays	de 10 °C à 12 °C
Vins doux naturels	de 10 °C à 14 °C
Vins gris, rosés, clairets	de 10 °C à 12 °C
Vins blancs	
Vins jaunes	de 15 °C à 16 °C
Grands vins blancs secs	de 13 °C à 16 °C
Vins blancs secs	de 10 °C à 12 °C
Petits crus, vins de pays	de 8 °C à 10 °C
Champagnes, mousseux	de 7 °C à 8 °C
Vins doux naturels	de 6 °C à 7 °C
Vins blancs liquoreux	de 6 °C à 8 °C

Les atours du vin

Bouteille, étiquette, contre-étiquette, collerette, bouchon, cire, capsule. Ou encore : le pichet, la carafe, la flasque… et la redoutable brique. Le vin n'est pas nu lorsqu'il séduit l'acheteur. Il ne l'est pas davantage lorsqu'il aborde le convive. Nous n'y prêtons pas attention, tout cela nous paraît naturel. Parce qu'à nos yeux ce vêtement fait corps avec le vin. Nous serions pourtant bien étonnés de voir arriver une outre en cuir, comme on en accrochait autrefois aux selles des chevaux, ou une fine bouteille de verre décoré, utilisée au XVIIIe siècle pour présenter le vin à table. Et si l'on nous servait un vin délicieux que nul n'aurait songé à étiqueter, comme au bon vieux temps ?

Le code muet des silhouettes de bouteilles nous est naturel. Celle-ci, droite avec son épaule carrée, appartient au rigoureux Bordelais ; celle-là, graduellement évasée comme un corps harmonieux, évoque la sensuelle Bourgogne ; cette troisième, élancée et aiguë, renferme un alsace sec et aérien. Il n'est pas jusqu'au verre, ambré, vert (bouteille) ou merveilleusement limpide, qui ne soit éloquent. Le grand sauternes montre une eau d'or que le verre laisse pure, le vif muscadet nous rappelle sa fraîcheur fugace en s'abritant derrière un vert profond comme la mer.

Ancienne étiquette de champagne *exposée au Musée municipal d'Épernay.*
Photo Jean-Daniel Sudres/Scope.

Qu'importe le flacon

En réalité, ces évidences cachent toute une histoire, où technique et fantaisie se conjuguent. Transporter le vin, le conserver, le boucher, le classer, le traiter comme sa chimie l'exige : autant de conquêtes que l'industrie a favorisées. Mais aussi autant d'occasions de le distinguer, de l'orner, de le codifier. La forme de la bouteille ne cesse de se recomposer, depuis les souffleurs de verre italiens jusqu'aux chaînes industrielles de modèles diversifiés.

Si le jeu de la bouteille et de l'étiquette est si subtil, cela tient à la nature même du vin et, davantage encore, à sa mythologie. Le vin a du corps, un corps qui ne se livre que lorsqu'on le consomme : à la différence d'autres corps, ses formes, labiles, n'ont pas grand-chose à voir avec la volupté qu'il peut donner. Aussi est-il d'abord enveloppé d'un autre corps, sensuel lui aussi, celui de la bouteille, avec son col… et son cul. L'extérieur du vin est un corps, à la différence du simple emballage industriel. Il convoque tout un univers subtil, où rien n'est neutre. Pas même le pichet et sa simplicité bourrue. Celui-ci s'oppose à la bouteille (close) comme à la carafe (si différemment ouverte). Le premier baigne dans l'univers de la mesure, où tout est interchangeable ; la deuxième apporte la caution estampillée du château ; la troisième évoque le choix, la décantation, traitements particuliers offerts à l'hôte. Toute une histoire, dans un contenant. Oserait-on la comparaison qu'on verrait là une lutte des classes : le populaire pichet, la bourgeoise bouteille et l'aristocratique carafe. Et après cela, on vous dira : qu'importe le flacon pourvu qu'on ait l'ivresse !

Cacher et exhiber. Le goût du vin, nous ne pouvons que l'anticiper. Nous le voyons nu, ou presque nu, à travers sa mince enveloppe, que l'industrie du verre a rendue parfaitement transparente et légère. Mais il s'agit d'un breuvage sacré. Fermé, protégé (dans la « Dive Bouteille »), il ne nous dit encore rien de l'essentiel, sa saveur. C'est donc avec l'étiquette que la séduction se donne toute latitude. Pourtant, dira-t-on, il s'agit seulement d'informer le consommateur. Mais il y a tant de façons de lire l'étiquette.

De l'étiquette

Tenez : imaginons quelques lecteurs d'étiquettes.

Voici d'abord un juriste, attentif à tous les détails : taille des caractères, formulation, présence des mentions légales. Tout cela a été dûment codifié pour protéger les viticulteurs d'une publicité sans scrupule. En fait, le combat oppose peut-être deux savoir-faire : celui du vigneron qui fait un bon vin et celui du graphiste qui fait une belle étiquette.

Mais voici un client, qui n'a que faire d'une vérification légale et souhaite choisir un vin. Il trouve sur l'étiquette quelques informations générales correspondant à un savoir général partagé : c'est du beaujolais, du nuits-saint-georges AOC. Pourquoi choisir celui-ci plutôt que son voisin ? Notre client est ignorant de la dégustation savante : il choisira sur une impression, bref, sur une esthétique. Peut-être ne sera-t-il pas insensible à la rhétorique commerciale, sans rapport avec le langage codifié évoqué plus haut. Le grand ordinaire lui paraîtra excellent par rapport au bourgogne dont aucune exigence de qualité ne le distingue : le vin de pays fleure l'authenticité. Le paysage des vacances, l'or d'un blason impressionneront peut-être ce deuxième lecteur.

Mais voici le connaisseur, qui décrypte savamment l'étiquette. Le nom d'un producteur est pour lui essentiel. Mais il sait aussi déjouer les pièges d'un langage flatteur. Il connaît les sigles : RM sur un champagne désigne pour lui quelqu'un qui fait son raisin et le vinifie ; il jauge la taille d'un nom sur une étiquette de bourgogne ; il ne confond pas gevrey-chambertin avec chambertin, dont l'image est princière. Car presque toujours l'étiquette est d'autant plus dépouillée que le vin est exceptionnel, l'intérieur et l'extérieur se répondant comme l'âme et le corps. Presque toujours seulement : où serait le plaisir s'il y avait une loi, facile à apprendre pour reconnaître un grand vin ?

N'oublions pas enfin une quatrième lecture, celle de l'amateur d'étiquettes : elle nous révèle, dans le trésor des étiquettes, les traces imperceptibles d'une culture oubliée, populaire ou aristocratique, d'une culture qui nous façonne tellement que nous ne la voyons plus.

E. S. et Y. J.

Château de Saint-Didier-de-Parnac. *En 1969, le vin de cahors ne bénéficiait que de l'appellation AOVDQS.*
Photo Jean-Daniel Sudres/Scope.

La dégustation

La dégustation a ses rites mais elle n'est pas un art compliqué. Chaque geste a une utilité, très facile à comprendre. Quelques principes très clairs permettent d'aborder la pratique de la dégustation qui, seule, donne la connaissance approfondie des vins. Mis en éveil, nos sens sauront laisser le vin nous parler.

Coteaux du Languedoc, *dégustation au château Mire l'Étang, dans le massif de la Clape. L'œil et le nez, deux gestes essentiels avant la prise en bouche.*
Photo Jacques Sierpinski/Scope.

C'est par la vue, l'odorat ou le palais que nous sommes informés sur la qualité d'un vin. Bien exercés, nos sens peuvent devenir des arbitres qualifiés.

Le verre ne doit être rempli qu'au tiers, afin que le vin soit bien aéré et que l'on puisse l'agiter. S'il y a plusieurs vins à déguster, les comparaisons de densité et de couleur exigent que la quantité soit la même dans chaque verre.

Il convient de tenir le verre par la base, pincée entre le pouce, l'index et le majeur réunis. Cette saisie permet de faire « tournoyer » le vin tout en évitant de salir ou de graisser les parois et de chauffer le vin.

L'examen visuel

L'examen visuel doit permettre d'obtenir le maximum de renseignements sur la nature, la santé et la qualité du vin, un peu comme l'on jauge quelqu'un à sa mine.

L'examen porte d'abord sur la couleur du vin, étroitement liée à son âge, et permet d'en définir la nuance. Un vin rouge jeune peut être violacé, cassis, pivoine, rubis, ou cerise. Plus âgé, il sera grenat, tuilé, brun, ambré foncé... L'intensité de la couleur varie aussi : elle peut être soutenue, moyenne ou faible. Elle préfigure la structure, voire le volume du vin. Pour les vins rouges, une couleur profonde annonce en règle générale un vin plutôt corsé, riche en tanins, tandis qu'une couleur faible suggère un vin léger ou moins riche en tanins.

Déjà, l'on est à même de déceler certains défauts, comme la madérisation qui brunit les vins rouges et teinte d'ambre les vins blancs. On s'intéressera ensuite à la transparence du vin, un moyen simple consistant à essayer de lire un texte à travers le liquide. Un vin voilé ou louche sera plus opaque ; un vin sain sera plus transparent.

L'examen latéral. *Par transparence, on examine la couleur, ou robe, du vin.*

Poursuivre avec l'examen de la limpidité, riche d'enseignements. Le verre tenu à hauteur des yeux, devant une source de lumière, on observera la présence ou l'absence de troubles. Il faut distinguer les troubles dus à un défaut (les casses, par exemple) de ceux dus au dépôt d'un vin riche en tanins. En cas de doute, on peut laisser reposer le verre ou la bouteille : au bout de quelques minutes, le trouble disparaît s'il est dû à un dépôt.

Observer ensuite la brillance du vin. On le fait debout, le verre à hauteur de la ceinture, afin de dominer le disque de brillance dont on cherchera à déterminer l'intensité. Le miroir doit être pur et brillant ; un disque mat et terne annonce la plupart du temps un vin quelconque.

Selon sa composition, son âge, sa santé ou son origine, la fluidité d'un vin peut également varier : un cru bordelais sera plus « gras » qu'un beaujolais ; un vin encore très équilibré sera plus gras qu'un vin âgé qui s'est peut être affaibli.

Les larmes ou jambes du vin peuvent aussi être examinées. Plus ou moins larges et nombreuses, ces descentes du vin sur la paroi du verre peuvent être harmonieuses ou, au contraire, hachurées. La tentation à relier l'abondance des larmes à la qualité du vin est toutefois exagérée : les larmes renseignent avant tout sur la concentration en alcool et en glycérol.

Pour les perlants, mousseux ou champagnes, on peut enfin observer l'effervescence : on notera l'intensité et la finesse des bulles ; on observera la montée de la bulle au cœur du verre, sa taille, son étalement en corolle à la surface ainsi que son maintien.

Intensité, transparence, brillance, limpidité, fluidité... Avant même d'avoir humé le vin, on en sait déjà beaucoup sur lui. On est mis en confiance ou, au contraire, on est sur ses gardes.

L'examen du disque. *On examine, en vue plongeante, la surface supérieure du vin qui forme un disque dans le verre, pour en apprécier la brillance.*

L'examen olfactif

L'examen olfactif permet de déterminer le nez du vin, de noter la puissance du bouquet, la tenue, la typicité, les qualités et les défauts. Il se fait en deux temps. D'abord, avec le verre au repos : expirer, puis, en mettant le nez le plus près possible du verre, inspirer par flairages successifs. Dans un deuxième temps, agiter le verre en faisant tourner le vin et flairer à nouveau : le dégagement aromatique est plus intense.

Si la puissance du bouquet est un critère de la dégustation (le bouquet peut être faible, suffisant, moyen, bon, intense…), sa tenue n'est pas moins importante : il faut donc être attentif à l'évolution et au maintien du bouquet au cours de la dégustation.

Une certaine vigilance s'impose à ce stade de la dégustation, afin de débusquer les petits défauts qui, un jour, deviendront grands. On surveillera une éventuelle acescence, cette odeur acétique de vinaigre ou de dissolvant de vernis à ongles de réduction (mercaptan), de souffre, de bouchon. On découvrira les qualités du vin, distinguera le riche du simple, l'original de l'ordinaire, le fin du grossier, le racé du commun.

Un autre élément important est la typicité liée à l'origine du vin, au sol et au cépage. Avec le pinot noir de Bourgogne, on retrouvera souvent les arômes de cassis et de framboise ; dans un vin issu de cabernet sauvignon, ce sera plutôt le poivron vert ou le lierre ; un vieil hermitage ou un vieux pomerol évoqueront la truffe.

La phase olfactive. *On aspire profondément, le nez dans le verre. Après avoir oxygéné le vin en imprimant au verre, que l'on tient par le pied, un mouvement de rotation, de manière à révéler les composants aromatiques, on le porte à son nez. Après avoir expulsé l'air de ses poumons, on en hume le contenu.*

L'infinie variété des arômes

Il faut apprendre, non seulement à ressentir, mais à exprimer les arômes. Avec un peu d'expérience, on saura distinguer les arômes primaires ou variétaux, liés à la nature du cépage, les arômes secondaires, issus de la fermentation, et les arômes tertiaires ou arômes de vieillissement.

Des exemples frappants d'arômes primaires sont fournis par les vins de muscat ou de gewurztraminer, qui donnent l'impression de croquer du raisin frais. Les arômes primaires peuvent être fruités : cerise, coing, cassis, pomme, fraise, pêche, prune, citron, orange, ananas… Dans le gamay domine la note « banane » ; la framboise se manifeste souvent dans les vins de la côte de Nuits.

Les arômes primaires peuvent aussi être floraux. On retrouve fréquemment le tilleul, la rose, l'acacia, l'églantine, la pivoine, la violette… Dans le cas du muscat ou du gewurztraminer, les alcools terpéniques constituant le raisin font apparaître un bouquet floral typique, avec le linalol (que l'on retrouve dans l'essence du bois de rose), le géraniol (qui rappelle la rose et la fleur de géranium) et le citronellol (présent aussi dans les essences de rose, de citronnelle, de verveine d'Espagne).

Les arômes primaires peuvent enfin être herbacés ou végétaux, évoquant le petit pois fraîchement écossé, la fougère, la menthe, le foin coupé, la réglisse, le bois. Un des plus typiques est l'arôme de poivron vert que l'on trouve dans les vins de Bordeaux issus du cabernet-sauvignon, ou dans ceux du Val de Loire (chinon, bourgueil) issus du cabernet franc.

Les arômes secondaires sont issus des fermentations alcoolique et malolactique, la transformation du sucre en alcool s'accompagnant d'une chaîne de réactions enzymatiques modifiant profondément l'apport aromatique initial du jus de raisin. Fruités ou floraux, ces arômes sont un signe de jeunesse et de bonne conservation sur des vins arrivés à maturité.

Les esters les plus légers ont une odeur fruitée. Deux exemples bien typés sont l'acétate d'isoamyle, qui dégage une forte odeur de banane, ou le proprionate d'éthyle, très pomme verte. Très fins, ils sont perceptibles dans les vins de primeur. Les esters plus lourds (caproate d'éthyle, caprylate d'éthyle, diacétyle) ont une note épaisse, noisette ou beurre par exemple.

Enfin, les arômes tertiaires sont des arômes postfermentaires ou de vieillissement. La transformation aromatique se poursuit après les fermentations alcoolique et malolactique : les arômes s'affinent et deviennent plus complexes ; le vin perd de son fruit et gagne en bouquet. Plus lourds que les autres, les arômes tertiaires peuvent évoquer les animaux (musc, civette) ou les sous-bois (humus, truffe).

Les tanins jouent également un grand rôle au niveau aromatique, dans les grands vins de Bourgogne comme de Bordeaux. Les vins vieux de la côte de Beaune s'ennoblissent d'arômes puissants de venaison et de musc, de civette, voire de scatol… En quantité infinitésimale, ces notes aromatiques graves jouent le rôle des basses d'un jeu d'orgue, indispensables à une grande harmonie.

L'examen gustatif

L'objectif principal de l'examen gustatif est d'apprécier l'équilibre du vin et de ses constituants. Il existe deux méthodes. Soit l'on prend une petite quantité de vin dans la bouche, sans l'avaler ; en penchant la tête en avant, les lèvres entrouvertes, on aspire un filet d'air pour empêcher le liquide de ressortir et pour l'aérer. Soit on « mâche » le vin et le fait tournoyer dans la bouche.

Quelle que soit la méthode utilisée, l'examen gustatif permet de découvrir deux nouvelles séries d'informations : d'une part, les saveurs du vin ; d'autre part, de nouveaux arômes moins volatils que ceux apparus lors de l'examen olfactif.

Les saveurs

S'il existe des centaines d'arômes perçus par l'odorat, il n'y a que quatre saveurs perçues en bouche : le sucré, le salé, l'acide et l'amer. Dans un vin, la très faible quantité de sel ne permet pratiquement pas de percevoir le salé. Il faut

La dégustation à l'aveugle. *Réservée à des professionnels ou à un public avisé, elle suppose un entraînement indispensable, un niveau de connaissance élevé, car on ne peut reconnaître que ce que l'on connaît déjà.* Photo Jean-Daniel Sudres/Scope.

donc se concentrer sur les trois autres saveurs fondamentales.

La première que l'on distingue, au bout de deux à trois secondes, est le sucré. La sensation est perceptible sur la pointe de la langue ; sur les muqueuses des joues ou des lèvres, la sensation tactile est douce et agréable ; sur les gencives intérieures, elle est plus ou moins onctueuse ; sur la salive, elle est moelleuse et agréable. On distinguera ensuite l'acidité. Elle provoque une sensation de fraîcheur sur les deux côtés de la langue ; sur les muqueuses internes des joues, une vivacité plus ou moins intense ; un resserrement des gencives ; une salive, abondante et fluide, qui transmet fraîcheur et vivacité. Un vin trop peu acide est un vin lourd ; à l'inverse, un vin trop acide est agressif, vert.

Enfin, l'amertume apparaît. Sur le fond de la langue, la sensation évoque la quinine ; les lèvres sont tendues. Au-delà de ces saveurs, l'astringence d'un vin se manifeste par une rugosité et une âpreté perceptibles sur les muqueuses qui se rétractent, car les tanins réduisent le rôle lubrifiant de la salive.

La phase gustative. *Pour favoriser la dispersion du vin dans la cavité buccale, il convient de faire traverser le liquide absorbé, que l'on aura laissé reposer dans le creux de la langue, par un filet d'air.*

Certains défauts sont typiquement gustatifs, comme le goût de grêle qui rend le vin dur et vert, à caractère herbacé et moisi, avec parfois un goût de terre.

À l'examen gustatif, un vin peut apparaître frais, fruité, souple, tendre, corsé… Mais qu'il soit franc ou soyeux, charnu ou léger, gras ou vif, l'essentiel est qu'il ait trouvé son équilibre, son harmonie propres. L'amateur doit, non seulement apprendre à sentir, comme l'on apprend à lire, à écrire ou à écouter ; mais aussi apprendre à exprimer ses sensations, afin de pouvoir les faire partager. J. L.

L'initiation au goût dans les classes enfantines

Tous les aliments conjuguent des « qualités premières », nutritionnelles et hygiéniques, et des « qualités secondes » à caractère psychosensoriel. Ce sont ces dernières qui, à un instant et en un lieu donnés, procurent le plaisir de manger ou de boire. Connaître son profil d'appétibilité, comprendre ses sensations, les mémoriser et les communiquer, c'est se préparer à devenir adulte. Partant de ce constat, une méthode de sensibilisation en dix séances est diffusée dans les établissements scolaires sous l'égide de l'Institut français du goût.

Cette méthode, qui vise à développer la pratique du goût, doit aussi aider les enfants à ne plus être dépendants des autres, d'une drogue ou d'un système. Comprendre les mécanismes qui attirent vers tel ou tel aliment, ce n'est pas seulement en retirer un plaisir ; c'est apprendre à lutter contre la dépendance.

Première séance : les cinq sens

Au cours de cette première séance, les stimulations intervenant lors des contacts avec les boissons ou les aliments sont présentées dans leurs grandes lignes. L'enfant découvre qu'il est en présence d'une démarche multisensorielle.

Deuxième séance : les quatre saveurs

À partir des quatre saveurs – le sucré, le salé, l'acide et l'amer –, l'enfant réalise une première approche de son « corps gustatif » et recherche ses propres seuils de reconnaissance.

Troisième séance : la construction d'un repas

Le repas est construit comme une pièce de théâtre ; il est ensuite partagé et commenté, tant sous son aspect sensoriel qu'émotif. Cette séance met en valeur une dimension fondamentale de la cuisine : l'art de construire.

Quatrième séance : l'olfaction

Le vocabulaire de l'olfaction s'appuie sur les analogies, les ressemblances, d'où le rôle prépondérant de la mémoire. En flairant directement, la stimulation identifiée correspond à une odeur plus ou moins complexe. Lorsque l'aliment ou la boisson est en bouche, les arômes sont perçus par voie rétronasale.

Cinquième séance : la vue

L'œil nous alerte sur la présentation des boissons et des aliments. En regardant, on se prépare, on se « prédispose » en fonction de l'état de l'aliment ou de la boisson (de liquide à solide), de sa forme, de son aspect (rugueux, trouble, limpide, cristallin) et de sa couleur (rouge, rubis, grenat, cerise).

Sixième séance : le toucher

Activées ou atténuées par la température, les impressions du toucher sont primordiales en matière de goût. Au cours de cette séance, l'enfant apprend à exprimer les sensations tactiles ; l'aliment peut être râpeux, souple, rêche, moelleux…

Septième séance : le goût face à certaines agressions

L'astringent, le brûlant, le piquant ne sont pas des goûts, mais des sensations qui agressent le corps. Ces agressions sont dites internes. D'autres sont externes ; elles sont liées au bruit des aliments eux-mêmes (le craquant, le croustillant) ou à des bruits extérieurs. Au cours de cette séance sont également évoquées les agressions que représentent la publicité et les fards – les colorants ou les parfums, attirants mais trompeurs.

Huitième séance : connaître sa région

Les productions agricoles et les ressources alimentaires qui en découlent sont en relation directe avec les conditions climatiques d'un pays. À travers leurs « spécialités », les grandes régions naturelles et leurs terroirs expriment leur identité.

Neuvième séance : récapitulatif

À l'issue des huit premières séances, l'enfant est à même de saisir la complexité du jeu d'informations entre l'aliment et le cerveau. L'œil reçoit un message, le cerveau l'enregistre ; il commande à la main de saisir l'aliment et de le porter à la bouche. Une foule d'informations arrivent alors au cerveau ; elles sont enregistrées, puis mémorisées.

Dixième séance : détente

Éveiller son goût ne sert à rien si aucun plaisir n'en découle. Un repas éducatif préparé par un professionnel conclut le travail réalisé avec les enfants. Il permet d'évoquer les idées de convivialité, de partage autour de la table.

À ce stade, l'enfant a appris à dépasser les simples notions de « bon » ou « de pas bon », il va spontanément chercher en lui les mots qui traduisent ses émotions de table. J. P.

La cave

Lieu bâti ou creusé, endroit simple et rustique, ou au contraire luxueux et sophistiqué, la cave est propre à recevoir le vin qui en est le principal occupant. Mais la cave doit surtout être conçue pour assurer au vin une évolution tranquille, susceptible de nous révéler le meilleur de ses qualités et de son origine.

On dit souvent que le vin est « vivant » ; si l'on considère d'ailleurs qu'il contient plusieurs centaines de composés, on imagine facilement le nombre d'interactions de toutes ces molécules. Après mise en bouteilles, le vin jeune demeure donc une solution hydralcoolique instable, siège de très nombreuses réactions d'équilibre. Puis, le vin vieillit et mûrit en cave. Si certaines évolutions sont bien connues – c'est le cas de la condensation des tanins et anthocyanes agissant à la fois sur la couleur et les impressions tactiles du vin en bouche –, la plupart restent encore bien mystérieuses pour les scientifiques, et il faut alors se fier aux ressources éprouvées de l'expérience.

La température ambiante

Les équilibres entre les différents composés du vin dépendent de la température, aussi bien pour ce qui est des vitesses de réaction que pour les proportions de l'équilibre obtenu. Il en résulte que des vins conservés à basse température, à 10 °C ou moins, subissent une évolution très lente et même parfois peu harmonieuse. Dans les caves très froides, il faudra donc attendre très longtemps pour obtenir la plénitude des vins de garde, si du moins on l'atteint un jour. À l'inverse, dans des caves « chaudes », à la température excédant 15 °C, l'évolution se fait assez rapidement et les vins, même « solides », peuvent se retrouver « usés » en très peu de temps. Une température se situant entre 12 et 15 °C se révèle donc optimale.

Par ailleurs, les variations de température exercent une influence très préjudiciable sur le vin. Une élévation de température entraîne une dilatation du vin, et donc une augmentation de la pression à l'intérieur de la bouteille, le vin imprégnant alors souvent le bouchon. Un refroidissement provoque l'effet inverse et le bouchon, asséché, laissera passer l'air. En quelques années, ces mouvements peuvent provoquer des fuites ou l'oxydation du vin : il conviendra de les contrôler à l'aide d'un thermomètre afin de les réduire le plus possible.

L'humidité

L'humidité de la cave doit être suffisante pour éviter le dessèchement des bouchons, autre cause des bouteilles fuyardes. Mais les caves trop humides favorisent également le développement des moisissures : les étiquettes noircissent, deviennent illisibles ou se décollent ; les bouchons peuvent également être attaqués, ou servir de logement aux insectes. Le taux d'humidité idéal, que l'on peut mesurer à l'aide d'un hygromètre, se situe entre 70 et 80 %. Une humidité insuffisante peut facilement se corriger avec du sable humide, mais une humidité très élevée est souvent plus difficile à combattre et il convient, en premier lieu, d'en déterminer la provenance : infiltration ou condensation ? Dans le premier cas, il faut drainer cette humidité dans les parois ou au sol. La condensation, elle, provient du contact d'air chaud chargé d'humidité avec les surfaces froides de la cave : murs, bouteilles... Lorsque ce phénomène se produit, en général en été, il convient de limiter au maximum la ventilation de la cave ou d'utiliser un capteur d'humidité.

L'aération

L'aération de la cave doit permettre d'obtenir une ambiance saine, dépourvue d'odeurs. Il faut une entrée d'air frais en partie basse, de préférence au nord ou à l'est, l'air étant acheminé, si besoin est, par le biais d'une conduite de fort diamètre. L'extraction se fera naturellement côté sud ou ouest.

Le débit de renouvellement d'air n'a pas besoin d'être intense, ne serait-ce que pour éviter les phénomènes de condensation déjà évoqués ; une vanne de réglage peut également se révéler utile, ainsi qu'un appareil de ventilation programmable qui assurera un renouvellement d'air quotidien pendant une ou deux heures fraîches de la nuit.

Les vibrations

Les vibrations, par exemple celles du métro, sont bien connues pour exercer une influence néfaste sur les vins.

Si le risque existe, il faut alors isoler les casiers des parois de la cave et les faire reposer sur des blocs antivibratoires.

Une bonne cave *doit obéir à certaines règles techniques, être saine, aérée, fraîche et suffisamment humide.*
Dessin atelier D. Duplantier.

L'obscurité

La lumière a un effet réducteur sur le vin. C'est le fameux « goût de lumière » que certains vins de Champagne, conservés dans des bouteilles en verre clair, contractent lorsqu'ils sont exposés longtemps à la lumière dans les rayons des magasins. En réalité, ces phénomènes sont assez rares, mais il n'en demeure pas moins vrai qu'un éclairage tamisé et de faible intensité est sans doute plus en rapport avec le vin et ses mystères que les éclairages violents et directs des néons. En appoint de l'éclairage général, une baladeuse, une lampe de poche ou, à la rigueur, une bougie sont également très utiles pour décrypter les étiquettes au milieu des rayonnages. Enfin, dans les caves dépourvues d'électricité, il faut éviter l'usage de la lampe à pétrole, dont l'odeur tenace pourrait irrémédiablement se transmettre au vin.

Les odeurs

Une cave doit, en effet, être dépourvue d'odeurs d'ambiance qui peuvent se transmettre aux vins, même lorsque ceux-ci sont en bouteilles. Les odeurs à combattre sont entre autres : moisi, fuel, bois, fruits, légumes, etc. Une cave ne doit donc servir qu'à la conservation du vin et présenter une humidité et une température permettant une complète neutralité olfactive du milieu. Si des odeurs sont malgré tout présentes, on pourra les fixer, procédé assez onéreux, par du charbon actif.

Les types de caves

Bienheureux les habitants de pays calcaires, demeurant à flanc de coteau d'où partent des caves profondes et fraîches ! En général, il est nécessaire d'aménager au mieux ce qui existe. Les travaux d'isolation des murs et du plafond permettent de garder la fraîcheur et une température convenables, même si l'on ne peut pas empêcher des écarts d'une saison à l'autre. Le sol peut être conservé nu, recouvert d'une couche de gravier fin ou de sable. L'humidification en été, par arrosage, provoque un refroidissement.

On peut encore aménager un sas pour que l'ouverture de la porte limite les échanges de chaleur avec l'extérieur. On peut aussi envisager d'installer un appareil de conditionnement d'air.

Il existe enfin des caves d'appartement qui permettent de conserver les vins dans de bonnes conditions. Les blancs, plus sensibles à la température, sont à placer en bas de l'appareil, et les rouges en haut.

Le matériel et le mobilier de cave dépendent étroitement de ce qu'on fait à la cave et de ce que l'on y garde. S'agit-il simplement de conserver des vins achetés en bouteilles étiquetées, par petits lots, ou bien d'y stocker des lots d'une certaine importance, mis en bouteilles à la maison ?

Les casiers à bouteilles

Les bouteilles peuvent être empilées dans des logettes séparées entre elles par des murets de brique, de pierres, etc., ou dans des cellules moulées en ciment. L'empilement des bouteilles suppose que toutes les bouteilles d'un même compartiment soient identiques. Pour l'amateur de vin, il est souvent préférable d'utiliser des casiers métalliques qui permettent de ranger, et donc de retrouver, chaque bouteille indépendamment, ainsi que d'éviter les manipulations nuisibles au vin. L'apparente perte de place est vite compensée par le degré d'occupation de ce type de rangement.

Dans tous les cas, le stockage s'effectue horizontalement. Seules les bouteilles d'eau-de-vie et de vin doux naturel sont stockées verticalement.

L'identification des bouteilles

Pour le stockage de vin sans étiquette, il est indispensable d'identifier les lots sans attendre car, très rapidement, on risque de ne plus être capable de dire quel est le millésime ou l'origine de chaque vin. Dans les caves humides, il sera utile d'employer des inscriptions indélébiles : ardoises gravées, crayon gras sur plaque de zinc, etc.

Le mobilier

Une table et une chaise aideront à réaliser certaines opérations : tenue d'un livre de cave, rebouchage de bouteilles anciennes, mise en bouteilles, décantage d'un vieux millésime en carafe... Certains objets ne doivent pas être stockés dans la cave à cause de l'humidité du lieu : c'est le cas des bouchons neufs, des bouteilles vides, des carafes à vin, des entonnoirs, etc. Le développement de moisissures est en effet probable, et il présente un réel danger pour les qualités organoleptiques du vin qui viendrait ultérieurement au contact de ces objets.

Le petit matériel

Il est utile de disposer sur place de petits matériels entourant le vin et son service : tire-bouchon, verres (qu'il convient d'affranchir avant usage) et, bien sûr, un panier à bouteilles pour remonter les vins de la cave. Enfin, si l'on manipule de la vaisselle vinaire, il est préférable que l'évier soit situé à la sortie de la cave plutôt qu'à l'intérieur.

La composition d'une cave

Les vins d'une cave sont une représentation des goûts de son propriétaire. Les vins choisis doivent correspondre à ses habitudes alimentaires : vins pour tous les jours, vins de fêtes familiales, vins de réception, vins de soif, vins d'apéritif. Il convient également de disposer de bouteilles à maturité, prêtes à boire, mais aussi de bouteilles à suivre, à laisser mûrir. Il faut alors en avoir suffisamment pour apprécier cette « vie » du vin.

La cuisine que l'on aime, le choix des fromages ou des desserts influent sur la composition d'une cave. Les harmonies des mets avec les vins blancs sont aussi nombreuses qu'avec les vins rouges, mais on a souvent plus de rouges dans sa cave que de blancs.

Les vins jeunes sont souvent plus malléables quant à leur association avec les mets et les saveurs, mais ce sont souvent les vins de garde qui ont la préférence de l'acheteur. Pourtant, une large palette de vins n'en est que plus jolie et les jeux de table deviennent quasiment infinis.

É. C.

Conservation, vieillissement et bonification des vins

Un vin est dit de garde lorsqu'il s'améliore en vieillissant ; qualité et degré d'ensoleillement y contribuent, mais aussi tous les apports techniques de l'œnologie moderne. Aujourd'hui, les vins de garde sont armés, et bien armés, pour affronter l'épreuve du temps.

Du vieillissement d'un vin, on escompte avant tout une transformation de son bouquet. Mais encore convient-il de préciser qu'il existe trois sortes de bouquets : le bouquet primaire, qui est l'ensemble des parfums spécifiques propres à un cépage donné et persistant dans le raisin ; le bouquet secondaire, qui correspond à l'ensemble des substances odorantes nées de la fermentation alcoolique ; et le bouquet tertiaire, qui résulte des phénomènes d'oxydoréduction et d'estérification dont le vin est le siège au cours du vieillissement. C'est au cours de cette dernière phase que naît l'âme d'un vin, par l'interaction des six cents substances qui le composent. Toute la science de l'œnologue et du maître de chai va tendre à favoriser l'épanouissement des qualités organoleptiques et de structure, attendues et recherchées par l'amateur.

Les conditions du vieillissement

L'état de grâce d'un grand vin est le résultat d'une longue marche vers la maturité. Dès la vinification, il faut effectuer le choix du type de fermentation et du conditionnement du travail des levures, maîtriser les températures et procéder à la clarification, etc. Pour assurer chaque étape, le technicien dispose aujourd'hui de moyens aptes à procurer un bon vieillissement : soutirage, collage, filtration, action du froid, mise en bouteilles stériles, stockage isothermique.

Muni de toutes ces ressources, le vin peut affronter l'épreuve du temps en bouteille, mais encore faut-il que le façonnier-embouteilleur ait choisi des bouchons de liège de haute qualité. C'est en effet au travers du bouchon que vont désormais se poursuivre les échanges gazeux, la dualité oxydation-réduction, génératrice du bouquet tertiaire recherché. Le bouchon est-il trop perméable ? L'oxydation prend le dessus et le vin a tendance à madériser. Est-il trop hermétique (cas de bouchons en plastique ou à vis) ? La réduction domine alors, accélérant d'autant le vieillissement. Ainsi, de grands vins stockés à plus de 1 000 m d'altitude ont tendance à s'asphyxier : dans une telle situation, la réduction prend le pas sur l'oxydation ménagée, et une décantation énergique avec aération s'impose avant consommation, pour leur rendre leur esprit.

Le vin se comporte comme un milieu vivant. Il est en perpétuelle évolution, sensible, comme un homme, un végétal ou un sérum physiologique, aux variations climatiques. Toute la démarche de l'œnologie moderne vise à obtenir un vin bactériologiquement inerte. Mais ce

Stockage de bouteilles *dans une cave souterraine. Les conditions de stockage – température, humidité, luminosité – ont une grande influence sur la qualité du vieillissement.* Photo Jean-Daniel Sudres/Scope.

serait une erreur de croire que le vin promis à la réclusion poursuit sa route sans histoire ; dans sa prison de verre, il capte tous les messages du milieu ambiant : le chaud, le froid, les variations de pression, le jour, la nuit et, qui sait, peut-être les effets de la lunaison.

On ne saurait donc ignorer les règles de bonne conduite à appliquer aux vins de garde, à savoir : une température constante de 12 °C avec de très faibles variations, d'une amplitude de 5 °C ; un coefficient de 70 % d'humidité ; l'absence de courants d'air, de lumière, de vibrations, d'odeurs parasites… toutes conditions qui doivent être respectées lors du stockage en cave.

La bonification des vins dans le temps

Trop de néophytes croient que tous les vins s'améliorent systématiquement en vieillissant ; or cela dépend du terroir, du cépage et des méthodes de vinification et de conservation. Mais c'est aussi une affaire de latitude. On pourrait dire qu'en règle générale le 45e parallèle marque la limite sud des crus promis au vieillissement. Il existe cependant des exceptions, tels que châteauneuf-du-pape, bandol, pacherenc du vic-bilh, qui appartiennent aux régions viticoles majoritairement unicépages ; et dans le Bordelais, le climat atlantique restitue à l'environnement des conditions favorables au vieillissement des vins. Si les bordeaux et les bourgognes sont les plus nobles de nos crus rouges, ils le doivent précisément à leur aptitude au vieillissement.

Il convient de considérer à part les vins blancs, dont l'aptitude au vieillissement est davantage fondée sur le taux d'acidité ou la présence de sucre résiduel. Pour les vins blancs secs, les bourgognes, favorisés par un climat continental qui garantit un support acide propice au vieillissement, sont mieux armés que les bordeaux. Mais le record de longévité appartient aux vins blancs liquoreux, type sauternes, vouvray ou anjou, parmi lesquels on compte des centenaires. Le sucre joue alors un rôle protecteur contre la dégradation. Les vins de garde sont à la fois des vins de plaisir, des vins de rêve et des vins de souvenir. L.O

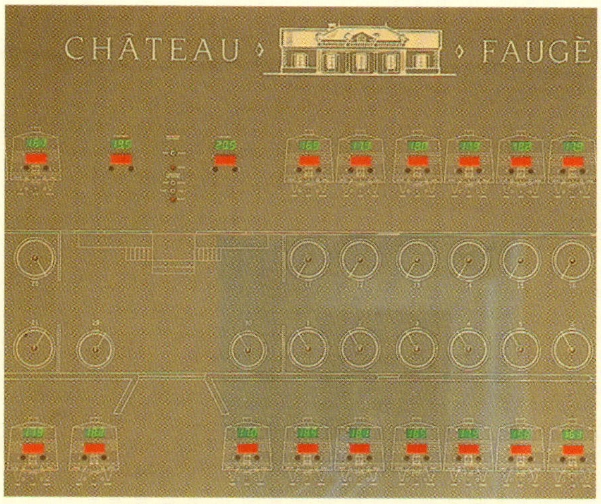

Contrôle des températures. *La maîtrise des vinifications permet de mieux cibler la qualité finale du produit qui sera à boire jeune ou à garder.* Photos Jean-Luc Barde/Scope ; Michel Guillard/Scope.

L'aptitude au vieillissement des vins

Tableau indicatif général de l'aptitude au vieillissement des principaux vins français. Les écarts constatés dans chaque catégorie prennent en compte les différences de complexion, résultat de leur millésime de naissance.

Nature des vins	Appellation	Épanouissement maximal
Vins blancs secs	alsace	un à quatre ans
	bordeaux blanc sec	un à quatre ans
	bourgogne blanc sec	un à huit ans
	muscadet	un à trois ans
	vins de Loire secs	un à huit ans
	vin jaune du Jura	huit à trente ans et plus
Vins blancs moelleux et liquoreux	anjou	deux à trente ans
	coteaux du layon	deux à vingt-cinq ans
	monbazillac	deux à quinze ans
	sauternes, barsac	deux à vingt ans
	vouvray	deux à trente ans
Vins rosés	toutes catégories	un à trois ans
Vins rouges jeunes	alsace pinot	six mois à deux ans
	anjou, touraine	deux à quatre ans
	beaujolais	deux à dix-huit mois
	bergerac	un à trois ans
	bordeaux	un à trois ans
	côtes-du-rhône	six mois à deux ans

Nature des vins	Appellation	Épanouissement maximal
Vins rouges vieux	châteauneuf-du-pape	un à huit ans
	côte de beaune	deux à huit ans
	côte de nuits	trois à quinze ans
	crus du Beaujolais	deux à six ans
	graves	trois à vingt ans
	hermitage, côte rôtie	deux à dix ans
	médoc	trois à vingt ans
	saint-émilion, pomerol	deux à quinze ans
Vins mousseux	blanquette de limoux	un à trois ans
	champagne	trois à dix ans
	clairette-de-die	un à trois ans
	crémant de bourgogne	un à cinq ans
	saumur, vouvray	un à six ans
Vins doux naturels	maury, banyuls	deux à vingt ans
	rivesaltes	un à trois ans
	muscat de frontignan	un à huit ans
	muscat de rivesaltes	un à trois ans

Bouteilles et verres

De formes et de contenances diverses, les récipients en verre ont l'avantage de préserver parfaitement le vin (bouteille) et de le mettre en valeur (verre à boire) en lui permettant de s'épanouir et de dégager ses arômes : Peu à peu des normes sont apparues fixant les usages des verres et réglementant les contenances des bouteilles.

Aujourd'hui l'image du vin est indissociable de celle d'un matériau, le verre. Ce ne fut pas toujours le cas. Depuis les amphores grecques et romaines jusqu'à l'outre en peau de chèvre des bergers basques, le vin a connu de nombreux conditionnements. Si l'invention du verre à boire est ancienne, celle du verre à boire transparent ne date que du XVIIᵉ siècle.

Les bouteilles

Jusqu'à la fin du XVIIᵉ siècle, le vin est transporté et conservé en tonneaux, et servi à table dans des carafes ou des pichets en terre ou en étain. Cependant, depuis le XIVᵉ siècle, certains vins de qualité semblent avoir été conservés en bouteilles. C'est au cours du XIXᵉ siècle que la forme de la bouteille se diversifie en fonction des régions. Ainsi naissent la bourguignonne, la champenoise, la bordelaise, la bouteille de vin d'Alsace ou le clavelin du Jura. En Provence est commercialisée, parallèlement à la bordelaise, la flûte à corset au fût resserré, tandis que dans la vallée du Rhône coexistent de nombreux modèles dont la bourguignonne, la normande, la hollandaise et la rhodanienne qui a tendance à s'imposer aujourd'hui. Actuellement, les bouteilles ont beaucoup perdu de leur spécificité. Deux formes prédominent : la forme bourgogne et la forme bordeaux. Les formes se standardisent pour les besoins de la grande distribution, et les contenances sont sévèrement réglementées. De nombreux producteurs continuent cependant à utiliser des bouteilles de forme traditionnelle.

Principales formes de bouteilles

Bouteilles de différentes contenances, *de gauche à droite : jéroboam (3 l), mathusalem (6 l), magnum (1,5 l), bourgogne (0,75 l).*
Photo Jean-Luc Barde/Scope.

Les verres

Pour apprécier un bon vin, il convient de lui donner le verre approprié, lequel doit satisfaire à la fois l'œil, le nez et la bouche. Transparent, il met en valeur son contenu et doit s'effacer devant lui. On proscrira donc les verres colorés ou travaillés pour ne retenir que ceux dont la simplicité met en valeur les vins.

La tradition voudrait que chaque vin ait son verre. Outre que cela suppose un service comprenant de nombreuses séries de verres, ce souci est davantage dicté par les coutumes régionales que par les nécessités de la dégustation.

Il existe différents verres adaptés à tous les crus. Dans tous les cas, le verre doit être à pied, parfaitement transparent et incolore, et son ouverture plus étroite que la base, de manière à concentrer les odeurs. Un verre ne doit pas avoir une ouverture trop large : sont ainsi à proscrire absolument les coupes à champagne qui laissent échapper le bouquet, et il doit être suffisamment grand pour laisser circuler les arômes (20 à 25 cl).

Principaux verres de service

Les principaux verres en service sont : le verre à eau, le verre à bordeaux, le verre à bourgogne, le verre à vin d'Alsace et la flûte de champagne. Cependant, des experts ont créé vers 1970 un verre normalisé sur la base des recherches de l'INAO, lequel est particulièrement adapté à l'analyse olfactive. On trouvera également sur le marché des verres à dégustation beaucoup plus sophistiqués dont le but est d'accentuer les caractères du vin, ce qui est hors de propos pour un amateur courant.

Le verre doit être propre, sans traces apparentes. Il est préférable de le rincer immédiatement après son utilisation pour éviter d'avoir à employer des détergents parfumés, et il faut l'essuyer avec un torchon doux, absolument propre. Dans le cas où l'on aurait besoin de le dégraisser, il convient d'utiliser un détergent inodore. G.F.

Verres de dégustation. *Le verre de gauche est un verre type INAO. Au centre : verre à dégustation de vin rouge vieux ; à droite : verre à dégustation de vin rouge jeune et de vin rosé.*
Photo Michel Guillard/Scope.

Comment acheter son vin

L'achat d'un vin implique une démarche particulière qui diffère selon l'investissement envisagé, en termes de budget et de temps, et en fonction de la connaissance que l'on souhaite acquérir dans l'art du « bien boire ».

L'amateur dispose de plusieurs possibilités pour acheter son vin ; en fonction de ce qu'il désire, il privilégiera l'un ou l'autre des différents canaux de distribution, chacun présentant des avantages et des inconvénients.

L'achat des vins de consommation immédiate

Un néophyte recherchera avant tout un vin à boire, de consommation immédiate. L'interlocuteur privilégié sera le caviste qui saura le guider et lui faire découvrir le monde du vin. En grande surface, il bénéficiera de prix compétitifs. Mais, si les sélections sont à présent opérées par des spécialistes, les vins sont trop souvent exposés à la lumière, au bruit et à la chaleur : en dehors des vins de pays et AOVDQS, il est donc préférable de s'approvisionner lors des foires aux vins et autres opérations de promotion, en règle générale d'éviter d'acheter des vins qui dorment trop longtemps sur les rayons.

L'achat de vin à la propriété est irremplaçable pour découvrir le vigneron et son vin dans l'environnement privilégié de leur terroir. Mais on ne peut guère y acquérir que des vins jeunes, de deux à trois ans d'âge. De plus, pour l'achat en bouteilles, certains producteurs pratiquent parfois des prix élevés afin de ne pas concurrencer les autres circuits de distribution. Une visite dans les coopératives permettra également de découvrir des vins au coût souvent modeste et dont la qualité, fruit du concours d'œnologues, augmente régulièrement.

La constitution d'une cave

Dans cet investissement à long terme, on privilégiera les appellations et les millésimes de garde. Il convient d'avoir toujours quelques principes clairs en tête : diversifier ses achats afin que les vins arrivent à maturité au fur et à mesure ; penser aux vins d'appellations un peu négligées ; acheter des petits vins en grandes années et des grands vins en petites années, le millésime donnant souvent une indication sur le temps de garde nécessaire à la maturité d'un vin autant que sur la qualité. En règle générale, et en fonction du budget disponible, il convient d'adopter des principes de prudence, tout en faisant parfois preuve d'audace et d'imagination afin de conserver le plaisir de la découverte.

Au niveau de la composition de sa cave, il sera donc souhaitable d'acheter tout autant les vins de consommation immédiate (champagnes, vins de primeurs et certains vins de pays) que les vins d'appellation recouvrant les grandes régions : une bonne base de départ pour une cave comprendra une sélection de 40 bordeaux, 30 bourgogne, 15 vins de Loire et 15 vins du Rhône ou vins du Sud-Ouest.

Les interlocuteurs privilégiés seront les cavistes et les producteurs qui, les relations de confiance et de fidélité établies, savent réserver à leurs clients les meilleures bouteilles et millésimes.

Les clubs disposent d'une bonne gamme de vins, d'un bon rapport qualité-prix, sélectionnés par des œnologues. Les négociants disposent également d'un vaste choix de vins souvent vieillis et dans de grands millésimes, mais ils alimentent aussi les ventes au détail et les prix ne sont pas forcément très intéressants pour un acheteur individuel.

Une autre possibilité est l'achat de vins en primeur, qui consiste à acheter à terme, au printemps suivant la vendange, en étant livré dix-huit mois plus tard, au moment de la mise en bouteilles : l'économie réalisée est, en général, de 20 à 40 %.

Comment acheter ?

Le vin courant peut être acheté en vrac, soit en « cercle », c'est-à-dire en tonneau, ce qui nécessite de se regrouper, soit en cubitainers, de plus en plus répandus, d'une contenance de 5 à 35 l. L'économie ainsi réalisée est de 25 % environ, l'usage étant d'acheter un litre pour le prix d'une bouteille de 0,75 l. Il faut cependant rajouter le coût de la mise en bouteilles.

L'achat en bouteilles se révèle plus cher car il couvre la mise en bouteilles, l'étiquetage et le flacon, mais il constitue une garantie d'authenticité.

Dans tous les cas, il faut faire attention aux conditions de transport en évitant les températures extrêmes. Il est indispensable de respecter un temps de repos de deux à quinze jours avant consommation.

Si la qualité a son prix, l'achat à plusieurs permet souvent de bénéficier de tarifs dégressifs et de partager les expériences ainsi que... le plaisir de la dégustation. G.F.

Jury de dégustation. *Bien acheter implique de bien connaître. C'est le rôle joué par la dégustation qui demande une éducation. Celle-ci peut s'acquérir auprès des producteurs, démarche irremplaçable pour qui veut comprendre la spécificité d'un terroir et l'art de la vinification, ou en constituant entre amis des clubs de dégustation qui permettent de grouper les commandes et d'apprécier une plus grande variété de vins.* Photo Michel Guillard/Scope.

Le Sud-Ouest

Le Sud-Ouest regroupe la totalité des appellations de la région Midi-Pyrénées (cahors, côtes du frontonnais, gaillac, armagnac, etc.) et celles de « l'Aquitaine non girondine » (bergerac, duras, buzet, côtes du marmandais, jurançon, béarn, irouléguy…), le madiran étant situé sur les deux régions administratives. Dans cette zone contrastée, les 70 000 ha de vignes sont éparpillés dans un vaste triangle de 450 km de base entre le Pays basque et les contreforts de l'Aubrac, et forment la mosaïque viticole la plus diversifiée de France. ◆

Histoire du vignoble

Cahors. *Charlemagne, châsse de la sainte coiffe conservée à la cathédrale Saint-Étienne.* Photo Jean-Luc Barde/Scope.

Avant même la conquête romaine, la culture de la vigne était présente en Aquitaine, et les vins de l'Albigeois partaient déjà pour Rome sous la République. L'implantation gallo-romaine se traduira, par l'installation de nombreux vignobles, mais c'est avec la christianisation (saint Didier à Cahors) et l'installation des monastères au XIe siècle que seront véritablement fondés les grands vignobles d'aujourd'hui. La suprématie du négoce bordelais et le protectionnisme dont il bénéficiera sous la domination anglaise auront pour résultat la disparition des vignobles disparates et atomisés entre l'Océan et le

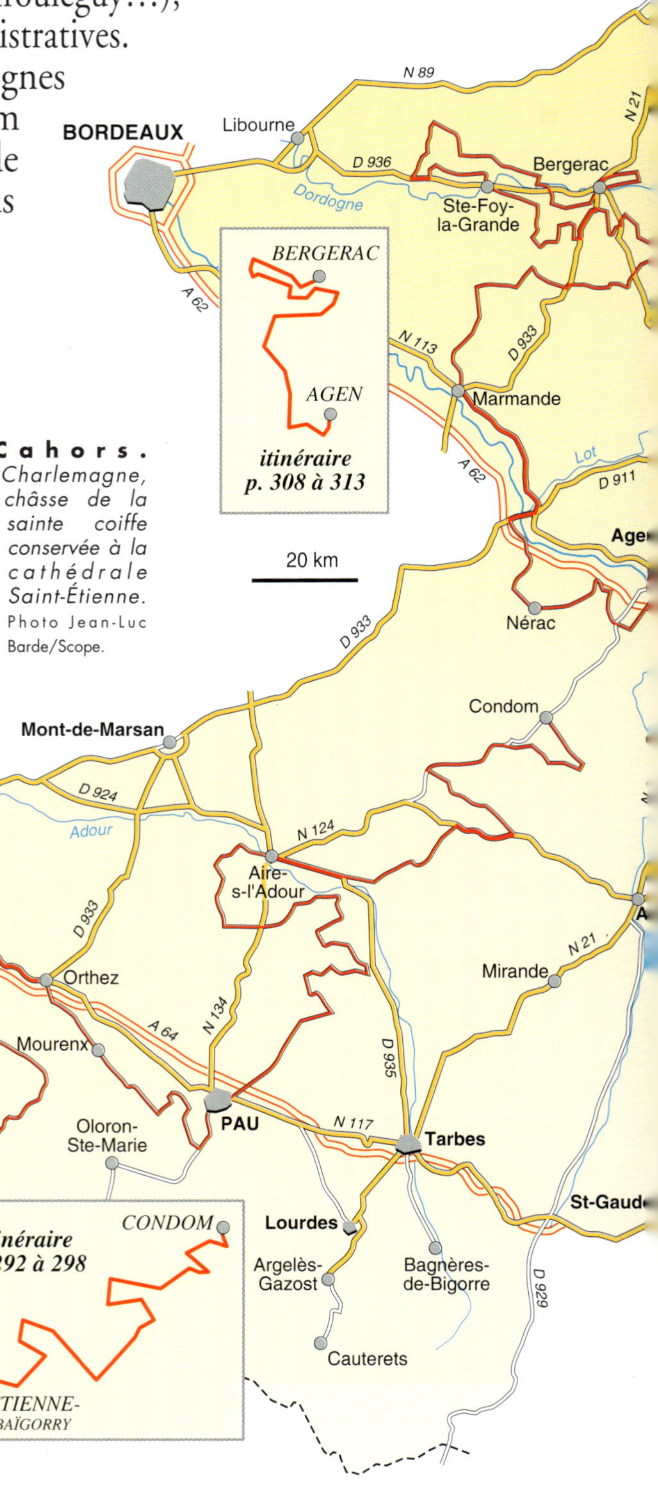

La presqu'île de Luzech. *En son extrémité nord, la boucle du Lot, qui enserre la ville, se rétrécit – les deux bras ne sont séparés que de 90 m. Du château du XIIe siècle, qui défendait ce passage, ne subsiste que le donjon.* Photo Jean-Daniel Sudres/Scope.

Le Pays basque. *La région d'Irouléguy bénéficie de l'influence du climat océanique, favorable à la surmaturation du raisin.* Photo Jean-Luc Barde/Scope.

Massif central. Interdits de vente en période de surproduction, ils seront utilisés pour « soigner » ou remonter certains vins de Bordeaux un peu faibles. Cependant, lors des guerres de Religion, les émigrés du Sud-Ouest deviendront souvent d'ardents propagandistes de ces vins dans les villes hanséatiques, et les feront adopter en Europe du Nord (blancs moelleux surtout).

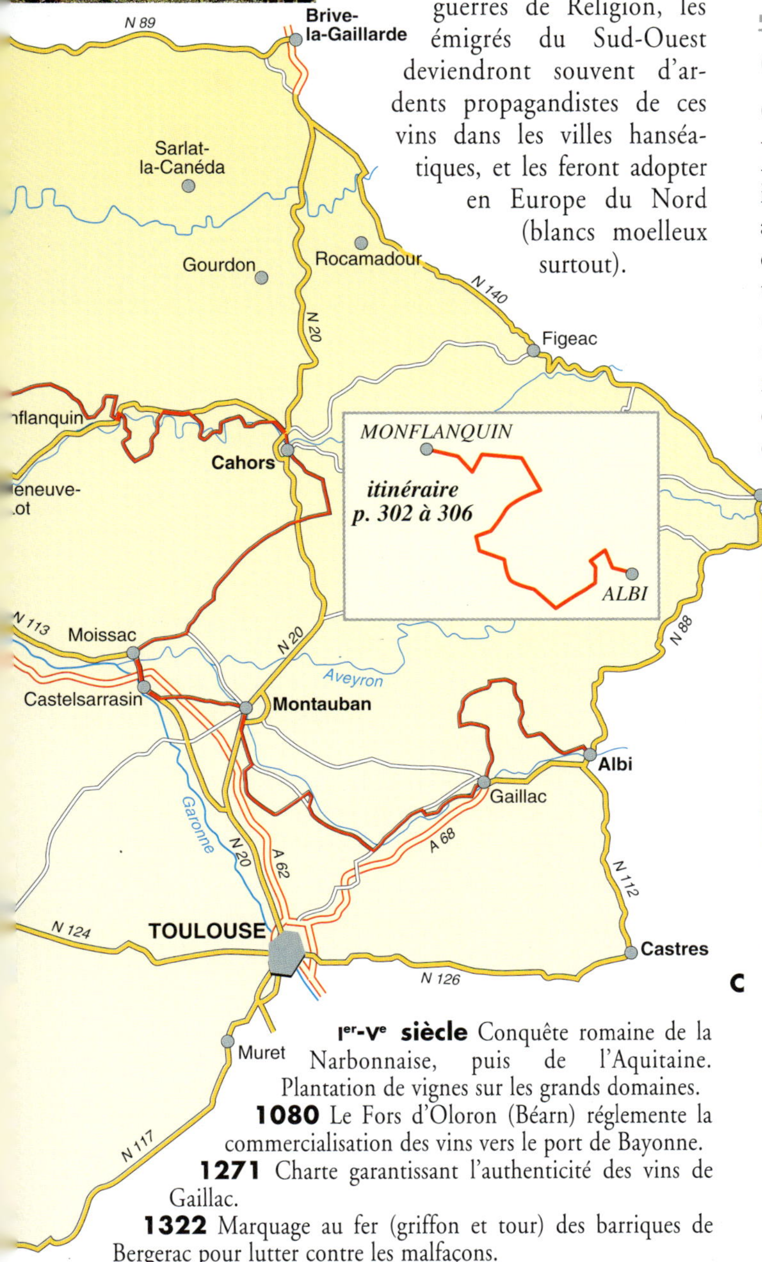

La crise de l'oïdium, le phylloxéra et la Première Guerre mondiale briseront l'envolée. Il faudra attendre les années 1950, l'essor du mouvement coopératif et l'arrivée, depuis 1980, d'une nouvelle génération de vignerons, pour voir les vins du Sud-Ouest renaître vraiment.

Géographie et nature du sol

La nature du sol. La majorité des vignobles est installée sur des ensembles de coteaux argilo-calcaires, aux orientations multiples (Armagnac, Saint-Mont, coteaux du Quercy, La Ville-Dieu, Duras, etc.). Mais on trouvera aussi des pentes abruptes de schistes (Irouléguy), des collines ou terrasses de graves (Jurançon, Buzet, Fronton), des saignées de grès permien (Marcillac-Vallon...). Plusieurs zones présentent également des ensembles composites qui vont déterminer, dans une même appellation, des vins de structures

Vignoble de Gaillac. *L'aire d'appellation gaillac s'étend, depuis Albi, de part et d'autre du Tarn. Le climat y est de type semi-continental et subit des influences méditerranéennes et montagnardes.* Photo Jean-Daniel Sudres/Scope.

CHRONOLOGIE

Ier-Ve siècle Conquête romaine de la Narbonnaise, puis de l'Aquitaine. Plantation de vignes sur les grands domaines.
1080 Le Fors d'Oloron (Béarn) réglemente la commercialisation des vins vers le port de Bayonne.
1271 Charte garantissant l'authenticité des vins de Gaillac.
1322 Marquage au fer (griffon et tour) des barriques de Bergerac pour lutter contre les malfaçons.
1487 Première réglementation du commerce des vins de Gascogne.
XIVe-XVIIe siècle Le négoce bordelais domine le commerce du vin du Sud-Ouest.
XVIIe-XVIIIe siècle Les négociants hollandais incitent les viticulteurs à élaborer des blancs moelleux à Duras, à Bergerac, en Gascogne (pacherenc du vic-bilh) et, dans une moindre mesure, à Gaillac.
1776 En libéralisant la circulation des vins, Turgot abolit les privilèges bordelais.
1810 Les vins de Duras sont rattachés au Lot-et-Garonne.
1829 Agitation des vignerons béarnais à Pau contre « les abus du négoce industriel ».
1852-1860 Attaque d'oïdium.
1870-1885 Invasion du phylloxéra.
1875-1900 Replantation totale des vignobles.
1902-1911 Les vins de Buzet sont exclus de l'appellation bordeaux, ainsi que les côtes du marmandais.
1910 Première délimitation territoriale des vins de Madiran.
1956 Grande gelée : une très grande partie du vignoble est détruite.
1960-1970 Début de la reconversion vers des vins de qualité.

LES CÉPAGES DU SUD-OUEST

L'encépagement est très varié et comprend d'abord tous les cépages bordelais blancs et noirs, quelques cépages méridionaux et des cépages locaux, d'importance très variable.
Parmi les cépages blancs, il faut citer les cépages employés en Dordogne : sémillon, sauvignon, muscadelle, ondenc, ugni blanc ; les cépages utilisés en Armagnac : ugni blanc, baco blanc ou 22 A (hybride de noah x folle), colombard, folle blanche, jurançon blanc, meslier Saint-François, mauzac, clairette, plant de graisse ; les cépages du Jurançonnais : petit manseng, gros manseng, courbu, camaralet, lauzet ; les cépages landais du Tursan : baroque, claverie, raffiat de Moncade, sauvignon, clairette ; et les cépages de Gaillac : mauzac blanc et rose, len de l'elh, sauvignon.

Le mauzac blanc a des feuilles bullées, entières, et un sinus pétiolaire fermé ; les grappes sont tronconiques, compactes, avec des baies sphériques, jaune doré, et viennent à maturité à la deuxième époque tardive.

L'encépagement rouge est également très diversifié et comprend les cépages du Bergeracois : cabernet-sauvignon, cabernet franc, merlot, malbec, fer-servadou, mérille ; les cépages de Cahors : cot, jurançon rouge, merlot, tannat, syrah ; les cépages de Fronton : négrette, cot, mérille, fer, syrah ; les cépages de Gaillac : duras, fer, gamay, syrah, cabernets, merlot ; les cépages de Madiran : tannat, fer, cabernets ; les cépages béarnais : tannat, cabernets, fer, manseng noir, courbu noir ; les cépages du Marmandais : cabernets, merlot, abouriou, cot, fer, gamay, syrah ; et les cépages de La Ville-Dieu : négrette, mauzac, bordelais, morterille, chalosse, syrah, gamay, jurançon noir, milgranet, picpoul, fer.

Le tannat a des feuilles grossièrement bullées, ondulées, trilobées, avec un sinus pétiolaire fermé. Les grappes sont moyennes, ailées, à baies sphériques, noir bleuté, et viennent à maturité à la troisième époque. Ce cépage béarnais donne un vin très coloré et riche en tanins.

La négrette a des feuilles bullées, quinquelobées, avec un sinus pétiolaire étroit ; le dessous du limbe est duveteux. Les grappes sont cylindriques à baies sphériques, noires, et viennent à maturité à la deuxième époque. P. G.

différentes. On aura ainsi des cahors de plateau (très calcaires), de coteau (plus argileux) et de vallée (sur graves), des gaillacs de côtes calcaires, sur la rive droite du Tarn, et de terrasses graveleuses, sur la rive gauche. Il en sera de même, de chaque côté de la Garonne, dans le Marmandais. Enfin, il ne faut pas oublier les omniprésentes boulbènes, ces sols peu fertiles, argilo-sableux, difficiles et délicats à travailler, parfois dotés d'une sous-couche imperméable. On les retrouve de la région de Gaillac à la Chalosse landaise.

La chaîne des Pyrénées. *Depuis le boulevard des Pyrénées, à Pau, on peut observer la partie centrale de la chaîne des Pyrénées qui barre la route aux vents violents venus du sud, créant, en contrebas, une zone climatique doucement tempérée, favorable aux vignobles.* Photo Jean-Luc Barde/Scope.

Le climat. L'influence atlantique se fait sentir sur l'ensemble de la région, mais avec d'importantes nuances. Si les températures annuelles moyennes sont sensiblement les mêmes (11,5 à 12,5 °C), elles se répartissent différemment dans les vignobles aveyronnais aux hivers redoutables, et dans le Béarn aux légendaires douceurs automnales. La pluie peut, en déversant ses nuages sur la barrière pyrénéenne, détremper Irouléguy et épargner le Frontonnais. Les coups de chaleur ou de froid sur le causse du Quercy, les brouillards de l'Agenais, ou les orages de grêle sur les collines garonnaises sont autant de facteurs qui empêchent qu'il y ait, dans le Sud-Ouest, de millésime homogène.

Encépagement

Après avoir été vécue par les vignerons comme une contrainte administrative incongrue, la spécificité requise de l'encépagement renforce davantage l'image des vins du Sud-Ouest – chaque zone de production mettant un point d'honneur à « ne ressembler à aucune autre ».

À Madiran, le tannat est le cépage par excellence et entre pour plus de 40 % dans les assemblages, atteignant parfois 100 % (ou presque) dans les cuvées haut de gamme. D'autres cépages sont utilisés : cabernet franc (dit bouchy), cabernet-sauvignon, fer-servadou.

Dans le Pacherenc, le cépage principal est l'arrufiac, bien qu'il soit très concurrencé aujourd'hui par les petit et gros mansengs, et par le courbu.

Dans le Tursan, le baroque constitue l'essentiel des vins blancs (90 %), complété par le sauvignon, alors que les rouges ont un encépagement proche du madiran.

Le Jurançon mêle le gros manseng, le courbu et le petit manseng. Leur introduction dans les vins blancs du piémont pyrénéen est plus récente.

L'appellation béarn-bellocq est la seule à utiliser le raffiat de Moncade.

Les côtes du marmandais doivent leur typicité à l'abouriou, accompagné des cabernets et du merlot.

Cahors est fondé sur l'auxerrois (cot) ; les cépages d'appoint sont le tannat et le merlot.

Les côtes du frontonnais sont constitués de négrette (50 à 70 %), complétée de cabernet, de syrah et autres cépages divers.

Les blancs de Gaillac s'appuient sur le mauzac, le len de l'elh, l'ondenc (mais aussi le sauvignon, la muscadelle et le sémillon), alors que les rouges sont marqués par le cépage duras, accompagné de fer-servadou (dit braucol), gamay, syrah, cabernet et merlot.

Le marcillac n'est constitué que de mansois (nom local d'une variété de fer-servadou).

Enfin, au nord du département du Lot, on trouve un cépage métis, le segalen, créé spécialement pour son aptitude à s'épanouir dans les conditions locales des coteaux de glanes.

Comme on le voit, la diversité des vins du Sud-Ouest est aussi (et surtout) ampélographique.

N.-G. C.

Les appellations

Les appellations du Sud-Ouest

Armagnac	Gaillac premières côtes
Bas-armagnac	Gaillac doux
Haut-armagnac	Gaillac mousseux
Armagnac-Ténarèze	Haut-montravel
Béarn	Irouléguy
Bergerac	Jurançon
Buzet	Jurançon sec
Cahors	Lavilledieu*
Côtes de bergerac	Madiran
Côtes de bergerac moelleux	Marcillac
Côtes du brulhois*	Monbazillac
Côtes de duras	Montravel
Côtes du frontonnais	Pacherenc du vic-bilh
Côtes du marmandais	Pécharmant
Côtes de Millau	Rosette
Côtes de montravel	Saussignac
Côtes de saint mont*	Tursan*
Floc de gascogne	Vins d'entraygues-et-du-fel*
Gaillac	Vins d'estaing*

*VDQS

Les étiquettes du Sud-Ouest

Drapée de noir et d'or, l'étiquette des vins du Sud-Ouest attaque d'estoc et pique au cœur de la noblesse. Chevaliers, c'est au roy qu'elle en réfère :

« Déjà notre bon Roy
Laissant soucis dehors
Avec sa poule au pot
Dégustait son cahors. »

Faisant ainsi, d'une rime alexandrine, allusion au bon roi Henri, l'étiquette de cahors se pare d'une double qualité qui rejaillit sur tous les vins de la région. Apprécié du roi, il ne peut être que royal. Or, comme Henri IV fut le souverain le plus populaire de France, ce vin peut s'enorgueillir d'être à la fois le nectar du peuple et celui de son prince. Comme pour nous convaincre de cette alliance, une étiquette de madiran nous présente une scène de marivaudage plus légère : assis, le bon roi de France et de Navarre y est entouré de courtisanes lui versant à délice « Folie de roi » en carafe... À Crouseilles, l'allusion se fait monumentale : le roi y est blasonné en pierre, une main sur la grappe et l'autre au pied du verre.

La thématique est donc royale, mais elle est également chevaleresque et moyenâgeuse ; qu'importe la chronologie, seule noblesse et tradition ancestrale sont de mise. Ainsi châteaux et blasons orneront le montravel ou le monbazillac. De la noblesse, distinction et légèreté sont ici les marques. Le trait est fin, allusif, il a perdu l'épaisseur de la typographie utilisée pour les étiquettes de madiran, ce vin populaire si présent en bouche.

Les étiquettes des vins du Sud-Ouest semblent tiraillées entre deux esthétiques. Au nord, la fine, élégante et mondaine écriture du bordeaux (finesse des anglaises du montravel, ligne sobre et digne du monbazillac) ; au sud, la robuste et descriptive tradition médiévale pyrénéenne (royaux elzévirs du madiran, lourds et moyenâgeux caractères du cahors). Tiraillé entre deux régions, le Sud-Ouest l'est sans doute. On peut du reste se demander dans quelle mesure le mythe de Roland n'assure pas la liaison entre ces deux cultures que la géographie dessina aux côtés de vins partagés entre des saveurs guerrières et spirituelles. Le chevalier, « cœur de la noblesse », n'assurait-il pas, par définition, le lien entre l'autorité spirituelle et le pouvoir temporel ? Tous deux ici représentés par le roi de « droit divin » et, néanmoins, buveur de bon vin ! E. S. et Y. J.

Les Pyrénées

de Saint-Étienne-de-Baïgorry à Condom

Du Pays basque à la Gascogne, cet itinéraire d'environ 500 km permet de découvrir, outre les célèbres jurançon et madiran, toute la gamme des vins de l'extrême Sud-Ouest, tout en visitant des sites historiques et architecturaux.

Vignoble de l'irouléguy. *Vestige du grand vignoble basque aujourd'hui disparu, il s'étage sur les coteaux de Saint-Étienne-de-Baïgorry, au cœur du Pays basque. Les anciens cépages ne sont plus cultivés. Les vins rouges sont tanniques et assez parfumés. Les rosés sont nerveux, légers et aromatiques.* Photo Jean-Luc Barde/Scope.

L'itinéraire couvre deux des sept grandes zones viticoles du Sud-Ouest : le vignoble pyrénéen, et celui des Landes et de la Gascogne. Le premier secteur, comprenant les appellations irouléguy, béarn et béarn-bellocq, jurançon et madiran, est le reliquat du tapis de vignes qui couvrait sous l'Ancien Régime tout le Béarn et une grande partie du Pays basque. Ces vins, rouges et blancs, suivaient le cours de l'Adour et des gaves, pour être commercialisés à Bayonne, faisant de ce port, pendant tout un temps, le rival de Bordeaux. Les vins des Landes, eux, sont essentiellement les vestiges d'une antique tradition agricole qui entretenait une viticulture importante mais diffuse sur tout le territoire. On la voit renaître aujourd'hui dans les vins de pays des terroirs landais et dans le redressement qui s'opère dans le secteur de l'AOVDQS tursan. En Gascogne, l'AOVDQS côtes de saint-mont et le vin de pays des côtes de gascogne sont la résurgence de ce qui fut l'un des plus grands vignobles français, commerçant avec l'Angleterre et les villes hanséatiques.

Itinéraire de Saint-Étienne-de-Baïgorry à Condom

Si, dans certains secteurs de jurançon ou de madiran, la viticulture est assez dense, elle n'est jamais, ici, unique. Champs de maïs, élevages de palmipèdes gras, prairies où paissent les vaches de race gascogne, bois où se dressent les inévitables palombières rythment le paysage. L'eau y est toujours présente : ruisseaux sous les feuillages, moulins, sources thermales, fontaines de dévotion, sans oublier les innombrables lacs collinaires et plans d'eau, destinés à l'irrigation, mais qui sont utilisés, en été, par les véliplanchistes et les pêcheurs de truites. Au fil des bourgades, le visiteur découvrira le damier des plans de bastides construites aux XIIIe et XIVe siècles, avec leur halle de marché, leurs églises de pierre ou de brique, leur fronton dans les Pyrénées, leur « quillier » en Gascogne, leurs arènes et leurs terrains de rugby un peu partout…

Dégustation de rosé. *De couleur cerise, le rosé d'irouléguy est vif, léger et bouqueté. La quasi-totalité de la production de l'appellation est vinifiée par la cave coopérative.* Photo Jean-Luc Barde/Scope.

IROULÉGUY

L'irouléguy est le vin basque par excellence, implanté au Moyen Âge par les moines de Roncevaux ; il fut relancé par une poignée de vignerons en 1943.

Superficie : 205 ha sur 9 communes.
Encépagement :
vin rouge et rosé : cabernet franc (achéria, 50 % au minimum), tannat, cabernet-sauvignon ;
vin blanc : courbu, gros et petit mansengs.
Nature des sols : argilo-calcaires mais aussi grès rouges et plus rarement schistes.

Récolte annuelle :
vin rouge : 6 900 hl ;
vin blanc : 850 hl.
Rendement de base : 50 hl/ha.
Titre alcoométrique minimal : 10 % vol.
Potentiel de garde :
vin blanc sec et rosé : deux ans ;
vin rouge générique et vin blanc moelleux : de cinq à huit ans ;
cuvée spéciale : plus de dix ans.

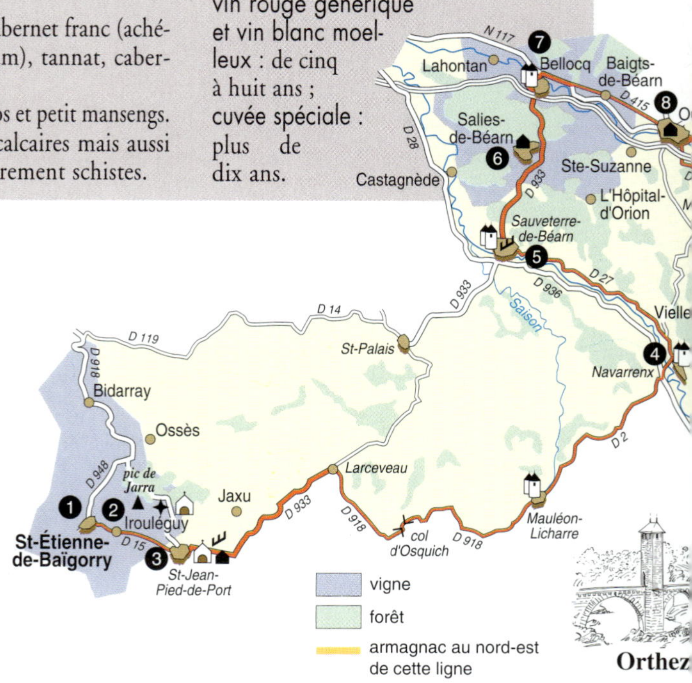

1 Saint-Étienne-de-Baïgorry

C'est un village de vallée, typique du Pays basque, avec ses maisons de pierres massives de chaque côté de la Nive, que traverse un vieux pont « roman »... du XVIIe siècle.

Les Vignerons du Pays Basque : CD 15, 64430 Saint-Étienne-de-Baïgorry. Tél. 04 59 37 41 33, sur R-V. Cette coopérative regroupe une cinquantaine de vignerons qui ont été, depuis 1952, les artisans principaux de la renaissance de l'appellation. Plusieurs domaines sont vinifiés séparément et constituent un haut de gamme. Mignaberry est le plus célèbre, le plus ancien et le plus beau. Il produit un rouge de garde, renforcé par un passage sous bois. Xuri d'Ansa, dernier-né de la famille, est un blanc fruité, très prometteur.

2 Irouléguy

Le village éponyme de l'appellation est un petit bourg tranquille au pied du pic de Jarra, d'où la vue s'étend sur la chaîne pyrénéenne et une partie du Pays basque intérieur.

À voir : **les dolmens d'Arrondo et d'Artxuita ; les chapelles de Minhonda et de Soroeta.**

Domaine Ilarria : 64220 Irouléguy. Tél. 04 59 37 23 38, sur R-V. Peio Espil et Michel Riouspeyrous ont été les premiers à produire et vendre directement leur vin en dehors de la coopérative. La cuvée Bixinto, rouge de garde vieilli en fûts, est le fleuron de la maison.

3 Saint-Jean-Pied-de-Port

Les murailles sombres de la citadelle séparent la ville en deux, mieux que le

Sauveterre-de-Béarn. *Surplombant le gave d'Oloron, dotée d'importantes fortifications, la ville joua un rôle militaire tout au long du Moyen Âge. La construction de la forteresse de Navarrenx au XVIe siècle lui disputa ce rôle.*
Photo Jean-Luc Barde/Scope.

cours de la Nive bordée par de superbes maisons à colombage.

À voir : **les portes de France et de Navarre, d'Espagne et de Saint-Jacques ; les remparts ; les maisons anciennes ; l'église Notre-Dame en grès rose.**

JEAN ET ADRIENNE BRANA : 3 *bis*, av. du Jaï-Alaï, 64220 Saint-Jean-Pied-de-Port. Tél. 05 59 37 00 44, sur R-V. Étienne Brana tenta un pari fou : mettre en valeur 22 ha de montagne formidablement exposés, broyés à la machine, taillés en terrasses et plantés de vignes vertigineuses. Son fils, Jean, prit la suite. Les vins sont de tout premier ordre, qu'ils soient rouges ou blancs.

Saint-Jean-Pied-de-Port, *le pont sur la Nive et la porte de Navarre. Bordé de maisons anciennes, dont la construction remonte pour certaines au Moyen Âge, le pont conduit à la citadelle.* Photo Jean-Daniel Sudres/Scope.

À partir de Saint-Jean-Pied-de-Port, on pourra monter au col de Roncevaux où les Basques (et non les sarrasins !) mirent en déroute l'arrière-garde de l'armée de Charlemagne... Puis, par la D 933, on rejoindra Larceveau. Tourner à droite dans le village vers le col d'Osquich (par la D 918) jusqu'à Mauléon-Licharre, dont la place du Marché est bordée d'arcades.

À voir : **les ruines du château fort du XIIe siècle remanié au XIIIe siècle ; l'hôtel de Maytie.**

4 NAVARRENX

Ce village a conservé une grande partie de la première enceinte bastionnée de France, un remarquable ensemble dû à l'ingénieur italien Fabrice Siciliano (1547).

À Laas (par la D 947, puis la D 27), le château béarnais, ses jardins à la française, son parc (bambous géants) sont devenus un musée (œuvres d'art, objets historiques, mobilier) qui offre de multiples animations.

5 SAUVETERRE-DE-BÉARN

Bâtie sur le rebord d'un escarpement dominant le gave d'Oloron, Sauveterre-de-Béarn a su conserver son caractère ancien.

À voir : **les vestiges des remparts ; les ruines du château ; le donjon et les restes de son pont fortifié.**

BÉARN

L'appellation contrôlée béarn s'applique aux vins rouges, rosés et blancs des deux principales aires viticoles de l'ancienne province : Madiran et Jurançon, et de quelques communes. Cette production est peu importante (avec parfois des réussites surprenantes).

L'AOC béarn-bellocq concerne exclusivement les parcelles inscrites dans la zone d'Orthez à Salies-de-Béarn (13 communes).

Superficie : 211 ha sur 83 communes.

Encépagement :

vin rouge et rosé : tannat (60 % au maximum), cabernet franc (bouchy), cabernet-sauvignon, fer (pinenc), manseng noir, courbu noir ;

vin blanc : raffiat de Moncade (cépage local), petit et gros mansengs, courbu, lauzet, camaralet, sauvignon.

Nature des sols : très variée, en raison du relief tourmenté de ce secteur du piémont pyrénéen ; terrasses caillouteuses mêlées de sables et de limons, sur une couche d'argile dans la plaine des gaves. Sols argileux portant marnes, grès, couches de silex et affleurements calcaires sur les collines.

Récolte annuelle :

vin rouge : 1 050 hl ;

vin blanc : 70 hl.

Rendement de base : 50 hl/ha.

Titre alcoométrique minimal : 10,5 % vol.

Potentiel de garde :

vin rouge : de trois à six ans ;

vin rosé : dans les deux ans ;

vin blanc : à boire dans l'année.

6 SALIES-DE-BÉARN

On traverse d'abord ce qui fut un des plus importants vignobles de la région, mais le phylloxéra et les crises ont eu raison de la plupart des vignes en pergola plantées sur les coteaux. La vieille ville est bordée de maisons dont les pilotis s'enfoncent dans les eaux du Saleys.

À voir : **les thermes ; la vieille ville.**

EARL PASCAL LAPEYRE : 52, av. des Pyrénées, 64270 Salies-de-Béarn. Tél. 05 59 38 10 02, tlj sauf dimanche, 9 h-12 h et 14 h 30-19 h 30. C'est la seule « cave particulière » de tout ce secteur de l'appellation. Elle est tenue depuis quatre générations par la famille Lapeyre. Une quinzaine d'hectares de vignes produisent deux types de vins rouges : Guilhemas, pour des vins très terroir, typés, et domaine Lapeyre pour les cuvées passées sous bois, plus complets. On notera un excellent blanc de raffiat de Moncade au nez de genêt et de fruits.

7 BELLOCQ

Couronné de sept tours, dont deux carrées, le château de cette ancienne bastide fut reconstruit par Gaston VII de Moncade.

À voir : **le site du château.**

LES VIGNERONS DE BELLOCQ : 64270 Bellocq. Tél. 05 59 65 10 71, sur R-V. La cave coopérative regroupe la grande majorité des viticulteurs du secteur. Quelques domaines (rosé du domaine du Cabé, par exemple) sont intéressants.

8 ORTHEZ

La ville est bâtie sur le flanc d'un coteau que domine la tour Moncade, ancien donjon du château de Gaston Phébus.

À voir : **le vieux pont du XIVe siècle ; les demeures des XVe et XVIIIe siècles ; une importante fabrique de carafes à décanter en cristal et étain.**

D'Orthez, prendre la D9 par Maslacq (ancienne abbaye) et Mourenx.

Vignoble de Jurançon. *Ce terroir donne naissance à des vins blancs moelleux issus de petit manseng, aux arômes complexes, possédant une remarquable aptitude au vieillissement. Produits à partir de gros manseng, les vins blancs secs sont très aromatiques.* Photo Jean-Luc Barde/Scope.

Jurançon et jurançon sec

C'est ce vin qui servit à baptiser Henri IV le 12 décembre 1553 : peut-on rêver, quand on est un vin, d'une plus belle entrée dans l'histoire ?
Superficie : 1 000 ha.
Encépagement : gros manseng (70 %), petit manseng (25 %), courbu, camaralet et lauzet (15 % au maximum pour le jurançon).
Nature des sols : silico-argileux, riches en galets (poudingues de Jurançon) résultant des éboulis des plissements pyrénéens.
Récolte annuelle : 43 400 hl.
Rendement de base :
jurançon : 40 hl/ha ;
jurançon sec : 50 hl/ha.
Titre alcoométrique minimal :
jurançon : 12,5 % vol ;
jurançon sec : 11 % vol.
Potentiel de garde :
vin sec : de un à deux ans ;
vin moelleux : de quatre à dix ans et plus

9 Monein

Vaste bourgade, Monein possède une église-forteresse du XVe siècle dont la charpente, chef-d'œuvre du compagnonnage, fut montée d'une seule pièce.
À voir : **l'église Saint-Girons ; la halle-mairie ; de nombreux moulins dans les vallées.**
Les collines de Monein, aux pentes plus ou moins accentuées, présentent sur leurs replats des couches de graves associées à une carapace ferrugineuse : c'est une conformation idéale pour les jurançons.

Domaine Cauhapé : Henri Ramonteu, quartier Castet, 64360 Monein. Tél. 05 59 21 33 02, 8 h-12 h et 14 h-19 h, sur RV. Une synthèse entre technique et tradition permet à Henri Ramonteu de produire des jurançons parfaitement élaborés.

Charles Hours : quartier Trouilh, 64360 Monein. Tél. 05 59 21 46 90, sur R-V. Charles Hours fut, à la cave de Gan, l'œnologue du renouveau, et quand il découvrit sur ce coteau de gravier 4,5 ha de vignes à vendre, il franchit le pas et devint vigneron. C'est là qu'il cisèle, dans un calme olympien, des jus d'une finesse rare. Vins de charme, au nez épanoui, à découvrir… s'il en reste !

Pascal Labasse : domaine Bellegarde, quartier Coos, 64360 Monein. Tél. 05 59 21 33 17, 10h-12 h et 14 h-18 h 30. Pascal Labasse est un des rénovateurs du jurançon. Caractérisée par un très bel équilibre en bouche et un nez de fruits confits, la cuvée Thibaut est une des perles de l'appellation. Les jurançons secs sont aussi de grande tenue.

De Monein, la D 34 nous conduit à Lacommande, qui possède une belle église romane du XIIe siècle. Par la D 146, on rejoint Artiguelouve, puis la D 2. Passé Laroin, on tourne à droite à 1 km après le village.

10 Gan

Patrie du poète Pierre Emmanuel, Gan est une petite ville béarnaise typique.
À voir : **la porte de la ville (XIVe siècle).**
Cave des producteurs de Jurançon : 53, av. Henri-IV, 64290 Gan. Tél. 05 59 21 57 03, tlj, sauf dimanche, 8 h-12 h 30 et 13 h 30-19 h. On y trouve des vins caractéristiques de l'appellation jurançon.

Pau, le château. *Malgré de forts remaniements au XIXe siècle, il a conservé un certain nombre de parties anciennes. La façade de sud s'élève au-dessus du rempart. Les jardins en contrebas ont été recréés dans l'esprit du XVIe siècle.* Photo Jean-Luc Barde/Scope.

11 Pau

Marguerite d'Angoulême, Jeanne d'Albert, Henri IV y sont vénérés. On peut gagner le promontoire à l'extrémité duquel est situé le célèbre château, à partir de la gare en empruntant le funiculaire panoramique. Mais il est préférable de gravir les sentiers du roy, qui serpentent dans les jardins de rocailles plantés de nombreuses essences exotiques – signe d'un climat particulièrement clément. La promenade se termine sur le boulevard des Pyrénées, en balcon face à la chaîne pyrénéenne qui offre une vue panoramique du confin du Pays basque aux Pyrénées centrales.
À voir : **le château ; le parc.**
À Pau, la D 943 nous mène à Morlaàs. Capitale du Béarn entre le Xe et le XIIe siècle, la ville domine la plaine du Pau. Plus au nord, Lembeye, capitale du vic-bilh (le vieux pays), est installé sur un site défensif naturel. Une tour-porte du XIIIe siècle sépare la place du Marché du bourg principal, où est située l'église gothique restaurée au XIXe siècle.

Madiran et pacherenc du vic-bilh

Le madiran est assurément l'un des meilleurs rouges de garde du Sud-Ouest. Le pacherenc du vic-bilh (littéralement : les rangées de piquets du vieux pays) est le blanc sec ou moelleux produit sur la même délimitation : 37 communes réparties sur 3 départements inclus dans 2 régions administratives.
Superficie :
madiran : 1 290 ha ;
pacherenc du vic-bilh : 260 ha.
Encépagement :
madiran : tannat (40 % au minimum, 60 % au maximum ; on tolère maintenant des madirans hauts de gamme composés pour près de 100 % de tannat), cabernet franc (ou bouchy), fer-servadou (ou pinenc), cabernet-sauvignon (40 % au minimum) ;
pacherenc-du-vic-bilh : arrufiac blanc, gros manseng blanc, petit manseng blanc, courbu, sauvignon, sémillon.
Nature des sols : argilo-siliceux (type boulbène) et argilo-calcaires avec des « veines » caillouteuses, le grep.
Récolte annuelle :
madiran : 70 900 hl ;
pacherenc du vic-bilh : 4 900 hl.
Rendement de base :
madiran : 45 hl/ha ;
pacherenc du vic-bilh : 40 hl/ha.
Titre alcoométrique minimal : 11 % vol.
Potentiel de garde :
madiran : de cinq à dix ans et plus ; le vin ne peut être commercialisé qu'après le 1er novembre suivant l'année de récolte ;
pacherenc sec : deux ans ;
pacherenc moelleux : de quatre à huit ans.

12 Arricau-Bordes

Dominant de quelque 50 m la plaine de Lées, le château se dresse sur une motte féodale au bord d'un éperon rocheux.

Gilbert Terradot : château d'Arricau-Bordes, 64350 Arricau-Bordes. Tél. 05 59 68 13 97, tlj, 9 h-12 h et 14 h-18 h. Cette demeure du XVIe siècle est l'ancienne propriété de la famille de d'Artagnan. C'est ici, en 1971, que fut fondée la Viguerie royale de Madiran. Le domaine produit un madiran de style classique (50 % de tannat, le reste en parts égales de cabernets franc et sauvignon).

13 Aurions-Idernes

Le village possède de belles maisons anciennes et une église romane du XIIe siècle à découvrir.

Alain Oulié : domaine du Crampilh, 64350 Aurions-Idernes. Tél. 05 59 04 00 63, tlj, sauf dimanche, 9 h-12 h et 14 h-19 h. La famille Oulié cultive 26 ha de vignes sur des pentes argilo-calcaires. Le meilleur de la maison se retrouve dans les Cuvées des vieilles vignes issues des parcelles les plus caillouteuses.

Passer par le village perché d'Arrosès. Il cache un château du XVIIIe siècle et une église romane.

Le madiran

Créée il y a presque un demi-siècle (1948), dans une zone bénéficiant d'une longue tradition viticole, l'appellation madiran a connu des débuts difficiles, les vignes reculant devant l'offensive du maïs. Ce n'est qu'au milieu des années 1970 que le vignoble d'appellation connut un regain d'intérêt, mais il y a quinze ans (1979) il ne couvrait guère qu'un millier d'hectares sur les 37 villages de l'aire délimitée. De nos jours, il atteint 1 250 ha que se partagent par moitié 60 producteurs indépendants et 260 autres affiliés à 3 caves coopératives. Cette croissance récente du vignoble de qualité, qui s'accompagne de l'arrachage des vignes non destinées à la production d'AOC, est aujourd'hui arrêtée, les nouvelles plantations étant pratiquement interdites.

Cave coopérative de Crouseilles. Photo Jacques Sierpinski/Scope.

La masse de la production (90 %) est destinée à l'élaboration d'un vin rouge, le madiran, qui doit sa force et son aptitude au vieillissement à un cépage traditionnel et exclusif, le tannat, que l'on mélange pour obtenir plus de finesse et de douceur aux moûts issus des cabernets franc et sauvignon. Sur la même aire géographique est également élevé un vin blanc liquoreux, le pacherenc, qui eut son heure de gloire au XVIIIe siècle, lorsqu'il était exporté vers la Hollande, mais aujourd'hui les quantités produites sont assez faibles, quoique fort intéressantes.

L'exigence constante de qualité, la politique menée par le Syndicat des producteurs de l'appellation, la concurrence stimulante entre les producteurs privés et les coopératives, des possibilités d'expansion des marchés encore notables tant en France qu'à l'exportation, tous ces facteurs positifs permettent d'être raisonnablement optimistes sur l'avenir de cette appellation, qui peut encore accroître sa notoriété par la recherche continue de la qualité.

F. B.

14 Crouseilles

Bâti sur une colline voisine, le château est entouré de fossés encore en eau.

À voir : **l'église romane parmi les vignes ; le château** (XVIIIe **siècle**).

Cave de Crouseilles : 64350 Crouseilles. Tél. 05 59 68 10 93, sur R-V. Cette cave produit de beaux vins en madiran et en pacherenc du vic-bilh.

15 Soublecause

Depuis le village, la vue s'étend sur le val d'Adour.

À voir : **la chapelle d'Héchac.**

SCEA Tachouères-Vigneau : domaine Pichards, village, 65700 Soublecause. Tél. 05 62 96 35 75, sur R-V. Les vins Pichards sont corsés, tanniques : des madiran classiques faits pour durer, et ils durent ! Dix millésimes consécutifs sont en permanence proposés à la vente : une véritable « leçon de madiran » !

Vignoble du madiran. *Orienté plein sud face aux Pyrénées, ce vignoble d'origine gallo-romaine produit des vins à forte proportion de tannat, puissants et colorés, avec des arômes primaires de framboise.* Photo Jean-Luc Barde/Scope.

16 Madiran

C'est ici, en 1030, que s'installèrent les bénédictins qui allaient réimplanter la vigne dans la région. Le bourg médiéval a gardé son église du XIIe siècle.

À voir : **la vaste église abbatiale et ses cryptes ; la halle en bois.**

Prendre vers Aydie.

GAEC Vignobles Laplace : 64330 Aydie. Tél. 05 59 04 08 00, tlj, 9 h-12 h 30 et 14 h-20 h. Une famille symbolique de l'appellation ; Laplace, c'est la force tranquille, sûre de ses cépages, de l'adéquation de son terroir et de sa science des vinifications ; chaque génération apporte sa touche novatrice.

Prendre la D 292 à droite vers Viella.

Didier Barré : 32400 Viella. Tél. 05 62 69 74 05, tlj, 8 h-12 h et 14 h-19 h, dimanche sur R-V. Didier Barré réussit des prouesses pour exprimer toutes les qualités du cépage tannat. Il faut goûter sa cuvée Charles-de-Batz, puissante au nez, avec des notes de cuir, de café, de fruits rouges… de la vanille en bouche sur une finale tout en rondeur.

17 Maumusson-Laguian

Un jardin est consacré à la célébration du vin et de la vigne dans le monde.

Prendre ensuite la vallée du Bergons (D 164). Les domaines cités ci-dessous sont alignés sur le coteau à l'ouest.

GUY CAPMARTIN : Au Couvent, 32400 Maumusson-Laguian. Tél. 05 62 69 87 88, tlj, sauf dimanche, 9 h-12 h 30 et 14 h-19 h. Exposés plein sud, les 7 ha de vignes de Guy Capmartin produisent des madirans qui ne sont pas de longue garde.

PATRICK DUCOURNAU : 32400 Maumusson-Laguian. Tél. 05 62 69 78 11, sur R-V. Cette ancienne propriété céréalière est devenue un vignoble où l'on trouve les meilleurs crus de madiran, fruits du travail de Patrick Ducournau. Ce spécialiste du vieillissement sous bois joue en permanence sur les essences et les volumes des fûts. Il faut goûter ici la cuvée Chapelle-Lenclos, un madiran à la robe profonde, aux notes animales et grillées, amplement charpenté pour durer, vieilli en fûts de chêne de 500 l.

JEAN-MARC LAFFITTE : 2400 Maumusson-Laguian. Tél. 05 62 69 74 58, sur R-V. Les 25 ha de vignes donnent des cuvées remarquables comme la Cuvée des vieilles vignes, un vin concentré et généreux, ou le pacherenc élevé en fûts de chêne, charmeur et élégant.

ALAIN BRUMONT : château Bouscassé, 32400 Maumusson-Laguian. Tél. 05 62 69 74 67, tlj sauf dimanche et fêtes, 9 h-12 h et 14 h-18 h 30. Alain Brumont est un vigneron talentueux qui a contribué à porter le tannat au rang de cépage de première grandeur. Il commença par replanter le vieux vignoble de Montus, qui est aujourd'hui un des fleurons de l'appellation, et à revigorer les vieilles vignes de Bouscassé. Le domaine possède un impressionnant chai enterré et une salle de dégustation panoramique. Ce site viticole de tout premier ordre produit des vins d'expression. Vin d'exception, la Cuvée prestige de Montus est vendue uniquement par souscription. Le pacherenc « vendanges tardives » développe d'étonnantes senteurs épicées.

CÔTES-DE-SAINT-MONT*

AOVDQS en 1981.
Superficie : 1 000 ha sur 49 communes.
Encépagement :
vin rouge et rosé : tannat (70 % au minimum), cabernet-sauvignon, cabernet franc, merlot, fer-servadou (pinenc) ;
vin blanc : arrufiac, courbu et clairette (50 % au minimum), petit manseng, gros manseng.
Nature des sols : coteaux argilo-calcaires, bas de pentes marneux ou graveleux, et zones argilo-sableuses.
Récolte annuelle :
vin rouge : 50 500 hl ;
vin blanc : 12 100 hl.
Rendement de base : 50 hl/ha.
Titre alcoométrique minimal :
vin rouge : 10 % vol. ;
vin rosé et blanc : 10,5 % vol.
Potentiel de garde :
vin rosé et blanc sec : deux ans ;
vin rouge : cinq ans ;
cuvée tannique : dix ans.

*VDQS

18 SAINT-MONT

Le village est perché sur une falaise au-dessus de la vallée de l'Adour. L'église du XIe-XIIIe siècle s'appuie sur de puissants contreforts.

PRODUCTEURS PLAIMONT : 32400 Saint-Mont. Tél. 05 62 69 62 87, sur R-V. Le regroupement des trois coopératives de Plaisance, Aignan et Saint-Mont a engendré la plus importante structure viticole du Sud-Ouest. On lui doit un important travail de recherche sur les cépages anciennement implantés en Gascogne, la mise en valeur des cépages de l'Armagnac élaborés en vins blancs (le colombard, par exemple).

À Saint-Mont, prendre la D 946 vers Aurensan, petite station thermale gasconne, puis Sarron dans les Landes. Continuer ensuite par Miramont-Sensacq et Clèdes.

TURSAN*

AOVDQS en 1958.
Superficie : 460 ha.
Encépagement :
vin rouge et rosé : tannat (40 % au maximum), cabernet franc et fer-servadou (25 % au minimum) ;
vin blanc : baroque (90 % au minimum), gros manseng, petit manseng, claverie, sauvignon, arrufiac, clairette.
Nature des sols : molasses et calcaires affleurant sur des coteaux recouverts de couches argilo-sableuses.
Récolte annuelle :
vin rouge : 13 000 hl ;
vin blanc : 7 000 hl.
Rendement de base : 45 hl/ha.
Titre alcoométrique minimal :
vin rouge et blanc : 10,5 % vol. ;
vin rosé : 11 % vol.
Potentiel de garde :
vin rouge : cinq ans ;
vin blanc : à boire jeune.

*VDQS

19 GEAUNE

Longtemps disputée entre les rois de France et d'Angleterre, cette bastide du XIVe siècle offre le charme de sa place à arcades.

À voir : **le clocher-porche de l'église (gothique languedocien) ; la tour-clocher de l'ancien couvent des Augustins.**

LES VIGNERONS DU TURSAN : 40320 Geaune. Tél. 05 58 44 51 25, sur R-V. Sur 380 ha, les coopérateurs produisent la grande majorité des vins de l'appellation. Les cuvées du domaine de Castele se signalent par leurs vinifications soignées à partir de raisins sélectionnés. Le rouge vieilli sous bois et le blanc où le baroque domine largement prouvent le potentiel de qualité de l'appellation.

On traverse Eugénie-les-Bains, village thermal rendu célèbre par l'épouse de Napoléon III. Sur la route qui mène à Duhort-Bachen, le château de Lau, dont les parties anciennes datent du XVe siècle, a conservé une cuisine décorée de fresques.

Tursan, château de Bachen. *Le propriétaire du château n'est autre que le cuisinier Michel Guérard qui a reconstitué un chai ancien dans un style classique. Secs et nerveux, les vins de Tursan les plus intéressants sont des blancs issus de cépage baroque, cépage que l'on ne retrouve nulle part ailleurs. Tursan produit également des rouges et des rosés.*
Photo Jean-Luc Barde/Scope.

CHÂTEAU DE BACHEN : Michel Guérard, compagnie hôtelière et fermière d'Eugénie-les-Bains, 40800 Duhort-Bachen. Tél. 05 58 71 76 76, sur R-V. Michel Guérard s'est lancé dans la viticulture avec le même sérieux et la même passion dont il fait preuve en cuisine. Les terres autour de cette demeure du XVIIe siècle sont, en fait, des collines de graves et de molasses alternées. Un sol idéal pour les vins blancs de qualité.

20 Aire-sur-l'Adour

Ce village fut, au même titre que Toulouse, la capitale des Wisigoths, mais il demeura pendant près de trois siècles sous domination anglaise.
Aire est surtout un centre de production de palmipèdes gras.
À voir : **l'ancien évêché du XVIe-XVIIe siècle (hôtel de ville) ; l'église Sainte-Quitterie** (XIIe-XIVe-XVIIIe **siècle) au sud de la ville ; le Musée archéologique (à la mairie).**
À Aire-sur-l'Adour, prendre la D 935 puis la D 3 jusqu'à Termes-d'Armagnac, où l'on peut voir la tour du baron de Termes, compagnon de Jeanne d'Arc. La pittoresque D 48 passe à proximité des châteaux de Sabazan et de Saint-Go qui ne sont pas seulement des sites architecturaux, mais également des domaines viticoles. On traverse ensuite Aignan qui fut la première capitale de l'Armagnac. Il ne reste de l'enceinte fortifiée qu'une porte servant de contrefort à l'église romane.

21 Vic-Fezensac

La nationale emprunte la séparation ancestrale entre le secteur seigneurial et les possessions ecclésiastiques. La ville conserve de belles maisons anciennes, et un donjon du XIVe siècle. L'église romane, fortifiée au XVe siècle, fut dévastée par les protestants et restaurée en 1616.

22 Ramouzens

Son église est dressée sur le site d'un castrum romain.
DOMAINE DE SAN GUILHEM : 32800 Ramouzens. Tél. 05 62 06 57 02, tlj, sauf dimanche 8 h-12 h et 14 h-18 h. Alain Lalanne est l'un des meilleurs producteurs de vins de pays et de floc de gascogne. Les blancs de colombard sont étonnamment aromatiques, et le travail de vinification de l'ugni mérite aussi une halte.

23 Eauze

L'antique cité d'Elusa fut un centre très prospère à l'époque gallo-romaine. Aujourd'hui, c'est la capitale du bas Armagnac et des vins blancs de Gascogne. Les principaux centres d'intérêt se trouvent sur la place d'Armagnac.
À voir : **la maison de Jeanne d'Albert** (XVe **siècle) ; l'église Saint-Luperc** (XVe-XVIe **siècle), construite avec les pierres de la cité gallo-romaine.**

Maison ancienne à Eauze. *Capitale de l'Armagnac viticole, cette petite ville de Gascogne produit également un vin blanc de caractère. Elle possède quelques maisons anciennes et abrite de nombreux chais d'Armagnac.*
Photo Jean-Luc Barde/ Scope.

SCV CHÂTEAU DU TARIQUET : château du Tariquet, Saint-Amand, 32800 Eauze. Tél. 05 62 09 87 82. Yves Grassa fut, à la fin des années 1970, le premier producteur d'Armagnac à se lancer dans la vinification sophistiquée des vins blancs. La cuvée Bois-de-Tariquet reste à ce jour inégalée : c'est un vin aromatique, plein, complexe en bouche.

24 Gondrin

Cette bastide s'enorgueillit d'être l'ancien fief des Pardaillan.
À voir : **la vallée de l'Osse ; le château gascon.**
J. ET G. BAUMANN : EARL de la Ténarèze, domaine des Cassagnoles, 32330 Gondrin. Tél. 05 62 28 40 57, tlj, 8 h 30-17 h 30, dimanche sur R-V, fermé du 1er au 10 septembre. Entre Gondrin et Mouchan, Gilles Baumann consacre plus de 80 % de sa propriété (65 ha) à la production de vins de cépages ou de côtes de gascogne. Il s'oriente actuellement vers une production de vins rouges dont une partie, élevée en fûts de chêne, est vraiment digne d'intérêt.

Par la D 931, puis par la D 208 à Mouchan, dont l'église est l'un des plus anciens témoins du renouveau romano-gothique, on rejoint le château de Cassaigne. Cette ancienne maison de campagne des évêques de Condom est aujourd'hui un site d'animation de l'Armagnac.
La D 142 nous mène à l'ancienne abbaye cistercienne de Flaran, qui abrite un centre culturel départemental. Valence-sur-Baïse est une bastide fortifiée dotée d'une place à couverts (arcades) au nord de laquelle se trouve une église du XIVe siècle. À voir également la porte dite de « l'Hérisson » et la tour du Guardès (XIIIe-XIVe siècle).

25 Saint-Puy

Le village, perché sur les hauteurs, est dominé par le château.
DOMAINE DE MONLUC : château de Monluc, 32310 Saint-Puy. Tél. 05 62 28 94 00, tlj, sauf dimanche matin, 10 h-12 h et 15 h-19 h, fermé en janvier. Sur un ancien oppidum occupé ensuite par un castrum romain (hypocauste) fut construit au XIIIe siècle un premier château féodal, parfaitement conservé. Noël Lassus, à la tête de cette exploitation, est l'un des meilleurs œnologues de Gascogne. Il élabore également de sympathiques vins de pays, fringants et gouleyants.

26 Condom

Nichée au creux de la vallée de la Baïse, la ville où prêcha Bossuet est particulièrement vivante : ses fêtes sont nombreuses et la vie culturelle très active.
À voir : **les hôtels particuliers du** XVIIe-XVIIIe **siècle ; la cathédrale Saint-Pierre et son cloître.** N.-G.C.

Condom, la cathédrale Saint-Pierre *(XVIe siècle). Maltraité sous la Révolution, le décor des chapelles latérales, ornées de retables en pierre, fut en partie reconstitué au XIXe siècle. L'influence de la Renaissance est perceptible dans ce bel édifice du gothique finissant dont la nef très légère est éclairée par de larges baies.*
Photo Jean-Luc Barde/ Scope.

Vins de pays des côtes du tarn. *Ce vin est produit dans le département du Tarn, la région de Gaillac et d'Albi. Les vins rouges sont puissants et charnus, et les blancs vifs et fruités.* Photo Jean-Luc Barde/Scope.

Les vins de pays du Sud-Ouest

À l'intérieur de cette vaste région on distingue généralement sept zones de viticulture incluant plusieurs délimitations, dont celle de vins de pays, s'étendant parfois sur plusieurs départements.

Dans le Sud-Ouest, on dénombre les vins de pays suivants :

■ Un vin de pays de grande zone couvrant l'ensemble des vignobles régionaux : le vin de pays du Comté Tolosan (blanc, rouge et rosé), ainsi que les vins de pays de zone suivants :

■ Vignobles pyrénéens : vin de pays de bigorre (rouge, blanc) ainsi que le vin de pays de l'ariège.

■ Vignobles gascon et landais : vin de pays des côtes de gascogne (blanc, rouge et rosé), vin de pays des côtes de montestruc, vin de pays des côtes du comdomois, vin de pays des terroirs landais comprenant les coteaux de chalosse, les coteaux de l'adour, les sables fauves et les sables de l'océan.

■ Vignobles de l'Agenais : vin de pays de thézac-perricard (rouge) et vin de pays de l'agenais.

■ Vignobles du Quercy : vin de pays du Lot et vin de pays des coteaux de glanes.

■ Vignobles du haut pays toulousain : vin de pays de saint-sardos (rouge), vin de pays des coteaux et terrasses de montauban (rouge).

■ Vignoble tarnais et rouergats : vin de pays des côtes du tarn (blanc, rouge et rosé) et vin de pays de l'aveyron.

Les vins de pays des côtes de gascogne

Dans la vaste zone couverte par les AOC armagnac, floc de gascogne et par le AOVDQS côtes de saint-mont, cette production viticole en plein renouveau fait le lien avec une tradition millénaire. Ce qui n'était au départ qu'un océan de vins de consommation courante fait place aujourd'hui à une production d'un intérêt certain. Les sols sont ceux de l'Armagnac, argilo-calcaires, argilo-siliceux, l'encépagement rouge fait appel aux merlot, cabernets, tannat, malbec, fer-servadou, et en blanc aux colombard, ugni blanc, gros et petit mansengs, sauvignon et chardonnay.

Les vins de pays des terroirs landais

Une petite révolution s'est produite dans l'un des plus vastes départements de France. Quatre de ces territoires méritent une attention particulière.

Les coteaux de chalosse sont produits dans cette région de collines comprise entre l'Adour et le gave de Pau. On trouve là des rouges et rosés de cabernet et tannat assez souples, et des blancs de baroque et d'ariloba dont certains, moelleux, ont un très agréable parfum de miel.

Les côtes de l'adour couvrent largement la zone du tursan et sont peu développés.

Les sables fauves sont la suite logique des côtes de gascogne côté landais : héritiers de la viticulture armagnacaise, ils sont parmi les plus typés du département et demeurent à découvrir.

Les sables de l'océan sont la résurgence d'une pratique ancestrale qui voulait que l'on plante de la vigne sur les dunes de sable du Marensin pour les fixer. Sol de silice, vieux cépages locaux (capbreton, sable rouge) ajoutés à l'omniprésent tannat et aux progrès de la vinification permettent à ces vins de figurer non plus au rang des curiosités mais dans l'honnête moyenne des vins de pays. N.-G.C.

Les vins de pays du haut pays

Les côtes du tarn. Leur production est la plus importante du haut pays. Le vin provient en majeure partie de l'aire AOC gaillac, mais déborde largement de celle-ci puisqu'il peut être produit sur 115 communes du département. Comme l'encépagement est le même que celui de gaillac, à quelques nuances près, les producteurs ont pris l'habitude d'arbitrer au moment des vendanges entre vin de pays et AOC en fonction des rendements de l'année, des possibilités de commercialisation et des cours. Très proches des gaillac, ils sont cependant moins structurés en raison des rendements souvent élevés.

On trouve ensuite des vins de pays rustiques, mais au goût de terroir prononcé.

Les coteaux et terrasses de montauban sont produits par 14 communes du Tarn-et-Garonne à l'est de la ville de Montauban entre Tarn et Aveyron.

Le saint-sardos couvre, autour de la petite ville de Beaumont-de-Lomagne, 36 communes de Haute-Garonne et de Tarn-et-Garonne à l'ouest de la Garonne. J.-P.D.

Vignobles du haut pays. *On regroupe sous ce nom les dénominations suivantes : vins de pays des côtes du tarn, de saint-sardos, des coteaux et terrasses de montauban.* Photo Jean-Luc Barde/Scope.

L'Armagnac

La vigne est présente en Gascogne depuis le Iᵉʳ siècle av. J.-C. Après une extension à l'époque gallo-romaine et une relance des plantations à partir de l'an mille, sous l'influence des monastères, la production viticole deviendra la grande affaire de la noblesse locale. Par ailleurs, on distillait – on en est sûr à partir de 1411 – les vins pour obtenir l'« aigo ardent » (l'eau ardente), utilisée a priori *par les apothicaires mais aussi, déjà, consommée telle quelle, ou tout au moins employée pour rehausser le niveau alcoolique des vins et aider à leur conservation. Cette pratique serait restée marginale si, à partir du XVIIᵉ siècle, les marchands hollandais, frappés d'une forte taxe au tonneau par le protectionnisme bordelais, n'avaient demandé aux paysans gascons de distiller un maximum de leur production. C'est en stockant l'eau-de-vie dans les fûts que les Gascons découvrirent l'intérêt du vieillissement sous bois…*

L'appellation armagnac recouvre toute la partie ouest du département du Gers et les bordures des Landes et du Lot-et-Garonne. Elle se subdivise en trois zones.

Les régions

Le haut Armagnac, dit Armagnac « blanc », en raison des affleurements calcaires sur les collines de la périphérie orientale (Lectoure, Fleurance, Auch, Mirande). La production d'eau-de-vie y est pratiquement absente (avec toutefois des exceptions remarquables).

La Ténarèze englobe les collines argilo-calcaires qui bordent les vallées de la Gélise, de l'Osse et de la Baïse autour de Condom, Nérac, Vic-Fezensac, ainsi qu'une bande de coteaux au sud, jouxtant la plaine de l'Adour, vers Aignan, Marciac, Plaisance, Riscle.

Le bas Armagnac, dit aussi Armagnac « noir », en raison des forêts de chênes qui fournissent le bois aux tonneliers, est le pays des argiles sablonneuses et des pentes plus douces. C'est le cœur excentré de l'appellation occupant tout le nord-ouest du Gers et sa bordure landaise (Eauze, Nogaro, Villeneuve-de Marsan, Labastide-d'Armagnac, Cazaubon…).

Enfin, non reconnue par l'INAO mais entérinée par les dégustations et le négoce, une quatrième zone dite « grand-bas Armagnac » (« grand-bas » pour les initiés), regroupe les communes instal-lées sur les sables ferriques les plus purs (sables fauves) entre Villeneuve-de-Marsan et Labastide-d'Armagnac (Arthez-d'Armagnac, Le Frêche, Lacquy, Mauléon-d'Armagnac, Saint-Vidou…).

Porte alcoomètre *d'alambic, méthode armagnacaise. Il sert à mesurer le titre alcoolique du distillat.* Photo Jean-Luc Barde/Scope.

Les vendanges en Armagnac. *Une dizaine de cépages sont autorisés. En Ténarèze, où domine l'ugni blanc, on pratique de plus en plus la taille en sylvoz qui facilite grandement la cueillette.* Photo Jean-Luc Barde/Scope.

L'influence atlantique est très nette avec une pluviométrie assez importante et un ensoleillement très marqué par des étés chauds et orageux, des hivers humides et des risques réels de gelées.

Les eaux-de-vie

Rares en quantité et en qualité, les haut-armagnac sont des eaux-de-vie qui ont bien du mal à s'adoucir en fûts et qui ont la réputation de n'être utilisées que pour les coupes de bas de gamme. Il existe toutefois quelques rarissimes exceptions. La Ténarèze produit des armagnacs bien plus complexes, toujours chargés de force, virils, mais qui, avec le temps, prennent des arômes de fleurs et de rancio, et atteignent parfois au sublime.

Les bas-armagnac, et à plus forte raison les grand-bas, offrent une palette de sensations d'une grande complexité ; ils sont gras, ronds, puissamment aromatiques, et présentent des notes de fruits confits, de pruneau et de torréfaction.

L'encépagement

Les plus anciens cépages (jurançon blanc, plant de Grèce) ont quasiment disparu ; la folle blanche, le fameux picpoul des mousquetaires, est encore cultivée. Elle donne des eaux-de-vie d'une extrême finesse et d'une grande complexité aromatique. Mais la fragilité des ceps, et les multiples traitements qu'ils exigent, risquent de limiter son avenir.

Quant au baco 22 A, il constitue une exception réglementaire, puisque c'est le seul hybride né des multiples tentatives de lutte contre le phylloxéra, qui soit autorisé dans une AOC française. Il donne des eaux-de-vie d'une grande plénitude, au fond de verre fruité et anisé… En revanche le colombard et l'ugni blanc (ce dernier venu du Cognac) continuent de constituer l'essentiel de l'encépagement armagnacais.

Alambic *de distillation armagnacais. Alambic à coulée continue, en cuivre pur. Formé de plusieurs chaudières superposées, il fonctionne en continu et sans repasse. Incolore, l'eau-de-vie obtenue peut titrer entre 52 et 72 % vol. d'alcool.* Photo Jean-Luc Barde/Scope.

ARMAGNAC

Superficie :
armagnac : 15 000 ha sur une grande partie du département du Gers, et quelques communes des Landes et du Lot-et-Garonne ;
floc de gascogne : 123 ha.
Encépagement :
armagnac : blanc dame (clairette de Gascogne), colombard, folle blanche, graisse, jurançon blanc, mauzac, mauzac rosé, meslier Saint-François, ugni blanc, baco 22 A ;
floc de gascogne blanc : colombard, gros manseng et ugni blanc (70 % au minimum), baroque, folle blanche, petit manseng, mauzac, sauvignon, sémillon ;
floc de gascogne rosé : cabernet franc, cabernet-sauvignon, cot, fer-servadou, merlot, tannat (50 % au maximum).
Nature des sols : calcaires dans le haut Armagnac, argilo-calcaires dans la Ténarèze, argilo-sablonneux dans le bas Armagnac.
Récolte annuelle :
armagnac : 15 500 hl d'alcool pur ;
floc de gascogne : 7 100 hl.
Titres alcoométriques :
vin blanc : 7 à 9 % vol. ;
eau-de-vie blanche : 52 à 70 % vol. ;
armagnac (passé sous bois) : 40 % vol. au minimum (réduit) et plus ;
floc de gascogne : 17,5 % vol.
Potentiel de garde : les grandes maisons de négoce annoncent des réserves plus que centenaires.

Le vieillissement et la conservation

L'eau-de-vie, qui titre entre 50 et 70 % vol. à la sortie de l'alambic, est mise aussitôt en fûts de chêne (en principe de la forêt de Monlezun...). Elle y restera suivant la volonté du maître de chai entre dix-huit mois et plusieurs décennies. Ces fûts sont installés, en général, dans le grenier du chai où ils vont subir les aléas des températures extérieures et entamer un premier vieillissement rapide. Transféré (le plus souvent au bout de deux ans) dans des pièces armagnacaises de 400 l ayant déjà servi, l'armagnac descendra progressivement du grenier au sol, voire au sous-sol, au fur et à mesure de son vieillissement. La stabilité thermique croissante permet l'extraction d'arômes de plus en plus fins. Les experts estiment qu'au bout de vingt-cinq ans de barrique, l'eau-de-vie a atteint son apogée. À trente-cinq ans, elle perd une partie de sa complexité. On la stocke donc en dames-jeannes de verre où elle n'évolue plus.

Verres d'armagnac. *Après un vieillissement en fûts de plusieurs années, l'eau-de-vie acquiert, au contact du bois, les tanins et arômes qui lui procurent couleur et parfums.*
Photo Jean-Luc Barde/Scope.

La production

À la veille de l'invasion du phylloxéra, la vigne régnait en monoculture dans certains secteurs de Gascogne (100 000 ha de vignes). Aujourd'hui, après une succession de crises, l'armagnac est redevenu – sauf dans quelques propriétés spécialisées – une production parmi les autres. Il arrive encore que les pièces qui dorment dans le chai constituent une part non négligeable du patrimoine familial.

Les structures économiques

On en compte cinq. D'abord, le petit propriétaire qui élabore son armagnac certaines années seulement et l'utilise dans une optique d'épargne familiale ; il ne vend pas sa production en direct, mais au négoce, après vieillissement. D'autres viticulteurs livrent leur vin au négociant, ou à la coopérative, et n'interviennent pas dans le processus propre à l'armagnac. Certains encore, indépendants, cultivent, vinifient, distillent et font vieillir leur eau-de-vie, qu'ils vendent ensuite à la propriété. Il existe aussi des coopératives – une dizaine – qui regroupent la grande majorité des viticulteurs, et qui vinifient, distillent, élèvent et commercialisent l'armagnac. Les négociants, enfin, achètent soit la vendange, soit les vins, soit les eaux-de-vie blanches, soit les pièces d'armagnac, pour les traiter et les commercialiser.

L'imbrication de ces structures, les multiples « passerelles » qui peuvent s'établir ont créé un labyrinthe d'intérêts que le Bureau national interprofessionnel de l'armagnac (BNIA) démêle depuis quelques années. Peu à peu la transparence s'installe... Sur l'ensemble de l'aire, on compte aujourd'hui 4 000 viticulteurs, 1 000 détenteurs de stocks d'armagnac, qui approvisionnent un marché de 6 à 8 millions de bouteilles par an, dont 45 % part à l'étranger ; 40 maisons de négoce, autochtones ou implantées, assurent cette commercialisation.

L'AOC armagnac

C'est une eau-de-vie issue de vins élaborés sans aucun adjuvant œnologique de faible teneur alcoolique et d'une forte acidité. La distillation a lieu le plus tôt possible après la fermentation et en tout cas avant le 30 avril. Les alambics à simple chauffe dits « armagnacais » sont recommandés ; l'alambic charentais, à double chauffe, est toléré. Les eaux-de-vie subissent obligatoirement un passage en fût de 400 l. N.-G. C.

Le haut pays

d'Albi à Villeneuve-sur-Lot

Environs de Cahors, côtes d'Olt. *Graves alluviales causses rocheux composent les terroirs du Quercy.*
Photo Jean-Daniel Sudres/Scope.

Les vignobles du haut pays bordent les affluents de la Garonne, côté rive droite. Depuis le Moyen Âge, leur débouché commun était le port de Bordeaux où les vins étaient acheminés par voie fluviale. Ses principales villes conservent le témoignage de cette époque prospère que les efforts des producteurs tendent à retrouver.

Les deux principales vallées du haut pays, celles du Tarn et du Lot, constituent des univers distincts, communiquant peu entre eux. Leurs vignobles, pourtant voisins, ont donc connu des fortunes diverses et leurs personnalités sont restées différentes. Même l'encépagement les sépare ! Sur les bords du Tarn, des coteaux ou des terrasses fertiles se prêtent à tout l'éventail des cultures modernes avec la vigne sur les meilleurs terroirs, pour les appellations gaillac, côtes du frontonnais et lavilledieu. Pour rejoindre Cahors, il faut gravir un plateau ingrat et dévaler ensuite les rives escarpées du Lot. Les vignes, principalement situées sur les terrasses alluviales nichées dans les méandres de la rivière, ont commencé à reconquérir le causse.

Cahors, le pont Valentré (1308). *Massives arches gothiques, tour centrale servant de poste d'observation et avant-becs percés de créneaux témoignent de son rôle défensif.*
Photo Jean-Daniel Sudres/Scope.

Itinéraire d'Albi à Villeneuve-sur-Lot

D'Albi à Villeneuve-sur-Lot en passant par Cahors, on quitte le pays des cathares, d'abord soumis, puis annexé au XIIIe siècle par les troupes des rois de France, pour rejoindre le Quercy et l'Agenais qui furent pendant deux siècles l'enjeu de luttes incessantes entre la France et l'Angleterre. On passe aussi du pays de la brique rouge à celui de la pierre de taille blanche. Ce ne sont pas seulement la géologie et les paysages qui changent en quelques dizaines de kilomètres, mais aussi l'histoire, l'architecture et les activités économiques. La culture occitane et son unité linguistique constituent néanmoins le patrimoine commun de cette région.

1 Albi

En tête de l'itinéraire dans le haut pays, Albi n'est pas situé sur un terroir viticole. La vieille ville, construite tout en briques rouges et roses sur les bords du Tarn, mérite à elle seule une visite approfondie. Que l'on vienne du Ségala au nord, des montagnes du haut Languedoc à l'est ou de Gaillac à l'ouest, la masse imposante de la cathédrale Sainte-Cécile apparaît de loin aux visiteurs, dominant la ville. C'était d'ailleurs sa fonction, puisqu'elle fut érigée en style gothique au XIIIe-XIVe siècle, peu après la croisade des albigeois, pour rappeler aux populations locales la puissance de l'Église catholique romaine. Elle constitue, avec le palais de la Berbie, ancienne résidence des archevêques devenue musée Toulouse-Lautrec, un ensemble architectural médiéval complet. Le palais, dont les jardins à la française s'étagent sur la rive gauche du Tarn, abrite aujourd'hui un musée de peinture. Celui-ci présente une collection majeure de Toulouse-Lautrec (portraits de *Tapié de Céleyran*, d'*Yvette Guilbert*, etc.), né à quelques mètres de là, dans le vieil Albi, à l'hôtel du Bosc.

À voir : **la cathédrale Sainte-Cécile ; le musée Toulouse-Lautrec ; la collégiale**

Albi, la cathédrale. *Avec sa nef unique, haute de 28 m, et son décor mural le plus vaste de France, cette cathédrale-forteresse, surmontée d'un clocher-donjon, est l'une des plus belles réalisations de l'architecture gothique méridionale.*
Photo Daniel Faure/Scope.

Gaillac

Superficie : 3 100 ha.

Encépagement :
vin rouge et rosé : duras, fer-servadou, gamay noir et syrah (60 % au minimum), cabernet-sauvignon , cabernet franc, merlot ;
vin blanc : len de l'elh, mauzac, mauzac rosé, muscadelle, ondenc, sauvignon, sémillon.

Récolte annuelle :
vin rouge : 138 700 hl ;
vin blanc : 45 800 hl.

Rendement de base :
vin rouge et rosé : 55 hl/ha ;
vin blanc, gaillac mousseux méthode traditionnelle et gaillac mousseux méthode gaillacoise brut et demi-sec : 60 hl/ha ;
gaillac doux, gaillac premières côtes, gaillac mousseux, méthode gaillacoise doux : 45 hl/ha.

Titre alcoométrique minimal :
vin rouge et rosé : 10,5 % vol. ;
vin blanc, gaillac mousseux méthode traditionnelle, gaillac mousseux méthode gaillacoise brut et demi-sec : 10 % vol. ;
gaillac doux, gaillac premières côtes, gaillac mousseux, méthode gaillacoise doux : 11 % vol.

Potentiel de garde :
vin rouge : de six à huit ans ;
vin rosé, blanc et mousseux : deux ans ;
gaillac premières côtes : de quatre à six ans.

Saint-Salvi ; la pharmacie des Pénitents ; l'hôtel Reynès ; l'hôtel du Bosc ; le Pont-Vieux du XIe siècle.

2 Castelnau-de-Lévis

En sortant d'Albi par la route de Cordes, on gravit rapidement les côtes de la rive droite. Dans un virage prononcé de la D 600, un carrefour conduit à Castelnau-de-Lévis, premier village du vignoble de Gaillac.

À voir : **l'impressionnant donjon du XIIIe siècle ; le panorama sur la ville d'Albi.**

Domaine d'Escausses : EARL Denis Balaran, domaine d'Escause, 81150 Sainte-Croix. Tél. 05 63 56 80 52, tlj, 9 h-19 h, dimanche et groupe sur R-V. Le terroir est excellent pour les vins blancs dont la famille Balaran prépare quelques cuvées spéciales. En rouge, le domaine d'Escausses n'a pas négligé les cépages traditionnels (duras, fer) qui favorisent un nez épicé et une bonne structure.

Domaine de Labarthe : Jean-Paul Albert, 81150 Castanet. Tél. 05 63 56 80 14, sur R-V. La famille Albert cultive ce domaine avec succès depuis le XVIe siècle. Beau terroir pour les vins blancs, le domaine de Labarthe réussit souvent le gaillac doux. Les rouges ont une bonne aptitude au vieillissement, parfaitement exploitée avec la cuvée Guillaume, élevée dans le bois. Enfin, le domaine de Labarthe se signale tous les ans avec son gaillac primeur (cépage gamay) qui tient tête à bien des beaujolais.

3 Cordes

Après avoir traversé les côtes au relief mouvementé, on parvient au plateau du pays cordais, un causse calcaire convenant tout particulièrement à la finesse des vins blancs. C'est là qu'en 1222, pour résister aux armées royales, le comte de Toulouse, Raimond VII, a fiché la bastide de Cordes sur un piton commandant la vallée du Cérou et l'accès à Albi. Florissante au Moyen Âge, Cordes est une petite ville fortifiée de style gothique dont on aime, au hasard des rues, admirer les façades.

À voir : **la Barbacane ; les halles ; l'église Saint-Michel ; les façades gothiques des maisons Grande-Rue et Grande-Rue-Haute.**

De Cordes à Gaillac en passant par Vieux et Cahuzac, on longe la profonde forêt de la Grésigne et l'on remonte pendant quelques kilomètres la charmante vallée de la Vère. Nous conseillerons un petit détour à Castelnau-de-Montmiral, bastide médiévale plus modeste que Cordes mais beaucoup moins fréquentée. Les passionnés de littérature romantique iront se recueillir au château du Cayla sur la commune d'Andillac, où sont nés et ont vécu Eugénie et Maurice de Guérin.

Vignoble de Gaillac. *Les premières traces de ce très ancien vignoble, l'un des plus étendus du Sud-Ouest, remontent à 600 av. J.-C.*
Photo Jean-Luc Barde/Scope.

À partir de Cahuzac, la route traverse les premières côtes, véritable berceau de l'appellation, et plonge ensuite sur la plaine de Gaillac. Au cœur du vignoble, le hameau de Mauriac abrite un élégant château du XVe siècle, planté d'un seul jet au revers d'un coteau. Bel exemple de transition entre architecture défensive et d'agrément.

4 Gaillac

Gaillac, qui s'est développé sur la rive droite du Tarn, autour de l'abbaye bénédictine dédiée à saint Michel, a longtemps servi de port d'embarcation pour les vins qui ont adopté son nom. L'abbaye, qui avait abrité une coopérative viticole, est maintenant reconvertie en maison du Vin. Sur les pentes qui dévalent jusqu'au Tarn, la vieille ville de Gaillac recèle quelques trésors du Moyen Âge et de la Renaissance.
À voir : **l'église Saint-Michel ; l'hôtel-maison Pierre-de-Brens (musée de la Vigne) ; le château de Foucaud (parc et terrasses dessinés par Le Nôtre).**
En partant vers Lisle-sur-Tarn par la rive gauche, on traverse le village de Montans. Des fouilles récentes ont mis au jour les restes d'une puissante colonie gallo-romaine qui attestent d'un important centre viticole dès cette époque.
À voir : **le musée.**
DOMAINE DE VAYSSETTE : Route de Caussade, 81600 Gaillac. Tél. 05 63 57 31 95, sur R-V. Situé au cœur des premières côtes, idéales pour les vins blancs moelleux, le domaine de Vayssette produit un gaillac doux de « vendanges tardives » par tries successives qui tire la quintessence des vieilles vignes de mauzac et de la muscadelle, et un vin rouge sauvage et complexe.

5 Lisle-sur-Tarn

Autre ancien port sur la rive droite du Tarn, ce bourg est très marqué par la viticulture.

6 Rabastens

En rejoignant Rabastens par le bord de la rivière, on découvre le château de Saint-Géry. Cette immense bâtisse surprend dans une région où dominent plutôt maisons de maître et petits manoirs. Sa façade classique sur la cour d'honneur est monumentale. La petite ville de Rabastens marque la fin de l'appellation gaillac sur la rive droite.
À voir : **les remparts ; l'église Notre-Dame-du-Bourg** (XIIIe-XIVe **siècle).**

> ### Côtes du Frontonnais
> Superficie : 2 083 ha.
> Encépagement : négrette (50 % au minimum, 70 % au maximum), cot, mérille , fer et syrah (25 % au maximum chacun), cabernet franc et cabernet-sauvignon (25 % au maximum), gamay noir, cinsaut, mauzac blanc (15 % au maximum).
> Récolte annuelle : 119 800 hl.
> Rendement de base : 50 hl/ha.
> Titre alcoométrique minimal : 10,5 % vol.
> Potentiel de garde :
> vin rouge : de trois à cinq ans ;
> vin rosé : deux ans.

7 Villemur-sur-Tarn

Après Rabastens, le Tarn reçoit l'Agout, un affluent venu du haut Languedoc, et infléchit son parcours vers le nord. En le suivant, on quitte la route de Toulouse pour la direction de Montauban et l'on arrive à Villemur où un gué avait suscité la création d'une ville fortifiée. La tour du vieux moulin qui domine la rivière en est le seul vestige. C'est là que commence le vignoble des côtes du frontonnais.
SCEA DU CHÂTEAU MONTAURIOL: 31340 Villematier. Tél. 05 61 35 30 58, tlj, 9 h-12 h et 14 h-18 h. Cet ancien domaine viticole fut racheté, en 1987, par un citoyen suisse qui ne manquait pas de moyens financiers pour investir dans une production de grande qualité. Il produit des vins riches, concentrés, auxquels la négrette apporte ses arômes.

8 Fronton

Entre le Tarn et la Garonne se sont entassées des alluvions anciennes, cailloux et sables charriés depuis le Massif central. C'est le terroir des côtes du frontonnais, qui a réuni les AOVDQS fronton et villaudric en une seule AOC en 1975.
CHÂTEAU BELLEVUE-LA-FORÊT : 4500, avenue des Grisolles, 31620 Fronton. Tél. 05 34 27 91 92, sur R-V. C'est le plus important domaine de l'appellation, avec près d'une centaine d'hectares, et le seul qui soit vraiment connu, car le volume de sa production lui permet d'être massivement représenté dans la grande distribution. Les vins sont aimables, friands, à boire dans les trois à quatre ans, et l'on note de bons résultats dans les rosés.
EARL DE CAHUZAC : Les Peyronnets, 82170 Fabas. Tél. 05 63 64 10 18, sur R-V. Domaine familial depuis dix générations, sur un terroir de boulbènes et de graves, il produit des vins typés par la négrette, aux arômes de cerise et de groseille.

9 Montauban

En poursuivant la descente du Tarn, on parvient à Montauban. Fondée au XIIe siècle comme une bastide, construite en brique, comme Albi, la ville se rapproche davantage du style toulousain. Il faut visiter le musée dédié à Jean Auguste Dominique Ingres, né ici en 1780 et mort à Paris en 1867. Le peintre a légué à sa ville natale une grande part de son œuvre, et même son violon ! Adulé de son vivant, le maître fut ensuite qualifié d'académiste par opposition à Delacroix, dont on peut également voir des œuvres à Montauban. En fait, par la force de son dessin, son inspiration sans limites, son sens de la couleur, il fut un modèle pour la peinture moderne. Degas et surtout Picasso ont reconnu ce qu'ils lui devaient.
On peut profiter de la visite au musée pour découvrir l'œuvre de Bourdelle, né lui aussi à Montauban en 1861. Élève de Rodin, il sut se détacher de l'influence de son maître sans perdre en puissance. Deux autres sculptures de Bourdelle sont visibles en ville : l'une face au musée, intitulée *Dernier Centaure mourant*, et le monument aux combattants de 1870.
À voir : **la place Nationale, construite avec des couverts (double galerie voûtée) dans le style classique du** XVIIe **siècle ; le musée Ingres ; la place Bourdelle ; le Pont-Vieux ; l'ancienne cour des Aides (musée du Terroir et musée d'Histoire naturelle et de préhistoire) ; la cathédrale Notre-Dame (*Vœu de Louis XIII*, par Ingres).**

LAVILLEDIEU*

Cette appellation AOVDQS s'étend sur 13 communes du Tarn-et-Garonne : La Ville-Dieu-du-Temple, Meauzac, Barry-d'Islemade, Albefeuille-Lagarde, Montbeton, Lacourt-Saint-Pierre, Bressols, Montech, Escatalens, Saint-Porquier, Castelsarrasin, Les Barthes, Labastide-du-Temple.

Superficie : 150 ha.

Encépagement :

vin rouge : négrette (35 % au minimum), mauzac, bordelais, morterille et chalosse (80 % au minimum), et syrah, gamay, jurançon noir, picpoul, milgranet, fer (20 % au maximum) ;

vin blanc : mauzac, sauvignon, sémillon, muscadelle, blanquette, ondenc, chalosse blanche.

Récolte annuelle :

vin rouge : 3 700 hl ;

Rendement de base : 45 hl/ha.

Titre alcoométrique minimal : 10,5 % vol.

Potentiel de garde : à boire dans l'année.

* VDQS

De Montauban à Moissac, l'espace entre Tarn et Garonne se termine en une pointe au milieu de laquelle se trouve La Ville-Dieu-du-Temple qui a donné son nom à l'AOVDQS lavilledieu.

10 Moissac

Après avoir laissé Castelsarrasin, on franchit le Tarn pour pénétrer dans Moissac. L'abbaye bénédictine, son cloître et son église méritent une visite. Le clocher-porche et le portail méridional sont des sommets de la sculpture romane. Le cloître, légèrement antérieur, est également un ensemble roman complet, particulièrement préservé, qui constitue une véritable bible en images.

À voir : **l'abbatiale Saint-Pierre et son portail roman, le cloître attenant ; le Musée moissagais dans l'ancienne demeure des abbés ; le collège des Doctrinaires ; le pont Napoléon.**

11 Castelnau-Montratier

Pour rejoindre Cahors depuis Moissac, il faut gravir le causse en suivant l'une des vallées qui le drainent. On y trouve de nombreuses petites bastides, juchées sur les crêtes, comme Castelnau-Montratier (XIIIe siècle), qui conservent leurs places à couverts. L'architecture retrouve la pierre calcaire que l'on avait oubliée depuis Cordes en Gaillacois.

12 Lalbenque

Ce charmant petit village, juste en dehors de l'aire d'appellation cahors, connaît une animation extraordinaire quelques jours par an. À la fin de l'automne se tient le marché de la truffe, le plus important du Sud-Ouest.
Au nord de Lalbenque, à Cieurac, le château de Haute-Serre, appartenant au négociant Georges Vigouroux, est le symbole de la reconquête récente du causse par le vignoble de cahors.

CAHORS

Superficie : 4 215 ha.

Encépagement : cot (70 % au minimum), merlot et tannat (30 % au maximum), jurançon noir.

Récolte annuelle : 254 900 hl (en 1991).

Rendement de base : 50 hl/ha.

Titre alcoométrique minimal : 10,5 % vol.

Potentiel de garde : de dix à quinze ans.

13 Cahors

Après Lalbenque et quelques kilomètres de route droite sur le sommet du causse, on plonge sur Cahors. Belle ville lovée dans un méandre du Lot, Cahors était au Moyen Âge une position facile à défendre au carrefour des axes de circulation est-ouest par la vallée et Paris-Toulouse. De cette époque, on conserve de magnifiques ouvrages militaires tel le pont Valentré, et la barbacane, au nord, qui commandait le seul accès terrestre possible. Le souvenir d'un âge d'or, le XIIIe siècle, reste également très présent, quand la ville était la première place bancaire d'Europe et assez puissante pour donner en 1316 un pape à l'Église catholique, Jean XXII. Ville-étape sur un itinéraire surchargé en été, Cahors offre un lacis de rues tortueuses et riches de belles

Cahors, trésor de la cathédrale. *Ange en bois doré du XVIIe siècle tenant un cartouche à volutes.*
Photo Jean-Daniel Sudres/Scope.

demeures autour de la cathédrale Saint-Étienne, remarquable par sa nef à coupoles romanes, à l'instar de Saint-Front de Périgueux et Sainte-Marie de Souillac.

À voir : **le pont Valentré ; la cathédrale Saint-Étienne (XIe siècle) et le cloître (XVIe siècle) ; l'église Saint-Barthélemy (clocher en brique !) ; la grosse tour barlongue du palais Duèze (XIVe siècle) dite tour de Jean XXII qui évoque irrésistiblement les palais florentins.**

14 Mercuès

En aval de Cahors, sur la rive droite, on arrive à Mercuès, dominé par un château médiéval transformé en hôtel.

Alain-Dominique Perrin : SCEV Lagrezette, domaine de Lagrezette, 46140 Caillac. Tél. 05 65 20 07 62, tlj, 10 h-19 h. Le P-DG de Cartier s'est pris de passion pour le vin de cahors qu'il produit sur une trentaine d'hectares autour de cette imposante demeure Renaissance restaurée. On l'aperçoit de loin, au sommet d'un coteau, avec ses vignes ceintes d'un mur de pierre. Le vin est cher, mais de qualité, un brin moins rustique et moins « terroir » que le cahors traditionnel. Il privilégie les arômes et la souplesse.
En continuant sur la rive droite, on laisse à gauche la cave coopérative de Parnac (Les Côtes d'Olt), la seule de l'appellation. À droite, un peu plus loin, on passe devant le château de Caïx, propriété du

Carte de l'aire d'appellation cahors.

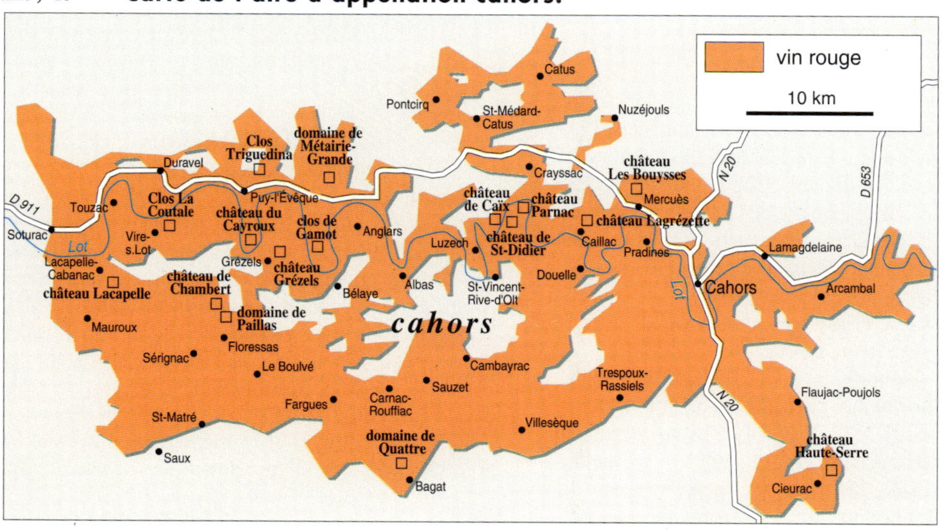

Environs de Mercuès, *le château de Lagrézette et les vignes. Dans la basse vallée du Lot, châteaux, bastides et maisons fortes retrouvent peu à peu leur environnement familier de vignobles.*
Photo Jean-Daniel Sudres/Scope.

prince Henri de Montpezat, devenu Henrik par son mariage avec la reine du Danemark.

15 Luzech

Un peu plus loin on rejoint Luzech, construit, comme Cahors, dans un méandre du Lot mais encore plus resserré.
À voir : **le donjon ; la vieille ville ; le musée archéologique Armand-Viré (collections paléolithiques et gallo-romaines).**
SCEA Château La Caminade : Ressès et Fils, 46140 Parnac. Tél. 05 65 30 73 05, tlj, sur R-V. Le domaine était exploité par des moines jusqu'à la Révolution. Il produit des vins soyeux caractérisés par leur robe sombre, des arômes de sous-bois et de petits fruits rouges.

16 Albas

Après avoir traversé le Lot à Luzech, on découvre Albas qui domine la rivière au revers d'une falaise. Il faut bien chercher pour trouver l'entrée du petit pont suspendu qui permet de rejoindre le vignoble sur l'autre rive.

17 Puy-l'Évêque

Après Albas, la vallée s'élargit peu à peu jusqu'à Puy-l'Évêque qui commande l'entrée d'une vaste plaine. C'est sans doute ici que l'on découvre les plus grandes surfaces de vignes, à perte de vue. Dans le fond de la vallée, les arbres fruitiers et les cultures disputent le terrain au cahors qui se réserve les pentes et les terrasses.
À voir : **l'église gothique fortifiée ; le donjon ; la rue Bovila.**
Baldès et Fils : clos Triguedina, 46700 Puy-l'Évêque. Tél. 05 65 21 30 81, tlj, 9 h-12 h et 14 h-18 h, samedi et dimanche et groupe, sur R-V. La famille Baldès fait partie des « conservateurs » du cahors, qui lui ont permis de retrouver vie après une période noire. Elle est une spécialiste des vins puissants et profonds, très typés de leur terroir.

18 Touzac

On s'apprête là à quitter le Quercy pour le Périgord et à sortir des limites de l'appellation cahors. On aura fini de la parcourir en sillonnant le causse entre Floressas, Mauroux et Lacapelle-Cabanac. La vigne, maintenant à l'étroit dans la vallée, entièrement cultivée, reconquiert ici aussi le plateau, comme en amont à Cieurac.
Joël Delgoulet : Les Hauts Coteaux, 46700 Floressas. Tél. 05 65 31 95 75, tlj, 8 h 30-12 h 30 et 13 h 30-18 h 30. Le vignoble fut reconstitué il y a une vingtaine d'années ; cette propriété d'une soixantaine d'hectares produit des vins intenses, aromatiques et puissants, qui supportent avec allégresse l'élevage en barriques.

19 Bonaguil

À la limite du Quercy, l'immense château fort de Bonaguil (fin du XVe siècle) défend l'entrée du Périgord.
De Bonaguil à Monflanquin, on traverse Fumel, puis l'on peut s'arrêter à Gavaudun. Si l'on a toujours la passion pour les donjons du Moyen Âge, celui-ci est dans un site agréable.

20 Monflanquin

Sa bastide domine le pays du pruneau. Elle a été fortifiée par les Anglais au temps de la guerre de Cent Ans.
À voir : **l'église gothique ; la maison du Prince noir ; les ruelles étroites comme des boyaux ; le temple protestant ; le cadran solaire.**
Pour rejoindre Villeneuve-sur-Lot, prendre par la D 676.

J.-P.D.

OPINION

Lucien Vanel (restaurateur et chef à Toulouse)

1/ Qu'attendez-vous d'un vin ?
Que par un subtil rapport qualité-prix il m'apporte du plaisir. Et, s'il vous plaît, pas de déclarations fracassantes, de sentences péremptoires au cours des dégustations. J'ai vu souvent des célébrités se fourvoyer sans crainte de se couvrir de ridicule.

2/ Qu'attendez-vous d'un producteur ?
Que son vin, justement, me procure ce plaisir et qu'ensuite, par sa façon de conduire son vignoble, par son éthique (au pilori les étiquettes ambiguës), par le charme de ses propos, de son humour (Ah ! les lettres de J.-M. Ponsot !), qu'il devienne petit à petit mon ami.
Et alors, même en cas d'« année jalouse », il faut impérativement l'assurer de sa fidélité. C'est dans l'adversité que se forge l'amitié.

3/ Votre dernier coup de cœur ?
Dans les premiers jours de l'année 1970, nous n'étions pas nombreux sur le plateau de Cieurac, fouetté par le vent. Nous suivions des yeux une énorme machine qui, inlassablement, concassait et retournait les pierres d'un coteau en friche. Nous étions là en curieux, quelques-uns sceptiques d'ailleurs, témoins de la naissance du vignoble de Haute-Serre, dans l'appellation cahors. Aussi ai-je toujours eu pour ce vin un brin de tendresse, même si les premières cuvées montraient la même ingratitude que les pierres du causse. Aujourd'hui, la vigne est sortie de l'adolescence. Le millésime 1990, à la robe d'un pourpre profond, m'a procuré un plaisir sans partage, d'autant que ce coup de cœur, je l'attendais depuis longtemps.

Les vins d'entraygues* et le marcillac

Établis au Xe siècle par les ordres religieux (Saint-Géraud d'Aurillac, Conques, etc.), les vignobles du nord de l'Aveyron ont occupé jusqu'à 7 000 ha de terrasses escarpées. On en trouve partout la trace, notamment le long des vallées du Lot et du Tarn (Saint-Rome-du-Tarn). Le phylloxéra, l'exode rural et la difficulté de mécaniser ont fait abandonner la plupart des implantations traditionnelles. Pourtant, depuis une dizaine d'années, la viticulture aveyronnaise se réveille. Le principal vignoble, celui de Marcillac, a vu sa superficie passer de quelques dizaines d'hectares à près de 200 ha et a obtenu l'appellation d'origine contrôlée en 1990 ; les vignerons d'Estaing se sont structurés collectivement et, dans le sud, les côtes et gorges de Millau améliorent leurs vinifications et redonnent vie à une production qui fut étonnamment prospère.
Les vins sont essentiellement typés, rustiques, nés de la rude histoire de la paysannerie rouergate : les blancs d'entraygues et d'estaing accompagnent bien la truite au lard classique de la région, les rouges souvent vifs conviennent aux charcuteries et aux viandes blanches. La nouvelle génération de l'AOC marcillac, passée sous bois et méticuleusement vinifiée, accompagne à merveille les grands plats typiques du Rouergue : tripoux, grandes soupes, falette et gibier…

*VDQS

N-G.C.

Le botrytis :
pourriture grise ou pourriture noble

Responsable d'importants dégâts dans les vignobles, la pourriture grise est provoquée par le champignon Botrytis cinerea. *Mais si le développement de ce parasite est bien maîtrisé, il permet l'élaboration de vins blancs liquoreux dont le plus illustre exemple est le château d'Yquem. La « pourriture noble » devient alors complice du viticulteur.*

Forme archaïque de la vie végétale, le *Botrytis cinerea* est un champignon de la famille des ascomycètes. Très polyphage, il peut vivre parfois sur des matières organiques en décomposition. Les substrats sur lesquels il se développe sont très nombreux, et ses modes de reproduction, par spores, représentent une bonne forme de dissémination.

Pourriture grise sur grappe. *Les grains prennent une coloration grisâtre.*
Photo Michel Guillard/Scope.

Le botrytis est recherché pour l'élaboration des vins blancs moelleux ou liquoreux comme en Hongrie, en Allemagne, dans le Valais suisse ou en France, en Anjou sur les coteaux du Layon, en Dordogne, en haut-montravel et monbazillac, ainsi qu'en Gironde à Sauternes, Barsac, Loupiac et Sainte-Croix-du-Mont, et, certaines années, à Jurançon.

Une exceptionnelle richesse en sucres

En se développant sous la pellicule du grain, le botrytis digère la peau du raisin et permet l'évaporation du jus qui, ainsi concentré, donne au pressurage un moût onctueux et extrêmement riche en sucres. Dans le même temps, le développement de ce champignon parasite a pour effet d'appauvrir le moût en éléments nutritifs indispensables aux levures (azote assimilable) et de créer un milieu hostile à leur développement.

Comme le botrytis ne se développe pas de façon uniforme, il est nécessaire de passer plusieurs fois dans la vigne pour trier et ne cueillir que les grappes, portions de grappes ou baies convenablement « rôties ». Cette opération peut se répéter de deux à six fois. Les raisins cueillis sont recouverts d'une poussière blanche constituée par les organes de fructification du champignon. De cet aspect, qui rappelle la cendre, le botrytis tient son qualificatif de *cinerea.*

L'influence hollandaise

L'histoire de l'emploi du botrytis est associée à celle des vins doux. Si la pourriture noble a été utilisée de façon ponctuelle par les Romains, cette pratique a apparemment disparu de France pendant le Moyen Âge, au même titre que le collage. Il est vrai qu'à cette époque de disettes fréquentes, la surmaturation et son corollaire, la diminution du volume récolté, ne pouvaient guère être appréciés des vignerons.

Si l'on assiste au retour d'une certaine prospérité au XVIe siècle, la véritable renaissance des vins doux remonte au XVIIe siècle. À la suite de la révocation de l'édit de Nantes, bon nombre de producteurs, de confession protestante, quittent alors le Périgord et trouvent en Hollande une terre d'accueil où ils transmettent le goût des vins doux ou liquoreux. Dès lors, grands amateurs de ce type de vins blancs, les Hollandais en favorisent la production, tout comme ils encouragent celle des vins blancs de chaudière, destinés à l'élaboration de l'eau-de-vie.

Château d'Yquem, *premier grand cru classé du Sauternais. Porche ouvrant sur la cour intérieure. Le château est composé d'éléments ajoutés successivement aux XVe, XVIe et XVIIe siècles.*
Photo Michel Guillard/Scope.

C'est à cette époque que la surmaturation commence à être favorisée systématiquement dans de grands domaines vinicoles. La persistance et la stabilité de certaines familles, comme celle d'Yquem puis de Lur-Saluces, ont largement contribué à ériger cette méthode en principe. De ce point de vue, le château d'Yquem a sans doute joué un rôle comparable à celui tenu par les seigneuries de Latour, de Margaux et de Lafite dans l'établissement d'une technique culturale des vins rouges de qualité.

Mais la qualité coûte cher, car la surmaturation réduit le volume de la récolte, qui peut même être perdue si les conditions climatiques sont mauvaises. On comprend qu'aujourd'hui encore les viticulteurs qui laissent pourrir leur vendange ne le font pas sans une certaine appréhension. D. H.

Cueillette des grains *soumis aux attaques de la pourriture noble. Seules les grappes, ou fractions de grappes, présentant l'état recherché, sont vendangées par tries successives.*
Photo Michel Guillard/Scope.

Entre Garonne et Dordogne

d'Agen à Bergerac

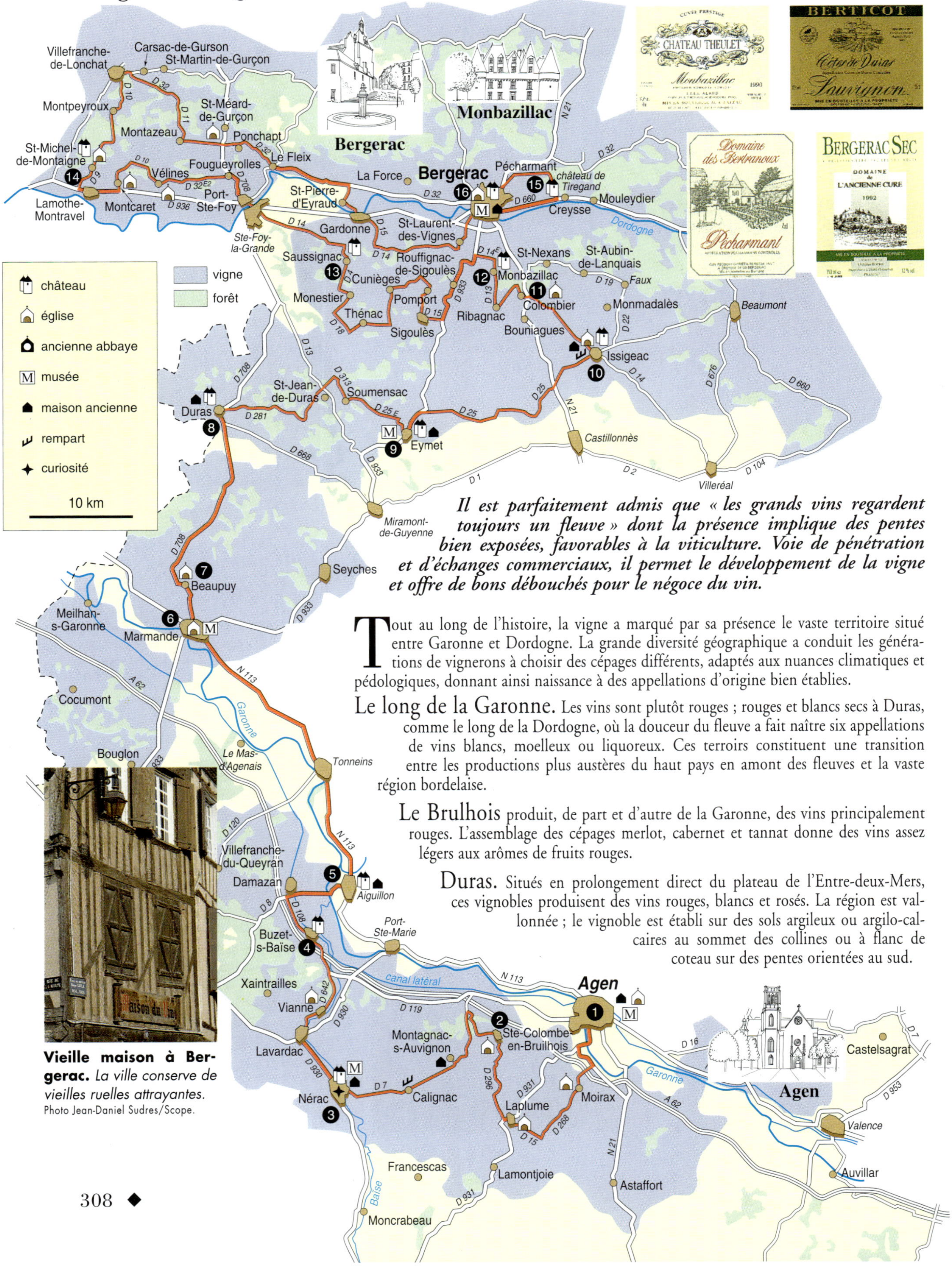

Il est parfaitement admis que « les grands vins regardent toujours un fleuve » dont la présence implique des pentes bien exposées, favorables à la viticulture. Voie de pénétration et d'échanges commerciaux, il permet le développement de la vigne et offre de bons débouchés pour le négoce du vin.

Tout au long de l'histoire, la vigne a marqué par sa présence le vaste territoire situé entre Garonne et Dordogne. La grande diversité géographique a conduit les générations de vignerons à choisir des cépages différents, adaptés aux nuances climatiques et pédologiques, donnant ainsi naissance à des appellations d'origine bien établies.

Le long de la Garonne. Les vins sont plutôt rouges ; rouges et blancs secs à Duras, comme le long de la Dordogne, où la douceur du fleuve a fait naître six appellations de vins blancs, moelleux ou liquoreux. Ces terroirs constituent une transition entre les productions plus austères du haut pays en amont des fleuves et la vaste région bordelaise.

Le Brulhois produit, de part et d'autre de la Garonne, des vins principalement rouges. L'assemblage des cépages merlot, cabernet et tannat donne des vins assez légers aux arômes de fruits rouges.

Duras. Situés en prolongement direct du plateau de l'Entre-deux-Mers, ces vignobles produisent des vins rouges, blancs et rosés. La région est vallonnée ; le vignoble est établi sur des sols argileux ou argilo-calcaires au sommet des collines ou à flanc de coteau sur des pentes orientées au sud.

Vieille maison à Bergerac. *La ville conserve de vieilles ruelles attrayantes.*
Photo Jean-Daniel Sudres/Scope.

Côtes de Buzet, *le vignoble à Mongaillard. Les vins sont issus de vignes plantées en sol graveleux et argilo-calcaire.* Photo Jean-Daniel Sudres/Scope.

Buzet. D'origine monastique, ce très ancien vignoble, développé au cours des siècles par les bourgeois d'Agen, s'étend aujourd'hui sur les premiers coteaux de la Garonne entre Damazan et Sainte-Colombe.

Bergeracois. Ce terroir jouit d'un climat à forte tendance océanique. Les températures sont élevées et constantes, tout particulièrement pendant la période végétative de la vigne. Ce climat est tout à fait favorable à la culture de la vigne. Le vignoble de coteaux est installé sur des sols variés. D'est en ouest, on rencontre des formations de grès et de sables mélangés à de l'argile, puis les sables et graviers du Périgord et les sols argileux et argilo-calcaires du Monbazillac. L'encépagement en blanc est marqué par un accroissement de la part prise par le sauvignon pour les blancs secs.

Monbazillac. Les conditions climatiques – alternance d'humidité et de chaleur – et les caractéristiques pédologiques – sols argilo-calcaires – constituent les conditions indispensables à la production d'un grand vin liquoreux. Mais pour obtenir ce produit d'exception, il faut le sérieux et le savoir-faire du viticulteur-vinificateur : la récolte doit impérativement se faire manuellement par tries en récoltant la vendange flétrie sous l'effet du développement du *Botrytis cinerea*. Tous les grands vins liquoreux naissent de cette manière, les autres produits ne peuvent être que des vins moelleux. Dans les grands millésimes, tels que 1988, 1989 et 1990, les vins liquoreux peuvent se conserver et se bonifier pendant des dizaines d'années.

Saussignac. Les vins issus de ce terroir de plateaux et de coteaux connurent une grande notoriété au XVIe siècle. On y produit de grands vins moelleux.

Montravel. Cette AOC produit du vin blanc sec, elle s'étend sur 15 communes situées essentiellement sur le coteau rive droite de la Dordogne. Les cépages cultivés sont le sémillon, le sauvignon en proportion croissante et la muscadelle. Les vins blancs secs sont élégants, les blancs moelleux, tout en finesse, et les vins liquoreux récoltés par tries en vendanges botrytisées sont remarquables par leur onctuosité. L'encépagement en rouge est aujourd'hui dominant.

Côtes de Bergerac. *Le terroir du Bergeracois est formé de deux grandes zones : au nord de la Dordogne il est composé de sables du Périgord et, au sud, de molasses, de marnes et de calcaires.* Photo Jean-Daniel Sudres/Scope.

Itinéraire d'Agen à Bergerac

Dans une symétrie presque parfaite, l'itinéraire propose de descendre la Garonne d'Agen à Marmande puis de longer la Dordogne de Bergerac à Montravel, la région de Duras servant de lien entre les rives de ces deux cours d'eau qui se fondent, en aval, en terres de Gironde.

Du VIe siècle, début de l'évangélisation, jusqu'à nos jours, l'église et la structure féodale du haut Moyen Âge ont pétri l'histoire de ces terres comme l'attestent ces milliers de témoins silencieux : églises, châteaux, maisons fortifiées, moulins à eau ou à vent dont la pierre blanche en calcaire dur semble ne pas vouloir vieillir.

CÔTES-DU-BRULHOIS*

La création de l'AOVDQS côtes-du-brulhois, en 1984, a contribué à redonner une identité à cette région.

Superficie : 250 ha.

Encépagement : cabernet franc, cabernet-sauvignon, fer-servadou, merlot, cot, tannat.

Récolte annuelle : 10 800 hl.

Rendement de base : 50 hl/ha.

Titre alcoométrique minimal : 10 % vol.

Potentiel de garde : de deux à quatre ans.

*VDQS

1 AGEN

Les vestiges romains voisinent avec des monuments plus récents. Sur la place de l'Hôtel-de-Ville, face au théâtre à l'italienne, construit au XXe siècle, la mairie du XVIIe siècle jouxte le musée formé par la réunion de quatre hôtels particuliers des XVIe et XVIIe siècles.

À voir : **la cathédrale Saint-Caprais ; le musée ; l'esplanade du Gravier ; l'hôtel Hutot-de-La-Tour ; le coteau de l'Ermitage (ancien oppidum gaulois).**

Quitter la ville par la N 21 et, par la D 268, gagner Moirax qui conserve l'église romane de son ancien prieuré fondé en 1049.

Continuer en direction du village-rue de Laplume, édifié sur le rebord d'un plateau escarpé. Son église Renaissance possède un curieux clocher, carré à sa base et octogonal au sommet, décapité de sa flèche. La D 296 conduit à Sainte-Colombe-en-Bruilhois.

Vallée de la Garonne, Port-Sainte-Marie. *Blotti autour de son église du XVe siècle, le village a une vocation fruitière et viticole.* Photo Jean-Daniel Sudres/Scope.

Vignoble de l'aire d'appellation buzet. *Cette appellation est la plus ancienne et la plus réputée de la Garonne. Le vignoble produit des vins rouges puissants.* Photo Jean-Daniel Sudres/Scope.

BUZET

Superficie : 1 916 ha.
Encépagement :
vin rouge et rosé : merlot, cabernet-sauvignon, cabernet franc, cot ;
vin blanc : sémillon, sauvignon, muscadelle.
Récolte annuelle :
vin rouge : 114 700 hl ;
vin blanc : 4 800 hl.
Rendement de base : 55 hl/ha.
Titre alcoométrique minimal :
vin rouge et rosé : 10 % vol. ;
vin blanc : 9,5 % vol.
Potentiel de garde :
vin rouge : de cinq à huit ans ;
vin rosé et blanc : deux ans.

2 SAINTE-COLOMBE-EN-BRUILHOIS

Cet ancien village fortifié possède une église mi-romane mi-gothique.

BERNARD THÉRASSE : Sauvagnières, 47310 Sainte-Colombe-en-Bruilhois. Tél. 05 53 67 20 23, sur R-V. Vin produit : buzet rouge.

Par Montagnac-sur-Auvignon, où l'on remarquera quelques belles maisons, et Calignac qui garde quelques vestiges de ses anciennes fortifications, on atteint Nérac.

3 NÉRAC

Le château de Navarre, ancienne résidence de la famille d'Albert, abrite le Musée municipal qui présente quelques peintures anciennes et modernes, ainsi qu'une section d'archéologie. L'ancien parc royal conserve le pavillon des Bains, seul témoin des anciens jardins.

À voir : **les jardins de La Garenne ; le château-musée ; les vieux quartiers.**

Traverser l'ancienne bastide de Lavardac et se diriger vers Buzet par la D642. Vianne offre à voir, au passage, son église du XIIIe siècle remaniée aux XIVe et XVIe siècles.

4 BUZET-SUR-BAÏSE

Le château (XVe-XVIe siècle) veille, depuis son éperon rocheux, sur les vignobles alentour. Le vignoble s'étage sur les premiers coteaux de la Garonne où alternent boulbène, sols graveleux et argilo-calcaires. Il produit des rouges puissants et charnus, des blancs et des rosés harmonieux.

LES VIGNERONS DE BUZET : BP 17, 47160 Buzet-sur-Baïse. Tél. 05 53 84 74 30, tlj. sauf dimanche 9 h-12 h et 14 h-18 h. Cette cave moderne élabore des vins sans rompre avec la tradition, comme le prouve la Cuvée tradition en rouge ou en rosé.

Entre vigne et coteaux, on rejoint Aiguillon par Damazan, dont la place centrale est ornée de maisons à cornières.

5 AIGUILLON

Situé au confluent du Lot et de la Garonne, cet ancien castrum romain recèle un château du XVIIIe siècle et quelques maisons à colombage des XVIe et XVIIe siècles.

Prendre la N 113 bordée de platanes qui suit la Garonne jusqu'à Tonneins, où fut établie la première manufacture royale des tabacs.

CÔTES DU MARMANDAIS

Superficie : 1 500 ha.
Encépagement :
vin rouge et rosé : cabernet franc, cabernet-sauvignon, merlot (75 % au maximum), abouriou, cot, fer-servadou, gamay, syrah (50 % au maximum) ;
vin blanc : sauvignon (70 % au maximum), ugni blanc, muscadelle, sémillon.
Récolte annuelle :
vin rouge : 89 500 hl ;
vin blanc : 55 hl.
Rendement de base :
vin rouge et rosé : 55 hl/ha ;
vin blanc : 66 hl/ha.
Titre alcoométrique minimal : 10 % vol.
Potentiel de garde :
vin rouge : de deux à cinq ans ;
vin blanc : deux ans.

6 MARMANDE

Située au cœur d'une région de production fruitière, céréalière et vinicole, cette petite ville est un important centre agricole. Elle doit sa naissance à Richard Cœur de Lion qui, en 1182, accorda une charte à ses habitants.

À voir : **l'église Notre-Dame ; le musée Albert-Marzelles ; la chapelle Saint-Benoît.**

Les côtes du marmandais blancs sont secs, vifs et fruités, les rouges sont bouquetés et d'une bonne souplesse.

7 BEAUPUY

Une ancienne demeure du XVIIe siècle abrite aujourd'hui l'hôtel de ville. L'église, remaniée au XVIe siècle, date du XIIIe siècle.

CAVE DE BEAUPUY : Dupuy, 47200 Beaupuy. Tél. 05 53 76 05 10, tlj sauf dimanche 8 h 30-12 h 14 h-18 h 30. Située sur la rive droite de la Garonne, la cave élabore des vins fruités.

CÔTES DE DURAS

Superficie : 2 000 ha.
Encépagement :
vin rouge et rosé : cabernet-sauvignon, cabernet franc, merlot, cot ;
vin blanc : sauvignon, sémillon, muscadelle, mauzac, chenin blanc, ondenc, ugni blanc (25 % au maximum).
Récolte annuelle :
vin rouge : 73 100 hl ;
vin blanc : 46 130 hl.
Rendement de base :
vin rouge et rosé : 55 hl/ha ;
vin blanc moelleux : 50 hl/ha ;
vin blanc sec : 60 hl/ha.
Titre alcoométrique minimal : 10 % vol.
Potentiel de garde :
vin rouge : de trois à cinq ans ;
vin blanc sec : deux ans.

Le Pont-Vieux à Nérac. *Ce pont aux trois arches ogivales ainsi que la maison de Sully qui le domine datent du XVIe siècle.* Photo Jean-Daniel Sudres/Scope.

8 Duras

Établie sur l'éperon d'un plateau rocheux, cette ancienne bastide domine la région du Dropt. Rasée sur ordre de Charles V, l'ancienne forteresse fut reconstruite et embellie au XVIIe siècle.

À voir : **le château ; les maisons anciennes ; la tour de l'Horloge.**

Le vignoble est établi sur les coteaux argilo-calcaires qui dominent la Dourdèze et ses affluents. Les blancs secs, racés et nerveux, issus de sauvignon, permettent de belles réussites. Les rouges sont ronds et charnus.

Cave coopérative Berticot : route de Sainte-Foy-la-Grande, 47120 Duras. Tél. 05 53 83 71 12, tlj, 8 h-12 h et 14 h-18 h. Cette cave se signale par l'élaboration de vins de haut de gamme.

EARL Geoffroy : domaine de Laulan, 47120 Duras. Tél. 05 53 83 73 69, tlj sauf dimanche, 8 h-12 h et 14 h-18 h. Issu de sauvignon, le blanc sec se caractérise par sa finesse et son élégance. Ce domaine se distingue par la haute expression de ses vins blancs.

On quitte Soumensac par la D25^{E} qui mène à la petite ville d'Eymet, première étape et première bastide du grand parcours viticole en Bergeracois.

Château de Duras. *De forme rectangulaire, le château est flanqué de quatre tours d'angle entre lesquelles viennent s'insérer des bâtiments classiques. Du haut de la tour principale, la vue embrasse toute la région.*
Photo Jean-Daniel Sudres/ Scope.

Bergerac et côtes de bergerac

Depuis le siècle dernier, la surface des vignes en Dordogne a régulièrement régressé et s'est concentrée dans les aires d'appellation contrôlée situées de part et d'autre de la rivière de Bergerac jusqu'à Castillon-la-Bataille.

Superficie :
bergerac : 7 935 ha ;
côtes-de-bergerac : 1 389 ha.

Encépagement :
vin rouge : cabernet-sauvignon, cabernet franc, merlot, cot, fer-servadou, mérille (Périgord) ;
vin blanc : sémillon, sauvignon, muscadelle, ondenc, chenin blanc, ugni blanc (25 % au maximum).

Récolte annuelle :
bergerac rouge : 365 285 hl ;
bergerac blanc : 159 900 hl ;
côtes-de-bergerac rouge : 21 000 hl ;
côtes-de-bergerac blanc : 83 920 hl.

Rendement de base :
bergerac rouge et rosé : 55 hl/ha ;
bergerac sec : 60 hl/ha ;
côtes-de-bergerac rouge et bergerac blanc : 50 hl/ha.

Titre alcoométrique minimal :
vin rouge et rosé, bergerac sec : 10 % vol. ;
côtes-de-bergerac : 11 % vol.

Potentiel de garde :
vin rouge : de trois à cinq ans ;
vin moelleux : de huit à dix ans ;
vin rosé et blanc : de deux à trois ans.

9 Eymet

Cette bastide française fut fondée en 1256. En 1270, Alphonse de Poitiers dote la ville d'une charte concédant aux habitants privilèges et libertés. À côté de belles demeures des XVIIe et XVIIIe siècles, la ville a conservé de nombreuses maisons moyenâgeuses à pans de bois et torchis, une place avec arcades, un donjon, et un pan de remparts de l'ancien château seigneurial.

À voir : **la place des Arcades ; la fontaine (XVIIe siècle) ; le musée d'Archéologie.**

EARL Lavergne : château La Tour de Grangemont, 24560 Saint-Aubin-de-Lanquais. Tél. 05 53 24 32 89, tlj sauf dimanche, 8 h-12 h et 14 h-19 h. Le domaine du château Latour-de-Grangemont produit un excellent côtes de bergerac rouge.

Se diriger vers Saint-Nexans (Sainte-Naissance) en suivant la D19.

Alain et Christophe Geneste : GAEC des Brandines, 24520 Saint-Nexans. Tél. 05 53 58 31 65, sur R-V. Domaine produisant de très beaux côtes de bergerac.

On sort d'Eymet en direction de Bergerac par la D933, que l'on quitte rapidement par la D25 sur la droite vers Issigeac. Ce parcours constitue la limite sud du département de la Dordogne. Les terres sont à forte dominante calcaire, parfois très blanches. C'est une région de polyculture où les céréales et l'élevage laissent à la vigne les parcelles les mieux exposées. L'essentiel du vignoble s'étend à gauche sur un vaste plateau qui se déploie jusqu'à la vallée de la Dordogne.

10 Issigeac

Avec ses rues tortueuses et ses maisons aux étages en saillie, ce vieux bourg épiscopal a de belles allures médiévales.

À voir : **l'église gothique ; les restes des remparts et le château rebâti en 1666.**

Reprendre la route en direction de Saint-Aubin-de-Lanquais.

Monbazillac

Situé au sud de Bergerac et sur un coteau nord, le vignoble occupe environ 2 000 ha répartis sur 5 communes : Monbazillac, Pomport, Saint-Laurent-des-Vignes, Colombier et Rouffignac-de-Sigoulès.

Superficie : 2 000 ha.
Encépagement : sémillon, sauvignon, muscadelle.
Récolte annuelle : 45 000 hl.
Rendement de base : 40 hl/ha.
Titre alcoométrique minimal : 14,5 % vol.
Potentiel de garde : de dix à quinze ans.

11 Colombier

C'est une des 5 communes dont les vins blancs liquoreux peuvent revendiquer l'appellation contrôlée monbazillac.

À voir : **l'église et le site.**

Christian Roche : domaine de l'Ancienne-Cure, 24560 Colombier. Tél. 05 53 58 27 90, sur R-V. Utilisant parfaitement son terroir, ce viticulteur produit un bergerac rouge très expressif, et un blanc sec d'une grande intensité aromatique.

SA Ryman : château de La Jaubertie, 24560 Colombier. Tél. 05 53 58 32 11, sur R-V. Avec ses chais bien équipés, ce domaine offre un bonne diversité de vins de qualité. À suivre.

De Colombier, on gagne Monbazillac par Ribagnac et le coteau.

12 Monbazillac

Le château, propriété de la cave coopérative, est situé sur un coteau. Construit au XVIe siècle par François d'Aydie, ce monument, aux lignes élégantes, a été parfaitement préservé. Il abrite un musée relatif à l'histoire du protestantisme, un musée d'Arts et traditions populaires, et une belle collection de bouteilles à vin.

SCEA Alard : château Le Theulet, 24240 Monbazillac. Tél. 05 53 57 30 43, tlj sauf dimanche, 8 h-12 h et 14 h-18 h. Cette importante et très ancienne propriété viticole, où l'on croit à la tradition des vins liquoreux, signe des monbazillac puissants et complexes, et des rouges, très concentrés en bouche, aux tanins veloutés.

Château de Monbazillac. *Ce château, construit au XVIe siècle, a traversé les ans sans en subir de graves outrages. Son aspect militaire est tempéré par l'élégance de sa façade.* Photo Jean-Daniel Sudres/Scope.

JACQUES BLAIS : château Haut Bernasse, 24240 Monbazillac. Tél. 05 53 58 36 22, sur R-V. Élégance, finesse et richesse sont les meilleurs qualificatifs pour caractériser la production de cet apôtre du monbazillac.

SCI DE LA BORDERIE : 24240 Monbazillac. Tél. 05 53 57 00 36, tlj sauf dimanche, 8 h-12 h et 14 h-18 h 30. Cette très belle propriété, renommée pour son chai de foudres, unique dans la région, offre une bonne gamme de vins de monbazillac.

On quitte le bourg de Monbazillac par la D14 en direction de la D933. De part et d'autre de la route, les vignes vallonnent sur les coteaux. Le moulin de Malfourat offre un point de vue sur la vallée. Traverser Rouffignac-de-Sigoulès d'où l'on peut gagner l'impressionnant château de Bridoire. Continuer la D933 jusqu'au lieu-dit Foncaussade et prendre à droite la D15 en direction du petit bourg de Sigoulès, où l'on peut voir une église du XVIe siècle.

Revenir dans l'aire d'appellation monbazillac en prenant la direction de Pomport. On pénètre dans une zone à forte densité de vignoble.

GAEC CHÂTEAU CAILLAVEL : 24240 Pomport. Tél. 05 53 58 43 30, tlj. Sauf dimanche 8 h-19 h. Ce domaine élabore de très beaux bergerac et monbazillac qui ont connu la barrique.

SCEA COMTE DE BOSREDON : château Belingard, 24240 Pomport. Tél. 05 53 58 28 03, sur R-V. Ce domaine présente une belle diversité de vins de qualité dont la cuvée Blanche-de-Bosredon est le fleuron. À suivre.

Quitter Pomport par la D16 jusqu'à Monestier. La présence de calcaire donne sans doute aux vins qui y sont produits plus d'intensité aromatique que de structure en bouche.

RICHARD DOUGHTY : château Richard, La Croix-Blanche, 24240 Monestier. Tél. 05 53 58 49 13, tlj, 10 h-12 h 30 et 14 h-19 h. Ce producteur converti au saussignac, botrytisé et surmûri, offre un bel exemple de qualité.

JEAN-MARIE HURÉ : Tourmentine, 24240 Monestier. Tél. 05 53 58 41 41, tlj sauf dimanche, 9 h-12 h et 14 h-18 h. Une bonne maîtrise du terroir permet à Jean-Marie Huré de confirmer chaque année ses talents de viticulteur et de vinificateur.

SAUSSIGNAC

Superficie : 94 ha.
Encépagement : sémillon, sauvignon, muscadelle, chenin.
Récolte annuelle : 2 100 hl.
Rendement de base : 50 hl/ha.
Titre alcoométrique minimal : 12,5 % vol.
Potentiel de garde : de trois à quinze ans

13 SAUSSIGNAC

Enserré dans ses vignobles, le village, juché à flanc de coteau, conserve en son centre le château édifié au XVIIe siècle par les Caumont-Lauzun.

On quitte la D4, en direction de Gardonne, pour la D14 qui mène un instant en Gironde, le temps de traverser la très commerçante bastide de Sainte-Foy-la-Grande.

Passé la rivière, on revient en Dordogne à Port-Sainte-Foy-et-Ponchapt, pour effectuer une grande boucle dans l'aire d'appellation montravel.

Prendre la D708 en direction de Montpon-Ménestérol que l'on quitte à gauche par la D32E. On traverse les communes de Fougueyrolles, Vélines et son église romane à griffons gothiques, Bonneville-et-Saint-Avit-de-Fumadières que l'on atteint par la D10, puis on redescend sur Montcaret, réputé pour les mosaïques de sa *villa* gallo-romaine (fresque des poissons) et son église qui offre un bel ensemble de colonnes et de chapiteaux gallo-romains et romans.

Rejoindre la D936 en direction de Lamothe-Montravel, situé dans la vallée de la Dordogne. C'est sur ce lieu que périt Talbot le 17 juillet 1453 au cours de la bataille de Castillon qui mit fin à la guerre de Cent Ans. Sur le coteau, un pan de muraille et une porte ogivale, celle

CÔTES DE MONTRAVEL

Superficie : 42 ha.
Encépagement : sémillon, sauvignon, muscadelle.
Récolte annuelle : 3 200 hl.
Rendement de base : 50 hl/ha.
Titre alcoométrique minimal : 12 % vol.
Potentiel de garde : de huit à dix ans.

HAUT-MONTRAVEL

Les haut-montravel sont naturellement plus moelleux que les côtes de montravel et deviennent de grands vins liquoreux lorsqu'ils sont récoltés par tries en vendanges botrytisées.
Superficie : 46 ha.
Encépagement : sémillon, sauvignon, muscadelle.
Récolte annuelle : 2 200 hl.
Rendement de base : 50 hl/ha.
Titre alcoométrique minimal : 12 % vol.
Potentiel de garde : de huit à dix ans.

MONTRAVEL

Superficie : 294 ha.
Encépagement : sémillon, sauvignon, muscadelle, ondenc, chenin, ugni blanc (25 % au maximum).
Récolte annuelle : 13 900 hl.
Titre alcoométrique minimal : 10 % vol.
Potentiel de garde : de deux à cinq ans

Vignoble de l'aire d'appellation monbazillac. *Le sol argilo-calcaire contribue à la puissance des arômes des vins qui en sont issus. L'appellation produit l'un des plus vieux vins liquoreux de France.* Photo Jean-Daniel Sudres/Scope.

de l'église de la citadelle Sainte-Marie-de-Montravel, sont les seuls vestiges de la ville de Montravel rasée sur l'ordre de Louis XIII en février 1622 à l'issue des terribles querelles opposant protestants et catholiques. Prendre la D9.

14 Saint-Michel-de-Montaigne

Entourée de vignobles, cette paisible bourgade garde le souvenir de son grand homme. L'église renferme le cœur du philosophe. Du château ne subsiste qu'un seul témoin, la célèbre tour des Essais.

Jean-Yves Reynou : domaine de Perreau, 24230 Saint-Michel-de-Montaigne. Tél. 05 53 58 67 31, sur R-V. La cinquième génération des Reynou produit un côtes de montravel de caractère et un bon montravel sec.

Rejoindre, par la D 9, la D 10 dans le département de la Gironde en direction de Villefranche-de-Lonchat, puis prendre la première à gauche vers Montpeyroux, où l'on notera l'église romane. On rejoint Villefranche-de-Lonchat par la D 10. Prendre la D 32 en laissant sur la gauche Carsac-de-Gurson et Saint-Martin-de-Gurson, et leurs églises romanes saintongeaises. Puis, sur la droite, la D 11 en direction de Montazeau. Ce dernier parcours s'effectue au milieu de petits bois. Prendre ensuite la direction du Bernagaud puis de Ponchapt, en laissant, sur la droite, le vignoble de Nastringues et à gauche Saint-Méard-de-Gurçon, réputé pour sa très belle église fortifiée du XIIIe siècle.

Vignobles Barde : château Le Raz, 24610 Saint-Méard-de-Gurçon. Tél. 05 53 82 48 41, du lundi au vendredi, 8 h 30-12 h 30 et 14 h-19 h, samedi sur R-V. Un exemple de régularité dans la qualité.

Vignobles Dubard : Le Gouyat, 24610 Saint-Méard-de-Gurçon. Tél. 05 53 82 48 31, tlj, 8 h-12 h 30 et 14 h-19 h. Serge Dubard est un fervent défenseur du montravel rouge.

En hauteur, au-dessus du charmant petit village de Ponchapt, une maison forte demeure le témoin du château des Ségur, place forte construite au XIVe siècle puis rasée sous Richelieu.

Quitter Ponchapt en direction du moulin puis gagner le carrefour de Calabre. Prendre la D 32, à droite, en direction du Fleix. La descente vers la vallée offre un point de vue sur le vignoble de la Dordogne.

SNC Château Pique-Sègue : Ponchapt, 33220 Port-Sainte-Foy. Tél. 05 53 58 52 52, sur R-V. Ce très beau terroir permet l'élaboration de vins de qualité.

SCEA Puy Servain : Calabre, 33220 Port-Sainte-Foy. Tél. 05 53 24 77 27, sur R-V. Cette propriété familiale depuis trois générations réussit un haut-montravel, parfaitement équilibré, récolté par tries et en barriques.

Château de Montaigne. *Le château qui vit naître Michel Eyquem de Montaigne fut détruit en 1884 et reconstruit en style néogothique. Seul vestige du château ancien, la tour où se retirait le philosophe pour écrire ses Essais. Son cœur est enterré dans l'église du village.* Gravure ancienne, DR.

Au Fleix, continuer la route dans la vallée par la D 32 que l'on quitte sur la droite vers Saint-Pierre-d'Eyraud puis Gardonne, après avoir retraversé la rivière. Dans la vallée, la vigne a disparu pour faire place au tabac et au maïs.

Prendre la direction de Cunèges par la D 15 jusqu'à l'embranchement de la D 14 sur la gauche, route du bas de coteau que l'on suivra dans les vignes jusqu'à Saint-Laurent-des-Vignes, dernière des 5 communes ayant droit à l'appellation monbazillac.

Pécharmant

Superficie : 400 ha.
Encépagement : cabernet franc, cabernet-sauvignon, cot, merlot noir.
Récolte annuelle : 19 700 hl.
Rendement de base : 45 hl/ha.
Titre alcoométrique minimal : 11 % vol.
Potentiel de garde : de cinq à huit ans.

Rosette

Superficie : 30 ha.
Encépagement : sémillon, sauvignon, muscadelle.
Récolte annuelle : 1 000 hl.
Rendement de base : 40 hl/ha.
Titre alcoométrique minimal : 11 % vol.
Potentiel de garde : de quatre à six ans.

Se diriger ensuite vers Bergerac que l'on contournera après avoir traversé la Dordogne. S'engager en direction de Lalinde par la D 660. Au bout d'une première ligne droite entre la poudrière de Bergerac et la SEITA, prendre à gauche, juste avant le village de Creysse, un petit chemin qui mène au château de Tiregand.

15 Pécharmant

Déployé en amphithéâtre autour de Bergerac, le vignoble de Pécharmant est installé sur des sols issus de roches granitiques : le tran, très ferrugineux.

Françoise Bouché : Pécharmant, 24100 Bergerac. Tél. 05 53 57 34 76, sur R-V. Les Bouché produisent un très beau pécharmant, parfaitement typé.

Jocelyne Pécou : Les Bertranoux, 24100 Creysse. Tél. 05 53 57 28 62, tlj. Sauf dimanche 9 h -12 h et 14 h -19 h, sur R-V. Les Bertranoux offrent des vins de caractère, bien concentrés et élevés en barriques de chêne selon la méthode classique.

Comtesse F. de Saint-Exupéry : Château de Tiregand, 24100 Creysse. Tél. 05 53 23 21 08, sur R-V. Cette propriété de la famille de Saint-Exupéry constitue avec ses 42 ha de vignes, son parc et son château du XVIIe siècle, un remarquable ensemble. C'est le fleuron de l'appellation pécharmant.

Au bout de l'allée du château de Tiregand, prendre à gauche puis à droite, continuer toujours à droite jusqu'à un carrefour, prendre à gauche jusqu'au lieu-dit Pombonne et revenir dans Bergerac, terme de l'itinéraire. Sur ce terroir de Pécharmant et sur son prolongement à l'ouest, en direction de La Force, l'appellation rosette produit, pour mémoire, 200 hl d'un vin agréablement moelleux élaboré à partir du cépage sémillon récolté surmûri.

16 Bergerac

Au cœur du vignoble, la cité garde son centre ancien, façonné par des siècles d'histoire, aux rues bordées de maisons des XVe et XVIe siècles.

La Maison des vins de Bergerac occupe l'ancien cloître des Récollets. Sa cour carrée est fermée, au sud, par une galerie aux balustrades de bois (XVIe siècle).

À voir : **les musée du Tabac, du Vin, d'Art sacré ; l'église Saint-Jacques ; la maison Peyrarède ; le marché couvert ; les petites rues autour du vieux château.**

SARL Domaine La Métairie-en-Pécharmant : bd de l'Entrepos, 24100 Bergerac. Tél. 05 53 24 12 21. La propriété offre une gamme de vins de qualité de différentes appellations de bergerac. À suivre.

D. H.

Cognac, *le château, la Charente et le port fluvial. Symbole de la contribution de l'eau-de-vie à la prospérité de la cité, derrière la porte fortifiée Saint-Jacques (XVe siècle), le château des Valois, où naquit François Ier en 1494.*
Photo Jean-Daniel Sudres/Scope

Le Cognac

Installée sur le département de la Charente-Maritime, sur une bonne partie de celui de la Charente, et sur quelques communes des Deux-Sèvres et de la Dordogne, la région délimitée du Cognac constitue l'un des plus grands ensembles viticoles de France, ainsi que l'un des plus originaux. C'est en effet le seul, avec celui, beaucoup moins étendu, d'Armagnac, qui produise et commercialise de façon exclusive, non du vin mais de l'eau-de-vie, ainsi qu'un vin de liqueur, le pineau des charentes.◆

Histoire du vignoble

Probablement installé au IIIe siècle, le vignoble des Charentes bénéficie très tôt d'une situation géographique – façade maritime et rivières navigables – qui favorise l'exportation de ses produits. Dès le XIIe siècle, les vins blancs charentais sont appréciés dans les pays de la mer du Nord. Le vignoble s'étend alors en Saintonge et en Angoumois, où les excédents de récolte sont résorbés – à partir du XVIe siècle, semble-t-il – par la distillation. Celle-ci se développe au début du XVIIe siècle, à l'instigation des Hollandais qui, devenus maîtres du commerce maritime, demandent toujours plus d'eau-de-vie pour satisfaire les besoins de leur flotte et de leurs clients d'Europe du Nord. La découverte du procédé de double distillation, puis des avantages du vieillissement en fûts de chêne, conduit bientôt à l'élaboration d'eaux-de-vie appréciées pour elles-mêmes, dès le XVIIIe siècle, par une élite de consommateurs. À une nombreuse population de petits propriétaires vignerons s'ajoute alors celle, plus réduite, de négociants qui, à partir du XVIIe siècle, s'installent à Cognac et dans quelques autres villes. À leur suite, environ deux cents maisons de négoce naissent dans le courant du XIXe siècle et viennent contribuer à l'extension mondiale du marché. La reconstitution – partielle – du vignoble après la crise phylloxérique s'accompagne d'efforts prolongés pour la protection de la qualité, efforts qui aboutissent en 1909 à la définition de l'aire d'appellation cognac et, en 1938, à la subdivision de cette zone en six crus.

Bouteille gallo-romaine, *musée du Cognac. Ayant inventé le procédé du soufflage dans un moule, au Ier siècle av. J.-C., les verriers syriens s'établirent dans tout l'empire romain, jusqu'en Gaule.*
Photo Jacques Guillard/Scope.

Climat et nature des sols

Le climat de la région est de type océanique, avec des étés plutôt secs et des hivers doux : 12,3 °C de température moyenne annuelle à Cognac, avec 770 mm de précipitations et deux mille heures d'ensoleillement environ. Les petites variations climatiques entre le nord et le sud, comme entre le littoral et l'intérieur, exercent une certaine influence sur les potentialités viticoles.

Les sols. Ce sont surtout les différences dans la nature des sols qui ont servi de base à la délimitation des six crus, répartis en cercles approximativement concentriques autour des villes de Cognac, Jonzac et Segonzac : grande champagne (faciès crayeux campaniens et santoniens), petite champagne (couche calcaire plus compacte), borderies (terrains de décalcification sur un sous-sol de calcaire dur), fins bois, bons bois et bois ordinaires (sous-sol plus hétérogène et sols plus pauvres en calcaire).

Encépagement

Deux cépages blancs indigènes, la folle blanche et – surtout dans les borderies – le colombard, ont constitué pendant des siècles l'essentiel de l'encépagement des Charentes. Ils fournissaient des vins acides et peu alcooliques, parfaitement adaptés à l'élaboration d'eaux-de-vie de qualité.

Depuis la crise phylloxérique, ils ont été progressivement – et presque totalement – remplacés par l'ugni blanc, d'origine italienne, appelé aussi saint-émilion, mieux adapté à la multiplication par greffage (qui a rendu la folle blanche trop sensible à la pourriture grise). Les cépages rouges, cabernet-sauvignon et malbec ou cot, sont plutôt cultivés dans les fins bois, les bons bois, et surtout les bois ordinaires, où ils sont autorisés pour l'élaboration du pineau des charentes rosé.

Les cépages du Cognac

L'encépagement de base de cette région a longtemps été la folle blanche ou gros-plant ; elle a été remplacée par l'ugni blanc.

L'ugni blanc, cépage italien (trebbiano de Toscane), est appelé localement saint-émilion, mais ce nom n'est plus utilisé depuis 1988. Les feuilles sont grandes, grossièrement bullées, quinquelobées, avec le sinus pétiolaire en lyre et le dessous du limbe duveteux. Les grappes sont très grandes, allongées, à baies sphériques, moyennes, jaune doré ; elles viennent à maturité à la troisième époque tardive. Ce cépage, très vigoureux et très fertile, donne un vin neutre, acide, convenant à la distillation.

P. G.

Itinéraire de Saintes à Angoulême

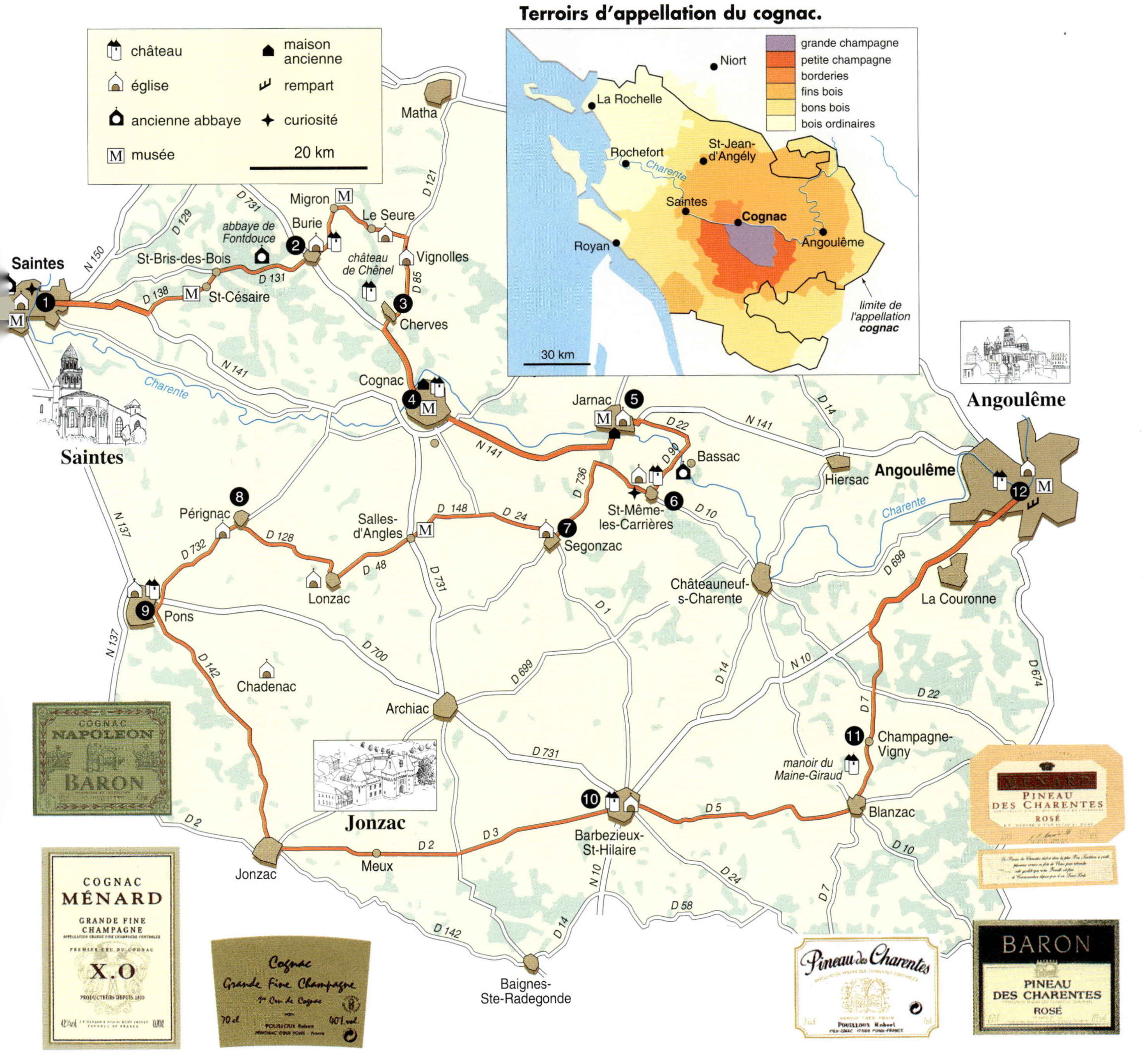

Réglementation

Une large part de la réglementation ne fait que légaliser des pratiques ancestrales. Le pressurage – pour lequel l'utilisation du pressoir continu est interdite – donne un moût mis à fermenter sans chaptalisation. Le vin obtenu, acide et faible en alcool (8 % vol.), doit être distillé dans les alambics de type charentais, obligatoirement dans la zone délimitée et avant le 31 mars qui suit la récolte, selon une méthode traditionnelle spécifique, dite « discontinue à repasses successives », longue et coûteuse mais seule susceptible de donner la meilleure qualité. Pour devenir du cognac, l'eau-de-vie obtenue doit vieillir en fûts de chêne où elle acquiert couleur, tanins et arômes. Ce vieillissement, dont la durée ne peut être inférieure à trente mois, se prolonge pour certaines eaux-de-vie pendant des dizaines d'années, durant lesquelles une bonne partie du produit s'évapore en « part des anges ».

Produit dérivé du cognac, le pineau des charentes est un vin de liqueur obtenu en ajoutant du cognac – vieux de plus de deux ans – au moût, après début de fermentation de celui-ci. Il peut être produit dans toute l'aire délimitée du cognac, mais seulement avec les moûts et les eaux-de-vie produits à la propriété. Après un vieillissement minimal de un an, il est commercialisé sous réserve de l'agrément préalable de la Commission de dégustation désignée par l'INAO.

Tonnellerie à Cognac. *Ce n'est que vers 1860 que la bouteille détrôna la barrique comme mode d'expédition du cognac.*
Photo Michel Guillard/Scope.

Cet itinéraire, à travers les collines et les pénéplaines aux vastes horizons qui bordent la vallée de la Charente, permet de découvrir – outre l'aire des fins bois – les trois crus les plus réputés de la région d'appellation du cognac.

Cognac et pineau des charentes

Superficie : 80 703 ha.
Encépagement :
cognac et pineau des charentes blanc : ugni blanc, folle blanche, colombard, blanc ramé, jurançon blanc, montils, sémillon et select (10 % maximum) ;
pineau des charentes rosé : ugni blanc, folle blanche, colombard, blanc ramé, jurançon blanc, montils, sémillon et select (10 % maximum), plus cabernet franc, cabernet-sauvignon, merlot rouge, malbec.
Production annuelle :
cognac : 8 millions hl ;
pineau : 100 000 hl.
Rendement de base :
cognac : 7 hl/ha d'alcool pur ;
pineau : 50 hl/ha sur la partie des vignes produisant le moût ; 27 hl/ha après mutage.
Titres alcoométriques :
cognac : 72 % vol. au maximum à la distillation ; 40 % vol. au minimum à la vente, en France (variable pour l'exportation) ;
pineau : entre 16 et 22 % vol. après mutage.
Potentiel de garde :
pineau : plusieurs dizaines d'années ;
cognac : à la différence du vin, l'eau-de-vie n'évolue pratiquement pas en bouteille.
L'âge d'un cognac correspond à sa durée de vieillissement en fût : un cognac de la récolte 1910 mis en bouteilles en 1920 est plus jeune que celui de 1960 mis en bouteilles en 1990.

Coopérative des Vignerons-de-l'Île-de-Ré : 17580 Le Bois-Plage-en-Ré. Tél 05 46 09 23 09, tlj sauf samedi et dimanche, 9 h-12 h et 14 h-18 h. Aux portes de La Rochelle, le terroir de Ré s'imprègne de l'Océan environnant.

1 Saintes

En venant du littoral, on a traversé l'aire des bois ordinaires (1 700 ha de vignes) et celle des bons bois (12 000 ha) dont les eaux-de-vie, aux goûts de terroir caractérisés, vieillissent rapidement. Saintes se trouve dans l'aire des fins bois dont les 33 000 ha de vignes donnent des eaux-de-vie souples, vieillissant assez rapidement, avec un bouquet qui rappelle l'odeur du raisin pressé. Capitale historique de la Saintonge, la ville possède, avec ses nombreux monuments, l'un des plus riches patrimoines de France. Sa visite permet d'effectuer un véritable voyage dans le temps.

À voir : **le musée éducatif de la Préhistoire ; l'amphithéâtre romain ; l'arc romain de Germanicus ; les quartiers anciens, et plus particulièrement la rue des Jacobins avec ses hôtels particuliers ; l'Abbaye-aux-Dames ; l'église Saint-Eutrope (crypte) ; la cathédrale Saint-Pierre ; le musée des Beaux-Arts et le musée de l'Échevinage.**

À 8 km de Saintes, on peut quitter la N141 en direction de Cognac pour gagner, par la pittoresque D138, le village de Saint-Césaire où un Musée ethnographique a été aménagé dans une maison vigneronne traditionnelle. Puis, par Saint-Bris-des-Bois et l'abbaye de Fontdouce, la D131 conduit jusqu'à Burie.

2 Burie

Dans cette capitale du pineau fut découverte « par hasard », selon la légende, la recette de ce vin de liqueur. Point culminant de la Charente-Maritime, le village offre de jolies vues sur le vignoble.

À voir : **l'église romane ; le château Renaissance.**

La D131 mène ensuite à Migron où l'on peut visiter l'écomusée du Cognac, musée privé installé dans le domaine des Bessons, avant de gagner Cherves par Le Seure (avec son pont du XVIe siècle et son église du XIIe siècle), Mesnac, puis Vignolles.

3 Cherves

Cherves, comme Burie, est situé dans le cru des borderies dont les 4 000 ha produisent des eaux-de-vie rondes, fines, bouquetées, au parfum de violette.

À voir : **le château de Chênel (début du XVIIe siècle).**

Michel Baron : Logis du Coudret, 16370 Cherves-Richemont. Tél. 05 45 83 16 27, tlj sauf dimanche, 14 h-18 h 30. Cette propriété a appartenu pendant deux siècles aux Brémond d'Ars, mais la famille Baron la possède depuis 1850. Vins produits : pineau des charentes blanc, rosé et rouge ; cognac VSOP, Napoléon, hors d'âge.

Structures économiques

Depuis ses origines, le cognac est resté un produit surtout vendu sur les marchés extérieurs : en 1992, plus de 94 % de la production ont été exportées, pour une valeur proche de 10 milliards de francs, qui a contribué au tiers de l'excédent de la balance commerciale française. On mesure ainsi l'importance économique du vignoble des Charentes, en même temps que sa sensibilité aux aléas de la conjoncture internationale. La réussite économique exceptionnelle du cognac est l'œuvre conjointe de tous les acteurs impliqués dans son élaboration et sa commercialisation : viticulteurs et bouilleurs de cru, coopératives, négociants, bouilleurs de profession. Depuis 1945, ces diverses branches d'activité – qui possèdent leurs propres organisations professionnelles et syndicales – sont représentées au sein du Bureau national interprofessionnel du cognac. Cet organisme aux rôles multiples – par exemple la délivrance des certificats d'âge ou d'origine requis par les pays importateurs – a notamment pour but d'étudier et de promouvoir toute mesure susceptible d'améliorer les conditions de production et de vente, sur le plan technique, réglementaire et économique. Il constitue un nécessaire et remarquable instrument de promotion et d'adaptation à la conjoncture.

Les âges du cognac

Chaque cognac se personnalise, non seulement par les caractères que lui donne son (ou ses) cru(s) d'origine, mais aussi par l'âge (c'est-à-dire le vieillissement en fût) des eaux-de-vie qui entrent dans sa composition. L'étiquette porte une mention qui permet de connaître l'âge de la plus jeune des eaux-de-vie assemblées.

Les meilleurs cognacs sont le résultat d'assemblage d'eaux-de-vie, dont l'âge dépasse largement le minimum légal et peut atteindre plusieurs dizaines d'années, la meilleure qualité étant obtenue vers quarante ans.

4 Cognac

Capitale historique et économique du vignoble, siège du Bureau national interprofessionnel du cognac, la ville offre la visite des chais de quelques-unes des plus anciennes maisons de négoce, par exemple ceux de la maison Otard, installés dans l'ancien château des XIIe-XVIe siècles où naquit François Ier. Le musée du Cognac comprend une remarquable exposition permanente sur le cognac, qui présente de façon rigoureuse tous les aspects de la production vitivinicole.

À voir : **la vieille ville et les quartiers anciens ; le château des Valois (maison Otard) ; le musée de la Tonnellerie (maison Hennessy) ; le parc François Ier.**

Aux environs : **les installations de la coopérative Prince Hubert de Polignac (à 4 km par la N141 vers Jarnac).**

Les cinq principales maisons de cognac

CAMUS : 29, rue Marguerite-de-Navarre, 16100 Cognac. Tél. 05 45 32 28 28, du lundi au vendredi, de juin à septembre, sur R-V.

COURVOISIER : place du Château, 16200 Jarnac. Tél. 05 45 35 55 55, du lundi au samedi, d'avril à fin octobre, sur R-V.

HENNESSY : 3, rue Richonne, 16100 Cognac. Tél. 05 45 35 72 72, du lundi au samedi, après le 15 septembre du lundi au vendredi, sur R-V.

MARTELL : place Édouard-Martell, 16100 Cognac. Tél. 05 45 36 33 33, du lundi au vendredi, jusqu'à la fin août, sur R-V.

RÉMY MARTIN : 20, rue de la Société-Vinicole, 16100 Cognac. Tél. 05 45 35 76 00. Visite du lundi au samedi, de mai à octobre, sur R-V.

5 Jarnac

Cette petite cité de 5 000 habitants vit au rythme de la distillation et du commerce du cognac.

À voir : **la maison Courvoisier, son musée et ses chais ; l'église romane Saint-Pierre (crypte du XIIIe siècle).**

En quittant Jarnac vers l'est, on laisse très vite la route nationale pour emprunter la D22, puis la D90 qui franchit la Charente près de Bassac, où l'on pourra visiter l'abbaye avec sa galerie du XVIIe siècle. On pénètre alors en grande champagne, les 13 000 ha de ce cru offrant les eaux-de-vie les plus fines et les plus réputées, au bouquet à dominante florale qui se développe lentement dans les fûts en chêne.

6 Saint-Même-les-carrières

Célèbre pour ses carrières de pierre, Saint-Même-les-Carrières possède une église du XIIe siècle.

À voir : **l'église ; le dolmen de La Pierre-Levée ; le château Renaissance d'Anqueville (remanié au XVIIIe siècle).**

J.-P. MÉNARD ET FILS : 2, rue de la Cure, 16720 Saint-Même-les-Carrières. Tél. 05 45 81 90 26, tlj sauf samedi et dimanche, 8 h-12 h et 14 h-18 h. Un cognac et un très vieux pineau de grande tenue s'inscrivent dans la longue tradition familiale de ce domaine.

7 Segonzac

L'église est surmontée d'une flèche en forme de pomme de pin. À l'intérieur, la crypte romane est supportée par un pilier central.

À voir : l'église des XIIe et XIVe siècles.

GUILLON-PAINTURAUD : Biard, 16130 Segonzac. Tél. 05 45 83 41 95, sur R-V. C'est au début du XVIIe siècle que cette famille entama la production de ses cognacs à Segonzac, dans la grande tradition des bouilleurs de cru grande champagne qu'elle continue de perpétuer. Vins produits : pineau des charentes blancs et rosés de trois et dix ans ; cognac de cinq, dix, vingt et trente ans.

Segonzac. *Près de la ville, le chevalier de La Croix-Maron aurait mis au point, au XVIIe siècle, le procédé de la seconde distillation, dite de « bonne chauffe », caractéristique de l'eau-de-vie de cognac.* Photo Jacques Sierpinski/Scope.

De Segonzac, en empruntant la D24 puis la D148, on traverse la grande champagne jusqu'à sa limite occidentale à Salle-d'Angles, où se trouve un conservatoire d'Arts et traditions populaires. De là, par la D48 et la D128, on peut joindre Lonzac, puis Pérignac. On est ici en petite champagne, cru de 16 000 ha dont les eaux-de-vie présentent les mêmes caractères que celles de grande champagne, sans toutefois offrir la même extrême finesse.

Barbezieux, le château. *Il date de 1435 et est pourvu d'un châtelet à mâchicoulis – aux deux imposantes tours – qui constitue le seul vestige des fortifications rasées en 1820.* Photo Jacques Sierpinski/Scope.

8 Pérignac

Ce bourg, situé à une croisée de chemins menant à Saint-Jacques-de-Compostelle, possède une église dont l'ornement baroque mutilé demeure d'une grande richesse.
À voir : **l'église Renaissance à Lonzac.**
EARL Robert Pouilloux et ses Fils : Peugrignoux, 17800 Pérignac. Tél. 05 46 96 41 41, tlj, 8 h-20 h. D'agréables pineaux proviennent de cette maison créée en 1760. Vins produits : pineau des charentes blanc et rosé ; cognac petite et grande champagne.

9 Pons

De Pérignac, la D 732 mène rapidement à Pons, chef-lieu de canton bâti sur une colline, aux rues pittoresques dominées par un donjon du XIIe siècle. La ville est un important marché du cognac et du pineau, et un centre actif d'industries agro-alimentaires diverses. Sur la place de l'Hôtel-de-Ville, la statue d'Émile Combes rappelle que le « père » de la séparation de l'Église et de l'État fut maire de la commune.
À voir : **l'église Saint-Vivien (belle façade romane) ; le donjon ; la chapelle Saint-Gilles.** Aux environs : **l'église romane de Chadenac, l'une des plus belles de Saintonge (8 km au sud-est de Pons) ; le château d'Usson de style Renaissance (à 1 km par la D 249).**
De Pons, la D 142 conduit à Jonzac, qui vit du commerce des produits du vignoble et d'un thermalisme récent (château XVe-XVIIe siècle). Puis, la D 2 et la D 3 mènent à Barbezieux, par Meux (maison forte derrière l'église).

Les appellations

Les appellations du Cognac sont au nombre de 13.

Bon bois	Fins bois
Borderies	Grande champagne
Cognac	Grande fine champagne
Eau-de-vie de charente	Petite champagne
Eau-de-vie de cognac	Petite fine champagne
Esprit de cognac	Pineau des charentes
Fine champagne	

10 Barbezieux

Barbezieux, capitale de la petite champagne, apparaît au XIe siècle. Patrie du romancier Jacques Chardonne et de l'historien Ernest Labrousse, elle offre aux gourmets non seulement cognac et pineau, mais aussi des fruits confits et des marrons glacés. Depuis les deux tours du XVe siècle qui dominent la cité, on a une jolie vue sur le vignoble.
À voir : **l'église Saint-Mathias (XIIIe siècle) ; le château ; le Minage (XVIe siècle).**

11 Champagne-Vigny

Par la D 5, on rejoint Blanzac-Porcheresse, à 15 km à l'est, puis, par la D 7, le manoir du Maine-Giraud (XVe siècle), enserré de bâtiments agricoles, qui servit de tour d'ivoire à Alfred de Vigny, mais où le poète savait aussi se montrer soucieux de production viticole. L'intérieur du manoir a été aménagé en musée, mais on peut également visiter les chais et la distillerie du domaine, ainsi qu'en déguster les produits (fins bois).

Angoulême, la cathédrale Saint-Pierre. *Édifiée dans la première moitié du XIIe siècle, elle fut restaurée au XIXe siècle par Abadie, l'architecte du Sacré-Cœur de Montmartre. Sur la façade, œuvre majeure de l'art poitevin, un Christ en gloire est entouré de 75 personnages, sous arcatures ou en médaillons, l'ensemble constituant une représentation du jugement dernier.* Photo Jean-Daniel Sudres/Scope.

12 Angoulême

La D 7 permet de rejoindre la N 10 et Angoulême, perché sur un promontoire qu'enserrent les vieux remparts.
À voir : **la cathédrale Saint-Pierre (XIIe siècle) ; la tour Ladent (XVIIe siècle) ; l'atelier-musée du Papier ; l'hôtel de ville (XIXe siècle) qui conserve le donjon du XIIIe siècle et la tour ronde du XVe siècle ; le Centre national de la bande dessinée et de l'image.** Aux environs : **le moulin à papier de Fleurac et son musée d'Histoire des supports de l'écriture, à 2 km au sud-ouest par la D 699.** C. R.

Comment lire une étiquette de cognac

L'étiquette d'un cognac doit éclairer le consommateur sur deux points : l'origine du produit et son âge. Un premier type de désignation indique le terroir de provenance : la sous-appellation régionale grande champagne (ou grande fine champagne) s'applique à des cognacs issus uniquement de ce cru, tandis que la mention petite champagne (ou petite fine champagne) est réservée à des cognacs 100 % petite champagne ; la dénomination fine champagne désigne une coupe d'eaux-de-vie de grande et petite champagne, comprenant au moins 50 % de grande champagne.

Le terme « cognac » seul, plus générique, recouvre les assemblages d'eaux-de-vie, de crus et d'âges différents, provenant de l'ensemble de l'aire délimitée.
La notion d'âge est, quant à elle, évoquée par toute une terminologie particulière. Il faut savoir que la réglementation est à ce sujet très stricte et qu'il est interdit de mettre en vente des cognacs millésimés. Seul un vieillissement minimal est déterminé, et l'on retient l'âge de son élément le plus jeune pour dater une coupe.
À défaut d'une datation précise, les sigles et dénominations inscrits sur l'étiquette et contrôlés par les instances légales donnent une idée sur l'âge du cognac et, par là, en suggèrent la qualité : les indications ☆☆☆ étoiles, VS, cognac, cognac authentique annoncent un produit jeune (plus de deux ans et demi) ; les VO, VSOP, réserve et assimilés correspondent à des eaux-de-vie plus anciennes (âgées de quatre ans et demi et plus) ; les désignations Napoléon, extra, XO, vieille réserve dépassent très largement dans l'ensemble les minima légaux requis (plus de six ans en fût). Doit enfin apparaître clairement sur l'étiquette le titre alcoométrique du cognac, dont le degré minimal pour la vente en France et à l'étranger est de 40 % par volume.
A.-M. R.-P.

La distillation charentaise

C'est, plus qu'une technique, un art qui fait la part belle au savoir-faire, à l'expérience du distillateur qui, par-delà les règles générales, doit nuancer, moduler sa façon d'opérer d'après les vins employés, en refaisant les gestes ancestraux.

Les experts en distillation charentaise peuvent être les viticulteurs eux-mêmes, appelés bouilleurs de cru, et les bouilleurs de profession qui travaillent en liaison avec les négociants. Chaque année, au cours de la campagne de distillation qui s'étend de la fin de novembre au 31 mars suivant, quelque 2 600 alambics élaborent, en une alchimie délicate, plus de 400 000 hl d'alcool pur.

La méthode de distillation charentaise, particulière et très ancienne, est dite « discontinue à repasse », cela signifie qu'elle s'effectue en deux étapes, en deux « chauffes » successives longues et patientes, afin d'obtenir un produit plus noble. La première chauffe ou « chauffe du vin » permet d'obtenir le « brouillis » titrant entre 26 % et 32 % d'alcool par volume (suivant le titre alcoométrique du vin mis en œuvre).

Livraison de barriques neuves. *Perméable aux échanges gazeux, le bois de la barrique apporte de nombreux constituants, tels que tanins et acide organiques aromatiques.*
Photo Michel Guillard/Scope.

Lors de la seconde chauffe, ou « bonne chauffe », les brouillis sont passés dans la chaudière et distillés : les premières portions du distillat, appelées « têtes », sont laiteuses et mises de côté pour être repassées avec du vin ; on recueille ensuite l'eau-de-vie limpide ou « cœur » qui titre entre 70 % et 71 % d'alcool par volume (c'est le cognac qui ira vieillir en fûts de chêne) ; ce qui s'écoule ensuite jusqu'à la fin est mis à part : c'est la « seconde », qui sera redistillée avec d'autres brouillis.

Cette toute jeune eau-de-vie de cognac est déjà élégante et complexe, avec un bouquet net et puissant, et une remarquable longueur : ce sont ces qualités exceptionnelles qui iront s'épanouir au fil d'un long vieillissement.

A.-M. R.-P.

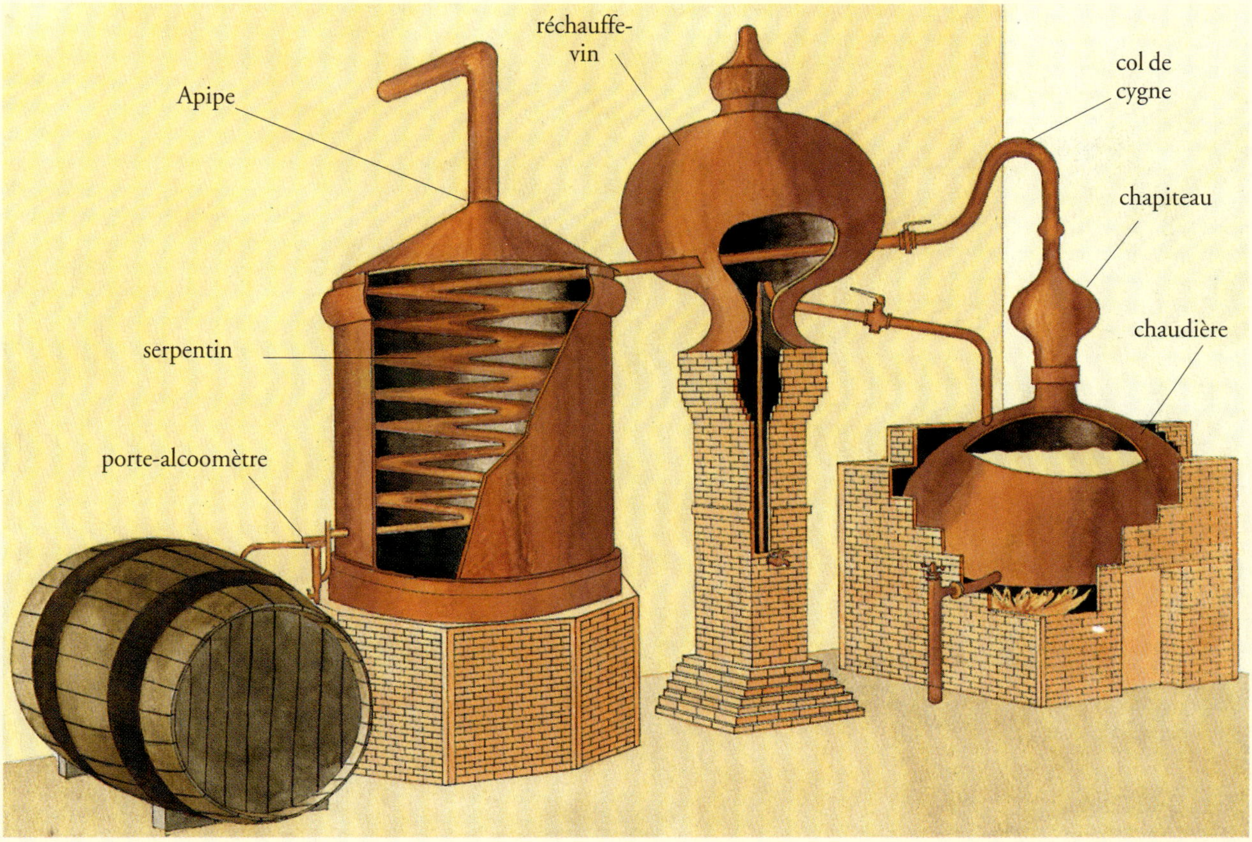

L'alambic charentais traditionnel, *tout en cuivre (ce métal joue le rôle de catalyseur et ne modifie pas le goût des alcools), est composé d'une chaudière chauffée à feu nu, surmontée d'un chapiteau en forme d'oignon ou d'olive où se condensent les vapeurs ; le col de cygne canalise les vapeurs vers le serpentin, long tuyau placé dans un récipient d'eau froide (la pipe), qui refroidit le distillat et provoque la condensation des alcools et des éthers. Un réchauffe-vin peut être intercalé entre le col de cygne et la pipe : c'est un simple échangeur de température qui permet de réchauffer le vin avant d'en remplir la chaudière tout en refroidissant les vapeurs. Au terme du processus, un porte-alcoomètre mesure le degré du distillat qui s'écoule pour être recueilli dans un fût de chêne.*

Le vin et la santé

L'homme d'aujourd'hui se préoccupe de plus en plus de son bien-être, de sa santé, et donc de la qualité des produits qu'il consomme. Le vin, pourtant bien ancré dans la culture française, n'est pas épargné par cette exigence.

Nature morte, *Wytmans.*
Cliché ACJS.

Le vin, ange ou démon ? Tout est affaire de quantité car, si une consommation modérée a des effets bénéfiques sur la santé, une absorption irresponsable et excessive est tout à fait nuisible. Les aspects néfastes sont liés à la présence d'alcool, deuxième constituant du vin après l'eau. Par ses effets sur l'organisme, l'alcool est le facteur limitant de la consommation de vin. Une consommation excessive d'alcool ne se traduit pas nécessairement par une ivresse apparente mais modifie le comportement. Ainsi, 40 % des accidents mortels de la route sont provoqués par des conducteurs ayant abusé de boissons alcooliques ou alcoolisées. De façon insidieuse, une absorption régulière d'alcool peut conduire à l'alcoolisme avec toutes les conséquences que cela peut avoir pour l'individu, sa famille et la société. Enfin, en France, l'alcool constitue la troisième cause de mortalité après les maladies cardio-vasculaires et le cancer.

Mais le vin n'est pas seul responsable et toutes les boissons alcooliques doivent être prises en compte. Car les effets d'une consommation excessive d'alcool sont les mêmes, quel que soit le breuvage.

Les aspects bénéfiques du vin sont liés à son origine même, à savoir les constituants apportés par le raisin et transformés au cours de l'élaboration. Ces nombreux composés – autres que l'alcool –, et en particulier les composés phénoliques, le différencient des autres boissons alcooliques.

L'action de l'alcool sur l'organisme

L'alcool (éthanol) absorbé ne peut être stocké par l'organisme, il doit donc être brûlé. S'il représente moins de 20 % de la ration calorique absorbée quotidiennement (jusqu'à moins de 75 % selon les individus), il sera brûlé sans faire appel aux réserves de l'organisme. C'est dans cette limite que le vin peut être considéré comme un aliment énergétique, chaque gramme d'alcool qu'il contient apportant 7 calories. L'alcool est métabolisé au niveau du foie selon un processus faisant intervenir des systèmes enzymatiques.

La charge enzymatique variant selon les individus, aucun ne dégrade l'alcool à la même vitesse. Cela explique que la dose ingérée, à partir de laquelle des processus secondaires – néfastes pour la cellule hépatique et l'organisme – se mettent en œuvre, varie selon les individus. Il est donc difficile de fixer une limite entre prise modérée et prise excessive d'alcool ; il appartient à chaque individu de prendre conscience de ses limites personnelles.

Aquarelle de Dufy, *publiée dans* Mon docteur le Vin, *1936. Sur cette illustration, le médecin recommande, au cours d'un dîner, du bordeaux à un patient diabétique.*
Cliché Dassau, ©Spadem 1994.

L'alcool agit également au niveau du système nerveux central en déprimant les cellules nerveuses. Une petite dose procure une sensation de bien-être et d'euphorie qui peut améliorer les échanges sociaux et favoriser la convivialité. C'est à ce stade que le consommateur raisonnable doit s'arrêter. Les effets de l'alcool sur l'organisme dépendent de sa concentration dans le sang. Celle-ci étant liée à l'absorption de l'alcool au niveau gastro-intestinal, il faut éviter de consommer des boissons alcoolisées à jeun. L'absorption d'un verre d'eau en début de repas permet de diluer le vin ingéré par la suite et d'éviter une élévation en flèche de l'alcoolémie. Les recommandations de modération s'appliquent à l'ensemble des boissons alcooliques (bière, apéritifs, digestifs...).

Il faut considérer aussi l'accoutumance et la dépendance à l'alcool. Il y a au départ une étape au cours de laquelle l'individu est amené à augmenter la dose ingérée pour avoir l'effet désiré. Ensuite apparaît la dépendance physique avec un syndrome de manque et l'impossibilité de s'abstenir de boire. On aboutit alors à la maladie alcoolique. L'observation de jours d'abstinence doit permettre de récupérer et d'éviter l'asservissement à l'alcool qui s'installe souvent de façon insidieuse.

Enfin, l'abus d'alcool prédispose au cancer, surtout s'il s'accompagne de tabagisme – d'où les actions d'information et de prévention menées de façon intensive par les organismes de santé. Il ne faut pourtant pas en arriver à l'excès inverse : une totale désaffection pour le vin et les boissons alcoolisées, car tout est affaire de dose.

Les constituants non alcooliques du vin

Les effets physiologiques du vin sont dominés, outre l'alcool, par les polyphénols. Néanmoins, le vin contient d'autres molécules favorables à notre santé. Bien qu'elles ne soient pas spécifiques au vin ou qu'elles ne s'y trouvent pas à un taux exceptionnellement élevé, il est utile d'en souligner la présence. L'eau est le principal constituant du vin (85 à 90 %), il peut donc contribuer à couvrir nos besoins journaliers. Ce sont des acides organiques qui donnent au vin son acidité – proche de celle du suc gastrique – et lui confèrent des propriétés digestives. Pauvre en acides aminés et en vitamines, le vin est assez riche en potassium.

Parmi les composés polyphénoliques, auxquels on doit la couleur et le corps du vin, les proanthocyanidols, qui appartiennent au groupe des tanins, semblent les plus intéressants. Ces molécules résultant de l'union de 2 à

L'alcoolisme au XIXe siècle. *Véritable fléau social, l'alcoolisme fut abondamment caricaturé.* Cliché Dassau.

5 molécules élémentaires sont surtout abondantes dans les pépins. Les vins rouges, en raison de la macération des parties solides du raisin dans le jus au cours de la vinification, en contiennent davantage que les vins blancs. La propriété essentielle des proanthocyanidols est leur aptitude à capter les radicaux libres oxygénés. Ceux-ci sont produits par l'organisme et interviennent dans son épuration. Cependant, s'ils sont synthétisés en quantités trop importantes, ils altèrent les membranes cellulaires et le tissu conjonctif. La neutralisation de ces radicaux libres a été mise en évidence *in vitro* pour divers polyphénols d'origine végétale. Ces proanthocyanidols, abondants dans les vins rouges, constituent aussi le principe actif de certaines spécialités pharmaceutiques. Leur effet a été mis en évidence à partir d'extraits végétaux (de pépins notamment).

Les études épidémiologiques

Dès 1979, des chercheurs anglo-saxons ont publié les résultats d'une enquête menée dans 18 pays sur les facteurs associés à la mortalité cardiaque. Les taux de mortalité par infarctus du myocarde sont confrontés à plusieurs variables comme la densité de population, le revenu brut, le tabagisme, le comportement alimentaire. La seule corrélation indiscutable qui se dégage concerne le nombre de morts par infarctus et la consommation moyenne annuelle de vin. La France et l'Italie, en tête des consommateurs de vin, enregistrent une mortalité par infarctus du myocarde trois à cinq fois plus basse que celle de l'Écosse ou de l'Irlande. Les auteurs formulent l'hypothèse que le vin renferme certainement un constituant exerçant un effet protecteur. Parmi les nombreuses études menées depuis lors, celles qui ont été effectuées dans les pays anglo-saxons ont souvent attribué l'effet protecteur à l'alcool lui-même (quelle que soit la boisson consommée). Cela serait lié à l'augmentation du HDL-cholestérol (le bon cholestérol) et à l'inhibition de l'agrégation des plaquettes sanguines.

L'Organisation mondiale de la santé a mis au point un système de surveillance des maladies cardio-vasculaires à l'échelle mondiale : le programme Monica. Il en résulte que le taux de mortalité coronarienne est beaucoup plus faible en France que dans d'autres pays industrialisés comme les États-Unis et le Royaume-Uni, et proche du taux observé au Japon ou en Chine (voir tableau). Les Français, amateurs de bonne chère, meurent trois fois moins de maladies cardio-vasculaires que les Américains, alors que leur taux moyen de cholestérol est de 10 % supérieur en moyenne. Ces résultats ont été présentés sur une chaîne de télévision américaine en 1991 sous le titre : « Le paradoxe français ».

On a aussi montré la corrélation entre mortalité par maladie coronarienne et consommation de graisses d'origine laitière. La France s'écarte de la corrélation car, tout en consommant beaucoup de graisses, elle enregistre un des plus faibles taux de mortalité coronarienne (voir tableau). Cela suggère l'effet protecteur du vin. On constate aussi que la mortalité par infarctus du myocarde est plus faible à Toulouse qu'à Lille ou à Strasbourg. La consommation d'alcool est comparable dans les trois villes mais privilégie le vin à Toulouse, la bière à Lille et à Strasbourg.

Le paradoxe français proviendrait donc des habitudes alimentaires incluant la consommation de vin. Actuellement, les recherches se poursuivent par le biais d'études épidémiologiques, mais aussi d'études expérimentales, *in vitro* et *in vivo*, pour préciser le rôle des différents constituants du vin.

Le vin et la sécurité alimentaire

La qualité hygiénique du vin est une préoccupation constante des laboratoires de surveillance et de l'ensemble des professionnels. Pour tous les contaminants possibles (plomb, cadmium), des teneurs maximales existent et imposent une vigilance stricte tout au long de l'élaboration, de la conservation et du conditionnement du vin. En ce qui concerne les additifs, il existe une liste des produits autorisés. Le dioxyde de soufre est le produit le plus utilisé, mais les teneurs observées dans les vins sont très souvent largement inférieures aux teneurs admises. Enfin, diverses substances peuvent être produites pendant la vinification en quantités plus ou moins importantes. Il s'agit par exemple des amines biogènes comme l'histamine qui peuvent causer des troubles allergiques. Ainsi, dans le vin, deux constituants majeurs restent présents : l'alcool et les proanthocyanidols. On n'oubliera pas que le vin n'est ni un nutriment, ni un médicament, c'est avant tout un plaisir et une source de convivialité. À chacun de trouver ses propres limites pour ne conserver du vin que ses aspects positifs. S. B.

Mortalité coronarienne

	Mortalité coronarienne annuelle/100 000 personnes		Cholestérolémie moyenne (mg/dl)	
Centre Monica	Hommes	Femmes	Hommes	Femmes
Japon	33	9	..	..
Pékin, Chine	49	27	163	168
Toulouse, France	78	11	230	224
Strasbourg, France	102	21	218	216
Lille, France	105	20	252	248
Suisse	103	17	248	232
Standford, États-Unis	182	48	209	205
Belfast, Royaume-Uni	348	88	232	236
Glasgow, Royaume-Uni	380	132	244	248

Mortalité coronarienne annuelle standardisée pour l'âge et cholestérolémie moyenne dans les populations (35-64 ans) participant à Monica (OMS)

Vin et société

Les rapports entre le vin et la société sont indissociables des problèmes de santé. En donnant sa juste place à la reconnaissance des effets bénéfiques de la consommation du vin, sans nier les dommages engendrés par une consommation excessive, la société se montrera digne de ses responsabilités vis-à-vis de son patrimoine humain, culturel, social et économique.

Depuis de nombreuses années, on constate une baisse régulière de la consommation de vin. On peut y voir une conséquence de l'action du lobby de la santé ou, plus simplement, un changement d'attitude de la population. Quoi qu'il en soit, la tendance est impressionnante. Selon les calculs de Daniel Boullet, chercheur à l'INRA, la consommation par habitant deviendrait nulle vers 2021 si l'évolution se poursuivait au rythme actuel. Pour les consommateurs, ce n'est pas une affaire de goût, mais d'alcool. C'est, en effet, sa présence dans le vin qui semble dissuasive.

Face à une telle tendance, la société est confrontée à un double défi. D'un côté, elle doit préserver la richesse économique, sociale et culturelle du secteur vitivinicole. De l'autre, il lui faut trouver les moyens de comprendre puis de prévenir les dommages sociaux et humains liés à une consommation abusive. Dans cette perspective, y a-t-il une place pour un discours de raison, voire de solidarité, ou faudra-t-il tout organiser par la loi et l'interdit ? En évoquant le meilleur des mondes régi par la science et la loi, le Pr Jean Trémolières n'évoquait-il pas l'alternative éducative possible en écrivant, dès 1973 : « Le bon usage par un homme conscient de ce qu'il fait écarterait plus sûrement l'abus que tout règlement. »

Un discours contradictoire

La querelle sur la place du vin dans la société frôle parfois la caricature. Les uns n'hésitent pas à soutenir que le vin n'est pas de l'alcool ; les autres affirment au contraire qu'il est un fléau à combattre à cause de l'alcool qu'il contient. Une interrogation terminologique s'impose donc avant de poursuivre toute réflexion entre le vin et la société pour resituer le problème. Elle concerne d'abord le vin lui-même.

Est-il le produit exclusif de la fermentation alcoolique du moût de raisin, comme l'affirment les juristes et les scientifiques, ou bien le fruit de la vigne et du travail des hommes, selon une définition plus liturgique ? Cette seconde définition est, en elle-même, un appel à rencontrer, dans leur culture, le producteur, le distributeur, le sommelier, le restaurateur, mais aussi le soignant, l'historien, l'enseignant et bien sûr le consommateur, afin de découvrir ensemble les émotions, la diversité des plaisirs et la joie que le vin peut nous procurer.

Publicité du cognac Hennessy. *Le vin est ici porteur d'une vision de l'art de vivre, où modernisme et valeurs traditionnelles s'unissent.*
Cliché Dassau.

Cette interrogation doit se poursuivre sur la santé. Est-elle le champ exclusif du médecin ou du soignant confrontés à la souffrance engendrée par la complexité de l'esprit humain, ou « l'état d'un homme caractérisé non seulement par l'absence d'une maladie ou d'une infirmité, mais encore par un état de bien-être physique, mental et social », selon la définition proposée par l'Organisation mondiale de la santé (OMS) ? Cette seconde approche, dans laquelle l'hédonisme a sa place, élargit le champ de la santé à de nombreux intervenants – et pas seulement au corps médical –, qu'ils soient enseignants ou acteurs sociaux.

Menée par un esprit corporatiste parfois démesuré, la société est en difficulté. D'un côté les professionnels du vin se sentent menacés par des indicateurs de consommation en chute libre. De l'autre, des professionnels de santé se sentent impuissants face à une mortalité et une morbidité par alcoolisme, touchant encore près de 40 000 personnes. Face à la part croissante de la place de la santé dans les préoccupations des citoyens, la société tranche en imposant une législation restrictive. Les professionnels du vin, dans l'impossibilité momentanée d'apporter une réponse constructive et de redynamiser le débat vin et société, vont cependant réagir.

Le vin est civilisateur

Devant la crise, aggravée par l'arrivée d'une réglementation restrictive, des initiatives soutenues par les hommes de la vigne et du vin se font jour et favorisent des rapprochements entre points de vue médical et vitivinicole sous l'œil attentif du Centre international d'études pédagogiques et de l'Office international de la vigne et du vin.

De nombreux travaux confirment l'innocuité de l'alcool à faible dose, à l'exclusion de la grossesse et de certaines pathologies particulières. Avec le *French paradox* de Serge Renaud et les études de l'école de Boston, il semble même que de

Dégustation à Saint-Chinian. *La dégustation est une liturgie, où le plaisir sensoriel s'accompagne d'un culte du geste.* Photo Jean-Daniel Sudres/Scope.

Croquis de café. *Participant d'une iconographie largement popularisée, ce croquis illustre le vin qui délie les langues et favorise l'épanouissement des relations sociales dans le cadre privilégié, rural ou urbain, des débits de boissons. Mais en contrepoint se profilent les ravages des excès et de l'accoutumance, les mots d'éthylisme et d'alcoolisme étant lourdement porteurs de noires évocations où la solitude prend sa part.*

Dessin de J.-P. Tillac, cliché Dassau.

faibles doses d'alcool peuvent prévenir des maladies ischémiques. La découverte dans le vin de produits particulièrement intéressants, comme le glycérol et les procyanidines, a permis de comprendre que le vin est une boisson alcoolique contenant à la fois le toxique (l'alcool) et son antidote (les tanins).

Mais si favorables les propriétés des substances non alcooliques du vin soient-elles, il ne faut cependant pas oublier qu'elles sont incorporées dans notre organisme avec de l'alcool. Réfléchir sur les doses et les circonstances d'incorporation de ce produit devient alors un objectif primordial car, de l'usage à l'abus et de l'abus à l'usure engendrée par une consommation excessive, il n'y a que deux pas ! Ces deux pas peuvent être franchis facilement par une personne non avertie, causant un préjudice considérable à la collectivité (maladie et insécurité).

Du côté de la santé, longtemps limitée au traitement et à la tentative de maîtriser des complications engendrées par une consommation excessive d'alcool, la démarche médicale évolue grâce aux progrès des recherches en sciences humaines. La réflexion des responsables de santé publique s'oriente désormais vers l'analyse des conduites d'alcoolisation, ou manières de boire, tandis que les soins sont relayés par les mouvements d'anciens buveurs. On comprend mieux les relations entre les troubles de l'humeur, les comportements d'addiction et les désordres sociaux qu'ils engendrent. Et si l'alcool est, bien évidemment, nécessaire à la survenue de l'alcoolisme, d'autres facteurs déterminants sont à l'œuvre en dehors de la molécule éthanol : histoire personnelle, situation économique familiale, etc. Une approche nuancée est donc possible : « Tout est toxique, rien n'est toxique, tout est dans la dose », disait Paracelse.

Éduquer. Réinventer des circuits de communication

Malheureusement, sous couvert d'une défense de la recherche du plaisir, certaines formes de communication actuelles ont pour conséquence d'aggraver les dommages subis par des consommateurs mal préparés à la rencontre avec le vin. Dans le système complexe de promotion des produits à base d'alcool, un constat d'échec doit être fait. La baisse globale de la consommation masque en effet deux évolutions contradictoires. Alors que certains ne boivent plus du tout, ceux qui boivent trop demeurent nombreux. Désormais, un quart de la population en âge de boire consomme les trois quarts des boissons alcooliques vendues en France.

Aggravant le nombre des gros buveurs, incapables de renouveler une population à consommation modérée et personnalisée, nos méthodes de communication doivent donc être revues. D'autres images, d'autres stratégies sont à trouver afin d'éviter, d'une part, l'esprit néo-prohibitionniste qui marque encore trop souvent les réglementations et les législations, et, d'autre part, une promotion à sens unique du produit ne respectant pas l'homme. Une telle démarche appelle une évolution des mentalités dans tous les secteurs concernés, dans un véritable esprit de partenariat. Cette évolution implique la création d'espaces de rencontre, voire d'actions communes.

Une démarche de société

Deux organismes internationaux, l'Organisation mondiale de la santé et l'Office international de la vigne et du vin, suggèrent la voie à suivre dans deux documents convergents : « Renforcer les pratiques qui favorisent la prévention, c'est instaurer des environnements qui renforcent la motivation et la capacité de la personne à éviter des pratiques dangereuses avec l'alcool, c'est renforcer le soutien public en faveur de pratiques modérées de consommation d'alcool par le biais de programmes éducatifs. »

Au Québec, l'Éducation nationale a mis au point un « programme de développement personnel et social ». La Société des alcools du Québec a contribué à une telle démarche avec le programme « À toi de juger » du fonds Éduc'alcool, qui éduque les jeunes de la sixième à la terminale à l'usage des boissons alcooliques.

Dans cette optique, l'éducation sensorielle et, plus particulièrement, l'éducation du goût apparaissent fondamentales. En développant la mémoire et le langage, en resserrant les liens sociaux, cet apprentissage permettra peut-être de surmonter les contradictions actuelles.

J.-P. Da.

Foire aux vins en vallée du Rhône. *Esthétique dépouillée et raffinement hédoniste expriment aujourd'hui une image culturelle du vin.*

Cliché Dassau.

Les mistelles et les vins de liqueur

Les mistelles sont des traditions fort anciennes dans nos campagnes viticoles où l'on élabore depuis des siècles, au soir des vendanges, ces vins paysans de fête et de gourmandise en ajoutant de l'eau-de-vie au jus de raisin frais.

La législation considère les mistelles comme des vins de liqueur, dont elles diffèrent pourtant sur un point essentiel. Les vins de liqueur sont des vins mutés par adjonction d'alcool en cours de fermentation ; ils sont doux lorsque le mutage est fait, en début de fermentation, et secs lorsqu'il est effectué en fin de fermentation (appartiennent à cette grande famille les vins doux naturels même s'ils sont élaborés différemment : le porto, le sherry, le madère, le muscat de Samos...).

Les mistelles sont, au contraire, des moûts de raisin non fermentés, riches encore de tous leurs sucres fermentescibles, auxquels on ajoute de l'eau-de-vie.

Dessin pour une réclame Byrrh, *à Thuir. Édifiés en 1892, les chais produisent vins doux naturels et mistelles.* Photo Jean-Luc Barde/Scope.

Les mistelles

En France, il existe traditionnellement toute une production fermière et familiale ; plusieurs régions élaborent et commercialisent des mistelles, à partir de vignobles délimités et d'eaux-de-vie d'appellation.

Le ratafia

En Champagne, on prépare le ratafia ; le jus de raisin frais mêlé de 20 % d'alcool vieillit doucement en foudre ou en vieux fûts de chêne et titre entre 17 et 18 % d'alcool par volume ; la recette du ratafia de Bourgogne est la même, le mutage se fait également avec des eaux-de-vie de marc. Rappelons que le très ancien terme « ratafia » (qui renvoie au vieux mot créole « tafia », désignant les eaux-de-vie tirées des mélasses de canne à sucre) est encore très utilisé dans les campagnes, au sens plus large de liqueur de ménage faite de plantes ou de fruits macérés dans de l'eau-de-vie additionnée d'un sirop de sucre (il existe ainsi une multitude de ratafias d'angélique, de cassis, de framboise, de noix, d'orange, de rose...).

La carthagène

Dans le Midi, la mistelle traditionnelle est la carthagène, assemblage d'alcool (les eaux-de-vie de vin donnent un produit plus fin que les eaux-de-vie de marc) et de jus de raisin grenache très riche en sucre, qui révèle, après un an et plus de maturation en très petits fûts, un vin doré, limpide et savoureux plein de soleil et de fruit.

Les vins de liqueur

Le macvin du jura

Le macvin du jura, AOC depuis 1991, est un assemblage de moût et de marc (obtenu par la distillation de marc de raisin égrappé) dans les proportions de deux tiers-un tiers (d'où son nom : marc et vin).

Le floc de gascogne

Le floc de gascogne (« fleur » en occitan) bénéficie d'une appellation contrôlée depuis 1990. Le floc blanc est issu des cépages colombard, ugni blanc, baco blanc, améliorés par le gros manseng, le chasan, le baroque et le sauvignon. Les jus, après pressurage et débourbage, sont mutés avec des armagnacs titrant au minimum 52 % vol. Vieillis un an en fûts de chêne, titrant entre 16 et 18 % vol., ils font des apéritifs très parfumés, fins et élégants, et des vins de dessert pleins de charme. Les moûts de merlot, tannat, cabernet-sauvignon, cabernet franc, cot et gamay donnent des flocs rouges, chauds et capiteux.

Cépage cabernet sauvignon. *Ce cépage noble du Bordelais, très présent dans tout le Sud-Ouest, entre dans la composition du floc de gascogne.* Photo Michel Guillard/Scope.

Le pineau des charentes

Le plus vénérable, celui dont les lettres de noblesse sont les plus anciennes : le pineau des charentes. Fabrication de tradition familiale et paysanne depuis quelque quatre siècles, aujourd'hui protégé et réglementé par une appellation d'origine contrôlée depuis 1945, le pineau a conquis une réelle notoriété commerciale.

Uniquement produit dans la région délimitée du cognac, les pineaux blancs sont issus des cépages ugni blanc, folle blanche et colombard, blanc ramé, jurançon blanc, sémillon, sauvignon et merlot blanc, et les pineaux rosés des cépages cabernet-sauvignon, cabernet franc, merlot et malbec. Le rendement ne doit pas dépasser 50 hl à l'hectare, et le moût de raisin mis en œuvre doit avoir une densité minimale de 170 g de sucre par litre. Sans attendre, le viticulteur, au soir de la vendange, mute le jus fruité avant toute ébauche de fermentation, en y ajoutant en une seule fois du cognac « rassis », c'est-à-dire déjà vieilli en fûts de chêne, titrant environ 60 % vol. et provenant de la même propriété (approximativement un quart d'eau-de-vie pour trois quarts de moût) ; le degré du vin de liqueur ainsi obtenu varie entre 16 et 20 % vol. Puis, au fil du vieillissement sous bois (un an au minimum et plus) se mêlent lentement la force de l'alcool et la fraîcheur des raisins, s'épanouissent les senteurs et les saveurs.

Le pineau blanc plein de finesse et de vivacité, et le pineau rosé, tout en rondeur suave et en nuances fruitées, sont des apéritifs naturels et délicieux, et d'harmonieux vins de dessert. A.-M. R.-P.

Château Latour en Médoc. *Le vignoble se signale par sa tour fortifiée (XVIIe siècle) qui domine la Gironde. Stylisée, elle figure sur les étiquettes de ce premier cru remarquable en qualité et en régularité.* Photo Michel Guillard/Scope.

Le Bordelais

Lorsque le paysage devient soudain longiligne, on entre en Bordelais. Les forêts, les champs de maïs et les vergers cèdent brutalement la place à de longues raies de vignes, rythmées par les fleuves et les cours d'eau qui délimitent, comme autant de frontières naturelles, une extraordinaire diversité de terroirs. Villages et régions portent des noms aux consonances magiques : Margaux, Saint-Émilion, Sauternes… Avec 117 300 ha de vignes d'appellation d'origine contrôlée, 51 appellations et plus de 8 000 châteaux, le vignoble de Bordeaux est cinq fois plus important que le vignoble du Beaujolais ou que celui de la Bourgogne. Si Bordeaux évoque le nom d'une ville au passé chargé d'histoire, il désigne surtout l'appellation d'un vignoble porteur de vins parmi les plus célèbres au monde. Le secret de sa pérennité : une délicate alchimie entre un sol, un climat, des cépages et des hommes. ◆

Château Haut-Bergey. *Cette propriété est située dans l'aire d'appellation pessac-léognan.* Photo Michel Guillard/Scope.

Histoire du vignoble

Au Ier siècle de notre ère, Bordeaux se nommait Burdigala. Ses notables, les riches Bituriges Vivisques, plantèrent, à partir d'un cépage appelé *biturica*, les premières vignes en Bordelais. Ce vignoble devint suffisamment important pour que, à la fin du IVe siècle, le poète aquitain Ausone écrivît : « Ô ma patrie, célèbre par ses vins. » En 1152, grâce aux échanges qui vont s'instaurer avec les îles Britanniques après le mariage d'Aliénor, duchesse d'Aquitaine, avec Henri Plantagenêt, futur roi d'Angleterre, la viticulture bordelaise va connaître une fulgurante expansion.

Dès 1214, les Bordelais obtiennent du roi d'Angleterre, Jean sans Terre, l'exemption des taxes ou coutumes « perçues sur les vins provenant des vignes des bourgeois de Bordeaux ». Ce « privilège », qui subsistera jusqu'au 11 août 1789, va assurer la prédominance des vins de Bordeaux sur ceux du haut pays, cet ensemble de campagnes viticoles du Quercy, de l'Agenais, du Toulousain et du Périgord. En 1224, lorsque Louis VIII, roi de France, s'empare de La Rochelle, Bordeaux devient le « port atlantique du domaine anglais ». En peu de temps, le grand vignoble bordelais se constitue autour de la capitale du duché d'Aquitaine et, autour de la ville, les vignes se mettent à s'étendre, au nord-ouest et au sud-ouest, ainsi que dans quelques villages de ses proches environs.

CHRONOLOGIE

Château Pape-Clément. *La façade est ornée de colonnes sculptées.* Photo Michel Guillard/Scope.

Ier siècle av. J.-C. Des commerçants campaniens commencent à vendre de la vigne aux Bordelais.
Ier siècle apr. J.-C. Création par les Bituriges Vivisques d'un nouveau cépage, le *biturica*, qui sera à l'origine du vignoble bordelais.
1152 Aliénor d'Aquitaine épouse Henri Plantagenêt, comte d'Anjou et roi d'Angleterre, l'Aquitaine devient duché anglais.
1214 Jean sans Terre instaure le privilège des vins à Bordeaux.
1337 Début de la guerre de Cent Ans ; les Bordelais se rangent aux côtés de l'Angleterre.
1453 La bataille de Castillon permet de réunir le duché d'Aquitaine à la Couronne de France.
1725 Arrêt du conseil d'État interdisant toute nouvelle plantation, sans autorisation, de la vigne dans la généralité de Bordeaux.
1738 Arrêt du parlement de Bordeaux confirmant les privilèges des vins de Bordeaux, et prohibant toute falsification.
1744 Arrêt du Conseil d'État interdisant de loger des vins étrangers dans les futailles de jauge bordelaise, et prohibant le coupage des vins de Bordeaux avec des vins étrangers.
1760 Arrêt du parlement de Bordeaux homologuant des statuts de la Communauté des courtiers royaux du pays bordelais.
1764 Arrêt du parlement de Bordeaux prescrivant d'imprimer sur le fond de toute futaille, au fer rouge, le nom de la paroisse d'origine du vin.
1787 Classement par Thomas Jefferson des quatre crus de première qualité (Margaux, Latour, Haut-Brion, Lafite).
1797 À Château-Lafite, on met pour la première fois une bouteille à vieillir.
1850 Épidémie d'oïdium.
1855 Classement des vins blancs et vins rouges de la Gironde.

Anatomie d'un château en Bordelais. *Le terme « château » désigne une propriété où l*

Environs de Saint-Hippolyte. *Ce terroir est situé sur un plateau calcaire qui donne des sols de décomposition.*
Photo Michel Guillard/Scope.

ltive la vigne et où s'effectuent les opérations de vinification. Dessin Éric Maurus.

CHRONOLOGIE

1857 Les ravages de l'oïdium sont enrayés.
1866 Arrivée du phylloxéra à Floirac.
1878 Arrivée du mildiou à Coutras.
1911 Délimitation d'aires d'appellation excluant, pour le Bordelais, les départements autres que la Gironde.
1923 L'appellation pomerol devient une entité.
1924 Première étiquette illustrée par un artiste contemporain de renom, Jean Carlu, pour Mouton-Rothschild.

Étiquette de Jean Carlu. *Elle fut conçue en 1924 pour Mouton-Rothschild.*
Photo Michel Guillard/Scope.

1932 Premier classement des crus bourgeois du Médoc.
1936 Pomerol devient une AOC ainsi que bordeaux.
1954 Classement de saint-émilion.
1956 Les grandes gelées provoquent un renouvellement des plantations.
1959 Classement des graves.
1972 Classement officiel des crus bourgeois du Médoc.
1973 Reclassement de Mouton-Rothschild.
1973 Étiquette de Mouton-Rothschild illustrée par Picasso à l'occasion de son accession au rang de premier cru classé.
1986 Dernière révision du classement de saint-émilion.
1987 Création de l'appellation pessac-léognan.

Château Lagrange, Médoc, Saint-Julien-Beychevelle. *Sur la rive gauche, les terroirs des graves servent de supports aux vignobles bordelais les plus réputés. Une série de croupes basses, plus ou moins arrondies, forment un réseau de pentes continues et homogènes qui versent dans la Garonne ou ses petits affluents.* Photo Michel Guillard/Scope.

Château Brane-Cantenac. *Plus au sud que Saint-Julien-Beychevelle et situé dans les terres basses, le sous-sol de Brane-Cantenac est composé de sable des Landes qui repose sur une base de molasses sannoisiennes. Le vignoble se trouve à l'ouest du village de Cantenac, légèrement en retrait par rapport à la Gironde.* Photo Michel Guillard/Scope.

La plupart des exploitations appartiennent alors à l'archevêque et aux établissements religieux, qui revendent leur production aux négociants de la place. Le domaine le plus connu, le château Pape-Clément, est créé en 1300 par Bertrand de Got, archevêque de Bordeaux, qui, élu pape sous le nom de Clément V, le léguera à l'Église en 1306.

De nouveaux débouchés.

Cette grande prospérité cesse brusquement, un jour d'octobre 1453, quand, après des mois de campagne, les armées françaises reconquièrent la Guyenne. Elle reprendra au XVIIe siècle avec l'arrivée de nouveaux gros acheteurs : d'abord les Hollandais, puis les hanséates et, enfin, les riverains maritimes du nord-ouest de la France, les Bretons. De nouveaux terroirs se couvrent alors de vignes.

Bien que l'Angleterre ne représente plus que 10 % dans les exportations de vin de Bordeaux, une société anglaise met à la mode des vins de très grand prix – Haut-Brion, Lafite, Latour –, dont elle contribue à susciter l'élaboration sur place.

Le XVIIIe siècle est marqué par l'essor d'un commerce vers les « isles d'Amérique », Saint-Domingue et les Petites Antilles, auxquelles il faut ajouter Cayenne et Bourbon-la Réunion. La dernière décennie du siècle est marquée par la Révolution, les guerres incessantes, la perte des colonies d'Amérique et la rupture des liens commerciaux avec les pays de la mer du Nord et de la Baltique. Thomas Jefferson s'emploie cependant à répandre la mode des grands crus en Amérique, mais les meilleurs acheteurs restent la Hollande, les pays allemands, le Danemark et la Russie.

Malgré l'oïdium, terrible maladie qui frappe le vignoble au milieu du XIXe siècle, enrayée en 1857, le vignoble girondin entre dans une période de prospérité, marquée par le classement de 1855. Dix ans plus tard, le phylloxéra arrive et frappe la quasi-totalité des communes du Bordelais en quelques années.

Le phylloxéra.

Tous les cépages sont atteints et le vignoble sera finalement sauvé par la greffe de cépages français sur des porte-greffes américains. Cette importation de pieds américains provoque une nouvelle calamité : le mildiou, champignon parasite qui sera maîtrisé grâce à la « bouillie bordelaise » (solution de sulfate de cuivre et de chaux éteinte).

Le 29 juin 1907, pour lutter contre la fraude et soutenir la qualité des vins, le législateur promulgue une première loi dont le principal élément est la « déclaration de récolte ». En 1911, les Girondins participent à l'élaboration d'une législation nationale sur l'origine des vins. Cette législation délimite les aires d'appellation et exclut, pour le vignoble bordelais, tout autre département que la

La Gironde devant Blaye. *Le lit de la Gironde qui sépare Saint-Julien-Beychevelle de Blaye ainsi que les îles de Macau et de Cazeau et les abords du fleuve sont composés de palus flandriens. Ces apports du fleuve encore marécageux étaient, il y a quelques siècles, les parties les plus recherchées dans le Bordelais.* Photo Michel Guillard/Scope.

Château de Segonzac, côtes de Blaye. *Autrefois plus renommée que le Médoc, cette très vieille région viticole présente un aspect pittoresque avec ses collines arrondies dont le sol composé de limons du Blayais recouvre une très importante couche de calcaires à astéries, avec des épisodes argileux et parfois siliceux.* Photo Michel Guillard/Scope.

Gironde. C'est avec la création de l'INAO (Institut national des appellations d'origine), en 1935, que Bordeaux révèle sa véritable identité avec 98 % de sa production en appellation d'origine contrôlée.

Les terribles gelées de 1956 vont porter un rude coup au vignoble, tout comme la crise du début des années 1970 au négoce bordelais du vin. Mais le vin de Bordeaux atteint un tel seuil de qualité et de notoriété que la décennie 1980 va ramener les vins de Bordeaux au plus haut niveau sur le plan mondial.

Géographie, climat et nature des sols

Entre les sables noirs du plateau landais, à l'ouest, et les confins charentais, à l'est, le vignoble bordelais se dispose de part et d'autre de l'axe Gironde-Garonne-Dordogne. Les nuances gustatives de ses grands vins, rouges et blancs, naissent des cépages cultivés, mais aussi – et surtout – des terroirs qui les produisent.

Particulièrement importante est la notion de site de terroir, celle-ci associe au modelé du relief, le circuit de l'eau dans le sol, et la nature du proche soubassement géologique.

Le liseré des graves. Sur la rive gauche de la Garonne-Gironde s'allonge le mince liseré des graves, ces formations caillouteuses associant galets de quartz et sables. Du nord au sud sont établis les vignobles du Médoc, des Graves et du Sauternais. Ce sont les graves garonnaises du quaternaire ancien (günz) qui portent les plus grands crus de rouge et de blanc : leurs galets, de grande et moyenne dimension, sont issus des Pyrénées occidentales, du Massif central méridional, du Limousin et du nord-est du Bassin aquitain.

Château de Belcier, côtes de castillon. *Cette appellation récente – elle date de 1989 – reprend l'aire anciennement dévolue à l'appellation bordeaux côtes de castillon.* Photo Michel Guillard/Scope.

La plate-forme de l'Entre-deux-Mers. Entre Garonne et Dordogne s'étend la plate-forme de l'Entre-deux-Mers, solidement charpentée par les calcaires à astéries, d'âge tertiaire. Bordé, sur la rive droite de la Garonne, par les vignobles des premières côtes, ce plateau constitue l'ossature du Bordelais. Incisé par des vallées encaissées, il est revêtu, surtout dans son secteur septentrional et central, d'une nappe d'argiles à graviers datant du pliocène (tertiaire terminal). Ses terres, souvent lourdes, portent les vignobles de l'entre-deux-mers qui s'étendent sur plus de 23 000 ha. Forteresse des coopératives viticoles, producteur de vins blancs secs et fruités, ainsi que de rouges bouquetés, ce vignoble rassemble sept appellations contrôlées.

La rive droite de la Dordogne. Sur la rive droite de la Dordogne et de l'estuaire girondin, la table calcaire de l'Entre-deux-Mers réapparaît. Mais elle est disloquée en blocs soulevés, basculés, dénivelés par une série de cassures et de failles. De l'amont vers l'aval se succèdent les vignobles de Castillon-la-Bataille, de Francs et du Libournais où se situent les aires de saint-émilion, de pomerol et de fronsac. Plus en aval, ce sont les vignobles du Bourgeais, du Blayais et de Saint-André-de-Cubzac.

Trois formes distinctes. Si chaque vignoble possède ses traits propres, on distingue toujours le plateau viticole, la côte ou le coteau, et les terres basses plus ou moins sablonneuses. Cette trilogie constitue bien le caractère essentiel des terroirs viticoles bordelais, même si les familles s'assemblent différemment selon les aires : ici manquent les graves ; là, les limons siliceux sont plus développés.

Au-delà de ces caractéristiques générales, de nombreuses nuances apparaissent, en particulier sur les sites de terroirs de saint-émilion ou de pomerol : au contact de la terrasse sableuse de la Dordogne s'individualise le pied de côte ; vers le nord-ouest, des croupes de graves de style médocain servent d'assise à de très grands crus, tels que le château Cheval-Blanc et le château Figeac ; enfin, vers l'Isle, affluent de la Dordogne, s'étalent les graves sableuses quaternaires récentes où l'on trouve l'appellation lalande de pomerol.

Pomerol, vignoble de Petrus. *Petrus est le plus célèbre des pomerol. Il peut s'enorgueillir d'être, depuis un certain temps déjà, le plus cher de tous les vins rouges du Bordelais. Les vins produits par cette région sont caractérisés par l'utilisation du cépage merlot qui est dominant dans l'appellation. En dehors de Petrus, d'autres crus sont forts réputés : La Conseillante, Lafleur, Certan-de-May-de-Certan, Vieux Château-Certan, Beauregard, Trotanoy, etc.* Photo Michel Guillard/Scope.

Un climat favorable à la viticulture.

Si les terroirs exercent une action primordiale sur la qualité des grands bordeaux, les facteurs climatiques jouent un rôle fondamental dans la réussite ou dans l'échec des millésimes. Réputée pour sa douceur thermique (12,5 °C de moyenne annuelle), la région est fréquemment arrosée par les pluies que larguent les vents d'ouest dominants. Heureusement, les 850 mm annuels de précipitations ne sont pas également répartis au fil des saisons.

Peu importe que, de la fin de l'automne au début du printemps, les pluies soient tenaces, copieuses et fréquentes : la vigne alors se repose ; les réserves de la nappe phréatique se reconstituent et, au cours des étés torrides, la vieille vigne ira y puiser sa substance.

En revanche, la douceur printanière permet un débourrement précoce de la vigne. Si la floraison, qui intervient de la fin mai à juin, selon les cépages, se réalise par beau temps, la récolte sera copieuse. Mais, si cette période importante du cycle végétatif de la vigne est fraîche et humide, la vigne coule et la pollinisation s'avère difficile. Une modeste récolte s'annonce, du moins en quantité, car la qualité du millésime n'est pas menacée, pas plus qu'elle ne l'est par les rares mais spectaculaires gelées de printemps. Tout se joue, pour la qualité du vin, de la fin de juillet à la fin de septembre, voire à la première quinzaine d'octobre. Il faut compter avec les étés « pourris », générateurs de bien médiocres millésimes, mais les étés convenablement secs et chauds, qui présentent plus de quinze jours de très grande chaleur, favorisent la naissance d'un très grand millésime.

Encépagement

La principale caractéristique des vins de bordeaux est d'être le résultat harmonieux d'un assemblage de cépages adaptés aux différents terroirs.

Les cabernets.

Le cabernet-sauvignon ou petit cabernet constitue la base de l'encépagement du Médoc et des Graves (56 %). Il peut représenter jusqu'aux trois quarts de l'encépagement. Ce cépage de grande qualité donne des vins très colorés, très tanniques, qui demandent un vieillissement de plusieurs années en tonneaux pour exhaler leurs parfums : un mélange de violette et de poivron vert. Le cabernet franc ou bouchet (Médoc et Graves 6 %, Libournais 12 %) est loin d'avoir la même importance.

Le merlot.

Souvent considéré autrefois comme un cépage d'appoint, il constitue aujourd'hui l'essentiel de l'encépagement des régions du Libournais et donne un vin agréable, souple, que l'on peut boire jeune.

Les appellations

Les appellations du Bordelais sont au nombre de 51.

Barsac
Blaye ou blayais
Bordeaux
Bordeaux clairet
Bordeaux côtes de francs
Bordeaux haut-benauge
Bordeaux rosé
Bordeaux sec
Bordeaux supérieur
Bordeaux supérieur clairet
Bordeaux supérieur rosé
Bourg ou bourgeais
Cadillac
Canon-fronsac
Cérons
Côtes de blaye
Côtes de bordeaux saint-macaire
Côtes de bourg
Côtes de castillon
Crémant de bordeaux
Entre-deux-mers
Entre-deux-mers haut-benauge
Fine bordeaux
Fronsac
Graves
Graves supérieures
Graves de vayres
Haut-médoc
Lalande de pomerol
Listrac-médoc
Loupiac
Lussac saint-émilion
Margaux
Médoc
Montagne saint-émilion
Moulis-en-médoc
Néac
Pauillac
Pessac-léognan
Pomerol
Premières côtes de blaye
Premières côtes de bordeaux
Puisseguin saint-émilion
Sainte-croix-du-mont
Saint-émilion
Saint-émilion grand cru
Saint-estèphe
Sainte-foy-bordeaux
Saint-georges saint-émilion
Saint-julien
Sauternes

Les cépages du Bordelais

Le Bordelais comprend d'abord six cépages noirs :

Le cabernet franc, ou breton dans le Val de Loire.

Le cabernet-sauvignon, ou petite vidure, possède des feuilles vert foncé, bullées, brillantes, profondément quinquelobées, avec des sinus à fonds concaves et à bords superposés, et un sinus pétiolaire en lyre fermée, souvent à base dégarnie ; la face inférieure est duveteuse, en pelote, légèrement pubescente. Les grappes sont moyennes, cylindro-coniques, ailées ; les baies sont sphériques, petites, noires, très pruinées, à peau épaisse, dure, avec une chair très ferme et à saveur spéciale, caractéristique, rappelant à la fois la violette et les fruits sauvages comme les sorbes, de goût astringent ; elles viennent à maturité à la deuxième époque tardive.

Le carmenère est très peu cultivé, car peu fertile.

Le cot, ou malbec, est à feuilles molles, tourmentées, ondulées, à bords révolutés, entières, avec le sinus pétiolaire en V ouvert ; le dessous du limbe est un peu poilu. Les grappes sont moyennes, coniques ; les baies sphériques, noires, viennent à maturité à la première époque tardive. C'est un cépage sensible à la coulure.

Le merlot noir possède des feuilles vert foncé, bullées et gaufrées, quinquelobées et à sinus pétiolaire en U ; le dessous du limbe est faiblement velu. Les grappes sont cylindriques, parfois ailées ; les baies moyennes, sphériques, noires, viennent à maturité à la deuxième époque.

Le petit verdot est un cépage secondaire, le dernier récolté en Médoc, car il ne pourrit pas. Les grappes moyennes, cylindriques, à baies petites, sphériques, noires, viennent à maturité à la troisième époque.

L'encépagement blanc comprend essentiellement trois cépages :

Le sémillon a des feuilles bullées, gaufrées, profondément quinquelobées, avec un sinus pétiolaire en lyre ouverte. Les grappes moyennes, cylindriques, à baies sphériques d'un blanc doré, viennent à maturité à la deuxième époque.

Le sauvignon, ou blanc fumé.

La muscadelle a de grandes feuilles, bullées, tourmentées, trilobées, avec un sinus pétiolaire en lyre fermée ; le dessous du limbe est légèrement velu. Les grappes grandes, tronconiques, à baies sphériques, moyennes, blanches, viennent à maturité à la deuxième époque. C'est un cépage d'appoint dans la production des vins blancs du Bordelais et de la région de Bergerac.

P. G.

Les cépages complémentaires sont le malbec, et le petit verdot, qui, en petites proportions (aux alentours de 5 %), retrouve la faveur en Médoc.

Le sémillon est le cépage blanc le plus cultivé en Gironde (9 405 ha). C'est uniquement en Blayais-Bourgeais qu'il est devancé par l'ugni blanc. C'est la plupart du temps, le cépage de base dans la production des vins blancs liquoreux.

Le sauvignon donne un vin très fin et très aromatisé. Bien que remis à la mode par les nouveaux œnologues, dont Denis Dubourdieu, il n'occupe que 21 % environ de la superficie du vignoble, dans l'Entre-deux-Mers et dans les Graves pour les vins blancs secs, la proportion étant à peu près identique pour les vins liquoreux.

Parmi les cépages complémentaires, en blanc, figure la muscadelle (1 260 ha), qui serait originaire de l'Aquitaine ; l'ugni blanc (4 010 ha) n'est cultivé que dans l'Entre-deux-Mers et surtout en Bourgeais-Blayais ; le colombard est en régression en raison de la mévente des vins blancs de Gironde. Surtout cultivé au nord du département, où étaient autrefois récoltés des vins destinés à la distillation, il est en nette régression.

Classements

Les premières classifications des vins de Gironde étaient établies à l'origine, non par cru ni par paroisse, mais par contrée. « Le plus considérable et le meilleur sont les Graves qui sont aux environs de Bordeaux ; le second canton pour les vins rouges est le Médoc ; et le troisième pour les vins blancs est celui de Langon, Barsac et autres lieux près la Garonne », écrira l'intendant Basin de Bezuns à Louis XIV, en 1698.

Thomas Jefferson, qui séjourne à Bordeaux du 24 au 28 mai 1787, propose une hiérarchie qui confirme déjà la prédominance des « quatre crus de première qualité » : Margaux, Latour, Haut-Brion et Lafite.

Bordeaux côtes de francs, vendanges. *L'appellation bordeaux côtes de francs est située à l'est de Saint-Émilion sur des coteaux argilo-calcaires et marneux parmi les plus élevés de la Gironde. Cette très belle situation permet d'obtenir des vins riches et bouquetés.* Photo Michel Guillard/Scope.

Vignoble de l'entre-deux-mers. *Cette région est insérée entre la Garonne et la Dordogne. C'est d'ailleurs de cette situation qu'elle tire son nom. L'appellation est réservée aux vins blancs secs issus principalement de sauvignon, mais aussi de sémillon et de muscadelle, et accessoirement de merlot, colombard, mauzac et ugni blanc.* Photo Michel Guillard/Scope.

Le classement de 1855.

Il ne fait qu'actualiser les précédents. À l'occasion de l'Exposition universelle de 1855 qui doit se tenir à Paris, la chambre de commerce de Bordeaux est sollicitée pour donner son avis et aider à présenter les produits les plus remarquables parmi les vins de la Gironde. Les syndics et adjoints des « courtiers de commerce près la Bourse de Bordeaux » sont alors chargés de dresser « la liste complète des vins rouges classés de la Gironde ainsi que celle des grands vins blancs ». Ils fondèrent leur appréciation sur trois critères : le sol, la notoriété des crus et les prix moyens obtenus à la vente pour les différents crus.

Dans ce classement ne figurent que les vins rouges du Médoc, les vins blancs liquoreux de sauternes et de barsac, et un seul cru rouge de graves : « Aussi n'avons-nous pas eu la pensée de dresser un état officiel de nos grands vins, mais bien de soumettre à vos lumières un travail dont les éléments ont été puisés aux meilleures sources », écrivent ces professionnels en remettant leur liste. Ils ne se doutaient certainement pas de l'importance historique et économique qu'allait prendre leur choix.

Le classement aujourd'hui.

On compte actuellement, pour les vins rouges : 1 cru des Graves, premier cru classé, Haut-Brion ; 60 crus du Médoc, répartis en 4 premiers crus (Mouton-Rothschild n'a accédé au rang de premier cru qu'en 1973), 14 seconds crus, 14 troisièmes crus, 10 quatrièmes crus, et 18 cinquièmes crus. Pour les vins blancs, on trouve : 27 crus de sauternes et de barsac, dont Yquem, le seul cru de tout le classement à bénéficier du rang de premier cru supérieur, 11 premiers crus et 15 seconds crus.

La hiérarchie des crus à Saint-Émilion.

Les vignobles de saint-émilion et de pomerol, bien que fort anciens et produisant des vins remarquables, ne furent pas pris en compte en 1855. Les exploitations étaient petites et dépendaient de Libourne, qui possédait sa propre chambre de commerce. Les vins étaient essentiellement commercialisés par les négociants libournais.

Dès 1936, peu après la création des appellations d'origine contrôlée, un premier classement des vins de saint-émilion était proposé. Il ne fut définitivement accepté qu'une vingtaine d'années plus tard, en 1954. Ce classement est vivant : il tient compte des rencontres entre les terroirs et les hommes, et de ce fait, il est révisable tous les dix ans. Le troisième classement, arrêté en mai 1986, précise que tout vin produit dans l'aire géographique de l'appellation saint-émilion peut revendiquer les deux AOC : saint-émilion et saint-émilion grand cru, mais que seuls les vins de l'appellation saint-émilion grand cru peuvent bénéficier des mentions supplémentaires « grand cru classé » ou « premier grand cru classé ».

À l'heure actuelle, 74 châteaux sont classés et se répartissent en 11 premiers grands crus classés, et 63 grands crus classés.

Le classement des graves.

La totalité des crus classés des graves est située dans l'aire d'appellation pessac-léognan, la plus proche de la ville de Bordeaux. Dans cette région où l'on produit d'excellents vins, tant rouges que blancs, l'INAO, par les décrets du 7 août 1953 et du 16 février 1959, a classé les crus par commune et par type de vin. Ce classement non hiérarchique répertorie 16 crus, et s'applique à 13 vins rouges et à 9 vins blancs secs. Il n'est pas prévu de révision éventuelle.

Les crus bourgeois du Médoc.

Le terme « cru bourgeois » a une origine fort ancienne.

La première classification officielle des crus bourgeois du Médoc a été actualisée par un décret français du 18 août 1972. Les crus bourgeois du Médoc sont au nombre de 282 et représentent 49 % de la production totale de la région Médoc.

Château Haut-Brion, graves. *Premier cru des graves, Haut-Brion est le seul château, extérieur au Médoc, à faire partie du classement de 1855. Il produit des vins de haut niveau, riches, au bouquet d'une grande complexité.* Photo Michel Guillard/Scope.

Le château en Bordelais

La notion de château en Bordelais est extrêmement ambiguë. Elle se confond étroitement avec celle de cru : participe passé du verbe croître, ou plutôt de sa forme ancienne croistre, ce mot indique un site de terroir parfaitement délimité, avec une très grande homogénéité du sol, du sous-sol et du microclimat.

Tandis qu'en Bourgogne un même cru, ou climat, peut regrouper plusieurs exploitations, à Bordeaux, un château est un cru à lui tout seul, avec une production personnalisée dans le cadre même d'une appellation d'origine. Le vocable « cru » désigne un domaine particulier, généralement qualifié de château, mais il s'emploie également dans le sens de grand vin produit par le château. C'est Jean de Pontac qui, vers 1550, constitue le premier grand domaine rural et viticole : Haut-Brion.

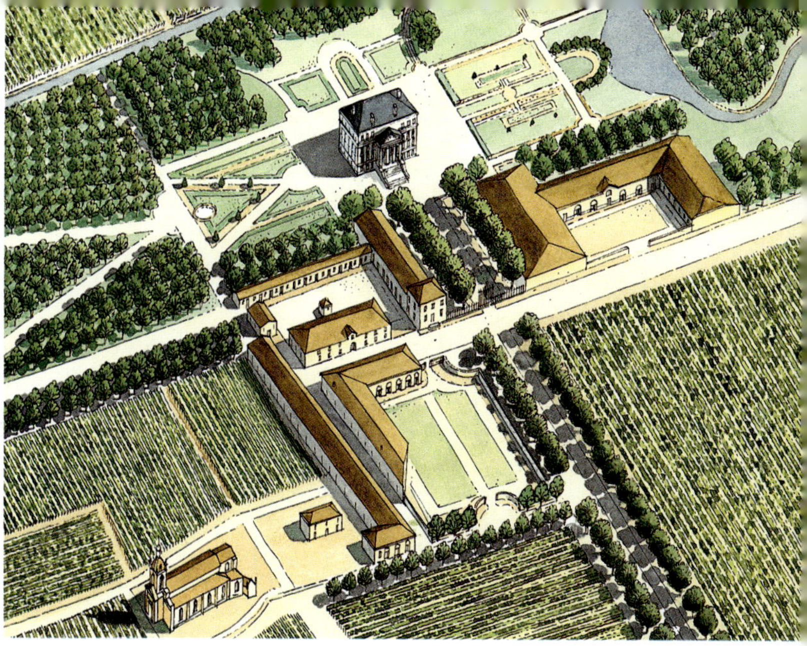

Château Margaux, médoc. *Le château fut édifié entre 1810 et 1816 par l'architecte Louis Combes.* Dessin atelier D. Duplantier.

La constitution des crus.

Au XVIe siècle, la propriété viticole est morcelée à l'extrême et les vignes occupent à peine 10 % des sols cultivables. Jean de Pontac, « greffier civil et criminel au parlement de Bordeaux », va rassembler parcelles et bourdieux dans les graves de Pessac, Talence, Sainte-Eulalie et Bordeaux, pour constituer une grande propriété d'un seul tenant. Il fait construire, dans le style des manoirs de l'époque, un château qui correspond à la partie orientale du château actuel.

Cela permet à Arnaud de Pontac, un siècle plus tard, de créer un précédent essentiel dans l'histoire viticole bordelaise : il sort de l'anonymat les clarets traditionnels, afin de valoriser le produit d'un terroir bien circonscrit, celui de Haut-Brion et de son annexe de Campeyraut. Plusieurs grandes familles se mettent alors à suivre cet exemple : les Lestonnac et les seigneurs d'Aulède à Margaux, de Ségur à Lafite et à Latour…

La dénomination « château ».

Aujourd'hui, mis à part quelques exceptions comme, par exemple, le château de Lamarque qui est un vrai château fort, il est admis que l'expression « château » est applicable en Gironde à tout domaine viticole de quelque importance, muni de bâtiments d'exploitation et de vinification caractérisant une exploitation autonome.

Les bâtiments.

La plupart des jolies demeures qui commandent des domaines viticoles en Bordelais ne datent que du XVIIIe ou du XIXe siècle. Certains châteaux ne sont qu'une simple maison paysanne entourée de quelques hectares de vignes. D'autres ne correspondent à aucune habitation, mais seulement à quelques parcelles de vignes, car le château n'oublie jamais ses origines paysannes et sa vocation marchande. Il n'est là, bien souvent, que pour faire étiquette, même s'il est vrai, comme le dit Jean Lacouture, que « le château est une sorte d'hommage que le récoltant rend au vin ». S. G.

Bordeaux

L'appellation bordeaux couvre la totalité du département de la Gironde.

Superficie : 38 551 ha ;
bordeaux supérieur : 9 095 ha.

Encépagement :
vin rouge : cabernet-sauvignon, cabernet franc, carmenère, merlot rouge, malbec, petit verdot ;
vin blanc : sémillon, sauvignon, muscadelle et merlot blanc, colombard, mauzac, ondenc, ugni blanc (30 % au maximum) ;
crémant de bordeaux blanc : sémillon, sauvignon, muscadelle, cabernet-sauvignon, cabernet franc, carmenère, merlot rouge, malbec, petit verdot et ugni blanc, merlot blanc, colombard, mauzac, ondenc (30 % au maximum) ;
crémant de bordeaux rosé : cabernet-sauvignon, cabernet franc, carmenère, merlot rouge, malbec, petit verdot.

Récolte annuelle :
bordeaux rouge : 2 254 300 hl ;
bordeaux blanc : 783 200 hl ;
bordeaux clairet : 27 500 hl ;
bordeaux supérieur rouge : 451 500 hl ;
bordeaux supérieur blanc : 6 700 hl ;
crémant de bordeaux rosé : 690 hl ;
crémant de bordeaux blanc : 18 220 hl.

Rendement de base :
bordeaux rouge : 55 hl/ha ;
bordeaux blanc : 65 hl/ha ;
bordeaux sec : 65 hl/ha ;
bordeaux clairet : 55 hl/ha ;
bordeaux supérieur : 40 hl/ha ;
crémant de bordeaux : 50 hl/ha.

Titre alcoométrique minimal :
bordeaux rouge : 10 % vol. ;
bordeaux blanc : 10,5 % vol. ;
bordeaux rosé : 11 % vol. ;
bordeaux supérieur rouge : 10,5 % vol. ;
bordeaux supérieur blanc : 11,5 % vol. ;
crémant de bordeaux : 11 % vol.

Potentiel de garde :
bordeaux rouge : de quatre à cinq ans ;
bordeaux blanc : trois ans ;
bordeaux rosé et clairet : trois ans ;
bordeaux supérieur rouge : de six à sept ans ;
bordeaux supérieur blanc : trois ans.

Le Médoc

du Verdon-sur-Mer à Blanquefort

Du Verdon-sur-Mer à Blanquefort, des échappées océanes jusqu'aux portes de Bordeaux, des tamaris secoués par le vent salé à la vigne alignée au cordeau, du plat pays presque flamand aux croupes graveleuses mûrissant la plus belle vendange du monde, cet itinéraire à la fois classique (il suit dans son principe le trajet de la route du vin, voie royale de pénétration du Médoc) et buissonnier (il s'autorise des détours et retours, et vagabonde des rives girondines aux premiers pins sentinelles de la forêt landaise) conduit à la découverte viticole, architecturale et historique du Médoc.

La Gironde et le vignoble, *château Loudenne. Situé à proximité de Saint-Yzans, sur un sol sableux et pierreux, le château, de couleur rose, est une ancienne chartreuse qui domine la Gironde. C'est peut-être le plus britannique des châteaux du Bordelais. Il produit néanmoins un vin particulièrement caractéristique du Médoc, aux arômes de fruits rouges vanillés.* Photo Michel Guillard/Scope.

Avec cet itinéraire, on parcourra sans hâte, de la proue à la poupe, le vignoble médocain adossé au fleuve et tourné vers l'Océan telle une longue goélette prête à prendre le large mais pour toujours amarrée à son terroir d'exception ; invitation au voyage initiatique, des vagues atlantiques à la houle bleue des vignes, des rumeurs de la mer au moutonnement des collines adoucies.

La vigne, absente dans la partie septentrionale, où les marais immobiles quadrillés de chenaux font un paysage de polders un peu mélancoliques, apparaît en bas Médoc sur la commune de Jau-Dignac-et-Loirac, puis se multiplie sur les communes suivantes, d'abord timidement en quelques îlots de graves sur calcaires, enfin de manière triomphale sur les rondes croupes graveleuses du haut Médoc, couvertes de cailloux roulés, polis, chauffés par le soleil, qui en font le terroir des grands vins par excellence.

Statuette, *cuvier du château Mouton-Rothschild. Le domaine produit un pauillac premier cru classé depuis 1973.* Photo Michel Guillard/Scope.

À partir de Saint-Seurin-de-Cadourne on entame une balade au pays des grands crus, un cheminement d'un château à l'autre qui permet, en égrenant les titres de noblesse des appellations et des classements, d'admirer les façades sages ou romantiques des prestigieuses demeures médocaines, et les paysages viticoles ordonnancés comme un jardin à la française.

À ces paysages variés, dont les sols différents nuancent les qualités des vins, correspond une hiérarchie de 8 appellations qui recouvrent un vignoble de quelque 80 km de long sur 10 km de large au plus : 2 AOC régionales médoc et haut-médoc et, du nord au sud, 6 appellations communales, saint-estèphe, pauillac, saint-julien, moulis, listrac-médoc, margaux. Pour avoir droit à l'une de ces mentions, les vins doivent provenir des cépages cabernet-sauvignon, cabernet franc, merlot, carmenère, petit verdot et cot.

Itinéraire du Verdon-sur-Mer à Blanquefort

Cette langue de terre de 120 km de long, presqu'île à l'étymologie évocatrice (*in media aquae* : au milieu des eaux), est un pays mosaïque dont la traversée du nord vers le sud offre l'approche la plus révélatrice et la plus progressive : tout d'abord le bas Médoc (du Verdon à Bégadan), puis le moyen Médoc (de Bégadan à Saint-Seurin-de-Cadourne), enfin le haut Médoc. On part du bout du monde et l'on marche doucement vers la gloire, entre les terres basses et herbues des bords argilo-limoneux de la Gironde à l'est (anciens palus assainis par des canaux et entrecoupés de vallons affluents appelés jalles) et, à l'ouest, la masse sombre de la pinède landaise qui protège le vignoble des vents marins.

MÉDOC

L'appellation régionale médoc s'étend sur 14 communes au nord de Saint-Seurin-de-Cadourne jusqu'à Saint-Vivien-de-Médoc, recouvrant le moyen Médoc et la frange méridionale du bas Médoc. La part des coopératives y est encore importante (Bégadan, Queyrac, Ordonnac, Prignac-en-Médoc, Saint-Yzans-de-Médoc). Moins cotés que leurs prestigieux voisins, donc moins coûteux, les médocs ont une belle robe colorée, très soutenue ; plus riches en merlot (ce qui leur donne un joli fruit croquant), ils offrent rondeur et souplesse.

Superficie : 5 030 ha.

Encépagement : cabernet-sauvignon, cabernet franc, carmenère, merlot, petit verdot, malbec.

Récolte annuelle : 291 500 hl.

Rendement de base : 45 hl/ha.

Titre alcoométrique minimal : 10 % vol.

Potentiel de garde : de huit à dix ans.

Château Calon-Ségur. *C'est le plus septentrional des crus classés. Il est situé au nord de Saint-Estèphe sur un sol de graves sableuses et de calcaire.* Photo Michel Guillard/Scope.

Le Verdon-sur-Mer sert d'introduction à notre périple, par l'extrême pointe de ce Finistère aquitain entre l'Océan et l'estuaire. Cet avant-port de Bordeaux, qui recevait avant la guerre les grands paquebots, est aujourd'hui doté de structures modernes : un terminal pétrolier aménagé en 1976 permettant l'accès des tankers de gros tonnage, et un terminal à conteneurs avec d'impressionnants portiques de manutention.

La petite station balnéaire du Verdon s'est développée autour de l'église Notre-Dame-du-Bon-Secours, protectrice des marins (érigée en 1872 sur une ancienne chapelle du XIIIe siècle). Soulac-sur-Mer est aujourd'hui un centre balnéaire attractif et vivant niché au milieu des dunes et des pins. Du front de mer, la vue sur l'Océan est immense, ponctuée à 8 km au large de la silhouette étonnante du plus vieux phare d'Europe : Cordouan.

Cernée par les sables, la basilique Notre-Dame-de-la-Fin-des-Terres, de style roman poitevin du XIIe siècle, était au Moyen Âge un lieu de pèlerinage sur la route de Saint-Jacques-de-Compostelle. Le long de la D1E4 par Talais et Saint-Vivien-de-Médoc se déroulent les horizons bas des mattes, véritables polders gagnés sur l'estuaire au XVIIIe siècle et au début du XIXe siècle, frangés de quelques arbres échevelés et protégés des malines et des tempêtes par des digues.

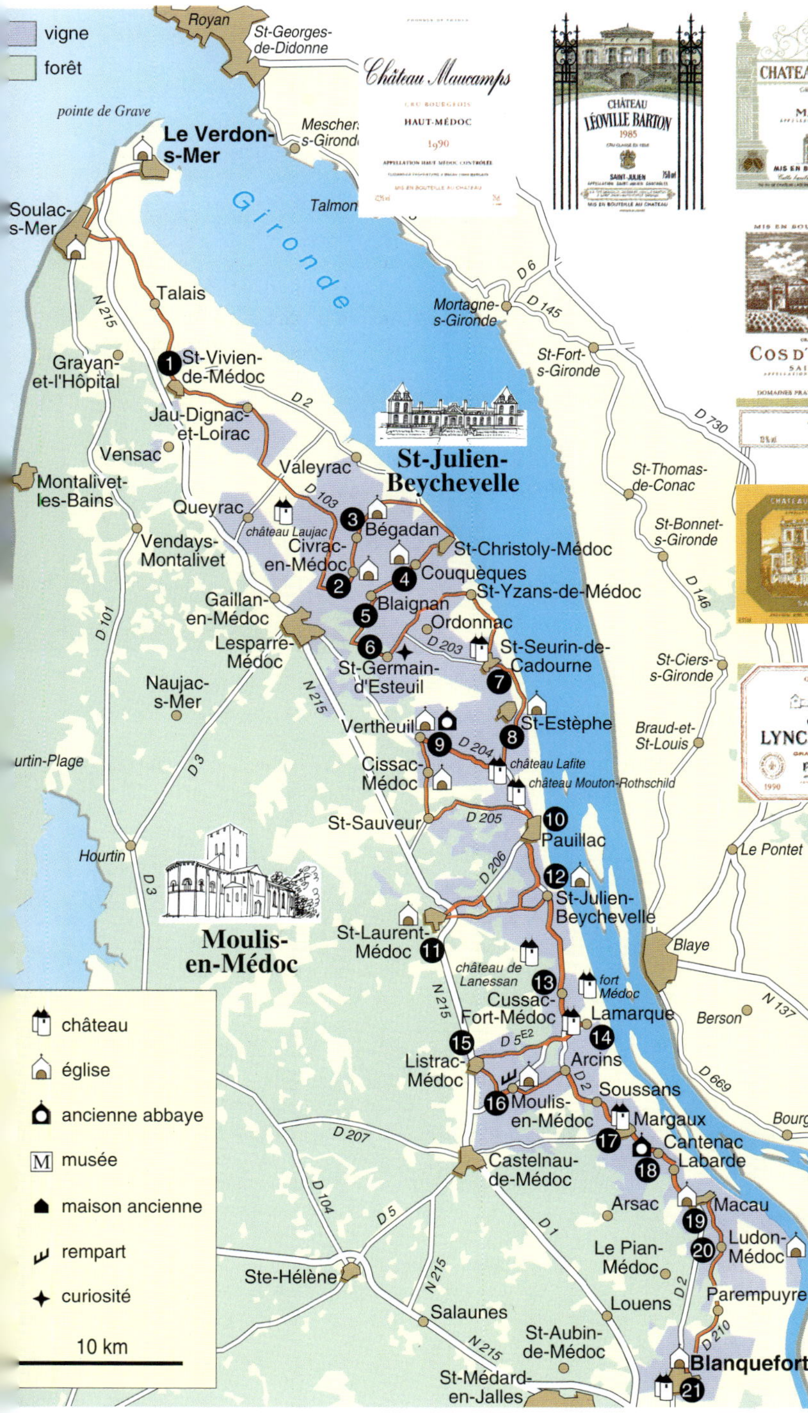

1 Saint-Vivien-de-Médoc

À la hauteur de Saint-Vivien-de-Médoc, on entre dans le Médoc viticole qui bénéficie sur cette frange septentrionale d'un climat tout particulièrement tempéré à cause de la proximité immédiate de l'Océan.

SCEA CHÂTEAU HAUT-BRISEY : Sestignan, 33590 Jau-Dignac-et-Loirac. Tél. 05 56 09 56 77, sur R-V. Au château Haut-Brisey, dont le vignoble s'étend sur deux petits îlots de graves garonnaises, Christian Denis, passionné de pur-sang, élabore des médocs élégants (70 % cabernet-sauvignon, 30 % merlot).

CHÂTEAU NOAILLAC : Xavier Pagès, château Noaillac, 33590 Jau-Dignac-et-Loirac. Tél. 05 56 09 52 20, sur R-V. Marc Pagès et son fils Xavier exploitent un vaste et vieux

Cuvier en Inox, *château Pontet-Canet. L'achat d'un nouveau cuvier témoigne du renouveau de ce cru. L'ensemble architectural du xviiie siècle, le chai et le cuvier contribuent à faire de ce domaine un très bel exemple de « château du vin ».* Photo Michel Guillard/Scope.

domaine acquis en 1633 par le duc d'Épernon, seigneur de Lesparre ; ils y produisent un médoc très charpenté et près du fruit (avec un encépagement 55 % cabernet-sauvignon, 40 % merlot et 5 % petit verdot), commercialisé en trois qualités, château Noaillac, château La Rose-Noaillac et château Moulin-de-Noaillac.

En poursuivant la D 103, on peut admirer sur la droite une belle demeure néo-classique, le château Laujac.

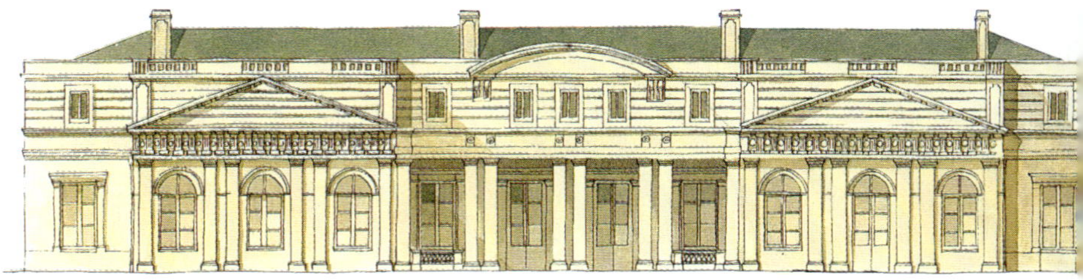

Château Laujac, *la façade côté parc. Le château est d'architecture néo-classique.* Dessin atelier D. Duplantier.

2 Prignac-en-Médoc et Civrac-en-Médoc

L'église de Civrac-en-Médoc conserve quelques parties romanes du XIIe siècle.

Tradition des Colombiers : Cave Les Vieux-Colombiers, 23, rue des Colombiers, 33340 Prignac-en-Médoc. Tél. 05 56 09 01 02, tlj, 8 h 30-12 h 30 et 14 h-18 h. Cette coopérative offre, avec son Tradition des Colombiers provenant de terroirs argilo-calcaires et petites graves complantées en vieilles vignes, un médoc de garde aux parfums expressifs et originaux.

Après Civrac-en-Médoc, on pénètre en moyen Médoc, pays de bocages doucement vallonnés et de haies sauvages, marqués çà et là des pierres blanches des guérites de bergers.

3 Bégadan

L'église reconstruite au XIXe siècle a conservé son abside romane.

SA Patache-d'Aux : famille Lapalu, château Patache-d'Aux, 1, rue du 19-Mars, 33340 Bégadan. Tél. 05 56 41 50 18, sur R-V. On trouve ici des médocs très aromatiques, puissants et complexes, fidèles à la tradition du cru.

Château La Tour-de-By : Marc Pagès, château La Tour-de-By, 33340 Bégadan. Tél. 05 56 41 50 03, tlj, 8 h-12 h et 14 h-17 h. La Tour-de-By est un ancien phare construit en 1815 sur les ruines d'un moulin à blé d'où la vue sur l'estuaire et le vignoble est sans bornes. En bordure de Gironde, sur une croupe de graves, le château produit des médocs généreux et de très bonne garde.

Château Vieux-Robin : Maryse et Didier Roba, château Vieux-Robin, 33340 Bégadan. Tél. 05 56 41 50 64, sur R-V. Ce domaine se distingue par une recherche systématique de la qualité. Les médocs y sont réguliers, riches et puissants.

On longe l'eau jusqu'au petit port de Saint-Christoly-Médoc : c'est à cette hauteur de l'estuaire que s'abouchent la mer et la rivière.

4 Couquèques

Quittant le bord de l'eau par les chemins buissonniers, voici Couquèques et sa petite église romane.

Château Les Ormes-Sorbet : Jean Boivert, château Les Ormes-Sorbet, 33340 Couquèques. Tél. 05 56 41 53 78, 9 h-12 h et 14 h-18 h, sur R-V. Avec sa vinification traditionnelle, son vieillissement en barriques neuves et ses vieux millésimes, c'est l'un des crus phares de l'AOC médoc, qui produit des bouteilles de riche structure.

Château Tour-Haut-Caussan. *La propriété doit son nom au moulin à vent édifié en 1734. Cet excellent cru bourgeois est issu de vignobles merlot et cabernet sauvignon à parts égales.* DR.

Les étiquettes du Bordelais

L'étiquette des grands médocs ne se cache ni ne se farde. Elle dit : je suis une étiquette. Rien d'autre, rien de plus. Il y a deux raisons à cela, toutes deux aristocratiques. D'abord, le vin est excellent en lui-même, il n'a nul besoin d'être enrobé. Ensuite, la noblesse du goût suppose la distinction : elle s'affirme en refusant l'affectation vulgaire. L'étiquette de bordeaux connaît ses manuels de conversation. Pour briller dans la vraie société, il faut faire spectacle de sa discrétion. Savoir se faire remarquablement modeste. Il est si grand, dira-t-on, et si simple. Plus grand peut-être de ce qu'il est plus simple. Tout La Rochefoucauld, toute la duchesse de Guermantes sur quelques centimètres carrés. Le fond est blanc : c'est le papier des éditions littéraires. La forme est sobrement géométrique, à peine soulignée par un filet (doré, noblesse oblige). Pourquoi faire semblant d'être autre chose qu'une étiquette, si l'on sait respecter les règles de l'étiquette ? Le texte prévaut, dans une typographie subtile mais légère. Les caractères Didot, à l'empattement délicat, évoquent l'esprit alerte du XVIIIe siècle (celui de Montesquieu le Bordelais). Les anglaises (anglaises comme les premiers connaisseurs de Bordeaux) imitent une écriture élégante et rappellent discrètement la carte de visite. L'image du château, lorsqu'elle apparaît, est soigneusement épurée : elle est tolérée comme une sorte de géométrie, comme une manière d'inscription, comme une variante des gravures précieuses. Ne nous y trompons pas : la pureté n'est pas la négligence. L'esthétique est partout présente. Finesse, alacrité, esprit, *sprezzatura* : tout y est, pourvu que règne la mesure et que s'affirme le choix.

Y. J. et E. S.

5 Blaignan

On peut faire provision, dans ce village, d'une douceur locale : les « Noisettines » du Médoc.

Château Blaignan : SC du château Taffard-de-Blaignan, 33340 Blaignan. Tél. 05 56 09 00 36, 9 h-12 h et 14 h-17 h, sur R-V. Ce domaine propose un médoc, élevé en fûts de chêne, aux arômes très fins.

Château Tour-Haut-Caussan : Philippe Courrian, château Tour-Haut-Caussan, 33340 Blaignan. Tél. 05 56 09 00 77, sur R-V. Philippe Courrian est un personnage très attachant : amoureux de son pays, il y a restauré à l'identique un magnifique moulin à vent du XVIIIe siècle, avec une toiture à l'ancienne en bardeaux, et dont le mécanisme réalisé par des compagnons charpentiers fonctionne et moud de la farine. Les grandes ailes par-dessus les lignes de vignes ornent l'étiquette d'un vin à la robe profonde, au bouquet complexe, avec des nuances torréfiées, élégant et de belle charpente. C'est l'un des meilleurs médocs crus bourgeois de l'endroit.

6 Saint-Germain-d'Esteuil

Cette petite commune est riche d'un intéressant patrimoine archéologique : au site du Brion les vestiges gallo-romains ont été mis au jour (un théâtre, des murs, des statues, des pièces de monnaie). On peut également y voir le moulin à eau du Gouat, le dolmen de Barbehère et, au château Castera, une tour anglaise du XVIIIe siècle.

Château Castéra : 33340 Saint-Germain-d'Esteuil. Tél. 05 56 73 20 60, sur R-V. Dans ce château d'origine moyen-âgeuse, on y trouve de beaux médoc nés sur des sols argilo-calcaires.

Par Potensac on gagne Saint-Yzans-de-Médoc. Voici Loudenne, peut-être le plus joli château du Médoc. C'est une gracieuse chartreuse du XVIIIe siècle aux couleurs de tourterelle, aux murs rose fané couronnés d'ardoises grises, par-dessus les vignes descendant en pente douce vers la Gironde toute proche.

Château Loudenne : SCS château Loudenne, 33340 Saint-Yzans-de-Médoc. Tél. 05 56 09 05 03, tlj sauf samedi et dimanche, 9 h 30-12 h 30 et 14 h-17 h. Dans d'imposants chais victoriens a été aménagé un musée de la Vigne et du vin ; le château organise, trois fois par an, des sessions de dégustations ouvertes au public (hébergement possible). À côté de médocs aromatiques aux tanins fins et élégants, le domaine produit aussi des bordeaux blancs délicieux.

Château Verdignan. *Le domaine est agréablement situé sur les pentes qui dominent la Gironde à proximité du village de Saint-Seurin-de-Cadourne.* Photo Michel Guillard/Scope.

Les chemins médocains, toujours, vous ramèneront vers l'eau : après Loudenne, c'est le petit port mélancolique de La Maréchale, autrefois voué à la pêche, qui offre au promeneur quelques échappées marines.

Haut-Médoc

Avec des croupes graveleuses plus nombreuses que dans le médoc et une proportion de cabernet-sauvignon plus importante, ce terroir produit des crus classés (châteaux La Tour-Carnet, Belgrave, Camensac, La Lagune et Cantemerle). Les haut-médoc, puissants, fruités, veloutés, se caractérisent par leur longévité (dans les grands millésimes) et leur générosité très élégante.

Superficie : 4 387 ha.
Encépagement : cabernet-sauvignon, cabernet franc, carmenère, merlot, malbec, petit verdot.
Récolte annuelle : 250 400 hl.
Rendement de base : 43 hl/ha.
Titre alcoométrique minimal : 10 % vol.
Potentiel de garde : de douze à quinze ans.

7 Saint-Seurin-de-Cadourne

Ville lisière, Saint-Seurin est la première étape sur la route du haut Médoc, vers la découverte des appellations glorieuses. Tout près du bourg, au château Verdus, le colombier du Bardis est l'un des plus beaux d'Aquitaine.

Château Coufran : SCA Château Coufran, 33180 Saint-Seurin-de-Cadourne. Tél. 05 56 59 31 02, sur R-V. Fréquemment qualifié de « pomerol du Médoc », Coufran tire son originalité d'un encépagement important en merlot (complété de seulement 15 % de cabernet-sauvignon) sur un terroir de graves garonnaises sèches ou sableuses dominant le fleuve. Les haut-médoc produits portent la marque du cépage : bouquet chaud et fruité, arômes et saveurs de raisins mûrs.

Château Pontoise-Cabarrus : François Tereygeol, rue Georges-Mandel, 33180 Saint-Seurin-de-Cadourne. Tél. 05 56 59 34 92, tlj. sauf dimanche 9 h-12 h et 14 h-17 h 30. François Tereygeol, l'un des artisans du développement spectaculaire de ce petit terroir, vous fera déguster un haut-médoc plein de sève, fin et complexe.

Château Sociando-Mallet : SCEA Jean Gautreau, château Sociando-Mallet, 33180 Saint-Seurin-de-Cadourne. Tél. 05 56 73 38 80, sur R-V. Jean Gautreau offre des haut-médoc puissants et équilibrés avec des arômes d'une grande intensité, issus de vinifications longues et d'un élevage sous bois de chêne neuf (dix-huit mois).

Château Verdignan : SC Château Verdignan, 33180 Saint-Seurin-de-Cadourne. Tél. 05 56 59 31 02, sur R-V. Appartenant tout comme château Coufran à Éric Miailhe, ce haut-médoc n'en a cependant pas la personnalité.

Pauillac

L'AOC pauillac doit à la proximité de l'estuaire des dépôts de graves remarquables qui, remaniés et mêlés à des terres légères, ont formé des croupes rythmées d'un beau balancement, définissant un terroir de qualité exceptionnelle. Une disposition géographique originale y assure des conditions de drainage parfaites : un petit ruisseau, le chenal du Gahet, sépare en son milieu le vignoble en deux plateaux vallonnés, au nord celui du Poulayet, un peu plus élevé, où se trouvent Lafite et Mouton, au sud celui de Saint-Lambert aux graves de grosse taille dont Latour est le fleuron.

Superficie : 1 178 ha.

Encépagement : cabernet-sauvignon, cabernet franc, carmenère, merlot, malbec, petit verdot.

Récolte annuelle : 64 300 hl.

Rendement de base : 45 hl/ha.

Titre alcoométrique minimal : 10,5 % vol.

Potentiel de garde : de quinze à vingt ans et plus.

8 Saint-Estèphe

Superficie : 1 231 ha ; encépagement : cabernet-sauvignon, cabernet franc, carmenère, merlot, malbec, petit verdot ; récolte annuelle : 64 300 hl ; rendement de base : 40 hl/ha ; titre alcoométrique minimal : 10,5 % vol. ; potentiel de garde : de quinze à vingt ans.

Franchi le chenal de Calypeyre, on se trouve sur la plus septentrionale des appellations communales du Médoc : saint-estèphe.

Le bourg lui-même est encore très profondément rural, posé comme sur un îlot au milieu de l'océan des vignes, dominé par l'église Saint-Étienne rebâtie au XVIIIe siècle (à l'intérieur, la décoration du maître-autel et le retable datent de la même époque), avec, en contrebas, le petit port endormi.

Saint-Estèphe. *Sur des sols formés de graves présentant une proportion relativement élevée d'argiles, ce terroir produit des vins puissants et de caractère.* Photo Michel Guillard/Scope.

La plus septentrionale des prestigieuses appellations communales du Médoc est celle dont l'identité est la plus liée au terroir. Géologiquement, les sols de ce cru présentent une assez grande diversité : ils sont dans l'ensemble composés d'alluvions graveleuses (galets et graviers enrobés de sables argileux) avec à l'ouest des alluvions plus sableuses (sables éoliens vers Cissac-Médoc et Vertheuil) ; cette nappe alluviale repose sur des calcaires particuliers dits « de Saint-Estèphe ». Ces nuances pédologiques et topographiques (microclimat, microterroirs) se retrouvent dans les vins dont l'appellation offre des expressions multiples.

Château Calon-Ségur : SCEA du château Calon-Ségur, 33180 Saint-Estèphe. Tél. 05 56 59 30 08, sur R-V. Dominant le bourg de Saint-Estèphe, le château date du XVIIe et du XVIIIe siècle. Ce prestigieux domaine (troisième cru classé) produit des vins très fins, parfaitement représentatifs du style de l'appellation.

SCF Château Lafon-Rochet : 33180 Saint-Estèphe. Tél. 05 56 59 32 06, sur R-V. Des travaux d'amélioration des équipements sont régulièrement entrepris sur ce cru. On y élabore des vins remarquables.

En quittant Saint-Estèphe par la D2E, sur la gauche de la route s'étend le vignoble de château Montrose, d'un seul tenant sur une ample pente graveleuse regardant le fleuve.

Château Montrose : SCEA du château Montrose, 33180 Saint-Estèphe. Tél. 05 56 59 30 12, sur R-V. Le château (deuxième cru classé), demeure champêtre de style Empire (1815), doit son joli nom aux bruyères en fleur qui couvraient la lande d'un tapis rose. Jean-Louis Charmolüe élabore un saint-estèphe d'anthologie, puissant, tannique, viril, étonnant par son caractère aromatique, et de très longue garde.

Château Haut-Marbuzet : Henri Duboscq et Fils, château Haut-Marbuzet, 33180 Saint-Estèphe. Tél. 05 56 59 30 54, tlj sauf dimanche, 10 h-12 h et 14 h-18 h. Henri Duboscq propose, par rapport à la typicité de l'appellation, un modèle de saint-estèphe un peu particulier qui s'exprime dans le charme, la rondeur, la chatoyance et la séduction, marqué par une recherche de surmaturité, une très longue macération et un élevage en barriques neuves à 100 %.

Aux confins de la commune de Saint-Estèphe, nous voici sur le terroir de Caux (« colline de cailloux ») où l'on découvre les deux cos, l'un, Cos d'Estournel, palais oriental ébouriffant aux airs de pagode, l'autre, Cos Labory, demeure bourgeoise plus discrète.

Château Cos d'Estournel : domaines Prats, château Cos d'Estournel, 33180 Saint-Estèphe. Tél. 05 56 73 15 50, sur R-V. Ce château rêveur à clochetons (deuxième cru classé), dont la grande porte en bois vient de Zanzibar, est en fait un chai monumental construit par Louis-Gaspard d'Estournel, grand amateur de vins et de chevaux, et plein de munificence, qui, dans la première moitié du XIXe siècle, bâtit lui-même sa légende au fil de ses nombreux voyages dans l'océan Indien. Sous la direction de Bruno Prats, les saint-estèphe ont atteint les sommets de la réussite.

Château Cos d'Estournel. *Penché à la fenêtre de sa diligence qui parcourt le Médoc, Stendhal aperçoit le 21 mars 1838 « un bâtiment fort élégant d'une brillante couleur jaune claire, qui n'est à la vérité d'aucun style ; cela n'est ni grec, ni gothique, cela est fort gai et serait plutôt dans un genre chinois ».* Dessin atelier D. Duplantier.

La folie de Louis-Gaspard d'Estournel

Château Cos d'Estournel

L'un des plus extraordinaires domaines qui soient en Médoc : le Cos d'Estournel. Au centre d'un vignoble exceptionnel, face au château Lafite-Rothschild, ce château que Stendhal décrivit comme un « bâtiment fort élégant, d'une brillante couleur jaune clair, (qui) n'est à la vérité d'aucun style ; cela n'est ni grec, ni gothique, cela est fort gai et serait plutôt dans le genre chinois. » Cos d'Estournel se révèle être un étrange palais exotique, construit en 1830 par Louis-Gaspard d'Estournel que l'on surnomma « le maharadjah de Saint-Estèphe ». Il avait trois passions, les chevaux arabes, la navigation et le vin pour lequel il fit construire ce chai. Classé second cru dans le classement des crus médocains de 1855, et premier cité des saint-estèphe, Cos, longtemps mené par la famille Prats, tient sont rang. Une visite, que l'on peut qualifier de pèlerinage, permet de découvrir un lieu unique et un vin absolument remarquable.

CHÂTEAU COS LABORY : SCE Domaines Audoy, château Cos Labory, 33180 Saint-Estèphe. Tél. 05 56 59 30 22, sur R-V. Sous la houlette de Bernard Audoy, avec un encépagement aux proportions originales : 40 % de cabernet-sauvignon pour les tanins qui donnent la charpente, 30 % de merlot pour la souplesse, la sève et le moelleux, 25 % de cabernet franc pour la finesse et 5 % de petit verdot pour la couleur, ce cinquième cru classé donne des saint-estèphe fruités, harmonieux, sans rudesse, concentrés mais avec beaucoup de grâce.

Pour aller de Saint-Estèphe à Pauillac, on empruntera les méandres des chemins intérieurs par Vertheuil, Cissac-Médoc et Saint-Sauveur.

9 Vertheuil

Le village apparaît comme une halte historique et architecturale agréable dans ce long périple vitivinicole : ce fut autrefois le siège d'une abbaye des Prémontrés dont subsistent d'imposants bâtiments claustraux du XVIIIe siècle et une belle église romane à trois nefs remaniée au XVe siècle. À Cissac-Médoc (ruines du château fort du Breuil du XIIIe siècle et église Notre-Dame d'époque romane), château Cissac est une chartreuse construite au XVIIIe siècle par Victor Louis sur des fondations romaines.

CHÂTEAU HANTEILLAN : SA Château Hanteillan, 12, route d'Hanteillan, 33250 Cissac. Tél. 05 56 59 35 31, tlj sauf samedi et dimanche, 9 h-12 h et 14 h-17 h 30, vendredi 9 h-12 h. Ce cru bourgeois du haut-médoc offre des vins pleins de séduction, souples et ronds, au nez charmeur.

À Saint-Sauveur, les bois et les bruyères annoncent déjà la forêt landaise.

De la pinède à la Gironde, retournons vers Pauillac et pénétrons dans le cœur du Médoc.

10 Pauillac

Capitale du Médoc viticole, c'en est aussi le centre de gravité, équidistant de la pointe de Grave et de Bordeaux, rayonnant de la gloire de ses nombreux crus classés, point d'équilibre entre le déferlement du vignoble le plus opulent, le plus dense de la presqu'île, et les eaux lentes du fleuve. Le long de ses quais plantés de platanes où mouillent voiliers et canots, elle entretient quelque nostalgie de son passé marinier du temps où La Fayette s'y embarquait pour les Amériques, du temps où s'y amarraient face à l'île Patiras les premiers transatlantiques qui ne pouvaient remonter jusqu'au port de La Lune.

CHÂTEAU GRAND-PUY-LACOSTE : château Grand-Puy-Lacoste, 33250 Pauillac. Tél. 05 56 73 16 73, sur R-V. Ce cinquième cru classé situé sur une éminence domine un vignoble de 50 ha. Ce très vieux domaine pauillacais, qui existait déjà au XVIe siècle, appartient aujourd'hui à la famille Borie qui y vinifie un pauillac de type classique, ample, concentré et bien charpenté, de très belle garde.

Château Grand-Puy-Lacoste. *La maison, entourée de ses bâtiments d'exploitation, se trouve sur le plateau de Bages.* Photo Michel Guillard/Scope.

CHÂTEAU LAFITE-ROTHSCHILD : château Lafite-Rothschild, 33250 Pauillac. Tél. (1) 05 42 56 33 50, sur R-V. À l'orée nord des vignes de Pauillac, c'est un château de légende caché derrière les cèdres de sa terrasse à balustrade Louis XIV, château modèle d'un classicisme médocain fait d'élégance et de distinction, château nostalgie d'un « vin suprême ». Les caves de ce premier cru classé recèlent une collection somptueuse, dont l'amateur rêve de pouvoir un jour goûter quelque flacon. À mi-coteau, la demeure du XVIIIe siècle avec son échauguette médiévale semble lointaine, presque discrète. Ancienne seigneurie du Moyen Âge, le domaine est racheté par une grande famille de la noblesse bordelaise, les Ségur, qui mettent en valeur le vignoble et en font l'un des tout premiers. En 1868, le baron James de Rothschild s'en rend acquéreur, et depuis, cette

Château Lafite-Rothschild. *Cette propriété exceptionnelle, dont les vins comptent parmi les plus célèbres du Bordelais, est un symbole de prestige auquel participent les nouveaux chais signés Ricardo Bofill.* Photo Michel Guillard/Scope.

célèbre famille de banquiers préside aux destinées aristocratiques de ce château, symbole prestigieux de la tradition bordelaise.

CHÂTEAU LATOUR : SCV de château Latour, Saint-Lambert, 33250 Pauillac. Tél. 05 56 73 19 80, sur R-V. La tour surmontée de son clocheton, dressée au milieu du vignoble, permet de repérer facilement ce premier cru classé, riche d'une histoire passionnante remontant au XIVe siècle sur un terroir idéal. Il fait figure d'exploitation viticole modèle en Médoc et produit un pauillac profond riche, équilibré et de très longue garde. Il faut parfois jusqu'à vingt-cinq ans pour que ce vin révèle toute sa puissance et sa richesse.

CHÂTEAU LYNCH-BAGES : Jean-Michel Cazes, château Lynch-Bages, 33250 Pauillac. Tél. 05 56 73 24 00. Aujourd'hui sous la houlette de Jean-Michel Cazes, Lynch-Bages est devenu l'un des plus grands dans la meilleure tradition médocaine (cinquième cru classé). Les pauillacs à la robe profonde sont opulents et d'une grande complexité aromatique.

Opération de soutirage *au château Lynch-Bages. Transvaser un vin d'un récipient dans un autre lui apporte l'oxygène nécessaire à son évolution.*
Photo Michel Guillard/Scope.

CHÂTEAU MOUTON-ROTHSCHILD : Baronne Philippine de Rothschild, château Mouton-Rothschild, 33250 Pauillac. Tél. 05 56 59 22 22, sur R-V. Château Mouton-Rothschild est l'œuvre d'un seul homme, le baron Philippe de Rothschild qui hissa avec pugnacité le château au rang de premier cru classé en 1973 et le modela à son image, à sa mesure. Tous les collectionneurs du monde connaissent les étiquettes de Mouton dont chaque millésime est historié d'une œuvre d'un grand artiste contemporain.
On pourra y admirer, sur rendez-vous, un musée d'art raffiné sur le thème de la vigne et du vin, dans le cadre d'un parc à la française. Les pauillacs de ce cru, d'une forte personnalité, séveux, puissants, complexes, possèdent une longévité impressionnante qui les transfigure au fil des années de vieillissement.

Château Pichon-Longueville. *Le château néo-Renaissance fut construit en 1850 par l'architecte Charles Burguet. Il fit l'objet en 1989 d'un plan complet de redéploiement.*
Dessin atelier D. Duplantier.

CHÂTEAU PICHON-LONGUEVILLE : 33250 Pauillac. Tél. 05 56 73 17 17, sur R-V. Le domaine, deuxième cru classé conduit par Axa-Millésimes, a été récemment doté de chais à l'architecture très moderne. Il offre aujourd'hui des pauillacs puissants, concentrés et parfaitement structurés.

CHÂTEAU PICHON-LONGUEVILLE-COMTESSE-DE-LALANDE : Mme May-Éliane de Lencquesaing, château Pichon-Longueville-Comtesse-de-Lalande, 33250 Pauillac. Tél. 05 56 59 19 40, sur R-V. Une grande dame du vin, May-Éliane de Lencquesaing est l'âme passionnée de ce deuxième cru classé plein de raffinement. Avec 35 % de merlot, les pauillac de Pichon-Comtesse ont un style particulier, tout en élégance, en rondeur et en subtilité ; on utilise, pour les définir, des termes féminins (finesse, dentelle, délicatesse, charme).

CHÂTEAU PONTET-CANET : Alfred Tesseron, château Pontet-Canet 33250 Pauillac. Tél. 05 56 59 04 04, sur R-V. Ce cinquième cru classé produit des pauillacs joliment typés dont la qualité s'accroît au fil des millésimes.

SAINT-JULIEN

L'AOC saint-julien se caractérise avant tout par un terroir heureux de fines graves siliceuses ordonnées en croupes descendant doucement vers le fleuve et drainées par tout un petit réseau de chenaux. Le sous-sol composé uniquement de calcaire de Saint-Estèphe permet au cabernet sauvignon (à côté des autres cépages médocains classiques) d'y donner le meilleur de lui-même.
Superficie : 911 ha.
Encépagement : cabernet-sauvignon, cabernet franc, carmenère, merlot, malbec, petit verdot.
Récolte annuelle : 49 700 hl.
Rendement de base : 40 hl/ha.
Titre alcoométrique minimal : 10,5 % vol.
Potentiel de garde : de dix à quinze ans et plus.

11 SAINT-LAURENT-MÉDOC

Avant d'aborder Saint-Julien, quittons un moment les appellations communales et reprenons notre souffle après tant de gloire en nous autorisant un petit crochet plus modeste vers Saint-Laurent-Médoc. L'église offre une abside romane et un clocher-porche gothique d'influence anglaise.

CHÂTEAU BELGRAVE : Dourthe, château Belgrave, 35, rue de Bordeaux, 33290 Parempuyre. Tél. 05 56 35 53 00, sur R-V. C'est un cinquième cru classé dont les destinées, après une période difficile, ont été reprises par une puissante maison de négoce bordelaise. De nombreux travaux ont redonné tout son lustre au domaine qui produit des haut-médoc typés.

CHÂTEAU LA TOUR-CARNET : SCEA château La Tour-Carnet, 33112 Saint-Laurent-Médoc. Tél. 05 56 73 30 90, sur R-V. Cette ancienne seigneurie conserve des vestiges de son passé médiéval : une grosse tour du XVe siècle et des douves. Le vignoble de 42 ha, de ce quatrième cru classé (graves sableuses sur sous-sol argileux), produit un haut-médoc d'un classicisme de bon aloi, aux arômes fins, bien charpenté et élégant.

12 SAINT-JULIEN-BEYCHEVELLE

Le clocher très effilé signale de loin l'église dominant un paysage d'une évidente et sereine unité.

CHÂTEAU DUCRU-BEAUCAILLOU : SCEA Jean-Eugène Borie, 33250 Saint-Julien-Beychevelle. Tél. 05 56 73 16 73, sur R-V. Détenu par la famille Borie, ce deuxième cru classé, de 50 ha, sur croupes de graves profondes regardant la Gironde, produit des saint-julien racés et équilibrés, alliant rondeur et finesse, quintessence de saint-julien.

Au cœur du village de Beychevelle, le château Moulin-de-la-Rose (simple demeure bourgeoise) appartient à la famille Delon depuis 1961.

CHÂTEAU LANGOA-BARTON : Anthony Barton, château Langoa-Barton, 33250 Saint-Julien-Beychevelle. Tél. 05 56 59 06 05, sur R-V. Cette ravissante demeure campagnarde, construite en 1758, présente une curiosité architecturale : les chais sont installés au rez-de-chaussée même du château, troisième cru classé, où l'on vinifie à l'ancienne et où les meilleurs millésimes, au bouquet subtil, vieillissent dans une crypte voûtée.

CHÂTEAU LÉOVILLE BARTON : Anthony Barton, château Léoville-Barton, 33250 Saint-Julien-Beychevelle. Tél. 05 56 59 06 05, sur R-V. Ce deuxième cru classé, vinifié dans les chais de Langoa, offre toutes les facettes du terroir.

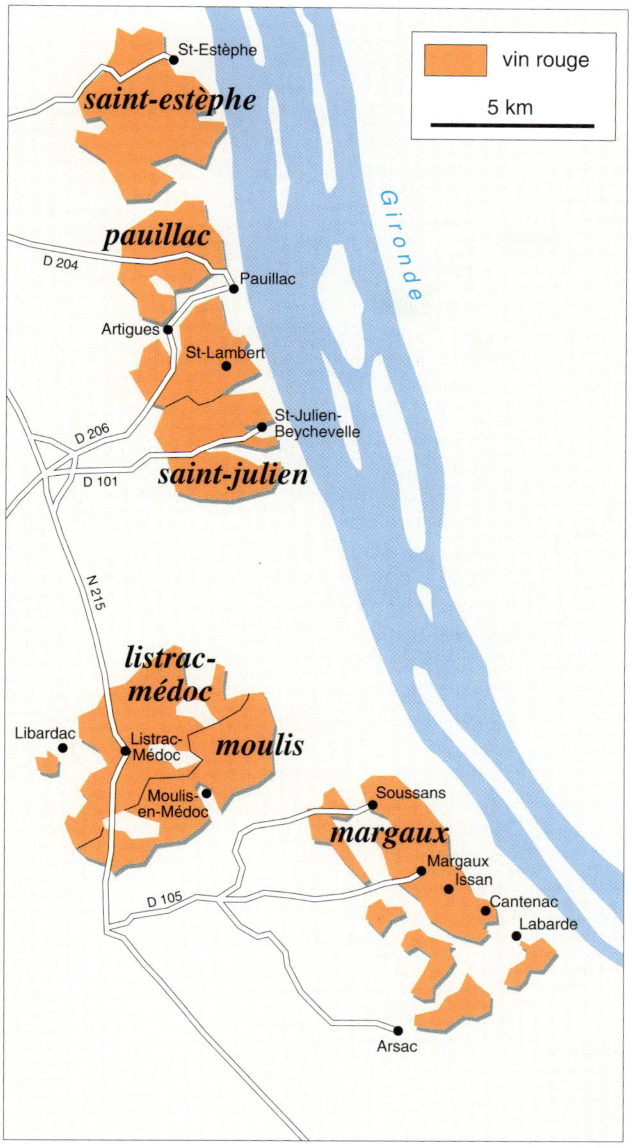

Carte des aires d'appellations saint-estèphe, pauillac, saint-julien, listrac-médoc, moulis, margaux.

C'est en allant vers le village de Beychevelle que l'on verra le château Lagrange, joli petit château Louis XVI auquel François Cabarrus, père de Mme Tallien, ajouta une curieuse tour dans le genre toscan. Au XIXe siècle, Lagrange connut une période faste, sous la houlette du comte Duchatel (ancien ministre de Louis-Philippe) qui agrandit considérablement le domaine et y mit en place les premiers drains en poterie de tout le Bordelais.

CHÂTEAU LAGRANGE : château Lagrange, 33250 Saint-Julien-Beychevelle. Tél. 05 56 73 38 38, sur R-V. Après un long déclin, le château est racheté par le géant japonais, Suntory, et rénové au moyen d'énormes investissements. Ce troisième cru classé produit des saint-julien où la puissance des tanins se conjugue à l'élégance du velouté.

SC CHÂTEAU BEYCHEVELLE : 33250 Saint-Julien-Beychevelle. Tél. 05 56 73 20 70, tlj sauf samedi et dimanche, 10 h-12 h et 14 h-17 h, groupes sur R-V. Quatrième cru classé, entre chartreuse et palais, Beychevelle est l'un des plus beaux châteaux du vin en Médoc. C'est aussi un cru au terroir remarquable. Son saint-julien est excellent.

CHÂTEAU MOULIN-DE-LA-ROSE : SCEA Guy Delon et Fils, château Moulin-de-la-Rose, 33250 Saint-Julien-Beychevelle. Tél. 05 56 59 08 45, sur R-V. C'est un cru bourgeois de grande qualité dont les saint-julien possèdent un bouquet fruité et intense.

CHÂTEAU LANESSAN : SCEA Delbos-Bouteiller, 33460 Cussac-Fort-Médoc. Tél. 05 56 58 94 80, sur R-V. Situé au sud de Saint-Julien, le domaine exploite un terroir inclus dans l'aire d'appellation haut-médoc ; les vins qui en sont issus développent des arômes de cassis. Bien charpentés, ils vieillissent extraordinairement bien.

Château Ducru-Beaucaillou. *Entouré d'arbres, le domaine produit un vin élégant élaboré après une sévère sélection de raisins.*
Photo Michel Guillard/Scope.

MOULIS

L'appellation s'étire en une bande étroite de 12 km de long, sur 300 à 400 m de large, disposée d'est en ouest, des graves garonnaises aux graves pyrénéennes avec au centre une dépression argilo-calcaire, échantillonnant ainsi des terroirs divers qui expliquent la variété des vins.

Superficie : 589 ha.

Encépagement : cabernet-sauvignon, cabernet franc, carmenère, merlot, malbec, petit verdot.

Récolte annuelle : 33 800 hl.

Rendement de base : 40 hl/ha.

Titre alcoométrique minimal : 10,5 % vol.

Potentiel de garde : de dix à douze ans.

13 CUSSAC-FORT-MÉDOC

À proximité de Cussac-Fort-Médoc, entre vignes et estuaire, au bout d'une grande allée de pins parasols, solitaire émergeant des roseaux et des hautes herbes de palus, Fort-Médoc dresse sa magnifique porte Royale dont le frontispice est richement orné de sculptures solaires. Construit au XVIIe siècle par Vauban sur le classique plan pentagonal avec glacis, fossés et bastions, il constituait avec la citadelle de Blaye et Fort-Paté le verrou défensif de Bordeaux.

CHÂTEAU TOUR-DU-HAUT-MOULIN : Famille Poitou, SCEA Château Tour-du-Haut-Moulin, 7, rue des Aubarèdes, 33460 Cussac-Fort-Médoc. Tél. 05 56 58 91 10, sur R-V. Avec 50 % de cabernet-sauvignon, 45 % de merlot et 5 % de petit verdot, Lionel Poitou vinifie un haut-médoc franc et direct, à la fois tannique et fruité, velouté et puissant, aimable dans la jeunesse après un séjour de deux ans en barriques.

14 LAMARQUE

Le petit port de Lamarque, où l'on prend le bac pour Blaye, semble plein de parfums d'aventure dans le vent qui vient de la mer et le mugissement des sirènes de bateaux.

Dans le village, le château est le plus beau vestige médiéval du haut Médoc. Construit comme la plupart des châteaux forts médocains dans la plaine et non sur une hauteur, pour protéger le pays d'une invasion par l'estuaire, Lamarque a conservé ses échauguettes, son donjon du XIIe siècle, ses créneaux et son manoir.

Lamarque, la forteresse. *Outre son château fort des XIIe et XIVe siècles, ce petit port possède une église du XVIe siècle.*
Photo Michel Guillard/Scope.

CHÂTEAU MALESCASSE : château Malescasse, 6, route du Moulin-Rose, 33460 Lamarque. Tél. 05 56 58 90 09, sur R-V. Construit en 1824 dans un style très médocain, et situé sur le point le plus élevé de la commune de Lamarque, le domaine appartient depuis 1992 à la société Alcatel-Alstom. Les vins de ce cru sont d'un beau classicisme, à l'image du terroir qui les porte, croupes de graves vers la rivière : haut-médoc exemplaire (70 % de cabernet sauvignon) avec des tanins puissants, des arômes de petits fruits rouges et une robe rubis.

En quittant Lamarque par la D 5, nous irons à la rencontre de l'appellation communale la plus excentrée par rapport à la « voie royale » du Médoc, la plus continentale : listrac.

15 LISTRAC-MÉDOC

Superficie : listrac 663 ha ; encépagement : cabernet-sauvignon, cabernet franc, carmenère, merlot, malbec, petit verdot ; récolte annuelle : 37 500 hl ; rendement de base : 45 hl/ha ; titre alcoométrique minimal : 10,5 % vol. ; potentiel de garde : de douze à quinze ans.

Listrac-Médoc, c'est la lisière (par son étymologie même dérivée du bas latin : *listra*, la bordure). L'appellation est située à l'extrême limite occidentale des zones communales et culmine à 43 m (le point le plus haut du Médoc). Géologiquement, elle marque la frontière entre les nappes de graves pyrénéennes et les croupes de graves garonnaises. Traditionnellement, sur ces terrains fortement argilo-calcaires, l'encépagement majoritaire était le merlot ; mais les replantations récentes ont fait la part belle aux cabernets. Il en résulte des vins certes réputés pour leur robustesse, leur côté charnu, coloré et généreux, mais qui ont évolué vers plus d'élégance et de finesse.

CHÂTEAU CLARKE : Compagnie vinicole Edmond de Rothschild, château Clarke, 33480 Listrac-Médoc. Tél. 05 56 58 38 00. Le vignoble bénéficie d'un encépagement harmonieux : 45 % de merlot, 42 % de cabernet-sauvignon, 11 % de cabernet franc. Des installations vinaires à l'avant-garde de la technologie réunissent les conditions optimales pour élaborer un listrac de classe, élevé en barriques neuves à 100 % ; robe de couleur vive, bouquet épicé et vanillé, tanins soyeux, structure équilibrée.

CHÂTEAU FOURCAS-DUPRÉ : château Fourcas-Dupré, 33480 Listrac-Médoc. Tél. 05 56 58 01 07, tlj sauf samedi et dimanche, 8 h-12 h et 14 h-17 h 30. Situés au nord de l'appellation sur le plateau de Fourcas, ces 40 ha de sols graveleux sur fond d'alios produisent, après des cuvaisons longues et un vieillissement sous bois d'environ un an, un listrac classique, charnu et fruité.

GRAND-LISTRAC : Cave de vinification de Listrac-Médoc, 21, av. de Soulac, 33480 Listrac-Médoc. Tél. 05 56 58 03 19, sur R-V. Créée en 1935, la cave coopérative Grand-Listrac a joué un rôle important dans la promotion de l'appellation en devenant l'un des fournisseurs essentiels de la Compagnie internationale des wagons-lits. Elle rassemble aujourd'hui plus de 70 adhérents et produit un vin d'un excellent rapport qualité-prix possédant tous les atouts du listrac : vigueur et longévité.

Château Lascombes. *Édifié au XIXe siècle, le château fut récemment réaménagé et agrandi en de nombreuses parcelles.*
Photo Michel Guillard/Scope.

CHÂTEAU MAYNE-LALANDE : Bernard Lartigue, Le Mayne-de-Lalande, 33480 Listrac-Médoc. Tél. 05 56 58 27 63, sur R-V. Bernard Lartigue, propriétaire du Mayne-Lalande, élabore avec un grand souci de qualité un listrac plein de charme, ample et concentré, aux notes de fruits mûrs.

CHÂTEAU PEYREDON-LAGRAVETTE : Paul Hostein, 2062. Médrac Est, château Peyredon-Lagravette, Medrac, 33480 Listrac-Médoc. Tél. 05 56 58 05 55, sur R-V. Les méthodes de culture et de vinification y sont très respectueuses des traditions, pour des listrac souples, épanouis, amples et charnus, avec un bouquet très développé.

CHÂTEAU SARANSOT-DUPRÉ : Yves Raymond, château Saransot-Dupré, Grande-Rue, 33480 Listrac-Médoc. Tél. 05 56 58 03 02, tlj sauf samedi et dimanche, 9 h-12 h et 14 h-18 h. L'encépagement privilégie le merlot (55 %) qui donne un listrac très classique, aux notes de fruits rouges et d'épices.

16 MOULIS-EN-MÉDOC

Contiguë à Listrac, l'aire de moulis est la plus modeste en superficie (environ 350 ha). C'est un terroir riche d'histoire dont le nom rappelle la présence d'anciens moulins. L'église romane de Moulis, avec son clocher-donjon gothique et son porche fortifié, et, à l'intérieur, ses curieux chapiteaux historiés, témoigne de ce passé. Les châteaux y sont peu nombreux mais appartiennent presque tous à la famille des crus bourgeois. Les moulis sont dans l'ensemble charnus et moelleux, fruités et bouquetés. Autour du hameau de Grand-Poujeaux, sur des bosses à pentes douces, se concentre la majorité des crus moulisiens.

CHÂTEAU ANTHONIC : SCEA Pierre Cordonnier, château Anthonic, 33480 Moulis-en-Médoc. Tél. 05 56 58 34 60, tlj 9 h-12 h et 14 h-17 h 30, samedi et dimanche sur R-V. Le domaine a été restructuré depuis 1977 par Pierre Cordonnier et propose des moulis harmonieux au bouquet finement épicé.

CHÂTEAU CHASSE-SPLEEN : Céline Villlars-Fourtet, SA du château Chasse-Spleen, Grand Poujeaux, 33480 Moulis-en-Médoc. Tél. 05 56 58 02 37, sur R-V. Son moulis sombre, gage d'un long avenir, charnu, riche en bouquet, dissipa la mélancolie du poète (Baudelaire ? Byron ? la légende hésite). La devise du château est, en tout cas, un vers de Baudelaire : « J'ai plus de souvenirs que si j'avais mille ans. »

CHÂTEAU DUTRUCH-GRAND-POUJEAUX : EARL François Cordonnier, château Dutruch-Grand-Poujeaux, Grand-Poujeaux, 33480 Moulis-en-Médoc. Tél. 05 56 58 02 55, sur R-V. François Cordonnier, ancien régisseur de Chenonceau, vinifie avec rigueur un moulis aux solides tanins et au bouquet très floral, qu'il faut savoir laisser vieillir et s'épanouir.

CHÂTEAU MAUCAILLOU : château Maucaillou, quartier de la Gare, 33480 Moulis-en-Médoc. Tél. 05 56 58 01 23, tlj, 10 h-12 h et 14 h-18 h. On peut visiter des chais et cuviers luxueux, et un remarquable musée consacré aux arts et métiers de la vigne et du vin. Les moulis sont élégants, amples et ronds.

CHÂTEAU POUJEAUX : Jean Theil, SA Château Poujeaux, 33480 Moulis-en-Médoc. Tél. 05 56 58 02 96, tlj sauf samedi et dimanche, 9 h-12 h et 14 h-17 h, sur R-V d'octobre à fin juin. C'est un cru de moulis remarquable, fruité, racé, volumineux, puissant, d'un très bel équilibre.

Nous rejoignons la D2 par Arcins, pour franchir la Jalle-de-Tiquetorte prolongée de l'estey de Tayac. Cette guirlande d'eau, dont les rives fraîches invitent à la promenade, est, pour l'amateur de grands vins, évocatrice de mille émotions pressenties : en effet, par-delà cette menue frontière, nous pénétrons dans le royaume de Margaux.

MARGAUX

L'appellation s'étend sur 5 communes : Margaux, Cantenac, Soussans, Labarde et Arsac. Le terroir est caillouteux-graveleux avec quelques bancs calcaires, marneux et sablonneux.

Superficie : 1 408 ha.

Encépagement : cabernet-sauvignon, cabernet franc, carmenère, merlot, malbec, petit verdot.

Récolte annuelle : 73 400 hl.

Rendement de base : 40 hl/ha.

Titre alcoométrique minimal : 10,5 % vol.

Potentiel de garde : quinze ans et plus.

17 MARGAUX

La plus méridionale des appellations médocaines est aussi la plus étendue. La gloire ancienne de château-margaux, dont les vins sont dès le début du XVIIIe siècle au firmament, a rejailli sur l'ensemble du territoire qui compte 21 crus classés en 1855. Cette nébuleuse de domaines a modelé un paysage viticole différent des appellations sœurs : au lieu d'être épars dans la campagne, les châteaux se concentrent autour des petites agglomérations.

Le terroir y est l'un des plus beaux du Bordelais : les sols caillouteux, où abondent les galets ronds, sont particulièrement pauvres et bien drainés, offrant au cabernet franc et au cabernet-sauvignon complétés de merlot les conditions les plus favorables qui soient. Toutes ces heureuses prédispositions naturelles donnent aux vins de margaux une finesse aromatique, de l'élégance et de la distinction, et une remarquable aptitude au vieillissement.

CHÂTEAU LASCOMBES : Société viticole de château Lascombes, 33460 Margaux. Tél. 05 57 88 70 66, sur R-V. Le style de ce margaux deuxième cru classé allie harmonie, puissance et une grande richesse aromatique.

CHÂTEAU MARGAUX : SC du château Margaux, 33460 Margaux. Tél. 05 57 88 83 83. Il faut admirer, au bout de l'allée de platanes, la façade palladienne du château, rayonnante de simplicité, d'équilibre et de raffinement. Ce premier cru classé d'une grande richesse et d'une remarquable complexité présente une étonnante régularité dans la plus haute qualité.

CHÂTEAU D'ISSAN : société fermière viticole de Cantenac, château d'Issan, 33460 Cantenac. Tél. 05 57 88 35 91, sur R-V. Entre Margaux et Cantenac, le château d'Issan, érigé sous Louis XIII et d'esprit en partie médiéval, est plein de pittoresque avec ses hauts pavillons asymétriques et ses petites échauguettes en encorbellement ; les hautes frondaisons de son parc contribuent à le rendre encore plus séduisant. Ce troisième cru produit un margaux souple et charnu.

18 CANTENAC

Le château Prieuré-Lichine, ancien couvent bénédictin du XVIIe siècle, jouxte une intéressante église du XVIIIe siècle.

CHÂTEAU D'ANGLUDET : maison Sichel-Coste, 8, rue de la Poste, 33210 Langon. Tél. 05 56 63 50 52. À cheval sur Cantenac et Arsac, sur un terroir graveleux d'un seul tenant, ce cru bourgeois est aujourd'hui la propriété de la famille Sichel qui y vinifie avec classicisme un margaux solide, d'excellente structure.

CHÂTEAU MONBRISON : Laurent Vonderheyden, 1, allée de Monbrison, 33460 Arsac. Tél. 05 56 58 80 04, sur R-V. À Arsac encore, château Monbrison, depuis sa renaissance dans les années 1960, tient toujours haut le flambeau de la qualité.

19 MACAU

Après Macau, son église romane au beau clocher fortifié et son petit port, on pourra suivre, quelques kilomètres, la petite route endormie du bord de l'eau où les châteaux du vin au milieu des arbres qui se penchent ont pour nom Plaisance, Bonheur et Cantemerle.

CHÂTEAU MAUCAMPS : Indivision Tessandier, château Maucamps, 33460 Macau. Tél. 05 57 88 07 64, sur R-V. La famille Tessandier produit des haut-médoc puissants et racés.

20 LUDOC-MÉDOC

L'église présente un mélange harmonieux de styles de différentes époques.

CHÂTEAU LA LAGUNE : château La Lagune, av. de l'Europe, 33290 Ludon-Médoc. Tél. 05 57 88 82 77, sur R-V. C'est le cru classé (troisième) le plus méridional du Médoc ; les haut-médoc sont à l'image de cette élégante chartreuse édifiée vers 1730 : un modèle d'équilibre classique et de distinction naturelle.

Sur la gauche, le château d'Agassac est une maison forte des XIV-XVIe siècles entourée de douves.

21 BLANQUEFORT

Le donjon et l'enceinte – flanquée de six tours rondes – du château sont toujours protégés par le fantôme du prince Noir. L'église, quant à elle, fut reconstruite au XIXe siècle.

Ici se termine le vignoble du Médoc et commence le vignoble des Graves.

A.-M. R.-P.

Les Graves et le Sauternais

de Pessac à Langon

Le vignoble des Graves est unique en France, cette appellation étant la seule à porter le nom du sol qui la caractérise : un composé de graviers, de galets roulés et polis sur fond d'argile, de calcaire ou de sable.

Départ des vendangeurs au château Pape-Clément. *Ils perpétuent une tradition vieille de sept siècles dans ce vignoble créé en 1300 par Bertrand de Got, premier pape d'Avignon sous le nom de Clément V.* Photo Michel Guillard/Scope.

Ce très vaste territoire, qui s'étend des portes de Bordeaux au sud de Langon sur plus de 5 000 ha entre forêts de pins et Garonne, recouvre en réalité une extrême diversité de terroirs. Là sont produits aussi bien de très grands vins rouges que les meilleurs blancs secs du Bordelais, mais également les vins liquoreux les plus extraordinaires du monde, dans la région si particulière de Sauternes et de Barsac.

Les différentes appellations

Trois appellations constituent les graves proprement dits : pessac-léognan au nord, la dernière en date des appellations du Bordelais, qui regroupe tous les crus classés des graves, vins rouges et vins secs ; graves rouges et graves blancs (secs) dont l'identité reste toujours l'ultime référence ; graves supérieures qui produisent des blancs moelleux et parfumés.
Cette région comprend deux enclaves. Celle de Cérons, englobant les 3 communes de Cérons, Illats et Podensac, partage le magnifique plateau qui constitue l'essentiel de ce vignoble. Les propriétaires ont le choix de produire, soit des blancs secs et des rouges sous l'appellation graves, soit des vins blancs doux sous le nom de cérons ou encore de graves supérieurs.
Dans l'enclave des sauternes et de barsac, seules 5 communes ont le droit de porter le nom prestigieux de sauternes : Sauternes, Fargues-de-Langon, Bommes, Preignac et Barsac. Cette dernière a droit à sa propre appellation contrôlée et ses viticulteurs peuvent, à leur gré, déclarer leur récolte en sauternes ou en barsac. Si les Sauternais souhaitent produire d'autres vins que des liquoreux, ils n'ont droit qu'à l'appellation bordeaux et non à celle de graves.

L'encépagement

L'encépagement dans les graves rouges est très équilibré, puisqu'il se partage presque à égalité entre cabernet-sauvignon et merlot. En revanche, les blancs sont à prédominance de sémillon, ce qui assure chair et volume mais permet surtout d'élaborer des vins de garde.

Château d'Yquem. *Une histoire, un terroir, un microclimat exceptionnel, une exigence qualitative, fait d'Yquem l'un des crus les plus prestigieux du monde.* Dessin atelier D. Duplantier.

Le terroir

Tous les vignobles d'appellation d'origine des graves sont très proches de la Garonne tout en étant séparés du grand fleuve par une ligne de démarcation, aujourd'hui matérialisée par la N113, qui distingue les vins « de palus », proches des berges, des grands vins. Une falaise calcaire borde d'assez près la rive droite, tandis qu'une large plaine d'alluvions graveleuses enveloppées de sables et dépourvues d'argiles, mal drainée et peu élevée, s'étale sur la rive gauche. Les vins produits à cet endroit ne peuvent prétendre qu'à la simple appellation bordeaux. Plus à l'ouest, les vignes se déploient dans de vraies clairières, au milieu des landes de pins et d'acacias.
Repoussée par l'extension de la ville, la vigne a accéléré son exil vers le sud où les sylviculteurs sont parfois devenus vignerons.
La région des Graves est un terroir au pluriel. Le paysage viticole ne cesse d'évoluer, à l'instar des vins produits, qui ont tous une grande personnalité.

Itinéraire de Pessac à Langon

Si la promenade débute tristement au milieu des pavillons de banlieue, dès les croupes de Léognan, les vignes s'étalent, à leur aise. À partir de Martillac, elles se déploient sur de larges coupes pratiquées dans la forêt, avant de s'enfoncer dans les bois entre La Brède et Saint-Morillon. Parfaitement alignées sur le plateau de Cérons, entourées de murs à Barsac, comme pour se protéger, elles redeviennent parfaitement libres sur les autres communes du Sauternais.

Charles de Secondat, *baron de La Brède et de Montesquieu.* Photo Michel Guillard/Scope.

Au détour des chemins, l'imposant château de Roquetaillade à Mazères ou la majestueuse cathédrale de Bazas évoquent le Moyen Âge. Montesquieu, qui cultiva ses vignes dans son château de La Brède, disait de sa région : « L'air, les raisins, les vins des bords de Garonne et l'humeur des Gascons sont d'excellents antidotes contre la mélancolie. » De nos jours, le domaine de La Solitude à Martillac, qui héberge encore la congrégation des religieuses de la Sainte-Famille, exprime la nostalgie, alors que La Louvière a repris tout son faste d'antan et que le château de Malle demeure impressionnant.
Pays de contrastes, les Graves résument toute l'histoire du Bordelais, ce pays où se côtoient grande aristocratie et petits vignerons, noblesse d'Église et bourgeoisie de la ville.
L'entrée dans la région se situe pratiquement à l'intérieur de la ville, dans ce qui était autrefois le berceau du vignoble de Bordelais : les Graves de Bordeaux. L'urbanisme galopant a

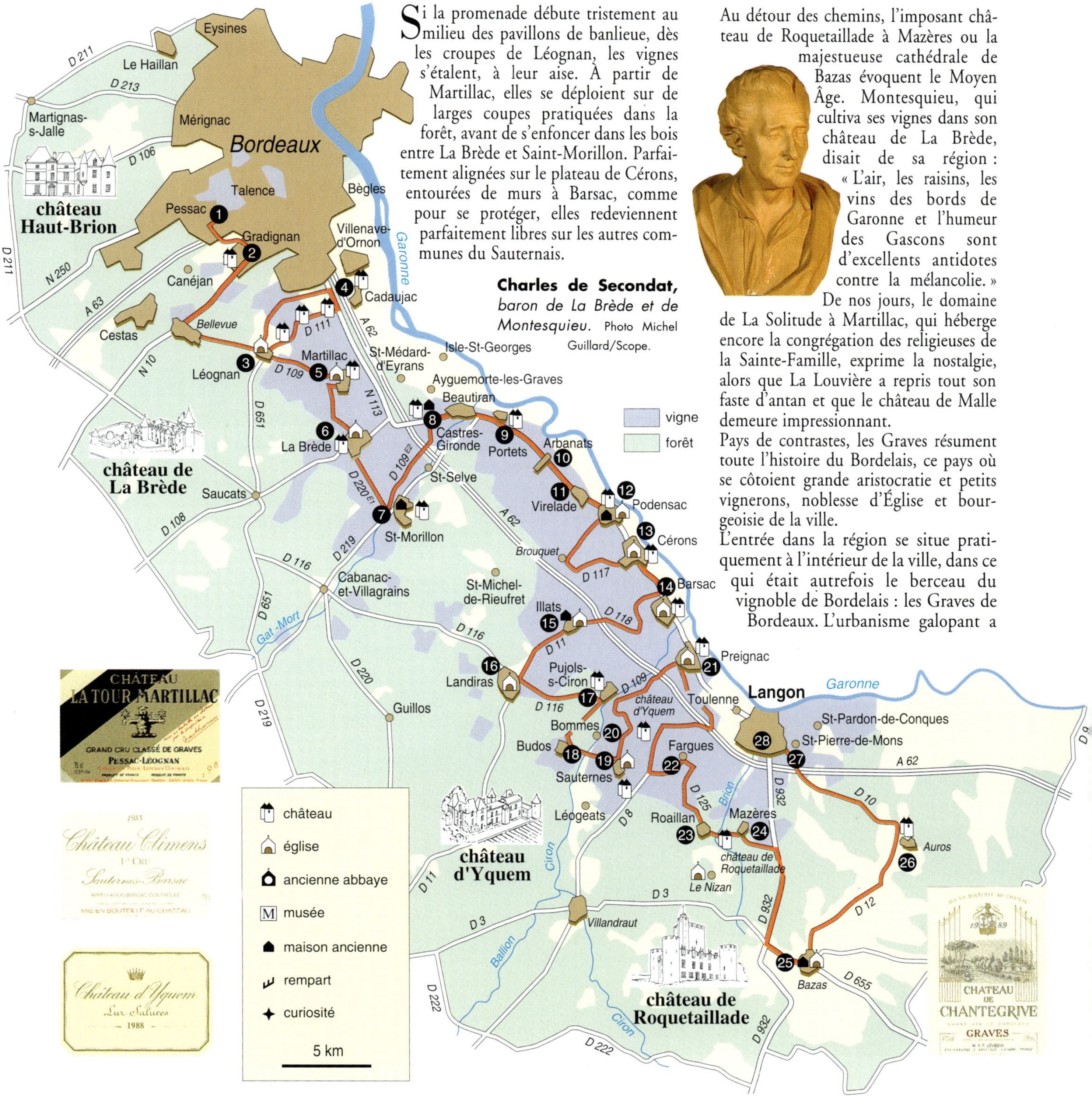

envahi le territoire longtemps occupé par les cultures vivrières destinées à alimenter la grande cité, ainsi que par les vignes et les forêts. Quelques témoins, et non des moindres, tels Haut-Brion et Pape-Clément, ont vaillamment résisté à l'invasion de la pierre et du béton. Il faudra atteindre Léognan pour découvrir la vraie campagne et suivre les petits chemins qui serpentent entre les bois et les vignes, toutes situées le long de la rive gauche de la Garonne.

Pessac-Léognan

Superficie : 1 453 ha.
Encépagement :
vin rouge : merlot, cabernet franc, cabernet-sauvignon, malbec, petit verdot, carmenère ;
vin blanc : sémillon, sauvignon, muscadelle.
Récolte annuelle :
vin rouge : 57 700 hl ;
vin blanc : 13 560 hl.
Rendement de base :
vin rouge : 45 hl/ha ;
vin blanc : 48 hl/ha.
Titre alcoométrique minimal : 10 % vol.
Potentiel de garde :
vin rouge : vingt ans et plus ;
vin blanc : de dix à douze ans.

1 Pessac

On est ici en pleine banlieue bordelaise. Au départ de Bordeaux, il faut passer la barrière de Pessac, suivre le cours du Maréchal-Gallieni qui devient l'avenue Jean-Jaurès à l'entrée de l'agglomération. C'est à Pessac que se trouve l'administration et l'unité de fabrication des monnaies françaises. Cette commune nous permet de découvrir des châteaux viticoles enclavés dans la ville. En arrivant, on peut apercevoir, sur la gauche, le vignoble et le château La Mission-Haut Brion ; à droite, le vignoble et le château Haut-Brion, le plus célèbre des graves, le seul classé premier cru en 1855. Si l'on dépasse le village, le château Pape-Clément rappelle la forte emprise qu'avait, au Moyen Âge, le clergé sur les vignes.

À voir : **le château Haut-Brion (XVIIe siècle) ; la cité Frugès réalisé en 1926 par Le Corbusier.**

CHÂTEAU HAUT-BRION, CHÂTEAU LA MISSION-HAUT-BRION : SA du domaine Clarence-Dillon, BP 24, 33602 Pessac. Tél. 05 56 00 29 30, sur R-V. Ce beau manoir environné de vignes fut le premier domaine du Bordelais à bénéficier d'une notoriété internationale dès le XVIIe siècle. Ce premier cru classé en rouge au bouquet somptueux est un modèle d'équilibre.

CHÂTEAU PAPE-CLÉMENT : Bernard Magrez, 33600 Pessac. Tél. 05 57 26 38 38, sur R-V. Après avoir achevé la rénovation de son cuvier, de son chai, de son caveau et de sa salle de mise en bouteilles, ce château (cru classé), qui aurait appartenu au pape Clément V, produit des vins de plus en plus séduisants.

2 Gradignan

Bien que cette commune soit plus verdoyante que la précédente, les vignobles y ont pourtant complètement disparu. Deux très belles demeures ne peuvent malheureusement pas êtres visitées : le château de Tauzia, classé monument historique, belle construction de style Louis XVI au milieu d'un vaste parc, et le château de Lestonnat (début du XVIIe siècle) entouré d'une forêt de pins. En bordure de la N 10, on peut également voir les ruines du prieuré de Cayac.

Vendanges au château Haut-Brion. *Ce domaine, qui appartint à Talleyrand, fut la seule propriété du Bordelais à acquérir, dès le XVIIe siècle, une réputation internationale.* Photo Michel Guillard/Scope.

3 Léognan

On entre dans la région touristique des Graves du Nord. Les Gallo-Romains avaient capté à Léognan des sources abondantes et il en subsiste de nombreuses traces. Dans le bourg, près de l'église, se dresse le château Belin, belle chartreuse du XVIIIe siècle. C'est à Léognan que commence le circuit des châteaux, tout à la fois sites touristiques et viticoles.

À voir : **l'église romane ; les châteaux Carbonnieux (XVIe siècle) et La Louvière (XVIIIe siècle).**

Château Carbonnieux. *Anciens exploitants du domaine, les bénédictins avaient exporté leur vin blanc à la cour ottomane sous l'appellation… « eau minérale ».* Photo Michel Guillard/Scope.

CHÂTEAU CARBONNIEUX : SC des Grandes-Graves, château Carbonnieux, 33850 Léognan. Tél. 05 57 96 56 20, sur R-V. Ancienne propriété de la famille de Ferron, puis des bénédictins de l'abbaye Sainte-Croix à Bordeaux, Carbonnieux appartient à la famille Perrin depuis 1956. Celle-ci a entièrement restauré le château du début du XVIIe siècle, remanié au XVIIIe siècle. Vin produit : château Carbonnieux, cru classé rouge et blanc, pessac-léognan. À la fin des années 1970, Antony Perrin racheta le château Le Sartre et entama un vaste programme de replantation pour ressusciter cet ancien vignoble.

DOMAINE DE CHEVALIER : SC Domaine de Chevalier, 33850 Léognan. Tél. 05 56 64 16 16, sur R-V. Connu en 1763 sous le nom occitan de *chibaley*, le domaine de Chevalier est aujourd'hui propriété de la famille et de la société Lucien Bernard. Claude Ricard, pianiste de talent, a guidé les premiers pas d'Olivier Bernard qui

Château Olivier. *Avec son imposant manoir fortifié du XIVe siècle pourvu de douves et agrémenté de corps de bâtiments postérieurs, le domaine Olivier, dont les premières traces remontent au XIIe siècle, est l'un des plus anciens du Bordelais.* Photo Michel Guillard/Scope.

dirige aujourd'hui le domaine de main de maître. Vin produit : Domaine de Chevalier, cru classé rouge et blanc, pessac-léognan.

CHÂTEAU DE FIEUZAL : SA du château de Fieuzal, 124, av. de Mont-de-Marsan, 33850 Léognan. Tél. 05 56 64 77 86. Sur R-V. Étoile montante de l'appellation pessac-léognan, ce domaine est renommé pour ses vins blancs aussi bien que pour ses vins rouges. Vins produits : Château de Fieuzal, cru classé rouge, pessac-léognan ; Château de Fieuzal, graves blanc, pessac-léognan.

CHÂTEAU LARRIVET-HAUT-BRION : SCEA du château Larrivet-Haut-Brion, rue Haut-Brion, 33850 Léognan. Tél. 05 56 64 75 51, sur R-V. Au XIXe siècle, Larrivet-Haut-Brion était une grande propriété réunissant château, bois et vignobles. La présence d'alios (grès organique et ferrugineux) donne à ce terroir un cachet particulier. Vin produit : Château Larrivet-Haut-Brion, rouge et blanc, pessac-léognan.

CHÂTEAU LA LOUVIÈRE :
SCEA des Vignobles André Lurton, château Bonnet, 33420 Grézillac. Tél. 05 57 25 58 58, sur R-V. Longtemps propriété de la famille de Roquetaillade, l'ancienne maison noble de La Louvière fut léguée aux moines chartreux qui y cultivèrent la vigne jusqu'à la Révolution. Le château actuel est une belle chartreuse du XVIIIe siècle, attribuée à l'architecte Victor Louis et remarquablement rénovée par André Lurton, son actuel propriétaire. Vin produit : Château La Louvière, rouge et blanc, pessac-léognan.

CHÂTEAU OLIVIER : Jean-Jacques de Bethmann, château Olivier, 33850 Léognan. Tél. 05 56 64 75 16, sur R-V. Cette ravissante petite maison forte du XIVe siècle, ancienne seigneurie encadrée de quatre tours d'angle, possède un très joli jardin à la française avec une fontaine du XVIIIe siècle. Le Prince noir y séjourna et Bertrand Du Guesclin y fut, dit-on, prisonnier. Jean-Jacques de Bethmann, président des crus classés de graves, est l'actuel propriétaire de ce château (cru classé) entré dans sa famille il y a cent vingt ans. Vin produit : Château Olivier, cru classé rouge et blanc, pessac-léognan.

4 Cadaujac

On rejoint la N 113 et on tourne à droite pour longer le château du Bouscaut entièrement clos de murs.

À voir : **le château du Bouscaut (XIXe siècle).**

CHÂTEAU BOUSCAUT : château Bouscaut, N 113, 33410 Cadaujac. Tél. 05 57 83 12 20, sur R-V. Entièrement reconstruit à la suite d'un terrible incendie, Le Bouscaut est l'une des plus jolies propriétés des Graves. Les vignes sont très bien drainées car les parcelles conduisent à un petit ruisseau qui serpente sous la plaine de... Moscou. Vin produit : Château Bouscaut, cru classé rouge et blanc, pessac-léognan.

5 Martillac

La promenade est agréable entre Léognan et Martillac en suivant les flèches du circuit des crus classés de graves. Montesquieu, baron de La Brède, était également seigneur de Martillac. Le château de Rochemorin, dans lequel la légende veut que le philosophe fût né, était une dépendance de La Brède que la famille de Montesquieu avait annexée par un mariage. Le domaine de Lartigue et le château Ferran (à l'époque Ferrand) furent apportés en dot au philosophe en 1715 lors de son mariage avec Mlle Jeanne de Lartigue. La maison noble du Bosc, aujourd'hui métairie, date du XVIIe siècle.

À voir : **l'église romane ; les châteaux La Tour-Martillac (XVIIIe siècle) et de Rochemorin (XVIIe-XVIIIe siècle).**

CHÂTEAU FERRAN : Hervé Béraud-Sudreau, château Ferran, 33650 Martillac. Tél. 06 07 41 86 00, sur R-V. Des pins bicentenaires, une jolie garenne et un beau colombier, probablement élevé en 1749, contribuent au charme de cette propriété. Elle appartient depuis 1883 à la famille Béraud-Sudreau. Vin produit : Château Ferran, graves rouge et blanc, pessac-léognan.

CHÂTEAU HAUT-NOUCHET : SCEA Louis Lurton, château Haut-Nouchet, 33650 Martillac. Tél. 05 56 72 69 74, sur R-V. Cette belle propriété d'un seul tenant est traversée en son centre par un petit ruisseau, le Milan, qui assure un drainage naturel aux nombreuses propriétés de la région. Vin produit : Château Haut-Nouchet, graves rouge et blanc, pessac-léognan.

CHÂTEAU SMITH-HAUT-LAFITTE : Daniel Cathiard, château Smith-Haut-Lafitte, 33650 Martillac. Tél. 05 57 83 11 22. Sur R-V. Daniel Cathiard, ancien champion de ski, gestionnaire d'une chaîne de magasins de sport, et son épouse Florence, grande professionnelle dans la publicité, se sont entièrement consacrés à l'exploitation de cette propriété depuis qu'ils l'ont acquise. Ils y

Château Smith-Haut-Lafitte. *Fronton triangulaire à tympan sculpté et ordonnance symétrique illustrent le plus pur classicisme.* Photo Michel Guillard/Scope.

mettent toute leur énergie et leur esprit de compétition. Le résultat : une propriété extraordinairement dynamique et des vins de grande qualité. Vins produits : Château Smith-Haut-Lafitte, cru classé rouge, pessac-léognan ; Château Smith-Haut-Lafitte, graves blanc, pessac-léognan.

CHÂTEAU LATOUR-MARTILLAC : Domaines Kressmann, château Latour-Martillac, 33650 Martillac. Tél. 05 57 97 71 11, sur R-V. Classé en 1953, en rouge et en blanc, le cru doit son nom à la tour ornant sa cour d'honneur, vestige d'un fortin bâti au XIIe siècle par les ancêtres de Montesquieu. Tristan et Loïc Kressmann gèrent avec rigueur cette propriété où l'on trouve des pieds de vignes centenaires. Vins produits : Château Latour-Martillac, cru classé rouge et blanc, pessac-léognan ; La Grave-Martillac, graves rouge et blanc, pessac-léognan.

On prend la direction de La Brède et on tourne à gauche. En quittant la D 109 pour un petit crochet aller et retour, on peut visiter La Solitude, où est mort et a été inhumé l'abbé Pierre Noailles, fondateur de la congrégation des religieuses de la Sainte-Famille, lesquelles continuent d'occuper le lieu sans gérer le vignoble. De retour à la D 109, on longe une alternance de champs, de bois de pins et de rangs de vignes, avant d'arriver à La Brède.

GRAVES

Superficie : 3 026 ha.
Encépagement :
vin rouge : merlot, cabernets, malbec, petit verdot ;
vin blanc : sémillon, sauvignon, muscadelle.
Récolte annuelle :
vin rouge : 99 265 hl ;
vin blanc : 56 574 hl.
Rendement de base : 50 hl/ha.
Titre alcoométrique minimal : 10 % vol.
Potentiel de garde :
vin rouge : vingt ans et plus ;
vin blanc : de dix à douze ans.

GRAVES SUPÉRIEURES

Superficie : 368 ha.
Encépagement : sémillon, sauvignon, muscadelle.
Récolte annuelle : 16 287 hl.
Rendement de base : 50 hl/ha.
Titre alcoométrique minimal : 12 % vol.
Potentiel de garde : de dix à douze ans.

Château La Tour-Martillac. *Le pilier engagé à facture classique du portail d'entrée présente un curieux contraste avec la tour médiévale isolée à toit en poivrière.* Photo Michel Guillard/Scope.

6 LA BRÈDE

Brède signifie « lande » en occitan. Construit au XIIIe siècle, le château donna son nom au village qui s'appelait à l'époque Saint-Jean-d'Étampes. C'est dans ce très bel endroit que Montesquieu, messire Charles de Secondat, passa son enfance et une partie de son existence, tout spécialement à l'époque des vendanges, car La Brède a toujours produit d'exquis vins blancs secs. La bibliothèque du philosophe, jadis salle de garde, ne compte pas moins de sept mille volumes, et sa chambre est conservée en son état du XVIIIe siècle. Sur la place de la halle, au cœur du village, se trouve, érigée en 1938, une statue rendant hommage à l'auteur de *De l'esprit des lois.*

À voir : **l'église** (XIIe **siècle**) ; **le château** (XIIIe-XVIIIe **siècle**).

CHÂTEAU BICHON-CASSIGNOLS : Jean-François Lespinasse, 50, av. Édouard-Capdeville, 33650 La Brède. Tél. 05 56 20 28 20, sur R-V. Un vignoble de petite taille dont le vin se distingue.

CHÂTEAU LA BLANCHERIE : Françoise Braud-Coussié, château La Blancherie, 33650 La Brède. Tél. 05 56 20 20 39, sur R-V. Petit frère du Château La Blancherie-Peyret, le Château La Blancherie est un vin souple toujours aimable.

CHÂTEAU LASSALLE : Louis Michel Labbé, château Lassalle, 7, allée Lassalle, 33650 La Brède. Tél. 05 56 20 20 19. La taille réduite du vignoble ne nuit en rien à la solide personnalité du vin.

CHÂTEAU MAGNEAU : Henri Ardurats et Fils, EARL des Cabanasses, château Magneau, 12, chemin Maxime Ardurats, 33650 La Brède. Tél. 05 56 20 20 57, tlj 9 h-12 h et 14 h-18 h, samedi et dimanche sur R-V. Les Ardurats sont les descendants d'une lignée de viticulteurs antérieure au règne de Henri IV. Quatre générations cohabitent harmonieusement dans cette très belle propriété. Vins produits : Château Magneau, graves rouge et blanc ; Château Magneau cuvée Julien, graves blanc.

7 SAINT-MORILLON

Entre La Brède et Saint-Morillon, les bois prédominent. Il est difficile d'imaginer que, à quelques minutes de marche, se trouve le cœur d'un vignoble. La route est légèrement vallonnée et, au détour d'un virage, on découvre une très jolie perspective sur la vallée. Les maisons du petit village de Saint-Morillon sont assez anciennes et entourées de murs de pierre très fréquents dans les Graves du Sud. L'église comporte un retable du XVIIIe siècle.

À voir : **les maisons** (XVIIe-XVIIIe **siècle**) ; **le château Bel-Air** (XVIIIe **siècle**).

CHÂTEAU VILLA BEL-AIR : Jean-Michel Cazes, château Villa Bel-Air, 33650 Saint-Morillon. Tél. 05 56 20 29 35, sur R-V. Faire des vins de très grande qualité et s'y maintenir, c'est ce qu'ont réussi à faire Jean-Michel Cazes, Daniel Llose et Guy Delestrac.

Château La Brède, intérieur. *Le lit à baldaquin sur colonnes torses et la chaise Louis XIII composent le mobilier d'origine de la chambre de Montesquieu, qui était également son cabinet de travail.*
Photo Michel Guillard/Scope.

8 Castres-Gironde

C'est seulement à l'approche de Castres que l'on retrouve les vignes, et l'on reprend la N113. Un moulin à eau et des douves alimentées par une petite rivière, le Gat-Mort, défendent un logis.

À voir : **les maisons du XVIIIe siècle ; le château de Pommarède (XIVe-XVe siècle).**

Château de Sansaric : Dominique Abadie, château de Sansaric, 33640 Castres-Gironde. Tél. 05 56 67 03 17, sur R-V. Tradition et modernisme se conjuguent pour donner un vin bien équilibré.

9 Portets

« Port je fus, vignoble je reste », telle est la devise de Portets. Le village a délaissé la Garonne pour se tourner vers ses vignes. Jadis demeure seigneuriale du bourg de Portets, occupé vers le milieu du XVIIe siècle par le duc d'Épernon puis assiégé par les troupes bordelaises du marquis de Lusignan, le château des Portets fut presque entièrement détruit. Il a été rebâti au XVIIIe siècle sur les mêmes fondations.

Le château de l'Hospital, classé monument historique, a été dessiné dans le plus pur style Louis XVI par Gabriel Durand, disciple de Victor Louis. C'est l'une des plus belles et des plus émouvantes propriétés des Graves.

À voir : **les châteaux des Portets et de l'Hospital (XVIIIe siècle)**

Vieux Château-Gaubert : Dominique Haverlan, Vieux Château-Gaubert, 33640 Portets. Tél. 05 56 67 52 76, sur R-V. Le graves blanc, parfaitement structuré, n'a rien à envier au rouge très équilibré.

Château du Grand-Abord : EARL Vignobles M.-C. Dugoua, château du Grand-Abord, 33640 Portets. Tél. 05 56 67 22 79, sur R-V. Ce graves rouge délicat sait se montrer sous un jour favorable.

Château Graveyron : EARL Vignobles Pierre Cante et Fils, château Graveyron, 67, route des Graves, 33640 Portets. Tél. 05 56 67 58 19, tlj sauf dimanche, 9 h-12 h et 14 h-19 h, sur R-V. Le nom du domaine évoque le terroir des Graves. Depuis neuf générations, la famille Cante exploite cette propriété dans la plus pure tradition. Vin produit : Château Graveyron, graves rouge et blanc.

Domaine des Lucques : Vignobles Patrice Haverlan, domaine des Lucques, 11, rue de l'Hospital, 33640 Portets. Tél. 05 56 67 11 32, sur R-V. M. Laconfourque, grand-père de Patrice Haverlan, fut l'un des pionniers dans le domaine de la mise en bouteilles au château ; dès 1929, il commercialisait lui-même sa production de graves rouge et blanc. Son petit-fils continue de diriger ces vignobles très bien situés sur le plateau de Portets. Vins produits : Domaine des Lucques, graves rouge et blanc ; Château La Rose-Coulon, graves blanc (second vin).

Château Rahoul : Alain Thiénot, château Rahoul, 4, route du Courneau, 33640 Portets. Tél. 05 56 67 01 12, sur R-V. Les 100 % de sémillon donnent un blanc original, riche et élégant.

10 Arbanats

Antoine de Gascq, chevalier seigneur baron de Portets, Castres et Arbanats, président à mortier de la cour du parlement de Bordeaux, était, au XVIIIe siècle, propriétaire de la plus grande partie des landes qui entourent ce tout petit village. Ici, la vigne n'a que très peu gagné sur la forêt.

Château La Fleur-Jonquet : Laurence Lataste, 5, rue Amélie, 33200 Bordeaux. Tél. 05 56 17 08 18, sur R-V. Vins produits : Château La Fleur-Jonquet, graves rouge et blanc ; J.-de-Jonquet, graves rouge (second vin) ; Rose-de-Jonquet, bordeaux rosé.

11 Virelade

Deux hommes ont profondément marqué ce village : l'un en le quittant, l'autre en y restant. François-Henri, vicomte de Virelade (1620-1670), président à mortier du parlement de Bordeaux, fut élu membre de l'Académie française en 1644. Il prépara, en réunissant dans son hôtel les esprits cultivés de la ville, l'établissement de l'Académie des sciences, belles-lettres et arts de Bordeaux ; Joseph de Carayon-Latour (1824-1886), représentant de la Gironde à l'Assemblée nationale de 1871 à 1878, sénateur en 1878, maire de Virelade, était alors propriétaire du superbe château de Virelade. Son buste orne aujourd'hui la place de l'église.

Château Le Bourdillot : Patrice Haverlan, 11, rue de l'Hospital, 33640 Portets. Tél. 05 56 67 11 32, tlj sauf vendredi, samedi et dimanche, 8 h-12 h 30 et 13 h-17 h 30. Cette propriété, située à Virelade, appartenait en 1918 au comte de Lynch, dont le nom est plus connu dans le Médoc que dans les Graves aujourd'hui. Vins produits : château Le Bourdillot Cuvée prestige, graves rouge et blanc ; château Pontet-Cailloux, graves rouge (second vin). À suivre.

Cérons

Les propriétaires ont le choix de produire des blancs doux sous le nom de graves supérieurs, des secs et des rouges sous l'appellation graves. Chaque propriété ne produit donc pas systématiquement, chaque année, des vins d'appellation cérons.

Superficie : 76 ha sur 3 communes : Cérons, Illats et Podensac.

Encépagement : sémillon (75 %), sauvignon (20 %), muscadelle (facultatif 5 %).

Nature des sols : graveleux ou argilo-graveleux à sous-sol pierreux.

Vendanges : exclusivement manuelles.

Récolte annuelle : 2 590 hl.

Rendement de base : 40 hl/ha.

Titre alcoométrique minimal : 12,5 % vol.

Potentiel de garde : de trois à vingt-cinq ans.

Environs de Cérons.
Terrasses non érodées et croupes graveleuses constituent le terroir de l'appellation cérons.
Photo Jean-Luc Barde/Scope.

12 Podensac

Juste avant l'entrée du bourg, sur la droite, derrière des rangs de vignes parfaitement entretenus, se trouve une charmante demeure : la maison des Graves, créée par le Syndicat viticole des graves. Véritable vitrine de l'appellation, on y trouve une superbe cave, une immense salle de dégustation et une vidéothèque ainsi que toutes les informations sur la région. Au centre du village, la maison Lillet produit, depuis 1887, le seul vin d'apéritif : un assemblage naturel de vins de la région et de fruits macérés dans de l'eau-de-vie. À visiter l'été : l'espace Lillet où sont exposés anciens matériels de chai, affiches et vieilles étiquettes.

Non loin de la Garonne, une promenade s'impose dans le parc du château Chavat, ainsi qu'une halte, place de la Halle, pour admirer une mosaïque du IIe siècle, découverte en 1908.

À voir : **l'église gothique (XVIe siècle) ; les maisons du XVIIIe siècle ; les ruines du château féodal ; le parc de Chavat.**

Château de Chantegrive : GFA Henri et Françoise Levêque, château de Chantegrive, 33720 Podensac. Tél. 05 56 27 17 38, tlj sauf dimanche, 8 h-12 h 30 et 13 h 30-18 h. Ce vaste domaine doit son nom à la grive musicienne qui, au moment des vendanges,

Barsac, vue aérienne. *Ancien siège d'une prévôté royale, la petite ville de Barsac se dresse au cœur d'une dépression créée par l'érosion et dont le terroir mêle le calcaire aux sables rouges. Produits dans des vignobles ceinturés de murs, ses vins au caractère typé justifient l'appellation spécifique barsac.* Photo Michel Guillard/Scope.

vient picorer les raisins gorgés de soleil. L'élaboration des vins s'inspire ici de la tradition tout en bénéficiant des techniques modernes. Henri Levêque a été président national des courtiers et son épouse, Françoise, présida le Syndicat viticole des graves. Vins produits : Château de Chantegrive, graves rouge et blanc ; Château de Chantegrive sélection Françoise, cérons ; Château de Chantegrive cuvée Édouard, graves rouge ; Château de Chantegrive cuvée Caroline, graves blanc.

On quitte la N 113 au feu qui mène vers l'autoroute pour aller admirer le plateau de Cérons : une splendide percée de vignes au milieu des pins, jalonnée par trois ruines d'anciens moulins à vent.

13 Cérons

L'église romane fut remaniée au cours des siècles, mais son portail et l'abside sont classés.

À l'extérieur du bourg se trouve le très beau château de Calvimont, datant de la fin du XVIIe siècle et du début du XVIIIe siècle, qui ne peut se visiter. Non loin se trouve l'ancienne embouchure du Ciron, petit ruisseau venu des Landes et détourné au XVIe siècle vers Barsac. À l'origine, la propriété faisait partie du château de Cérons dont l'entrée se trouve au cœur du village, en lisière des vignes.

À voir : **l'église ; le château de Calvimont (XVIIe-XVIIIe siècle).**

Clos Bourgelat : Dominique Lafosse, clos Bourgelat, 33720 Cérons. Tél. 05 56 27 01 73, tlj sauf dimanche, 9 h-12 h et 14 h-19 h, groupes sur R-V. Si le vignoble n'a été planté qu'en 1900, la demeure date du début du XVIIIe siècle. Vins produits : clos Bourgelat, graves rouge et blanc ; cérons ; bordeaux.

14 Barsac

Superficie : 616 ha ; encépagement : sémillon, sauvignon, muscadelle ; nature des sols : calcaire à astéries ; récolte annuelle : 13 500 hl ; rendement de base : 25 hl/ha ; titre alcoométrique minimal : 12,5 % vol. ; potentiel de garde : vingt-cinq ans et plus.

C'est le pays des cagouilles… ces escargots appelés « petits gris », se cachent dans les murs de pierre, qui entourent presque toutes les propriétés barsacaises. Parfaite réussite de l'art du XVIIIe siècle, l'église, récemment rénovée, a conservé intact son intérieur baroque.

On quitte l'itinéraire pour se diriger vers le port de Barsac, où se trouve l'embouchure du Ciron. Gentilhommières et chartreuses commandent des propriétés viticoles : le château Coutet, place militaire durant la guerre de Cent Ans, qui conserve une tour datant de la fin du XIIIe siècle, ainsi qu'une chapelle de la même époque ; le château Ménota ; ou encore le château Doisy-Védrines, construit à la fin du XVIe siècle.

À voir : **l'église ; les châteaux Coutet (XIVe siècle), Menota (XVIIe siècle), Myrat (XVIIIe siècle), Suau (XVIIIe siècle), Doisy-Védrines (XVIe siècle).**

Château Climens : SF du château Climens, 33720 Barsac. Tél. 05 56 27 15 33, sur R-V. L'origine du nom de ce très grand cru est fort ancienne, et, depuis 1547 jusqu'à son rachat par Lucien Lurton en 1971, seules trois familles se sont succédé à sa tête. Le château, construit au XVIIe siècle, a été remanié au XIXe siècle. Vins produits : Château Climens, premier cru classé en 1855, barsac ; Les Cyprès-de-Climens, barsac (second vin).

Château Nairac : Nicole Tari, château Nairac, 33720 Barsac. Tél. 05 56 27 16 16, sur R-V. Nairac est le nom du négociant bordelais huguenot qui, à la fin de l'Ancien Régime, fit édifier une élégante demeure dont le portail se trouve à l'entrée du village de Barsac. Nicole Tari, vraie passionnée des grands sauternes, est une perfectionniste et restaure avec soin château, chais, communs et jardins. Vin produit : Château Nairac, deuxième cru classé en 1855, barsac. Les années où le raisin n'est pas attaqué par la pourriture noble, Nairac ne produit pas de vin à son nom et la récolte est vendue en vrac.

Château de Rolland : Vignobles de Bordeaux, Saint-Pierre-de-Mons, 33212 Langon. Tél. 05 56 63 19 34. Élevés avec grand soin, à Barsac, les liquoreux présentent chaque année des particularités intéressantes.

15 Illats

Dans le modeste bourg d'Illats, on peut admirer un puits dont la margelle date du XVIIe siècle.

À voir : **l'église romane ; les maisons anciennes ; le vieux puits.**

Château d'Archambeau : SARL Famille Dubourdieu, château d'Archambeau, 33720 Illats. Tél. 05 56 62 51 46, sur R-V. Dans cette propriété Jean-Philippe Dubourdieu élabore soigneusement ses vins, tandis que son épouse Corinne entretient le jardin. Vins produits : Château d'Archambeau, graves rouge et blanc ; cérons.

Château d'Ardennes : SCEA Château d'Ardennes, 33720 Illats. Tél. 05 56 62 53 80, sur R-V. La propriété a appartenu à Jeanne de

Lestonnac, nièce de Michel de Montaigne, fondatrice des Filles de Notre-Dame. Vins produits : Château d'Ardennes, graves rouge et blanc ; Château La Tuilerie, graves rouge (second vin).

CHÂTEAU SUAU : Nicole Biarnès, château de Navarro, 33720 Illats. Tél. 05 56 27 20 27. Sur R-V. La famille Biarnès est propriétaire du château Suau, deuxième cru classé en 1855, barsac.

16 Landiras

Comme le nom du village l'indique, on se rapproche de la lande girondine. Du vaste château de Landiras ou de Brassier, château des sires de Landiras, il ne reste que des ruines.

À voir : **la curieuse église moderne.**

CHÂTEAU SAINT-AGRÈVES : EARL Landry, château Saint-Agrèves, 17, rue Joachim-de-Chalup, 33720 Landiras. Tél. 05 56 62 50 85, tlj sauf dimanche, 9 h 30-12 h 30 et 14 h 30-19 h. Racé, classique, tant en blanc qu'en rouge, le vin ne déçoit pas.

17 Pujols-sur-Ciron

Situé à la frontière du Sauternais, le village tire son nom du Ciron, petit ruisseau qui le traverse.

À voir : **le château et le moulin de La Salle.**

CHÂTEAU SAINT-ROBERT : SCEA Vignobles Bastor et Saint-Robert, domaine de Lamontagne, 33210 Preignac. Tél. 05 56 63 27 66, sur R-V. Acquis en 1879, le château Saint-Robert est le plus ancien des domaines du Crédit Foncier de France. Les vins de cette propriété, qui s'appelait autrefois clos Saint-Robert, ont toujours été considérés comme étant les meilleurs vins blancs de Pujols. Vins produits : Château Saint-Robert, graves rouge et blanc ; Château Saint-Robert cuvée Poncet-Deville, graves rouge et blanc.

18 Budos

Le village est dominé par le château fortifié en ruine de Budos (XIVe siècle), qui fut construit par un neveu de Clément V. Au siècle dernier, la source de Fombanne faisait fonctionner un moulin.

Château de Budos. *Dans le prolongement des vignes, la tour circulaire d'angle fait partie de l'un des nombreux « châteaux clémentins » érigés par les neveux du pape Clément V au XIVe siècle.* Photo Michel Guillard/Scope.

Sauternes

Le Ciron, petit cours d'eau très froid venu des Landes, traverse l'appellation et engendre un microclimat très particulier. À Sauternes, le raisin est attaqué par un minuscule champignon, le *Botrytis cinerea,* « pourriture noble » qui, en concentrant le jus de raisin contenu dans la pulpe, augmente la teneur en sucre des grains.

Superficie : 1 624 ha dont certains en crus classés en 1855.

Nature des sols : graveleux, calcaires ou argilo-calcaires, reposant sur un sous-sol varié, calcaire et argile à Bommes, Sauternes et Preignac, alios à Fargues-de-Langon et Sauternes, calcaire à astéries à Barsac.

Encépagement : sémillon (75 %), sauvignon (20 %), muscadelle (facultatif, 5 %).

Récolte annuelle : 30 550 hl.

Vendanges : exclusivement manuelles, « grain par grain ».

Rendement de base : au minimum 25 hl/ha, le plus faible de tout le vignoble bordelais.

Titre alcoométrique minimal : 12,5 % vol.

Potentiel de garde : de trois à plus de cinquante ans.

19 Sauternes

Le nom des vins blancs les plus connus dans le monde est aussi celui d'un tout petit village qui ne vit que par et pour la vigne. On prendra le temps de s'arrêter dans le magnifique parc du château Filhot, une demeure édifiée en 1845 sur l'ancienne maison noble de Verdoulet, et qui est entourée de 330 ha, dont seuls 60 sont consacrés à la culture de la vigne.

À voir : **la chapelle funéraire** (XVIIe **siècle) ; les châteaux d'Arche** (XVIIe **siècle) et Filhot** (XIXe **siècle).**

SCA CHÂTEAU GUIRAUD : 33210 Sauternes. Tél. 05 56 76 61 01, sur R-V. Seul premier cru avec Yquem, à être situé sur la commune de Sauternes, ce domaine bénéficie d'un beau terroir. Personne ne sera donc surpris d'y voir naître des vins remarquables.

CHÂTEAU FILHOT : SCEA du château Filhot, 33210 Sauternes. Tél. 05 56 76 61 09, tlj sauf dimanche, 9 h-12 h et 14 h-18 h. Dès le XIXe siècle, Thomas Jefferson le considérait comme un des meilleurs crus de la région.

Pendant près de cinquante ans, le cru de Filhot (deuxième cru classé) fut distribué sous le célèbre nom de vin de Sauternes ou château Sauternes, avant l'extension de cette appellation. Le comte Henri de Vaucelles est un des grands connaisseurs du vignoble de sauternes.

CHÂTEAU D'YQUEM : comte Alexandre de Lur-Saluces, château d'Yquem, 33210 Sauternes. Tél. 05 57 98 07 07. Visites, sur R-V, réservées aux professionnels uniquement. On subit ici la magie du vin blanc le plus subtil et le plus somptueux du monde. Majestueux, harmonieux, le château, construit aux XVe-XVIe siècles et remanié au XVIIe siècle, dresse ses murs et ses tours au-dessus de toute la contrée. Vin produit : Château d'Yquem, premier cru supérieur classé en 1855, sauternes.

Le château d'Yquem. *Par-delà la cour intérieure, la voûte en plein cintre de la porte principale, de style Renaissance, ouvre en enfilade sur le toit en croupe de la porte opposée.* Photo Michel Guillard/Scope..

20 Bommes

Installée au bord du Ciron, cette commune compte un grand nombre d'importants domaines viticoles, dont deux retiennent l'attention : curiosité géologique, le terroir du château de Rayne-Vigneau recèle d'extraordinaires richesses : jaspe, onyx, agates et saphirs. Avec ses tours d'enceinte datant du XIIIe siècle et son corps de logis reconstruit au XVIIe siècle, le château Lafaurie-Peyraguey étonne par son allure hispano-byzantine.

CHÂTEAU SIGALAS-RABAUD : Emmanuel de Lambert des Granges, château Sigalas-Rabaud, Bommes-Sauternes, 33210 Langon. Tél. 05 56 11 29 00. Les sauternes de ce premier cru classé sont dans l'ensemble des vins liquoreux assez légers, fruités et aromatiques.

CHÂTEAU LA TOUR-BLANCHE : ministère de l'Agriculture, château La Tour-Blanche, 33210 Bommes. Tél. 05 57 98 02 73, tlj sauf samedi et dimanche, 9 h-11 h 30 et 14 h-17 h. En 1907, un financier original, Daniel Osiris Iffla, fit don à l'État français du domaine de La Tour-Blanche, à condition que soit créée une école de viticulture et d'œnologie dispensant un « enseignement pratique, populaire et gratuit ». Sous l'impulsion de Jean-Pierre Jausserand, qui fut directeur du château, La Tour-Blanche a vraiment retrouvé son rang de premier cru classé en 1855. Vins produits : Château La Tour-Blanche, premier grand cru classé, sauternes ; Mademoiselle-de-Saint-Marc, sauternes (second vin) ; Osiris, bordeaux blanc sec ; Isis, bordeaux blanc sec.

21 Preignac

Avec ses vieilles maisons et sa route sans trottoirs, Preignac reste un village dédié à la vigne. En suivant le circuit viticole, on découvre le délicieux château Suduiraut, datant de la seconde moitié du XVIIe siècle, et son parc dessiné par Le Nôtre. Le château de Malle mérite également le détour. On peut le visiter et admirer ses cheminées, son très beau mobilier, ainsi que de nombreux tableaux. Cet endroit raconte aussi bien l'histoire d'une famille que celle de toute la région.

À voir : **l'église Saint-Vincent à trois nefs (XVIIIe siècle) ; les châteaux du Juge (XVIe siècle), d'Armajan (XVIIe siècle) et de Malle (XVIIe siècle).**

CRU D'ARCHE-PUGNEAU : Jean-Francis Daney, 24, le Biton, 33210 Preignac. Tél. 05 56 63 50 55, sur R-V. Le vin y est aussi agréable que l'accueil, fruit d'une longue tradition.

CHÂTEAU BASTOR-LAMONTAGNE : SCEA Vignobles Bastor et Saint-Robert, domaine de Lamontagne, 33210 Preignac. Tél. 05 56 63 27 66, sur R-V. Avec 42 ha d'un seul tenant sur un magnifique plateau sablo-graveleux, le vignoble de Bastor-Lamontagne a toujours produit des vins reconnus pour leur qualité. Sous l'impulsion de Michel Garat, la propriété connaît depuis quelques années une nouvelle jeunesse. Vins produits : Château Bastor-Lamontagne, sauternes ; Les Remparts-de-Bastor, sauternes (second vin).

CHÂTEAU GILETTE : Christian Médeville, château Gilette, 33210 Preignac. Tél. 05 56 76 28 44. Christian Médeville propose d'excellents vieux millésimes.

CHÂTEAU HAUT-BERGERON : Hervé et Patrick Lamothe, 3, Puquey, Haut-Bergeron, 33210 Preignac. Tél. 05 56 63 24 76, tlj sauf dimanche, 9 h-12 h et 14 h-19 h. Le château Haut-Bergeron s'octroie toutes les médailles, sans doute grâce à l'expérience de ses propriétaires, héritiers de plusieurs générations de vignerons installées sur le terroir de Sauternes depuis le XVIIe siècle. Vin produit : Château Haut-Bergeron, sauternes.

CHÂTEAU DE MALLE : comtesse de Bournazel, château de Malle, 33210 Preignac. Tél. 05 56 62 36 86, sur R-V. Cette belle demeure, entourée d'étonnants jardins à l'italienne, fut construite au début du XVIIe siècle pour Jacques de Malle, président au parlement de Bordeaux et aïeul des actuels propriétaires. Le comte Pierre de Bournazel a remis en état le domaine qui s'étend sur les terroirs de graves et de sauternes. Vins produits : Château de Malle, grand cru classé en 1855, sauternes ; M.-de-Malle, graves sec ; Château de Cardaillan, graves rouges ; Château Tours-de-Malle, graves rouge.

22 Fargues

On peut contempler les ruines de deux châteaux, l'un datant de 1306, élevé par le cardinal Raymond de Fargues et l'autre devenu inhabitable à la suite d'un incendie survenu en 1687.

À voir : **le retable.**

CHÂTEAU DE FARGUES : comte Alexandre de Lur-Saluces, château de Fargues, 33210 Fargues. Tél. 05 57 98 04 20, sur R-V. Le château de Fargues produit, sous la même direction que Yquem, avec les mêmes contraintes et le même souci de perfection, un vin d'excellente qualité. Vin produit : Château de Fargues, sauternes.

CHÂTEAU HAUT-CLAVERIE : SCEA Sendrey Frères et Fils, château Haut-Claverie, Les Claveries, 33210 Fargues. Tél. 05 56 63 43 09, tlj 8 h-20 h. Les ancêtres des Sendrey s'appelaient Claverie et ont donné leur nom à ce hameau de la commune de Fargues. Vins produits : Château Haut-Claverie,

Mise en bouteilles au château d'Yquem. *La vendange des grains cueillis un par un à pleine maturité produit, à la moyenne d'un verre de vin par pied de vigne, le somptueux vin liquoreux d'Yquem.*
Photo Michel Guillard/Scope.

OPINION

Comte Alexandre de Lur-Saluces

« Les grands vins sont des boissons chargées d'histoire, non seulement de celle du millésime mais de tout ce qui a précédé ce millésime. Le vin est synonyme de civilisation car il symbolise le temps qui passe, les époques. Il rythme la vie. »

Yquem a passé quatre cents ans dans la famille d'Alexandre de Lur-Saluces, et le temps n'a fait qu'effleurer cette propriété mythique qui a vu bien des guerres, des révolutions et des crises. Le comte, qui a pris la succession de son oncle, le marquis Bertrand de Lur-Saluces, assure pour LVMH aujourd'hui la qualité et la pérennité de cette « parcelle de civilisation », l'un des plus beaux fleurons français dans le monde entier.

Pourtant, souligne Alexandre de Lur-Saluces, « il est indispensable de considérer qu'il y a une part d'inconnu et d'impondérable dans un vin ; il n'y a pas vraiment de sanction automatique entre l'effort accompli et le résultat. L'œnologie a certes généré des progrès, mais elle doit être au service du vin et non l'inverse. Elle doit rester observatrice de la nature qui, elle, dicte son rythme. »

À propos de son dernier coup de cœur, un excellent vin espagnol, le Vega Sicilia, Alexandre de Lur-Saluces, qui est aussi grand chancelier de l'Académie du vin de Bordeaux, respectable institution qui garantit et diffuse l'esprit, l'histoire et la culture du vin de Bordeaux tant en France qu'à l'étranger, précise : « Je trouve réconfortant de voir que l'on fait dans d'autres régions viticoles des efforts qui vont dans le sens de ce que l'on fait à Bordeaux depuis toujours. L'effet s'en fera certainement sentir… dans un siècle ou deux. » S. G.

graves blanc ; château La Mourasse, graves rouge.

CHÂTEAU RIEUSSEC : château Rieussec, 33210 Fargues. Tél. 01 53 89 78 00, sur R-V. Dominé par sa tour, le domaine de ce premier cru classé offre des vins de grande qualité.

23 Roaillan

L'église, jadis consacrée à saint Saturnin, premier évêque de Toulouse au IIIe siècle, est aujourd'hui vouée à Saint Louis. L'intérieur abrite un tabernacle provenant des carmes de Langon, et une statue du premier évêque de Saintes, saint Eutrope. Proche de l'église, on trouve le château de Bellefontaine.

CHÂTEAU LE PAVILLON-DE-BOYREIN : Vignobles Pierre Bonnet, château Le Pavillon-de-Boyrein, 33210 Roaillan. Tél. 05 56 63 24 24. Vins produits : Château de Respide ; Château Le Pavillon- de-Boyrein.

24 Mazères

Mazères est séparé de Roaillan par un petit cours d'eau, le Brion, affluent de la rive gauche de la Garonne. Sur un éperon rocheux s'accroche l'imposant château de Roquetaillade construit vers 1310 par le cardinal Gaillard de La Mothe, restauré par Viollet-le-Duc de 1868 à 1874. Les ruines de l'ancien château de La Mothe, appelé Château-Vieux, occupent encore le rebord du plateau. Le Château-Neuf, puissante forteresse flanquée de six tours et dominée d'un donjon carré de 35 m de haut, est une des plus belles réalisations de l'architecture militaire du Sud-Ouest. En face de l'entrée du château, on peut visiter La Métairie, musée rural vivant.

À voir : **le château de Roquetaillade.**

CHÂTEAU BEAUREGARD-DUCASSE : Jacques Perromat, château Beauregard-Ducasse, Ducasse, 33210 Mazères. Tél. 05 56 76 18 97, sur R-V. Vins produits : Château Beauregard-Ducasse, graves rouge et blanc ; Château Beauregard-Ducasse cuvée Albert-Duran, graves rouge ; Château Beauregard-Ducasse cuvée Albertine-Peyri, graves blanc.

CHÂTEAU PETIT-MOUTA : SCEA Domaines Latrille-Bonnin, château Petit-Mouta, 33210 Mazères. Tél. 05 56 63 41 70, sur R-V. Vins produits : Château Petit-Mouta, graves rouge ; Château Chanteloiseau, graves blanc sec.

CHÂTEAU ROQUETAILLADE-LA-GRANGE : GAEC Guignard Frères, château Roquetaillade-La-Grange, 33210 Mazères. Tél. 05 56 76 14 23. Situé à 100 m d'altitude, c'est le vignoble le plus élevé des Graves ; il produit un rouge équilibré et un blanc rond et vif.

25 Bazas

Toute la ville s'ordonne autour de la magnifique cathédrale Saint-Jean-Baptiste. Sa construction, qui a débuté en 1233, s'est poursuivie sous Clément V, et la façade fut terminée en 1537. Les arcades et les maisons anciennes bordent la vaste esplanade où convergent plusieurs ruelles. Cette ville riche de traditions, mais un peu oubliée, mérite un détour.

À voir : **la place de la Cathédrale et la cathédrale ; les maisons anciennes de la rue Bragous ; le jardin du chapitre ; le quartier Saint-Martin.**

26 Auros

Le vieux village d'Auros fut autrefois le siège d'une baronnie. De son passé féodal, il a gardé le donjon du château, démantelé sur l'ordre du duc d'Épernon, ainsi que la chapelle castrale.

À voir : **le château fort.**

27 Saint-Pierre-de-Mons

Véritable faubourg de Langon, la commune de Saint-Pierre-de-Mons est délimitée à l'ouest et au sud par le ruisseau du Grusson. Dédiée à saint Remi, au Moyen Âge, l'ancienne église se dressait à l'emplacement de l'actuel presbytère. On y a retrouvé les traces des fresques qui décoraient ses murs. L'église Saint-Pierre, qui l'a remplacée au XVIe siècle, s'élève au sommet d'une éminence.

CHÂTEAU QUINCARNON : Vignobles de Bordeaux, 33210 Saint-Pierre-de-Mons. Tél. 05 56 63 19 34. Vin produit: graves rouge.

28 Langon

L'ancien établissement gallo-romain d'Alingo s'est développé autour de son fleuve. Du Moyen Âge, il subsiste quelques ruines, des traces de murs d'enceinte datant des XIIe et XIVe siècles près de la rivière, la maison Biros, sise rue Maubec, avec sa façade sculptée du XVIe siècle et la maison de Camarsac, rue de l'Hôtel-de-Ville. De Langon, on peut soit changer de rive, soit reprendre l'autoroute vers Bordeaux.

CHÂTEAU BRONDELLE : EARL Vignobles Belloc-Rochet, château Brondelle, 33210 Langon. Tél. 05 56 62 38 14, sur R-V. Ce vignoble a été constitué aux environs de 1830. Vin produit : Château Brondelle, graves rouge et blanc. S.G.

Carte des aires d'appellations sauternes et barsac.

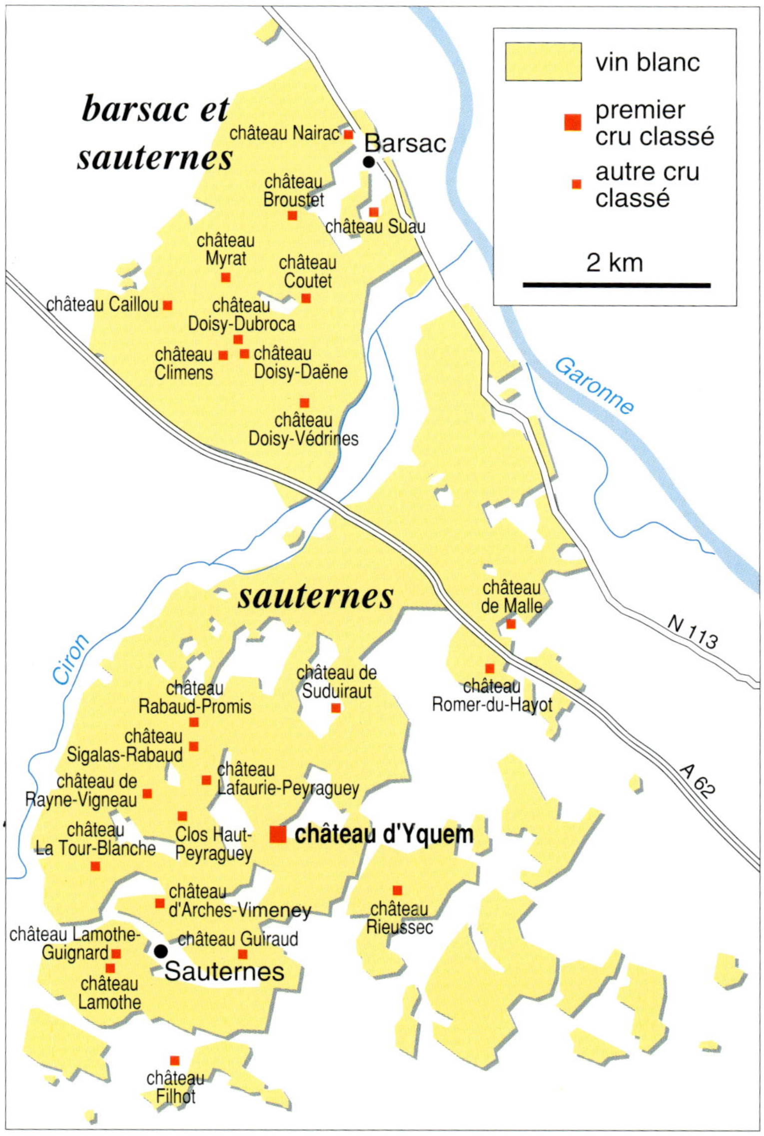

L'Entre-deux-Mers

de La Réole à Sainte-Foy-la-Grande

Depuis La Réole, d'un côté, et Sainte-Foy-la-Grande, de l'autre, jusqu'à l'endroit où elles se séparent, Garonne et Dordogne deviennent des mers : du fait de leur largeur impressionnante, mais aussi parce que le mascaret, cette grande vague venue de l'Atlantique, déborde la Gironde lors des grandes marées d'équinoxe et remonte les deux grands fleuves jusqu'à près de 100 km de l'Océan.

Entre-deux-Mers, le vignoble. *Le quart de la superficie du vignoble bordelais s'étend dans le secteur compris entre Garonne et Dordogne.* Photo Michel Guillard/Scope.

Il y a des millénaires, la mer a submergé les coteaux, ainsi qu'en témoigne une falaise d'huîtres fossiles, à Sainte-Croix-du-Mont. La région de l'Entre-deux-Mers, vaste triangle de 30 km de base et de 60 km de hauteur, a le charme étrange et mystérieux d'un pays fortement marqué par deux mille ans d'histoire. Elle n'est pas, loin s'en faut, entièrement vouée à la vigne, mais reste cependant l'une des plus grandes régions viticoles du monde en matière de vins d'appellation. Vins de plateaux, vins de coteaux, rouges, blancs secs, moelleux

Itinéraire de La Réole

Pays de vignobles variés, l'Entre-deux-Mers est restée la plus campagnarde de toutes les régions bordelaises, celle qui propose avant tout d'admirables sites touristiques. Attachante et secrète, cette terre déroutante offre une parfaite harmonie entre vergers,

Château Le Retou. *C'est l'un des nombreux châteaux qui traduisent le caractère d'habitat dispersé de l'Entre-deux-Mers.* Photo Michel Guillard/Scope.

ou liquoreux, rosés parfois, toute la palette des vins du Bordelais se retrouve sur cette terre de contrastes. Dans la partie septentrionale, sur un escarpement haut d'une centaine de mètres en aplomb de la Garonne, un vignoble de côtes s'étire le long d'une étroite bande de sols argilo-graveleux. Mais la majorité de l'Entre-deux-Mers repose sur le plateau au relief fortement compartimenté, coupé de failles et de croupes. Au revêtement argileux du substrat calcaire s'ajoutent souvent, selon une disposition complexe favorable aux sous-appellations régionales, les limons d'origine éolienne des boulbènes ou les graves argilo-sableuses.

Les appellations

Les côtes de bordeaux saint-macaire occupent 2 300 ha, dont 1 150 en vins blancs qui se nomment tous bordeaux à l'exception des 31 ha de vins moelleux, seuls bénéficiaires de l'appellation côtes-de-bordeaux saint-macaire.

Sainte-Croix-du-Mont ne produit sous son nom que des vins liquoreux qui, comme Loupiac, sa voisine, doivent être obligatoirement issus de vignes plantées sur la commune. Bien que ces villages soient tous deux des enclaves dans la région des premières côtes, leurs autres vins n'ont droit qu'à l'appellation bordeaux.

Cadillac, en revanche, dont les vins liquoreux peuvent être récoltés sur 22 communes et dont les vins d'AOC présentent la particularité de ne pouvoir être vendus que lors de leur mise en bouteilles, peut également revendiquer l'appellation premières côtes de bordeaux. Aux approches de la grande cité, après avoir quitté le domaine des côtes, nous retrouvons les appellations bordeaux, bordeaux supérieur, entre-deux-mers haut-benauge autour de Targon et, petite enclave sur la rive gauche de la Dordogne, les graves de vayres, 1570 ha, plantés uniquement sur les communes de Vayres et d'Arveyres.

Entre-deux-mers est une appellation spécifique de la région qui ne peut actuellement être revendiquée que pour des vins blancs secs.

Sainte-foy bordeaux, dont le centre est Sainte-Foy-la-Grande, est constituée de 170 ha plantés sur 19 communes de la Gironde, et répartis équitablement entre vignes rouges et vignes blanches. Il faut noter que c'est à Beychac-et-Caillau qu'a été fondée la maison de la Qualité, base des appellations bordeaux et bordeaux supérieur.

à Sainte-Foy-la-Grande

bois argentés de frênes, forêts de chênes et de châtaigniers, bosquets de tilleuls ou de noisetiers, prés et vignes. Dans les vallées qui s'arrondissent, peupliers et aulnes soulignent les tracés des ruisseaux. De petites maisons de pierres blanches se serrent en hameaux ou se dispersent dans la campagne, fortement enracinées à proximité de prestigieux domaines ou de séduisants manoirs, de centres d'exploitation agricole plus austères, ou de résidences d'été des familles bordelaises. Pays d'abbayes, de bastides, de donjons anglais, de moulins fortifiés, d'églises romanes ou parfois gothiques, l'Entre-deux-Mers est aussi la Gironde de l'imaginaire, où s'entremêlent légendes, mythes et histoires fantastiques. L'eau est partout présente. Non seulement elle entoure et protège la région, mais, à l'intérieur, une multitude de petits ruisseaux qui ont pour noms Lane, Gageante, Ségur, Doulens, Durrèze, Soulège, le Chaÿ, le Vignague, l'Engranne, le Gourmeron, les Poteries creusent de petits vallons, alimentent puits et moulins, marquent des frontières.

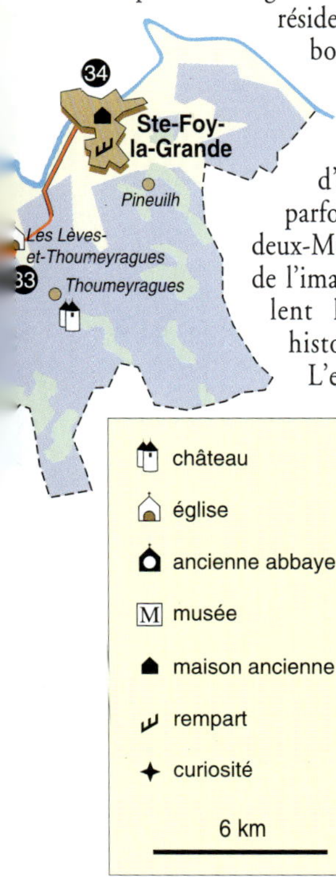

Paysage de l'Entre-deux-Mers. *À l'écart des châteaux prestigieux du Médoc, l'Entre-deux-Mers a conservé l'authenticité de son caractère rural.*
Photo Michel Guillard/Scope.

Entre-deux-mers

Superficie : 1 335 ha.
Encépagement : sémillon, sauvignon, muscadelle (70 % au maximum), merlot blanc (30 % au maximum) et colombard, mauzac, ugni blanc (10 % au maximum).
Récolte annuelle : 84 300 hl.
Rendement de base : 60 hl/ha.
Titre alcoométrique minimal : 10 % vol.
Potentiel de garde : trois ans.

1 La Réole

L'histoire de La Réole s'est construite autour d'un monastère fondé en 777 par Charlemagne. Se groupant à proximité, les habitants favorisèrent l'établissement d'une seigneurie qui se fortifia en élevant des remparts de plus en plus étendus. Légué à l'abbaye de Fleury-sur-Loire, le monastère s'appelait alors Squirs. Détruit en 848, il fut reconstruit et, régi par la règle (*regula*) de saint Benoît, prit le nom de La Réole.

Propriété personnelle des rois d'Angleterre, qui y entretenaient une importante capitainerie, le château des Quat'Sos contrôlait la région. Son nom gascon désigne les quatre tours semblables, assimilées à quatre « sœurs », qui protégeaient la forteresse. Trois subsistent aujourd'hui dans cette citadelle qui fut l'une des plus fortes de la Guyenne. Construit au début du XIIIe siècle, l'ancien hôtel de ville est le plus vieux de France, sa fondation étant attribuée à Richard Cœur de Lion. En se prome-

La Réole, le château et les remparts. *Impressionnante masse quadrilatère de 48 m de côté, le château, érigé par Henri III Plantagenêt entre 1230 et 1245, résista à une douzaine de sièges et rappelle que La Réole fut, dès le XIIe siècle, la deuxième ville de la Guyenne.* Photo Jean-Luc Barde/Scope.

nant dans les petites rues où transita le sel, on peut découvrir plusieurs belles maisons à colombage et encorbellements.

À voir : **le château des Quat'Sos ; l'ancien hôtel de ville ; le monastère du XVIIIe siècle occupé par la mairie ; l'église gothique Saint-Pierre ; le logis du parlement dit maison du Prince noir ; plusieurs maisons anciennes.**

La Réole, l'abbaye *(XVIIe siècle). L'escalier d'honneur (XVIIIe siècle) présente une envolée de marches à double révolution et des rampes en fer forgé du maître ferronnier réolais Blaise Charlut.* Photo Jean-Luc Barde/Scope.

2 Sauveterre-de-Guyenne

L'arrivée dans cette ancienne bastide fondée en 1281 par Édouard Ier, roi d'Angleterre, se fait par l'une des quatre portes fortifiées. La place centrale avec ses arcades est le point de départ de la route des abbayes.

Aux environs : **quelques fort intéressantes églises du XIe ou du XIIe siècle, dont l'église romane de Saint-Romain-de-Vignague, très légèrement inclinée vers le sud ; le splendide portail roman de l'église de Castelviel.**

Cap vers le sud par la D 672.

Côtes de Bordeaux Saint-Macaire

Superficie : 50 ha.
Encépagement : sémillon, sauvignon, muscadelle.
Récolte annuelle : 1 800 hl.
Rendement de base : 42 hl/ha.
Titre alcoométrique minimal : 11,5 % vol.
Potentiel de garde : de huit à dix ans.

3 Saint-André-du-Bois

À l'intérieur de ce bourg, bâti sur l'un des coteaux les plus élevés de la Gironde, il convient de s'arrêter sur la place de l'église (XVIe siècle, refaite vers 1860) pour admirer la vue. Par temps clair, au printemps et à l'automne, on aperçoit la chaîne des Pyrénées.

C'est dans cette commune, au lieu-dit La Laurence, que l'on quitte la D 672 pour gagner Malromé. Dans un environnement très préservé se dresse le château de Malromé, manoir fortifié du XIIe-XVe siècle aux murs recouverts de vigne vierge. Au milieu des champs et des bois, il est entouré d'un parc agréable et de quelques parcelles de vignes. Ce château a appartenu au début du XIXe siècle à M. de Forcade La Roquette, ministre de Napoléon III et demi-frère du maréchal de Saint-Arnaud. C'est là que vécut Henri Marie Raymond de Toulouse-Lautrec qui y finit ses jours en 1901, âgé de trente-sept ans. Le mobilier est d'époque Napoléon III.

4 Saint-Maixant

Le souvenir de François Mauriac habite toujours le château de Malagar. Il écrivait à sa mère, dans les derniers mois de 1913 : « C'était le grand amour de nos grands-parents. Je suis le seul de mes frères à l'aimer. J'y ai vécu des heures d'une joie qui m'est personnelle, je le sais. » C'est lui qui fit supprimer le e de Malagare. Le nom de ce lieu-dit signifiait, selon lui, garennes maudites. Les domaines Cordier s'attachent aujourd'hui à réhabiliter le vignoble. L'église du village date du XIXe siècle, mais elle repose sur des fondations antiques, et l'abside et le chœur sont romans.

François Mauriac : *« L'art des villes et l'art des champs, surtout depuis Baudelaire, c'est une ligne de partage. Je sais bien de quel côté je me trouve, non par choix, mais parce que j'y suis né. » Mémoires intérieurs.* Cliché ACIS, DR.

CHÂTEAU MÉMOIRES : SCEA Vignobles Ménard, château Mémoires, 33490 Saint-Maixant. Tél. 05 56 62 06 43, sur R-V. Non content d'améliorer tous les ans la qualité de ses vins, Jean-François Ménard, vrai vigneron, vous accueillera avec gentillesse et simplicité. Vins produits : Château Mémoires, cadillac ; Château Mémoires « sélection de grains nobles », cadillac ; Château Mémoires, loupiac.

5 Verdelais

Une immense forêt recouvrait autrefois le pays et, sous ses frondaisons, il s'élevait une petite chapelle, appelée Notre-Dame-de-Luc, du latin *lucus*, bois sacré. On disait même Santa Maria de Viridiluco, d'où dérive le nom actuel de Verdelais. La basilique est le fruit de huit siècles de travail où s'entremêlent roman, gothique et baroque.

À voir : **la basilique ; la tombe de Toulouse-Lautrec.**

6 Sainte-Croix-du-Mont

Superficie : 429 ha ; encépagement : sémillon, sauvignon, muscadelle ; récolte annuelle : 16 150 hl ; rendement de base : 40 hl/ha ; titre alcoométrique minimal : 13 % vol. ; potentiel de garde : de douze à quinze ans et plus.

Inutile de redescendre dans la vallée pour admirer Sainte-Croix-du-Mont. Le village est perché en haut du coteau, sur une falaise formée d'immenses bancs d'huîtres fossiles accumulées à l'ère tertiaire. Une chapelle a été creusée dans ces formations et une grotte est devenue centre d'accueil et de dégustation des vins liquoreux de la commune. L'église romane du XIIIe siècle, restaurée au XVe siècle puis reconstruite en 1874, domine le village. Restauré au XIXe siècle, le château de Tastes date du XIVe-XVe siècle. Il conserve ses fières murailles à créneaux et ses deux tours rondes. Au château Loubens, qui appartint au XVIe siècle à Pierre de Spens de Lancre, a succédé une aimable bâtisse surmontant sept caves jointives de quelque 70 m de profondeur. Il subsiste encore un vieux colombier du XIIe siècle.

À voir : **l'église ; le château de Tastes ; le château Loubens.**

CHÂTEAU DU MONT : Vignobles Hervé Chouvac, lieu-dit Chaigne, 33410 Sainte-Croix-du-Mont. Tél. 05 56 62 07 65, sur R-V. Située au lieu-dit Chaigne, cette propriété est conduite depuis quatre générations par des vignerons extrêmement soucieux de qualité. Vins produits : Château du Mont, graves rouge ; Château du Mont, bordeaux ; Château de l'If, bordeaux (second vin) ; Château du Mont réserve ou prestige, sainte-croix-du-mont ; Château de l'If, sainte-croix-du-mont (second vin).

CHÂTEAU LA RAME : Yves Armand, château La Rame, 33410 Sainte-Croix-du-Mont. Tél. 05 56 62 01 50, tlj, 8 h 30-12 h et 13 h 30-19 h, samedi, dimanche et fêtes, sur R-V. On y goûte l'un des meilleurs sainte-croix-du-mont, élaboré avec rigueur et délicatesse par Yves Armand. Depuis la salle de dégustation, la vue nous renvoie directement sur le vignoble de sauternes avec, en droite ligne, le château d'Yquem. Vins produits : Domaine du Barrail, premières côtes-de-bordeaux ; Château La Rame, réserve du château, sainte-croix-du-mont ; Château La Rame, sainte-croix-du-mont.

7 Gabarnac

Les sculptures de l'église romane offrent de l'intérêt.

DOMAINE DE LA CROIX : Jean-Yves Arnaud, La Croix, 33410 Gabarnac. Tél. 05 56 20 23 52, sur R-V. Cette petite propriété a été acquise en 1981, et patiemment agrandie et restaurée par Jean-Yves Arnaud. Cet excellent vigneron, qui connaît son métier sur le bout des doigts, s'occupe des 450 ha de vignoble d'André Lurton. Vins produits : Domaine de la Croix, bordeaux rouge et blanc ; Château Frappe-Peyrot, bordeaux ; Château Mazarin, loupiac.

On reprend la D 229 jusqu'à La Martingue pour revenir ensuite sur Loupiac par la D 230.

8 Loupiac

Superficie : 401 ha ; encépagement : sémillon, sauvignon, muscadelle ; récolte annuelle : 14 500 hl ; rendement de base : 40 hl/ha ; titre alcoométrique minimal : 13 % vol. ; potentiel de garde : de douze à quinze ans et plus.

À proximité du lieu-dit Miqueu se trouve le château médiéval de Ricaud restauré par Viollet-le-Duc ; on prend à gauche pour retourner vers le bourg de Loupiac. On ne manquera pas de visiter les vestiges gallo-romains mis en valeur par Jean-Pierre Bernède. La petite église, du début du XIIe siècle, se trouve sur des ruines antiques que l'on suppose être celles d'un temple païen.

À voir : **les vestiges gallo-romains ; l'église.**

CHÂTEAU LOUPIAC-GAUDIET : Daniel Sanfourche, château Loupiac-Gaudiet, 33410 Loupiac. Tél. 05 56 62 99 88, sur R-V. Cet ancien château de maître et son parc aux arbres centenaires donnent sur la route qui longe la Garonne. Vin produit : Château de Loupiac, loupiac.

CHÂTEAU DE RICAUD : Alain Thiénot, château de Ricaud, 33410 Loupiac. Tél. 05 56 62 66 16, sur R-V. Une allée mélancolique mène vers ce château entouré d'un magnifique parc. Édifié en 1855, l'ensemble de style néogothique n'est pas sans évoquer la Belle au bois dormant. Avec 120 ha, dont 70 ha de vignoble parmi lesquels 20 en appellation loupiac, cette propriété est la plus grande de la région.

Cadillac

Superficie : 204 ha dont appellation premières côtes-de-bordeaux.
Encépagement : sémillon, sauvignon, muscadelle.
Récolte annuelle : 6 600 hl.
Rendement de base : 40 hl/ha.
Titre alcoométrique minimal : 13 % vol. ;
Potentiel de garde : de douze à quinze ans et plus.

9 Cadillac

Cadillac est une petite ville fortifiée dont l'enceinte murale date de 1315. Les murs, bien conservés côté sud et ouest, sont flanqués de deux tours. Deux portes carrées commandent l'accès au centre de la ville : la porte de la Mer et la porte des Capucins ou de l'Horloge. L'imposant château des ducs d'Épernon commande la rigueur de l'habitat environnant. Au début du XVIIe siècle, Jean-Louis de Nogaret de la Valette, duc d'Épernon, remplaça le vieux château médiéval par une demeure digne de son nom. Le château connut de nombreuses vicissitudes mais demeure un monument remarquable, intéressant à visiter, en particulier pour ses plafonds à la française ou ses cheminées monumentales. Face au château, l'église, vestige d'une ancienne collégiale

Cadillac. *Les traditions demeurent vivaces dans cette « Gironde des hameaux » que constituent les coteaux de Garonne.* Photo Jean-Luc Barde/Scope.

bâtie en 1494, possède le plus beau retable de la Gironde. Avec sa halle et ses vieilles maisons à arcades, la place centrale est particulièrement agréable, surtout le samedi matin, jour de marché.

À voir : **le château ; l'église ; la porte de la Mer.**

CHÂTEAU FAYAU : SCEA Jean Médeville et Fils, château Fayau, 33410 Cadillac. Tél. 05 57 98 08 08, tlj sauf dimanche 8 h 30-12 h 30 et 14 h-18 h, sur R-V. L'origine viticole du château Fayau remonte à 1711, mais ce n'est qu'en 1826 que les propriétaires actuels, tonneliers à Cadillac, achètent le vignoble. Depuis lors, sept générations de Médeville, l'une des familles les plus anciennes de la région, exploitent ce château ainsi que plusieurs autres à proximité. La qualité des très anciens millésimes conservés dans la cave témoigne d'une longue pratique de l'élaboration de grands vins liquoreux à Cadillac. Vins produits : Château Fayau, cadillac ; Château Fayau, bordeaux supérieur ; Château Fayau, premières côtes-de-bordeaux ; Château Fayau, bordeaux blanc sec.

CHÂTEAU DU JUGE : Pierre Dupleich, route de Branne, 33410 Cadillac. Tél. 05 56 62 17 77, sur R-V. Curieuse bâtisse en bordure de la D 11, le château du Juge conduit 30 ha de vignes d'un seul tenant. Son nom vient du latin *jugeare*, mot utilisé pour désigner une mesure de labour ou pour définir l'impôt sur les récoltes. Pierre Dupleich, aidé de son beau-frère Denis Dubourdieu et de l'œnologue Marc Quertinier, élabore des vins remarquables. Vins produits : Château du Juge, premières côtes-de-bordeaux ; Château du Juge, cadillac ; Château du Juge, bordeaux blanc sec.

10 Targon

Créé par fusion des anciennes paroisses de Targon, Toutigeac et Montarouch, Targon est situé au cœur de l'Entre-deux-Mers. Son tracé en forme de bouclier (*targo* en francique) a donné son nom à la cité, qui devint une seigneurie distincte du comté de Benauge à la fin du XVIIIe siècle.

L'église romane Saint-Romain (fin du XIIe-XIIIe siècle) possède un curieux clocher fortifié du XVIe siècle, appuyé de contreforts obliques et d'une tourelle sur sa face nord. Non loin de Targon se trouve le champ de bataille où Montluc défit l'armée huguenote le 15 juillet 1561.

À voir : **l'église romane templière.** Aux environs : **à Toutigeac, les restes de l'ancienne église Saint-Genès ; le château Pey-de-Faure (fin du XVe siècle) ; la seigneurie de Bruffaneau ; à Montarouch, une église templière ruinée dont la porte, décorée de festons perlés, et les fenêtres en plein cintre datent de sa fondation (XIIe siècle).**

Continuer en direction d'Escoussans, où l'on peut admirer quelques maisons anciennes datant du XVIe et du XVIIe siècle. À la sortie du village, la vue s'étend dans le lointain jusqu'au monastère des Carmes de Broussey, qui fut fondé en 1845 par des religieux espagnols. À une dizaine de kilomètres, Laroque possède une église romane (XIIe siècle) et l'ancienne maison noble de Pellert, restaurée.

11 Béguey

En sortant du château on a un point de vue étendu sur Cadillac.

CHÂTEAU REYNON : Denis et Florence Dubourdieu, château Reynon, 33410 Béguey. Tél. 05 56 62 96 51, sur R-V. Le château Reynon est la propriété du « pape du vin blanc », Denis Dubourdieu, et de son épouse, Florence. Grâce à ses travaux en matière de vinification des blancs secs – macérations, qualité et maîtrise des matériaux de cuverie, fermentations à très basses températures et sélections draconiennes –, Denis Dubourdieu est à l'origine d'une renaissance des vins blancs secs harmonieux et aromatiques dans l'Entre-deux-Mers. Vins produits : Château Reynon, premières côtes-de-bordeaux ; Château Reynon vieilles vignes, bordeaux blanc.

12 Rions

Surnommée la Carcassonne girondine, Rions est une ravissante cité médiévale fortifiée. Lovée le long de la Garonne, elle recèle un véritable trésor architectural. Lors de la conquête de la Gaule par Jules César, les Romains lui donnèrent le nom de Riuncium. Sentinelle perchée sur un large rocher, elle barra pendant des siècles la route aux invasions : les sarrasins en 731, puis les Normands en 857. L'occupation anglaise laissa des traces importantes dans la région. L'enceinte du XIVe siècle est relativement bien conservée. La porte du Lhyan ou des Prisonniers, restaurée au XIXe siècle, et la porte du Nord, qui date du XVIIe siècle, marquent les entrées de cette ville dont les fortifications comportent aussi la tour du Guet et la citadelle à trois étages (XIIIe siècle).

Targon, un chapiteau du portail de l'église *(détail). Témoin des origines composites du décor roman, l'inspiration de ce chapiteau figuré, situé à la base d'une voussure de l'archivolte, semble procéder de lointaines influences sumériennes.*
Photo Sara Matthews/Scope.

13 Capian

Village plein de charme, Capian est construit au milieu des bois, des vallons et des coteaux plantés de vignes. De 1891 à 1909, Anatole France y fit chaque année un séjour de un à deux mois, au château de Caillavet. Cette grande propriété de 80 ha d'un seul tenant, bâtie sur les coteaux parallèles à la Garonne, possède à l'intérieur de la cour le buste de l'écrivain, dessiné par Bourdelle et inauguré par Pierre Henri Simon de l'Académie française en 1968. Restaurée, l'église romane Saint-Saturnin conserve un fût romain dans une arcature intérieure de l'abside, et un retable du XVIIIe siècle. Le château de Peyrat a été reconstruit en 1651.

À voir : **l'église ; les châteaux de Caillavet et de Peyrat.**

CHÂTEAU SUAU : Monique Bonnet, château Suau, 33550 Capian. Tél. 05 56 72 19 06, sur R-V. Cette demeure recouverte de vigne vierge est entourée d'un très beau parc. Les vins sont élaborés avec autant de soin que celui apporté au domaine. Vins produits : Château Suau, premières côtes-de-bordeaux rouge ; Château Suau, bordeaux blanc sec.

Depuis Capian, on redescend une petite route plantée de bois et d'arbres fruitiers, et l'on commence à entrevoir sur les bas-côtés la fameuse falaise calcaire.

Avant de tourner vers le village, on s'arrêtera au hameau de Courcouyac qui se trouve juste sur la droite. Il ressemble à un village provençal, bâti à flanc de coteau, où les maisons s'imbriquent les unes dans les autres. Il faudra revenir un peu en arrière vers le pied du château pour visiter le bourg.

De là, on remontera vers le château fort. De forme triangulaire, construit au XIIIe et au XIVe siècle, restauré au XVIIIe siècle, il fut incendié pendant la Fronde. Seul subsiste un donjon découronné de 16 m de diamètre, qui laisse apercevoir les vestiges de trois salles superposées et quelques pans de murs d'une porterie. Agrémentée d'une flèche gothique (XIIe siècle), l'église Saint-Pierre est également située sur la hauteur. À l'intérieur se trouve une Vierge à l'Enfant en bois doré du XIXe siècle.

14 Langoiran

À l'entrée de Langoiran, on bénéficie de l'une des plus jolies vues sur les courbes de la Garonne.

À voir : **le moulin Labatut (XVe siècle) ; les maisons troglodytes incrustées dans la falaise ; le château Gourran dont dépendit l'ancienne seigneurie de Capian et dont le portail en fer forgé date de 1773.**

Entre-deux-Mers, le vignoble. *Le « Périgord girondin » s'étend sur un vaste plateau calcaire profondément vallonné. C'est le domaine d'élection du vin blanc sec, le seul à bénéficier de l'appellation entre-deux-mers en fonction de critères précis. Les vins rouges produits sont vendus comme bordeaux ou bordeaux supérieur.*
Photo Michel Guillard/Scope.

15 Baurech

La *villa* gallo-romaine Verego, résidence de Léonce II et grand domaine viticole, est à l'origine du village de Baurech. L'église, remaniée à des époques différentes, possède une très belle charpente de type gothique qui supporte une toiture pointue. Près de l'église, dans la maison noble de Montaut, on peut admirer une cheminée en pierre avec moulures Renaissance.

Au sommet d'une croupe, le château de La Caussade aurait appartenu, au XVIe siècle, à la famille de Gascq. Le bâtiment se compose d'un corps à trois niveaux, flanqué d'un pavillon carré et d'une tour ronde. Au nord de ce corps, une haute tour accolée prend des airs de donjon mais n'abrite qu'un simple escalier.

À voir : **le château de La Caussade ; la chapelle (1706) du château de Lyde (vers 1630) ; le château de Bellevue avec les ruines de l'ancien colombier, le portail en pierre, les cheminées avec moulures.**

Château Dudon : SARL Dudon, château Dudon, 33880 Baurech. Tél. 05 57 97 77 35, sur R-V. Une jolie chartreuse du XVIIIe siècle agrémente cette propriété aujourd'hui dirigée par Jean Merlaut. Vins produits : Château Dudon, premières côtes-de-bordeaux ; Château Dudon, bordeaux rouge ; Château Dudon, bordeaux blanc sec.

Premières côtes-de-bordeaux

Superficie : 3 338 ha dont l'appellation cadillac.
Encépagement :
vin rouge : cabernet-sauvignon, cabernet franc, carmenère, merlot noir, malbec, petit verdot ;
vin blanc : sémillon, sauvignon, muscadelle.
Récolte annuelle :
vin rouge : 198 800 hl ;
vin blanc : 17 900 hl.
Rendement de base : 50 hl/ha.
Titre alcoométrique minimal :
vin rouge : 10,5 % vol;
vin blanc : 11,5 % vol.
Potentiel de garde :
vin rouge : de huit à dix ans ;
vin blanc : de dix à douze ans.

16 Cambes

Situé au bas de la Garonne, ce village possède une église romane dont le portail est orné de figures sculptées. À l'intérieur, les bas-reliefs du XVe siècle sont en albâtre.

Château Jonchet : Philippe Rullaud, La Roberie, 33880 Cambes. Tél. 05 56 21 34 16, sur R-V. La demeure est une chartreuse du XVIIe siècle. Elle doit son nom à un lointain propriétaire, Daniel Jonchet, mort en 1739 et inhumé dans l'église de Cambes. Vins produits : Château Jonchet, premières côtes-de-bordeaux ; Château Jonchet, bordeaux clairet.

17 Quinsac

Quinsac est la patrie de Rosa Bonheur, peintre bordelais, et d'André Berry, auteur des *Esprits de Garonne*, dont le buste orne la place du village. La commune abrite plusieurs maisons nobles, comme celle de Galleteau, dont le puits date de 1556, ou la maison Conteneuil, construite en 1645. Le château de Péconnet a longtemps été appelé Du Bernet ; il aurait appartenu à un président du parlement de Bordeaux qui portait ce nom puis, au XVIIIe siècle, à M. Péconnet. Le logis date vraisemblablement de 1642.

À voir : **sur les bords de la Garonne, la chapelle désaffectée de Sainte-Foy-de-Montclairon (1733) et la chapelle de la Capellanie ; le vieux moulin de la Mer, sur la Janque ; le château de Montaigne, au bord du fleuve, reconstitué au XVIIIe siècle par les descendants de l'écrivain.**

18 Camblanes

L'église gothique du XVe siècle connut des modifications ultérieures.

Château Brethous : Denise et Cécile Verdier, château Brethous, 33360 Camblanes. Tél. 05 56 20 77 76, tlj, 8 h 30-12 h et 14 h-18 h, samedi, dimanche et fêtes, sur R-V. La jolie chartreuse qui conduit ce domaine de 13 ha a été édifiée à la fin du XVIIIe siècle (1760). La propriété appartient aux Verdier depuis 1964. Dans une ambiance chaleureuse, on a tout le loisir d'admirer le beau chai voûté. Vins produits : Château Brethous, premières côtes-de-bordeaux ; Château Brethous, bordeaux clairet.

19 Cénac

Le village compte une église romane et une maison noble du XVIIe siècle.

Château de la Meulière : SCV Fourès, lieu-dit Chabrot, 33360 Cénac. Tél. 05 56 20 64 38. Créé en 1971, il regroupe 23 ha. Au siècle dernier, il était le seul à vendre le vin en bouteilles. Il est la propriété d'un perfectionniste : Jacques Fourès. Vin produit : Château de la Meulière, premières côtes-de-bordeaux.

Piquets de bois dans le vignoble. *La vigne est une liane dont les plants (dénommés pied, cep ou souche) doivent s'accrocher à un support pour s'élever. Il est donc nécessaire de les palisser à l'aide de ces piquets de bois.* Photo Michel Guillard/Scope.

20 Sallebœuf

Après Bouliac, on approche des communes qui constituent en fait la banlieue bordelaise. On prend alors la voie rapide et on tourne très vite sur la D 936 vers Tresses. On suit la route puis on tourne après Fargues-Saint-Hilaire sur la gauche, en direction de Sallebœuf.

CHÂTEAU GRAND-MONTEIL : Jean Téchenet, château Grand-Monteil, 33370 Sallebœuf. Tél. 05 56 21 29 70, sur R-V. De belles allées mènent à cette jolie demeure début de siècle recouverte de vigne vierge. Les 75 ha de vignoble produisent plusieurs vins qui vieillissent paisiblement dans les anciens chais construits au siècle dernier par Gustave Eiffel. Vins produits : Château Grand-Monteil, bordeaux supérieur ; Château Le Monteil, bordeaux ; Château Grand-Monteil, entre-deux-mers ; Château Grand-Monteil, bordeaux rosé.

21 Beychac-et-Caillau

Beychac-et-Caillau comporte deux paroisses dans une seule commune. Deux églises constituent les deux témoins de l'histoire de cette bourgade. L'église romane de Beychac, jadis fortifiée, a été restaurée en 1874. Elle aussi romane, l'église de Caillau a conservé de son origine un chevet droit surmonté d'un fronton à gâble très obtus, le reste de l'édifice datant du XVIIe siècle.
La maison de la Qualité de Beychac est le véritable point de départ pour la découverte de ces « mille et un » châteaux. Le château La France est un vignoble de 60 ha commandé par un château d'époque Restauration. Rasé sous la Révolution, l'ancien château fut rebâti, en son style, par des négociants bordelais. Le château Lesparre, vaste et très ancien domaine seigneurial, appartint jadis à la famille de La Tribaude, mais sa construction date du XIXe siècle.

À voir : **le château La France ; le château Lesparre ; la maison de la Qualité.**

CHÂTEAU LA LANDE-DE-TALEYRAN : GAEC La Lande-de-Taleyran, château Polin, 33750 Beychac-et-Caillau. Tél. 05 56 72 98 93, sur R-V. Autour de l'église Saint-Martial, non loin de la maison de la Qualité, deux amis, Jacques Bourliga et Philippe Archambaud, décident en 1984 d'acheter et de rénover bâtiments et vignobles autrefois occupés par une congrégation religieuse. Vin produit : Château La Lande-de-Taleyran, bordeaux supérieur.

Bois et vignobles. *Bien loin d'être un océan de vignes, l'Entre-deux-Mers recèle prés, forêts et nombre de cours d'eau ou de petits vallons.*
Photo Michel Guillard/Scope.

22 Sainte-Eulalie

Le château de Chelivette et son beau colombier sont le fleuron de ce village.

CHÂTEAU DE CHELIVETTE : Jean-Louis Boulière, château de Chelivette, 33560 Sainte-Eulalie. Tél. 05 56 06 11 79, sur R-V. La seigneurie de Chelivette daterait du XIIIe siècle. Les chais de vinification et de stockage ont été construits à l'emplacement du château de l'époque. Le château actuel date du XVIe siècle. Il possède une chapelle de la même époque et un très beau colombier. Propriété, de 1626 à 1764, du collège des Jésuites de Bordeaux, il appartient à la famille de Jean-Louis Boulière depuis trois générations. C'est un vrai viticulteur passionné par son métier ! Vins produits : Château de Chelivette, premières côtes-de-bordeaux ; Le Télégraphe, bordeaux blanc sec.

23 Saint-Loubès

Au cœur du village, une halle occupe le centre d'une place carrée à arcades réaménagée au XVIIIe siècle.

CHÂTEAU BOIS-MALOT : SCEA Meynard et Fils, 133, route des Valentons, 33450 Saint-Loubès. Tél. 05 56 38 94 18,

La maison de la Qualité

Dans une construction moderne et chaleureuse, la maison de la Qualité permet de s'informer sur les appellations bordeaux et bordeaux supérieur qui constituent les plus gros volumes de vins vendus dans la région : surprenantes appellations qui sont de loin les plus vastes et les plus variées du vignoble bordelais, et qui ne s'enracinent ni dans une zone géographique ni dans un terroir précis, puisque tous les vins de qualité produits dans l'aire délimitée du département de la Gironde ont droit à ces appellations, à condition qu'ils soient conformes aux règles assez strictes fixées pour leur attribution.
Cela représente 3,5 millions d'hectolitres dans les 8 appellations qui relèvent du Syndicat viticole de Bordeaux : bordeaux rouge (2,2 millions d'hectolitres), bordeaux supérieur (450 000 hl), bordeaux blanc (780 000 hl), crémant et crémant rosé (540 hl), et bordeaux supérieur blanc (6 000 hl), auquel il faut ajouter un blanc moelleux et un vin rosé qui peut s'appeler ici clairet. Les appellations s'étendent sur 52 000 ha, soit l'exacte moitié du vignoble bordelais, le reste étant soumis à des AOC communales ou régionales. Près de 450 millions de bouteilles sont produites en moyenne chaque année.
S.G.

tlj sauf dimanche, 8 h-12 h et 14 h-18 h 30. Fernand Meynard perpétue la tradition des vendanges manuelles et du vieillissement des meilleurs lots en barriques neuves. Vins produits : Château Bois-Malot, bordeaux supérieur ; Château des Valentons-Canteloup, bordeaux supérieur ; Château Bois-Malot, bordeaux blanc sec ; Château Bois-Malot, entre-deux-mers.

SCI Château de Reignac : 33450 Saint-Loubès. Tél. 05 56 20 41 05, sur R-V. Très belle demeure du XVIIIe siècle, une serre construite par Eiffel compte parmi les buts de visite de ce domaine. On y élabore de très beaux bordeaux supérieurs.

Graves de Vayres

Superficie : 525 ha.
Encépagement :
vin rouge : cabernet, carmenère, merlot, malbec, petit verdot ;
vin blanc : sémillon, sauvignon, muscadelle, merlot blanc (30 % au maximum).
Récolte annuelle :
vin rouge : 32 000 hl ;
vin blanc : 7 800 hl.
Rendement de base :
vin rouge : 40 hl/ha ;
vin blanc : 43 hl/ha.
Titre alcoométrique minimal : 10,5 % vol.
Potentiel de garde :
vin rouge : de cinq à huit ans ;
vin blanc : de trois à quatre ans.

24 Vayres

Vayres est le centre de l'appellation, reconnue en 1931, des graves de vayres. Elle produit aujourd'hui, et seulement sur les communes de Vayres et d'Arveyres – ce qui représente 700 ha de vignoble –, autant de vins rouges que de vins blancs. Nous sommes dans le circuit de vins de graves de vayres et les châteaux sont très bien indiqués. Cette petite région possède, dominant la Dordogne, l'un des monuments les plus impressionnants et les plus élégants que l'on puisse rencontrer dans la région : le château de Vayres, d'origine féodale, mais dont la plupart des bâtiments datent des XVIe et XVIIe siècles. Vers 1939, les jardins furent reconstitués à la française par l'architecte Duprat. Philippe Barde a racheté ce château et a mené une entreprise de restauration scrupuleuse, tout en faisant de ce monument l'un des lieux les plus accueillants de la région.

À voir : **le château.**

Château Pichon-Bellevue : MM. Reclus Père et Fils, château Pichon-Bellevue, 33870 Vayres. Tél. 05 57 74 84 08, sur R-V. Depuis sa création, en 1880, cette propriété familiale s'est fortement agrandie et remembrée. Le vignoble s'étend aujourd'hui sur 27 ha. Vins produits : Château Pichon-Bellevue, graves de vayres rouge et blanc ; Château Pichon-Bellevue, bordeaux rosé.

25 Génissac

Au sud du bourg de Génissac, le château du même nom dresse son donjon carré et sa tour ronde. Il fut bâti en 1354, dès les premières opérations de la guerre de Cent Ans. L'église de 1855 renferme, encastré dans l'autel principal, un magnifique ensemble de petits bas-reliefs et de statuettes d'albâtre de la fin du XVe siècle.

À voir : **le château de Génissac ; l'église ; le tumulus ; les croix du cimetière du XVIe siècle.**

Château Belle-Garde : Éric Duffau, château Belle-Garde, Monplaisir, 33420 Génissac. Tél. 05 57 24 49 12, tlj sauf dimanche, 8 h-12 h et 14 h-19 h, fermé du 15 au 30 août. La maison qui conduit le vignoble date du XVIIIe siècle. Les vins sont soigneusement élaborés par Éric Duffau. Vins produits : Château Belle-Garde, bordeaux rouge et blanc ; Château Belle-Garde Cuvée élevée en fûts, bordeaux ; Château Belle-Garde cuvée Éric-Duffau, bordeaux blanc.

Château Penin : SCEA Patrick Carteyron, château Penin, 33420 Génissac. Tél. 05 57 24 46 98, sur R-V. L'exploitation est familiale depuis son origine en 1854. Elle s'est agrandie durant les années 1960 sous l'impulsion d'Hubert Carteyron. Son fils Patrick, œnologue, a pris la succession en 1982. Vins produits : Château Penin, bordeaux supérieur ; Château Grand-Clauset, bordeaux ; Château Penin, sauvignon, bordeaux blanc ; Château Penin, bordeaux clairet.

26 Créon

Créon est une ancienne bastide d'origine anglaise, fondée en 1313 par Amaury de Craon. Au centre de la ville, la place de la Prévôté est carrée et bordée d'arcades qui cachent de vieilles maisons.

À voir : **la place carrée ; l'église gothique avec une belle nef du XVe siècle ; une porte de 1490.**

27 La sauve

Perchée sur une colline, l'abbaye fut fondée en 1079 par saint Gérard, moine de Corbie (1025-1095), dans une vaste forêt (*sylva major*) donnée par Guillaume VIII, comte de Poitiers et duc d'Aquitaine. Les guerres provoquèrent le déclin de l'abbaye, qui fut finalement abandonnée sous la Révolution, ses bâtiments servant de prison. Dans le musée se trouvent morceaux de fresques, médaillons sculptés et fragments de colonne récupérés dans les fouilles de l'abbaye. Du vaste édifice à ciel ouvert, on conserve quelques pans de murs et le beau clocher, ainsi qu'une étonnante série de chapiteaux sculptés, à feuillages ou historiés.

Château Turcaud : EARL Vignobles Robert, château Turcaud, 33670 La Sauve. Tél. 05 56 23 04 41, sur R-V. Le vignoble de cette exploitation familiale, située à proximité de l'abbaye de La Sauve-Majeure, compte 33 ha qui s'étendent sur des coteaux de terre silico-graveleuse et argileuse. Vins produits : Château Turcaud, bordeaux rouge, blanc et rosé ; Château Turcaud, entre-deux-mers.

28 Grézillac

L'église de Grézillac était jadis fortifiée. Son abside, sa nef et son bas-côté nord datent de la fin du XVe siècle ou du début du XVIe siècle. Le château de Mouchac est l'un des sites les plus intéressants de la commune. Les parties les plus anciennes du château actuel semblent remonter à la seconde moitié du XVe siècle.

L'abbaye de La Sauve-Majeure. *L'imposant clocher roman hexagonal à fenêtres ogivales et à baies géminées domine les vestiges de cette abbaye bénédictine dont l'influence s'exerça jusqu'en Espagne et en Angleterre.*
Photo Michel Guillard/Scope.

À voir : **le château de Mouchac ; la maison noble de Rénier ; les restes du prieuré de Boisset ; le château Lambert (XVIIe-XVIIIe siècle).**

Château Bonnet : SCEA Vignobles André Lurton, château Bonnet, 33420 Grézillac. Tél. 05 57 25 58 58, sur R-V. Démoli au XVIIIe siècle, l'ancien manoir a cédé la place à un château sobre et imposant qui possède les caractéristiques architecturales propres à la région. Devenu propriétaire en 1956, André

Lurton a reconstitué en cépages nobles le vignoble planté par M. Recapet, son grand-père. L'exploitation constitue aujourd'hui un vaste domaine vinicole qui produit aussi bien du vin blanc sec AOC entre-deux-mers que des vins rouges très recherchés.

29 Branne

L'arrivée à Branne se fait par une grande descente bordée d'arbres. Ce charmant village en bord de Dordogne a gardé son âme de port. C'est dans l'intérieur même de Branne que l'on reprend la D 19 à droite vers Naujan-et-Postiac.
À voir : **au cimetière, la croix à colonne torse** (XVIIe **siècle) ; la station préhistorique du Guspit ; les mottes féodales du Casteran et de Montremblant.**

La Dordogne à Branne. *Un pont métallique suspendu enjambe le fleuve, l'une des « deux mers ». Photo Michel Guillard/Scope.*

30 Rauzan

Le château de Rauzan (ou château des Duras) est une forteresse construite au XIIIe siècle, restaurée au XVe siècle puis au XIXe siècle. Ses ruines imposantes dominent le village. Gardée par un donjon circulaire de 30 m, l'enceinte suit le contour du rocher. Les carrières de Rauzan ont fourni la pierre pour la construction du grand théâtre de Bordeaux.
À voir : **le château ; les maisons fortes de La Salle, de Roquenègre** (XIIIe **siècle, agrandie au XVIe et au XIXe siècle) ; dans le village, des maisons des XVe et XVIe siècles.**
Union des producteurs de Rauzan : 33420 Rauzan. Tél. 05 57 84 13 22, sur R-V. L'Entre-deux-Mers est la région girondine où les caves coopératives jouent le plus grand rôle : il en existe 15, associant plus de 2 400 viticulteurs, avec une capacité de stockage de 750 000 hl environ. L'Union des producteurs de Rauzan est la deuxième de la Gironde et peut recevoir 174 000 hl. Une importante minorité de viticulteurs vinifient eux-mêmes leurs récoltes, mais n'en assurent ni le vieillissement ni la mise en bouteilles.

Grézillac, le château Bonnet. *Ce perron d'angle à balustrade de pierre fait partie du château, érigé au XVIIIe siècle. C'est aujourd'hui l'un des domaines les plus réputés de l'appellation entre-deux-mers.* Photo Michel Guillard/Scope.

31 Blasimon

Un peu avant le village, les ruines de l'abbaye bénédictine de Blasimon allient les styles roman et gothique. Ce joyau architectural de la première moitié du XIIe siècle possède une façade d'une grande pureté, percée d'un portail dont la somptueuse ornementation compte parmi les plus remarquables de la Gironde. Il faut remonter le coteau pour atteindre le bourg de Blasimon. Là, on trouve des sites insolites comme le dolmen du Tresnen ou le menhir de Fonbeude.
À voir : **l'abbaye ; les ruines des châteaux de Blasimon** (XIVe **ou** XVe **siècle) et d'Augars ; le château de Poussegoure** (XVIe **siècle) ; la maison Brischau** (XVIe **siècle) ; le moulin fortifié de Labarthe** (XIVe **siècle) avec une tour du XVIe siècle ; le moulin de la Borie** (XIIIe **siècle) dont la partie ouest a été refaite en 1776.**
À l'orée du massif forestier de 800 ha se trouve la chapelle Notre-Dame-Nouvelle, bâtie sur un temple druidique et reconstruite en 1880.

Sainte-Foy-Bordeaux

Superficie : 358 ha.
Encépagement :
vin rouge : cabernet, merlot, malbec, petit verdot ;
vin blanc : sémillon, sauvignon, muscadelle ; cépages accessoires : merlot blanc, colombard, mauzac, ugni blanc.
Récolte annuelle :
vin rouge : 17 470 hl ;
vin blanc : 1 470 hl.
Rendement de base :
vin rouge : 50 hl/ha ;
vin blanc : 55 hl/ha.
Titre alcoométrique minimal :
vin rouge : 10,5 % vol. ;
vin blanc : 11 % vol.
Potentiel de garde :
vin rouge : de six à huit ans ;
vin blanc : de trois à quatre ans.

32 Pellegrue

Pellegrue est une ancienne bastide seigneuriale fondée en 1283. Charles X et Sophie de Rostopchine, comtesse de Ségur, séjournèrent dans le château de Boirac (XVe siècle). Le château de Puch-de-Gensac fut, pendant cinq siècles, le siège des comtes de Puch. D'inspiration normande, le château de Lugagnac, bâti au XVe siècle, remanié au XVIIIe siècle, fut restauré dans les années 1970-1975 par ses actuels propriétaires, Mylène et Maurice Bon. Le château Rouquette est une belle gentilhommière fortifiée du XVe siècle, remaniée au XVIIIe siècle. Le centre du village montre une halle étonnante en fer dans l'esprit Eiffel.
À voir : **une belle et curieuse église romane ; les châteaux de Boirac, de Lugagnac, de Rouquette et de Puch-de-Gensac, avec ses tours à mâchicoulis du** XIVe-XVe **siècle et son chemin de ronde.**

33 Les Lèves-et-Thoumeyragues

L'église romane des Lèves-et-Thoumeyragues n'a cessé, tout au long de son histoire, d'être un enjeu entre catholiques et protestants. Endommagée par les huguenots en 1561-1562, reconstruite en 1762, cédée aux protestants en 1804, rendue aux catholiques en 1828, elle a été restaurée en 1865 et consacrée par Mgr de Langallerie, archevêque d'Auch en 1866.

À voir : **à Thoumeyragues, deux châteaux endommagés, le château de Beaulieu** (XIVe-XVe **siècle) et le château de La Beauge** (XVIIe **siècle).**

Château Hostens-Picant : château Hostens-Picant, 1, domaine de la Grangeneuve-Nord, 33220 Les Lèves-et-Thoumeyragues. Tél. 05 57 46 38 11, sur R-V. La propriété de 27 ha fut rachetée par Yves et Nadine Picant, qui ont pratiqué là, avec succès, une politique d'investissement. Vins produits : Château Hostens, sainte-foy bordeaux rouge ; Château Hostens, sainte-foy bordeaux blanc.

Environs de Rauzan, vignoble. *À proximité des ruines romantiques du château des Duras, les vignobles de Rauzan sont exploités par des producteurs associés en coopérative.*
Photo Sara Matthews/Scope.

34 Sainte-Foy-la-Grande

Sainte-Foy-la-Grande, devenue au XVIe siècle un noyau protestant, a donné son nom à une appellation d'origine contrôlée de vins rouges et de vins blancs, sainte-foy bordeaux, qui couvre 101 ha répartis sur 19 communes. Particularité originale, près d'un tiers des déclarants de récolte utilisent les méthodes d'agriculture biologique.

La ville est une ancienne bastide d'origine française, fondée en 1255 par Alphonse de Poitiers, frère de Saint Louis, sur un territoire appartenant à un prieuré qui dépendait de l'abbaye de Conques. On peut encore y voir les vestiges de l'enceinte murale du XVe siècle. Au centre aboutissent un grand nombre de rues, se coupant à angle droit, à une place à arceaux. On peut faire de belles promenades à l'emplacement des fossés qui entouraient autrefois la ville.

À voir : **les maisons à tourelles de 1583 et 1590 ; d'autres maisons du** XVIe **siècle ; une maison en bois** (XVe **siècle) ; les anciennes prisons du** XVIIIe **siècle.** S. G.

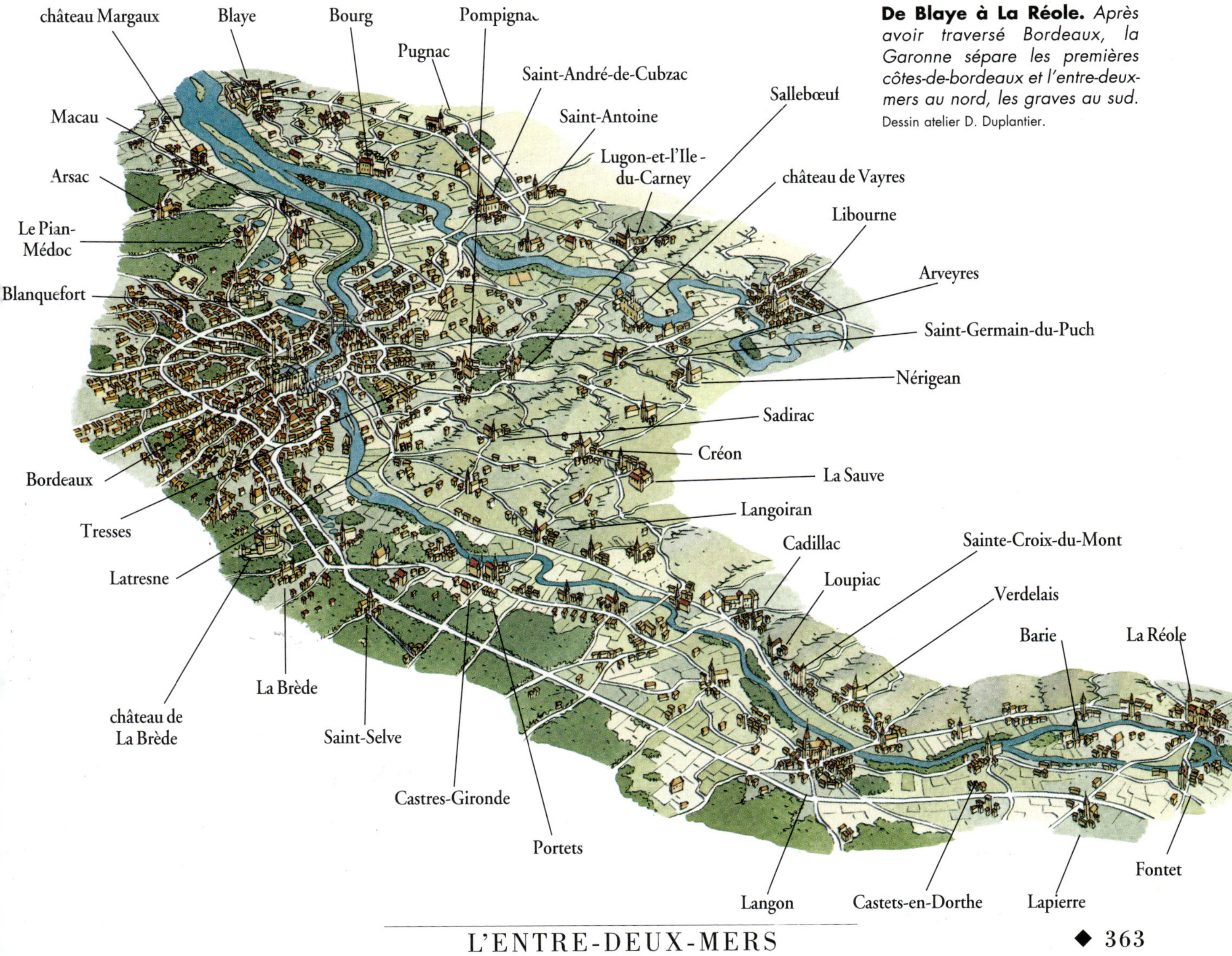

De Blaye à La Réole. *Après avoir traversé Bordeaux, la Garonne sépare les premières côtes-de-bordeaux et l'entre-deux-mers au nord, les graves au sud.*
Dessin atelier D. Duplantier.

Le Libournais

de Saint-André-de-Cubzac à Villefranche-de-Lonchat

Une ville, Libourne, a donné son nom à un territoire de légende. Depuis Bordeaux, il faut franchir les deux grands cours d'eau, Garonne et Dordogne, pour découvrir cette mosaïque de pays, au nord-est du département de la Gironde.

L'unité du Libournais réside dans la quasi-monoculture de vignes produisant des vins rouges de très grande qualité, dont beaucoup sont considérés, Petrus en tête, comme les meilleurs des crus de Bordeaux. Avec plus de 13 000 ha, cette région forme l'un des premiers vignobles plantés en rouge de tout le Bordelais.

Pomerol. *Le terroir de pomerol est attenant à celui de saint-émilion. Il est composé de dépôts oligocènes recouverts de formations graveleuses alluviales en provenance de la Dordogne ou de son affluent l'Isle, et parfois d'argile, comme la plus grande partie de Petrus, qui en tire une partie de ses spécificités. Les vignobles sont de petite taille, de 10 à 15 ha en moyenne.* Photo Michel Guillard/Scope.

Itinéraire de Saint-André-de-Cubzac

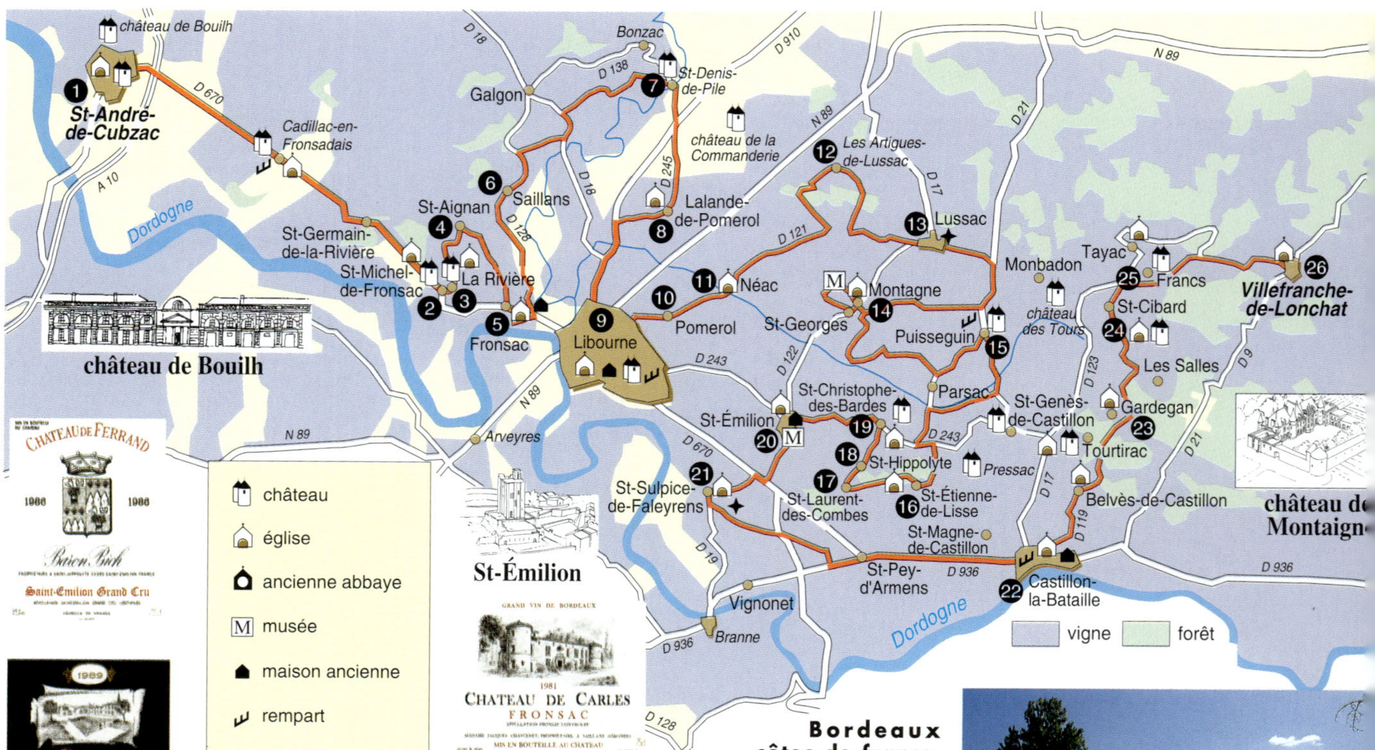

Bordeaux côtes-de-francs, le vignoble. *Les bordeaux côtes-de-francs possèdent l'un des seuls vignobles du Bordelais entièrement exposé à l'est. Après une longue période de déclin, consécutive au retrait de l'aire d'appellation saint-émilion en 1920, sa renaissance devrait tirer le meilleur parti de la présence de sols argilo-calcaires aux affleurements de marne et de craie.* Photo Michel Guillard/Scope.

L'histoire

Dès l'époque gallo-romaine au IVe siècle, le poète latin Ausone, proconsul d'Aquitaine, affirmait : « Mon vin de Lucaniac est aussi célèbre à Rome que la ville de Bordeaux elle-même. » Or, ce même Lucaniac est aujourd'hui le lieu-dit où se dresse le vénérable château Ausone.
En 769, Charlemagne installa son camp fortifié à Fronsac. Au Moyen Âge, Saint-Émilion, dont la juridiction fut officiellement délimitée en 1289, constituait l'une des grandes étapes sur la route de Saint-Jacques-de-Compostelle. Après que la bataille de Castillon eut mis fin, en 1453, à la guerre de Cent Ans et à la domination britannique sur le Bordelais, les XVIe et XVIIe siècles voient, malgré les affrontements religieux, le commerce du vin se développer. Le long de la Dordogne descendent les vins blancs du haut pays périgourdin et de Bergerac, dont la production est stimulée par la demande hollandaise. L'intense activité viticole du port de Libourne favorise alors, aux abords de la ville, une viticulture qui s'étend en priorité sur les coteaux, constituant progressivement ce paysage très morcelé de vignoble.
Lors du second Empire, la prospérité économique généralisa la plantation du merlot comme cépage principal, surtout accompagné par le cabernet franc, nommé dans le pays bouchet ; c'est ce qui permit de développer une viticulture de grande qualité.

Les différentes appellations

Les vignobles recouvrent de multiples petites régions qui affirment chacune leur personnalité.

Fronsac, canon-fronsac. L'appellation fronsac englobe les communes de Fronsac, Saint-Aignan, La Rivière, Saint-Germain-de-la-Rivière, Saillans et une partie de Galgon ; celle de canon-fronsac est réservée aux seules communes de Fronsac et Saint-Michel-de-Fronsac.

Lalande de pomerol. Cette appellation est réservée aux vins produits sur les communes de Lalande-de-Pomerol et de Néac, au nord de la commune de Pomerol, dont elles ne sont séparées que par un petit cours d'eau, la Barbanne.

Pomerol. On compte 180 châteaux qui se partagent les 800 ha de vignoble de pomerol.

à Villefranche-de-Lonchat

Saint-Émilion, *dans les entrailles de la montagne, l'église monolithe Saint-Pierre est creusée dans le roc. Vraisemblablement commencée au VIIIe siècle, elle fut achevée à l'époque romane (XIe siècle). L'autel principal se tenait primitivement au fond de la nef centrale, mais l'orientation a été inversée au XVe siècle.*
Photo Michel Guillard/Scope.

Sur la rive droite de la Dordogne, de Saint-André-de-Cubzac à Villefranche-de-Lonchat, les petites routes serpentent nonchalamment le long des coteaux. La sortie d'un virage offre soudain une vue panoramique sur les vallées de l'Isle et de la Dordogne, révèle une agréable propriété ou dévoile une campagne verdoyante. Toute la région conserve du passé l'empreinte de nombreux vestiges archéologiques de l'époque gallo-romaine, qui attestent sa vocation de terre de rencontre, à la croisée du monde celte et du monde latin. Villes et hameaux se sont édifiés sur l'emplacement d'anciennes bastides, semées au fil des guerres sur ces territoires âprement disputés aux Anglais. Grosse bourgade dotée de richesses archéologiques, Libourne présente le caractère d'une cité commerciale tournée vers un négoce de vins adapté à la structure économique des exploitations. Construite en amphithéâtre, Saint-Émilion a conservé son apparence de ville du Moyen Âge, dotée d'un superbe ensemble architectural remarquablement préservé. Un peu plus loin, Castillon-la-Bataille, qui éprouvera violemment les tourmentes de la fin de la guerre de Cent Ans et des guerres de Religion, n'a pu préserver son château et ses murailles. Castillon marque le lien entre Gironde et Dordogne, entre les vins du haut pays et les appellations bordelaises.

1 Saint-André-de-Cubzac

Saint-André-de-Cubzac s'appelait autrefois Saint-André-du-Nom-de-Dieu. C'est là que Jean Frédéric de La Tour du Pin, ministre de la Guerre en 1789, fit édifier par Victor Louis, en 1786, à partir d'un ancien château du XVIe siècle dont subsiste un vieux colombier, le château de Bouilh, dans l'intention d'y recevoir Louis XVI. Les plans de l'architecte n'ont pas été entièrement réalisés à cause de la Révolution, mais l'édifice constitue l'un des plus beaux châteaux de la Gironde.
À voir : **l'église romane** (XIIIe-XIVe **siècle**) ; **le château de Lacaussade** (XVIe **siècle**) ; **le château de Bouilh** (XVIe-XVIIIe **siècle**).

Fronsac

Superficie : 846 ha.
Encépagement : cabernet, bouchet, malbec ou pressac, merlot.
Récolte annuelle : 46 100 hl.
Rendement de base : 42 hl/ha.
Titre alcoométrique minimal : 11 % vol.
Potentiel de garde : de douze à quatorze ans.

Lussac saint-émilion. Située au nord-est de la région d'appellation, l'aire de Lussac connaît une activité entièrement vouée à la vigne depuis l'époque gallo-romaine.

Montagne saint-émilion. Cette appellation satellite est située au nord de Saint-Émilion et de Pomerol. Les meilleurs terrains sont sur les pentes situées le plus au sud.

Le Collège des vins de Saint-Émilion

Créé officiellement le 23 février 1988, il regroupe les syndicats des 5 appellations, saint-émilion, montagne, lussac, puisseguin et saint-georges, l'Association de propriétaires des grands crus classés de saint-émilion, le Groupement des grands crus classés de saint-émilion, ainsi que les caves coopératives et les confréries de l'aire. Il constitue, autour du nom de saint-émilion, un ensemble homogène fondé sur une idée maîtresse : la qualité des vins. S. G.

Saint-georges saint-émilion. Les viticulteurs de Saint-Georges peuvent, s'ils le désirent, bénéficier de l'appellation saint-georges saint-émilion ou de celle de montagne saint-émilion.

Puisseguin saint-émilion. Située le plus à l'est des appellations satellites de Saint-Émilion, cette région a un nom d'origine celtique qui signifie « la colline aux crus puissants ».

Saint-émilion, saint-émilion grand cru. La même aire géographique recouvre deux appellations. Les limites de cette aire correspondent très exactement à celle de l'ancienne juridiction définie en 1289 : 8 communes constituent le vignoble de saint-émilion proprement dit : Saint-Émilion, Saint-Christophe-des-Bardes, Saint-Étienne-de-Lisse, Saint-Hippolyte, Saint-Laurent-des-Combes, Saint-Pey-d'Armens, Saint-Sulpice-de-Faleyrens, Vignonet. Le vignoble représente

---

CANON-FRONSAC

Superficie : 307 ha.
Encépagement : cabernet, bouchet, malbec ou pressac, merlot.
Récolte annuelle : 16 400 hl.
Rendement de base : 42 hl/ha.
Titre alcoométrique minimal : 11 % vol.
Potentiel de garde : de quinze à dix-huit ans.

2 Saint-Michel-de-Fronsac

En 1735, on pouvait dénombrer 11 tonneliers et compter 126 ha de vignes plantées dans cette paroisse qui est aujourd'hui le cœur de l'appellation canon-fronsac. Jusqu'au milieu du XVIIIe siècle, les vins de canon, du nom du tertre situé sur le haut de la commune, ont éclipsé ceux des régions voisines. Grâce à de dynamiques viticulteurs, ils sont en passe de retrouver leur notoriété d'autrefois. Sur les bords des plateaux calcaires poussent curieusement des essences typiquement méditerranéennes, comme les chênes verts et les arbousiers.

À voir : **le château Gazin (1642) ; l'église (XIIe-XIIIe siècle).**

CHÂTEAU CASSAGNE-HAUT-CANON : J.-J. Dubois, château Cassagne-Haut-Canon, 33126 Saint-Michel-de-Fronsac. Tél. 05 57 51 63 98, sur R-V. Cette maison de caractère produit des vins de garde, des canon-fronsac tout en finesse, marqués par des arômes de truffe et de sous-bois.

Saint-André-de-Cubzac, l'église. *L'abside et le clocher romans datent du XIIIe siècle. Les deux tours fortifiées qui flanquent la façade sont pourvues de meurtrières et attestent la fonction défensive qu'acquit cet édifice lors de leur construction, au XIVe siècle.* Photo Michel Guillard/Scope.

3 La Rivière

Ce village, situé sur la gauche de Saint-Michel-de-Fronsac, en est le prolongement. Le château La Rivière, domaine qui surplombe la Dordogne, fut bâti au XIVe siècle sur les ruines d'un donjon dont la fondation est attribuée à Charlemagne. Le chemin qui y conduit traverse un parc de 15 ha planté de chênes et de platanes séculaires.

À voir : **le château La Rivière ; l'église Notre-Dame.**

4 Saint-Aignan

Saint-Aignan est la seule commune entièrement située dans l'aire d'appellation fronsac. La route sinueuse monte à l'assaut du coteau et offre souvent de très beaux points de vue. Nous sommes sur le circuit des vignobles de fronsac et la plupart des propriétés sont remarquablement entretenues.

CHÂTEAU LES ROCHES-DE-FERRAND : Rémy Rousselot, Huchat, 33126 Saint-Aignan. Tél. 05 57 24 95 16, sur R-V. Sur cette propriété de superficie moyenne, Rémy Rousselot produit, à partir d'un encépagement classique, des vins équilibrés et sans défauts.

Château La Rivière. *Son vignoble se situe dans l'aire d'appellation fronsac.* Photo Michel Guillard/Scope.

5 Fronsac

De ce village montent de petites routes et des chemins creux qui conduisent à des demeures cachées. Elles dominent invariablement un vallon ou surplombent les vallées de la Dordogne et de l'Isle. Fronsac, au cœur de l'appellation du même nom, fut érigé en duché-pairie par Henri IV. Sur la colline, plus connue sous le nom « tertre de Fronsac », le duc de Richelieu fit construire une résidence dont il reste des vestiges. Le pavillon actuel, édifié sous le second Empire, est l'emblème du pays de Fronsac.

À voir : **depuis le sommet du tertre de Fronsac, le panorama ; les maisons du XVIe siècle au XVIIIe siècle ; le port ; l'église Saint-Martin, romane et gothique.**

CHÂTEAU LA GRAVE : Paul et Pascale Barre, La Grave, 33126 Fronsac. Tél. 05 57 51 31 11, sur R-V. Mis en valeur par Paul Barre, ce domaine donne un fronsac expressif et de caractère.

CHÂTEAU LES TROIS CROIX : Famille Patrick Léon, 33126 Fronsac. Tél. 05 57 84 32 09, sur R-V. Ce domaine est

environ 5 300 ha de terroirs très diversifiés, où chaque cru garde ses caractéristiques propres.

Côtes de castillon. Comme bordeaux côtes-de-francs, les côtes-de-castillon sont à la frontière entre Gironde et Dordogne. 9 communes composent l'appellation : Belvès-de-Castillon, Castillon-la-Bataille, Saint-Magne-de-Castillon, Gardegan-et-Tourtirac, Monbadon, Saint-Genès-de-Castillon, Saint-Philippe-d'Aiguille, Sainte-Colombe et Les Salles.

Bordeaux côtes de francs. Née en 1967, l'appellation bordeaux côtes-de-francs comprend seulement les communes de Francs, Saint-Cibard, Tayac et Les Salles.

Côtes de castillon, la Dordogne aux environs de Castillon. *L'appellation côtes de castillon est récente (1989), elle couvre l'aire originellement dévolue à l'appellation bordeaux côtes de castillon. Les normes de production sont renforcées et les densités de plantation réduites.* Photo Michel Guillard/Scope.

d'une grande régularité quant à la qualité de son fronsac.
Les soins et l'élevage apportés au canon-fronsac, issu exclusivement de merlot, lui donnent une qualité irréprochable.

6 Saillans

La D 128 nous mène à Saillans, d'où l'on dispose d'une belle vue sur la vallée, et où de nombreux propriétaires viticoles ont leur demeure à l'intérieur même du village. Au centre de Saillans, une belle croix de cimetière, datant de 1543, est classée monument historique. Elle a donné son nom au château La Vieille-Croix.

Château de Carles : SCEV du château de Carles, route de Galgon, 33141 Saillans. Tél. 05 57 84 32 03, sur R-V. Ce château, dans lequel Montaigne et La Boétie se livrèrent à de longs entretiens, réussit un vin souple et charpenté.

Château Dalem : Michel Rullier, château Dalem, 33141 Saillans. Tél. 05 57 84 34 18, sur R-V. Cette belle maison, de la fin du XVIIIe siècle, est agrémentée d'un joli parc. Le vignoble créé en 1610 par la famille Gabit domine la vallée de l'Isle. Vins produits : Château Dalem, fronsac ; Château de La Huste, fronsac ; Château La Longua, fronsac.

Château Moulin-Haut-Laroque : Jean-Noël Hervé, château Cardeneau, 33141 Saillans. Tél. 05 57 84 32 07, sur R-V. La première mise en bouteilles au château remonte au millésime 1890 ! Depuis, chaque génération apporte un plus, et Jean-Noël Hervé hisse, avec passion, ce cru au niveau des plus grands. Vin produit : Château Moulin-Haut-Laroque, fronsac.

Château La Vieille-Cure : SNC château La Vieille-Cure, Coutreau n° 1, 33141 Saillans. Tél. 05 57 84 32 05, sur R-V. La croix figurant sur l'étiquette est celle du village. La propriété a été rachetée en 1986 par deux Américains, qui laissent à Bernard Soulan le soin de la gérer. Celui-ci réussit des vins dignes de l'appellation. Vin produit : Château La Vieille-Cure, fronsac.

Château Villars : Jean-Claude Gaudrie, château Villars, 33141 Saillans. Tél. 05 57 84 32 17, sur R-V. Jean-Claude et Brigitte Gaudrie, aidés par leurs trois fils, ne cessent d'améliorer la qualité des vins en limitant la production, et en mêlant techniques nouvelles et traditions. Vins produits : Château Villars, fronsac ; Château Moulin-Haut-Villars, fronsac (second vin).

7 Saint-Denis-de-Pile

Située hors des aires d'appellation, cette commune possède une église romane du XIIe siècle, à l'origine en forme de croix grecque. Elle fut maintes fois remaniée, à la suite de dommages de guerre.

SCEA des Vignobles Francis Merlet : 46, route de l'Europe, 33910 Saint-Denis-de-Pile. Tél. 05 57 84 25 19, sur R-V. Vin produit : un lalande de pomerol, Clos des Tuileries, bien constitué avec de jolis arômes.

Fronsac, le vignoble. *Sur le terroir de la commune, on trouve l'appellation fronsac et celle, plus restreinte, de canon-fronsac.* Photo Michel Guillard/Scope.

LALANDE-DE-POMEROL

Superficie : 1 120 ha.
Encépagement : cabernets, bouchet, malbec ou pressac, merlot.
Récolte annuelle : 57 500 hl.
Rendement de base : 40 hl/ha.
Titre alcoométrique minimal : 10,5 % vol.
Potentiel de garde : de dix à douze ans.

8 LALANDE-DE-POMEROL

Avant 1922, les vins de Lalande-de-Pomerol portaient le nom de pomerol et les vins de Néac, celui de néac de pomerol. Les deux communes se sont regroupées pour former une seule appellation d'origine. De nombreuses pierres taillées de l'époque néolithique ainsi que des bornes aux armes de l'ordre de Malte jalonnent les chemins. L'église du XIIe siècle, caractéristique des constructions hospitalières, fut construite par les chevaliers de Saint-Jean-de-Jérusalem pour protéger les pèlerins se rendant à Saint-Jacques-de-Compostelle.

À voir : **l'église Saint-Jean.** Aux environs : **le château de la Commanderie.**

POMEROL

Superficie : 800 ha.
Encépagement : cabernets, bouchet, malbec ou pressac, merlot.
Récolte annuelle : 36 990 hl.
Rendement de base : 40 hl/ha.
Titre alcoométrique minimal : 10,5 % vol.
Potentiel de garde : de douze à quinze ans et plus.

9 LIBOURNE

Au confluent de l'Isle et de la Dordogne, Libourne, la celtique Condatis, est avant tout un port et un lieu de passage où aboutissait la voie romaine Vesunna-Burdigala-Varadeto (Périgueux-Bordeaux-Vayres). Au XIIIe siècle, Roger de Leybrun, sénéchal de Gascogne, transforme la petite bourgade en une bastide qui prend son nom, pour faire face à Fronsac révolté en 1253 et à son vicomte resté hostile au roi d'Angleterre. Au centre, se situe la grand-place carrée, dominée par l'hôtel de ville du XVe siècle, reconstruit en 1910 dans le style d'origine. La vieille ville était cernée de murailles dont on trouve quelques vestiges sur les quais.

À voir : **l'église gothique Saint-Jean (XIIe siècle) ; l'église de Condat ; l'hôtel de ville (XVe siècle) ; la tour Richard ou de l'Horloge (1367) sur le port ; au confluent de l'Isle et de la Barbanne, le château du Pintey, ancien fief noble du domaine du Roile.**

10 POMEROL

À la sortie de Libourne, Pomerol étonne par ses paysages plats. Le sol d'argile nappé de graves est dominé par la croupe en argile pure de Petrus. Édifiée sur le plateau mythique de la haute terrasse de Pomerol, l'église avec son clocher pointu attire le regard.

Le vin de Pomerol est synonyme d'excellence et de rareté. Bien que l'on y trouve une certaine diversité de terroirs, argileux au nord et sableux au sud, les vins présentent une analogie de structure. De nombreux hameaux, comme Catusseau, René ou Maillet, et de petites parcelles de vignes, où, çà et là, se dressent quelques belles demeures, jalonnent la route. Ce tout petit pays ne vit que pour son vin, le plus rare et le plus recherché du monde.

Récolte de l'osier aux environs de Pomerol. *Dans les domaines attachés à la tradition, les vendanges se pratiquent toujours à l'aide de hottes d'osier portées à dos d'homme.* Photo Michel Guillard/Scope.

CHÂTEAU BEAUREGARD : SCEA château Beauregard, 33500 Pomerol. Tél. 05 57 51 13 36, sur R-V. Ce domaine du XIIe siècle, sur lequel s'élève une chartreuse du XVIIIe siècle, donne un pomerol au bouquet intense et d'une saveur complexe.

CHÂTEAU LA CROIX : SC château La Croix, 37, rue Pline-Parmentier, 33506 Libourne. Tél. 05 57 51 41 86, sur R-V. La Croix appartenait autrefois à Jean de Sèze, avocat du roi Louis XVI. Joseph, Marie-Antoinette Janoueix et leurs enfants président depuis 1960 aux destinées du domaine. Vins produits : Château La Croix, un pomerol élégant, Château Le Gabachot second vin généreux et rond.

CHÂTEAU LE BON PASTEUR : SCEA Fermière des domaines Rolland, Maillet, 33500 Pomerol Tél. 05 57 51 23 05. Michel Rolland tire un excellent partie de ce domaine et réussit un vin exceptionnel.

PETRUS : SC du château Petrus, 33500 Pomerol. Comme Yquem à Sauternes, Petrus est un mythe parfaitement justifié. Jean-Pierre Moueix a magnifié l'œuvre entreprise par Mme Loubat, la « grande dame de Pomerol », qui fut propriétaire du château jusqu'à sa mort en 1961. Argiles pures du terroir, microclimat, âge des vignes, vendanges raffinées, vinifications et élevage soignés concourent, sous la houlette de Jean-Claude Berrouet, à l'exceptionnelle qualité de ce vin.

CHÂTEAU DE SALES : Bruno de Lambert, château de Sales, 33500 Pomerol. Tél. 05 57 51 04 92, sur R-V. L'un des plus vastes et des plus beaux domaines de Pomerol appartient à la même famille depuis quatre siècles. Bruno de Lambert conduit la propriété de manière traditionnelle en s'adaptant avec beaucoup de talent à son terroir.

Vieux Château-Certan. *Le vignoble de Vieux Château-Certan est situé au centre du plateau de Pomerol.* Dessin atelier D. Duplantier.

Vins produits : château de Sales, un pomerol structuré et aromatique ; château Chantalouette, pomerol (second vin).

VIEUX CHÂTEAU-CERTAN : SC du Vieux Château-Certan, 33500 Pomerol. Tél. 05 57 51 17 33, sur R-V. Certan s'écrivait autrefois avec un s, et les trois châteaux portant ce nom faisaient tous partie d'une seule terre, le domaine du Vieux-Certan, dont la fondation remonte à 1500. Vins produits : Vieux Château-Certan, un pomerol complexe et équilibré ; La Gravette-de-Certan, pomerol (second vin).

11 Néac

La commune bénéficie de l'appellation lalande de pomerol. Au milieu des vignes repose une charmante église entourée de sapinettes et, sur le plateau, se dresse un moulin à vent.

CHÂTEAU HAUT-CHAIGNEAU : J. et A. Chatonnet, château Haut-Chaigneau, Chaigneau, 33500 Néac. Tél. 05 57 51 31 31, sur R-V. André Chatonnet produit un lalande de pomerol fin et équilibré.

Libourne, la place centrale. *Le tracé orthogonal de la bastide fondée au XIIIe siècle s'ordonne autour de la grand-place carrée, bordée de maisons du XVIe au XIXe siècle et d'arcades en anses de panier qui abritent les couverts.* Photo Michel Guillard/Scope.

12 Les Artigues-de-Lussac

Bien qu'elle soit située dans le canton de Lussac, sur un très beau terroir, cette commune n'a droit qu'à l'appellation d'origine contrôlée bordeaux supérieur ou bordeaux. On quitte le village par une route bordée d'une curieuse allée de platanes taillés à l'horizontale.

CHÂTEAU LES GRANDS JAYS : EARL Vignobles Jean Boireau, Les Grands-Jays, 33570 Les Artigues-de-Lussac. Tél. 05 57 24 32 08, sur R-V. Perpétuant une tradition familiale remontant au XVIIe siècle, Martine et Jean Boireau produisent de beaux bordeaux supérieurs.

CHÂTEAU TROCARD : SCEA Vignobles Trocard, 3, les Petits Jays-Ouest, 33570 Les Artigues-de-Lussac. Tél. 05 57 55 57 90, tlj sauf samedi et dimanche, 8 h-12 h et 14 h-17 h. Les Trocard, viticulteurs de père en fils depuis le XVIe siècle, possèdent 75 ha de vignoble dans le Libournais. Le château, maison bourgeoise rebâtie en 1900 sur une vieille bâtisse du XVIe siècle, appartenait à l'abbaye cistercienne de Faize. Vins produits : Château Croix-de-Rambeau, un lussac saint-émilion puissant ; Château La Croix-des-Moines, lalande de pomerol ; Clos de la Vieille-Église, pomerol ; Château Trocard, bordeaux supérieur.

OPINION

Jean-Christophe Estève (caviste à Paris)

1/ Qu'attendez-vous d'un vin ?

Qu'il soit savoureux, équilibré et conforme à ce que j'attends de son terroir. Il doit avoir « les traits de l'endroit où il naît ». Qu'il soit très expressif et bâti pour l'être. Qu'il offre d'emblée le plaisir ou le promette sûrement.

2/ Qu'attendez-vous d'un producteur ?

Qu'il respecte le vin en produisant et en vinifiant en conformité avec les règles de son appellation. Qu'il cherche à extraire la quintessence de son terroir et qu'il soit passionné. Enfin, qu'il respecte le marché en ayant une politique de prix cohérente auprès de ses clients, revendeurs, grossistes et particuliers.

3/ Votre dernier coup de cœur ?

Pendant une dégustation de vins nouveaux de 1993, à Saint-Émilion, en mars 1994, à une époque où, à peine finis, les vins sont difficiles à goûter, je suis resté bloqué sur un pomerol exquis : il était impossible de recracher ! Superbe robe violine et grenat, nez intense de fruits et d'épices, bouche soyeuse, veloutée, évoquant la vanille, le pain grillé, la confiture de groseilles, de framboises, une finale violette longue… un vin superbe : château Beauregard.

13 Lussac

Superficie : 1 437 ha ; encépagement : cabernets, bouchet, malbec ou pressac, merlot ; récolte annuelle : 84 200 hl ; rendement de base : 42 hl/ha ; titre alcoométrique minimal : 11 % vol ; potentiel de garde : de huit à dix ans.

Lussac est probablement l'un des lieux où l'on retrouve le plus de traces de l'activité viticole à l'époque gallo-romaine. Puis vinrent les invasions, les guerres et les conflits. Établis en l'abbaye de Faize, fondée en 1137 (rachetée et restaurée en 1973 par Maurice Druon, de l'Académie française), les bénédictins reconstituèrent le vignoble et firent connaître les vins de Lussac jusqu'à la cour d'Angleterre.

À voir : **la maison du Vin et du tourisme installée dans un bâtiment ancien, au milieu du bourg où les rues n'ont pas de trottoir ; le tertre de Picambeau, avec son monument mégalithique.**

Montagne, l'église. *La tour carrée de l'église recèle une chambre forte.*
Photo Michel Guillard/Scope.

🍇 Château de Bellevue : Charles Chatenoud et Fils, château de Bellevue, 33570 Lussac. Tél. 05 57 74 60 25, sur R-V. Charles Chatenoud produit un lussac saint-émilion issu à 100 % de merlot, c'est un vin simple et harmonieux.

🍇 Château Mayne-Blanc : EARL Jean Boncheau, château Mayne-Blanc, 33570 Lussac. Tél. 05 57 74 60 56, sur R-V., fermé en janvier et février. Vin retenu : lussac saint-émilion cuvée Saint-Vincent.

Montagne Saint-Émilion

Superficie : 1 575 ha.
Encépagement : cabernets, bouchet, malbec ou pressac, merlot.
Récolte annuelle : 91 650 hl.
Rendement de base : 42 hl/ha.
Titre alcoométrique minimal : 11 % vol.
Potentiel de garde : de huit à dix ans.

14 Montagne

C'est un village émouvant où tout est resté comme autrefois. Montagne, qui en bas latin veut dire « colline », a pris son essor au Moyen Âge, mais c'est au XVIIIe siècle que sa vocation viticole s'affirme pleinement. L'église Saint-Martin, remarquable par sa coupole, est ce qui subsiste d'un couvent de bénédictins établi dans la petite paroisse religieuse de Montagne dès le XIIe siècle. L'écomusée expose une importante collection ayant trait à la viticulture.

À voir : **l'église Saint-Martin (XIIe siècle) ; l'écomusée du Libournais.**

À 1 km au nord-ouest de l'église, la butte de Calon, célèbre par ses moulins des XVIe et XVIIe siècles, offre une vue étendue sur une trentaine de clochers jusqu'aux Charentes.

À voir : **le château des Tours ou de Calvimont, du XIVe siècle, remanié au XVIe siècle puis restauré dans le style de Viollet-le-Duc au XIXe siècle, est une ancienne demeure des seigneurs de Calvimont.**

🍇 Château Calon : Jean-Michel Boidron, 33570 Montagne. Tél. 05 57 51 64 88, tlj sauf samedi et dimanche, 8 h-12 h et 14 h-18 h. Jean-Noël Boidron excelle dans des vins souples et agréables, bien typés de l'appellation.

🍇 Château Grand-Baril : Lycée viticole de Libourne-Montagne, Goujon, 33570 Montagne. Tél. 05 57 55 21 22, tlj sauf samedi et dimanche, 8 h 30-12 h et 13 h 30-17 h 30. Toujours novateur, ce domaine réussit d'excellents montagne.

Saint-Georges Saint-Émilion

Cette appellation ne couvre que la commune de Saint-Georges.
Superficie : 183 ha.
Encépagement : cabernets, malbec ou pressac, bouchet, merlot.
Récolte annuelle : 10 500 hl.
Rendement de base : 42 hl/ha.
Titre alcoométrique minimal : 11 % vol.
Potentiel de garde : de quatorze à quinze ans.

15 Puisseguin

Superficie : 742 ha ; encépagement : cabernets, bouchet, malbec ou pressac, merlot ; récolte annuelle : 43 000 hl ; rendement de base : 42 hl/ha ; titre alcoométrique minimal : 11 % vol ; potentiel de garde : de douze à quatorze ans.

Puisseguin associe à son nom « puy », qui signifie « mont », celui du seigneur de Seguin, lieutenant de Charlemagne qui s'installa sur le site aux environs de l'an 800. La petite église de Saint-Pierre, entourée de maisons, au milieu du village, a été érigée au XIIe siècle et fut dotée au XIIIe siècle d'une voûte ogivale à nervures.

À voir : **le château de Puisseguin (XIVe siècle) assiégé en 1587 et remanié à différentes époques ; l'ancienne tour octogonale ; les vestiges de l'ancien château de Jeanne d'Albret.**

🍇 Château Branda : SC du Château Branda, Roques, 33570 Puisseguin. Tél. 05 57 74 62 55, sur R-V. Jean-Michel Biehler, excellent technicien, atteint une qualité constante dans la production de ses vins.

🍇 Château des Laurets : SA Château de Laurets, 33570 Puisseguin. Tél. 05 57 74 63 03, sur R-V. Dans cette imposante demeure naissent des vins plaisants, aux arômes fruités.

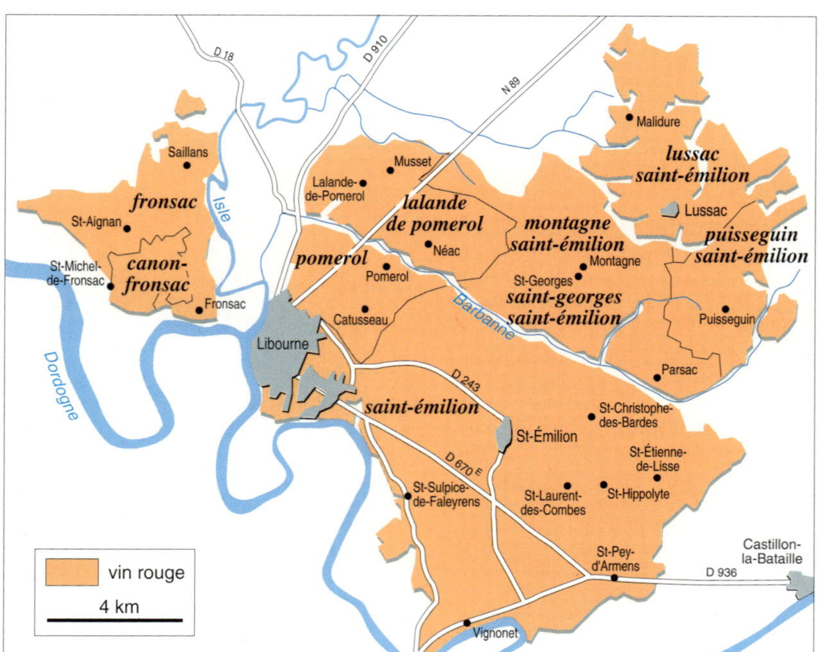

Carte des aires d'appellations fronsac, canon-fronsac, pomerol, lalande de pomerol, saint-émilion, montagne saint-émilion, saint-georges saint-émilion, lussac saint-émilion, puisseguin saint-émilion.

Saint-Étienne-de-Lisse, château Faugère. *Dans le chai, au bout d'une rangée de tonneaux, trône le buste couronné de grappes de raisin d'Orson Welles, grand amateur de saint-émilion.*
Photo Jean-Luc Barde/Scope.

SAINT-ÉMILION

Superficie : 5 520 ha dont des grands crus.
Encépagement : cabernet franc, cabernet-sauvignon, carmenère, cot ou malbec, merlot.
Récolte annuelle : 275 320 hl dont des grands crus.
Rendement de base :
saint-émilion : 45 hl/ha ;
saint-émilion grand cru : 40 hl/ha.
Titre alcoométrique minimal : 10,5 % vol.
Potentiel de garde :
saint-émilion : de quatorze à quinze ans ;
saint-émilion grand cru : de quinze à vingt ans.

16 SAINT-ÉTIENNE-DE-LISSE

L'église romane abrite six stalles (XVe siècle), venant de la collégiale de Saint-Émilion. C'est au château de Pressac, restauré au XVIIIe siècle et dont la porte et la tour datent du XVe siècle, que fut signé le traité mettant fin à la guerre de Cent Ans.
À voir : **l'église romane fortifiée ; la chapelle Saint-Fort (XIIIe siècle) ; le château de Pressac.**
CHÂTEAU FLEUR-CARDINALE : Alain et Claude Asséo, 33330 Saint-Étienne-de-Lisse. Tél. 05 57 40 14 05, sur R-V. Vin retenu : saint-émilion grand cru.
CHÂTEAU LAMARTRE : Union des producteurs de Saint-Émilion, Haut Gravet, 33330 Saint-Émilion. Tél. 05 57 24 70 71, tlj sauf dimanche, 8 h-12 h et 14 h-18 h. Château situé à Saint-Étienne-de-Lisse. Vin produit : un saint-émilion grand cru bien équilibré, au bouquet agréable.

17 SAINT-LAURENT-DES-COMBES

Au sud de Saint-Émilion, cette commune a la forme d'un rectangle long de 3 000 m au sud, et large de 1 300 m au nord. On y trouve des vestiges gallo-romains et une église romane qui fut restaurée en 1878.
À voir : **au carrefour indiqué par une croix moderne, un bénitier à double cuve (XVIe siècle).**

18 SAINT-HIPPOLYTE

À proximité de l'église néogothique du XIXe siècle, le château de Ferrand fut construit, sur un plateau, dans le dernier quart du XVIIe siècle.
À voir : **l'église ; le château de Ferrand.**
CHÂTEAU DE FERRAND : Héritiers du baron Bich, 33330 Saint-Hippolyte. Tél. 05 57 74 47 11, sur R-V, fermé en août. Vin retenu : un saint-émilion grand cru, plein de rondeur.
CHÂTEAU FRANC-PIPEAU :
SCEA Vignobles Jacques Bertrand, Carteau, 33330 Saint-Émillion. Tél. 05 57 24 73 94, sur R-V. Suivie d'un élevage en barriques, la vinification en cuve Inox produit un grand cru aux arômes de fruits rouges.

19 SAINT-CHRISTOPHE-DES-BARDES

Là se trouve l'un des plus beaux et des plus célèbres domaines de la Gironde, le château Laroque. Des douves, des jardins à la française ornés d'arbres centenaires, une tour datant de l'invasion anglo-normande, une superbe architecture dans le style de Versailles font de ce domaine, entouré de 45 ha de vignobles, l'un des plus impressionnants de cette commune.
À voir : **le château Laroque ; l'église (XIIe siècle).**
CHÂTEAU HAUT-SARPE : Société d'Exploitation du château Haut-Sarpe, BP 192, 33506 Libourne. Tél. 05 57 51 41 86, sur R-V, fermé en août. Le château Haut-Sarpe est un édifice de grand style, avec son pavillon central inspiré du Trianon. Son vignoble est à cheval sur les communes de Saint-Émilion et de Saint-Christophe. Vins produits : Château Haut-Sarpe, saint-émilion grand cru classé ; Le Second-de-Haut-Sarpe, saint-émilion (second vin).
UNION DES PRODUCTEURS DE SAINT-ÉMILION : Haut Gravet, BP 27, 33330 Saint-Émilion. Tél. 05 57 24 70 71. tlj sauf dimanche, 8 h-12 h et 14 h-18 h. Cette coopérative, la plus importante de la région, produit de nombreux vins de châteaux, dont un château Grangey qui possède de bonnes qualités aromatiques, et le château Berliquet, seul cru classé à être vinifié en coopérative.

Saint-Émilion. *En route pour Saint-Jacques-de-Compostelle, saint Émilion s'arrêta ici, au VIIIe siècle, et fonda la localité qui porte son nom.*
Photo Michel Guillard/Scope.

20 SAINT-ÉMILION

Cité construite en amphithéâtre, à flanc de coteau, Saint-Émilion semble avoir existé de tout temps. C'est aux environs de l'an 600, sur le fronton de Lucaniac, chanté par Ausone, que les bénédictins décident de planter de la vigne. Ils sont chassés de cet endroit par les sarrasins et émigrent alors vers le pied d'une petite falaise, située à l'emplacement de l'actuelle place du Marché. Du XIe au XVe siècle, les bénédictins défrichent, plantent et bâtissent. Deux nouveaux ordres religieux, les franciscains puis les dominicains, construisent la ville haute. Entourée de remparts et sillonnée de ruelles en pente, la ville possède de nombreuses caves creusées dans la roche calcaire, ainsi qu'une église monolithe (XIe-XIIIe siècle), unique en Europe.
À voir : **l'église collégiale ; le cloître de la collégiale ; les catacombes ; le clocher ; l'hôtel de ville (1765) ; le logis de Malet-Roquefort (XVIe siècle) qui abrite le musée d'Archéologie du vieux Saint-Émilion.**

Saint-Émilion, *juché sur sa colline calcaire, le village médiéval domine le vignoble.*
Dessin atelier D. Duplantier.

CHÂTEAU AUSONE : Famille Vauthier, château Ausone, 33330 Saint-Émilion. Tél. 05 57 24 70 26. Il y a deux siècles que le château Ausone, premier grand cru classé A, contemple la côte de Saint-Émilion. Dans ses caves souterraines, dont l'origine remonte à la fin du XVIe siècle, vieillissent des vins de grande garde qui ignorent les modes.

CHÂTEAU BEAU-SÉJOUR-BÉCOT : SCEA Beau-Séjour-Bécot, 33330 Saint-Émilion. Tél. 05 57 74 46 87, sur R-V. Une jolie maison bourgeoise conduit ce vignoble. Les enfants de Michel Bécot gèrent cette propriété avec rigueur et talent. Vins produits : Château Beau-Séjour-Bécot, saint-émilion premier grand cru classé B ; Tournelle-des-Moines, saint-émilion grand cru (second vin).

CHÂTEAU CANON : SC Château Canon, 33330 Saint-Émilion. Tél. 05 57 55 23 45, sur R-V. Jacques Kanon, ancien lieutenant de frégate, aimait le bon vin et jeta son dévolu sur la propriété. En 1767, la construction du château actuel à peine achevée, il quitta le pays. Le comte de Bonneval transforma, en 1857, le nom en château Canon. La famille Wertheimer a su, tout en maintenant les traditions, donner une nouvelle jeunesse à ce cru dont les vins sont d'une incontestable qualité. Vin produit : Château Canon, saint-émilion, premier grand cru classé B.

CHÂTEAU CARTEAU-CÔTES-DAUGAY : château Carteau, 33330 Saint-Émilion. Tél. 05 57 24 73 94, sur R-V. Cette propriété familiale a fêté son centenaire en 1985. Jacques Bertrand y vinifie de façon traditionnelle tout en appliquant les meilleures techniques actuelles, ce qui procure une qualité constante au vin. Vin produit : Château Carteau-Côtes-Daugay, saint-émilion grand cru.

CHÂTEAU CHEVAL-BLANC : SC du Cheval-Blanc, 33330 Saint-Émilion. Tél. 05 57 55 55 55, sur R-V. Mondialement connu pour la qualité de ses vins, ce vignoble établi sur un terroir original (graves, sables, argile, alios) produit de très grands millésimes d'un premier grand cru classé A.

CHÂTEAU LA DOMINIQUE : Clément Fayat, château La Dominique, 33330 Saint-Émilion. Tél. 05 57 51 31 36, sur R-V. Clément Fayat, qui racheta la propriété en 1969, a redonné tout son lustre à La Dominique. Vins produits : Château La Dominique, saint-émilion grand cru classé, généreux et ample ; Saint-Paul-de-Dominique, saint-émilion (second vin).

CHÂTEAU FIGEAC : SCEA Famille Manoncourt, château Figeac, 33330 Saint-Émilion. Tél. 05 57 74 45 74, sur R-V, fermé en août. Figeac a pour origine le territoire d'une importante *villa* gallo-romaine portant le nom de Figeacus. Par suite de divisions et de ventes, le Château Figeac a donné naissance, au cours du XIXe siècle, à différents crus, parmi lesquels Cheval-Blanc. Vins produits : Château Figeac, saint-émilion premier grand cru classé B ; La Grange-Neuve-de-Figeac, saint-émilion (second vin).

CHÂTEAU LA GAFFELIÈRE : comte de Malet-Roquefort, château La Gaffelière, 33330 Saint-Émilion. Tél. 05 57 24 72 15, sur R-V. La famille Malet-Roquefort est établie dans la région de Saint-Émilion depuis la guerre de Cent Ans. L'exploitation, longtemps appelée La Gaffelière-Naudes, est remarquablement dirigée par le comte Léo de Malet. Vins produits : Château La Gaffelière, saint-émilion premier grand cru classé B ; Clos La Gaffelière, saint-émilion (second vin).

CHÂTEAU PAVIE : Gérard Perse SCA, château Pavie, 33330 Saint-Émilion. Tél. 05 57 55 43 43. C'est en 1998 que Gérard Perse a acquis cet important et prestigieux domaine viticole, exposé plein sud, sur la première ligne de coteaux. Vin produit : Château Pavie, saint-émilion premier grand cru classé B.

CHÂTEAU PAVIE-DECESSE : SCA Château Pavie-Decesse, 33330 Saint-Émilion. Tél. 05 57 55 43 44. Détaché du vignoble de Pavie à la fin du XIXe siècle, lors de la crise qui suivit l'attaque du phylloxéra, Pavie-Decesse fait partie des vignobles de Gérard Perse. Vin produit : Château Pavie-Decesse, saint-émilion grand cru classé, harmonieux et puissant.

Côtes de castillon, *les rangs de vignes.*
Photo Michel Guillard/Scope.

21 Saint-Sulpice-de-Faleyrens

À l'intérieur de l'église du XIIe siècle, on remarquera les corbeaux grotesques représentant les péchés capitaux.
À voir : la fontaine Saint-Martial ; le menhir de Pierrefitte, haut de 5 m ; l'église romane du XIIe siècle.

Château Vieux Lartigue : SC du château Vieux Lartigue, 33330 Saint-Sulpice-de-Faleyrens. Tél. 05 57 53 38 03, sur R-V. Terroir installé sur un sol sablo-graveleux. La culture de la vigne, les vinifications et l'élevage traditionnels sont bien maîtrisés.

> **Côtes de Castillon**
>
> Superficie : 3 019 ha.
> Encépagement : cabernet franc, cabernet-sauvignon, cot ou malbec, merlot.
> Récolte annuelle : 178 500 hl.
> Rendement de base : 50 hl/ha.
> Titre alcoométrique minimal : 10,5 % vol.
> Potentiel de garde : de dix à douze ans.

22 Castillon-la-Bataille

De Vignonet, la D 936 nous conduit à Castillon. La ville n'évoque guère le vignoble tout proche. C'est une petite cité qui renaît chaque été, lors de la reconstitution de la bataille de Castillon, laquelle mit un terme, en 1453, à la guerre de Cent Ans. Livrée dans la plaine de Cole, à l'est de la ville, près du confluent de la Dordogne et de la Lidoire, cette bataille consacra la fin de la présence anglaise en Aquitaine et le début d'une ère nouvelle pour ce vignoble très ancien. Jusqu'en 1921, les vins étaient connus sous la dénomination saint-émilionnais ou près saint-émilionnais. C'est en 1931 qu'ils seront pour la première fois distingués sous le nom de bordeaux côtes de castillon. En 1989, un décret de l'INAO reconnut l'AOC communale côtes de castillon. Cette appellation est constituée de 9 communes : Les Salles, Saint-Philippe-d'Aiguille, Saint-Magne, Saint-Genès-de-Castillon, Sainte-Colombe, Monbadon, Gardegan-et-Tourtirac, Belvès-de-Castillon et Castillon-la-Bataille. L'église de Castillon (1740-1746) est une réussite de l'architecture girondine du XVIIIe siècle, avec son abside à pans coupés et sa grande nef en berceau.

À voir : **quelques restes des remparts et du château ; la porte de Fer, près de la Dordogne ; des maisons du XVIIe siècle ; l'église Saint-Symphorien (XVIIIe siècle).**
Au départ de Castillon, suivre le circuit touristique de la partie est du Libournais.

23 Gardegan-et-Tourtirac

On quitte la D 125 pour gagner ces deux communes qui n'en forment qu'une seule depuis 1845. Il ne faut surtout pas manquer, en pleine campagne, le château de Pitray qui date du second Empire. Quant au château de La Perrière, il fut construit au XIIIe siècle. Flanqué de deux tours du XVe siècle, il fut restauré au XVIIe siècle, puis réhabilité au XIXe siècle.
À voir : **à Gardegan, l'église romane dédiée à saint Martin. À Tourtirac : la petite église romane jadis fortifiée, refaite partiellement en 1607 ; le château de La Perrière.** Aux environs : **le château de Pitray.**

> **Bordeaux côtes de Francs**
>
> Superficie : 512 ha.
> Encépagement :
> vin rouge : cabernets, malbec, merlot rouge ;
> vin blanc : sémillon, sauvignon, muscadelle.
> Récolte annuelle :
> vin rouge : 29 190 hl ;
> vin blanc : 570 hl.
> Rendement de base : 50 hl/ha.
> Titre alcoométrique de base :
> vin rouge : 11 % vol. ;
> vin blanc : 11,5 % vol.
> Potentiel de garde : de huit à dix ans.

24 Saint-Cibard

Saint-Cibard est le plus beau des villages que compte l'appellation bordeaux côtes de francs. C'est la plus orientale, la plus petite et la plus haute des appellations des côtes bordelaises. Son nom tire son origine du latin *ad francos* qui désignait le site d'un campement de l'armée franque qui s'établit ici au VIe siècle. La masse élégante du château de Puygueyraud (XVe siècle), de style périgourdin, domine toute l'appellation. Le château Puyfromage possède un remarquable colombier et un donjon des XIe et XIIe siècles.
À voir : **l'église du XIIe siècle ; les châteaux de Puygueyraud et de Puyfromage.**

Château de Monbadon. *Les vieilles demeures du Moyen Âge comme Aiguille, La Pierrière ou Monbadon, château fort qui fut érigé vers 1330, abondent dans la région et ont donné leur nom à des propriétés viticoles.* Photo Michel Guillard/Scope.

25 Francs

À proximité immédiate du bourg, sur le sommet d'un monticule s'élève le château de Francs-de-Bucheries ou de Ségur. Fortifié au XIVe siècle (certaines de ses portes remontent au XIIIe siècle), il devait constituer une position militaire stratégique entre l'Isle et la Dordogne.
À voir : **le château de Francs ; l'église.**

26 Villefranche-de-Lonchat

Nous avons quitté la Gironde par une route agréable qui redescend vers la ville de Villefranche, en Périgord, conclusion de notre périple.
À voir : **l'église gothique à trois nefs.**

S. G.

Saint-Émilion, *le vignoble aux environs de Saint-Hippolyte.* Photo Michel Guillard/Scope.

Côtes de Bourg Côtes de Blaye

de Bourg à Blaye

Aux confins nord de la mosaïque viticole bordelaise, sur la rive droite de la Gironde, le Bourgeais et le Blayais forment un ensemble original et attachant à plus d'un titre. Héritier d'une histoire fort ancienne, ce vignoble d'estuaire s'est développé avant même son illustre vis-à-vis, le Médoc, au rythme de la vie intense du fleuve et de son trafic commercial.

Sites de franchissement de la Gironde, Bourg et Blaye étaient autrefois de petits ports actifs abritant des marins, des pêcheurs et des vignerons, et marquaient une étape importante sur l'un des principaux chemins de Saint-Jacques-de-Compostelle. La géographie très particulière de ce terroir, aux sols variés argilo-calcaires et argilo-graveleux, est l'illustration parfaite du phénomène de « côtes » : entre Bourg et Blaye, un grand escarpement tombe sur le fleuve, soit en une falaise à pic, soit en un ample versant drapé de vignes. Cette « corniche de Gironde », coupée de vallons et de ravines, dessine un paysage accidenté, plein de pittoresque ; on appelle parfois ce moutonnement de collines verdoyantes la « petite Suisse girondine ».

BOURG, CÔTES DE BOURG

Superficie : 3 876 ha.
Encépagement : cabernet-sauvignon, cabernet franc, merlot, malbec.
Récolte annuelle :
vin rouge : 226 600 hl ;
vin blanc : 2 700 hl.
Rendement de base : 50 hl/ha.
Titre alcoométrique minimal : 10,5 % vol.
Potentiel de garde :
vin rouge : de dix à douze ans ;
vin blanc : trois ans.

Venant de Bordeaux, à une trentaine de kilomètres, on découvre tout d'abord ***Bourg***, jadis fière citadelle fortifiée, aujourd'hui paisible bourgade sise au bord de la Dordogne (les alluvions ont modifié le tracé de l'estuaire), et dont les vins sont commercialisés sous deux appellations : côtes de bourg pour les plus typés, bourg ou bourgeais pour les plus courants.
Une partie réduite du vignoble, complantée en sémillon, sauvignon, muscadelle et merlot blanc, produit des vins blancs secs ou demi-secs. Mais la majeure superficie de ce canton, tout en coteaux et en mamelons, est consacrée à l'élaboration de vins rouges issus des cépages cabernet-sauvignon, cabernet franc, merlot (en grande part) et malbec. Ce sont, dans l'ensemble, des vins richement colorés, à la robe rubis, fruités, agréables, gagnant à vieillir quatre ou cinq ans. Plusieurs châteaux, s'attachant au prix de sélections rigoureuses à mettre en valeur les atouts et la spécificité de l'appellation, offrent, à l'image de ce paysage aux galbes harmonieux, des vins de race, bien structurés et pleins de sève, qui développent un nez de fruits rouges et de bois, et peuvent s'affirmer remarquablement avec l'âge.

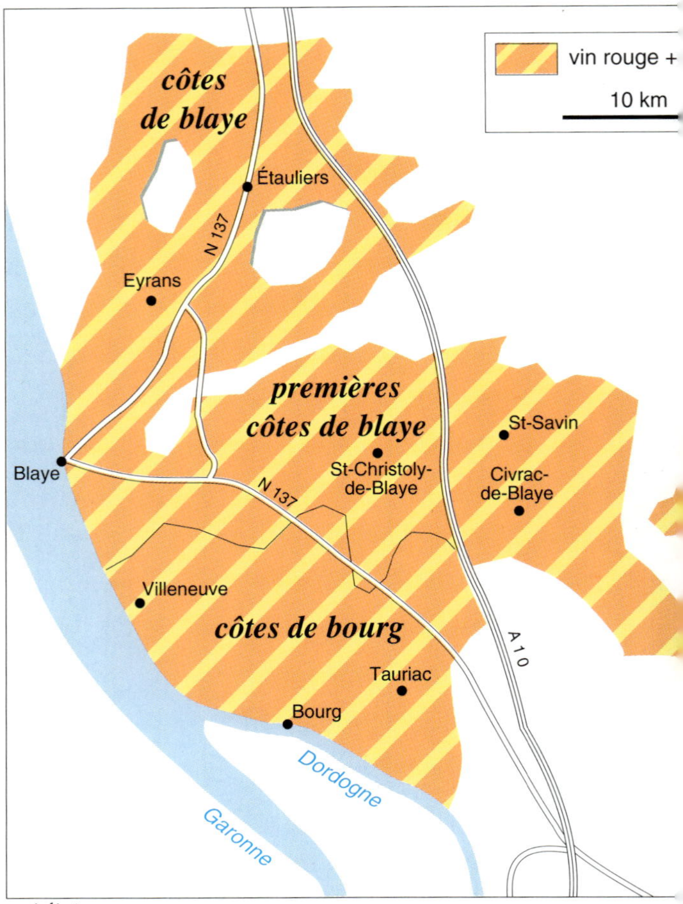

Carte des aires d'appellation côtes de blaye, premières côtes de blaye et côtes de bourg.

CHÂTEAU BRÛLESÉCAILLE : GFA Rodet Recapet, Brûlesécaille, 33710 Tauriac. Tél. 05 57 68 40 31, sur R-V. Excellent producteur, Jacques Rodet offre des vins qui ont leur place dans une bonne cave.
CHÂTEAU GUERRY : SC du château Guerry, 33710 Tauriac. Tél. 05 57 68 20 78, sur R-V. Chaque nouveau millésime confirme la bonne qualité des vins.
CHÂTEAU HAUT-GUIRAUD : GAEC Bonnet et Fils, château Haut-Guiraud, 33710 Saint-Ciers-de-Canesse. Tél. 05 57 64 91 39, sur R-V. Cultivé par la même famille depuis trois cents ans, ce domaine produit des vins de qualité constante.

Côtes de Blaye, vignoble et château. *Exposé au sud, le vignoble est implanté sur un sol en majorité calcaire avec des passages argileux ou siliceux.* Photo Michel Guillard/Scope.

anc

🍇CHÂTEAU MERCIER : Philippe et Christophe Chéty, château Mercier, 33710 Saint-Trojan. Tél. 05 57 42 66 99, sur R-V. Philippe et Christophe Chéty offrent non seulement un rouge qui tient ses promesses, mais aussi un blanc caractéristique de la vinification bordelaise « nouvelle tendance ».

🍇CHÂTEAU MONTAIGUT : François de Pardieu, 2, Nodeau, 33710 Saint-Ciers-de-Canesse. Tél. 05 57 64 92 49, sur R-V. On trouve ici des blancs réussis et des rouges riches en arômes.

🍇CHÂTEAU LES ROCQUES : Feillon Frères et Fils, château Les Rocques, 33710 Saint-Seurin-de-Bourg. Tél. 05 57 68 42 82, tlj sauf dimanche, 9 h-12 h et 14 h-18 h. Harmonieux, séduisants, les vins des frères Feillon atteignent un très bon niveau.

BLAYE OU BLAYAIS

Superficie : 178 ha.
Encépagement :
vin rouge : cabernet, merlot, malbec, prelongeau, cahors, béguignol, verdot ;
vin blanc : merlot blanc, folle, colombard, pineau de la Loire, frontignan, sémillon, sauvignon, muscadelle.
Récolte annuelle :
vin rouge : 2 380 hl ;
vin blanc : 5 900 hl.
Rendement de base :
vin rouge : 50 hl/ha ;
vin blanc : 45 hl/ha.
Titre alcoométrique minimal : 10 % vol.
Potentiel de garde : trois ans.

CÔTES DE BLAYE

Superficie : 45 ha.
Encépagement : sémillon, sauvignon, muscadelle, merlot blanc, folle, colombard, pineau de la Loire.
Récolte annuelle : 2 700 hl.
Rendement de base : 42 hl/ha.
Titre alcoométrique minimal : 10,5 % vol.
Potentiel de garde : trois ans.

PREMIÈRES CÔTES DE BLAYE

Superficie : 5 842 ha.
Encépagement :
vin rouge : cabernet franc, cabernet-sauvignon, merlot, malbec ;
vin blanc : sémillon, muscadelle, sauvignon.
Récolte annuelle :
vin rouge : 321 200 hl ;
vin blanc : 12 600 hl.
Rendement de base :
vin rouge : 50 hl/ha ;
vin blanc : 60 hl/ha.
Titre alcoométrique minimal : 10,5 % vol.
Potentiel de garde : de six à huit ans.

La Gironde à Blaye, *vue sur la citadelle de l'île Nouvelle. La fortification, construite par Vauban, épouse la forme des rochers qui surplombent le fleuve.* Photo Michel Guillard/Scope.

Une fois franchi le Brouillon, petit cours d'eau vive dont le tracé joue modestement le rôle de délimitation entre les deux appellations, on pénètre en Blayais, pays plus qu'ailleurs tourné vers l'eau, accoté à l'estuaire jalonné d'îles et de bancs de sable, déjà plein des rumeurs assourdies de l'Océan tout proche. Le paysage se nuance, au début de manière à peine perceptible : les courbes sont plus amples, les ondulations plus longues, les croupes plus douces, couvertes de vignes qui dégringolent vers la Gironde, et l'escarpement, après ***Blaye***, va s'abaissant jusqu'aux portes de la Charente.

Ce terroir, plus étendu que le Bourgeais (il recouvre les trois cantons de Blaye, Saint-Savin et Saint-Ciers-sur-Gironde), est dominé par la masse de la citadelle édifiée au XVIIe siècle et terminée par Vauban, d'où l'échappée immense sur le fleuve invite au voyage, avec, au loin les fortifications de ***Fort-Paté*** et de ***Fort-Médoc*** ; ses glacis abritent même un clos de vignes au joli nom de « vignoble de l'Échauguette ».

Entretien de la vigne en Bourgeais-Blayais. *Au printemps et en été, le viticulteur effectue des labours peu profonds chargés d'ameublir la terre.* Photo Michel Guillard/Scope.

C'est un pays de petites propriétés, dont les vins sont répartis en trois appellations. L'AOC premières côtes de blaye consacre les vins les plus accomplis de ce cru, les rouges issus des cépages cabernet-sauvignon et cabernet franc, malbec et merlot, et les blancs issus de muscadelle, sauvignon, sémillon.

L'AOC côtes de blaye désigne les seuls vins blancs secs, tandis que les rouges et les blancs moins expressifs portent la simple mention blaye ou blayais. Les vins blancs sont fruités, pleins de fraîcheur et de netteté, agréables à boire sur des coquillages. Les rouges, aromatiques, souples, fluides en bouche, font, dans leur jeunesse, des vins de soif loyaux et charmeurs, avec un fondu caractéristique ; certains, bien construits, élégants et concentrés, lorsqu'ils sont produits par des vignerons de talent et exigeants, révèlent avec les années une belle complexité, un nez mêlant des arômes de fruits et d'épices, une trame serrée.

🍇CAVE DES HAUTS DE GIRONDE : La Carfouche, 33860 Marcillac. Tél. 05 57 32 48 33, sur R-V. Cette cave présente un remarquable premières côtes de blaye rouge : Excellence de Tutiac.

🍇CHÂTEAU GARDUT-HAUT-CLUZEAU : Denis Lafon, Bracaille 1, 33390 Cars. Tél. 05 57 42 33 04, sur R-V. Vins produits : Château Gardut-Haut-Cluzeau, Château Grand-Barrail.

🍇CHÂTEAU LOUMÈDE : SCE du château Loumède, 33390 Blaye. Tél. 05 57 42 16 39, sur R-V. Arlette Raynaud s'emploie à donner à chaque millésime la dimension d'un grand vin.

🍇CHÂTEAU LES PETITS-ARNAUDS : SCEV G. Carreau et Fils, château Les Petits-Arnauds, 33390 Cars. Tél. 05 57 42 36 57, tlj sauf dimanche, 8 h-12 h et 14 h-16 h 30, samedi sur R-V. Ce vignoble est régulier en qualité.

A.-M. R.-P.

Le vin dans l'art

Pour les artistes, peintres, graveurs, miniaturistes, orfèvres, verriers, sculpteurs, ébénistes, musiciens et chanteurs, la vigne et le vin sont à la fois des sources d'inspiration et des thèmes de représentation.

L'église de Volnay. *Reflétant la vocation viticole de la Côte-d'Or, des grappes de raisin ornent cette colonne.* Cliché Dassau.

Très longtemps demeurés sous l'influence des symbolismes religieux, les artistes ont prioritairement traité du vin divin, païen ou chrétien, pendant trois à quatre millénaires. Une représentation plus humaniste du vin ne date que de quatre ou cinq siècles : on la privilégiera dans ce rapide inventaire, parce qu'elle s'adresse plus directement à notre sensibilité d'amateurs d'art et d'amateurs de vin du XXIe siècle.

Le vin païen de l'Antiquité

Pour les artistes égyptiens – sculpteurs, peintres et surtout graveurs –, c'est la religion qui impose les thèmes et dicte les conventions. Objets usuels de la vie quotidienne, parois des sarcophages et bas-reliefs des monuments funéraires reçoivent les scènes de viticulture et de vinification qui accompagneront le mort dans sa survie éternelle.

C'est à Dionysos, dieu du vin, et à tout son joyeux cortège de satyres, de silènes, de ménades et de nymphes, que sont consacrées beaucoup d'œuvres d'art de la céramique et de la statuaire des Grecs. Les vases rituels de la consommation collective du vin, amphores (à transporter), cratères (à mélanger), œnochoé (à verser), coupes (à boire) sont des œuvres belles parce que utiles ; doublement belles, puisque leurs larges flancs sont autant de surfaces aptes à recevoir les scènes mythiques, divines ou héroïques ; triplement belles, puisque de telles scènes relèvent tantôt de la norme, tantôt de ses déviances orgiaques, et que ce « flot d'images » nous dévoile tout l'éventail des pratiques sociales, comme l'a magistralement démontré François Lissarague dans ses études sur le banquet grec.

Il y a moins de céramiques mais plus de statues, de bronzes et de peintures murales, chez les artistes de l'Antiquité romaine, et le vin reste d'abord dédié au dieu Bacchus. Les mosaïques peuvent être figuratives, comme celles de Saint-Romain-en-Gal, près de Vienne (déplacées au musée de Saint-Germain-en-Laye), qui restituent des scènes de vendanges, de foulage, de poissage des jarres.

Le vin chrétien du Moyen Âge

Réunis à Nicée en 787, les pères conciliaires décrètent que « la composition des images n'est pas laissée à l'initiative des artistes. Elle relève des principes posés par l'Église catholique et la tradition religieuse. » Nul artiste – peintre, enlumineur, verrier ou sculpteur – ne saurait se soustraire à ces principes. C'est tout juste si un espace de liberté est laissé à la verve malicieuse des tailleurs de pierre ou des ébénistes pour sculpter un modillon grotesque ou figurer une scène de beuverie sur les miséricordes des stalles.

Les pampres et les grappes de la vigne ornent les portails et les chapiteaux des églises, pour symboliser à la fois l'espérance en l'éternité et les vertus du travail manuel. Les scènes de l'Ancien et du Nouveau Testament se répètent sur les vitraux des cathédrales comme sur les miniatures des livres saints ; le vin des noces de Cana répond à l'offrande de Melchisédech et d'Abraham ; le vin de la Cène annonce celui qui coule du Pressoir mystique, où le corps de Jésus est écrasé comme le raisin (église Saint-Étienne-du-Mont à Paris).

Certains artistes travaillent aussi pour des commandes laïques : les enlumineurs des Calendriers et des « Riches Heures » représentent avec minutie des scènes de viticulture et de vendanges. Des gravures illustrent des récits de repas de chasse, de banquets, de beuveries de taverne, voire de rencontres galantes dans les « étuves », ces bains publics mixtes des villes médiévales.

Louis Le Nain, *Repas des paysans,* *1642. Une vision désacralisée du vin émane de cette scène d'une France rurale fortement touchée par la misère du XVIIe siècle.* Paris, musée du Louvre, DR.

D'autres, plus techniques, accompagnent les traités d'agriculture ou de médecine, qui vont se multiplier au XVe siècle, avec l'imprimerie.

La Renaissance et le retour du vin païen

Diabolisés par l'Église médiévale, Bacchus et son cortège reviennent en force dans l'Italie de la fin du quattrocento, après que Boccace, parmi d'autres, a fait revivre le panthéon antique dans sa *Généalogie des dieux* (1360). Aux XVe et XVIe siècles, les papes Sixte IV, Alexandre VI, Jules II et Léon X

Heures à l'usage de Paris, *mois de janvier (XVe siècle). Versé ici d'une cruche en étain, le vin est une illustration traditionnelle, au Moyen Âge, de ce mois des fêtes et des banquets.* Paris, Bibliothèque nationale de France, DR.

font peindre par Botticelli, Léonard de Vinci ou Raphaël des fresques où se mêlent dieux païens et symboles chrétiens. Les princes, comme les Médicis à Florence ou François Ier à Fontainebleau, vont plus loin encore : beau jeune homme androgyne ou buveur ventripotent, le « roi Bacchus » règne en maître dans les châteaux et les palais. L'orfèvrerie ouvre un vaste champ aux scènes bachiques. Toute l'école flamande célèbre avec réalisme le vin du plaisir qui accompagne la bonne chère, la danse, le jeu, l'amour : ce vin païen est un vin réaliste, dans l'exubérance d'un Jordaens ou d'un Rubens comme dans la sobriété d'un Vermeer.

XVIIe et XVIIIe siècles : entre symbolisme et réalisme

Le vin commence à figurer en bouteilles ou en verres dans les natures mortes des Flamands (Simon de Vos, Pieter Claesz, Pieter de Hooch, Gabriel Metsu, Dirck Hals), des Allemands (Gotthardt de Wedig, Peter Binoit) et des premiers Français (Lubin Baugin, Valentin de Boulogne). Il est montré accompagnant le frugal repas des paysans de Louis Le Nain.

Le vin paganisant n'a pas disparu. Louis XIV aime la statuaire antique, et c'est Coysevox qui sculpte le *Bacchus* du bassin de Versailles. Le duc de Richelieu commande à Nicolas Poussin, dont *L'Enfance de Bacchus* et les *Bacchanales* sont célèbres, les tableaux des *Quatre Saisons* pour son hôtel parisien : en 1664, l'artiste y symbolise l'automne sous la forme d'une gigantesque grappe de raisin rapportée de la Terre promise.

On retrouve la veine réaliste au XVIIIe siècle, dans les scènes dites « de genre ». Charles Van Loo (*Halte de chasse*), Jean François De Troy (*Un déjeuner de chasse*) et Charles Perrocel (*Halte des grenadiers à cheval*) reçoivent de Louis XV commande de décorer la salle à manger royale du château de Fontainebleau : ils choisissent de peindre le vin clairet de la noblesse. De Troy encore, Lancret, Fragonard, Nattier, Watteau évoquent – avec discrétion – le vin de Champagne des rencontres galantes. Jean Siméon Chardin, enfin, peint le vin intime des intérieurs bourgeois, celui des « soifs apaisées » (Marcel Proust).

Le vin des impressionnistes

Avec l'essor de la viticulture et celui du transport ferroviaire, c'est la France entière qui boit dans la seconde moitié du XIXe siècle. Les peintres impressionnistes montrent le vin des travailleurs (*Les Raboteurs de parquet* de Gustave Caillebotte, 1875), celui des joueurs de cartes (Cézanne), celui des canotiers (Renoir), celui des déjeuners sur l'herbe (Manet). Plus inquiétant est le vin de la nuit, évoqué plus que peint par Vincent Van Gogh (*Le Café la nuit*) ou Henri de Toulouse-Lautrec.

Plus réalistes et assez conventionnelles sont les scènes de vendanges d'un Constant Troyon (1860) ou d'un Charles Daubigny (1863).

Le vin et les courants de l'art moderne

L'évolution d'un Henri Matisse marque le passage de ce naturalisme au symbolisme : en 1897, il peint une *Desserte* tout à fait banale, tandis que La *Desserte rouge* de 1908, très inspirée par le fauvisme, veut suggérer la consommation du vin qui n'est plus dans les carafes vides. Une tristesse encore plus forte ressort du tableau de Pablo Picasso, *Le Repas frugal* (1904). Dans le cubisme, au demeurant, l'objet, bouteille, carafe ou verre, est plus important que le vin, absent de la toile.

C'est dans d'autres types d'œuvres d'art qu'il faut désormais rechercher la volonté de représenter la vigne et le vin, et leurs charges symboliques. Tout le courant qui reçut vers 1900 le nom de « modern style » les utilise beaucoup : ainsi en ameublement, avec les ceps de vigne et les grappes de raisin d'un Louis Majorelle ; ainsi en verrerie avec les coupes des frères Daum ou les lampes de Gallé ; ainsi en tapisserie avec toute l'œuvre de Jean Lurçat (*La Gloire du vin* au musée de Beaune). Depuis la fin de la Seconde Guerre mondiale, les artistes travaillent sur des commandes passées par les producteurs et les négociants des plus grands vins de France. Ainsi pour le champagne : déjà, en 1902, Gallé imaginait une bouteille Belle Époque pour Perrier-Jouët. Aujourd'hui, c'est aux joailliers Van Cleef et Arpels que la maison Piper-Heidsieck commande des bouteilles-bijoux et des flûtes au pied bagué

Cézanne, *Oignons et bouteille,* *1895-1900. Le sombre de la bouteille confère à cette nature morte une inquiétante tonalité, évocation possible de la mort.*
Paris, musée d'Orsay, DR.

d'or et serti de diamants... Taittinger fait peindre ses bouteilles par Vasarely, Arman, Masson, Vieira da Silva, Lichtenstein. La maison Moët et Chandon fonde l'association Renoir qui remet tous les ans, depuis 1990, des prix à de jeunes artistes. Le peintre Foujita dessine en 1958 la rose du célèbre Cordon Rosé de Mumm et décore la chapelle de la Paix dans le parc de cette maison.

Les étiquettes des grands crus deviennent les supports privilégiés des œuvres d'art. Les tableaux célèbres des impressionnistes aident aujourd'hui à vendre au Japon les meilleurs vins de Bordeaux. Ou alors, il est passé commande d'une œuvre originale à un contemporain célèbre. Le baron Philippe de Rothschild en avait eu l'initiative, en 1924, avec l'affichiste cubiste Jean Carlu. Il récidive chaque année depuis 1945 et une étiquette de Philippe Jullian célèbre avec un grand V la victoire alliée : citons les œuvres de Jean Cocteau (et Jean Marais) en 1947, de Marie Laurencin en 1948, de Léonor Fini en 1952, de Georges Braque en 1955, d'André Masson en 1957, de Salvador Dalí en 1958, de Georges Mathieu en 1961, de César en 1967, de Joan Miró en 1969, de Marc Chagall en 1970, de Wassily Kandinsky en 1971, de Pablo Picasso en 1973, d'Andy Warhol en 1975 et de Hans Hartung en 1980.

Raoul Dufy et Gaston Denys, *Mon docteur le Vin*, *1936. Dix-neuf aquarelles de Dufy illustrent cet ouvrage d'avant-guerre dont les textes constituent une véritable apologie des vertus de la consommation du vin.* Cliché Dassau, ©Spadem 1994.

Ajoutons que des peintres ont remplacé l'aquarelle par la « vignerelle » et que, pour l'hiver 1994-1995, dix créateurs de mode canadiens ont recherché leur inspiration dans dix grands crus français. Tant que le vin sera présent dans la culture occidentale, il continuera à inspirer poètes et artistes.
G.G.

Le vin et la musique

Si le vin fait parfois délier les langues, il fut aussi très tôt mis en musique. Du vin, la chanson populaire vanta les mérites, et la musique savante, notamment au XVIIe siècle, s'en inspira, alors que, plus proche de nous, de grands compositeurs français ont transcrit des chansons à boire sur partition.

Aux origines, la poésie lyrique était chantée ou accompagnée à la lyre ou à la flûte : chez Anacréon ou Pindare, elle célébrait le vin et la gloire de Dionysos. Trouvères et troubadours du Moyen Âge, tout particulièrement dans les cours occitanes, chantent l'amour et le vin. Même si l'on n'a pas conservé trace des premières d'entre elles, c'est à la même époque qu'apparaissent dans les vignes, dans les caves, dans les tavernes et dans les rues, les premières chansons à boire. On les connaît mieux depuis le XVIIe siècle et le célèbre refrain de Maynard :

> « Je veux mourir au cabaret
> entre le blanc et le clairet. »

Les sociétés bachiques et chantantes se multiplient à partir du XVIIIe siècle : dans le premier Caveau (1730) se retrouvent les dramaturges bourguignons Panard et Piron, les romanciers Crébillon père et fils, le musicien Rameau, le chanteur Jélyotte (le « rossignol gascon » !). Sous différents noms, dont celui des « Dîners du vaudeville », la Société du caveau se perpétue jusqu'au XIXe siècle et multiplie les créations et les publications de chansons. On voit alors apparaître Capelle, Grimod de La Reynière, Gouffé, Méhul, Charles Nodier, Désaugiers, et même les célèbres Pierre Dupont et Béranger, chansonniers plus politiques que bachiques. Le vin, aujourd'hui encore, naît et meurt dans les bruits et les chansons : chants de vendanges ou de pressoir, gargouillements des cuves en fermentation, explosion des bouchons, tintements des verres et chansons à boire.

De grands compositeurs – Maurice Ravel, Charles Gounod, Camille Saint-Saëns – ont mis en musique ces chansons à boire. Mais c'est dans la musique d'opéra que se sont le mieux exprimés la force et le message du vin. Déjà, au XVIIe siècle, il est présent dans l'*Orphée* de Monteverdi. Au XVIIIe siècle, il faut citer le *Platée* de Rameau, l'*Alceste* de Glück, *La Flûte enchantée* et surtout le *Don Giovanni* de Mozart, où le vin de Marzimino accompagne les exploits amoureux et les défis que le libertin lance à Dieu ; Rossini et Donizetti introduisent les chœurs des *brindisi*. Les scènes de beuverie de la taverne d'Auerbach dans le *Faust* de Goethe sont conservées par Berlioz dans *La Damnation de Faust* (1829) et par Gounod (*Faust*, 1858).

Giuseppe Verdi, enfin, baigne ses grands opéras de la forte présence du vin paysan des auberges padouanes (*Ernani, Rigoletto, La Traviata, Otello*).

Les opérettes de Jacques Offenbach mettent aussi en scène le vin et les buveurs, du final de l'acte II de *La Vie parisienne* (« Il est gris / Tout à fait gris »), à l'ouverture de *La Périchole* (« Qui veut du vin ? Buvez ! Buvez ! ») ou à la quasi-totalité des *Contes d'Hoffmann*.

C'est Charles Baudelaire qui, dans *Du vin et du haschisch*, prolongeait les considérations d'Hoffmann dans les *Kreisleriana* : le vin de Champagne convient à l'opéra-comique, celui du Rhin ou de Jurançon à la musique religieuse, et « la musique héroïque ne peut pas se passer de vin de Bourgogne ». On sait qu'Alban Berg a mis en musique les cinq poèmes de Baudelaire consacrés au vin.

Aujourd'hui, musiques et dégustations sont associées, comme dans le festival musical annuel des grands crus de Bourgogne où, de Chablis à Cluny, une vingtaine de concerts rassemblent mélomanes et œnophiles. Louis Orizet a comparé, en poète et en œnologue, les cépages et les instruments. Et la dégustation emprunte les voies et les mots de la technique orchestrale : le vin a une « attaque », un « accompagnement », un « final ». Laissons donc, comme le poète, chanter dans nos verres l'« âme du vin ». G. G.

Vin et chanson. *En légende de ce dessin de Delannoy, publié dans* L'Assiette au beurre, *il est écrit : « Ah non ! Je ne chante que la Marseillaise : j'suis trop saoule. »* Cliché Dassau.

Le vin dans la littérature

Dès l'origine, le vin a accompagné la parole et l'écriture : c'est lui qui civilise le sauvage Enkidou dans l'Épopée de Gilgamesh, *le plus ancien texte mésopotamien connu du IIIe millénaire avant notre ère. Vers 1750 av. J.-C., il est très présent dans le* Code d'Hammourabi, *roi de Babylone, qui punit sévèrement l'ivresse. Les Égyptiens l'associent à Osiris, dieu de la vie après la mort. Dans l'Ancien Testament, la vigne et le vin sont mentionnés six cent cinquante fois.*

LE VIN DE LA BIBLE

« Avec le vin, ne fais pas le brave, car le vin a perdu bien des gens... Le vin est comme la vie pour l'homme, si tu bois dans la juste mesure... Il a été fait pour réjouir les hommes. Allégresse du cœur et joie de l'âme, tel est le vin pris à temps et suffisamment. Amertume de l'âme est le vin bu en abondance, produisant excitation et faux pas. L'ivresse accroît la fureur de l'insensé et le fait tomber. »

Livre de l'Ecclésiastique, 31, « Les festins », traduction du chanoine Crampon, Tournai, 1894.

Noé, le cycle du vin. *Enluminure du XVe siècle.*
Paris, Bibliothèque nationale de France, DR.

C'est avec les poèmes homériques que le vin devient thème littéraire épique, auquel l'*Énéide* de Virgile ou *Les Métamorphoses* d'Ovide feront écho au début de notre ère. Les mythes de Dionysos-Bacchus inspirent les poètes lyriques, d'Anacréon à Térence ou Horace, comme les satiriques Juvénal ou Martial. Le théâtre montre des scènes d'ivresse, sous leur aspect mystique et tragique comme dans *Les Bacchantes* d'Euripide, par leurs effets comiques chez Aristophane ou Plaute. Les philosophes raisonnent sur le vin, depuis Platon dans *Le Banquet* jusqu'au stoïcien Sénèque. Hippocrate et Galien dissertent sur les effets du vin dans leurs traités médicaux. Une littérature agronomique expose les techniques de la viticulture et de la vinification, avec Caton dès le IIe siècle av. J.-C. et, surtout, Pline l'Ancien et Columelle au Ier siècle de notre ère.

LE VIN ET L'AMOUR SELON OVIDE

Après avoir, dans le premier livre de son Art d'aimer, *associé l'amour et le vin : « Vénus dans le vin, c'est le feu dans le feu », le poète latin conseille aux femmes la prudence : « Le fils de Vénus et Bacchus s'accordent assez bien ensemble. Ne buvez cependant qu'autant que peut le supporter votre tête. Conservez l'usage de votre esprit et de vos pieds, et ne voyez jamais doubles les objets simples de la nature. C'est un honteux spectacle qu'une femme plongée dans l'ivresse ; elle mérite, en ce cas, d'être livrée aux étreintes du premier venu. »*

Le vin dans la littérature médiévale

Le monde chrétien occidental recueille, prolonge et augmente cet héritage. Le vin est très présent dans toutes les vies des saints ; les saints évêques et abbés plantent les vignes et bâtissent caves et celliers. Dans les chansons de geste à l'usage des princes laïques se célèbrent tout autant la forte consommation de vin nécessaire aux pourfendeurs des sarrasins que l'abstinence des ermites. Absents des romans courtois, le vin et l'ivresse inspirent directement des fabliaux, des scènes de romans comiques (l'ivresse d'Ysengrin dans le *Roman de Renart*) et les farces populaires du XVe siècle. Enfin, la poésie lyrique, qui s'épanouit au XIVe siècle, traite des plaisirs et des méfaits du vin : Eustache Deschamps, Charles d'Orléans et naturellement François Villon. Ce dernier mis à part, on observe cependant une grande retenue : l'ivresse est un péché, elle est aussi un danger public, et le double contrôle de l'Église et de l'État royal exerce une forte censure.

LE VIN BLANC DE CHAMPAGNE AU MOYEN ÂGE

« Je sais vin de rivière
Si bon qu'ainz tiens ne fut planté.
Qui en boit, c'est droite santé,
Car c'est un vin clerc, fremians
Fors, fins, fres, sus langue frians,
Douz et plaisanz à l'avaler. »

Watriquet de Cauvin, *Le Dit des trois dames de Paris,* fabliau du début du XIVe siècle, dans A. Jeanroy et A. Langfors, *Chansons satiriques et bachiques du XIIIe siècle,* Paris, 1974
(« Vin de rivière » : désigne le vin blanc [tranquille] de la vallée de la Marne.)

La Renaissance et le retour de Bacchus

La redécouverte enthousiaste du panthéon se fait en Italie dès le début du XVe siècle, encouragée par les princes à Milan, Florence, Ferrare ou Este, et même par les papes. Dionysos-Bacchus, en littérature (*Généalogie des dieux* de Boccace, dès 1360) comme en peinture, réapparaît sous les traits rassurants du

Repas champêtre de paysans et de bergers. *Représentation des amours de Gombault et Macée. Cette tapisserie rend l'image de la fête paysanne au XVIe siècle.*
Paris, Bibliothèque nationale de France, DR.

RONSARD ET
LE VIN DE L'AMOUR

« Neuf fois au nom de Cassandre,
Je vais prendre
Neuf fois du vin du flacon,
Afin de neuf fois le boire,
En mémoire
Des neuf lettres de son nom. »

Pierre de Ronsard, *Le Voyage d'Arcueil*, 1549

jeune dieu bucolique de la joie et de la danse : il est volontiers associé à Cérès, déesse des moissons, et naturellement à Vénus. On ose même le rapprocher du Christ, dans la recherche humaniste d'un nouveau syncrétisme religieux.

Les poètes de la Pléiade, cette « troupe sacrée des compagnons à la gorge altérée », cette « gaillarde bande » réunie autour de Dorat, Baïf, Belleau, Du Bellay, Jodelle et Ronsard, osent même célébrer des bacchanales à Arcueil en 1549 et récidivent en 1553. Les hymnes et les odes à Bacchus s'accumulent entre 1550 et 1560.

Au même moment (1552) paraît le *Quart Livre* qui couronne l'œuvre monumentale de Rabelais par la consultation de l'oracle de la « Dive Bouteille ». Le vin y est source de joie, mais aussi symbole de la connaissance. Les bouteilles de bourgueil et de chinon nous transmettent aujourd'hui le message rabelaisien : « Beuvez toujours, jamais ne mourrez. »

Le vin dans la littérature classique des XVIIe et XVIIIe siècles

La rigueur intellectuelle et morale est instaurée par la Réforme et, plus encore, par la Contre-Réforme et le jansénisme. Bacchus disparaît et n'est plus célébré que par quelques poètes marginaux, comme Saint-Amant, qui voulait être enterré au cabaret, « entre le blanc et le clairet ». Cependant, le vin reste un thème littéraire, très présent dans les comédies de Molière, du *Médecin malgré lui* à *Dom Juan*, comme dans les *Satires* de Boileau.

VOLTAIRE ET
LE CHAMPAGNE

« Chloris, Eglé me servent de leur main
D'un vin d'Ay dont la mousse pressée,
De la bouteille avec force élancée,
Comme un éclair fait voler son bouchon.
Il part, on rit ; il frappe le plafond :
De ce vin frais l'écume pétillante
De nos Français est l'image brillante. »

Voltaire, *Le Mondain*, 1736

Nouveau relâchement religieux et moral au XVIIIe siècle, puisque le Régent d'abord et Louis XV ensuite donnaient l'exemple, dans leurs « fêtes galantes » et leurs soupers fins. Les philosophes aimaient fort le vin, Diderot par la bouche de Jacques le Fataliste, Voltaire qui conseillait Frédéric II de Prusse pour sa cave, et même l'austère Jean-Jacques Rousseau qui, dans sa jeunesse, vidait les bouteilles de M. de Mably ! Beaumarchais affirme que « boire sans soif et faire l'amour en tout temps, il n'y a que ça qui nous distingue des autres animaux » (*Le Mariage de Figaro*). Les romans de la deuxième moitié du siècle (Diderot, Marivaux, Rétif de La Bretonne) comme les chroniques du temps (Sébastien Mercier) multiplient les scènes d'auberge et de cabaret ; les romans licencieux d'Andréa de Nerciat, Dulaurens, Mirabeau et Sade poussent très loin les raffinements des buveurs.

RABELAIS,
ÉCHANSON DU
VIN-PLAISIR

« À mon tonneau je retourne. Sus à ce vin, compaings ! Enfans, beuvez à pleins guodetz. Si bon ne vous semble laissez-le... Et peur n'ayez que le vin faille [manque], comme fut en les noces de Cana en Galilée. Autant que vous en tirerez par la dille [fausset], autant en entonnerez par le bondon. Ainsi demeurera le tonneau inexpuisible. Il a source vive et veine perpétuelle... C'est un vray cornucopie [corne d'abondance] de joyeuseté et raillerie... Bon espoir y git au fond, comme en la bouteille de Pandora, non désespoir, comme en bussart [tonneau] des Danaïdes. »

François Rabelais, prologue du *Tiers Livre*, 1546

LE VIN ORDINAIRE

« Tu ne viens pas de la côte dorée
Qui de Dijon court jusqu'au Beaujolais ;
Tu n'es pas né dans la plaine altérée,
Où le Médoc mûrit pour les Anglais.
Un nom pompeux ne te fait pas [connaître ;
Tu n'as pas eu de médaille au concours.
Tu resteras aux bords qui t'ont vu naître,
Vin ordinaire, ami de tous les jours. »

Claude Nadaud, *Chansons à dire*, 1887

Le vin dans la littérature des XIXe et XXe siècles

Le vin reste un des thèmes importants de tous les grands courants littéraires de la Révolution à la Seconde Guerre mondiale. Il se prête bien à l'expression romantique des sentiments chez Lamartine, Alfred de Musset ou Gérard de Nerval. Il est à sa place dans les romans champêtres de George Sand, pour rafraîchir et réconforter les travailleurs des champs. On s'étonnera, en revanche, de sa quasi-absence de l'œuvre immense de Victor Hugo.

Portrait d'Alfred de Musset *(1810-1857). Le jeune dandy associait le vin et l'amour. « Aimer est le grand point, qu'importe la maîtresse / Qu'importe le flacon, pourvu qu'on ait l'ivresse. »* La Coupe et les Verres, *1831.* Cliché ACIS.

L'ÂME DU VIN

« Un soir l'âme du vin chantait dans les [bouteilles :
"Homme, vers toi je pousse, ô cher déshérité,
Sous ma prison de verre et mes cires [vermeilles,
Un chant plein de lumière et de [fraternité !
Je sais combien il faut, sur la colline en [flamme,
De peine, de sueur et de soleil cuisant
Pour engendrer ma vie et pour me [donner l'âme,
Mais je ne serai point ingrat ni [malfaisant." »

Charles Baudelaire, Les Fleurs du mal, 1841

Baudelaire, illustration du Vin des chiffonniers : *« Souvent à la clarté rouge d'un reverbère... / On voit un chiffonnier qui vient, hochant la tête, / Butant et se cognant aux murs comme un poète. »* Cliché ACIS, DR.

Les thèmes du vin et de l'ivresse sont fondateurs dans la poésie symbolique. Certes, le vin est supplanté par l'alcool et surtout la terrible « fée verte » de l'absinthe chez un Rimbaud ou un Verlaine. Mais cinq poèmes des *Fleurs du mal* de Baudelaire lui sont totalement consacrés : *L'Âme du vin, Le Vin des chiffonniers, Le Vin de l'assassin, Le Vin du solitaire, Le Vin des amants.* À leur façon et avec d'autres mots, deux tiers de siècle plus tard, un Paul Valéry et, plus encore, un Paul Claudel rendront le même hommage au vin. Pour le champenois Paul Claudel, le vin est « libérateur de l'esprit et illuminateur de l'intelligence ».

Portrait d'Apollinaire par Max Jacob. *Source d'inspiration, la muse est parfois relayée par le vin dont les poètes, d'Omar Khayyàm et ses Quatrains à Guillaume Apollinaire qui l'évoque allusivement dans* Alcools, *ont vanté les vertus de libération créatrice.*
Cliché ACJS, © Spadem, 1994

LE PAPE, SA MULE ET LE VIN DU PAPE

« Tous les dimanches, en sortant des vêpres, le digne homme allait lui faire sa cour ; et quand il était là-haut, assis au bon soleil, sa mule près de lui, ses cardinaux tout autour étendus au pied des souches, alors il faisait déboucher un flacon de vin du cru – ce beau vin, couleur de rubis qui s'est appelé depuis le Château-Neuf des Papes – et il le dégustait par petits coups, en regardant sa vigne d'un air attendri. Puis, le flacon vidé, le jour tombant, il rentrait joyeusement à la ville. »
Alphonse Daudet, *Les Lettres de mon moulin*, 1879

Dans le roman qui devient progressivement la forme prioritaire de l'expression littéraire, la vigne et le vin fournissent le décor et parfois un des moteurs de l'intrigue. C'était déjà le cas chez Balzac, avec le cycle des romans du Val de Loire : le père Goriot, ancien tonnelier, s'est enrichi en achetant des vignes en Saumurois ; M. de Mortsauf est un riche propriétaire viticole de la vallée de l'Indre (*Le Lys dans la vallée*) ; le fantasque vigneron Margaritis vante au crédule parisien Gaudissart les vertus du vin de Vouvray. Pratiquement absent de l'œuvre d'un Stendhal ou d'un Flaubert, le vin joue un rôle important chez Zola, où l'objectivité naturaliste est emportée par la transfiguration sensualiste : ce sont les « grasses » vendanges dans *La Terre*, les orgies au vin de Champagne dans *Nana*, la montée des ivresses dans *L'Assommoir*. Avides de sensations puissantes et insolites, les héros de Huysmans les recherchent dans les vins précieux (*À rebours*, 1884).

À la charnière des deux siècles naît aussi le roman régionaliste soucieux de camper les personnages des terroirs provinciaux, vignerons et bons buveurs. Dans ses aspects campagnards, l'œuvre de Colette doit beaucoup aux vins : ceux dont, enfant, elle assistait à la naissance chez les paysans de la Puisaye ; ceux, plus précieux, qu'elle savourera tout au long de sa vie « vagabonde ». Et quelle sagesse chez le vigneron menuisier Colas Breugnon, héros bourguignon de Romain Rolland !

Les livres et le vin aujourd'hui

Tous les genres littéraires continuent à célébrer le vin. Apparaît aussi le vin des œnologues et des dégustateurs savants, toujours évoqué cependant avec une large place faite au rêve et à la poésie, chez un Raymond Dumay, un Max Léglise, un Jacques Puisais, un Louis Orizet, un Émile Peynaud. On peut donc être technique sans être ennuyeux.

Depuis une trentaine d'années, des thèses de doctorat en ethnologie, en géographie et surtout en histoire ont cette qualité et méritent leur place dans la bibliothèque des amateurs de vin.

Les livres de souvenirs et les biographies, spontanés ou reconstitués, sont aussi venus s'ajouter aux romans et relayer les chroniques folkloristes du début du XXe siècle. On citera, entre autres, Joseph Cressot (1943, Bourgogne), André Lagrange (1960, côte Chalonnaise) et, plus près de nous, Henri Vincenot, Louis Bréchard, Léonce Chaleil, Jean-Louis Magnon. Ces chroniques s'ajoutent aux romans régionalistes, soucieux de retracer les drames de la viticulture et les grandes colères vigneronnes (Georges Arnaud, Ludovic Massé, Jean-Pierre Chabrol, Bernard Clavel même avec *L'Espagnol*). La consommation populaire du vin inspire la verve de René Fallet ou de Frédéric Dard. Le roman policier lui aussi ne s'humecte plus au seul whisky anglo-saxon et les intrigues se nouent dans l'obscurité des chais, sur les zincs des bistrots ou autour des grandes bouteilles, comme chez ADG ou Montalban.

Fait de civilisation, le vin est enfin à sa juste place dans celle de l'image. Les livres contemporains, à la gloire des vignes, des vignerons et du vin associent désormais le texte et l'image. Pour associer, comme en dégustation, les plaisirs des sens aux joies de la connaissance. G. G.

LE BOIRE ET LE MANGER

« Boire et manger sont deux êtres qui se ressemblent ; au premier aspect, vous les prendriez pour deux cousins germains. Mais boire est autant au-dessus de manger, que l'aigle qui s'abat sur la pointe des rochers est au-dessus du corbeau qui perche sur la cime des arbres. Manger est un besoin de l'estomac ; boire est un besoin de l'âme. Manger n'est qu'un vulgaire artisan, tandis que boire est un artiste. Boire inspire de riantes idées aux poètes, de nobles pensées aux philosophes, des sons mélodieux aux musiciens ; manger ne leur donne que des indigestions. »
Claude Tillier, *Mon oncle Benjamin*, 1857

Mon oncle Benjamin, *illustration de Dumoulins.* Cliché ACJS, DR.

Les mots du vin

« Admirez donc, vous aussi, cette merveille colorée, où le soleil a mis la pourpre de ses aubes, et où il a plié, soir par soir, la robe de velours sombre et de satin grenat qui tombe du seuil de chaque nuit qui monte ! Respirez ce parfum où l'été rassemble les souvenirs du printemps et recueille l'âme flottante de la chère saison qui s'éloigne en défaillant sous les roses !... Sentez au nez ces arômes qu'exhale un jardin des lis et des mystères !... Sentez au palais ce « velours », cette soie qu'ont tissée les rayons des Cieux !... Et sous cette pourpre, sous cette somptueuse robe des Césars, il y a comme la chaleur et la sensualité d'une adorable chair profane. » Gaston Roupnel

Boire fait parler et parler peut inciter à boire par convivialité, si bien qu'on en arrive même à se griser de mots. Mais il faut communiquer ses sensations et cela s'apprend. Un vocabulaire d'amateurs, aux expressions imagées et aux métaphores approximatives, coexiste aujourd'hui avec le vocabulaire parfois trop savant des professionnels de l'œnologie et de la dégustation. Entre les deux, il faut s'efforcer de parler juste pour ne pas parler en vain.

Les mots de l'analyse sensorielle

On les utilise aux trois stades de l'analyse organoleptique d'un vin : par la vue, l'odorat et le goût.

L'examen visuel permet de caractériser la limpidité (absence de particules en suspension), la brillance (ou éclat), la fluidité (taille et nature des « larmes » qui, sur les parois du verre, traduisent le degré alcoolique), l'éventuel dégagement gazeux (vin « tranquille », « perlant », « effervescent », « mousseux ») et, surtout, l'intensité de la couleur.

L'examen olfactif permet d'identifier les arômes : arômes végétaux ou herbacés (feuille de cassis, fougère, etc.), arômes floraux (de l'acacia à la violette), arômes fruités (de l'ananas au pamplemousse pour les fruits frais, de l'amande au pruneau pour les fruits secs), arômes épicés (cannelle, girofle, poivre, etc.), arômes de confiserie (anis, bonbon acidulé, etc.), arômes boisés, torréfiés ou brûlés (cacao, chêne, etc.), arômes animaux (cuir, venaison, etc.). Mais on peut aussi déceler des signes d'altération du vin : odeur de soufre, de gaz d'éclairage (mercaptan), de cuve ou de lie, de moisi, de pourri, de bouchon.

L'examen gustatif, complété par la phase de rétro-olfaction et la mesure de la persistance du goût (« longueur » en bouche), affinera et rectifiera au besoin les observations précédentes. Traduit de l'anglais *flavour*, la flaveur rassemble toutes les sensations d'arômes et de saveurs mêlées dans l'examen gustatif. Il reste alors à apprécier les sensations d'acidité, de moelleux, d'astringence (tanin) et de degré alcoolique, à les quantifier en les situant sur une échelle d'intensité (de l'insuffisance à l'excès) et à se prononcer sur l'équilibre d'un vin.

Toto aime le vin. *Spécialiste des mots d'enfants, Poulbot met son talent au service d'une marque de vin vantée en ce début de siècle par un très grand nombre de personnalités religieuses, civiles et militaires dont le pape et le maréchal Pétain.* Cliché Dassau.

Les mots pour ne rien dire

Il faut se garder des poncifs de ceux qui voulant passer pour des experts ne sont que des répétiteurs ou des provocateurs. Leurs expressions imagées dérivent souvent d'un qualificatif technique et ne sont que des contresens ou des non-sens : un vin « qui a du corsage » (corsé ?), un vin « qui a de la cuisse » (jambes ou larmes du vin). Un vin « qui a le chapeau sur l'oreille » se disait d'un vin piqué, un vin « qui tombe dans ses bottes », d'un vin passé, fini (comme d'un tonneau disjoint, en « botte » de douelles).

Les mots du plaisir et de la connivence

Le vrai plaisir est dans la recherche des affinités, l'éveil des souvenirs, la comparaison des crus et des millésimes. La dégustation en groupe implique, outre une permanente éducation des sens, l'usage d'un vocabulaire rigoureux d'usage collectif. Pour qualifier la robe des vins, il faut s'accorder sur une palette : celle des vins blancs va du jaune paille à l'ambre, sans omettre les fréquents reflets verdâtres ; celle des vins rosés commence à l'œil-de-perdrix et se poursuit par le saumon, la framboise, le clairet et la pelure d'oignon ; la pivoine ouvre la gamme des vins rouges, puis lui succèdent la cerise, le rubis, le pourpre, le violet, le grenat et le tuilé. De l'examen olfactif puis gustatif doit ressortir un accord sur les arômes. Chacun perçoit l'immédiate évidence du bourgeon de cassis dans un sauvignon ou du bonbon acidulé (plus poétique qu'acétate d'isoamyle !) dans un gamay primeur. Mais quand un grand bourgogne fait « la queue de paon », il faut – courageusement ! – reconstituer la complexité aromatique de ce vin, trier les arômes primaires (floraux et surtout fruités) et les arômes secondaires qui ne se dégagent qu'après une lente oxydation. C'est le moment, tout en faisant tourner son verre, de parler de ce vin, d'évoquer son terroir, les travaux et les jours des vignerons, les grands moments de son histoire souvent séculaire.

Alors, seulement, on peut boire. Alors viennent spontanément d'autres mots pour qualifier le vin. Il est « drôle », « déluré », « espiègle », « coquin »... Il est « aimable », « câlin », « caressant ». Il est comme une étoffe – dentelle, satin, soie, taffetas. « Il descend dans le corgnolon (gosier) comme un petit Jésus en culottes de velours », comme on dit encore dans les bouchons lyonnais autour d'un pot de beaujolais. G. G.

Le vocabulaire de la dégustation

Le vocabulaire du vin a commencé à se diversifier au XVIIIe siècle. Aujourd'hui, il compte plus d'un millier de mots. Cependant le dégustateur professionnel recherchera la précision et la concision et n'emploiera dans ses rapports que des termes bien codifiés. Ce vocabulaire exprime les sensations recueillies par trois organes des sens : l'œil, le nez et la bouche.

L'examen visuel
Cet examen s'intéresse à la nuance et à l'intensité de la robe, ainsi qu'à la brillance du vin. On analysera également la jambe ou les larmes du vin, cet écoulement que forme le vin le long de la paroi du verre.

Nuance de la robe
• Vins blancs
Presque incolore : le vin est très jeune ; protégé de l'oxydation, il a subi une vinification moderne en cuve. Jaune clair à reflet vert : c'est très souvent la caractéristique d'un vin jeune à très jeune, vinifié et élevé le plus souvent en cuve. Jaune paille, jaune or : le vin atteint sa maturité. Or cuivre, or bronze : le vin est déjà vieux. Ambré à noir : marque d'oxydation qui implique que le vin est trop vieux.

• Vins rosés
Blanc taché, œil-de-perdrix, reflets rosés : il s'agit d'un rosé de pressurage ou d'un vin gris jeune. Rose saumon à rouge très clair franc : rosé jeune et fruité. Rose avec nuance jaune à pelure d'oignon : on est en présence d'un vin déjà vieux.

• Vins rouges
Violacé : vin très jeune, bonne teinte de gamay, de primeur et des beaujolais nouveaux (six à dix-huit mois). Rouge pur (cerise) : caractéristique d'un vin ni jeune, ni évolué. Rouge à franges orangées : signale la maturité pour les vins de petite garde ou un début de vieillissement pour les vins de longue garde. Rouge brun à brun : apanage des grands vins qui atteignent leur apogée. Pour les autres, il est trop tard.

Intensité de la robe
Une robe trop claire dénote un manque d'extraction, une année pluvieuse, un rendement excessif, des vignes jeunes, des raisins insuffisamment mûrs, une cuvaison trop courte, une fermentation basse ou un problème de température. Une robe foncée est la marque d'une bonne extraction, d'un rendement faible, de vieilles vignes et d'une vinification réussie.

Brillance de la robe
Un vin qui a de l'éclat est gai, vif ; un vin terne est probablement triste.

Jambes ou larmes du vin
Le vin en s'écoulant le long de la paroi du verre laisse la plupart du temps des traînées huileuses, appelées également larmes, de largeur variable et qui descendent plus ou moins lentement. Elles rendent principalement compte du degré alcoolique du vin.

Exemple de vocabulaire se rapportant à l'examen visuel
Nuances : vins rouges : pivoine, framboise, cerise, rubis, pourpre, violet, grenat, tuilé ; vins blancs : or vert, or pâle, or jaune, jaune paille, vieil or, doré, ambré ; vins doux naturels rouges : pourpre, grenat, brique, tuilé, rouge-brun, ocre, café ; intensité : légère, soutenue, foncée, profonde, intense ; éclat : triste, terne, mat, brillant, éclatant ; transparence : opaque, louche, voilé, limpide, cristallin.

L'examen olfactif
On notera d'abord la première impression qui peut être agréable, ordinaire ou désagréable. Viendra ensuite l'analyse de l'intensité des arômes qui seront puissants, suffisants, faibles ou inexistants. Leur qualité variera de désagréable à très fin en passant par grossier, déplaisant, ordinaire, fin, distingué, racé. On déterminera ensuite le caractère des arômes qui composent le bouquet.

Exemples de vocabulaire se rapportant à l'expression du bouquet. Odeurs florales : rose, violette, tilleul, jasmin, fleur d'oranger, sureau, acacia, iris, pivoine, verveine, chèvrefeuille ; odeurs de fruits : amande, framboise, cassis, cerise, griotte, groseille, abricot, pomme, banane, coing, pruneau, noix ; odeurs végétales : herbacé, fougère, mousse, sous-bois, terre humide, champignon, cèdre ; odeurs épicées : poivre, santal, girofle, gingembre, cannelle ; odeurs balsamiques : résine, pin, encens, vanille ; odeurs animales : viande, viande faisandée, musc, ambre gris, fourrure, cuir ; odeur empyreumatique (forte et âcre) : brûlé, grillé, pain grillé, tabac, foin séché, torréfaction, café.

L'examen gustatif
En bouche le vin diffuse de nouveaux éléments aromatiques recueillis par voie rétronasale. La bouche est elle-même sensible à la température du vin, à sa viscosité, à son astringence et à la présence ou à l'absence de gaz carbonique. C'est en bouche que se révèlent l'équilibre, l'harmonie ou certains éléments négatifs. De la même manière que pour le nez, on cherchera à exprimer ses premières impressions qui pourront être très agréables, plaisantes, ordinaires ou mauvaises. Ensuite viendra l'analyse approfondie où l'on exprimera le degré de douceur : liquoreux, sucré, doux, sec, brut, moelleux, onctueux, velouté, coulant, rude, desséché ; le degré d'acidité : s'il est excessif, le vin sera acide, vert, mordant, nerveux, acidulé ; s'il est équilibré, il sera frais, vif, gouleyant, souple ; s'il est insuffisant, on dira qu'il est plat ; le corps : la puissance en alcool déterminera un vin généreux, capiteux, chaud, puissant, lourd ou léger, la présence de tanins sera qualifiée de riche, équilibrée, insuffisante ; on parlera d'astringence ou d'amertume. Dans tous les cas on parlera de la persistance des impressions en disant si elles sont longues ou courtes. G. F.

Cette région atlantique du sud de la Loire couvre quatre zones distinctes : le pays de Brem-sur-Mer, qui longe la côte, produit surtout des vins blancs secs ; la région de Mareuil donne des rosés et des rouges tout en finesse, tandis que les environs de Chantonnay, de Vix et de Pissotte fournissent des rosés, des rouges et des blancs charnus ; les vins du haut Poitou, quant à eux, sont légers et parfumés. ◆

C H R O N O L O G I E

507 Bataille de Vouillé, dite bataille de Poitiers, où Clovis bat Alaric II.
Xe siècle Premiers pèlerinages à Saint-Jacques-de-Compostelle.
1122 Naissance d'Aliénor d'Aquitaine à Nieul-sur-l'Autize.
1523 Geoffroy d'Estissac accueille Rabelais, expulsé de Fontenay, à Maillezais. Rabelais y aurait découvert le vin, ce qui l'aurait amené à s'intéresser aux vignobles ligériens et aux spécialités culinaires.
1876 La crise du phylloxéra provoque un changement radical, les coopératives laitières se multipliant dès 1888 en Poitou, partout où la vigne a été anéantie.
1960 Administrativement, la Vendée est rattachée aux Pays de la Loire.

Maillezais, le portail de l'église Saint-Nicolas. *Des oiseaux fantastiques ornent les chapiteaux des pieds-droits, d'où s'élèvent les voussures du portail de cet édifice roman poitevin du XIIe siècle.* Photo Jean-Daniel Sudres/Scope.

La Vendée et le haut Poitou

Saint-Gilles-Croix-de-Vie, *le port de pêche. Situé au nord des vignobles de Brem-sur-Mer, le deuxième port vendéen s'oriente de plus en plus vers le tourisme.*
Photo Jean-Daniel Sudres/Scope.

Histoire du vignoble

En Vendée, les Romains plantèrent la vigne autour d'Olonne-sur-Mer et de Neuville-de-Poitou. Mais l'enclavement de la Vendée, qui ne possédait ni fleuve, ni port, ni routes, ne permit pas au vignoble vendéen de se développer avant le XVe siècle. La Révolution de 1789 et, surtout, la révolte de 1793 qui suivit, ont laissé des traces profondes, créant un véritable traumatisme chez les paysans vendéens qui s'étaient insurgés. Après la crise du phylloxéra (1890), les hybrides américains (othello, noah, etc.) furent acclimatés, mais la viticulture vendéenne régressa au profit de l'agriculture céréalière et de l'élevage, et ce n'est qu'à partir de 1950 qu'une poignée de viticulteurs se mirent à replanter en cépages nobles (gamay, pinot noir et chenin).

En Vienne, la présence de nombreuses abbayes favorisa le développement du vignoble et, dès 1199, Jean sans Terre et Aliénor d'Aquitaine fournissaient les Anglais en vins du Poitou. Reconstitué après le phylloxéra, en partie par de la folle blanche, ce vignoble fut réencépagé en plants nobles vers 1948.

Géographie et nature des sols

Au nord, le Massif armoricain, interrompu par la Loire, se termine en Vendée. Au pied de ce vieux massif érodé, la Loire et la Garonne ont accumulé leurs sédiments. Les plantations sont situées sur des coteaux de 50 à 120 m d'altitude, orientés sud, sud-est ou sud-ouest, et constitués de schistes, de gneiss ou de calcaire recouverts d'argile et de sables du crétacé. Dans la plaine de la Vienne, le socle recouvert d'argile rouge entremêlée de silex et de sables siliceux est constitué de tuffeau de Touraine et de calcaires marneux.

Le climat océanique est partout très appréciable, avec peu de pluie, 600 à 700 mm par an, et un ensoleillement plutôt méditerranéen, de deux mille quatre cents heures par an pour la Vendée.

Encépagement

En Vendée, le chenin, originaire de la Loire, constitue la majorité des plantations en blanc ; il se plaît particulièrement sur les sols argilo-caillouteux. Il est cependant peu exigeant quant à la nature du sol.

En Vienne, le gamay et le pinot noir, bourguignons d'origine, produisent la plus grande partie des vins rouges. Le gamay se satisfait de terres argileuses et d'une exposition moyenne. Les cabernets franc et sauvignon, originaires du Bordelais et mieux adaptés au climat, sont progressivement implantés.

Les cépages de la Vendée

L'encépagement blanc de base traditionnel de la Vendée a longtemps été la folle blanche, qui est moins cultivée aujourd'hui, laissant la place au chenin, au melon et au chardonnay. **Le chenin blanc,** ou pineau de la Loire, franc blanc en Vendée, a des feuilles moyennes, tourmentées, moyennement quinquelobées avec, à la base, des nervures de couleur rouge, un sinus pétiolaire en lyre et le dessous du limbe duveteux. Les grappes moyennes, coniques, ailées à baies ovoïdes, jaune doré, viennent à maturité à la deuxième époque.

L'encépagement blanc des Deux-Sèvres est constitué par le chenin, le sauvignon et le chardonnay.

L'encépagement rouge des vignobles du Poitou comprend : en Vendée, le gamay, le pinot, le cabernet franc, le cabernet sauvignon, le grolleau gris, le grolleau noir, le malbec, le merlot et le pineau d'Aunis ; dans la Vienne, le gamay, le cabernet franc, le cabernet-sauvignon, le grolleau noir, le merlot, le malbec et le pinot ; dans les Deux-Sèvres, le cabernet franc, le cabernet-sauvignon, le gamay, le grolleau, le pinot noir et le merlot.

P. G.

Types de vin

Essentiellement secs et tranquilles, les vins produits en Vendée sont toujours issus d'assemblage, alors que ceux de la Vienne sont commercialisés par cépage.

Production et structures économiques

Les vignerons sont, dans leur ensemble, de petits producteurs qui disposent de 5 à 10 ha en moyenne.

En Vendée, le commerce local représente 60 % des vins. Quelques vins franchissent les limites du département, à destination de l'étranger et de quelques villes voisines, ainsi que de Paris, par l'intermédiaire de courtiers et de cavistes. Dans ce département, l'importante autoconsommation de vins issus de cépages hybrides, dont la plantation est aujourd'hui interdite, diminue progressivement.

En haut Poitou, les vignerons, qui sont avant tout céréaliers, se bornent à produire les raisins qui seront ensuite vinifiés par une seule cave coopérative.

Cette cave coopérative, créée en 1948, et qui regroupe 95 % de l'appellation, vinifie et commercialise la quasi-totalité des vins destinés à la restauration française (60 %) et à l'exportation (40 %).

Les appellations

Les appellations de la Vendée sont au nombre de 2.

Fiefs vendéens* Haut-poitou*

* VDQS

Itinéraire de Saint-Gilles Croix-de-Vie à Châtellerault

Ici, pas de monuments grandioses, pas de nature sauvage, mais les traces d'un travail paysan et monastique quotidien qui, depuis des siècles, a modelé la nature. Sur la côte alternent dunes, plages, rochers et forêts de chênes verts, qui laissent la place aux anciens marais salants. Là ondulent joncs et roseaux, remplacés à l'intérieur par le marais boisé (appelé localement la Venise verte), chaque canal étant bordé de saules têtards, de frênes et d'immenses peupliers.

Le bocage, taluté de haies d'aubépine et de chênes, maillé et remaillé au gré des successions et des remembrements, débouche sur la plaine colorée, bigarrée, à l'horizon lointain d'où émergent les clochers gris et les toits orangés.

La région vendéenne est chargée d'une histoire présente dans les châteaux entourés de parcs floraux, les cloîtres ou les abbayes romanes. La terrible insurrection de 1793 a laissé des traces profondes dans les mentalités, tant les combats furent âpres et acharnés. Outre le terroir et ses hommes, c'est également à la rencontre de cette histoire insurgée que nous mène cet itinéraire.

Fiefs vendéens*

Appellation d'origine AOVDQS depuis 1984. On peut mentionner les régions suivantes, après l'appellation, en fonction du lieu de production : Mareuil, Brem-sur-Mer, Vix, Pissotte.

Superficie : 450 ha.

Encépagement général :
vin rouge et rosé : gamay noir et pinot noir (50 % au minimum), cabernet franc, cabernet-sauvignon et négrette ;
vin blanc : chenin (50 % au minimum), sauvignon, chardonnay ;
aire de Brem-sur-Mer, vin blanc et rosé : grolleau gris (30 % au maximum) en plus des autres ;
aires de Vix et de Pissotte, vin blanc : melon de Bourgogne (20 % au maximum) en plus des autres.

Récolte annuelle :
vins rouge et rosé : 21 300 hl ;
vin blanc : 3 400 hl.

Rendement de base : 50 hl/ha.

Titre alcoométrique minimal : 9 % vol.

Potentiel de garde :
vin rouge : de deux à cinq ans ;
vin rosé et blanc : de un à deux ans.

Le vignoble de Chantonnay, actuellement en pleine croissance, est un vin de pays de vendée.

* VDQS

1 Brem-sur-Mer

On quitte Saint-Gilles-Croix-de-Vie par la D 38 pour gagner Brem-sur-Mer. Ce bourg a donné son nom à l'appellation régionale AOVDQS fiefs vendéens brem-sur-mer, regroupant sur 7 communes voisines (Brem-sur-Mer, Brétignolles-sur-Mer, L'Île-d'Olonne, Landevieille, Olonne-sur-Mer, Talmont-Saint-Hilaire, Vairé) les 131 ha qui produisent 8 412 hl. L'encépagement commun à l'appellation s'enrichit ici du chenin, appelé localement franc blanc. Ce groupe de communes produit principalement des vins rosés. On peut apercevoir de petites parcelles, aux ceps bas et enter-

La corniche vendéenne. *Falaises et criques de schistes feuilletés forment la corniche qui relie Sion à Saint-Gilles-Croix-de-Vie.* Photo Jacques Guillard/Scope.

Talmont-Saint-Hilaire, le château. *Perché sur la motte seigneuriale, le donjon date des origines de ce château qui fut édifié vers 1025, puis accueillit Richard Cœur de Lion et Louis XI, avant d'être définitivement démantelé en 1622 sur ordre de Richelieu.*
Photo Jean-Daniel Sudres/Scope.

res dans une cuvette (tête du cep au niveau du sol), protégés ainsi du vent et des embruns marins desséchants.
À voir : **l'église du XIe siècle.**
M.-J. MICHON ET FILS : 11, rue des Vallées, 85470 Brem-sur-Mer. Tél. 02 51 33 13 04, sur R-V. Le plus grand vignoble de Brem (30 ha) produit des vins blancs bien vinifiés aux arômes iodés, et des rouges typés pinot noir vieillis en fûts de chêne neufs.

Avant d'arriver à Olonne-sur-Mer par la D 80, une halte dans la forêt de chênes verts qui borde la côte s'impose, ainsi qu'une visite de la réserve ornithologique des marais d'Olonne.

2 Les Sables-d'Olonne

Habité dès l'époque gallo-romaine, le site d'Olonne, peu à peu ensablé, abrite aujourd'hui une installation portuaire, des chantiers navals et de plaisance, ainsi qu'une station balnéaire, entre la mer et la campagne, dans un paysage de dunes, de marais et de forêt.
À voir : **l'église Notre-Dame-de-Bon-Port ; la plage et la promenade du Remblai ; le quartier du Passage ; le port.**
Après les Sables-d'Olonne, la D 949 mène à Talmont-Saint-Hilaire.

3 Talmont-Saint-Hilaire

Cette commune, l'une des plus grandes de la Vendée, nous offre, outre son musée de l'Automobile, son impressionnante forteresse médiévale à double enceinte, avec un donjon du XIe siècle et la vénérable chapelle Saint-Pierre plus ancienne.
À voir : **le château (XIe-XVIe siècle) ; à Saint-Cyr-en-Talmondais, le parc floral du château de la Court-d'Aron.**
La D 949 conduit à Avrillé où l'on peut découvrir, près de la mairie, des menhirs géants. La D 19 conduit ensuite au Champ-Saint-Père, puis à Rosnay et Mareuil. De part et d'autre de cette route s'étend, sur les multiples coteaux, l'aire d'appellation AOVDQS fiefs vendéens mareuil qui regroupe 10 communes voisines.

Outre le chardonnay, on trouve de la négrette, appelée ici ragoûtant, mais c'est le gamay qui domine. Ces communes produisent essentiellement des vins rosés (64 %) et des rouges (31 %).

4 Rosnay

Situé légèrement à l'écart, sur la D 50, Rosnay est l'une des communes les plus encépagées de France.
GAEC VIGNOBLES DANIEL GENTREAU : Follet, 85320 Rosnay. Tél. 02 51 30 55 39, tlj sauf dimanche du 15 juin au 15 septembre, 9 h-12 h 30 et 14 h 30-20 h. On appréciera le mareuil rouge harmonieux, et le rosé rustique.

5 Mareuil-sur-Lay-Dissais

Depuis le pont sur le Lay, on a une vue agréable sur cette commune : bâtie dans un site pittoresque, elle recèle une église du XIe-XIIe siècle qui sert de cadre à de nombreux concerts baroques. Elle est agrémentée d'un clocher du XIXe siècle qui jouxte un château de la même époque. Mareuil accueille de nombreux concerts baroques.
À voir : **l'église Saint-Sauveur.**
JEAN ET JÉRÉMIE MOURAT : 5, rue de la Trémoille, 85320 Mareuil-sur-Lay-Dissais. Tél. 02 51 97 20 10, tlj sauf dimanche, 8 h-12 h et 14 h-18 h. Jean Mourat exploite le plus important vignoble de Vendée (35 ha) ; on goûtera en premier lieu ses rouges puissants et tanniques, et ses rosés friands. Son chai ultramoderne respecte l'architecture typiquement vendéenne de la ferme.
Château-Guibert, traversé par la D 60, marque la limite des dernières vignes de Mareuil. En quittant Thorigny (du nom du dieu païen Thor), dont on appréciera l'église (XIIIe-XVIe siècle) et la place centrale, on gagne Saint-Philbert-du-Pont-Charrault par Chantonnay.

6 Saint-Philbert-du-Pont-Charrault

Les vins produits sur cette commune sont classés en vins de pays de vendée. Le relief de ce point culminant de la Vendée viticole (105 m d'altitude) est très vallonné, de part et d'autre de la rivière Grand-Lay. Les vignes croissent sur des sols de calcaire, de schistes bleus ou de gneiss. On y produit, de manière égale, blancs, rosés et rouges. Des sentiers pédestres font le tour du lac. À voir : **à Mouilleron-en-Pareds, le musée national des Deux-Victoires-Clemenceau-de-Lattre.**

Portrait
Daniel Gentreau, viticulteur

Daniel Gentreau fut président du Syndicat viticole des fiefs vendéens de 1983 à 1993. Après avoir fait respecter la réglementation sur la consommation des vins, ce préretraité de la gendarmerie reconstitua le vignoble familial et mit son temps, sa compétence et son courage au service des autres vignerons. En 1984, il mena à son terme le passage de l'appellation vins de pays en label AOVDQS, l'exigence de rigueur pour le vignoble ayant pour objectif d'obtenir, à plus ou moins long terme, la consécration en AOC.
Convertir à la qualité des agriculteurs-vignerons habitués à privilégier la quantité, leur faire accepter la contrainte d'obligations rigoureuses de production (cépages, densité de plantation, taille…) ne fut pas chose aisée. Les discours incisifs de Daniel Gentreau, modeste mais rigoureux, n'épargnèrent personne. Il œuvra pour le développement de la mise en bouteilles à la propriété, ainsi que pour la commercialisation en bouteilles, réduisant considérablement la toute-puissance du négoce en vrac. Il participa aussi à la fondation, en 1989, de la confrérie des Compagnons du pressoir, chevaliers gouleyeurs des fiefs vendéens. J.-Y. M.

PHILIPPE ORION : domaine de La Barbinière et domaine des Deux-Lay, 85110 Saint-Philbert-du-Pont-Charrault. Tél. 02 51 34 39 72, sur R-V. Technicien de la vigne et du vin en Alsace et en Anjou, Philippe Orion s'est arrêté ici pour mettre en valeur le terroir. Il privilégie les caractères du cépage et du sous-sol, produisant des vins blancs gras et aromatiques, et des rouges tanniques de garde. À suivre.

7 Pissotte

Uniquement dans cette commune, sous l'appellation spécifique AOVDQS fiefs vendéens pissotte, un seul domaine de 17 ha, où domine le cabernet pour les rouges, produit 1 155 hl (35 % blanc, 43 % rosé, 22 % rouge). De ces derniers coteaux viticoles, on surplombe Fontenay-le-Comte et la plaine du bas Poitou. La sculpture gallo-romaine de la déesse Épona fut découverte à L'Orbrie, situé à 2 km.

Aux environs : **le château du Poiron ; le lac et l'imposant massif forestier de Mervent-Vouvant ; le château Renaissance de la Citardière ; la cité romane de Vouvant.**

XAVIER COIRIER : La Petite-Groie, 15, rue des Gélinières, 85200 Pissotte. Tél. 02 51 69 40 98, sur R-V. D'une très ancienne famille de vignerons, Xavier Coirier produit des rouges de garde concentrés et longs qui, lors des dégustations à l'aveugle, mènent plus d'un professionnel à se méprendre quant à leur origine ; ses rosés et ses blancs, vifs, aromatiques, démentent l'image qu'évoque leur drôle de nom (l'origine du nom Pissotte serait « puy sault »). Il vinifie également les derniers ceps de colombard et de melon de Bourgogne qui soient autorisés par l'INAO dans la région.

8 Fontenay-le-Comte

Très riche en monuments, cette petite ville fut l'une des capitales de l'humanisme. Elle attendra les années 1960 pour s'étendre hors de la cité médiévale qui mérite une visite prolongée. La place Viète et le quartier Notre-Dame, le parc Baron, la place Belliard, la rue Goupilleau, sont autant de lieux propices à la flânerie et à la découverte.

À voir : **la fontaine des Quatre-Tias ; l'hôtel de la Sénéchaussée ; l'église Notre-Dame ; la maison Billaud ; le château de Terre-Neuve ; l'usine Mathieu.**

De Fontenay-le-Comte à Vix, le vignoble vendéen se termine sur un promontoire calcaire qui domine la plaine et le marais poitevin.

9 Vix

Sur cette commune, une seule propriété produit les vins de l'appellation AOVDQS fiefs vendéens Vix. D'une étendue de 22 ha, ses vignobles produisent 1 624 hl (45 % blanc, 30 % rouge, 25 % rosé). Ici, les ceps nés ou à naître ne sont pas tous destinés à la production locale. En effet, Vix est le siège de l'une des plus importantes sociétés pépiniéristes de France, spécialisée dans la greffe et la culture *in vitro.* Y sont cultivés pour le vin les cépages sauvignon, chenin, chardonnay, cabernets, gamay et pinot noir.

VIGNOBLES MERCIER FRÈRES : La Chaignée, 85770 Vix. Tél. 02 51 00 65 14, sur R-V. Sur l'excellent terroir de leurs pépinières, cette famille produit des vins agréables à boire dans leur jeunesse.

10 Maillezais

Au cœur de la Venise verte, Maillezais offre les ruines de son abbaye romane édifiée en 1003. Construite sur les fondations du château de Maillezais par Théodolin elle accueillit la communauté religieuse en 1010 et connut un essor extraordinaire et servit d'asile à Rabelais en 1518.

On quitte la Vendée après Nieul-sur-l'Autise, lieu de naissance d'Aliénor d'Aquitaine. Avec son lacis de ruelles, le village se resserre autour d'un remarquable ensemble monastique. L'abbaye, avec son cloître roman intact, date du XIe siècle.

La route qui mène à Parthenay traverse les immenses vergers de pommes et de poires de la Gâtine.

11 Parthenay

Cette cité médiévale compta jusqu'à 30 tours de défense et 1 km de remparts. Avec ses rues étroites et ses maisons à saillie, dont très peu sont malheureusement conservées, elle fut une étape sur la route de Saint-Jacques-de-Compostelle.

À voir : **la citadelle ; la tour Saint-Jacques (XIIIe siècle) ; le château ; la rue de la Vau-Saint-Jacques.**

En sortant par la D 59, on se dirige vers le terrier de Saint-Martin-du-Fouilloux, point culminant (272 m) du département, et l'on rejoint Thénezay par la D 738. On entre alors dans l'aire d'appellation AOVDQS haut-poitou. Cette commune et sa voisine, Doux, sont les seules des Deux-Sèvres dans cette appellation.

Jusqu'à Vouillé, le paysage est uniforme : une plaine céréalière avec des parcelles de vignes éparses et juchées sur des mamelons. Ce lieu évoque les premiers temps de notre histoire de France, puisque c'est là que Clovis remporta, en 507, la bataille qu'il livra au Wisigoth Alaric II. La légende vigneronne prétend que la victoire fut acquise lorsque les adversaires s'empêtrèrent dans les vignes.

Sortir de Vouillé par la D 62.

Haut-Poitou*

Superficie : 489 ha.
Encépagement :
vin rouge et rosé : pinot noir, gamay noir, merlot, malbec, cabernet franc et cabernet-sauvignon, gamay de Chaudenay et grolleau (20 % au maximum) ;
vin blanc : sauvignon, chardonnay, chenin blanc (20 % au maximum), pinot blanc.
Récolte annuelle :
vin rouge : 15 300 hl ;
vin blanc : 15 900 hl.
Rendement de base : 50 hl/ha.
Titre alcoométrique minimal : 9 % vol.
Potentiel de garde : à boire jeune (deux ans).

*VDQS

12 Neuville-de-Poitou

Ici, on est au cœur de l'appellation, car c'est au siège de la coopérative des 40 communes situées dans le demi-cercle nord (environ 20 km de rayon) que les vendanges sont acheminées par bennes tractées.

À voir : **le Futuroscope de Poitiers.**

SA CAVE DU HAUT-POITOU : 32, rue A.-Plault, 86170 Neuville-de-Poitou. Tél. 02 49 51 21 65, sur R-V. Cette cave coopérative possède un équipement moderne. Grâce au tri des vendanges et à la maîtrise des techniques, on obtient des vins agréables jeunes, issus des cépages sauvignon, cabernet et gamay.

Ce périple se termine à Châtellerault, patrie de Descartes. J.-Y. M.

Châtellerault, le pont Henri-IV. *Édifié de 1565 à 1611 par Charles Androuet du Cerceau, qui fut également l'architecte du Pont-Neuf à Paris, cet ouvrage d'art est long de 144 m et large de 20.* Photo Jean-Daniel Sudres/Scope.

Les millésimes

Dans un pays tempéré comme la France, les variations climatiques influent sur la qualité du vin dont elles modèlent, chaque année, la silhouette. Encore faut-il apprécier à sa juste valeur la signification d'un millésime.

Il est avéré qu'un été chaud et ensoleillé, en particulier dans la période de la floraison jusqu'aux vendanges, a toutes les chances de favoriser l'élaboration de vins puissants, riches en sucre et aromatisés, alors que le froid ou la pluie influent souvent négativement sur la qualité. Mais la seule mention du millésime est souvent trompeuse.

D'une part, en effet, les diversités régionales et l'action des terroirs ou des microclimats jouent leur rôle : 1976, considéré comme un grand millésime, ne l'est pas pour tous les vins ; un grand cru d'une année médiocre sera toujours supérieur à un vin simple d'une grande année.

D'autre part, les progrès dans les techniques de vinification permettent de mieux maîtriser les influences climatiques. Enfin, il convient de considérer le millésime comme un facteur d'évolution et de longévité tout autant que de qualité : bus jeunes, les meilleurs crus d'une grande année se révéleront peut-être décevants, car ils demandent une garde de plusieurs années pour donner leur plénitude.

Sous toutes ces réserves, le tableau des millésimes (notés sur 20) présenté ci-dessous donne cependant de précieuses indications sur la valeur accordée aux grands types de vin en fonction des années. G. F.

	Bordeaux R	Bordeaux B liquoreux	Bordeaux B sec	Bourgogne R	Bourgogne B	Champagne	Loire	Rhône	Alsace
1900	19	19	17	13		17			
1903	14	7	11						
1904	15	17		16		19		18	
1905	14	12							
1906	16	16		19	18				
1907	12	10		15					
1908	13	16							
1909	10	7							
1911	14	14		19	19	20	19	19	Alsace Allemande
1914	13	15							
1915		16		16	15	15	12	15	
1916	15	15		13	11	12	11	10	
1917	14	16		11	11	13	12	9	
1918	16	12		13	12	12	11	14	
1919	15	10		18	18	15	18	15	15
1920	17	16		13	14	14	11	13	10
1921	16	20		16	20	20	20	13	20
1922	9	11		9	16	4	7	6	4
1923	12	13		16	18	17	18	18	14
1924	15	16		13	14	11	14	17	11
1925	6	11		6	5	3	4	8	6
1926	16	17		16	16	15	13	13	14
1927	7	14		7	5	5	3	4	
1928	19	17		18	20	20	17	17	17
1929	20	20		20	19	19	18	19	18
1931	2	2		2	3		3	5	3
1933	11	9		16	18	16	17	17	15
1934	17	17		17	18	17	16	17	16
1935	7	12		13	16	10	15	5	14
1936	7	11		9	10	9	12	13	9
1937	16	20		18	18	18	16	17	17
1938	8	12		14	10	10	12	8	9
1939	11	16		9	9	9	10	8	3
1940	13	12		12	8	8	11	5	10
1941	12	10		9	9	9	10	8	3
1942	12	16		14	12	16	11	14	14
1943	15	17		17	16	17	13	17	16
1944	13	11	12	10	10		6	8	4
1945	20	20	18	20	18	20	19	18	20
1946	14	9	10	10	13	10	12	17	9
1947	18	20	18	18	18	18	20	18	17
1948	16	16	16	10	14	11	12		15
1949	19	20	18	20	18	17	16	17	19
1950	13	18	16	11	19	16	14	15	14
1951	8	6	6	7	6	7	7	8	8
1952	16	16	16	16	18	16	15	16	14
1953	19	17	16	18	17	17	18	14	18
1954	10			14	11	15	9	13	9
1955	16	19	18	15	18	19	16	15	17
1956	5						9	12	9
1957	10	15		14	15		13	16	13
1958	11	14		10	9		12	14	12
1959	19	20	18	19	17	17	19	15	20
1960	11	10	10	10	7	14	9	12	12
1961	20	15	16	18	17	16	16	18	19
1962	16	16	16	17	19	17	15	16	14
1963					10				
1964	16	9	13	16	17	18	16	14	18
1965			12				8		
1966	17	15	16	18	18	17	15	16	12
1967	14	18	16	15	16		13	15	14
1968									
1969	10	13	12	19	18	16	15	16	16
1970	17	17	18	15	15	17	15	15	14
1971	16	17	19	18	20	16	17	15	18
1972	10		9	11	13		9	14	9
1973	13	12		12	16	16	16	13	13
1974	11	14		12	13	8	11	12	13
1975	18	17	18		11	18	15	10	15
1976	15	19	16	18	15	15	18	16	19
1977	12	7	14	11	12	9	11	11	12
1978	17	14	17	19	17	16	17	19	15
1979	16	18	18	15	16	15	14	16	16
1980	13	17	18	12	12	14	13	15	10
1981	16	16	17	14	15	15	15	14	17
1982	18	14	16	14	16	16	14	13	15
1983	17	15	16	15	16	13	12	16	20
1984	14	13	12	13	14	5	10	11	15
1985	18	15	14	17	17	17	16	16	19
1986	17	17	12	12	15	9	13	10	10
1987	13	11	16	12	11	10	13	8	13
1988	16	19	18	16	14	15	16	18	17
1989	18	19	18	16	14	15	16	18	17
1990	18	20	17	18	16	19	17	17	18
1991	13	14	14	14	15	11	12	13	13
1992	12	10	14	15	16	12	14	12	13
1993	13	8	15	14	13	12	13	13	13
1994	14	14	17	14	16	12	14	14	12
1995	16	18	17	14	16	16	17	16	12
1996	15	18	16	17	18	19	17	14	12
1997	14	18	14	14	17	15	16	14	13
1998	15	16	14	15	15	13	14	18	13
1999	14	17	13	13	12	15	12	16	10
2000	18	10	16	11	15	15	16	17	12

extrait du *Guide Hachette des vins*

Les mets et les vins

L'alliance, ou le mariage, d'un mets et d'un vin est un acte qui relève de la subjectivité, de l'intuition et du savoir-faire. Elle prend diverses formes suivant les circonstances et l'humeur du moment. Car si tout peut se faire, ou s'essayer, au moins une fois, c'est en définitive la mémoire sensitive alliée à une solide éducation du goût qui décide des meilleures associations.

Menu orné de motifs 1900, *offert par les champagnes Chandon.*
Cliché ACJS, DR.

C'est à table que l'on apprécie le mieux les vins. Dans ce domaine tout est question de connaissance, de dosage et d'imagination, lesquels permettent d'atteindre les sommets du plaisir gustatif. Une fois évoqués les grands principes et les alliances éprouvées, restent les « coups de cœur », aux limites de l'insolite.

Quelques principes du service des vins

1. Suivre une gamme ascendante car aucun vin servi ne doit faire regretter le précédent. En règle générale, on va donc du plus jeune au plus vieux, du plus léger au plus corsé, du plus frais au plus chambré.
2. Séparer les vins comme les mets par une gorgée d'eau ou une bouchée de pain pour « se refaire la bouche ».
3. Servir de préférence les vins blancs secs et frais avant les vins rouges ; réserver les vins blancs liquoreux, sauf rares exceptions (sauternes et foie gras, par exemple), pour le dessert.
4. En règle générale – mais les exceptions seront souvent d'éblouissantes révélations –, les vins blancs secs accompagneront les coquillages, les crustacés et les poissons ; les vins rouges, les viandes rouges et les gibiers.
5. Respecter les températures de service des vins : ne pas trop les glacer, ne pas trop les chambrer. L'usage régulier d'un thermomètre à vin est très recommandé.
6. Ne pas proposer de vin sur certains mets destructeurs des arômes et des goûts : les salades aux sauces fortement vinaigrées et moutardées, les œufs et omelettes nature, les asperges, les poivrons, les légumes un peu trop astringents (épinards, oseille, raves) ; les fruits frais acides, le chocolat qui gagne pourtant à être accompagné d'un vieux banyuls.
7. On peut également rechercher le simple accord de proximité entre un produit ou un plat de terroir et un vin local, même modeste.

Principales associations

Elles se font classiquement en référence aux mets. Mais il faut savoir que la démarche inverse est possible et parfois très recommandable : associer les mets à des vins prioritairement choisis.

Potages et soupes

Bouillons et crèmes de légumes : vins rouges légers ; soupes paysannes : des vins de pays ; garbure béarnaise : madiran ; tourin périgourdin à l'ail : bergerac ou cahors jeune ; soupe aux choux et au lard auvergnate : saint-pourçain rosé.

Charcuteries

Jambons crus : côtes du rhône, costières de nîmes ; jambons crus fumés : saint-joseph rouge, bandol rouge, pouilly-fumé ; jambon cuit persillé : bourgogne rouge léger, beaujolais ; pâtés de gibier : gigondas, moulin-à-vent, chénas, saumur-champigny ; pâtés de poissons et de crustacés : meursault, montrachet, condrieu, hermitage, riesling ; rillettes, rillons : gamay et cabernet de touraine, cahors jeune ; saucissons : beaujolais, beaujolais-villages, côtes du rhône.

Nature morte au crabe, *bois peint de Michel Simons (Vienne, XVIIe siècle). L'œuvre de ce peintre est principalement consacrée aux représentations de natures mortes de victuailles.*
Cliché ACJS, DR.

Savennières Coulée-de-Serrant.
Photo Jean-Daniel Sudres/Scope.

Foie gras

Servi en hors-d'œuvre ou en entrée : pinot gris d'Alsace (tokay), un jurançon sec, et même un pécharmant ou un graves rouge. Servi à la fin du repas : un grand cru de sauternes, de montrachet, un gewurztraminer «vendanges tardives » et « sélection de grains nobles », un muscat de beaumes-de-venise ou un banyuls, un grand médoc ou un vieux châteauneuf-du-pape.

Coquillages et crustacés (crus ou nature)

Huîtres : muscadet ou gros-plant du Pays nantais, aligoté de Bourgogne, chablis, entre-deux-mers, sylvaner d'Alsace ; moules (crues) de Bouzigues : sauvignon de Touraine, sancerre ; crevettes, langoustines : picpoul de pinet, malvoisie de la Clape ; écrevisses (à la nage) : sancerre, gaillac blanc, jurançon sec ; langoustes et homards (à la nage) : riesling, saint-véran, pouilly-fuissé.

Coquillages et crustacés (cuisinés)

Calmars farcis : mâcon-villages, côtes de provence blancs ; calmars à l'encre : bandol et châteauneuf rouges, tavel ; civet de langouste (ou homard) : banyuls rancio, châteauneuf ; mouclade, moules farcies : chardonnay du Poitou, mâcon-villages ; moules marinières : entre-deux-mers, aligoté, pinot blanc d'Alsace.

Poissons
Poissons en sauce : selon les cas, on doit servir le vin rouge ou blanc utilisé dans la préparation du mets. Sur les beurres blancs (brochet, saumon, sandre, truite) : préférer les vins blancs de Loire ; poissons froids servis avec une sauce relevée : tous les vins blancs secs et fruités, en particulier les rieslings d'Alsace, les chardonnays du Mâconnais (pouilly-fuissé) et de Bourgogne, les viogniers de Condrieu, l'hermitage, le jurançon demi-sec ; poissons grillés ou meunière : meursault, montrachet, pouilly-fuissé, roussette de Seyssel, hermitage, châteauneuf blanc.

Volailles
Volaille rôtie (poulet, pintade, dinde) : vins rouges souples et légèrement tanniques tels que côte de brouilly, fleurie, mercurey, givry, côtes de nuits, vosne-romanée, chinon, graves, saint-émilion, pomerol. Volaille en sauce : peut s'accompagner de vins blancs comme les côtes du jura, l'arbois-pupillin, le sancerre, le pinot gris d'Alsace. Poulet de Bresse à la crème et aux morilles : il exige le vin jaune de Château-Chalon. Volaille truffée : grands vins rouges tels que pommard, corton, côte rôtie, cornas, châteauneuf. Canard rôti, en sauce ou en confit, pigeon : grands vins rouges tels que : saint-émilion, médoc, vieux cahors, châteauneuf, hermitage, et tous les grands bourgognes. Lapin (rôti ou en gibelotte) : un vin rouge léger, du type beaujolais, ou un vin blanc sec, du type sancerre.

Viandes blanches
Veau : pour la majorité des préparations, on peut envisager les mêmes associations de vins qu'avec les volailles ; les abats (foie, rognons, ris) réclament des vins rouges tanniques : médoc, saint-émilion, cahors, côte rôtie, cornas ; agneau : les meilleurs accords se font avec les vins rouges de la vallée du Rhône, de la Provence et du Languedoc ; porc : les andouillettes, le chou farci, la palette et naturellement la choucroute appellent des vins blancs secs d'Alsace (riesling, sylvaner), de Bourgogne et du Mâconnais (aligoté et chardonnay). Les saucisses et le cassoulet sont en harmonie avec les vins rouges des Corbières et du Midi-Pyrénées (fronton, madiran, buzet, cahors).

Rotolis au foie salé, *accompagnés d'un vin blanc de cépage mauzac, frais et fruité.* Photo Jean-Luc Barde/Scope.

Viandes rouges
Viande de bœuf grillée ou rôtie : beaujolais-villages, chénas, givry, mercurey, côte de beaune et côte de nuits, bourgueil, chinon. Entrecôte bordelaise et châteaubriant : un saint-julien ou un grand médoc. Bœuf en sauce (bourguignon, daube) : des vins tanniques assez jeunes : madiran, cahors ou bordeaux.

Gibiers
Ils méritent des mariages... en grande cérémonie : bécasses, grives et perdrix : côte rôtie, hermitage et châteauneuf ; faisans et perdreaux : pommard, vosne-romanée, saint-émilion grand cru ; lièvres : pomerol, fronsac, corton ou volnay ; sanglier : chambertin, moulin-à-vent, châteauneuf ; salmis de palombe : saint-julien.

Fromages
« À chaque fromage son vin » (et réciproquement !), prescrit un dicton gourmand, mais on ne saurait ici en énumérer 365 espèces... Restons-en à de prudentes généralités, non sans rappeler que l'odeur trop agressive d'un fromage peut tuer bien des grands vins. Les fromages de chèvre s'accommodent tous fort bien de vins blancs jeunes, légers et plutôt secs : recherchons donc des mariages de voisinage, cabécous du Quercy : gaillac perlant ; picodons de la Drôme : hermitage ou châteauneuf blancs ; le crottin de Chavignol : sancerre ; Sainte-Maure : sauvignons de Val de Loire. Les pâtes cuites (comté, beaufort, gruyère, etc.) s'allient avec les vins blancs du Jura (arbois, l'étoile, arbois-pupillin), du Bugey et de Savoie (seyssel, jongieux, abymes, apremont). Les pâtes pressées (saint-paulin, saint-nectaire, cantal) : vins rouges légers et jeunes du type gamay. Les pâtes molles (brie, camembert, livarot, etc.) : vins rouges de cépage pinot et bourgognes. Les pâtes persillées (bleus des Causses, d'Auvergne, de Bresse, fourmes) : vins rouges plus tanniques du Bordelais et du Sud-Ouest. Le roquefort, comme le foie gras, puissant en odeur et en saveur, n'est pas facile à associer : d'aucuns conseillent les vins rouges « paysans » du Rouergue (marcillac) ou des côtes du Quercy ; d'autres suggèrent la saveur puissante et sucrée d'un sauternes, d'un vin jaune de château-chalon, d'un muscat de rivesaltes.

Maurice Sailland, dit Curnonsky, *critique gastronomique, figure légendaire d'un certain art de vivre français.* Cliché Dassau.

Desserts
Seuls l'eau puis le café sont indiscutables ! Mais on peut tenter des associations entre les saveurs sucrées des crèmes, des pâtes ou des fruits, et celle des vins liquoreux : muscats, gewurztraminers de « vendanges tardives », coteaux du layon, bonnezeaux, quarts de chaume, vin de paille d'arbois, pacherenc du vic-bilh (liquoreux), jurançon moelleux, loupiac, sainte-croix-du-mont (liquoreux). Et naturellement, le champagne demi-sec de préférence. Cognac et armagnac se marient parfaitement avec nombre de gâteaux et crèmes sans omettre le chocolat.

Coups de cœur et coups d'audace
On peut renverser l'association et ordonnancer un repas autour d'un seul type de vin. Les bordeaux, les beaujolais, les bourgognes et, naturellement, les champagnes s'y prêtent bien : on substitue alors au « mélange », justement redouté par certains convives, une dégustation « verticale » (remontante) des millésimes. Pourquoi ne pas affirmer sa préférence pour la saveur irremplaçable d'un plat et ne lui associer alors qu'un modeste vin de soif. Pourquoi ne pas essayer un bouzy rouge ou un gamay primeur sur des huîtres ? Un grand châteauneuf sur le rouget grillé, cette « bécasse de la mer » ? Un muscat frappé peut compléter un sorbet pour tenir lieu de « trou normand ». Un vin rouge fruité de type beaujolais accompagne bien les salades de fruits rouges ou les poires pochées. Bref, on peut essayer de boire autrement. G.G.

La vallée de la Loire

Montsoreau. *À la confluence de la Loire et de la Vienne, le village de Montsoreau, bien établi dans ses limites depuis plusieurs siècles, jouxte celui de Candes-Saint-Martin où mourut saint Martin. Le sol est composé de calcaire détritique.* Photo Michel Guillard/Scope.

Depuis le jardin de la France, en Touraine, jusqu'aux pentes de la Bretagne, la région de la Loire présente une étonnante diversité de cépages et de vins, préservés par les traditions locales qui en privilégient l'authenticité, ainsi que de terroirs qui bénéficient des microclimats créés par les nombreux cours d'eau. Mais tous ces vignobles partagent des traits communs : une latitude qui procure aux vins une tonalité nordique, souvent rafraîchissante, et surtout l'omniprésence de la Loire. Grande voie de communication, c'est le fleuve royal sur le cours duquel le climat atlantique, encore mêlé d'influences semi-continentales en Touraine, s'affirme plus nettement en Anjou, avant que le caractère maritime ne s'épanouisse pleinement dans la région nantaise, patrie du muscadet.◆

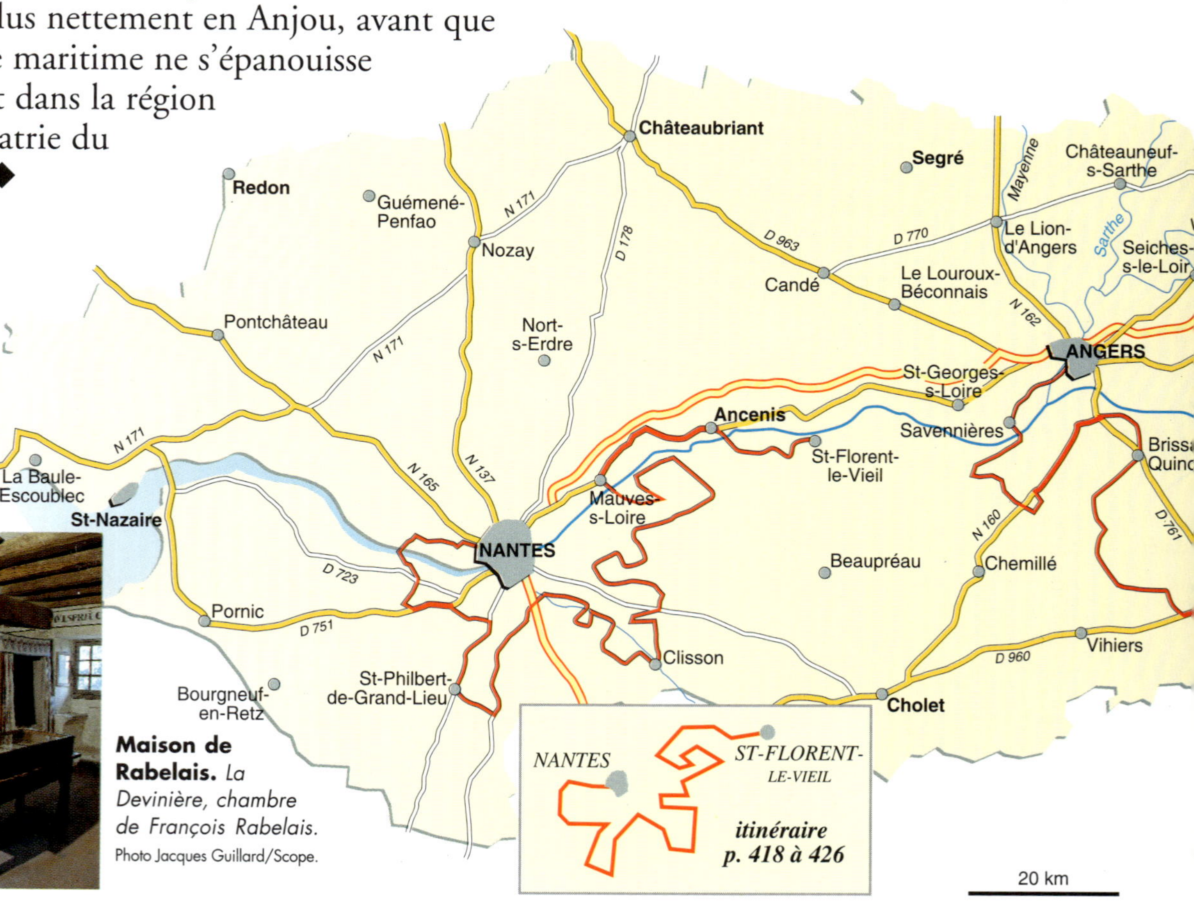

Maison de Rabelais. *La Devinière, chambre de François Rabelais.* Photo Jacques Guillard/Scope.

Histoire du vignoble

La vigne existe dans la région de la Loire depuis des temps très anciens, ainsi qu'en atteste la présence de pollens et de pépins fossiles datant de la dernière glaciation du quaternaire, il y a un peu plus de sept mille ans.

La présence des hommes est également fort ancienne dans ces lieux : on retrouve de très nombreux dolmens ou autres pierres levées, et l'on sait que les silex taillés du Grand-Pressigny (Indre-et-Loire) ont été exportés en Europe. Mais jusqu'à l'époque gauloise, il semble que l'élaboration de vin soit inexistante, et c'est surtout la conquête romaine qui provoqua l'expansion des vignobles le long de la voie fluviale menant par le Rhône et la Saône jusqu'à la Loire. Qu'on tienne pour preuve de cette implantation un pressoir gallo-romain du IIe siècle exposé au musée du Vin à Tours.

Le temps des abbayes. Les premières données historiques sont liées à l'expansion de la religion chrétienne. Envoyé dans la région par l'empereur comme officier

C H R O N O L O G I E

5 500 ans av. J.-C. L'étude des pollens montre la réapparition de la vigne sauvage dans le Val de Loire après la dernière glaciation quaternaire.
IIe siècle Un pressoir gallo-romain témoigne de la production de vins dans la région de Tours.
IVe siècle Saint Martin, évêque de Tours, fonde de nombreuses abbayes et fait planter de la vigne.
VIe siècle Sous l'influence des abbayes et des monastères, le vignoble est établi dans le Blaisois. Grégoire de Tours évoque le vignoble de l'Anjou dans son histoire des Francs.
Mai 769 Charlemagne fait don d'une vigne à l'abbaye de Saint-Aubin.
1154 Henri II Plantagenêt, comte d'Anjou, devient roi d'Angleterre. Il épouse Aliénor d'Aquitaine et son empire s'étend alors de l'Écosse aux Pyrénées. Sous son règne et celui de ses successeurs, le commerce des vins se développe vers l'Angleterre et l'Europe du Nord par la Loire, et cela va durer pendant plus de deux siècles.
XIVe siècle Des édits des comtes de Blois réglementent la plantation et la culture de la vigne dans le Blaisois.
1519 François Ier acclimate, autour de son château de Romorantin, un cépage venu de Bourgogne qui a pris depuis le nom de romorantin.
1635 Première mention du muscadet.
Du XVIe au XVIIIe siècle La Compagnie hollandaise des Indes orientales organise le commerce des vins qui dès lors voyagent dans le monde entier.
1811 Venant de Champagne, Jean Ackerman introduit à Saumur la seconde fermentation en bouteilles pour les vins mousseux.
1880-1890 Invasion du phylloxéra.

Cathédrale de Nantes. *La Justice, tombeau de François II, duc de Bretagne (†1488), sculpté par Michel Colombe.* Photo Jacques Guillard/Scope.

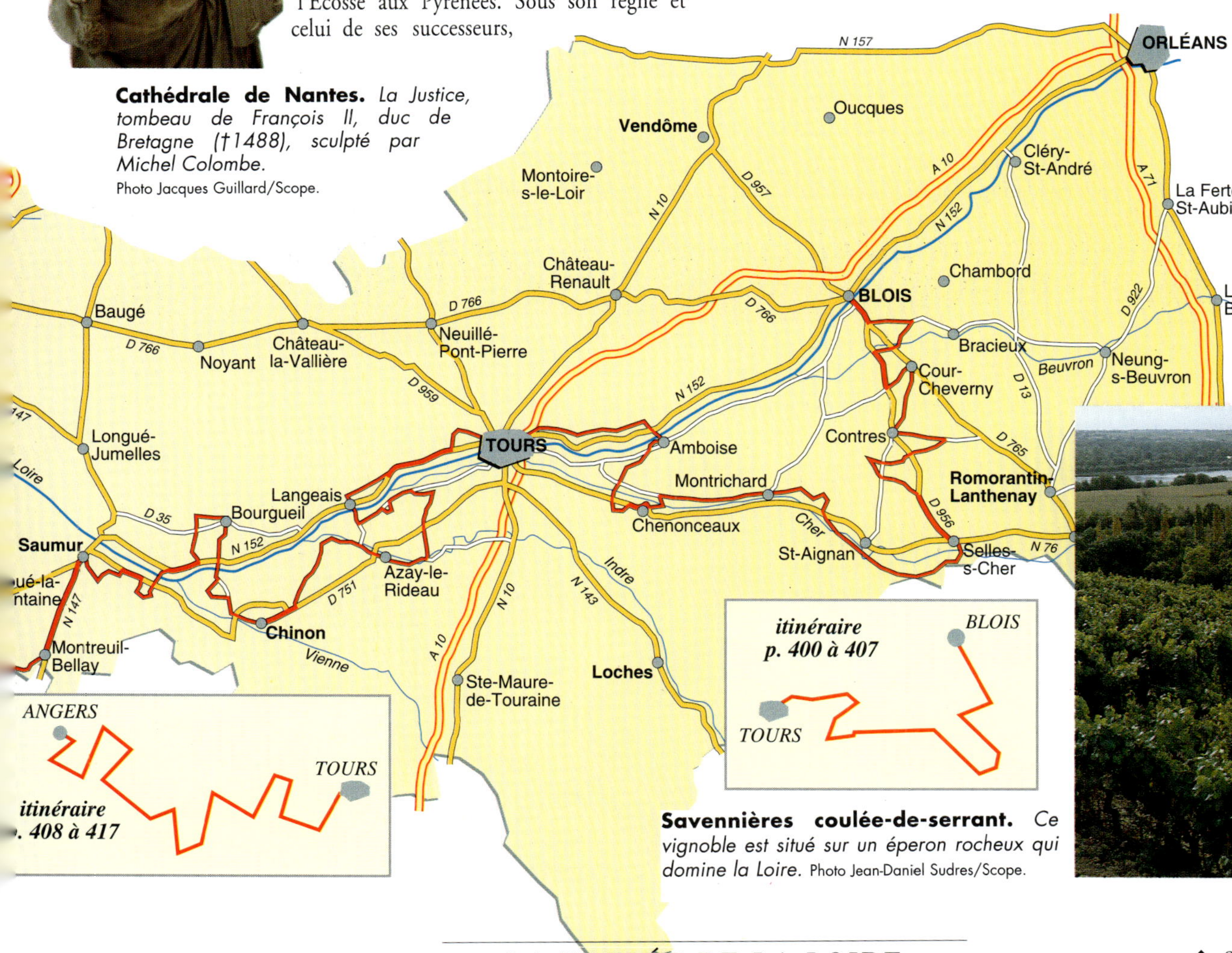

Savennières coulée-de-serrant. *Ce vignoble est situé sur un éperon rocheux qui domine la Loire.* Photo Jean-Daniel Sudres/Scope.

de l'armée romaine, saint Martin, devenu évêque de Tours, fonde, à la fin du IVe siècle, l'abbaye de Marmoutier, où il implante un vignoble. Dès lors, les fondateurs d'abbayes se succèdent et de nombreux clos sont plantés, à l'origine pour les besoins du vin de messe. Au VIe siècle, Grégoire de Tours, le célèbre historien des Francs, signale la grande extension de la vigne, alors qu'Apollonius évoque la renommée du vin d'Anjou et que, dès le VIIIe siècle, l'existence du vignoble de Vouvray est avérée. Dans un souci de sécurité et de facilité de transport, les vignes sont alors établies sur les trop riches terres de varennes, à proximité du fleuve.

Château de Montreuil-Bellay. *L'édifice du XVe siècle, flanqué de treize tours, est bâti sur une plate-forme qui domine la vallée du Thouet.* Photo Jean-Daniel Sudres/Scope.

Le Moyen Âge. Avec le retour à une certaine paix, au XIIe siècle, les vignobles peuvent s'étendre sur les coteaux, et les vins bénéficient d'une amélioration de la qualité avec la sélection des meilleurs terroirs et la hiérarchisation des crus. Au même moment, les Plantagenêts sont à la fois comtes d'Anjou et rois d'Angleterre : les vins de la Loire sont largement exportés, jusqu'à ce que les vins de Guyenne bénéficient des faveurs anglaises. Dès avant le XVe siècle, ce sont les Hollandais qui remontent la Loire jusqu'à Saumur. Les vins de la meilleure qualité sont ainsi acheminés à l'étranger par voie fluviale, tandis que ceux de moindre qualité gagnent Paris par voie de terre.

La Renaissance. Dans l'histoire politique très complexe des régions de la Loire, on assiste à de nombreuses batailles entre les comtes d'Anjou, les comtes de Blois, les rois de France et d'Angleterre ; chacun, voulant préserver son territoire, fait construire châteaux, donjons et places fortes en creusant de nombreuses caves dans le tendre calcaire des coteaux. Les vignerons et le peuple en profitent pour se loger, avec leurs animaux et leurs vins, dans ces excavations.

Aux XVe et XVIe siècles, la Loire devient fleuve royal d'Orléans à Nantes et ses berges se couvrent de châteaux inspirés de la Renaissance italienne à Blois, Amboise, Chenonceau ou Azay-le-Rideau. Les écrivains de la région – Ronsard, ou Rabelais qui exploite une vigne à La Devinière – vantent des vins dont les noms ont perduré (chinon ou vouvray), ainsi que des cépages comme le cabernet franc que l'auteur de Gargantua évoque sous le nom, toujours usité, de « breton ».

De Charles VII à Henri IV, les rois séjournent souvent à Tours, Amboise ou Angers ; les besoins de la cour stimulent l'exploitation des vignobles et donnent naissance à un art de vivre où les vins tiennent leur place, ainsi qu'en témoignent les pressoirs établis dans les demeures de l'époque.

Les guerres de Religion mettent un terme à cette période fastueuse de la Loire.

Au XVIIe siècle, les Hollandais encouragent la plantation de nouveaux cépages : la folle blanche, d'abord, qui dispose d'une bonne aptitude à produire des eaux-de-vie pour fortifier les vins faibles ; puis, après le grand gel de 1709, l'ancien melon de Bourgogne, rebaptisé muscadet, qui va provoquer une extension des vignobles le long des rivières du Pays nantais. Ces vins seront bien sûr consommés dans le pays même et en Bretagne, mais aussi exportés par les Hollandais qui sont maîtres du commerce des vins de la Loire dans les pays du Nord et dans le monde entier. La guerre de 1672 entre la France et la Hollande poussera cependant les vignerons à trouver de nouveaux débouchés dans le nord de la France et la Belgique actuelle.

Au XIXe siècle, le champagne est à la mode et la seconde fermentation en bouteilles est mise en pratique à Saumur, aboutissant à la production de vins mousseux. À la fin du siècle, mildiou, oïdium et phylloxéra font des ravages sur la vigne, comme partout en France, et certains vignobles connaissent les plus grandes difficultés. En 1900, la première vendange sur porte-greffes américains a lieu à Vouvray, et d'autres régions voient s'implanter des hybrides, heureusement tous disparus aujourd'hui.

Certaines parcelles particulièrement difficiles à travailler tarderont à être remises en valeur. Obtenu par la méthode sur lie, le muscadet bénéficie d'une grande faveur depuis la Seconde Guerre mondiale, alors que l'évolution des goûts amène à reconvertir une partie de la production traditionnelle de rosés en rouges, et que les vins blancs deviennent de plus en plus secs. Mais les meilleurs terroirs et les plus beaux crus ont aujourd'hui retrouvé leur splendeur d'autrefois.

Géographie, climat et nature des sols

La Loire procure son unité géographique à la région et exerce une influence prépondérante sur le climat et la topographie. Elle

Manoir du Clos-Lucé, *Bacchus. De part et d'autre du manoir où vécut Léonard de Vinci s'étend le vignoble d'appellation touraine-amboise.* Photo Jean-Daniel Sudres/Scope.

Tri manuel du raisin en Anjou. *Le tri manuel permet de sélectionner les raisins atteints de pourriture noble nécessaire à l'élaboration du vin liquoreux de bonnezeaux ou des coteaux du layon.* Photo Jacques Guillard/Scope.

creuse une large vallée où viennent s'engouffrer les douces brises d'ouest qui sont dominantes, atténuant par là même les vents glacials d'est et du nord. Cet effet est parfaitement ressenti par quiconque remonte vers le haut des coteaux, en particulier dans les vallées des affluents de la rive gauche où de nombreux terrains sont présents : valençay, touraine, montlouis, sur le Cher ; touraine-azay-le-rideau, sur l'Indre ; chinon sur la Vienne ; saumur sur le Thouet ; coteaux de l'aubance ; coteaux du layon ; muscadet et gros-plant, sur la Sèvre, la Maine et la Boulogne.

Les vignobles de la rive nord de la Loire sont moins étendus mais bénéficient de belles expositions : touraine-mesland, vouvray, bourgueil et saint-nicolas-de-bourgueil, coteaux de la loire, savennières, coteaux d'ancenis et muscadet des coteaux de la loire.

Enfin, la vallée du Loir constitue un havre de douceur au milieu des contrées plus froides du nord et favorise le développement d'un vignoble resserré et de qualité : coteaux du loir et du vendômois, jasnières.

Coexistent tout à la fois un climat dominant dans l'ensemble de la région et de nombreux microclimats qui intéressent la parcelle… voire le pied de la vigne. Les vignobles de la Loire sont en effet soumis à l'influence atlantique, ce qui entraîne une certaine douceur, aussi bien en été qu'en hiver ; les forts excès du climat continental ne se font pas ressentir, sinon de façon très exceptionnelle.

Dans le Muscadet, sous influence océanique directe, les automnes souvent humides ne permettent pas d'espérer des périodes régulières de surmaturation propres à enrichir les raisins : on y produit donc des vins blancs secs à partir de cépages relativement précoces.

En Anjou et en Touraine, les situations les plus diverses se rencontrent, liées à la topographie ou aux expositions, et facilitent l'émergence de nombreux microclimats : l'exposition d'un versant ou l'influence d'un massif forestier y contribuent, mais aussi, de manière plus subtile, les effets de bordure d'un ruisseau, d'un vallon ou d'une haie. La notoriété traduit alors une expérience plus que millénaire d'une valeur des terroirs que les données scientifiques ne cernent qu'imparfaitement.

On peut considérer qu'il n'y a pas deux aires d'appellations possédant des sols identiques, l'extrême diversité se retrouvant parfois au sein d'une même appellation, comme c'est le cas dans les coteaux du layon. En simplifiant, pour des besoins de clarté, on peut néanmoins diviser la région de la Loire en deux parties.

À l'ouest se situe un ensemble formé sur le vieux socle primaire du Massif armoricain : les roches plutoniques, métamorphiques ou sédimentaires du primaire sont entrecoupées, par plaques, de dépôts tertiaires et quaternaires. Dans cette aire du muscadet et de l'ouest de l'anjou, les sols variés contiennent des graviers, sables, limons et argiles diversement mêlés.

À l'est, en bordure du Bassin parisien, la roche mère est constituée de formations sédimentaires du secondaire (crétacé) et du tertiaire. En remontant le long des coteaux, on assiste à une suc-

Vignoble du château de Chenonceau. *Ce vignoble est aussi ancien que le château.* Photo A. S.

Les appellations

Les appellations du Val de Loire sont au nombre de 50.

Anjou
Anjou-coteaux-de-la-loire
Anjou-gamay
Anjou mousseux
Anjou-villages
Anjou-villages-brissac
Bourgueil
Bonnezeaux
Cabernet d'anjou
Cabernet de saumur
Cheverny
Cour-cheverny
Chinon
Coteaux d'ancenis*
Coteaux de l'aubance
Coteaux du layon
Coteaux du layon chaume
Coteaux du loir
Coteaux de saumur
Coteaux du vendômois
Crémant de loire
Gros-plant ou gros-plant du pays nantais*
Jasnières
Montlouis
Montlouis pétillant
Montlouis mousseux
Muscadet coteaux-de-la-loire
Muscadet côtes de grand lieu
Muscadet sèvre-et-maine
Quarts-de-chaume
Rosé d'anjou
Rosé de loire
Saint-nicolas-de-bourgueil
Saumur
Saumur-champigny
Saumur mousseux
Savennières
Savennières coulée-de-serrant
Savennières roche-aux-moines
Touraine
Touraine-amboise
Touraine-azay-le-rideau
Touraine-mesland
Touraine pétillant
Touraine mousseux
Valençay*
Vins de thouarsais*
Vouvray
Vouvray pétillant
Vouvray mousseux

*VDQS

cession de sols divers, correspondant à l'apparition des différents affleurements : terrasses anciennes gravelo-sableuses, dans les parties basses ; puis apparition de l'argile dans des sols plus consistants ; enfin, sols argilo-calcaires peu profonds et, sur les plateaux, terres argilo-siliceuses.

La frontière entre ces deux parties est constituée par la fracture du Layon, rivière dont la rive gauche appartient au Massif armoricain tandis que la rive droite est située dans le Bassin parisien.

Pour être schématique, cette description n'en apparaît pas moins nettement dans des vins qui se différencient assez nettement, à l'image de ceux qui sont qualifiés de « tuf » ou de « gravier ».

Souzay. *Le vignoble est implanté sur un terroir d'origine alluviale de sables calcaires surplombant la Loire et bénéficie de l'appellation saumur-champigny.*
Photo Jean-Daniel Sudres/Scope.

Encépagement et types de vins

La région des vins de la Loire produit une variété très étendue de vins : ce n'est pas le fruit d'un caprice des hommes, mais plutôt d'un désir de produire « juste », en s'adaptant dans l'espace et dans le temps à ce que le sol et le climat peuvent offrir. L'encépagement s'est simplifié depuis l'invasion du phylloxéra, entre 1890 et 1900, mais, si certaines variétés traditionnelles ont disparu, il demeure très diversifié.

Dans le Pays nantais, la culture de la folle blanche donne le gros-plant, vin de soif, pâle et un peu rustique, tandis que le melon de Bourgogne procure au muscadet des arômes plus fins qui ne sont pas sans rappeler, outre les fruits, les odeurs de la mer, soutenues par une pointe de salinité. Sur les coteaux d'Ancenis, quelques rouges révèlent un caractère breton.

En Anjou commence la véritable diversité, et les terroirs juxtaposés sont dédiés à des types de vins précis. On y cultive surtout le chenin, ou pineau de la Loire, qui donne parfois des vins séveux et plutôt secs, comme à savennières ou dans les coteaux de la loire et de l'aubance. Par un patient travail de trie et l'appoint d'une bonne part de surmaturation, le chenin procure également les vins moelleux ou liquoreux des coteaux du layon, avec les rares bonnezeaux et quarts de chaume, ainsi que des coteaux de saumur. Enfin le

Les cépages de la vallée de la Loire

Le chenin, ou pineau de la Loire, appelé franc blanc en Vendée, est le principal cépage blanc de cette région. Les feuilles sont moyennes, tourmentées, moyennement quinquelobées, avec la base des nervures de couleur rouge, un sinus pétiolaire en lyre et le dessous du limbe duveteux. Les grappes sont moyennes, coniques, ailées, à baies ovoïdes, d'un jaune doré, et parvenant à maturité à la deuxième époque. C'est un cépage vigoureux, au débourrement précoce et de rendement très variable selon les clones.

Le sauvignon, ou blanc fumé, possède des feuilles tourmentées, bullées, quinquelobées, avec un sinus pétiolaire en lyre plus ou moins ouverte ; le dessous du limbe est duveteux. Les grappes sont petites, tronconiques, parfois ailées ; les baies sont petites, ovoïdes, jaune d'or, venant à maturité à la deuxième époque.

Les autres cépages blancs sont le melon de Bourgogne ou muscadet, l'arbois ou orboué, le romorantin et le chardonnay.

Le cabernet franc, ou breton dans le Val de Loire, a des feuilles unies, profondément quinquelobées, les fonds des sinus latéraux sont aigus et étroits, le sinus pétiolaire est en lyre étroite, et le dessous du limbe aranéeux. Les grappes sont petites, cylindro-coniques, lâches, parfois ailées ; les baies sont petites, sphériques, d'un noir bleuté, à pellicule fine et à jus sucré, un peu astringent, et parviennent à maturité à la deuxième époque. Ce plant est plus vigoureux que le cabernet-sauvignon et il nécessite, comme ce dernier, la taille longue, car c'est un petit producteur.

Le grolleau est le troisième cépage noir du Val de Loire derrière le gamay. Les feuilles sont finement bullées, entières, le sinus pétiolaire est en lyre, la base des nervures est rouge et le dessous du limbe pubescent. Les grappes sont grosses, ailées, à baies sphériques moyennes, d'un noir bleuté, et les baies viennent à maturité à la deuxième époque. C'est un cépage productif donnant des vins légers.

Le pineau d'Aunis, ou chenin noir, est moins cultivé. C'est un cépage peu vigoureux qui s'épuise assez rapidement, et on lui préfère le cabernet franc. Ses feuilles sont vert foncé, épaisses, finement bullées et profondément quinquelobées, à lobes involutés et à sinus pétiolaire en lyre ; le limbe, duveteux en dessous, possède des nervures pubescentes.

Le cot, ou malbec, enfin, participe à l'encépagement des AOC touraine et rosé d'anjou. P. G.

chenin constitue une excellente base pour l'élaboration de vins pétillants et mousseux, à Saumur principalement.

L'Anjou est aussi très célèbre pour ses rosés recouvrant tous les types, du tendre au moelleux, produits à partir du seul cabernet, ou bien à partir de divers cépages rouges dont le grolleau. Ces vins rosés cèdent progressivement le pas aux vins rouges, à base de cabernet franc, dont le domaine de prédilection est dans le Saumurois, avec le saumur-champigny.

La Touraine connaît une analogue diversité de vins et de cépages. En rouge, les vins de cabernet de type tannique, de bonne garde, sont dignement représentés par les appellations chinon, bourgueil et saint-nicolas-de-bourgueil. Certaines années, on pratique des saignées dans les cuves, qui fournissent des rosés de type sec et fruité. Quelques rares chinon blancs proviennent également de certains terrains du Chinonnais qui se prêtent plus particulièrement à la culture du pineau de la Loire (chenin blanc). Dans la partie est de la province, le gamay noir donne des touraines primeurs au délicat fruité et des rouges plus solides, notamment dans l'appellation touraine-mesland. Le rosé est éga-lement bien représenté à Azay-le-Rideau, qui possède de bons terroirs pour le grolleau, et dans la zone du Noble-Joué qui retrouve sa notoriété d'antan.

En blanc, on retrouve des types de vins dont les caractères sont liés tant au cépage qu'au terroir. Dans la partie ouest de la Touraine, le pineau de la Loire s'épanouit en deux appellations communales : vouvray et montlouis. Suivant les années, on pourra récolter des raisins plus ou moins riches en sucre, et dans les caves des vignerons se trouvent tous les types de vins provenant des mêmes parcelles, mais produits au cours de différents millésimes. Dans une même année la pratique des tries permet d'ailleurs de produire, à partir d'une seule parcelle, d'abord un vin moelleux, puis, peut-être, un vin sec, et enfin un vin de base pour mousseux. Les vins blancs secs issus du chenin sont aussi présents en touraine-azay-le-rideau, en touraine-amboise et en touraine.
Dans la partie est de la Touraine, enfin, on cultive également le sauvignon, cépage qui produit un vin blanc aromatique.

D'autres cépages sont encore présents, comme l'arbois, le chardonnay, le pineau d'Aunis, le pinot gris, le romorantin ou, enfin, le cot, cépage rouge de Touraine qui donne des vins très colorés et tanniques.

Structures économiques

Dans les Pays de la Loire, la production des vins est fondée sur la petite propriété. À l'heure actuelle, la viticulture est devenue la seule occupation du vigneron, l'épouse assistant son mari sur l'exploitation ou assurant un second revenu au ménage en travaillant au-dehors. Ainsi, les exploitations se sont agrandies, certaines occupant une surface de plusieurs dizaines d'hectares où la mécanisation peut remplacer les vendanges manuelles. La coopération joue cependant un rôle relativement réduit et certaines appellations de grande notoriété n'ont aucune cave coopérative.

Le négoce joue un rôle important, mais très variable d'une appellation à l'autre : en Pays nantais, 70 % des vins passent par les négociants, tandis que 30 % sont vendus directement à la propriété ; on rencontre en Anjou une proportion à peu près identique, mais c'est dans le monde des vins effervescents où elle se monte à 80 % environ. En Touraine, la situation est très variable mais, globalement, le négoce commercialise près de la moitié des vins produits.

Les vins de la Loire s'exportent remarquablement bien, car ils représentent des formes de vins que de nombreux pays étrangers recherchent : 40 % des vins de la région nantaise partent ainsi à l'exportation, et 30 % de ceux d'Anjou-Saumur et de Touraine suivent la même voie. Les meilleurs clients demeurent, aujourd'hui, les pays qui ont, pendant des siècles, commercialisé et consommé ces vins : il s'agit en particulier de l'Angleterre, des Pays-Bas et de la Belgique.
L'interprofession est organisée en trois comités qui se sont récemment fédérés afin de mieux coordonner la promotion des vins de ce riche et noble Val de Loire. É. C.

Travail de la vigne *dans la région nantaise. La commune de Saint-Fiacre-sur-Maine est située sur l'aire d'appellation muscadet sèvre-et-maine qui produit un vin blanc sec issu d'un cépage unique : le melon de Bourgogne ou muscadet.*
Photo Jacques Guillard/Scope.

Le Vendômois et les coteaux du Loir

de Vendôme à Château-du-Loir

En suivant le cours sinueux et élégant du Loir ombragé, on traverse un paysage de bois et de prairies, on longe de gracieux coteaux de tuffeau, parfois couronnés de vignes ou troués d'habitations troglodytiques.
Entre Vendôme et Montoire, les vignes de chenin produisent des blancs secs et fruités, tandis que le pineau d'Aunis donne un vin gris aux arômes qui expriment des nuances poivrées. Tempéré par le gamay, affiné par le pineau, ou charpenté par le cabernet, ce cépage fournit également des vins rouges agréables. Dans la Sarthe, le petit vignoble des coteaux du Loir, qui faillit disparaître il y a vingt ans, produit un rouge léger à partir du même encépagement, mais augmenté du cot pour les vins rouges, et du pineau blanc de la Loire pour les vins blancs. Bien délimité entre Ruillé-sur-Loir et Lhomme, encépagé en seul chenin blanc ou pineau de la Loire, le jasnières donne des blancs élégants et harmonieux, de couleur jaune paille à jaune d'or.

Vendôme, façade de l'abbaye de La Trinité. *Au XVIe siècle, l'abbaye occupait le quart du centre-ville actuel et disposait de sa propre enceinte fortifiée.* Photo A. S.

Coteaux du vendômois

Reconnue AOC en 2001
Superficie : 149 ha.
Encépagement :
vin rouge : pineau d'Aunis (30 % au minimum), gamay noir, pinot noir, cabernet franc, cabernet-sauvignon ;
vin rosé : pineau d'Aunis, gamay noir (30 % au maximum) ;
vin blanc : chenin blanc, chardonnay (20 % au maximum).
Récolte annuelle :
vin rouge et rosé : 6 900 hl ;
vin blanc : 1 600 hl.
Rendement de base : 50 hl/ha.
Titre alcoométrique minimal : 9 % vol.
Potentiel de garde : de deux à quatre ans.

Vendôme. Dominée par son château féodal, enserrée entre les nombreux bras du Loir, la blanche Vindocinum romaine entre dans l'histoire au XIe siècle. Vendôme devient alors un important lieu de pèlerinage et s'édifie autour de son abbaye bénédictine de La Trinité. La façade de l'église abbatiale est un pur exemple de gothique flamboyant. Elle marque l'aboutissement d'une construction qui dura cinq siècles et dont il reste quatre piliers du transept et des fresques du XIe siècle. Le chœur fut reconstruit au XIIIe siècle en gothique rayonnant. La porte Saint-Georges, symbole de la ville, est un vestige de son rempart.

On quittera le bourg par le sud, en empruntant la route touristique fléchée vallée du Loir. La D 5 conduit à ***Villiers-sur-Loir***, dont la cave coopérative se trouve à la bifurcation qui conduit au village. L'église est ornée de peintures murales du XVIe siècle. Emprunter à gauche la D 67 et gagner ***Thoré-la-Rochette*** par la C 1 en passant par le château de Rochambeau. Le musée du Vin de Thoré est ouvert en été. À travers le vignoble, la D 82 conduit à Villiersfaux. Reprendre la D 67 à ***Houssay***, où l'on pourra remarquer quelques caves troglodytiques.
De Sasnières, la D 108 nous mène à ***Lavardin***. Dominé par les ruines d'un puissant donjon (XIe siècle), le village, dont la rue principale est bordée de belles maisons anciennes (XIIe-XVIe siècle), est un site classé. L'église Saint-Genest (XIe-XIIe siècle), avec son abside en cul-de-four et son clocher carré, était à l'origine un prieuré dépendant de l'abbaye Saint-Georges-des-Bois. Elle abrite des fresques réalisées entre le XIIe et le XVe siècle, dont certaines sont reproduites au palais de Chaillot à Paris.
Montoire a marqué l'histoire du XXe siècle. Sa gare servit en effet de cadre, en 1940, à l'entrevue entre Hitler et Pétain. Vestige d'un prieuré fondé au VIIe siècle, la chapelle Saint-Gilles est renommée pour ses fresques. On retrouve le Loir que l'on suit sur la rive droite, en direction de La Chartre-sur-le-Loir, par la D 917. À droite, le jardin botanique de La Fosse rassemble des milliers d'arbres provenant du monde entier, et dont les premiers individus furent plantés en 1751.
Au village troglodytique de ***Troo***, on montera jusqu'à la collégiale, soit par la D 8 que l'on prend avant le village, soit à pied par les escaliers tortueux. La terrasse offre une vue étendue. Traverser le Loir pour se rendre rive gauche à la chapelle de Saint-Jacques-des-Guérets, qui sert d'écrin à un rare ensemble de grandes peintures murales du XIIe siècle. À La Petite-Ronce, prendre la D 10, traverser le vieux bourg d'Artins et rejoindre ***La Possonnière***. D'inspiration italienne, le manoir de pierres blanches qui vit naître Ronsard fut plusieurs fois remanié. Les inscriptions en latin et en français, à caractère religieux et profane, que l'on peut voir sur la façade percée de fenêtres à meneaux et à l'intérieur, sont dans le goût de l'époque. Dans l'église du village de ***Couture-sur-Loir***, on notera deux gisants : ceux de Louis de Ronsard et de Jeanne Chaudrier, son épouse.

Coteaux du vendômois, *environs de Thoré-la-Rochette. La particularité de cette région, qui produit également un blanc issu de chenin, réside dans le vin gris de pineau d'Aunis.* Photo A. S.

Coteaux du Loir

L'aire d'appellation des coteaux du loir s'étend sur 23 communes de la Sarthe et de l'Indre-et-Loire.
Superficie : 79 ha.
Encépagement :
vin rouge : pineau d'Aunis, cabernet, gamay, cot ;
vin rosé : pineau d'Aunis, cabernet, gamay, cot, grolleau (25 % au maximum) ;
vin blanc : chenin blanc.
Récolte annuelle :
vin rouge : 2 060 hl ;
vin blanc : 1 170 hl.
Rendement de base : 50 hl/ha.
Titre alcoométrique minimal :
vin rouge et rosé : 9 % vol. ;
vin blanc : 9,5 % vol.
Potentiel de garde : de trois à cinq ans.

En repassant sur la rive droite, on pourra visiter le château de Poncé-sur-le-Loir. Datant du XVIe siècle, il est remarquable pour son escalier Renaissance à rampe droite et ses voûtes à caissons sculptés, ainsi que pour son colombier. Les jardins sont agrémentés d'un labyrinthe de charmilles. Les communs accueillent le Musée ethnographique du Maine. L'église du village comporte un ensemble de peintures murales mates à fond clair, caractéristiques de la fin du XIIe siècle.

Buste de Pierre de Ronsard (1524-1585). *Château de Blois.* Photo A. S.

Jasnières

Superficie : 62 ha.
Encépagement : chenin blanc.
Récolte annuelle : 2 600 hl.
Rendement de base : 50 hl/ha.
Titre alcoométrique minimal : 10 % vol.
Potentiel de garde : de huit à dix ans.

La route touristique de la vallée du Loir conduit à ***La Chartre-sur-le-Loir.*** C'est au nord de la ville que se situe l'aire d'appellation jasnières dont Curnonsky disait que trois fois par siècle il était le meilleur vin blanc du monde. C'est un vin original et de longue garde.
On quittera le bourg par la D 62 pour rejoindre ***Marçon***, en empruntant la vallée de la Dême. Le village compte un

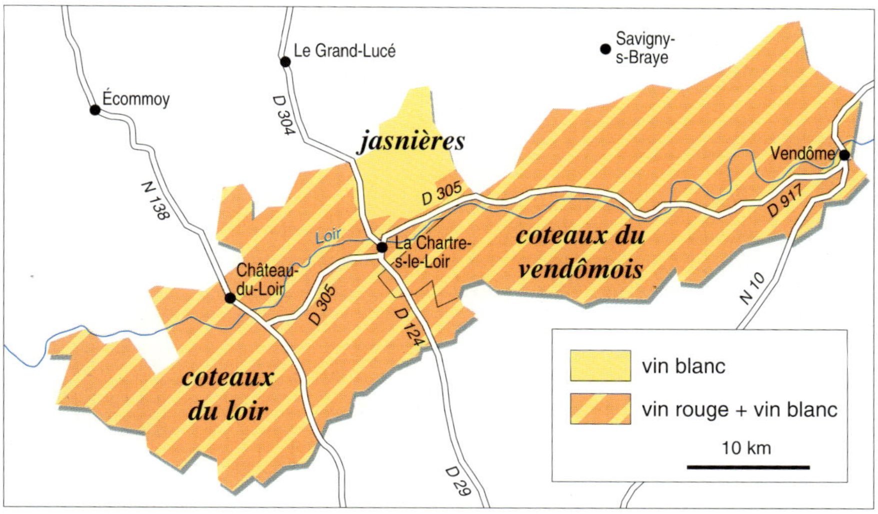

Carte des aires d'appellations coteaux du vendômois, jasnières et coteaux du loir.

bâtiment conçu par Le Corbusier à usage de cantine scolaire.
Prendre la D 61, à gauche de l'église, pour retrouver les coteaux plantés en vignes à ***Vouvray-sur-Loir***, qui compte quelques habitations troglodytiques. La cave municipale est creusée dans le roc.
Château-du-Loir ne possède plus qu'un donjon, vestige du château qui lui donna son nom. La collégiale est de style composite. La route mène à ***Vaas***, aux origines mérovingiennes, dont l'église de pierres blanches est l'ancienne abbatiale de l'abbaye de Saint-Georges. Sa construction remonte au XIIe siècle, mais la nef et le transept sont caractéristiques de l'architecture angevine du XVe siècle.
L'itinéraire se termine au ***Lude***. Le château médiéval présente des constructions d'époques diverses. Sur la butte féodale élevée par Foulques Nerra fut bâtie une forteresse en pierre, transformée en plaisante habitation par l'architecte Jehan Gendrot au XVIe siècle.
Le XVIIIe siècle vit s'élever, face au Loir, une aile classique. Dans le village, quelques belles maisons du XVe au XVIIe siècle sont groupées autour du château.

CAVE COOPÉRATIVE DU VENDÔMOIS : 60, av. du Petit-Thouars, 41100 Villiers-sur-Loir. Tél. 02 54 72 90 69, du mardi au samedi, 9 h-12 h et 14 h-18 h. Cette cave maîtrise la technologie moderne de vinification et offre des blancs vifs.

FRANÇOIS FRESNEAU : rue de Cézin, 72340 Marçon. Tél. 02 43 44 13 70, sur R-V. Issu de pineau d'Aunis poussant sur argile à silex, le rosé est rond, souple et fruité.

JOËL GIGOU : domaine de la Charrière, 4, rue des Caves-la-Fontaine, 72340 La Chartre-sur-le-Loir. Tél. 02 43 44 48 72, sur R-V. Planté sur la craie tuffeau, le chenin produit une cuvée Clos-Saint-Jacques au caractère vif et équilibré. À suivre.

SCEA DU DOMAINE JEAN MARTELLIÈRE : 46, rue de Fosse, 41800 Montoire-sur-le-Loir. Tél. 02 54 85 16 91, sur R-V. Ce domaine familial vinifie de manière traditionnelle les trois appellations jasnières, coteaux du loir et coteaux du vendômois.

GAEC DOMINIQUE NORGUET : Berger, 41100 Thoré-la-Rochette. Tél. 02 54 77 12 52, sur R-V. Remarquable, le pineau d'Aunis est caractéristique des gris du Vendômois.

DOMAINE JACQUES NOURY : Montpot, 41800 Houssay. Tél. 02 54 85 36 04, sur R-V. On appréciera particulièrement les rouges bien représentatifs des vins du Vendômois.

Château des comtes de Vendôme *à Lavardin. La forteresse médiévale construite entre le XIe et le XIVe siècle domine le village de son donjon (XIe siècle).* Photo A. S.

La Touraine

de Blois à Tours

Vallée fertile et très anciennement peuplée, la Touraine connaît des saisons bien équilibrées. Bénéficiant du microclimat créé par la masse humide de nombreux cours d'eau, les vignobles, qui s'étendent sur les berges de la Loire et de ses affluents, produisent des blancs, des rouges, des rosés et des vins effervescents originaux, reflets de leur terroir, et depuis longtemps objets de soins attentifs.

Cet itinéraire traverse deux régions distinctes : au début de son parcours, le Blaisois couvre l'appellation cheverny et cour-cheverny ; à partir de Contres, on entre dans l'aire d'appellation touraine. Ces deux régions font cependant partie d'une même entité naturelle, constituée par la Touraine.

Château de Chambord. *En 1519, François Ier entame de gigantesques travaux, envisageant même de détourner le cours de la Loire. Mais en 1559, à la mort de son fils, Henri II, le château aux 440 pièces demeure inachevé.* Photo Michel Guillard/Scope.

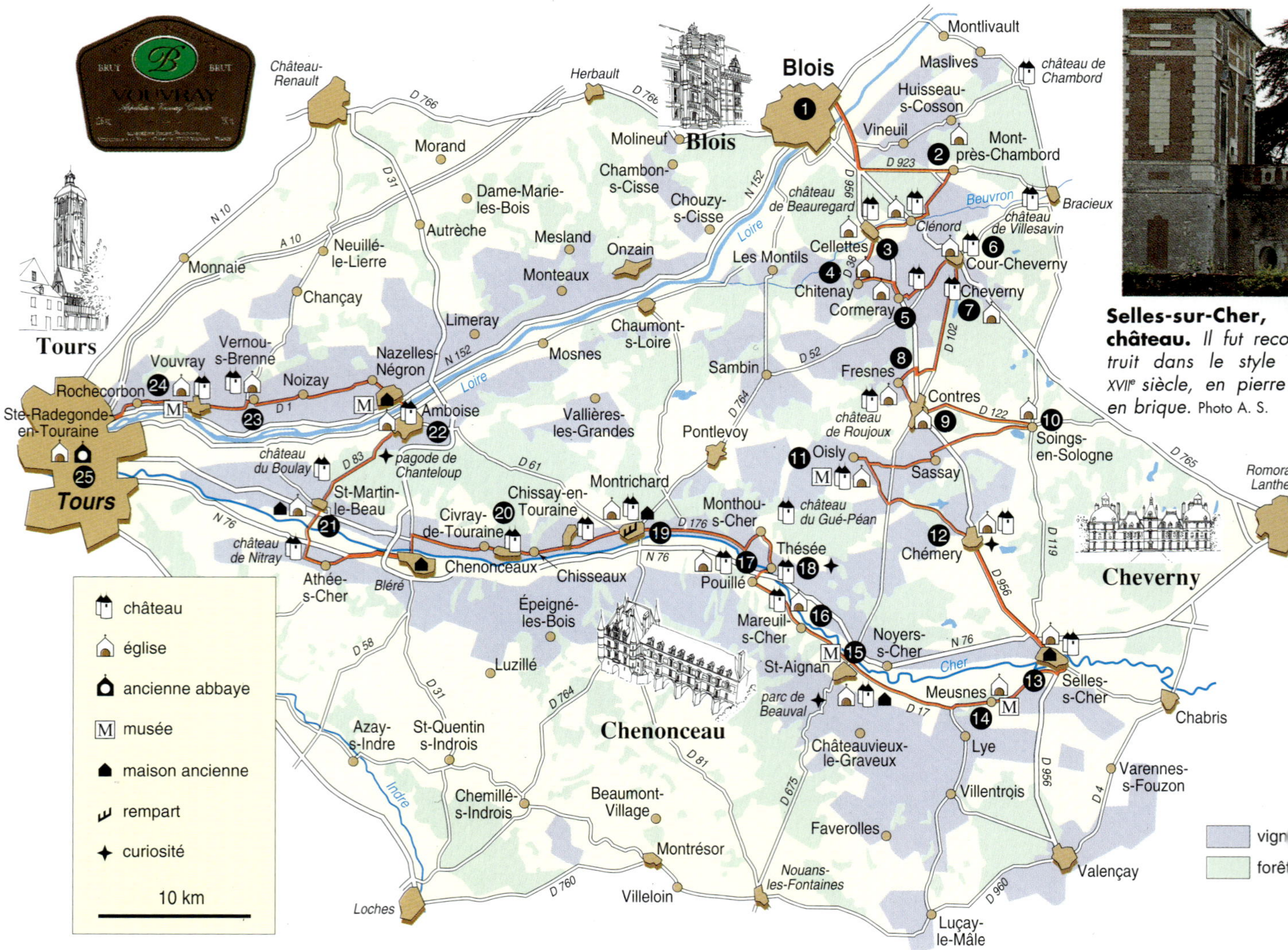

Selles-sur-Cher, château. *Il fut reconstruit dans le style XVIIe siècle, en pierre et en brique.* Photo A. S.

Vouvray. *Ses vins, les plus célèbres de Touraine, issus d'un vignoble qui remonte au VIIIe siècle, ont figuré sur la table tourangelle de la cour des Valois.* Photo Jean-Daniel Sudres/Scope.

Le Blaisois

Inclus dans la grande région viticole du Val de Loire, le vignoble de Cheverny s'étend sur 23 communes. Il est délimité au nord-est de Blois par la Loire, et s'inscrit dans une zone située entre la Beauce, l'Orléanais, la Sologne et la Touraine. La vigne s'est étendue sur les coteaux et plateaux situés entre la Loire, le Beuvron, le Cosson, et quelques rivières secondaires comme le Conon ou la Bièvre, le vignoble ayant pour particularité d'être assez dispersé. Les sols sont de deux types : à dominante argilo-calcaire, d'une part, formés de sables ou de graviers sur argile, d'autre part.

La Touraine

La vigne grimpe sur les coteaux et s'étale sur les rebords du plateau aux argiles à silex, de part et d'autre du Cher ou de la Loire. Plus on s'éloigne de la côte, plus l'argile à silex, perrucheux dans la pente, s'enrichit en limon. De ce fait, certaines vignes n'ont pas droit à l'appellation touraine, s'orientant vers la production de vins de pays du jardin de la France, généralement vendus avec indication des cépages.

À partir d'Amboise, le pineau de la Loire (chenin blanc) devient le cépage dominant. Les blancs qui en sont issus sont plus ou moins secs. Même à Nazelles-Négron, où le touraine-amboise peut être rouge ou rosé, l'AOC bénéficie surtout d'une élaboration en blanc.

Itinéraire de Blois à Tours

En commençant cet itinéraire par le Blaisois, on entre dans le pays des châteaux : Cheverny, du début du XVIIe siècle, suivi de nombreux autres, de Chambord à Villesavin, en passant par Fougères-sur-Bièvre, Beauregard, Blois, Chaumont, Chémery, Menars… et bien des gentilhommières comme Troussay, Les Grotteaux, Roujoux, Mon Repos… jalonnent la route.

Vient ensuite la Touraine historique lorsque l'on descend, comme le fit jadis le vin, les méandres des rivières. Il existe deux manières de parcourir celles-ci, et on empruntera donc la rive gauche de Selles à Pouillé, puis la rive droite, de Montrichard à Bléré, puis la rive gauche, à partir de Bléré. On traversera à nouveau la rivière, à Saint-Martin-le-Beau, pour trouver la forêt d'Amboise.

Après Amboise, le pays ligérien cède la place aux coteaux de la Brenne, et à l'appellation touraine-amboise succèdent les appellations montlouis et vouvray. À Rochecorbon, la falaise de craie dessine plusieurs étages de demeures troglodytiques. On terminera par l'abbaye de Marmoutier, premier monastère fondé, en 372, par saint Martin, évêque de Tours en 371.

Touraine-Mesland

Ce vignoble, situé à l'ouest de Blois, regroupe dans l'AOC les communes de Chambon, Chouzy, Molineuf, Mesland, Monteaux et Onzain.

Superficie : 200 ha.

Encépagement :
vin rouge et rosé : cabernet franc, cabernet-sauvignon, cot, gamay noir ;
vin blanc : chenin blanc, sauvignon.

Récolte annuelle :
vin rouge : 5 300 hl ;
vin blanc : 850 hl.

Rendement de base : 55 hl/ha.

Titre alcoométrique minimal :
vin rouge et rosé : 9,5 % vol. ;
vin blanc : 10 % vol.

Potentiel de garde : de trois à cinq ans.

Touraine

Superficie :
vin rouge et rosé : 2 950 ha ;
vin blanc : 2 264 ha ;

Encépagement :
vin rouge : cabernet franc, cabernet-sauvignon, cot, pinot noir, pinot meunier, pinot gris, gamay noir, pineau d'Aunis ;
vin rosé : cépages rouges ci-dessus, grolleau, et accessoirement gamay de Chaudenay, gamay de Bouze (10 % au maximum) ;
vin blanc : chenin blanc, arbois, sauvignon, chardonnay (20 % au maximum).

Récolte annuelle :
vin rouge : 150 900 hl ;
vin blanc : 121 570 hl ;

Rendement de base :
vin rouge et rosé : 55 hl/ha ;
vin blanc, vin pétillant rosé et blanc : 60 hl/ha ;
vin pétillant rouge : 45 hl/ha.

Titre alcoométrique minimal :
vin rouge et rosé : 9 % vol ;
vin blanc, vin pétillant rouge : 9,5 % vol. ;
vin pétillant rosé et blanc : 8,5 % vol.

Potentiel de garde : de trois à cinq ans.

Crémant de Loire

L'aire de production du crémant de Loire s'étend sur celle des AOC anjou, cheverny, touraine et saumur, mais tous les producteurs ne font pas du crémant.

Superficie : 503 ha.

Encépagement : chenin blanc, cabernet franc, cabernet-sauvignon, pineau d'Aunis, pinot noir, chardonnay, arbois, et accessoirement grolleau noir et gris.

Récolte annuelle :
vin rouge : 880 hl ;
vin blanc : 31 000 hl.

Rendement de base : 50 hl/ha.

Titre alcoométrique minimal : 8,5 % vol.

Potentiel de garde : à boire dans l'année.

Vignoble à Troussay. *Le long de la route qui conduit de Cellettes à Cheverny, les vignes produisent un vin d'appellation cheverny.* Photo A. S.

Rosé de loire

L'aire d'appellation recouvre le même territoire que celle du crémant de loire, sauf cheverny.
Superficie : 712 ha.
Encépagement : cabernet franc, cabernet-sauvignon (30 % au minimum), pineau d'Aunis, pinot noir, gamay noir, grolleau.
Récolte annuelle : 65 000 hl.
Rendement de base : 50 hl/ha.
Titre alcoométrique minimal : 9 % vol.
Potentiel de garde : de deux à trois ans.

1 Blois

Quitter Blois, juché sur son escarpement, avec ses rues en pente et son palais-citadelle, et prendre la D923 en direction de Lamotte-Beuvron.
Après avoir filé dans la ligne droite de la forêt de Russy, on aborde l'AOC cheverny, en vue de Mont-près-Chambord. À la sortie de la forêt de Russy, laisser la D923 et continuer sur la droite : la route passe devant la cave coopérative et mène au vignoble distant de 3 km.

Blois, le château. *Le château fut édifié par Charles d'Orléans. François Ier entama la construction d'une nouvelle aile où se révèle pleinement l'introduction de l'art italien de la Renaissance en France. Le plus célèbre aménagement reste pourtant français dans sa conception : l'escalier extérieur en forme de vis, construit dans une tour octogonale en saillie ; il permettait à la cour, déployée sur les trois étages de balcons, d'assister à l'arrivée des participants aux grandes cérémonies royales.* Photo A. S.

Cheverny

Superficie : 400 ha.
Encépagement :
vin rouge : gamay noir (40 % au minimum), pinot noir, et accessoirement cabernet-sauvignon, cabernet franc, cot (15 % au maximum) ;
vin rosé : gamay noir (50 % au minimum), pinot noir, et accessoirement cabernet franc, cabernet-sauvignon, cot, pineau d'Aunis (25 % au maximum) ;
vin blanc : sauvignon (90 % au maximum), chardonnay, arbois, chenin.
Récolte annuelle :
vin rouge : 12 500 hl ;
vin blanc : 8 800 hl.
Rendement de base :
vin rouge : 50 hl/ha ;
vin rosé : 55 hl/ha ;
vin blanc : 60 hl/ha.
Titre alcoométrique minimal : 9,5 % vol.
Potentiel de garde :
vin rouge : de trois à cinq ans ;
vin rosé : à boire jeune ;
vin blanc : de deux à trois ans.

Cour-cheverny

Superficie : comprise dans cheverny.
Encépagement : romorantin.
Récolte annuelle : 2 262 ha.
Rendement de base : 60 hl/ha.
Titre alcoométrique minimal : 9,5 % vol.
Potentiel de garde : de cinq à dix ans.

2 Mont-près-Chambord

À proximité immédiate du parc de Chambord, le plus grand parc clos d'Europe, le village permet d'effectuer de très belles promenades le long des quatre sentiers de randonnée : GR3, Cerf, Chevreuil, Sanglier. Cette commune est située au cœur du vignoble ; l'habitat, très dispersé, est regroupé autour d'anciennes fermes établies près des points d'eau.
À voir : **l'église (XVIe siècle) ; les vestiges de l'ancienne tuilerie ; les petits châteaux de la Corne (XIXe siècle) et de Clénord.**
Aux environs : **les châteaux de Chambord et de Villesavin.**
Les Vignerons de Mont-près-Chambord : 816, La Petite-Rue, 41250 Mont-près-Chambord. Tél. 02 54 70 71 15, tlj sauf lundi matin, 9 h-12 h et 14 h-18 h. Créé en 1931, l'établissement produit des vins de pays blancs, rosés et rouges, ainsi que du crémant de loire.
Revenir ensuite sur Clénord par la route de Villesavin, en suivant la vallée du Beuvron. Après Clénord, franchir le pont sur la rivière puis, à droite, suivre la vallée du Beuvron.

Cellettes. *Entre les vallées du Beuvron et du Cosson, des sentiers pédestres permettent de découvrir son vignoble d'appellation cheverny.* Photo A. S.

3 Cellettes

Ce village, qui compte une cinquantaine d'hectares de vignes, est installé sur les bords verdoyants du Beuvron. Le château de Beauregard (XVIe-XVIIe siècle) offre, à côté de ses lambris et plafonds peints, un panorama de plus de 300 portraits de personnages de l'histoire de France dans sa galerie des Illustres.
À voir : **l'église (XVIe siècle) ; le château de Bousseuil ; une vingtaine de petits châteaux (Beauregard) ou gentilhommières (Mon Repos, La Boissière, La Coque...).**
Michel Contour : 7, rue de la Boissière, 41120 Cellettes. Tél. 02 54 70 44 03, tlj, 8 h 30-13 h et 14 h-19 h, groupes sur R-V. Installé dans une ancienne dépendance du XVIIe siècle, Michel Contour vous présentera un cheverny blanc issu de sauvignon-chardonnay tout en finesse.
Christian Dorléans : domaine de La Gaudronnière, 41120 Cellettes. Tél. 02 54 70 40 41, sur R-V. Établis sur terroir argilo-calcaire, gamay, pinot noir et sauvignon expriment leur fruité délicat.
Sortir de Cellettes par la rue de la Gaudronnière (D38).

4 Chitenay

Seule une quarantaine d'hectares de vignes témoignent du passé viticole du village.
À voir : **l'église (XVIe-XIXe siècle).**

5 Cormeray

Ce n'est qu'en 1860 que ce village fut érigé en commune.
À voir : **l'église Notre-Dame néoromane (1875).**
Philippe Loquineau : domaine de la Plante d'Or, La Demalerie, 41700 Cheverny. Tél. 02 54 44 23 09, sur R-V. Ce vigneron propose les deux appellations cheverny et cour-cheverny ; un assemblage de trois cépages locaux, la cuvée Marquis-de-la-Plante-d'or, est un très beau cheverny.
À la sortie sud du bourg, par la D956, prendre à gauche en direction de Cour-Cheverny en passant devant le château

de Troussay (XVᵉ-XVIᵉ siècle), où vécut l'historien Louis de La Saussaye qui entreprit sa restauration au XIXᵉ siècle.

6 Cour-Cheverny

Cour-Cheverny possède une église datant des XIIᵉ et XVIIᵉ siècles.
À voir : **l'église Saint-Aignan du XIIᵉ siècle, remaniée aux XVIᵉ et XVIIᵉ siècles.**
Aux environs : **les châteaux de la Bijourie, Le Vivier, La Borde.**
Jocelyne et Michel Gendrier : Les Huards, 41700 Cour-Cheverny. Tél. 02 54 79 97 90, tlj, 9 h-12 h et 14 h-19 h, dimanche, sur R-V. Michel Gendrier est le spécialiste du cépage inféodé à la région : le romorantin.
Christian Tessier : domaine de La Désoucherie, 41700 Cour-Cheverny. Tél. 02 54 79 90 08, sur R-V. Dans l'un des plus beaux caveaux de dégustation du département, on trouvera un cheverny blanc fruité et un rouge structuré.

Cheverny, le château. *Lambris sculptés, dorures, tapisseries et plafonds à caissons composent une décoration intérieure d'une grande richesse.* Photo A. S.

7 Cheverny

Cheverny n'est séparé de Cour-Cheverny que par quelques centaines de mètres. Le château du XVIIᵉ siècle présente deux façades de pierres blanches, fort différentes, surmontées d'un toit d'ardoise. Il renferme un mobilier important, de nombreuses tapisseries et peintures, ainsi qu'une cheminée de bois doré. L'escalier monumental est à rampes droites parallèles.
À voir : **le château ; l'église Saint-Étienne et son porche « caquetoir » en charpente.**
François Cazin : Le Petit Chambord, 41700 Cheverny. Tél. 02 54 79 93 75, sur R-V. Ce domaine traditionnel offre une grande régularité dans la qualité.
Gagner Fresnes par la D52 et la D61.

8 Fresnes

Le village s'étire le long de sa rue principale offrant une agréable place ombragée. À proximité du bourg, le château de Roujoux, construit au XVIIᵉ siècle, abrite un musée de Marionnettes animées.
À voir : **l'église Saint-Hilaire (XVIᵉ siècle) ; la fontaine Saint-Hilaire ; le château de Roujoux.**
Domaine Sauger et Fils : Les Touches, 41700 Fresnes. Tél. 02 54 79 58 45, tlj sauf dimanche, 9 h-12 h et 14 h-18 h, du 15 septembre au 15 mars sur R-V. L'activité du domaine s'est diversifiée, avec la production de la pépinière viticole sous serre ou en pleine terre. Le cot implanté sur le terroir de Fresnes donne un vin rouge long et charpenté ; quant aux blancs, ils laissent une impression harmonieuse.

9 Contres

L'histoire du village fut un temps liée à celle de l'abbaye de Cornilly (accessible par la D30), dont les vestiges évoquent le passé mouvementé ; fondée en 1087, détruite par la guerre de Cent Ans, restaurée au XVIᵉ siècle, puis ravagée par les protestants, elle fut finalement vendue à la Révolution.
Quitter Contres par l'est (D122). Sur la droite, avant le lac, se remarquent d'anciennes formations éoliennes.

10 Soings-en-Sologne

Des fouilles effectuées au XIXᵉ siècle révélèrent l'existence d'une importante nécropole gallo-romaine. La vigne est installée sur des sols d'argile à silex caillouteux.
À voir : **l'église Saint-Jean-Baptiste.**
Aux environs : **le lac intermittent.**
Henry Marionnet : domaine de La Charmoise, 41230 Soings-en-Sologne. Tél. 02 54 98 70 73, du lundi au vendredi, 9 h-12 h et 14 h-17 h, fermé en août. Spécialiste de la recherche des arômes de jeunesse, frais et légers, Henry Marionnet vendange toujours manuellement, en cagettes, afin d'apporter, intacts, des raisins au chai où la macération carbonique est de règle pour les rouges.

Après Sassay, on rattrape la D21 qui traverse un beau plateau viticole.

Environs de Oisly. *Dans ce cœur de la Sologne viticole, une confrérie de vignerons célèbre les vertus du sauvignon.* Photo A. S.

11 Oisly

Située sur une ancienne voie romaine courant d'est en ouest, c'est l'une des plus importantes communes viticoles du département. Son très beau vignoble s'étire sur une butte de partage des eaux entre le Cher et la Loire.
À voir : **l'église Saint-Hippolyte (XIIᵉ siècle) ; le château de la Presle (XIXᵉ siècle) et son musée de la Vigne.**
Noë Roubalay : domaine Octavie-Marcé, 41700 Oisly. Tél. 02 54 79 54 57, tlj, 9 h-12 h 30 et 14 h-18 h 30. Installé à l'origine sous dépendance de l'abbaye de Cornilly, le domaine Octavie remonte à 1855. Un bâtiment du XVIIIᵉ siècle abrite le caveau. Le rouge tradition est harmonieux, subtil. On y trouve également un pineau rosé, fruité et rond en bouche.
EARL Barbou : domaine Les Corbillières, 41700 Oisly. Tél. 02 54 79 52 75, sur R-V. Fruité et digne du terroir, le sauvignon domine, à côté du gamay, du pinot noir, du cot et du cabernet.
Confrérie des vignerons de Oisly et Thésée : Le Bourg, 41700 Oisly. Tél. 02 54 79 75 20, sur R-V. La variété des sols et des microclimats permet l'élaboration d'un touraine à base de sauvignon, très aromatique.

12 Chémery

Bâti sur l'emplacement d'une forteresse du XIIIᵉ siècle, le château de Chémery (XVᵉ et XVIᵉ siècles) présente un curieux

mélange de styles. Le terroir environnant est un composé de Touraine, caillouteux avec ses argiles à silex, et de Sologne, avec ses sables sur argile entrecoupés de grands étangs.
À voir : **le château ; l'église Saint-Guillaume néogothique.** Aux environs : **les galeries des caves de la Grande Brosse, à 40 m de profondeur, ont fourni les pierres nécessaires aux fondations de divers châteaux, dont Chambord.**
CAVE DE LA GRANDE BROSSE : Oudin, 25, route Nationale, 41700 Chémery. Tél. 0254718103, sur R-V. Les Oudin exploitent 20 ha de vignes qui produisent des crus d'appellation touraine.

Quitter par la D 956, au sud.

VALENÇAY*

Superficie : 300 ha.
Encépagement :
vin rouge et rosé : cabernet franc, cabernet sauvignon, cot, gamay noir, pinot noir (75 % au minimum), gascon, pineau d'Aunis, gamay de Chaudenay (25 % au maximum), grolleau (10 % au maximum) ;
vin blanc : arbois, chardonnay, sauvignon (60 % au minimum), chenin blanc, romorantin (40 % au maximum).
Récolte annuelle :
vin rouge : 3 330 hl ;
vin blanc : 1 380 hl.
Rendement de base :
vin rouge et rosé : 45 hl/ha ;
vin blanc : 50 hl/ha.
Titre alcoométrique de base : 9 % vol.
Potentiel de garde :
vin rouge : de un à trois ans ;
vin rosé et blanc : deux ans.

*VDQS

13 SELLES-SUR-CHER

Au carrefour du Berry, de la Sologne et de la Touraine, Selles-sur-Cher est la commune la plus septentrionale de l'aire d'appellation AOVDQS valençay. Agréablement située sur les bords du Cher, la vieille ville développe autour de l'hôtel de ville ses rues bordées de maisons anciennes. Du château (des XIIIe et XVIIe siècles), on remarquera surtout le pavillon doré (XVIIe siècle), décoré dans le style de la Renaissance italienne, avec ses plafonds à caissons polychromes et ses fresques.
À voir : **le château ; l'église Saint-Eusice avec sa nef du XIIe-XVIIe siècle ; les rives du Cher ; le canal du Berry.**

GÉRARD TOYER : 63, Grande-Rue, Champcol, 41130 Selles-sur-Cher. Tél. 02 54 97 49 23. Tlj, 10 h-12 h et 15 h-18 h, dimanche, 10 h-12 h. Il exploite un vignoble de AOVDQS valençay, principalement rouge (gamay, pinot noir et sauvignon), sur les communes limitrophes de l'Indre.
On sort par la D 956, au sommet de la côte ; la petite route à droite traverse une succession de vignes et de landes. Regagner la D 17.

14 MEUSNES

Ce village a longtemps été la « capitale de la pierre à fusil ». Le très beau et jeune vignoble est regroupé sur le plateau, où les éclats de silex coupants, vestiges du néolithique, voisinent avec les pierres et « rognons » de silex bruts.
À voir : **le musée de la Pierre à fusil ; l'église Saint-Pierre (XIe siècle) qui possède un chemin de croix à fresques peintes par Brielle, et plusieurs statues du XVIe siècle.**
JACKY PREYS ET FILS : Le Bois-Pontois, 41130 Meusnes. Tél. 02 54 71 00 34, sur R-V. Jacky Preys produit des touraines et des AOVDQS valençay. Il a ressuscité un cépage presque disparu, le « fyé » (sauvignon dont les grappes sont rosées), qu'il vinifie à part pour élaborer un vin original.

15 SAINT-AIGNAN

Petite ville aux ruelles anciennes, blottie contre son château et son église, elle se mire dans les eaux du Cher du haut de son coteau.
À voir : **le château (reconstruction des XVIe et XVIIe siècles) ; l'église Saint-Aignan, (XIe, XIIe, XIIIe et XVe siècles) ; les maisons anciennes à pans de bois.** Aux environs : **le parc ornithologique et zoologique de Beauval.**
EARL MICHAUD : Les Martinières, 41140 Noyers-sur-Cher (à quelques kilomètres de l'autre côté du Cher). Tél. 02 54 32 47 23, sur R-V. Le domaine produit des vins d'appellation touraine : blancs aromatiques issus de sauvignon, rouges de gamay légers longs et fruités, rouges de cot, cabernet et pinot noir.

Environs de Meusnes. *Dans les vallées se trouve l'argile à silex, et sur les coteaux s'étalent les vignobles d'appellation valençay.* Photo A. S.

Saint-Aignan, la crypte. *D'inspiration byzantine, cette fresque d'un Christ en majesté, environné d'une gloire en forme d'amande, date du XIIe siècle.* Photo A. S.

De Saint-Aignan, on peut gagner Mareuil-sur-Cher, soit directement par la D 17 dans la vallée du Cher, soit par la route du vignoble, plus touristique et signalée par des panneaux.

16 MAREUIL-SUR-CHER

Dans ce village à pied de coteau, établi sur les bords du Cher (promenades en bateau), le château du XVIIe siècle jouxte l'église des XIe-XIIe siècles.
À voir : **l'église Saint-Martin et sa nef du XIIe siècle ; le château.**
PATRICIA ET BRUNO DENIS : domaine de La Renaudie, 115, route de Saint-Aignan, 41110 Mareuil-sur-Cher. Tél. 02 54 75 18 72, sur R-V. Troisième génération d'une famille installée sur ce domaine depuis 1928, Patricia et Bruno Denis cultivent avec bonheur le pineau d'Aunis, qui donne un touraine rosé couleur saumon.

17 POUILLÉ

Les vignobles sont établis au sud de ce gros bourg viticole, sur le haut des coteaux et sur le plateau. Des fouilles ont révélé les vestiges d'un important habitat gallo-romain des Ier et IIe siècles, ainsi que des tombes mérovingiennes.
À voir : **l'église Saint-Saturnin (XIe-XIIIe siècle) ; le château de la Roche (du XVIe siècle, restauré aux XVIIe et XVIIIe siècles).**

Chenonceau. *En arrière-plan de son vignoble, vieux de plusieurs siècles, se dresse le château qui a connu six châtelaines, parmi lesquelles Diane de Poitiers et Catherine de Médicis. Jean-Jacques Rousseau y composa son traité d'éducation, l'Émile, à l'intention du fils d'une autre châtelaine : Mme Dupin.* Photo A. S.

FRANÇOIS CARTIER : domaine de la Bergerie, 13, rue de la Bergerie, La Tesnière, 41110 Pouillé. Tél. 02 54 71 51 54, tlj sauf dimanche 8 h-12 h et 14 h-18 h. Le gamay donne un rouge léger, et le pineau d'Aunis un rosé agréable.

JACQUES DELAUNAY : domaine des Sablons, 40, rue de la Liberté, 41110 Pouillé. Tél. 02 54 71 44 25, tlj 8 h-19 h, dimanche sur R-V. L'exploitation, dont les origines remontent au XVIIIe siècle, produit une large palette de vins blancs, rouges, rosés et effervescents.

DOMAINE JOËL DELAUNAY : 48, rue de la Tesnière, 41110 Pouillé. Tél. 02 54 71 45 69, tlj, 9 h-12 h et 14 h-18 h. Ici, les argiles à silex très pierreuses procurent aux vins toute leur expression.

Sortir par le sud et couper la N 76 : on remarquera les ruines de fondations gallo-romaines ; puis, traverser le Cher.

18 THÉSÉE

L'antique Tasciaca est une station gallo-romaine installée sur la voie de Bourges à Tours.

À voir : **des ruines gallo-romaines ; le château qui abrite l'hôtel de ville, et le parc de Vau-Saint-Georges.**

GÉRARD GABILLET : 31, rue des Charmoises, 41140 Thésée. Tél. 02 54 71 45 02, tlj sauf dimanche, 8 h-12 h et 14 h-19 h. Les vins de Touraine produits, que l'on peut déguster dans les belles caves aménagées dans le tuffeau, sont issus de sauvignon, gamay, pinot noir et cot.

On laisse les ruines romaines sur la gauche pour gagner Monthou-sur-Cher, où le château du Gué-Péan, d'époque Renaissance, présente deux tours d'angle du XVIe siècle. Regagner ensuite la D 176 jusqu'à la commune de Bourré, qui a donné son nom à la pierre de tuffeau de Touraine utilisée pour la construction des habitations. De cette exploitation subsiste une multitude de galeries, transformées en habitations troglodytiques, en caves ou en champignonnières. Poursuivre jusqu'à Montrichard.

Montrichard. *Le donjon fut rasé à « hauteur d'infâmie » (environ 4 m) par Henri IV, en 1589.* Photo A. S.

19 MONTRICHARD

Anciennement Mons Trichardi (le mont du château de Trichard), la vieille ville est parcourue de petites rues qui révèlent par endroits des maisons anciennes en bois, des XVe et XVIe siècles. Porte de la Touraine historique, la ville apparaît solidement ancrée au pied de la falaise de tuffeau. Son donjon carré, édifié par Foulques Nerra en 1010, rappelle sa position de place forte au cours des luttes féodales qui opposaient l'Anjou au Blaisois.

À voir : **les restes du château fort du XIIe siècle, donjon et enceintes ; sur le Cher : le Vieux-Pont, la plage et la maison du Passeur ; l'église Sainte-Croix des XIIe, XVIe et XIXe siècles ; les maisons anciennes ; les fontaines de Nanteuil (XVe siècle) et de Saint-Cellerin.**

SA PAUL BUISSE : 69, route de Vierzon, 41400 Montrichard. Tél. 02 54 32 00 01, tlj sauf samedi et dimanche, 8 h-12 h et 14 h-18 h. On trouve chez ce négociant une excellente cuvée de touraine blanc haut de gamme.

Sortir de Montrichard et prendre à Nanteuil la D 176. Avant d'arriver à Chissay-en-Touraine, on découvre sur la droite un château des XIIIe et XVe siècles. La tradition viticole du village est indéniable : on y cultivait autrefois la vigne en longs cordons que l'on appelait « chaintres ». Aujourd'hui, il ne reste qu'une vingtaine d'hectares de vignes sur les coteaux et bordures du plateau. En poursuivant vers Tours par la rive droite, on arrive à Chisseaux : le petit château, situé dans le bourg, est Renaissance ; l'église, en partie du XIIe siècle, présente des peintures murales du XIIIe siècle.

20 CHENONCEAUX ET CIVRAY-DE-TOURAINE

Le château de Chenonceau (seul le nom du village prend un x) enjambe le Cher de ses cinq arches et appuie ses deux étages sur l'élégant bâtiment carré du XVIe siècle, élevé par Thomas Bohier sur la rive droite. Le vaste parc et les frondaisons, ainsi que les jardins à la française, forment un cadre naturel en harmonie. Le vignoble du château s'étend sur les coteaux perrucheux (terrain très pierreux, riche en silex) de la rive droite du Cher. Sur la rive gauche, où se trouve le terroir de Francueil, il occupe des terrains de sables et de gravillons alluviaux.

CHÂTEAU DE CHENONCEAU : Chenonceau-Expansion SA, 37150 Chenonceaux. Tél. 02 47 23 44 07, tlj 11 h-18 h, fermé de novembre à mars. Les cuvées Château de Chenonceau en touraine rouge cabernet sont parfaitement vinifiées ; le touraine blanc issu de chenin est simple et attachant.

À 1 km à l'ouest, le village de Civray-de-Touraine abrite de belles demeures, un château du XVIIIe siècle à l'entrée du bourg et, aux environs, le château de Mesvres où des vestiges des XIIe-XIIIe siècles ont été incorporés dans une architecture du XVe siècle.

LES MAÎTRES VIGNERONS DE LA GOURMANDIÈRE : 37150 Civray-de-Touraine. Tél. 02 47 23 92 15, tlj sauf dimanche, 8 h-11 h 45 et 14 h-17 h 30. Les vignerons du village ont su préserver le cot, ce vieux cépage de Touraine qui entre avec bonheur dans des assemblages de caractère, à l'origine d'un vin typé.

Les Maîtres Vignerons élaborent également un vin effervescent à base de pineau de la Loire, que l'on déguste avec plaisir en apéritif, en l'état, ou en association avec une liqueur de fruits rouges.

Sur la rive gauche, la très ancienne ville de Bléré, construite par saint Brice, conserve quelques belles maisons anciennes (XVe-XVIIe siècle).
Par la D 45, on atteint Athée-sur-Cher. Le clocher à deux étages de l'église, tout comme la nef de celle-ci, date du début du XIIe siècle. Par Le Champ-Long et La Deumerie, on parvient à la tour du Brandon, vestige d'une importante forteresse du XIIe siècle détruite par les Anglais. Après le château de Nitray, on retrouve les rives du Cher qu'il faut traverser.

MONTLOUIS

L'appellation montlouis ne compte que 3 communes aux terrains assez homogènes, présentant cependant des nuances selon que l'on est sur de l'argile à silex (vins à vieillir), ou sur des terrains légers (fruit apparaissant dès la jeunesse). Une partie du terroir, englobant les communes de Montlouis et de Lussault-sur-Loire, bénéficie de l'influence du microclimat de la Loire ; l'autre partie, à Saint-Martin-le-Beau, subit l'influence plus continentale de la vallée du Cher, qui induit des arômes à évolution plus minérale.
Superficie : 400 ha.
Encépagement : chenin blanc.
Récolte annuelle : 16 400 hl.
Rendement de base :
vin tranquille : 45 hl/ha ;
vin mousseux : 55 hl/ha.
Titre alcoométrique minimal :
vin tranquille : 10,5 % vol. ;
vin mousseux : 9 % vol.
Potentiel de garde :
vin tranquille et mousseux : de cinq à huit ans ;
vin moelleux : vingt ans et plus.

Montlouis. *Les vins de montlouis sont parents de ceux de vouvray, dont le vignoble est situé de l'autre côté de la Loire.* Photo Jean-Daniel Sudres/Scope.

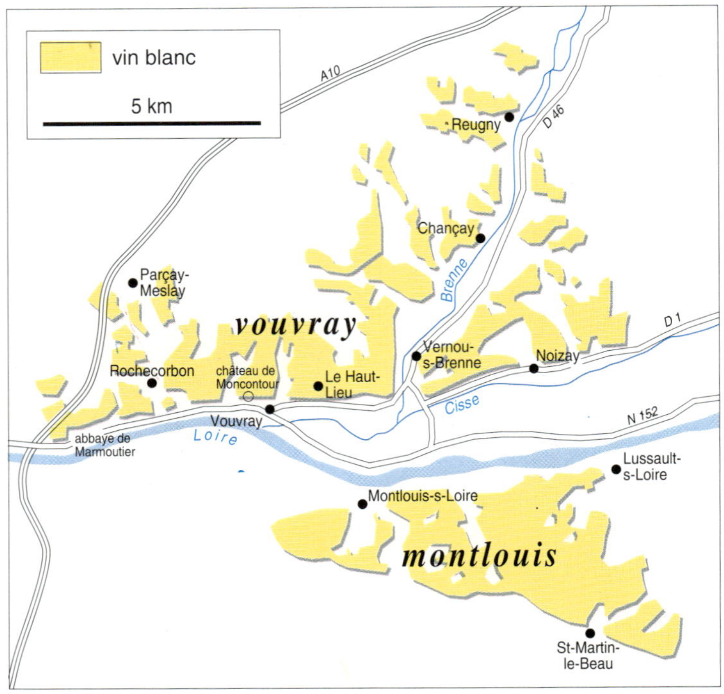

Carte des aires d'appellations montlouis et vouvray.

21 SAINT-MARTIN-LE-BEAU

Ce village (Saint-Martinus-de-Bello) évoque la guerre contre les Normands, qui furent défaits en 903 près du hameau de Nouy. On remarque, au centre de l'agglomération, le portail roman de l'église dont la nef remonte au XIIe siècle, ainsi que quelques maisons anciennes.
EARL DELÉTANG : 19, rue d'Amboise, 37270 Saint-Martin-le-Beau. Tél. 02 47 50 67 25, sur R-V. Sans jamais transiger sur la qualité, la famille Delétang produit des montlouis secs ou demi-secs, tranquilles ou effervescents.

Continuant la D 83 vers le nord, on laisse la craie de Villedieu qui borde la D 40 pour retrouver l'argile à silex, puis les cailloutis tertiaires, et enfin les formations éoliennes. En bordure de la forêt d'Amboise, le château du Boulay, du XIXe siècle, se trouve à la limite des terres à vocation viticole. Le cabernet franc est présent dans les rouges et rosés, et même dans le crémant de loire, en tant que blanc de noirs. Dans cette appellation, le chardonnay est souvent présent.

Traversant la forêt domaniale, par la D 83, on se trouve, au sortir de la zone boisée, à l'ouest, dans l'alignement de la pagode de Chanteloup. On la découvrira mieux en se rapprochant du hameau de Chanteloup, qui demeure le seul vestige du château où Choiseul, ministre de Louis XV, résida durant sa disgrâce.

TOURAINE-AMBOISE

Superficie : 200 ha.
Encépagement :
vin rouge et rosé : cabernet franc, cabernet-sauvignon, cot, gamay noir ;
vin blanc : chenin blanc.
Récolte annuelle :
vin rouge : 10 800 hl ;
vin blanc : 1 790 hl.
Rendement de base : 55 hl/ha.
Titre alcoométrique minimal :
vin rouge et rosé : 9,5 % vol. ;
vin blanc : 10 % vol.
Potentiel de garde : de trois à cinq ans.

22 AMBOISE

Cette cité, située au confluent de la Masse et de la Loire, est dominée par son château Renaissance où la cour séjourna du XVe au XVIe siècle. Cette proximité favorisa l'implantation de cépages fins et l'élaboration de vins typés, solides, à l'image du château bien campé sur son plateau.
À voir : **le château ; la chapelle Saint-Hubert ; l'église Saint-Denis** (XIIe siècle, **remaniée aux** XVIe **et** XVIIe **siècles, puis restaurée au** XIXe **siècle) ; le Clos-Lucé où séjourna Léonard de Vinci ; le musée de l'Hôtel de ville ; les maisons des** XVe **et** XVIe **siècles, dans le centre historique.**
ÉTS PIERRE CHAINIER : ZI La Boitardière, 37400 Amboise. Tél. 02 47 30 73 07, sur R-V. Vin retenu : touraine rouge, Vignoble de Bléré.

DOMAINE DE LA GABILLIÈRE : lycée viticole, 46, avenue Émile-Gounin, 37400 Amboise. Tél. 02 47 23 35 51, du lundi au vendredi, 8 h-12 h et 13 h 30-17 h 30. Géré par le lycée d'enseignement professionnel viticole d'Amboise, le domaine présente une très large gamme de vins des appellations touraine-amboise et touraine.

On traverse la Loire en direction de Nazelles-Négron. En suivant la D 1, on passe à proximité du manoir de la Guespière (XVIIe siècle) où le poète Scarron séjourna en compagnie de son épouse, plus connue sous le nom de Mme de Maintenon.
Remontant la rive droite de la Loire par la D 1, on arrive à Noizay, terroir typique de la vallée de la Loire tourangelle, et première commune qui bénéficie de l'AOC vouvray.

VOUVRAY

Superficie : 2 000 ha.
Encépagement : chenin (pineau de la Loire), arbois (menu pineau).
Récolte annuelle : 115 900 hl.
Rendement de base :
vin tranquille : 45 hl/ha ;
vin mousseux : 55 hl/ha.
Titre alcoométrique minimal :
vin tranquille : 10,5 % vol. ;
vin mousseux : 9 % vol.
Potentiel de garde :
vin tranquille et mousseux : de cinq à huit ans ;
vin moelleux : trente-cinq ans et plus.

23 VERNOU-SUR-BRENNE

Le bourg est établi au confluent de la Brenne et de la Cisse.
À voir : **l'église romane** (XIIe **siècle) ; la chapelle des archevêques du** XIVe **siècle.**
GAEC CHAMPION : 57, vallée de Cousse, 37210 Vernou-sur-Brenne. Tél. 02 47 52 02 38, tlj sauf dimanche, 8 h-12 h 30 et 14 h-19 h. Les blancs secs, tranquilles et effervescents, répondent aux attentes enthousiastes de leurs producteurs.
EARL DOMAINE SYLVAIN GAUDRON : 59, rue Neuve, 37210 Vernou-sur-Brenne. Tél. 02 47 52 12 27, sur R-V. Sylvain Gaudron vinifie un vouvray méthode traditionnelle qui possède toutes les qualités.

Après Vernou-sur-Brenne, en serpentant le long des ruisseaux, on peut admirer des caves et des maisons troglodytiques, ainsi que quelques beaux manoirs, tel le château de Jallanges, en brique et en pierre (XVe siècles).

24 VOUVRAY

Après le carrefour de La Croix-Buisée, on pénètre dans la zone urbaine de Vouvray. En prenant le chemin de droite, on monte vers le château d'eau à travers les vignes de la première côte, et l'on parvient au site du Haut-Lieu, où un manoir des XVIIIe et XIXe siècles se dresse au centre d'un beau vignoble. La vue embrasse le bourg.
L'église Notre-Dame est dotée d'un clocher dont seule la base est de style roman, ainsi que de deux chapelles dans le roc. Balzac rêva d'acheter le charmant château de Moncontour.
À voir : **l'église ; l'écomusée ; le château de Moncontour** (XVe-XIXe **siècle).**

PHILIPPE BRISEBARRE : La Vallée-Chartier, 37210 Vouvray. Tél. 02 47 52 63 07, tlj, 9 h-19 h , dimanche sur R-V de préférence. Philippe Brisebarre réussit aussi bien les vins tranquilles que les méthodes traditionnelles. Ses moelleux sont de longue garde.
DIDIER ET CATHERINE CHAMPALOU : 7, rue du Grand-Ormeau, 37210 Vouvray. Tél. 02 47 52 64 49, sur R-V. Lorsque l'année ne se prête pas aux moelleux, que les Champalou réussissent fort bien, on saura apprécier leurs blancs secs au nez floral.
CHÂTEAU GAUDRELLE : 87, route de Monnaie, 37210 Vouvray. Tél. 02 47 52 67 50, tlj sauf samedi et dimanche, 9 h-12 h et 14 h-17 h 30. Le moelleux réserve personnelle peut atteindre des sommets.

De Vouvray, on gagne Rochecorbon. Restaurée en 1862, l'église, dont la nef date du XIe siècle, présente une importante voûte d'ogives à nervures. À l'ouest se trouvent les vestiges de l'ancien château fort ; la haute tourelle carrée couronnée de mâchicoulis (XVe siècle) veille sur le village.

25 TOURS

On entre à Tours par le faubourg de Sainte-Radegonde.
Au sortir de Saint-Georges, on trouve à droite l'abbaye de Marmoutier, premier monastère fondé en 372. De cette époque date vraisemblablement l'implantation de la vigne à Vouvray. À partir de Marmoutier, il est intéressant d'emprunter la pittoresque rue Saint-Gatien. On y découvre l'église de Sainte-Radegonde où saint Gatien, premier évêque de Tours, aurait officié.

G. S. et J. G.

D'Amboise à l'abbaye de Fontevraud. *La Loire traverse les vignobles de vouvray, montlouis, chinon et bourgueil.* Dessin atelier D. Duplantier.

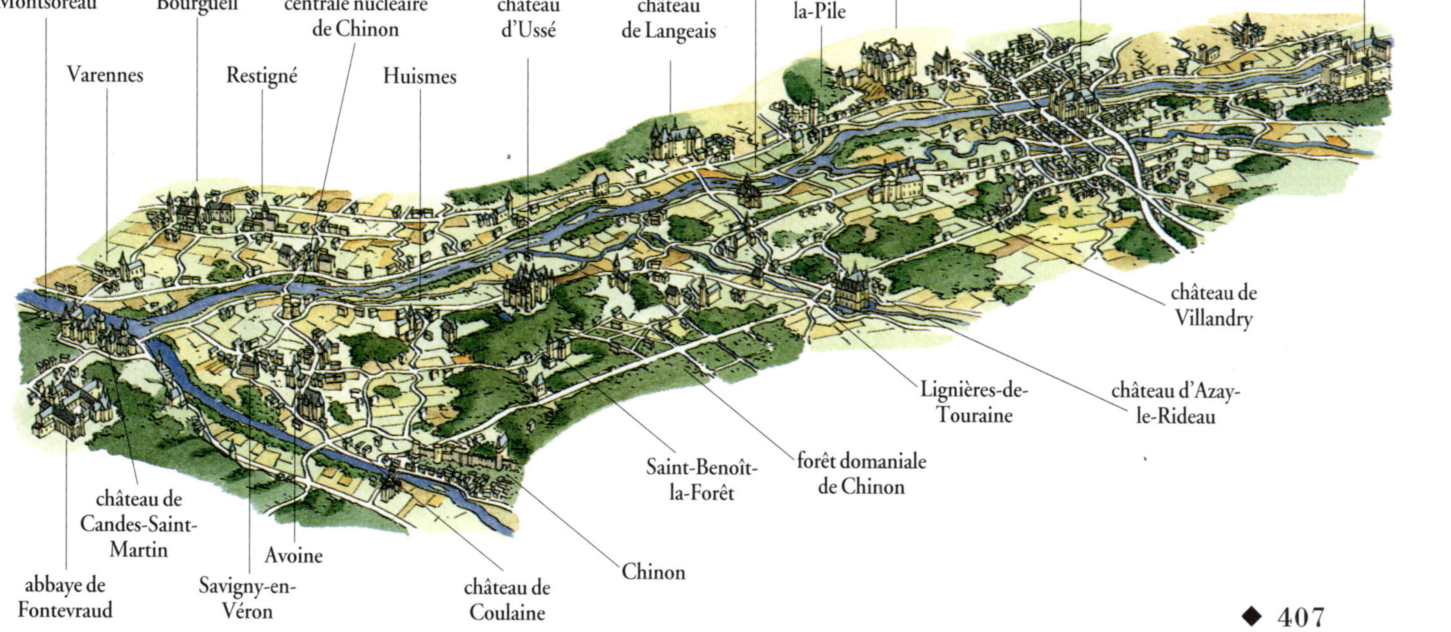

Le pays de la Loire

de Tours à Angers

Touraine, travaux des champs dans la région de Tours. *Anjou et Touraine sont des terres de très anciennes cultures et de vignobles réputés.* Photo Michel Guillard/Scope.

Cet itinéraire traverse deux provinces sœurs, et pourtant bien distinctes : la Touraine, à l'est, et l'Anjou, à l'ouest. La limite entre ces provinces se retrouve approximativement dans le découpage administratif actuel des départements de l'Indre-et-Loire (Touraine) et du Maine-et-Loire (Anjou). Le climat, et, surtout, la géologie constituent pour la vigne les facteurs qui marquent le plus la physionomie particulière des vins dans l'une ou l'autre région. En revanche, les cépages, les façons culturales et les modes de vinification diffèrent très peu.

Ce parcours passe par les terroirs à vins rouges de Chinon, de Bourgueil et de Saint-Nicolas-de-Bourgueil, avec un passage, sur les bords de la Loire puis de l'Indre, à Azay-le-Rideau, connu pour ses blancs secs et ses rosés.

Pour les hommes des siècles passés, la vallée de la Loire présentait l'avantage d'offrir tout ce qui était nécessaire au gîte et au couvert : la pierre de tuffeau, tendre et facile à travailler, pour les murs et la décoration, les forêts, pour le bois d'œuvre, l'argile, pour la terre cuite des carrelages, et l'ardoise, venue d'Anjou, pour la couverture des demeures. De bonnes terres à blé, des pâturages, des vignes, des bois riches en gibiers et en champignons, des rivières poissonneuses, ainsi que des terrasses d'alluvions propices à la culture des légumes et des arbres fruitiers procuraient nécessaire et superflu, à la table des humbles comme des seigneurs. À une époque où les transports étaient souvent difficiles, la situation privilégiée d'une telle profusion de biens à portée de main était rare, en France et même en Europe.

La Touraine

À l'ouest de la cité tourangelle, le soubassement géologique, où affluent essentiellement des formations secondaires et tertiaires, donne tour à tour des sols argilo-calcaires, argilo-siliceux, ou tout à fait sableux. Le climat subit, tout au long de la vallée de la Loire, un gradient entre un climat océanique en Pays nantais et un climat semi-continental dans les vignobles du Centre. Anjou et Touraine n'échappent pas à cette règle. L'influence océanique donne en Touraine des printemps doux et des automnes ensoleillés. Mais il convient de ne pas oublier l'extrême importance des vallées et des cours d'eau qui, à l'évidence, cisèlent des microclimats où la vigne, plantée dans de bonnes orientations, bénéficie de conditions rares pour mûrir ses raisins.

Nouvelle basilique Saint-Martin de Tours. *Elle fut édifiée sur des plans de Victor Laloux, dans un style romano-byzantin, de 1886 à 1890.* Photo Jean-Daniel Sudres/Scope.

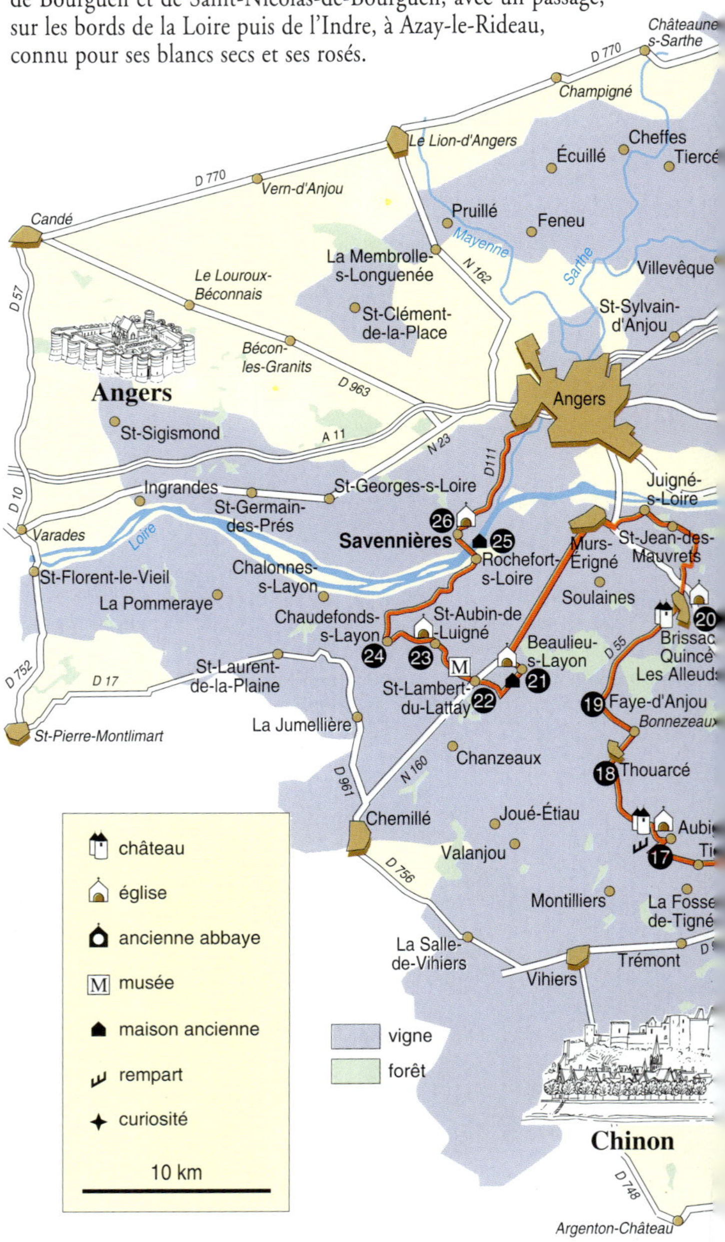

Vignoble de Chinon. *Chinon produit, à partir d'un vignoble assez dispersé, des vins rouges, moins tanniques que ceux de son voisin de Bourgueil, et de bonne garde.* Photo Jean-Daniel Sudres/Scope.

L'Anjou

Les terrains ont les mêmes origines en Anjou qu'en Touraine. Cependant, il vient s'y ajouter un ensemble de formations primaires, souvent schisteuses, résultat de la rencontre du vieux socle primaire avec des formations de roches sédimentaires du Bassin parisien. L'influence océanique donne des printemps doux et des automnes ensoleillés, plus marqués qu'en Touraine. En Anjou, une visite complète du vignoble permet de découvrir les rouges de saumur-champigny, les effervescents de saumur et, plus à l'ouest, la riche palette des vins d'Anjou blancs, rouges et rosés.

Itinéraire de Tours à Angers

Vignobles et châteaux jalonnent ce parcours baigné par la douceur des vallées de la Loire, du Cher et du Layon. Barrière climatique, le fleuve confère aux cieux cette lumière si particulière, jouant avec la pierre blanche de tuffeau et les ardoises bleues, dont surent parfaitement tirer parti les artistes italiens. Ils contribuèrent en effet à transformer les massives forteresses aux tours rondes en autant d'élégantes demeures parées de fenêtres à meneaux, ainsi que les églises romanes en abbayes au style gothique flamboyant.

Caves anciennes à Chinon. *Creusées dans le tuffeau, elles portent le nom de « caves painctes » sous la plume de Rabelais, et accueillent les chapitres de la confrérie au nom savoureux des Bons Entonneurs rabelaisiens.* Photo Jean-Daniel Sudres/Scope.

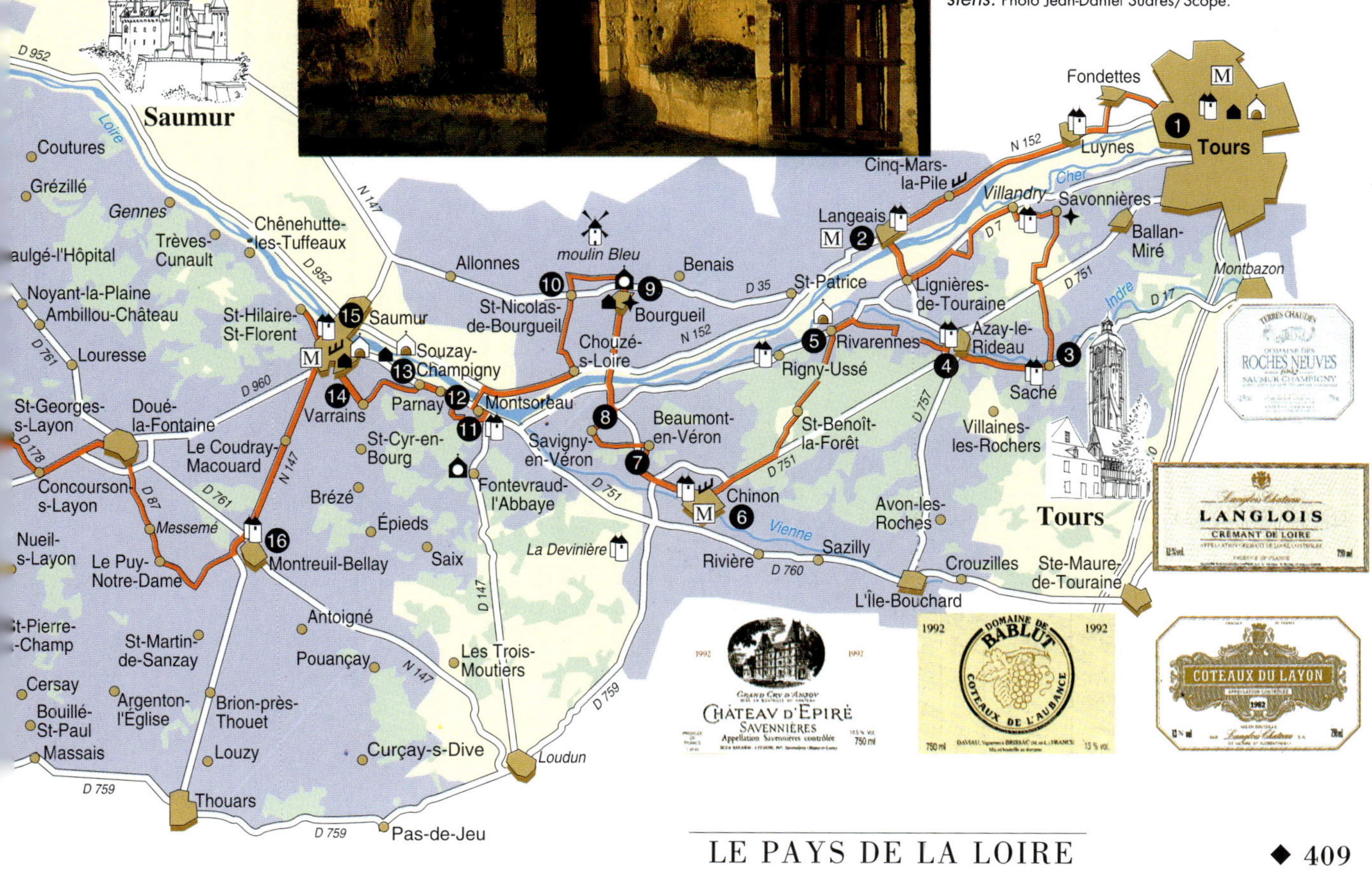

1 Tours

La ville s'édifia à l'époque gallo-romaine, à partir d'un simple carrefour sur la Loire. Le bourg médiéval résulta de la présence d'un premier château contrôlant le passage, ainsi que de celle du centre religieux, fondé par saint Martin avant que saint Gatien ne lui donnât une plus grande extension. La vocation commerçante de la cité se renforça au XVIIIe siècle, puis au XIXe siècle avec l'arrivée du chemin de fer. Le développement de Tours, qui conserve sa structure urbaine antique en damier, se fit harmonieusement. L'ordonnance claire de ses rues et de ses places contribue à la lumière si particulière qui baigne la ville, les richesses architecturales et artistiques renforçant cet attrait.

À voir : **la cathédrale Saint-Gatien ; l'église Saint-Julien ; la basilique Saint-Martin ; le château de Philippe le Hardi ; le musée des Beaux-Arts ; le musée du Compagnonnage ; les hôtels Beaune-Semblançay, Lefebvre de Montifray, Raimbault et Gouin.**

En quittant Tours par la rive droite de la Loire, on rejoint Luynes. Quelques vignerons cultivent encore la vigne, mais la cité est davantage connue pour son château fort du XIIe siècle qui domine la ville et le fleuve. En suivant celui-ci, on parvient à Cinq-Mars-la-Pile, berceau du grolleau (ou groslot), cépage encore bien présent dans la région. Depuis les ruines du château fort (XIIe et XIIIe siècles), la vue s'étend sur la vallée.

2 Langeais

Le château impose sa présence au centre de la ville. La construction féodale entourée de douves, dont subsiste l'ancien donjon du Xe siècle, fit place au château bâti par Louis XI entre 1465 et 1490, aujourd'hui entièrement remeublé en mobilier d'époque.

À voir : **le château et les appartements.** Aux environs : **le musée de l'Artisanat.**

On passe la Loire à Langeais et on remonte la rive gauche jusqu'à Villandry. Les jardins et le château Renaissance, un peu strict dans son architecture, sont conçus selon un plan symétrique dont bénéficie également le potager médiéval composé de légumes que l'on cultivait déjà au XVIe siècle. En remontant la vallée du Cher, on atteint le petit village de Savonnières où l'on peut visiter les grottes pétrifiantes. On quitte Savonnières en direction de Saché, puis on remonte sur le plateau de la Champagne tourangelle avant de rejoindre la vallée de l'Indre qui servit de cadre au *Lys dans la vallée* de Balzac. C'est également ici que l'on aborde le vignoble d'Azay-le-Rideau qui partage, avec les pommiers et les poiriers, les coteaux caillouteux bordant les rives de l'Indre.

Touraine-Anjou, *coupe de terrain.*

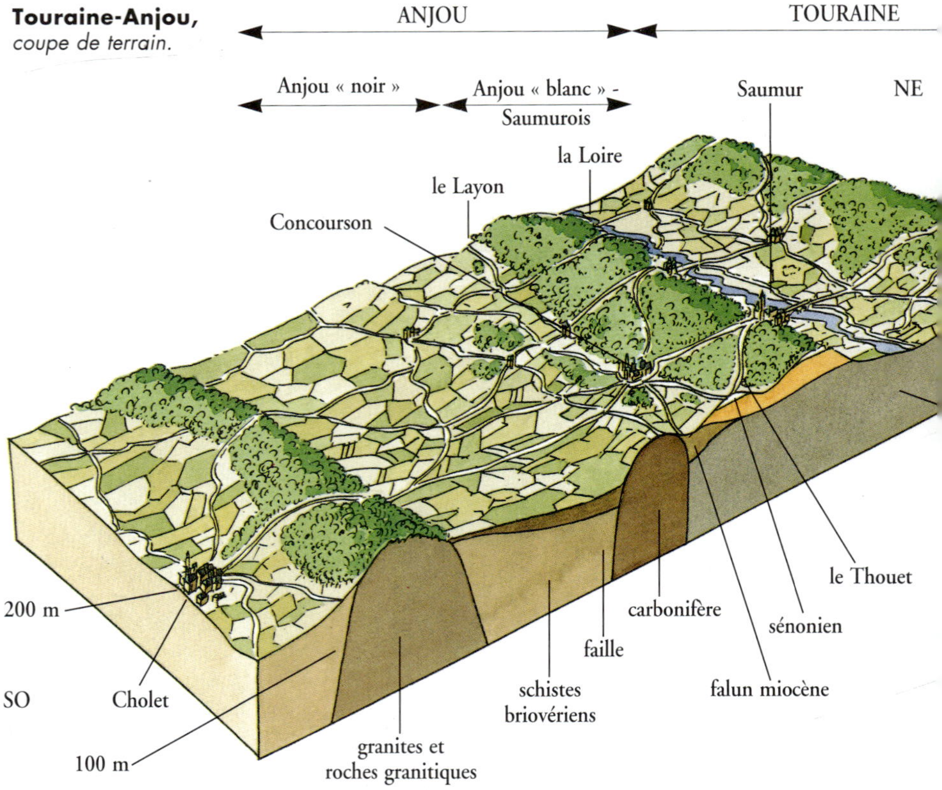

Château de Langeais. *Les tapisseries et le mobilier illustrent fidèlement le cadre de la vie seigneuriale, à la fin du XVe siècle.* Photo Jacques Guillard/Scope.

Touraine-Azay-le-Rideau

Les vins blancs, de type sec à tendre, sont issus du pineau de la Loire (chenin blanc). Ils présentent une finesse due au caractère siliceux des coteaux. Les vins rosés, élaborés avec une bonne part de grolleau, sont secs et légers, avec beaucoup de finesse.

Superficie : 150 ha.

Encépagement :
vin rosé : grolleau (60 % au minimum), gamay noir, cot (40 % au maximum), cabernet franc, cabernet-sauvignon (10 % au maximum) ;
vin blanc : chenin blanc.

Récolte annuelle :
vin rosé : 1 680 hl ;
vin blanc : 950 hl.

Rendement de base : 45 hl/ha.

Titre alcoométrique minimal :
vin rosé : 9 % vol. ;
vin blanc : 10 % vol.

Potentiel de garde : de trois à quatre ans.

3 Saché

Le château de Saché conserve le souvenir de Balzac. C'est également à Saché que Calder, père des mobiles et des stabiles, élut domicile et installa son atelier.

DANIEL JAHAN : 16, rue Principale, 37190 Saché. Tél. 02 47 65 71 49.

Descendre la vallée de l'Indre par la D 17.

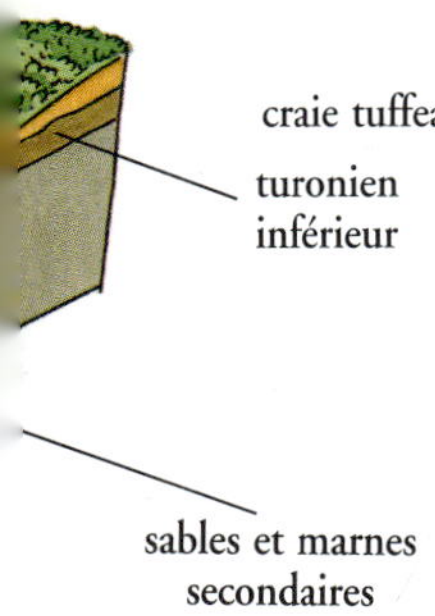

4 AZAY-LE-RIDEAU

Le château fut édifié entre deux bras de l'Indre au début du XVIe siècle, époque à laquelle l'influence des artistes italiens ou italianisants fixés en Touraine se faisait largement sentir.

EARL PASCAL PIBALEAU : 68, route de Langeais, 37190 Azay-le-Rideau. Tél. 02 47 45 27 58, tlj sauf dimanche, 8 h-12 h 30 et 13 h 30-19 h. Le vin, ici affaire de famille, est issu de pur chenin pour le touraine-azay-le-rideau et pour la méthode traditionnelle ; tous deux sont parfaitement équilibrés. Le rosé souple est élaboré à partir de quatre cinquièmes de grolleau et d'un cinquième de cot.

5 RIVARENNES

On quitte Azay-le-Rideau en suivant le cours de l'Indre, puis on traverse les villages de Cheillé et de Rivarennes où la culture de la vigne demeure une activité d'importance. Outre son église (XIIe-XVIe siècle), Rivarennes compte une grosse tour carrée à mâchicoulis.

À voir : **l'église.** Aux environs : **le château de Rigny-Ussé qui inspira Charles Perrault.**

JAMES PAGET : Armentières, 37190 Rivarennes. Tél. 02 47 95 54 02, sur R-V. Il est sans doute l'un des plus dynamiques vignerons de l'appellation.

CHINON

Superficie : 2 000 ha.
Encépagement :
vin rouge et rosé : cabernet franc, cabernet sauvignon (10 % au maximum) ;
vin blanc : chenin blanc.
Récolte annuelle :
vin rouge : 113 500 hl ;
vin blanc : 1 890 hl.
Rendement de base : 45 hl/ha.
Titre alcoométrique minimal : 9,5 % vol.
Potentiel de garde : de cinq à dix ans.

6 CHINON

Quitter la vallée de la Loire et remonter sur le plateau qui traverse la forêt domaniale de Chinon. En parvenant au-dessus de la ville, on découvre la forteresse médiévale, tandis qu'à droite, on peut s'arrêter au milieu des vignes, au célèbre lieu-dit L'Écho, un des meilleurs crus de tout le Chinonais. Depuis le château bâti sur un éperon rocheux, on découvre tout le val de Vienne et la ville. C'est à Chinon que François Rabelais, né en 1494 à La Devinière, passa son enfance. Très attaché à ces lieux, Rabelais y situe l'action de nombreuses aventures des héros de ses livres, à commencer bien sûr par les hauts faits de la guerre picrocholine.

Une promenade dans les rues moyenâgeuses, avec leurs maisons de pierre et de bois, s'impose.

À voir : **le château ; le musée du Vin et de la tonnellerie ; le musée du Vieux-Chinon ; le carrefour du Grand-Carroi.**
Aux environs : **Seuilly, où l'on visitera La Devinière.**

SCA COULY-DUTHEIL PÈRE ET FILS : 12, rue Diderot, 37500 Chinon. Tél. 02 47 97 20 20, sur R-V. Par sa renommée, la maison Couly-Dutheil est l'un des piliers de l'appellation. À la fois négociants et producteurs dans les meilleurs crus du Chinonais, ces vignerons perpétuent la tradition du chinon en produisant des vins sans aucun fard, grâce à des gestes ancestraux étayés de techniques modernes.

En quittant Chinon en direction d'Avoine, on longe la Vienne sur une route enserrée entre le coteau et la rivière. À partir du rond-point de la nouvelle route, la vallée s'élargit : commence alors le pays du Véron, dont les larges terrasses sableuses s'étalent en pentes douces entre les coteaux et la rivière. Les maisons de tuffeau forment des villages particulièrement harmonieux.

On y produit des « vins de sable », d'une part, et des « vins d'argilo-calcaire », d'autre part.

Chinon, le château. *Long de 400 m et large de 70, le château se compose en fait de trois parties, datant pour l'essentiel du XIIe siècle ; de gauche à droite : le château du Coudray, au donjon érigé par Philippe Auguste, le château du milieu et le fort Saint-Georges, qui défend l'accès au promontoire.* Photo Jean-Daniel Sudres/Scope.

Être chinonais

Rabelais éprouve une certaine fierté à être chinonais, comme l'attestent ces quelques lignes : « Je sçay où est Chinon et la cave paincte aussi, j'y ai beu maints verres de vin frays et ne fays doute aucune que Chinon soit ville antique, son blason l'atteste, auquel est dict :

Deux et trois fois Chinon,
Petite ville, grand renom,
Assise sur pierre ancienne
Au hault le bois, au pied la Vienne »

Cette fameuse « cave paincte » est, aujourd'hui, le siège de la confrérie des Bons Entonneurs rabelaisiens qui y tient ses chapitres. Elle s'enfonce au pied de la falaise dans le cœur de la vieille ville.

É. C.

La Devinière, maison de Rabelais. *Né vers 1494 dans cette métairie, François Rabelais célébra avec truculence le culte de la « Dive Bouteille », ainsi que les vertus du cépage « breton », terme que l'on utilise toujours dans la région pour désigner le cabernet franc. Construit en tuffeau, le bâtiment est coiffé d'un haut comble d'ardoise à forte pente.* Photo Jacques Guillard/Scope.

7 Beaumont-en-Véron

Reflet de la prédominance des terrains argilo-calcaires, les vins sont jeunes et structurés.

Paul Guertin : 111, rue du Véron, 37420 Beaumont-en-Véron. Tél. 02 47 58 43 20, sur R-V. Les vins de ce vigneron sont parfaitement constitués et de bonne garde.

8 Savigny-en-Véron

Très étendu, le bourg présente un habitat typé, comportant de grandes et solides exploitations.

À voir : **le manoir de Chevirė.**

Jean-Maurice Raffault : La Croix, 37420 Savigny-en-Véron. Tél. 02 47 58 42 50, sur R-V. On y trouve, avec leur style propre, des vins de haut intérêt.

Domaine du Raifault : Julien Raffault, 23-25, route de Candes, 37420 Savigny-en-Véron. Tél. 02 47 58 44 01, tlj, 8 h-19 h, dimanche, 9 h-12 h. C'est la passion du terroir qui domine ici, marquant de son empreinte les vins produits. Après avoir traversé la Loire, on parcourt la basse plaine d'alluvions récentes, appelées varennes.

Bourgueil et Saint-Nicolas-de-Bourgueil

Superficie : bourgueil : 1 250 ha ; saint-nicolas-de-bourgueil : 992 ha.

Encépagement : cabernet franc, cabernet-sauvignon (10 % au maximum).

Récolte annuelle : bourgueil : 75 500 hl ; saint-nicolas-de-bourgueil : 56 400 hl.

Rendement de base : 45 hl/ha.

Titre alcoométrique minimal : 9,5 % vol.

Potentiel de garde : de cinq à dix ans.

9 Bourgueil

Détruite pendant la Révolution, l'abbaye (Xe siècle), dont ne subsistent que les celliers du XIIIe siècle, possède un clos bien cultivé et d'imposants jardins.

À voir : **le bâtiment des grands greniers ; les jardins suspendus ; les demeures, du XVIIe au XIXe siècle, de la rue de Tours ; la maison de vigneron face à l'église.**

SCEA de La Dîme : Clos de l'Abbaye, avenue Le Jouteux, 37140 Bourgueil. Tél. 02 47 97 76 30, sur R-V. Exploitation de l'abbaye de Bourgueil, le Clos constitue un lieu historique, puisqu'il fut sans doute à l'origine du vignoble de Bourgueil. Les vignes, vieilles de quarante ans, donnent un vin aux arômes de cerise.

Manoir de Louy et vignoble dans l'aire d'appellation bourgueil. *Sur des sols sablonneux enrichis de calcaire et d'argile, le cépage cabernet franc contribue à produire des vins de bonne garde.* Photo Jean-Daniel Sudres/Scope.

Pitault-Landry et Fils : domaine Les Pins, 1 et 8, route du Vignoble, 37140 Bourgueil. Tél. 02 47 97 47 91, sur R-V. Les vins très nuancés, aux arômes de fruits rouges, proviennent des terres argilo-calcaires et siliceuses.

En quittant Bourgueil, on se rend à Chevrette, où se trouve la cave touristique, qui est représentative de toutes celles du Bourgueillois. On accède aux caves en descendant de longues rampes creusées dans le coteau.

On peut se rendre au Moulin-Bleu, d'où l'on bénéficie d'une vue très étendue sur le vignoble.

10 Saint-Nicolas-de-Bourgueil

Les vignes sont ici plantées sur d'anciennes terrasses sableuses, qui confèrent au vin une finesse et une longévité particulières. Plus haut, en se rapprochant de la forêt, les sols sont plus argileux, et les vins plus colorés et charpentés.

Max Cognard : Chevrette, 37140 Saint-Nicolas-de-Bourgueil. Tél. 02 47 97 76 88, sur R-V. Une vinification particulièrement soignée fournit des vins amples et bien en chair.

Jean Brecq : 1, Le Grollay, 37140 Saint-Nicolas-de-Bourgueil. Tél. 02 47 97 78 54, tlj, 9 h-12 h 30 et 13 h 30-20 h. Parti d'un petit carré de vigne, Jean Brecq est à la tête de 12 ha à ce jour, et élabore un remarquable saint-nicolas.

EARL Pascal et Alain Lorieux : Le Bourg, 37140 Saint-Nicolas-de-Bourgueil. Tél. 02 47 97 92 93, sur R-V. Ce vigneron figure dans le peloton de tête des bons producteurs.

Clos des Quarterons-Amirault : 37140 Saint-Nicolas-de-Bourgueil. Tél. 02 47 97 75 25, sur R-V. Dans ce vin traditionnel de Saint-Nicolas, on retrouve la dominante de fruits rouges, l'architecture solide et la finale prometteuse.

De Saint-Nicolas-de-Bourgueil, on se dirige vers Montsoreau qui marque l'entrée dans l'Anjou.

Saint-Nicolas-de-Bourgueil, *coupe de terrain.*

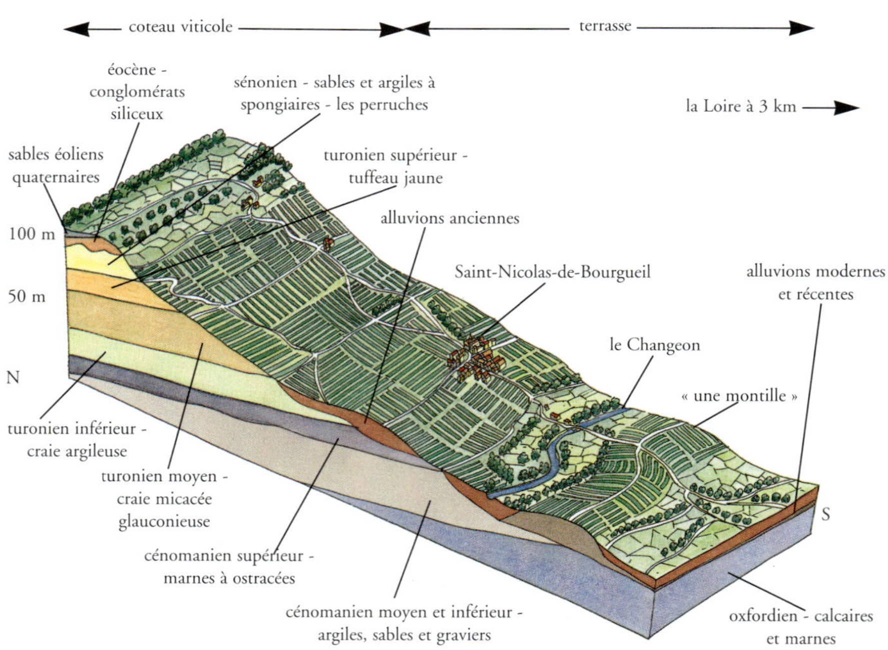

Saumur

Superficie :
vin rouge : 1 080 ha ;
vin blanc : 480 ha ;
vin mousseux : 1 060 ha ;
cabernet de saumur : 100 ha.
Encépagement :
vin rouge : cabernet franc, cabernet-sauvignon, pineau d'Aunis ;
vin blanc : chenin blanc (80 % au minimum), chardonnay, sauvignon (20 % au maximum).
vin mousseux rosé : cabernet franc, cabernet-sauvignon, cot, gamay noir, grolleau, pineau d'Aunis, pinot noir ;
vin mousseux blanc : chenin blanc, cabernet franc, cabernet-sauvignon, cot, gamay noir, grolleau, pineau d'Aunis, pinot noir, chardonnay et sauvignon (20 % au maximum) ;
cabernet de saumur : cabernet franc, cabernet-sauvignon.
Récolte annuelle :
vin rouge : 27 300 hl ;
vin blanc : 61 200 hl ;
vin mousseux rosé : 66 700 hl ;
vin mousseux blanc : 1 810 hl ;
cabernet de saumur : 5 900 hl.
Rendement de base :
vin rouge et cabernet de saumur : 40 hl/ha ;
vin blanc : 45 hl/ha ;
vin mousseux : 60 hl/ha.
Titre alcoométrique minimal :
saumur et cabernet de saumur : 10 % vol. ;
vin mousseux : 8,5 % vol.
Potentiel de garde :
vin rouge : cinq ans ;
vin blanc : de trois à cinq ans ;
cabernet de saumur : de deux à trois ans.

Saumur-Champigny

Superficie : 1 300 ha.
Encépagement : cabernet franc, cabernet sauvignon, pineau d'Aunis.
Récolte annuelle : 85 800 hl.
Rendement de base : 40 hl/ha.
Titre alcoométrique minimal : 10 % vol.
Potentiel de garde : une douzaine d'années.

Vignoble de Champigny. *Situé au sud de Saumur, entre le Thouet et la vallée de la Loire, le vignoble est planté en cabernet franc, nommé également breton. Il produit un vin rouge, réputé de longue date, fruité et gouleyant.* Photo Jean-Daniel Sudres/Scope.

Coteaux de Saumur

Superficie : 16 ha.
Encépagement : chenin blanc.
Récolte annuelle : 110 hl.
Rendement de base : 30 hl/ha.
Titre alcoométrique minimal : 12 % vol.
Potentiel de garde : de huit à dix ans.

Anjou

Superficie :
vin rouge : 4 400 ha ;
vin blanc : 1 170 ha ;
cabernet d'anjou : 2 930 ha.
Encépagement :
vin rouge : cabernet franc, cabernet-sauvignon, pineau d'Aunis ;
vin rosé : cabernet franc, cabernet-sauvignon, pineau d'Aunis, gamay, cot, grolleau ;
vin blanc : chenin blanc (80 % au minimum), chardonnay, sauvignon (20 % au maximum)
anjou-gamay : gamay noir ;
cabernet d'anjou : cabernet franc, cabernet-sauvignon.
Récolte annuelle :
vin rouge : 255 401 hl ;
vin blanc : 61 393 hl ;
anjou-gamay : 16 600 hl ;
cabernet d'anjou : 167 600 hl ;
anjou-villages : 13 931 hl ;
anjou-villages brissac : 5 744 hl.
Rendement de base :
vin rouge : 40 hl/ha ;
vin rosé : 50 hl/ha ;
vin blanc : 45 hl/ha ;
cabernet d'anjou : 40 hl/ha.
Titre alcoométrique minimal :
vin rouge et cabernet d'anjou : 10 % vol. ;
vin rosé : 9 % vol. ;
vin blanc : 9,5 % vol.
Potentiel de garde :
vin rouge : cinq ans ;
vin blanc : de trois à cinq ans ;
anjou-gamay : trois ans ;
cabernet d'anjou : de quatre à cinq ans ;
rosé d'anjou : de deux à trois ans.

11 Montsoreau

La cité porte un nom évocateur, celui de son château, imposant édifice de tuffeau, qui servit de cadre à un roman d'Alexandre Dumas. Les ruelles escarpées du village escaladent le coteau qui domine la Loire.
À voir : **le château** (XVe **siècle).** Aux environs : **la monumentale abbaye de Fontevraud.**
De la place du village part une petite route étroite, qui mène au moulin planté au milieu des vignes. Prendre la direction du moulin de La Herpinière, puis suivre la route qui mène à Turquant. Cette première incursion sur le coteau nous fait découvrir le vignoble de Saumur, ville que l'on atteint après une succession de villages de vignerons. Selon les terroirs, la vigne est plantée en blancs ou en rouges. Cette région produit des saumur-champigny, vins rouges à la robe soutenue et aux arômes de fruits très présents. Le cabernet franc, cépage principal, est souvent épaulé d'une pointe de cabernet-sauvignon. Les méthodes d'élevage en fût tendent à rendre ce vin plus sophistiqué qu'il ne l'était, il y a quinze ou vingt ans.

Abbaye de Fontevraud, *la tour d'Évrault. De forme circulaire, c'est le seul exemple de cuisine romane qui nous soit parvenu.* Photo Jean-Daniel Sudres/Scope.

12 Parnay

En face du village, une réserve ornithologique est établie sur un important banc de sable au milieu de la Loire.
Charruau et Fils : 74, rue Val-Brun, 49730 Parnay. Tél. 02 41 38 11 85, sur R-V. Le domaine du Val-Brun produit un saumur-champigny qui exhale toutes les richesses de l'appellation.

13 Souzay-Champigny

C'est à Souzay que l'on peut admirer le Clos « d'entre les Murs » du Père Cristal. Ami de Clemenceau, il devait sortir le

champigny rouge de l'anonymat. Le clos possède 1 200 m de murs qui permettent à la vigne palissée, dont le bois traverse le mur par un trou, d'avoir le pied au nord et la tête au sud.
À voir : **l'église (XVe siècle) ; le manoir de Villeneuve ; les habitations troglodytiques.**
SCA CHEVALLIER : château de Villeneuve, 3, rue Jean-Brevet, 49400 Souzay-Champigny. Tél. 02 41 51 14 04, tlj sauf dimanche, 9 h-12 h et 14 h-18 h. Les blancs secs sont irréprochables.
PAUL FILLIATREAU : Chaintres, 49400 Dampierre-sur-Loire. Tél. 02 41 52 90 84, tlj, 8 h-12 h et 13 h 30-17 h 30, samedi et dimanche sur R-V. Le domaine se distingue par une belle suite de réussites.
RATRON FRÈRES : clos des Cordeliers, 49400 Souzay-Champigny. Tél. 02 41 52 95 48, tlj sauf dimanche, 8 h-12 h et 14 h-18 h 30. La longue tradition de saumur-champigny rouges résulte de soins méticuleux.

14 VARRAINS

Avec ses rues bordées de porches, c'est la commune la plus viticole du terroir.
SCA DAHEUILLER ET FILS : 28, rue du Ruau, 49400 Varrains. Tél. 02 41 52 90 94, tlj sauf dimanche, 8 h 30-12 h et 14 h-19 h, samedi sur R-V. On retrouve ici l'expression la plus agréable des saumur-champigny : nez fruité, équilibre et bouche soyeuse.
DOMAINE DES ROCHES-NEUVES : Thierry Germain, 56, bd Saint-Vincent, 49400 Varrains. Tél. 02 41 52 94 02, sur R-V. Typique de l'appellation, la Cuvée Terres Chaudes donne un vin harmonieux, rond et long en bouche.

15 SAUMUR

Le château fortifié, dont la construction a commencé au XIVe siècle, est celui-là même que l'on voit représenté dans les enluminures des *Riches Heures du duc de Berry*. Juché sur son promontoire, il offre une vue étendue sur la région.
La ville a bâti sa renommée sur le cheval. C'est à Saint-Hilaire-Saint-Florent que sont regroupées la plupart des grandes maisons d'élaboration des vins de Saumur effervescents. La

Saumur, le château. *En contrebas de cet édifice des XIVe-XVe siècles, la Maison du vin permet de déguster les vins du Saumurois, dont des effervescents élaborés selon la méthode traditionnelle.* Photo Jean-Daniel Sudres/Scope.

présence de caves très étendues permet le repos et la manipulation de millions de bouteilles.
À voir : **le château ; le vieux quartier ; les églises Saint-Pierre et Notre-Dame-des-Ardilliers ; le Musée municipal ; le musée du Cheval.**
LANGLOIS-CHÂTEAU : 3, rue Léopold-Palustre, 49400 Saint-Hilaire-Saint-Florent. Tél. 02 41 40 21 40, tlj, 10 h-12 h 30 et 14 h 30-18 h 30, fermé en janvier. Avec ses vieilles vignes en saumur blanc tranquille, ses rouges équilibrés au nez fin et délicat, et ses bruts et crémants de loire irréprochables, cette maison rassemble une très belle palette de vins.
DOMAINE LAVIGNE : 15, rue des Rogelins, 49400 Varrains. Tél. 02 41 52 92 57, tlj sauf dimanche, 9 h-12 h et 14 h-18 h. Une production classique offre d'excellents résultats.
Quitter Saumur en direction du sud, et prendre la route de Montreuil-Bellay.

16 MONTREUIL-BELLAY

L'arrivée sur la ville permet de découvrir l'imposant château du XVe siècle.
SCEA BODET-LHÉRIAU : château de La Durandière, 51, rue des Fusillés, 49260 Montreuil-Bellay. Tél. 02 41 40 35 30, tlj, 8 h-19 h, samedi et dimanche sur R-V. Cette maison est reconnue pour le sérieux de ses vins.
En empruntant la D 88, puis, à droite, la direction du Puy-Notre-Dame, on passe à Messemé, au milieu du vignoble, pour rejoindre Doué-la-Fontaine. Prendre la direction de Cholet. À Concourson-sur-Layon, s'engager sur la D 178. À partir de Saint-Georges-sur-Layon, la D 84 traverse une région au relief formé de larges croupes.

VINS DU THOUARSAIS*

Au sud de Montreuil-Bellay et de Thouars s'étend l'aire d'appellation AOVDQS vins du thouarsais, qui regroupe 16 communes des Deux-Sèvres.
Superficie : 15 ha.
Encépagement :
vin rouge et rosé : cabernet franc, cabernet-sauvignon, gamay noir ;
vin blanc : chenin blanc, chardonnay (20 % au maximum).
Récolte annuelle :
vin rouge : 450 hl ;
vin blanc : 410 hl.
Rendement de base : 50 hl/ha.
Titre alcoométrique minimal : 9 % vol.
Potentiel de garde : de deux à trois ans.
*VDQS

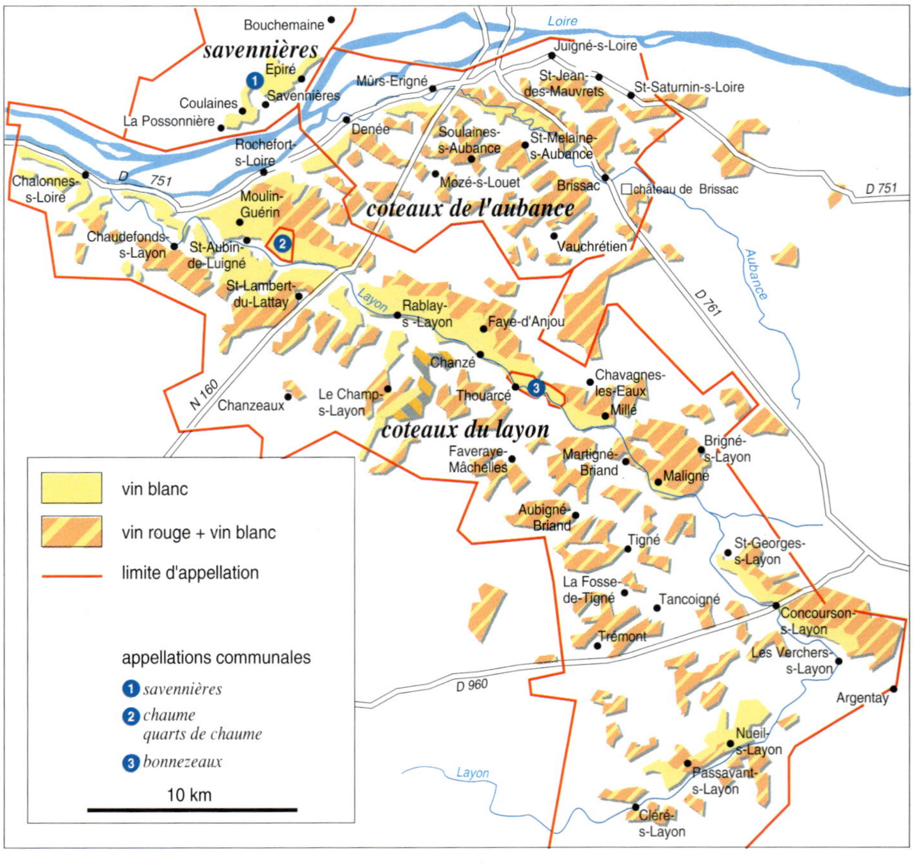

Carte des aires d'appellations savennières, coteaux de l'aubance, coteaux du layon, chaume, quarts de chaume et bonnezeaux.

Anjou-villages

Superficie : 427 ha.
Encépagement : cabernet franc, cabernet-sauvignon.
Récolte annuelle : 19 000 hl.
Rendement de base : 50 hl/ha.
Titre alcoométrique minimal : 9,5 % vol.
Potentiel de garde : de cinq à sept ans.

Coteaux du Layon

Superficie :
coteaux du layon : 1 856 ha ;
coteaux du layon-chaume : 78 ha.
Encépagement : chenin blanc.
Récolte annuelle :
coteaux du layon : 58 300 hl ;
coteaux du layon-chaume : n.c.
Rendement de base :
coteaux du layon : 30 hl/ha ;
coteaux du layon-chaume : 25 hl/ha.
Titre alcoométrique de base : 12 % vol.
Potentiel de garde : vingt-cinq ans et plus pour les bonnes années.

Coteaux du Layon, Beaulieu. *Situé le long d'un petit affluent de la Loire, le Layon, le vignoble produit du raisin qui peut bénéficier de la pourriture noble.* Photo Jacques Guillard/Scope.

17 Aubigné

L'église (XIe-XIIe siècle) s'appuie sur l'ancienne porte fortifiée ogivale, à double mâchicoulis, du château (XVe-XVIe siècle).
JEAN-MICHEL LEROY : rue d'Anjou, 49540 Aubigné-sur-Layon. Tél. 02 41 59 61 00, sur R-V. Toujours fort agréable, le coteaux du layon, produit ici, arbore certaines années des facettes surprenantes. Vers Faveraye-Mâchelles, le paysage bocagé prédomine et la vigne cède quelque peu le pas à l'élevage. À Thouarcé, on franchit le Layon. Sur la rive droite, on découvre l'un des grands terroirs de l'Anjou, Bonnezeaux (vin moelleux), qui donne son nom à l'appellation.

Bonnezeaux

Cette appellation ne s'étend que sur un lieu-dit au nord-est de la commune de Thouarcé.
Superficie : 130 ha.
Encépagement : chenin blanc.
Récolte annuelle : 2 360 hl.
Rendement de base : 22 hl/ha.
Titre alcoométrique minimal : 12 % vol.
Potentiel de garde : vingt-cinq ans et plus.

18 Thouarcé et Bonnezeaux

Dans un terroir de sables et de graviers du pliocène, les deux tiers de la surface plantée en vigne sur Thouarcé le sont en cabernet et donnent des rosés. Situé sur le plateau, Bonnezeaux possède moins d'une centaine d'hectares, répartis sur trois coteaux : Beauregard, Montagne et Fesles ; le terroir produit un grand vin moelleux.
Le long de la route, on remarque les plantations en terrasses. Depuis Le Moulin-de-Montagne, la vue s'étend sur le vignoble et la plaine.
ALAIN DENECHÈRE ET F. GEFFARD : La Petite-Croix, 49380 Thouarcé. Tél. 02 41 54 06 99, sur R-V. Sur des terrains de schiste et de cailloux, Alain Denechère obtient des bonnezeaux toujours intéressants.

19 Faye-d'Anjou

On longe la vallée du Layon et ses coteaux escarpés.
GODINEAU PÈRE ET FILS : Domaine des Petits-Quarts, 49380 Faye-d'Anjou. Tél. 02 41 54 03 00, tlj sauf dimanche, 8 h-12 h et 14 h-18 h. Les reflets lumineux de ce bonnezeaux ajoutent à la gaieté de ce vin.
EARL JEAN-CLAUDE LEBLANC ET FILS : domaine des Closserons, 49380 Faye-d'Anjou. Tél. 02 41 54 30 78, sur R-V. La famille Leblanc communique sa passion pour le chenin, dont elle tire un anjou blanc léger et harmonieux. On s'attardera également à goûter ses coteaux du layon.
Quitter Faye-d'Anjou par la D 55, et prendre la direction de Brissac-Quincé.

Coteaux-de-l'Aubance

Superficie : 186 ha.
Encépagement : chenin blanc.
Récolte annuelle : 4 700 hl.
Rendement de base : 30 hl/ha.
Titre alcoométrique minimal : 10,5 % vol.
Potentiel de garde : une quinzaine d'années.

20 Brissac-Quincé

L'étonnant château de Brissac comporte un bâtiment ancien massif, avec ses deux tours rondes à mâchicoulis (XVe siècle), auquel furent ajoutés un corps de logis et un haut pavillon Renaissance.
À voir : **le château ; l'église Saint-Vincent et sa verrière** (XVIe **siècle**) **; la place des Halles ; le moulin-cavier du Pavé ; la cave coopérative.**
Les meilleurs terroirs à chenin sont dédiés à la production de coteaux de l'aubance d'une haute distinction. La mévente des rosés a encouragé les vignerons à se reconvertir partiellement dans la production de vin rouge d'Anjou.
SCEA DAVIAU : domaine de Bablut, 49320 Brissac-Quincé. Tél. 02 41 91 22 59, tlj sauf dimanche, 8 h 30-12 h et 14 h-18 h 30. La rigueur scientifique permet ici d'obtenir des vins limpides et parfaitement équilibrés.

On se dirige ensuite vers Saint-Jean-des-Mauvrets, et le périple se poursuit par Juigné-sur-Loire et Mûrs-Érigné. La

Bonnezeaux. *Dans cette enclave des coteaux du layon, qui s'étage au-dessus du village de Thouarcé, les vins liquoreux produits peuvent, si le contrôle du degré a été réalisé préalablement dans les vignes, bénéficier, à l'instar des vins d'Alsace, de la mention « sélection de grains nobles ». Ce terroir exceptionnel, orienté au sud, est bordé de trois petits coteaux de schistes abrupts.* Photo Jacques Guillard/Scope.

N 160 ramène vers la vallée du Layon. Traverser de nouveau l'Aubance et prendre en direction de Beaulieu-sur-Layon, dont les terrains, comme l'attestent les anciennes mines de houille, remontent au carbonifère. La vigne plonge ses racines dans ces sous-sols particuliers, mais le terroir n'est pas très homogène et les vins possèdent une vraie diversité de caractère.

21 Beaulieu-sur-Layon

Beaulieu est sans doute la commune la plus viticole du Layon. Elle possède quelques belles demeures, et l'église suscite l'intérêt par ses peintures murales du XIIe siècle.

Claude Papin : château de Pierre-Bise, 49750 Beaulieu-sur-Layon. Tél. 02 41 78 31 44, sur R-V. Les vins produits sont remarquables par leur qualité.

Sur l'autre rive du Layon, on peut observer le sous-sol au travers d'une large coupe dans le coteau. Les pentes sont un peu plus douces, et les rendements plus confortables.

22 Saint-Lambert-du-Lattay

On pourra y visiter le musée de la Vigne et du vin.

EARL Moron : domaine des Maurières, 8, rue de Perinelle, 49750 Saint-Lambert-du-Lattay. Tél. 02 41 78 30 21, sur R-V. Connu pour ses vins liquoreux, ce domaine réussit parfaitement ses rouges d'Anjou.

23 Saint-Aubin-de-Luigné

Le charme de ses maisons anciennes fait de ce village de vignerons un lieu particulièrement agréable.

À voir : **l'ancien presbytère du XVIe siècle (mairie actuelle) ; la fontaine (XVIe siècle) ; l'église.**

Domaine Cady : Valette, 49190 Saint-Aubin-de-Luigné. Tél. 02 41 78 33 69, sur R-V. Le domaine produit une gamme étendue de vins d'Anjou.

GAEC Joseph Renou et Fils : Le Grand-Beauvais, 49190 Saint-Aubin-de-Luigné. Tél. 02 41 78 33 33, sur R-V. Spécialisée dans les vins liquoreux, cette exploitation présente une belle carte. Les caves du XVIIIe siècle sont parmi les plus pittoresques de la région.

24 Chaudefonds-sur-Layon

On atteint l'extrémité nord du vignoble du Layon : les vins liquoreux y sont particulièrement légers et élégants.

Domaine Chantal Fardeau : domaine des Hauts-Perrays, 49290 Chaudefonds-sur-Layon. Tél. 02 41 78 67 57, sur R-V. Une grande maîtrise de la vinification permet la production de quelques très beaux vins liquoreux de garde.

Parcourant la Corniche angevine, on découvre à gauche la vallée de la Loire, tout en laissant à droite les coteaux du Layon.

Quarts de Chaume

Cette appellation n'occupe qu'une partie de Chaume dans le Layon, sur la commune de Rochefort-sur-Loire.

Superficie: 40 ha.
Encépagement : chenin blanc.
Récolte annuelle : 570 hl.
Rendement de base : 22 hl/ha.
Titre alcoométrique minimal : 12 % vol.
Potentiel de garde : trente ans et plus.

Rochefort. *À proximité du vignoble de Savennières, le village fut entièrement démoli durant les guerres de Religion et reconstruit sur les rives du Louet, affluent de la Loire.* Photo Sara Matthews/Scope.

25 Rochefort-sur-Loire

Le village présente quelques maisons anciennes. Sur la commune de Rochefort-sur-Loire se trouve l'une des plus belles expressions des coteaux du Layon : les quarts de chaume. D'une profonde concentration, les vins qui en sont issus ne présentent aucune lourdeur.

SCEA Domaine des Baumard : 8, rue de l'Abbaye, 49190 Rochefort-sur-Loire. Tél. 02 41 78 70 03, sur R-V. Florent Baumard produit un vin délicat, tout en élégance.

On traverse la Loire sur l'un de ces longs ponts étroits à ossature métallique.

Quarts de chaume. *Le nom de l'appellation, qui produit des vins moelleux de très grande garde, tire son origine de la part de récolte que prélevait le seigneur du lieu sur ses coteaux.*
Photo Jacques Guillard/Scope.

Savennières

Appellation communale à laquelle on peut ajouter les noms de coulée-de-serrant ou de roche-aux-moines.
Superficie : 126 ha.
Encépagement : chenin blanc.
Récolte annuelle : 4 700 hl.
Rendement de base : 25 hl/ha.
Titre alcoométrique minimal : 12 % vol.
Potentiel de garde : une quinzaine d'années.

Anjou-coteaux de la Loire

Superficie : 43 ha.
Encépagement : chenin blanc.
Récolte annuelle : 610 hl.
Rendement de base : 30 hl/ha.
Titre alcoométrique minimal : 11 % vol.
Potentiel de garde : de huit à dix ans.

26 Savennières

L'église romane des Xe-XVe siècles semble être l'une des plus anciennes d'Anjou. Le nom du village évoque des vins blancs secs et séveux, caractéristiques des coteaux de schistes.

SCEA Bizard-Litzow : chais du château d'Épiré, 49170 Savennières. Tél. 02 41 77 15 01, tlj sauf dimanche, 9 h-12 h et 14 h-18 h 30. Avec ses arômes végétaux et schisteux, l'appellation savennières est typique du terroir.

Domaine du Closel : Mesdames de Jessey, château de Vault, 49170 Savennières. Tél. 02 41 72 81 00, 9 h-12 h 30 et 14 h-19 h, sur R-V. De millésime en millésime, les savennières sont toujours appréciés.

Nicolas Joly : château de La Roche-aux-Moines, 49170 Savennières. Tél. 02 41 72 22 32, tlj sauf dimanche, 8 h 30-12 h et 14 h-18 h. Monopole du château de La Roche-aux-Moines, la Coulée-de-Serrant est une coulée de terre abrupte. Exploitée en biodynamie selon des méthodes ancestrales, très respectueuses de la terre et du végétal, elle livre un vin qui marie puissance et délicatesse. Curnonsky en fit un vin de légende. La roche-aux-moines, plus étendue, est partagée entre plusieurs propriétaires.

De La Possonnière à Bouchemaine, on retrouve ces coteaux bien exposés où le chenin exprime le nerf de la pierre sur lequel il croît. En longeant la Maine, notre périple nous conduit à Angers.
É. C.

Portrait
Nicolas Joly, viticulteur

L'air, l'eau, le feu, la terre, voilà désormais les éléments avec lesquels Nicolas Joly, expert en finance internationale et fils heureux de la propriétaire du clos monopole de la Coulée-de-Serrant, a entamé une seconde vie.
Certes, on comprend facilement que la sérénité des paysages sublimes, que tout visiteur admire du haut du fameux éperon de schiste surplombant la Loire, ait converti ce notable au charme discret de la haute viticulture. Mais, plus encore que d'une mission somme toute banale de mise en valeur d'un beau patrimoine, Nicolas Joly s'est vite senti investi d'une responsabilité plus profonde, et presque mystique : observer, comprendre l'union subtile du minéral et du végétal qui donne naissance à son grand cru, et tout mettre en œuvre pour donner à son terroir l'expression la plus achevée. C'est ainsi qu'il a trouvé dans les principes du philosophe autrichien, Rudolf Steiner, les bases d'une agriculture saine et noble, adaptée à l'aristocratie des lieux. Tout d'abord, faire revivre un sol, réduit à l'état de désert par les pratiques industrielles d'une agronomie suicidaire ; équilibrer dans la plante sa nutrition terrestre et sa nutrition aérienne pour donner au raisin son expression optimale, et aller jusqu'au bout de l'originalité de chaque millésime ; respecter le matériel végétal, les densités de plantation et les modes de conduite légués par l'empirisme de dizaines de générations de grands viticulteurs. L'application déterminée (voire, pour certains, téméraire) de ces principes fait de lui le chef de file incontesté des propriétaires de grands terroirs convertis à la biodynamie, cette méthode de culture fondée sur le respect des rythmes naturels de la terre. Et force est de constater que, pour l'essentiel, cette viticulture donne à la coulée-de-serrant des résultats exemplaires. L'efficacité de la lutte contre les innombrables maladies de la vigne est comparable à celle de ses voisins, la maturité de ses raisins plus précoce, leur parfum plus complexe et plus prononcé, et cela, sans la moindre protection chimique, dans un environnement parfaitement respecté, sur un sol vivant et riche d'odeurs que l'on croyait à jamais perdues. M. B.

Savennières, la Coulée-de-Serrant. *Le chenin blanc produit ici, sur un sol de schistes, de grès et de roches granitiques, des vins blancs secs, nerveux et pleins de sève, très riches en arômes.* Photo Jean-Daniel Sudres/Scope.

La région nantaise

de Saint-Florent-le-Vieil à Nantes

Vin blanc sec et frais apprécié dans le monde entier, le muscadet reste pourtant méconnu.
Cet itinéraire permet de comprendre les subtiles différences qui existent entre les trois grands terroirs nantais, et de découvrir cette région attachante, à la jonction de la Bretagne, de l'Anjou et de la Vendée.

Les coteaux de la Loire

Cette région, soumise aux fortes influences angevines, est la seule du vignoble nantais à proposer des vins rouges, rosés et blancs ; le sous-sol à dominante schistique, un climat plus continental et les pentes vives des coteaux, qui favorisent l'assèchement du sol, produisent des vins plus expressifs que dans le reste du vignoble. C'est une région de polyculture où la vigne est disséminée. On y découvre les étonnants muscadets-coteaux de la loire, aux accents acidulés, le gros-plant, ainsi que les coteaux d'ancenis si agréables au palais.

Itinéraire des Saint-Florent-le-Vieil à

Caves à La Haye-Fouassière.
Le muscadet bénéficie de l'appellation contrôlée depuis 1936.
Photo Jean-Daniel Sudres/Scope.

Le Sèvre-et-Maine

La région du Sèvre-et-Maine – du nom des deux rivières qui la traversent – est tout entière dédiée à la vigne. Les ceps de melon de Bourgogne, cépage unique des muscadets, s'étalent à perte de vue sur de petits coteaux aux pentes douces. Le terrain caillouteux à tendance siliceuse profite de l'influence maritime. C'est le cœur du vignoble de Nantes qui produit à lui seul 85 % du total des muscadets. On y trouve les communes les plus célèbres : Le Loroux-Bottereau, Vallet, Clisson, Vertou… Les exploitations, concentrées et spécialisées, restent de taille modeste (10 ha en moyenne). La folle blanche, le cépage du gros-plant, occupe une place non négligeable, notamment à Vallet.

Grand-Lieu

Autour du lac de Grand-Lieu – souvent présenté comme le plus grand lac de France (3 500 à 7 000 ha selon l'alimentation saisonnière) – la vigne se fait plus rare. On y trouve le muscadet « tout court », qui prend désormais le nom de muscadet-côtes de grand-lieu. Les sols sont ici légers et sablonneux, et le climat plus océanique que dans le reste de la région. Les vins y sont donc plus précoces, tendres et iodés. Par ailleurs, dans la région de Logne et de Boulogne, au sud, se situe la terre d'élection du gros-plant.

Clisson, le château. *Revenant de croisade, Olivier Ier de Clisson aurait fait bâtir ce château au XIIIe siècle, d'après les plans de la forteresse de Césarée.* Photo Jean-Daniel Sudres/Scope.

N a n t e s

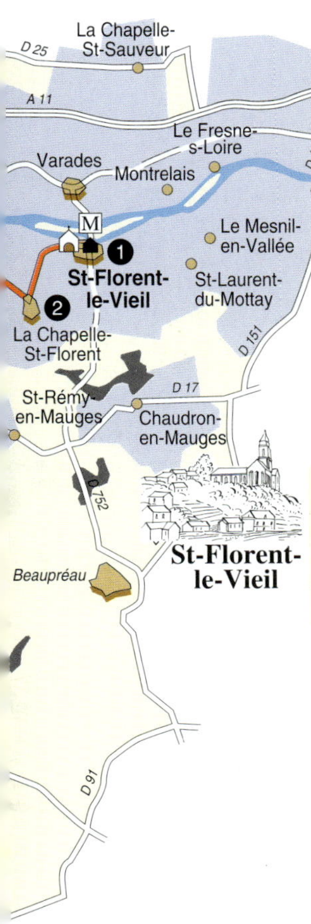

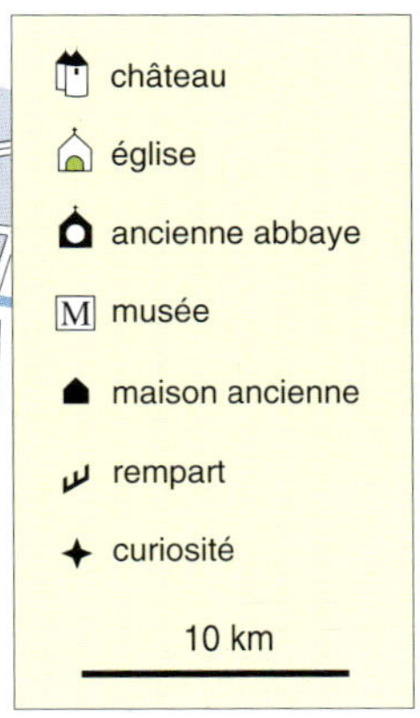

Visiter le vignoble de Nantes, c'est faire un bond dans un passé douloureux : celui des guerres de Vendée. La lutte entre les paysans royalistes et les troupes républicaines a été sanglante, marquant les esprits et le paysage. De nombreux témoignages de cette époque trouble sont encore visibles tant dans la région des Mauges qu'en Sèvre-et-Maine. On lui doit pourtant, à l'heure de la reconstruction, le pur joyau d'architecture italienne, inattendu en ces lieux, qu'est Clisson. Et il subsiste également de nombreux vestiges gallo-romains et mérovingiens. Après les rives abruptes des bords de Loire, patrie de Joachim du Bellay et de Julien Gracq, on serpente au milieu des vignes du Sèvre-et-Maine, qui virent naître le philosophe Pierre Abélard, avant de découvrir l'énigmatique lac de Grand-Lieu, tout empreint de légendes. Cet itinéraire s'achève à Nantes, grande métropole, cité des ducs de Bretagne et port au passé riche et tumultueux.

Muscadet-coteaux de la Loire

Superficie : 284 ha.
Encépagement : muscadet.
Nature des sols : schistes sur rive nord, micaschistes, gneiss sur rive sud.
Récolte annuelle : 14 900 hl.
Rendement de base : 50 hl/ha.
Titre alcoométrique minimal : 10 % vol.
Potentiel de garde : trois ans.

1 Saint-Florent-le-Vieil

C'est dans ce haut lieu des guerres de Vendée que les conscrits donnèrent le signal de l'insurrection des Mauges en mars 1793. En septembre de la même année, l'armée vendéenne en déroute (80 000 soldats, femmes et enfants) y franchit la Loire, geste qui lui fut fatal. Saint-Florent-le-Vieil marque l'entrée en muscadet, entrée encore floue puisque les terroirs se partagent entre les appellations de Nantes et d'Anjou, comme dans toutes les communes de la rive sud jusqu'à La Varenne.

Taille d'hiver des vignes *sur la commune de Vallet, important centre viticole.* Photo Jean-Daniel Sudres/Scope.

Avec ses nombreux aquariums, l'observatoire de la Loire propose un panorama de la vie du grand fleuve. L'église abbatiale du Mont-Glonne date en grande partie du XVIIIe siècle, et sa chapelle renferme le tombeau sculpté (XIXe siècle) du général vendéen Bonchamps ; à l'ouest de l'abbaye, l'esplanade offre une très belle vue sur les îles de Loire. Le musée d'Histoire locale retrace les épisodes des guerres de Vendée.
À voir : **l'observatoire de la Loire ; l'église abbatiale du Mont-Glonne (XIIIe-VIIIe siècle) ; le musée d'Histoire locale ; les maisons anciennes de la vieille ville.**

2 La Chapelle-Saint-Florent

Le cirque de Courossé, creusé dans le schiste par les méandres de l'Èvre, constitue un joli but de promenade à proximité de ce petit village. Depuis le moulin de l'Épinay, on dispose d'un très beau point de vue sur les Mauges.
À voir : **le moulin de l'Épinay (XIXe siècle), récemment restauré ; Courossé.**

3 Bouzillé

Dans ce village se trouvent les ruines du château de la Bourgonnière. Le donjon du XVe siècle et une somptueuse chapelle ont été préservés à la Révolution.
À voir : **la chapelle du château de la Bourgonnière (XVIe siècle) qui renferme un rarissime Christ en croix habillé, en grâce et non souffrant (XVIe siècle).**

4 Liré

Ville natale de Joachim du Bellay, Liré recèle de jolies maisons anciennes.
À voir : **le musée Joachim-du-Bellay ; les ruines du château de la Turmelière (XVe siècle), aujourd'hui entouré d'un parc paysager, où naquit le poète.**

Coteaux d'ancenis*

Comme tous les vins de Nantes, les coteaux d'ancenis sont issus d'une variété unique de cépage, sans aucun assemblage.
Superficie : 253 ha.
Encépagement :
vin rouge et rosé : gamay, cabernet franc et cabernet-sauvignon ;
vin blanc : chenin blanc ou pinot gris (appelé ici malvoisie).
Récolte annuelle : 556 hl.
Rendement de base : 40 hl/ha.
Titre alcoométrique minimal : 9 % vol.
Potentiel de garde : de deux à trois ans. Les blancs peuvent se conserver plus longtemps dans les grandes années.

* VDQS

Le muscadet sur lie

Au début du siècle, les vignerons nantais avaient pris l'habitude de conserver chaque année la meilleure barrique de la récolte. Cette dernière, baptisée « barrique de noces », était réservée aux grands événements familiaux de l'année : mariages, anniversaires et fêtes diverses. Si à l'époque le melon commençait à devenir le cépage dominant du vignoble, sa notoriété ne dépassait guère la région nantaise. En effet, comme le gros-plant, le muscadet avait la réputation, alors justifiée, de ne pas se conserver, et surtout de ne pas supporter le transport.

Une découverte accidentelle

Les vignerons constatèrent bien vite que la fameuse barrique de noces, conservée, contrairement aux autres, sans soutirage, faisait montre de qualités particulières. Non seulement les vins qui y étaient conservés semblaient plus vifs et plus nerveux, mais aussi ils tenaient mieux dans le temps et semblaient pouvoir être transportés plus facilement sans en être altérés. Sans que personne, à l'époque, ne sache vraiment expliquer le phénomène, le « muscadet sur lie » était né.
Ce n'est que bien plus tard, en 1977 précisément, que la définition réglementaire de la mise en bouteilles sur lie fut adoptée par l'Institut national des appellations d'origine. De fait, cette réglementation, qui codifie une technique traditionnelle du vignoble de Nantes, fait des muscadets et des gros-plants – qui peuvent aussi bénéficier de cette méthode – les seuls vins français d'appellation à pouvoir aujourd'hui porter la mention « sur lie ». Car il s'agit bien d'une mention, et non d'une appellation spécifique.

La mention « sur lie »

Pour en bénéficier, les vins doivent avoir passé un seul hiver en cuve ou en fût, avoir reposé sur leurs lies fines et avoir été mis en bouteilles avant le 30 juin qui suit la récolte. Après leur agrément, les muscadets ou gros-plants qui prétendent à la mention « sur lie » subissent une seconde dégustation et un contrôle analytique spécifique plus contraignant.
Les progrès techniques permettent aujourd'hui de comprendre le phénomène. En fait, la vinification débute, comme pour la quasi-totalité des vins blancs, par un débourbage, afin d'éliminer les plus gros résidus de vendanges : rafles, pellicules et pépins de raisins notamment. Après la fermentation alcoolique, on commence par éviter soigneusement le départ en seconde fermentation, dite malolactique. Il s'agit là d'une première spécificité des muscadets, qui perdraient dans cette aventure leur fraîcheur et leur vivacité. Dès lors, le vin, initialement trouble, va se clarifier lentement au fil de l'hiver. Les particules en suspension, principalement des levures qui ont achevé leur travail de transformation des sucres en alcool, se déposent dans le fond de la cuve et constituent ce que l'on nomme les « lies fines ».

La vinification en muscadet

Visuellement, les lies ont l'aspect d'un dépôt boueux, de couleur grise. À ce stade intervient la seconde grande particularité de la vinification en muscadet. Contrairement à ce qui est systématiquement fait pour les autres vins blancs, les muscadets sur lie ne sont pas soutirés. On évite ainsi toute oxydation du vin. Mais, surtout, il se produit un nouveau phénomène : l'autolyse des levures. Il en résulte principalement un dégagement de gaz carbonique. En l'absence de soutirage, ce gaz carbonique reste prisonnier du vin et le nourrit.
La mise en bouteilles intervient alors directement. L'opération s'effectue au printemps. On dit d'ailleurs qu'un bon muscadet sur lie doit « faire ses pâques » avant l'embouteillage. Le vin conserve de ce traitement de minuscules bulles de gaz carbonique – on parle non d'un effervescent, mais d'un vin perlant – qui excitent les papilles, exaltent les arômes et confèrent aux muscadets toute leur fraîcheur et leur vivacité si caractéristiques. Si la période d'embouteillage est si précisément définie, c'est parce que l'on sait aujourd'hui que le phénomène d'autolyse ne se manifeste qu'à certaines époques de l'année – principalement au printemps.
Une nouvelle définition réglementaire du muscadet sur lie, décidée dans un souci qualitatif, vient d'aboutir : les vins devront désormais être mis en bouteilles à la propriété et ne pourront être commercialisés qu'à partir de mars 1994.

F. M.

Dégustation à La Haye-Fouassière. *La vélenche (pipette) permet de prélever le vin dans le fût pour surveiller son évolution.*
Photo Jean-Daniel Sudres/Scope.

5 Ancenis

Petite métropole ligérienne, à mi-chemin entre Angers et Nantes, Ancenis marquait l'entrée dans le duché de Bretagne. Le château fort, dont les tours jumelles d'entrée (XVᵉ siècle) sont hélas à demi remblayées, possède un pont-levis couvert, et un grand logis de pur style Renaissance qui sert de cadre à des expositions archéologiques.

À voir : **le château fort ; l'église Saint-Pierre-et-Paul avec son curieux clocher-porte (XVᵉ-XVIᵉ siècle) et ses retables du XVIIᵉ siècle ; les halles ; plusieurs hôtels de négociants du XVIIIᵉ siècle.**

6 Saint-Géréon

Aussi loin que l'on puisse remonter dans l'histoire de la région, on retrouve des vestiges de la présence du vignoble.

À voir : **la station paléolithique de la Pierre-Meslière ; le château de l'Écochère (XIXᵉ siècle).**

JACQUES GUINDON : La Couleuverdière, 44150 Saint-Géréon. Tél. 02 40 83 18 96, tlj sauf dimanche, 9 h-12 h et 14 h-18 h. Passionné de vinification, Pierre Guindon poursuit l'œuvre de son père Jacques. Il propose de superbes muscadets-coteaux de la loire et d'étonnants coteaux d'ancenis rouges, ainsi que le rarissime malvoisie.

JEAN-CLAUDE TOUBLANC : Les Pierres Mélières, 44150 Saint-Géréon. Tél. 02 40 83 23 95, tlj sauf dimanche, sur R-V. Les Toublanc se sont toujours attachés à défendre l'originalité du terroir des coteaux de la loire.

7 Oudon

La N 23 se rétrécit en traversant cette petite cité bâtie sur les coteaux de la Loire. Seul vestige de l'ancienne forteresse qui fut érigée par les Malestroit, le donjon servait de poste de surveillance du fleuve.

À voir : **les vestiges de l'ancien château (XIVᵉ siècle).**

8 Le Cellier

Cité de charme d'où l'on découvre de nombreux points de vue sur la Loire, Le Cellier cache des trésors : les ruines des Folies-Siffait, jardin délirant en surplomb de la Loire, avec des escaliers sans but, des décors en trompe l'œil et une végétation luxuriante, sont le fruit de l'imagination d'Oswald Siffait au XIXᵉ siècle ; le château de Clermont (XVIIᵉ siècle), avec sa façade Louis XIII, abrita les derniers jours du comédien Louis de Funès.

À voir : **les Folies-Siffait ; le château de Clermont.**

Environs d'Oudon. *Vignobles, villages et châteaux accompagnent paisiblement le cours de la Loire.* Photo Philippe Beuzen/Scope.

EARL ATHIMON ET SES ENFANTS : domaine des Genaudières, 44850 Le Cellier. Tél. 02 40 25 40 27, tlj sauf dimanche, 8 h 30-12 h 30 et 14 h-18 h 30. Dans un cadre magnifique qui domine la Loire, Auguste Athimon propose une très large gamme de muscadets, gros-plants et coteaux d'ancenis, dont un malvoisie et un cabernet rosé.

Un peu avant Mauves, on peut découvrir le site gallo-romain de Vieille-Cour.

9 Mauves-sur-Loire

Traverser la Loire pour gagner la rive sud. On peut faire un détour par le village de La Chébuette où la mère Clémence inventa le fameux beurre blanc nantais au début du siècle. On gagne Barbechat par La Chapelle-Basse-Mer.

À voir : **les maisons des XVIᵉ et XVIIᵉ siècles.**

10 Barbechat

Dans cette commune viticole aux confins du Sèvre-et-Maine serpente la Divatte, petit affluent de la Loire qui donne son nom à la levée de terre qui borde le fleuve. Une jolie promenade pédestre jusqu'au Perthuis-Churin permet d'admirer une tombe gauloise, découverte en 1870.

11 La Varenne

Depuis le clocher de l'église, on dispose d'un joli point de vue sur la vallée de la Loire, ici très resserrée (1 km).

À voir : **le château (XIXᵉ siècle) qui surplombe le fleuve au fond d'un parc ombragé.**

12 Champtoceaux

Le duc Jean V de Bretagne fut trahi et emprisonné par Marguerite de Clisson dans la forteresse initiale qu'il détruisit en 1420. Il interdit aux habitants de reconstruire leur cité dans l'enceinte, et ceux-ci mirent dix ans à la rebâtir, plus en amont. À partir de ce village niché sur les hauteurs, on bénéficie d'un superbe panorama sur la Loire.

À voir : **la place des Piliers ; les ruines de la forteresse, de la tour Gloriette, de l'église Saint-Pierre ; les vestiges du péage fluvial fortifié du Cul-du-Moulin ; le site du Champalud.**

Gros-plant*

Superficie : 2 213 ha.
Encépagement : gros plant.
Récolte annuelle : 162 800 hl.
Rendement de base : 50 hl/ha.
Titre alcoométrique minimal : 8,5 % vol.
Potentiel de garde : deux ans.

*VDQS

On prend la D 17 vers Saint-Laurent-des-Autels, se ménageant un détour par le village potier du Fuilet. Puis on gagne Le Loroux-Bottereau par la D 23.

Muscadet Sèvre-et-Maine

Superficie : 9 600 ha.
Encépagement : muscadet.
Nature des sols : granite, gneiss, micaschistes, gabbro, amphibolites.
Récolte annuelle : 546 700 hl.
Rendement de base : 50 hl/ha.
Titre alcoométrique minimal : 10 % vol.
Potentiel de garde : trois ans.
Certaines années peuvent donner des vins de grande garde (de dix à cinquante ans) tout à fait étonnants.

13 Le Loroux-Bottereau

Cette ancienne paroisse d'importance se constitua autour d'un château qui appartint à Gilles de Rais. Elle marque l'entrée dans les océans de vigne du Sèvre-et-Maine, que l'on peut contempler du haut du clocher. La statue de

Un muscadet de terroir

L'exploitation familiale de Chantal et de Bernard Gratas s'étend sur une quinzaine d'hectares de sols chauds et sablonneux, en lisière du site classé des marais de Goulaine où des aménagements récents permettent de faire d'agréables promenades en barque.

Bernard Gratas met exclusivement en pratique les techniques ancestrales du labour, avec enlèvement de terre au pied du cep, lorsque les risques de gelée sont passés, et recouvrement en juillet. Le fait de ne pas désherber conserve au sol la richesse de sa vie microbienne. L'engrais est un simple apport organique composté.

Soigner la vigne, c'est aussi la protéger. Les plus vieux cépages de muscadet (ou melon) remontent ici à cinquante-cinq ans. Les vendanges manuelles, possibles grâce à la présence de nombreux étudiants nantais, respectent la tradition. Les raisins, jamais foulés, sont placés dans une benne élévatrice et passés au pressurage pneumatique très doux, de manière à ne pas les abîmer. La fermentation a lieu en cave souterraine, sous contrôle de température pendant quinze jours, le vin restant sur lie pendant tout l'hiver, jusqu'à la mise en bouteilles au printemps. Bernard Gratas se défie des « déviations », qui consistent à développer trop d'arômes par fermentation régulée. Selon lui, il convient de préserver au mieux le goût de terroir.

D. V

Pieds de melon. *Ce cépage blanc, à partir duquel on produit le muscadet, fut introduit de Bourgogne au XVIIe siècle.*
Photo Jean-Daniel Sudres/Scope.

Louis XVI – il n'en existe que trois en France – est dédiée aux Loroussains tombés pour le roi durant les guerres de Vendée.

À voir : **l'église Saint-Jean-Baptiste avec ses deux fresques du XIIe siècle.**

Gagner Le Landreau par la route des moulins (D 307). Le Moulin du Pé offre un point de vue intéressant sur le vignoble.

14 Le Landreau

Cette petite commune viticole s'enrichit de terrains reconnus pour leur délicatesse.

Château de Briacé : Lycée agricole, 44430 Le Landreau. Tél. 02 40 06 43 33, sur R-V. Niché dans un parc ombragé, le château de Briacé abrite un important lycée agricole et sert également de siège à un centre de recherche vitivinicole. Les vins du domaine attestent de la qualité de l'établissement.

Guy Bossard : La Bretonnière, 44430 Le Landreau. Tél. 02 40 06 40 91, sur R-V. Guy Bossard, vinificateur hors pair, est l'un des très rares producteurs de muscadet issu de culture biologique.

Bernard Gratas : domaine de La Houssais, 44430 Le Landreau. Tél. 02 40 06 46 27, sur R-V. Dans son domaine situé aux abords du marais de Goulaine, Bernard Gratas reste fidèle à la tradition : labour classique et vendange manuelle procurent des muscadets de bel équilibre.

Gagner le pont de Louen, situé sur les marais de Goulaine que l'on peut contempler depuis la butte de la Roche. Un détour permet de découvrir le château de Goulaine (XVe siècle), qui appartient à la même famille depuis plus de mille ans. Une serre de papillons tropicaux vivants a été aménagée dans les dépendances.

15 La Chapelle-Heulin

La Chapelle-Heulin, dont l'église date du XIIe siècle, est le berceau de la famille d'Aristide Briand. Son terroir est réputé pour le muscadet sèvre-et-maine.

À voir : **le port du Montru, en bordure des marais, avec les vestiges d'un curieux four à chaux (XIXe siècle).**

EARL Famille Bonneau : Le Poyet, 44330 La Chapelle-Heulin. Tél. 02 40 06 74 52, tlj sauf dimanche, 9 h-12 h 30 et 14 h-19 h. Ce domaine possède une parcelle de vigne plantée en 1948.

16 Vallet

Capitale reconnue du Sèvre-et-Maine, avec ses milliers d'hectares de vignes, Vallet produit les plus classiques et les plus typés des muscadets. Le château de la Noë (XIXe siècle), fier exemple d'architecture palladienne, est blotti dans un parc ombragé, où un bosquet servit d'observatoire au général républicain Kléber. On peut s'autoriser un petit détour vers La Regrippière pour faire une halte au château de la Ragotière.

À voir : **les tombes gitanes du cimetière communal ; le château de la Noë (XIXe siècle).**

Les frères Couillaud : La Grange Morinière, 44330 La Regrippière. Tél. 02 40 33 60 56, sur R-V. Les trois frères Couillaud se sont associés afin de reprendre ce vaste domaine, situé aux confins de l'appellation. Passionnés de vinification, ils produisent des muscadets de très haut niveau.

La cave comprend une partie dédiée aux vieux millésimes, dont quelques très rares bouteilles de muscadet 1947, 1949 ou 1955.

Prendre la D 116, à la sortie de Vallet, en direction du Pallet.

17 Le Pallet

Dans cette ville natale du philosophe Pierre Abélard naquit également, selon la légende, le fruit de ses amours avec Héloïse, leur fils Astrolabe. Le musée du Vignoble de Nantes est consacré à l'histoire du muscadet, aux arts et traditions du vignoble, ainsi qu'à la vie de Pierre Abélard.

À voir : **le village vigneron du Pé-de-Sèvre ; le musée ; les rives de la Sèvre en contrebas du bourg.**

18 Mouzillon

Si Vallet s'annonce comme la capitale du muscadet, Mouzillon prétend, avec humour, en être le Versailles. Cette petite cité abrite de nombreux vignerons jeunes et dynamiques, qui produisent d'excellents vins.

À voir : **le pont gallo-romain sur la Sanguèze ; la fontaine miraculeuse dédiée à saint Julien.**

Christian et Pascale Luneau : Le Bois-Braud, Mouzillon, 44330 Vallet. Tél. 02 40 33 93 76, sur R-V. Christian et Pascale Luneau animent avec talent ce domaine sur les bords de la Sanguèze. Leur cave accueillante contient de beaux muscadets de garde, très typiques du terroir.

19 Clisson

Cette étonnante cité fut détruite par les colonnes infernales durant les guerres de Vendée, puis reconstruite dans le style italien autour des ruines du château, au

Clisson, domaine de la Garenne-Lemot. *La villa et son parc offrent un témoignage de l'architecture italienne du début du XIXe siècle. Cette dernière présida à la reconstruction de Clisson.*
Photo Jacques Guillard/Scope.

début du XIXe siècle, par les frères Cacault et le sculpteur Lemot. Les muscadets y sont assez tardifs et structurés. On ne manquera pas la visite du domaine départemental de la Garenne-Lemot : son parc paysager est composé comme un tableau, avec ses nombreuses sculptures et fabriques, la villa toscane (XIXe siècle), ainsi que le Centre d'étude sur le patrimoine et l'italianité en architecture, installé dans la maison du jardinier.
À voir : **le domaine de la Garenne-Lemot ; les halles couvertes (XVe siècle) ; l'église de la Trinité et son retable de marbre rouge ; les ruines imposantes du château fort d'Olivier de Clisson ; les ponts sur la Moine (XVe et XIXe siècles) et sur la Sèvre (XIVe siècle) ; les rives de la Sèvre ; les moulins et les filatures (XIXe siècle).**

20 Gorges

Le château de l'Oiselinière, reconstruit au XIXe siècle, constitue un bel exemple du style italien de Clisson ; la façade du bâtiment des Illustres s'orne des bustes d'Olivier de Clisson, Condé, Duquesne, Jean Bart, Bayard et Du Guesclin. On y trouve aussi le plus vieux document de la région (1635) faisant référence au mot « muscadet ».
André-Michel Brégeon : 5, Les Guisseaux, 44190 Gorges. Tél. 02 40 06 93 19, tlj sauf dimanche, 10 h-19 h. Excellent vinificateur, André-Michel Brégeon est aussi talentueux que décontracté. On découvre chez lui des muscadets de belle structure, souvent aptes à la garde.
Château de l'Oiselinière : SC Aulanier, 44190 Gorges. Tél. 02 40 06 91 59, sur R-V. Ce grand domaine ancestral, produit de très intéressants muscadets et des gros-plants.

21 Saint-Lumine-de-Clisson

Sur le territoire de cette petite commune rurale subsiste un four à pain seigneurial.
Bruno et Marie-Françoise Cormerais : La Chambaudière, 44190 Saint-Lumine-de-Clisson. Tél. 02 40 03 85 84, sur R-V. Sur ce domaine en bordure de Maine, Bruno Cormerais et son épouse transmettent aux visiteurs leur passion du bon vin. Sans relâche, ils poursuivent leur expérience en matière de vinification et de conservation des muscadets.

22 Maisdon-sur-Sèvre

Les sols granitiques donnent ici des vins plus tardifs aux arômes de pierre à fusil.
Les Domaines Louis Métaireau : GIE, La Févrie, 44690 Maisdon-sur-Sèvre. Tél. 02 40 54 81 92, tlj, 9 h-12 h 30 et 14 h-18 h, samedi et dimanche sur R-V. Louis Métaireau élabore des muscadet sèvre-et-maine de bonne facture.

23 Monnières

De nombreux moulins témoignent de l'ancienne activité meunière du village, dont il tire d'ailleurs son nom.
À voir : **le panorama depuis les abords du moulin de la Minière.**

24 Château-Thébaud

On atteint Château-Thébaud par une petite route qui traverse le hameau fleuri de La Bretonnière, puis la base de loisirs de Pont-Caffino dans la vallée encaissée de la Maine. Dans ce village érigé sur un promontoire rocheux, un petit balcon accessible à côté de la mairie permet d'admirer le panorama sur la Maine, la falaise de la rive opposée et les coteaux environnants.

25 Saint-Fiacre-sur-Maine

Au confluent de la Sèvre et de la Maine, Saint-Fiacre peut être considéré comme le village le plus viticole de France, si l'on rapporte sa surface de vignes à sa superficie totale. La commune offre également la particularité, cas unique dans le vignoble, de n'accepter que le melon dans son encépagement, au préjudice du gros-plant. C'est enfin, ici, que se maria Jean-François Trébuchet, le grand-père de Victor Hugo. À proximité, le site de la Cantrie comprend un espace d'expositions artistiques. On empruntera volontiers les sentiers paysagers en bordure de Sèvre. À la sortie du village, en direction de Vertou, on reprend la route qui mène à La Haye-Fouassière.
À voir : **le clocher romano-byzantin de l'église ; le site de la Cantrie.**
Aux environs : **le four à pain « banal » du village de La Métairie.**

Carte de l'aire d'appellation muscadet sèvre-et-maine.

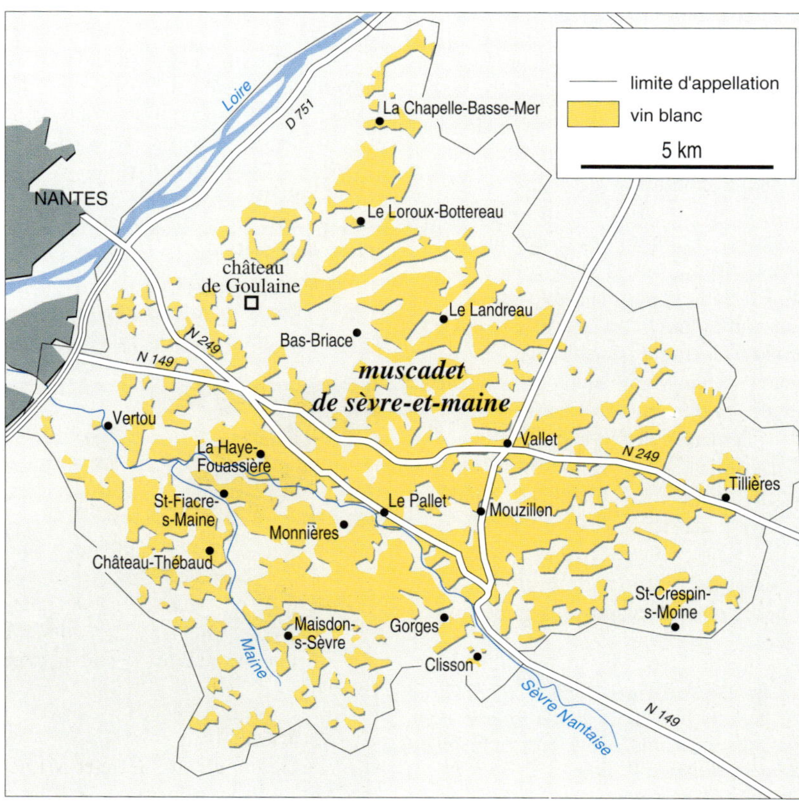

🍇 Château de Chasseloir : Bernard Chéreau, 42, impasse Port de la Ramée, 44120 Vertou. Tél. 02 40 54 81 15, tlj sauf dimanche, 9 h-18 h. Site enchanteur sur les bords de la Maine, le château de Chasseloir – dont seule subsiste une tour du XVe siècle – abrite une importante maison de négoce Bernard Chéreau fut l'un des premiers à proposer des muscadets de garde, puis à tenter l'élevage en fût de chêne neuf, et enfin la macération pelliculaire. On retiendra également la Cuvée des ceps centenaires, entretenus amoureusement à l'entrée de la propriété, ainsi que le magnifique chai aux poutres sculptées qui symbolisent les sept vertus cardinales et les sept péchés capitaux.

Détail d'une poutre sculptée, *dans la cave du château de Chasseloir.* Photo Jean-Daniel Sudres/Scope.

26 La Haye-Fouassière

Le nom de cette commune dérive du mot « fouace » qui désigne un gâteau à six cornes, déjà loué par Rabelais. La tradition se meurt pourtant et il est aujourd'hui difficile d'en trouver. Mais la ville est toujours liée à la pâtisserie, puisqu'elle a accueilli en 1987, avec la nouvelle usine Lu, l'unité de fabrication la plus moderne d'Europe. C'est ici que huit vignerons posèrent, dès 1926, les principes de l'appellation muscadet grand cru de sèvre-et-maine. Le sol, à dominante de roches vertes, produit des muscadets de maturité moyenne, typiques de l'appellation sèvre-et-maine. Sur la colline de Bellevue – le point le plus haut du vignoble – d'où l'on domine tous les coteaux environnants, se trouve la maison des Vins de Nantes et sa vinothèque, assortiment unique des différents crus nantais.

À voir : **la maison des Vins de Nantes.**

🍇 Domaine de La Louvetrie : Joseph Landron, Les Brandières, 44690 La Haye-Fouassière. Tél. 02 40 54 83 27, sur R-V. Dans un vieux bâtiment couvert de lierre, les frères Landron produisent de beaux muscadets aptes à la garde.

Saint Martin de Vertou

Né en 527, saint Martin de Vertou fut d'abord l'archidiacre d'un autre grand personnage nantais, saint Félix, évêque de Nantes et bâtisseur de la première cathédrale, qui entreprit de canaliser les affluents de la Loire. Saint Martin fut bien vite chargé par saint Félix d'évangéliser les régions environnantes, tâche à laquelle il s'attacha avec ferveur.

Pour ce faire, il fonda un monastère à Vertou. La région regorge de légendes liées à son entreprise. Celle du lac de Grand-Lieu, notamment. On dit en effet que, à cette époque, le lac n'était pas encore constitué. En son centre se dressait une orgueilleuse cité, Herbauge, dont les habitants se consacraient au culte de dieux païens. Saint Martin tenta de leur prêcher la parole de Dieu mais échoua dans son entreprise. En représailles, Dieu ordonna au saint de quitter la ville qui fut engloutie sous un déluge d'eau. On raconte que l'on entend encore aujourd'hui, la nuit, les cloches de la cité perdue.

On doit également à saint Martin la construction du pont de Louen sur les marais de Goulaine, à proximité de la butte de la roche. La légende veut ici que le diable ait aidé le saint. Ils passèrent un marché qui consistait à ce que le malin disposât, en contrepartie de sa participation, de l'âme du premier être qui traversait le pont. Saint Martin choisit un chat. Le diable, découvrant le subterfuge, s'exclama : « Barbe de chat ! », expression dont découle le nom de la commune de Barbechat, située à quelques kilomètres.

Mais l'on doit surtout à saint Martin la première véritable codification et le développement de la culture de la vigne dans la région nantaise. Si celle-ci était déjà présente à l'époque – le poète Fortunat rapporte d'ailleurs que Félix possédait sur les coteaux de la Loire un très vaste domaine viticole baptisé Cariacus –, les cépages cultivés n'avaient encore que peu de rapports avec ceux que l'on rencontre aujourd'hui. L'œuvre de saint Martin fut toutefois déterminante pour lui donner un certain essor. Ses moines prolongèrent son entreprise et édifièrent au IXe siècle la chaussée des Moines à Vertou, dans le but de réguler le cours de la Sèvre et de permettre le transport des marchandises du Sèvre-et-Maine vers la ville dans les meilleures conditions. Le vin occupait du reste une place déjà prépondérante parmi ces marchandises, comme en atteste le droit, plus élevé de 50 %, auquel étaient soumises les barriques pour franchir le barrage.

F.M.

🍇 Domaine des Mortiers-Gobin : Robert Brosseau, 4, place de La Rairie, 44690 La Haye-Fouassière. Tél. 02 40 54 80 66, sur R-V. Robert Brosseau accueille les visiteurs pour leur faire découvrir des muscadets fins et délicats, qui font preuve de constantes qualités de conservation.

27 Vertou

À la frontière de l'agglomération nantaise, Vertou marque l'entrée dans le vignoble. On rencontre en bordure de Sèvre des maisons de vigneron traditionnelles, pourvues d'un escalier extérieur sous auvent, et des folies, petits hôtels particuliers érigés par les bourgeois nantais au siècle dernier. Le château de la Frémoire, qui date du XIXe siècle, regroupe les services administratifs du vignoble. C'est dans sa grande salle de dégustation que les vins subissent l'agrément.

À voir : **la chaussée des Moines ; le châ-**

Lac de Grand-Lieu. *Difficile d'accès, ce lac, protégé par un statut de réserve naturelle, fait vivre une petite communauté de pêcheurs établie à Passay.* Photo Jacques Guillard/Scope.

teau de la Frémoire ; le portail du presbytère ; le cimetière et ses sarcophages mérovingiens.

MUSCADET

Superficie : 3 077 ha.
Encépagement : muscadet.
Nature des sols : micaschistes, amphibolites, sables à galets.
Récolte annuelle : 200 400 hl.
Rendement de base : 50 hl/ha.
Titre alcoométrique minimal : 9,5 % vol.
Potentiel de garde : de un à trois ans.

28 SAINT-COLOMBAN

On prend ensuite la D 115, puis la D 178 vers Saint-Colomban, pour gagner la région de Grand-Lieu.

RENÉ ERRAUD : château de La Roulière, 44310 Saint-Colomban. Tél. 02 40 05 80 24, sur R-V. René Erraud produit des vins très typiques de l'appellation muscadet, ainsi qu'un gros-plant de belle facture. Sa femme propose une formule de ferme-auberge.

29 CORCOUÉ-SUR-LOGNE

Dans cette bourgade située sur les coteaux de la Logne, on trouve les terroirs de gros-plant les plus réputés. La légende veut que les matériaux destinés à la construction de la chapelle Notre-Dame-de-la-Blanche se soient transportés seuls en haut du coteau, alors que la construction était prévue plus bas.

À voir : **la chapelle Notre-Dame-de-la-Blanche.**

30 SAINT-PHILBERT-DE-GRAND-LIEU

Cette ville, la plus importante des bords du lac de Grand-Lieu, servit de cadre à la création d'un monastère par les disciples de saint Philibert au IXe siècle. Son abbatiale (IXe siècle), l'une des plus anciennes églises de France, typique de l'architecture carolingienne, contient le sarcophage de saint Philibert. Le lac de Grand-Lieu, réserve ornithologique de première importance, est aujourd'hui site classé et d'accès interdit au public. Réservée à une petite dizaine de professionnels, la pêche y est sévèrement réglementée. La maison du Lac offre la possibilité d'observer la zone protégée grâce à une télé-caméra, et son Musée avifaune propose une collection de quelque trois cents espèces d'oiseaux naturalisés, tous recensés sur le lac.

À voir : **l'abbatiale ; la maison du Lac de Grand-Lieu.**

31 LA CHEVROLIÈRE

On n'hésitera pas à faire un détour par le village de pêcheurs de Passay, sur les bords du lac, pour visiter la maison du Pêcheur, son observatoire, ses expositions thématiques sur la faune et la flore du lac, et sur la vie des pêcheurs.

À voir : **la maison du Pêcheur.**

32 BOUAYE

On se trouve ici dans les coteaux d'Herbauge – ce n'est pas une appellation – qui offrent un terroir très spécifique, fait de sables à galets. Les vins qui en sont issus se caractérisent par une grande richesse aromatique.

LUC ET JÉRÔME CHOBLET : domaine des Herbauges, 44830 Bouaye. Tél. 02 40 65 44 92, sur R-V. Ce vaste domaine produit d'excellents exemples de la typicité particulière des vins du cru.

Les moulins du vignoble

Le vignoble nantais regorge de vieux moulins à vent, la multitude de petits coteaux arrondis qui reçoit la brise de l'océan Atlantique tout proche, réservoir inépuisable d'une énergie gratuite et facile à domestiquer, se prête parfaitement à leur construction.
On les rencontre partout au milieu des vignes : autour du Loroux-Bottereau, du Landreau, le long de la fameuse route des moulins, à Vallet ou à Monnières. La plupart sont parfaitement conservés, un certain nombre ayant même été reconvertis en habitations.

Très peu demeurent pourtant en état de fonctionnement car il leur manque l'essentiel… les ailes ! Le mystère de leur disparition trouve cependant son explication dans l'histoire de la Révolution.
Lors des guerres de Vendée, les paysans s'organisent en bandes armées pour échapper à la conscription. Mal équipés, peu disciplinés mais farouchement déterminés, ils commencent à remporter victoire sur victoire, profitant de la mauvaise organisation des troupes républicaines. Ils s'emparent ainsi de Cholet, Saumur, Angers et Fontenay-le-Comte, mais échouent en juin 1793 devant Nantes. Peu à peu, les républicains se réorganisent et Paris envoie des troupes et des généraux plus fiables. Kléber s'installe à Clisson et entreprend de pacifier la région. Dès lors, la lutte se transforme en guérilla, et les moulins acquièrent une importance stratégique. En établissant un code de communication fondé sur la position des ailes, les paysans peuvent en effet se renseigner en permanence sur l'avancée des troupes ennemies : disposées en quartier, comme un x, les ailes indiquent que tout est calme ; une position en croix droite appelle au rassemblement des troupes ; un décalage à gauche indique que les bleus approchent, à droite, qu'ils reculent.
Les républicains mirent un certain temps à comprendre le subterfuge. Cherchant en vain un adversaire insaisissable, ils arpentent le vignoble, brûlent et détruisent vignes, châteaux et églises. La ruse finit toutefois par être éventée, et les bleus entreprennent de détruire systématiquement les ailes des moulins, procurant ainsi au Pays nantais le spectacle, encore si curieux aujourd'hui, de moulins inactifs.

Avec la disparition de leurs derniers chefs – Charette et Stofflet – au début de 1796, les paysans rendent les armes et abandonnent la lutte. La région restera toutefois une zone de révolte larvée, difficilement gouvernable, jusque vers 1799. Le souvenir de cette époque trouble restera longtemps présent dans les mémoires et le paysage. Il explique en partie le profond antagonisme des mentalités entre Nantes et son vignoble jusqu'à un passé récent. F. M.

Moulin sans ailes. *Dominant le vignoble, il témoigne de la lutte des armées vendéennes pendant la Révolution française et la répression qui s'ensuivit.*
Photo Jacques Guillard/Scope.

33 Port-Saint-Père

Port-Saint-Père est un petit village sur l'Acheneau. De nombreux petits châteaux s'égrènent au fil de la rivière.
À voir : **le Safari africain, le plus grand parc animalier d'Europe.**

34 Le Pellerin

Port civellier sur la Loire, patrie de Fouché, ministre de la Police de Napoléon Ier, Le Pellerin est le lieu d'embarquement d'un bac qui permet de gagner la rive nord du fleuve de façon originale. Plus à l'ouest, le canal de la Martinière, construit à la fin du siècle dernier pour permettre aux navires de remonter jusqu'à Nantes, fut abandonné après vingt ans d'utilisation.

35 Couëron

Agglomération industrielle en banlieue de Nantes, Couëron est la cité du naturaliste Jean-Jacques Audubon. C'est ici que sont assemblées depuis quelques années les voitures de sport Venturi. Gagner Nantes en suivant la rive du fleuve, par les faubourgs industriels de Basse-Indre. Passer sous le superbe pont de Cheviré, récemment construit pour clôturer le périphérique nantais.

36 Nantes

Ancienne cité des ducs de Bretagne et port de toute première importance, la ville a dû sa puissance, aux XVIIIe et XIXe siècles, au commerce triangulaire (trafic d'esclaves et d'épices entre l'Europe, l'Afrique et l'Amérique). Les riches façades des immeubles d'armateurs du quai de la Fosse, architecturalement très proches des Chartrons à Bordeaux, témoignent de cette époque. Le vin y est toutefois beaucoup moins présent qu'aux Chartrons, la ville ayant, de tout temps, considéré son arrière-pays viticole avec circonspection. L'eau occupe une place prépondérante avec la Loire – de nombreux bras du fleuve ont hélas été comblés entre 1926 et 1942 –, l'Erdre et la Sèvre, ce qui valut à Nantes le surnom de « Venise de l'Ouest ». Son passé industriel – les fameuses conserveries et les biscuiteries, sans oublier les chantiers navals – est aujourd'hui presque révolu, mais Nantes reste une ville d'échanges ouverte sur le monde et sur l'avenir.
À voir : **le château des Ducs de Bretagne, qui marie les défenses d'un château fort au style Renaissance ; la cathédrale, entamée au XVe siècle, sa nef – la plus haute de France – et le tombeau de François II, duc de Bretagne ; l'île Feydeau avec ses immeubles (XVIIIe siècle) bâtis sur du sable, qui gîtent les uns vers les autres ; le passage Pommeraye (XIXe siècle), espace commercial sur trois niveaux ; la brasserie « La Cigale », au décor 1900 ; le musée des Beaux-Arts et le Muséum d'histoire naturelle qui figurent tous deux parmi les plus importants de France ; le jardin des Plantes et ses essences rares rapportées par les marins botanistes du XVIIIe siècle ; la place Mellinet, exemple rare d'architecture Charles X, sans oublier la tour Bretagne, qui offre un belvédère unique pour découvrir la ville.** F. M.

Nantes, île Feydeau. *Construits au XVIIIe siècle par l'architecte Pierre Rousseau, les 24 immeubles de cette ancienne île de la Loire possèdent de typiques balcons de fer forgé.*
Photo Philippe Beuzen/Scope.

Les étiquettes du muscadet

À l'instar d'autres régions marquées par l'économie touristique, les vins de la vallée de la Loire s'illustrent grâce aux produits du terroir. Et lorsque ces produits font la fierté locale, alors l'étiquette en adopte couleurs, formes et contours.
Voyez le gros-plant du Pays nantais, il repose sur un lit de fruits de mer ; les huîtres, elles, aussi fraîches que le muscadet sèvre-et-maine, nous sont servies à même la bouteille. Est-ce parce qu'ils les accompagnent à merveille que muscadet ou gros-plant vantent à loisir l'huître en sa bourriche et le fruit de mer atlantique ? Gageons que le délicieux lamellibranche et son vin muscadet ne célèbrent pas ici un unique « mariage de raison » – fût-ce pour la meilleure des raisons, celle du palais où se fond l'accord du mets et de son vin –, mais bien un « mariage de région ». Car il s'agit plus largement de défendre et d'illustrer l'identité de la région à travers quelques-unes de ses principales composantes.

Pour cette *Défense et illustration du Pays nantais et de la Vendée*, tous les arguments sont avancés : vignobles et scènes de vendanges, mer, plages et crustacés, produits régionaux, monuments et sites (bateaux à voiles, moulins à vent, châteaux et propriétés), armes et devises… On soulignera alors que la richesse iconographique et thématique d'une étiquette est inversement proportionnelle à la renommée de son vin. Plus le vin est reconnu (bourgogne, champagne, bordeaux…), moins le registre iconographique et la thématique sont développés. Inversement, lorsque la notoriété du vin n'a pas marqué la région au point d'en déterminer l'identité, le registre des étiquettes s'étoffe. Le produit régional dont la renommée dépasse celle du vin occupe alors tout l'espace. Ainsi, l'étiquette de notre muscadet est-elle tout entière consacrée à l'ostréiculture – emballage, couleurs et formes compris.
Cette logique identitaire s'exprime au mieux dans le rapport du vin à la terre. La carte du vignoble représentée sur l'étiquette enracine l'identité d'un vin. Si un grand vin se contente d'avancer son nom, un vin plus modeste insiste en revanche sur ses origines géographiques, il y puise sa noblesse : identité géographique mais aussi « noms de pays » à travers lesquels s'accumulent le désir et la saveur du terroir. Paré d'un nom de lieu, le vin peut désormais s'imaginer. Accompagner nos huîtres d'un muscadet n'est rien face à la rêverie d'un muscadet sèvre-et-maine qui nous met pays et fleuves en bouche. E.S. et Y.J.

À propos de l'alcoolisme

Un Français sur dix est confronté à l'alcoolisme. Cependant il convient de se situer en amont des questions soulevées par le traitement et les soins à apporter aux personnes en difficulté avec l'alcool. Il importe d'agir très tôt et d'éduquer les jeunes en les informant sur les dangers de l'abus de la consommation d'alcool.

Les poivrots. *Si l'alcool est le vecteur de l'alcoolisme, les causes en sont multiples.* Dessin Jossot, (1907), cliché Dassau.

Le terme « alcoolisme » est né au milieu du XIXe siècle, lorsqu'un médecin suédois du nom de Magnus Huss publia un travail intitulé, *Alcoolisme ou maladie alcoolique : contributions à l'étude des dyscrasies selon mon expérience et celle des autres.* La dyscrasie, terme aujourd'hui inusité, évoque un trouble de l'humeur ou de la constitution. Dans son *Histoire de l'alcoolisme*, le Pr Sournia relève que ce concept « a rendu beaucoup de services à cause de ses ambiguïtés qui ne sont apparues que vers 1950 ». Mais des travaux récents éclairent d'un jour nouveau ce comportement humain déviant.

En fait, l'alcoolisme est un comportement d'excès, au même titre que la toxicomanie, le tabagisme, la boulimie, l'abus de psychotropes, les comportements dépensiers ou sexuels abusifs. Les Anglo-Saxons appellent cela un comportement « addictif », autrement dit un comportement de remplissage.

Sans doute des susceptibilités génétiques ont-elles été décrites, expliquant pour partie de tels excès. Mais elles ne suffisent pas à expliquer l'alcoolisme, loin de là.

Les rendez-vous manqués de la vie

Les avancées de certains travaux psychologiques et anthropologiques dans le domaine de la pathologie de l'excès ont permis à Marie-Claire Lejosne et à son équipe de chercheurs de l'Association « Il/elle boit ! Que dois-je faire ? » de mieux cerner les mécanismes complexes qui s'enchaînent dans de telles situations.

Schématiquement, les événements s'organisent autour des étapes suivantes.

Premièrement, les rendez-vous manqués de la vie, ou l'incommunicabilité sont responsables, par leur répétition, de l'installation d'un déficit affectif dans les relations humaines, déficit qui entraîne une souffrance conduisant la personne à un comportement de remplissage.

Deuxièmement, l'entourage, qui ne réalise pas toujours ce qui se passe, incrimine alors la volonté du malade ou les produits qui sont les supports de l'addiction, en l'occurrence les boissons alcooliques. Or, l'alcool est le vecteur de l'alcoolisme, mais pas sa seule cause !

Troisièmement, peu à peu s'instaure dans le groupe une peur du recours au produit ou à la boisson, installant l'entourage dans une véritable maladie du « voir boire ».

Quatrièmement, ce cercle infernal ne sera rompu que par une succession d'interventions de soignants ou d'anciens buveurs, de personnes qui accompagnent le malade et son entourage, et qui les aident à retrouver confiance, dignité et liberté.

Cinquièmement, tout cela laissera des traces dans la mémoire de chacun, personne ne pouvant se départir de la peur d'un nouveau recours à la boisson. En effet, dans l'état actuel des connaissances médicales, la personne dépendante qui retourne à la boisson rechute inévitablement, ce qui explique que les anciens buveurs prônent l'abstinence. Cela justifie aussi qu'il faille tout mettre en œuvre pour intervenir en amont, avant que le risque de la dépendance ne puisse prendre forme.

La famille et l'alcool. *Histoire en douze images sur les méfaits de l'alcoolisme à l'usage des écoles élémentaires (fin du XIXe siècle).* Cliché ACJS.

Préparer la première rencontre

Les progrès réalisés ces dernières années dans la connaissance des facteurs de la dépendance, notamment des bioamines et des endorphines, permettent de mieux appréhender ce problème délicat. Mais la recherche biomédicale, si importante soit-elle, ne saurait apporter une réponse complète à la souffrance humaine. En définissant la santé comme un état de « complet bien-être physique, mental et social », l'OMS elle-même nous convie à une approche élargie de la santé publique, qui dépasse le cadre pur de la prévention et exige un effort de solidarité et de responsabilité.

Respecter la personne humaine, son travail, sa créativité, n'est-ce point limiter le recours aux stupéfiants comme le laisse entendre Freud dans *Malaises dans la civilisation* ? La place croissante occupée par les comportements d'excès appelle une approche novatrice de la part de nos démocraties. Préparer la première rencontre avec le vin par une éducation globale développant le sens de l'acte alimentaire dans le cadre d'une connaissance du corps et de l'esprit est une voie à explorer. Comment y contribuer ? En orientant autrement la communication non plus sur les produits mais sur les hommes et les pratiques. Par leur solide tradition, les hommes du vin peuvent y contribuer. J.-P. Da.

Côtes d'Auvergne. *Labour dans la vigne. L'utilisation du cheval et de la houe, méthode ancestrale, est encore parfois en vigueur.* Photo Monestier/Nature.

Le Centre

Territoire aux limites géographiques imprécises, le Centre n'en est pas moins le « cœur de la France », modelé par la Loire et ses affluents qui lui procurent une réelle unité. Les fleuves constituent les voies historiques le long desquelles s'est inscrite l'histoire de France. ◆

Histoire du vignoble

Nés de l'influence romaine, les vignobles du Centre bénéficient dès le Moyen Âge d'une voie de communication importante, la Loire. La prospérité de l'Orléanais débute en 1577 avec l'édit des « vingt lieues » (88 km) qui confère à Orléans un véritable monopole pour l'approvisionnement de la capitale. L'essor des crus de quincy, reuilly, sancerre et menetou-salon s'appuie sur la prospérité de Bourges. La plantation de cépages nobles – pinot noir et gris, meunier – favorise la renommée du saint-pourçain. Les XVIIIe et XIXe siècles représentent l'âge d'or du vignoble auvergnat auquel l'invasion phylloxérique met un terme.

Géographie, climat et nature des sols

Le Centre ne possède pas de véritable unité géographique, climatique, géologique ou pédologique. Il emprunte à différentes régions : au Massif central éruptif et à son socle nord élargi (Bourbonnais, Nivernais, Marche, Berry pour partie), au Bassin parisien sédimentaire et à quelques zones alluviales étendues et riches (Forez, Limagne, Val de Loire). Il côtoie la Sologne, la Puisaye, la Champagne berrichonne. Le climat y est rude sur les reliefs élevés, plus clément sur les plateaux ou dans les vallées. Cette région de moyenne altitude (de 200 à 500 m) présente, grâce aux vallées fluviales, de belles situations, des expositions favorables et des terrains propices, notamment à la vigne, dans le bassin central et supérieur de la Loire.

Subdivisions viticoles

En dépit de son hétérogénéité, la région se découpe en trois subdivisions viticoles : la Loire moyenne proprement dite, le groupe Roannais-Forez et l'Auvergne, à laquelle s'assimile facilement le Bourbonnais.

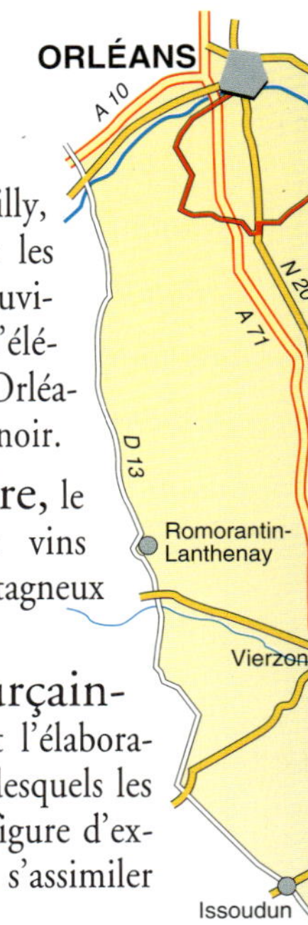

La Loire moyenne, qui regroupe Reuilly, Quincy, Menetou-Salon, Sancerre, Pouilly et les coteaux du Giennois cultivant en commun le sauvignon, donne des vins frais, secs et très fruités à l'élégance caractéristique, ce qui est aussi le cas de l'Orléanais. Les rouges sont issus de gamay ou de pinot noir.

Dans le département de la Loire, le gamay demeure omniprésent, imprimant aux vins rouges la touche sensible d'un terroir quasi montagneux et d'un climat déjà plus méridional.

En Auvergne et à Saint-Pourçain-sur-Sioule prédomine le gamay. Il permet l'élaboration des vins rouges et rosés de caractère près desquels les blancs, même de saint-pourçain, font presque figure d'exception. C'est à ce groupe que peut le mieux s'assimiler châteaumeillant.

Les cépages du Centre

Les départements du centre de la France possèdent un encépagement varié, provenant en grande partie des régions voisines. La Bourgogne a fourni un peu de pinot noir et de chardonnay, beaucoup de gamay noir et de gamay teinturier que l'on rencontre dans la Loire, le Puy-de-Dôme, le Cher et l'Allier. Le Bordelais est parfois présent par les cabernets et le cot. La vallée du Rhône a donné la syrah, la marsanne et le viognier dans la Loire. Il existe cependant quelques cépages locaux : le gouget, le saint-pierre doré, le tressallier dans l'Allier.

Le saint-pierre doré possède des feuilles grossièrement bullées, gaufrées, faiblement quinquelobées, et un sinus pétiolaire fermé à bords superposés, à dents anguleuses, très étroites, au-dessous du limbe pubescent. Les grappes sont grandes, ailées, à baies sphériques, blanc doré, et viennent à maturité en deuxième époque. Ce cépage est particulier au vignoble de Saint-Pourçain près de Vichy, mais il est en régression.

Le tressallier, appelé sacy dans l'Yonne, est un autre cépage de Saint-Pourçain.

Le gouget noir était le cépage principal du vignoble montluçonnais.

P. G.

Encépagement

Compte tenu de sa situation, le Centre viticole ne peut que subir l'influence des grandes unités voisines, ce qui se traduit, par exemple, en superposant, souvent majoritairement, ou en juxtaposant l'assortiment variétal de la Bourgogne ou du Bordelais à un fonds autochtone. Les vins du Centre possèdent un caractère marqué par le terroir et les cépages ; ils sont vifs et peu tanniques aux arômes de fruits rouges et d'épices.

Saint Verny. *Ce témoignage de l'art populaire du XVIIe siècle orne l'église Saint-Priest de Volvic.*
Photo Debaisieux/Nature.

Types de vin

Quelle qu'en soit la couleur, les vins du Centre-Loire possèdent en commun la légèreté, la fraîcheur et le fruité caractéristiques de leur position septentrionale. Les blancs, en majorité issus du sauvignon, dont c'est ici la zone de prédilection et d'origine, développent un maximum d'arômes spécifiques, aristocratiquement modelés par les crus régionaux. À Pouilly-sur-Loire, le chasselas, autrefois majoritaire, conserve aujourd'hui quelques discrètes positions, fournissant un vin tendre qui évoque délicatement la noisette. Saint-Pourçain maintient une certaine production de blancs très frais où le tressallier indigène s'allie au chardonnay bourguignon et parfois au sauvignon. Le chardonnay, pratiquement universel, tente de conquérir quelques arpents en côtes d'Auvergne, mais il reste encore rare. À Reuilly, un cépage local traditionnel, le pinot gris, fournit un vin très plein, à peine teinté, d'une finesse et d'un caractère remarquables. Le gamay domine pour les rouges et rosés dans tous les vignobles à AOVDQS et en côte roannaise, mais le pinot noir regagne des positions qu'il n'avait jamais tout à fait perdues. Exclusif dans les AOC reuilly, menetou-salon, sancerre, ce dernier cépage fournit des vins plus légers qu'en Bourgogne, mais toujours distingués et le plus souvent marqués par des arômes de cerise.

Les appellations

Les appellations du Centre sont au nombre de 14.

Blanc fumé de pouilly	Pouilly-sur-loire
Châteaumeillant*	Pouilly-fumé
Coteaux-du-giennois	Quincy
Côtes-d'auvergne*	Reuilly
Côte-roannaise	Saint-pourçain*
Côtes-du-forez	Sancerre
Menetou-salon	L'orléanais*

*VDQS

CHRONOLOGIE

X^{e}-XIe siècle Construction à Sancerre d'une église dont le mortier est lié avec du vin.

1203 Le plant d'Orléans, réputé meilleur que les plans indigènes, est introduit en Touraine.

XIIIe siècle Les vins de Saint-Pourçain, favoris du pape et du roi, ainsi que ceux d'Orléans, Sancerre et Nevers, sont cités dans *La Bataille des vins* d'Andeli qui narre l'histoire d'une dégustation comparative.

1411 Lettres de Charles, duc d'Orléans, protégeant les vins du cru d'Orléans contre la concurrence des vins de Bourgogne et d'autres pays étrangers.

1583 Dans l'*Agriculture et maison rustique,* les vins d'Orléans sont cités comme tenant le premier rang en qualité de tous les vins de France.

1782 La Société d'agriculture d'Orléans constate la disparition de l'encépagement en auvernat.

Le cœur de la France

d'Orléans à Bourges

L'itinéraire remonte le cours majestueux de la Loire, épousant la courbe du fleuve qui traverse les régions naturelles de la Sologne, du Pays Fort et du Sancerrois.

Orléans, la Loire, le vieux pont et la cathédrale. *Délivrée par Jeanne d'Arc en 1429, Orléans est inséparable de la Loire qui l'enserre à demi. Fruit d'influences diverses, la cathédrale emprunte le modèle de ses tours du XVIIIe siècle à l'abbaye de Westminster, tandis que la flèche centrale du XIXe siècle s'inspire de celle d'Amiens.* Photo Jacques Guillard/Scope.

Orléans

Orléans et sa proche région occupent un plateau qui n'évoque pas naturellement une vocation viticole. Pourtant, du XIIIe au XVe siècle, l'Orléanais fournit le marché parisien et la cour royale en vins renommés. Issus de vignobles plantés en pinots précoces, ils furent progressivement remplacés par des vins plus communs provenant de cépages moins nobles mais plus productifs. L'invasion du phylloxéra et l'urbanisation de l'agglomération orléanaise (Olivet, La Source) contribuèrent à la réduction du vignoble local. Aujourd'hui, la communauté viticole tente de se ressaisir et d'exploiter le meunier, ou gris meunier, traditionnel qui donne des rouges et des rosés originaux.

Le Giennois

Située sur les coteaux de Loire, cette région a longtemps souffert des fléaux du siècle dernier, des crises économiques et du dépeuplement des campagnes. Elle sort aujourd'hui de l'oubli viticole dans lequel elle était plongée, et elle privilégie trois cépages traditionnels : le gamay, le pinot et le sauvignon.

Le « boulevard des grands sauvignons »

Conduisant de Pouilly-sur-Loire, dans la Nièvre, à Reuilly, dans l'Indre, en passant par Sancerre, Menetou-Salon et Quincy, le relief présente un caractère général plus accusé, sauf sur les plateaux graveleux de Quincy, et procure à la vigne des conditions très favorables. La viticulture possède ici, comme souvent en France, de lointaines origines monastiques ou seigneuriales dont les témoignages (abbayes, châteaux) abondent.

Itinéraire d'Orléans à Bourges

Le coude de la Loire cerne au nord la plaine et ses bocages, les douces vallées du berceau de la France avec ses cours d'eau ombragés de peupliers, ses villages blottis au pied des coteaux tapissés de vignobles.

L'histoire surgit à chaque détour du décor. Qu'il s'agisse d'une simple ferme cernée de rosiers, d'un château Renaissance, d'une église romane, d'une cathédrale gothique, d'un donjon fortifié ou d'un portail ouvragé, la mémoire des hommes retrouve la mémoire des lieux.

L'Orléanais*

Superficie : 107 ha.
Encépagement :
vin rouge et rosé : pinot noir, pinot meunier (ou gris meunier), cabernet (ou noir dur) ;
vin blanc : auvernats blanc et gris.

Récolte annuelle :
vin rouge : 3 570 hl ;
vin blanc : 1 050 hl.
Rendement de base : 45 hl/ha.
Titre alcoométrique minimal : 9 % vol.
Potentiel de garde : de trois à cinq ans.

*VDQS

1 Orléans

Avant de quitter Orléans, il faut avoir visité sa cathédrale gothique, ses églises médiévales et ses nombreux musées.

À voir : **les musées des Beaux-Arts et Charles-Péguy ; la rue Royale ; le pont George-V ; l'hôtel Toutin ; la maison de Du Cerceau.**

Le vignoble à Sancerre. *Le sauvignon bénéficie des qualités du terroir mais aussi de traditions viticoles remontant au XIe siècle dans le Sancerrois.* Photo Michel Guillard/Scope.

Au sud, la vieille cité verte d'Olivet offre le charme des rives du Loiret. On gagne ensuite Saint-Hilaire-Saint-Mesmin puis Mareau-aux-Prés qui est l'un des pôles actuels de l'AOVDQS l'orléanais.

2 Mareau-aux-Prés

Cultivés sur des plateaux sains recouverts d'alluvions anciennes limono-silico-graveleuses, les vignobles s'insèrent souvent dans les vergers étendus. Les vins vifs doivent être bus jeunes, mais les cépages ancestraux que sont le pinot noir et le meunier (gris meunier localement) donnent des résultats assez réguliers avec une typicité originale.

JACKY LEGROUX : 315, rue des Muids, 45 370 Mareau-aux-Prés. Tél. 02 38 45 60 31, 8 h-10 h, sur R-V. L'assortiment des vins de l'orléanais proposé par ce viticulteur présente une qualité toujours honorable.

CLOS SAINT-FIACRE : 560, rue Saint-Fiacre, 45370 Mareau-aux-Prés. Tél. 02 38 45 61 55, sur R-V. Les Montigny, qui exploitent ce vignoble, présentent une gamme de vin dont on retiendra un cabernet aux arômes de cassis et un blanc dit auvernat blanc, issu de chardonnay.

À 4 km au sud de Jouy-le-Potier se trouve le château du Lude (XVIe-XIXe siècle). La Ferté-Saint-Aubin, avec son château reconstruit au XVIIe siècle sur les plans de Mansart, permet de faire une courte incursion en Sologne avant de rejoindre la Loire à Châteauneuf-sur-Loire, par Vienne-en-Val et Tigy. La D 60 traverse Germigny-des-Prés où subsistent les restes d'une église carolingienne célèbre par ses mosaïques.

3 Saint-Benoît-sur-Loire

Son abbaye fut l'un des hauts lieux bénédictins du VIIe au XVe siècle.

À voir : **la tour-porche (XIe siècle) ; le chœur ; le transept ; la crypte.**

Sur cet itinéraire se situe Sully-sur-Loire et son imposant château-forteresse.

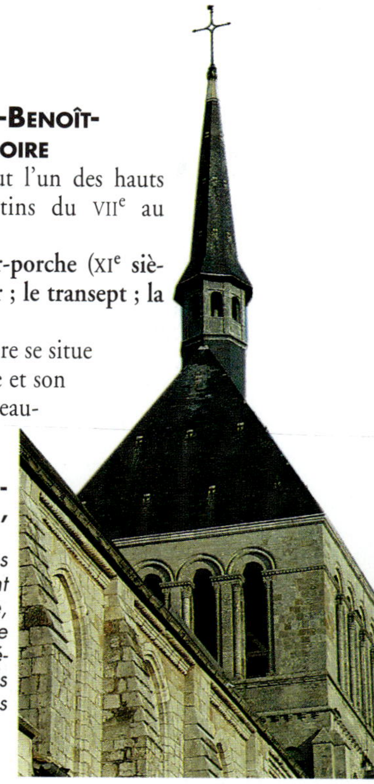

Saint-Benoît-sur-Loire, l'abbaye. *Elle renferme les restes de saint Benoît d'Ursie, fondateur de l'ordre bénédictin, lesquels reposent dans la crypte.* Photo Michel Guillard/Scope.

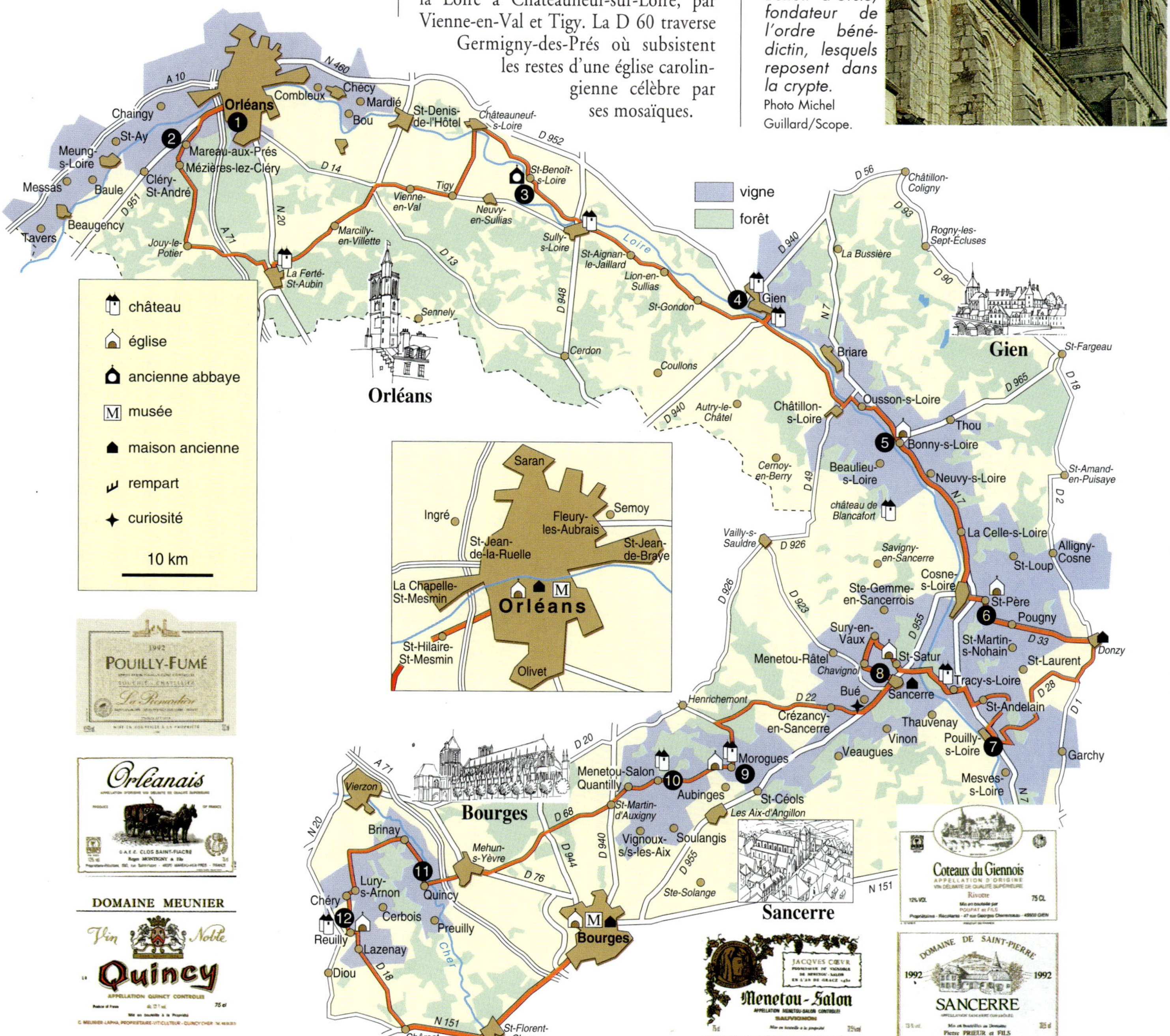

Coteaux du giennois

Superficie : 148 ha.
Encépagement :
vin rouge et rosé: gamay noir, pinot noir ;
vin blanc : sauvignon blanc.
Récolte annuelle :
vin rouge : 4 000 hl ;
vin blanc : 2 900 hl.
Rendement de base : 45 hl/ha.
Titre alcoométrique minimal : 9 % vol.
Potentiel de garde : de trois à cinq ans.

4 Gien

Gien a donné son nom à une région viticole qui occupe les coteaux riverains de la Loire.

Gien, une assiette en faïence. *D'un bleu profond rehaussé de dessins jaune d'or, le « bleu de Gien » fut créé à la fin du XIXs siècle.* Photo Jacques Guillard/Scope.

À voir : **le pont du XVe siècle ; le château d'Anne de Beaujeu ; la faïencerie.**

POUPAT ET FILS : Rivotte, 45250 Briare. Tél. 02 38 31 39 76, sur R-V.
On peut goûter d' agréables vins d'appellation coteaux du giennois authentiques.

La D 951, à gauche, passe sous le château de Saint-Brisson, fièrement campé sur son escarpement. À Saint-Firmin-sur-Loire, on peut voir le pont-canal métallique Eiffel de Briare. On retraverse la Loire en passant par le médiéval Châtillon-sur-Loire.

5 Bonny-sur-Loire

L'église des XIIIe-XVIe siècles renferme un tabernacle à colonnes torses et niches du XVIIe siècle.
SCEA BALLAND-CHAPUIS : 6, allée des Soupirs, 45420 Bonny-sur-Loire. Tél. 02 38 31 55 12, sur R-V. La production comprend une gamme complète de coteaux du giennois.
Par Cosne-Cours-sur-Loire, on poursuit vers Donzy en traversant les coteaux qui retrouvent progressivement leur parure de vignobles, toujours en appellation coteaux du giennois.

6 Saint-Père

L'église date du XVIe siècle.
À voir : **la façade de l'église ; les restes de la commanderie templière puis hospitalière de Villemoison.**
JEAN-PAUL NÉROT : Ménetéreau, 58200 Saint-Père. Tél. 03 86 28 07 42 et 03 86 28 05 39, sur R-V. On déguste ici d'excellents vins du cru, dont un joli gamay.

Le village de Pougny cultive également de la vigne. Donzy, autrefois puissante baronnie, conserve quelques vestiges et des maisons à colombages. À Suilly-la-Tour, on s'arrêtera au château des Granges, d'époque Henri IV, puis par Chaume et Maizière on atteindra Pouilly-sur-Loire par Charenton.

Pouilly

Superficie :
pouilly-sur-loire : 38 ha ;
pouilly-fumé : 1 078 ha.
Encépagement :
pouilly-sur-loire : chasselas avec ou sans blanc fumé ;
pouilly-fumé : blanc fumé.
Récolte annuelle :
pouilly-sur-loire : 2 390 hl ;
pouilly-fumé : 70 900 hl.
Rendement de base : 55 hl/ha.
Titre alcoométrique minimal :
pouilly-sur-loire : 9 % vol ;
pouilly-fumé : 11 % vol.
Potentiel de garde :
pouilly-sur-loire : trois ans ;
pouilly-fumé : cinq ans et parfois plus.

7 Pouilly-sur-Loire

Pouilly repose sur un terrain calcaire élevé, colonisé par le vignoble phare de la Nièvre. D'ancienne et de grande renommée, les pouilly-fumé (à ne pas confondre avec les pouilly-fuissé de Saône-et-Loire), nerveux, frais et fruités à souhait, ont atteint une position privilégiée dans la hiérarchie des vins de Loire et des vins français en général.

De Saint-Amand-en-Puisaye à Bourges. *Collines et vallons ponctuent le paysage de la Puisaye et du Berry.* Dessin atelier D. Duplantier.

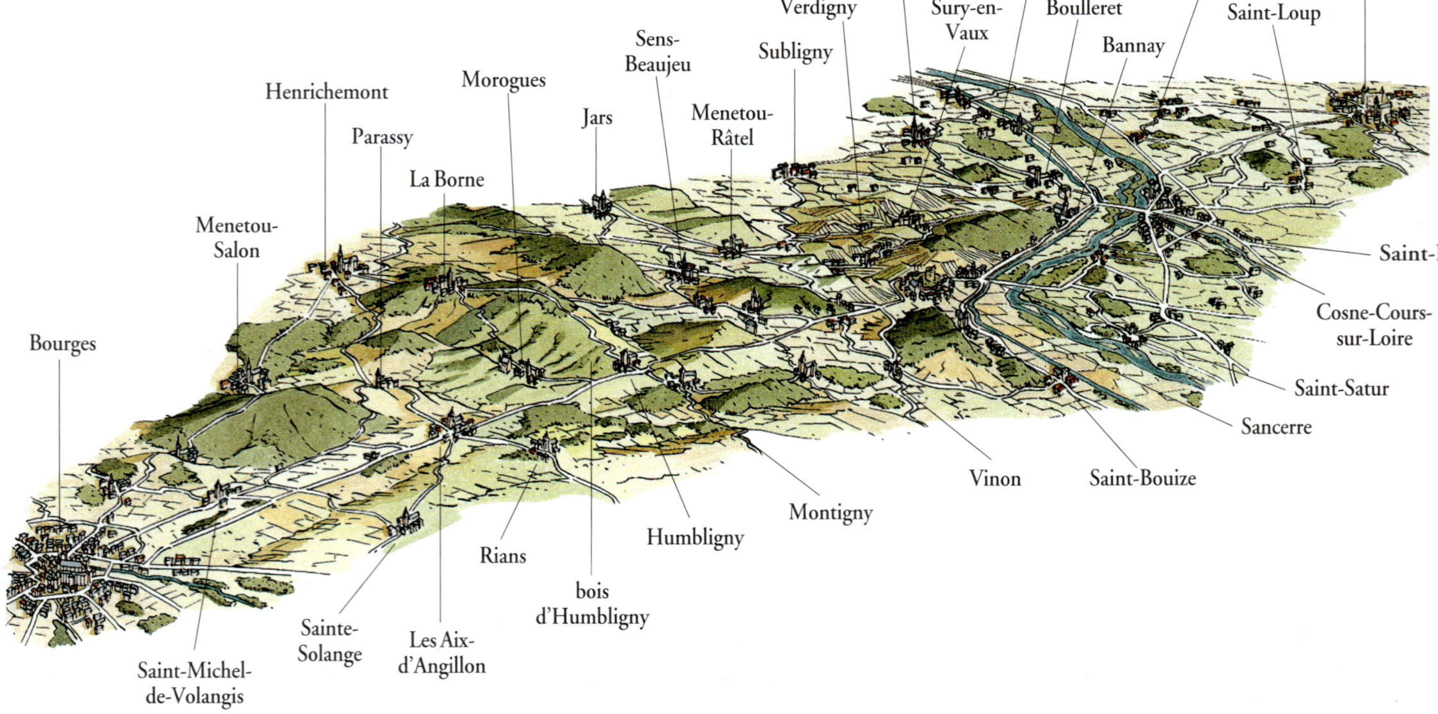

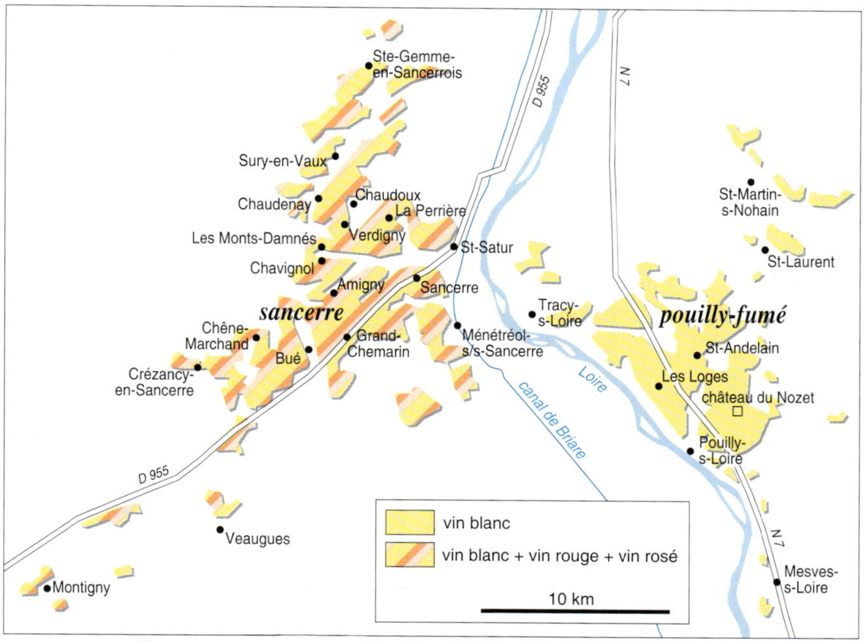

Carte des aires d'appellations sancerre et pouilly-fumé.

BRUNO BLONDELET : Cave des Criots, Le Bouchot, 58150 Pouilly-sur-Loire. Tél. 03 86 39 18 75, sur R-V. Ce domaine produit d'excellentes cuvées variées et personnalisées dont un pouilly-fumé très représentatif de l'appellation.

De Pouilly, au débouché du pont de Loire, on reprend à droite, on traverse Le Bouchot, Congy, puis, à gauche, Chambeau, pour remonter vers Saint-Andelain.

EARL BOUCHIÉ-CHATELLIER : La Renardière, 58150 Saint-Andelain. Tél. 03 86 39 14 01, sur R-V. Le domaine produit régulièrement des vins très distingués.

On redescend par Les Berthiers.

SA DOMAINE CHATELAIN : Les Berthiers, 58150 Saint-Andelain. Tél. 03 86 39 17 46, sur R-V. Les Chatelain produisent des pouilly-fumé particulièrement réussis.

On reprend la N7 vers Les Loges et Boisgibault, et l'on profite de la vue sur le vignoble et la Loire tout en remarquant, au passage, les châteaux du Nozet et de Tracy-sur-Loire.

DOMAINE ROGER PABIOT ET SES FILS : 13, route de Pouilly, Boisgibault, 58150 Tracy-sur-Loire. Tél. 03 86 26 18 41, sur R-V. On y trouve aussi bien des fumés qu'un curieux vin blanc de chasselas.

On franchit la Loire en direction de Sancerre. À Saint-Satur, on admirera l'église, chœur d'une abbatiale augustine du XIIe siècle plusieurs fois pillée, et dont la dernière reconstruction est inachevée.

LAPORTE : cave de la Cresle, route de Sury-en-Vaux, 18300 Saint-Satur. Tél. 02 48 78 54 20, sur R-V. Le domaine du Rochoy, un sancerre blanc, caractéristique des vins produits sur silex, se distingue parmi plusieurs autres cuvées.

À Fontenay, on grimpe à droite en direction de Sury-en-Vaux, pour rejoindre les hauts de Chavignol, village connu également pour ses fromages de chèvre qui bénéficient depuis 1976 de l'appellation d'origine.

DOMAINE HENRI BOURGEOIS : Chavignol, 18300 Sancerre. Tél. 02 48 54 14 24, sur R-V. La Bourgeoise est un sancerre blanc fait de longueur et d'équilibre.

SA PIERRE PRIEUR ET FILS : domaine de Saint-Pierre, 18300 Verdigny. Tél. 02 48 79 31 70, tlj sauf dimanche, 8 h 30-12 h et 14 h-18 h. Les compétences des Prieur se soldent par des résultats flatteurs.

BERNARD REVERDY ET FILS : Chaudoux, route des Petites-Perrières, 18300 Verdigny. Tél. 02 48 79 33 08, sur R-V. On goûte ici l'un des grands vins gris de sancerre.

On entre désormais dans le Sancerrois viticole, avec son milieu naturel accidenté, ses sols argilo-calcaires ou silico-argileux qui concourent à élaborer ces vins de sancerre dont la notoriété grandit sans cesse. Onze communes figurent dans l'aire d'appellation, les meilleurs crus étant Bué, Champtin et Chavignol.

SANCERRE

Superficie : 2 541 ha.
Encépagement :
vin rouge et rosé : pinot noir ;
vin blanc : sauvignon.
Récolte annuelle :
vin rouge : 32 850 hl ;
vin blanc : 129 700 hl.
Rendement de base :
vin rouge et rosé : 50 hl/ha ;
vin blanc : 55 hl/ha.
Titre alcoométrique minimal :
vin rouge et rosé : 10 % vol ;
vin blanc : 10,5 % vol.
Potentiel de garde : de quatre à six ans.

8 SANCERRE

Fièrement campée sur sa butte, cette ville a conservé de nombreuses maisons des XVe et XVIe siècles.

À voir : **la tour des Fiefs ; la vieille ville.**

Repartir par Bué.

SA LUCIEN CROCHET : place de l'Église, 18300 Bué. Tél. 02 48 54 08 10, tlj

Vignoble de Pouilly. *Ce terroir calcaire porte des vignobles orientés sud-sud-est et produit des vins blancs secs et frais, issus de chasselas et de sauvignon.* Photo Jacques Guillard/Scope.

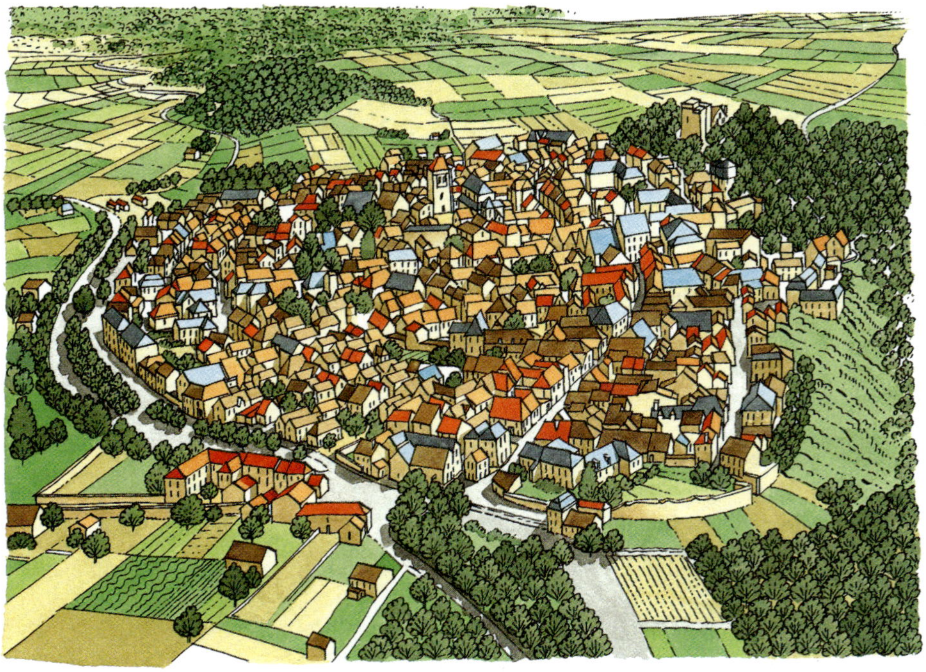

Sancerre. *Le village a été bâti sur une butte située en bordure de Loire.*
Dessin atelier D. Duplantier.

sauf dimanche, 8 h 30-12 h 30 et 13 h 30-18 h, samedi sur R-V.
Ces viticulteurs produisent des blancs et des rouges dont la qualité est exemplaire dans la production du Sancerrois.

SA CHRISTIAN SALMON : Le Carroir, 18300 Bué. Tél. 02 48 54 20 54. Le vignoble de Christian Salmon donne de très beaux sancerre dans les trois couleurs.

De Crézancy-en-Sancerre, on gagne La Borne en traversant la forêt.

ROGER CHAMPAULT : 18300 Champtin. Tél. 02 48 79 00 03, sur R-V. Ce collectionneur d'objets anciens et de minéraux produit également d'excellents vins.

La descente sur Morogues permet d'aborder le vignoble de menetou-salon, AOC dont les conditions d'exploitation sont proches de celles du Sancerrois.

MENETOU-SALON

Superficie : 374 ha.
Encépagement :
vin rouge et rosé : pinot noir ;
vin blanc : sauvignon.
Récolte annuelle :
vin rouge : 9 060 hl ;
vin blanc : 15 400 hl.
Rendement de base :
vin rouge et rosé : 50 hl/ha ;
vin blanc : 55 hl/ha.
Titre alcoométrique minimal :
vin rouge et rosé : 10 % vol. ;
vin blanc : 10,5 % vol.
Potentiel de garde : de trois à cinq ans.

9 MOROGUES

L'église massive de ce village de vignerons renferme un banc d'œuvre de la Sainte-Chapelle de Bourges.
À voir : **l'église ; le château de Maupas (XVe siècle).**

DOMAINE HENRY PELLÉ : route d'Aubinges, 18220 Morogues. Tél. 02 48 64 42 48, tlj sauf dimanche et fêtes, 8 h-12 h et 13 h 30-17 h 30. Dans cette cave moderne mais personnalisée, on déguste des vins très soignés et de qualité régulière.

Menetou-Salon, le château des princes d'Arenberg *(XIXe siècle). Dès l'an 1060, les actes des seigneurs de Menetou attestent de l'existence d'un vignoble.* Photo Jean-Daniel Sudres/Scope.

10 MENETOU-SALON

Columelle, écrivain latin né à Cadix vers l'an 42, signalait déjà la viticulture dans la région. Jacques Cœur y posséda également des vignes.
À voir : **le château des princes d'Arenberg du XIXe siècle.**

GEORGES CHAVET ET FILS : GAEC des Brangers, 18510 Menetou-Salon. Tél. 02 48 64 80 87, tlj sauf dimanche, 8 h-12 h et 14 h-18 h. Le domaine produit de bons vins blancs frais et épicés, et des rouges pleins et tendres.

SCEA BERNARD CLÉMENT ET FILS : domaine de Châtenoy, 18510 Menetou-Salon. Tél. 02 48 66 68 70, sur R-V. Outre des blancs très fruités, ces vignerons élaborent des rouges de garde élevés sous chêne neuf.

DOMAINE JEAN TEILLER : 13, route de la Gare, 18510 Menetou-Salon. Tél. 02 48 64 80 71, tlj sauf dimanche, 8 h 30-12 h et 14 h-18 h. Depuis l'accession de menetou-salon à l'appellation contrôlée en 1959, la famille Teiller a fortement agrandi son domaine et réussi de très bonnes cuvées.

On atteint Mehun-sur-Yèvre où deux tours constituent les vestiges d'un château du XIVe siècle, puis Quincy.

QUINCY

Superficie : 171 ha sur les communes de Quincy et de Brinay.
Encépagement : sauvignon.
Récolte annuelle : 10 200 hl.
Rendement de base : 55 hl/ha.
Titre alcoométrique minimal : 10,5 % vol.
Potentiel de garde : cinq ans.

11 QUINCY

Le village baigne dans une ambiance typiquement vigneronne.

DOMAINE MARDON : 40, route de Reuilly, 18120 Quincy. Tél. 02 48 51 31 60, sur R-V. Ce domaine fait preuve de sérieux dans l'élaboration de vins estimés.

PIERRE RAGON : route de Lury, 18120 Quincy. Tél. 02 48 51 37 37, sur R-V. Vin retenu : Domaine Trottereau, un quincy au niveau d'expression très haut.

SARL JEAN-MICHEL SORBE : La Quervée, 18120 Preuilly. Tél. 02 48 51 99 43, sur R-V. C'est un très bon producteur en quincy.

De Quincy, on approche Reuilly par Méneau, Lury-sur-Arnon et Chéry.

Reuilly

Superficie : 138 ha.
Encépagement :
vin rouge et rosé : pinot noir, pinot gris ;
vin blanc : sauvignon.
Nature des sols : coteaux et plateaux souvent argilo-calcaires (marnes kimméridgiennes).
Récolte annuelle :
vin rouge : 3 600 hl ;
vin blanc : 4 600 hl.
Rendement de base :
vin rouge et rosé : 50 hl/ha ;
vin blanc : 55 hl/ha.
Titre alcoométrique minimal :
vin rouge et rosé : 10 % vol. ;
vin blanc : 10,5 % vol.
Potentiel de garde : de trois à cinq ans.

12 Reuilly

L'église est le vestige d'un ancien prieuré ravagé par les Normands. Le village compte de nombreuses maisons anciennes. Les vins de l'appellation regagnent une belle notoriété.

Bourges, fresques dans le palais de Jacques Cœur *(détail). Ornant la voûte de la chapelle de cette somptueuse demeure, édifiée de 1443 à 1451, les fresques rappellent que Jacques Cœur, financier de Charles VII, fut également un grand mécène.*
Photo Jean-Luc Barde/Scope.

À voir : **l'église Saint-Denis ; à La Ferté, le château construit sur un bras de la Théols.**

SARL Claude Lafond : 2, chemin des Petits-Champs, bois Saint-Denis, 36260 Reuilly. Tél. 02 54 49 22 17, tlj, 9 h-12 h et 13 h 30-19 h. Ce vigneron produit des vins de qualité constante.

EARL Guy Malbète : 16, chemin du Boulanger, Bois-Saint-Denis, 36260 Reuilly. Tél. 02 54 49 25 09, sur R-V. Ce viticulteur, exigeant quant à la qualité de ses vinifications, obtient de bons résultats.

Par Lazenay, Chârost et Saint-Florent-sur-Cher, on arrive à Bourges, vieille cité imprégnée de son passé médiéval.

À voir : **la cathédrale Saint-Étienne classée au patrimoine mondial ; le palais Jacques-Cœur ; les hôtels Lallemant et Cujas ; les vieux quartiers avec de nombreuses maisons des XVe et XVIe siècles ; l'hôtel des Échevins.** J. Bi.

Châteaumeillant*

Superficie : 86 ha ; encépagement : gamay noir, pinot noir, pinot gris ; récolte annuelle : 3 500 hl ; rendement de base : 45 hl/ha ; titre alcoométrique minimal : 9 % vol. ; potentiel de garde : de trois à cinq ans.

La Basse-Marche (ou le Boischaut) comprend une région située entre La Châtre au nord-ouest, Montluçon au sud-est et Saint-Amand-Montrond au nord-est. Géologiquement et pédologiquement, le secteur est d'origine ancienne et se rattache au grand Massif central. Il porte notamment le vignoble AOVDQS châteaumeillant. Les nombreux ruisseaux ont modelé ce relief, coupé de plateaux, sur lequel alternent prairies, bois et bocages. L'environnement est ici humide, ombreux, parfois mélancolique, une atmosphère que l'on retrouve dans les œuvres de George Sand, *La Petite Fadette et La Mare au diable.*

La Châtre, dont on perçoit d'emblée les origines anciennes, peut servir de tête d'itinéraire. On prend la D 943 en direction de Montluçon, puis la D 917 vers Sainte-Sévère-sur-Indre. À la sortie du Marembert, on tourne à gauche sur Saint-Priest-la-Marche et Culan. Dans ce vieux bourg, le château fort médiéval, bien conservé, ne se visite que l'été. Par les gorges de l'Arnon, on gagne ensuite le discret et coquet village de Reigny, puis Le Châtelet, où la vieille église de Puy-Ferrand, juchée sur sa colline, mérite un détour, de même que l'abbaye de Noirlac, dont les bâtiments principaux et les petits appartements ont été récemment restaurés, près de Saint-Amand-Montrond. La D3, du Châtelet, revient sur Châteaumeillant qui donne son nom au vignoble AOVDQS local. Répartis sur 8 communes, une soixantaine d'hectares de vignes produisent chaque année environ 3 000 hl de vins rouges et rosés. Ce sont les derniers qui, sous le terme « gris », ont fait la réputation des produits du pays, très frais, légers et désaltérants.

De petits plateaux interfluves recouverts de terres silico-argileuses, parfois graveleuses ou caillouteuses, fournissent les meilleurs terrains viticoles et offrent notamment au gamay un support qui lui convient bien.

Une cave coopérative vinifie la majorité des récoltes, mais quelques viticulteurs particuliers doivent être signalés.

EARL Domaine Patrick Lanoix : Beaumerle, 18370 Châteaumeillant. Tél. 02 48 61 39 59, sur R-V. Les Lanoix élaborent des vins issus de gamay ou de pinot fort agréables.

Henri Raffinat et Fils : domaine des Tanneries, 18370 Châteaumeillant. Tél. 02 48 61 35 16, sur R-V. Les Raffinat ont à cœur de maintenir la réputation de châteaumeillant en vinifiant des cuvées personnalisées. J. Bi.

*VDQS

Vignoble de châteaumeillant. *Ce vignoble possède une personnalité particulière, due à la nature des sols d'origine éruptive. Le gamay y trouve des conditions particulièrement favorables.* Photo Jean-Daniel Sudres/Scope.

L'Auvergne et le Forez

de Moulins à Châteaugay

Des vallées de l'Allier à l'Auvergne, une mosaïque de vignobles occupent les endroits les mieux exposés et produisent des vins qui présentent légèreté, fruité et fraîcheur.

La côte roannaise. *Installé le long de la Loire, comme celui des côtes du Forez plus au sud, le vignoble a longtemps bénéficié de la proximité de Lyon.*
Photo J.-F. Claustre/Nature.

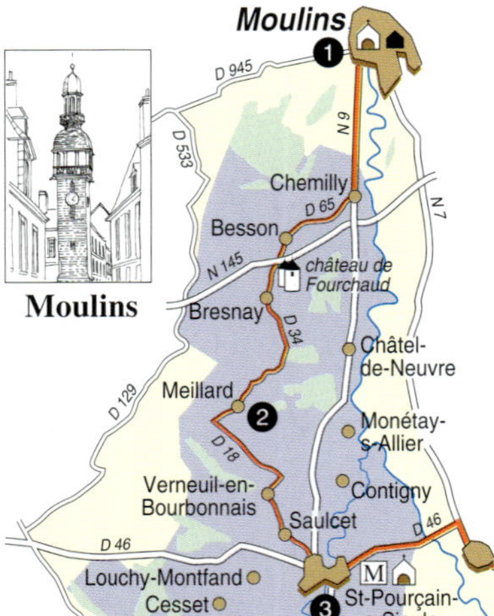

Les vignobles de Saint-Pourçain

Sur des collines et des plateaux recouverts de terres sédimentaires, parfois calcaires, ou de sols d'origine éruptive – la région étant une zone de contact des deux formations – s'étendent les vignobles. Les vins locaux rivalisaient autrefois avec ceux de Bourgogne sur les tables royales, puis les pinots noirs nobles furent supplantés par les gamays, choisis pour leurs rendements, entraînant une baisse de la qualité. Cependant bien adapté aux terrains silico-argileux et graveleux, le cépage gamay demeure aujourd'hui majoritaire et fournit des rouges et rosés vifs, gouleyants, très friands et pourvus d'un certain fruité. Sur des sols le plus souvent calcaires, le tressallier, le sauvignon et le chardonnay produisent de très honnêtes blancs dont certains (tressallier, chardonnay) permettent d'élaborer des vins mousseux de qualité.

La côte roannaise et les monts du Forez

Ils présentent des aires pédologiques issues de roches magmatiques (granite principalement), où le gamay engendre des vins rouges et rosés agréables, mais déjà plus pleins, et assortis de nuances aromatiques originales tenant aux influences méridionales nettement perceptibles.

Les côtes d'Auvergne

Les côtes de Limagne, des Puys et des Dômes offrent des secteurs abrités et d'altitude moyenne, où le gamay, encore dans son élément, donne des vins rustiques qui peuvent prendre de l'ampleur et présentent une certaine classe dans des sites particuliers (Boudes, Chanturgue, Châteaugay, Corent, Madargues).

Saint-Pourçain-sur-Sioule, *le musée de la Vigne et du terroir. Ce vignoble, l'un des plus anciens de France, fournit souvent ses vins à la table des rois.* Photo Jean-Luc Barde/Scope.

Itinéraire de Moulins à Châteaugay

Depuis Moulins, on gagne le cœur montagnard de la France, pays de volcans, à la fois forteresse et lieu de passage. En chemin se découpent la masse imposante du château de Lapalisse, au seuil d'un paysage tourmenté, les premières pentes des monts de la Madeleine, dont on longera la base orientale où alternent prés, vignes et pins. Les gorges de la Loire et le barrage de Villerest sont le prélude à un périple varié. L'arrivée sur Clermont-Ferrand, pelotonné au pied du puy de Dôme, et qui dresse les deux flèches de sa cathédrale gothique, ménage d'agréables promenades.

1 Moulins

Sur le beffroi de cette ancienne capitale des ducs de Bourbon, et ville natale de François Villon, se dresse la réplique d'un jacquemart de 1455. La cathédrale renferme l'un des chefs-d'œuvre de la peinture française du XVIe siècle : le triptyque du maître de Moulins.
À voir : **la cathédrale ; le beffroi ; les vieilles demeures.**

SAINT-POURÇAIN*

Superficie : 512 ha.
Encépagement :
vin rouge : gamay noir, pinot noir ;
vin blanc : tressallier (50 % au maximum), saint-pierre doré (10 % au maximum), aligoté, chardonnay, sauvignon.
Récolte annuelle :
vin rouge : 21 640 hl ;
vin blanc : 6 840 hl.
Rendement de base : 50 hl/ha.
Titre alcoométrique minimal : 9 % vol.
Potentiel de garde : de trois à cinq ans.
*VDQS

De Moulins, on prend la direction du sud en passant par Bresnay.
À voir : **le château de Fourchaud.**

2 Meillard

L'église comporte une nef qui date du XIIe siècle. Plus tardif, le chœur fut remanié au XVe siècle.

Jean-Louis Pétillat : Bellevue, 03500 Meillard. Tél. 04 70 42 05 56 sur R-V. Chaque année, le domaine se signale par des vins particulièrement réussis. Les pinots rouges de réserve sont toujours remarquables.

3 Saint-Pourçain-sur-Sioule

Une coopérative vinifie la plus grande partie des récoltes locales de ce VDQS et s'emploie à améliorer le type et la qualité des vins. Certains producteurs indépendants contribuent également à la renommée du saint-pourçain.
À voir : **l'église et les bâtiments abbatiaux ; le musée de la Vigne et du terroir.**

EARL Nebout : route de Montluçon, Les Grands-Champs, 03500 Saint-Pourçain-sur-Sioule. Tél. 04 70 45 31 70, tlj sauf dimanche, 8 h-19 h, sur R-V pour visiter. Ces vignerons offrent divers vins soignés et toujours dignes d'intérêt.

Cave François Ray : Venteuil, 03500 Saulcet. Tél. 04 70 45 35 46, tlj sauf dimanche, 9 h-12 h et 14 h-19 h, groupes sur R-V. Les vins font honneur à l'appellation.

Union des vignerons : rue de La Ronde, 03500 Saint-Pourçain-sur-Sioule. Tél. 04 70 45 42 82, tlj 8 h 30-12 h 30 et 13 h 30-18 h 30, groupes sur R-V.

Le triptyque du maître, cathédrale de Moulins. *Dans ce chef-d'œuvre peint par un maître anonyme, vers 1500, une Vierge à l'Enfant environnée d'un cercle de gloire reçoit les hommages de piété des donateurs de l'œuvre : le duc Pierre II de Bourbon, sur le panneau de gauche, et sa femme, Anne de Beaujeu, fille aînée de Louis XI, à droite. La douceur recueillie des expressions et la fraîcheur des coloris contribuent à l'intérêt artistique de la scène.*
Photo Jean-Luc Barde/Scope.

Côte roannaise. *Les structures viticoles demeurent modestes dans cette région, et la vinification est réalisée individuellement dans le cadre de chaque exploitation. Les vins rouges de gamay apparaissent localement bien influencés par le milieu qui leur imprime à la fois une certaine consistance et des arômes que favorise une latitude relativement méridionale.* Photo J.-F. Claustre/Nature.

Locomotive du vignoble, cette association présente quelques belles cuvées dans la gamme complète des produits de l'appellation.

CÔTE ROANNAISE

Superficie : 183 ha.
Encépagement : gamay saint-romain à jus blanc.
Récolte annuelle : 11 300 hl.
Rendement de base : 40 hl/ha.
Titre alcoométrique minimal : 9,5 % vol.
Potentiel de garde : de cinq à dix ans.

En passant à Lapalisse, on ne peut manquer le château Renaissance qui se dresse, triomphant, au-dessus du flot de la circulation s'écoulant à ses pieds.

4 RENAISON

Avec sa vieille rue bordée de maisons anciennes, ce bourg est devenu le centre de la côte roannaise.
ROBERT SÉROL ET FILS : Les Estinaudes, 42370 Renaison. Tél. 04 77 64 44 04, tlj, 8 h 30-12 h 30 et 13 h 30-19 h. Ce vignoble produit des vins très soignés et bien adaptés aux goûts actuels.

5 SAINT-ANDRÉ-D'APCHON

Un château du XVe siècle surplombe les vignobles qui couronnent l'ensemble des collines entaillées de ravins et de failles de la côte roannaise.
GAEC VIAL : Bel Air, 42370 Saint-André-d'Apchon. Tél. 04 77 65 81 04, sur R-V. Les Vial et les Plasse constituent une véritable dynastie de vignerons. Marcel Vial et son fils Philippe produisent d'excellentes cuvées, que complètent celles du beau-père et grand-père, Robert Plasse, notamment en Bouthéran.

6 ROANNE

Le musée Joseph-Déchelette, logé dans une maison du XVIIIe siècle, abrite, outre une collection de faïences roannaises du XVIIIe siècle, des peintures contemporaines. Regroupés en organisations professionnelles, les vignerons roannais compensent la modestie de la surface exploitée et de leur production par le dynamisme de leurs actions de promotion.

7 VILLEMONTAIS

À quelques kilomètres du village, le barrage de Villerest contrôle les crues de la Loire.
JEAN-PIERRE ET PAUL BENETIÈRE : place de la Mairie, 42155 Villemontais. Tél. 04 77 63 18 29, sur R-V. À son talent de vinificateur, ce petit vigneron joint le don d'habile vannier.

À quelques dizaines de kilomètres plus au sud, autour de Boën, on trouve les côtes du Forez.

CÔTES DU FOREZ

Superficie : 181 ha.
Encépagement : gamay rouge.
Récolte annuelle : 6 800 hl.
Rendement de base : 40 hl/ha.
Titre alcoométrique minimal : 9 % vol.
Potentiel de garde : de cinq à dix ans.

8 TRELINS

On peut voir, aux environs de Trelins, les châteaux de Couzan et de Goutelas.
LES VIGNERONS FORÉZIENS : Le Pont-Rompu, 42130 Trelins. Tél. 04 77 24 00 12, tlj, 9 h-12 h et 14 h-19 h. Cette bonne cave coopérative monopolise pratiquement la vinification des récoltes, et produit diverses cuvées qui ne manquent ni de caractère ni d'originalité, bien qu'issues du seul gamay.

Après avoir traversé agréablement le parc naturel régional Livradois-Forez, on arrive à Courpière, où subsiste l'église d'un prieuré de Bénédictines du XIIe siècle, ainsi que quelques maisons pittoresques situées dans des ruelles étroites.

Vignobles de Corent. *Les vins d'Auvergne expriment bien les caractères induits par le milieu qui les engendre : rusticité sans rudesse, nervosité sans verdeur, et légèreté ; ces qualités s'expriment harmonieusement sur les mets et spécialités gastronomiques auvergnates.*
Photo Monestier/Nature.

9 Thiers

Dans la vieille ville, un dédale de ruelles, de passages et d'escaliers offre des perspectives imprévues sur des maisons à pans de bois près de la rivière en contrebas, au centre d'un vaste panorama.
À voir : **la vieille ville ; la maison des Couteliers ; l'église Saint-Genès.**

Côtes d'Auvergne*

Vignoble auvergnat ancestral, il s'étire avant tout sur les pentes qui bordent la Limagne. Cinq secteurs peuvent bénéficier de l'adjonction à l'appellation d'un nom de commune (Boudes, Châteaugay, Corent) ou de lieu-dit (Chanturgue, Madargues).
Superficie : 374 ha.
Encépagement :
vin rouge et rosé : gamay noir, pinot noir ;
vin blanc : chardonnay.
Récolte annuelle :
vin rouge : 16 860 hl ;
vin blanc : 490 hl.
Rendement de base : 45 hl/ha.
Titre alcoométrique minimal : 9 % vol.
Potentiel de garde : de trois à cinq ans.
*VDQS

10 Clermont-Ferrand

Après avoir arpenté la capitale de l'Auvergne, on sort vers le sud sur Aubière et Romagnat où l'on rencontre les premières vignes sous le plateau de Gergovie (monument et vue).
À voir : **le vieux Clermont et le vieux Montferrand ; la cathédrale ; l'église Notre-Dame-du-Port.**

Michel Bellard : BP 317, 63109 Romagnat. Tél. 04 73 62 66 69. Le plus important vigneron indépendant d'Auvergne élabore des vins de différentes origines, notamment du Chanturgue, célèbre cru local.

Clermont-Ferrand, la cathédrale Notre-Dame-de-l'Assomption. *Dans le prolongement de la statue du pape Urbain II, qui prêcha ici la première croisade en 1095, la cathédrale gothique du XIIIe siècle, en lave noire de Volvic, dresse ses flèches érigées par Viollet-Leduc à la fin du XIXe siècle.*
Photo Jean-Daniel Sudres/Scope.

Jean-Pierre et Marc Pradier : 9, rue Saint-Jean-Baptiste, 63730 Les Martres-de-Veyre. Tél. 04 73 39 86 41, sur R-V. Ces vignerons sont de bons vinificateurs dans plusieurs spécialités locales.

On gagne Veyre-Monton, où la cave coopérative, aidée par Limagrain, connaît un nouvel essor. Soit ici, soit à Corent même, on peut goûter les rosés ou les gris qui ont le droit d'être présentés sous ce dernier nom.
On rejoint la région de Saint-Amant-Tallende et, par la D 213 et la N 89 jusqu'à Massagettes, puis la D 986 qui suit la Sioule (le viaduc des Fades) jusqu'à Pontgibaud, on gagne Volvic. Le puy de Dôme est ainsi contourné par un circuit qui traverse le vaste parc naturel des volcans d'Auvergne, afin de retrouver le vignoble au nord de Clermont-Ferrand.
À voir : **à Volvic, les ruines imposantes du château de Tournoël (belle vue).**

11 Châteaugay

Très joliment situé en balcon sur la Limagne, Châteaugay est célèbre pour ses vins, toujours très appréciés parmi les côtes d'auvergne.
À voir : **le château et ses donjons.**
Michel et Roland Rougeyron : 27, rue de La Crouzette, 63119 Châteaugay. Tél. 04 73 87 24 45, sur R-V. La famille Rougeyron s'efforce, avec talent, de maintenir la réputation du cru. Ses cuvées Bousset-d'Or en rehaussent chaque année le prestige. J. Bi.

Châteaugay. *Le village est dominé par la silhouette massive de son château bâti au XIVe siècle.* Dessin atelier D. Duplantier.

Glossaire des termes techniques

Ce glossaire présente les termes techniques les plus courants cités dans le corps de l'ouvrage à l'exclusion des termes principaux de dégustation, que l'on trouvera dans l'article sur les mots du vin, et des noms de cépages décrits dans le texte dans des encadrés spécifiques (voir index).

Ampélographie : étude descriptive des caractères botaniques de la vigne, des cépages et de leurs aptitudes culturales.

Arômes : composés organiques suffisamment volatils et odoriférants pour être perçus par l'odorat. Les arômes *primaires* proviennent du raisin, les arômes *secondaires* apparaissent au cours de la fermentation alcoolique, et les arômes *tertiaires* au cours du vieillissement. Certains auteurs réservent le terme d'« arômes » aux sensations olfactives perçues en bouche par voie rétronasale, différentes des « odeurs » perçues par le nez.

Assemblage : mélange, dans des conditions définies, de plusieurs vins de même qualité et de même origine afin d'obtenir la typicité souhaitée. (À ne pas confondre avec le coupage).

Astringence : effet de resserrement des papilles gustatives, provoqué notamment par les tanins.

Blanc de blancs : vin blanc issu exclusivement de raisins blancs.

Blanc de noirs : vin blanc issu de raisins noirs à jus blanc.

Botrytis cinerea : champignon à l'origine de la pourriture du raisin (voir ce terme).

Bouillie bordelaise : préparation liquide à base de sulfate de cuivre et de chaux, utilisée depuis la fin du XIXe siècle pour lutter contre le mildiou. Elle tend à être abandonnée au profit de produits de synthèse associés au cuivre.

Bouquet : dans le langage courant, le bouquet évoque l'ensemble des sensations olfactives que procure un vin. En dégustation, le terme désigne en général la combinaison des odeurs et des arômes, notamment tertiaires, d'un vin parvenu à sa pleine maturité.

Brut : un vin mousseux est dit brut lorsque sa teneur en sucres résiduels ne dépasse par 15 g/l.

Cep : pied de vigne.

Cépage : variété de vigne cultivée.

Chai : local servant à l'élaboration et au stockage des vins. À la différence d'une cave, le chai est situé au niveau du sol.

Chapeau : parties solides du raisin (pellicules, rafles, pépins) qui macèrent au cours de la cuvaison d'un vin rouge. Sous l'effet du gaz carbonique, ces substances remontent à la surface lors de la fermentation et forment le chapeau.

Chaptalisation : procédé, appelé également sucrage, consistant à ajouter du sucre au moût afin d'augmenter le degré alcoolique du vin. La technique a été préconisée au début du XIXe siècle par le chimiste Chaptal pour améliorer la conservation du vin. Réglementée par les textes européens, la chaptalisation ne peut être pratiquée que certaines années et dans des zones viticoles précises.

Charpente : en viticulture, désigne les parties vivaces de la souche, ou vieux bois. En dégustation, charpenté qualifie un vin doté de solides traits de caractère.

Château : indication réservée aux vins d'appellation d'origine contrôlée. Un château constitue une unité de production autonome, disposant non seulement de vignes, mais aussi des locaux et du personnel nécessaires à l'élaboration et à la conservation du vin.

Clairet : désignation réservée à certains vins rouges légers ou rosés de Bordeaux ou d'autres régions, très prisés sous l'Ancien Régime. Les vins clairets sont obtenus par une macération courte.

Clavelin : bouteille typique des vins jaunes du Jura, d'une contenance de 62 cl.

Climat : en Bourgogne, le climat est l'équivalent du cru bordelais. Il désigne un terroir limité, le plus souvent cadastré, apte à donner naissance à un vin de qualité original.

Clone : un cépage clone désigne l'ensemble des ceps obtenus par bouturage des sarments d'un même pied, ou souche mère, et de tous ceux qui en sont issus ; tous les ceps d'un même clone présentent donc des qualités identiques.

Clos : le terme, utilisé en Bourgogne, est réservé aux vins d'appellation d'origine provenant de parcelles effectivement délimitées par un mur ou par une haie (ou l'ayant été à l'origine, et ayant conservé cette désignation).

Collage : introduction volontaire d'une *colle* dans un vin trouble, afin de le clarifier. La colle est en général une protéine naturelle (gélatine, albumine, caséine, colle de poisson) ; par précipitation, elle entraîne les particules responsables du trouble.

Collerette : partie de l'étiquetage entourant le col de la bouteille et portant souvent l'indication du millésime.

Comporte : traditionnellement, la comporte est un baquet en bois ou en métal de 50 à 70 kg de contenance, haut et légèrement évasé, que l'on utilise pour le transport du raisin. Par extension, le terme désigne parfois les bacs rectangulaires en plastique destinés au même usage.

Congé : document fiscal attestant que les taxes sur les vins ou spiritueux ont été acquittées. Le congé peut être remplacé par une capsule-congé directement apposée sur la bouteille.

Coulure : maladie de la vigne provoquant la chute des fleurs ou des baies en formation. La coulure apparaît souvent après une période froide (coulure climatique), ou à l'issue d'une alternance de périodes chaudes et froides, humides et sèches. La sève se concentre au bout des rameaux, provoquant un fort développement du feuillage, mais néglige les grappes qui se trouvent privées des éléments nutritifs essentiels à leur développement (coulure physiologique). Il existe aussi une coulure pathologique liée à l'influence de maladies ou de parasites, et une coulure constitutionnelle (cépages à fleurs femelles ou malformées).

Coupage : à la différence de l'assemblage, le coupage est un mélange de vins d'origine et de qualité variables. Pratiqué pour les vins de table, il permet de commercialiser des lots homogènes et réguliers.

Crémant : vin effervescent d'appellation d'origine, élaboré selon la méthode traditionnelle, mais de pression moins forte que le champagne.

Cru : le cru désigne à la fois un terroir particulier (en Bourgogne, on lui préfère le terme de climat) et le vin issu de ce terroir. En Bourgogne, un même cru peut être exploité par plusieurs viticulteurs ; dans le Bordelais, le cru est attaché à une seule exploitation.

Cuvaison ou cuvage : période entre l'introduction de la vendange dans les cuves et son écoulage.

Cuvée : en règle générale, la cuvée désigne l'ensemble des vins résultant d'un même assemblage. En Bourgogne, la cuvée est l'équivalent du cru. Elle désigne les vins issus de la même vendange, élevés et vieillis dans des conditions identiques. Dans la vinification en blanc, le terme s'applique au moût du premier pressurage.

Débourbage : opération destinée à clarifier le moût en éliminant les particules indésirables, les *bourbes*, par soutirage ou par centrifugation. Le débourbage permet également de retarder le départ en fermentation.

Débourrement : premier stade du cycle végétatif annuel de la vigne, caractérisé par l'éclatement des bourgeons et l'apparition des premières feuilles, généralement en mars ou avril.

Dégorgement : pratiqué dans la méthode de vinification traditionnelle, le dégorgement consiste à expulser le dépôt, après le remuage, sans troubler la limpidité du vin, et en limitant les pertes de gaz carbonique.

Doloire : en tonnellerie, la doloire désigne la hache utilisée pour *doler*, c'est-à-dire pour amincir et aplanir le bois.

Domaine : comme le château, le domaine est une propriété représentant une entité autonome de production de vin. Le terme peut être utilisé pour les vins d'appellation ou les vins de pays.

Dosage : phase de l'élaboration du champagne, pratiquée entre le dégorgement et le bouchage. Une *liqueur d'expédition*, mélange de vin vieux et de sucre de canne, est ajoutée au vin ; la quantité de sucre détermine les différentes catégories de champagne (brut, extra-brut, sec ou demi-sec).

Douve : planche servant à la fabrication des tonneaux. La *douelle*, ou douvelle, est une petite douve.

Égrappage ou éraflage : opération qui consiste à séparer les grains de raisin de la *rafle*, l'armature ligneuse qui forme le squelette de la grappe et risque de donner son âpreté au vin rouge. Certaines vinifications (méthode beaujolaise et macération carbonique) ne nécessitent pas d'égrappage.

Élevage : ensemble des soins (clarification, stabilisation, maturation) apportés à l'issue de la vinification et préparant le vin au vieillissement.

Encépagement : ensemble des cépages cultivés sur une parcelle, une exploitation ou une région données.

Fermentation alcoolique : transformation, sous l'effet des levures, du sucre en éthanol. La fermentation entraîne le passage du moût au vin.

Fermentation malolactique : transformation de l'acide malique d'un vin nouveau en acide lactique et en gaz carbonique. La fermentation malolactique a pour conséquence d'assouplir les vins jeunes en leur faisant perdre de leur acidité.

Fermentation (première et deuxième) : pour l'élaboration des vins effervescents, la première fermentation alcoolique est réalisée dans les cuves. Elle donne naissance au vin de base, qui est un vin tranquille. Une fermentation malolactique est parfois pratiquée avant la deuxième fermentation alcoolique, qui se fait en bouteilles. C'est au cours de la deuxième fermentation que s'opère la prise de mousse et que le vin devient effervescent.

Floraison : phase végétative de la vigne qui ne dure que quelques jours, en général au mois de juin, et qui aboutit à la fécondation, ou nouaison.

Foudre : grand récipient vinaire de la forme d'un fût, traditionnellement en chêne et d'une capacité pouvant atteindre plusieurs centaines d'hectolitres.

Foulage : opération qui consiste à faire éclater les baies afin d'en extraire le jus.

Greffon : rameau du cep producteur destiné à être greffé sur un porte-greffe. Depuis la fin du XIXe siècle, le porte-greffe est une vigne américaine de type *Vitis riparia, Vitis rupestris, Vitis berlandieri* et leurs croisements, résistante au phylloxéra, tandis que les greffons sont de type *Vitis vinifera*.

Levage : opération consistant à relever les rameaux de vigne qui poussent à l'horizontale.

Longueur en bouche : persistance des saveurs et des arômes dans la bouche après ingestion.

Macération : phase de la vinification en rouge, et éventuellement en rosé, au cours de laquelle les parties solides du raisin sont laissées dans le moût. Elles donneront au vin leur couleur, leurs arômes et leurs tanins.

Macération carbonique : méthode de vinification exploitant les phénomènes de transformation spontanée du raisin dans une atmosphère dépourvue d'oxygène (macération anaérobie). Cette technique, pressentie par Pasteur et utilisée pour la première fois par M. Flanzy en 1934, exige une vendange de qualité, respectant l'intégrité des baies. Employée essentiellement pour l'élaboration de vins rouges, elle donne naissance à des vins aromatiques et harmonieux qui se boivent jeunes.

Maladies cryptogamiques : maladies parasitaires provoquées par un champignon. L'oïdium, le mildiou et la pourriture grise sont les principales maladies cryptogamiques de la vigne.

Maturation : période du cycle végétatif annuel de la vigne, allant de la véraison à la maturité. Les baies ne grossissent plus beaucoup, mais les sucres augmentent et les acides diminuent.

Maturité : la maturité *physiologique* du raisin est atteinte lorsque l'accumulation des sucres et la diminution des acides tendent à se stabiliser. La maturité *technologique* recherchée par le viticulteur peut être plus tardive. Elle est variable selon les cépages et les vins à produire.

Maturité (époque de) : l'échelle de maturité a été établie par Pulliat, en prenant pour base la maturité du chasselas, fixée arbitrairement en première époque moyenne. Chaque époque, d'une durée de 15 jours, est subdivisée en hâtive, moyenne ou tardive, soit 5 jours pour chacune d'entre elles. Par conséquent, les raisins de 2e époque moyenne mûrissent 15 jours après le chasselas ; ceux de 3e époque moyenne : 30 jours après et ceux de 4e époque moyenne : 45 jours après.

Merrain : un bois merrain est un bois de chêne fendu en planches dans le sens du fil du bois. Plus apte au courbage que le bois scié, le bois merrain est également plus étanche. C'est pourquoi il est utilisé en tonnellerie.

Méthode champenoise : voir méthode traditionnelle.

Méthode rurale : différente de la méthode traditionnelle, la méthode rurale d'élaboration d'un vin effervescent consiste à arrêter la première fermentation en conservant une certaine quantité de sucre. Après la mise en bouteilles, la fermentation repart sans ajout de liqueur. On parle aussi de méthode *naturelle* ou de méthode *ancestrale*.

Méthode traditionnelle : appliquée aux champagnes et aux crémants, la méthode traditionnelle est pratiquée en deux étapes. Un vin de base, ou cuvée, est d'abord élaboré selon les principes de la vinification en blanc. Une liqueur est ensuite ajoutée au vin avant sa mise en bouteilles, où se réalise la deuxième fermentation.

Millésime : année de récolte d'un vin. Par extension, désigne la récolte d'une année, caractérisée par les mêmes conditions climatiques.

Moût : jus de raisin qui vient d'être exprimé par foulage, égouttage ou pressurage, et qui n'a pas encore subi la fermentation alcoolique.

Mutage : arrêt de la fermentation d'un moût par apport d'alcool ou d'anhydride sulfureux.

Nouaison : stade du cycle végétatif de la vigne au cours duquel la fleur donne naissance au fruit. Les baies ne sont alors guère plus grosses que des têtes d'épingles.

Œnologie : science du vin, traitant aussi bien de son élaboration et de sa conservation que des éléments qui le composent.

Œnologue : spécialiste du vin et de la vinification. Depuis 1955, cette compétence est reconnue par un diplôme d'État.

Œnophile : personne qui apprécie les vins.

Oïdium : appelé aussi maladie du blanc, l'oïdium de la vigne est une maladie due au champignon *Uncinula necator*. Présent dans tous les vignobles du monde, il se développe sur les organes verts de la vigne et peut compromettre une vendange si un traitement (à base de soufre) n'est pas réalisé de façon assez précoce.

Ouillage : à l'origine, l'ouillage est le vide laissé dans le tonneau par l'évaporation. Aujourd'hui, le terme désigne les opérations consistant à maintenir le tonneau plein afin d'éviter au vin le contact de l'air.

Passerillage : pratique consistant à prolonger le mûrissement du raisin sur les souches, sur de la paille ou suspendu à des fils. Le passerillage permet d'obtenir des vins naturellement doux.

Pasteurisation : appliquée au vin, cette technique de traitement thermique bloque son évolution. Réalisée en bouteilles ou en vrac, elle n'est pas pratiquée pour les vins fins, mais seulement pour ceux qui sont appelés à être consommés rapidement.

Perlant ou perlé : un vin perlant, comme le muscadet sur lie ou le sylvaner d'Alsace, se caractérise par un léger dégagement de bulles de gaz carbonique. Le terme désigne également certains vins pétillants de Saumur ou de Touraine.

Pétillant : un vin pétillant est un vin effervescent à faible pression. Sa mousse est plus fugace.

Pièce : unité de mesure variable selon les régions. En Bourgogne, une pièce vaut 228 l ; en Champagne, 182 l ; en Saône-et-Loire, 142 l.

Pied de cuve : petit volume de moût mis à fermenter à part. Ajouté, le moment venu, à l'ensemble de la vendange, le pied de cuve permet de lancer plus facilement la fermentation.

Pigeage : opération qui consiste à enfoncer le chapeau dans la cuve en fermentation afin de favoriser la macération.

Poignettage : en Champagne, il désigne le coup de poignet du remueur chargé de remettre le dépôt en suspension. Cette opération, qui consiste à prendre la bouteille par le goulot et à l'agiter, est aujourd'hui automatisée.

Pourriture : maladie de la vigne provoquée par un champignon, *Botrytis cinerea*, qui pénètre dans les baies au cours de la maturation. Cette affection est utilisée par les producteurs de certains vins liquoreux, comme le sauternes. En se développant, le botrytis favorise en effet par temps sec la concentration du jus, donnant un moût onctueux et extrêmement riche en sucres.

Pressurage : extraction par pression du jus de raisin ou du vin. Dans la vinification en blanc ou en rosé, les raisins sont pressés avant la fermentation ; dans la vinification en rouge, le pressurage est réalisé après la fermentation, permettant d'extraire le *vin de presse* du marc.

Primeur : vin de pays ou d'appellation d'origine élaboré depuis peu de temps et destiné à être consommé rapidement (en principe à partir du troisième jeudi de novembre).

Prise de mousse : dans la méthode traditionnelle, la prise de mousse correspond à la deuxième fermentation en bouteilles. Elle dure quelques semaines, au cours desquelles le gaz carbonique s'intègre au vin qui devient effervescent.

Rafle : squelette de la grappe, où sont accrochées les baies ; cette partie ligneuse contient des substances astringentes au goût herbacé.

Rancio : caractère typique que les eaux-de-vie et certains vins fortifiés en alcool peuvent acquérir au cours de leur vieillissement. Le rancio désigne également des vins de liqueur, devenus doux et dorés à l'issue du vieillissement. En dégustation, le rancio peut apparaître comme un défaut de certains vins conservés à l'abri de l'air.

Réduction : phénomène provoqué par une privation prolongée d'oxygène. La réduction entraîne la formation d'odeurs animales plus ou moins fétides, pouvant couvrir le bouquet. Elle nécessite d'aérer le vin avant consommation.

Remontage : opération consistant à retirer une partie du moût du bas de la cuve pour en arroser le chapeau. Dans la vinification en rouge, le remontage améliore la macération et la coloration du vin.

Remuage : dans la méthode traditionnelle, le remuage consiste à faire tourner les bouteilles, inclinées tête en bas, pour détacher les dépôts formés pendant la prise de mousse par les levures mortes et les amener contre le bouchon.

Rognage : opération généralement pratiquée à la fin de la floraison, consistant à rogner l'extrémité des rameaux en croissance afin de prévenir la coulure.

Soutirage : opération de transvasement réalisée au cours de l'élevage, par gravité ou à l'aide de pompes. Le soutirage permet de séparer le vin de ses lies, mais aussi de le réoxygéner, d'éliminer l'excès de gaz carbonique et de favoriser sa stabilisation.

Stabilisation : soins apportés au vin afin qu'il ne se trouble pas, qu'il ne refermente pas et qu'il conserve ses qualités organoleptiques.

Sucres résiduels : sucres laissés intacts par les levures à l'issue de la fermentation. Un vin est dit sec lorsqu'il présente moins de 2 g/l de sucres résiduels.

Surmaturation : la surmaturation consiste à porter le raisin au-delà de son seuil de maturité. Il subit alors des phénomènes de concentration biologique donnant des moûts très riches en sucres.

Tanin ou tannin : issus des parties solides du raisin, les tanins se trouvent également dans d'autres végétaux (écorces des arbres, des agrumes...). Caractérisés par leur amertume et leur astringence, ils confèrent au vin une saveur particulière et contribuent à sa conservation.

Tannique : se dit d'un vin riche en tanins ou qui se caractérise à la dégustation par une astringence marquée.

Terroir : le terroir est l'ensemble des facteurs naturels qui caractérisent un vignoble, susceptibles de donner naissance à un produit original et de quali-té. La notion de terroir est l'un des fondements de l'appellation d'origine.

Thermovinification : procédé de vinification caractérisé par un chauffage préalable des raisins, la fermentation étant conduite après refroidissement. La thermovinification permet d'obtenir des vins très colorés, parfois au détriment des arômes.

Variétal : terme anglais désignant les caractères directement liés au cépage dont le vin est issu. Aux États-Unis, un variétal est un vin essentiellement élaboré à base d'un cépage donné.

Véraison : phase au cours de laquelle les baies changent de couleur ; les raisins rouges se pigmentent et les blancs deviennent translucides. La véraison marque la fin de la croissance du raisin et le début de sa maturation.

Vin tranquille : vin non gazeux.

Vinage : ajout d'alcool au vin, soit pour augmenter son degré alcoolique, soit pour stopper la fermentation. En France, le vinage n'est admis que pour la production de vins doux naturels, de pineau des charentes, et de floc de gascogne.

Vin jaune : originaire du Jura, ce vin tient son nom de la couleur de sa robe, résultant d'une oxydation volontairement provoquée sous un voile de levures analogues à celles utilisées pour la production de xérès.

Vitis vinifera : nom scientifique de la vigne européenne. L'espèce *Vitis vinifera* regroupe plusieurs milliers de variétés.

BIBLIOGRAPHIE

ABRIC Loïc, *Le Vin de l'Auxois, histoire d'un vignoble*, Précy-sous-Thil, Éditions de l'Armançon, 1989
Id., Le Vin de Bourgogne au XIX siècle. Précy-sous-Thil, Éditions de l'Armançon, 1993
Atlas Hachette des vins de France, Paris, Hachette-INAO, 1993, éd. rév. 2000
AUDIN Pierre, COUDERC Jean-Marie, HUBERT Martine, SCHULE Alain, *Dictionnaire des communes de la Touraine*, Chambray-lès-Tours, Éditions CLO, 1987
BARTHEL Jocelyne, *Vignerons, vigne et vin en pays messin.* Metz, Éditions Serpenoise, 1990
Id., « Vignerons du pays messin », *Moselle*, Yves Le Moigne (dir.), Paris, Éditions Bonneton, 1991
Id., « Quand une cité médiévale devient ville de garnison », *Cahiers Lorrains*, société d'Histoire et d'Archéologie de la Lorraine, nos 3-4, 1992
BERNARD Raymond, *Le Vignoble de la côte bourguignonne*, Éditions Rolande Gadille, 1967
BISSON Jean, *Atlas Hachette des vins de France*, (coll. à), Paris, Hachette-INAO, 1993
Id., Guide Hachette des vins (coll. à)
BLONDEAU Pascal, *L'Évolution de la viticulture du Haut-Poitou au Val d'Allier*, thèse, Limoges, 1980
BRUN Suzanne, *Vins et vignobles de France*, (coll. à), Paris, Larousse-Savour Club, 1987
CABANIS Jean-Claude, *Vins et vignobles de France*, (coll. à), Paris. Larousse-Savour Club, 1987
Id., Wine and Wine Research Analytical Chemistry Experentia
CARRE Étienne, *Vins et vignobles de France*, (coll. à), Paris, Larousse-Savour-Club, 1987
CHABBERT Anne-Marie, *L'Évolution historique du goût du Champagne*, Éditions Papilles, à paraître
CHATELAIN-COURTOIS Martine, *Les Mots du vin et de l'ivresse*, Paris, Belin, 1984
CHEVAL F., LASSUS F., ROYER Claude, *Gamay noir et savagnin*, France-Régions, 1988
CLAVEL Jean, *Histoire et avenir des vins du Languedoc*, Toulouse, Privat, 1985
Id., Cuisine et vins de terroir en Languedoc, Toulouse, Privat, 1987
Id., Réussir, PDM, 1989
Id., Qualité oblige, PDM, 1991
Comité départemental de la randonnée pédestre de Loir-et-Cher, *Guide des randonneurs en vallée du Cher. Sentiers de Berry en Touraine*, Tours, éditions de la Nouvelle République, 1993
DAVID Jean-Paul, « Place du vin dans l'hygiène alimentaire », *Bulletin de l'OIV*, 1992
Id., L'Amour et la loi : de l'usage du vin de la notion d'abus, débat à propos de l'interdit, Mâcon, Association Vin, santé, plaisir de vivre, 1993
DEROUDILLE Jean-Pierre, *Bergerac, Monbazillac*, Éditions Legrand
DEVILLE P., PIALLAT R., *Œnologie et crus des vins*, Les Lilas, Éditions Jérôme Vilette, 1983
DOVAZ Michel, SPURRIER Steven, *La Dégustation*, Paris, Bordas, 1991
FLANDRIN Jean-Louis, « Vin d'hier : fonctions et usages sociaux » *La Vigne et le Vin*, Lyon, La Manufacture, 1988
GADILLE Rolande, *Le Vignoble de la côte bourguignonne*, thèse d'État et thèse secondaire, Paris, 1968
GALET Pierre, *Précis de viticulture*, 6e édition, 1993
Id., Précis d'ampélographie pratique, 6e édition, 1991
Id., Cépages et vignobles de France, 4 t.
Id., Les Maladies et les parasites de la vigne, 1982
Id., Précis de pathologie viticole, 1991
GARRIER Gilbert, *Paysans du Beaujolais et du Lyonnais (1800-1970)*, thèse, 2 t., Grenoble, PUG, 1973
Id., Vignerons du Beaujolais au siècle dernier, Roanne, Horvath, 1985
Id., Histoire de Lyon et du Lyonnais, (coll. à), Toulouse, Privat, 1975, rééd. 1985
Id. (dir.), *Histoire du Rhône et de Lyon*, collection Hexagone, Bordessoules, 1987
Id. (dir.), *Histoire économique et sociale du monde*, t. 4 *La Domination du capitalisme (1830-1914)*, Paris, Armand Colin, 1978
Id., Le Phylloxéra. Une guerre de trente ans (1870-1900), Paris, Albin Michel, 1988
Id., Entre faucilles et marteaux. La pluriactivité paysanne, co-direction avec Ronald Hubscher, Lyon, PUL, 1989
Id. (dir.), *Le Vin des historiens*, actes du symposium de Suze-la-Rousse, Université du vin, 1989
Id., Guide bleu Rhône-Alpes, (coll. à), Paris, Hachette, 1991
Id., L'Histoire en mouvements. Le sport dans la société française (XIX-XX siècle), (coll. à), Paris, Armand Colin, 1992
GARRIER Gilbert, PECH Remy. « Genèse de la qualité des vins », *Avenir-Œnologie*, Bourgogne Publications, mai 1994
GARROS Sîtâ. *Le Petit Livre d'or*, annuaire des grands vins liquoreux de la région de Bordeaux
GRAS P. (dir.), *Histoire de Dijon*, Toulouse, Privat
Guides bleus des régions de France, Paris, Hachette
Guides des régions de France, Lyon, La Manufacture
Guide des vins du monde, Slow Food Editore-Éditions de l'Amateur, 1993
Guides Hachette des vins, Paris, Hachette
Guides verts des régions de France, Clermont-Ferrand, Michelin
GUILLEMOT Jean, *Loir et Cher*, (coll. à), Deslogis-Lacoste
GUILLOT Robert, « Essai provisoire de synonymie des cépages dans le Centre-Ouest ». *Progrès agricole et viticole*, 1953
Id., Synonymie ampélographique de l'ouest viticole français, (coll. à), INRA, 1962
HUGLIN Pierre, *Recherche sur les bourgeons de la vigne*, thèse de doctorat ès sciences, 1958
Id., Biologie et écologie de la vigne, Lausanne, Payot et Paris, Techniques et documentation, 1986
Id., Le Vin d'Alsace, (coll. à), Paris, Éditions Montalba, 1978
Id., Vins et vignobles de France, (coll. à), Paris, Larousse-Savour-Club, 1987
Id., La Vigne et le vin, Lyon, La Manufacture et Paris, la Cité des sciences, 1988
JOFFROY R., *La Tombe princière de Vix.* Châtillon-sur-Seine, éditions Boudot
JOHNSON Hugh, *Nouvel atlas mondial du vin*, Paris, Éditions Robert Laffont, 1986
Id., Une histoire mondiale du vin de l'Antiquité à nos jours, Paris, Hachette, 1990
LABY Micheline, *Burgundy, the Magic World*, Dijon, Éditions BRL
Id., Dijon, a City of Art and History, Dijon, Éditions BRL
LACHIVER Marcel, *Vins, vignes et vignerons : histoire du vignoble français*, Paris, Fayard, 1988
LA TORRE Michel, *Indre-et-Loire. L'art et la nature de ses 277 communes*, Paris, Nathan, 1985
LAZZARINI Nicole, *La Route du Vin*, collection Circuits culturels et touristiques en Lorraine, Metz, Éditions Serpenoise
Le Grand Bernard des vins de France, Éditions Legrand
LENOIR Jean, *Nez du vin*, Éditions Jean Lenoir
LEVASSEUR Fabrice, *Les Cavistes à Paris*, étude de géographie urbaine, thèse nationale, Paris IV, 1992
LEVEEL Pierre, *Histoire de la Touraine*, Que sais-je ?, Paris, PUF, 1967
LISSARAGUE François, *Un flot d'images : une esthétique du banquet grec*, Paris, Adam Biro, 1987
LIVERNET Sylvain, *Guide de Tours et de la Touraine*, Lyon, La Manufacture, 1989
MIDAVAINE François, *Guide pratique des étapes en Muscadet*
Id., Grand Livre des vins de Loire, (coll. à)
Id., La Loire atlantique, (coll. à), guide, Paris, Gallimard
NAVARRE Colette, *L'Œnologie*, Paris, Lavoisier-Tec & Doc, 1991
ORIZET Louis, *Mon Beaujolais*, Villefranche-en-Beaujolais, Éditions du Cuvier, 1954
Id., À travers le cristal, Villefranche-en-Beaujolais, Éditions du Cuvier, 1955
Id., Le Vin. Encyclopédie par l'image, Paris, Hachette, 1956
Id., Fragrances, Éditions La Grisière, 1960
Id., Les Vins de France. Que sais-je ?, Paris, PUF, 1964
Id., Le Livre du vin, Paris, Les Deux Coqs d'Or, 1968
Id., Les Vins de gala, Draeger, 1976
Id., Discours aux coteaux, Éditions La Grisière, 1982
Id., Les Cent Plus Beaux Textes sur le vin, Paris, Le Cherche-Midi éditeur, 1984
Id., Vin, amour et poésie, Éditions La Grisière, 1989
OURSEL R., *La Bourgogne romane*, Saint-Léger-Vauban, éditions du Zodiaque
PARAIN Charles, *La Maison vigneronne en France*, Arts et traditions populaires, 1955
PARKER Robert, *Les Vins de Bourgogne et du Beaujolais*, Paris, Solar, 1993
Id., Les Vins de Bordeaux, Paris, Solar, 1993
PECH Remy, *Entreprise viticole et capitalisme en Languedoc-Roussillon*, Université de Toulouse-Le Mirail, 1975
Id., Les Vins du Rhône et de la Méditerranée, Paris, Éditions Montalba, 1978
Id., Le Vin des historiens, actes du symposium de Suze-la-Rousse, (coll. à), Université du vin, 1989
Id., Languedoc méditerranéen, Bonneton, 1990
PEYNAUD Émile, *Le Goût du vin*, Paris, Dunod, 1984
Id., Le Vin et les jours, Paris, Dunod, 1988
PFLUGER D., *La Maison des champs ou Manuel du cultivateur*, 1819
PIJASSOU René, *Un grand vignoble de qualité, le Médoc*, 2 t., Paris, Éditions Taillandier, 1980
Id., La Seigneurerie et le vignoble de château Latour, (coll. à). 2 t. Bordeaux, 1974
Id., Le Médoc, vignes et vignerons, Bordeaux, L'Horizon chimérique, 1990
POMEROL Charles (dir.), *Terroirs et vins de France. Itinéraires œnologiques et géologiques*, Paris, Total Édition-Presse et Orléans, éditions du BRGM, 1986
RAIMBAULT R. N., TRANCHAND C., *À travers la Touraine, l'Indre-et-Loire*, Angers, éditions Ch. Hirvyl. sd
RAND Margaret, *Les Vins Rouges de France*, Paris, Solar, 1988
REYNIER Alain, *Manuel de viticulture*, Paris, Lavoisier Tec & Doc-J.-B. Baillière, 1986
RICHARD J. (dir.), *Histoire de la Bourgogne*, Toulouse, Privat
RINAUDO Yves, *Les Vendanges de la République. Les Paysans du vin à la fin du XIX siècle*, Lyon. PUL, 1986
Id., Le Var, 1986
Id., Le Guide du Var, (coll. à), Lyon, La Manufacture, 1992
ROBERT Joseph, *Les Vins Blancs de France*, Paris, Solar, 1988
ROUDIÉ Philippe, *Vignobles et vignerons du Bordelais (1850-1980)*, Bordeaux, PUB, 1994
ROYER Claude, *Les Vignerons, usages et mentalités des pays de vignobles*, Paris, Berger-Levrault, 1980
Sur les chemins des vignobles de France, Paris, Sélection du Reader's Digest, 1984
TORRÈS Pierre, *La Dégustation et le service des vins doux naturels.* Université des vins du Roussillon
VINCENOT Henri, *La Vie quotidienne des paysans bourguignons au temps de Lamartine*, Paris, Hachette

INDEX